요한 볼프강 폰 괴테(1749~1832)

바이마르 괴테하우스 국립 박물관 바이마르 고전재단에 속하는 유네스코 세계 문화 유산

바이마르에서 괴테와 실러의 만남 1794년부터 시작된 괴테와 실러의 우정은, 실러가 괴테를 따라 바이마르에 이주해 서로 비평과 집필을 독려하면서 깊어졌다.

은행나무잎 괴테는 이 시를 편지지에 옮겨 적어 연모하는 여인에게 보냈다. 은행나무잎은 비밀스런 연모의 정을 나타낸다.

괴테·쉴러 기념상(1857) 괴테는 쉴러로부터 바이마르 고전주의 예술의 많은 영향을 받았다.

괴테 연구실 지질학·광물학·식물학·해부학 등을 연구, 1784년 사람과 포유류의 두개골을 비교해 사람에게는 간악골이 있다는 사실을 발견했다.

카를 아우구스트 괴테는 바이마르 공국의 카를 아우구스트 공의 교육 겸 상담역으로 바이마르에 부임하여 대신이 되고 귀족 반열에 올랐으며, 공이 죽을 때까지 보좌했다.

예나에서 괴테, 쉴러, 빌헬름, 알렉산더 폰 훔볼트 1797년 바이마르 재상이 된 괴테가 헤르더와 쉴러를 이곳으로 불러들여 바이마르 고전주의 예술관을 굳게 세우며 황금기를 이룬다.

비서 존에게 구술하는 괴테

이탈리아 여행 소묘 스케치   괴테. 1787.

괴테기념상   베를린 가장 큰 도심 공원인 티어 가르텐에
있는 동상

이탈리아 북쪽 밀라노와 베네치아 사이 가르다 호수에 있는
괴테 기념비

〈고타드 패스〉(1785) 괴테는 20대 중반에 처음으로 스위스를 여행하며 수많은 그림을 그린다.

〈이탈리아 해안선〉 괴테. 1787.

베수비오 화산 폭발 괴테가 매우 놀라워했던 이 화산은 약 2000년 전 고대 도시 폼페이를 화산재로 땅 속에 묻어버렸다. 괴테. 1787.

괴테가 이탈리아 여행을 할 때 타고 다녔던 마차

괴테가 이탈리아 여행을 하던 그즈음의 모습

폼페이 괴테는 여행을 하면서 시대의 변화에 따라 바뀌는 로마가 아닌, 변함없는 그대로의 로마를 보고 싶어했다.

▲산타 마리아 마조레 대성당 괴테가 이탈리아로 여행을
떠나던 무렵의 로마 산타 마리아 대성당 앞 광장

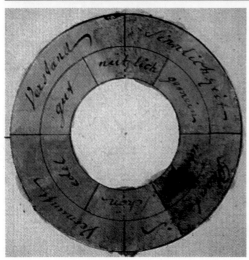

◀색채의 이론(1810) 이탈리아 여행에서 많은 예술 작품
을 접한 괴테는 실용적인 차원에서 채색의 규칙과 법칙
의 필요를 느껴 고국에 돌아와 본격적인 연구를 시작, 색
채 현상을 심리적, 물리적, 화학적으로 분류하며 색채의
중요성을 처음 거론했다.

로마 미뇽 기념 조형물 《빌헬름 마이스터 수업시대》에는 빌헬름을 무척 그리워하는 열두 살 소녀 미뇽이 빌헬름을 위해 뜨거운 사랑의 노래를 부른다.

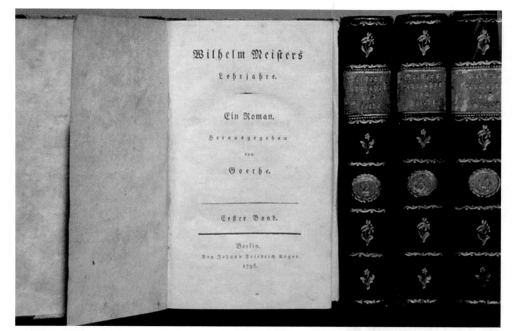

《빌헬름 마이스터 수업시대》 초판본 표지 및 괴테시대 그 무렵의 다른 인쇄본들

프란츠 슈베르트　괴테가 1771년 쓴 시에 곡을 붙여 1815년에 가곡 〈들장미〉를 작곡했다.

하프 타는 노인　《빌헬름 마이스터 수업시대》에서 유랑극단의 하프 연주자(1826)

'내 마음이 이 꽃처럼 순결하고 정직해야 한다는 뜻이야.
정말로 그렇게 되면 좋을 텐데'

《빌헬름 마이스터 수업시대》에서 젊은 여인 미뇽 삽화(1873)

▶오페라 〈미뇽〉 초연 포스터 앙브루아즈 토마
작곡, 셀레스틴 갈리마리 주연. 1866.

▼〈미뇽〉 초연 장면

프랑크푸르트 괴테 축제(2010) 〈빌헬름 마이스터〉 연극 공연 장면

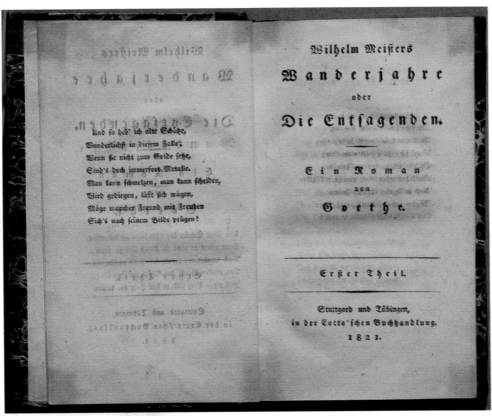

《빌헬름 마이스터 편력시대》 초판본 속표지(1821)

《빌헬름 마이스터 편력시대》 삽화

〈여행〉 빌헬름과 아들 펠릭스와의 이집트 여행

《빌헬름 마이스터 편력시대》　아기를 안은 부인(마리아)을 나귀에 태우고 가는 남자(요셉)를 만나 그의 집에 초대를 받는다.

World Book 229

Johann Wolfgang von Goethe
WILHELM MEISTERS LEHRJAHRE
WILHELM MEISTERS WANDERJAHRE
빌헬름 마이스터 수업시대/빌헬름 마이스터 편력시대
요한 볼프강 폰 괴테/곽복록 옮김

동서문화사

디자인 : 동서랑 미술팀

빌헬름 마이스터 수업시대/빌헬름 마이스터 편력시대
차례

Wilhelm Meisters Lehrjahre

빌헬름 마이스터 수업시대

제1부

제1장

시간이 이렇게 많이 흘렀는데도, 연극은 지루하게 끝나지 않고 있었다. 바르바라 할멈은 벌써 몇 번이나 창가로 다가가서 마차소리가 들려오는지 귀를 기울였다. 그녀는 오늘 연극 마지막 장면에서 젊은 사관을 연기하여 관객에게 뜨거운 갈채를 받았을 아름다운 안주인 마리아네를 기다리고 있었다. 가벼운 저녁식사를 준비하는 것뿐인데도 할멈은 여느 때와 달리 마음이 설레며 조바심이 났다. 젊은 부자인 상인 노어베르크가 비록 멀리 떨어져 있어도 잊지 않고 사랑한다는 뜻으로 보내온 작은 소포로 마리아네를 깜짝 놀라게 해주고 싶었기 때문이다.

바르바라는 나이 많은 가정부였지만 마리아네의 친구이며 조언자로서 집안일을 도맡아 하고 있었기에 소포를 마음대로 뜯어도 된다고 생각했다. 시원스런 성격을 가진 노어베르크가 품고 있는 연정을 그녀는 본인들보다 더 걱정했고 그만큼 젊은이들에 대한 호기심도 컸다. 끝내 할멈은 오늘 저녁에도 참지 못하고 소포를 뜯었다. 고맙게도 그 소포엔 마리아네에게 주는 모슬린과 새로 유행하는 리본 몇 개, 그리고 자신에게 보내는 면포 한 마와 스카프들과 동전 한 꾸러미도 있었다. 바르바라는 감사한 마음이 들어 멀리 있는 노어베르크를 떠올렸다. 그러고는 마리아네가 돌아오면 그녀에게 노어베르크에 대해 칭찬하고 그녀가 그에게 얼마나 도움을 받고 있는지, 그가 마리아네의 마음이 변하지 않기를 얼마나 간절히 바라는지 말해주리라 마음먹었다.

바르바라는 크리스마스 선물 같은 분위기를 내도록 리본들로 모슬린 옷감을 더욱 돋보이게 꾸며 작은 탁자 위에 가지런히 놓았다. 그 옆에 촛불을 켜니 선물은 더욱 눈부셔 보였다. 모든 준비가 끝난 그때였다. 할멈은 계단을 오르고 있는 마리아네의 발소리를 듣고 서둘러 마중 나갔지만 이내 너무 놀라 뒷걸음질치고 말았다. 사관 분장을 하고 있던 마리아네는 그녀를 안아주려 두 팔을 벌리고 서 있던 할멈에게 눈길도 주지 않고 지나쳤기 때문이다. 그녀는 부산스럽게 방으로 달려들어가 깃이 달린 모자와 검을 테이블에 던져놓고 진정이 되지 않는 듯 여기저기 돌아다닐 뿐 정성스레 꾸며둔 테이블은 거들떠보지도 않았다.

"무슨 일 있으셨나요? 마리아네 아가씨?"

할멈이 놀라서 물었다.

"이것 보세요. 노어베르크 씨가 보내준 선물들이랍니다. 아가씨의 잠옷으로 쓰라고 모슬린을 보내주셨어요. 그분도 곧 돌아오신대요. 여느 때보다 더 열심히 지내시고 씀씀이도 좋아지신 것 같아요."

할멈이 돌아서서 노어베르크가 자신에게 보내준 것도 보여주려고 하자 마리아네는 그 선물들로부터 눈길을 돌리고 격한 목소리로 소리쳤다.

"그만둬요! 그만! 오늘 밤은 그런 얘기 듣고 싶지 않아요! 난 늘 할멈 말대로 행동해왔어요. 노어베르크가 돌아오면 난 다시 그의 것이 될 거예요. 그럼 날 그의 것이라 생각하고 맘대로 해도 좋아요. 하지만 그 전까지는 내 마음대로 살겠어요. 할멈이 뭐라 하던 내 생각이 바뀌는 일은 없을 거예요. 나는, 날 사랑해주고 또 내가 사랑하는 그 사람에게 내 모든 것을 주고 싶어요. 그런 얼굴 하지 말아요! 이 사랑이 영원할 것이라 생각하고 내 모든 것을 바칠 테니까요."

할멈도 그녀의 말에 반박할 의견은 충분했다. 하지만 말다툼을 하는 사이에 차츰 말이 과격해지자 결국 마리아네가 할멈의 멱살을 잡고 말았다. 바르바라는 큰 소리로 웃으며 말했다.

"자아, 두 번 다시 바지는 입지 마세요. 내 목숨을 지키기 위해서도 안 되겠어요. 좀, 진정하세요! 옷을 벗고 나면 잠깐 동안 내게 부끄러운 행동을 한 게 미안해지겠지요. 어서 그런 옷은 다 벗어버리세요! 모두 벗으세요! 아가씨에게 어울리는 옷이 아니에요. 너무 위험해요. 어깨의 견장이 아가씨를 지나치게 용감하게 만드는군요."

할멈이 마리아네의 옷을 벗겨주려 손을 뻗자 그녀가 할멈의 손을 밀어냈다.

"서두르지 말아요. 오늘 밤 손님이 오기로 했어요."

"어머 그건 좀 곤란한대요. 설마 그 젊고 물러빠진, 별 볼 일 없는 상인의 아들은 아니겠지요?"

"맞아요. 그 사람이에요."

"아가씨는 정말로 너그러운 사람이군요?"

할멈이 비웃듯이 말했다.

"정말이지, 용케도 그런 돈도 없는 반쪽짜리를 돌볼 생각을 하셨네요. 천사 같은 누님이라 칭송받는 게 그렇게도 좋던가요?"

"무슨 말을 해도 좋아요. 난 그 사람이 좋아요. 아니, 사랑해요. 진심으로 사랑한다는 말을 한 건 처음이지만 정말 기분 좋은 말인 것 같아요. 지금까지 무대에서 몇 번이고 했었지만 난 조금도 사랑에 대해 알지 못했어요. 그 사람 품에 안겨 평생 놓치지 않도록 꼭 붙잡을 거예요. 나의 사랑을 남김없이 다 주고, 그의 사랑을 하나하나 느끼고 싶어요."

"아가씨의 기분을 언짢게 할 것 같지만, 할 말은 해야겠어요. 헛소리 좀 그만 하세요! 2주 뒤에 노어베르크 씨가 돌아오겠다고 이 편지에 쓰여 있단 말이에요!"

"내일 아침 떠오르는 해와 함께 그가 사라진다고 해도 괜찮아요. 2주면 아직도 멀었어요. 그새 무슨 일이 일어날지 누가 알아요?"

빌헬름이 들어왔다. 마리아네는 얼른 달려가서 그의 품에 안겼고 빌헬름은 황홀한 표정으로 빨간 장교복을 입은 그녀를 꼭 끌어안았다. 서로 사랑하는 둘의 행복은 말과 글로는 나타낼 수 없는 것이었다. 할멈은 툴툴거리며 자리를 비켜주었다. 우리도 그녀를 본받아 행복의 절정을 느끼고 있을 그들이 단둘이서 있을 수 있도록 자리를 뜨도록 하자.

제2장

다음 날, 빌헬름이 어머니에게 아침 인사를 드리자 어머니는 아버지가 화가 많이 나서서 네가 매일 극장에 가지 못하게 할 것이라고 귀띔을 해주었다.

"나도 가끔은 극장에 가지만, 네가 너무 지나치게 다녀서 집안에 불화가 일어나니까 이제 극장가는 게 지긋지긋해지고 말았다. 아버지는 극장 같은 건 아무런 도움도 되지 않는다고, 시간낭비라고 말씀하고 계셔."

빌헬름은 대답했다.

"그 말은 저도 들었어요. 제가 너무 경솔하게 대답한 것 같아요. 하지만 어머니, 과연 바로 돈이 들어오지 않는 것, 금방 재산을 모을 수 없는 일은 모두 쓸데없는 걸까요? 예를 들어, 전에 살던 집도 꽤나 넓었잖아요. 새로 지을 필요가 있었나요? 아버지도 해마다 벌어들인 돈의 상당부분을 장식물에 쓰고 계시잖아요. 이 벽장식도, 영국제 가구도 다 쓸모없는 것이 아닙니까? 조금 더 소박한 것으로 만족할 수도 있지 않나요? 솔직히 말하면 이 줄무늬 벽지도 그렇고, 한 번씩은 꼭 바꾸는 꽃무늬와 덩굴무늬 벽지도 이젠 보고 있으면 넌더리가 납니다. 기껏 꾸며봤자 벽은 벽이잖아요. 저에겐 극장의 화려한 막 같은 것이죠. 하지만 막 앞에 앉아 있는 것은 완전히 다르게 느껴져요. 아무리 오래 기다린다고 해도 언젠가 막이 오를 것을 알고 있기 때문이죠. 그리고 막이 오르면 정말 여러 가지를 보여주며 우리를 즐겁게 해주고 많은 것을 깨닫게 해주잖아요?"

"그래도 정도껏 해야지." 어머니가 말했다.

"아버지도 저녁에 이야기할 상대를 바라시는 거야. 그런데 너는 연극에 빠져서 집에 들어오질 않으니 기분이 언짢아지셔서 결국엔 나를 나쁜 사람 취급한단다. 그 인형극 때문에 내가 몇 번이나 잔소리를 들었는지 너는 모를 거야. 12년 전 크리스마스에 보여준 인형극이 너를 그렇게 만들어버렸으니 ……."

"그 인형극을 탓하지는 마세요. 어머니의 사랑과 배려를 후회하지 마세요. 그건 텅 빈 새집에서 저에게 처음으로 즐거움을 준 것이었습니다. 평소대로 크리스마스 선물을 받고 옆방으로 가는 문 앞에 앉으라는 말을 들었을 때 느꼈던 그 기묘한 기분을 아직도 기억하고 있어요. 문이 열렸는데 그곳은 언제나 들락날락하던 그곳이 아니었지요. 입구는 꿈도 꾸지 못할 정도로 훌륭하게 꾸며져 있었고 무대는 높게 세워져 있었지만 기이한 커튼으로 가려져 있었죠. 처음에는 모두 멀리 떨어져 있었지만 커튼 뒤로 무언가가 빛나고 부스럭거리는 소리가 났기에 가서 보고 싶었어요. 그렇지만 가만히 의자에 앉아 있으라고 하셔서 그렇게 했지요."

빌헬름은 이어서 말했다.

"그래서 모두 조용히 앉아 기다리고 있었더니, 피리 소리와 함께 막이 오르고 무대 위엔 새빨간 신전이 보였어요. 그리고 제사장 사무엘과 요나단이 등장했죠. 번갈아가며 노래를 부르는 둘의 목소리는 숭고하다고 느껴질 정도였어요. 바로 그 뒤에 등장한 사울은 두꺼운 갑옷을 입고 있었는데 그의 부하에게 도전하는 골리앗의 오만한 태도에 완전히 당황하고 있었어요. 그래서 이새의 막내아들이 양을 칠 때 쓰던 지팡이와 물매와 돌멩이를 가지고 나타나, '위대한 왕이시여! 나의 군주시여! 저자로 인해 두려워하실 필요 없습니다. 주군께서 허락해주신다면 제가 나가서 저 거인과 결투하겠습니다' 라고 말했을 때는 너무나 기뻤어요. 그렇게 1막이 끝났고 계속 보고 있던 우리는 다음 이야기가 너무 궁금해서 견딜 수 없었어요. 휴식시간 따위 빨리 지나갔으면 했지요. 드디어 막이 오르고 골리앗이 다윗에게 '네 몸을 새와 들짐승에게 주겠다'라며 몸집이 작은 그를 비웃었지만 결국 다윗의 돌팔매질에 그만 쓰러졌지요. 그 뒤 백성들이 나와 '사울이 죽인 자는 천이요, 다윗은 만이로다' 하며 다윗을 칭송했어요. 그리고 다윗은 사울의 아름다운 딸을 얻어 행복해하지요. 그런데 유난히 작은 왕자의 모습에 화가 났어요. 왜냐면 그가 골리앗의 머리보다도 작게 만들어졌기 때문이었어요. 그나저나 어머니, 그 인형들은 다 어디에 있나요? 지난번에 친구들에게 이 이야기를 해주었더니 무척 재미있어 하기에 그때 썼던 인형들을 보여주기로 했거든요."

어머니가 말했다.

"나도 그때의 일이 곧잘 떠오르는데 너는 그 일을 생생하게 기억하고 있을 만하지. 그 연극이 얼마나 재미있었는지 네가 나한테서 그 작은 책을 훔쳐다가 대본을 처음부터 끝까지 술술 외우던 기억이 선하구나. 어느 날 저녁 네가 양초로 골리앗과 다윗을 만들어 연극하듯 가지고 놀았는데, 골리앗의 머리를 단번에 부러뜨려서 커다란 핀을 꽂은 다윗의 손에 대주는 것을 보았단다. 그때 네게서 모성애를 느꼈고, 또 너의 훌륭한 기억력을 생각해서 연극에 썼던 나무 인형들을 너에게 주려고 마음먹었던 거야. 그게 많은 불화의 원인이 될 것이라고는 전혀 상상도 못했으니까."

"왜 후회를 하시는 건가요? 전 그 놀이 덕분에 어린 시절을 즐겁게 지낼 수 있었는데요."

이렇게 말하고 그는 창고 열쇠를 받아 인형을 찾아내었다. 잠시 동안, 인형에게 영혼이 있어서 말을 하고 움직이는 것이라 믿었던 어린 시절로 돌아간 것 같은 기분이 들었다. 그는 인형을 방에 가지고 들어가 보물을 다루듯 조심스레 상자 안에 넣었다.

제3장

모두들 한 번쯤은 들어봤을 것이다. 빠르든 늦든, 첫사랑은 마음이 느낄 수 있는 가장 아름다운 감정이라는 말을. 그렇다면 딱 한 번만 느낄 수 있는 그 기쁨을 남김없이 맛볼 수 있는 우리의 주인공은 남보다 몇 배는 더 행복한 사람이리라. 그런 엄청난 행복을 느낄 수 있는 사람은 아주 극소수이고, 나머지는 선입견 때문에 오해받고 숱한 시련을 견뎌내야 한다. 잠시 조그만 기쁨을 느끼고 그들의 가장 멋진 소원을 체념하여 눈앞에 아른거리는 행복을 영원히 포기하도록 강요받는 것이다.

매력 있는 한 소녀에 대한 빌헬름의 불같은 사랑은 상상의 날개 위에 차츰 고조되어 갔다. 그녀와 사귀기 시작하고 얼마 지나지 않아 그녀와의 사랑을 이루었다. 이로써 빌헬름은 그가 너무나 사랑하다 못해 존경하는 사람을 제 것으로 만들었다. 존경이라고까지 말하는 이유는 그녀가 빌헬름 앞에 처음 나타난 것이 무대 위에서였기 때문이다. 연극에 대한 그의 열정이 한 여성으로 인해 처음 느낀 감정과 뒤섞여 그녀의 존재를 더욱 빛나게 했다. 그의 젊음이, 활발한 상상력으로 키워져 넘쳐흐르는 기쁨을 맛보게 해주었다. 그녀의 태도도 그의 감정을 더없이 고조시켰다. 그녀는 애인이 자신의 사정을 너무 일찍 알아버릴까 두려워하는 마음에, 가끔 보이는 불안과 부끄러움이 섞인 사랑스러운 모습을 보였기 때문이다. 그에 대한 마리아네의 사랑은 열정으로 가득했다. 그녀의 불안조차 그 사랑을 더 격앙시키는 듯했다. 그의 가슴에 안겨 있을 때 그녀는 어느 누구와도 비교할 수 없을 만큼 사랑스러운 여인이었다.

처음 그 기쁨에 취해서 자신의 생활과 주변을 돌아보니 모든 것이 그에게 새롭게 보였다. 의무는 더욱 신성하게, 놀이는 더욱 즐겁게, 지식은 더욱 명확하게, 그리고 여러 계획은 보다 확고해지는 듯했다. 그러므로 아버지의 비난을 피하며 어머니를 안심시키고 마음 놓고 마리아네의 사랑을 느낄 수 있는 방법을 생각해 내는 것은 그리 어려운 일이 아니었다. 낮에는 열심히 일하고, 연극은 거의 포기하고, 되도록 저녁은 가족과 함께했다. 그리고 모두가 잠이 들면 망토를 뒤집어쓰고 정원으로 가는 문을 가만히 열고 나가서 린도르와 레안더*¹를 떠올리며 연인에게 달려갔다.

어느 날 밤, 그가 들고 온 작은 꾸러미를 보고 마리아네가 물었다.

"무얼 가지고 온 거예요?"

바르바라는 멋진 선물이라도 들어 있는 것인가 기대에 찬 눈빛으로 꾸러미를 바라보았다.

"아무리 당신이라도 이건 알아맞히지 못할 걸요?"

그가 보자기를 끌러 손가락만 한 인형을 여러 개 꺼내들었다. 그가 인형 뒤에 이어진 엉킨 철사줄을 풀어 마리아네에게 보여주자 마리아네가 큰소리로 깔깔거리며 웃었다. 할멈은 많이 실망했는지 슬쩍 밖으로 나갔다.

아주 소소한 것이라도 연인끼리는 충분히 즐거운 시간을 보낼 수 있는 법이다. 우리 친구들도 그날 밤은 아주 즐겁게 지냈다. 작은 인형들은 하나하나 꼼꼼히 관찰되어 웃음거리가 되기도 했다. 검은 벨벳으로 된 옷을 입고 황금 왕관을 쓴 사울은 전혀 마리아네의 취향이 아니었다. 너무 권위주의적이고 격식을 차리고 있는 것 같다고 그녀는 말했다. 반면 요나단은 수염이 없는 턱이며, 노랗고 빨간 천으로 만들어진 옷과 터번 등 모든 것이 그녀의 마음에 들었다. 능숙하게 실을 조절해서 여기저기로 움직이기도 했고 절을 하며 사랑 고백을 시키기도 했다. 빌헬름이 사무엘의 흉갑을 칭찬하고 긴 비단벌레 빛깔의 법의는 그의 할머니 옷으로 만든 것이라고 이야기해도 마리아네는 전혀 눈을 돌리지 않았다. 다윗은 너무 작고, 골리앗은 너무 크다며 요나단의 편을 들었다. 그리고 계속 요나단만 귀여워하던 그녀는 그 애정을 인형에서 연인에게로 돌렸기에 이번에도 별것 아닌 장난이 행복의 발단이 되었다.

하지만 길가에서 왁자지껄하게 들려오는 소리에 더없는 행복에 빠져 있던

---

*1 18세기, 독일의 연극이나 오페라에서 자주 등장했던 연인(남자)의 이름.

우리의 연인들은 꿈에서 깨고 말았다. 마리아네가 바르바라를 불렀다. 할멈은 언제나 그랬듯이 무대의상 중 다음에 쓸 만한 것들을 열심히 고치고 있었다. 할멈은 바로 옆에 있는 이탈리아 요리점에서 일꾼들이 갓 잡아온 싱싱한 굴을 안주 삼아 샴페인을 마시다가 막 나온 것이라고 일러주었다.

"아차!"

마리아네가 뭔가 생각난 듯 말했다.

"좀 더 빨리 생각났으면 좋았을 텐데. 우리도 무언가 먹는 것이 어때요?"

"아직 시간은 충분해요."

빌헬름이 금화 한 닢을 할멈에게 주며 말했다.

"적당히 먹을 것 좀 사와주세요. 바르바라도 같이 먹어요."

할멈은 재빠르게 나가서 곧 적당히 간단한 식사거리를 사가지고는 작은 상 위에 차리고 두 사람 앞에 놓았다. 그녀와 함께 셋이서 먹고 마시며 매우 즐거운 시간을 보냈다.

이럴 때는 늘 이야기가 끊이지 않는 법이다. 마리아네는 또다시 요나단의 이야기를 했고, 할멈은 빌헬름이 좋아할 만한 주제로 이야기를 돌렸다.

"지난번에 처음으로 크리스마스 때 인형극을 보았던 이야기를 해주셨지요? 정말 재미있었답니다. 그때는 이야기가 중간에서 끊기고 말았었지요. 춤이 시작되는 부분에서요. 이게 바로 그때 인형극을 성공시킨 주인공이군요!"

"그래요!"

마리아네가 말했다.

"다음 이야기를 들려줘요. 그때 당신은 기분이 어땠어요?"

"옛날 일이나 어렸을 적에 저질렀던 실수를 다시 떠올리는 것은 아주 기분 좋은 일이에요. 마리아네."

빌헬름이 대답했다.

"정상에 올라가 그곳에서 올라왔던 길을 되돌아볼 수 있다면 더욱 그래요. 도저히 넘을 수 없다고 생각하면서도 몇 번이고 겪게 되었던 그 힘든 일들을 내가 만족할 만한 결과를 얻은 뒤에 다시 떠올리면 정말 기분이 좋아져요. 성장한 지금의 자신과 미숙했던 그때의 자신을 비교해 보는 것도 좋은 일이에요. 하지만 나는 지금이 너무나도 행복해요. 지금 당신과 전에 있었던 일을 이야기하면, 둘이서 함께 손잡고 나아가는 미래가 보이기 때문이지요."

"춤은 어떻게 되었나요?"

할멈이 끼어들었다.

"잘되었을지 궁금해지는데요."

"아, 정말 훌륭했었어요."

빌헬름이 대답했다.

"뚜렷하게 기억하고 있지는 않지만, 무어인들과 양치기들, 그리고 난쟁이들이 나와 추던 그 기묘한 춤은 살아 있는 동안은 정말 잊지 못할 겁니다. 막이 내리고 아이들은 모두 무언가에 취한 듯이 휘청거리며 방으로 돌아갔지요. 하지만 나는 전혀 잠이 오지 않았어요. 이야기를 좀 더 듣고 묻고 싶은 것도 많았거든요. 그래서 우리를 침실로 데려다준 유모가 계속 옆에 있어주었으면 했어요. 다음 날 아침에 다시 문 앞으로 가니 이미 마법은 풀려 있었어요. 신비로웠던 막은 이미 걷히고 문은 본디 모습으로 돌아가 있었죠. 그 많았던 모험은 아무런 흔적도 남기지 않고 사라져버렸어요. 내 남동생들과 여동생들은 장난감을 가지고 여기저기 뛰어놀았지만 나는 천천히 주변을 맴돌았죠. 지난밤에 그 신기한 일들이 일어난 곳에 기둥만 서 있다는 것이 믿어지지지 않았거든요. 도망간 연인을 찾아다니는 남자도 그때의 나만큼 불행하지 않았을 걸요?"

그가 마리아네에게 던진 기쁨에 취한 눈빛은 그의 연인이 도망갈 일은 절대 없을 것이라는 확신으로 가득했다.

제4장

"그래서 그 인형극을 다시 보고 싶다는 것이 나의 유일한 소원이 되었어요."

빌헬름은 계속해서 말했다.

"나는 어머니에게 부탁했고, 어머니는 때를 봐서 아버지를 설득하려고 했지만 소용없었어요. 아버지는 '즐거움이라는 것은 가끔 맛볼 수 있어야 인간에게 가치가 있는 것이다. 아이도 어른도, 날마다 좋은 일만 있으면 그 값어치가 없어지는 것이다'라고 말했거든요. 나는 적어도 다음 크리스마스가 될 때까지 기다려야만 했어요. 그런데 그 인형극을 만들었던 사람이 다시 한 번 인형극을 상연하고 싶다고 말했어요. 그래서 하는 김에 새로 만든 인형을 막후소극에서 보여주고 싶었던 것이죠. 그 사람은 포병대 출신의 젊은 중위였는데 재능이 많았지만 특히 기계를 잘 다루었어요. 우리 집을 새로 지을 때 많은 도움을 주어서 아버지가 잔뜩 선물을 해주었어요. 그 보답으로 크리스마스 때 아이들에게 선물을 해주자고 해서 전부터 시간이 날 때마다 만들었던 인형으로 인형극을 만들었던 것이죠. 시종의 도움을 받아 인형을 움직이고 성대모사로 각 인물의 대사를 말했던 사람이 바로 이 사람이었어요. 중위가 아버지를 설득하는 일은 어렵지 않았어요. 아버지는 아이들에겐 허락하지 않았던 일을 이 친구에게는 호의를 베풀어 승낙했지요. 그래서 한 번 더 무대가 세워지고 이웃집 아이들도 몇 명인가 초대를 받아서 인형극을 또 볼 수 있게 되었어요."

그는 또 이어서 말했다.

"처음에는 생각지도 못했던 일이 일어나서 정신없이 인형극에 빠져들었지만, 두 번째 봤을 때는 주의 깊게 살피고 여러 가지 비밀들을 알아내자고 생각했어요. 이번에는 인형극이 어떤 식으로 이루어지고 있는 건지 알아내려고 했던 것이죠. 인형이 스스로 말하는 게 아니라는 것쯤은 처음부터 알고 있었어요. 스스로 움직일 수 없다는 것도 알았죠. 하지만 어째서 저렇게 잘 되는 것인지, 인형을 조종하는 사람은 어디에 있는 것인지, 조명은 어디서 나오는 것인지…… 너무나 궁금한 것이 많아서 가만히 있을 수가 없었어요. 마법을 거는 동시에 마법에 걸리는 쪽이 되고 싶었고 연극에서 한 역할을 맡는 동시에 관객으로서 환상의 기쁨을 맛보고 싶다고도 생각해서 더욱 온몸이 근질거렸죠. 인형극이 끝나고 막후소극 준비가 시작되었어요. 관객들은 일어나서 왁자지껄 수다를 떨고 있었지요. 나는 인파를 헤치며 문 앞으로 나갔는데 안에서 달그락거리는 소리가 나기에 정리하고 있다는 것을 알고 벽걸이를 들어올려 의자다리 사이로 살짝 들여다보았지요. 어머니가 나중에 눈치채시고 나를 제자리에 돌려놓으셨지만 나는 착한 역할, 나쁜 역할 죄다 서랍에 처박히는 것을 보고 말았어요. 그걸로 호기심은 반쯤 해결되었지만 더욱 흥미를 돋우는 셈이기도 했죠. 내가 놀란 것은 그 중위가 나의 성역에서 바쁘게 움직이고 있는 것이었어요. 그 뒤부터는 광대 모습을 한 인형이 발뒤꿈치로 아무리 소리를 내며 발을 굴러도 재미가 없었어요. 생각에 잠겨 있었거든요. 놀라운 발견을 한 뒤에 나는 전보다 차분해졌지만 사실은 그렇지도 않았어요. 자신이 아무것도 몰랐다는 사실을 처음으로 깨달은 느낌이 들었죠. 나는 전체가 어떻게 관련되는지 전혀 모르고 있었던 것이죠. 그리고 그것이야말로 가장 중요한 일이고요."

제5장

"아이들은 빈틈없는 설비를 갖추고 아주 깔끔하게 정리가 되어 있는 집에 있으면 생쥐 같은 느낌이 드나봐요."

빌헬름이 계속했다.

"그래서 여기저기 뒤져서 어른들이 먹으면 안 된다고 말했던 간식을 발견하죠. 그리고 짜릿한 긴장감과 뒤섞인 기쁨으로 몰래 그것을 먹는 것이 아이들에게는 가장 큰 행복이죠.

열쇠가 자물쇠에 그대로 꽂혀 있으면 형제 가운데 내가 제일 먼저 눈치를 챘어요. 몇 주, 몇 달 동안은 그냥 지나치던 그 문은 어머니가 가끔 무언가를 꺼낼 때만 열리던 신성한 곳이었어요. 나는 그곳에 큰 경외심을 품고 있었죠. 그만큼 어머니나 시녀들이 열쇠를 그대로 꽂아두고 가면 그 틈을 노렸어요.

말할 필요도 없이 내가 가장 관심을 두고 있었던 곳은 식료품 저장고였어요. 어머니가 가끔 무언가를 꺼내실 때 도와드리고 어머니의 호의나 아니면 내가 잔머리를 굴려서 말린 자두를 몇 개 손에 넣었을 때의 그 기쁨은 내가 지금까지 가슴이 설레던 많지 않은 순간 가운데 하나입니다. 보물이 산처럼 쌓여 있는 그곳은 나의 상상을 훨씬 뛰어넘었고, 향신료들이 섞여서 풍기는 기묘한 냄새마저 달콤했어요. 그곳을 지나갈 때마다 그곳의 공기라도 맛보고 싶다고 생각했지요. 그러던 어느 일요일 아침에 어머니가 교회 종소리를 듣고는 서둘러 나가셨어요. 온 집 안이 안식일 고요함에 감싸였던 그날, 열쇠가 자물쇠에 꽂힌 채로 있었던 거죠. 그걸 발견한 나는 발소리를 죽이고 벽에 붙어 몇 번을 왔다 갔다 하다가 몸으로 문을 살짝 밀고 들어갔어요. 그러자 단숨에 오랜 시간 동안 꿈꿔왔던 행복에 감싸인 기분이 들었지요.

무엇을 가져갈까 고민하면서 자루, 나무상자, 종이상자, 캔, 유리병 등을 훑어보다가 너무너무 좋아하는 말린 자두와 사과를 두세 개, 설탕에 절인 오렌지 조각 하나만으로 만족하기로 했어요. 그러고서 왔던 길을 되돌아가려고 하는데 옆으로 늘어선 상자가 몇 개 눈에 들어오는 것 아니겠어요? 그런데 하나가 뚜껑을 제대로 덮지 않았는지 끝에 갈고리가 달린 실이 늘어져 있었어요. 나는 맨 위에 것을 들어올려 살펴보거나 맨 아래에 있는 것을 빼려고 했어요. 하지만 순식간에 실이 엉클어졌고 당황한 나는 심장이 두근거렸지요. 특히 바로 옆에 부엌에서 시녀들이 조잘거리는 소리가 들렸을 때는 너무 당황해서 서둘러 인형들을 마구잡이로 상자에 집어넣은 채 위에 놓여 있던 골리앗과 다윗 이야기 대본만 주머니에 쑤셔 넣었어요.

그리고 그 전리품들을 가지고 살금살금 계단을 올라가 다락방으로 도망쳤지요. 그 뒤로는 혼자가 되면 그 대본을 되풀이해서 읽고 암기했어요. 그리고 대본에 맞추어 인형들을 내 손가락으로 조종해서 생명을 줄 수 있다면 얼마나 좋을까 하고 생각했답니다. 게다가 머릿속에서는 나 자신이 골리앗이나 다윗이 되기도 했어요. 다락방에서든 헛간이든 어디든지 나는 대본을 들고 다니며 여러 역할을 해내서 대본을 모두 외운 것이죠. 나는 나 자신을 주역이라 생각하고 다른 역할들은 내 머릿속에서 위성같이 주인공의 주변을 맴돌도록 했어요. 그래서 오만한 거인 골리앗에게 도전하는 다윗의 용감한 대사는 밤이나 낮이나 내 머리를 떠나지 않았어요. 나는 이따금 혼자서 그 대사를 말하곤 했는데 그것을 기뻐한 것은 아버지뿐이었어요. 아버지는 가끔 나의 '혼잣말'을 눈치채시고는 겨우 한두 번 들은 것을 완벽하게 외우는 아들의 기억력에 감탄하셨죠.

덕분에 나는 더욱 대담해져서 어느 날 밤, 밀로 인형을 만들어서 어머니에게 대부분의 대사를 읊으며 보여드렸어요. 어머니는 매우 주의 깊게 들으시더니 나에게 이것저것 캐물으셔서 결국 솔직하게 말씀드렸어요.

다행히 그 일을 폭로했을 즈음, 중위가 그 인형극의 비밀을 가르쳐주어도 된다고 말했어요. 어머니는 곧바로 아들의 생각지도 못했던 재능에 대해 중위에게 말했죠. 그래서 중위는 평소에 잘 쓰지 않는 방을 두세 개 빌리기로 했어요. 하나는 관객이 앉고 다른 방은 대기실이 되고, 열린 문이 무대 장식이 되었죠. 아버지는 친구가 원하는 대로 마음껏 하게 해주었지만 관심을 갖지는 않았어요. 아버지는 '아이들을 사랑하고 있다는 마음을 아이들에게 들키면 안 된다. 아이가 그것을 알아채면 점점 기어오르기 때문이다. 아이들이 즐거워하고 있을 때는 진지한 얼굴을 하고, 아이들이 너무나 기뻐하는 모습을 보고 함께 웃지 않으려면 가끔씩 그들의 즐거움을 깨뜨려야 한다'고 생각하고 계셨거든요. 그래서 아이들이 지나치게 버릇없이 굴지 못하도록 하기 위해서죠."

제6장

"드디어 중위가 무대를 세우고 다른 것도 준비했어요. 나는 몇 번인가 여느 때와는 다른 시간에 중위가 온다는 것을 알아채고 무엇을 하려는지 지켜보고 관찰했지만 토요일까지는 그것을 만질 수 없었기에 내 호기심은 엄청나게 커지고 있었지요. 드디어 기다리던 날이 왔어요. 저녁 5시에 중위가 와서 나를 위쪽 방으로 데려갔는데, 기쁨의 전율을 느끼며 들어가 보니 무대 양쪽에는 등장할 인형들이 차례대로 놓여 있었어요. 인형들을 하나씩 잘 살피고 무대 위쪽으로 올라갔더니 무대 전체가 한눈에 들어오는 것이, 마치 소우주에 떠다니고 있는 느낌이었답니다. 나무판 사이를 내려다보니 왠지 몸이 꽉 조이는 것 같은 기분이 들었어요. 밖에서 봤을 때 이것이 얼마나 훌륭하게 비추어질 것인가 하는 생각과 내가 중대한 비밀을 알게 되었다는 기쁨이 온몸을 감쌌지요. 인형을 가지고 살짝 연습을 해봤는데 아주 잘되었어요.

다음 날, 초대받은 몇몇 아이들이 관객이 되어주었어요. 공연은 성공적으로 끝났죠. 다만 내가 너무 긴장한 나머지 요나단을 떨어뜨리고 말았어요. 그래서 하는 수 없이 손을 뻗어 다시 들어올렸는데, 그 때문에 놀림거리가 되어 기가 많이 죽었죠. 하지만 그 실수는 아버지에게 있어 아주 좋은 핑계거리가 되었어요. 아버지는 아들이 아주 잘하고 있는 것을 보고 크게 만족하셨지만 그걸 얼굴에 드러내지 않으려고 했으니까요. 그래서 인형극이 끝나자마자 아버지는 네가 실수만 덜 했더라면 훨씬 더 좋았을 것이라고 말씀해

주셨지요.

나는 완전히 풀이 죽어서 온종일 우울했어요. 하지만 다음 날 아침이 되고 보니 어제 했던 인형극이 아주 훌륭하게 마무리된 듯 느껴져 기분이 아주 좋아졌어요. 중위는 거친 목소리와 부드러운 목소리를 능숙하게 가려서 쓰기는 했지만, 전체적으로 너무 힘이 들어가 있어서 부자연스러웠죠. 하지만 내가 맡았던 요나단과 다윗의 대사는 아주 좋았다고들 말했답니다! 특히 어머니는 다윗이 골리앗에게 도전하는 장면과 이긴 뒤에 왕에게 나아가 자신의 신분을 밝히는 장면에서 감정표현이 매우 좋았다고 칭찬해주셨어요.

그런데 무엇보다도 내가 기뻤던 것은 무대가 그 모습 그대로 남겨진 것이었어요. 그리고 봄이 오고 날이 따뜻해지자 나는 시간이 나는 대로 그 방에 틀어박혀서 인형들을 가지고 이런저런 역할을 시켰지요. 가끔 형제나 친구들을 부르기도 했는데 그들이 오지 않을 때도 혼자서 놀았답니다. 내가 가진 상상력을 모두 동원해서 나름대로 소우주를 만들어냈어요. 하지만 이 소우주는 머지않아 다른 모습을 취하게 되었지요.

그런데 나는 우리 집 무대에 맞춰서 적은 이 대본을 따라 몇 번 상영하고 나서는 완전히 질려버리고 말았어요. 그즈음, 아버지의 장서 가운데 《독일 연극》*2이나 이탈리아 오페라 번역본을 찾아내서 그것에 푹 빠지게 되었는데, 먼저 등장인물의 성격을 대충 파악하고 나서 그 작품을 상연했어요. 검은 벨벳 옷을 입은 사울왕에게 쇼미그램*3이나 카토,*4 다리우스 역을 시켰지요. 재미있었던 것은 작품 전체를 상연한 적이 한 번도 없었다는 점이에요. 게다가 죄다 누군가가 죽임을 당하는 제5막만 상연되었지요.

무엇보다도 내가 여러 사건이나 모험이 나오는 오페라에 끌린 것은 당연한 일이었어요. 그것에는 폭풍우가 치는 바다, 구름을 타고 내려오는 신들이 등장하고 특히 천둥번개가 나오는 장면이 재미있었어요. 두꺼운 종이와 그림도구를 이용해서 검은 배경과 번개는 그럴싸하게 만들었지만 천둥소리는 조금 어려웠어요. 하지만 그건 그렇게 큰 문제는 아니었답니다. 게다가 오페라를 하면 다윗과 골리앗을 많이 등장시킬 수 있었지만 평범한 인형극은 그

*2 요한 크리스토프 고트셰트(1700~1766)가 편집한 독일의 연극 음악전집.
*3 프리드리히 그림(1723~1807)의 희곡 〈바니제〉에 나오는 폭군의 이름.
*4 고트셰트의 희곡 〈카토〉의 주인공.

럴 수 없었어요. 나는 시간이 지날수록 그 좁은 공간에 애착을 가지게 되었고 많은 기쁨을 맛보았지요. 인형들에게 식료품창고의 냄새가 밴 것도 한몫했지만 말이에요.

그러는 동안 내 무대장치가 대부분 갖추어졌어요. 어렸을 때부터 컴퍼스를 쓰고, 두꺼운 종이를 오리거나 그림 그리는 것을 잘했는데 이때 그런 재능이 빛을 발했죠. 그래도 대규모 연극을 하기엔 인형이 너무 모자라서 정말 아쉬웠어요.

여동생들이 인형의 옷을 갈아입히는 것을 보고서 내 인형에게도 갈아입힐 옷을 만들어야겠다고 생각했어요. 그래서 인형 옷을 벗겨서 될 수 있으면 그럴듯하게 천을 꿰매서 이어보거나 용돈을 모아서 리본이나 레이스 장식을 샀어요. 그리고 신분이나 계급을 표시하기 위해 거친 호박단이나 명주 조각을 얻어서 의상을 늘려갔죠. 지금도 잊을 수 없는 것은 귀부인용 후프 스커트를 만들 때 힘들었던 일이에요.

이렇게 인형극단은 대규모로 연극을 할 수 있을 만큼 많은 의상을 가지게 되었죠. 이제 드디어 다른 연극을 잇달아 할 수 있겠구나 하고 누구든 생각하겠지만 그렇지 않았어요. 아이들에게 자주 있는 일인데, 원대한 계획을 세우고 많은 준비를 해서 몇 번인가 시험은 해보지만 거기서 모든 것이 끝나고 말 때가 있죠. 나도 이런 실수를 저지르고 말았어요. 나에게 있어 가장 큰 기쁨을 주는 것은 골똘히 생각하고 상상력을 발휘하는 일이었어요. 여러 작품 가운데 무언가 마음에 드는 장면이 있으면 곧장 그것에 맞추어서 옷을 만들었어요. 이렇게 이것저것 의상을 만들다 보니 본디 주인공들이 입던 옷이 어디에 있는지 알 수 없게 되어 그 훌륭한 연극을 다시는 할 수 없게 되었지요. 그런데도 나는 내 상상에만 정신이 팔려서 계속 시연과 준비를 거듭하고 있었어요. 그 허황된 상상이 내 작은 극장을 망가뜨리고 있다는 걸 전혀 눈치채지 못했던 거예요."

빌헬름이 이야기하는 동안 마리아네는 피곤함을 감추기 위해 한껏 상냥한 표정을 보였다. 그의 이야기가 재미없는 것은 아니었지만, 그녀에게는 너무 단순했고 도중에 들어가는 빌헬름의 의견은 너무 딱딱했다. 마리아네는 그녀의 발을 빌헬름의 발 위에 살짝 올리며 그의 의견에 동의하는 척했다. 그녀가 가끔 그의 잔으로 와인을 마시기도 해서 빌헬름은 자기 이야기를 한 마디도 빠뜨리지 않고 듣고 있겠지 믿었다. 곧 빌헬름이 마리아네에게 말했다.

"자, 이제 당신 차례예요, 마리아네. 당신이 어렸을 적에 가장 처음으로 느꼈던 기쁨을 말해줘요. 우리는 늘 눈앞에 있는 일만 생각했지 우리가 만나기 전의 일은 전혀 생각하지 않았잖아요. 어떤 환경에서 자랐나요? 당신이 가장 먼저 생생하게 떠올릴 수 있는 추억은 어떤 것인가요?"

그의 질문에 마리아네는 조금 꺼려하는 눈치였다. 그것을 알아챈 할멈이 그녀를 도와주었다.

"저희가 빌헬름 씨 같이 옛날 일을 기억할 수 있는 건 아니랍니다. 게다가 그렇게 즐거운 일도 없었고 말이죠. 있었다고 해도 당신처럼 훌륭하게 이야기하지는 못했을 거예요."

"굳이 이야기를 잘해야 하나요?"

빌헬름이 말했다

"나는 상냥하고 훌륭하고 사랑스러운 사람을 진심으로 사랑하고 있기에 이 사람 없이 지내왔던 지난날이 모두 싫어진답니다. 적어도 내 상상력을 동원해서 당신이 지금까지 겪어온 일들을 모두 경험하고 싶어요. 무엇이든지 말해줘요. 그 어떤 이야기라도 들을게요. 아직 우리가 서로 알지 못했던 그 시절을 돌이켜보아요."

"그렇게 말씀하신다면 다음번에 충분히 들려드릴게요. 그것보다 당신이 왜 그렇게 연극을 좋아하게 되었는지, 어떤 경험이 쌓여서 지금 이렇게 훌륭한 실력을 갖추게 되었는지 말해주세요. 지금은 누구 못지않게 훌륭한 배우로 통하고 계시잖아요. 그 과정에서 재미있는 일이 많았을 것이라 생각이 드는군요. 이제 와서 잠자리에 들 필요는 없어요. 아직 와인이 한 병 남아 있는 데다 이렇게 조용하고 즐겁게 이야기할 수 있는 날은 흔하지 않답니다."

마리아네는 한심하다는 표정으로 할멈을 보았지만 빌헬름은 전혀 눈치채지 못하고 이야기를 이어갔다.

제7장

"아이들에게 즐거움을 주는 일은 정말 많아서 같이 놀 친구가 늘어날수록 혼자서 조용히 무언가를 즐기는 일에만 집중할 수 없게 되지요. 친구들과 놀면서 나는 가끔 사냥꾼이 되기도 하고, 병사가 되기도 하고, 기사가 되기도 했는데 그럴 때마다 동료들에게 필요한 소도구를 거의 내가 만들어주었기 때문에(그것도 너무나 멋지게!) 어느 정도 잘난 척은 할 수 있었어요. 검은 내가 다 만들었다고 말해도 과언이 아닐 정도니까요. 칼집은 반짝거리게 금색으로 입히고 화려하게 꾸몄어요. 이유 없는 충동에 휩싸여 민병을 고대 군대로 바꾸기도 했어요. 투구를 만들고 그걸 오린 종이로 꾸몄어요. 방패도 갑옷도 만들었어요. 이것들을 만들기 위해서 옷을 만들 줄 아는 시녀들과 재봉사가 몇 번이고 바늘을 부러뜨렸죠.

그렇게 어린 친구들 몇몇은 훌륭하고 멋진 장비를 갖추게 되었어요. 그 나머지는 다른 아이들에 비해서는 조금 모자랐지만 점점 모양새를 갖추게 되어 당당한 군단이 완성되었답니다. 안뜰이나 정원 가운데를 행진하고 용감하게 방패와 투구를 서로 부딪쳤어요. 가끔 싸움이 일어나긴 했지만 그것도 금방 풀렸지요.

다른 아이들을 즐겁게 해준 이 놀이도 나는 두세 번 하고 나니 재미가 없었어요. 그런데 무장하고 있는 친구들을 보고 있자니 자연히 중세시대의 기사를 떠올리게 되었어요. 얼마 전부터 옛날이야기에 푹 빠져서 내 머릿속에 가득했거든요.

코프가 번역한 《해방된 예루살렘》*5을 읽고서 이리저리 흔들리던 나의 마음은 하나의 방향을 제시받았어요. 전부 읽지는 않았지만 드문드문 암기하고 있는 부분이 몇 개 있어서 그 광경이 눈앞에 펼쳐지는 듯했지요. 특히 클로린다가 하는 행동, 그녀가 이루어내는 것들 모두 내 마음에 들었어요. 알미다의 마법 정원이 시시하다고 생각한 것은 아니었지만 그녀의 소유물이 가지는 매력보다 클로린다라고 하는 인물의 용감한 마음과 여유 있고 차분한 모습이 성장하기 시작한 나의 정신세계에 깊은 인상을 주었죠.

저녁 즈음에 발코니에서 주변 풍경을 바라보고 있었는데 석양의 붉은빛이 아른아른하게 지평선을 물들이고 있었어요. 잠시 뒤, 별이 보이기 시작하고 새까만 어둠이 짙게 깔리더니 엄숙한 침묵 속에 귀뚜라미 울음소리만이 잔

---

*5 타소(1544~1595)의 서사시. 이슬람에 함락된 예루살렘을 탈환하기 위해 유럽 각국이 일곱 차례에 걸쳐 파병하는데 그중 첫 번째를 주제로 하고 있다.

잔하게 울렸지요. 그런 때에 나는 탄크레디와 클로린다의 슬픈 싸움을 담은 시를 끊임없이 읊조렸어요. 물론 나는 기독교인이지만, 이도교의 여왕이 포위군들이 있는 높은 탑에 불을 지르려고 할 때 마음속 깊이 그녀에게 성원을 보냈죠. 이윽고 전사 차림을 한 클로린다는 밤에 탄크레디와 맞닥뜨리고 어둠 속에서 탄크레디는 상대를 병사라고 착각하여 두 사람은 있는 힘을 다해서 싸우지요.

'하지만 지금 클로린다의 목숨은 다하였다.
보라! 죽을 때가 가까워졌노라.'

나는 이 시를 읊을 때마다 눈물이 앞을 가린답니다. 여왕을 사랑하게 된 불행한 탄크레디의 검이 그녀를 꿰뚫었고, 쓰러진 클로린다의 투구를 벗기고 나서야 탄크레디는 자신이 사랑하던 사람을 죽이고 말았다는 사실을 깨닫게 되지요. 주체할 수 없는 슬픔으로 온몸을 떨며 그는 성수로 그녀에게 세례를 해주었어요. 언제나 여기까지 읽으면 눈물이 멈추지 않았어요.

또, 마법의 숲에서 탄크레디의 검이 나무에 꽂히게 돼요. 나무의 상처에서 피가 흘러나왔고 '너는 여기서도 클로린다에게 상처를 입혔다. 너는 어디를 가도 사랑하는 사람을 죽일 운명이 될 것이다' 하는 목소리가 들려올 때, 나는 가슴이 찢어질 듯 아팠어요.

나의 상상력은 온통 이 이야기에 사로잡혔죠. 그리고 이 이야기가 어느 정도 머릿속에 정리가 되었기에 어떻게 해서든 상연해야겠다는 생각으로 가득했어요. 나는 탄크레디와 리날도를 하려고 했어요. 그러려면 전에 만들어두었던 갑주가 안성맞춤이었죠. 어두운 회색 종이로 만든 작은 갑옷미늘이 달린 갑옷은 고지식한 탄크레디에게, 금색 은색 종이로 만든 갑옷은 화려한 리날도에게 매우 잘 어울렸어요. 내가 상상한 것을 친구들한테 이야기 해주었어요. 그들은 아주 마음에 들어하는 눈치였지만 한편으로는 자기들끼리 상연한다는 것을 생각도 못하는 것 같았어요.

그러나 그 의문은 아주 간단하게 해결되었답니다. 이웃집 친구네 방을 두세 개 빌리기로 했는데 그의 할머니가 허락해주지 않으셨어요. 무대에 대해서도 확실하게 계획을 세우지 않았었죠. 무대는 네모난 재목 위에 세운다든가 배경으로 병풍을 이용한다든가 대체로 이런 기초적인 것만 생각하고 있었어요. 하지만 재료를 어디서 구할지는 생각도 안 하고 있었죠.

숲에 도착했는데 아주 좋은 방법이 떠올랐어요. 전에 친구네서 시종을 하던 사람이 있었는데 그 사람이 지금 삼림관을 하고 있다는 말을 들었어요. 그 사람을 잘 설득해서 겨우겨우 자작나무와 소나무의 어린 나무를 받을 수 있었죠. 하지만 생각보다 나무가 빨리 와서 우리는 이 나무가 썩기 전에 어떤 식으로 상연해야 할지 큰 고민에 빠졌어요. 연극을 할 장소도, 무대도, 막도 무엇 하나 제대로 갖춰진 게 없었거든요. 갖고 있는 것이라고는 배경으로 쓸 접이식 병풍 하나뿐이었어요.

도저히 대책이 서지 않아 우리는 울상이 되어 중위에게 우리가 하려는 연극이 얼마나 훌륭한 것인지 설명해주었어요. 중위는 그걸 다 이해하진 못했지만 우리를 도와주기로 했지요. 우리는 집이나 주변에 있는 테이블을 모두 모아서 작은 방을 채우고 그 위에 병풍을 올려놓았어요. 배경은 초록색 막으로 대신했고 나무도 곧바로 죽 늘어놓았지요.

이것저것 하고 있는 사이에 해가 지고 불이 들어오고 아이들과 시녀들이 관객이 되어 드디어 연극을 시작할 시간이 되었어요. 출연자들도 모두 의상을 입었죠. 그런데 그제야 대사를 외운 사람이 한 명도 없다는 사실을 깨달았어요. 무대장치에만 온 신경을 쏟는 바람에 모두가 어디에서 뭐라고 말해야 하는지 알고 있어야 한다는 것을 깜박했던 거죠. 다른 아이들도 준비하느라 바빠서 대사는 전혀 신경 쓰고 있지 않았어요. 그들 모두는 내가 이야기 속에서 분배해 준 인물에 어울리게 행동하고 말하는 게 별것 아니라고 생각하고 있었던 거죠. 모두 어안이 벙벙해져서 처음 대사가 뭐였는지 서로 묻고 있었어요. 그래서 탄크레디가 되어 등장하기로 한 나는 혼자 무대에 나가서 영웅시를 몇 구절 낭송했어요. 하지만 그것도 곧바로 서술조로 넘어가는 부분이어서 나는 제삼자의 시점에서 말할 수밖에 없었고 고트프리드에 대해 말하는데 정작 당사자는 나타나지 않거나 해서 우리는 큰 웃음거리가 되고 말았어요. 어쩔 수 없이 우리는 퇴장했죠. 이 실패로 인해 나는 너무나 우울해졌어요. 하지만 관객들은 아직 무언가를 더 보고 싶은 것인지 계속 자리에 앉아 있었죠. 우리는 의상을 그대로 입고 있었고요. 나는 마음을 다잡고 다윗과 골리앗 이야기를 상연하기로 결심했어요. 친구들 몇몇은 전에 나와 그

이야기를 가지고 인형극을 한 적도 있었고 다른 아이들은 몇 번씩이나 우리가 하는 인형극을 봤으니까요. 역할을 나누어주고, 모두들 최선을 다하자고 맹세했어요. 익살스럽고 키가 작은 친구는 휴식시간을 이용해 소극을 하겠다고 검은 수염을 그렸지요. 아무리 그래도 그건 진지한 연극에는 어울리지 않는다고 생각했지만 어쩔 수 없이 인정해주기로 했어요. 그때 난 그 상황을 벗어날 수만 있다면 다음부터는 철저하게 계획을 세워서 연극을 하리라고 다짐했어요."

제8장

마리아네는 결국 졸음을 이기지 못하고 연인의 어깨에 기대어 잠이 들었다. 빌헬름은 그녀를 든든하게 받쳐주며 이야기를 계속했다. 할머니는 포도주를 홀짝거리고 있었다.

"나도 친구들도 대본 없이 상연하려니 어찌 할 바를 몰랐지만 그 사실도 곧 잊고 연극에 집중했죠. 스스로 읽은 소설도 다른 사람에게서 들은 이야기도 모두 연극으로 만들어버리겠다는 나의 정열은 감당하기 어려운 소재 앞에서도 물러서지 않았어요. 나는 책을 읽다가 재미있으면 죄다 연극으로 만들면 더욱 큰 효과를 볼 수 있겠다고 믿었거든요. 그래서 무엇이든 무대 위에서 연기하고 그걸 내 눈으로 직접 보고 싶었지요. 학교에서 세계사를 배울 때, 누군가가 흔치 않은 방법으로 사살이나 독살 당했다는 이야기를 들으면 열심히 그것을 노트에 옮겨 적었어요. 그리고 나의 상상력은 발단과 중간에 등장하는 갈등도 넘어 흥미진진한 제5막으로 향했어요. 이렇게 나는 실제로 몇 개의 작품을 5막에서부터 쓰긴 했지만 발단까지 되돌아가도록 쓴 작품은 하나도 없었죠.

그러면서 나 스스로, 또는 연기에 매력을 느끼기 시작한 친구들에게 제안을 받거나 해서 손에 들어온 각본은 모두 읽었어요. 그런데 안타깝게도 나의 판단은 엉뚱하게 환경에 영향을 받고 있었어요. 내가 특별히 재미있다고 느끼면 호평을 받을 만한 작품이라고 굳게 믿었죠. 그땐 상상력이 왕성해서 나 자신을 어떤 역에라도 대입해서 생각할 수 있었기에 무슨 역이든 다 할 수 있다고 믿어버렸어요. 그래서 배역을 정할 때는 나랑 전혀 어울리지 않는 역할을 고르기도 하고, 할 수 있을 것 같으면 1인 2역, 심지어는 1인 3역을 맡기도 했죠.

어린아이들은 뭐든지 장난감으로 만들어버려요. 나무토막은 대포가 되고 나뭇가지는 검이 되며 보따리는 인형이 되죠. 때로는 방구석도 아이들에겐 다락방이 될 수 있답니다. 우리의 사설극장도 차츰 모양을 갖추고 있었어요. 우리 자신의 능력은 조금도 알지 못한 채 무엇이든 손을 대고, 오른쪽 왼쪽도 잘 구분 못하는 주제에 모두가 우리의 연기를 그대로 수긍해 줄 것이라고 믿고 있었던 거죠. 아쉽게도 모든 것이 진부한 과정을 밟고 있었기에 그다지 재미있는 실패담도 없었어요. 처음에 우리는 남자 역만 잔뜩 나오는 작품만 골라서 했는데 여자 역이 필요한 경우에는 동료들 두세 명이 여장을 하기도 했어요. 결국 나중에 여동생들을 끌어들이기도 했지만요. 우리를 잘 알고 있는 한두 가족이 연극이 유익한 놀이라고 생각해서 구경꾼까지 불러주었어요. 중위는 이때도 우리를 도와주었지요. 등장하는 방법이나 퇴장할 때 주의할 점, 대사를 말할 때의 표현방법과 몸동작을 가르쳐주었거든요. 하지만 우리는 중위보다 연극 기술을 더 잘 알고 있다고 생각했기에 그렇게 고마워하지는 않았어요.

그러다가 곧 비극을 해보자는 의견이 나왔고, 그 뒤로는 질리도록 빠져들게 되었지요. 비극을 쓰고 연기하는 것이 희극보다 편하다는 말을 몇 번인가 들은 적이 있었거든요. 무엇보다 모두가 그렇게 믿고 있었고요. 그래서 우리는 점잔 빼는 표정을 지어보기도 하고 거드름을 피우면서 높은 신분이나 위엄 있는 성격을 표현하려 했고, 나는 꽤나 잘했다고 우쭐거리고 있었어요. 하지만 사실 우리는 발을 쿵쾅거리며 방방 뛰면서 분노와 절망으로 무대에 몸을 던지는 것 말고는 완벽한 행복을 느끼지 못했지요.

그런데 이런 연극 놀이는 소년 소녀들 사이에서 흥미를 잃기 시작했어요. 본능에 눈을 뜬 그들 사이에 생겨난 자잘한 사랑 이야기 때문이지요. 그런 경우엔 까딱하면 연극 안에 또 다른 이야기가 생겨나거든요. 행복한 연인들은 무대 뒤에서 손을 꼭 잡고 리본을 달아주거나 옷에 장식을 해주면서 상대를 이상의 연인이라고 생각하여 너무나 행복한 시간을 보냈지만, 불행한 그의 연적은 질투의 신이 되어 지시에 따르지 않거나 심한 장난으로 소동을 일으켰어요.

어떠한 지식도 없이, 지도자도 없이 계획되었던 이 놀이는 우리에게 있어 쓸데없는 짓은 아니었어요. 기억력과 체력이 좋아지고 우리 또래라고는 생각할 수 없을 만큼 말투와 몸가짐이 어른스러워졌어요. 그 시절은 나에게 특별한 전환기가 되었지요. 내 마음은 온통 연극으로 쏠려서 극작품을 쓰고 그것을 상연하는 것만큼 큰 즐거움은 없었으니까요.

한편 나의 수업은 계속되었어요. 나는 미래에 상인이 되기로 했기에 우리 집 바로 옆에 있는 회계 사무실에 다니고 있었죠. 하지만 그즈음 내 마음은 내가 천하다고 생각한 일들로부터 멀어지면서 모든 것을 연극에 바쳐 나의 행복과 만족감을 거기서 찾으려 했어요.

내 서류 뭉치 속에 섞여 있을, 비극의 여신 뮤즈와 상투적인 또 하나의 여성이 나를 두고 용감하게 싸우는 내용의 시를 아직도 기억하고 있어요. 발상은 흔한 것이었고, 시도 형식을 갖춘 것인지 아닌지 분명하지 않지만 그 안에서 흘러나오는 사랑과 정열, 공포와 혐오는 꼭 여러분이 읽어주었으면 좋겠어요. 상투적인 부인은 마음에 여유가 없고 좀스러운 사람으로 표현했어요. 다시 말해서 허리에는 늘 실패와 열쇠 꾸러미를 달고 콧등에 안경을 얹고 있는 사람인데, 정신없이 돌아다니고 까다로운 데다가 구두쇠라 같이 있으면 견딜 수 없을 정도랍니다. 그 여자의 채찍 아래 등을 구부리고 땀을 뻘뻘 흘리며 날마다 노예처럼 아득바득 일하는 남자의 모습은 너무나도 비참할 정도예요.

비극의 여신은 그 여자와 너무 다르죠. 괴로워하는 사람들에게 그 상냥한 모습이란! 자유로운 그녀는 태도와 언동, 그 밖의 모든 것이 아주 우아하게 그려져 있답니다. 자부심도 어느 정도 있지만 거만하지는 않죠. 그녀에게 잘 어울리는 옷은 손과 발을 가리는 하늘하늘한 옷인데 그것의 주름은 여신다운 움직임을 천 번의 메아리로 울리는 모양 같아요. 앞서 말한 여자와는 너무나도 다르죠! 내 마음이 어느 쪽을 향하고 있는지는 말하지 않아도 아실 거예요. 나는 그녀를 상징하는 것들도 잊지 않았어요. 오랫동안 시인들에게서 전해져 내려온 대로 뮤즈의 머리에는 왕관을, 한 손에는 검을, 다른 한 손엔 쇠사슬을 쥐어주었고 마지막으로 가면을 씌어주었죠. 둘의 싸움은 격렬했어요. 둘의 대사는 정말 극과 극을 달렸어요. 열네 살쯤 되면 흑백을 확실히 구분 짓고 싶어하니까요. 노파는 바늘 하나라도 떨어진 것은 주우려고 하는 여자에게 딱 맞는 투로 말하죠. 그리고 여신에게는 뭐든지 해줄 수 있을 것 같은 자신감에 넘치는 말투였어요. 나는 노파의 경고에 귀를 기울이지 않고 약속된 부(富)로부터 등을 돌린 채, 무일푼이 되어 벌거벗은 몸을 뮤즈에게 맡겼어요. 그러자 그녀는 금색 베일로 나의 몸을 가려주었지요."

빌헬름이 그의 어깨에 기대어 잠이 든 연인을 꼭 끌어안으며 말했다.

"오, 마리아네! 나에게로 와 도움의 손길을 내밀 줄 알았다면, 나와 같은 길을 걸어갈, 뮤즈와는 전혀 다른 아름다움을 가진 여신이 나타날 줄 알았다면 나의 시는 훨씬 훌륭한 작품이 되어서 이야기의 끝이 훨씬 재미있었을 텐데! 아니, 그렇지만 내가 당신의 품에서 발견한 것은 시가 아니라 진정한 인생이에요. 우리는 이 달콤한 행복을 함께 즐겨야 해요!"

마리아네는 그의 팔에 들어간 힘과 열성이 담긴 그의 목소리에 눈을 뜨고는 당혹함을 감추려고 사랑스러운 몸짓을 했다. 그녀는 이야기가 어떻게 마무리 되었는지 한 마디도 듣지 못했다. 그리고 빌헬름이 그의 이야기를 잘 들어줄 사람을 어서 찾았으면 좋겠다고 생각했다.

제9장

빌헬름은 이렇게, 밤에는 거리낌 없이 사랑을 하고 낮에는 새롭게 다가올 행복의 시간을 기다리면서 지냈다. 동경과 희망이 그를 마리아네로 이끌어 주었던 시절부터 이미 그는 자신이 새로운 생명을 받아 다른 사람으로 다시 태어난 듯이 느끼고 있었다. 그리고 그는 지금 그녀와 하나가 된 성취감에 마음이 한없이 들뜨고 있었다. 그의 마음은 정열의 대상을 순화시키려 했으며, 그의 생각은 사랑하는 사람을 자신과 함께 발전시키고자 했다. 어쩌다 조금이라도 그녀와 멀어지게 되면 머릿속은 온통 그녀로 가득해졌다. 얼마 전까지만 해도 그에게 있어 마리아네는 단순히 필요한 존재일 뿐이었지만 지금은 많은 게 그녀와 맺어져 있는, 서로에게 없어서는 안 될 존재가 되었다. 빌헬름의 순수한 영혼은 그녀를 자신의 반쪽, 아니 반쪽 이상으로 느꼈다. 그는 그녀에게 한없이 감사하고 몸과 마음을 모두 바치고 있었다.

마리아네도 잠시 동안 자신을 속이고 그와 생동감 넘치는 행복감을 함께 나누었다. 하지만 그녀는 양심의 가책이라는 이름을 가진 얼음장 같은 손이 때때로 자신의 마음에 와 닿는 것이 느껴졌다. 빌헬름의 품에 안길 때에도, 그가 사랑의 날개로 그녀를 감싸줄 때조차 그 차가운 손에서 벗어날 수는 없었다. 그러다가 다시 혼자가 되면 그녀는 구름에서 떨어지듯 자신을 둘러싸고 있는 현실 속으로 곤두박질쳤고 그럴 때마다 비참한 자신을 연민하고는 했다. 가난한 밑바닥 삶 속에서는 그런 자신의 생활이 문제가 되거나 불쾌한 느낌을 주지 않았다. 그때 그녀는 자신에게 일어나는 모든 일들이 주어진 환경에서만 일어나는 일이라고 생각했다. 만족과 불만이 번갈아 찾아오고, 굴욕은 허영으로, 부족함은 일시적인 사치로 채워졌다. 괴로운 것은 세상이 정해놓은 것이며 관례는 세상이 만들어낸 것이라 스스로를 타일렀다. 그런 식으로 오랫동안 불쾌한 일이 있으면 시간이 해결해줄 것이라 믿고 떨쳐내었다. 하지만 지금은 가엾게도 비록 잠시뿐이지만 빌헬름 덕분에 자신의 삶이 뒤바뀐 것처럼 느껴졌다. 마치 높은 곳에서 내려다보듯이 찬란한 빛과 기쁨 가운데 황량했던 자신의 생활을 돌아보았고, 욕망을 돋우기만 하고 사랑은 안중에도 없는 여자가 얼마나 불쌍한 존재인가를 알게 되었다. 그리고 자신이 외면적으로나 내면적으로 전혀 변한 것이 없다는 사실을 깨달았다. 그 어떤 것도 그녀를 위로해줄 수 없었다. 자신의 모습을 돌아보니 무언가 텅 빈 느낌이 들었고 마음을 지지해줄 것은 도저히 찾을 수 없었다. 이런 처지가 매우 비참하다고 생각하면 할수록 빌헬름을 향한 사랑은 더욱 커져만 갔다. 그를 잃을 수도 있는 위험이 다가오는 것을 느끼며 그녀의 열정은 날이 갈수록 뜨겁게 불타올랐다.

그러나 빌헬름은 한층 높은 영역에서 행복을 한껏 느끼며 돌아다니고 있었다. 그에게도 새로운 세계가 열린 것이다. 그러나 그곳에는 아름다운 희망이 넘치고 있었다. 처음 넘쳐날 듯하는 기쁨이 사라지면 지금까지 그를 몽롱하게 하던 것이 어느새 확실한 모습을 가지고 나타났다. 그는 어디를 가든지 자기 자신에게 이렇게 말하고 있었다.

"그녀는 너의 것이다. 그녀는 너에게 몸을 바쳤다. 네가 사랑하고 원하며 숭배하는 그녀는 너를 믿어 네게 몸을 바친 것이다. 그녀는 배은망덕한 자에게 몸을 맡긴 것이 아니다."

고조된 그의 마음을 달래기 위해 아름다운 말을 늘어놓으며 혼자서 조용히 읊곤 했다. 긴 시간 동안 빠져나오기를 간절히 원했던 웅덩이, 즉 게으른 생활 속에서 자신을 구하기 위해, 마리아네를 통해 손을 내민 운명의 손짓을 보고 있는 듯했다. 아버지와 가족들과 멀어지는 것은 아무렇지도 않게 느껴졌다. 그는 젊었고 세상을 몰랐다. 그리고 이 넓은 세상에 행복과 만족을 추구하리라 다짐하게 해준 그의 용기는 그녀에 대한 사랑으로 더 커지고 있었다. 자신이 연극에 대한 사명을 제대로 다할 수 있다는 생각은 이제 흔들리지 않는 것이 되었다. 그의 높은 목표도 마리아네와 함께한다면 이루게 될 날이 그리 멀지 않으리라 생각했다. 그는 자신이 훌륭한 배우가 되거나 각 방면에서 갈망의 목소리가 들려오는 미래의 국민연극 창시자가 될 수 있을 것이라는 은밀한 자만심을 가지게 되었다. 지금까지 마음속 깊이 잠들어 있던 많은 것이 움직이기 시작했다. 그는 여러 생각을 하나로 모아서 안개로 된 캔버스에 사랑의 도구로 그림을 그려내었다. 물론 그림 속 인물은 서로에게 녹아내려 모호한 것이 되었다. 그러나 오히려 그것이 매력을 한층 더 끌어올리는 데 효과가 있었다.

제10장

지금 그는 책과 노트를 마구 뒤지며 새로 시작된 인생의 출발을 준비를 하느라 정신이 없었다. 지금까지 자신이 해오던 모든 일들, 고통스런 기억밖에 없던 일까지도 모두 옆으로 던져버렸다. 좋아하는 작가와 비평가의 책은 오래된 친구로서 가져가기로 했다. 그리고 이제까지 자신이 가지고 있던 책들을 살펴보다가 이론적인 책은 펴지도 않았음을 알고 그쪽 방면도 공부해봐야겠다는 생각을 했다. 그는 그 책들이 필요할 것이라 굳게 믿고 이것저것 사긴 했지만 그 가운데 반 이상 읽은 책은 단 한 권도 없었다.

그에 비해 문학책은 열심히 읽어서 자신이 알고 있는 장르에 한해 습작도 해보았다. 베르너가 들어왔다. 그리고 친구가 그도 알고 있는 노트를 마구 뒤지는 것을 보고 말했다.

"아직도 그런 것을 뒤적이고 있는 것인가? 내가 장담하지만, 자네는 무엇

하나 제대로 끝내지 못할 거야! 썼던 것을 읽고 또 읽고 그러다가 다시 또 새로운 것을 쓰겠지."

"습작이니 상관없어. 연습해서 나아진다는 사실이 중요한 것이라네."

"하지만 되도록이면 완성하는 것이 좋지 않은가?"

"자신과 맞지 않는 일을 시작했을 때 바로 알아채고는 그 일을 그만두는 게 헛수고도 하지 않고 시간도 낭비하지 않는 게 아닌가?"

"무언가 시작하면 끝을 내지 않는 것이 자네의 특기라는 것은 잘 알고 있네. 뭐든 도중에 싫증을 내니까 말이야. 자네가 감독을 맡고 인형극을 할 때도 자네는 인형 의상을 몇 번이나 바꾸어대던지 셀 수 없을 정도였다네. 그뿐인 줄 아나? 이 작품을 하자 하다가 저 작품을 하자고 해서 어느 장단에 맞추어야 할지 도무지 알 수가 없었지. 마침내 제5막을 딱 한 번 상영했는데 엉망진창으로 서로 죽이다가 끝냈었지."

"그때 이야기를 하면 자네도 몸에 딱 맞게 만들어놓은 의상을 떼어내고 멍청하게 생긴 큰 옷을 가져다 입혀서 돈 낭비를 하게 만들었지. 언제나 나를 부추겨 새로운 리본 조각을 팔아먹던 사람이 친구인 자네 아닌가?"

베르너는 웃으며 말했다.

"납품업자가 전쟁에서 떼돈을 벌듯이 자네들이 연극할 때마다 용돈벌이를 했던 것을 떠올리면 지금도 웃음이 나온다네. 자네들이 〈해방된 예루살렘〉을 준비하고 있을 때에도 벌이가 쏠쏠했지. 베네치아 상인처럼 말이야. 타인의 어리석은 행동으로부터 이익을 얻는 것만큼, 이치에 맞는 일은 없을 거야."

"인간을 어리석은 행동으로부터 구하는 것이 숭고하다고 생각하네만……."

"나에게는 그런 것은 헛된 노력으로밖에 보이지 않네. 어쨌든 결과적으로 볼 때, 어떤 사람이 현명하게도 부자가 된다면 거기에는 일반적으로 다른 사람들의 희생이 뒤따르게 되지."

빌헬름이 아무렇게나 쌓인 노트 가운데 한 권을 집어 들면서 말했다.

"마침 〈기로에 선 청년〉이 눈에 들어오는군. 작품성은 모르겠지만 일단 완성은 된 작품일세."

"그런 것은 버려버리게! 아예 불태워버리는 것이 좋겠군."

베르너가 소리쳤다.

"그 착상은 어찌나 어리석은 것인지, 자네가 그걸 나에게 보여주었던 때부터 난 그게 아주 싫었다네. 자네 아버지의 마음을 많이 언짢게 하지 않았나. 완성도는 높을지 몰라도 사상이 완전히 틀렸어. 나는 그 상업을 의인화한, 주름이 자글자글하고 비참한 노인네를 똑똑히 기억하고 있네. 그 모습은 볼품없는 구멍가게에서 착안한 것일지도 모르지. 그때 자네는 상업이라는 것 자체를 제대로 이해하지 못했네. 진정한 상인만큼이나 넓은 마음과 시야를 가진 직업은 아직까지 보지 못했어. 상업을 해나갈 때, 넓은 시야를 볼 수 있게 해주는 것은 복식부기*6를 이용한 정리라네. 정리되어 있으면 언제든지 전체가 보여서 자잘한 것에 당황할 필요가 없어지지. 복식부기가 상인에게 부여해주는 이익은 계산할 수 없을 정도라네. 인간의 정신이 낳은 최고의 발명품이라 할 수 있어. 훌륭한 경영자는 누구든지 복식부기를 이용하지.

빌헬름이 미소를 지으며 말했다.

"실례지만, 자네는 형식이야말로 요점이라고 단정하듯이 말하며 형식으로부터 이야기를 시작하지. 하지만 자네들은 수입, 결산 같은 것에만 잔뜩 신경을 쓰고 정작 중요한 인생을 결산할 때 마지막에 무엇이 남는가에는 관심이 없는 것 같구먼."

"그건 자네가 잘못 생각하고 있는 것이라네. 형식과 요점은 하나야. 한쪽이 없으면 다른 쪽도 성립하지 못하지. 그것이 정리되고 또렷해지면 아끼려는 의지와 돈을 벌려는 의욕이 증가하는 거야. 서투르게 둘러맞추는 사람은 모든 일을 애매한 상태로 놔두는 것을 좋아하네. 모두 합쳐서 얼마를 빌렸는지 알고 싶어하지도 않아. 그와 다르게 훌륭한 경영자에게 있어 날마다 늘어나는 행복의 총액을 계산하는 것보다 더 즐거운 일은 없다네. 엄청난 피해를 입어도 그런 사람은 절대 당황하지 않아. 어느 정도의 수입을 한쪽 저울에 달아야 할지 바로 알아채기 때문이지. 내가 확신하지만 자네는 상업의 진정한 즐거움을 알게 된다면, 그 분야에서도 자네의 적성을 충분히 발휘할 수 있을 것이라고 생각하네."

"이번 여행이 나의 생각을 바꾸어줄지도 모르지."

---

*6 수지 또는 거래마다 차변과 대변으로 나누어서 적는 방식의 부기. 재산의 이동과 손익을 정확히 알 수 있고 잘못을 자동적으로 검출할 수 있다.

"당연히 그래야지. 알겠나? 자네는 큰 규모의 상거래를 본 적이 없어. 그걸 보면 자네는 분명히 우리의 동료가 될걸세. 여행에서 돌아오면 세상에 돌고 있는 돈과 행복을 여러 운송수단과 투기에 의해서 손에 넣는 돈과 행복을 손에 넣는 방법을 알게 될 테고 그러고 나면 기꺼이 동료가 되려고 하겠지. 세계 여러 곳을 돌며 천연물과 인공제품을 자세히 보고 그 필수품들이 어떤 방식으로 거래되는지 열심히 관찰해야 하네. 때마다 사람들이 필요로 하는 데 모자란 것이 무엇인지, 대중은 원하는 것을 쉽고 빠르게 얻을 수 있는지, 또 그것들을 어떻게 사들여서 어떤 방법으로 팔아 얼마나 이익을 낼 수 있는지 머리를 써서 계획하는 게 얼마나 즐거운 일인지 알게 될걸세! 이건 두뇌를 가진 인간에게 있어 매우 재미있는 일이라고 생각하네."

빌헬름이 말없이 듣고 있자 베르너는 계속 말했다.

"먼저 큰 상업도시와 항구 두세 군데를 찾아가 보는 것이 좋아. 그러면 분명 자네는 그 분위기에 푹 빠져들게 될 거야. 많은 사람들이 바쁘게 일하는 것을 보고, 많은 물건들이 어디에서 오고 어디로 옮겨지는지 보게 되면 자네도 직접 하고 싶을 거야. 아무리 적은 상품이라도 상업적으로 연결되어 있다는 것을 알게 될 테고 그게 아무리 하찮은 것이라도 자네의 생활에 활기를 더해준다는 걸 알게 될 거야."

베르너는 빌헬름과 사귀는 동안 올바른 사고방식을 가지게 되어 자신의 직업이나 일에 대해 자부심을 느끼고 있었다. 다른 점에서는 이성적이고 존경할 만한 친구 빌헬름이 자신의 눈에는 비현실적인 일에 큰 가치를 두고 모든 것을 쏟아붓고 있는 것을 보면, 친구보다는 차라리 자신이 그럴 자격이 있다고 믿었다. 가끔 그는 착한 친구를 이런 잠깐의 열기로부터 본디 자리로 되돌리고 반드시 올바른 길로 이끌어 줄 수 있을 것이라 생각하고 이야기를 계속했다.

"지체 높으신 분들은 대지를 자기들 것으로 삼아 부귀영화를 누리고 있네. 아주 작은 땅이라도 누군가에게 속해 있고 그 소유권은 보증되지. 공무원도 시민적인 직업도 그 수입은 대수롭지 않아. 그런데 상업만큼 합법적으로 소득을 얻고, 정당하게 점거하는 일은 없어. 왕후들은 하천이나 도로, 항구를 지배해서 그곳을 지나가는 모든 상품에게 세금을 매기고 그것으로 잔뜩 호화스러운 생활을 하지. 우리도 기꺼이 그 기회를 잡아서 우리의 활동,

필요, 또는 사치로 인해 사람들의 필수품에서 세금을 떼지 말라는 법은 없지 않은가? 자네가 그 시적 상상력을 발휘해서 생각해보게. 자네의 여신과 나의 여신을 그대로 싸우게 할 수 있는가? 내 장담하는데 분명 이기는 것은 나의 여신일걸세. 그녀가 지니고 있는 것은 검이 아니라 올리브나무 가질세. 단도도 쇠사슬도 그녀는 좋아하지 않아. 하지만 그녀 또한 그 인기인에게 왕관을 바치지. 자네의 여신을 헐뜯는 것은 아니지만, 그 왕관은 깊은 곳에서 파낸 황금과 언제나 성실한 시종이 바다 깊은 곳에 잠들어 있던 진주로 눈부시게 빛나고 있지."

빌헬름은 이 말에 조금 화가 났지만 표정으로 드러내지는 않았다. 그가 왠지 억지스럽게 말을 해도, 베르너는 언제나 점잖게 들어주고 있었던 것이 떠올랐기 때문이다. 어찌 되었든 빌헬름은 베르너가 지금 자신이 하고 있는 일이 가장 좋다는 주장을 흔쾌히 받아줄 만한 도량은 있었다. 그렇지만 빌헬름이 정열을 쏟고 있는 일만은 참견하지 않았으면 했다.

베르너가 말했다.

"인간이 하는 모든 일에 대해서 관심을 가지는 자네이니, 용기를 갖고 하는 일에 반드시 보상되는 행복이 사람들의 눈에 담기는 순간을 목격하는 것은, 한 편의 연극이 될 수도 있지 않겠나. 평온한 항해를 끝내고서 돌아온 배, 정말 많은 수확물에 둘러싸여 빨리 돌아온 배, 이런 배를 보는 것만큼 즐거운 일은 없지. 배 안에만 갇혀 지내던 선원이 배가 항구에 접근하기도 전에 뛰어내려 다시 자유를 느끼고, 거친 바다를 지나 운반해온 것을 드디어 고요하고 안정된 대지에게 맡기는 기쁨을 느끼지. 그 기쁨은 그들의 친척이나 지인뿐만 아니라 아무 관계없는 구경꾼들까지도 어느새 끌어들이지. 이보게, 돈을 번다는 것은 숫자로만 표현할 수 있는 것이 아니라고 생각하네. 행복은 활동하는 인간의 여신이야. 그 은혜를 마음속 깊이 느끼기 위해서 우리는 살아야 하고, 진지하게 노력하며 그 기쁨을 몸소 누리는 사람들을 보아야 하네."

제11장

자, 이쯤에서 우리는 이 두 친구의 아버지에 대해서 조금 자세하게 알아보도록 하자. 두 사람의 사상은 매우 달랐지만 상인이 가장 훌륭한 직업이라고 생각하는 점과 투기로 얻을 수 있는 이익이라면 그 무엇이든 놓치지 않으려고 세심한 주의를 기울이고 있다는 점에서 의견이 일치했다. 빌헬름의 아버지는 그의 아버지(즉 빌헬름의 할아버지)가 돌아가시자마자 온갖 귀중한 골동품은 다 팔아버리고 집을 최신식으로 다시 짓고, 가구도 모두 다 바꾸었다. 남은 돈은 여러 방법으로 활용했는데 그 대부분은 베르너 아버지에게 투자했다. 그는 투기를 하면 거의 성공하는 유능한 상인으로 이름났기 때문이다. 아버지의 간절한 소원은 아들이 자신에게 없는 자질을 키우고, 그가 가장 큰 가치를 부여하고 있는 재산을 자식에게 물려주는 것이었다. 그는 화려하고 눈에 띄는 물건을 좋아했지만 내적으로 가치가 있고 오랫동안 보존할 수 있는 것이어야 했다. 집에 있는 모든 것은 견고하고 묵직했으며, 저장품은 풍부하게 두어야 했고, 은그릇은 무거워야 하며 식기는 모두 비싼 것이어야 했다. 그렇다고 해서 손님을 자주 초대하는 것도 아니었다. 손님이 있으면 식사에 돈이 들고 번거로워지기에 아주 가끔씩만 초대를 했다. 그의 가정생활은 평온하고 단조로웠으며 무언가 새로운 일이 일어난다 해도 그다지 재미있는 일은 아니었다.

베르너 아버지는 어둡고 음침한 집에서 빌헬름 아버지와는 전혀 다른 생활을 하고 있었다. 그는 좁은 집무실에서 고풍스러운 책상에 앉아 사무를 끝내고 나면 고급스러운 식사를 하고 되도록 식사보다 더 고급스러운 술을 마셨다. 또 그는 그것을 혼자 즐기지 않고 늘 가족 이외에도 친구나 그의 집안과 관련이 있는 여러 사람들이 식탁에 죽 늘어앉아 있기를 바랐다. 의자는 낡은 것이었지만 그는 날마다 누군가를 초대해서 그 의자에 앉아 있게 했다. 손님은 고급스런 식사에 정신이 나가서 그 접시가 어디에서나 볼 수 있는 평범한 것이라는 사실을 전혀 알지 못했다. 지하실에 있는 포도주는 많지 않았지만 언제나 다 마시고 나면 더욱 고급스러운 것으로 채워졌다.

두 사람의 아버지는 이렇게 서로 다른 생활을 하고 있었지만 가끔 만나 공동으로 진행하고 있는 일에 대해 이야기를 나누었다. 오늘은 빌헬름에게 '공부'를 위한 여행을 시켜주기로 한 일이 결정되었다.

"아들이 세상을 돌아보고 많은 것을 알았으면 합니다."

빌헬름의 아버지가 말했다.

"동시에 우리의 일을 다른 마을에서 하도록 할 겁니다. 평생 직업이 될 일은 빨리 하는 것이 젊은 사람들에겐 가장 큰 공덕이니 말입니다. 댁의 아드님은 무사하게 여행에서 돌아와 일도 배웠지요. 우리 아들이 어떤 식으로 할까 매우 궁금합니다. 베르너 군보다 돈이 좀 더 드는 것은 아닌지 걱정이 되기도 하고요."

빌헬름의 아버지는 아들의 성격과 능력을 높이 평가하고 있었기에 말은 그렇게 했지만, 친구가 그렇지 않다고 하며 아들의 소질을 칭찬해줄 것이라 기대하고 있었다. 그렇지만 베르너의 아버지는 직접 그 사람을 만나 시험해 보아야만 믿는 사람이었기에 담담한 투로 말했다.

"무엇이든 시켜보아야 하는 것이지요. 우리 아들이 했던 일을 시켜봅시다. 목표를 정해두고 여러 외상 대금을 모으거나, 단골손님끼리 소개를 시켜 주거나, 새로운 단골을 만들게 하는 겁니다. 며칠 전에 상담했던 투기에도 도움을 받도록 하지요. 현지 정보를 모아야 조치를 취할 수 있을 테니까요."

"어서 준비해서 되도록 빨리 보내도록 하죠. 그런데 어딘가 이번 여행에 쓸 만한 말을 구할 수 있는 곳이 없을까요?"

"가까운 곳에 있습니다. H소매상이 나에게 빚을 조금 지고 있어서요. 아주 성격이 좋은 남자인데 돈 대신에 말을 가져가달라고 말하고 있습니다. 아들이 한 번 보았는데 꽤나 좋은 말이라고 하더이다."

"아들 녀석에게 가지러 가라고 해야겠군요. 우편마차로 가면 적어도 내일 모레에는 돌아오겠지요. 그러는 동안 여행가방과 서류를 준비해두면 다음 주 초에는 떠날 수 있을 겁니다."

두 사람은 빌헬름을 불러 결정된 것을 알려주었다. 누구보다도 기뻐한 것은 빌헬름이었다. 손가락 하나 까딱하지 않았는데도 호박이 넝쿨째 굴러온 듯 기회가 주어졌기 때문이다. 무엇보다도 자신의 계획을 실행할 수 있는 수단을 손에 넣었다는 것이 가장 큰 기쁨이었다. 그의 열정은 뜨거웠고, 지금까지 겪어왔던 중압감에서 벗어나 새롭고 더욱 숭고한 길로 나아가려는 자신의 행동이 아주 올바른 것이라 생각했기에, 조금도 양심의 가책이 느껴지지 않았으며 그 어떤 불안도 엄습해오지 않았다. 오히려 이렇게 아버지를 속이는 일이 신성한 것같이 느껴졌다. 부모님도, 친척들도 먼 훗날엔 자신의 행동을 칭찬하고 축복해줄 것이라 굳게 믿었다. 우연히 모든 것이 모여 생겨난 이 일을, 운명이 이끌고 있는 것이라고 생각했다.

그는 연인과 다시 만날 밤을 애가 타도록 기다리며 방에 앉아 여행 계획을 세웠다. 그것은 감옥에 갇힌 실력 좋은 도둑이 단단하게 채워진 쇠사슬로부터 발을 빼보고는 탈출은 가능하며 근시안적인 감시인들이 생각하는 것보다 훨씬 쉽게 도망갈 수 있을 것이라 확신하는 감정과 비슷했다.

드디어 기다리던 밤이 되었다. 집을 나가 무거운 마음을 떨쳐내며 인적이 없는 골목길을 걸어갔다. 광장에 도착하자 그는 하늘을 향해 손을 뻗었다. 모든 것을 극복하고 그를 얽매고 있던 것들로부터 벗어난 듯한 기분이 들었다. 그리고 연인과 함께 반짝이는 무대 위에 선 자신의 모습, 그녀의 품에 안긴 자신을 마음속에 그렸다. 넘쳐나는 희망에 하늘 위를 둥둥 떠다니는 것 같았다. 하지만 야경꾼들의 목소리가 그를 꿈에서 깨워 자신이 아직 지상에 있다는 현실을 깨닫게 해주었다.

마리아네는 계단 앞으로 마중을 나와 있었다. 그녀의 모습은 이루 말할 수 없이 아름답고 사랑스러웠다. 마리아네는 하얀 네글리제를 입고 그를 맞이했다. 멀리서 다른 연인이 보내준 새 옷을 입고 빌헬름의 품에 안겨 있는 것이었다. 천성적으로 타고 난 애교와 무대에서 익힌 사랑스러운 모습을 모두 모아서 열정을 담아 그에게 쏟아부었다. 그가 행복에 넘쳐 하늘로 날아갈 것만 같은 기분이 되었다는 것은 말하지 않아도 알리라.

그는 무슨 일이 있었는지 그녀에게 알리고 그의 계획과 소망을 대충 말해주었다. 함께 살 집을 구하면 곧바로 데리러 오겠다는 말과 더불어 자신의 생각에 따라주기를 바란다고 말했다. 불쌍한 마리아네는 눈물을 머금고 조용히 그를 가슴에 안았다. 그는 그녀의 침묵을 긍정적으로 해석하면서도 한편 그녀가 무슨 말이든 하기를 바랐다. 특히 그가 머뭇거리며 상냥한 말투로 자신이 아버지가 되었다고 생각해도 되겠냐 물었을 때 아무 말이든 한마디하기를 원했지만, 그녀는 한숨과 키스로 대답할 뿐이었다.

제12장

다음 날 아침, 눈을 뜬 마리아네는 새로운 슬픔에 잠겨 있었다. 그녀는 버림받은 것 같은 기분이 들어 햇빛조차 바라볼 기분이 들지 않았다. 침대에서 한 발짝도 나오지 않은 채 울면서 지냈다. 할멈은 그 옆에 앉아 그녀를 설득하고 달래주었지만 상처받은 마음은 쉽사리 낫지 않았다. 불쌍한 마리아네가 삶의 마지막 순간이라고 생각하는 때가 다가오고 있었다. 그녀 말고 또 누가 이렇게 불행한 상태에 놓여 있을까! 사랑하는 연인은 여행을 떠나고 그녀가 싫어하는 애인이 돌아올 날은 차츰 가까워지고 있었다. 그녀는 두 사람이 마주칠 것만 같은 걱정에 무서웠다.

"진정하셔요."

할멈이 말했다.

"그 예쁜 눈이 눈물로 엉망이 되어버렸잖아요. 연인을 두 명 갖는다는 것이 그렇게 불행한 일인가요? 사랑은 한 사람에게만 쏟아붓는다 해도, 아가씨를 생각해주는 또 한 사람은 아가씨의 친구라 할 수 있는 가치를 가지고 있는 분이랍니다. 그러니 적어도 감사해야지요."

"가여운 빌헬름."

마리아네는 울면서 말했다.

"그는 우리가 헤어질 것이라는 걸 알고 있어. 꿈에서 우리가 계속 숨기고 있던 일을 알아버리고 만 거예요. 내 옆에서 자고 있던 그가 갑자기 불안한 듯이 작은 목소리로 무언가 말하는 것 같은 기분이 들었어요. 나는 너무 걱정되어 그를 깨웠죠. 아! 그가 나를 상냥하게 안아주며 이렇게 말했어요! '오 마리아네! 당신이 끔찍한 운명으로부터 나를 구해주었어요. 그런 지옥에서 구해주어서 얼마나 감사한지 몰라요. 꿈을 꾸었는데 난 당신과 멀리 떨어져 가본 적도 없는 곳에 있었어요. 그런데 내 눈앞에 당신이 보이는 거예요. 당신은 아름다운 언덕 위에 있었어요. 태양이 비추는 부분이 반짝거려서 당신은 정말 매력적으로 보였죠. 하지만 그것도 잠시, 당신의 모습은 점점 밑으로 가라앉았어요. 내가 아무리 손을 뻗어보아도 너무 멀어서 닿지 않았지요. 당신은 언덕 너머에 있는 큰 바다, 아니 늪지 쪽으로 미끄러지듯 내려갔어요. 그러자 어떤 남자가 당신에게 손을 뻗었어요. 그 남자가 당신을 언덕으로 데리고 갈 것이라고 생각했는데, 옆으로 당신을 끌고 갔지요. 나는 손이 닿지 않으니 따라가지 말라고 소리쳤어요. 쫓아가려고 했지만 땅이 내게 쇠사슬을 채운 듯, 발이 떨어지질 않았어요. 그런데 걸을 수 있게 되자, 이번에는 물에 빠져 숨을 쉴 수 없었죠. 가슴이 죄어서 소리를 지르는 것조차 할 수 없었어요.'

아아, 불쌍한 그 사람은 나의 품에서 공포를 억누르며 그렇게 말한 거예요. 그리고 무서운 꿈을 가장 행복한 현실로 쫓아낼 수 있다는 것에 감사하다고 했죠."

할멈은 마리아네의 말을 자신의 산문으로 바꾸어 어떻게 해서든 일상생활로 끌어내려고 했다. 이때 그녀는 새잡이들이 흔히 새를 몰아서 잡을 때 쓰는 기묘한 수단을 썼다. 작은 피리로 새들의 울음소리와 비슷한 소리를 내어 재빠르게 많은 새를 잡아넣을 때 쓰는 방법이었다. 할머니는 빌헬름의 이야기를 하며 그의 모습과, 눈과, 사랑을 격찬했다. 마리아네는 기쁘게 그 이야기를 듣고 일어나 옷을 갈아입더니 조금은 진정한 듯이 보였다.

"저기, 아가씨."

할멈이 간지러운 목소리로 말했다.

"나는 아가씨를 슬프게 하거나 모욕할 생각은 전혀 없어요. 그저 아가씨의 행복을 바라고 있을 뿐이랍니다. 내 마음을 오해하시면 정말 슬퍼요. 나는 언제나 내 일보다는 아가씨를 더 걱정하고 있다는 것을 잊지 말아주세요. 아가씨는 어떻게 되기를 바라시는 거죠? 말씀해보세요. 어떤 것이 가장 좋은 방법일지 생각해 보는 것도 나쁘지 않을 거라고 생각해요."

"어떻게 되길 바라고 있어요?"

마리아네가 되물었다.

"난 정말 불행해요. 평생 불행하게 살게 될 거예요. 나는 빌헬름을 사랑해요. 그 사람도 나를 사랑하고 있어요. 알다시피 나는 그가 없으면 안 돼요. 그래서 앞으로 어떻게 살아가야 할지 모르겠어요. 노어베르크 씨가 돌아올 거예요. 우리가 이렇게 살 수 있는 건 모두 그의 배려 덕분이죠. 그 사람이 없으면 살아갈 수 없어요. 빌헬름에게는 돈이 한 푼도 없죠. 그 사람은 나를 위해 아무것도 해줄 수 없어요."

"그 사람은 아가씨에게 사랑 말고는 줄 수 있는 게 없는 호색한이로군요!"

"그 사람에 대해 나쁘게 말하지 말아줘요. 그는 가족을 버리려 하고 있어요. 극장에서 일을 구하고 나를 맞이할 손을 뻗어주려고 하고 있다고요."

"텅텅 빈손이라면 벌써 여기 넷이나 있어요."

"어쩌면 좋을지 모르겠어요. 바르바라, 당신이 정해줘요. 당신이 하라는 대로 할 테니. 우리의 사랑을 강하게 이어줄 증거가 내 배 속에 생긴 것 같아요. 그걸 머릿속에 넣고 생각해서 정해줘요. 내가 누구를 버리고 누구를 택해야 하는지."

할멈은 잠시 생각하고는 대답했다.

"젊은 사람들은 늘 극단적인 것에만 치우치는군요. 나는 즐거움이 되는 것과 돈이 되는 것 양쪽을 다 놓지 않는 것이 가장 현명하다고 생각해요. 한쪽은 사랑을 주고, 다른 한쪽에게는 저희 생활을 계속 도와주도록 하면 되는 것이랍니다. 중요한 것은 이 둘이 마주치지 않도록 철저히 관리해야 한다는 점이죠."

"좋을 대로 해주세요. 이제 아무것도 생각할 수 없어요. 할멈이 말하는 대로 할게요."

"단장님은 단원들 하나하나의 태도에 엄청난 자부심을 가지고 있는 분이시죠. 그걸 이용하면 돼요. 빌헬름 씨와 노어베르크 씨 두 분 모두 일을 남몰래 하는 것에 익숙하죠. 시간 약속은 내가 알아서 할 터이니, 아가씨는 내가 준비해 놓은 대로 연기만 하시면 됩니다. 어떤 일이라도 머리를 어떻게 쓰느냐에 따라 좋은 것도, 나쁜 것도 될 수 있는 법이니까요. 빌헬름 씨가 지금 멀리 계실 때 노어베르크 씨가 돌아오신다면 정말 좋을 텐데! 한 사람의 품에 안겨 다른 사람을 생각한다 해도 그 누구도 아가씨를 방해할 사람은 없어요. 배 속의 아이가 아들이었으면 좋겠네요. 그 아이에겐 돈 많은 아버지가 필요해요."

할멈의 계획이 그녀의 기분을 조금 나아지게는 했지만 큰 위안이 되지는 않았다. 그녀는 자기 처지를 헤아릴 만한 마음의 여유가 없었다. 그녀는 이 괴로운 상황을 잊어버리고 싶다 생각했지만 번거로운 일이 계속 떠올라 한시도 잊을 수 없었다.

제13장

그녀가 괴로운 시간을 보내고 있는 동안, 빌헬름은 짧은 여행을 끝내고 목적지에 닿았다. 찾아간 상인이 집에 없어서 가지고 온 소개장을 그 집 안주인에게 주었다. 그러나 그 부인에게도 만족스러운 대답을 들을 수 없었다. 그녀가 너무 허둥대는 바람에 온 집 안이 들썩거릴 지경이었다.

하지만 곧 그녀는 의붓딸이 얼마 전, 작은 극단을 떠나 이 마을에 머물며 프랑스어를 가르치던 한 배우와 사랑의 도피를 했다고 말했다. 그래서 아버지가 슬픔과 분노로 이성을 잃고 그 두 사람을 쫓을 추격자를 고용하기 위해 관청에 달려갔다는 것이다. 그녀는 딸을 심하게 욕하고 딸의 애인을 몹시 헐뜯었으며, 두 사람 다 쓸모없는 존재라고 말했다. 그리고 그 두 사람이 집안에 먹칠을 했다고 불평하는 소리를 늘어놓아서 빌헬름을 당황하게 만들었다. 빌헬름은 그 부인이 예언자인 것처럼 느껴졌다. 그 예언 능력으로 자신의 계획을 간파당하여, 모두에게 비난당하고 벌을 받을 것 같은 기분이 들었다. 관청에서 돌아온 아버지가 당혹감과 슬픔을 억누르고 더듬거리며 사건의 내용을 부인에게 이야기했다. 빌헬름은 그런 아버지의 모습에 마음속 깊이 동정을 느꼈다. 잠시 뒤 편지를 다 읽고 난 상인이 빌헬름 앞에 말 한 마디를 끌어다주었는데, 그의 얼굴에는 여전히 근심과 곤혹함이 남아 있었다.

빌헬름은 바로 말을 타고 자신의 마음을 불편하게 하는 이 집에서 얼른 벗어나고자 했다. 하지만 선량한 주인은 많은 신세를 지고 있는 집의 아들을 대접하지도, 또 하룻밤 재우지도 않고 그냥 떠나게 할 수는 없다고 했다.

빌헬름은 우울한 마음으로 저녁을 함께 먹고, 뜬눈으로 밤을 지새우고는 다음 날 아침에 서둘러 그 집안사람들로부터 달아났다. 그들의 우울한 대화가 빌헬름에게 얼마나 아프고 괴로운 것인지 그들은 알 리가 없었다.

빌헬름은 생각에 잠겨 천천히 말을 타고 길 위를 지났다. 갑자기 무장한 몇 사람이 초원을 가로질러 가는 것이 보였다. 그들은 너덜너덜한 상의에 소맷자락은 접어 올렸으며 어울리지 않는 모자와 구식 총을 가지고 있었다. 태평스러운 걸음걸이, 늘어진 움직임을 보고 그는 곧바로 민병대라는 것을 알았다. 그들은 해묵은 떡갈나무 밑에 총을 내려놓고 잔디 위에 앉아서 담배를 피우기 시작했다. 빌헬름은 그들 옆에 멈춰서 말을 타고 온 젊은이와 이야기를 나누었다. 유감스럽게도 그는 이미 도가 튼 '사랑의 도피' 이야기를 또 들어야 했다. 게다가 그 젊은이가 이야기 도중 내비치는 의견은 젊은 두 사람에게도, 그 부모님에게도 그다지 호의적이지 않았다. 그리고 그들은 옆 마을에서 붙잡힌 '도피자들'을 데리러 온 것이라고 덧붙였다. 드디어 멀리서 짐수레 한 대가 다가오고 있는 것이 보였다. 이윽고 그 수레는 민병대에 둘러싸였지만 그 장면은 삼엄하다기보다는 오히려 우스꽝스러웠다. 볼품없이 생긴 옆 마을 서기가 말을 타고 앞으로 나와서 빌헬름과 이야기를 나누었던 마을 서기에게 심하게 거드름을 피우며 요상한 몸짓으로 인사했다. 그건 마치 악령과 악마가 하나는 경계 안쪽에서, 다른 하나는 바깥쪽에서 밤에 일어날 은밀한 소행에 대해 의논하고 있는 것같이 보였다.

그러는 동안 구경꾼들의 눈길은 짐수레로 쏠렸고, 짚단 위에 앉아 있던 그들에게 동정의 눈빛을 보냈다. 둘은 서로 사랑스러운 듯이 바라보며 주위 사람들의 시선에 신경도 쓰지 않는 것 같았다. 그 아가씨를 태우고 있던 낡은 마차가 오는 길에 부서져버려서 민병대가 그들을 이상한 모습으로 데리고 왔다. 그 아가씨는 마차가 부서졌을 때, 남자 옆에 앉게 해달라고 부탁했다. 민병들은 남자가 중죄를 지은 사람이라고 착각, 마차가 부서지기 전까지 사슬로 손목을 묶어 마차와 이어놓고 그 옆에서 걷도록 했던 것이다. 당연히 그 사슬은 구경꾼들의 호기심을 자극했다. 젊은 남자가 연인의 손등에 입을 맞출 때마다 사슬은 아주 위엄 있게 철거덕거리며 흔들렸다.

"저희는 너무 억울합니다!"

아가씨가 주변 사람들을 둘러보며 외쳤다.

"우리는 당신들이 생각하는 것처럼 그렇게 나쁜 짓을 하지 않았습니다. 우리의 순수한 사랑에 이런 조치를 취하는 건 무자비한 사람들이나 할 짓이지요. 자식들의 행복은 조금도 생각지 않는 부모가 자식이 힘겹게 손에 넣은 행복을 빼앗으려 하는 것입니다."

사람들은 동정심으로 왁자지껄 떠들어댔다. 그때 마을 서기들은 두 연인을 건네주는 의식을 끝냈다. 짐수레가 움직이기 시작했다. 연인들의 운명이 궁금했던 빌헬름은 그들을 앞질러 재빠르게 샛길로 들어서 겨우 그곳에 다다를 수 있었다. 관청에 도착해 보니 많은 사람들이 모여 있었는데, 모두가 도피자들을 기다리고 있었다. 빌헬름은 어느새 도착한 서기가 늘어놓는 사건에 대한 자세한 설명을 들었다. 그리고 그가 어제 유대인에게서 사들인 말에 대해 장황하게 칭송하며 다른 사람의 대화를 가로막았다.

빌헬름이 이야기를 듣고 있는 사이에 불행한 두 연인은 이미 관청 앞 정원에서 내려 출입문을 통해 법정으로 들어간 것 같았다. 빌헬름은 구경꾼들의 눈길을 피하도록 조치해준 서기의 깊은 배려를 진심으로 칭찬했다. 그러나 사실 서기는 마을에서 치욕당한 연인들을 구경거리 삼아 즐기려고 관청 앞에 몰린 사람들에게 심술을 부린 것뿐이었다.

법관은 이런 종류의 사건을 그리 좋아하지 않았다. 왜인지는 모르겠지만 거의 이런 경우에는 아무리 별 탈 없이 마무리를 지으려 노력해도 꼭 예기치 않은 일이 일어나서 본청으로부터 심한 꾸지람을 듣게 되기 때문이었다. 그는 무거운 발걸음으로 법정으로 들어갔다. 서기와 빌헬름, 마을의 몇몇 권력자들이 그 뒤를 이었다.

첫 번째로 아름다운 아가씨가 불려 나왔다. 그녀는 침착하고 자신감에 넘쳤다. 그렇다고 뻔뻔스러웠던 것도 아니었다. 그녀의 옷차림과 몸짓, 그리고 눈빛은 그녀의 높은 자존감을 나타내고 있었다. 질문이 시작되기도 전에 그 아가씨는 자신을 변호하며 거침없이 말했다.

서기는 그녀에게 조용히 하라 명령하고 수북이 쌓여 있는 종이 위에 펜을 올려놓았다. 법관은 보좌관을 흘끗 쳐다본 뒤 헛기침을 하고 아가씨에게 이름과 나이를 물었다.

아가씨가 대답했다.

"실례지만, 법관님께서 제 이름과 나이를 묻는 것은 이상하다고 생각합니다. 법관님은 저의 이름은 물론이고, 제 나이도 알고 계시죠. 큰 아드님과 제가 동갑이라는 것을 잊으신 건가요? 솔직히 말씀드리지요. 아버지가 재혼하신 뒤부터 저는 집에서 그리 좋은 대우를 받지 못했습니다. 괜찮은 혼담이 몇 번 들어왔지만 양어머니는 지참금이 아깝다며 모두 취소시키셨답니다. 그사이에 저는 멜리나를 만났고, 우리는 서로 사랑하게 되었습니다. 저희는 처음부터 많은 어려움이 있을 것이라 짐작하고 있었기에 저희의 행복을 찾아 더 넓은 세계로 나아가기로 한 겁니다. 저는 저의 소유 말고는 아무것도 가져오지 않았습니다. 저희들은 강도질을 하거나 무언가를 훔쳐서 달아난 것이 아닙니다. 그리고 그 사람에 의해 억지로 끌려다닌 적은 한순간도 없습니다. 예컨대 벌을 받아야만 한다 해도 이런 식으로 수치를 당하는 건 이상합니다."

법관은 매우 당황했다. 벌써부터 본청에서 맹렬하게 비난하는 소리가 귓가에 울리는 것 같았다. 아가씨가 너무나 유창하게 대답했기에 조서 초안은 완전히 쓸모없는 것이 되어버렸다. 그렇지만 그것보다 법관을 더 당황하게 만든 것은 더 이상 형식적인 질문엔 대답하지 않고 앞서 말했던 것을 주장하며 한 발짝도 물러서지 않는 그녀의 태도였다.

"저는 죄인이 아닙니다. 그럼에도 당신들은 저를 구속하고 여기에 억지로 앉혀 굴욕을 주었습니다. 정당한 판결로 저의 명예를 회복시켜주시기를 바랍니다."

그때까지 그녀의 발언을 계속 기록하고 있던 서기는 법관에게 형식적인 조서는 나중에 만들 수 있으니 상관하지 말고 계속 질문하라고 속삭였다. 법관은 마음을 다잡고 특유의 무겁고 형식적인 투로 젊은 남녀의 달콤한 사랑의 비밀에 대해 묻기 시작했다.

빌헬름은 얼굴이 뜨거워지는 것을 느꼈다. 피고인의 두 볼에도 부끄러움으로 살짝 붉은빛이 돌아 그녀의 인상을 더욱 매력적으로 만들었다. 그녀는 입을 꼭 다물었다가 잠시 말을 더듬었지만, 곧 그 당혹감을 넘어 용기를 가지고 말했다.

"맹세합니다."

그녀는 강한 투로 말했다.

"저는 설령 그것이 저에게 손해가 되는 일이라도 진실만을 이야기할 것입니다. 저의 명예가 걸린 일이니 망설임 없이 말씀드리지요. 저는 그 사람의 사랑과 성의를 믿었던 때부터 그 사람을 제 남편으로 생각했습니다. 저는 사랑이 요구하는 것, 굳게 믿는 마음이 허락하는 모든 것을 그 사람에게 바쳤습니다. 자, 저를 좋으실 대로 하세요. 제가 잠시 망설인 것은 저의 고백이 그 사람에게 불리하게 작용할까봐 걱정이 되었을 뿐, 다른 이유는 없습니다."

빌헬름은 이 고백을 듣고 그녀의 마음씨가 매우 훌륭하다 생각했다. 하지만 법관도 서기도 그녀를 뻔뻔스러운 여자라고 생각했고, 배심원 자리에 앉아 있는 마을의 권력자들도 이런 사건이 자기 집안에 일어나지 않은 것을 신에게 감사했다.

　이때 빌헬름은 그의 상상력을 활용하여 그의 연인을 재판관석 앞에 세워 보았다. 그녀에게 조금 더 훌륭한 말을 하게 하고, 그녀의 솔직함을 더욱 진솔하게, 그녀의 고백을 더욱 고결하게 만들었다. 그리고 자신의 눈앞에 있는 아가씨의 힘이 되어주고 싶다 생각했다. 그는 곧바로 생각을 실천으로 옮겨 망설이고 있는 법관에게 모든 것이 밝혀졌으니 이쯤에서 심리(審理)는 끝내는 것이 좋겠다며 살짝 부탁했다. 덕분에 그 아가씨는 퇴정하게 되었다. 그리고 이번에는 젊은 남자가 입구에서 사슬이 풀린 뒤에 법정으로 들어왔다. 이 남자는 아까의 아가씨보다 자신의 운명이 어떻게 될지 잘 알고 있는 것 같았다. 그의 답변은 아주 차분했다. 대담함과 솔직함에 있어서는 아가씨보다 부족했지만 진술은 또렷하고 질서정연했다.

　그의 진술은 아가씨가 말했던 것과 모두 일치했지만 그녀가 앞서 고백했던 것을 그는 완강하게 부인했다. 그는 그녀를 지키고 싶었던 것이다. 그 남자의 심리가 끝나자 아가씨가 다시 불려갔다. 그리고 그 둘의 대화는 빌헬름의 마음을 완전히 사로잡았다.

　한 편의 소설 또는 연극에서나 볼 수 있는 서로를 감싸기 위한 말다툼, 즉 힘든 순간에야말로 빛을 내는 사랑의 힘을 빌헬름은 법정이라는 불쾌한 자리에서 본 것이었다.

　빌헬름이 작게 속삭이듯 자문했다.

　"그렇다면 정말로 태양의 눈을 피해, 사람들의 눈을 피해, 둘만의 고독과 깊은 비밀 속에서만 받아들여지는 연약한 사랑도, 우연찮게 적대심으로 가득한 사람들 앞에서 고난을 받게 되면 사람의 시선을 상관하지 않는 사랑보다 더 대담하고, 더 용감해지는 것이란 말인가?"

　다행히도 심리는 모두 금방 끝나 빌헬름은 안심했다. 둘은 서로 다른 방에 갇혔지만 그렇게 엄중하지는 않았다. 빌헬름은 할 수 있다면 그 아가씨를 어서 집으로 돌려보내고 싶었다. 왜냐하면 그는 그녀의 부모를 설득해서 사랑하는 사람끼리 행복하게 결혼하도록 도와주겠노라 마음먹고 있었기 때문이다.

　그가 법관에게 멜리나와 이야기를 나누고 싶다고 하자 법관은 아주 흔쾌히 허락해주었다.

제14장

멜리나와 빌헬름은 금방 마음을 터놓고 활발하게 이야기를 나누었다. 빌헬름이 풀이 죽어 있는 젊은이에게 그녀의 부모님과 자신이 어떤 관계인지를 말하고 그들을 설득하고 싶다고 한데다가, 어느 정도 설득할 만하다는 이야기에 슬픔과 불안으로 가득 차 있던 젊은이의 마음이 금세 밝아졌기 때문이다. 그는 어서 이곳에서 해방되어 연인의 부모님과 화해하고 싶다고 생각하고 있었다. 그리고 둘의 이야기는 미래의 직업과 생계에 대한 것까지 이어졌다.

"더 이상 어려움은 없을 것입니다."

빌헬름이 말했다.

"당신은 주어진 재능으로 분명히 성공할 것입니다. 호감 가는 외모에 멋들어지게 울리는 목소리, 그 풍부한 감성까지 어떤 배우보다도 훌륭한 소질을 가졌다고 생각합니다. 원한다면 내가 소개장을 두세 장 써줄게요."

멜리나가 대답했다.

"정말 감사하지만, 소개장을 받아도 쓸 일이 없을 겁니다. 가능하다면 더이상 연기는 하지 않으리라 다짐했거든요."

"너무나 아쉬운 말을 하는군요."

빌헬름이 잠시 놀란 마음을 달래고 말했다. 이 남자가 아리따운 아가씨를 아내로 얻고 감옥에서 나가자마자 극장을 찾을 것이라고 생각했기 때문이다. 빌헬름은 그것이 그에게 물고기가 물속에서 사는 것과 같이 당연한 일이라고 여겼다. 그는 한순간도 그에 대해 의심한 적이 없었다. 하지만 그는 그의 생각과 완전 반대되는 의견을 들어야만 했다.

"나는 다시는 연기를 하지 않을 생각입니다. 오히려 시민으로서 할 수 있는 일자리를 구할 것입니다."

"그거 참 이상하네요. 나는 그 의견에 찬성할 수 없습니다. 특별한 이유가 없는 이상, 이미 익숙해져버린 생활을 바꾸는 것은 그리 좋은 방법이 아니거든요. 게다가 내가 알고 있기로 배우만큼이나 즐겁고 멋지고 희망을 줄 수 있는 직업은 없다고 생각합니다만……."

"아직 배우로서 제대로 일한 적이 없어서 그런 말을 할 수 있는 겁니다."

이에 대해 빌헬름은 이렇게 대답했다.

"멜리나 씨. 인간이라고 하는 건, 대부분이 자신이 놓여 있는 상황에 만족하는 법이 없죠. 언제나 주변 사람을 부러워하고 그 환경에서 벗어나고 싶어 하는 것이에요."

"그렇지만 힘든 환경과 극심하게 힘든 환경은 확연히 다른 것입니다. 내가 극장에서 뛰쳐나온 것은 참을성이 없어서가 아니라 경험에 의한 것이었습니다. 이 연극계에서 번 돈으로 사먹는 빵 쪼가리보다 보잘것없고 불안정하며 먹기 힘든 것이 또 있을까요? 차라리 집집마다 구걸 다니는 것이 더 나을 정도입니다. 동료들의 시샘, 단장의 편애, 관객들의 변덕도 내가 연기를 그만둔 이유 가운데 하나입니다. 이것들을 견디느니 차라리 곰 가죽을 뒤집어쓰고 원숭이나 개와 함께 줄에 묶여 끌려다니고 발에 차이면서 아이들 앞에서 춤추는 것이 나을 겁니다."

빌헬름은 수천 가지 생각을 다해보았지만 이 남자에게는 도움이 될 것 같지 않았다. 그래서 빌헬름은 말을 돌려 하찮은 이야기들만 할 뿐이었다. 하지만 멜리나는 더욱 거리낌 없이 이것저것 자신의 의견을 말했다.

"당연한 것이지만, 상연하는 4주 동안, 단장은 단장대로 마을에서 조금이라도 더 돈을 벌기 위해 마을 위원들 모두에게 무릎 꿇고 빌어야 합니다. 우리 단장이 나를 괴롭힌 적이 있기는 해도 본성이 착한 사람이라 너무나 불쌍해 보였습니다. 실력이 좋은 배우는 월급 인상을 요구하지만, 그렇다고 멋대로 아마추어들을 자를 수도 없었습니다. 어떻게든 수입과 지출을 맞추려면 입장료를 올릴 수밖에 없었죠. 그러자 소극장은 텅텅 비어버리고 말았어요. 망하지 않으려면 적자를 각오하고 근근이 버틸 수밖에 없어요. 빌헬름 씨, 아까 하신 말씀대로 저희들을 돌봐주실 생각이라면 그녀의 부모님과 진지하게 상의해주세요. 이 마을에서 일할 수 있게 해달라고요. 서기든 회계원이든 뭐든 일할 수만 있다면 아무거나 하겠습니다."

빌헬름은 두세 마디를 더 나누고 나서 다음 날 아침 일찍 그녀의 부모님을 찾아가서 자신이 도울 수 있는 일을 알아보겠다 약속하고 멜리나와 헤어졌다. 혼자가 되기 무섭게 그는 이렇게 큰 소리로 외쳤다. 그렇게 하지 않으면 기분이 풀릴 것 같지 않았기 때문이었다.

"아아! 불쌍한 멜리나! 당신이 극복할 수 없었던 불행은 배우라는 직업에 있는 것이 아니라 당신 마음속에 있는 거예요! 전문직이든, 예술이든, 아니 그 어떤 일이라도 사람들이 마음으로 다하지 않고 삶을 살아간다면, 틀림없이 당신과 같이 자신의 삶을 견디지 못할 겁니다. 자신에게 맞는 재능을 가지고 있는 사람은 그 재능으로 가장 멋진 인생을 발견할 수 있어요. 이 세상에 쉬운 일은 존재하지 않습니다. 자신의 일에 대한 열정과 사랑…… 이 것이 고난을 뛰어넘는 힘이 되고 새롭게 길을 열어주어 앞으로 나아가게 하는 겁니다. 당신의 눈엔 무대가 그저 누구나 올라설 수 있는 곳처럼 보였고, 당신에게 주어진 역할은 아무라도 해낼 수 있는 것처럼 느껴졌겠군요. 당신의 눈에 관객은 그저 할 일 없어 모인 사람들이라고 생각되었겠군요. 그러니 당신은 책상에 앉아 줄이 그어진 작은 노트 위에 엎드려 이자를 적고 잔금을 계산하는 일과 똑같은 일로 느껴지는 것이겠지요. 당신은 하나가 되어 뜨거워지고 서로 부딪치는 '전체'를 느끼지 못했어요. 그건 온통 마음을 다 쏟아부어야 이해할 수 있으며 수행하는 것이죠. 인간의 내면에는 미처 느끼지 못하는 뜨거운 불씨가 있다는 것을 당신은 모르는 것 같군요. 바람을 일으켜 불을 피우지 않으면, 마침내 나날이 쌓이는 무관심이라는 재에 묻혀 보이지 않게 되고 말아요. 하지만 그것은 언제까지고 꺼지지 않아서 영원토록 사라지지 않을 것입니다. 당신은 자신의 영혼이 불을 일으킬 수 있는 힘이 있고, 불씨를 활활 타오르게 할 바람이 당신의 마음속에서 세차게 불고 있다는 사실을 모르고 있어요.

당신은 굶주림으로 괴로워하면서도 힘든 일은 싫다고 말합니다. 하지만 어떤 직업이라도 힘든 때가 있기 마련이고 오직 기쁨과 평상심만이 그것을 이겨낼 수 있다는 사실을 모르고 그런 말을 하는 것이겠죠. 당신이 평범한 직업의 틀 안에 머무르려 하는 건 잘한 일이에요. 당신이 열정과 용기를 필요로 하는 직업을 해낼 리가 없으니까요. 군인과 정치가, 성직자에게 당신의 생각을 말해보는 것도 좋겠군요. 그러면 그들은 당신과 똑같이 자신의 직업에 대해 한탄할 수 있을 테니까. 아니, 그러기는커녕 여러 생활감정으로부터 완전히 벗어나 인간의 생활, 존재는 모두 무(無)다, 고통이 가득하다, 티끌 같은 것이라 말하겠죠? 당신의 마음이 뜨겁게 움직이고 있다면, 당신의 마음이 공감의 불꽃을 태우고 있다면, 당신의 사명감이 마음속 깊이 자리하고 있다면, 당신의 목소리와 입술이 내는 정감 어린 말을 당신이 흡족하게 느끼고 있는 것이라면 당신은 다른 사람들 속에서 진정한 자신을 느낄 수 있는 장소와 기회를 분명 찾을 수 있겠지요.”

빌헬름은 이렇게 말하며 그 모든 것을 머릿속에 새겨두었다. 그리고는 옷을 벗고 만족스러운 기분으로 침대에 드러누웠다. 그가 내일 변변치 않은 그 사람을 대신해서 하려고 하는 일이 소설처럼 그의 마음속에 펼쳐졌다. 유쾌한 환상이 꿈의 나라로 빌헬름을 인도했고, 그곳에서 꿈의 소녀가 두 팔을 벌려 그를 맞이하여 평온해진 머리를 천상의 빛으로 감쌌다.

다음 날 아침, 빌헬름은 곧 일어날 만남에 대해 생각했다. 딸에게 버림받은 부모의 집을 방문했더니 그들은 놀란 표정으로 그를 맞았다. 조심스럽게 용건을 말하며 그는 생각했던 것보다 일이 쉬운 듯하면서도 까다롭다는 것을 깨달았다. 어쨌든 이미 만남은 진행되고 있었다. 특별히 엄격하고 완고한 사람들이 이미 일어난 일을 되돌리려고 애를 쓸 때가 있는데 그런 노력은 오히려 일을 더 크게 만든다. 한편 사람들은 이미 일어난 일을 있을 수 없는 일이라고 말하면서도, 또 같은 일이 일어나면 늘 일어나는 일이라 떠들어댄다.

멜리나와 아가씨의 결혼 이야기는 금방 긍정적인 쪽으로 흘러갔다. 그렇지만 참을성 없이 일을 저질러버린 딸에게는 지참금을 주지 않고, 숙모가 남겨준 재산 가운데 아주 일부분만 주기로 했다. 하지만 멜리나의 취업에 관한 교섭은 꽤나 까다로웠다. 그런 됨됨이가 좋지 못한 녀석이 눈앞에 얼쩡거리는 꼴을 보고 싶지 않다는 것이 그 이유였다. 그 두 사람이 이 마을에 있으면 분명 자기들도 손가락질 당할 것이 뻔한데, 더 이상 그런 취급을 받는 것은 못마땅하다고 그들은 말했다. 관청도 그런 사람에게는 쉽게 일자리를 주지 않을 것이라고 장담했다. 그들은 완강하게 반대했고 빌헬름은 열심히 멜리나와 아가씨를 변호했다. 그는 자신이 경멸하고 있는 그 남자가 극장으로 돌아가는 것을 원치 않으며 또 그런 행복을 누릴 가치가 없다고 확신하고 있었기에 그를 변호하고 있었던 것이다. 하지만 빌헬름이 아무리 이모저모 따지며 이야기를 해보아도 소용없었다. 만약 그가 이들 부부의 비밀을 알고 있었다면 그렇게 노력할 일도 없었을 텐데!

사실 아버지는 딸을 자기 곁에 두고 싶었지만 아내가 자꾸 멜리나에게 은근한 눈길을 보내고 있었기에 그에게 증오를 느끼고 있었다. 아내는 연적이라 할 수 있는 의붓딸의 행복한 모습을 보고 싶지 않았다. 그리하여 멜리나는 어쩔 수 없이 극단을 찾기 위해 젊은 아내와 함께 며칠간 여행을 떠나야 했다. 한편 그의 아내는 의욕에 넘쳐 세상을 보고 싶다, 세상에 자신들의 모습을 내보이고 싶다는 기분으로 들떠 있었다.

제15장

청춘이여! 처음으로 사랑을 알게 된 젊은이들이여! 그대들은 몇 시간 동안을 메아리로 즐거워하는 어린아이와 같다. 별것 아닌 것까지 혼자서 이야기하며 눈에 보이지 않는 상대가 아주 작은 소리로 대답 아닌 대답을 하여도 그 대화를 즐기는 아이와 같은 것이다.

마리아네를 사랑하기 시작했을 즈음, 빌헬름이 바로 그런 상태였다. 풍부한 감정을 그녀에게 바치고 자신은 그녀가 베풀어주기를 구걸하며 살아가는 거지와 같다고 생각했다. 햇빛이 비추는 곳에 더 큰 매력을 느끼듯이, 그의 눈에는 그녀를 둘러싸고 있는 모든 것, 그녀의 손에 닿는 모든 것이 아름답게 보였다.

빌헬름은 단장에게 특별히 허락을 받아 몇 번인가 무대 끝부분에 서 있었다. 그곳에 서 있으면 객석에서 느끼는 신비함은 사라져도, 그보다 더 강력한 사랑의 마법이 작용하곤 했다. 그는 몇 시간이라도 더러운 조명받침 옆에 서서 나뭇진으로 만든 양초에서 올라오는 연기를 맡으며 연인을 바라보았다. 그녀가 무대에서 내려와 상냥한 눈빛으로 웃어주면 당장 하늘로 날아갈 수 있을 것처럼 행복했다. 박제된 어린 양, 호박단으로 만들어진 폭포, 두꺼운 종이로 만든 장미 덤불, 한쪽만 있는 초가집 등이 그 옛날, 양을 치던 시대의 정감 있고 시적인 모습을 떠오르게 했다. 곁에서 보고 있으면 못생긴 무용수도 마리아네와 같은 무대에 서 있다고 생각하면 싫지 않았다. 진실로 사랑은 장미로 둘러싸인 정자(亭子)나 도금양*⁷ 숲 같으며 심지어는 그저 굴러다니는 부스러기나 종이 쪼가리조차 생생한 모습을 부여받는 것이리라!

---

*7 쌍떡잎식물 도금양목 도금양과의 상록관목. 그리스 신화에서는 신성한 나무로 불사의 상징으로 쓰였다.

사랑은 강력한 향신료와 같아서 아무리 맛없는 수프라도 맛있게 만들어준다. 마리아네의 방이 늘 이 수프와 같았고, 가끔 그녀 자체가 그런 상태였기에 어떻게든 참아내고 곧 유쾌한 시간을 보낼 수 있도록 하기 위해서는 그 향신료가 필요했다.

품위 있는 시민 집안에서 자란 그에게 질서와 청결함은 숨 쉬는 일처럼 당연한 것이었다. 화려한 것을 좋아하는 아버지의 취향을 살짝 물려받은 그는 어렸을 적에 자기 방을 작은 왕국이라고 생각하여 화려하게 꾸민 적도 있었다. 침대의 커튼은 무대에서 옥좌가 등장할 때와 같이 주름을 만들어 올리고 술이 달린 끈으로 묶었다. 방 한가운데에는 양탄자가 깔려 있었고 책상은 더욱 화려한 식탁보로 덮여 있었다. 책이나 장식품들은 질서정연하게 늘어놓아 네덜란드 화가가 정물화의 소재로 삼아도 문제없을 정도였다. 챙 없는 하얀 모자를 터번인 양 뒤집어쓰고 덧옷의 소맷자락은 동양의 옷같이 짧게 잘라서 입고 있었다. 하지만 이건 공부할 때 방해가 되어서 그런 것이라 둘러대었다. 밤이 깊어 아무도 방해할 수 없는 시간이 되면 비단으로 된 허리띠를 두르고 이따금 무기창고에서 슬쩍 꺼내온 단검을 허리띠에 꽂았다. 그렇게 자신에게 주어진 역할을 연습했고, 같은 이유로 양탄자 위에 무릎을 꿇고 밤의 기도를 낭송했다.

그러므로 이전에는 배우를 행복한 사람이라고 칭송했었다. 그 셀 수 없을 만큼 많은 훌륭한 의상과 갑옷, 무기를 갖고, 계속 고귀한 사람들의 행동을 따라 훈련하는 그 정신은 환경, 사상, 정열, 그 가운데 어느 것이든 이 세상이 부여해준 가장 화려하고 웅장한 물건을 비추는 거울과 같다고 생각했기 때문이다. 게다가 빌헬름은 배우의 가정생활은 품위 있는 행동과 일에 연결되어 무대에서 보이는 그 모습은 평소에 갈고닦은 최고의 품격이라 상상하고 있었다. 이를테면 그것은 은(銀)이 긴 시간 동안 정련되어 드디어 찬란하게 장인 앞에 나타나 모든 이물질이 없어져 순화되었다고 알리는 것과 같다고 생각했다.

그 때문에 처음으로 마리아네의 집을 방문했을 때, 행복함에 휩싸여 책상과 의자, 바닥을 둘러본 빌헬름은 깜짝 놀랐다. 임시방편으로 쓰인 싸구려 장식품들이 여기저기 흩어진 물고기의 비늘처럼 불빛을 받아 반짝이고 있었기 때문이다. 그것뿐만이 아니었다. 옷매무시를 다듬기 위한 물건들, 빗, 비누, 수건들도 여기저기 떨어져 있었다. 또한 악보와 구두, 속옷과 이탈리아제 조화, 바늘겨레와 머리핀, 연지통과 리본, 책과 밀짚모자 따위가 모두 먼지와 분으로 범벅이 되어 있었다. 하지만 빌헬름은 마리아네의 옆에 있으면 다른 것은 거의 눈에 들어오지 않았다. 오히려 그녀의 물건, 그녀의 손에 닿는 모든 것에 정감을 느꼈기에 결국 질서정연하고 호화스러운 생활을 해온 그는 그녀의 난잡한 생활 방식에서 새로운 매력을 느꼈다. 놀랍게도 마리아네가 피아노를 치기 위해 코르셋을 치우고, 의자에 앉아 스커트를 침대 위에 던지거나 하며 거리낌 없이 천진난만하게 평소에 가려져 있던 신체 부위를 숨기려 하지 않았기에 빌헬름은 그녀와 더 가까워지는 것을 느끼며 보이지 않는 인연이 더욱 강해지는 것이라 생각했다.

그런데 빌헬름은 그녀의 집을 방문할 때마다 가끔 보는 배우들의 태도는 이해하기 힘들었다. 그들은 빈둥빈둥대는 주제에 바쁜 척하며 자신의 직업과 목적은 아예 머릿속에 들어 있지도 않은 듯이 보였다. 그것은 공연할 작품의 시적 가치에 관해 이야기하거나 비평하는 소리는 한 번도 들어보지 못했기 때문이다. 언제나 들려오는 말은 같았다.

'이번 작품은 많이 벌어들일 수 있을까? 언제까지 계속할 수 있을까? 하루에 몇 번이나 상연할 수 있을까?'

그 다음은 단장이 비난의 대상이 되었는데, 출연료를 너무 적게 주고, 특히 누구누구한테 너무했다는 등 헐뜯는 이야기가 대부분이었다. 그리고 이어지는 것이 관객에 대한 이야기로, 관객의 갈채는 늘 엉뚱한 사람에게 향하고 독일 연극은 날이 갈수록 발전하고 있지만 배우들은 그에 합당할 만큼 충분한 대우를 받지 못하고 있다는 것이었다. 그것뿐이 아니었다. 카페, 와인 바 같은 데서 일어났던 독특한 사건, 아무개가 진 빚이 얼마인가, 얼마만큼 공제 받았는가, 주급으로 주는 것은 불공평하다, 반대파 녀석들이 음모를 꾸미고 있다는 둥…… 연극과는 관계없는 이야기를 잔뜩 하곤 했다. 하지만 언제나 마지막에는 관객들이 극단에 얼마나 관심을 갖고 있는지가 화제가 되어 연극이 국민과 세계의 교양에 미치는 영향에 대한 이야기로 대화는 끝이 났다.

빌헬름이 말을 타고 천천히 집으로 돌아가는 길에 그가 겪었던 많은 일들을 곱씹어 보니 지금까지 가끔 그를 불안하게 했던 모든 것이 다시 엄습해

왔다. 온 마을을 떠들썩하게 만든 두 연인의 사랑의 도피, 길가와 관청에서의 장면들, 멜리나의 사고방식…… 그 밖의 모든 것들이 다시 떠올라 그의 영혼을 매우 걱정스럽고 불안한 상태로 만들었다. 그는 끝내 그 불안감을 떨쳐내지 못하고 서둘러 마을 쪽으로 말을 달렸다.

하지만 돌아가는 길에 그를 기다리고 있었던 것은 또 다른 불쾌한 일이었다. 친구이자 앞으로 매부가 될 베르너가 진지한 얼굴로 생각지도 못했던 중대한 이야기를 하려고 그를 기다리고 있었던 것이다.

베르너는 믿을 수 있는 몇몇 사람 가운데 하나로, 언제나 하나의 목표를 가지고 생활하는 사람이었다. 이런 사람은 무슨 일이 일어나도 쉽게 감정적으로 변하지 않기에 자주 냉혈한이라 오해를 받는다. 그 때문에 어렸을 때부터 빌헬름과도 늘 말다툼을 하곤 했지만 오히려 그것이 두 사람의 우정을 더욱 돈독하게 해주었다. 사상은 달랐지만 서로의 장점을 보고 자신에게 모자란 것이 무엇인지 알 수 있었기 때문이다.

베르너는 훌륭한 사람이지만, 가끔 정도에 지나치게 날뛰는 빌헬름의 영혼에 자신이 고삐를 매고 재갈을 물린다고 생각하여 조금 우쭐대었고, 빌헬름 또한 매사에 신중한 베르너를 무언가에 열중하도록 만드는 날이면 큰 승리를 거머쥔 듯 짜릿함을 느꼈다. 그래서 둘은 날마다 만나며 서로를 통해 자신의 역량을 시험해 보았다. 서로의 의견이 이해되지 않았기에 더욱 만나서 이야기하고 싶다는 기분이 강해졌던 것이리라. 하지만 둘 다 근본적으로 훌륭한 성품을 가진 젊은이들이었기에 어깨를 나란히 하며 손을 잡고 같은 목표를 향해 나아갔다. 그렇지만 두 사람은 어째서 상대를 자신과 같은 생각을 하도록 만들지 못하는 것인지 전혀 알지 못했다.

얼마 전부터 베르너는 빌헬름이 자기를 찾는 횟수가 줄어들고, 그가 좋아하는 이야기에도 집중하지 못하고 금세 그만두며, 기묘한 상상에 빠져서 숨도 쉬지 않고 정신없이 말하던 버릇마저 사라졌다는 사실을 눈치챘다. 이것이야말로 자유로운 빌헬름의 모습이 그의 친구에게 안정감과 만족을 느끼게 한다는 증거라 할 수 있다. 꼼꼼하고 신중한 베르너는 자신이 무언가 잘못한 것인가 생각했지만 곧 빌헬름의 뜻하지 않은 부주의로, 또 몇몇 마을에서 떠돌고 있는 소문으로 그 원인을 알 수 있게 되었다. 베르너는 그 사실을 확인하려고 빌헬름의 뒤를 밟았다. 그 결과 빌헬름이 꽤 오래전부터 어느 여배우의 집을 공공연하게 찾아가고, 극장에서는 즐겁게 이야기도 나누며, 그녀를 집까지 바래다주고 있다는 것을 알아냈다. 게다가 함께 밤을 보내기도 한다는 사실을 알고, 그는 큰 절망에 빠졌다. 소문에 의하면 마리아네는 무척 매혹적인 여자이고, 젊은 빌헬름의 돈을 낭비하면서도 다른 한편으로는 정체를 알 수 없는 남자에게서 생활비를 받고 있다고 했다.

베르너는 만반의 준비를 하고 빌헬름을 호되게 꾸짖기로 결심했다. 그런데 마침 빌헬름이 불만스럽고 초조한 표정으로 여행길에서 돌아왔다.

그날 밤 베르너는 처음엔 부드럽게 자신이 알고 있는 모든 것을 말했다. 그러다 친구가 잘되길 바라는 마음에 자기도 모르게 점점 강한 말투가 되었다. 베르너는 도덕적인 우월감에 젖어 사랑에 빠져 있는 남자에게 신랄한 비난을 퍼부은 것이다. 그러나 당연하게도 그것은 아무 소용없었다. 빌헬름은 속으론 흔들리면서도 단호하게 말했다.

"자네는 그 아가씨를 잘 몰라. 그녀가 겉으로 보기엔 안 좋은 것투성이지만 나는 내 사랑을 게을리하지 않았고 그녀의 성실함과 정절을 의심하지 않네."

베르너는 자신의 주장을 굽히지 않고 증인들을 불러올 수도 있다고 했다. 빌헬름은 그것을 단번에 거절하고 친구와 헤어졌다. 그는 마치 돌팔이 치과의사가 충치가 생겼다고 무작정 이를 집게로 잡아 흔든 것 같은 표정을 짓고 있었다.

빌헬름은 여행 중의 망상과 베르너의 참견으로 마리아네의 아름다운 모습이 점점 흐릿해지는 것이 너무나 불쾌했다. 빌헬름은 모든 의심을 날려버리기 위해, 밤마다 마리아네를 만났던 그 길로 발걸음을 돌렸다. 그녀는 매우 기뻐하며 그를 반겨주었다. 그녀는 그가 마을에 도착해 그녀 집 앞을 지나가는 것을 보고서 오늘 밤 그를 만나게 될 것이라 짐작하고 있었다. 그녀의 미소에 빌헬름의 마음속에 자리 잡고 있던 많은 의심들이 순식간에 사라졌다. 그녀의 상냥함으로 신뢰감이 완전히 회복되어 세상과 친구들이 그의 연인에 대해서 얼마나 나쁘게 보고 있는지 모두 말해 버리고 말았다.

둘은 정신없이 이야기를 나누다 그들이 처음 만났을 때의 이야기를 하게 되었다. 그들에게 있어 그때의 추억은 몇 번을 말해도 가장 즐거운 이야깃거리 가운데 하나였다.

누구나 사랑의 미로에 처음 발을 내딛는 그 발걸음은 경쾌하고, 사랑을 나누기 시작했을 즈음 눈앞에 보이는 미래는 너무나 매력적으로 보인다. 그래서 누구나 즐겁게 그 시절의 이야기를 되돌아보는 것이다. 서로 자신이 먼저 좋아했다고 주장하다가도 곧 상대에게 승리를 양보해주고 싶어지는 것이다.

빌헬름은 다시 마리아네가 지금까지 몇 번이고 들어왔던 이야기를 다시 들려주었다. 처음 그녀를 보았을 때, 그의 눈은 연극에서 마리아네에게로 점점 고정되었다. 결국엔 그녀의 모습, 그녀의 연기, 그녀의 목소리에 완전히 빠져서 그녀가 등장하는 연극만 보러가게 되었다. 곧 그는 무대 뒤에 서서 마리아네가 눈치채지 못하도록 조용조용 그녀의 곁에 서본 적도 있었다. 빌헬름으로서는 그녀에게 처음으로 말을 걸어본 그 황홀한 밤은 잊지 못할 아름다운 추억이었다.

빌헬름의 이야기에 마리아네는 그녀가 그렇게 긴 시간 동안 그의 존재를 눈치채지 못했을 리가 없다고 말했다. 산책하고 있을 때 그를 보았던 기억을 되살려 그 증거로 그날 빌헬름이 입고 있었던 옷을 모두 말해주었다. 그때부터 그녀는 누구보다도 그가 먼저 눈에 들어왔고 친한 사이가 될 수 있으면 얼마나 좋을까 생각한 적이 한두 번이 아니었다고 말했다. 빌헬름은 그 모든 것을 기쁨으로 믿었다. 그녀에게 지는 것이 기쁠 정도였다.

마리아네가 말하길, 그녀는 그가 다가오면 저항할 수 없는 운명의 실에 이끌려 그를 더 가까이서 보기 위해 일부러 그가 숨어 있던 곳을 통해 대기실로 들어갔다. 결국엔 그가 내성적이어서 아무리 기다려도 계속 망설이기만 할 것 같다는 생각에 마리아네가 그에게 기회를 주려고 레모네이드를 한 잔 가져와 달라고 부탁했었다.

그들이 이렇게 사랑 다툼을 하며 서로의 이야기에 귀를 기울이고 있는 동안 시간은 눈 깜짝할 새에 지나가버렸다. 빌헬름은 매우 기분이 좋아져서 그의 계획을 하루라도 빨리 실행에 옮기자고 굳은 결심을 하며 그녀의 곁을 떠나갔다.

제16장

여행에 필요한 것은 부모님이 모두 챙겨주셨다. 하지만 자잘한 여행용품이 몇 개 모자랐기에 출발은 2, 3일쯤 미뤄졌다. 그는 이 시간을 이용하여 언제나 마리아네가 말하기 꺼려하던 것을 편지에 쓰기로 했다. 편지는 다음과 같았다.

「언제나 당신의 품에 포근히 안긴 나를 감싸주는 밤의 장막 안에서 나는 책상에 앉아, 당신을 생각하며 이 편지를 씁니다. 내가 생각하고 행동하는 모든 것은 당신을 위한 것입니다. 오오 마리아네! 나는 이 세상에서 가장 행복한 사람입니다. 나는 신랑으로 신성한 결혼예식을 통해서 내 안의 새로운 세계가 열릴 것을 예감하면서도 한편으로는 사랑의 속삭임이 들려오는 신비로운 장막 속으로 뛰어들고픈 생각으로만 가득 차 있습니다.

나는 2, 3일 동안 여행을 떠나기로 했습니다. 당신을 만나지 못하는 것은 괴롭지만 영원히 당신과 함께하며 당신의 것이 될 날을 생각하면 이 정도는 아무것도 아니랍니다. 내 욕망을 여기에 적어둘게요. 왜냐면 당신은 아직 나를 완전히 이해하고 있지 않은 것 같아서요.

나는 성실하게, 조심스럽게—성실한 마음은 모든 것을 지키려 하고 많은 것을 말하지 않으려 하기 때문이죠—영원히 나와 맺어지는 것을 원하는 것인지 당신의 마음에 계속 물어봤습니다. 당신은 분명히 나를 이해해줄 거예요. 당신의 마음에도 같은 바람이 싹을 틔우기 시작했을 테니까. 서로를 꽉 끌어안고 입을 맞출 때마다 당신은 나의 마음을 이해해주었을 것이라 확신하고 있습니다. 그럴 때면 늘 당신이 얼마나 조신한 사람인지 알게 됩니다. 그리고 나의 사랑은 더욱 깊어졌답니다. 다른 여자라면 햇빛을 많이 쏘여 풍성한 과일로 키우듯, 자신의 매력을 마음껏 퍼부어 연인의 마음을 휘어잡아 결혼약속을 받아냈을 거예요. 그런데 당신은 오히려 뒤로 물러서서 연인에게 반쯤 열어놓은 마음을 닫아 당신의 결의를 숨기려고 했죠. 하지만 나는 이미 당신의 마음을 알고 있었어요. 당신의 행동에서 순수하게 상대만을 생각하는 사랑을 보지 못했다면 세상 사람들이 모두 나를 불쌍한 남자라고 불렀을 겁니다. 당신이 나를 믿고 안심했으면 합니다. 우리는 떼어질 수 없는 사이니까요. 우리가 서로를 위해 살아간다면 우리는 아무것도 버릴 게 없고 잃을 것도 없습니다.

　내 손을 잡아주세요. *8 새삼스럽기는 하지만 엄숙한 맹세로써 잡아주기를 바랍니다. 우리는 사랑의 기쁨을 남김없이 맛보았어요. 하지만 이 사랑이 언제까지나 이어질 것이라고 다시 한 번 확신할 수만 있다면 우리는 새로운 행복을 발견할 것입니다. 어떻게 그게 가능하냐고 묻지 말아주세요. 욕심 없는 우리의 사랑을 위해 운명이 결정해줄 것입니다.

　내 마음은 오래전부터 부모님의 집을 떠나 당신 곁에 있습니다. 그리고 내 의지는 무대 위에 있습니다. 오오, 마리아네! 나보다 더 많은 소원을 한 번에 이룬 사람이 있을까요? 조금도 나른하지 않은 영롱한 아침 햇살과 같이 당신의 사랑, 당신의 행복이 내 앞에서 아른거립니다.

　지금 당장 일어서서 당신에게로 달려가, 억지로라도 동의를 받아낸 뒤 내일 아침 일찍 넓은 세계로 나가고 싶은 기분을 억누를 수 없을 정도지만 어떻게든 참아보겠습니다. 나는 앞뒤 생각하지 않고 행동할 만큼 어리석은 사람은 아니니까요. 계획은 다 세웠으니, 냉정하게 행동으로 옮겨야지요.

　나는 제를로라는 단장을 알고 있습니다. 1년 전 일이지만, 그는 내가 연기에 쏟는 열정과 기쁨을 조금이라도 자기 단원들이 본받을 수 있다면 좋을 것이라 늘 이야기하던 사람입니다. 그는 분명 나를 환영해줄 것입니다. 당신 극단은 이것저것 걸리는 게 많아 들어가고 싶지 않아요. 게다가 제를로가 공연하고 있는 곳은 여기서 멀리 떨어져 있으니 얼마 동안은 나의 행적을 부모님께 알리지 않아도 되고, 그에게 가면 꽤 괜찮은 수당도 받을 수 있을 겁니다. 관객들을 잘 살펴보고, 단원들과 친해지고 나서 당신을 데리러 갈 생각입니다.

　마리아네, 당신도 알고 있듯이, 당신을 확실하게 나의 것으로 만들기 위해서라면 나는 그 어떤 일이라도 견뎌내기로 결심했습니다. 그렇게 오랜 시간을 당신과 만날 수 없다고 생각하는 것조차 싫기 때문입니다. 하지만 모든 것으로부터 나를 지켜줄 당신의 사랑을 생각해서 내가 떠나기 전에 목사님 앞에서 당신이 나의 손을 잡아준다면, 나는 편안한 마음으로 떠날 겁니다.

＊8 독일어로 '청혼하다'를 직역하면 '손을 내밀다'이다.

그런 것들은 우리에게 있어서 형식에 지나지 않지만 하늘과 땅의 축복이 함께 어우러지는 아름다운 예식입니다. 가까이에 있는 기사령*9으로 가면 쉽고 조용히 해결될 수 있습니다. 당장 간단하게 결혼식을 올릴 만한 돈은 있습니다. 나누어도 상관없어요. 두 사람에게 충분할 겁니다. 없어지기 전에 신께서 우리를 도와주시겠지요.

사랑하는 마리아네, 나는 조금도 걱정하지 않습니다. 이렇게 즐겁게 시작한 사랑은 결과도 좋을 것이라 확신합니다. 성실하기만 하다면 반드시 세상에서 성공할 수 있을 것이라 나는 굳게 믿고 있습니다. 우리 둘을 위해, 아니 아이가 생겨도 충분한 수입을 얻을 기력은 가지고 있습니다. 누구나 '세상은 냉정하다' 말하지만, 올바르게 세상을 살아간다면 세상은 그리 냉정하지 않을 거라고 생각합니다. 언젠가 무대에 서서 사람들이 듣고 싶었던 이야기를 그들의 마음에 들려줄 수 있는 날이 올 것이라 생각하면 온몸이 뜨거워집니다. 물론 나는 훌륭한 연기를 하려고 노력하는 사람이기에, 가끔 실력이 형편없는 배우들이 위대하고 멋진 말을 우리의 마음에 새길 수 있다고 착각하고 있는 모습을 보면 꽤 불안해집니다. 차라리 쉰 목소리를 듣는 것이 낫지요. 결국 그런 사람들이 끔찍하게 서투른 연기로 저지르는 실수는 아름답고 유서 깊은 것들을 추하고 쓸모없는 것으로 만들 수 있으니까요.

극장과 교회가 가끔 싸움을 일으키죠. 나는 양쪽이 대립해서는 안 된다고 생각합니다. 아! 숭고한 사람들만이 신과 자연을 찬양할 수 있다면 내 마음은 정말 큰 기쁨으로 넘쳐날 텐데! 마리아네, 이건 꿈이 아니에요. 나는 당신의 품에 안겨, 당신에게 사랑을 충분히 느끼고 있어요. 그리고 그만큼 멋진 사상에 감싸여 있지요. 이건 그리 확실하지 않아 그저 희망 사항일 뿐이지만, 우리는 언젠가 사람들 앞에 '수호신'으로서 나타나 그들의 마음을 열고 심금을 울려서 천상의 기쁨을 맛보게 할 겁니다. 내가 당신에게 안겨 이 세상의 것이라 할 수 없는 기쁨을 느낀 것처럼요. 왜냐하면 그때 우리는 자기 몸에서 벗어나 높은 곳에 떠 있는 기분이 들었기 때문이에요.

아무리 써도 끝이 없군요. 꽤나 많은 것을 썼지만 당신에게 관련된 걸 모두 썼는지는 모르겠어요. 내 마음속에 있는 수레바퀴는 말로 표현할 수 없으

---

*9 황제 직속의 기사령으로 영주나 제후들의 법률이 직접적으로 미치지 않는다. 빌헬름은 이를 이용해서 약식 결혼식을 올리려는 것이다.

니까요. 내 사랑, 마리아네! 언젠가 이 편지를 받아주세요. 다시 읽어보니 처음부터 새로 쓰고 싶어지네요. 하지만 내가 달콤한 사랑의 기쁨으로 가득 차서 당신의 품으로 돌아갈 때까지 당신이 알아두었으면 하는 것, 준비해주었으면 하는 것들은 확실히 적어두었습니다. 나는 감옥에서 간수들의 발걸음에 귀를 기울이며 쇠사슬을 조금씩 자르고 있는 죄수가 된 느낌입니다. 아무것도 모르는 부모님께 문안인사를 드렸습니다. ─안녕히! 사랑하는 사람들이여! 안녕히! 이만 줄이겠습니다. 눈꺼풀이 두세 번 감기려고 합니다. 밤도 깊어졌네요.」

제17장

마리아네를 위해 쓴 편지를 말끔하게 접어서 주머니에 넣고 날이 저물면 재빨리 그녀에게 달려가서 전해주려고 했지만 그날따라 야속한 태양은 쉽게 지지 않았다. 하는 수 없이 한참을 기다려 저녁놀이 지자 그는 조용히 나와 그녀의 집으로 향했다. 그의 계획은 이랬다. 밤에 다시 찾아오겠다는 말을 남기며 그녀의 손에 편지를 쥐어주고, 다시 만나면 그녀의 대답, 아니 동의를 얻거나 진한 애정표현을 이용해 억지로라도 대답을 받아낼 생각이었다.

하지만 그는 그녀에게 달려가 품에 안기자 그만 이성을 잃고 말았다. 황홀함에 젖은 빌헬름은 그녀가 여느 때와는 달리 건성건성 말하고 있다는 것을 알아채지 못했다. 하지만 그녀는 불안한 상태를 계속 숨기는 것이 너무 힘들었다. 그래서 머리가 아프다는 핑계를 대며 오늘 밤에 다시 찾아오고 싶다는 빌헬름의 말을 받아들이지 않았다. 그녀의 마음을 눈치채지 못한 그는 당장 편지를 건네주는 것은 좋지 않다고 생각했다. 그는 마리아네가 돌아갔으면 좋겠다는 태도를 보여서, 그녀의 스카프 하나를 슬쩍 주머니에 찔러 넣고 아쉬움이 가득한 얼굴로 살짝 입을 맞추고 문을 나섰다. 하지만 집으로 돌아온 그는 무얼 해도 진정이 되지 않아 다시 옷을 갈아입고 밖으로 나갔다.

여기저기 거리를 돌아다니고 있는데 어떤 낯선 사람이 한 여관으로 가는 길을 물었다. 빌헬름은 스스로 앞서서 그곳까지 남자를 데리고 갔다. 남자는 거리의 이름, 지나가면서 보이는 큰 저택의 주인, 또 마을 경찰제도에 대해 물었다. 그렇게 여관 앞에 도착할 즈음에 둘은 유쾌한 이야기에 정신이 없었다. 남자는 빌헬름에게 들어가 과일주라도 대접하고 싶다며 자신의 이름과 출생지를 밝히고 여기에 온 이유를 말했다. 빌헬름도 자신의 이름과 주소를 남자에게 말해주었다.

"당신은 훌륭한 미술품을 모으셨던 '마이스터'의 손자군요?"

남자가 물었다.

"네, 그렇습니다. 할아버지가 돌아가셨을 때, 나는 겨우 열 살이었지요. 그 훌륭한 미술품들이 팔려나가는 것을 보았을 땐, 정말 가슴이 아팠습니다."

"그 대신에 당신의 아버지는 엄청난 재산을 가지게 되었지요."

"그런 것까지 알고 계셨어요?"

"그럼요. 내가 그 미술품들이 남아 있을 때 한 번 댁에 방문한 적이 있었습니다. 당신의 할아버님은 미술적 안목이 높으신 분이라 그저 모으시기만 한 것이 아니었거든요. 그분은 아주 좋은 미술품이 있을 때면 이탈리아로 가서서 그 미술품을 사 들고 돌아오셨어요. 이제는 아무리 돈을 모아도 그만한 작품은 손에 넣지 못할 겁니다. 일류 거승의 훌륭한 그림도 가지고 계셨지요. 소묘도 전부 보았는데 내 눈을 의심할 만큼 놀라운 것뿐이었어요. 대리석 조각 가운데 몇몇 희소가치가 높은 토르소*10도 있었습니다. 동상(銅像)도 배울 것이 많았습니다. 고대 동전 수집은 미술사적으로나 역사적으로도 굉장한 것이었지요. 개수는 그리 많지 않았지만 보석류도 갖은 칭찬이 쏟아질 만큼 가치 있는 것들이었어요. 본디 살고 계시던 집의 큰 방도 미술품들을 진열하기에 그렇게 좋은 환경이라 할 수 없었지만 아주 훌륭하게 배치되어 있었지요."

"그런 것들이 모두 끌어내려져 짐짝 취급을 당했을 때, 나와 동생들이 얼마나 괴로워했는지 짐작 가실 것이라 생각합니다. 태어나 처음으로 슬픔을 느꼈어요. 미술품이 점점 사라지고 마침내 방이 텅텅 비어버렸을 때 느꼈던 그 공허함을 아직도 기억하고 있지요. 그 미술품들은 우리가 어렸을 때부터 굉장히 좋아했었고 집이나 거리같이 언제까지고 변하지 않을 것이라 생각했

---

*10 머리와 팔다리 없이 몸통만으로 된 조상(彫像).

으니까요."

"내가 틀리지 않았다면, 당신 아버지는 미술품으로 얻은 자본을 이웃 상인에게 투자하시면서 어떤 공동경영을 시작하셨다고 들었습니다만……"

"그렇습니다. 두 분의 공동투기는 크게 성공해서 지난 12년 동안 엄청난 재산을 모으셨지요. 그래서 그 두 분은 돈벌이에 점점 열중하게 되셨어요. 베르너 씨에게도 아들이 하나 있는데 나보다 훨씬 장사에 능력이 있답니다."

"마을의 자랑거리라고 해도 좋을 수집품이 모두 사라진 것은 정말 아쉬운 일입니다. 나는 그것들이 팔리기 직전에 감상할 수 있었지요. 사실 그 수집품이 팔리게 된 것은 다 내 탓입니다. 엄청난 미술애호가인 한 귀족이 있었는데, 이런 큰 거래를 자기 혼자서 판단하는 것을 망설이다가 나에게 조언을 구하러 왔었죠. 나는 6일 동안 수집품들을 살펴보고 다음 날 친구에게 망설이지 말고 값을 부르는 대로 주고 모두 사들이라고 했습니다. 그 무렵 당신은 아주 활발해서 나를 곧잘 따라다녔지요. 내게 그림을 설명해주기도 했는데, 그 어린 나이에 수집품을 잘 이해하고 있었어요."

"그런 분이 찾아왔던 것은 기억하고 있지만, 설마 그게 당신이었다고는 생각하지 못했습니다."

"꽤나 많은 세월이 흘렀으니까요. 게다가 우리 둘 다 나름대로 달라졌으니까요. 내가 제대로 기억하고 있는 것이라면 그 수집품 가운데엔 당신의 마음에 쏙 드는 그림이 하나 있었지요? 계속 그 앞에서 나를 놓아주지 않았던 기억이 납니다."

"예. 그건 부왕의 아내에게 연정을 품어 병이 들어버린 왕자 이야기를 그린 것이었습니다."

"하지만 그건 그렇게 좋은 그림은 아니었습니다. 구도도 좋지 않았고 색채도 이렇다 할 특징이 없었거든요. 정말 부자연스러운 작품이었죠."

"그때의 나는 그런 것에 전혀 신경을 쓰지 않았으니까요. 지금도 잘 모르지만 말입니다. 내가 그 그림에 끌렸던 것은 그것에 담겨 있는 이야기 때문이었지, 예술성이 아닙니다."

"당신은 할아버님과 생각이 좀 다르군요. 거의 모든 수집품이 거장(巨匠)의 실력을 칭찬할 수밖에 없는 훌륭한 것들뿐이었으니까요. 할아버님은 그 그림을 그다지 높게 평가하지 않으셨어요. 그 증거로 그 그림만 늘 대기실에 놓여 있었잖아요?"

"대기실은 저희가 뛰어놀아도 되는 곳이었는데, 그 그림은 내 마음에 지우기 힘든 인상을 심어주었습니다. 당신의 비평은 당연한 것이라고 생각합니다만 지금 내가 그 그림 앞에 서 있어도 그 인상은 잊을 수 없을 것이라고 생각합니다. 나는 그 왕자가 너무 불쌍했습니다. 지금도 그렇게 생각하고 있고요. 왕자는 자연이 그에게 준 최고의 선물인 사랑의 느낌과 불같은 열정을 마음속에 꼭꼭 가두어 숨겨야만 했어요. 그 때문에 그의 마음은 끔찍한 고통에 조금씩 침식되었던 겁니다. 왕비도 참 불쌍하죠. 그녀의 마음은 정말로 순수한 소망에 가치를 부여해줄 대상을 이미 발견했으면서도 다른 사람에게 몸을 맡겨야만 했으니까요."

"당연히 그런 감정은 일반 미술애호가들이 위대한 거장의 작품을 감상할 때의 방식과 많이 동떨어져 있는 것입니다. 그 수집품이 그대로 댁에 있었다면 작품 자체를 보는 눈이 열리어 예술작품 안에서 자기 자신 또는 자신이 좋아하는 것만 보이게 되지는 않을 텐데 말이죠."

"그 수집품이 다 팔려나간 건 정말 아쉬웠고, 조금 크고 보니 아깝다는 생각도 들더군요. 하지만 그런 생명력 없는 그림보다 나에게 훨씬 큰 영향을 준 취미와 재능을 키우기 위해서는 어쩔 수 없었다고 생각하면 기꺼이 포기할 수 있었습니다. 그리고 나 자신에게 최선을, 또 누구에게나 최선을 부여해준 이 운명을 경외합니다."

"당신과 같이 젊은 사람에게서 운명이라는 진부한 말을 들으니 마음이 편치 않군요. 보통 젊은이들은 자신이 생각하는 대로 행동하고 그것이 신의 의지라고 말하지 않나요?"

"당신은 운명을 믿지 않나요? 우리를 지배하고 가장 좋은 길로 인도해주는 그 힘을요?"

"이건 내가 믿느냐 믿지 않느냐의 문제가 아닐 뿐더러 누구라도 알 수 없는 것을 어떻게 해서 조금이라도 알아내려고 하는 것도 아닙니다. 지금 문제는 어떻게 생각하면 우리가 가장 훌륭한 목적에 다다를 수 있는가뿐입니다. 이 세상은 필연과 우연으로 엉키어 있습니다. 인간의 이성은 그 둘 사이에 놓여 그것을 억누를 수 있는 것이지요. 이성은 필연을 자기 존재의 근거로 생각합니다. 또, 우연을 이끌고 조절해서 이용하기도 하지요. 이성이 확고함에 따라 인간은 지상의 신이라고 불리게 되는 것입니다. 젊을 때는 필연 속에 자의적인 것을 보는 것에 익숙해져서 우연으로 일어난 것에 이성을 적용시키려 하고, 또 그것을 따르는 것이 종교라고 생각하는 사람도 있습니다. 그건 자신의 이성을 버리고 자신이 좋아하는 것을 하고 싶은 대로 행하는 것에 지나지 않나요? 그런 사람은 닥치는 대로 살아가고 자기 사정에 맞게 우연에 몸을 맡기는 그런 덧없는 생활을 신이 이끌어주신 것이라 생각하죠. 그것을 신앙심이 깊다고 착각하는 것입니다."

"사람은 우연한 계기로 한 길을 걸어가게 되지요. 그러면 많은 우연으로 예상치 못했던 일이 끝없이 일어나고 그 길의 끝에는 자신이 생각조차 할 수 없었던 결과가 기다리고 있습니다. 그런 경험을 하게 되면 우리는 운명이라는 것을 인정하고 신의 섭리를 깨닫는 게 아닐까요?"

"그런 사고방식을 가지고 있으면 절개를 지킬 여자는 한 명도 없을 테고, 돈을 소중하게 아끼는 사람도 사라지겠죠. 아무튼 그렇게 될 계기가 얼마나 될까요? 내가 호감을 가질 수 있는 사람은 자신과 타인 모두에게 무엇이 도움이 되는지를 잘 알고 자기 멋대로 굴려고 하지 않는 사람뿐입니다. 누구나 행운은 자기 손에 쥐고 있으니까요. 예술가가 작품을 만들기 위해 재료를 손에 들고 있는 것과 마찬가지입니다. 하지만 예술가의 기술도 다른 여러 기술과 같습니다. 능력은 태어날 때부터 가지고 있는 것이지만 기술은 끊임없이 배우고 주의 깊게 완성해나가야 합니다."

둘은 계속해서 논쟁을 이어나갔다. 결국, 서로 무언가 이해한 것같이 보이지는 않았지만 다음 날 또 만날 장소를 정하고 헤어졌다.

빌헬름은 그 뒤, 두세 거리를 더 걸어갔다. 클라리넷과 호른, 바순 소리가 들려와 그의 가슴을 두근거리게 만들었다. 방랑 음악가들이 기분 좋은 세레나데를 연주하고 있었다. 그는 그들과 이야기를 나눈 뒤 동전을 몇 닢 주고 마리아네의 집으로 데려갔다. 그녀의 집 앞 광장에는 나무가 한 그루 높게 치솟아 있었다. 그는 마리아네의 집에서 살짝 떨어진 벤치에 앉아 산뜻한 밤공기를 타고 흐르는 음악 소리에 귀를 기울였다. 별이 촘촘히 박힌 밤하늘에 몸을 기대고 보니 그의 존재가 황금빛 꿈을 꾸고 있는 듯이 보였다.

'그 사람도 이 곡을 듣고 있을 거야.'

빌헬름은 스스로에게 속삭였다.

'아름다운 음악으로 이 밤을 채우고 있는 것이 누구인지 그녀는 느끼고 있어. 멀리 떨어져 있어도 이 음악이 우리 둘을 이어줄 거야. 아무리 오랫동안 떨어져 있어도 세밀한 실이 우리를 꽉 잡아주고 있어. 서로를 사랑하는 마음은 나침반 바늘과 같아. 그래서 한쪽이 움직이면 다른 한쪽도 어김없이 움직이지. 그 둘을 움직이게 하는 힘은 하나니까. 내가 그녀의 품에서 떠날 수 있으리라고 누가 생각이나 했을까? 하지만 나는 곧 그녀의 곁을 떠나 사랑의 보금자리를 찾으면 그녀를 언제까지나 내 곁에 두고 있을 거야.

나는 그녀가 곁에 없으면, 끊임없이 그녀 생각에 빠졌다. 책이든, 몸에 걸친 것이든, 그 어떤 것이든 언제나 그녀의 손을 잡고 있다고 착각하지 않았던가! 그럴 때마다 나는 그녀가 내 곁에 있는 것 같은 기분이 들곤 하지. 사람들의 차가운 시선과 낮 시간을 피해서 즐기던 순간들! 신들조차 그 순간을 체험하기 위해 스스로 영원한 행복을 버리고 인간이 되지 않았던가? 그 순간을 떠올리면—떠올린다고? 우리의 감각을 천상의 인연으로 붙잡아 두고 자제심을 남김없이 빼앗아가는 도취의 잔을 손에 쥐는 그 영광을 추억 속에서 되살릴 수 있다는 말인가? —그리고 그녀의 자태는⋯⋯.'

빌헬름은 마리아네의 모습을 떠올리면 다른 아무 생각도 할 수 없었다. 그는 붉게 달아오른 두 볼을 나무에 기대었다. 순수한 마음에서 흘러나오는 한숨을 차가운 밤공기가 날려주었다. 그는 들뜬 마음을 달래기 위해 그녀의 집에서 가지고 나왔던 스카프를 찾았지만, 전에 입었던 옷에 그대로 두고 나왔다는 것을 깨달았다. 갈망으로 입술이 바싹 마르고, 욕정으로 손과 발이 떨렸다.

음악이 멈췄다. 그러자 지금까지 높은 곳을 날아다니던 그의 감정이 한순간 땅바닥으로 떨어진 것 같은 기분이 들었다. 그는 자신의 감정을 조금이나마 진정시켜주고 있던 음악이 사라지자 갑자기 불안이 엄습해 왔다. 하지만 그녀의 집 문턱에 앉자 그것만으로도 마음이 고요해졌다. 문에 박힌 놋쇠 고리와 그녀의 발이 넘나들던 문턱에 입을 맞추고 가슴속의 불로 그것을 따뜻하게 데웠다. 다시 나무 아래에 조용히 앉아 커튼 너머로 하얀 잠옷을 입고, 머리에는 붉은 리본을 두르고서 잠이 들었을 그녀의 모습을 떠올렸다. 그러자 마치 그녀가 바로 곁에 있는 것처럼 느껴졌고 그녀가 꿈속에서 빌헬름을 보고 있음에 틀림없다고 생각하게 되었다. 그의 마음은 황혼의 정령같이 사랑스러웠다. 편안함과 갈망이 번갈아서 뒤바뀌었다. 사랑이 넘치는 손으로 몇 번이고 그의 심금을 탔다. 하늘의 노랫소리도 빌헬름의 마음속 자그마한 선율을 듣기 위해 노래를 멈춘 것같이 보였다.

만약 그에게 언제나 들고 다니던 마리아네의 집 열쇠가 있었다면 그 욕정을 참지 못하고 사랑의 성전으로 들어갔을 것이다. 하지만 그는 천천히 그곳으로부터 멀어져 꿈속을 헤매듯이 나무 아래서 비틀거렸다. 집에 돌아가려고 하면서도 계속 뒤를 돌아봤다. 겨우 욕망을 이겨내고 걷기 시작했지만 골목으로 들어가는 순간, 다시 한 번 뒤돌았을 때 마리아네의 집 문이 열리고 검은 그림자가 튀어나온 것 같아 보였다. 너무 멀어서 확실하게 보이지는 않았다. 정신을 차리고 제대로 보려고 했을 때에는 이미 그 그림자는 어둠 속으로 사라지고 없었다. 계속 멀리서 하얀 집 앞에 그 그림자가 지나가는 것을 조금 본 것 같았다. 그는 멈춰서 눈을 깜빡거렸다. 용기를 갖고 그림자를 쫓으려고 했을 때는 이미 사라지고 없었다. 어디로 쫓아가야 할까? 그것이 환영이 아니라 사람이었다면 어떤 길을 따라 갔을까?

빌헬름의 눈도 마음도 그 근처가 번개로 한순간 비춰진 것 같았다. 갑자기 흐릿해진 눈에 곧장 지금 본 그림자도, 여기저기 연결된 골목길도, 어둠 속에서 길을 잃어버린 사람 같았다. 한밤중에 유령을 보고 공포에 부들부들 떨다가 잠시 뒤 다시 제정신으로 돌아오자 공포심에서 생긴 환상이었다고는 생각하지만, 그 무서운 환영이 뇌리에 남아서 언제까지나 무서운 현상을 본 것 같은 기분이 드는 것처럼 빌헬름은 마음을 전혀 가라앉히지 못했다. 그는 길가 돌기둥에 몸을 기대고 밤이 밝아오는 것도, 닭이 우는 소리도 듣지 못했다. 마을 가게에 아침 일찍부터 활기가 돌기 시작했을 때에야 마치 그것에 내몰리기라도 하듯 집으로 돌아왔다.

집에 도착했을 때에는 이미 그럴싸한 변명으로 생각지도 못했던 그 환영을 거의 다 마음으로부터 쫓아내버리고 있었다. 그렇지만 그 아름다웠던 밤의 황홀함은 모두 사라져 마치 그가 지금까지 꿈을 꾸고 있었던 것같이 느껴졌다. 그는 마음을 가라앉히고 그 기분을 다시 한 번 떠올리기 위해 마리아네를 만났을 때 입었던 옷에서 스카프를 꺼내들었다.

바스락거리는 소리가 들리더니 쪽지 하나가 떨어졌다. 빌헬름은 스카프에서 입술을 떼고 그 쪽지를 집어 읽어내려 갔다.

'사랑하오! 귀여운 나의 마리아네! 어제는 무슨 일이 있었나요? 오늘 밤은 그대에게 가겠소. 내 추측으로 당신은 내가 여기에 오래 머무는 걸 싫어할 거라 생각하오. 하지만 참고 기다려줘요. 장이 열리면 당신을 만나러 갈게요. 부탁이니 그 검정, 초록, 갈색이 섞인 웃옷은 입지 말아요. 당신이 그걸 입고 있으면 엔돌의 마녀*¹¹처럼 보이니까요. 내 품에 하얀 새끼 양을 안아보고 싶어서 하얀 네글리제를 보낸 것 알죠? 답장은 반드시 그 점쟁이 같은 할멈을 통해서 보내줘요. 그녀는 악마라도 심부름꾼으로 부릴 사람이니까.'

---

*11 사무엘상 28 : 3을 보면 이스라엘의 초대 왕 사울이 모든 무당과 주술사들을 추방했다고 기록되어 있다. 그러나 얄궂게도 사울은 블레셋인과의 운명적인 전투를 앞두고 엔돌이라 하는 마을의 마녀에게 자문을 구한다. 사울이 아무런 징벌도 내리지 않겠다고 약속하자 무녀는 사울의 죽은 스승 사무엘의 영혼을 불러낸다. 사무엘의 영혼은 불쾌한 기색으로 말한다. "어찌하여 나를 불러 올려서 성가시게 하느냐?" 사울은 신이 자신을 버린 것 같다면서 사무엘의 충고가 필요하다고 둘러댄다. 사무엘은 왕국이 사울의 경쟁자인 다윗에게 넘어갈 것이며, "내일 너와 네 아들들이 나와 함께 있으리라"고 말한다. 즉 그들이 죽을 것이라는 이야기다. 사무엘의 예언대로 사울과 그의 아들들은 이튿날 모두 죽는다.

제2부

제1장

누구든 어떤 목적을 이루려고 노력하고 있으면 사람들의 칭찬이든 비판이든 상관 않고 그들의 관심이 쏠리기만을 기대하면 된다. 그러나 그 일이 마무리 지어지면, 사람들은 곧 그 사람에게서 눈을 돌린다. 목적을 이룬 것은 더 이상 사람들에게 흥미를 주지 않기 때문이다. 더구나 처음부터 나쁜 결과를 예상한 것에 더더욱 그렇다.

그러므로 독자들에게 빌헬름이 생각지도 않게 그의 소원과 희망이 모두 조각나 슬픔과 고통에 빠졌다는 것을 일일이 설명하지 않아도 될 것이다. 몇 년이 지나 활동을 시작하여 그곳에서 기쁨을 발견한 것부터 다시 이야기를 시작한다. 그러나 그 전에 이야기에 관련된 것을 아주 간단하게 서술하겠다.

아주 건강했던 사람이 페스트나 열병에 걸리면 오히려 더 심하게 병치레를 하듯이 불쌍한 빌헬름도 난데없이 찾아온 불행에 그의 모든 것이 순식간에 산산조각나 버렸다. 불꽃놀이는 신중하게 구멍을 뚫고 채워진 화약상자를 일정한 계획에 따라 늘어놓고 불을 붙이면 차례차례로 밤하늘에 아름다운 불꽃을 그려내는 것이다. 하지만 계획했던 대로 불을 붙이지 않으면 그 불꽃놀이는 엉망이 되고, 위험해지기도 한다. 빌헬름의 마음속에서도 행복과 희망, 욕망과 기쁨, 현실과 꿈이 한순간에 엉망이 되고 말았다. 이런 황량한 순간에는 친한 친구라도 꼼짝 않고 서 있을 수밖에 없다. 그러나 당사자에게 있어서는 감각을 잃어버린 것이 차라리 잘된 것일 수도 있다.

그 뒤, 그는 끊임없이 되풀이되고 지워지지 않는 고통으로 끔찍한 나날을 보내야 했다. 하지만 이런 고통은 하나의 자비라고 할 수 있다. 왜냐하면 이때 빌헬름은 아직 완전하게 잃은 것이 아니었기 때문이다. 그에게 있어 고통이란 마음속에서 연기처럼 사라질 것만 같은 행복을 붙들어서 그 가능성을 상상으로 붙잡고, 영원히 보이지 않을 것 같은 기쁨을 아주 잠깐이라도 보이게 만드는 것이었으며 어리석게도 그는 그 과정을 되풀이하고 있었다. 즉 다 죽어가는 사람이 조금이라도 목숨을 이어가기 위해 하는 모든 노력이 그를 더 빨리 죽음으로 몰아가고 있다 해도 그가 죽었다고는 말할 수 없는 것과 마찬가지다. 모든 것이 서로를 갉아먹고 결국에는 모두 의미 없게 티끌처럼 되면 비로소 죽음이라고 하는 비참하고 공허한 감정이 우리 마음속에 생겨나서, 신의 입김으로라도 우리는 위로받기를 바란다.

빌헬름과 같이 순수하고 깨끗하며 사랑스러운 감정에는 쉽게 찢어지고 파괴되고 말살될 수 없는 것들이 많았다. 또 청춘의 경이로운 회복력은 오히려 고통을 더욱 키워나갔다. 그는 충격으로 모든 것이 처음부터 끝까지 흔들리는 것을 느꼈다. 하는 수 없이 그에게 모든 이야기를 들은 베르너는 연정(戀情)이라는 무시무시한 괴물의 숨통을 끊기 위해, 기를 쓰며 불화살과 검을 집어 들었다. 증거도 뚜렷한 참에 그가 알아냈던 사건을 이야기하기는 아주 좋은 기회였다. 그는 거침없이, 그리고 잔혹하게 그를 조금씩 공격해 나갔다. 하얀 거짓말이라곤 단 한순간도 허락되지 않았다. 절망으로부터 도망쳐 나온 은신처를 마구 들쑤셔 놓았다. 하지만 자연은 그 사랑스러운 자식이 파멸하는 것을 막으려고 다른 쪽에서 구원의 손길을 뻗어, 그를 병에 걸리게 했다.

고열과 함께 엄습하는 많은 고통, 투약, 심한 긴장과 피로감, 가족의 노력, 결핍과 곤궁 속에 처음으로 느끼는 형제의 애정…… 이런 것들은 완전히 변해버린 빌헬름에게 기분전환과 작은 즐거움을 선사해주었다. 어느 정도 괜찮아졌을 때—체력이 모두 다했을 때—처음으로 빌헬름은 그 어떤 구원도 존재하지 않는 참담함으로 깊게 패인 속을 들여다보고는, 텅 빈 휴화산의 분화구를 보는 것 같아 소름이 돋았다.

지금 그는, 그렇게 심한 상실 뒤에 고통 없이 평온하게 아무렇지도 않은 듯이 있을 수 있는 자신을 엄하게 꾸짖었다. 그는 자신의 마음을 경멸했다. 그리고 슬픔과 눈물로 위안을 얻었던 그때가 그리워졌다.

그 슬픔과 눈물을 다시 한 번 되돌리려고 그는 이미 지나간 행복한 추억들을 떠올려보았다. 그 모든 것을 생생하게 마음에 되새기고 다시 그 속으로 빠져들고자 했다. 될 수 있는 한 높이 기어 올라가서 과거의 눈부신 태양빛이 손과 발에 생기를 불어넣고, 가슴을 부풀게 하는 것처럼 느껴질 때, 그 심연을 되돌아보고 떨어지면 몸이 산산조각 날 것 같은 그 깊이를 보며 즐거워했다. 그리고 그곳에 몸을 던져, 자연이 주는 가장 힘든 고통을 맛보고자 했다. 이렇게 자신을 몇 번이고 되풀이해 학대한 그는 자신의 몸을 갈가리 찢었다. 왜냐하면 더 많은 의미와 이런 과정을 통해 처음으로 잃어버린 무언가에 가치를 부여하는 것은 상실감을 일으킨 고통에 더욱 큰 아픔을 더하여 그것이 얼마나 큰 슬픔인지 모르기 때문이다. 또 그는 이 상실감이 처음이자 마지막으로 맛볼 수 있는 것이라고 확신했기에 이 고통이 언젠가는 사라질 것이라고 자신을 위로하는 목소리를 단호하게 거부했다.

제2장

이렇게 자신에게 고통을 주는 일에 익숙해진 빌헬름은 이제 사랑과 함께 그에게 기쁨과 희망을 느꼈던 것, 즉 시인과 배우로서의 재능을 심술궂고 비판적인 눈으로 여기저기 공격하기 시작했다. 그는 자신의 작품을 내적 가치가 없는 이전에 있던 형식들을 이것저것 대충 흉내낸 것이라 생각했다. 또한 그것들은 빛나는 소질도, 진실성도, 열의도 없는 것으로 학교 숙제에 지나지 않을 뿐이라고 여겼다. 자신의 시도 빈약하고 흔한 사상과 감정을 질질 끌어가는 단순한 운문이라고 생각되었다. 이렇게 그는 그를 다시 일어서게 해줄지도 모르는 그 어떤 전망이나 의욕마저도 자기에게는 없다는 것을 깨달았다.

배우로서 그가 가진 재능에 대해서도 마찬가지였다. 그는 주제넘은 생각에서 비롯된 허영심을 일찍 눈치채지 못했던 자신을 탓했다. 빌헬름은 자신의 체격, 걸음걸이, 동작, 낭송할 때의 목소리 등 모두를 가차 없이 공격했다. 자신이 가지고 있는 많은 장점을 완전히 부정했고, 지금까지 남들보다 돋보이게 만들 수 있는 업적들까지 아예 없는 것으로 취급하여 말로 표현할 수 없을 만큼 절망을 극대화시켰다. 왜냐하면 뮤즈*¹와의 교류를 끊고 그녀

---

*1 그리스 신화에 나오는 학예(學藝)의 여신.

와 함께할 자격이 없다 선언하고 우리의 인격, 연기, 목소리에 쏟아지던 가장 아름답고 친근한 박수를 단념하는 것은 한 여인의 사랑을 포기하는 것만큼 매우 고통스러운 일이라 확신했기 때문이다.

이렇게 빌헬름은 자신의 꿈을 모두 포기해버렸다. 하지만 그와 동시에 아주 열정적으로 상업에 몰두했다. 사무소에서도, 거래처에서도, 가게에서도, 창고에서도 그 누구보다 더 열심히 일하는 그의 모습에 베르너는 깜짝 놀랐고, 빌헬름 아버지는 크게 만족했다. 그는 편지를 쓸 때도, 계산을 할 때도 자신에게 맡겨진 모든 일을 매우 성실하게 열정을 가지고 했다. 물론 그의 이러한 성실함은 태어나면서부터 자신에게 합당한 일을 순서대로 열심히 처리해나가는 경우에 있어서 그 자체가 동시에 보상을 받게 되는 그러한 훈훈한 근면성은 아니었다. 도리어 그것은 최선의 의도를 갖고서, 즉 확고한 신념을 양분으로 삼고 자부심을 만끽하는 그러한 의도를 근본적으로 갖고 있는 의무감에서 나온 말없는 신념의 성실함이었다. 하지만 이런 성실함은 매우 자주, 그리고 가장 아름다운 자부심이 최고에 다다른 순간에까지도 가슴속에서 흘러나오는 한숨을 억누를 수 없다.

빌헬름은 한동안 열심히 일을 계속 하면서 그 힘든 시련도 운명이 그를 위해 준비한 것이라고 믿게 되었다. 그의 인생에서 많이 괴로운 일이었지만 다른 사람들처럼 왕성한 혈기로 길을 잘못 들어 나중에 더 큰 고통과 실패를 겪기 전에 미리 경고를 받아 오히려 잘되었다고 생각했다. 그러나 대부분의 사람들은 마음속에 자리 잡고 있는 어리석음을 결정적인 잘못이라 인정하고, 그것에 이별을 고하거나 절망에 빠질지도 모를 순간을 되도록 늦추려고 한다.

이렇게 그는 자신에게 있어 가장 소중한 계획은 버리자고 결심했지만 그에게 닥쳤던 불행을 이해하기에는 조금 더 시간이 필요했다. 그러나 마침내 사랑의 꿈, 시작(詩作)의 꿈, 무대에 서는 사람으로서의 꿈을 모조리 없애버렸다. 그리고 자신의 어리석은 행동 뒤에 그것을 떠올리게 하는 모든 것들을 흔적도 없이 지워버리고 싶다고 생각하게 되었다. 그래서 그는 쓸쓸한 어느 날 저녁, 난로에 불을 피우고 그의 보물이 가득 들어 있는 상자를 꺼내 들었다. 그 안에는 추억이 가득한 작은 물건들, 마리아네가 준 것이나, 때로는 그가 슬쩍 가져온 것이 잔뜩 들어 있었다. 말라버린 꽃은 마리아네의 머리에 장식했었던 때를, 많은 쪽지들은 그녀가 만들어준 행복했던 시간들을, 리본은 그가 머리를 기대었던 마리아네의 부드러운 가슴을 떠오르게 했다. 그러니 그것들을 보고 있는 그의 감정이 어찌 다시 움직이지 않을 수 있었겠는가? 그녀와 헤어지고 극복한 열정 또한 어찌 다시 머리를 들지 않을 수 있을까? 왜냐하면 구름 사이로 내미는 유쾌하고 밝은 한 줄기 햇살을 보고서야 사람들은 처음으로 흐린 날의 슬프고 불쾌한 것을 알아챌 것이기 때문이다.

그랬기에 오랫동안 간직해 왔던 '보물'이 불길 속에 차례로 사라지는 것을 보면서 침착할 순 없었다. 망설이며 두세 번 불길로 향하는 손을 멈추어보기도 했지만 진주 목걸이와 얇은 비단 스카프만 남게 되었을 때 그는 마음을 다잡고, 그가 어렸을 때 썼던 습작으로 차츰 작아지고 있던 불길을 다시 한 번 일으켜 세웠다.

지금까지 빌헬름은 그가 마음을 열기 시작한 즈음부터 썼던 모든 습작을 소중하게 보존해 왔다. 그가 쓴 글 뭉치들이 아직 짐 가방 아래에 남아 있었다. 여행을 떠날 때도 가져갈 생각으로 그곳에 그대로 넣어두고 있었다. 그것들을 묶을 때의 기분과 지금 풀고 있는 기분은 완전히 달랐다.

만약 누군가 곁에서 일어난 어떤 일을 편지에 써서 한 친구에게 보냈는데, 받을 사람을 찾지 못하고 되돌아와 시간이 흐른 뒤 그 편지를 읽게 된다면, 그는 아주 특별한 감정을 갖게 될 것이다. 그래서 그는 그것을 자신의 생각이 아닌 제3자의 눈으로 읽게 된다. 처음 포장을 풀고 여기저기 흩어진 노트를 활활 타오르는 불꽃에 던졌을 때, 빌헬름은 그것과 닮은 기분을 강하게 느꼈다. 그때 베르너가 들어와서 세찬 불길에 놀라며 무엇을 하고 있느냐 물었다.

베르너가 막으려고 했으나 빌헬름은 두 번째 다발을 이미 불 속에 던지며 말했다.

"나에게 맞지 않는 일은 그만두기로 했네. 그것이 진심이라는 것을 지금 증명하고 있는 거야."

"아무리 그래도 이런 극단적인 행동을 할 필요는 없잖은가? 이해가 되지 않는군. 그 작품들이 훌륭하다고는 할 수 없지만 그렇다고 재가 될 이유가 되지는 않는다네."

"훌륭하지 않은 시는 존재할 필요가 없지. 최선의 것을 만들 소질이 없는 자는 예술을 가까이 해서는 안 되고 또한 그곳으로 꾀어내는 갖가지 유혹을 정말 조심해야 한다네. 물론, 자신이 본 것을 따라해보고 싶어하는 막연한 욕망은 누구에게나 있는 것이지. 하지만 그런 욕망이 있다고 해서 자신의 계획을 이룰 수 있는 힘이 있다고 증명할 수 있는 것도 아니야. 어린이들을 보게. 줄타기 광대가 마을에 오면 그때마다 아이들이 나무판이나 통나무를 꺼내 들어 줄타기를 흉내내곤 하지. 또 다른 자극이 생기면 바로 다른 놀이를 시작해. 우리와 함께 놀던 친구들도 그랬잖은가? 유명인의 음악회가 있으면 바로 같은 악기 연습을 시작하는 녀석이 몇몇 있었지. 얼마나 많은 사람들이 그렇게 길을 잘못 들었는지 자네도 보지 않았나? 자신의 힘을 알고, 자신에게 맞는 일을 정확하게 아는 사람이 행복한 사람이야."

베르너가 이 말에 대해 반박하면서 토론은 점점 활기를 띠었다. 빌헬름은 친구가 지금까지 자신을 괴롭히는 데 써왔던 논리적인 방법으로 강하게 맞섰다. 그에 대해 베르너는 비록 소질이 조금밖에 보이지 않는 재능이라 해도 가망이 없다고 단념하는 것은 자라나는 싹을 자르는 일이라 했다. 틈틈이 시간이 날 때마다 그 재능을 갈고닦다 보면 자신도 타인도 만족할 만한 창작물을 만들 수 있게 될 것이라 주장했다.

그러나 그와는 정반대의 생각을 가지고 있는 빌헬름은 매우 화를 내며 반론했다.

"첫 상연부터 모든 관객의 마음을 사로잡을 만한 작품이 그렇게 자투리 시간으로 완성될 수 있다고 생각하는 겐가? 그렇다면 자네는 잘못 생각하고 있다네. 시인은 자신이 좋아하는 대상에 완전히 빠져 들어가 그것과 한 몸이 되어서 살아야 한다네. 시인은 하늘로부터 귀중한 내면적 재능을 부여받아 계속 불어나는 보물을 끌어안고 있는 것이라고. 그러니 외부에서 어떠한 방해도 받지 않고 조용하고 작은 행복 속에 그 보물을 키워나가야 해. 그런 작은 행복은 부자가 아무리 돈을 모아도 만들 수 없는 것이지. 보게나. 사람들은 행복과 기쁨을 바라며 매우 바쁘게 돌아다니고 있어. 그들의 소망, 노력, 돈은 쉴 새 없이 무언가를 쫓아가고 있네. 그런데 무엇을 쫓고 있냐고? 이 세상을 즐기는 일, 다른 사람이 자신과 공감하는 일, 계속 맞서는 많은 것들과 조화를 이루며 살아가는 것이지. 그런데 말일세, 내가 방금 말한 것들은 이미 시인에게는 주어진 것이라네.

　사람들을 고민하게 만드는 일은 무얼까? 그건 자신의 생각이 세상과 꼭 들어맞지 않는 것과 향락이 그들의 손에서 빠져나가는 것, 원했던 일이 잘 이루어지지 않는 것, 소망하고 있던 것을 쟁취하고 보니 생각했던 것보다는 기쁘지 않은 것이라네. 말하자면 운명은 신과 같이 시인에게도 모든 것을 뛰어넘는 지위를 부여했지. 시인은 온갖 열정이 일으킬 혼돈을 내다볼 수 있고 가정과 국가가 지향 없이 움직이고 있는 양상을 통찰할 수 있어. 때때로 단 한마디면 풀 수 있는 그런 오해들이 얽혀 이루 말할 수 없이 큰 혼란을 불러일으키는 꼴을 훤히 내려다볼 수도 있다는 말이네. 그는 모든 인간 운명의 슬픔이나 기쁨에 공감할 수 있다네. 세상 사람들은 커다란 손실을 당하여 견딜 수 없는 우울함으로 하루하루를 허무하게 보내거나, 기쁨에 젖어 자기의 운명을 반겨 맞이하지. 하지만 감수성이 예민하고 다정다감한 시인의 영혼은 마치 하늘의 궤도를 따라 움직이는 태양과 같이 밤으로부터 낮으로 옮겨 가고, 그 영혼의 하프는 아주 조금만 곡조를 바꾸어도 기쁨에도, 슬픔에도 공명할 수 있다네. 시인의 마음 밑바닥에는 지혜라는 이름의 아름다운 꽃이 자리를 잡고 있어. 그리하여 다른 사람들이 백일몽을 꾸며 자신의 모든 감각이 만들어낸 기이한 망상에 불안해 하는 동안에도 시인은 인생의 꿈을 지켜보면서 살며, 아무리 진기한 일이 일어난다 해도 과거임과 동시에 미래의 일로 볼 수 있는 것이지. 이렇게 시인은 스승이자 예언자이며 여러 신들과 인간들의 친구이기도 하지. 그런데도 자네는 시인이 보잘것없는 생업으로 하강하기를 바라는 건가? 마치 한 마리 새처럼 온 세상을 굽어보면서 부유하고, 드높은 산봉우리에 둥지를 틀고, 이 가지 저 가지로 가볍게 날아다니며 꽃봉오리와 나무 열매를 먹고 살도록 타고난 시인이 동시에 황소처럼 쟁기나 끌고 개처럼 짐승의 발자국이나 추적하거나, 아니면 아예 쇠사슬에 묶여 멍멍 짖어대면서 농가나 지켜야 속이 시원하겠느냐는 말일세."

　베르너는 어안이 벙벙해져서 빌헬름의 말을 듣고 있다가 한 마디 했다.

　"인간도 새와 같은 구조로 되어 있어서 실을 잣고, 직물을 짜지 않고 언제나 즐겁게 하루를 보낼 수 있다면 말이지. 또 겨울이 되면 먼 동쪽으로 날아가서 따뜻하게 지내고, 먹을 것에도 모자람 없이 겨울을 날 수 있다면 말이네."

"존경해야 마땅한 것이 더 소중하게 다뤄지던 시대의 시인은 그런 식으로 살았네."

빌헬름이 외쳤다.

"그리고 그 어떤 시대에서도 시인은 그런 식으로 살아야만 하네. 시인의 내면에는 많은 것이 주어져 있어서 외부의 것이 그렇게 필요하진 않았으니까. 아름다운 감정과 훌륭한 표상을 감미롭고 저마다의 대상에 딱 맞는 말과 선율에 의해 사람들에게 전하는 재능은 옛날부터 많은 이들을 매료시켜 왔고, 재능을 가진 본인에게는 풍부한 자산이었지. 궁정이나 부자의 식사 자리나, 연인들의 문턱에서 시인이 노래를 부르면 모두 다른 것을 제쳐두고 그에게 귀와 마음을 열지. 가로수 길을 걸어가다 새 울음소리에 마음을 뺏기면 넋을 잃고 그것을 칭송하고, 자기도 모르게 발을 멈추는 것과 마찬가지야. 시인은 어디서든 환영받고, 신분이 낮으면 오히려 더 존경받았어. 영웅은 시인의 노래에 귀를 기울이고 정복자는 시인이 없으면 자신의 위대한 공적도 폭풍우같이 지나갈 것을 알고 있었기에 시인을 정중하게 대접했다네. 사랑에 빠진 사람은 그 소망과 기쁨을 감수성이 넘치는 시인의 입술로 인해 그의 사랑을 빠짐없이 노래로 불러주었으면 하고 바랐지. 부자도 그의 우상인 재산을, 자신의 눈으로는 많은 가치를 느끼고 높여주는 시인의 빛나는 정신에 의해 비춰질 만큼 귀중한 것으로 볼 수는 없었지. 오히려 신들을 창조하고 우리를 신이 있는 곳까지 떠받들어준 것은, 아니 신을 여기로 데리고 와준 것은 시인이라고 말해도 될 정도라네."

베르너는 잠시 생각에 잠긴 뒤 입을 열었다.

"여보게, 빌헬름. 자네가 그토록 생생하게 느끼는 것을 억지로 마음속에서 내보내려 애쓸 때마다 너무나 안타깝다는 생각이 든 게 한두 번이 아니네. 내가 보기에 자네는 어느 정도 자신과 타협하는 편이 나을 것 같군. 그렇게 자네 자신의 욕망을 거슬러 모든 것을 포기하고 그 고집스러운 모순을 지켜내다가는 아무런 죄도 없는 즐거움은 마찬가지고 다른 향락까지 모두 잃게 되지 않겠는가?"

빌헬름이 대답했다.

"이 말을 듣고 웃지 말아주었으면 하네. 사실대로 말하면 내가 아무리 그 환상들을 뿌리치고 달아나려 해도 그것들은 여전히 나를 쫓아오고 있다네.

내 마음속을 들여다보고 있으면 지난날의 그 소망이 여전히, 아니 이전보다 더 굳게 그 환상에 달라붙어 있다네. 하지만 이 불쌍한 나에게 무엇이 남아 있다는 말인가? 무한을 손에 쥐려 했고, 언젠가는 분명 위대한 무언가를 잡을 수 있다고 생각했던 내 정신의 팔이 이렇게 빨리도 부스러져 가루가 되고 말 것이라 누군가 나에게 예언했다면, 그래, 그런 사람이 있었다면 나는 절망했겠지. 게다가 심판이 내려진 지금, 아니 신을 대신해서 나를 희망으로 이끌어주었던 그녀를 잃어버린 지금 나에게 남겨진 것은 가장 큰 고통에 몸을 맡기는 것 말고는 아무것도 없네. 아아— 베르너."

빌헬름은 말을 이었다.

"이제 와서 무엇을 숨기겠나? 사실 그녀는 내가 타고 올라갈 줄사다리를 고정시키는 갈고리와 같았네. 나는 위험천만한 희망을 품고 모험가와 같이 공중에서 그 사다리에 매달려 있었지. 그런데 그 갈고리가 부서져버렸네. 그래서 지금 내 몸은 희망의 발치에 산산조각 난 채로 쓰러져 있는 것일세. 더 이상 나에겐 위안은커녕 희망조차도 없네. 그러니 난 이 하찮은 종이쪼가리들을 한 장도 남기지 않겠어!"

그는 벌떡 일어나며 외쳤다. 그러고는 노트 한 권을 집어 들어서 갈가리 찢고 화로에 던져버렸다. 베르너가 말리려 했지만 소용없었다.

"날 좀 내버려두게!"

빌헬름이 큰 소리로 말했다.

"이런 형편없는 종잇조각들이 뭐가 그리 대수라고 그러는가? 더 이상 이것들은 나의 발전할 단계도, 나를 위로할 수단도 될 수 없어. 나를 평생 동안 괴롭히려고 이것들을 남겨두라는 것인가? 이 원고들은 사람들의 동정과 공포를 불러내기는커녕 그들의 웃음거리가 되고 말 것이네. 나도, 내 운명도 참으로 불쌍하구나! 시인들의 한탄—고통을 겪고 현명해진 슬픈 사람들의 한탄—을 지금에서야 이해할 수 있을 것 같네. 오랫동안 난 나를 금방 포기하거나 쉽게 상처 입는 사람이 아니라고 생각했네. 이제 난 첫사랑으로 인해 생긴 깊은 상처를 치료할 수 없고, 본디대로 되돌릴 수도 없다는 것을 알았네. 나는 그것을 무덤까지 가지고 가야 해. 그래, 내 일생에 있어서 이 고통은 하루도 사라지는 일이 없을 테고 결국 난 이것 때문에 죽게 될 거야. 그녀와의 추억도 죽을 때까지 내 머릿속에서 떠나지 않겠지. 그 못된 여자의 추억이 말이지. ―솔직하게 말하면 그 여자는 뼛속까지 못된 사람은 아니라네. 나는 그녀의 신분과 운명을 탓하며 마리아네의 행동을 변명했네. 내가 그녀를 너무 잔혹하게 대했어. 자네는 나에게 냉혹하고 엄격한 태도를 가르쳐주었고 분별력을 잃은 나의 마음을 꼼짝 못하게 붙들어놓았지. 그리고 나와 그녀를 위해서 해야 할 일을 못하도록 했네. 내가 그녀를 어떤 처지로 몰아넣었는지 그 누가 알겠는가? 난 지금에서야 내가 그녀를 절망으로 의지할 것 하나 없는 고독 속에 내동댕이치고 왔다는 것을 뼈저리게 느끼게 되었네. 그녀에게도 분명 할 말이 있었을 거야. 세상을 혼란스럽게 만드는 오해가 얼마나 많은가! 아무리 큰 실수를 하더라도 용서할 수 있는 상황이 얼마나 많은가! 나는 몇 번이고 그녀가 혼자 앉아 팔꿈치를 괴고 있는 모습을 본다네. 그러면 그녀가 이렇게 얘기하지. '그 사람이 나에게 맹세했던 성실함과 사랑은 이런 것이었구나. 이렇게 심한 처사로 우리의 즐거웠던 생활을 끝내버리다니…….' "

빌헬름이 갑작스럽게 울기 시작했다. 그는 책상에 얼굴을 묻고 남겨진 종잇조각을 눈물로 적셨다.

그의 옆에 서 있던 베르너는 몹시 당황했다. 그는 빌헬름의 열정이 이렇게나 갑작스럽게 타오를 것이라 예상하지 못했기 때문이다. 몇 번 말을 가로막거나 화제를 다른 것으로 돌리려 해보았지만 다 소용없는 짓이었다. 여기서도 오래된 우정이 빛을 발하기 시작했다. 그저 가만히 곁에 있어주는 것이 관심을 표하는 가장 순수하고 솔직한 것이리라 생각하며 그의 슬픔으로 인한 발작이 지나가기를 기다렸다. 이렇게 빌헬름은 조용하게 슬픔의 여운에 잠기고, 베르너는 자신의 적절한 충고와 열성적인 설득으로 이미 예전에 극복했다고 믿었던 열정의 새로운 폭발에 놀라며 그날 밤을 보냈다.

제3장

이런 재발 현상을 겪고 난 뒤면 빌헬름은 늘 일과 활동에 열심히 몰두했다. 또다시 그를 유혹할 미로에서 벗어나기 위해서는 이것이 가장 좋은 방법이었기 때문이다. 새로운 손님을 대하는 능숙한 응접 태도와 거의 모든 현대 외국어로 편지를 쓰는 능력은 그의 아버지와 베르너 아버지에게 더 큰 희망을 안겨주었고, 그들의 생각으로는 원인을 알 수 없었던 병에 대한 불안도, 그들의 계획을 중단시켜 낭비했던 시간에 대해서도 대수롭지 않게 생각하게 되었다. 그리고 그들은 다시 빌헬름이 여행을 떠나도록 도와주었다. 그래서 우리는 그가 뒤에 짐을 실은 말 위에 올라탄 것을 볼 수 있게 되었다. 지금 그는 시원한 바람을 느끼며 움직이다 보니 기분이 좋아져서 몇몇 용무를 수행하기 위한 산간지방으로 다가가고 있었다.

그는 큰 만족감을 맛보며 천천히 말을 타고 산과 계곡을 지나갔다. 그는 처음으로 공중에 드리워진 바위들, 졸졸거리는 시냇물 소리, 초목으로 뒤덮인 암벽, 깊은 계곡을 보았다. 하지만 그는 유년 시절의 꿈속에서 이런 곳을 걸었던 것 같은 기분이 들었다. 주변 풍경을 바라보니 소년 시절로 돌아간 것 같았다. 그를 계속 괴롭히던 슬픔이 모두 씻은 듯이 사라졌다. 너무 맑은 기분이 된 빌헬름은 여러 시를 읊었다. 그중에서도 특히 〈충실한 양치기〉*2에 나오는 대목들은 빌헬름의 기억 속에서 끊임없이 되살아났다. 그는 자신의 시도 몇 개 떠올라서 유난히 흡족한 기분으로 암송했다. 자기 앞에 펼쳐져 있는 세상에 과거의 여러 추억으로 생기를 불어넣었다. 그리고 미래로 내딛는 걸음걸음에 중요한 거래나 진귀한 사건이 일어날 것 같은 예감이 들었다.

사람들이 잇따라 그의 곁을 지나 앞서가며 인사말을 건네고 가파른 오솔길을 서둘러 올라가고 있었다. 더는 혼자 고요함을 즐길 수 없게 되었지만, 빌헬름은 그다지 신경 쓰지 않았다. 말하기 좋아하는 한 사람이 길동무가 되어 많은 사람들이 산을 오르는 이유를 말해주었다.

"오늘 밤 호흐도르프에서 연극이 있답니다. 이 사람들 모두 옆 마을로 그것을 보러 가는 길입니다."

"아니 그게 정말입니까?"

빌헬름이 큰 소리로 말했다.

"이렇게 깊은 산속에서, 그것도 앞이 안 보이게 울창한 숲에서 천막을 세우고 연극을 한다고요? 그럼 나도 그 축제를 보러 가야겠군요!"

---

*2 이탈리아인 과리니(G.B. Guarini)의 목동을 주제로 한 연극으로 17~18세기에 전유럽에 알려져 있었으며 독일어로도 여러 번 번역된 작품이다. 괴테는 이것을 이탈리아어로 읽었다고 한다.

"누가 그 연극을 하는지 들으면 더 놀랄 겁니다."

그 길동무가 말했다.

"마을에 큰 공장이 있는데 많은 사람들이 거기서 일하고 있지요. 그 공장 주인은 사람들과 잘 만나지 않고 멀리 떨어져 살고 있는데, 직원들이 추운 겨울을 즐겁게 보내기 위해선 그들에게 연극을 시키는 게 가장 좋은 방법이라 생각했어요. 그는 직원들이 카드놀이에 빠지는 것을 싫어하고, 여러 악습에 물드는 것 또한 좋아하지 않거든요. 그래서 연극을 하며 그 긴 겨울밤을 지내도록 직원들에게 권유한 것이죠. 그리고 오늘이 마침 그 공장주인의 생일이라 특별히 축제를 벌이는 것입니다."

빌헬름은 그날 밤을 지낼 예정인 호흐도르프에 도착하여 그 마을의 공장 앞에서 말을 내렸다. 그 공장주인도 책임자로서 명단에 올라 있었다. 빌헬름이 그의 이름을 밝히자 공장주인은 놀라며 외쳤다.

"아이고, 나를 도와주신 그분의 아드님이 맞지요? 내가 아버님께 많은 은혜를 입었는데 아직 갚아드려야 할 돈이 남아 있지요. 꽤나 시간이 많이 흘렀으니 지금 당장 돌려드리지 않으면 사람들이 나를 악당이라 비난해도 할 말이 없을 겁니다. 마침 딱 좋을 때에 오셨군요. 내가 말씀드리는 게 거짓이 아니라는 걸 보여드리지요."

그가 자기 아내를 불렀고 그녀도 빌헬름을 크게 반겼다. 그녀는 그를 보고 아버님과 똑같이 생겼다고 말하며 오늘 밤은 손님이 많아 잠자리를 마련해 줄 수 없는 것이 아쉽다고 했다.

용건은 빠르고 깔끔하게 정리되었다. 빌헬름은 금화 꾸러미를 가방에 넣으며 다른 일도 이렇게 간단하게 해결되었으면 좋겠다고 생각했다.

연극 상영 시간이 다가와 모두 산림감독관을 기다리고 있었다. 마침내 그가 사냥꾼 몇 사람을 데리고 도착했는데 사람들은 그에게 깍듯이 대접했다.

직원 하나가 정원 바로 옆의 곳간을 개조하여 만든 극장으로 사람들을 안내했다. 객석과 무대가 특별하지는 않았지만 밝고 깔끔하게 꾸며져 있었다. 공장에서 일하는 도장공(塗裝工)들 가운데 한 남자가 궁정극장에서 일한 적이 있어서 숲과 길거리, 거실 같은 무대장치를 만들었는데 조금 엉성해 보였다. 그날 공연한 연극은 한 유랑극단에게서 빌린 대본을 그들 나름대로 각색한 것이었고 생각보다 재미있었다. 한 여인을 사랑하는 두 남자가 처음엔 그녀의 후견인으로부터, 나중에는 상대방으로부터 그녀를 차지하려 갖은 음모를 꾸미는 덕에 유쾌한 장면이 많이 연출되었다. 그건 빌헬름이 정말로 오랜만에 접한 작품이었다. 그래서 그는 많은 생각을 하게 되었다. 그 작품 줄거리는 매우 다채로운 사건들로 이루어져 있었지만 현실성 있는 인물 묘사는 보이지 않았다. 그래도 그것은 모두를 만족시켰고 즐겁게 해주었다. 이것이 바로 모든 연극의 첫걸음이다. 소박한 사람들은 무언가 일어나기만 해도 만족한다. 하지만 교양 있는 사람은 감동을 요구한다. 연기를 보고 무언가를 깊이 생각한다는 건, 그것에 정통한 사람에게만 주어진 특권이다.

그는 직원들의 연기를 보며 몇 장면쯤 고쳐주고 싶다고 생각했다. 그들을 조금만 더 연습시키면 훨씬 나아질 거라 생각한 것이다.

이렇게 그가 조용히 배우들을 관찰하고 있을 때, 갈수록 짙어지는 담배 연기가 그를 방해했다. 연극이 시작되자마자 산림감독관이 파이프에 불을 붙였고, 다른 사람들도 그를 따라 차츰 담배를 피우기 시작했다. 게다가 사냥꾼들이 데리고 온 큰 개들까지 소란을 피웠다. 물론 처음부터 개를 극장에 들여놓은 것은 아니었다. 개들은 뒷문을 통해 몰래 극장으로 들어가 배우들에게 덤벼들었다가, 결국엔 무대와 객석 사이에 있는 관현악단 위를 훌쩍 뛰어넘어 맨 앞줄에 앉아 있던 그들의 주인에게로 돌아갔다.

촌극으로 가장극이 행해졌다. 신랑 옷을 입고 있는 공장주인의 젊은 모습이 그려진 초상화가 제단 위에 올려졌는데 그 그림에는 화환이 둘러져 있었다. 배우들이 하나 둘 그 앞으로 가서 공손하게 인사했다. 잠시 뒤 흰 옷을 입은 공장주인의 막내딸이 등장하여 운문으로 된 축사를 낭송했다. 온 가족이 감동의 눈물을 흘렸고 심지어는 아이들 생각이 난 산림감독관까지 눈물을 보였다. 이렇게 연극은 마무리되었다. 빌헬름은 무대에 올라 여배우들에게로 가까이 다가가서 그들의 연기를 칭찬하고, 다음을 위해 도움이 될 만한 말들을 해주었다.

그 뒤 빌헬름은 산간지방의 크고 작은 마을에서 자신이 해야 할 일들을 했는데 호흐도르프 때처럼 쉽지는 않았다. 많은 채무자들은 지불기한을 연기해주길 바랐고, 무례한 사람도 있었으며, 심지어는 채무 자체를 부정하는 사람까지 있었다. 그래서 빌헬름은 아버지와 베르너 아버지에게 지시받은 대로 그들을 고발할 수밖에 없었다. 그 때문에 변호사를 방문하여 사정을 설명하고 법정에 출두해야 하는 등 귀찮은 일을 해야 했다.

사람들이 그에게 정중한 태도를 보이긴 했어도 그것이 일에 도움이 되지는 않았다. 엎친 데 덮친 격으로 장마철이 시작되었다. 이 지방에서 말을 타고 여행하는 것은 너무나 힘들었다. 그래서 그는 다시 산기슭에 있는 아름답고 비옥한 평지로 갔다. 고요하게 흐르는 강가에서 반짝이는 햇빛을 받고 있는 작고 아름다운 마을을 발견했을 때엔 하늘로 날아가 버릴 것만 같은 기분이 들었다. 그 마을에서 할 일은 없었지만 오히려 그 때문에 거기서 2, 3일을 지내기로 했다. 험한 산길로 지친 자신과 말에게 한동안 휴식이 필요하다고 생각했기 때문이다.

제4장

빌헬름은 광장에 있는 한 여관 앞에서 말을 내렸다. 그곳의 분위기는 매우 쾌활했다. 아니, 그보다는 매우 소란스러웠다. 한 다부진 남자의 지휘 아래 줄타기 광대, 공중 곡예사, 마술사들로 이루어진 한 서커스단이 아내와 아이들을 데리고 그곳에서 머물고 있었기 때문이다. 그들은 공연 준비를 하면서 온통 야단법석을 떨었다. 그러면서 때로는 여관주인과 말다툼을 벌였고 심지어는 동료들끼리 다투기도 했다. 그들의 말다툼도 매우 불쾌했지만 그들이 기쁨을 표현할 때는 더욱 참을 수가 없었다. 이곳에 머물러도 괜찮을 것인가 여관 문턱에서 결정을 내리지 못한 채 그는 광장에서 무대를 세우고 있는 일꾼들에게 눈을 돌렸다.

장미와 다른 많은 꽃을 들고 다니며 파는 한 소녀가 빌헬름에게 다가와 꽃바구니를 내밀었다. 그는 아름다운 꽃다발을 하나 사서 그것을 자기 취향대로 다시 묶고는 만족스러운 얼굴로 바라보고 있었다. 그때, 광장 맞은편에 있는 다른 여관 창문이 열리고 늘씬한 몸매를 가진 한 여성이 창가에 모습을 보였다. 먼 거리였음에도 그녀의 얼굴에 발랄하고 쾌활한 빛이 어려 있음을 단번에 알 수 있었다. 그 반짝거리는 금발은 아무렇게나 흐트러져 목덜미에 드리워져 있었다. 그녀는 빌헬름을 유심히 쳐다보고 있는 것 같았다. 잠시 뒤 이발소 앞치마를 두르고 하얀 웃옷을 입은 소년이 입구에서 나타나 빌헬름에게 다가가 꾸벅 인사하며 말했다.

"저 창가에 계신 아가씨가 그 아름다운 꽃을 조금 나누어줄 수 있으신지 여쭤보라고 하시는데요?"

"모두 드리도록 하지."

빌헬름은 그렇게 말하며 그 쾌활한 심부름꾼에게 꽃다발을 건네주었다. 그러고는 창문가의 아가씨 쪽으로 고개를 살짝 숙여 인사하자 그녀도 상냥한 인사를 하고는 창문가에서 모습을 감추었다.

빌헬름이 그 멋들어진 우연을 다시 떠올리며 자기 방을 찾아 올라가려는데 위층에서 통통 튀어오를 듯이 계단을 내려오는 한 어린아이가 그의 눈길을 끌었다. 소매가 스페인 스타일로 트여 있는 짧은 비단조끼와 바짓가랑이가 넓고 꼭 맞는 긴 바지가 아주 잘 어울렸다. 아이는 길고 검은 곱슬머리를 땋아서 올렸는데, 그는 그 모습이 너무 이상해서 바라보았지만 여자아이인지 남자아이인지 결국 구별해내지 못했다. 하지만 그는 그런 건 뒤에 따져보기로 했다. 그는 아이가 그의 곁을 지나치자 아이를 불러 행복한 하루가 되라고 말했다. 그리고 그 아이가 서커스단의 아이라고 짐작은 하고 있었지만 일단 누구를 따라서 왔느냐 물었다. 아이는 까만 눈으로 날카롭게 그를 쩨려보았다. 그러고는 단 한마디 말도 없이 그의 손을 뿌리치고 부엌으로 내달렸다.

계단을 올라가 보니 넓은 거실에서 두 남자가 펜싱 연습을 하고 있었는데, 연습이라기보다는 서로 실력을 겨루어보는 듯했다. 한 명은 분명 이 여관에서 머물고 있는 서커스 단원이었지만 다른 한 명은 조금 품위가 있는 것같이 보였다. 빌헬름은 그 둘의 시합을 구경하는 동안 두 사람 모두 꽤나 놀라운 실력자임을 알 수 있었다. 곧 검은 턱수염을 한 덩치 큰 검객이 그 시합장을 빠져나가자 또 다른 사람이 아주 정중하게 빌헬름에게 검을 내밀었다.

"한 수 가르쳐주신다면 기꺼이 상대해보도록 하겠습니다."

빌헬름이 말했다.

그렇게 검을 맞대게 되었는데 그 남자의 실력은 도저히 빌헬름으로선 따라갈 수 없을 정도였다. 하지만 그 남자는 매우 정중하게 무슨 일이든 연습하기 나름이라 대답했다. 사실 빌헬름은 훌륭한 실력을 갖춘 독일식 사범에게 펜싱을 배운 적이 있었기에 그때 배웠던 만큼의 실력은 보여줄 수 있었다.

그들의 대화는 왁자지껄한 소리에 멈춰지고 말았다. 다채로운 색으로 장식된 화려한 의상을 차려입은 서커스단이 그들의 공연에 마을 사람들이 호기심을 갖도록 홍보하기 위해 여관에서 몰려나가는 참이었다. 그들은 북재비를 앞장세워 그 뒤를 단장이 말을 타고 나갔고, 그 둘을 따라서 앙상하게 뼈만 남은 말을 탄 무용수가 리본과 금박으로 화려하게 치장한 아이를 안고 나타났다. 그리고 나머지 단원들이 걸어나왔다. 몇 명은 어깨 위에 보기에도 위태롭게 아슬아슬한 자세로 아이들을 올린 채 가볍게 걷고 있었다. 계단에서 보았던 검은 머리에 어두운 표정을 짓던 소녀가 또 빌헬름의 눈길을 끌었다.

마구 몰려드는 사람들 사이로 어릿광대가 여자아이에게 입맞춤을 해주거나 나무막대기로 큰 소리를 내어 남자아이를 깜짝 놀라게 만드는 등 유쾌한 장난을 치며 광고지를 나누어주고 있었다. 모두들 그의 재주를 더 보고 싶어서 안달이 난 것 같았다.

인쇄된 광고지에는 서커스단의 다양한 재주들이 적혀 있었는데, 특히 무슈 나르치스와 마드무아젤 란트리네테의 재주를 칭송하고 있었다. 이 둘은 서커스단에서 가장 인기 있는 사람들답게 가두행렬에는 참가하지 않고, 그들로부터 조금 떨어진 곳에서 품위 있는 자태를 뽐내어 군중의 호기심을 더욱 부추겼다.

서커스단의 행진이 이어지는 동안 맞은편의 그 아름다운 여인이 다시 창문가에 모습을 드러냈다. 빌헬름은 재빨리 펜싱을 함께했던 남자에게 그녀에 대해 물었다. 그는—우리는 그를 라에르테스(Laertes)*3라 부르기로 하자—빌헬름을 그 아리따운 여인에게 안내해주겠다고 자청했다.

"최근 이 마을에서 공연을 했다가 실패한 극단이 있지요. 나와 저 여인은 그 극단이 해체한 뒤 남은 사람들이랍니다."

라에르테스가 쓴웃음을 지으며 말했다.

"이 마을 분위기가 꽤 매력적이어서 마음에 들었거든요. 동료 한 명이 일거리를 구해오겠다며 떠나긴 했는데, 그나마 지금 갖고 있는 돈으로 한동안

---

*3 라에르테스(Laertes)는 셰익스피어의 〈햄릿〉에 나오는 인물 이름으로서, 나중에 이 소설에서 실제로 레어티스(Laertes를 영어식으로 발음함) 역할을 맡게 된다.

여기서 편하게 쉴 작정입니다."

라에르테스는 곧장 그의 새 친구를 필리네가 머무는 여관 앞까지 데려다 주었다. 그리고는 옆에 있는 가게에 가서 과자를 사온 뒤 말했다.

"당신은 분명히 나에게 고맙다고 할 거예요! 아주 멋진 여성을 소개시켜 주었다고요."

필리네는 굽이 높은 실내화를 신고 나와 두 사람을 환영했다. 그녀는 하얀 네글리제에 짧고 검은 망토를 두르고 있었다. 그녀의 네글리제가 아주 깨끗하지 않아 오히려 그녀의 인상을 더 솔직하고 편안하게 느끼게 해주었는데, 짧은 치마 또한 세상에서 가장 아름답고 늘씬한 그녀의 다리를 그대로 드러내고 있었다.

"어서 오세요! 지난번에 주신 꽃 정말 감사드려요."

그녀는 빌헬름에게 이렇게 말하며 한 손엔 꽃다발을 들고 다른 손으로는 그를 방으로 안내했다. 그들은 자리를 잡고 앉아 이런저런 이야기를 하기 시작했는데, 필리네가 대화를 아주 재치 있게 이끌어갔다. 라에르테스가 구운 생강과자를 한 움큼 그녀의 치마폭에 쏟아주자 그녀는 재빨리 그것들을 집어 먹기 시작했다.

"이 친구는 정말 어린아이 같다니까요!"

그녀가 말했다.

"내가 단것을 몹시 좋아한다는 걸 당신에게 말하려고 작정한 거예요. 하지만 이 친구야말로 맛있는 음식 없이는 못 산답니다."

그러자 라에르테스가 말했다.

"솔직히 말씀드리면 우리는 이런저런 점에서도 아주 잘 맞는 친구랍니다. 그나저나 오늘 날씨도 좋은데 마차를 타고 나가 '물레방아' 식당에서 함께 점심이나 먹는 건 어떨까요?"

"참 좋은 생각이네요!"

필리네가 말했다.

"우리의 새 친구에게 무언가 특별한 일을 해드려야지요."

그렇게 말하고 라에르테스는 날아갈 듯이 뛰어나갔다. 그는 결코 여유롭게 걷는 법이 없었다. 빌헬름은 잠시 여관으로 돌아가서 긴 여행으로 헝클어진 머리칼을 정리하려고 했다.

"그 일이라면 여기서도 할 수 있어요."

필리네가 그렇게 말하고는 이발소 소년을 불렀다. 그는 아주 능숙하게 빌헬름의 윗옷을 벗기고 이발복을 입혔다. 이렇게 되자 빌헬름은 어쩔 수 없이 그녀 앞에서 머리를 정리하게 되었다.

"시간이 너무 아깝지 않나요? 우리가 언제까지나 함께 있을 수도 없잖아요."

그녀가 말했다.

그 심부름꾼 소년은 솜씨가 서투르다기보다는 심술이 나서 빌헬름의 머리를 마구 만지작거리는 바람에 일이 금방 끝날 낌새가 보이지 않았다. 필리네는 꾸물대는 소년을 몇 번 나무라다가 마침내 참지 못하고 그를 문밖으로 밀어냈다. 그리고 그녀가 손수 머리를 자르기 시작했다. 그녀는 이런 일에도 매우 능숙해서 빌헬름의 머리를 경쾌하고도 우아하게 손질해주었다. 필리네는 전혀 서두르지 않았다. 그녀가 그의 머리칼 이곳저곳을 다듬는 동안, 서로의 무릎이 닿기도 했고 꽃다발과 가슴이 그의 입술 가까이 다가오기도 했기에 그는 몇 번이나 그 가슴에 키스하고 싶은 충동에 휩싸였다.

빌헬름이 면도칼로 이마 쪽을 정리했을 때, 그녀가 말했다.

"그건 제발 가져가세요. 그리고 그걸 쓰실 때마다 나를 기억해주세요."

그건 모양새가 꽤나 세련된 면도칼이었는데 강철로 된 손잡이에는 '나를 기억해주세요'라 새겨져 있었다. 이 얼마나 귀여운 말인가! 빌헬름은 그걸 주머니에 넣고 감사 인사를 하며 답으로 그녀에게 작은 선물을 하게 해달라고 말했다.

준비가 끝나고 때마침 라에르테스가 예약한 마차가 도착하여 즐거운 나들이가 시작되었다. 필리네는 거지들이 구걸할 때마다 돈을 조금씩 던져주고 밝게 웃으며 상냥하게 말을 건넸다.

마침내 '물레방아' 식당에 도착하여 식사를 주문했을 때였다. 그 식당 앞에서 음악소리가 들려왔다. 광부들이 둥글게 원을 그리고 서서 치터*4와 트라이앵글에 맞추어 힘차고 날카로운 목소리로 노래를 불렀다. 이윽고 많은 사람들이 몰려들어 그들을 둘러쌌다. 빌헬름은 박수를 보내는 대신 고개를

---

*4 독일·오스트리아에서 널리 애용되고 있는 민족적 발현악기.

끄덕였다. 광부들이 그것을 눈치채고는 원을 크게 넓혀갔다. 무언가 비장의 카드를 준비한 것같이 보였다. 드디어 한 광부가 곡괭이를 들고 나타났다. 다른 광부들이 연주하는 엄숙한 가락에 맞추어 땅 파는 시늉을 하기 시작했다.

갑자기 한 농부가 군중 속에서 튀어나와 광부들에게 여기서 당장 나가라고 말하는 듯 위협하는 몸짓을 했다. 빌헬름과 그의 친구들은 그 광경에 놀랐지만, 농부가 입을 열어 자기 밭을 멋대로 파내려 한다며 낭송 형식으로 비난하는 모습을 보고 비로소 그가 농부로 변장한 광부였다는 사실을 알게 되었다. 광부는 전혀 놀라는 기색 없이, 나에게도 이 밭을 파낼 권리가 있다고 말하며 광산에 관한 기초적 지식을 설명했다. 들어본 적도 없는 용어에 당황한 농부가 어리석은 질문들을 하기 시작하자 자신들이 더 현명하다고 느낀 관중이 크게 웃음을 터뜨렸다. 광부는 농부에게 많은 것을 설명하며 이 토지에서 지하자원이 발견되면 결국 득을 보는 건 농부라고 그를 설득했다. 처음엔 금방이라도 달려들 듯이 무서운 얼굴을 하고 있던 농부도 점점 차분해졌고, 마침내 둘은 좋은 친구로서 헤어지게 되었다. 이 극에서 특히 빌헬름의 눈길을 끌었던 것은 광부의 훌륭한 태도였다.

빌헬름이 식사를 하며 말했다.

"이 단막극을 좋은 예로 들 수 있습니다만, 인간의 행동이나 직업, 사업의 칭찬할 만한 좋은 면을 국가가 존중하고 보호한다는 관점에서 연극을 만든다면 모든 사람에게 있어 유익하고 국가에도 많은 이익을 줄 겁니다. 현대의 연극은 인간의 해학만을 보여주고 있어요. 희극작가는 잔뜩 심술이 난 감독관 같지요. 언제나 사람들의 결점에만 눈을 번뜩이고 아주 작은 단점에도 크게 기뻐합니다. 모든 사람이 자연스레 서로에게 주는 영향을 꼼꼼히 살피고 재치 넘치는 시인이 연극작품을 만들게 한다면 정치가들에게 있어 유쾌하고 훌륭한 작업이 될 겁니다. 그렇게만 된다면 정말 즐겁고 유익하면서도 재미있는 작품이 얼마든지 완성될 것이라고 확신합니다."

라에르테스가 말했다.

"내가 여기저기 돌아보며 깨달은 것이 있습니다. 어느 곳을 가든 신분이 높은 분들은 연극을 금지시키거나 방해하고 거절만 하고 허락하거나 위로를 해주지는 않죠. 정치가들은 뭐든지 그대로 내버려두다가 자기한테 불리한 일이 생기면 화를 내며 달려듭니다."

필리네가 말했다.

"이제 국가나 정치가 이야기는 그만 하죠. 정치 애기를 들으면 가발 쓴 사람만 잔뜩 떠오르는걸요. 나는 가발 쓴 사람만 보면 손이 근질근질해져요. 점잖은 신사라 해도 가발을 쓰고 있다면 그걸 당장에 벗겨서 내동댕이쳐 그걸 주우러 뛰어다니게 하고 싶다니까요."

필리네는 명랑한 노래를 두세 곡 불렀는데 그것 때문에 둘의 대화가 끊기자 저녁에 공연하는 광대의 줄타기 곡예에 늦지 않도록 어서 돌아가자고 재촉했다. 그녀는 너무 들떠서 돌아가는 길에서도 가난한 사람들에게 좋은 씀씀이를 보였다. 그녀는 함께하던 사람들의 잔돈까지 모두 써버리자 한 여자아이에겐 밀짚모자를, 한 노파에겐 자신의 스카프를 던져주었다.

필리네는 자기 집 창문에서 공연을 내려다보면 다른 여관에서 보는 것보다 훨씬 더 잘 볼 수 있다며 빌헬름과 라에르테스를 제 방으로 데리고 갔다. 그녀의 방에서 내려다보니 무대설치는 이미 끝났고 배경은 양탄자로 꾸며져 있었다. 도약판이 놓이고 밧줄은 두 기둥에 팽팽하게 묶여졌다. 수많은 사람들이 모여들었으며 광장을 둘러싼 많은 창문들마다 얼굴들이 보였다.

맨 처음 광대가 나타나 늘 구경꾼들을 웃겼던 몇 가지 익살스러운 몸짓을 보이며 관객들 시선을 모았다. 이어서 아이들 몇이 등장하여 몸을 기묘한 모양으로 접거나 꺾어내 사람들이 놀라움으로 몸을 떨었다. 첫눈에 빌헬름의 관심을 끌었던 아이가 몹시 괴로운 듯 몸을 비틀어대는 모습에 그는 깊은 동정심을 느꼈다. 다음에는 쾌활한 곡예사들이 무대 위로 올라와 처음에는 한 사람씩, 그 다음엔 앞뒤 사람과 함께, 마지막에는 모두 한꺼번에 공중제비를 돌아 관객들로부터 열렬한 박수와 환호가 터져나왔다.

곧바로 관중의 눈길이 새로운 묘기로 쏠렸다. 아이들이 차례차례 나타나 줄타기를 시작했다. 줄타기를 막 배운 아이가 맨 처음으로 나와 시간을 끌면서 그 곡예가 얼마나 어려운가를 관객들에게 보여주었다. 성인 남녀도 몇 명 등장하여 아주 능숙하게 줄을 탔다. 그러나 무슈 나르치스와 마드무아젤 란트리네테의 모습은 아직 보이지 않았다.

마침내 그 두 사람도 빨간 텐트에서 뛰어나와 정감 가는 표정과 화려한 의상으로 이제껏 기대에 잔뜩 부풀어 있던 관객들을 크게 만족시켰다. 나르치스는 평균 키에 머리를 굵게 땋아 내린 검은 눈동자를 가진 젊은이였다. 란 트리네테도 그에 못지않게 날씬하고 탄탄한 몸매를 가지고 있었다. 둘은 함 께 아슬아슬한 줄타기를 하며 가볍게 움직이거나 뛰어올랐다. 때로는 손에 땀을 쥐게 하는 자세를 보이기도 했다. 그 경쾌함과 대담함, 정확함은 그들 이 사뿐사뿐 튀어오를 때마다 관객들을 매우 즐겁게 해주었다. 이들의 우아 한 몸짓과 다른 단원들이 그들에게 보여주는 태도는 두 사람이 서커스단의 간판스타라는 것을 잘 보여주었다. 란트리네테와 나르치스의 묘기를 보는 관중도 그들의 지위를 인정하는 것만 같았다.

광장에 모인 구경꾼들도, 창문가에서 구경하는 사람들도 모두 매우 만족 해 하는 듯 보였다. 여자들은 나르치스로부터, 남자들은 란트리네테로부터 눈을 떼지 못했다. 광장에 모인 사람들은 환호성을 질렀고 창가에서 점잖게 내려다보던 사람들도 박수를 보냈다. 이제 광대는 더 이상 관중의 웃음거리 가 되지 않았다. 단원 몇 명이 돈을 모으려고 접시를 들고 관객들 사이를 돌 아다닐 때 슬그머니 도망치는 사람은 별로 없었다.

"공연을 참 잘하는군요."

창문가에 기대어 있던 필리네에게 옆에 선 빌헬름이 말했다.

"아무리 재미없는 재주라도 때를 맞추어 적절한 묘기를 보여줌으로써 흥 미롭게 만드는 그들의 방식에 매우 깊은 인상을 받았습니다. 가장 먼저 아이 들의 서투른 재주부터 시작해서 우리의 주의를 끌죠. 점점 분위기를 고조시 켰다가 마지막에는 간판스타가 나와 능숙하게 그 공연을 마무리 짓는 겁니 다. 이런 과정을 통해 우리는 굉장한 즐거움을 느끼게 되는 거지요."

시간이 흐르면서 구경꾼들은 점점 흩어졌고 이윽고 광장은 텅 비었다. 필 리네와 라에르테스는 나르치스와 란트리네테의 모습과 재주에 대해 논쟁하 며 서로를 놀리고 있었다. 빌헬름은 계단에서 보았던 신비로운 아이가 길가 에서 놀고 있는 다른 아이들의 곁에 서 있는 것을 보고 필리네를 불렀다. 그 녀가 평소대로 활기차게 손을 흔들며 아이를 불렀지만 아이는 꼼짝도 하지 않았다. 그녀는 노래를 흥얼거리며 계단을 내려가 아이를 데리고 올라왔다.

"자, 당신이 그렇게 궁금해 하는 신비로운 소녀예요!"

필리네가 그 아이를 데리고 들어오며 말했다. 그 아이는 금방이라도 달아 나려는 듯, 문가에 서서 오른손은 가슴에, 왼손은 이마에 대고 꾸벅 인사를 했다.

"그렇게 무서워하지 않아도 된단다."

빌헬름이 그 아이에게 살며시 다가가며 말했다.

그 아이는 의심스러운 눈초리로 그를 보며 두세 걸음 다가갔다. 빌헬름이 아이에게 물었다.

"이름이 뭐니?"

"모두 저를 미뇽*5이라고 불러요."

"나이는?"

"아무도 가르쳐주지 않았어요."

"아버지는?"

"그 큰 악마*6는 죽었어요."

"어머, 참 이상한 말을 하네요."

필리네가 그렇게 말하고는 두세 가지 더 물었더니 아이는 묘하게 긴장하며 서투른 독일어로 대답했다. 그 아이는 대답을 할 때마다 두 손을 이마와 가슴에 올리고 머리 숙여 인사했다.

빌헬름은 아이를 보고 또 보아도 싫지 않았다. 저도 모르게 눈도 마음도 그 불가사의한 아이에게로 자꾸만 쏠렸다. 나이는 열둘이나 열셋쯤 되어 보였다. 미뇽은 체격이 좋은 편이었는데 팔다리는 더 튼튼하게 자랄 수 있을 것 같기도 했고, 아니면 그 상태에서 발육이 멈출 것 같았다. 이목구비가 뚜렷하진 않았는데 왠지 모르게 눈길을 끄는 데가 있었다. 그녀의 이마에는 많은 비밀이 숨겨져 있을 것만 같았고 코는 엄청 예뻤다. 입술은 나이에 비해 아주 얇고 가끔 입술 한쪽을 샐쭉거리는 버릇이 있었지만 아주 천진난만한 매력이 있었다. 얼굴색은 화장 때문에 잘 알 수 없었지만 갈색 빛이 조금 돌았다. 빌헬름은 그 아이의 모습에 넋이 나가 곁에 사람이 있다는 것조차 잊고 있었다. 필리네가 남아 있던 과자를 아이 손에 쥐어주며 이제 돌아가도 된다고 말하자 그제야 그는 황홀한 꿈에서 깨어났다. 아이는 다시 한 번 정

---

*5 미뇽(Mignon)은 프랑스어에서 온 외래어로 그 무렵에는 인기 있는 사람이라는 뜻으로 쓰이기도 했다.

*6 2권 4장 끝에 이 '큰 악마'에 대한 설명이 짤막하게 나오는데 서커스단의 단장으로 미뇽이 아버지라고 불렀던 사람을 가리킨다.

중하게 인사하고 재빠르게 뛰어나갔다.

밤이 깊어 새로운 친구들과 헤어져야 할 시간이 되었다. 그들은 저마다의 숙소로 돌아가기 전, 다음 날도 나들이를 가기로 약속했다. 근처 산속에 있는 오두막집에서 점심을 먹자고 했다. 빌헬름은 그날 밤 여관으로 돌아가며 필리네에 대해 갖은 칭찬을 늘어놓았고 라에르테스는 그의 말에 짧게 몇 마디 맞장구쳐주었다.

다음 날 아침 1시간쯤 펜싱 연습을 한 그들은 필리네가 묵고 있는 여관으로 나갔다. 예약해두었던 마차가 벌써 여관 앞에서 기다리고 있는 것을 보았기 때문이었다. 그러나 빌헬름은 마차뿐만 아니라 필리네마저 사라져버린 걸 알고는 몹시 놀라고 말았다. 그녀는 그날 막 여관에 도착한 낯선 두세 사람과 함께 나들이를 나간 뒤였다. 빌헬름은 그녀와의 나들이를 기대하고 있던 만큼 치밀어오르는 화를 감출 길이 없었다. 하지만 라에르테스가 웃으며 말했다.

"난 필리네의 이런 점이 좋아요. 정말이지 그녀다운 행동이군요! 우리도 어서 그 산속 오두막집으로 갑시다. 필리네가 어디를 가든지 우리의 나들이를 포기할 필요는 없지요."

나들이 도중에 빌헬름이 그녀의 행동에 대해 줏대가 없다고 계속 투덜거리자 라에르테스가 말했다.

"자기 성격에 충실한 사람을 줏대 없다고 말할 순 없죠. 필리네가 무언가를 계획하고 약속할 때는 '막상 그날이 되어서 계획이나 약속을 지킬 마음이 생긴다면'이라는 암묵적인 조건이 걸려 있는 거예요. 그녀에게 선물을 받을 때도 나중에 되돌려줄 수 있도록 마음에 새겨야 합니다."

그러자 빌헬름이 대답했다.

"독특한 성격이네요."

"독특하지는 않아요. 위선적이지 않은 것뿐이죠. 그래서 내가 그녀를 좋아하는 겁니다. 내가 여성을 싫어하는 몇 가지 이유가 있는데, 필리네는 순수하게 여성 그 자체여서 그녀의 친구가 된 겁니다. 그녀는 여성의 시조이며 진정한 이브*7입니다. 내 생각엔 모든 여성은 필리네와 같은 성격을 가지고

---

*7 성경 〈창세기〉에서 신이 가장 처음으로 만든 여자.

있어요. 다만 그걸 드러내지 않을 뿐이죠."

라에르테스는 그가 여성을 피하게 된 원인을 말하진 않았고, 다만 자신이 여성에 대해 느끼는 증오를 자세히 늘어놓았다. 그렇게 대화를 나누는 동안 어느새 둘은 숲 속에 들어가 있었다. 빌헬름은 라에르테스의 이야기를 듣는 내내 맥이 풀렸다. 그의 이야기가 또 마리아네와 만든 추억을 생생하게 떠올려주었기 때문이다. 둘은 필리네가 그늘이 드리워진 샘에게 멀지 않은, 큰 나무 아래 돌로 만든 탁자에 혼자 앉아 있는 모습을 보았다. 그녀는 발랄한 노래를 흥얼거리며 그들을 맞이했다. 라에르테스가 함께 온 사람들은 어디로 간 것인지 묻자 필리네가 큰 소리로 말했다.

"그들의 분수에 맞게 감쪽같이 속여서 근사하게 골려주었지요. 여기로 오는 동안 그 사람들이 얼마나 씀씀이가 좋은지 시험해 보았어요. 그랬더니 둘 다 구두쇠에 욕심쟁이라는 걸 알게 되었죠. 그래서 그들을 조금 혼내주기로 마음먹었죠. 이곳에 도착하자마자 그들은 여기에 무슨 음식이 있는지 오두막집 웨이터에게 물었어요. 그러자 웨이터가 여느 때와 같이 식당에 있는 온갖 요리를 거침없이 줄줄 말했어요. 그들이 당황해서 가격은 얼마냐고 묻지 뭐예요? 그래서 내가 이렇게 말했죠. '뭘 그렇게 고민하시나요? 식사는 여자가 맡아야 할 일이랍니다. 나에게 맡겨만 주세요!' 그리고 나는 황당한 식사를 주문했어요. 어떤 요리는 이웃 마을에서 재료를 사와야 만들 수 있는 것도 있었어요. 내가 두세 번 입술을 삐죽거리는 것을 보고 내 의도를 알아차린 웨이터가 입을 맞춰주었죠. 곧 호화로운 식사가 나올 것이라고 호들갑을 떨며 그들에게 넌지시 알려주었더니 둘은 달아나듯 숲으로 산책을 갔어요. 아마 돌아오지 않을 거예요. 나는 벌써 15분씩이나 여기에 앉아서 웃고 있는걸요. 그 사람들이 당황해하던 모습을 떠올릴 때마다 웃음이 날 것 같아요."

라에르테스가 식사를 하면서 이와 비슷한 이야기를 해주었다. 이렇게 그들은 유쾌한 이야기, 하찮은 오해로 일어난 재미있는 일화, 누군가를 골탕먹인 이야기들을 서로 번갈아가며 말했다.

마을에서 알게 된 젊은이가 책을 들고 숲에서 나와 그들 옆에 앉아 주변의 아름다운 경치를 칭송했다. 그는 시냇물이 졸졸 흐르는 소리, 흔들리는 나뭇가지와 그 사이로 내리비치는 햇살, 새가 지저귀는 소리 등 자연에 대한 찬

사로 빌헬름과 그 친구들의 주의를 끌었다. 그때 필리네가 뻐꾸기 노래를 부르자 젊은이는 그게 마음에 들지 않았는지 곧 일어나더니 작별 인사를 했다. 그가 오두막집에서 나가자 필리네가 말했다.

"자연이니 풍경이니 그런 이야기는 듣고 싶지 않아요."

"다른 사람이 충분히 즐기고 있는 것을 굳이 설명하려는 건 정말 쓸데없는 짓이에요. 사람은 날씨가 좋으면 산책을 가고, 음악이 시작되면 춤을 추는 법이죠. 누가 산책하면서 날씨에 대해 생각하고, 누가 춤을 추면서 악보를 떠올리나요? 춤추는 사람의 즐거움은 함께 춤을 추는 앞사람을 바라보는 것이지 바이올린 소리가 아니랍니다. 나의 푸른 눈동자가 앞사람의 검은 눈동자를 바라보는 법이에요. 그들이 샘물이나 분수나 썩은 가로수 따위를 신경이나 쓰겠어요?"

그녀는 이렇게 말하며 자신과 마주보고 앉아 있는 빌헬름의 눈을 지그시 바라보았다. 빌헬름은 마음 문턱까지 닿을 것 같은 그녀의 시선을 밀어낼 수 없었다.

"나도 그 말에 동의합니다."

빌헬름이 조금 허둥거리며 말했다.

"인간이 흥미를 가지는 대상은 결국 인간입니다. 인간은 인간에게만 관심을 가진다고 해도 과언이 아닐 겁니다. 우리를 둘러싸고 있는 모든 것은 자연*[8]이 아니면 우리가 쓰는 도구에 지나지 않죠. 우리가 그것에 얽매이거나 정신을 뺏기거나 흥미를 가질수록 자기 가치의 감정, 사회의 감정이 약해지는 것입니다. 정원이나 건물, 옷, 장식품 따위의 소유물에 큰 가치를 두는 사람은 사교적이지 않고 사람들에게 존경받지도 못하죠. 그런 사람은 인간의 본질을 놓치고 있는 거예요. 사람을 한데 모아 그들을 즐겁게 해줄 수 있는 사람은 아주 적어요. 무대에서도 그렇잖아요? 연기를 잘하는 배우가 나오면 무대가 아무리 조촐하고 엉성해도 관객들은 바로 그 사실을 잊게 되죠. 반대로 너무나 아름다운 무대는 훌륭한 배우가 없다는 것을 부각시킬 뿐이에요."

식사를 마친 뒤, 필리네는 풀이 무성한 곳에 앉았다. 그녀는 두 친구에게

---

*8 원문에서는 원소라는 단어가 쓰였는데, 여기서 원소는 고대 철학에서 말하는 4대 원소(불, 땅, 물, 공기)를 뜻한다. 작품에서 원소란 말이 거의 자연과 동의어로 쓰였기에 자연이라 표기했다.

꽃을 잔뜩 따달라고 부탁했다. 그러고는 화환을 만들어 자기 머리 위에 올렸다. 그것은 놀라울 만큼 그녀에게 잘 어울렸다. 꽃은 화환을 하나 더 만들 수 있을 만큼 많이 남아 있었다. 그녀는 두 사람을 각각 자기 옆에 앉히고 꽃을 엮었다. 우스운 이야기를 하며 떠드는 사이에 화환이 완성되었다. 필리네는 아주 우아한 손놀림으로 그것을 빌헬름의 머리에 씌워주었는데, 그녀 마음에 들 때까지 몇 번이나 그 모양새를 고쳐주었다.

"아무래도 난 아무것도 못 받을 것 같군."

라에르테스가 말했다.

"어머, 절대로 그럴 일 없어요!"

필리네가 그렇게 말하고는 자기가 쓰고 있던 화환을 라에르테스의 머리에 올려주었다.

"우리가 연적이었다면 당신이 누구를 택할 것인지 크게 싸웠을 거예요."

라에르테스가 말했다.

"그런 짓을 했다간 당신들을 바보라고 부르겠어요."

그녀는 그렇게 말하고 라에르테스 쪽으로 몸을 굽혀 입을 맞추었다. 그러고는 바로 돌아서서 빌헬름의 목에 팔을 두르고 진한 키스를 했다.

"어느 쪽이 더 달콤한가요?"

그녀가 놀리는 투로 말했다.

"흐음, 어떤 키스라도 다 달콤하다고 말하려는 건가요?"

라에르테스가 대답했다.

"그럼요!"

필리네가 말했다.

"질투나 이기심이 없는 키스는 언제나 달콤하지요. 그나저나 한 시간쯤 함께 춤추지 않을래요? 그러면 그 서커스를 다시 한 번 보기에 딱 좋은 시간이 될 거예요."

오두막집에 들어서자 음악이 흐르고 있었다. 필리네는 춤을 아주 잘 추는 사람이어서 두 친구들도 함께 신이 났다. 빌헬름은 춤을 못 추지는 않았지만 제대로 배운 적이 없어서 라에르테스와 필리네가 번갈아 가며 가르쳐주기로 했다.

세 사람은 늦은 밤이 되어서야 돌아왔다. 광대는 벌써 줄을 타고 있었다.

마차에서 내린 빌헬름은 자신이 묵고 있는 여관 어귀와 광장에 많은 사람들이 무리지어 모여 있는 것을 보았다. 무슨 일인지 궁금한 그는 달려가서 무리를 헤치고 그 안으로 들어갔다. 놀랍게도 서커스단장이 신비로운 소녀, 미뇽의 머리칼을 움켜쥐고 질질 끌고 나가며 그 가녀린 몸에 인정사정없이 마구 채찍을 휘갈기고 있었다.

빌헬름은 번개같이 단장에게 달려들어 멱살을 쥐고서 마치 미친 사람처럼 고함을 질렀다.

"그 애를 놔줘! 내가 상대해주지. 우리 둘 가운데 누가 먼저 쓰러지는지 한 번 해보자고!"

그는 이렇게 말하고 분노에 찬 엄청난 힘으로 그의 목을 졸랐다. 단장은 숨이 막히는 듯 괴로워하며 그 소녀를 놓아주고는 빌헬름의 손에서 풀려나려고 안간힘을 썼다. 미뇽을 불쌍하다고 생각하면서도 싸움을 시작할 용기가 없었던 몇몇 사내들이 단장이 소녀를 놓자마자 그의 팔을 붙잡아서 채찍을 빼앗았고 주변에 몰려 있던 사람들은 저마다 단장에게 욕설을 퍼부었다. 이제 자신에게 남아 있는 무기라고는 입밖에 없다는 걸 알게 된 그 비열한 남자는 끔찍한 욕설로 맞서며 둘러댔다. '관객들에게 에그 댄스*9를 보여주기로 약속했는데 그걸 하지 않겠다고 하니 그 게으른 녀석은 때려죽여야 해. 아무도 말리지 마!' 했다.

서커스단장은 구경꾼 사이로 숨어든 소녀를 찾기 위해 자신을 붙잡고 있는 사람들로부터 벗어나려고 몸부림을 쳤다. 그런 그를 빌헬름이 잡아끌면서 큰 소리로 말했다.

"그 아이를 어디서 훔쳐왔는지 법정에서 모두 말할 때까지 아이를 봐서도 안 되고 물론 손찌검을 해서도 안 돼. 그런 짓을 했다간 내가 네 녀석을 끝까지 추궁할 테니까."

빌헬름이 화가 머리끝까지 나서 깊은 생각이나 어떤 의도도 없이 막연하게 한 말에 마구 날뛰던 단장이 갑자기 얌전해졌다. 하지만 곧 큰 소리로 빌헬름에게 말했다.

"그 아무짝에도 쓸모없는 계집, 원하신다면 드립지요. 다만 저것 때문에

---

*9 눈을 가리고 바닥에 흩어놓은 달걀을 밟지 않도록 춤추며 돌아다니는 묘기를 가리키는 말이다.

들었던 옷값을 다 내주신다면 말입니다. 오늘 밤 안에 합의를 봅시다."

그는 서둘러 여관을 빠져나가 중단된 서커스를 다시 시작하려고 눈에 잘 띄는 묘기를 몇 가지 보여주며 관중의 시선을 끌기 위해 무던히 노력했다.

빌헬름은 서커스가 끝난 뒤 그 소녀를 찾았지만 어디에도 보이지 않았다. 다락방에서 봤다고 하는 사람이 있는가 하면, 근처의 한 주택 지붕 밑에서 보았다는 사람도 있었다. 그는 아이가 갈 만한 곳들을 모두 돌아보았지만 끝내 찾지 못해서 아이가 스스로 나타날 때까지 기다리기로 했다.

그러는 사이에 나르치스가 빌헬름이 묵고 있는 여관으로 돌아와, 그 소녀가 얼마나 오랫동안 서커스에 있었는지, 어디 출신인지 물어보았지만 그는 그 서커스단에 들어온 지 얼마 되지 않아서 아는 것이 아무것도 없었다. 대신 그는 자신에 대해서는 거리낌 없이 모든 것을 말해주었다. 빌헬름이 그의 재주를 칭찬하자 그는 박수소리 따위에는 관심 없다는 듯이 말했다.

"관객의 웃음거리가 되어주거나, 훌륭한 묘기로 그들을 감동시키는 일에는 이제 익숙해졌어요. 하지만 큰 박수소리를 듣는다고 해서 돈이 많이 들어오는 건 아니잖아요. 돈을 버는 건 단장님뿐이지, 우리 보수가 올라간 적은 단 한 번도 없어요."

그는 이렇게 말하고 어디론가 서둘러 가려고 했다. 어디를 그렇게 바삐 가려는 건지 물었더니 젊은이는 살짝 미소 짓고는, 그가 어제 선보였던 모습과 묘기 덕분에 많은 관중의 박수소리보다 더 확실한 것을 얻었다고 고백했다. 그 말인즉, 많은 부인의 시종들이 그를 찾아와 자신과 만나고 싶어한다고 전했고, 그런 부인들이 너무나 많아서 집집마다 찾아다니다간 한밤중이 되어 버릴지도 몰라 일찍 나가는 것이라고 했다. 그가 하도 천연덕스럽게 이야기를 해 가만히 듣다 보면 부인들의 이름이나 집 주소까지 다 말할 것 같았다. 빌헬름은 정중하게 더 이상의 대화를 거절하고 그를 보내주었다.

그동안 라에르테스는 란트리네테와 이야기하고 있었는데 그의 말을 빌리면 그녀는 완벽한 아내가 될 수 있는 사람이라고 했다.

마침내 빌헬름은 미뇽을 두고 단장과 합의를 보았다. 빌헬름은 30탈러*10로 소녀를 양도받았고, 괄괄하고 검은 수염이 난 이탈리아인은 그 아이에 대

---

*10 독일의 옛 3마르크 은화.

한 모든 권리를 포기하기로 했다. 그러나 그 아이의 출신에 대해서는 뛰어난 말재주를 갖고 있어 '대악마'라고 불리던 자기 형이 죽은 뒤로 맡게 된 것이라고 말했을 뿐, 더 이상은 말하려 하지 않았다.

다음 날 오전은 그 소녀를 찾아다니는 일로 모두 써버렸다. 하지만 아무리 마을을 샅샅이 뒤져보아도 미뇽의 모습은 보이지 않았다. 강에 뛰어들었거나 자살을 하지 않았을까 모두가 걱정했다. 필리네의 매력도 빌헬름의 불안을 날려버리지는 못했다. 그는 슬픔과 근심으로 하루하루를 보냈다. 어느 날 저녁, 재주꾼과 줄타기 광대들이 온 힘을 다해 사람들에게 묘기를 해보였지만 빌헬름의 마음은 도무지 밝아지지 않았다.

이웃 마을에서 사람들이 몰려와 구경꾼들이 걷잡을 수 없을 만큼 많아졌다. 박수소리는 눈덩이가 불어나듯이 빠른 속도로 번져 마을 전체에 울릴 만큼 커지고 말았다. 한 줄로 늘어놓은 검 위를 넘어가거나 바닥에 종이를 붙인 술통을 넘어 다니는 재주에 관중은 크게 놀랐다. 건장한 남자가 조금 거리를 두고 놓아진 두 의자에 머리와 다리를 걸치고 공중에 둥둥 뜨게 된 배 위에 철침을 올려 실력 있는 대장장이가 그 위에서 말편자를 달구고 두드렸는데, 이것은 구경꾼들의 전율과 경악, 감탄을 불러일으켰다.

'헤라클레스의 괴력'이라는 것도 있었다. 가로로 늘어선 남자들의 어깨 위에 또 남자들이 올라섰다. 그리고 그 위로는 소년들이, 그 위엔 여자가 올라서면서 인간피라미드를 만들어 맨 꼭대기에는 어린아이가 물구나무를 서서 난간 기둥 장식 또는 풍향계 역할을 했다. 그건 이 지방에서는 아직 시연한 적 없는 재주였기에 마지막을 장식하기에 딱 맞았다. 나르치스와 란트리네테는 다른 단원이 짊어지고 있는 가마에 올라 많은 사람들의 환호성을 들으며 중심가를 한 바퀴 돌았다. 사람들은 둘에게 리본이나 꽃다발, 스카프를 던지며 얼굴을 더 자세히 보기 위해 서로 밀어내었다. 모두가 둘을 바라보았고, 그들이 힐끗 보아주기만 해도 너무나 행복한 표정을 지었다.

"어떤 배우라도, 어떤 작품이라도, 아니 어떤 인간이라도 한마디 고결한 말이나 행동으로 사람들에게 이렇게 감동을 전해줄 수 있다면 자신의 가장 큰 소망에 다다르는 것이겠지요. 선량하고 고귀하며 인간에게 가장 황홀한 감정을 갖게 한 이 서커스단 사람들의 육체적 노력과 기술은 분명 대단하고 멋져 그들 또한 행복할 것입니다. 사람들에게 삶의 활력과 공감을 줄 수 있다면! 행복과 불행, 현명함과 어리석음을 표현함으로써 삶에 찌들어 막혀 있는 그들의 마음을 자유롭게, 활발하게, 순수하게 움직일 수 있다면!"

빌헬름이 이렇게 말했다. 그러나 필리네도, 라에르테스도 이런 논리를 가진 인간을 상대해줄 생각이 없어보였기에 빌헬름은 혼자서 그 유익한 고찰을 즐기기로 했다. 그는 밤늦게까지 길을 걸으며 좋은 것, 고귀한 것, 위대한 것을 연극적으로 구상하며 다시 한 번 상상의 나래를 자유롭게 폈다.

제5장

다음 날, 줄타기 서커스단이 왁자지껄 떠들며 여관을 떠나자 곧바로 미뇽이 나타나 큰 방에서 펜싱 연습을 하고 있는 빌헬름과 라에르테스에게 다가갔다.

"어디에 숨어 있었던 거니?"

빌헬름이 상냥하게 물었다.

"많이 걱정했단다."

소녀는 아무 말도 하지 않고 빌헬름을 바라보았다.

"우리가 너를 샀단다. 그러니 너는 이제 우리의 것이야."

라에르테스가 말했다.

"얼마나 주셨는데요?"

소녀가 무뚝뚝한 표정으로 물었다.

"금화 백 냥이란다. 그걸 다 갚으면 넌 자유로워질 거야."

"아마 큰돈이겠죠?"

"그럼. 네가 얌전하게만 있으면 되는 거야."

"노력할 거예요."

소녀가 대답했다.

그때부터 미뇽은 시종들이 하는 일을 꼼꼼하게 살피더니 놀랍게도 다음 날에는 시종을 방으로 들이지 않았다. 그녀는 모든 일을 스스로 하려 했고 가끔은 잘못할 때도 있었지만 언제나 천천히, 정확하게 무엇보다도 열심히 일했다.

그녀는 몇 번이나 물병이 있는 곳으로 가서 볼이 벗겨질 정도로 세차게 세수를 했다. 라에르테스가 농담 섞어 왜 그러는지 물었는데 그녀는 연지를 지우고 싶다고 말했다. 하지만 사실 그건 연지를 지우려고 열심히 세수를 하다가 생긴 상처가 붉어진 것이었지 연지가 아니었다. 그걸 알고 난 소녀는 얼굴 씻기를 그만두었다. 얼마 뒤 다시 제 모습을 되찾은 그녀는 살짝 붉은색이 감도는 아름다운 갈색 얼굴이 되었다.

빌헬름은 자신이 생각했던 것보다 더 오래, 필리네의 신비로움과 미농의 불가사의함에 매료되어 그곳에 머물고 있다는 걸 알았다. 그래서 그는 좀처럼 오지 않을 이런 좋은 기회에 둘러싸여 있음에도, 펜싱과 춤 연습에 온 정신을 쏟고 있다고 자신을 비난했다.

어느 날 멜리나 부부가 찾아왔다. 빌헬름은 놀라기도 했지만 매우 기뻤다. 그들 부부는 몇 마디 반가운 인사말을 나누자마자 여단장과 다른 배우들의 안부를 물었다. 그녀는 그들이 오래전에 두세 명만 남고 모두 이곳을 떠났다는 소식을 듣고 어이없다는 표정을 지었다.

멜리나 부부는 전에 빌헬름의 도움으로 결혼한 뒤, 몇 개 마을에서 출연 계약할 곳을 찾았지만 결국 하나도 발견하지 못하고 여행하다가 알게 된 몇몇 사람들이 아주 좋은 연극을 보았다고 하여 이 마을에 온 것이었다.

그들은 서로 인사를 나누었는데, 필리네에겐 멜리나 부인이, 활발한 성격의 라에르테스에게는 멜리나가 너무나 마음에 들지 않았다. 필리네와 라에르테스는 멜리나 부부가 당장 마을을 떠나기를 바랐다. 빌헬름이 끈질기게 둘은 정말 좋은 사람들이라고 설득했지만 소용이 없었다.

이 부부와 함께 행동하게 되면서, 묘한 관계를 갖고 있던 세 사람이 지금까지 맛보았던 즐거움은 몽땅 엉망이 되었다. 멜리나는 곧 여관에서 숙박비를 깎아내고 불만을 터뜨리기 시작했다(그는 필리네가 머무는 여관에 방을 잡았다). 돈 내기는 아까워하면서 더 좋은 방을 요구하고 식사량이 적다느니 서비스가 엉망이라느니 불평을 늘어놓았다. 그러자 여관주인과 시종들도 짜증스러운 표정을 지었다. 다른 사람들은 즐겁게 지내고 있기에 먹을 것은 그리 심각하게 생각하지 않고 부르는 대로 곧잘 계산하는데 멜리나는 식사할 때마다 하나하나 불평하며 늘 처음부터 다시 계산을 따지고는 했다. 그래서 필리네는 그에게 '반추동물'*[11]이라는 별명을 붙여주었다.

그러나 무엇보다도 필리네에게 더욱 미움을 받고 있는 사람은 다름 아닌 멜리나 부인이었다. 이 젊은 부인은 교양이 아주 없는 건 아니었지만 영혼이 전혀 담겨져 있지 않았다. 그녀는 낭독을 꽤 잘했고 기회만 생기면 낭독하고 싶어했다. 하지만 곧 모두는 그녀의 낭독은 단순하게 단어를 나열하는 것일 뿐이며 작품 전체를 제대로 알고 표현하는 것이 아니라는 사실을 알아챘다. 그럼에도 그녀는 어느 누구에게도 미움 받지 않았다. 특히 남자들이 그랬다. 멜리나 부인과 어딘가에 갔다 오거나 대화를 하면 모두가 그녀를 슬기로운 여자라 생각했다. 말하자면 그녀는 흔히 말하는 아첨꾼이라 할 수 있는 것이다. 자기를 신경써주길 원하는 친구에게는 특히 주의하며 겉치레 말을 했고 가능한 그 사람의 생각에 맞춰주었지만, 가끔 그것이 그녀의 이해범위를 넘어서면 아주 넋을 잃고 바라보며 그 새로운 사상을 받아들였다. 뿐만 아니라 말을 할 때도 입을 함부로 놀리지 않는 요령을 몸에 익히고 있었고, 음험하다고 할 수는 없지만 늘 다른 사람의 약점을 꼼꼼하게 살펴보았다.

제6장

그동안 멜리나는 이전 극단이 남기고 간 도구들에 대해 자세히 듣고 돌아왔다. 무대장치도 의상도 몇몇 상인들의 손에 저당 잡혀 있고 한 공증인이 한 여자 단장에게, 그 물건들을 원하는 사람들이 있다면 일정 조건을 붙여 자유롭게 처분해 달라는 위임을 받았다는 것이다. 멜리나는 그 실물들을 보고 싶다며 빌헬름을 데리고 갔다. 창고 문이 열리자 빌헬름은 그 물건들에 조금 흥미를 느꼈지만 그런 마음을 스스로 인정하지는 않았다. 무대장치는 여기저기 얼룩이 묻어 있었고 상태도 좋지 않았다. 터키식과 이교도 의상, 낡아버린 어릿광대용 의상, 마술사와 유대인, 승려들의 장의(長衣)도 볼품 없는 것들뿐이었다. 그러나 그는 이런 잡동사니들 곁에 있으니 그의 인생에서 최고로 행복한 순간을 맛본 것 같은 기분을 억누를 수 없었다. 멜리나가 그의 마음을 알아챘더라면 이런 엉망진창으로 된 물건들을 전부 사서 정비

─────────

*11 다른 말로 되새김동물. 늘 같은 일을 반복하기에 붙여준 별명일 것이다.

하고 예전 상태로 되돌려 훌륭한 무대를 만들어내기 위해 더 열심히 빌헬름을 설득하며 많은 돈을 요구했을 것이다.

"적어도 은화 200개가 있으면 좋을 텐데요."

멜리나가 말했다.

"그만한 돈이 있다면 여기 있는 필수적인 것들을 구입해서 당장 극단을 만들 수 있겠어요. 그러면 이 지방에서 밥벌이는 하고 살 수 있을 텐데요."

빌헬름은 그의 말에 대답하지 않았다. 두 사람은 저마다 생각에 잠긴 채 그 보물창고를 떠났다.

멜리나는 이때부터 어떻게 극단을 조직하여 이익을 올릴 것인가에 대해서만 이야기했다. 그는 필리네와 라에르테스도 관심을 가지도록 노력했고 빌헬름에게 담보를 잡힐 테니 돈을 빌려달라고 부탁했다. 그러나 빌헬름은 이 마을에 이렇게 오래 머물러서는 안 된다는 것을 겨우 깨닫고 멜리나의 부탁을 거절했다. 그리고 그는 여행 떠날 준비를 하기 시작했다.

그동안 빌헬름은 미뇽의 모습과 그 애의 인격에 더욱 마음이 끌리고 있었다. 늘 그 아이가 하는 일에는 특별한 무언가가 있었다. 계단에서도 걷지 않고 언제나 뛰어서 올라가거나 내려가곤 했다. 복도 난간에서 뛰어내리는가 하면 어느새 선반 위에 올라가서는 한동안 그곳에서 가만히 앉아 있었다. 아이는 상대에 따라 인사도 다르게 했다. 며칠 동안 입도 뻥긋하지 않다가 가끔 여러 가지 질문을 하면 쓸데없는 것까지 죄다 대답해주었다. 그 대답이라는 것도 프랑스어와 이탈리아어가 섞인 서투른 독일어로 말했기 때문에 그것이 진담인지 농담인지 알 수가 없었다. 아주 열심히 일하고 아침 일찍 일어났다. 그 대신 밤에는 일찌감치 다락방으로 올라가 바닥에서 잤다. 침대나 담요 위에서 자라고 아무리 말해 보아도 미뇽은 그의 말을 듣지 않았다. 그 아이가 몸을 씻고 있는 모습을 빌헬름은 가끔 봤다. 기워진 옷이었지만 늘 깨끗했다. 그는 아이가 아침 일찍 미사를 드리러 간다고 말해 언젠가 한번 그 뒤를 따라가 보았다. 소녀는 로사리오를 들고 교회 한쪽 구석에 앉아 경건하게 기도를 드렸다. 다행히도 미뇽은 빌헬름이 따라왔다는 사실을 전혀 눈치채지 못했다. 그는 돌아와서 이 아이에 대해 곰곰이 생각해 보았지만 확실하게 짚이는 것은 아무것도 없었다.

전에 함께 봤던 무대도구를 사겠다며 돈을 빌려달라고 멜리나가 다시 빌헬름에게 졸랐다. 덕분에 그는 그 마을을 어서 떠나야겠다고 마음을 굳혔다. 그리고 오랫동안 소식을 전하지 못한 가족들에게 편지를 써서 오늘 안에 우편마차로 보내자고 생각했다. 그리고 빌헬름은 베르너에게도 편지를 썼다. 하지만 그가 지금까지 겪어온 많은 일들을 적고 있는 사이에 자기도 모르게 몇 번이나 사실과는 조금 다르게 쓰고 말았다. 게다가 참 분하게도 거의 다 쓴 편지지 뒷면에 멜리나 부인을 위해 메모장에서 베낀 시 몇 줄이 적혀 있는 것을 알게 되었다. 하는 수 없이 그는 고백을 담은 편지를 찢고 다시 쓰는 것은 다음 우편일까지 미루기로 했다.

제7장

빌헬름과 그 친구들이 한데 모여 앉아 있었는데, 창밖에 지나가는 말들과 마을로 들어오는 모든 마차를 눈여겨보던 필리네가 신이 나서 외쳤다.

"훈장님이야! 우리 훈장님이 오셨어! 함께 있는 건 대체 누구지?"

그녀는 이렇게 말하고는 창밖으로 몸을 내밀어 손을 흔들었다. 마차가 멈춰 섰다.

그 훈장님은 다 닳아버린 회갈색 윗옷과 구깃구깃한 바지를 입고 있었다. 그 모습은 마치 대학 강단에서 썩어버린 학사처럼 보였다. 그 초라하고 궁상맞은 남자가 마차에서 내려 모자를 벗으며 필리네에게 인사했다. 그가 모자를 벗으니 매우 뻣뻣할 것 같은 싸구려 가발이 드러나고 말았다. 이 말괄량이 아가씨는 그에게 셀 수 없을 만큼 많은 키스를 보냈다.

그녀에게는 몇몇 남자들을 사랑하고 그들의 사랑을 즐기는 것이 가장 큰 행복이었지만 기회만 되면 호감가지 않는 남자를 골려주는 재미도 그에 못지않은 즐거움이었다.

그녀가 오래된 친구를 맞이하느라 너무 호들갑을 떨었기에 빌헬름은 훈장님의 뒤를 따라 마차에서 내리는 사람들을 눈여겨볼 수 없었다. 하지만 빌헬름은 함께 들어온 두 여자와 초로의 신사가 낯설지 않았다. 곧바로 몇 년 전 고향 마을 공연을 하던 극단에서 몇 번이나 마주친 적이 있는 사람들이라는 것을 깨달았다. 두 딸의 모습은 많이 변했지만 노인은 거의 그대로였다. 이 노인은 언제나 마음씨는 좋지만 잔소리가 심한 할아버지 역할을 맡았었는데 그런 인물은 독일 연극무대에서 반드시 나오기 마련이었으며 일상생활에서도 심심찮게 볼 수 있었다. 좋은 일은 되도록 눈에 띄지 않게 하는 것이 독일인의 기질이라고는 하지만, 우리 국민은 올바른 것을 우아하게 표현하는 방법이 있다는 것을 생각하지 않는다. 그들은 비뚤어진 정신에 사로잡혀서 실은 아주 정감 넘치는 역할을 잔소리 심한 노인네로 표현하는 실수를 저지르고 있는 것이다.

이 노인은 그 역할을 아주 능숙하게 연기하는 배우였다. 게다가 잔소리 심한 노인 역할만 계속 맡다 보니 그 성격이 몸에 배어서 일상생활에서도 그런 언행을 일삼기에 이르렀다. 빌헬름은 이 노인이 바로 그 배우였다는 사실을 알게 된 뒤로 마음을 가라앉힐 수 없었다. 그가 무대에서 마리아네와 같이 공연하는 것을 아주 많이 보아왔기 때문이었다. 딱딱한 목소리로 이런저런 잔소리하며 호통 치는 노인의 상대역을 맡은 마리아네의 애교 섞인 달콤한 목소리가 지금도 그의 귀를 맴돌았다.

모두가 막 도착한 사람들에게 어느 곳에 일자리를 얻게 되었는지, 그 일자리는 희망이 있는 것인지 물었다. 그렇지만 그들의 대답은 부정적이었다. 그들이 알아본 극단은 죄다 자리가 없었고 그중 몇몇 극단은 다가오고 있는 전쟁 때문에 해체해야 할지도 모른다는 걱정을 하고 있다고 했다. 잔소리 심한 노인은 기분을 바꾸어 보려고 좋은 계약마저 포기하고 딸들과 함께 여행을 하다가 훈장님을 만나 마차를 얻어 타고 여기까지 오게 되었다. 하지만 여기에도 먹고살 만한 마땅한 일거리는 없었다.

친구들이 당장 해야 할 일에 대해 열심히 이야기를 나누는 동안 빌헬름은 혼자서 깊은 생각에 잠겼다. 노인과 단둘이서만 이야기하고 싶었다. 마리아네의 안부를 묻고 싶기도 했지만 한편으로는 듣기가 조금 두렵기도 했다. 그는 큰 불안감에 휩싸였다.

막 도착한 노인의 아름다운 두 딸이 그를 걱정해주었지만, 그를 불안에서 벗어나게 해주지는 못했다. 그러다가 갑자기 들려온 말다툼에 빌헬름은 시선을 돌렸다. 필리네와 그녀의 시종인 금발의 소년 프리드리히가 말다툼을 하고 있었다. 그는 식탁을 정리하고 식사를 가져오라는 필리네의 말을 완고하게 거부하고 나섰다.

"나는 당신의 시종이지 당신 친구들의 시종은 아니에요!"

소년이 이렇게 말하자 필리네는 그것이 바로 네가 해야 할 일이라 주장했다. 프리드리히가 매우 강하게 반항하자, 그러면 차라리 그만두라고 그녀가 말했다.

"그렇게 말하면 내가 못 떠날 것 같으세요? 떠나라면 떠나죠!"

그렇게 소리친 소년은 곧바로 짐을 싸서 여관을 나가버렸다.

"미뇽, 가서 필요한 것을 가져다줄래? 저 웨이터에게 말해서 우리 시중드는 일을 도와주겠니?"

필리네가 말했다.

"그래도 될까요?"

미뇽이 빌헬름에게 다가와서 여느 때와 같이 간결한 투로 물었다. 그는 소녀에게 상냥하게 대답해주었다.

"저 아가씨가 시키는 대로 해주려무나."

소녀는 모든 식사를 날랐고 저녁 내내 세심하게 손님들의 시중을 들었다. 식사가 끝난 뒤, 빌헬름은 노인과 단둘이서 산책할 기회가 오기를 계속 기다리고 있었다. 마침내 노인과 함께 걷게 된 빌헬름은 지난날 노인이 겪었던 이런저런 이야기를 들은 뒤 마리아네가 일하던 극단 이야기를 하게 되었다. 빌헬름은 큰 맘 먹고 마리아네는 잘 지내느냐 물었다.

"그 지긋지긋한 여자에 대해 할 말은 없네!"

노인이 큰 소리로 말했다.

"그녀를 두 번 다시 떠올리지 않기로 맹세했단 말일세."

노인 말에 빌헬름은 깜짝 놀랐는데 노인이 그녀가 경박하다고 말해 더욱 당황하고 말았다. 빌헬름은 이 대화가 어서 끝나기를 바랐지만 끝내는 노인의 욕설까지 듣게 되었다.

"마리아네를 그렇게 정성스레 돌봐준 일을 크게 뉘우치고 있다네. 하지만 만약 자네가 그녀에 대해 더 잘 안다면 분명 내가 이러는 이유를 알겠지. 그 아이는 귀엽고 거드름도 피우지 않고 선량하며 애교가 넘치는, 그야말로 어딜 보아도 모자람이 없는 아가씨였네. 뻔뻔하고 배은망덕한 여자라고는 생각도 하지 못했지."

빌헬름은 노인의 모습을 보고 마리아네에 대해 최악의 말을 들을 각오를 하고 있었지만 놀랍게도 노인의 어조가 갑자기 상냥해졌다. 얼마 뒤 노인은 주머니에 있던 손수건을 꺼내어 눈물이 흘러내린 볼을 닦았다. 그 모습을 보고 빌헬름이 물었다.

"왜 그러십니까? 어째서 갑자기 감정이 북받치는 거죠? 무엇이든 말씀해주세요. 저는 당신이 생각하시는 것보다 더 마리아네의 운명이 걱정됩니다. 제발 제게 모든 것을 말씀해주세요."

"말할 것은 그다지 많지 않네."

노인은 다시 진지하고 화난 투로 말했다.

"내가 그 아이를 위해 겪었던 숱한 고생을 절대로 잊지 않을걸세. 마리아네는 나를 많이 따랐지. 나도 그 아이가 마치 내 딸인 것처럼 귀여워해주었다네. 내 아내가 살아 있을 때, 마리아네를 양녀로 들여서 하루라도 빨리 그 요망한 노파에게서 벗어나게 해주리라 결심한 적도 있었지. 그런 노파에게 맡겼다간 그 아이의 장래에 좋지 않은 영향을 미칠 것이라 생각했기 때문이네. 그러나 아내가 세상을 뜨는 바람에 그 계획도 모두 물거품으로 돌아갔지만……."

노인은 말을 이었다.

"3년 전쯤, 자네 고향에서 모든 공연이 끝나갈 때였지. 마리아네가 매우 울적해 하는 모습이 신경 쓰여서 왜 그러는지 물었다네. 그렇지만 그 애는 아무 대답도 해주지 않았어. 그러다가 떠나는 날이 되었지. 난 마리아네와 같은 마차에 타고 있었는데 그제야 그 애가 홀몸이 아니라는 걸 알았지. 그 아이도 사실대로 내게 말했어. 그동안 얘기하지 않은 건 단장에게 쫓겨날까 봐 걱정이 되어서 그랬다고 하더군. 그런데 얼마 지나지 않아 단장에게도 들통이 나고 말았네. 단장은 어차피 계약도 6주밖에 남지 않았다며 밀린 돈을 모두 줄 테니 당장 계약을 해지하자고 말했어. 여러 번 항의도 해봤지만 결국엔 작은 마을에 있는 누추한 여관에 그녀를 혼자 두고 모두들 떠나버렸지."

그렇게 말하고 노인은 잔뜩 심술이 난 목소리로 말했다.

"지저분한 여자들은 죄다 악마가 잡아가야 해! 특히 내 인생에서 그렇게나 많은 시간을 낭비하게 만든 그 여자는 틀림없이 그래야 해!

내가 얼마나 그 아이를 아끼고 걱정해주었는지, 어떤 일을 해주었는지 아무리 이야기해봤자 무슨 소용이 있겠나? 그 덜된 인간을 걱정하느니 차라리 가진 돈 몽땅 연못에 던져버리든가 병에 걸린 강아지를 돌보는 편이 더 나을 정도라네. 그래서 그 뒤에 어떻게 되었냐고? 제기랄! 처음에는 감사편지도 보내주고 이사한 곳을 알려주기도 했네. 하지만 차츰 편지를 보내는 횟수가 뜸해지더니 출산에 도움이 될까 하여 돈을 부쳐주었는데도 고맙다는 말 한마디 없더군. 아! 변심한 여자들은 편하게 지내는데, 성실하고 솔직한 남자들은 그 견디기 힘든 추억을 끌어안고 애태울 뿐이라네."

제8장

　노인과 이야기를 끝내고 돌아온 빌헬름의 마음은 아주 혼란스러웠다. 그의 오래된 상처가 다시 헤집어진 것이다. 그는 마리아네가 그 정도로 자신의 사랑을 받을 만한 가치가 없는 여자가 아니었다는 생각이 강하게 들었다. 그건 노인의 관심과 어쩌다 그가 하게 된 칭찬 속에서 온갖 사랑스러운 그녀의 모습들이 또다시 그의 뇌리에 떠올랐기 때문이다.

　그 노인의 심한 비난조차도 빌헬름의 눈에서 그녀를 지울 수는 없었다. 빌헬름은 자신이 마리아네가 저지른 잘못에 대한 공범자임을 인정하고 있었으며 그녀가 갑자기 소식을 끊어버린 일도 그리 나무랄 필요는 없다고 느꼈다. 노인과 이야기를 나누는 동안 그는 계속 슬픈 일들만 떠올렸다. 그녀가 자신의 아이를 배 속에 품고서, 또는 벌써 그 아이를 품에 안고 의지할 곳 없이 이 세상을 헤매는 모습이 눈에 아른거렸다. 그런 생각으로 그의 마음속은 이루 말할 수 없는 고통으로 가득 찼다.

　그가 돌아오기를 기다리고 있던 미뇽이 등불로 계단을 비추어주었다. 그리고 바닥에 등불을 내려놓고 말했다.

　"지금 묘기를 하나 보여드리고 싶은데 괜찮을까요?"

　빌헬름은 그것이 어떤 묘기인지 짐작할 수 없어 되도록이면 미뇽의 말을 거절하고 싶었지만 그러지를 못했다. 잠시 뒤, 그녀가 한쪽 팔에 양탄자를 끼고 들어와서 그것을 바닥에 깔았다. 빌헬름은 그녀가 하는 대로 가만히 놔두었다. 미뇽은 다시 양초 4개를 가져와서는 양탄자 귀퉁이마다 하나씩 놓았다. 그 다음에 들고 온 달걀바구니를 보고는 그녀가 무얼 하려는지 분명하게 알 수 있었다. 미뇽은 양탄자 위를 왔다 갔다 하며 걸음 수를 재더니 달걀을 고르게 늘어놓았다. 그러고는 여관에서 일하는 시종 중에 바이올린을 연주할 수 있는 아이를 불러들였다. 한 시종이 바이올린을 갖고 들어와 구석에 섰다. 미뇽이 띠로 눈을 가리고 손짓을 하자 음악이 흘러나왔다. 그녀가 박자와 가락에 맞추어 캐스터네츠를 치며 태엽을 감은 인형처럼 춤추기 시작했다.

그녀는 민첩하고 경쾌하며, 재빠르게 춤을 추었다. 빌헬름은 미뇽이 아주 정확하게 달걀 사이로 사뿐사뿐 발을 내딛을 때마다 달걀을 밟지는 않을까, 달걀을 차버리지는 않을까 조마조마했다. 하지만 그런 일은 일어나지 않았다. 발 사이를 좁히기도 하고 넓히기도 하면서 온갖 스텝으로 춤을 추었다. 그러고는 뛰어오르거나 몸을 웅크리기도 하며 달걀을 피해 이리저리 자유롭게 움직였다.

그녀는 마치 시곗바늘이 움직이듯 멈추지 않고 계속 춤추었다. 그리고 기묘한 음악이 거듭되며 더욱 빨라지는 춤에 맞추어 새로운 기운을 북돋아주었다. 빌헬름은 그 신비로운 춤에 완전히 사로잡혀서 이제까지 그의 마음을 가득 채우고 있던 우울함도 잊고 사랑스러운 미뇽의 모든 움직임을 눈으로 쫓았다. 그리고 그 춤에서 그녀의 성격이 훌륭하게 드러나는 것을 보고 크게 놀랐다.

미뇽은 엄격하고 예민했으며 언제나 무뚝뚝한 표정을 짓고 있기는 해도 열정이 넘치는 아이였다. 그녀가 편안한 자세로 쉬고 있을 때의 모습도 쾌적하다기보다는 오히려 경건한 분위기를 느끼게 했다. 빌헬름은 미뇽을 볼 때마다 느꼈던 감정을 이때야 확실히 깨달았다. 그는 의지할 곳 없는 이 아이를 딸처럼 생각하고 아버지 같은 사랑으로 꼭 껴안아주어 살아가는 기쁨을 깨닫도록 도와주고 싶다 생각했다.

춤이 끝났다. 그녀는 달걀을 발로 조심스럽게 한곳으로 모았다. 그제야 그녀는 눈가리개를 풀고 꾸벅 인사함으로 그 묘기를 마무리 지었다. 빌헬름은 그동안 보고 싶어했던 달걀 춤을 뜻밖에 보고 나자 매우 기뻤다. 그는 미뇽의 훌륭한 춤솜씨를 칭찬하며 머리를 쓰다듬어주고 힘들지는 않았느냐고 위로했다. 그리고 멋진 춤을 보여준 보답으로 새로운 옷을 지어주리라 약속했다. 그러자 그녀가 큰 소리로 말했다.

"그 색깔로 해주세요!"

그 말이 무슨 뜻인지 잘 알아듣지 못했지만 알겠다고 했다. 그녀는 달걀을 바구니에 넣고 양탄자를 돌돌 말아 겨드랑이에 끼고 더 시키실 일은 없는지 물었다. 그가 없다고 대답하자 조용히, 그리고 재빠르게 방을 나갔다.

바이올린을 켜던 시종에게 들은 바로는, 미뇽은 꽤 오래전부터 그 시종이 무곡(그건 그 유명한 판당고였다)을 켤 수 있도록 열심히 그 노래를 불러주었다고 했다. 또 그녀는 열심히 노력하는 그의 모습을 보고 돈을 주려 했지만 그가 받지 않았다고 말했다.

제9장

빌헬름은 몇 번이나 잠에서 깨어나고 답답한 꿈에 시달리기도 하며 뒤숭숭한 밤을 보냈다. 꿈속에서 마리아네가 매우 아름다운 모습으로 나타났다가도 다시 보였을 때는 너덜너덜한 옷을 입고 비참한 표정으로 서 있기도 했다. 또 어느 날은 아이를 안고 나타났다가는 곧바로 누군가에게 빼앗긴 듯 다시 빈손이 되기도 했다.

아침이 되자마자 미뇽이 재봉사를 데리고 들어왔다. 그녀는 회색 직물과 파란 호박단을 들고 와서 시내 소년들이 입고 다니는 것같이 파란색 깃과 리본이 달린 조끼와 나팔바지를 만들어달라고 재봉사에게 주문했다. 빌헬름은 마리아네와 멀어진 뒤로는 밝은 옷을 피하고 회색 옷만 입었다. 그리고 깃이나 안감에만 하늘색을 넣어 우중충한 옷에 적당히 활기를 불어넣었다. 미뇽은 빌헬름과 같은 색으로 된 옷을 입고 싶다며 재봉사에게 말하고, 완성되면 바로 보내도록 약속까지 받아냈다.

빌헬름은 오늘도 라에르테스와 함께 춤과 펜싱 연습을 했지만 좀처럼 마음이 모아지지 않았다. 게다가 연습하고 있는데 멜리나가 들이닥쳐 그것마저도 할 수 없었다. 멜리나는 빌헬름에게 작은 극단을 만들었다면서 무대에 연극을 올릴 수 있게 돈을 빌려달라고 부탁했다. 하지만 빌헬름은 전과 마찬가지로 멜리나의 부탁을 거절했다.

곧 필리네와 아가씨들이 큰 소리로 웃고 떠들며 들어왔다. 그들은 새로운 나들이를 계획하고 있었다. 그들의 즐거움은 언제나 새로운 장소에 있었다. 날마다 다른 곳에서 식사를 즐기는 것이 그들의 가장 큰 소망이었다. 이번엔 뱃놀이를 하자고 말했다. 굽이굽이 아름답게 흐르는 강을 타고 내려가자는 것이었다. 배는 벌써 훈장님이 준비해 놓았다. 필리네가 재촉하자 모두 망설이지 않고 배에 올라탔다.

"자, 이제 무얼 할까요?"

모두가 배에 자리 잡고 앉자 필리네가 물었다.

"가장 손쉽게 할 수 있는 건 즉흥연극이지. 모두가 자신의 성격과 딱 맞는 역할을 고르는 거예요. 얼마나 잘되는지는 두고 봐야 알겠지만."

라에르테스가 대답했다. 그러자 빌헬름이 맞장구를 치며 말했다.

"그거 아주 좋은 생각인데요? 아무런 꾸밈없이 고지식하게만 살아가는 사람은 친구들과 오랫동안 관계를 갖기가 힘들죠. 반대로 거짓된 모습으로만 살아가는 것도 안 돼요. 그러니 처음엔 얼마쯤 자신을 숨기다가 차츰 뒤에 가려진 솔직한 모습을 보이는 것도 나쁘진 않을 것 같아요."

"맞아요. 그래서 부인들과 함께 지내는 건 즐겁지요. 그들은 언제나 가면을 쓰고 있으니까요."

라에르테스가 말했다.

"그건 바로 여자가 남자만큼 허영심이 크지 않다는 증거예요."

멜리나 부인이 말했다.

"남자들은 모두 자연이 만들어준 그대로의 모습만으로도 충분히 사랑받을 가치가 있다고 착각을 하고 있거든요."

이런 대화를 나누며 기분을 상쾌하게 해주는 숲과 언덕, 과수원을 지나기도 하고 양쪽으로 포도밭이 펼쳐진 곳을 지나가기도 했다. 그때마다 부인들, 특히 멜리나 부인은 눈앞에 펼쳐진 풍경에 크게 감탄했고 곧 그런 풍경을 노래한 우아한 시를 읊기 시작했다. 하지만 필리네가 그걸 방해하며 생명이 없는 것에 대해선 이야기하지 말고 어서 즉흥연극을 시작하자고 말했다. 잔소리꾼 노인은 퇴역한 장교, 라에르테스는 일자리를 잃어버린 펜싱 선생, 훈장님은 유대인을 연기하기로 했다. 필리네는 티롤*12 출신의 여자를 연기하고 싶다고 말했다. 다른 사람들도 스스로 역할을 골랐다. 그리고 모두는 장을 보기 위해 방금 배를 타서 처음 만난 사람들로 가정했다.

필리네가 재빨리 유대인을 상대로 하며 자기 역할을 연기하기 시작하자 모두들 크게 웃었다. 얼마 지나지 않아 사공이 배를 멈추고 강가에서 손을 흔들고 있는 사람을 태워도 되겠냐고 물었다.

"그거 마침 잘되었네요! 우리를 잘 모르는 승객 한 사람이 필요했거든요."

필리네가 신이 나서 말했다.

막 올라탄 그 신사는 체격이 좋았는데 그 옷차림이나 훌륭한 얼굴을 보니 성직자 같은 느낌이 들기도 했다. 그는 모두에게 인사를 하고 빌헬름과 그 친구들도 그에게 정중하게 인사했다. 그리고 그들이 막 하려고 했던 연극에 대해 이야기해주었다. 그는 시골 목사 역할을 맡게 되었는데 그걸 아주 능숙하게 연기하여 모두를 놀라게 만들었다. 또한 훈계를 하거나 성경을 인용해 재미있는 이야기를 해주며 처음부터 끝까지 성직자로서의 위엄을 버리지 않았다.

그러는 동안 조금이라도 자기 역할에서 벗어나는 행동을 하면 벌금을 물기로 했다. 필리네는 하나도 빠트리지 않고 벌금을 걷었다. 특히 목사를 연기하는 사람에게 돈이 없다면 동전 수만큼 키스를 해주어야 한다고 협박했지만, 그 목사는 단 한 번도 실수하지 않았다. 그에 비해 멜리나는 갖고 있는 것을 몽땅 뺏기고 말았다. 셔츠에 달린 단추며 허리띠를 조이는 고리 등 몸에 걸친 것 가운데 뺏을 수 있는 건 모두 필리네가 떼어냈다. 그는 영국인 여행자를 연기했지만 아무리 보아도 그 역할을 제대로 해내지 못했기 때문이다.

그들은 매우 즐거운 시간을 보냈다. 모두가 상상력과 기지를 크게 발휘해서 자신의 역을 유쾌하고 재미있는 농담으로 장식했다. 이렇게 해서 그날 머물기로 했던 장소에 도착했다. 빌헬름은 곧 목사(그의 겉모습과 그가 맡은 역할에 따라 이렇게 부르기로 했다)와 산책을 하며 흥미로운 대화에 빠져들었다.

"이런 놀이는 배우들끼리, 아니 친구들이나 지인들이 모여서 하면 아주

---

*12 독일, 스위스, 이탈리아와 국경을 접하는 오스트리아 서부의 알프스 지방.

유익할 것이라 생각합니다. 이 방법은 자신으로부터 벗어나 자신을 돌아보고 다시 자신에게 돌아오게 하는 가장 좋은 방법입니다. 모든 극단에서 이런 놀이를 가끔씩 했으면 좋겠네요. 관객들도 매달 한 번쯤은 대본 없는 연극을 보고 싶어할 겁니다. 물론 배우는 여러 번 연습해서 완벽하게 준비해야겠지요."

빌헬름이 말했다.

"즉흥연극이라고 해도 그때그때 생각나서 만들어나가는 것은 아니죠. 전체적인 줄거리와 장면 등 이미 짜인 내용을 가지고 어떻게 극적으로 표현할 것인가가 배우에게 맡겨진 진짜 즉흥연극이 아닐까요."

"그럼요."

목사가 대답했다.

"즉흥연극은 배우의 연기에 의해서 아주 멋지게 완성되는 법이죠. 마무리는 대사로 하는 것이 아닙니다. 대사는 극작가가 열심히 고민해서 작품을 장식하는 것이지만 마무리라고 하는 건 움직임, 표정, 외침, 그 밖에 필요한 것으로 되는 것입니다. 요컨대 무언극, 대사가 거의 없는 연극 같은 겁니다. 하지만 이런 연극이 이제는 우리나라에서 차츰 없어져가는 듯합니다. 분명 독일에도 자기 생각이나 느낌을 몸으로 표현하는 배우나 망설임이나 침묵, 손짓, 눈짓으로 또 섬세하고 우아한 몸짓으로 다음 대사 준비를 할 수 있는 배우, 대사 사이에 재미있는 팬터마임으로 전체의 흐름과 이어주는 일을 하는 배우가 적지 않을 겁니다. 하지만 그런 천부적인 소질을 키우는 것에 도움을 주고 극작가와 견줄 수 있을 만큼 훈련시켜야 하는데, 그런 훈련은 아주 드물어요."

목사의 말에 빌헬름이 물었다.

"하지만 천부적인 소질 자체가 그 배우나 다른 예술가들, 어쩌면 모든 사람들을 숭고한 목표에 다다르게 하는 유일한 수단 아닌가요?"

"언제나 그것이 최초이자 최후의 것, 처음이자 마지막일지도 모르겠군요. 하지만 어릴 때부터 예술가의 소질을 키워주지 않고 어중간한 때에 시작한다면 잘못된 길을 걸어갈 수도 있는 법입니다. 그것도 이것저것 부족한 상태에서 말이죠. 천재적 재능을 가진 사람은 그 점에서 보통 사람들보다 불리합니다. 천재는 교육을 받는 일에 있어 보통 사람들보다 손해 보는 일이 많고 잘못된 길로 떠밀려 나가는 일도 많기 때문입니다."

다시 빌헬름이 말했다.

"하지만 천재는 스스로 자신을 구할 수는 있지 않나요? 상처를 입었다면 스스로 그 상처를 치료할 수 있지 않을까요?"

목사가 이에 대답했다.

"결코 그렇지 않습니다. 치료할 수 있다 해도 상처가 완전히 아물 수 없을 겁니다. 어렸을 적에 처음으로 받은 인상을 지울 수 있을 것이라 생각하나요? 그런 생각은 접어두는 게 좋습니다. 나무랄 데 없이 자유로운 환경에서 아름답고 고귀한 것에 둘러싸여 훌륭한 사람들과 교제하며 성장한 사람, 스승에게서 인간으로서 먼저 알아야 하는 것부터 배운 뒤 다른 것들을 이해하려 한 사람, 나중에 좋은 일을 쉽고 편안하게 할 수 있도록 또 악습에서 벗어나기 위해 어떻게 행동해야 하는지를 어렸을 때 배운 사람. 이런 사람들은 어린 시절에 맨 처음으로 갖게 된 힘을 망설임으로 낭비해버린 사람보다 더 순수하고 완전하며 행복한 인생을 보낼 수 있을 겁니다. 많은 사람들이 교육에 대해 말하기도 하고 쓰기도 합니다. 그러나 모든 것을 포괄하는 단순하고도 위대한 이 사상을 이해하고 실행에 옮길 수 있는 사람은 그리 많지 않습니다."

빌헬름이 말했다.

"그건 맞는 말입니다. 왜냐하면 인간은 아주 편협해서 자기 틀에 맞추어서 누군가를 가르치려 들거든요. 그러니 모든 걸 운명에 맡기는 편이 행복할 겁니다. 운명은 자기만의 방식으로 깨닫게 하니까요."

"운명이라고 하는 것은 아주 좋은 가정교사이기도 하지만 수업료가 조금 많이 들지요."

목사는 웃으며 말을 이었다.

"나는 오히려 한 인간으로서의 선생님을 더 존중합니다. 운명의 지혜도 물론 존중합니다만, 운명이 쓰는 도구 즉 우연이란 녀석은 너무나 서투른 팔다리를 갖고 있습니다. 그렇기에 우연은 운명이 정한대로 정확하게 해낼 가능성이 거의 없다고 봐야죠."

"꽤나 별난 생각을 하는군요."

빌헬름의 말을 듣고 목사가 대꾸했다.

"그렇지 않습니다. 이 세상에서 일어나는 거의 모든 일들이 내 생각이 옳다는 걸 증명해주고 있으니까요. 많은 사건들이 처음엔 큰 의미가 있을 것같이 느껴지지만 결국 죄다 시시하게 끝나잖아요?"

"농담으로 받아들이겠습니다."

"한 명 한 명에게 일어나는 것도 다를 것이 없습니다. 운명이 누군가를 훌륭한 배우로 만들려 했다고 칩시다. 하지만 불행하게도 우연이라는 녀석이 그 젊은이를 인형극에 다가서게 했습니다. 그 결과 젊을 때부터 인형극이라는 몰취미한 것에 마음이 이끌리게 되어 그것을 시시한 것이라고 생각하기는커녕 엄청난 흥미를 갖게 됩니다. 이렇게 우연으로 인해 훗날 결코 잊을 수 없는, 그리고 떨쳐버릴 수도 없는 어떤 애착을 젊은 날에 느끼고 잘못된 길로 나아가게 되지요."

"어째서 인형연극을 그런 식으로 말하는 겁니까?"

빌헬름이 조금 망설이다 상대의 말에 끼어들었다.

"그저 예로 든 것뿐입니다. 마음에 들지 않았다면 다른 예를 들기로 하죠. 운명이 누군가를 위대한 화가로 만들리라 정했다고 합시다. 그리고 우연이라는 힘이 그 젊은이를 더러운 오막살이나 외양간, 헛간에서 살도록 만들어버렸습니다. 그런 청년이 언젠가는 영혼의 순결, 고귀함, 자유로움을 손에 넣으려고 노력할 것이라 생각합니까? 어렸을 때부터 더러운 것에 손을 대고 그것을 나름대로 깨끗하게 하려는 마음이 강해지면 강해질수록 그 사람은 미래에 더러운 것의 앙갚음을 받게 될 것입니다. 더러운 것은 그것을 없애려고 하면 할수록 견딜 수 없을 만큼 끈질기게 그 사람을 물들이려 하기 때문입니다. 젊은 시절 악하고 시시한 친구들과 지낸 사람은 나중에 더 많은 사람들과 교제하게 될 때에도 언제나 예전 친구들을 그리워합니다. 그 친구들의 인상은 그에게 있어 두 번 다시 되돌릴 수 없는 찬란한 추억으로 남아 있기 때문이죠."

둘이 이런 대화를 나누고 있는 사이, 친구들은 점점 멀어졌다는 사실을 이미 짐작하고 있을 것이라 생각한다. 특히 필리네는 그들이 이야기를 시작하자마자 바로 그들에게서 떨어져나갔다. 빌헬름과 목사는 샛길로 친구들이 있는 곳으로 돌아갔다. 마침 그때 전당품을 꺼내들며 어떻게든 재주를 피워 그것들을 찾아가라고 말했다. 그때 목사는 그럴듯한 방법들을 알려주며 아주 자연스럽게 친구들과 어울렸다. 특히 여자들에게 인기가 많았다. 이렇게 반나절을 장난치며 웃고, 노래 부르고, 볼에 입을 맞추고 서로 농담을 하며 매우 즐겁게 보냈다.

제10장

모두들 여관으로 돌아가려던 때였다. 목사를 찾았지만 그의 모습은 이미 어디에도 보이지 않았다.

"아주 예의바른 사람이라 생각하고 친절하게 대했는데 어떻게 그럴 수가 있죠? 우리에게 인사 한마디 없이 가버리다니……. 정말 무례하네요."

멜리나 부인이 그렇게 말하자 라에르테스가 말을 꺼냈다.

"아까부터 계속 생각하고 있었습니다만, 그 사람을 어딘가에서 만난 적이 있는 것 같아요. 돌아가는 길에 그에게 한 번 물어보려고 했는데……."

"나도 그런 기분이 들어요."

빌헬름이 말했다.

"그 사람에 대해 더 자세한 이야기를 들을 때까지 보내지 않으려 했지요. 착각일지도 모르겠지만, 언젠가 함께 이야기를 나누었던 것 같아요."

그러자 필리네가 말했다.

"두 사람 다 잘못 알고 있는 거예요. 흔해빠진 별 볼일 없는 사람들과는 다르게 사람답게 보여서 혹시 아는 사람일지도 모른다고 착각하게 된 것뿐 이에요."

"그건 무슨 뜻이죠? 우리가 인간답지 않다는 건가요?"

라에르테스가 물었다.

"나는 내가 무슨 말을 하고 있는지 잘 알아요. 두 사람이 못 알아들었다고 해도 내가 알 바 아니에요. 어쨌든 내가 한 말을 설명할 필요는 없잖아요?"

필리네가 대답했다.

마차 두 대가 다가오고 있었다. 모두가 마차를 예약해둔 라에르테스의 세심한 배려에 입을 모아 칭찬했다. 필리네는 멜리나 부인과 나란히 앉았고 빌헬름은 그 둘과 마주보고 앉았다. 다른 사람들도 적당히 자리를 잡았다. 라에르테스는 마차와 함께 끌고 나왔던 빌헬름의 말을 타고 시내로 갔다.

필리네는 마차에 앉자마자 기분 좋게 노래를 부르더니 이런저런 사건이야 기로 화제를 돌리며 그것들을 연극으로 만들면 정말 재미있을 것이라고 말 했다. 빌헬름은 그녀의 능숙한 말솜씨에 이끌려 곧 기분이 좋아졌고 그의 넘 치는 상상력을 펼쳐 막과 무대, 인물, 갈등 등 모든 것을 하나의 연극으로 엮어냈다. 다른 친구들은 아리아나 노래를 몇 개 넣는 편이 좋을 것 같다고 하며 가사도 지었다. 무슨 일이든지 끼어들기 좋아하는 필리네가 곧장 그 가 사를 독일인에게 알려진 곡조에 맞춰 노래를 부르기 시작했다.

오늘따라 필리네는 기분이 아주 좋아서 농담을 던지거나 장난을 치며 빌 헬름을 웃게 만들었다. 그녀 덕분에 그는 한동안 맛보지 못했던 즐거움을 느 꼈다. 마리아네의 일로 충격을 받은 뒤로 그는 늘 여자의 품을 조심했고 믿 지 못할 성관계는 아예 피하려 했다. 그렇게 그는 마음속 깊은 곳에 고통과 애정, 달콤한 소원을 모두 가두며 그의 맹세를 꾸준히 지켜왔다. 그가 이 맹 세를 양심적으로 지켜온 일이 자연적으로 밑거름이 되어 그의 마음은 다른 사람의 애정 없이는 지낼 수 없을 만큼 되어 언제나 사랑이 넘치는 교제를 바랐다. 또 그는 처음으로 느꼈던 청춘의 안개에 둘러싸인 듯 이리저리 헤매 고 있었다. 그의 눈은 매력 있는 많은 여성들을 기쁨으로 받아들였다. 사랑 스러운 여성에 대한 그의 평가는 예전보다 훨씬 달콤했다. 이런 상태에 놓인 그에게 있어 필리네와 같은 자유분방한 여자가 얼마나 위험한 존재인지는 너무나 확실했다.

돌아와 보니 빌헬름의 방은 완벽하게 손님 맞을 준비가 되어 있었다. 당장 에라도 낭독할 수 있도록 의자가 늘어서 있었고 가운데에는 테이블이 놓여 있었는데, 그 위엔 과일주와 잔을 올려놓으면 되었다.

그즈음은 독일 기사극단*13이 나타나기 시작했는데 그들은 대중의 주목을 이끌며 호평을 받았다. 잔소리꾼 노인이 그런 종류의 대본을 하나 갖고 있었 기에 그걸 낭독하기로 했다. 모두가 자리에 앉았고 빌헬름은 대본을 들어 읽 기 시작했다.

갑옷으로 무장한 기사들, 오래된 성, 등장인물의 성실함과 올곧음, 충성심

---

*13 18세기 끝무렵 독일 남동부 바이에른주(州)의 멜로드라마적인 극을 일컫는 말이다. 전투·마상 시합·기사의 무술 수업 장면을 주로 다루고 있다.

특히 그 자유분방한 영혼은 큰 박수를 받았다. 빌헬름은 온 힘을 다했고 모두는 그의 낭독에 푹 빠져들었다. 제2막과 제3막 사이에 과일주가 커다란 잔에 담겨 나왔다. 작품 속에 술을 마시거나 모두와 건배하는 장면이 많았기에 그때마다 모두들 등장인물이라도 된 듯 위세 좋게 술잔을 기울이며 마음에 든 인물들의 행복을 바랐던 것은 아주 자연스러운 일이었다.

모두가 고귀한 국민정신으로 불타올랐다. 이 독일인 친구들은 그들의 성격에 꼭 맞고 자신들의 나라를 무대로 세워 연기하는 이 시극이 꽤 마음에 들었다. 특히 둥근 천장이나 움막, 다 쓰러져가는 성, 이끼에 덮이고 구멍이 뚫린 큰 나무들⋯⋯. 그 가운데에서도 집시들이 밤에 나타나는 장면과 비밀 재판이 생각지도 못한 효과를 보였다. 남자는 모두가 갑옷을 입고 여자는 큰 깃을 달아 자기 나름대로 관객들 앞에서 독일인을 연기하는 모습을 꿈꾸었다. 빌헬름과 그 친구들은 어서 그 작품, 또는 독일사에 등장하는 이름을 자기 예명으로 하고 싶다 생각했고 멜리나 부인은 앞으로 아이를 낳으면 남자아이에겐 아델베르트, 여자아이에겐 메히틸데라는 이름 외에는 절대로 붙이지 않겠다고 다짐까지 했다.

제5막에 들어서자 박수소리는 더욱 커졌으며 마지막에 주인공이 지독한 권력자에게서 벗어나고 폭군이 벌을 받게 되는 장면에서는 분위기가 최고조에 이르렀고, 모두들 태어나서 이렇게 훌륭한 시간을 가져본 적은 없었다고 단언했다. 술에 취한 멜리나가 가장 시끄러웠다. 두 번째로 들어온 과일주 잔도 텅 비고 한밤중이 되었을 즈음이었다. 라에르테스가 누구든지 또다시 잔에 입술을 대면 용서하지 않을 것이라고 말하며 잔을 유리창 너머로 던져 깨트려버렸다. 나머지 사람들도 그를 따라서 잔을 거리로 던졌다. 부랴부랴 달려온 여관주인이 항의했지만 잔들은 이미 산산조각이 나고 말았다. 두 여인은 우아함과는 거리가 먼 모습으로 긴 의자에 엎드려 있었는데, 전혀 취한 것 같지 않은 필리네가 취한 사람들의 모습을 보며 즐거워하고 그들이 더 떠들어대도록 부추겼다. 멜리나 부인은 엄숙한 시를 두세 개 낭송했고, 한 번 취하면 시끄러워지는 그녀의 남편이 과일주를 잘못 만들었다고 불만을 터트리기 시작했으며, 자기라면 이 낭독회를 전혀 다른 모습으로 만들 수 있다고 큰소리를 쳤다. 라에르테스가 시끄럽다고 하자 더 난폭해졌다. 그러자 라에르테스는 느닷없이 깨진 잔 조각을 그의 머리로 던졌고 그 때문에 소동은 더 커지고 말았다.

그러는 동안 경찰이 도착하여 문을 열라고 요구했다. 과일주를 그리 많이 마시지 않았던 빌헬름이 여관주인에게 도움을 받아 그들에게 돈을 쥐어주고 칭찬을 늘어놓으며 경찰들을 진정시켰다. 그리고 곤드레만드레가 되어버린 모두를 하나씩 여관방으로 돌려보내느라 눈코 뜰 새 없이 바빴다. 모든 일을 끝내고 자기 방으로 돌아온 빌헬름은 견딜 수 없는 졸음과 분노가 치밀어 옷도 갈아입지 않은 채로 침대에 드러누웠다. 다음 날 아침, 잠에 깬 그는 차마 눈뜨고는 보지 못할 뒤죽박죽된 광경을 보았다. 간밤에 저질러놓은, 재치 있고 독창적인 그들의 작품이 만들어낸 어이없는 결말이었다.

제11장

빌헬름은 잠시 생각에 잠겼다가 서둘러 여관주인을 불러 기물 파손비용과 술값을 자기 앞으로 달아놓으라 일러두었다. 그런데 그는 그 일과 더불어 속상한 일이 또 있었다. 어제 라에르테스가 그의 말을 너무 난폭하게 다루어 말이 다리에 염증을 일으킨 것이었다. 게다가 수의사가 회복할 낌새가 보이지 않는다고 하여 기분이 더욱 나빠졌다.

하지만 필리네가 창가에서 손을 흔들며 인사하는 모습을 보고는 금방 기분이 풀렸다. 빌헬름은 당장 가까운 가게로 가서 지난번에 받은 면도칼에 대한 보답으로 이것저것 샀는데 그건 보답의 수준을 넘어서고 있었다. 그는 귀걸이 한 쌍을 샀다가 모자와 스카프 등 여러 가지 물건들을 더 샀다.

우연히 그가 이런 선물들을 필리네에게 건네는 장면을 본 멜리나 부인은 아침 식사 전에 빌헬름을 불러 진지한 얼굴로 그의 마음을 물었다. 그는 이런 질문을 받을 거라 전혀 예상하지 않아서 더욱 놀랐다. 그는 필리네의 몸가짐에 대해 아주 잘 알고 있기에 그녀에게 특별한 감정을 품는 일은 절대 없을 것이라고 진심으로 맹세했고, 필리네에 대한 그의 친절하고 사근사근한 태도에 대해 둘러댔지만 멜리나 부인은 이해하기는커녕 오히려 더 화를 내었다. 왜냐하면 그동안 그녀가 아양을 떨어 빌헬름의 관심을 끌었었는데, 이제는 젊고 명랑한 끼가 있는 맞수를 만나 맥없이 당하고 있기 때문이었다.

두 사람이 식당으로 가보니 멜리나도 언짢은 표정을 하고 있었다. 그는 별 것 아닌 일로 모두에게 마구 화풀이를 하기 시작했다. 그때 여관주인이 와서 하프를 연주하는 사람이 왔다고 알리며 말했다.

"이분의 노래와 음악에 틀림없이 만족하실 겁니다. 누구든지 그 하프소리를 들으면 크게 감동해서 저절로 몇 푼이라도 주게 된답니다."

그러자 멜리나가 신경질적으로 대꾸했다.

"당장 쫓아내버리게. 하프 따위 듣고 있을 기분이 아니야. 게다가 노래를 불러서 돈을 버는 사람은 여기에도 있네."

이렇게 말하며 멜리나는 아주 밉살스러운 눈으로 필리네를 곁눈질했다. 그걸 알고 필리네는 그의 화를 돋우려고 악사 편을 들며 빌헬름에게 말했다.

"우리 하프 연주를 한번 들어보지 않을래요? 이런 끔찍한 지루함을 떨쳐버리기엔 안성맞춤이라고 생각해요."

멜리나가 그녀에게 말대꾸를 하려는데 때마침 악사가 식당으로 들어섰다. 빌헬름이 인사를 하면서 가까이 오라고 악사를 부르지 않았더라면 둘은 더욱 심하게 다투고 있었을 것이다.

그 기묘한 악사의 모습에 모두가 놀랐다. 누가 그에게 질문을 하거나 말을 걸어보기도 전에 이미 그는 의자에 자리를 잡고 앉아 있었다. 그의 벗겨진 머리 주변으로 흰 머리가 드문드문 나 있었고 크고 고요한 푸른 눈이 길고 하얀 눈썹 아래로 보였다. 오뚝한 콧날 아래에는 흰 수염을 길게 기르고 있었는데 정감 가는 입술을 가릴 정도는 아니었다. 긴 암갈색 옷은 홀쭉한 노인의 몸을 머리부터 발끝까지 감싸고 있었다. 그는 등에 매고 있던 통에서 하프를 꺼내 전주곡을 연주하기 시작했다.

"할아버지, 노래도 부르시지 않았나요?"

필리네가 물었다.

"마음과 영혼을 모두 즐겁게 해줄 수 있는 노래를 들려주세요. 악기는 목소리를 받쳐주는 도구일 뿐이잖아요. 가사와 의미가 없는 선율은 우리 눈앞에서 공중을 날아다니고 때로는 나비나 아름다운 색을 가진 새 같아 잡아서 자기 것으로 만들고 싶어질 뿐입니다. 그렇지만 노래는 마치 신이 내려주신 재능 같아 하늘로 날아올라가서 우리 안에 있는 훌륭한 자아를 유인해 하늘로 올라가게 해주는 겁니다."

빌헬름이 말했다.

노인은 빌헬름을 바라보고 하늘을 올려다보더니 두세 번 현을 울리고는 노래하기 시작했다. 그것은 노래를 칭송하고 악사들의 행복을 기원하며 악사들을 존경하기를 권하는 노래였다. 그가 노래하는 모습은 그 노래가 막 만들어진 것같이 생명과 진실함이 넘쳤다. 빌헬름은 노인의 머리를 자기 품에 안고 싶은 기분을 참아내지 못하고 벌떡 일어섰지만 모두의 웃음거리가 될 것 같아 다시 의자에 앉았다. 다른 사람들은 작은 목소리로 서로 의견을 주고받거나, 노인이 승려인가 유대인인가를 놓고 다투기도 했다.

빌헬름이 그 노래를 만든 사람이 누군지 물어보았지만 노인은 질문에 대답하지 않고 "노래라면 많이 알고 있다. 마음에 드셨다니 감사하다"고 말할 뿐이었다. 거의 모든 사람들이 기분이 좋아졌고 한동안 기분이 언짢았던 멜리나도 솔직하게 마음을 터놓게 되었다. 서로가 농담을 주고받으며 웃거나 수다를 떠는 사이에 노인은 다양한 창법으로 사회생활을 예찬하는 노래를 부르기 시작했다. 그는 조화와 정다움을 몸에 두른 듯이 즐겁게 노래했다. 갑자기 그의 노래가 건조하고 거칠며 혼란스러운 상태로 바뀌어 추한 심술과 편협한 적대감과 위험한 갈등을 쏟아내었다. 그리고 그가 가슴에 사무치는 선율의 날개로 평안함을 주는 사람을 칭송하고 되살아난 행복을 노래하자 모두 기쁨으로 그들의 마음을 조이고 있던 불쾌한 사슬을 벗어던졌다.

노래가 끝나자 빌헬름이 그에게 말을 걸었다.

"당신이 누구신지는 모르겠지만 당신은 자비로운 수호신처럼 우리에게 오셔서 축복과 위로의 노래를 불러주셨습니다. 저의 존경과 감사를 부디 받아주세요. 우리 모두 당신의 노래에 감동했습니다. 부탁할 것이 있으시다면 뭐든지 말씀해주세요."

노인은 아무 말도 하지 않고 손가락으로 하프 현을 부드럽게 쓰다듬다가 이윽고 강하게 현을 튕기며 노래하기 시작했다.

'저 바깥 성문 앞에서 들려오는 것은 무어냐?
그 노래를 우리의 귀에도, 이곳에도 울리게 하여라.'
명령을 받들고 시동은 달려갔다.
그가 사람을 데리고 오니, 왕이 외쳤도다.

'그 노인을 이리로 들여라'
'고귀하신 분들! 인사드립니다.
아름다운 귀부인들! 인사드립니다.
온 세상에 반짝이는 별들이여!
그 누가 여러분의 이름을 모두 알고 있을까요?
여기에는 빛과 영광이 넘치고 있답니다.
두 눈이여! 눈을 감으라.
지금은 놀라고 즐거워할 때가 아니다!

시인은 눈을 감아 현의 노래를 크게 울렸네.
기사는 눈을 떼지 않았고
귀부인들은 마음 깊이 감동을 느꼈네.
왕은 그 노래를 칭찬하며
보답으로 황금 목걸이를 가져오라 하셨네.

'황금 목걸이는 제게 주지 마시고
용감한 얼굴로 적군의 칼날을 깨트리는
기사님들에게 주소서.
아니면 옆에 계신 재상에게 주시어
정사의 온갖 짐에다 황금의 짐을 지게 하소서.

저는 숲과 더불어 살며 새와 같이 노래할 뿐
저의 입술에서 흘러나오는 노래야말로
헤아릴 수 없는 보배로소이다.
원하는 것이 있다면 단 한 가지.
이 세상에서 가장 좋은 술 한 모금을
깨끗한 잔에 담아서 주시길.'

시인은 잔을 입에 대고 들이켰다.

'오오! 이토록 달콤하고 시원할 수가!
이것을 대수롭잖게 선물하는 복된 가문이여!
언제까지나 계속 영광이 넘치기를!
집안이 번창하면 부디 저를 잊지 마시고
제가 이 술에 깊은 감사를 드리듯,
신에게 깊이 감사하소서!'

노인은 노래를 끝내고 포도주잔을 집어 들어 자신에게 이런 친절을 베풀어준 사람들에게 기쁨이 넘치는 얼굴로 그 잔을 들이켰다. 모두의 마음에 기쁨이 퍼져나갔다. 다들 손뼉을 치며 이 잔이 노인의 건강을 지켜주고 노쇠한 손과 발에 힘을 불어넣어주기를 외쳤다. 그는 두세 곡 더 노래를 불러 식당에 있는 모든 사람을 더욱 흥겹게 해주었다.

"할아버지! 〈무도회에 가기 위해 치장한 양치기〉란 곡 아시나요?"
필리네가 물었다.
"당연히 알고 있지요. 노래만 불러주신다면 기꺼이 반주해 드리리다."
노인이 대답했다.

필리네가 일어서서 호흡을 가다듬었다. 노인은 그 곡을 연주했고 필리네는 노래하기 시작했다. 하지만 여러분이 가사를 알게 되면 지루하다, 품위가 없다 생각할 것 같으니 알려줄 수는 없다.

그렇게 시간을 보내면서 모두들 기분이 좋아졌고 포도주도 두세 병을 더 비웠으며 덕분에 식당은 더욱 소란스러워졌다. 하지만 아직 빌헬름의 머릿속엔 그 즐거움이 불러오는 참담한 결과가 생생하게 남아 있었기에 이제 그만 끝내고 싶었다. 그래서 그는 노인의 손에 훌륭한 노래에 대한 보답으로 수고비를 잔뜩 쥐어주었다. 다른 사람들도 어느 정도 웃돈을 주면서 들어가서 쉬라고 말했다. 그리고 오늘 밤에 다시 한 번 그의 노래로 즐겁게 해달라고 부탁했다.

노인이 떠나자 빌헬름은 필리네에게 말했다.

"당신의 노래에는 시적 아름다움이나 도덕적 가치가 전혀 보이지 않더군요. 하지만 무대 위에서 아까같이 꾸밈없이 독특하고 사랑스러운 창법으로 당신에게 딱 맞는 노래를 부른다면 틀림없이 큰 박수소리를 들을 수 있을 겁니다."

그러자 필리네가 말했다.

"그렇겠지요. 차가운 현실 속에서 스스로 살아남는 법을 터득하는 것도 매력적인 일이겠죠."

빌헬름이 말했다.

"그나저나 저 노인 앞에서는 모든 배우들이 부끄러워해야 할지도 모르겠군요. 저 노인이 시를 읊을 때 극적인 표현이 얼마나 정확했는지 알죠? 확실히 저 노인의 노래에는 무대 위에서 엉성하게 연기하는 우리 같은 배우들보다 훨씬 생동감 넘치는 표현이 가득합니다. 많은 배우들은 줄거리를 이야기할 뿐이지만 노인의 노래에는 우리 감정에 호소하는 생생함이 있었죠."

"반드시 그렇다고 할 수는 없어요."

라에르테스가 말했다.

"나는 내가 일류 배우라거나 가수라고는 생각하지 않지만 이것만큼은 자신 있게 말할 수 있어요. 작곡가의 의도대로 몸을 움직일 때의 나와, 박자나 대사의 표현 등 모든 걸 혼자 만들어야 하는 산문 연극에서의 내 모습은 많이 다를 것이라고 생각합니다."

그러자 멜리나가 말했다.

"내가 봤을 때 그 노인은 한 가지 점에서 우리를 부끄럽게 했다고 생각합니다. 그런데 그건 아주 중요한 것이죠. 그는 재능을 이용해서 돈을 벌었어요. 변변히 먹을 수나 있을까 걱정하는 우리조차 그 노인에게 돈을 내고 싶다고 생각했으니까요. 그저 노래를 불렀을 뿐인데 우리 생활에 필요한 돈을 주머니에서 꺼내도록 한다는 겁니다. 나나 가족의 생활비로 써야 마땅한 돈을 기꺼이 노인에게 나누어준 것은 그 노래에 기분이 무척 좋아졌기 때문이겠죠."

멜리나의 말 때문에 그들의 대화는 삐걱거리기 시작했다. 멜리나의 이 야유는 빌헬름을 향한 것이어서 빌헬름은 조금 화가 난 투로 대답했고, 예의에 전혀 신경을 쓰지 않는 멜리나는 결국 꽤나 노골적으로 자신의 불만을 토로했다.

"우리가 전당포에 들어가 있는 무대도구나 의상을 보러 간 지 벌써 2주일이 지났습니다. 둘 다 아주 싸게 살 수 있었어요. 그때 당신은 그만한 돈을 빌려줄 수 있다는 듯이 말했지요. 하지만 아직도 당신이 그 일에 대해 진지하게 생각한 것 같지도 않고 곧 결단을 내릴 것 같아 보이지도 않네요. 그때 당신이 도와주었더라면 지금쯤 우리는 한창 일을 진행하고 있었을 겁니다. 여행을 떠난다더니 아직 여기에 있고 그동안 절약하는 모습도 보이지 않았습니다. 하지만 적어도 당신이 돈을 다 써버리도록 기회를 만드는 인간이 있다는 건 확실해요."

꼭 틀렸다고만 할 수는 없는 이 비난에 빌헬름은 몹시 기분이 언짢았다. 빌헬름은 두세 번 날카롭게 멜리나의 비난에 대답했다. 모두가 일어나서 헤어지려 할 때였다. 은혜도 모르는 인간들과 다시는 같은 자리에 있지 않을 거라는 표정을 숨김없이 드러내 보였다. 그는 화를 잔뜩 내며 서둘러 아래로 내려가 여관 앞에 있는 의자에 앉았다. 그는 처음엔 즐거워서, 다음에는 화가 나서 여느 때보다 술을 많이 마셨다는 사실을 깨닫지 못했다.

제12장

빌헬름은 한동안 의자에 앉아 초점 없는 눈으로 앞을 바라보며 이것저것 생각하고 있었다. 그때 필리네가 여관에서 노래를 부르며 살랑살랑 걸어나와 그의 옆에 앉았다. 옆이라 하기보다는 그의 위에 앉았다고 해도 좋을 만큼 그에게 딱 달라붙어 그의 어깨에 몸을 기대고는 그의 고수머리를 가지고 장난을 치거나 몸을 어루만지며 달콤한 말로 속삭이기 시작했다.

"빌헬름, 아무데도 가지 말아요. 저런 끔찍하게 지루한 사람들 속에 나 혼자 내버려둘 건가요? 멜리나 부부와 더 이상 같은 지붕 아래 있는 게 싫어서 숙소도 다른 곳으로 옮겼어요."

빌헬름은 가지 말라는 필리네의 권유를 거절하고 더 이상 그곳에 머무를 수 없는 이유를 일 때문이라고 설명했지만 그녀는 그의 말을 들으려 하지 않았다. 그녀는 끈질기게 부탁하다가 갑작스레 그의 목에 팔을 두르고 열렬하게 키스를 했다.

"미쳤어요, 필리네?"

빌헬름이 그녀를 뿌리치려 애쓰며 큰 소리로 말했다.

"길가에서, 그것도 이렇게 많은 사람들이 지나다니는 곳에서 이런 짓을 하다니. 이거 놓아줘요. 난 여기에 더 이상 머무를 수 없는 사람이에요. 머무르지 않을 거예요."

"내가 말한 대로 하겠다 대답할 때까지 절대로 놓지 않을 거예요. 많은 사람들 앞에서 키스도 하고요. 우습죠? 이렇게 정다운 모습을 본다면 누구든지 나를 식을 올린 지 얼마 되지 않은 앳된 신부로 볼 거예요. 나의 달콤한 애교를 보고 남편들은 자기 아내에게 나를 천진난만한 애정 그 자체라며 칭찬하겠죠."

그때 몇 사람이 옆을 지나가자 필리네는 한껏 우아한 자태로 그에게 애정 표현을 했다. 빌헬름은 지나가는 사람들의 이야깃거리가 되고 싶지 않아서 어쩔 수 없이 그녀를 안아야 했다. 그녀는 지나가는 사람들의 뒷모습을 쳐다보며 얼굴을 잔뜩 찌푸렸지만 곧 온갖 무례한 짓을 끝없이 계속하는 바람에 결국 그는 모레까지 이 마을에서 떠나지 않겠다는 약속을 할 수밖에 없었다.

"당신도 참 목석같은 사람이네요!"

필리네가 그에게서 떨어지며 말했다.

"당신에게 이렇게 상냥하게 대하는 나도 정말이지 바보 같군요."

그녀는 화가 난 듯 벌떡 일어나 대여섯 걸음 앞으로 가더니 갑자기 깔깔 웃으며 되돌아와서 말했다.

"생각해보니 그래서 내가 당신을 좋아하게 된 것 같아요. 잠깐 방에 가서 뜨개질하던 양말을 가지고 올게요. 여기 가만히 있어야 돼요. 돌 의자 위에 앉아 있는 바위 같은 사람을 금방 찾아낼 수 있도록 말이에요."

'바위 같은 사람'은 그녀의 착각이었다. 왜냐하면 빌헬름은 그녀에게서 몸을 떼어내려고 하기는 했지만 만약 인기척 없는 정자에서 아까와 같은 상태에 놓이게 된다면 말할 것도 없이 그 애교에 넘어갔을 것이기 때문이다. 그녀는 그에게 묘한 눈길을 힐끗 던지고 나서 여관으로 들어갔다. 그는 그녀를 따라 들어갈 까닭이 없었고, 오히려 그 눈길에 새로운 거부감을 느꼈다. 하지만 빌헬름은 자기도 모르게 그녀 뒤를 따라나섰다.

그가 현관으로 들어가려고 하자 멜리나가 나타나 머뭇거리다가 빌헬름에게 말을 걸어왔다. 조금 전 말다툼으로 심하게 무례한 말을 하고 말았지만 용서해 달라는 것이었다.

"그렇게 나쁘게 생각하지 말아주세요. 내가 놓여 있는 상황이 어떤지 잘 알잖습니까? 너무 불안해서 견딜 수 없는 지경이랍니다. 아내와 곧 태어날 아이가 걱정이 되어 잠시도 마음을 놓고 살 수가 없습니다. 당신처럼 하루하루를 유쾌하게 살아갈 수가 없단 말입니다. 제발 다시 한 번 생각해줄 수는 없을까요? 되도록이면 지난번에 보았던 연극도구들을 내가 모두 살 수 있도록 도와주세요. 오랫동안 빚질 생각은 털끝만큼도 없습니다. 빌려만 준다면 이 은혜는 평생 잊지 않을 겁니다."

걷잡을 수 없는 연정에 이끌려 필리네에게 막 가려고 하던 참에 문턱에서 붙잡혀 조금 짜증스러웠던 빌헬름은 갑작스러운 그의 사과에 들뜬 기분으로 아량을 베풀어 말했다.

"그런 일로 당신이 행복과 만족을 느낄 수 있다면 더 생각할 필요도 없겠군요. 가서 이야기를 마무리 짓고 와요. 돈은 오늘 저녁이나 내일 아침에 준비 해놓도록 하지요."

이렇게 말한 그는 약속의 보증으로 손을 내밀었다. 그리고 멜리나가 서둘러 시내로 나가는 모습을 보고 크게 흡족한 기분이었다. 그런데 그는 또다시 문턱에서 붙잡혀 더 큰 불쾌함을 맛보아야 했다.

등에 짐을 잔뜩 멘 소년이 거리 맞은편에서 뛰어와서는 빌헬름에게 다가섰다. 그는 그 소년이 프리드리히라는 것을 단번에 알았다.

"다시 돌아왔습니다!"

소년은 큰 소리로 이렇게 말하고는 기쁜 얼굴로 크고 푸른 눈을 굴리며 주위를 둘러보고는 여관 창문으로 고개를 올렸다.

"그분은 어디 계시나요? 아가씨를 보지 않고는 하루도 견딜 수가 없어요!"

때마침 나타난 여관주인이 그녀가 위층에 있다고 말해주었다. 그러자 프리드리히는 날아갈 듯 계단을 뛰어올라갔고 빌헬름은 장승이라도 된 듯 문턱에 우두커니 서 있었다. 처음에 그는 소년의 머리카락을 쥐어 잡고 계단에서 끌어 내리고 싶다고 생각했다. 하지만 주체할 수 없는 질투가 경련을 일으켜 온몸의 활기와 머리 회전이 멈춘 듯한 멍한 기분이 들었다. 잠시 뒤 경직된 몸이 조금 풀리자 이번에는 지금까지 느껴본 적 없는 불안함과 불쾌함이 그에게 엄습해 왔다.

빌헬름이 방으로 들어서는데 글씨연습을 하고 있는 미뇽이 보였다. 그녀는 오래전부터 기억하고 있는 것을 적어두려고 무던히 애를 쓰는 것 같았다. 그리고 자신이 쓴 글을 주인이자 친구인 빌헬름에게 보여주며 틀린 곳을 지적받곤 했다. 미뇽은 끈기가 있었으며 배우는 것도 빨랐다. 하지만 아직 글자 크기가 고르지 않고 선도 구불구불했다. 차분한 그녀의 성격과는 많이 달랐다. 빌헬름의 기분이 차분하게 가라앉은 상태였다면 그녀가 노력하는 모습에 크게 기뻐했을 테지만, 지금의 그는 그녀가 내민 종이에 관심을 가질 수 없었다. 미뇽은 그것을 눈치채고는 이번 글씨가 아주 예쁘게 써졌다고 기뻐했었던 만큼 큰 슬픔에 빠졌다.

빌헬름은 갈피를 잡지 못하고 복도를 이리저리 돌아다녔다. 그러는 사이에 또 현관으로 내려가게 되었다. 훌륭한 몸집을 가진 한 남자가 말을 타고 여관 앞에서 멈추어 섰다. 제법 나이가 들어 보였지만 힘이 넘칠 것만 같았다. 여관주인이 서둘러 마중을 나와 잘 아는 사이인 듯 손을 뻗으며 큰 소리로 말했다.

"어머, 마방(馬房)감독님! 잘 오셨어요!"

"잠깐 여물을 주려고 온 것뿐이네. 서둘러 영지로 가서 준비를 해야 되거든. 백작님이 내일 부인과 함께 오시기로 하셔서 한동안은 그쪽에서 지낼 것 같아. ○○후작님이 그쪽에 본영을 세우고 계시니 가능한 정성스럽게 대접해드릴 생각이네."

"저희 여관에 머무실 수 없다니, 너무 아쉽네요. 마침 좋은 손님들이 묵고 계시거든요."

여관주인은 그렇게 말했다. 마방감독은 그를 따라온 마부에게 말을 건네주고는 문턱에서 여관주인과 이야기를 나누다 슬쩍 빌헬름 쪽으로 눈길을 주었다. 그들이 자기 이야기를 하고 있다는 것을 눈치챈 빌헬름은 서둘러서 그 자리를 뜬 뒤 거리로 나가 이리저리 왔다 갔다 했다.

제13장

빌헬름은 마음을 가라앉히지 못하고 우울함까지 더해져 문득 그 노인을 찾아가 보리라 생각했다. 그의 하프 연주를 들으면 울적한 기분을 모두 떨쳐낼 수 있을 것이라 생각했다. 그 노인이 어디에 있는지 사람들에게 물었더니 마을에서 조금 벗어난 곳의 누추한 여관을 알려주었다. 계단을 올라 그 여관 꼭대기까지 올라갔더니 어디선가 하프소리가 들려왔다. 한탄하는 듯한 가락이 그의 마음을 뭉클하게 만들었다. 노인은 그 음악에 맞춰 슬픔과 허무함을 노래하고 있었다. 빌헬름은 조심스레 발걸음을 옮겨 문 앞에 섰다. 노인이 켜고 있던 음악은 환상곡의 한 종류였는데 짧은 시구로 노래와 낭송을 되풀이하고 있었다. 잠시 귀를 기울이고 있었더니 다음과 같은 시구를 들을 수 있었다.

눈물로 젖은 빵을 먹으며
밤새 슬픔에 가득 차 잠 못 이루어
울며 지새운 적 없는 사람은
그대들을 알지 못하리! 천상의 힘들이여!

그대들은 우리를 세상에 불러내어
불쌍한 우리에게 죄를 짓게 하고
우리를 고통에 몸부림치도록 하는구나!
모든 죄는 이 세상에서 죗값을 치러야지!

이 구슬프고 안타까운 노인의 한탄은 듣는 사람의 영혼 깊이 스며들었다. 노인은 이따금 눈물이 앞을 가려 연주와 노래를 멈추어야 했다. 곧 하프소리만이 들려오다가 드문드문 노래하는 그의 나지막한 목소리가 들렸다. 문에 기대어 그 노래를 듣고 있던 빌헬름은 깊은 감동에 휩싸여 그 노래에 어린 슬픔과 함께 그의 무거운 마음이 사라지는 것을 느꼈다. 그의 영혼에는 연민의 정이 흘러넘쳤고 노인의 비통한 한탄에 눈물이 흘렀는데 도저히 그 눈물을 막을 수가 없었다. 아니, 막을 생각조차 들지 않았다. 그와 함께 빌헬름의 마음에 자리 잡고 있던 슬픔이 단번에 스르륵 녹아내렸다. 그는 기쁨을 억누르지 못한 채 문을 열고 노인 앞에 섰다. 노인은 초라한 방에 따로 앉을 곳도 없어 침대에 걸터앉아 있었다.

"할아버지가 제게 얼마나 큰 감동을 주셨는지요!"

빌헬름이 말했다.

"제 영혼에 가득 차 있던 온갖 슬픈 감정들이 모두 사라져버렸습니다. 할아버지를 방해할 생각은 없습니다. 그저 슬픔을 누그러뜨리는 노래를 불러주세요. 그럼 전 매우 행복해질 것입니다."

노인이 벌떡 일어나 무언가 말하려고 했으나 빌헬름이 그를 말렸다. 낮에 노인이 식당에서 보인 행동을 생각하면 그가 말하는 걸 그다지 좋아하지 않는다는 사실을 깨달았기 때문이다. 빌헬름은 노인 옆에 있는 짚더미에 앉았다.

노인은 눈물을 닦고 부드러운 미소를 지으며 말했다.

"어찌 이런 누추한 곳까지 오신 건가요? 오늘 밤에 다시 찾아뵐 생각이었는데……"

그러자 빌헬름이 말했다.

"여기가 더 조용해서 마음에 드는군요. 제가 여기 없다고 생각하시고 마음껏 부르고 싶은 대로 불러주세요. 지금 제게 당신은 구걸하기 위해 노래하는 사람으로 보이지 않습니다. 무척 행복한 분으로 보여요. 조용한 고독에 잠겨 그것을 즐기고 계시죠. 당신은 어디를 가도 나그네이시니 진심으로 허물없이 지낼 수 있는 친구를 찾으실 수 있으니까요."

노인은 말없이 하프를 내려다보고는 부드럽게 줄을 퉁기며 전주곡을 연주하고 나서 노래를 부르기 시작했다.

고독에 몸을 바친 자는
아! 기댈 곳도 없이 홀로 남으리.
사람은 모두 살아가고, 서로 사랑하지만
고독한 자의 슬픔을 알아주는 사람 하나 없네.

그렇다면 이 몸을 고통에 맡기리라
한 번이라도
진정한 고독을 느낄 수 있다면
그때는 그대, 혼자가 아니리.

사랑에 빠진 남자가 발소리를 죽이고
연인이 혼자 있나 살펴보듯
낮에도 밤에도 고통이
고독한 나에게 슬그머니 다가오네.
고독한 나에게 슬픔이.
아아, 언제부턴가 나는
무덤 속에서 혼자 잠들어 있구나!
슬픔을 잊은 채, 그저 혼자서.

우리가 아무리 글로 설명하려고 해도 빌헬름이 이 별난 노인과 나눈 기묘한 대화와 그 우아함과 아름다움은 표현할 수 없을 것이다. 노인은 젊은 빌헬름이 하는 이야기마다 그에 딱 맞는 노래를 불러주었다. 그리고 그 노래는 빌헬름의 상상력에 넓고 비옥한 신천지를 열어주어 모든 비슷한 감정들을 일깨우게 했다.

누구든 교회로부터는 멀어졌지만 보다 순수하게 열정적인 마음으로 보다 나은 신앙생활을 할 수 있다고 믿는 사람들의 모임에 나가본 적이 있다면 앞서 말한 두 사람이 어떤 모습일지 이해할 수 있을 것이다. 그런 사람들이 기억하고 있듯이 이 모임의 주최자는 자신의 설교에 딱 맞는 찬송가 한 구절을 불러서 원하는 대로 듣는 사람들의 영혼이 하늘로 날아오를 수 있는 힘을 부여한다. 그러면 모인 사람 가운데 하나가 그에 화답하여 다른 찬송가를 한 구절 더한다. 그리고 제3자가 또 다른 제3자의 시구(詩句)를 잇는다.

이렇게 찬송가에서 빌려온 시구 하나하나에 포함되어 있던 관념에 비슷한 관념들이 더해져 하나가 될 뿐만 아니라 모든 시구가 이어져 막 만들어진 것 같은 완전히 새로운 시가 된다. 그 시를 즐기는 일로 그들은 활기를 얻어 강해지고 마음이 깨끗하게 정화되는 것이다. 이것과 같이 노인은 빌헬름이 아는 노래든 모르는 노래든 한 소절만으로도 그와 친근하거나 동떨어진 감정을, 깨어 있는 느낌과 잠에서 막 깬 것 같은 기분을, 또 즐겁거나 고통스러운 감정을 뒤흔들어 그의 기운을 북돋아주었다. 그리고 그로서 빌헬름에게 있어서 가장 희망적인 것을 일깨워주었다.

제14장

빌헬름은 여관으로 돌아가는 길에 지금 자신이 처한 상태에 대해서 진지하게 생각했고, 이 상황에서 과감히 벗어나리라 결심하고 방에 들어갔다. 그러자 여관주인이 허둥지둥 그에게로 와서 필리네가 백작의 마방감독을 완전히 그녀 손아귀에 넣었고, 그 뒤로 마방감독은 영지에서의 일을 끝내자마자 이곳으로 돌아와 지금 그녀의 방에서 아주 호화로운 식사를 즐기는 중이라고 슬쩍 말해주었다.

때마침 멜리나가 공중인을 데리고 왔기에 함께 빌헬름의 방에 들어갔다. 빌헬름은 조금 망설였지만 약속을 지키기 위해 어음으로 은화 삼백 냥을 지불했다. 멜리나는 바로 그것을 공중인에게 넘기고 무대도구를 모두 매도한다는 증서를 받았다. 물건은 다음 날 아침에 넘겨받기로 했다.

그들이 작별하고 나가자마자 소름끼치는 비명소리가 온 집 안에 울렸다. 그건 젊은 남자의 목소리였는데, 분노로 가득 찬 그 목소리에는 세찬 울음소리와 울부짖음이 섞여 있었다. 그는 누군가를 위협하고 잔뜩 불만을 내뱉고 있었다. 그 목소리는 위층에서 차츰 아래로 내려오며 커지더니 이윽고 빌헬름의 방 앞을 지나갔다.

호기심에 그 뒤를 따라가 보니 프리드리히가 눈물을 흘리며 씩씩거리고 서 있었다. 그는 큰 소리로 울면서 발을 쿵쿵 구르며 주먹을 꼭 쥐고는 온갖 위협적인 말을 늘어놓았다. 그야말로 분노와 짜증에 뒤덮여 어찌해 볼 도리가 없는 상태였다. 미뇽이 그 앞에 서서 신기하다는 듯이 그를 바라보고 있었다. 마침 그때 여관주인이 나와서 무슨 일이 있었는지 자세히 말해주었다.

소년이 필리네에게 돌아왔을 때, 그녀는 상냥하게 그를 맞아주었다. 그는 너무 기쁘고 신이 나서 노래를 부르며 뛰어다녔는데, 얼마 뒤 마방감독이 나타나더니 필리네와 사귀게 되었다. 그러자 사춘기에 들어선 프리드리히는 화가 나서 문을 쾅 소리가 나게 닫거나 계단을 쿵쿵거리며 오르내리기 시작했다. 그리고 필리네에게 저녁 시중을 들라는 명령을 받은 뒤 더욱 기분이 상한 그는 반항하는 마음으로, 서로 달라붙듯 앉아 있던 두 사람 앞에 스튜 그릇을 던지듯이 내려놓았다. 그래서 마방감독이 프리드리히의 따귀를 아주 세게 두세 대 때려 문밖으로 던지듯 내쫓았다. 그 때문에 여관주인은 엉망이 되어버린 두 사람의 옷을 닦아주느라 힘들었다고 말했다.

소년은 자신의 복수가 매우 효과가 있었다는 이야기를 듣고는 여전히 뺨 위로 눈물이 흐르는데도 크게 웃기 시작했다. 한동안 그는 무척 기뻐했지만 곧 자기보다 힘이 센 마방감독에게서 받은 굴욕을 다시 떠올리고는 마구 화를 내며 험악한 말을 늘어놓기 시작했다.

빌헬름은 이런저런 생각에 잠기며 바깥을 보고 있었는데 곧 부끄러움을 느꼈다. 자신의 영혼이 너무나 과장된 모습으로 비춰졌기 때문이다. 자기도 체면을 위해 참고 있을 뿐, 저항할 수 없는 질투에 휩싸여서 비뚤어진 기쁨으로 연인에게 상처를 주고 연적에게 도전하여 울분을 달랬던 건지도 모르고, 오직 자신을 불쾌하게 만드는 사람을 모두 때려주고 싶다 생각했을는지도 모른다.

그곳에 가서 자초지종을 들은 라에르테스는 매우 재미있어 하며 피가 거꾸로 솟은 소년의 편을 들어주고 그를 부추겼다. 그러자 소년은 마방감독은 자신과 결투하여 명예를 회복해야 할 것이라고 큰 소리로 말하며, 자신은 지금까지 모욕을 받고서 그냥 넘어간 적이 없다, 마방감독이 거절한다고 해도 복수할 방법은 얼마든지 있다고 단언했다.

라에르테스는 아주 진지한 얼굴로 소년의 이름을 대며 마방감독에게 결투를 신청했다. 이런 일이야말로 그의 전문분야였다.

"이거 재미있군. 오늘 밤에 이렇게 유쾌한 사건이 일어날 거라고는 생각도 못했는데 말이야."

마방감독이 그렇게 말하며 계단을 내려왔고, 필리네가 그 뒤를 따랐다.

"이봐, 젊은 양반!"

마방감독이 프리드리히에게 말을 걸었다.

"자네는 정말 용감한 사내로군. 자네와 결투하는 건 좋지만 나이도 실력도 차이가 너무 많이 나서 이걸 결투라고 해도 좋을지 모르겠군. 그래서 말인데, 무기가 아닌 레이피어[14]로 하지 않겠나? 공에 가루를 묻혀서 상대의 상반신에 가장 먼저 찍거나 많이 찍은 쪽이 이기는 걸로 하세. 그리고 진 사람은 이 마을에서 가장 값나가는 와인으로 한턱 쏘는 건 어떤가?"

---

[14] 16~17세기 무렵 유럽에서 쓰인 찌르기 전법 전용의 길고 가느다란 한 손 검. 이때 쓰인 것은 펜싱용으로 칼날은 없었고 검 끝에 작은 공이 달려 있었다.

라에르테스가 그 제안을 받아들이자고 했고 프리드리히는 그의 말을 따랐다. 여관주인이 레이피어를 들고 왔다. 필리네는 의자에 앉아 뜨개질을 하며 침착하고 여유롭게 두 사람의 결투를 보고 있었다. 검술에 뛰어난 마방감독은 너그러운 모습을 보이며 가루를 자기 옷에 몇 번 묻히도록 상대를 배려했다. 결투가 끝난 뒤 둘은 서로 끌어안고 와인을 시켰다. 마방감독은 프리드리히의 가문과 신분을 물었고, 소년은 지금까지 몇 번이고 되풀이했던 만들어낸 이야기를 장황하게 늘어놓았다. 이 이야기에 대해서는 나중에 기회가 되면 말하도록 하자.

어쨌든 빌헬름에게 있어 이번 결투는 그의 감정을 완벽하게 대변해준 것이기도 했다. 왜냐하면 검술로 따지면 마방감독이 훨씬 뛰어나다는 것을 알고 있었지만 그가 레이피어를 가지고, 아니 진검을 가지고 마방감독과 싸우고 싶은 마음을 부정할 수 없었기 때문이다. 그러나 빌헬름은 필리네에게 눈길 한 번 주지 않았고, 자신의 마음을 표현하는 말도 전혀 하지 않았다. 그는 결투를 치른 두 사람의 건강을 위하여 두세 번 축배를 들고 서둘러 방으로 돌아왔다. 하지만 방에 들어서니 불쾌한 생각들이 치밀어 올랐다.

빌헬름은 어떤 것에서도 제한 받지 않고 희망으로 가득한 노력을 통하여 자신의 영혼이 드높여지고 마치 물 만난 물고기처럼 마음껏 여러 가지 기쁨을 맛보았던 시절을 떠올렸다. 그리고 지금은 정해진 것 하나 없이 어슬렁거리며 예전 같았으면 한 번에 마시던 것을 홀짝홀짝 맛만 보는 꼴이라는 것이 확실하게 느껴졌다. 그러나 채워질 수 없는 욕망이 그의 삶을 규정하고 있다는 사실과 그 욕망이 여러 사정에 의해 흐트러져서 거의 반만 채워졌으며 잘못된 쪽으로 이끌리고 있다는 것도 알아채지 못했다.

그러므로 그가 자신의 현재 상태를 돌아보고 그 상황에서 벗어나려 애를 썼음에도 혼란에 빠져버린 것도 놀랄 일은 아니다. 그는 라에르테스에 대한 우정, 필리네를 향한 애정, 미뇽에게 쏟는 관심 때문에 한 장소에서 한 친구 속에 필요 이상으로 머물렀고, 그 친구들을 보며 연극에 대한 애착이 다시 살아나 남몰래 자신의 소망을 채우고 제대로 된 목표도 없이 오래된 꿈을 좇고 있었다. 하지만 그것에만 만족해서는 안 되는 일이었다. 어서 이런 인간관계를 끊어버리고 당장에라도 이 마을을 떠날 힘은 얼마든지 있다고 빌헬름은 생각했다. 하지만 방금 전에 멜리나와 금전관계가 성립되었고 불가사의한 노인과 알게 되어 그 신비를 언젠가 풀어보고 싶다는 열망을 느끼고 있었다. 그렇지만 그런 일로 발목을 붙들리면 안 된다며 그는 오랜 시간 동안 끙끙거리며 생각한 끝에 마침내 결정을 내렸다(적어도 결정을 내렸다고 생각했다).

"떠나야겠어. 떠나야 해."

빌헬름은 큰 소리로 말하며 안락의자에 몸을 던졌다. 그는 너무나 흥분하고 있었다. 미뇽이 들어와서 머리를 다듬어드릴까요? 하고 물었다. 그녀는 조용히 그의 곁으로 다가왔다. 오늘 몹시 쌀쌀맞게 대하는 주인의 모습에 슬퍼하고 있었던 것이다.

소리 없이 키워져 오던 사랑이, 속으로 굳혀 왔던 감정이 마침내 알맞은 시간을 만나 지금까지는 그것을 받아들일 생각이 없었던 사람에게 가까이 다가가서 분명하게 나타나는 것보다 더 감동적인 일은 없다. 오랫동안 굳게 닫혀 있던 봉우리가 성숙해졌고 빌헬름의 마음도 이것을 아주 확실하게 느낄 수 있었다.

미뇽은 빌헬름 앞에 서서 불안해 하는 그의 모습을 바라보았다.

"주인님, 주인님이 불행해지신다면 전 어떻게 되나요?"

미뇽이 물었다. 그러자 그가 그녀의 손을 잡고 말했다.

"미뇽, 너도 나의 근심거리란다. 나는 이곳을 떠나야만 해."

미뇽은 눈물로 반짝이는 그의 눈을 지그시 보고는 갑자기 그의 앞에 몸을 웅크렸다. 그가 그녀의 손을 잡자 그녀가 머리를 그의 무릎 위에 얹었다. 그는 상냥하게 미뇽의 머리를 쓰다듬었다. 갑자기 그는 그녀의 몸에 어떤 경련이 일어나고 있다는 것을 느꼈다. 처음에는 가볍게 일어나더니 차츰 그 강도가 심해져 온몸으로 퍼져나갔다.

"미뇽! 대체 왜 그러니? 미뇽!"

빌헬름이 큰 소리로 외쳤다. 그녀는 고개를 들어 그를 바라보다가 갑자기 이를 악물고 고통을 참으려는 듯이 가슴을 움켜쥐었다. 그는 미뇽을 일으키려 했지만 곧바로 그의 품 안에 쓰러졌다. 빌헬름은 그녀를 꼭 끌어안고 입을 맞췄지만 몸은 움직이지 않았다. 그러더니 자신의 가슴을 꽉 쥐고 있던 미뇽이 갑자기 큰 소리를 내며 온몸을 경련하듯이 벌벌 떨었다. 그녀는 화들짝 놀라 일어났다가는 모든 관절이 망가진 듯이 다시 그의 앞에 풀썩 쓰러졌다. 정말 너무나 처참한 광경이었다.

"미뇽."

빌헬름이 그녀의 이름을 부르며 일으켜 끌어안았다.

"미뇽, 무슨 일이니?"

그러나 경련이 계속되어 심장에서부터 손발에까지 전해졌으며 그녀는 단지 그의 팔에 걸쳐져 있을 뿐이었다. 빌헬름은 미뇽을 꼭 안고 눈물을 흘렸다. 또다시 심한 육체적 고통이 오는지 미뇽의 근육이 뻣뻣해졌다. 손과 발이 다시 떨리기 시작하자 미뇽이 그의 목을 끌어안았다. 마치 찰칵하고 스프링 장치 달린 문이 닫히는 것 같았다. 그리고 감은 그녀의 두 눈에서는 눈물이 흘러내려 그의 품을 적셨다. 그는 미뇽을 품에 안았고 그녀는 계속 울고 있었다. 그 어떤 말로도 이 뜨거운 눈물을 표현할 수 없을 것이다.

그녀의 긴 머리카락이 풀려 아래로 늘어졌다. 뻣뻣하던 손과 발이 풀리고 그녀의 마음이 흘러넘쳤다. 이 순간 문득 빌헬름은 그녀가 자신의 품 안에서 녹아내려 흔적도 없이 사라질 것만 같았다. 그는 더욱더 그녀를 세게 보듬어 안았다.

"얘야, 너는 내 아이다. 내 아이야. 너는 내 딸이야."

빌헬름이 그렇게 말했고 미뇽은 여전히 울고 있었다. 마침내 가까스로 그녀가 몸을 일으키자 그녀의 얼굴이 부드럽게 빛났다.

"아버지! 저를 버리지 않으실 거죠? 제 아버지가 되어주시는 거죠? 저는 당신의 딸이에요!"

미뇽이 외쳤다.

문 앞에서 온화한 하프소리가 울리기 시작했다. 노인이 친구를 위해 저녁 선물로 그의 영혼이 담긴 노래를 바치고 있었다. 그는 자신의 아이를 더욱 힘차게 껴안으며 그 무엇으로도 표현할 수 없는 행복을 맛보았다.

제3부

제1장

당신은 알고 있나요, 레몬 꽃이 피는 남쪽 나라를?
나뭇잎 사이에 황금색으로 빛나는 오렌지,
푸른 하늘에서 부드러운 바람이 불어오고,
도금양나무는 고요히, 월계수는 드높이 서 있는
그 나라를 아시나요?
그곳으로, 그곳으로!
오오, 사랑스러운 사람이여, 함께 가요.

당신은 알고 있나요, 그 집을?
둥근 기둥이 지붕을 받치고
반짝거리는 방들과, 그 반짝임으로 홀은 눈부시게 빛이 나며
대리석 조각들은 저를 보고,
'불쌍한 아이야, 무슨 일이 있었니?' 물어보는
그 집을 아시나요?
그곳으로, 그곳으로!
오오, 나를 지키는 자여, 함께 가요.

당신은 알고 있나요, 구름 길이 보이는 그 산을?
안개 속 노새가 길을 찾고,
동굴에는 나이 든 용이 살고,
높이 치솟은 바위와 폭포수 쏟아 내리는 곳.
그 산을 아시나요?

그곳으로, 그곳으로!
오오, 아버지, 우리의 길을 함께 가요.

빌헬름이 아침이 되어 미뇽을 찾았지만 여관에서는 그녀의 모습이 보이지 않았다. 하지만 그는 그녀가 아침 일찍 무대의상과 연극도구들을 받으러 나가려던 멜리나와 함께 나갔다는 말을 들었다.

두세 시간 뒤 문 앞에서 음악이 들려왔다. 처음 그는 하프 켜는 노인이 벌써 여관으로 왔거니 했다. 하지만 곧바로 그 소리는 하프가 아닌 치터소리라는 것을 깨달았다. 그리고 그 연주에 맞추어 노랫소리가 들려왔는데 그건 미뇽의 목소리였다. 빌헬름이 문을 열자 미뇽이 들어와서 앞서 적힌 노래를 불렀다.

내용을 모두 알아듣지는 못했지만 선율도 가사도 빌헬름의 마음에 쏙 들었다. 그래서 그는 미뇽에게 각 연을 되풀이하도록 하고 설명을 해달라며 받아 적기도 하면서 그것을 독일어로 번역했다. 하지만 미뇽만의 그 독특한 말투로는 그 의미가 제대로 전달되지 않았다. 엉망인 말씨를 고쳐주고 맥락이 잡히지 않는 곳을 조금씩 맞추고 보니 어린아이처럼 천진난만한 표현이 사라지고 말았다. 하지만 선율은 더욱 아름다워졌다.

그녀는 뭔가 특별한 것에 주의를 기울이고 아주 중요한 말을 하려는 것처럼 한 구절을 시작할 때마다 엄숙하고도 장엄하게 노래했다. 세 번째 행에서는 어둡고 답답한 분위기가 되었다. 다섯 번째 행인 '당신은 알고 있나요?'는 비밀을 속삭이듯이 표현했다. '그곳으로, 그곳으로!'에서는 주체할 수 없는 그리움이 보였다. 마지막에 '함께 가요'는 되풀이할 때마다 장단을 바꾸어 어떤 때는 애원하는 듯, 어떨 때는 몰아붙이듯 기대를 하게 만들며 노래했다.

두 번째 노래가 끝나자 미뇽은 잠깐 말없이 빌헬름을 바라보고는 물었다.

"그 나라를 아시나요?"

"아마 이탈리아겠지? 이 노래는 어디서 배운 것이니?"

"이탈리아요."

미뇽이 진지하게 대답했다.

"이탈리아에 가시려거든 저를 꼭 데려가주세요. 여기는 너무 추워요."

"이탈리아에서 지낸 적이 있니, 미뇽?"

그녀는 이 질문에 대답하지 않았다. 그녀에게서 더 자세한 이야기는 들을 수 없었다.

멜리나가 들어와서 치터를 살펴보더니 제대로 고쳐져 있는 것을 확인하고는 몹시 기뻐했다. 그건 연극도구들에 섞여 있었는데, 미뇽이 아침에 멜리나를 졸라 그것을 얻은 뒤 노인에게 부탁해 고쳐준 것이다. 그래서 그녀는 지금까지 아무에게도 보여주지 않았던 재능을 빌헬름에게 맨 처음으로 보여준 것이다.

멜리나는 벌써 무대의상과 모든 연극도구를 받아왔다. 몇몇 마을 위원들도 이곳에서 한동안 연극상연을 할 수 있도록 허락해주었다. 그는 홀가분한 기분이 되어 아주 밝은 얼굴을 하고 돌아왔다. 어제와는 아주 딴사람 같았다. 멜리나는 누구에게나 다정하고 정중하며 친절하게 대했고 태도도 아주 친절했다. 그는 일자리를 잃어 어려움을 겪는 사람들과 계약을 맺을 수 있는 것에 크게 기뻐했다. 그리고 빌헬름의 돈을 먼저 갚아야 하므로 훌륭한 연기에 걸맞게 보수를 제대로 줄 수 없어 아쉽다고 말했다.

"내가 극단 단장이 될 수 있게 도와주신 걸 어떻게 감사를 드려야 할지 모르겠습니다."

멜리나가 말했다.

"왜냐하면 당신과 처음 만났을 때, 나는 아주 기묘한 상황에 처해 있었으니까요. 당연히 기억하고 계시겠지만, 나는 그때 연극을 너무나 혐오하고 있었습니다. 하지만 연극에서 느낄 수 있는 기쁨과 박수소리를 기대하고 있던 아내를 위해 일을 할 수 있는 극단을 찾아보아야 했죠. 결국 찾지 못했습니다. 하지만 글도 쓰고 프랑스어도 할 줄 알고, 회계 경력도 있는 나라면 임시로 고용해주겠다는 공무원이 몇 사람 있었습니다. 그 덕분에 잠시 동안은 문제없이 살았습니다. 보수도 꽤 높은 편이어서 필요한 물건을 사며 남부럽지 않은 생활을 해왔죠. 그렇지만 임시로 맡은 일이 모두 끝나고 보니 정규직이 될 가능성은 아주 적다는 것을 깨달았어요. 그러자 아내는 더욱 열심히 무대 위에 서고 싶어했지요. 그런데 그때 아내의 몸 상태가 좋지 않아 관객들 앞에 세울 수 없었습니다. 지금 나는 여러분들의 도움을 받아 설립된 극단에서 나와 내 가족을 위해서라도 멋지게 성공해야 한다고 생각합니다. 앞으로 어떤 일이 일어날지 알 수 없지만 지금부터 나에게로 오는 행운은 모두 당신 덕분입니다."

빌헬름은 멜리나의 말을 듣고 기분이 좋아졌다. 다른 배우들도 모두 새로운 단장의 설명에 만족했고 이렇게 빠른 시일 안에 일자리를 찾은 것에 감사했다. 그리고 처음에는 적은 돈이라도 참으려고 했는데 그건 생각지도 못했던 수입을 방금 전까지만 해도 용돈쯤으로 생각하고 있었기 때문이다. 멜리나는 여러 가지 방법으로 그들의 마음을 얻었다. 한 명씩 따로 이야기를 나누며 어떤 이에게는 이 방법으로, 또 어떤 이에게는 저 방법으로 교묘하게 그들을 설득했다. 그래서 모두가 깊이 생각해보지도 않고 빨리 계약하고 싶어했고, 6주 전에 말하기만 하면 얼마든지 그만둘 수 있다는 멜리나의 말을 그대로 믿고 있었다.

마침내 알맞은 서식에 맞추어 계약서를 썼다. 이미 멜리나는 관객을 끌어모을 첫 무대에 대해 생각해둔 것이 있었다. 그때 파발꾼이 들어와 마방감독에게 백작부부가 도착했다는 것을 알렸고 마방감독은 말에 안장을 달아 끌고 오라고 명령했다.

곧 짐을 잔뜩 실은 마차가 여관 앞에 멈춰 섰다. 하인 둘이 말에서 뛰어내렸다. 필리네는 여느 때처럼 맨 먼저 달려 나가 문 앞에 섰다.

"댁은 누구시죠?"

백작부인이 들어오며 물었다.

"저는 부인을 보살펴드리러 온 여배우입니다."

이 장난스러운 아가씨는 그렇게 대답하며 얌전한 얼굴과 공손한 몸짓으로 고개를 숙이고 백작부인의 치맛자락에 입을 맞추었다. 옆에 있던 사람들이 자신들도 배우라고 하자 백작은 몇 명의 배우가 있는지, 지난번에 공연하던 곳은 어디인지, 그리고 단장은 누구인지 물었다.

"이들이 프랑스인이었다면 후작에게 뜻밖의 즐거움을 드릴 수 있을 텐데. 우리가 그분이 좋아하시는 여흥을 보여드릴 수 없는 것이 너무나 아쉽군."

백작이 부인에게 말했다.

"이들이 독일인이어서 아쉽지만, 후작께서 저택에 머무시는 동안 연극을 보여드리는 건 어떨까요? 이 사람들은 연기도 꽤 잘할 것 같고 또 많은 손님들을 대접하기에는 연극이 안성맞춤이잖아요? 부족한 점은 남작님이 분명히 도와주실 거예요."

그렇게 대화를 나누며 백작부부는 계단을 올라갔다. 멜리나는 단장으로서 그 둘에게 인사를 올렸다.

"단원들을 모두 모아주겠나? 다들 어떤 사람들인지 보고 싶네. 그리고 자네들이 공연할 수 있는 작품목록도 보고 싶군."

멜리나는 아주 정중하게 고개 숙여 인사한 뒤 서둘러 나가서 배우들을 모두 데리고 들어왔다. 그들은 서로 앞다투어 백작의 마음에 들려고 했는데 그중에는 너무 허세를 부리는 바람에 실수를 하는 이도 있었고, 또 편하게 행동하려는 정도가 심하여 오히려 경망스럽게 보이는 이들도 있었다. 필리네는 너그럽고 친절한 백작부인에게 온갖 경의를 표했다. 한편 백작은 배우들을 모두 훑어보고는 한 사람씩 따로 맡고 있는 배역을 물었다. 그러고는 멜리나에게 어떤 배우든지 각자의 전문성을 확실히 다져서 실수하지 않아야 한다고 강조했다. 멜리나는 아주 점잖게 백작의 말을 받아들였다.

그 뒤 백작은 모두에게 무엇을 공부해야 하는지, 체형이나 자세의 어떤 부분을 고쳐야 하는지 말하고 독일 배우에게 언제나 부족한 것이 무엇인지 명쾌하게 지적했다. 그의 설명이 어찌나 꼼꼼하던지 모두가 겸손한 자세로 서서 숨도 함부로 쉬지 못했다.

"저 구석에 있는 사람은 누군가?"

백작은 아직 소개되지 않은 빼빼 마른 사람을 가리키며 물었다. 팔꿈치에 두세 번 천을 덧댄 낡은 웃옷을 입은 남자가 앞으로 나왔다. 공손하게 다가오는 그의 머리 위에는 초라한 가발이 얹혀 있었다.

앞서 필리네가 너무나 좋아하는 사람으로 우리에게 소개된 적이 있는 이 신사는 언제나 '훈장님'이나 선생 또는 시인을 연기했는데, 극에서 매를 얻어맞거나 물벼락을 맞아야 하는 역이 있으면 거의 이 사람이 맡았다. 그는 어딘지 모르게 비굴하고 우스꽝스럽게 보이도록 절을 하는 습관이 몸에 배어 있었고 더듬거리는 말투는 그의 배역과 언제나 잘 어우러져 관객을 크게 웃기곤 했다. 게다가 늘 남을 돌봐주기 좋아하고 친절했기 때문에 극단에 있어서는 보물과 같은 사람이었다. 그는 여느 때와 같은 모습으로 백작에게 인사했고 그에게 던져진 질문마다 마치 무대 위에서 연기할 때의 그 말투로 대답했다. 백작은 따뜻한 눈길로 그를 바라보며 골똘히 생각에 잠겼다가는 부인에게 이렇게 말했다.

"부인, 저 남자를 잘 보시오. 그는 분명 좋은 배우이거나 앞으로 그렇게 될 사람이오."

그가 너무 기뻤는지 몇 번이고 우스꽝스럽게 절을 하자 백작이 큰 소리로 웃으며 말했다.

"아주 훌륭하군. 내 맹세컨대 이 사람이라면 어떤 역할이라도 해낼 수 있을 거야. 지금까지 그리 좋은 역을 맡지 못했던 것은 아쉬운 일이지만."

이렇게 그 남자만 칭찬을 받자 다른 사람들이 크게 불만을 품었지만 멜리나는 그런 것에 조금도 신경 쓰지 않았다. 오히려 모두 백작님 말씀이 사실이라며 정중하게 말했다.

"옳으신 말씀입니다. 다만 그 사람이나 우리 가운데 몇몇은 각하와 같은 식견이 있는 분과 만난 적도 없고, 이런 격려도 받은 적이 없었던 것뿐입니다."

"이것으로 단원들이 모두 모인 것인가?"

백작이 물었다. 그러자 멜리나가 재빨리 대답했다.

"아닙니다. 두세 명쯤 빠졌습니다만, 지원만 해주신다면 이웃 마을에서 곧장 달려올 것입니다."

한편 필리네는 백작부인과 대화를 나누고 있었다.

"위층에 젊고 잘생긴 청년이 있습니다. 분명 아주 훌륭한 간판배우가 될 수 있는 사람이랍니다."

필리네가 그렇게 말하자 백작부인이 물었다.

"어째서 그 사람은 여기에 오지 않은 거지요?"

"제가 데리고 오겠습니다"

그녀가 서둘러 나가며 말했다.

빌헬름은 미뇽과 한창 이야기를 나누고 있었다. 필리네의 끈질긴 설득에 그는 마지못해 그녀를 따라갔지만 조금 호기심이 생기는 것도 사실이었다. 왜냐하면 높으신 분들이 오셨다는 이야기를 듣고 그들과 만나고 싶기도 했었다. 방에 들어가자 그는 바로 백작부인과 눈이 마주쳤다. 백작은 다른 이들과 이야기를 계속하고 있어서 필리네는 그를 백작부인에게 데려갔다. 빌헬름은 인사를 하고 매력적인 부인이 던지는 몇 가지 질문에 당황해 하며 대답했다. 부인의 아름다움, 젊음, 우아함, 세련된 태도가 빌헬름에게 더없이 좋은 인상을 심어주었다. 게다가 그녀의 말투나 몸짓에서 살짝 수줍어하는 모습이라기보다는 당황하는 모습이 보였기에 더욱 그런 인상이 강해졌다. 필리네는 그를 백작에게도 소개했지만, 백작은 그에게 눈도 돌리지 않았다. 그러고는 창문가에 서 있는 부인에게 가서 무언가를 물어보는 듯했다. 빌헬름은 부인과 백작의 생각이 같다는 걸 느낄 수 있었다. 백작부인이 열심히 백작에게 무엇인가를 부탁하며 그의 의지를 굳혀주는 것을 알 수 있었다.

그 뒤, 백작은 모두가 모여 있는 곳으로 돌아와서 말했다.

"내가 지금 이곳에 머물 수는 없지만 내 친구를 이곳에 부르도록 하지. 적당한 조건을 받아들이고 열심히 하려고만 한다면 여러분 모두가 내 저택에서 연극을 한다는 것에 반대하지 않겠네."

그러자 단원들은 매우 기뻐했고 특히 필리네는 백작부인의 손등에 열렬하게 키스를 퍼부었다. 그러자 백작부인은 그녀의 뺨을 부드럽게 두드리며 말했다.

"꼬마 아가씨? 봐요. 다시 내가 있는 곳으로 찾아오도록 해요. 약속은 반드시 지킬 테니까요. 하지만 좀 더 좋은 옷을 입어야 하겠네요."

필리네가 의상에 돈을 쓸 만한 형편은 아니라고 하자 부인은 바로 하녀를 시켜 마차에서 모자와 비단 스카프를 가져오도록 했다. 그러고는 자기 손으로 직접 그것들을 필리네에게 씌워주었다. 그러는 내내 필리네는 아주 태연하고, 천진난만한 얼굴로 조신하게 행동했다.

백작은 부인의 손을 잡고 아래층으로 내려갔다. 부인은 모두의 앞을 지나며 상냥하게 작별인사를 했고 다시 한 번 빌헬름을 뒤돌아보며 다정한 눈길로 말했다.

"곧 다시 만날 수 있겠네요."

이 행복한 일은 모두에게 활기를 주었고 희망이 넘치는 상상으로 가슴이 부풀게 했다. 그들은 저마다 자신이 맡고 싶은 역할이나 어떻게 해야 박수를 받을 수 있을지 서로 이야기를 나누었다. 멜리나는 백작의 집으로 가기 전에 이 마을에서 재빨리 두세 번 공연을 해서 돈을 끌어 모을 궁리를 하고 있었다. 한편 다른 사람들은 주방으로 몰려가 평소에 먹던 것보다 더 고급스러운 점심을 주문했다.

제2장

며칠 뒤에 남작이 왔다. 멜리나는 벌벌 떨면서 그를 맞이했다. 백작이 말하기를 남작은 연극에 굉장히 능통한 사람이라고 했다. 그는 자신의 극단이 어중이떠중이를 모아 만든 것에 지나지 않으며 역할 분배조차 제대로 할 수 없는 상태인걸 들킬까 봐 겁났다. 하지만 얼마 지나지 않아 남작이 독일 연극을 매우 사랑하고 그 어떤 배우나 극단이라도 기꺼이 환영해주는 사람이라는 것을 알고서 멜리나와 단원들은 크게 안도의 숨을 내쉬었다. 그는 모두에게 정중하게 인사를 하고는 뜻밖에 독일인 극단과 만나게 되어 기쁘다고 말했다.

말을 마친 남작이 노트를 하나 주머니에서 꺼내들었다. 멜리나는 그것에 계약 조건들이 적혀 있을 것이라고 생각하여 열심히 보았지만 그건 전혀 다른 것이었다. 남작은 노트를 펼치며 자신이 쓴 희곡인데 모두 잘 듣고 작품을 연기해 달라고 말했다. 단원들은 빙 둘러앉아서 그리 힘들지 않고 남작의 호의를 얻을 수 있다는 것에 기뻐했다. 하지만 모두들 그 노트의 두께를 보고 남작이 그걸 다 읽는 데 많은 시간이 걸리는 게 아닌가 걱정했다. 그들이 예상한 일이 벌어졌다. 작품은 모두 5막으로 되어 있었는데 그 이야기는 도무지 끝날 기미가 보이지 않았다.

주인공은 귀족 신분으로 덕이 많고 너그러운 인물이지만 누군가에게 속아 넘어가 박해를 받는다. 하지만 마침내 적과 맞서 승리를 손에 넣는다. 그는 원수들을 곧바로 용서했는데 그렇지 않았다면 엄격한 시적(詩的)징벌이 계속 되었을 것이다.

작품 낭독이 이어지는 동안 듣고 있는 사람들은 마음에 여유를 갖고 자신들의 앞날을 생각하게 되어, 얼마 전까지 느끼고 있었던 굴욕으로부터 차츰 벗어나 행복을 느끼며 자기만족으로 이어졌다. 작품 속에서 자기와 딱 맞는 역할을 찾지 못한 사람들은 마음속으로 이것을 형편없는 작품이라고 생각하며 남작을 실력 없는 작가라 멋대로 단정했다. 하지만 나머지 사람들은 관객들의 박수를 받을 수 있을 만한 장면이 있다고 생각되면 온갖 칭찬을 하여 저자가 만족할 수 있도록 힘을 썼다.

돈 문제는 바로 해결되었다. 멜리나는 남작과 유리한 계약을 맺었다. 그리고 그 사실은 다른 배우들에게 비밀로 부쳤다. 멜리나는 때를 보다가 빌헬름 이야기를 했고 그가 극작가로서 아주 훌륭할 뿐만 아니라 배우로서도 재능을 갖고 있다고 힘주어 말했다. 그러자 남작은 바로 빌헬름을 자신의 동료작가로서 대했고 빌헬름도 작품의 거의 모든 부분을 불쏘시개로 만들어버린 그날, 작은 추억으로 남겨둔 작품들을 낭독했다. 남작은 그의 작품과 낭독실력을 칭찬하며 빌헬름도 함께 백작의 저택으로 가야한다고 말했다.

남작은 작별인사를 할 때, 모두에게 쾌적한 방과 질 좋은 식사, 큰 박수소리, 그리고 선물들을 약속했다. 거기에 더해 약간의 용돈도 꼭 줄 것이라고 멜리나에게 말했다.

남작의 방문으로 가난하고 불안한 생활을 하던 단원들이 갑자기 갖게 된 명예와 쾌적한 생활 앞에 얼마나 기분이 좋았을지는 구태여 말하지 않아도 알 것이다. 그들은 약속된 용돈을 기대하며, 잔돈을 주머니에 고이 모셔두는 것은 어리석은 일이라고 생각했다.

한편 빌헬름은 단원들과 함께 저택으로 가는 일을 고민했지만 결국 가는 게 그에게 이득이 될 것 같다고 생각하게 되었다. 멜리나도 이 유리한 계약으로 그나마 빚을 조금 갚을 수 있을 것이라 했고 인간을 알아가려 힘쓰는 그는 인생에 있어, 자신에게 있어, 그리고 예술에 있어 많을 것을 배울 수 있는 상류사회와 가까워질 수 있는 좋은 기회를 놓치고 싶지 않았다. 스스로 인정하기는 힘들었지만 아름다운 백작부인과 다시 가까워지기를 바라기도 했다. 그는 일반적으로 고귀하고 부유한 세계를 가까이서 보는 것이 분명 얻는 것도 많을 것이라고 자신을 구슬렸다. 빌헬름은 백작과 그의 부인, 남작의 침착하고 우아한 태도를 떠올리며 혼자서 이렇게 외쳤다.

"태어나자마자 바로 하층민들을 내려다보고 많은 위인들조차 고민하게 만드는 힘든 상황을 벗어날 필요도 없으며 손님이 되어 잠깐이라도 그곳에 머무를 필요가 없는 사람들은 정말로 신의 은총을 받았다고 해야 하지 않겠는가? 그들이 무언가를 보는 눈은 한층 높은 관점에 있고 보편적이며 공정하지. 또한 그들이 살면서 걷는 길은 탄탄대로여서 넘어지는 일도 없을 거야. 상류사회에 사는 사람들은 태어날 때부터 커다란 배에 태워진 것과 같아서 사람이라면 모두가 겪게 되는 인생의 항로에 있어서도 순풍을 이용하고 역풍이 지나가기를 기다릴 수 있는 것이지. 하지만 우리는 혼자서 헤엄치고 녹초가 될 때까지 일하여 순풍도 이용하지 못하고 폭풍우를 만나면 곧장 침몰되어버리고 말지.

　모자람 없이 풍부한 자본을 갖춘 장사는 한 번 실패한 정도로 폐업할 필요도 없을뿐더러 오히려 더욱 성장하지! 세상의 가치 있는 것과 없는 것을 먼저 가려낼 수 있는 건 그런 물건들을 어렸을 때부터 가까이 할 수 있었던 사람이야. 자신의 영혼을 필연적인 것, 유용한 것, 진실한 것으로 돌릴 때, 누가 그를 앞지를 수 있을까? 새로운 삶을 시작할 힘이 아직 남아 있는 나이에 이미 자신이 해온 것들이 과오라는 확신에 이르러 있을 테니."

　이렇게 빌헬름은 상류사회에 있는 사람들과 이런 사람들에게 가까이 다가가 그 샘물로부터 물을 마실 수 있는 모든 사람을 축복했다. 그리고 그 또한 그 계단으로 올라갈 수 있게 해준 자신의 수호신을 찬양했다.

　한편 멜리나는 백작의 요구와 자기 나름대로의 확신에 따라 단원들에게 역할을 나누어주었고 어떻게 해야 저마다 맡은 역할을 잘해낼 수 있을까 오랜 시간에 걸쳐 고민했다. 마침내 무대에 오르게 되자 모든 배우가 할 수 있는 만큼의 많은 역을 맡아주어 단장은 크게 만족하는 눈치였다. 하지만 대체로 잘생긴 남자 연인 역할은 라에르테스가 맡았고, 필리네는 시녀 역할을 했다. 두 아가씨들은 귀엽고 소박한 연인을 번갈아가며 연기했다. 무엇보다 잔소리꾼 영감의 연기가 가장 뛰어났다. 멜리나는 자신이 기사 역할 맡을 자격이 된다고 생각했으며, 멜리나 부인은 젊은 아내 역할을 맡았는데 애정이 넘치는 어머니 역할까지 도맡게 되었다. 최근에 나온 작품에서는 훈장님이나 시인은 우스꽝스러운 역할을 하지 않았기에 백작님의 맘에 들었던 훈장은 장관이나 대신(大臣)을 연기해야 했다. 왜냐하면 보통 이런 인물들은 얄미운 역할로 등장하여 제5막에서 형편없는 대접을 받았기 때문이다. 그와 마찬가지로 멜리나도 인기 있는 몇몇 작품에서 완고한 독일인에게 심하게 다루어지는 시종 역할을 기꺼이 맡았다. 그는 이 기회에 화려하게 옷을 입어볼 수 있고, 자기 나름대로 몸에 배어 있다 생각하는 궁정 예법을 발휘할 수 있는 기회를 얻었기 때문이었다.

　얼마 뒤 다른 지방에서 몇몇 배우들이 찾아왔다. 그들은 그리 특별한 시험도 보지 않고 채용되었는데 그들도 별다른 조건을 제시하지 않았다.

　빌헬름은 멜리나에게 남자주인공을 맡아보지 않겠느냐고 두세 번 권유를 받았지만 모두 거절했다. 그 대신에 연극에 관련된 일이라면 기꺼이 도와주었다. 하지만 풋내기 단장인 멜리나는 그의 노력을 조금도 인정하지 않았으며, 뿐만 아니라 필요한 지식은 모두 단장으로서의 위엄 덕에 몸에 익힌 것이라고 생각했다. 특히 그가 잘하는 것 가운데 하나가 어떤 작품이라도 다른 것은 전혀 생각하지 않고 오직 상연 시간에만 맞추어 줄거리를 잘라버리는 것이었다. 이런 방식은 꽤나 좋은 평가를 받아 관객들은 아주 만족한 것 같았다. 그리고 이 마을에서 으뜸가는 연극 전문가조차 이 정도로 훌륭한 연극은 시내에서도 보기 드물다며 칭찬을 아끼지 않았다.

제3장

드디어 백작의 성으로 이동해야 하는 날이 왔다. 모두 그들을 태우고 갈 마차와 짐수레를 기다리며 떠날 준비를 하고 있었다. 벌써부터 누구랑 함께 탈 것인가, 어떤 자리를 차지할 것인가 그런 일로 사소한 말다툼이 벌어졌다. 겨우 순서를 정하고 자리 문제도 해결되었지만 그 모두 소용없는 일이었다. 정해진 시간에 도착한 마차가 예상했던 수보다 적었기에 그 수에 맞출 수밖에 없었던 것이다. 곧 남작이 말을 타고 뒤따라와 어떻게 된 일인지 설명해주었다. 후작님이 생각했던 것보다 성에 빨리 도착할 예정인 데다 손님들이 벌써부터 성에 도착하여 지금 온 집안이 난리가 났다는 것이다. 그 때문에 성이 몹시 비좁아졌고 단원들에게 약속했던 만큼 좋은 숙소를 내주지 못할 것 같아 미안하다고 말했다.

하는 수 없이 다들 자리가 되는 대로 마차 안에 비집고 들어갔다. 건강한 이들은 날씨도 화창하고 성까지 두세 시간밖에 걸리지 않으니 마차가 돌아오기를 기다리느니 차라리 걷는 편이 낫겠다며 짐을 들고 길을 나섰다. 모두 함성을 올리며 출발했다. 어쨌든 숙박비를 걱정하지 않아도 되기 때문이었다. 단원들에게 백작의 성은 요정들의 궁궐 같은 곳이어서 그곳으로 가는 자신들이 이 세상에서 가장 행복한 사람들이라 생각할 정도였다. 그리고 누구나 가는 길마다 오늘을 행복과 명예, 그리고 평안함이 시작된 날이라 생각했다.

갑자기 쏟아진 세찬 비에도 그들의 마음을 가득 채운 즐거움은 꺾이지 않았다. 하지만 비가 차츰 심해지면서 그칠 기미가 보이지 않자 많은 이들이 언짢은 표정을 짓기 시작했다. 밤이 되어 언덕 위에서 온갖 빛으로 반짝거리는 백작의 성과 셀 수 없을 정도로 많은 창문을 눈앞에 두었을 때, 그들은 그것이 무엇과도 견줄 수 없을 만큼 감사한 일이라 생각했다.

성에 가까이 가보니 부속 건물들에 모두 불이 들어와 있는 것이 보였다. 저마다 자기 방은 어디일까 기대에 부풀었다. 사실 몇 사람을 제외하고 다락방이든 골방이든 고맙게 받아들이자 생각했다.

마을을 지나 한 여관 앞에 도착했다. 빌헬름은 그곳에서 지내려 마차를 멈추었다. 하지만 여관주인이 허름한 방까지 모두 예약이 들어와 있어 더 이상 손님을 받을 수 없다 말했다. 예상치 못한 손님이 오는 바람에 남작이 바로 이 여관을 통째로 빌렸으며 어제부터 모든 방문에 손님들의 이름이 적혀져 있다는 것이다. 그래서 빌헬름은 어쩔 수 없이 다른 친구들과 함께 마차를 끌고 성으로 들어갈 수밖에 없었다.

성 별채 주방에서 요리사들이 정신없이 움직이고 있었다. 단원들은 그걸 본 것만으로도 금방 활기를 되찾았다. 한 손에 등불을 들고 부리나케 계단을 뛰어내려오는 시종들을 보고 순진한 단원들은 큰 기대로 가슴이 벅차오르는 듯했다. 하지만 환영이라고 생각했던 것이 심한 욕설로 돌변하는 것을 보고 몹시 놀랐다. 시종들은 이런 곳까지 마차를 끌고 들어오면 어떡하느냐고 마부들을 심하게 꾸짖으며 당장 마차를 돌려 구관(舊館)으로 가라고 고함을 질렀다. 그러고는 '이곳은 당신 같은 자들이 들어올 곳이 아니다' 말했다. 그들은 이렇게 몹시 무례한 대우를 한 것으로도 모자라 온갖 심한 욕을 퍼부으며, 당신들 때문에 우리까지 비오는 날에 쫓겨나게 되었다 말하고는 뭐가 그리 좋은지 서로를 보며 크게 웃었다. 변함없이 쏟아지는 장대비 때문에 하늘엔 별 하나 보이지 않았다. 모두는 담장 사이로 뻗어가는 울퉁불퉁한 길을 지나서 성 뒤쪽에 있는 구관으로 갔다. 그곳은 선대 백작이 신관을 지은 뒤로 아무도 지낸 적이 없었다. 마차들 가운데 몇몇은 중앙정원에 멈추었고 나머지는 아치형 대문으로 이어지는 길 앞에 섰다. 마을에서 할 일이 남아 있는 마부들은 마차에서 말을 풀고는 저마다 자기 집으로 돌아가 버렸다. 단원들을 마중 나온 사람은 한 명도 없었다. 그들은 큰 소리를 내거나 사람을 찾아보았지만 그건 헛수고일 뿐이었다. 텅 빈 대문으로 바람이 소름끼치는 소리를 내며 불었고, 주변은 캄캄해서 희미하게 보이는 탑과 건물은 섬뜩했다. 여자들은 추위에 부들부들 떨며 무서워했고, 아이들은 울음을 터트리기 시작했다. 시간이 지나면서 불안감은 차츰 커져만 갔고 아무도 예상하지 못한 이 갑작스러운 운명에 모두 어쩔 줄을 몰랐다.

모두 누군가가 와서 문을 열어주길 목 빠지게 기다리고 있었다. 몇 번이나 빗소리, 바람소리를 관리인의 발소리로 착각하고 오랫동안 안절부절못하면서도 대책을 강구하기는커녕 새 성으로 가서 도움을 청해 보자 생각하는 사람도 없었다. 그들의 친구인 마방감독이 어디에 있는지도 알 수 없었다. 어떻게 해볼 도리가 없었다.

마침내 바람소리가 아닌 사람의 발소리가 들려왔지만 그건 마차로 떠난 일행 뒤에 걸어온 사람들이었다. 그들의 말을 들어보니 남작은 말에서 떨어져 다리에 큰 상처를 입었고, 그들이 성에 가서 안내를 부탁했더니 통명스럽게 구관으로 가라고 하기에 모두 이쪽으로 몰려왔다는 것이다.

모두 어찌해야 될지 몰라 서로 의견을 나누어봤지만 끝이 없었다. 드디어 멀리서 등불이 다가오는 것이 보여 모두가 안도의 한숨을 쉬었다. 그러나 시종이 가까이 다가왔을 때, 겨우 구원받을 것이라는 희망도 다시 사라져버리고 말았다. 백작의 마방감독을 위해 마부가 길을 비춘 것이었다. 마방감독은 그들의 모습이 보이자 필리네가 어디에 있는지 열심히 물어보았다. 그녀가 단원들 사이에서 모습을 드러내자 백작부인의 시녀들 곁에 있을 곳이 마련되었으니 신관으로 함께 가자 간곡히 부탁했다. 필리네는 망설임 없이 그 제안을 감사하게 받아들이며 그와 팔짱을 끼고 다른 이들에게 자기 짐을 부탁한 뒤 서둘러 그곳을 떠나려 했다.

그러나 나머지 단원들이 그 둘이 가는 길을 막고서 이것저것 물어 보고 울 것 같은 얼굴로 부탁을 하여 마방감독까지도 어서 이곳을 벗어나려고 그들의 모든 부탁을 받아들이며 바로 문을 열도록 하고 그들을 정중하게 대접할 것을 보증했다. 곧 그들의 모습이 더 이상 보이지 않게 되었다. 큰 소리로 짜증을 내거나 욕설을 퍼부으며 오랫동안 막연하게 기다리고 있던 등불이 다시 보이기 시작했을 때, 그들은 겨우 안심한 듯 활기를 되찾았다.

나이 든 하인이 오래된 건물 문을 열어주었고 모두가 우르르 몰려 들어갔다. 그러고는 저마다 자기 짐 걱정을 하며 마차에서 짐을 끌어내려 집 안으로 옮겼는데 거의 다 주인들과 마찬가지로 홀딱 젖어 있었다. 등불이 하나밖에 없었기에 모든 일이 매우 느리게 진행될 수밖에 없었다. 건물 안에서는 서로 부딪히거나 무언가에 발이 걸려 넘어지는 사람도 있었다. 등불을 좀 더 주거나 난로에 불을 붙여달라고 부탁했지만 무뚝뚝한 시종은 마지못해 자기 등불을 두고 나갔고 다시는 돌아오지 않았다.

그 뒤 모두는 집 안을 샅샅이 살펴보았다. 방문이 모두 열려 있었고 큰 난로와 색실로 짜낸 벽걸이 융단, 모자이크 무늬로 만들어진 마룻바닥이 이전에 백작이 누리고 있던 영광의 흔적으로 남아 있었다. 가구는 전혀 없었다. 책상도 의자도 거울도 어느 것 하나 남아 있지 않았다. 겨우 덮개도 씌워져 있지 않은 거대한 침대가 두세 대 남아 있을 뿐이었고 그것도 장식이나 부속품을 모두 떼어놓은 것이었다. 모두 다 젖은 짐 가방과 여행배낭을 의자로 썼고 이곳까지 걸어오느라 지친 몇몇 사람들은 바닥에 드러누워 있었다. 빌헬름은 계단에 앉았고 미뇽은 그의 다리에 기대어 있었다. 미뇽이 왠지 안절부절못하는 것 같아 그 이유를 물었더니 그녀가 대답했다.

"배고파요."

그는 미뇽의 소원을 들어줄 만한 것 하나 갖고 있지 않았다. 다른 사람들도 비축해 두었던 것을 모두 먹어버려 남은 것이 없었기에 그녀가 불쌍하긴 했지만 내버려두는 수밖에 없었다. 사람들이 야단법석을 떠는 동안에도 빌헬름은 무언가를 골똘히 생각하고 있었다. 다락방에서 자는 한이 있더라도 처음 생각했던 대로 여관에 묵지 않았던 것이 너무 후회스러웠던 것이다.

단원들은 저마다 자기 나름대로 행동하고 있었다. 몇몇 사람들이 오래된 목재 한 더미를 벽난로 안에 집어넣고 불을 붙이고는 환성을 질렀다. 하지만 불행하게도 이 난로는 그저 장식용일 뿐 굴뚝이 제대로 뚫려 있는 것이 아니었다. 그래서 몸을 말리고 불을 쬐려던 희망마저 참담하게 깨지고 말았다. 곧 연기가 온 집 안을 채웠고 목재가 타닥타닥 소리를 내면서 타올랐으며 불길이 더 강해졌다. 깨진 창문으로 들어온 바람 때문에 불길이 이리저리 흔들렸고 건물을 태워버릴지도 모르는 상황에 처하자 사람들은 장작을 하나씩 밟으며 불을 끌 수밖에 없었다. 연기가 점점 짙어져 더 이상 참을 수 없는 상태에 이르렀다. 거의 절망에 가까운 상황이었다.

빌헬름은 연기를 피하기 위해 벽난로에서 가장 멀리 있는 방으로 갔는데 곧 미뇽이 훌륭한 옷차림을 한 시종을 데리고 들어왔다. 그는 양초 두 개를 세운 등불을 들고 들어와 빌헬름에게 아름다운 접시 위에 올려진 과자와 과일을 건네주고는 말했다.

"건너편에 계시는 젊은 부인께서 그쪽으로 놀러오라는 말씀과 함께 주신 겁니다."

그러고는 은근한 미소를 지으며 말을 이었다.

"그 부인이 아주 잘 지내시고 있기에 그 만족감을 소중한 벗과 나누고 싶다고 하셨습니다."

빌헬름에게 그 제안은 전혀 생각하지도 못했던 것이었다. 돌 의자에서 있었던 일 뒤로 그는 계속 필리네를 경멸하는 태도를 보였고 앞으로 그녀와 다시는 상종하지 않으리라 굳게 결심했기 때문이었다. 그래서 그에게 보내온 음식도 돌려보내려 했지만 미뇽의 애원하는 눈빛 때문에 그것을 받고서 미뇽의 이름으로 고맙다고 전해달라 했다. 하지만 초대는 딱 잘라 거절했다. 그는 시종에게 도착한 단원들을 조금 돌봐주었으면 좋겠다고 부탁하며 남작은 어떻게 지내시고 계신지 물었다. 시종의 말을 들어보니 남작은 이미 잠자리에 들었지만 다른 시종들에게 누추한 곳에서 지내고 있는 단원들을 돌봐주라 지시한 듯했다.

시종은 빌헬름을 위해 촛불을 하나 두고 돌아갔다. 촛대가 없어 창틀에 끼워 넣은 것이었지만 덕분에 그는 암흑 속이 아닌 조금이나마 모습을 드러낸 벽에 둘러싸여 명상을 하게 되었다. 단원들의 잠자리를 위한 물건이 실려 들어오기 시작한 것은 꽤나 시간이 지나고 나서였다. 시종들이 계속해서 양초를 날랐는데 타다 남은 심지를 잘라낼 가위가 없어 꽤나 애를 먹었다. 의자가 몇 개 옮겨졌고 한 시간쯤 뒤에는 이불과 베개가 왔다. 그것들 모두 다 흠뻑 젖어 있었다. 자정이 겨우 넘어서야 요와 매트리스가 왔다. 처음부터 그걸 가져다줬으면 참 감사했을 텐데.

그동안 먹을 것, 마실 것도 전해졌고 다들 불평 없이 묵묵하게 먹었다. 하지만 그것은 남은 것들을 이것저것 섞어놓은 것 같아 손님에 대한 경의 따위는 손톱만큼도 보이지 않았다.

제4장

　몇몇 속 편한 녀석들이 질 나쁜 농담으로 서로를 놀리고 잠자리에 든 사람들을 일부러 깨우며 온갖 장난을 일삼는 바람에 사고가 끊이지 않았다. 그 때문에 그날 밤은 마음을 가라앉힐 수가 없었다. 모두 바닥이나 짐 가방 위에 앉아 '남작에게 완전히 속아 넘어갔다. 쾌적하고 제대로 된 숙소에서 지내게 해준다는 약속과 너무 다르지 않느냐'며 서로 불평을 늘어놓는 사이에 아침이 밝았다. 하지만 다음 날, 아침 일찍 백작이 시종들을 거느리고 단원들이 어떻게 지내는지 살펴보기 위해 구관으로 찾아왔다. 그의 방문이 모두의 마음을 놀라울 정도로 편하게 해주었다. 단원들이 너무나 지독한 대우를 받았다는 사실을 알고 백작이 몹시 화를 내었기 때문이다. 시종들의 부축을 받으며 백작의 뒤를 따라 나타난 남작은 집사가 이번에도 명령을 어기고 자신을 골려주기 위해 못된 장난을 친 것이라며 분통을 터트렸다. 그는 이번에야말로 집사를 단단히 혼낼 작정인 것 같았다.

　백작은 곧장 자신이 보는 앞에서 단원들이 쾌적하게 지낼 수 있도록 모든 것을 준비하라 시종들에게 명령했다. 얼마 뒤 몇몇 젊은 사관들이 찾아왔다. 그들은 여배우들과 금세 친해져 서로 농담을 주고받기도 했다. 백작은 단원들에게 저마다 자기소개를 하도록 시켰고 한 명씩 이름을 부르며 말을 걸어주었다. 가끔 농담도 섞어가며 말했는데, 덕분에 모두가 이 너그러운 분에게 홀딱 빠져버렸다. 마지막으로 빌헬름의 차례가 되었다. 미뇽이 그의 곁에 딱 달라붙어 있었다. 그는 되도록 정중하게 인사하며 멋대로 단원들을 따라 성에 온 것을 용서해 달라 말했다. 하지만 백작은 빌헬름이 오는 것을 당연한 일로 여기고 있었다.

　백작 옆에는 제복을 입지 않았지만 태도나 말투로 보아 사관인 것 같은 사람이 있었다. 그는 다른 사관들보다 훨씬 눈에 띄었는데 꾸준히 빌헬름에게 말을 걸어주었다. 그의 크고 옅은 파란색 두 눈이 훤칠한 이마 아래서 반짝였고 금빛 머리카락은 간단하게 쓸어 올려 있었다. 체격은 보통이었지만 매우 유능하고 확고한 인품을 엿볼 수 있었다. 그의 질문에는 활기가 넘쳤고 그가 질문하는 모든 것을 이미 알고 있는 듯한 느낌이 들었다.

　빌헬름은 남작에게 그 사람에 대해 물어보았다. 그러나 남작은 그에 대해 그리 좋은 이야기를 해주지 않았다. 그 남자는 소령의 직분을 가졌으며 본디 후작의 총애를 받는 사람이라 후작의 비밀스러운 일들을 처리하는 듯했다. 그래서 후작의 오른팔이라고 불리지만 후작의 서자일지도 모른다는 소문이 돌고 있다고 남작이 말했다. 그 사람은 프랑스, 영국, 이탈리아 대사관에서 일한 적도 있었고, 가는 곳마다 그를 매우 정중하게 대접했기에 눈에 띄게 거만해졌다고 한다. 게다가 독일 문학에 대해 빠짐없이 알고 있다는 착각에 빠져 있으며 문학을 비웃기까지 한다는 것이었다. 남작은 그 사람과 되도록 사사로운 이야기는 하지 않는다며 빌헬름에게도 그와 가까이 지내지 않는 것이 현명한 길이라고 말했다. 그도 그럴 것이 그와 친하던 사람 모두 그에게 배신을 당했기 때문이었다. 그의 이름은 야르노라고 하는데 어째서 그런 이름이 붙여졌는지 아무도 모른다고 남작이 알려주었다. 따지자면 험담이라 할 수 있는 그의 말을 들으며 빌헬름은 아무 대답도 하지 않았다. 왜냐하면 그 낯선 사람은 인상이 차가워서 그다지 사람을 끄는 매력은 없었지만 왠지 모를 호감을 느꼈기 때문이다.

모두가 성에 있는 방으로 배정받았다. 멜리나는 단원들에게 앞으로 예의 바르게 행동할 것을 지시했고 한방에 남녀가 함께 있는 것을 금지했다. 그리고 모두 자신의 역할과 연기만을 생각해야 한다고 엄격한 투로 말했다. 그는 많은 규정이 적힌 종이를 단원들이 묵고 있는 방문마다 붙였다. 벌금 액수도 정해져 규칙을 어긴 사람은 벌금함에 돈을 넣기로 했다.

하지만 그런 규칙들은 매번 무시당하기 일쑤였다. 젊은 사관들이 여배우들의 방에 들락날락하며 그다지 품위 있다 할 수 없는 말로 여배우들과 농담을 주고받거나 남자 배우들을 놀려대어 멜리나가 정해 놓은 질서는 뿌리를 내리기도 전에 망가져버리고 말았다. 그들은 이쪽 방 저쪽 방 뛰어다니기도 하고 변장을 해서 숨바꼭질도 했다. 처음엔 엄격하게 주의를 주던 멜리나도 끝없이 이어지는 장난에 그만 의욕을 잃고 말았다. 얼마 뒤 멜리나가 무대를 세울 장소를 보러 백작에게 불려 나가자 단원들의 장난은 더욱 심해졌다. 젊은 사관들이 저속한 장난을 끝도 없이 생각해냈다. 게다가 몇몇 남자 배우들까지 합세, 숙소는 난장판이 되어 온 건물이 미친 듯이 날뛰는 군대에 점거당한 것 같았다. 그리고 이 소동은 모두가 식사를 하러 갈 때까지 그칠 줄을 몰랐다.

백작은 멜리나를 큰 광장으로 안내했다. 그곳은 구관의 일부였는데 신관과 이어진 회랑(回廊)이 있었다. 작은 무대를 세우기에는 딱 맞는 곳이었다. 연극에 정통한 백작은 그곳에 서서 어디를 어떻게 꾸밀 것인가 자신의 생각을 멜리나에게 말해주었다.

모두가 서둘러서 작업하기 시작했다. 여러 장식이 달린 무대가 세워지고 짐 속에 들어 있던 무대장치 가운데 쓸 만한 것들은 모두 동원되었다. 나머지는 백작의 시종 가운데 몇몇 손재주가 좋은 이들이 만들어주었다. 빌헬름도 그들을 도와 무대 길이를 정하고 재는 일을 거들었다. 모두들 무엇 하나 빠짐없이 하려고 무척이나 바빴다. 가끔 얼굴을 비추던 백작은 이에 크게 만족하며 조금씩 고쳐 나가야 할 부분을 말해주었다. 그때마다 그가 연극이나 예술에 대해 많은 지식을 갖고 있음을 알 수 있었다.

드디어 제대로 된 연습이 시작되었다. 연습을 위한 장소도 시간도 충분했지만 성에 머무는 손님들이 연습을 번번이 방해했다. 날마다 새로운 손님들이 도착해서는 모두 하나같이 단원들을 직접 보고 싶다 요청했기 때문이었다.

제5장

남작으로부터 백작부인을 정식으로 소개시켜주겠다는 말을 듣고 빌헬름은 며칠 동안 그날이 오기를 은근히 기다렸다.

"내가 그 훌륭한 부인에게 자네의 작품은 재기와 정감이 넘친다고 말을 해두었다네. 그분이 자네와 이야기를 나누고 작품 한두 개쯤 낭독하기를 바라실지도 몰라. 그러니 그분이 부르시면 바로 갈 수 있도록 마음의 준비를 해두게나. 부인께서 시간만 나신다면 당장 내일 아침에라도 부르실 테니까."

남작은 그렇게 말하고 맨 먼저 낭독해야 할 시를 하나 추천해 주었다. 빌헬름이 그걸 낭독한다면 부인이 무척 좋아하실 거라고 그는 일러주었다. 또 백작부인은 성 안에 손님이 많아 정신없는 가운데 그가 다른 동료들과 함께 누추한 곳에서 지내야 한다는 사실을 너무나 안타까워하신다고 말했다.

그래서 빌헬름은 상류사회로 나아가는 길을 열어줄 그 작품을 정성스럽게

다듬어 나갔다. 그러면서 그 자신의 영혼에게 외쳤다.

"지금까지 너는 남몰래 오직 스스로를 위해 글을 쓰며 가끔 친구들의 박수를 받을 뿐이었지. 한동안 너는 자기 재능에 절망하며 '과연 내가 옳은 길을 걷고 있는 것인가? 연기에 대한 애착을 재능이라 착각하는 것은 아닌가?' 끊임없이 걱정할 수밖에 없었어. 환상이 생겨날 여지도 없는 그런 작은 방, 눈이 높으신 그분 앞에 서서 이 시를 낭독한다는 건 조금 위험한 일이야. 하지만 나는 물러서지 않겠어. 이전에 느꼈던 기쁨과 이번에 붙잡은 행운으로 미래에 대한 희망을 펼쳐 보이고 말겠어!"

그리고 그는 몇몇 작품을 훑어보고 세심한 주의를 기울여서 여기저기 손보았다. 음률이나 표현에 부족한 점이 없는지 잘 살피며 소리 내어 읽어 보기도 했다. 마침내 어느 날 아침, 백작부인에게서 부름 받았을 때 가장 심혈을 기울여 연습하고, 그에게 크나큰 영광을 안겨줄 그 작품을 주머니에 넣었다.

남작이 백작부인은 그녀와 가장 친근한 여인과 단둘이 계실 것이라고 말해주었다. 방에 들어가니 남작부인이 상냥하게 그를 반겨주었다. 그녀는 빌헬름과 만나게 되어 굉장히 기쁘다고 말하며 백작부인이 있는 곳으로 그를 안내했다. 백작부인은 하녀에게 머리 손질을 시키고 있었다. 그녀는 그가 들어온 것을 보고 우아한 말투와 눈길로 그를 맞아주었다. 하지만 놀랍게도 그녀의 곁에 필리네가 무릎을 꿇고 앉아 이것저것 어리석은 짓을 하고 있었다. 남작부인이 필리네를 보며 말했다.

"이 귀여운 아가씨가 우리에게 정말 많은 노래를 들려주었답니다. 자, 방금 부르던 노래를 끝까지 불러주겠어요?"

빌헬름은 밀려드는 짜증을 겨우겨우 참아내며 필리네의 노래를 들었다. 그는 그녀가 노래를 부르는 내내 자신이 낭독을 시작하기 전에 미용사가 나가주었으면 좋겠다고 생각했다. 그의 앞에 코코아 한 잔이 나왔다. 남작부인이 직접 비스킷을 집어주었음에도 빌헬름은 그것에서 아무 맛도 느낄 수 없었다. 아름다운 백작부인 앞에서 준비해온 것을 낭독하여 그녀의 마음에 들고 싶다는 생각만이 머릿속에 가득했기 때문이다. 이미 그의 낭독을 듣는 청중으로서 그다지 좋지 않은 추억 속의 주인공인 필리네도 그에게 있어 너무나 불편한 존재였다. 그는 고통스러운 눈빛으로 미용사의 손을 바라보며 머리 손질이 얼른 끝나기를 간절하게 바랐다.

그때 백작이 들어와 오늘 성에 들어오실 손님 이야기, 오늘 하루의 계획 등 처리해야 할 집안일에 대해 이야기했다. 그가 나가자 몇몇 사관들이 찾아왔다. 그들은 아침 먹기 전에 떠나게 되었으니 지금 부인에게 인사를 드릴 수 있도록 허락을 받고 싶다고 말했다. 그 사이에 머리 손질이 다 끝났기에 부인은 사관들이 들어오는 것을 허락했다.

그러는 동안 남작부인은 빌헬름에게 열심히 말을 걸며 큰 경의를 보였다. 그녀의 말투는 조금 산만했지만 빌헬름은 하나하나 정중하게 대답했다. 그는 몇 번이나 주머니에 손을 넣어 원고를 만지며 시를 낭독할 그 순간만 기다리고 있었다. 그가 참다못해 부인들에게 허락을 받으려는 그때, 한 방물상인이 들어왔다. 그 상인은 남의 속이 뒤집어지는 줄도 모르고 보석함, 나무상자 등을 꺼내며 상인 특유의 뻔뻔함으로 갖고 있는 상품이란 상품은 모두 신이 나서 꺼내 들었다.

머릿수는 갈수록 늘어만 갔다. 남작부인은 빌헬름을 슬쩍 보며 백작부인과 소곤소곤 이야기했다. 그는 그것을 눈치채고 있었지만 그들이 무엇을 의도하고 있는지는 알 수 없었다. 불안한 마음으로 한 시간을 헛되이 기다린 그는 자기 방에 돌아와서야 부인들이 의도한 바를 알 수 있었다. 예쁜 영국제 지갑이 그의 주머니에 들어 있었다. 남작부인이 슬쩍 그의 주머니에 넣어둔 것이다. 곧바로 백작부인을 모시는 흑인 소년이 와서는 아름답게 수놓아진 조끼를 건네주었는데 그것을 누가 주라고 한 것인지는 확실히 말해주지 않았다.

제6장

어쩐지 불쾌함과 감사함이 뒤섞인 기분이었다. 저녁까지 아무것도 손에 잡히지 않아, 멍하니 있었지만, 밤이 되자 갑자기 할 일이 생겼다. 백작이 멜리나에게, 후작이 도착하는 날, 후작을 찬양하는 짧은 연극을 해보는 게 어떻겠냐고 제안한 것이다. 백작은 이 위대한 영웅이 박애주의자라는 점을 아름답게 나타내고 싶었다. 의인화한 후작을 등장시켜 찬사를 늘어놓고, 화관과 월계관으로 꾸민 그의 흉상을 빛나게 함과 동시에 장식문자와 공작모 자 뒷부분에서 빛을 비춰, 흉상이 떠오르는 듯한 연출이 백작의 머릿속에 그려지고 있었다. 백작은 멜리나에게 이 작품을 시적으로 써달라고 부탁했으며 다른 준비도 모두 그에게 맡겼다. 이에 멜리나는 빌헬름에게 이런 일은 손쉬운 일일 테니 그가 도와주었으면 좋겠다고 했다.

"그게 무슨 말입니까!" 빌헬름이 화를 내며 말했다.

"궁정귀족들에게 경의를 표하는 방법이 흉상이나 이름 장식밖에 없는 겁니까? 나라면 전혀 다른 방법을 썼을 거예요. 제대로 된 인간이라면 자신의 흉상이나 기름종이에 비친 자기 이름을 보고 기뻐할 리가 없지 않습니까? 게다가 우리 의상으로 그런 연출을 했다간 자칫 웃음거리가 되거나 큰 오해를 살 수가 있어요. 그 작품을 당신이 쓰든 다른 사람이 쓰든 내 알 바 아닙니다만 내가 그걸 쓰는 건 사양하겠습니다."

멜리나는 이건 그저 백작의 제안일 뿐, 작품을 어떤 식으로 완성시킬 것인지는 당신 손에 달린 거라며 빌헬름을 설득했다.

"정말 그런 거라면 훌륭하신 분이 만족하실 수 있도록 기꺼이 노력해보죠."

빌헬름이 대답했다.

"나의 뮤즈는 존경받는 궁정귀족을 찬양하는, 이런 즐거운 일을 해본 적이 없어요. 하긴 뭐 말주변이 좋다고는 할 수 없으니까요. 이제 잘 생각해 봅시다. 어쩌면 우리 작은 극단이 조금이나마 호평 받을 만한 작품을 쓸 수 있을지도 몰라요."

빌헬름은 바로 작품 구상에 빠져들어 열중하기 시작했다. 잠자리에 들기 전, 어느 정도 방향이 잡혔고, 다음 날 아침 일찍, 모든 계획은 완성되었다. 장면이 어떻게 나뉠지 정해졌고, 중요한 부분이나 노래는 운문으로 쓰였다.

빌헬름은 오전 중에 남작을 찾아가 두세 장면에 대해 의논하고 그의 계획을 설명했다. 남작은 마음에 들어하긴 했지만 꽤나 놀란 듯이 보였다. 지난 밤, 백작은 이것과는 전혀 다른 작품을 시적으로 써주기만 하면 된다고 이야기했었기 때문이다.

"백작님의 뜻이, 멜리나에게 말씀하셨던 작품을 그저 시적으로 바꿔 쓰기만 하는 것이었다고는 도저히 생각할 수가 없습니다."

빌헬름이 말했다.

"제 착각이 아니라면, 백작님은 저희가 나아가야 할 방향을 제시해주고자 하셨을 뿐이라 생각합니다. 진정 연극을 사랑하는 사람이라면 자신의 뜻은 본보기로만 알리고, 작품의 완성은 작가에게 맡겨야 하는 게 아닐까요."

"그렇지 않네." 남작이 말했다.

"백작님은 자신이 얘기한 각본 그대로 상연될 거라 생각하고 계시네. 자네 계획이 백작님 생각과 전혀 다른 것은 아니지만, 계획대로 백작님 생각을 바꾸려면 부인들, 특히 남작부인의 도움이 반드시 필요하다네. 그녀는 이런 작전을 세우는 것에 있어서는 뛰어난 능력을 갖고 있으니까 말이야. 문제는 남작부인께서 자네를 도와줄 마음이 들도록 자네 계획이 남작부인 마음에 들어야 한다는 건데…… 남작부인이 자넬 도와줄 마음이 생기기만 한다면 분명 아무 문제없을 거네."

"그렇지 않아도 부인들의 협력이 필요합니다." 빌헬름이 남작에게 말했다. "이 공연에는 사람도 의상도 부족하거든요. 분명 성내엔 집사나 하인의 아이들이 있었죠? 저는 성안을 뛰어다니던 그 아이들 손도 빌릴 생각입니다."

빌헬름은 부인들에게 자신의 계획을 알리고 싶어 남작에게 부탁했고, 남작은 곧 돌아와 부인들이 빌헬름과 직접 이야기하기를 원한다고 전해주었다. 남자들은 보통 저녁에 카드놀이를 하곤 했는데, 마침 오늘은 성을 방문한 어떤 장군이 카드놀이에 함께할 예정이라 평소보다 더 열띤 게임이 될 분위기였다. 그래서 남작 일행이 카드놀이 자리에 모이면, 부인들은 몸이 좋지 않다는 핑계를 대고 자기 방으로 돌아가겠다고 했다. 남작은 빌헬름에게 비밀 계단을 통해 부인들 방으로 갈 수 있고, 그녀들에게 계획을 설명할 시간도 충분할 거라고 했다. 이런 비밀스러움이 매력적이기도 했지만, 특히나 남작부인은 이 밀회를 아이같이 설레며 즐거워하고 있었다. 무엇보다 백작 몰래 일이 진행되는 것을 기대하고 있다고, 남작은 말했다.

저녁 무렵, 약속한 시간에 마중 나온 사람이 빌헬름을 조심스레 안내했다. 작은 방에서 그를 맞이하는 남작부인의 모습은, 그에게 예전 행복했을 때의 일들을 생각나게 했다. 그녀가 빌헬름을 백작부인의 방으로 데리고 가자, 부인들은 이런저런 세세한 질문을 하기 시작했다. 그는 가능한 한 열정적으로 기세 좋게 자신의 계획을 설명했으며, 부인들은 그의 말에 완전히 빠져버리고 말았다. 지금 여기서 그의 이야기를 이렇게 간략하게 알리는 것을, 독자 여러분이 이해해주길 바란다.

연극은 아이들이 춤을 추고 있는 시골 풍경에서 시작된다. 한 아이가 빙글빙글 돌면서 다른 아이의 자리를 뺏는 놀이를 나타내는 춤이다. 아이들은 여러 안정과 기쁨을 찬양하는 노래를 부르고, 미뇽은 에그 댄스를 춘다.

갑자기 울려 퍼지는 군가에, 천진난만하게 기뻐하던 소리가 스러지고, 한 부대의 병사들이 그들을 습격한다. 몇몇 남자들이 이에 맞서보지만 힘없이 당하기만 할 뿐, 달아나던 여자들까지 끌려온다. 모두가 절망에 빠져 있던 순간, 사령관이 가까이 와 있다는 말에 혼란은 잦아든다. 빌헬름은 이 인물을 어떻게 그릴지 아직 정해놓지 않았지만, 사령관의 훌륭한 성품을 나타내는 인물이 될 것이라 말했다. 군부대가 점령하고 있는 곳이지만 안전을 보장하며, 행패나 폭력을 금지시키는 너그러운 사령관을, 모두가 찬양하고 축하연을 열게 된다는 내용이었다.

부인들은 극의 내용은 매우 만족스럽지만 백작을 설득하려면 뭔가 상징적인 것이 꼭 필요하다 했고, 이에 남작이 지휘관을 전쟁과 폭력의 화신으로 등장시키는 것이 어떠냐고 제안했다. 마지막에 미네르바가 지휘관을 쇠사슬로 포박함으로써 사령관의 도착을 알리고, 그 미덕을 찬양하자는 것이다. 백작은 남작부인이 설득하기로 했다. 조금 변경은 있지만 백작의 뜻대로 상연되는 거라고 확신을 주기 위해서는, 극 마지막에 후작의 흉상과 장식문자, 그리고 후작모자를 무슨 일이 있어도 등장시켜야 한다고 강조했으며, 그렇지 않으면 자신이 무슨 말을 해도 소용없을 거라 덧붙였다. 하지만 그때 빌헬름의 머릿속은 이미 미네르바의 입을 빌려 그 영웅을 어떻게 찬양할까 그리고 있었다. 때문에 그는 이 점을 양보하기까지 한참을 망설여야 했지만, 이 무리한 양보가 그는 결코 불쾌하게 느껴지지 않았다. 백작부인의 아름다운 눈과 우아한 몸짓은, 작품의 착상과 통일된 구성, 섬세한 계획들이 아무리 멋지고 훌륭하다 해도 쉬이 포기하고, 시인의 양심에 등 돌리는 것조차 마다하지 않을 수 있을 정도였기 때문이다. 그는 또한 시민으로서의 양심 때문에도 고민해야 했는데, 극의 역할 분담을 할 때, 부인들이 그도 무대에 설 것을 종용했기 때문이었다. 마침내 라에르테스는 폭력의 화신을, 빌헬름은 중간중간 시낭송을 하는 마을의 우두머리 역을 맡게 되었다. 처음엔 거절할 생각으로 버티던 그였지만, 남작부인의 설득에 넘어가지 않을 수 없었다. 어차피 성내에만 올리는 무대로, 동료들과 함께하는 연극이니 부담가질 것도 없으며, 기회만 있다면 자신도 연기를 배워 무대에 서보고 싶을 정도라는 말까지 듣자, 더는 거절할 명분이 없어진 것이다. 이야기가 끝나자 부인들은 친근하게 인사하며 자리를 떠났다. 남작부인은 그에게 멋진 사람이라는 칭찬과 함께 작은 계단까지 배웅했고, 그의 손을 꼭 쥐며 잘 자라는 인사도 잊지 않았다.

제7장

자신이 한 번 직접 이야기함으로써 보다 더 명확해진 빌헬름의 구상은 부인들이 보여준 열렬한 관심으로 생기를 되찾아가고 있었다. 그는 그날 밤새 그리고 다음 날 아침을 대화와 노래를 운문으로 만드느라 모두 보냈다.

대본이 거의 완성되었을 때 빌헬름에게 신관으로 오라는 연락이 왔다. 아침 식사 중인 백작이 그와 이야기를 나누고 싶다고 한 것이다. 빌헬름이 방문을 여니 남작부인이 그를 반겨주었다. 그녀는 아침 인사를 하는 척하며 속삭였다.

"백작님이 물어보시는 것만 대답해요. 연극에 관한 일은 절대로 말씀드리면 안 돼요."

빌헬름이 들어가 인사를 하자 백작이 말했다.

"후작에 대한 나의 경의를 표현할 연극을 위해 자네가 열심히 노력하고 있다는 이야기를 들었네. 미네르바를 등장시키는 건 나도 찬성이야. 의상이 잘못되면 큰일이니 그녀에게 어떤 옷을 입혀야 좋을지 벌써부터 고민하고 있다네. 그래서 방금 시종들에게 미네르바의 그림이 실린 책을 모두 가져오라고 시켰네."

백작이 이렇게 말하고 난 뒤 몇몇 시종이 여러 가지 책들로 가득 찬 바구니를 들고 나타났다. 몽포콩*¹의 저서, 고대 조각상, 여러 무늬가 새겨진 온갖 보석들과 고대 주화에 관한 책, 신화와 관련 있는 책들이 빌헬름과 백작 눈앞에 펼쳐졌다. 하지만 그것으로는 충분치 않았다. 백작은 그 뛰어난 지성으로 책머리에 그려진 그림들이나 속표지, 그 밖에 미네르바가 그려진 모든 책들을 기억해냈다. 때문에 시종들은 잇따라 서고에서 책을 날랐다. 백작은 산더미 같은 책 속에 파묻히게 되었다. 더 이상 미네르바에 대한 내용이 실린 책이 나오지 않자 백작은 웃으며 말했다.

"내 장담하는데, 내 서고에는 더 이상 미네르바에 관한 책이 없을 거네. 이렇게 서고에서 수호여신에 관한 것을 몽땅 꺼낸 것은 이번이 처음이야."

백작의 흥겨운 말에 모두가 즐거워했다. 특히 백작을 부추겨 계속해서 책을 가져오게 만들었던 야르노는 자신이 백작 앞에 서 있다는 사실도 잊은 채 껄껄 웃기에 바빴다. 백작이 빌헬름을 보고 말했다.

"그런데, 자네는 어떤 여신을 생각하고 있었는가? 미네르바인가? 팔라스인가? 아니면 전쟁의 여신인가? 그것도 아니면 예술의 여신이려나?"

빌헬름이 대답했다.

"각하, 이 여신은 신화에서 두 인격으로 나타납니다. 그녀는 민중을 안정시키기 위해 사령관의 도착을 알렸습니다. 그리고 한 영웅을 칭송하는 것도, 그 인간성을 칭찬하기 위해서였지요. 폭력을 극복하고 민중 속에서 기쁨과 안정을 되찾은 여신입니다. 그러니 그 여신에 대해서는 비밀로 해두는 것이 좋지 않을까요?"

빌헬름이 비밀을 폭로하는 것은 아닌가 걱정이 되었던 남작부인은 백작부인의 재봉사를 급하게 불렀다. 그리고 그 재봉사에게 고대 의상을 가장 아름답게 만들기 위해서는 어떻게 해야 좋을지 그의 생각을 말하게 했다. 그는 고대극의 가면을 만든 적도 있어 이런 일은 눈 감고도 할 수 있다고 말했다. 그는 백작의 명령으로 아기를 가져 배가 많이 불렀는데도 자신 있게 처녀 신 역할을 맡은 멜리나 부인의 치수를 먼저 재게 되었다. 백작부인은 단원들의 의상을 위해 자신의 옷 몇 벌을 조금 손보도록 했다. 부인의 시녀들은 조금 불만스러운 표정을 지었다.

남작부인은 빌헬름이 방에서 나갈 수 있도록 능숙하게 그를 도와주며 다른 것도 준비해두었다고 일러주었다. 그러고는 백작의 악대 지휘자를 빌헬

---

*1 베르나르 드 몽포콩(1655~1741). 그리스어 고문서학의 발달, 그리스어 사본에 대한 체계적인 연구의 초석을 다진 프랑스의 고대문화 연구가.

름에게 보냈다. 그 지휘자는 필요한 곡을 작곡했고 연극에 어울릴 만한 음악 악보도 찾아주었다.

모든 것이 원하는 대로 진행되었고 백작도 연극에 대해 더 이상 물어보지 않았다. 그는 연극 마지막에 관객들을 깜짝 놀라게 해줄 투영장치에 몰두했 다. 백작의 구상에 궁정 제빵사가 솜씨를 발휘하여 조명이 아주 훌륭하게 만 들어졌다. 백작은 여행 갔다 온 곳에서 큰 축제를 보며 몇 장인가 스케치를 했었기에 필요한 것을 능숙하게 지시해주었다. 그러는 동안 빌헬름은 작품 을 완성시켰다. 저마다 역할을 나누어주고 자신의 역할도 받아들였다. 그렇 게 모든 일이 순조롭게 나아갔다.

그러나 생각지도 못한 일로 그의 계획에 큰 지장이 생기게 되었다. 미뇽이 여느 때와 같이 무뚝뚝한 표정으로 다시는 사람들 앞에서 에그 댄스를 하지 않겠다고 말했기 때문이다. 그 춤에 가장 큰 효과를 기대하고 있었던 빌헬름 은 적잖게 놀라고 말았다. 그는 이것저것 이야기하며 그녀를 설득하려 했지 만 빌헬름의 말을 듣던 미뇽이 그의 발치에 쓰러져 울며 외쳤다.

"아버지! 아버지께서도 무대에 서지 않았으면 좋겠어요!"

빌헬름은 미뇽의 말을 귀담아듣지 않고 어떻게 하면 그 장면을 즐겁게 표 현해낼 수 있을까 고민에 빠졌다.

필리네는 마을 아가씨 역할을 맡았는데 무희들이 등장할 때 노래를 두세 곡 부르고 합창을 이끌게 되었다. 그래서 그녀는 크게 기뻐하며 연극이 상연 될 날만을 기다렸다. 마침내 그녀가 원하는 대로 모든 일이 진행되고 있었 다. 필리네는 특별한 숙소에 머물고 늘 백작부인의 곁에 앉아 어린아이 같은 장난으로 부인을 즐겁게 해주었다. 그 대가로 언제나 선물을 받았다. 백작부 인은 이번 연극에 필리네가 입을 의상도 특별히 제작하라고 재봉사에게 일 러두었다.

필리네는 남을 흉내 내기 좋아하는 성격이라서 귀부인들과 친하게 지내는 사이 자신에게 어울릴 만한 교양을 어깨너머로 배웠다. 그녀는 눈 깜짝할 사 이에 예법이나 우아한 언동을 몸에 익혔다. 그녀에 대한 마방감독의 애정은 날이 갈수록 커져만 갔고 사관들도 그녀에게 우르르 몰려가 열을 올리곤 했 다. 그래서 그녀는 언제나 남자를 싫어하는 척 연기하는 상류층 부인들을 슬 쩍 흉내 내어보기로 했다. 본디 차갑고 영악한 그녀였기에 일주일 동안 그 연기를 하며 성내 모든 사람의 약점을 알게 되었다. 만약 필리네가 그 약점을 폭로하려 했다면 아주 편하게 그녀가 원하는 행복을 손에 넣을 수도 있었을 것이다. 하지만 필리네는 이번에도 그녀가 쥐고 있는 유리한 처지를 이용해서 하루하루 유쾌하고 즐겁게 지내고 싶을 뿐이었다. 사실 지나친 행동도 곤란해지지 않을 경우에만 하기로 했다.

백작에게서 단원들은 저마다 맡은 역할을 열심히 연구하고 연습하라는 명령을 받았다. 백작이 연습을 보고 싶다고 말하자 백작부인은 그가 이 연극을 어떻게 받아들일지 걱정하기 시작했다. 남작부인은 빌헬름을 몰래 불러들였으며 시간이 지날수록 모두의 불안감은 커져만 갔다. 그 연극에서 백작의 구상 따위는 어디에도 찾아볼 수 없었기 때문이다. 그때 마침 야르노가 들어왔기에 빌헬름은 그에게 모든 비밀을 털어놓았다. 그는 오히려 크게 기뻐하며 부인들을 위해 힘써보리라 말했다.

"백작부인, 이번 일은 부인께서 혼자 하실 생각을 하셔야 됩니다. 안 그러면 큰일이 벌어질지도 모르니까요."

야르노가 말했다.

"하지만 예상치 못한 사태가 벌어질지도 모르니 제가 뒤에 숨어 있겠습니다."

그 일에 대해 남작부인은 이제까지 백작에게 작품에 대해 모두 이야기는 했지만 언제나 드문드문 보고했으며 순서도 엉망진창이라고 말했다. 그러고는 백작이 연극의 세세한 부분은 알고 있겠지만 전체적인 구상은 분명 자신이 원하는 대로 완성되었다고 생각할 것이라는 이야기도 털어놓았다.

"오늘 밤, 연습이 시작되면 내가 백작님 곁에 앉아 그분의 관심을 다른 곳으로 돌려볼게요. 이미 제빵사에게도 마지막 장식을 아주 아름답게 완성시키되 반드시 사소한 실수를 해야 한다고 단단히 일러두었답니다."

남작부인이 그러자 야르노가 말했다.

"부인과 같은 활동적이고 현명한 분이 성안에 정말 필요한 존재입니다. 혹시 오늘 밤 부인의 작전이 실패할 것 같은 생각이 드신다면 팔을 들어 저에게 신호를 보내주십시오. 그럼 제가 백작님을 밖으로 모시고 나가겠습니다. 그리고 미네르바가 등장한 다음 조명장치가 켜질 때까지는 그분을 들여보내지 않겠습니다."

마침 백작은 급한 일이 있었는지 예정되어 있던 연습시간에 나타나지 않았다. 연습이 시작되고 얼마 뒤에 그가 나타나자 남작부인은 열심히 백작의 이야기 상대를 맡았다. 야르노가 나설 필요도 없었다. 백작이 호통을 치면서 했던 장면을 다시 시키는 등 단원들을 지도하느라 다른 것은 눈에 들어오지 않았기 때문이다. 마지막에 멜리나 부인이 그가 원하는 대로 대사를 말하고 조명장치도 제대로 작동하자 백작은 너무나 흡족한 표정을 지었다. 그는 연습이 다 끝나고 모두가 카드놀이를 하러 가자고 했을 때 비로소 자신이 원했던 연극과 어딘가 다르다는 것을 눈치챘다. 그래서 백작은 과연 이 연극이 자신이 바라던 것이었나 생각하기 시작했다. 남작부인이 신호를 보내자 야르노가 나타났다. 날이 밝은 뒤에 드디어 후작이 올 것이라는 소식이 왔다. 그래서 옆 마을에서 야영하고 있는 선발대를 살펴보기 위해 두세 번에 걸쳐 기마병을 보내야 했다. 성 안이 소란스러워졌다. 본디 의욕이 없는 시종들에게 그리 좋은 대접을 받지 못했던 배우들은 그들에게 그 어떠한 관심도 보이지 않았다. 단원들은 부푼 마음으로 구관에 들어가 연습으로 시간을 보낼 수밖에 없었다.

제8장

드디어 후작이 도착했다. 동시에 도착한 장군들, 참모들, 그 밖의 수많은 수행원들, 그리고 방문이나 볼일을 위해 찾아온 많은 사람들로 성은 마치 분봉하려는 벌집과도 같았다. 모두가 후작님을 한 번이라도 보고자 몰려들었고, 그분이 소탈하고 겸손하다는 것에 감탄했으며, 군사령관의 성에, 그리고 궁정귀족의 사람 좋은 면모에 모두 놀라움을 금치 못했다.

후작이 도착했을 때, 성내 모든 사람은 백작의 명에 의해 저마다 맡은 위치에 있어야 했고, 환영회를 열어 후작을 놀라게 하기 위해 배우들은 얼굴 내미는 것이 일체 허락되지 않았다. 후작도, 그날 밤 불빛이 환한, 17세기의 자수 벽걸이가 걸려 있는 커다란 방에 안내되었을 때, 연기는 물론, 그를 기리는 연극무대 같은 건 전혀 예상도 못한 듯했다. 모든 게 무사히 끝나고 막이 내려가자 후작은 극단 모두를 불러 한 사람 한 사람 친근하게 무언가 물어보거나 다정하게 말을 걸거나 했다. 특히 빌헬름은 작자로서 앞에 나가 그에 따른 치사를 받았다.

연극을 특별히 화제로 삼는 사람은 아무도 없었고, 며칠이 지나자 그런 연극 같은 건 상연된 적도 없다는 모습이었다. 단지 야르노만이 가끔 빌헬름과 그 이야기를 하며 명쾌한 칭찬을 해주었는데 그는 "당신이 속 빈 호두가 되어, 속 빈 호두를 위해 연극을 하고 있다는 건 참 안타까운 일이에요"라고 한 마디를 덧붙였다. 이 말은 며칠 간 빌헬름의 머리에서 떠나지 않았지만, 그것이 어떤 의미인지 그로부터 무엇을 이해하고 받아들이면 되는지 알 수 없었다.

그 사이 극단 모두는 매일 밤, 힘닿는 대로 무대에 서서 관객의 주목을 끌고자 최대한 노력했고, 인사치레에 지나지 않는 갈채는 그들을 한껏 고조시켰다. 구관에 머무는 동안 그들은 지금 많은 사람들이 몰려오는 것은 사실은 자기들 때문이다, 자기들의 연기를 보기 위해 많은 손님들이 와 있는 것이며, 자기들이 모든 흐름의 중심이므로, 모두가 자기들을 위해 바삐 움직이고 있는 거라고 진심으로 믿게 되었다.

하지만 빌헬름은 그와는 정반대의 사실을 깨달아 매우 불쾌했다. 후작도 처음 몇 번인가는 안락의자에 앉아 처음부터 끝까지 열심히 봐주었으나, 점차 그럴싸한 핑계를 붙여 자리를 뜨게 되었다. 빌헬름이 이야기를 나눠보고 가장 잘 이해해주고 있다고 생각하는 사람들까지—야르노가 대표적이다—연극에는 슬쩍 얼굴만 내밀 뿐, 대개는 대기실에서 트럼프를 하거나, 자기 볼일에 대한 이야기를 하고 있는 듯이 보였다.

빌헬름은 끊임없이 노력하는데도 바라는 만큼의 갈채를 받지 못하는 것이 너무 화가 났다. 작품의 선정, 필사본 만들기, 연습, 그 밖의 수많은 일에서 그는 멜리나를 도왔고, 스스로도 자신의 부족함을 남몰래 느끼고 있던 멜리나는 결국에는 모든 것을 빌헬름에게 맡겼다. 빌헬름은 역할의 대사를 열심히 외웠고, 많은 수련을 받지는 않았지만, 최대한 반듯하게 연기해 보였다.

남작이 계속해서 관심을 갖고 있다는 것은 다른 단원들 누구도 의심하지 않았다. 남작은 그들이 최대의 효과를 내고 있으며, 특히 자신의 작품을 상연했을 때는 더욱 그랬다고 말해 의심할 여지가 없었다. 다만 후작이 너무

한결같이 프랑스 연극을 선호하고 있는 데 반해, 부하들 가운데 일부, 특히 야르노가 영국 연극의 괴물을 열광적으로 지지하고 있는 점이 아쉽다고 했다.

이렇게 연극은 별다른 주목이나 칭찬도 받지 못했지만, 그렇다고 배우 개개인들까지 남녀 관객에게 관심을 받지 못한 것은 아니었다.

앞서 말했다시피 여배우들은 처음부터 젊은 사관들의 주목을 받고 있었다. 하지만 그녀들은 더 나은 행복을 추구했고 점점 더 유력한 후원자를 원하게 됐다. 하지만 여기선 그에 대해 더 이상 언급하지 않기로 하고, 백작부인이 날이 갈수록 빌헬름에게 관심을 갖고 그 또한 백작부인에 대한 애정이 남몰래 싹트기 시작했다는 것만 알아두도록 하자. 그가 무대에 서면 그녀는 그에게서 눈을 떼지 못했고, 그러는 사이 빌헬름도 점차 그녀 한 사람만을 향해 연기를 하며 대사를 읊고 있는 듯이 보였다. 서로 바라보는 것만으로도 형언할 수 없는 기쁨을 느끼고, 그 이상 구체적인 무언가를 바라는 일도, 어떤 결과에 괴로움을 느끼는 일도 없이 순진한 두 사람의 영혼은 완전히 지금 이 순간의 만족감에 푹 빠져 있었다.

마치 강을 사이에 두고 갈려 있는 적들의 전초병이, 두 나라가 얽혀 있는 전쟁 같은 건 생각도 못하고 밝고 태평하게 이야기를 나누듯이, 백작부인은 빌헬름과 출신과 신분이라는 거대한 늪을 사이에 두고도, 의미심장한 시선을 나누며 두 사람 다 자신의 감정에 그대로 몸을 맡겨도 아무 문제없을 거라 믿고 있었다.

한편 남작부인은 착실하고 쾌활한 라에르테스가 꽤 마음에 들어 눈독을 들이고 있었다. 라에르테스는 본디 여자를 매우 싫어하지만, 그렇다고 하룻밤의 불장난까지 거부할 정도로 점잖지는 않아, 남작이 선의, 혹은 쓸데없는 간섭으로 남작부인의 본성을 자세히 알려주지 않았다면, 그 또한 남작부인의 소탈한 매력에 빠져들었을 것이다.

내용인즉, 어느 날 라에르테스가 남작부인은 다른 어떤 여성보다도 훌륭하다며 그녀를 소리 높여 칭송하자, 남작이 농담인 척 말했다. "예상대로군. 나의 사랑하는 벗이 자기 돼지우리에 또 한 마리를 잡아넣은 모양이야." 이 노골적인 빗댐이 불쾌기도 했지만, 이 말이 키르케의 위험한 애무를 의미하고 있다는 것이 너무나도 명확했기에 라에르테스는 몹시 화가 났다. 그럼에도 남작은 개의치 않고 이야기를 계속했고, 라에르테스는 부아가 치밀어 견딜 수가 없었다.

"모르는 사람은 누구나 이런 멋진 대접을 받는 것은 자신이 처음이라 생각하지. 하지만 이게 엄청난 착각이란 거야. 여기 있는 모두가 한 번씩은 다 똑같은 길을 밟았거든. 다 큰 사내고, 청년이고, 소년이고 할 것 없이 한동안은 저 사람한테 빠져서는 돈을 쏟아붓지. 동경하다 못해 어떻게든 자기 걸로 만들어보겠다고 간이고 쓸개고 나 내주게 되는 걸세."

간신히 들어선 마녀의 정원에서, 비록 가공의 것일지언정 봄이 가져오는 작은 행복을 맞이한 사내가 꾀꼬리의 노랫소리에 귀를 기울이려던 찰나, 마치 돼지 먹따는 듯한 신음소리가 들려오는 것만큼 불쾌하고 놀라운 일은 없을 것이다.

그 뒤, 라에르테스는 짧은 시간이었다곤 하지만, 허영심에 취해 또다시 여성에게 마음을 주는 어리석음을 범한 자신을 진심으로 부끄러워했다. 그때부터 그는 남작부인을 차갑게 대했으며, 마방감독과만 함께 다니고, 펜싱 연습을 하거나 사냥을 나갔다. 하지만 무대연습이나, 상연이 있을 때에는 이런 건 쓸데없는 시간 죽이기밖에 안 된다는 듯이 굴었다.

단원들이 늘, 필리네의 지나친 행운을 부당한 것이라 부러워했기에 백작부인은 때때로 아침에 단원 몇 명을 부르곤 했다. 백작은 훈장이 꽤나 마음에 들어 몸단장을 하는 동안 몇 시간이고 옆에 두곤 했는데, 그러는 새 훈장은 갈수록 말쑥해지더니 결국에는 시계나 담뱃갑까지 갖고 다니게 됐다.

때로는 아침식사 뒤, 이름 있는 사람들이 극단 모두를 부르는 일도 있었다. 단원들은 그것을 대단한 영광이라 생각했기에, 그때 궁의 중앙정원에 사냥꾼과 하인이 수많은 말과 개를 끌고 와 있다고는 짐작도 못했다.

빌헬름은, 가끔 후작이 좋아하는 라신*2을 칭찬하거나 해서 후작에게 좋은 인상을 남기는 것이 좋지 않겠느냐는 말을 들었는데, 어느 날 오후 다른 단원들과 함께 불려갔을 때 그 기회가 왔다. 후작은 자네도 위대한 프랑스 극작가들의 작품을 읽고 있는가 물었고, 빌헬름은 기세 좋게 읽고 있다고 대답

---

*2 17세기 (루이 14세 시대) 프랑스 소설가이자 희곡 작가. 1639년 프랑스 상파뉴 지방의 라 페르테밀롱에서 태어났다. 코르네이유·몰리에르와 함께 프랑스 3대 고전작가로 불린다. 〈베레니스〉, 〈이피제니〉, 〈페드르〉 등 수많은 작품을 남겼다.

했다. 마치 길을 막고 후작을 붙잡기라도 할 태세라, 그는 대답도 듣지 않은 채, 다른 사람 쪽으로 가고 있다는 것조차 몰랐다. 자신은 프랑스 연극을 높게 평가하고, 위대한 작가들의 작품을 읽고 깊은 감명을 받았다고, 특히 후작이 라신의 위대한 재능을 아끼고 있다는 말을 듣고 진심으로 기뻤다며 말을 이었다. "고귀하고 높으신 분들께서 그토록 훌륭하게 상류사회를 그려내는 시인을 높이 평가하신다는 것은 마땅하다 생각합니다. 감히 한 말씀 올리자면, 코르네유는 위대한 인물을, 라신은 고귀한 분들을 그리고 있습니다. 그들의 작품을 읽고 있노라면, 빛나는 왕궁에서 위대한 국왕을 눈앞에 뵈오며, 이름 높은 분들 속에서 비싼 자수 벽걸이 뒤에 감춰진 인간의 비밀을 헤치고 들어가는 시인이 떠오릅니다. 그의 〈브리타니퀴스〉나 〈베레니스〉를 정독할 때면, 흡사 제가 궁정에 있어, 이 땅의 수많은 신들, 그들 삶의 크고 작은 비밀에 관여하는 듯한 기분이죠. 섬세한 감수성을 지닌 프랑스인의 눈을 통해 저는, 전국민이 존경하고 숭배하는 국왕이나 만인의 부러워 마지않는 궁정귀족을, 결점도 있고 고통을 아는 있는 그대로의 모습으로 볼 수 있게 되었습니다. 라신이 루이 14세의 총애를 잃고 그의 분노를 사, 고민 끝에 죽어버렸다는 일화는, 그의 전작품을 해석할 열쇠라는 생각이 듭니다. 국왕의 눈빛 하나에 생사가 달려 있는데, 위대한 재능을 지닌 시인이 국왕이나 궁정귀족이 갈채를 보낼 만한 작품을 쓰는 건 당연하지 않겠습니까."

야르노가 다가와 기가 막힌다는 얼굴로 빌헬름의 이야기를 듣고 있었다. 후작은 아무 대답 없이 호의적인 눈빛으로 찬성의 뜻을 나타냈을 뿐, 결국 고개를 돌려버렸다. 이런 경우, 토의를 계속하거나 논의의 끝을 보려 하는 것이 실례임을 몰랐던 빌헬름은, 후작이 좋아하는 시인의 작품에서 많은 것을 느끼고 얻을 수 있었다며 후작에게 이야기하고 싶어했다.

야르노는 빌헬름을 옆으로 데리고 가며 물었다. "그럼 당신은 아직 셰익스피어의 작품을 읽은 적이 없는 겁니까?"

"네, 없습니다." 빌헬름이 대답했다. "셰익스피어의 작품이 독일에 알려졌을 무렵, 나는 연기와 멀어졌거든요. 어렸을 때 일이자 취미로 겸사겸사 하던 일을 우연히 다시 하게 됐지만, 기뻐할 일인지 아닌지 모르겠네요. 그의 작품에 대해서는 많은 말을 들어봤지만, 진실도 예의도, 우리 사는 세상의 모든 걸 뛰어넘은 것 같은, 마치 기묘한 괴물 같다는 생각이 들어서 자세히 알아보고 싶진 않네요."

"그래도 한 번 읽어보는 걸 추천하죠." 야르노가 말했다. "그 기묘한 것을 자신의 눈으로 확인해 본다고 손해날 건 없을 겁니다. 두세 권 빌려드리지요. 지금 당장 이것저것 다 집어치우고 구관에 틀어박혀, 이 미지의 세계의 환등을 엿보는 것. 이보다 더 훌륭하게 시간을 쓰는 법 따위 없을 거라 장담하죠. 당신이 저 원숭이나 개들을 인간답게 꾸며주고 춤이나 가르치는 건 죄악입니다. 한 가지 조건을 붙이자면, 형식에 구애받지 말 것입니다. 그 다음은 당신의 올바른 감정에 맡기겠소."

현관 앞에는 이미 말들이 대령해 있었고, 야르노는 몇 명의 귀족들과 사냥을 즐기러 나갔다. 빌헬름은 아쉬운 마음으로 그를 배웅했다. 야르노는 무뚝뚝하지만 새로운 생각을, 그가 필요로 하는 상상을 일깨워주는 사람이었고 그는 야르노와 더 많은 것을 이야기하고 싶었다.

인간은 어느 순간 자신의 힘, 능력, 생각이 피어나는 때가 오고, 갑자기 궁지에 몰리는 경우가 있지만, 이때 뛰어난 친구가 있으면 도움을 받아 쉽게 빠져나가곤 한다. 이는 숙소를 앞에 두고 강에 빠진 나그네와 비슷하다. 누군가 손을 내밀어 끌어올려주면 조금 젖은 정도로 끝난다. 하지만 어떻게든 자신의 힘으로 기어 올라간다 해도, 건너편 기슭에 다다른다면 본디 가고자 했던 곳까지 엄청나게 돌아가게 되는 것이다.

빌헬름은 세상이란 자신이 생각하던 것과는 다르다는 것을 어렴풋이 깨닫기 시작했다. 귀족이나 신분이 높은 사람들이 중요하고 의미 있다 생각하는 생활을 가까이서 바라보며, 그들이 그 생활을 어렵지 않게 품위 있는 것으로 바꿔나가는 방법을 터득하고 있는 것에 놀랐다. 진군 중인 군대, 선두의 당당한 지휘관, 함께 싸우는 많은 병사들, 밀려드는 숭배자, 이 모든 것이 그의 상상력에 불을 붙였다. 그가 약속했던 작품을 받아들인 것은 바로 이때였다. 생각대로 격렬한 물살이 바로 그를 휩쓸었고, 이 위대한 천재는 넓은 바다로 떠내려갔다. 그는 곧 자신을 잊고 빠져들었다.

제9장

　그들이 성에 머물고부터 남작과 배우들의 관계는 많은 변화가 있었다. 처음에는 모두 만족스러워했는데, 이는 지금까지 동료들 사이에서만 활발히 상연해온 그의 작품을, 난생처음 배우들이 공연하는 모습에 더없이 기분 좋았기 때문이다. 그래서 그는 궁을 드나드는 방물장수가 올 때마다, 여배우들에게는 소소한 선물을, 남자 배우들에게는 샴페인 몇 병을 보내주며 통 큰 모습을 보여주었다. 그러자 배우들도 그의 작품에 갖은 수고를 아끼지 않았고, 빌헬름 또한 멋진 영웅의 역할을 맡아, 그 당당한 대사를 외우기 위한 노력을 마다하지 않았다.

　그러나 어느 새 그들 사이에도 불화의 씨앗이 싹을 틔우고 있었다. 몇몇 배우들에 대한 남작의 편애가 날이 갈수록 눈에 띄자 다른 배우들은 당연히 기분이 좋지 않았다. 남작은 자기 마음에 드는 배우들만을 치켜세워주었으며, 이는 단원들 사이에 시기와 분쟁을 낳아, 그렇지 않아도 잦은 다툼으로 골머리를 앓고 있던 멜리나는 더욱 처지가 곤란해졌다. 칭찬받는 이들은 특별히 감사한 마음 없이 그것을 받아들였지만, 다른 이들은 갖은 수를 써서 그 불만을 나타내려 했다. 상황은 날로 악화되어 존경했던 은인이 와도 그 자리에 있기 힘들 지경에 이르렀고, 지은이도 알 수 없는 시가 성내 소문거리가 됐을 때에도 고소하다며 기뻐할 뿐이었다. 전부터 남작은 배우들과 사귀는 것 때문에 비난이 많았다. 온갖 소문이 난무했고 무슨 일이 있을 때마다 살을 붙이고 우스꽝스럽게 꾸며대는 것뿐만 아니라, 끝내는 자신도 작가라며 뻐겨대는 몇몇 연기자들과 남작이 서로 질투하는 경쟁자가 된 것이 아니냐는 소문까지 떠돌았다.

　이 소문을 낳은, 문제의 시는 다음과 같다.

빈털터리 소인은, 남작님,
당신의 신분이 부럽구려
옥좌에 가까운 당신의 자리,
더없이 수많은 옥답,
아버지의 견고한 성벽

사냥터 있으니, 화살도 있습지요.

빈털터리 소인을, 남작님,
당신은 어쩐지 시샘하고 계시는구려
여하간 자연은 어린 시절부터
어머니처럼 소인을 귀애해주셨습지요.
마음도 낙낙, 머리도 낙낙,
빈털터리지만 아둔하진 않사오니.

한데, 생각해보건데 남작님,
피장파장 있는마냥 어떠하시온지
당신은 아바마마의 아드님
저는 어미의 아들놈
그리하야 투기도 원망도 없습지요
이 한평생 갑남을녀로 무에 부족하리

당신은 파르나소스에 드시오소서
소인 감히 나리는 바라지도 않사오니.

이 시는 대부분 읽지도 못할 만큼 갈겨쓴 사본으로 여러 사람의 손을 거
쳐, 이에 대한 의견은 실로 다양했지만, 결국 지은이가 누구인지는 아무도
맞추지 못했다. 그리고 사람들이 고약한 심보로 기뻐하며 이 시를 재미있어
하자, 빌헬름은 화를 내며 말했다.

"뮤즈가 오래도록 우리 독일인을 경멸하고 슬퍼하는 것도 당연합니다. 그
들은 우리나라의 문학과 어떤 형태로든 관계를 가져보고자 하는데, 우리는
신분 있는 사람들이라는 이유 하나로 그들을 전혀 존중하지 않잖습니까. 출
생이나 신분, 재산 같은 건 천부적인 재능과 취미에 결코 모순되는 것이 아
닙니다. 당장 외국만 봐도 귀족 가운데 훌륭한 지성을 가진 이들이 얼마나
많은지 압니까? 지금까지야 태생이 고귀한 사람이 학문에 몸 바친다는 게
기적 같은 일이고, 이름난 사람이 학문이나 예술을 아꼈다는 예도 극히 적었

죠. 많은 사람들이 어둠에서 일어나 이름 없는 별처럼 하늘로 날아올랐단 말입니다. 하지만 그게 언제까지 이어지지는 않을 겁니다. 내 착각이 아니라면 상류층 사람들은 그 이점을 살려, 그들 역시 뮤즈의 아름다운 화관을 얻으려 하고 있어요. 귀족이지만 뮤즈를 존중할 줄 알고 있단 말입니다. 한데 시민들은 그들을 비웃을 뿐 아니라, 분별없는 변덕과 결코 용서할 수 없는 고약한 마음으로 우리 동료가 나아가는 길을 가로막으려 하고 있는 겁니다. 이보다 더 불쾌한 일이 도대체 어디 있단 말입니까."

마지막 말은 마치 백작에게 들으라는 말 같았다. 그도 그럴 게 빌헬름은 백작이 그 시를 정말 좋은 작품이라 생각하고 있다는 말을 들었다. 자기 친척이기도 한 남작을 갖은 수를 써서 놀려주던 백작에게, 그 시는 남작을 놀려줄 적당한 재료나 다름없었던 것이다. 이 시의 작자가 누구인지 모두가 온갖 추측을 내세우고 있었고, 아무한테도 지고 싶지 않던 백작은 문득 뭔가를 떠올리고는, 눈을 빛내며 자신의 생각에 확신했다. 시를 쓴 것은 훈장이 틀림없다. 어느 날 아침 백작부인과 남작부인, 야르노는 막간의 유흥으로 훈장을 불러, 그가 하고 싶은 대로 시를 낭독하게 했다. 그들은 훈장을 크게 칭찬했고, 훈장은 갈채 속에서 선물까지 받았는데, 현명하게도 이것 말고 전에 쓴 시는 없냐는 백작의 질문에 아무것도 없다고 대답했다. 이렇게 훈장은 익살꾼이라는 평판을 받았지만, 남작을 지지하는 사람의 눈에는 험담꾼이나 비열한으로밖에 보이지 않았다. 이후 백작은 그가 어떤 역을 연기하든 점점 더 성대한 박수를 보내고, 마침내 완전히 우쭐해진 이 가련한 남자는 정신이 이상해지고 말았다. 그리고 필리네처럼 방을 신관으로 옮기고 싶어했다.

그의 의도대로였다면, 그는 이런 엄청난 재난을 맞지 않았을지도 모른다. 어느 날 밤늦게 구관으로 돌아가려던 훈장은, 좁고 어두운 길에서 예기치 못한 공격을 받았다. 두세 명에게 억눌리고, 남은 이에게 무지막지하게 두들겨 맞은 그는 완전히 넝마가 돼서 손 하나 까딱할 힘도 없었지만, 동료가 있는 곳까지 겨우 기어 돌아올 수 있었다. 동료들은 분개하는 척은 했지만, 이 재난을 은근히 기뻐하는 눈치였고, 그가 호되게 맞아 새로 맞춘 갈색 옷이 방앗간에서 뒹군 듯 가루투성이가 된 것을 보고 웃음을 참지 못했다.

이 소식을 들은 백작은 길길이 뛰며 불같이 화를 냈다. 이 행위를 성내 평화를 위협하는 극악한 범죄라 간주했고, 영주재판장에게 엄중한 심리를 할 것을 명했다. 하얀 가루투성이의 윗옷을 중요증거물로, 분가루나 밀가루에 조금이라도 관계된 자는 남김없이 조사했지만 결국 아무 단서도 얻지 못했다.

남작은 이런 못된 장난은 자신에게도 심히 불쾌하다고 엄숙하게 말했다. 백작의 태도가 온당했다고는 할 수 없지만 그런 것은 개의치 않을 것이며, 시인이든 험담꾼이든 마음대로 불러도 좋지만 자신의 명예를 걸고 그 남자가 당한 일과는 전혀 관계가 없다고 했다.

하지만 손님의 출입이다 뭐다, 성안은 끊임없이 북적거리고 있었기에 그 사건은 금세 잊혔고, 백작의 후광으로 잠시 총애 받는 기쁨을 맛보았던 가련한 남자는 아주 비싼 대가를 치른 셈이 되었다.

매일 밤 연기를 계속하고 있던 극단은 전반적으로 꽤 좋은 대접을 받고 있었다. 하지만 대우가 좋아지면 요구도 커지는 법. 그들은 이내 남작에게 식사나 음료, 접대나 숙소 등이 너무 나쁘다는 말을 꺼냈고, 좀 더 좋은 대접을 받고 싶다, 쾌적한 생활을 즐기게 해준다는 약속을 지켜달라고 졸랐다. 불만은 날로 커졌고 남작은 그들을 만족시키기 위해 애썼지만, 그의 노력은 늘 허무하게 끝났다.

그러는 새, 빌헬름은 연습이나 상연할 때 말고는 나타나지 않게 되었다. 미뇽과 노인만이 들어올 수 있는, 맨 안쪽 방에 틀어박혀 셰익스피어의 세계에 몰두했기에 밖에서 무슨 일이 일어나고 있는지 아무것도 깨닫지 못했다.

주문으로 터무니없이 많은 망령을 방에 불러들인 마법사 이야기를 예로 들어보자. 강력한 주문은 금세 망령으로 방을 가득 채워, 방 주위에 그려둔 원까지 망령들이 들이닥쳤다. 망령은 원 주위에서 마법사의 머리 위까지 빙글빙글 돌며, 점차 모습을 바꾸며 늘어난다. 구석마다 놓아둔 접이식 등불까지 점령하고, 달걀만 한 망령이 커다랗게 부풀었다 싶으면, 거대한 망령이 버섯만 하게 쪼그라든다. 가엾게도 마법사는 이 밀물 같은 망령 떼를 물러가게 하는 주문을 잊어버린 것이다. 지금 방에 주저앉아 있는 빌헬름이 딱 이 꼴이었다. 아무런 예고도 없이 수없이 많은 감정이나 능력이 생각지도 않게 꿈틀거리려 했다. 어떤 것도 그를 움직이게 할 수는 없었고, 때문에 누군가가 바깥일을 알려주러 와도, 무척 화를 냈다.

그래서 중앙정원에서 공개처벌로 한 소년이 태형을 받을 거란 얘기를 들

없을 때도, 그는 개의치 않았다. 밤도둑으로 의심을 받던 소년은, 가발사의 윗옷을 입고 있었기에 예의 그 야습 패거리로 보인 것이었다. 하지만 소년이 완강하게 부인하고 있기 때문에 정식으로 처벌할 수는 없었다. 다만 소년이, 요 며칠 주변을 서성였고, 그날 밤 물방앗간에서 잠을 자고는, 정원 담벼락에 사다리를 걸쳐 숨어들었던 점으로 보아, 부랑자로 죄를 물어 엄하게 꾸짖고 추방한다는 것이었다.

빌헬름은 이런 건 그다지 드문 일도 아니라고 생각하고 있었지만, 당황한 미뇽이 뛰어들어와, 잡혀 있는 건 프리드리히라고 했다. 프리드리히는 마방감독과의 말썽을 일으키고는 극단에서도 그들 앞에서도 모습을 감추고 있었다.

프리드리히라면 그냥 내버려둘 수도 없어 서둘러 나가려다 보니, 이런 일에까지 형식을 따지는 백작 때문에 중앙정원에서는 이미 준비가 이루어지고 있었다. 소년이 끌려나왔다. 사람들 틈을 비집고 들어간 빌헬름이, 이 소년은 자신이 아는 사람이며, 처벌 전에 소년을 변호해주고 싶으니 잠시 기다려주었으면 좋겠다고 부탁했다. 이 요청이 어렵게 받아들여지고, 소년과 이야기할 수 있는 허가를 겨우 받았다. 소년은 배우가 험한 꼴을 당했다는 야습 사건과 아무 관계도 없으며, 그저 성 주위를 서성이다 밤에 숨어들어 필리네를 만나려고 했을 뿐으로, 필리네의 방은 알아두었으니 도중에 붙잡히지만 않았다면 분명 방에 갈 수 있었을 거라 단언했다.

빌헬름은 극단의 명예를 위해서라도 자세한 사정은 밝히고 싶지 않았다. 때문에 서둘러 마방감독에게 가, 극단의 사정도 궁에 대해서도 잘 알고 있는 그가 이 사건을 중재해 소년을 풀어 주었으면 한다고 부탁했다.

태평한 이 사람은 빌헬름의 도움을 받아 간단한 이야기를 지어냈는데 내용인즉, 본디 극단에 소속되어 있던 소년이 어느 날 달아났다. 하지만 다시 돌아오고 싶어 그들이 있는 곳에 얼굴을 내밀었고, 그날 밤 친절했던 몇 사람을 찾아가 도움을 청했다는 이야기였다. 그 밖에도 소년은 평소 행실이 좋은 아이였다고 증언해주는 사람도 있었고, 말을 거들어주는 여성들도 있었던 덕분에 소년은 풀려났다.

빌헬름은 소년을 거두기로 했다. 얼마 전부터 빌헬름이 가족이라 생각하고 있던 기묘한 가족에, 이렇게 또 한 사람이 들어오게 된 것이다. 노인과 미뇽도 돌아온 소년을 기분 좋게 맞아주었고, 소년은 기묘한 가족의 세 번째 구성원이 되었다. 곧 세 사람은 하나 된 마음으로 친구이자 보호자인 빌헬름을 정성껏 돕고, 그를 기쁘게 하고자 애썼다.

제10장

그런가 하면 필리네는 날이 갈수록 의도적으로 부인들에게 알랑거리고 있었다. 부인들만 있는 곳에 가면 주로 드나드는 남자들, 특히 빌헬름을 자주 화제로 삼았다. 영악한 필리네는 빌헬름이 백작부인에게 깊은 인상을 주고 있다는 것을 꿰뚫어보고 있었기에, 자신이 아는 것 모르는 것 가리지 않고 그에 대해 모두 이야기했다. 하지만 그가 불리해질 만한 이야기는 꺼내지 않도록 주의했고, 오히려 여성을 조심스레 대하는 그의 태도를 칭찬했다. 부인들은 그 밖에도 많은 질문을 했는데, 그녀는 어떤 질문에도 실수 없이 대답할 수 있었다. 남작부인은 아름다운 친구, 백작부인의 빌헬름에 대한 애착이 깊어진 것을 알아챘지만 이것은 그녀에게는 매우 고마운 일이었다. 여러 남자, 특히 최근 야르노와의 관계가 백작부인의 눈에 띄지 않았을 리도 없고, 백작부인의 정순한 마음은 그런 경박함을 죄라며 부드럽게 질책하고 있었기 때문이다.

그래서 남작부인과 필리네는 모두, 빌헬름을 백작부인에게 다가가게 하는 것에 특별히 관심을 가지고 있었고, 필리네는 일만 잘 풀리면 기회를 봐서 빌헬름의 호의를 되찾고 싶다는 생각도 하고 있었다.

백작이 동료들과 사냥을 나간 어느 날, 백작 일행이 다음 날 아침에 돌아올 것이란 말에, 남작부인은 정말 그녀다운 장난을 생각해냈다. 변장을 좋아하는 그녀는 가끔 시골처녀나 소녀, 사냥꾼 청년으로 분장해 모두를 놀라게 하며, 마치 요정처럼 아무도 예상하지 못하는 곳에서 나타나곤 했었다. 아무한테도 들키지 않은 채, 잠시 모두의 시중을 들거나 함께 산책을 하거나 하다가, 마지막에 재미있고 독특하게 정체를 밝히는 순간 그녀의 기쁨이란 무엇에도 비할 수 없는 것이었다.

저녁 무렵 남작부인은 빌헬름을 자신의 방으로 불렀는데 공교롭게도 그녀는 할 일이 남아 있었기에, 필리네에게 부탁해 변장 계획에 대해 말을 전해 두라고 했다.

빌헬름은 방에 남작부인도 백작부인도 아닌, 말괄량이 필리네가 있는 것을 보고 깜짝 놀랐다. 하지만 그녀는 지금까지 연습해온 기품 있고 솔직한 모습으로 그를 맞이했고, 그 또한 정중한 태도를 취하지 않을 수 없었다.

그녀는 먼저 평범한 대화로 그를 따라다니는 행운에 대해 이야기하고, 지금까지 자신에게 취했던 태도 또한 자신의 탓이니 마땅한 것이라며 과거(과거라고 그녀는 말했다)의 잘못을 솔직하게 인정했다. 그리고 이제부터라도 스스로를 변화시켜, 그의 우정에 어울리는 사람이 되고 싶고, 만약 그것이 불가능하다면 스스로를 경멸하게 될 거라 덧붙였다.

이 말을 들은 빌헬름은 깜짝 놀랐다. 경박하고 반성을 모르는 인간일수록 때때로 기를 쓰고 자신을 탓하거나, 결점을 요란하게 털어놓고 뉘우치기 마련이다. 그러면서도 강한 본성에 이끌려 벗어난 길을 되돌릴 힘 같은 건, 전혀 갖고 있지 않다. 세상물정을 모르는 그는 이런 사실을 전혀 몰랐다. 때문에 그는 이 귀여운 죄인을 계속 무뚝뚝하게 대하는 것이 불가능해졌다. 그는 그녀의 이야기에 빨려들었고, 그런 상태에서 변장으로 아름다운 백작부인을 놀라게 하려 한다는 기묘한 제안을 들었다.

그는 필리네에게 이 제안이 불안하게 느껴진다고 말하려 했다. 하지만 그 순간 남작부인이 들어와 그럴 틈을 주지 않았을 뿐만 아니라, 남작부인은 지금이 절호의 기회라며 그를 끌어냈다.

날은 이미 어두웠다. 남작부인은 빌헬름을 끌고 가다시피 하여 백작의 개인 의상실로 데려가 그의 웃옷을 벗기고 백작의 비단가운을 걸쳐주었다. 그리고 빨간 리본이 달린 나이트캡을 씌워 작은 방에 데리고 가, 커다란 의자에 앉히고는 손에 책을 들게 했다. 그녀는 앞에 있는 아르강램프*³에 불을 붙이며 그가 할 일, 그가 연기할 역할을 알려주었다.

남작부인은 백작이 갑자기 돌아오셨는데 기분이 좋지 않다고, 백작부인에게 전할 거라 했다. 그러면 소식을 들은 백작부인이 방에 들어와, 몇 번인가

---

*3 1780년에 스위스의 과학자 에메 아르강(1750~1803)이 1783년 그 무렵의 램프를 개량하여 만든 등(燈). 속이 빈 원통 모양의 심지를 써서 기름을 완전연소시키는 것으로, 석탄가스용의 아르강등은 특허출원을 받은 획기적인 발명품이었으며 특히 영국에서 널리 쓰였다.

왔다 갔다 하고, 의자에 앉아 팔을 어깨에 두르며 무언가 말할 거라는 것이
다. 그는 가능한 오랫동안, 그럴듯하게 백작 역할을 해야 하며, 마지막 정체
를 밝힐 때에는 멋지게, 기품 있고 우아하게 해야 한다고 했다.

엉겁결에 기묘한 변장을 하고 앉아 있기는 했지만, 빌헬름은 전혀 진정할
수가 없었다. 이 제안이 놀랍기도 했으나 워낙에 갑작스러웠기에 잘 생각해
볼 틈이 없었던 것이다. 그가 하기로 한 역할이 얼마나 위험한 것인지 겨우
깨달았을 때에는, 남작부인은 이미 방을 나가고 있었다. 백작부인의 젊음과
아름다움, 우아함이 그에게 어느 정도 인상을 남기고 있음은 부정할 수 없
다. 하지만 본디 여성에게 친절하지도 않고, 비위를 맞추는 성격도 아닌 그
는 스쳐지나가는 듯한 하룻밤의 관계는 물론, 계획적으로 접근을 꾀하는 것
또한 스스로 받아들일 수 없었다. 때문에 그는 이 순간 적잖게 당황하고 있
었다. 백작부인에게 밉보이는 것도, 지금 이상 마음에 드는 것도, 어느 쪽도
마찬가지로 그는 두려웠다.

지금까지 그가 끌렸던 여성들이 모두 눈앞에 떠올랐다. 목욕 가운을 걸친
마리아네가 나타나 자신을 잊지 말아달라고 애원했다. 조금 전 필리네의 모
습은 그녀의 사랑스러움, 아름다운 머리, 애교스런 몸짓을 새삼 매력적으로
보이게 했다. 하지만 모든 게 고귀하고 향기로운 백작부인을 떠올리면 베일
에 싸인 듯 멀어졌다. 이제 몇 분 뒤 그녀의 팔이 그의 목을 감싸며 순진한
애무를 해올 것이고, 그는 그것을 견뎌내야 한다.

이 당혹스런 상황을 설마 이런 방법으로 벗어나게 되리라고는 그는 상상
도 못했다. 뒷문이 열리고 살짝 눈을 들어 거울 속, 촛불을 손에 든 백작의
모습을 봤을 때 그가 얼마나 놀라고 공포에 떨었던가! 짧은 시간 빌헬름은
엄청난 고민에 빠졌다. 앉아 있을 것인지 일어날 것인지, 혹은 달아날 것인
지 사정을 설명할 것인지. 하지만 그런 찰나의 고민은 금세 사라졌다. 가만
히 문간에 서 있던 백작은 발길을 돌리고 조용히 문을 닫았다. 바로 그때 옆
문으로 뛰어들어온 남작부인이, 불을 끄고 빌헬름을 일으켜 의상실로 끌고
들어갔다. 빌헬름이 재빨리 가운을 벗자, 그의 옷을 팔에 걸친 남작부인은
몇 개의 작은 방과 복도, 칸막이를 지나 그녀의 방에 도착하고 나서야 한숨
을 돌리고 빌헬름에게 말했다. 백작부인에게 백작이 이미 돌아왔다는 거짓
소식을 알렸는데, 정말로 백작이 돌아와 있다는 것이었다. "알고 있어요. 무

슨 일이 있었던 걸까…… 조금 전 옆문으로 들어오는 것을 봤답니다." 백작 부인의 말을 듣고 기겁한 남작부인은 빌헬름을 데려오기 위해 바로 백작의 방으로 뛰어왔던 것이다.

"안됐지만 이미 늦었습니다!" 빌헬름은 외쳤다. "백작님께선 방에 오셨고, 제가 앉아 있는 걸 보셨어요."

"당신이라는 걸 아셨으려나."

"그건 모르겠어요. 제가 거울 속에서 백작님을 봤으니, 백작님도 저를 보셨겠지요. 그게 유령인지 진짜 백작님이신 건지 알기도 전에 백작님께서 뒤돌아 나가시더니, 문을 닫으셨단 말입니다."

그때 남작부인을 부르러 온 시종이, 백작님은 부인과 계시다고 말하자 남작부인은 더욱 당황스러워했다. 무거운 기분으로 가서 보니 백작은 말없이 생각에 잠겨 있었지만 대화는 평소보다 온화하고 상냥했기에, 그녀는 이것을 어떻게 받아들이면 좋을지 알 수 없었다. 사냥에서 있었던 일이나, 예정보다 빨리 돌아온 이유에 대해 물어보았지만 대화는 곧 끝이 났고, 백작은 입을 다물었다. 이윽고 그가 빌헬름을 찾아 낭독을 청하자, 남작부인은 이상하게 여기지 않을 수 없었다.

남작부인의 방에서 옷을 갈아입고 잠시 안정을 찾고 있던 빌헬름이 불안해하며 백작 앞에 오자, 그는 한 권의 책을 건넸다. 쭈뼛거리며 모험이야기를 낭독하는 그의 발음은 불명확하고 목소리는 떨리기까지 했지만, 다행히도 그것이 이야기의 내용과 어울렸다. 백작은 몇 번이고 호의적인 몸짓을 표했고, 그의 낭독에는 각별한 맛이 있다며 칭찬하더니, 드디어 그에게 물러가도 좋다는 뜻을 비쳤다.

제11장

빌헬름은 셰익스피어의 작품을 몇 개도 채 읽지 못했다. 너무나 깊은 감동에 더는 읽고 있을 수 없었기 때문이다. 그는 온 영혼이 감동에 휩싸여 야르노와 이야기하기를 바랐고, 지금 느끼고 있는 기쁨에 끊임없이 감사했다.

"그럴 줄 알았어요." 야르노가 말했다. "모든 작가 중에서 가장 비범하고 경이로운 작가니까요. 그 위대한 정신세계를 당신이 못 느낄 리가 없다고 생각했어요."

"맞아요!" 빌헬름은 외쳤다. "글이든 사람이든, 아니 인생의 그 어떤 일도 당신이 친절하게 알려준 이 귀중한 작품들만큼 커다란 감명을 준 것은 없었습니다. 마치 천상의 신이 다가와, 더없이 온화하게 인간을 가르쳐주는 것 같아요. 이건 이미 단순한 글이 아니에요. 거대한 운명이 입을 벌리고 글 앞에 서 있는 듯한 느낌이에요. 격동하는 인생에 태풍이 불어와 정신없이 책장을 넘기는 거죠. 나는 그 강한 힘과 섬세함에, 그 격함과 고요함에 완전히 압도되어버렸어요! 지금은 빨리 이 흥분이 가라앉아서 다시 책을 읽을 수 있게 되기를 기다릴 뿐이에요."

"이거 굉장하군요." 야르노는 빌헬름에게 손을 내밀어, 꽉 쥐면서 말했다. "이렇게 되기를 바랐답니다. 앞으로도 내 생각대로 되면 좋겠군요."

"지금 내 안에서 일어나고 있는 것을 모두 당신에게 말할 수 있다면 얼마나 좋을까요?" 빌헬름은 말했다. "늘 나를 따라다니던 예감이 있었어요. 그게 어떤 것인지 확실히는 알 수 없었죠. 하지만 지금껏 인간의 운명에 대해 느끼고 있던 그 무언가가 셰익스피어의 작품 속에 그대로 그려져 있는 거예요! 그는 인간의 모든 수수께끼를 풀어줄 수 있을 것 같아요. 하지만 우리가 '여기 또는 저기에 답이 있다'고는 말할 수 없을 겁니다. 그가 그린 인물은 자연스러운 인간인 것 같지만 사실은 그렇지 않아요. 이 가장 신비롭고 또 복잡한 자연의 피조물은 하나하나가, 문자판과 테두리가 모두 수정으로 만들어진 시계와 같다고나 할까요? 그들은 그들의 사명대로 움직여 시간의 흐름을 나타내고 있을 뿐이지만, 우리가 수정에 비친 톱니바퀴와 태엽을 알 수 있는 것처럼 말이죠. 나는 셰익스피어의 세계를 조금 엿본 것뿐인데도 전에 없는 자극을 받아 다시금 생각했습니다. 이 현실을 더 빠르게 나아가고 싶다고, 현실을 뒤덮고 있는 범람 속으로 뛰어들고 싶다고! 그리고 가능하다면 언젠가 무대에서, 자연의 드넓은 바다로부터 퍼온 진리의 잔을 이 나라의 목마른 관객들에게 나누어주고 싶다는 생각을 했습니다."

"그것 참 기쁜 일이군요." 야르노는 감동하고 있는 빌헬름의 어깨에 손을 올려놓으며 말했다. "활동적인 생활을 시작하려는 기분을 잊지 마십시오. 당신의 이 귀한 시간을, 하루라도 빨리 유효하게 써야 하지 않겠습니까. 내가 할 수 있는 일이 있다면 기쁘게 도와드리지요. 출신으로 보나 학식으로 보나 당신에게 그런 극단은 어울리지 않아요. 어쩌다 당신이 가담하게 된 건지 아직 듣진 못했습니다만, 당신은 거기서 벗어나고 싶은 거죠? 나는 그렇게 생각하고, 그게 당신에게 더 좋은 일이라 믿고 있어요. 당신의 출생도 가정환경도 모르는 내게, 당신이 무엇을 털어놓든 그것은 당신 마음입니다. 다만 우리가 살고 있는 이 전란의 시대는 눈앞이 핑핑 돌 만큼 행복과 불행이 번갈아드는 기회의 시간이라는 것만은 말할 수 있겠네요. 당신에겐 힘과 재능이 있어요. 당신이 우리에게 도움을 주는 것뿐 아니라, 위험을 무릅쓰는 것도 마다하지 않는다면, 나는 바로 지금 당신을 어떤 자리에 앉혀 당신에게 기회를 줄 것입니다. 한동안 그 자리에 앉는다면 결코 앞으로 후회할 일은 없을 거라 장담하죠." 아무리 감사해도 부족하다 생각한 빌헬름은, 친구이자 보호자인 이 사람에게 그의 삶을 남김없이 이야기하고 싶은 기분이 들었다.

이야기를 나누던 중 두 사람은 공원 깊이 흘러들어가, 공원을 가로지르는 간선도로로 나오게 되었고, 야르노는 잠시 멈춰 서서 말했다. "잘 생각해서 결심하고 이삼일 안에 답변해주시오. 모든 건 나에게 맡기시면 됩니다. 솔직히 말하면 어떻게 당신이 그런 무리와 함께 있을 수 있는 건지, 지금도 영문을 모르겠습니다. 당신이, 떠돌아다니며 살아가는 그런 음유시인이나, 남잔지 여잔지도 모를 맹랑한 꼬마한테 집착하는 것을 볼 때마다 구역질이 날만큼 짜증이 났단 말입니다."

그가 말을 채 끝내기도 전에, 말을 탄 사관이 마부를 따라 말을 끌고 뛰어왔다. 야르노가 큰 소리로 인사하자 사관이 말에서 뛰어내렸고, 두 사람은 끌어안고 무언가 이야기했다. 빌헬름은 그의 마지막 말에 놀라 생각에 잠겨서 있었고, 야르노는 사관이 가지고 온 서류를 훑어보았다. 사관은 빌헬름 쪽으로 오더니 힘주어 말했다. "멋진 친구를 얻었군요. 친구의 충고대로 해요. 오늘 비록 당신을 처음 만났지만, 그게 그동안 당신에게 깊은 관심을 갖고 있었던 나의 소원이기도 하니까요." 그는 빌헬름을 세게 끌어안았고, 그때 야르노가 다가와 사관에게 말했다. "당신도 같이 돌아가는 게 어때. 당신도 명령을 받아야, 밤이 되기 전에 또 떠날 수 있을 테니." 두 사람은 바로 말에 뛰어올라, 망연히 생각에 잠겨 있는 빌헬름을 내버려두고 떠났다.

야르노의 마지막 말이 아직 귀에 울리고 있었다. 그가 순수하게 아끼고 좋아하는 두 사람을, 그가 깊이 존경하고 있는 사람이 그토록 심하게 폄하한 것을 참을 수 없었다. 알지도 못하는 사관의 그 이상한 포옹은 그다지 마음에 남지도 않았고, 그저 잠시 그의 호기심과 공상을 불러일으켰을 뿐이었다. 하지만 야르노의 말은 그의 마음을 도려냈고, 그는 깊이 상처받았다. 빌헬름은 돌아가는 길에, 그의 눈만 봐도 알 수 있고 모든 몸짓이 말하고 있는 차가운 마음을 한순간이나마 보지 못하고 잊어버린 자신을 엄하게 탓했다. ─ "그렇지, 이 진부한 속물놈!" 그는 외쳤다. "너 같은 놈이 친구라며 자만하다니! 당신이 말하는 그 어떤 것도, 그 불행한 두 사람과 나를 잇고 있는 마음에는 미칠 수 없을 거다! 당신한테 기대할 것 따위 없다는 걸 빨리 깨달은 게 그나마 다행이지."

그는 마중 나온 미뇽을 끌어안으며 외쳤다. "그렇고말고, 넌 귀여운 우리 아이야. 무슨 일이 있어도 나와 너를 떼어놓게 하지는 않는다. 세상의 어떤 가식이나 처세도, 내가 너를 버리거나 내가 네게서 얻은 것을 잊게 할 수는 없을 거야."

평소 끌어안거나 하는 격렬한 애정 표시를 거부하던 그가 뜻밖에 다정하게 나오자, 미뇽은 뛸 듯이 기뻐하며 꼭 안겨왔고, 때문에 그는 아이를 떼어놓는 데 꽤나 애를 먹어야 했다.

그날 이후 그가 야르노를 유심히 살피며 알게 된 것은, 야르노가 늘 바른 행동만을 하지는 않는다는 것이었다. 개중엔 매우 불쾌한 행동도 많았는데, 가련한 훈장이 비싼 값을 치러야만 했던 자작시 사건이 그 예라 할 수 있겠다. 빌헬름은 그 사건이 사실은 야르노가 꾸민 일이 아닐까 강하게 의심하게 되었기에, 야르노가 그 사건에 대한 농담을 했을 때 빌헬름은 이게 바로 그의 비열한 마음의 증거라 생각했다. 사건의 빌미는 자기가 주었으면서 사과나 보상조차 하지 않은 채 그 사람을 비웃다니, 이보다 더 악랄한 일이 또 어디 있겠는가. 가능하면 자신이라도 나서서 사죄하게 만들어주고 싶은 심정이었다. 꽤나 신기한 우연이지만, 그는 그 범인의 단서를 붙잡고 있었기 때문이다.

구관 아래층의 넓은 방, 젊은 사관 무리가 몇몇 배우들과 밤새 즐거운 시간을 보낸다는 것을 빌헬름은 지금껏 몰랐다. 어느 날 아침, 언제나처럼 일찍 일어난 그는 젊은 사관 무리가 방에서 이상한 일을 하고 있는 것을 우연히 보게 됐다. 그들은 사발의 물에 분필을 갈아 넣고, 입고 있는 조끼와 바지에 솔로 발라 본디의 흰색으로 재빠르게 되돌리고 있었던 것이다. 놀란 빌헬름은 '훈장'의 하얀 가루투성이였던 옷을 떠올렸고, 무리 가운데 남작과 가까운 사람 몇 명을 보고 더욱 의심을 깊이 했다.

그는 자세한 단서를 잡기 위해 젊은 사관 무리를 조촐한 아침식사에 초대했다. 그들은 무척 쾌활했고 재미있는 이야기를 많이 들려주었는데, 특히 신병 모집 업무를 맡고 있는 한 사관은 자신의 상관을 입이 마르도록 칭찬했다. 많은 사람을 끌어모으는 대령은 교묘한 말로 사람들을 유인하는데, 훌륭한 집안에서 자란 청년들도 좋은 자리에 앉혀주겠다는 엉터리 같은 말에 속아 넘어간다며 긴 이야기를 했다. 그리고 청년들 대부분이 용감하고 현명하며 호기롭고 유명한 대령에게 잘 보였다고 으쓱해하므로 쉽게 넘어온다며 크게 비웃었다.

빌헬름은 뜻하지 않게 자신이 다가갈 뻔했던 마음의 실체를 알려준 수호신에게 깊이 감사했다. 생각해 보면 야르노는 병사모집관 외에 그 무엇도 아니었다. 낯선 사관의 포옹도 이제 이해가 갔다. 그때부터 그는 이 무리의 심성에 혐오감을 느껴 제복을 두른 사람은 일단 피하게 되었다. 그래서 군대가 전진한다는 소식은 아름다운 백작부인과 영원히 멀어진다는 두려움만 아니라면 매우 환영할 만한 일이었다.

제12장

그 사이 남작부인은 불안과 채워지지 않는 호기심에 고민하며 며칠을 보냈다. 그 장난 뒤, 백작의 행동이 완전히 수수께끼처럼 보였기 때문이다. 그는 지금까지와는 전혀 딴판으로 변해 평소 잘하던 농담조차 안 하게 되었다. 극단원이나 시종에게 하는 요구도 현저히 줄었으며, 고압적인 태도나 말이 많던 성격도 변해, 오히려 말수도 줄고 깊은 생각에 잠기는 일이 많아졌다. 그런데도 그는 마치 딴사람인 양 쾌활해 보였다. 가끔 여는 낭독회 때에도 진지한, 그것도 종교적인 책을 선택하는 일이 많았고 겉보기에는 온화해 보였기에 남작부인은 오히려 두려워하고 있었다. 백작의 안에, 그가 맞닥뜨렸던 꺼림칙한 행위에 복수하려는 은밀한 계획이나 원한이 감춰져 있는 것이 아닐까 끊임없이 불안에 떨어야 했다. 그래서 그녀는 모든 것을 야르노에게 털어놓고자 결심했다. 야르노와는 평소 숨기는 것 없이 터놓고 지내는 사이였던 만큼 말하기가 쉬웠다. 더군다나 얼마 전부터는 더욱 특별한 관계가 되었지만, 영리하게도 그녀는 말 많은 무리에게 자신의 애정과 기쁨을 감출 줄 알았다. 하지만 이 새로운 로맨스도 백작부인의 눈만큼은 피할 수 없었고, 그녀가 백작부인과 빌헬름을 엮어주려 한 것도 어쩌면 그녀를 향한 백작부인의 은밀한 비난을 피하기 위해서였는지도 모른다.

남작부인이 야르노에게 이 이야기를 하자 그는 웃으며 말했다. "그 노인은 분명 자신을 봤다고 생각하고 있는 겁니다. 그 환영이 불행, 아니 아마 죽음의 전조인 것 같으니까 겁먹고 얌전해진 거라고요. 지금까지도 앞으로도 죽음을 피할 수 있는 이는 없을 테고, 죽음을 생각하면 어떤 야만인이라도 얌전해지니까 말이죠. 하지만 이건 비밀이에요. 그 노인은 아직 더 살아주지 않으면 안 되니깐, 이참에 부인이나 내가 앞으로 고생하지 않을 만큼은 개선시켜줘야 하지 않겠어요?"

그래서 두 사람은 기회만 있으면 백작 앞에서 예감이니 환상이니 하는 이야기를 꺼냈고, 야르노도 남작부인도 그런 건 있을 수 없다며 안 믿는 척을 했다. 두 사람이 자꾸만 그런 이야기를 하자 결국 백작은 야르노를 옆으로 데리고 가, 자신의 예를 들며 그런 것은 실제로 있을 수 있는 일이라고 설득하려 했다. 그러자 야르노도 처음에는 놀라고 의심하다가 나중에야 이해한 척을 했다. 그러다 밤에 둘이 되면 한층 더 신이 나서, 유령한테 겁먹어 순식간에 나쁜 버릇을 고친 나약한 현실주의자를 비웃으며 즐거워하는 것이다. 하지만 백작이 눈앞의 불행, 아니 어쩌면 죽음조차도 받아들여 편안하게 기다리고 있는 것만큼은 훌륭하다고 말했다.

"예상 밖의 일도 있긴 했지만 우리 생각대로 잘 풀린 것 같지 않아요? 백작님도 무척 당황하신 것 같았고 말예요." 불안이 마음에서 없어진 건지 아닌지 평소 모습으로 돌아온 남작부인이 쾌활하게 말했고, 야르노는 이 일로 큰 포상을 받았다. 그리고 두 사람은 백작을 더 길들이고, 백작부인의 빌헬름에 대한 애정을 부추길 새로운 방책을 짰다.

이런 속셈으로 두 사람은 백작부인에게 일의 전말을 모두 말했다. 백작부인은 달갑지 않은 표정이었지만 점차 생각에 잠기는 일이 잦아지더니, 혼자 있을 때에는 그녀에게 마련되었던 장면이나 그 다음 장면까지도 상상하게 되었다.

각지에서 하고 있는 준비를 보면 머잖아 군이 전방으로 이동하고, 후작도 성을 옮기게 되는 것은 틀림없었다. 백작도 영지를 떠나 마을로 돌아간다는 말이 돌았기에, 극단 배우들 또한 자신들의 앞날을 쉽게 예상할 수 있었을 것이다. 하지만 대책을 강구하고 있던 것은 멜리나뿐, 다른 이들은 그때그때 즐기려는 생각밖에 없었다.

그러던 중 백작부인이 빌헬름에게 그의 작품 필사본을 갖고 싶다고 청해 빌헬름은 나름 바쁜 시간을 보내야 했지만, 아름다운 부인의 이 부탁이 그에게는 최고의 포상이었다.

아직 자신의 작품이 인쇄된 것을 본 적 없는 젊은 작가는 이런 경우 아름답게 베껴 쓰는 것에 최대한 주의를 기울인다. 말하자면 작가의 황금기인 것이다. 인쇄술에 의해 수많은 쓸모없는 작품들이 세상에 넘쳐흐르지 않고 귀중한 정신의 산물만이 모사되어, 누구보다 고귀한 사람들의 손에 보관되던 시대로 돌아간 듯한 기분이 든다. 그렇게 되면 사람은 또, 공들여 쓴 원고는 전문가나 후원자의 손에 소유되어 서가에 놓일 가치가 있을 거라 생각하는 오류에 빠지기 쉽다.

이제 곧 출발하는 후작을 위해 큰 연회가 열렸다. 근처의 많은 귀부인이 초대되어 백작부인은 빠르게 치장을 했다. 그녀는 이날 평소보다 화려한 옷을 입고 머리모양도 머리장식도 한층 더 공을 들였으며, 갖가지 보석으로 장식했다. 남작부인 또한 최선을 다해 몸치장을 했다.

두 부인이 손님을 기다리며 지루해 하는 것을 눈치챈 필리네는 완성한 원고를 건네주고, 자신의 작품을 낭독하고 싶어하는 빌헬름을 부르자고 제안했다. 방에 도착한 빌헬름은, 한껏 꾸며 더 아름다워진 백작부인의 자태와 그 우아함에 눈을 크게 뜰 수밖에 없었다. 부인들의 청에 낭독은 했지만 도저히 집중이 안 돼, 청중이 관대하지 않았다면 금세 쫓겨났을 정도로 서투른 낭독을 하고 말았다.

백작부인을 쳐다볼 때마다 눈앞에 불꽃이 터지는 것 같았고, 마침내 낭독 중 어디서 숨을 쉬면 좋을지조차 알 수 없게 되었다. 아름다운 부인에게는 늘 호감이 갔지만, 지금은 이렇게까지 아름다운 사람은 본 적도 없는 것 같다는 생각마저 들었다. 그의 가슴속을 뛰어다니는 수많은 생각을 고해 보면 대충 다음과 같지 않을까.

"많은 시인이나, 이른바 감성적이라는 사람들이 아름다운 치장을 반대해 모든 여성이 간소하고 편안한 차림이길 바라는 건 얼마나 어리석은 일인가. 추한, 또는 아름답지 않은 여성이 화려하게 꾸미는 걸 불쾌하게 여기는 게 결코 의상 탓이 아니라는 것은 생각해보지도 않은 채, 그들은 아름다운 의상만을 탓한다. 하지만 나는, 세상 모든 업자를 모아놓고 물어보고 싶다. 이 아름다운 리본과 레이스, 곱게 말아 부풀린 머리, 반짝이는 보석을 보라! 보는 것만으로도 자연스레 호감이 갈, 이 기분 좋은 인상을 파괴하는 것이 두렵지도 않은가! 그렇다. '자연스럽다'고 나도 말하고 싶다. 미네르바가 완전무장을 한 채 주피터의 머리에서 태어났다면, 이 여신은 완벽한 치장을 하고, 이름 모를 꽃에서 사뿐사뿐 걸어나온 것 같지 않은가, 하고!"

그는 이 인상을 영원히 마음에 새기고 싶다는 듯, 낭독 중에 몇 번이고 그녀를 쳐다보았으며, 그 때문에 전에 없는 실수를 저질렀다. 평소라면 단어 하나 철자 하나라도 틀리면 참을 수 없는 오점이라 생각해 절망했을 텐데, 몇 번이나 잘못 읽었는데 당황도 하지 않았다.

손님이 도착한 것 같은 소리가 들려 낭독은 끝났고, 남작부인이 방을 나갔다. 열려 있는 서랍을 닫으려던 백작부인은 패물함을 손에 들고 두세 개의 반지를 더 손에 끼었다. "이제 곧 이별이네요." 작은 상자에 눈길을 준 채 그녀는 말했다. "당신의 행복을 간절히 빌고 있는 친구와의 추억으로 이걸 받아주세요." 그녀는 수정 바닥에 머리카락으로 짠 아름다운 가문(家紋)이 보이고, 보석이 아로새겨져 있는 반지를 내밀었다. 그는 받기는 했지만 아무 말도 못하고, 어떻게 하면 좋을지 몰라 그 자리에 뿌리박힌 듯 서 있었다. 백작부인은 서랍을 닫고 소파에 앉았다.

"저는 아무것도 받을 수 없는 건가요." 필리네는 백작부인의 오른쪽에 무릎을 꿇으며 말했다. "이 사람 좀 보세요. 쓸데없는 때에는 주절주절 잘도 떠드는 주제에 지금은 감사 인사 한 마디도 못하네요. 정신 차려요, 빌헬름. 하다못해 몸짓으로라도 인사를 하는 게 어때요. 아무 생각이 안 난다면 내 흉내라도 내요."

필리네는 백작부인의 오른손을 잡고 열렬히 입맞춤했으며 빌헬름도 서둘러 무릎을 꿇고 왼손을 잡아 입술을 밀어붙였다. 부인은 당황한 것 같았지만 불쾌해 보이지는 않았다.

"아!" 필리네는 말했다. "저도 장신구는 잔뜩 봤지만 그게 이렇게 어울리는 분은 뵌 적이 없답니다. 이 멋진 팔찌 좀 보세요. 아, 하지만 팔찌보다 멋진 손! 이 훌륭한 목걸이는 또 어떻고요! 하지만 목걸이보다 아름다운 가슴이에요!"

"그만두세요, 아부쟁이씨." 부인이 말했다.

"이건 백작님이신가요." 필리네는, 백작부인이 고급스런 사슬로 왼쪽 옆구리에 차고 있는 호화로운 메달을 가리키며 물었다.

"새신랑 시절이네."

"그때, 이렇게 젊으셨던 건가요. 결혼하시고 나서 얼마 지나지 않으셨다고 들었습니다만."

"화가가 마음 써서 젊게 그려줬을 뿐이에요."

"아뇨, 아주 아름다우세요." 필리네는 손을 백작부인의 가슴에 대며 말했다. "하지만 이 비밀의 작은 상자 속에 다른 분의 모습이 숨어든 적은 전혀 없으신 건가요."

"필리네, 어떻게 그런 말을!" 그녀는 외쳤다. "당신을 너무 받아줬나 보군요. 그런 말은 두 번 다시 듣고 싶지 않아요."

"노여워 마세요, 저, 전 어떻게……!" 필리네는 벌떡 일어나 나가버렸다.

빌헬름은 아직 이 아름다운 손을 잡고 있다. 그는 팔찌의 잠금쇠를 가만히 보고 있었는데, 멋진 필체로 자기 이름의 머리글자가 새겨져 있는 것을 보고 깜짝 놀랐다.

"이 귀한 반지 안의 머리카락은 정말 부인의 것인가요."

빌헬름이 쭈뼛거리며 물었다.

"예." 그녀는 작은 목소리로 대답하고, 마음을 가다듬더니, 그의 손을 꽉 쥐며 말했다.

"일어서세요. 이제 헤어지도록 하죠."

"신기한 우연이네요. 여기에 제 이름이 있어요." 그가 팔찌의 잠금쇠를 가리키며 말했다.

"뭐라고요!" 백작부인이 외쳤다. "이건 내 친구의 머리글자예요."

"그건 제 이름의 머리글자이기도 합니다. 저를 잊지 말아주십시오. 제 안에서 당신의 모습이 지워지는 일은 없을 겁니다. 안녕히. 저는 이만 물러가겠습니다."

빌헬름은 부인의 손에 입술을 대고, 일어서려고 했다. 하지만 꿈속에서는 신기한 일들이 차례로 우리를 놀라게 하듯이, 어쩌다 그렇게 됐는지도 알지 못한 채 그는 백작부인을 안고 있었다. 그녀의 입술은 그의 입술에 겹쳐져 있었고, 주고받는 입맞춤은 뜨거웠다. 이는 두 사람에게, 갓 따라 부은 사랑의 술잔에 일어난 거품을 마시는 것 같은 말갛고 소박한 행복감을 주었다.

곱슬머리의 머리카락이나 리본이 망가지는 건 신경도 쓰지 않고 머리를 그의 어깨에 기댄 백작부인의 팔은 그에게 감겨 있었다. 그는 열렬히 그녀를 끌어안고, 조금이라도 더 세게 안으려 애썼다. 하지만 이런 시간은 영원히 이어지지는 않는 법. 질투심 강한 운명이, 이 두 사람의 짧은 행복의 때를 무정하게도 잘라버렸다.

백작부인이 돌연 소리를 지르며 몸을 떼고는 가슴에 손을 얹었을 때, 그는 놀라서 망연히 행복한 꿈에서 깨어났다.

그녀는 한 손을 눈에 대고, 아직도 멍하니 서 있는 빌헬름에게 외쳤다. "가주세요. 빨리 여기서 나가줘요!"

그러더니 다시 손을 내리고, 형언할 수 없는 눈빛으로 그를 바라보며 사랑스럽게 말했다. "나를 사랑하고 있다면, 가주세요."

빌헬름은 방을 나와, 어디를 어떻게 지났는지도 모르는 채, 어느 순간 자신의 방에 들어와 있었다.

불행한 사람들이여, 두 사람을 갈라놓은 것은 우연의, 혹은 운명의 어떤 신기한 경고였던 걸까.

제4부

제1장

라에르테스는 창가에 서서 팔꿈치를 괴고 사색에 잠긴 채 들판을 바라보고 있었다. 필리네가 큰 홀을 지나 살금살금 다가와서는 그에게 기대며 그의 진지한 모습을 놀려댔다.

"웃지 말아요." 그가 말했다. "시간이 지나간다는 건 참 끔찍한 일입니다. 모든 것이 변하고 끝나버리니까요. 보세요. 얼마 전까지만 해도 여기엔 근사한 병영이 있었어요. 천막은 그토록 즐거워 보이고, 그 안에서는 활기가 흘러넘쳤죠. 그리고 이 일대는 엄중한 경비를 받았고요. 그런데 지금은 모두 한꺼번에 다 사라져버렸어요. 얼마 동안은 짓밟힌 보릿단과 취사용으로 팠던 구덩이의 흔적만 남아 있겠죠. 그리고 그것들도 언젠가는 쟁기로 갈아엎어져, 그토록 많은 장정들이 이곳에 있었다는 사실은 노인의 머릿속에만 남아 있을 거예요."

필리네가 노래를 부르며, 라에르테스에게 춤을 추자고 홀로 끌어냈다. "흘러가는 시간을 따라갈 수는 없지요." 그녀가 말했다. "적어도 우리 곁을 지나가는 동안에는 아름다운 여신으로서 즐겁고 기분 좋게 모시자고요."

두 사람이 몇 번 돌기도 전에 멜리나 부인이 홀을 가로질렀다. 필리네는 심술궂게도 그녀에게 춤을 추자고 권했는데, 그것은 임신으로 흉해진 몸매를 상기시키게 하기 위해서였다.

필리네가 그녀의 뒷모습을 보며 말했다. "임신한 여자는 보고 싶지 않네요."

"하지만 그녀는 아기를 즐겁게 기다리고 있습니다."

"저 추한 옷 좀 보라죠! 짧아진 치마에서 흔들거리는 앞주름을 보셨어요? 움직일 때마다 앞으로 쑥 비어져 나오잖아요. 저 여자는 자기 몸매를 생각해서 흉한 모습을 감추려는 노력도 하지 않거니와 그런 깜냥도 없어요."

"내버려둬요. 시간이 가면 다 해결될 테니."

"나무를 흔들어 아기를 딸 수 있다면 좋을 텐데." 필리네가 말했다.

남작이 들어왔다. 그가 오늘 아침 일찍 떠난 백작과 백작부인을 대신해 인사를 전하며 몇 가지 선물을 건네주었다. 그리고 옆방에서 미뇽과 이야기하던 빌헬름에게 갔다. 미뇽은 아주 친근하고 허물없는 태도로 빌헬름의 부모와 형제와 친척들의 안부를 물었다. 빌헬름은 가족들에게 편지를 보내야 하는 의무를 떠올리지 않을 수 없었다.

남작이 백작부인의 인사를 전하면서, 백작이 그의 연기와 운문화 작업과 연극을 위한 여러 노고에 매우 만족하더라고 말했다. 그러고는 백작이 그렇게 생각한 증거라며 주머니를 하나 꺼냈다. 새 금화의 매혹적인 빛이 아름다운 천을 통해 반짝이고 있었다. 빌헬름은 뒤로 물러나며 한사코 사양했다.

남작이 말을 이었다. "이 선물은 당신이 투자한 시간에 대한 보상이자 당신의 수고에 대한 감사지, 당신의 재능에 대한 보수가 아니에요. 우리는 재능으로 명성을 얻고 호평을 받습니다. 하지만 동시에 부지런함과 노력으로 우리의 필요를 채워 주는 돈을 받지요. 그건 당연한 일입니다. 뭐니 뭐니 해도 우리는 정신만으로는 살아갈 수 없으니까요. 뭐든지 살 수 있는 도시에 있다면, 이 얼마 안 되는 돈으로 시계나 반지 같은 것을 샀을 겁니다. 하지만 지금은 형편상 이 요술지팡이를 그대로 드리는 수밖에 없군요. 이것으로 당신이 가장 좋아하고, 당신에게 가장 쓸모 있는 보석이라도 사요. 그리고 그것을 우리와 만난 기념으로 간직해줘요. 이 주머니도 소중히 간직해주고요. 부인들이 손수 꿰매셨는데, 안에 무엇을 넣느냐에 따라서 그것에 가장 어울리는 모양이 되도록 만든 것입니다."

빌헬름이 말했다. "죄송합니다만, 이 선물을 받아도 되는지 당황스럽고 선뜻 마음을 결정하기 어렵습니다. 이걸 받으면 저의 하찮은 수고가 물거품이 되어버릴 것만 같고, 행복한 추억을 마음껏 즐기지 못하게 될 것 같아서요. 돈은 무슨 일을 정리하는 데 퍽 쓸모 있는 수단이지만, 전 이곳의 추억을 완전히 정리해 버리고 싶지 않습니다."

"그런 뜻에서 주는 건 아니오." 남작이 말했다. "당신이 섬세한 감정의 소유자인 건 상관없지만, 당신은 백작이 당신에게 큰 빚을 진 기분으로 있기를 바랍니까? 백작님은 세심한 배려와 공정함을 최대의 명예로 여기는 분입니다. 당신이 얼마나 애를 썼고 백작님의 의도를 표현하려고 얼마나 많은 시간을 투자했는지, 그분은 어느 것 하나도 놓치지 않았어요. 그러기는커녕 몇 가지 일정을 앞당기기 위해서 당신이 자기 돈을 들였다는 사실까지 알고 계십니다. 백작님이 감사해 하는 마음을 당신이 기뻐했다고 확신할 수 없다면, 내가 무슨 낯으로 백작님의 얼굴을 뵙겠습니까?"

빌헬름이 대답했다. "제 생각만 하고 내 감정에만 충실할 수 있다면, 당신이 아무리 여러 이유를 말한다 해도 이 과분한 선물을 끝내 받지 않았을 것입니다. 하지만 이 선물이 나를 난처하게 하는 이 순간, 이것이 또한 내가 지금껏 내 가족을 생각할 때 느꼈던 갖가지 남모를 고민거리에서 나를 구해주는 것도 사실입니다. 나는 돈과 시간에 관해서 보고해야 하는데, 둘 다 그다지 절약했다고 할 수 없거든요. 하지만 지금 백작님의 고마우신 이 배려 덕분에, 이상한 외도를 하다가 얻게 된 행복에 관해서 안심하고 가족들에게 보고할 수 있게 되었습니다. 이럴 때 부드러운 양심처럼 우리에게 보고해주곤 하는 이 섬세한 감정상 의무를 희생하여 더 높은 의무에 따르도록 하겠습니다. 다시 말해서 나는 아버지 앞에 당당하게 나설 수 있도록 당신 앞에 이렇게 부끄럽게 서 있는 것입니다."

"참 이상한 노릇이죠." 남작이 대답했다. "친구나 후원자가 주는 선물이라면 고맙고 기쁘게 받을 텐데, 유독 그게 돈이라면 이토록 망설이게 되니 말입니다. 인간의 본성에는 그런 양심의 가책을 기꺼이 만들어내고 정성껏 길러내는 특성들이 있는 모양입니다."

"명예와 관련된 여러 문제도 그와 비슷하지 않을까요?" 빌헬름이 물었다.

"그렇죠." 남작이 대답했다. "다른 편견도 마찬가지고요. 우리가 그런 잡초를 뽑지 않는 건 어쩌면 중요한 식물을 같이 뽑아버릴 염려가 있기 때문일 겁니다. 하지만 어떤 편견을 뽑아버릴 수 있는지, 또 뽑아버려야 하는지를 아는 사람이 가끔 있는 것은 기쁜 일이지요. 예를 들어 궁정극장에서 공연할 연극을 몇 편 쓰고 군주에게 큰 찬사를 얻은 재치 넘치는 시인의 일화를 생각하면 즐거워지지요. 후한 국왕은 이렇게 말했습니다. '그자에게는 상을 듬뿍 내려야겠다. 보석을 좋아하는지, 돈을 주면 싫어하지나 않을지 알아보아라.' 그러자 시인은 그 특유의 농담조로 사신에게 이렇게 대답했습니다. '무한한 성은에 감사드릴 따름이옵니다. 폐하께서는 날마다 저희에게서 돈을 거두어 가시는데, 나는 왜 폐하께 돈을 받는 것이 부끄러운 것인지 그 이유를 알지 못하겠나이다.'"

남작이 방에서 나가자마자 빌헬름은 뜻밖에 거저 생긴—그는 그렇게 생각했다—돈을 세어보았다. 아름답게 빛나는 금화가 고급스러운 주머니에서 쏟아져나왔을 때, 그는 우리가 만년에야 비로소 알게 되는 황금의 가치와 중대함을 처음으로 알 것 같았다. 돈을 세어본 그는, 특히 멜리나가 대신 내준 돈을 당장 갚겠다고 약속하기도 한 만큼, 필리네가 소년을 보내 처음으로 꽃다발을 요구했던 그날만큼의, 아니 그 이상의 현금이 생겼음을 알게 되었다. 그는 자기의 재능을 돌이켜보고 남몰래 흡족함을 느꼈다. 그리고 자신을 이끌어준 행복이 조금이나마 자랑스러웠다. 그는 자신 있게 펜을 집어 들고 가족의 근심을 단번에 날려주고 자신의 그간 행동을 근사하게 해명해줄 편지를 쓰기 시작했다. 구체적인 이야기는 피하고 의미심장하고 신비로운 표현만 써서 자신이 겪은 일들을 암시하는 것으로만 그쳤다. 넉넉해진 주머니 사정, 자신의 재능으로 얻은 수입, 귀족들의 호의, 귀부인들의 비호, 여러 방면에 걸친 지인, 심신의 단련, 미래의 희망 등 신기루로도 만들어낼 수 없을 만큼 기묘하고 놀라운 공중누각을 쌓아 올렸다.

이 행복한 황홀경 상태에서 그는 편지를 다 쓰고 나서도 오래도록 중얼거리며 편지 내용을 되풀이해서 읽고, 활동적이고 멋진 미래를 상상해보았다. 수많은 고귀한 군인들의 사례가 그를 자극했고, 셰익스피어의 작품은 새로운 세계를 열어주었다. 백작부인의 입술에서는 이루 표현할 길 없는 불꽃을 빨아들였다. 이 모든 것이 영향을 주었으며, 그도 그것을 살리고 싶었다.

마방감독이 와서 모두 짐을 다 꾸렸는지 물었다. 미안하게도 멜리나 말고는 누구도 그런 생각을 하고 있지 않았지만, 곧 떠나야만 했다. 백작은 며칠간은 모든 단원을 마차로 데려다주겠다고 약속했었다. 말은 벌써 준비되어 있었는데, 너무 오래 기다리게 할 수도 없는 노릇이었다. 빌헬름이 자기 짐 가방은 어찌 되었느냐고 물었더니, 멜리나 부인이 이미 꾸려 놓았다고 했다. 그가 빌려준 돈을 달라고 하니, 멜리나는 벌써 짐 가방 바닥에다가 아주 조심히 챙겨 넣었다고 했다. "내 짐 가방엔 아직 여유가 있어요." 필리네가 말하고, 빌헬름의 옷을 집어 들었다. 그러고는 미뇽에게 나머지를 들고 따라오게 했다. 빌헬름은 하는 수 없이 그냥 잠자코 내버려두었다.

짐을 다 싣고 출발 준비를 하고 있을 때 멜리나가 말했다. "줄타기나 떠돌이 광대들의 여행처럼 보이기는 싫어요. 미뇽은 여자 옷을 입고, 하프 타는 노인도 당장 그 수염을 깎아버렸으면 좋겠는데요." 미뇽이 빌헬름에게 매달리며 간청했다. "전 남자예요. 계집애가 되기는 싫어요." 노인은 잠자코 있었다. 필리네가 이 기회를 놓치지 않고, 보호자인 백작의 괴상한 성품에 유쾌한 주석을 붙였다. "할아범, 수염을 깎으면 리본으로 묶어서 소중히 보관하도록 하세요. 어딘가에서 백작님을 만나면 곧바로 다시 달 수 있도록 말이에요. 백작님이 할아범을 좋아하신 건 바로 그 수염 때문이니까요."

이 말을 들은 사람들이 그녀에게 이 기묘한 이야기에 대한 설명을 해달라고 조르자, 그녀는 이렇게 말했다. "백작님은 배우가 일상생활에서도 자기배역을 계속 연기하면서 그 성격을 유지하는 것이 극장에서의 환상에 크게기여한다고 생각하세요. 그래서 '훈장'을 그리도 좋아하셨던 거죠. 그리고할아범이 가짜 수염을 밤무대에서만이 아니라 낮에도 달고 다니는 것은 아주 잘하는 일이라고 말씀하셨어요. 그 가짜 수염이 진짜 같아 보인다며 아주기뻐하셨죠."

다른 사람들이 백작의 그 착각과 이상스런 생각을 비웃고 있을 때, 하프타는 노인이 빌헬름을 옆으로 끌고 갔다. 그는 작별인사를 하면서 자기를 곧바로 떠나게 해달라고 울면서 애원했다. 빌헬름은 그를 달래며 말했다. 누구로부터도 그를 보호해줄 것이며, 털끝 하나 건드리지 못하게 하겠다, 뿐만아니라 강제로 수염을 깎게 하는 일은 없을 것이라고 단언했다.

노인은 감동했다. 그 눈에는 이상한 불꽃같은 것이 번득였다. "그런 일로떠나겠다는 게 아닙니다." 그가 말했다. "벌써 오래전부터 나는 당신 곁에있는 나를 책망해왔습니다. 나는 어디에도 머물러 있어서는 안 돼요. 불행이나를 쫓아와서, 나와 함께 있는 사람들까지 불행하게 만드니까요. 나를 데리고 다녔다가는 무슨 일이 생길지 모릅니다. 아무것도 묻지 말아요. 내 몸은나의 것이 아닙니다. 나는 어디에도 머물 수 없어요."

"그럼 당신의 몸은 누구 것이죠? 누가 당신에게 그런 힘을 행사하는 겁니까?"

"나리, 나의 무서운 비밀을 파고들지 말아요. 나를 붙잡지 마세요. 나를 따라다니는 복수는 이 세상 재판관의 것이 아닙니다. 나는 가혹한 운명에 사로잡혀 있어요. 나는 머물러 있을 수도 없고, 머물러서도 안 돼요."

"지금 같은 상태로 당신을 보낼 수는 없습니다."

"이렇게 내가 망설이고 있거나 우물쭈물하면, 나리에게 은혜를 원수로 갚게 될 겁니다. 나리와 함께 있으면 난 안전하지요. 하지만 나리가 위험해져요. 나리 곁에 있는 것이 어떤 존재인지 나리는 모릅니다. 난 죄를 지은 몸이에요. 하지만 죄보다 불행이 훨씬 더 크죠. 내 존재 자체가 행운을 쫓아냅니다. 내가 다가가면 선행도 힘을 잃어요. 불행의 구름이 나를 따라잡지 못하도록 나는 한곳에 머물지 않고 계속 떠돌아다녀야 합니다. 불행의 구름은 나를 천천히 쫓아와서, 내가 머리를 뉘고 쉬려고 하면 모습을 나타내지요. 내가 떠나는 것이 나리께 감사를 드리는 최선의 길입니다."

"이상한 사람이군요. 당신에 대한 나의 신뢰와 당신이 행복했으면 하는 나의 소망을 그리 쉽게 나에게서 빼앗아갈 수는 없습니다. 난 당신의 망상이 빚어낸 비밀을 파고들 생각은 없어요. 하지만 당신이 이상한 운명이나 전조의 예감 속에서 살아간다면, 당신에게 위로와 용기를 주기 위해 이렇게 말하겠습니다. 나를 닮아 행복해지십시오, 당신의 검은 구름과 나의 흰 구름 가운데 어느 쪽이 더 센지 두고봅시다, 라고요."

빌헬름은 이 기회를 이용하여 그에게 여러 가지 위로의 말을 해주었다. 얼마 전부터 그는 이 이상한 동행 속에서, 우연 때문인지 섭리 때문인지는 모르나, 커다란 죄를 짊어지고 아직까지도 그 기억에 질질 끌려다니는 사람을 보는 듯한 기분이 들었기 때문이다. 며칠 전에도 빌헬름은 노인의 노래를 들으며 다음과 같은 시구를 떠올렸다.

아침 햇빛은 그 불꽃으로
깨끗한 지평선을 물들인다.
그러나 세상의 모든 아름다운 모습도
죄 많은 그대 머리 위에서 산산이 부서진다.

노인이 무슨 말을 하건 빌헬름이 더 강력한 논거를 내세우며 모든 이야기를 좋은 쪽으로 돌리고 대담하게 진심 어린 위로를 해주자 노인도 기운을 되찾았다. 그는 이제 망상을 버린 듯이 보였다.

제2장

멜리나는 작지만 부유한 도시에서 모든 단원과 자리 잡고 싶었다. 이미 그들은 백작의 마차로 갈 수 있는 곳까지 와 있었다. 여행을 계속하려면 다른 마차와 말을 구해야만 했다. 여비는 멜리나가 책임졌는데, 아니나 다를까 그는 지독한 구두쇠 기질을 여지없이 드러냈다. 한편 빌헬름은 백작에게서 받은 아름다운 금화를 주머니에 가지고 있었는데, 그것을 즐겁게 쓰는 것이 당연한 권리로 여겨져서 가족에게 보낸 멋진 결산서에 그것에 대해 매우 자랑스럽게 쓴 사실을 까맣게 잊어버렸다.

빌헬름은 스승이자 벗인 셰익스피어를 아주 기쁜 마음으로 자신의 대부라고도 생각했으며, 또 그런 만큼 자기의 이름이 빌헬름인 것이 무척 마음에 들었다. 또한 그는 셰익스피어를 통해 한 왕자*1를 알게 되었다. 그 왕자는 신분도 천하고 질도 안 좋은 패거리들과 한동안 어울렸으며, 그 고귀한 천성에 걸맞지 않게 몹시 방탕한 그들의 거칠고 부도덕한 어리석은 행동을 즐겼다. 이 왕자는 빌헬름의 현재 상태와 비교할 수 있는 좋은 본보기로서 대단히 환영할 만한 존재였다. 저항하기 어려울 정도로 자꾸만 하게 되었던 자기기만도 이 왕자를 알게 되면서부터 이상하리만큼 거부감이 없어졌다.

그는 먼저 옷차림에 대해 생각했다. 조끼를 입고 필요할 때는 짧은 망토를 걸친다면 여행자로서는 나무랄 데 없는 의상인 것 같았다. 털실로 짠 긴 바지와 편상화는 그야말로 도보 여행자다운 복장이었다. 다음으로 비단 장식띠를 구입하여, 처음에는 배를 따뜻하게 한다는 핑계로 허리에 감았다. 그 대신 답답한 넥타이는 벗어버리고 기다란 모슬린 두어 장을 셔츠 깃에 달게 했는데, 그 폭이 너무 넓어서 고대의 옷깃처럼 되어버렸다. 마리아네의 기념품 가운데 유일하게 태우지 않은 아름다운 네커치프는 그 모슬린 장식 아래로 느슨하게 감았다. 화려한 리본과 커다란 깃털이 달린 둥근 모자를 쓰자

---

*1 《헨리 4세》에 나오는 왕자 할(해리).

분장은 완성되었다.

여자들은 빌헬름의 이 복장이 대단히 잘 어울린다고 야단이었다. 필리네는 황홀하다는 시늉을 하기도 했다. 그녀는 그가 자연의 이상에 조금이라도 가까워지려고 가차 없이 잘라버린 아름다운 머리카락을 가지고 감으로써 멋지게 그의 호감을 샀다. 넉넉하게 돈을 씀으로써 헨리 왕자 식으로 다른 단원들을 대할 자격을 얻은 빌헬름은 곧 몸소 나서서 이런저런 어리석은 놀이를 시작하며 다른 사람들을 부추겼다. 펜싱과 춤은 물론이요 그 밖에도 다양한 놀이를 고안해내고, 기분 내키는 대로 싸구려 술을 마구 퍼마셨다. 필리네는 이런 무질서한 생활 속에서도 여자를 멀리하는 빌헬름이 틈을 보이기를 남몰래 노리고 있었다. 그의 수호신이 부디 그를 잘 돌봐주기를 바랄 따름이다.

모두가 특히 재미있어 했던 놀이는, 지금까지 그들의 후원자요 은인이었던 사람들의 흉내를 내며 조롱하는 즉흥 연극이었다. 그중에는 여러 귀족의 독특한 거동을 눈여겨보았다가 그 행동을 따라하여 큰 갈채를 받은 사람도 있었다. 필리네가 그녀의 체험을 모은 비밀 보고(寶庫)에서 그녀가 들은 사랑 고백 가운데 특히 흥미로운 것을 몇 개 골라 연기해 보였을 때는 너무 우습고 고소해서 모두 배를 잡고 웃었다.

빌헬름은 배은망덕한 그들을 꾸짖었다. 그러나 그들은 반론했다. 그곳에서 대체로 자신들이 세운 공적에 비해 좋은 대우를 받지 못했으며, 그래서 이렇게라도 앙갚음하는 것이라 했다. 아울러 그들은 귀족들이 자신들을 얼마나 멸시하고 냉대했는가 하는 푸념을 늘어놓았다. 조소와 조롱과 흉내가 다시 시작되었고, 그것은 점점 신랄하고 독해졌다.

빌헬름이 말했다. "여러분의 말씀에서 질투나 이기심이 들여다보이는 일이 없기를 바랍니다. 그들의 인품과 처지를 올바른 관점에서 봐주세요. 태어나자마자 인간사회에서 높은 지위를 차지한다는 건 특별한 일입니다. 물려받은 재산으로 팔자 좋게 살아가는 사람들에게 이렇게 말해도 좋다면, 인생살이의 모든 부차적인 것들에 어릴 때부터 풍족하게 둘러싸여 있기 때문에 대개 이런 재화들을 최고라고 생각하는 데에 익숙하고, 자연이 준 인간 본성의 가치를 잘 알지 못하죠. 귀족들은 천한 사람들을 대할 때도, 저희끼리 판단할 때처럼 겉모습이 훌륭한지 아닌지로 판단합니다. 그들은 누구에게든 그들이 가진 칭호, 신분, 의복, 마차를 존중해주지만 그들의 공적만큼은 절대로 인정하지 않지요."

사람들은 이 말에 일제히 우레와 같은 갈채를 보냈다. 그리고 공적을 세운 사람들은 늘 무시당하며, 귀족사회에서 진심이 담긴 교제를 눈곱만큼도 찾아볼 수 없는 것은 실로 불쾌한 일이라고 말했다. 특히 귀족사회에서 벌어지는 교제에 관한 이야기는 끝도 없이 이어졌다.

"그 점에 대해서도 그들을 나쁘게 얘기하지 마십시오. 그들은 오히려 불쌍한 사람들입니다. 우리가 최대의 행복이라고 생각하는 행복, 즉 자연의 풍부한 내면에서 흘러넘치는 행복을 맛볼 수 있는 높은 수준의 감성을 가진 사람은 그들 가운데는 거의 없으니까요. 거의, 또는 아예 아무것도 갖고 있지 않은 우리 가난한 사람들만이 우정이라는 행복을 풍부하게 맛볼 수 있습니다. 우리는 은총으로써 연인의 신분을 높일 수도 있고, 호의로써 승격시킬 수도 있으며, 선물로써 기쁨을 줄 수도 있습니다. 우리가 가진 건 오로지 우리 자신입니다. 우리는 우리 자신 전체를 바쳐야 하며, 그 자신에게 얼마쯤이라도 가치를 부여하려면 이 자신이라는 재산을 친구에게 영원히 보증해야만 합니다. 이것은 주는 사람이나 받는 사람 모두에게 이 얼마나 크나큰 기쁨이며 크나큰 행복입니까! 신뢰는 우리를 또 얼마나 행복한 상태로 만들어줍니까! 신뢰는 이 덧없는 인생에 천국의 확실성을 부여해줍니다. 진실이야말로 우리 최고 재산인 것입니다."

그가 이렇게 말하는 사이에 미농이 그에게 다가와 그 가녀린 팔로 그를 끌어안고 머리를 가슴에 기댔다. 그는 그 애 머리에 손을 얹고 말을 계속했다. "귀족들은 사람의 마음을 쉽게 받아들입니다. 남의 순정을 앗아가기도 정말 쉽지요. 따뜻하고 기분 좋고 아주 작은 인간적인 태도만으로도 기적을 일으킵니다. 그리고 한 번 그렇게 사로잡은 마음을 계속 붙잡아둘 방법까지도 갖고 있지요. 그러나 우리는 모든 것을 손에 넣는 일은 좀처럼 없고, 무슨 일을 하더라도 그들보다는 힘이 듭니다. 그러니 우리가 획득하고 이뤄낸 일에 더 큰 가치를 두는 것은 당연한 일이죠. 주인을 위해 자신을 희생하는 하인의 예는 정말 감동적입니다. 셰익스피어는 그런 하인을 훌륭하게 묘사했습니다. 이때 신뢰는 자기보다 높은 사람과 동등하게 되기 위한 고귀한 영혼의 노력입니다. 주인은 평소에는 하인에게 돈을 주고 부리는 노예 정도로만 생각하지만, 하인은 끊임없는 헌신과 사랑으로써 주인과 동등해지는 것입니다. 그렇습니다. 헌신과 사랑은 천한 신분을 가진 자만을 위해 있는 것입니다. 천한 사람들은 이 미덕 없이는 존재할 수 없고, 또한 그것은 그들에게 잘 어울립니다. 돈으로 쉽게 은혜를 갚는 사람은 감사의 마음도 쉽게 받아들입니다. 그런 의미에서 나는, 위대한 사람은 친구는 가질 수 있을지 몰라도 친구가 될 수는 없다고 주장하는 바입니다."

미뇽이 더욱 세게 그를 끌어안았다.

"옳소!" 일행 가운데에서 한 사람이 말했다. "우리는 그들의 우정 따위는 필요 없고, 갖고 싶다고 생각한 적도 없습니다. 하지만 예술을 보호하고자 한다면, 그들은 예술을 더 공부해야 합니다. 우리가 가장 멋지게 연기했을 때조차도 그들은 누구 하나 귀 기울이지 않았어요. 그저 자기가 총애하는 사람만 지켜봤죠. 좋아하는 사람의 연기는 마음에 들어했지만, 마음에 들 만한 연기를 하는 사람은 좋아해주지 않았어요. 쳇, 멋대가리 없는 놈들만 주목받고, 정작 갈채 받아야 할 사람은 무시당했다니까요."

"내 말속에 조롱이나 비아냥거림이 섞여 있었을지도 모르겠군요." 빌헬름이 말했다. "하지만 그것을 제외하면 예술이건 사랑이건 다 마찬가지라고 생각합니다. 뭔가 완벽한 것을 만들어내고자 한다면 끊임없는 열정을 잃지 말아야 합니다. 예술가가 자기의 관심사를 작품으로 표현하고자 할 때도 그와 똑같은 것이 요구되죠. 하지만 세속에 찌들어 사는 사람에게 그런 것을 요구하기란 불가능할 것입니다.

여러분, 재능은 곧 미덕입니다. 우리는 그것을 그 자체로 사랑하거나 완전히 버려야 합니다. 하지만 이 두 가지가 위험한 비밀처럼 은밀히 단련되지 않는다면, 그것은 인정받을 수도 보상받을 수도 없습니다."

"제대로 볼 줄 아는 사람이 우리를 발견해줄 때를 기다리다가는 굶어 죽고 말겠소!" 구석에서 누군가가 외쳤다.

"사람은 그렇게 쉽게 죽지 않습니다." 빌헬름이 말했다. "내가 아는 한, 인간은 살아서 일만 열심히 한다면 충분하지는 않을지언정 입에 풀칠은 할 수 있어요. 그렇게 투덜댈 것 없어요. 우리가 막다른 지경까지 내몰렸을 때도 뜻밖에 행운을 만나 숙식을 제공받지 않았습니까? 그런데 아무런 부족함이 없는 지금, 어째서 좀 더 연습해서 조금이라도 발전하기를 바라지 않는 거죠? 모두 엉뚱한 짓만 하면서, 초등학생처럼 되도록이면 수업은 떠올리고 싶어 하지 않는 겁니다."

"그 말이 맞아요." 필리네가 말했다. "이건 너무 무책임해요. 우리 무슨 작품이든지 골라서 당장 연습해요. 수많은 관중이 앞에 있다 생각하고 열심히 말이에요."

길게 생각할 것도 없이 작품은 곧 결정되었다. 그 무렵 독일에서 크게 호평 받았으나 지금은 잊힌 작품 가운데 하나였다. 두어 명이 휘파람으로 서곡을 연주하자 모두 자기 역할을 기억해냈다. 연극이 시작되고, 모두 집중력을 발휘해서 끝까지 연기했다. 예상보다 완성도가 높았다. 서로 갈채를 보냈으며, 이토록 들뜬 것도 오랜만이었다.

연극이 끝났을 때는 누구랄 것도 없이 모두 무척 흐뭇한 기분이었다. 시간을 유용하게 썼기 때문이기도 하고, 모두가 특히 자기 자신에게 만족할 수 있었기 때문이기도 했다. 빌헬름은 입에 침이 마르도록 그들을 칭찬했다. 그들은 신이 나서 떠들어댔다.

"여러분," 빌헬름이 말했다. "우리가 이렇게 연습을 계속하고, 대사 암기나 무대 연습이나 공연을 의무나 단순노동처럼 기계적으로 되풀이하지만 않는다면, 우리는 많은 발전을 이룰 수 있을 겁니다. 음악가들도 다른 사람들과 다 같이 연습하면 얼마나 많은 찬사를 받고, 자신도 즐겁고, 호흡도 척척 맞는다고요! 그들이 저마다 자신의 악기를 가지고 합주하는 데 얼마나 노력하고, 얼마나 정확하게 박자를 맞추고, 얼마나 미묘하게 음악의 강약을 표현하는지 아십니까? 다른 사람들이 독주할 때 저 잘났다고 반주하고 뻐기고 싶어하는 사람은 한 명도 없습니다. 모두가 작곡가의 정신과 의도에 따라 연주하려고 합니다. 실력의 차이는 있을지언정, 모두가 자신이 맡은 부분을 멋지게 표현하려고 합니다. 우리도 음악가들처럼 정확하고 현명하게 차근차근 일을 진행해야 하지 않겠습니까? 우리가 하는 예술은 어떤 음악보다 훨씬 섬세하고, 인간 본성의 가장 흔하고도 가장 진귀한 현상을 풍부한 감성으로 즐겁게 표현하는 것이 사명이니까요. 연습은 대충하고 진짜 공연 때는 기분 내키는 대로 운에 맡기는 것은 정말 가증스러운 행동입니다. 우리가 서로 만족할 수 있도록 조화롭게, 말하자면 서로가 서로를 믿을 수 있을 때만이 관중의 갈채를 기대할 수 있지 않을까요? 거기에서 최대의 행복과 만족을 찾아야 하지 않을까요? 무대감독이 오케스트라의 지휘자보다 자신감을 갖지 못하는 건 왜일까요? 오케스트라에서는 외적 청각에 거슬리는 실수를 부끄러워해야 하기 때문입니다. 그런데 용서할 수 있는 실수건 용서할 수 없는 실수건, 내적 청각을 부끄럽게 하는 그런 실수를 인정하고 창피하게 생각하는 배우를 나는 거의 본 일이 없습니다. 그래서 무대가 줄타기의 외줄처럼 가느다랬으면 좋겠다는 생각을 하기도 합니다. 서툰 사람은 그 위에 설 수 없도록 말이지요. 하지만 지금의 무대는 누구나 그 위에서 마음껏 활개 칠 수 있다고 자만에 빠져 있는 게 사실이지요."

사람들은 이 쓴소리를 달게 받아들였다. 조금 전에 모두가 하나가 되어 그토록 완벽한 연기를 했으므로, 이 소리가 자기들에게 하는 말이 아니라고 확신했던 것이다. 그들은 아까처럼 여행 중에도, 극단이 해체되지 않는 한 앞으로도 즐겁게 연습을 계속하자는 데에 마음을 모았다. 그러나 이것은 유쾌한 기분과 자유의지에 관한 문제이므로, 단장이 이래라저래라 할 사안은 아니라는 의견이었다. 그들은 양식 있는 사회에서는 공화제가 최선이라고 생각하며, 단장직은 모두가 돌아가면서 한 번씩 하고 그 밑에는 하나의 평의회를 두어야 한다고 주장했다. 그들은 이 생각에 빠져서 결정된 계획을 당장 실행에 옮기고 싶어했다.

"여행 중에 여러분이 그런 시도를 하겠다면 나로서도 반대하지 않겠습니다." 멜리나가 말했다. "나는 여러분의 목적지에 도착할 때까지 기꺼이 단장직에서 물러나 있도록 하겠습니다." 그는 이렇게 말함으로써 조금이라도 경비를 아끼고, 여러 문제를 작은 공화국 또는 임시 단장에게 떠넘겨야겠다고 생각했던 것이다. 일행은 이 새로운 국가를 어떻게 하면 최선의 형태로 만들 수 있을지를 열띠게 의논하기 시작했다.

"이건 이동국가니까 적어도 국경 분쟁에는 휘말리지 않겠군요." 라에르테스가 말했다.

일행은 계획을 당장 실행에 옮겨, 초대 단장으로 빌헬름을 선출했다. 평의회도 선임했으며, 여성에게도 의석과 의결권이 주어졌다. 의안이 제출되면 부결되거나 가결되거나 했다. 이런 놀이를 하는 동안에 시간은 어느새 훌쩍 지나갔다. 이렇게 즐겁게 시간을 보냈으므로, 사람들은 실제로 자신들이 아주 유익한 일을 했으며, 이 새로운 형식을 통해 조국의 연극계에 새로운 지평을 열었다고 믿게 되었다.

제3장

빌헬름은 기분이 한껏 좋아진 단원들을 보고, 희곡의 시적 가치에 관하여 그들과도 이야기해야겠다고 생각했다. 그래서 이튿날 모두 다시 모였을 때 그는 이렇게 말했다. "배우가 작품을 피상적으로만 바라보고, 첫인상만으로 판단하고, 잘 음미해 보지도 않고 좋다 싫다 말하는 것은 좋은 태도가 아닙니다. 작품을 평가할 생각이 전혀 없이 그저 감동하거나 즐기고자 하는 관객은 그렇게 해도 됩니다. 하지만 배우라면 작품에 대해서도, 그것을 칭찬하거나 비판하는 이유에 대해서도 설명할 수 있어야 합니다. 또한 작가의 생각과 의도에 파고들 수 없다면 그런 일은 불가능할 것입니다. 나는 내가 작품을 하나의 역할만 보고 판단하거나, 하나의 역할만 볼 뿐 그것을 작품 전체와 관련지어보지 않는 잘못을 저지르고 있다는 사실을 최근 자주 깨달았습니다. 여러분이 내 이야기를 기꺼이 들어줄 의향이 있다면, 그런 사례를 하나 소개하겠습니다.

여러분도 셰익스피어의 걸작 〈햄릿〉을 알고 있을 겁니다. 내가 백작의 성에서 그것을 낭독했고, 여러분은 아주 즐겁게 들어주었지요. 우리는 그 작품을 무대에 올리게 되었고, 나는 아무 생각 없이 햄릿 역할을 맡았습니다. 나는 그 역할을 연구한답시고 거기에서 가장 힘찬 대목들과 독백들을 암송하기 시작했으며, 영혼의 힘과 정신의 고양이 활기차게 전개되고 격렬한 감정이 풍부하게 묘사된 장면을 외우기 시작했습니다.

또 나는 왕자의 깊은 우울을 내 어깨에 짊어지고 그 무게에 눌려가면서 그 잡다한 변덕과 기행의 이해할 수 없는 미로를 지나 왕자의 뒤를 쫓아가면 틀림없이 그 역할과 정신적으로 교감할 수 있을 거라고 생각했습니다. 그런 생각으로 대사를 외우고 연습하다 보면 왕자와 하나가 될 거라고 믿었던 것입니다.

그렇지만 그러면 그럴수록, 머릿속에서 전체를 그리기가 갈수록 어려워졌습니다. 전체를 바라보는 일이 거의 불가능하다는 생각까지 들기 시작했습니다. 그래서 나는 작품을 전체적으로 다시 읽어보았습니다. 그러자 당혹스럽게도 앞뒤가 맞지 않는 부분이 여러 군데 보였습니다. 어느 부분은 성격이, 어느 부분은 표현이 모순되는 것 같았습니다. 나는 내가 맡은 역할 전체를 모든 변화와 차이 그대로 표현할 방법을 찾기란 거의 불가능하다고 생각했습니다. 그런 미로 속에서 오랫동안 헛된 노력을 계속한 끝에, 마침내 나는 하나의 아주 특별한 길을 지나 목적에 접근하기로 했습니다.

나는 부왕이 죽기 이전의 햄릿의 성격을 나타내는 모든 단서를 찾은 것입니다. 이 비극적 사건이나 그에 이어지는 끔찍한 사건과는 별개로, 이 흥미로운 청년이 어떤 인물이었는지, 이들 사건이 없었다면 어떤 인물이 되었을지 하는 것으로 눈을 돌렸습니다.

이 왕가의 꽃, 햄릿은 섬세하고 고귀한 싹에서 나와 부왕의 직접적인 영향을 받으며 자랐습니다. 군주로서의 정의와 품위, 선(善)과 예절 의식이 고귀한 출생이라는 자각과 함께 자라났습니다. 그는 군주였습니다. 타고난 군주였습니다. 그리고 그는 착한 사람들이 거리낌 없이 착하게 살 수 있도록 나라를 다스리고 싶었습니다. 반듯한 용모, 예의바른 태도, 착한 마음씨. 그는 젊은이의 모범이요, 세상의 기쁨이어야 했습니다.

오필리아에 대한 사랑도, 남의 이목을 끄는 열정이 아니라 달콤한 욕망의 조용한 예감과도 같은 것이었습니다. 기사 훈련에 대한 열의도 마음에서 우러나온 것이었다고 보기 어렵습니다. 오히려 그 의욕은 사람들의 칭찬에 자극받아 다져지고 고취된 정도의 것이었습니다. 순수한 감정의 소유자여서 정직한 사람을 알아볼 줄 알았으며, 친구의 열린 마음에서 솔직한 심정을 조용히 느끼기를 즐겼습니다. 예술과 학문에서도 좋은 것, 아름다운 것을 어느 정도까지는 알아보고 존중하는 법을 배웠습니다. 무미건조한 것을 싫어했으며, 그 섬세한 마음에 증오가 싹트는 일은 있었으나 약아빠진 못된 신하를 경멸하고 비꼬는 데 그쳤습니다. 성격은 침착했으며, 태도에는 꾸밈이 없었습니다. 게으르지는 않았지만, 그렇다고 해서 일벌레도 아니었습니다. 궁정에서도 여유로운 학생 생활을 계속하는 것 같았습니다. 그의 쾌활함은 성격보다는 기분에서 나오는 것이었습니다. 붙임성도 좋고, 너그럽고, 겸손했으며, 친절했습니다. 그리고 모욕을 당해도 용서하고 잊을 줄 알았지만, 정의와 선과 품위의 한계를 벗어난 사람하고는 절대로 어울리지 않았습니다.

이 작품을 다시 한 번 같이 읽으면, 그 예를 찾아 내 말을 모두 뒷받침할 수 있을 것입니다."

모두 빌헬름의 이야기에 커다란 갈채를 보냈으며, 이제는 햄릿의 행동방식이 아주 잘 해명될 수 있으리라 생각했다. 모두 작가의 정신을 파고드는 이 방식을 반겼고, 자기도 이런 식으로 어떤 작품을 연구하여 작가의 생각을 밝혀내고 싶다고 생각했다.

제4장

일행은 며칠 동안 어느 마을에 그대로 머물러야 했다. 그러자 곧 그중 몇 명이 조그만 사랑의 모험에 빠져버렸다. 특히 라에르테스는 인근에 영지를 가진 한 귀부인에게서 끈질긴 유혹을 받았다. 그러나 그가 너무도 쌀쌀맞고 무례하게 굴었으므로, 필리네로부터 많은 놀림을 받았다. 그녀는 기회를 보아 빌헬름에게, 불쌍한 젊은이가 여성 전체를 적대시하게 된 불행한 사랑 이야기를 했다. "이 사람이 여성을 미워한다고 해서 뭐라 하는 게 아니에요." 그녀가 말했다. "이 사람은 여자한테 심한 짓을 당했으니까요. 언젠가 여자가 자기에게 마시게 할지 몰라 남자가 언제나 벌벌 떠는 온갖 못된 짓을 한 꺼번에 마셨으니 말이죠. 생각해보세요. 이 사람은 24시간 동안에 연인이 되었다가 약혼자가 되었다가 남편이 되었다가 정부가 되었다가 병자가 되었다가 홀아비가 되었어요. 이렇게 험한 꼴을 당한 사람이 또 어디 있겠어요?"

라에르테스는 불쾌하다는 듯 쓴웃음을 지으며 방에서 나가버렸다. 필리네는 매우 사랑스러운 말투로, 열여덟 살짜리 청년이 어느 극단에 들어갔는데 그곳에서 열네 살 먹은 아름다운 소녀에게 첫눈에 반한 이야기를 시작했다. 그 무렵 그 소녀는 극단 단장과 싸운 아버지와 함께 극단을 막 떠나려던 참이었다. 소녀에게 한눈에 반한 그는 온갖 핑계를 들어 그녀의 아버지에게 떠나지 말라 설득하고, 마침내 그 소녀와 결혼하겠다는 약속까지 하고 말았다. 그는 약혼자로서 즐거운 몇 시간을 보낸 뒤 결혼식을 올리고 남편이 되어 행복한 하룻밤을 지냈다. 그러나 그의 아내는 보고 배운 게 도둑질이라고, 이튿날 아침 그가 연습하러 간 사이에 서방질을 했다. 아내가 보고 싶어 서둘러 돌아온 그는 그녀의 옛 연인을 자기 침대에서 발견하는 수모를 당했다. 눈이 획 뒤집혀 주먹을 마구 휘두르며 그 연인과 아버지에게 달려들었으나, 결국에는 도리어 자기만 다치고 물러나고 말았다. 아버지와 딸은 야반도주 했으며, 그는 더 큰 상처만 입은 채 쓸쓸히 홀로 남겨졌다. 불행하게도, 세상에서 가장 돌팔이 같은 군의관에게 치료를 받으러 간 탓에, 손톱은 시커메지고 눈두덩은 짓무른 꼴을 하고서야 이 사랑의 모험은 막을 내렸다. 필리네는 하느님이 창조하신 이 세상에서 가장 훌륭한 젊은이인 라에르테스가 정말 딱하다 말하고, 이렇게 덧붙였다. "더욱더 딱한 것은, 저 불쌍한 바보가 여자를 미워한다는 점이에요. 여자를 미워하면서 어떻게 이 세상을 살아가려고!"

멜리나가 들어와서 이야기가 멈추었다. 마차를 다 구했으니 내일 아침 일찍 떠날 수 있을 거라 보고하고, 누가 어느 자리에 앉을 것인지도 이야기했다.

"어떤 친절한 분이 무릎에 나를 앉혀준다면, 아무리 좁고 초라하더라도 난 만족해요. 다른 건 다 상관없어요." 필리네가 말했다.

"그거 괜찮군." 라에르테스가 들어와서 말했다.

"나는 싫은데!" 빌헬름이 말하고 서둘러 나가버렸다. 그는 멜리나가 구할 수 없다고 잡아떼었던 매우 안락한 마차를 자기 돈으로 한 대 더 빌렸다. 좌석 배정이 다시 이루어지고, 사람들은 편하게 여행할 수 있게 된 것을 기뻐했다. 그때, 걱정스러운 소식이 들려왔다. 그들이 가려던 길목에 민병들이 출몰하여 무슨 일이 일어날지 모른다는 것이었다.

이 소식은 모호하고 수상쩍기도 했으나, 마을 사람들도 무척 걱정하는 기색이었다. 군대 배치를 고려할 때 적군이 출몰할 가능성도 아군이 이런 후방에 머물러 있을 가능성도 없어 보였다. 그러나 사람들은 그들이 맞닥뜨릴지도 모르는 위험이 꽤 크다고 입을 모아 말하며, 행로를 바꿔야 한다고 주장했다.

많은 사람이 불안해 하고 두려움에 떨었다. 결국 새로운 공화제에 입각하여, 이 비상사태를 협의하기 위해 모든 단원이 모였다. 대부분이 이 마을에 머물든지 재앙을 피해서 다른 길로 가야 한다는 의견이었다.

공포에 사로잡히지 않았던 빌헬름만이, 그렇게나 심사숙고해서 결정한 계획을 단순한 소문 때문에 포기하는 것은 부끄러운 일이라고 생각했다. 그는 모두에게 용기를 내라고 설득했다. 그의 주장은 사나이답고 설득력이 있었다.

"이건 아직 소문에 지나지 않습니다. 전쟁 중에는 이런 일이 얼마든지 있었습니다. 분별력 있는 사람들은 이런 일을 진짜라고 생각하지 않습니다. 아니, 거의 있을 수 없는 일이라고 말합니다. 이런 중대한 문제를 확실하지도 않은 소문으로만 결정해서 되겠습니까? 백작님도 지시하셨고 우리의 통행증에도 적혀 있는 행로가 가장 짧고 가장 편한 길이라고 생각합니다. 이 길로 가면 여러분은 지인들도 친구들도 만날 수 있고, 따뜻한 환영도 기대할 수 있는 마을이 나옵니다. 만일 길을 돌아가더라도 마을에는 다다를 수 있겠지만, 고약한 길을 만날지도 모르고 헤매게 될지도 모릅니다. 시기적으로도 좋지 않은 계절인데, 그런 길에서 쉽게 빠져나올 수 있을까요? 그러는 동안에 얼마나 많은 시간과 돈을 허비하게 될지도 모릅니다." 그가 그 밖에도 많은 이야기를 하면서 이 문제를 여러 유리한 면에서 해석하여 설득하자, 사람들도 불안감이 가시고 용기가 나기 시작했다. 그는 정규군의 규모가 어느 정도인지 자세히 설명하고, 낙오병이나 오합지졸 따위는 겁낼 것 없으며, 위험조차도 아주 근사하고 즐거운 것인 양 이야기했다. 사람들은 완전히 쾌활함을 되찾았다.

라에르테스는 처음부터 빌헬름 편에 서서, 자기는 두렵지도 않으며 달아나지도 않을 거라고 공공연하게 말했다. 잔소리쟁이 노인도 할 수 있는 한 최대로 찬성의 뜻을 표시했다. 필리네는 모두를 비웃었다. 그녀가 멜리나 부인은 만삭임에도 여장부다운 기질을 잃지 않고 있으며 빌헬름의 제안은 그야말로 사내답다고 칭찬하자, 멜리나는 반대할 수가 없어졌다. 애초에 그는 지름길로 가는 데 찬성했으며, 그래야만 시간과 돈을 크게 아낄 수 있다고 생각했다. 결국 사람들은 진심으로 빌헬름의 제안에 동의했다.

그러나 그들은 만일을 대비해 방어 준비에 들어갔다. 커다란 사냥칼을 사서, 아름다운 자수가 들어간 띠로 그것을 어깨에 걸쳐 멨다. 빌헬름은 그 밖에도 소형 권총 두 자루를 허리띠에 꽂았다. 라에르테스는 전부터 멋진 엽총을 갖고 있었다. 그리하여 일행은 떠들썩하게 떠났다.

이틀째, 이 근방 지리에 밝은 마부들이 숲이 우거진 고지대에서 낮에 잠깐 쉬어 가자고 제안했다. 마을이 멀기도 해서, 날씨가 좋을 때는 언제나 그렇게 쉬어 간다는 것이었다.

날씨가 화창했으므로 일행은 즉시 이 제안에 동의했다. 빌헬름은 앞장서서 빠르게 산길을 걸어갔다. 도중에 그와 마주친 사람들은 모두 그의 이상한 차림에 눈을 휘둥그레 떴다. 그는 빠른 걸음으로 만족스럽게 숲을 향해 올라갔다. 라에르테스는 휘파람을 불며 따라왔다. 여자들은 마차를 타고 여유롭게 따라왔다. 미뇽은 일행이 무장할 때 자기도 졸라서 산 사냥칼을 의기양양하게 어깨에 메고, 모두를 가로질러 앞으로 달려갔다. 모자에는 빌헬름이 마리아네의 기념품 가운데에서 남겨둔 진주 목걸이가 감겨 있었다. 금발의 프리드리히는 라에르테스의 엽총을 메고 있었다. 하프 타는 노인의 차림이 가장 평화롭게 보였다. 긴 옷의 끝자락을 허리띠에 끼우고, 평소보다 느긋하게 걷고 있었다. 하프는 마차에 실은 채, 자신은 옹이진 지팡이를 짚고 있었다.

조금 힘들게 정상에 오르자, 그곳이 마부들이 말한 장소임을 한눈에 알 수 있었다. 아름다운 너도밤나무 숲에 둘러싸여 그늘이 펼쳐져 있었다. 완만하게 비탈진 넓은 초원은 훌륭한 휴식처였다. 울타리가 쳐진 샘에서는 맑은 물이 퐁퐁 솟아오르고 있었다. 골짜기와 산등성이 저 너머로 아름답고 즐거운 전망이 펼쳐졌다. 계곡에는 몇몇 마을과 물레방아가 보이고, 평지에는 작은 마을이 있었다. 멀리 뻗어 있는 다른 산등성이가 살짝 시선을 가리며 조망에 더욱 즐거운 정취를 곁들여주었다.

제일 먼저 도착한 사람들은 주변에 저마다 자리를 잡고 앉아 쉬기도 하고 불을 피우기도 했다. 그렇게 바삐 움직이고 노래를 부르며 나머지 일행을 기다렸다. 나머지 사람들도 하나둘 도착하여, 그 장소와 쾌청한 날씨와 이루 표현할 수 없을 만큼 아름다운 풍경을 저마다 칭찬했다.

제5장

물론 그들은 실내에서도 가끔 사이좋게 즐거운 시간을 보냈다. 그러나 지금까지와는 비교도 할 수 없을 만큼 들뜬 기분일 수밖에 없었다. 이곳에서는 탁 트인 하늘과 아름다운 풍경에 모두의 마음도 깨끗해지는 것 같았다. 서로

가 가깝게 느껴지고, 이처럼 멋진 곳에서 죽을 때까지 살고 싶었다. 직업상 이런 천혜의 자연에서 살아가는 사냥꾼이나 광부나 나무꾼이 부러웠다. 그러나 무엇보다도 부러운 것은 집시들의 매력 넘치는 삶이었다. 행복한 무위 속에서 자연의 온갖 모험적 매력을 즐길 수 있는 신비로운 사람들이 부러웠다. 그리고 자신들의 삶이 조금이나마 그들과 닮은 것을 기뻐했다.

그러는 동안에 여자들은 감자를 삶고, 가지고 온 음식을 펼쳐서 식사 준비를 시작했다. 움푹한 냄비 몇 개가 불 옆에 놓였다. 일행은 삼삼오오 모여 숲이나 덤불 아래 자리를 잡았다. 그들의 기묘한 옷차림과 다양한 무기가 그들을 이상하게 보이게 했다. 말은 옆에서 먹이를 먹고 있었다. 그 마차만 숨기면, 이 작은 극단의 모습은 환상적이리만큼 낭만적이었다.

빌헬름은 맛본 적 없는 만족감을 느꼈다. 이곳은 유랑민의 집락이며, 자신은 그 족장이라고 상상했다. 그는 그런 마음으로 사람들과 대화를 나누며 이 일시적인 망상을 최대한 시적으로 재현해 보았다. 일행의 기분은 최고였다. 먹고 마시고 환성을 지르며 이렇게 근사한 한때를 맛본 것은 처음이라고 되풀이해서 말했다.

기분이 고조되자 젊은이들은 좀이 쑤셔서 가만히 앉아 있지를 못했다. 빌헬름과 라에르테스는 칼을 빼들고, 무대에 선 기분으로 펜싱 연습을 시작했다. 두 사람은 햄릿과 그 상대가 비극적인 결말을 맺는 결투 장면을 연기하고자 했다. 이 중요한 장면에서는 둘 다 기존 무대에서 흔히 볼 수 있었던 어설픈 동작으로 쿡쿡 찌르는 것으로는 불충분하다고 생각했다. 진짜로 공연할 때는 펜싱 선수가 보더라도 그럴싸한 만큼 연기의 진수를 보여주고 싶었던 것이다. 다른 사람들은 두 사람을 에워싸고 섰다. 두 사람이 진짜처럼 열심히 칼을 휘둘렀으므로, 구경꾼들의 흥미는 한 번씩 서로 공격을 할 때마다 높아졌다.

갑자기 근처 덤불에서 총성이 한 발 울리더니, 이어서 다시 한 발이 울렸다. 일행은 놀라서 뿔뿔이 흩어졌다. 곧 무장한 무리가 나타나, 짐을 실은 마차 근처에서 풀을 뜯고 있던 말들을 향해 돌진했다.

여자들은 일제히 비명을 질렀다. 빌헬름과 라에르테스가 펜싱 칼을 버리고 권총을 잡고서 도적들을 향해 달려가며 "무슨 짓이냐!" 고함을 질렀다.

도적들은 아무 말 없이 머스킷 총을 두어 발 쐈다. 빌헬름은 마차에 기어

올라 짐짝의 그물을 끊어내고 있는 고수머리에게 권총을 쏘았다. 그것이 적중하여 남자는 픽 고꾸라졌다. 라에르테스의 총알도 명중했다. 두 사람은 허리에 찼던 칼을 용감하게 빼들었다. 몇몇 도적이 짐승 같은 소리를 내며 두 사람에게 달려들었다. 총을 두어 발 쏘고, 번쩍이는 군도를 획획 휘두르면서 달려왔다. 두 사람은 용감하게 버텼다. 그리고 다른 사람들에게도 같이 싸워서 물리치자고 격려했다. 그러나 곧 빌헬름은 의식을 잃고, 그 다음부터는 무슨 일이 벌어졌는지 알 수 없게 되었다. 가슴과 왼쪽 팔 사이에 맞은 총알과, 모자를 뚫고 거의 머리뼈까지 다다른 일격에 눈앞이 하얘지면서 픽 쓰러진 것이다. 습격의 불행한 결말에 대해서는 나중에 사람들에게 듣고서야 알았다.

　다시 눈을 뜬 그는 자기가 이상한 상황에 놓여 있다는 것을 깨달았다. 아직 흐릿한 눈에 처음으로 보이는 것은 그의 얼굴을 굽어보고 있는 필리네의 얼굴이었다. 몸에 기운이 하나도 없었다. 그는 필리네의 무릎 위에 안겨 있다는 사실을 깨닫고 몸을 일으키려 했지만 이내 다시 쓰러지고 말았다. 그녀는 잔디에 앉아, 자기 앞에 뻗어 있는 빌헬름의 머리를 무릎에 조심조심 올리고 두 팔로 끌어안고서, 그가 누운 자리를 되도록 부드럽게 만들어주었다. 미뇽은 피가 뚝뚝 떨어지는 머리카락을 헝클어뜨린 채 그의 발치에 앉아 엉엉 울며 그의 발을 부여잡고 있었다.

　빌헬름은 피투성이가 된 자신의 옷을 보고는 자기가 지금 어디에 있으며 다른 사람들은 어떻게 되었느냐고 물었다. 필리네가 가만히 있으라고 말하고, 빌헬름과 라에르테스 말고는 아무도 다친 사람 없이 모두 무사하다고 했다. 그리고 더 이상 말하지 않고, 그의 상처는 응급처치로 대강 붕대만 감아놓은 상태이므로 움직이지 말고 가만히 있어야 한다고 진지하게 간청했다. 그는 미뇽에게 손을 내밀고, 머리카락이 왜 그렇게 피투성이가 되었느냐고 물었다. 그녀도 다친 것이 아닌가 걱정이 되었던 것이다.

　그를 안심시키기 위해서 필리네가 대신 설명해주었다. 이 착한 아이는 빌헬름이 다친 것을 보고 순간 아무 정신없이 어깨까지 치렁거리는 자신의 머리카락으로 상처를 동여매려고 했으나 곧 그것이 아무 소용없음을 깨달았으며, 나중에 사람들이 버섯과 이끼를 대고 붕대를 감자 자신의 치맛자락을 기꺼이 내주었다는 것이었다.

빌헬름은 필리네가 그녀의 짐 가방에 기대어 앉아 있다는 것을 깨달았다. 그 짐 가방은 고스란히 잘 닫힌 채 아무런 손상도 입지 않은 듯이 보였다. 그는 다른 사람들도 이렇게 무사히 자신들의 물건을 잘 지켜냈는지 물었다. 그러자 필리네는 어깨를 움츠리고, 목장 쪽을 눈짓으로 가리켰다. 부서진 상자, 망가진 짐 가방, 갈기갈기 찢어진 여행 가방, 어마어마하게 많은 소품들이 이리저리 흩어져 있었다. 그 주위에는 다른 사람들은 전혀 보이지 않았으며, 이 기묘한 세 사람만이 외로이 남아 있었다.

마침내 빌헬름은 듣고 싶지 않은 사실까지 모조리 듣게 되었다. 다른 남자들은 저항할 힘이 남아 있었음에도 금방 겁을 집어먹고서 항복해버렸는데, 일부는 달아나고 일부는 공포에 질려 재난을 방관했다는 것이다. 말을 지키려고 가장 완강하게 저항했던 마부들은 금세 제압당해 꽁꽁 묶였고, 눈 깜짝할 사이에 가진 것을 모조리 약탈당하고 말았다고 했다. 겁에 질려 있던 일행은 생명의 위험이 사라지자마자 손실을 한탄하기 시작했으며, 가벼운 상처를 입은 라에르테스를 데리고 얼마 남지 않은 소지품을 챙겨서 가까운 마을로 내뺐다고 한다. 하프 타는 노인은 망가진 하프를 나무에 기대 놓고, 남겨진 죽어가는 은인을 위해 외과 의사를 찾아서 되도록 빨리 돌아오겠다며 일행과 함께 마을로 급하게 내려갔다는 것이다.

제6장

그러는 동안 불행을 만난 세 사람은 한동안 이상한 상태에 남겨져 있었는데, 도와주려고 오는 이는 아무도 없었다. 땅거미가 지고, 밤이 되려고 했다. 여유를 부리던 필리네도 불안해지기 시작했다. 미뇽은 이리저리 뛰어다녔는데, 시간이 갈수록 초조해 하는 기색이 눈에 띄게 드러났다. 마침내 그토록 기다리던 사람들의 발소리가 가까워졌다. 그러나 그들은 새로운 공포에 휩싸였다. 한 무리의 기마가 그들이 올라온 길을 따라 다가오는 소리가 똑똑히 들렸기 때문이다. 그들은 반갑지 않은 손님들이 나머지 약탈품을 가지러 이 숲의 빈터로 다시 온 것이 아닌가 하고 두려워했다.

그런데 뜻밖에도 덤불 속에서 백마를 탄 한 부인이 나타났을 때 그들이 얼마나 놀라고 기뻤겠는가! 그 부인은 나이가 지긋한 한 신사와 기사 몇 명을 데리고 있었다. 마부, 하인, 경기병 한 무리가 그 뒤를 따르고 있었다.

이 광경에 깜짝 놀란 필리네가 소리를 질러 아름다운 여자 기사에게 도움을 청하려는데, 그녀도 이 이상한 세 사람을 보고 놀라서 말머리를 돌려 다가와서는 멈춰 섰다. 그녀는 부상자의 상태를 진지하게 물었지만, 상처를 입은 사나이가 부정한 사마리아 여인의 무릎에 안겨 있는 것이 몹시 의아스럽다는 듯한 표정이었다.

"남편인가요?" 그녀가 필리네에게 물었다. "그냥 친한 친구예요." 필리네가 대답했는데, 빌헬름은 그런 그녀의 말투가 몹시 불쾌하게 생각되었다. 그는 자기를 찾아와준 부인의 우아하고 고귀하며 온화하고 동정심 많아 보이는 얼굴을 물끄러미 바라보았다. 이토록 고귀하고 아름다운 얼굴은 본 적이 없는 것 같았다. 몸매는 품이 넉넉한 남자용 외투로 감추고 있었다. 그 외투는 쌀쌀한 밤공기를 막기 위해 일행 중 누군가에게서 빌려 입은 것 같았다.

그러는 사이에 기사들도 다가왔으며, 그중 몇 명은 말에서 내렸다. 부인도 말에서 내렸다. 그녀는 세 사람이 어떤 재앙을 겪었으며, 여기에 누워 있는 젊은이의 부상이 얼마나 심각한지 상냥하게 물었다. 그러고 나서 재빨리 몸을 돌리더니, 노신사와 함께 천천히 산길을 올라와서 숲의 빈터에 멈춰 있는 마차 쪽으로 걸어갔다.

그 젊은 부인은 마차의 문 옆에 서서, 도착한 사람들과 한참 이야기를 나누었다. 땅딸막한 사나이가 내렸다. 그녀가 그 사나이를 부상한 빌헬름에게 데리고 왔다. 그가 들고 있는 작은 상자와 가죽 가방으로 보아 외과 의사임을 단박에 알 수 있었다. 그의 태도는 거칠고 호의적이라고는 할 수 없었지만, 그 솜씨만큼은 화려했다. 이런 사람이 치료하러 와주어서 고마운 생각마저 들었다.

그는 자세히 살펴본 다음, 그렇게 위험한 상처는 없으며, 당장 붕대를 감아줄 테니 환자를 근처 마을로 데리고 가도 좋다고 말했다.

젊은 부인은 점점 더 불안해하는 듯했다. 주위를 서성이다가 노신사를 다시 데리고 와서는 말했다. "이것 좀 보세요. 정말 심각한 부상 아니에요? 게다가 딱하게도 이건 우리 때문이잖아요?" 빌헬름도 이 말을 들었지만, 무슨 뜻인지 알 수 없었다. 그녀는 불안스레 서성거리며, 부상당한 빌헬름에게서 눈을 떼지 못하는 듯했다. 사람들이 애를 써가며 빌헬름의 옷을 벗기기 시작하는 시점에 자기가 옆에 가만히 서 있는 것은 예의에 어긋나지나 않을까 싶어서 그렇게 거니는 것처럼 보이기도 했다. 외과 의사가 상처를 치료하기 위해 왼쪽 소매를 잘라냈을 때, 노신사가 다가와 그녀에게 가던 길은 계속 가야 한다고 단호하게 말했다. 빌헬름의 두 눈은 그녀에게로 향하고 있었는데, 자기가 무슨 응급처치를 받고 있는지도 거의 느끼지 못할 만큼 그녀의 눈빛에 매혹되어 있었다.

그동안 필리네는 일어나서 그 친절한 부인의 손에 입을 맞추었다. 두 사람이 나란히 서 있을 때, 빌헬름은 이렇게 뚜렷한 차이는 지금껏 본 적이 없는 것만 같았다. 필리네가 이토록 불리하게 비친 적은 처음인 듯싶었다. 그는 필리네가 이렇게 고귀한 사람의 손을 잡는 것은 물론이고 그 옆에 서는 것조차 안 된다고 생각했다.

부인은 나지막한 목소리로 필리네에게 이것저것 물었다. 그러고는 여전히 뚱하게 서 있는 노신사에게 다가가서 "숙부님, 이 옷은 숙부님의 것이지만 이 사람에게 주어도 괜찮을까요?" 하고는 재빨리 외투를 벗었다. 아무것도 걸치지 않은 빌헬름에게 입혀주려는 생각임을 쉽게 알 수 있었다.

그녀의 위로하는 듯한 눈빛에 심취해 있던 빌헬름은 그녀의 몸에서 외투가 스르르 벗겨졌을 때 그 아름다운 몸매에 깜짝 놀라고 말았다. 그녀가 다가와서 그 외투를 가만히 덮어주었다. 그는 입을 열어 더듬더듬 감사의 말을 몇 마디 하고자 했지만, 가까이서 본 그녀의 강렬한 인상이 이미 쇠약해진 그의 의식에 묘한 작용을 했다. 갑자기 그녀의 머리가 광채로 둘러싸이고, 그녀의 몸 전체에 눈부신 빛이 서서히 퍼져가는 것처럼 보였다. 그때 외과 의사가 상처에 박혀 있는 총알을 빼낼 준비를 하느라고 그의 몸을 거칠게 건드렸다. 흐릿해져 가는 그의 눈에서 성녀의 모습이 사라졌다. 그는 완전히 의식을 잃었다. 다시 정신이 들었을 때는 기사도 마차도 아름다운 여인도 종자도 모두 사라지고 없었다.

제7장

빌헬름에게 붕대를 감아주고 옷을 입히고 나서 외과 의사도 서둘러 떠났다. 마침 바로 그때, 하프 타는 노인이 농부 몇 명을 데리고 올라왔다. 그들은 서둘러 나뭇가지를 베고 잡목을 엮어 들것을 만들었다. 그것에 빌헬름을 태우고, 아까 귀부인이 남기고 간 말 탄 사냥꾼의 안내를 받으며 천천히 산을 내려갔다. 하프 타는 노인은 아무 말 없이 생각에 잠긴 채, 부서진 하프를 들쳐 메고 걸었다. 남자들이 짐 가방을 들어주었으므로 필리네는 보따리를 들고 터벅터벅 걸었다. 미뇽은 펄쩍펄쩍 뛰면서 앞서가는가 하면, 옆의 덤불이나 숲을 헤집고 다니며 골똘히 생각에 잠긴 눈으로 자신의 보호자이자 부상한 빌헬름을 바라보기도 했다.

빌헬름은 따뜻한 외투를 덮은 채 조용히 들것에 누워 있었다. 고급 양모에서 전류 비슷한 온기가 몸으로 전해지는 것 같았다. 어쨌거나 세상에서 가장 짜릿한 기분이었다. 이 외투의 아름다운 주인이 준 인상은 강렬했다. 외투가 어깨에서 미끄러져 내리는 모습이며 빛에 둘러싸인 채 서 있는 고귀한 모습이 눈이 선했다. 그의 영혼은 사라진 여인의 뒤를 쫓아 바위며 숲 사이를 떠돌았다.

해질녘이 되어서야 일행은 마을 여관에 도착했다. 그곳에는 먼저 온 단원들도 묵고 있었는데 그들은 돌이킬 수 없는 손실을 끊임없이 한탄하고 있었다. 그 여관에 하나밖에 없는 작은 홀은 사람들로 초만원이었다. 짚을 깔고 누워 있는 사람도 있었고, 벤치에 앉아 있는 사람도 있었다. 난로 뒤에 쪼그리고 앉은 사람도 있었다. 멜리나 부인은 작은 옆방에서 불안스레 출산을 기다리고 있었다. 공포가 출산을 앞당긴 것이었다. 젊고 경험이 없는 안주인에게는 그리 큰 도움을 기대할 수도 없었다.

새로 도착한 사람들이 좀 들어가자고 하니까 여기저기서 불만의 목소리가 터져나왔다. 그들은 괜히 빌헬름의 의견에 따랐다가 그 위험한 길로 접어든 바람에 이런 재앙을 당하게 되었다고 말했다. 불행한 결과에 대한 책임을 그에게 떠넘기면서, 그가 안으로 들어가지 못하게 문간을 가로막고는 어디 묵으려면 다른 곳을 찾아보라고 말했다. 필리네는 더욱 심한 욕설을 들었고, 하프 타는 노인과 미뇽까지 공연한 욕을 먹었다.

아름다운 안주인에게 남은 사람들을 잘 돌봐달라는 간곡한 부탁을 받은 말 타는 사냥꾼은 이 난리법석을 묵묵히 듣고 있지만은 않았다. 이내 사람들을 향해 서로 좀 좁혀 앉아, 지금 도착한 사람들에게 자리를 내주라고 윽박질렀다. 사람들이 마지못해 그 명령에 따르자, 탁자 하나를 구석으로 밀어붙이고는 그 위에다 빌헬름을 눕혔다. 필리네는 그 옆에 짐 가방을 놓고 그 위에 앉았다. 모두 비좁게 몸을 쪼그리고 앉았다. 사냥꾼은 이 부부를 위해 좀 더 괜찮은 여관을 찾으러 나갔다.

그가 나가자 다시 불만의 목소리가 터져나오고, 연이어 비난이 쏟아졌다. 모두 자기가 어떤 손실을 입었는지 과장스럽게 떠들어대며, 이렇게 많은 것을 잃게 한 무모한 계획을 욕했다. 빌헬름이 입은 상처를 은근히 고소해 하는 사람마저 있었다. 어떤 사람은 필리네를 비웃으면서, 짐 가방을 무사히 지켜낸 것은 범죄행위나 마찬가지라고까지 말했다. 그들은 닥치는 대로 분풀이하고 빈정거렸다. 그녀가 약탈과 패배의 와중에 놈들의 우두머리를 유혹해서 누구도 알 수 없는 농간질로 짐 가방을 되찾아온 것이라 말하고 싶은 듯했다. 그녀가 한동안 모습이 보이지 않았더라고 지껄이는 사람까지 있었다. 필리네는 한 마디 대꾸도 하지 않고 애꿎은 짐 가방 자물쇠만 건드리며 딸그락거리는 소리를 냈다. 그렇게 그들에게 짐 가방의 존재를 재확인시켜 줌으로써 그들의 시샘을 부추기고, 자신의 행운을 통해 그들의 절망을 더욱더 부채질하려는 것처럼.

제8장

빌헬름은 피를 많이 흘려서 기력이 약해졌다. 그 자비로운 천사가 나타난 이래로 마음이 가라앉기는 했지만, 그가 입을 다물고 있는 동안 불만 가득한 사람들이 끊임없이 뱉어내는 그 심하고 부당한 언사에 차츰 울화가 치밀어 참을 수가 없었다. 그는 이제 그들이 그들의 친구이자 지도자인 그를 화나게 하는 무례한 언동을 그만두도록 일어나서 타이를 만큼의 원기는 회복했다고 느꼈다. 그는 붕대 감은 머리를 들고 힘겹게 상체를 일으켜 벽에 기댄 다음 이렇게 말하기 시작했다.

"나를 동정해야 할 때에 여러분은 날 모욕하고, 내가 처음으로 여러분의 도움을 기대해야 할 때에 여러분은 나를 적대시하고 배척하고 있군요. 하지만 그것도 다 재산을 잃은 고통 때문이라 생각하고 너그럽게 봐주겠습니다. 내가 여러분을 위해 애썼던 노력과 여러분에게 보여주었던 호의는 여러분의 감사나 친절한 행동으로 지금껏 충분히 보답 받았다고 생각합니다. 그러니 나를 혼란스럽게 하지 말아주세요. 과거를 돌이켜볼 때, 여러분을 위해 한 일을 계산적으로 생각하지 않게 해주세요. 나는 그런 계산이 괴로울 따름입니다. 우연히 여러분과 동행하게 되어 여러 사정과 나의 은밀한 애정 때문에 여러분 곁에 머물렀습니다. 여러분은 지금 우리가 만난 재앙의 책임을 온전히 내게 떠넘기고 있지만, 그 길로 가라고 처음으로 제안한 사람은 전혀 다른 사람들이었으며, 나뿐만 아니라 여러분도 모두 그 안을 검토하고 동의했다는 사실을 여러분들은 잊고 있습니다. 이 여행이 원만하게 끝났다면, 저마다 그 길을 생각해내고 선택한 사람이 자기였다며 의기양양했겠죠. 그런데 지금 여러분은 나 한 사람한테 그 책임을 지게 하고 나한테 죄를 뒤집어씌우고 있습니다. 내 순수한 양심은 내게 무죄를 선고하고, 심지어 여러분에게 책임을 돌려야 하지 않을까 하는 생각마저 하게 됩니다. 무슨 할 말이 있으면 분명히 말하세요. 그럼 나도 변명하겠습니다. 근거를 들어 말할 수 없다면 아무 말도 하지 말고 나를 괴롭히지 마세요. 나는 아직 안정이 필요합니다."

대답 대신에 여자들은 다시 울면서 자신들이 어떤 손실을 입었는지 장황하게 이야기하기 시작했다. 멜리나는 제정신이 아니었다. 말할 것도 없이 그는 남들이 상상하는 것 이상으로 가장 많은 것을 잃었기 때문이다. 그는 좁은 방 안을 미친 듯이 비틀비틀 돌아다니고, 머리를 벽에 부딪치고, 아무한테나 저주를 퍼붓고, 욕설을 내뱉었다. 설상가상으로 여관 안주인이 작은 방에서 나와, 그의 아내가 아이를 낳다 죽었다는 소식을 전해오자 그는 분노가 폭발했다. 그러자 다른 사람들까지 덩달아 고함을 지르고 악을 쓰고 울부짖으며 일대 소란이 벌어졌다.

빌헬름은 그들의 처지를 동정하기도 했지만, 그들의 천박한 근성에 참을 수 없이 화가 나기도 했다. 그는 몸에 기운이 전혀 없었음에도 정신력은 조금도 줄어들지 않은 것을 느꼈다. "여러분의 처지가 정말 딱하기는 하지만,

여러분을 경멸하지 않을 수 없군요!" 그가 외쳤다. "자기가 불행하다고 해서, 죄 없는 사람을 비난해도 좋은 건 아닙니다. 길을 잘못 잡은 건 나한테도 책임이 있지만, 그 벌은 충분히 받았습니다. 보시다시피 나는 상처를 입고 누워 있어요. 모두 손실을 입었지만, 내가 가장 큰 손실을 입었습니다. 빼앗긴 의상도 부서진 무대장치도 모두 내 것이었습니다. 멜리나 씨, 당신은 아직 나한테 돈도 지불하지 않았잖습니까. 지금 이 자리에서 그 빚은 없었던 것으로 해드리죠."

"다시는 볼 수 없는 것을 선사하시다니 정말 고맙군요." 멜리나가 말했다. "당신 돈은 아내의 짐 가방에 들어 있었습니다. 그게 없어진 건 당신 탓이고요. 아! 하지만 없어진 게 돈뿐이라면 얼마나 좋을까!" 그는 다시 발을 쾅쾅 구르면서 욕설을 해대고 고함을 지르기 시작했다. 사람들은 멜리나가 백작의 수중과 교섭에 성공하여 백작의 옷방에서 손안에 넣었던 백작의 아름다운 옷가지와 허리띠 쯤쇠, 시계, 코담배 통, 모자 따위를 기억해냈다. 그리고 멜리나를 보면서 모두들 그의 것보다는 훨씬 못하지만 나름대로 아끼던 자신의 물건들을 떠올렸다. 그들은 분노가 서린 눈으로 필리네의 짐 가방을 바라보았다. 빌헬름에게 그가 이 미인과 손을 잡게 되어 그녀의 행운에 편승하여 자기 물건도 건지게 되었으니 정말 선견지명이 있었다는 식의 암묵적인 시선을 보냈다.

마침내 빌헬름은 더 이상 참지 못하고 소리쳤다. "여러분이 어려움에 처한 판에 내가 내 것만 빼내왔다고 생각하는 겁니까! 어려울 때 내가 고통을 나누고자 했던 게 이번이 처음이던가요? 저 짐 가방을 열어요. 여러분을 위해 내 것을 기꺼이 나누어주죠."

"이건 내 짐 가방이에요." 필리네가 말했다. "내가 열고 싶어질 때 열겠어요. 내 짐 가방에 들어 있는 당신의 누더기 옷 두어 벌 따위는 아무리 정직한 유대인에게 판다 해도 몇 푼 받지 못해요. 당신 자신을 생각해요. 치료에 돈이 얼마나 들지도 모르고, 이곳에서 무슨 일이 일어날지 어떻게 알아요?"

"필리네 양, 내 것은 다 꺼내주시오. 단 몇 푼이라도 당장에는 유용하게 쓰일 겁니다." 빌헬름이 말했다. "친구를 도울 방법은 여러 가지 있지요. 꼭 현금으로 도우란 법은 없습니다. 내가 가진 모든 것을 이 불행한 사람들을 위해 쓰겠어요. 이 사람들도 좀 진정되면 지금 행동을 분명히 후회할 겁니다. 네, 여러분이 어려움에 처했다는 건 잘 압니다." 빌헬름이 말을 이었다. "내가 할 수 있는 모든 것을 여러분을 위해 하겠습니다. 한 번만 더 나를 믿어줘요. 지금은 좀 진정하고, 내 약속을 받아들여줘요. 모두를 대표해서 누가 내 약속을 받아주시오."

이렇게 말하고 그는 손을 들고서 외쳤다. "여러분 한 사람 한 사람이 잃은 것을 두 배 세 배로 보상받을 때까지는 그것이 누구의 탓이건 여러분이 지금 놓인 처지를 완전히 잊고 그것이 행복으로 바뀔 때까지 여러분 곁을 떠나지도 않을 것이며 여러분을 버리지도 않겠다고 약속합니다!"

그는 여전히 손을 뻗은 채였지만, 아무도 그 손을 잡으려고 하지 않았다. "다시 한 번 약속하죠." 그가 베개 위로 쓰러지며 외쳤다. 그러나 모두 침묵했다. 그들은 창피한 생각이 들었지만 그를 위로하지는 않았다. 필리네는 짐가방 위에 걸터앉아, 주머니 안에서 찾아낸 호두를 깨물어 까고 있었다.

제9장

말 탄 사냥꾼이 두어 사람을 데리고 돌아와 빌헬름을 옮길 채비를 시작했다. 그가 마을 목사에게 부탁해서, 부부를 재워주겠다는 약속을 받아냈던 것이다. 필리네의 짐 가방이 옮겨졌다. 그녀는 태연한 표정으로 그 뒤를 따라갔다. 미뇽은 앞장서서 갔다. 목사관에 도착하자, 목사는 부상자에게 오래전부터 손님용으로 준비해두었던 넓은 2인용 침대를 제공했다. 그제야 상처가 터져서 심한 출혈이 있었음을 알게 되었다. 붕대를 새로 감아야 했다. 부상자는 열이 펄펄 끓었다. 필리네는 그를 정성스럽게 간호했다. 피로를 견디지 못하게 되자, 하프 타는 노인이 교대해주었다. 미뇽은 일어나 있으려고 굳게 결심했지만 구석에서 잠들어버렸다.

이튿날 아침 빌헬름은 기운을 조금 차렸다. 사냥꾼이 그에게, 어제 그들을 도와준 귀부인은 평화가 찾아올 때까지 전란을 피해 조용한 곳에 머물기 위해 얼마 전에 영지를 떠나온 사람이라고 말했다. 사냥꾼은 노신사와 그 조카의 이름, 그리고 그들이 가장 먼저 도착하게 될 마을의 이름을 가르쳐주고, 그 귀부인이 자기에게 남겨진 분들을 잘 돌보라는 엄명을 내렸노라고 설명했다.

빌헬름은 사냥꾼에게 진심어린 감사 인사를 했다. 그때 외과 의사가 들어와서 대화가 중단되었다. 외과 의사는 부상 정도를 자세히 설명해주고, 안정하고 기다리면 곧 나을 거라고 자신 있게 말했다.

사냥꾼이 떠나자 필리네는 사냥꾼이 목사에게는 숙박비를 주고 외과 의사에게는 치료비를 주라며 루이 금화 20냥이 든 주머니를 자기에게 맡기더라고 전했다. 사냥꾼이 자기를 빌헬름의 아내라 믿고 있으며, 앞으로도 자기는 그런 마음으로 빌헬름의 곁에 있겠으니 다른 간호인을 찾지 말라고도 말했다.

"필리네 양," 빌헬름이 말했다. "이번 재난을 겪으며 당신에게 여러모로 신세를 졌습니다. 당신에게 이 이상 신세를 지면 곤란해요. 나는 당신이 곁에 있으면 마음이 편하지 않습니다. 당신의 수고에 어떻게 보답해야 할지 몰라서 말이죠. 당신의 짐 가방에 넣어둔 덕분에 무사했던 내 물건을 꺼내줘요. 당신은 다른 사람들과 함께 다른 숙소를 찾아가요. 그리고 자그마한 성의의 표시로 이 금시계를 받아줘요. 제발 나를 혼자 내버려둬요. 당신이 곁에 있으면, 나는 당신이 생각하는 것보다 훨씬 마음이 불편합니다."

빌헬름이 말을 마치자 그녀가 그를 놀려댔다. "당신은 바보예요. 언제쯤 약아질 작정인가요? 어떻게 하면 당신에게 도움이 될지는 내가 더 잘 알아요. 난 여기 있겠어요. 여기서 조금도 움직이지 않을 거예요. 남자들에게 감사 따위를 바란 적은 한 번도 없어요. 그러니까 당신의 감사도 바라지 않겠어요. 내가 당신을 좋아하는 게 당신이랑 무슨 상관이 있지요?"

그녀는 그대로 머물렀다. 그리고 곧 목사에게도, 그 가족들에게도 환심을 사게 되었다. 늘 명랑하고, 인심 좋고, 사람의 기분에 맞추어 대화할 줄 알면서도 늘 자기가 원하는 대로 행동했다. 빌헬름의 병세도 나쁘지 않았다. 외과 의사는 박식하지는 않았으나 솜씨는 서툴지 않았다. 자연 치유에 맡겨두자 빌헬름은 곧 차도를 보이기 시작했다. 그는 빨리 완쾌하여 자신의 계획과 소망을 차근차근 이루어갈 수 있기를 간절히 기도했다. 그는 그의 마음에 지울 수 없는 인상을 안겨준 그 사건을 줄곧 생각했다. 아름다운 여기사가 덤불에서 나오는 모습이 눈에 선했다. 그녀가 다가와 말에서 내리고, 주위를 서성이고, 그를 위해 애써주었다. 외투가 어깨에서 미끄러져 내리고, 그녀의 얼굴과 자태가 광채를 내며 사라지는 것을 보았다. 빌헬름은 소년 시절의 꿈이 이 광경과 연결되었다. 그는 저 고귀하고 용감한 클로린다를 직접 본 것만 같은 생각이 들었다. 병상에 누운 왕자에게 살며시 다가오는 아름답고 친절한 왕비를 떠올렸다.

그는 가끔 남모르게 혼자 중얼거렸다. "젊은 시절에는 꿈결처럼 우리 운명의 모습이 우리 주위를 떠다니고, 우리의 아직 흐려지지 않은 눈앞에 예감으로 나타나 보이는 것이 아닐까? 우리가 겪게 될 일들의 싹이 운명의 손에 의해 뿌려지고, 언젠가 따 먹고자 하는 열매를 미리 맛볼 수 있는 것 아닐까?"

병상에 누워 있는 덕에 그는 그런 장면을 몇 번이고 되풀이하여 볼 여유가 있었다. 그는 그 달콤한 목소리를 계속해서 떠올리고, 그 부드러운 손에 입맞추었던 필리네를 수없이 부러워했다. 가끔은 그 일이 하나의 꿈처럼 생각되었다. 그 일이 진짜 있었던 일임을 가르쳐주는 외투가 남아 있지 않았다면, 그는 그것을 한낱 동화로 여겼을 것이다.

그 외투를 소중히 간직하고 싶은 기분과 그 옷을 입고 싶은 기분이 엇갈렸다. 그는 몸을 가눌 수 있게 되자마자 먼저 그 외투를 입어 보았다. 그리고 행여나 그 옷이 얼룩지지나 않을까, 잘못하다가 손상되지나 않을까를 걱정하는 것이었다.

제10장

라에르테스가 빌헬름을 찾아왔다. 그는 위층의 작은 방에서 자느라, 그 난리가 났을 때는 그 자리에 없었다. 그는 자기가 잃은 것을 깨끗하게 단념하고, 평소처럼 "별것 아니다"라는 태도로 돌아와 있었다. 그는 단원들에 관한 우스꽝스러운 이야기를 이것저것 들려주었는데, 특히 멜리나 부인을 집중공격했다. 그녀가 딸의 사산을 슬퍼하는 것은 오로지 메히틸데라는 고풍스러운 이름을 붙여주지 못해서라고 말했다. 그녀의 남편에 관해서도 이야기했는데, 그 남편은 큰돈을 지니고 있으며 이미 그 무렵에 빌헬름에게서 긁어낸 돈은 빌릴 필요가 전혀 없었다는 사실이 드러났다. 지금 멜리나는 다음

우편마차로 떠날 예정인데, 빌헬름에게 그의 친구인 제를로 단장한테 추천장을 써달라고 부탁할 것이라 했다. 멜리나는 자신의 계획이 물거품이 되자 제를로의 극단에 들어가기를 바란다고 말했다.

미뇽은 며칠 동안 쥐 죽은 듯이 지냈다. 집요하게 캐묻자, 그제야 오른팔의 관절이 빠졌다고 고백했다. "그렇게 무모한 짓을 하니까 그렇지." 필리네가 말했다. 필리네에 따르면, 싸움이 벌어졌을 때 미뇽은 빌헬름이 위험에 처한 것을 보자 사냥칼을 빼들고 용감하게도 도적들에게 덤벼들었으나 결국 팔을 붙잡힌 채로 내동댕이쳐졌다는 것이었다. 다쳤으면서 왜 빨리 말하지 않았느냐고 꾸짖었지만, 외과 의사가 아직도 그녀를 사내아이라고 믿고 있기에 일부러 숨긴 것이라고 했다. 치료를 위해서 그녀는 팔을 목에 매달고 다녀야 했다. 그녀에게 이것은 새로운 고통이었다. 빌헬름을 돌보고 간호하는 일의 가장 중요한 부분을 필리네에게 맡겨야 했기 때문이었다. 그렇게 되자 사랑에 빠진 그 악녀는 그만큼 더 부지런히 움직이고 빌헬름을 정성껏 돌봤다.

어느 날 아침 눈을 뜬 빌헬름은 필리네가 이상한 자세로 자기 옆에 있는 것을 발견했다. 그는 잠자리가 불편했는지 넓은 침대의 뒷구석으로 밀려나 있었다. 필리네는 침대 앞쪽에 비스듬히 길게 누워 있었는데, 침대에 앉아서 책을 읽던 중에 잠들었는지 책이 손에서 떨어져 있었다. 그녀는 뒤로 쓰러져 있어서 머리가 그의 가슴 옆에 놓여 있었다. 풀어헤친 그녀의 금발이 가슴 위에서 물결쳤다. 흐트러진 잠옷이 일부러 꾸민 것보다 그녀의 매력을 더 돋보이게 했다. 얼굴에는 어린아이의 미소 같은 평온함이 감돌고 있었다. 절대 안정과 절제를 해야만 하는 지금 상태를 그가 축복으로 여겼는지 불행으로 여겼는지는 알 수 없다. 그는 한참 동안 유심히 그녀를 바라보고 있었는데 그녀가 몸을 움직이기 시작했다. 그는 가볍게 눈을 감았으나, 실눈을 뜨고 그녀를 보지 않을 수 없었다. 그녀는 매무새를 고치고, 아침 식사가 준비되었는지 알아보기 위해 방에서 나갔다.

배우들이 하나 둘 빌헬름을 찾아와서는 무례하게, 또는 막무가내로 추천장과 여비를 요구하고 받아가지고 갔다. 필리네는 그때마다 분통을 터트렸다. 사냥꾼이 그 사람들 몫으로도 꽤 많은 돈을 남기고 갔으므로 그들은 당신을 우려먹고 있을 뿐이라고 아무리 말해도 빌헬름이 무시했기 때문이다.

마침내는 그것이 격렬한 말싸움으로 번졌다. 그는 그녀도 다른 사람들과 함께 제를로를 찾아가 운을 시험해보는 것이 좋겠다고 딱 잘라서 말했다.

그녀는 아주 잠깐 동안 평정심을 잃었으나 곧 이성을 되찾고서 말했다. "그 금발 소년만 돌아와준다면 당신들 따위는 거들떠보지도 않을 텐데!" 그것은 프리드리히를 두고 한 말이었는데, 그는 숲의 빈터에서 종적을 감춘 뒤로 다시는 모습을 볼 수 없었다.

이튿날 아침 미뇽이 침대 곁으로 와서, 필리네가 그의 물건들을 옆방에 가지런히 한데 모아두고서 밤중에 떠났다고 알려주었다. 빌헬름은 그녀의 빈자리를 뼈저리게 느꼈다. 그는 충실한 간호사와 유쾌한 말상대를 잃은 것이다. 그는 이제 도저히 혼자 있는 것이 힘들었다. 그러나 곧 미뇽이 그 빈자리를 메워주었다.

그동안 쾌활하고 아름다운 필리네가 부상한 빌헬름을 친절하고 정성껏 돌봐주고부터 미뇽은 점차 뒤로 물러나서 혼자 조용히 있었다. 그러나 다시 자유로운 활동 영역을 얻자 그녀는 정성과 애정으로 그를 열심히 돌보고 명랑하게 말상대가 되어주었다.

제11장

그는 날이 갈수록 빠르게 회복되어 갔다. 며칠만 있으면 여행을 떠날 수 있을 것 같았다. 이제는 정처 없이 떠돌아다니는 생활을 그만두고, 삶의 방향을 정확히 정해서 그 계획에 따라 가기로 마음먹었다. 먼저 그 친절한 귀부인을 찾아가서, 그날 도와주어서 고맙다고 인사하고 싶었다. 그런 다음에는 곧바로 친구인 제를로 단장을 찾아가 불행에 빠진 동료들을 되도록 잘 돌봐달라 부탁하고, 주소를 알고 있는 거래처로 가서 자기가 맡은 업무를 처리해야겠다고 생각했다. 그리고 지금까지와 마찬가지로 앞으로도 행운을 만나고 운 좋은 투기를 통해 손실을 만회해서 회계장부의 공백을 메울 수 있기를 기도했다.

그를 도와준 사람들을 다시 한 번 만나고 싶다는 소망은 날이 갈수록 더해졌다. 빌헬름은 여정을 결정하기 위해 목사와 의논했다. 그는 지리와 통계에

220 빌헬름 마이스터 수업시대

관해 뛰어난 지식을 갖고 있었으며, 방대한 양의 책과 지도를 소장하고 있었다. 그 귀족 일가가 전란 중에 머물 곳으로 선택한 장소와 그 가족에 관한 정보를 찾아보았다. 그러나 그런 곳은 그 어떤 지리책과 지도에도 표시되어 있지 않았다. 또한 가계편람에는 그런 가족에 관한 기록이 전혀 없었다.

빌헬름은 초조해졌다. 그 불안한 마음을 털어놓자, 하프 타는 노인이 그 사냥꾼이 무슨 이유에서인지는 몰라도 진짜 이름을 숨겼을 가능성이 있는 것 같다고 말했다.

아무래도 그 아름다운 여인이 근처에 있을 것만 같아서 빌헬름은 하프 타는 노인을 보내면 그녀에 관한 정보를 얻을 수 있지 않을까 하고 생각했다. 그러나 그런 기대는 보기 좋게 빗나갔다. 노인은 열심히 캐고 다녔지만 아무런 단서도 얻지 못했다. 그 무렵 이 지방에는 다양하고 활발한 움직임이 있어서 뜻하지 않은 행군이 자주 있었다. 그런 여행객들에게 특별히 주의를 기울이는 사람은 아무도 없었다. 그래서 심부름을 나갔던 노인은 유대인 간첩이라는 의심만 받고 돌아와 빌헬름 앞에 빈손으로 얼굴을 내밀 수밖에 없었다. 노인은 게으름을 피웠다는 의심을 씻기 위해서, 자기가 맡은 임무를 완수하려고 얼마나 노력했는지 열심히 설명했다. 그는 어떻게든 빌헬름의 슬픔을 위로하고자, 사냥꾼에게서 들은 모든 정보를 종합하여 다양한 추측을 쏟아냈다. 마침내 노인의 어떤 말에서 빌헬름은 그 종적을 감춘 아름다운 여인의 수수께끼 같은 말을 풀이해낼 수 있었다.

즉 도적떼가 노린 것은 유랑 극단이 아니라, 당연히 거액의 돈과 금은보화를 갖고 있을 그 귀족 일행이었던 것이다. 도적떼는 그 일행에 관해 정확한 정보를 갖고 있을 것이 틀림없었다. 그들이 의용군인지 낙오병인지, 또는 진짜 도적인지는 알 수 없었다. 요컨대 돈 많은 귀족 일행으로서는 다행스럽게도 천하고 가난한 유랑 극단이 먼저 그곳에 도착하여, 귀족 일행을 기다리고 있던 운명을 대신 만난 것이었다. 지금도 빌헬름의 귀에 똑똑히 남아 있는 그 젊은 부인의 말은 바로 그런 의미였다. 사려 깊은 수호신이 그 죄 없는 사람들을 구하기 위해 자신이 희생된 거라고 생각하자, 그는 만족스럽기도 하고 행복하기도 했다. 그러나 그 여인을 찾아내어 다시 만난다는 희망은 적어도 얼마 동안은 완전히 사라졌으므로, 그의 기분은 절망에 빠질 것만 같았다.

백작부인과 그 아름다운 미지의 여인이 서로 닮았다는 사실을 깨닫는 순간 그의 묘한 감정은 더욱더 고조되었다. 두 사람은 자매라고 해도 좋을 만큼 비슷했다. 둘은 쌍둥이처럼 닮았으며, 어느 쪽이 언니고 어느 쪽이 동생이라고 할 수도 없을 만큼 똑같았다.

사랑스러운 백작부인에 관한 추억은 한없이 감미로웠다. 빌헬름은 그녀의 모습을 한시도 잊은 적이 없었다. 그러나 지금은 고귀한 여기사의 모습이 어느새 거기에 섞이더니, 하나의 모습이 또 하나의 모습으로 바뀌었다. 그리고 그는 어느 것이 누구의 모습인지 딱히 포착할 수 없게 되고 말았다.

게다가 두 사람의 글씨체까지 닮은 데는 놀라지 않을 수 없었다. 그는 백작부인이 쓴 멋진 시를 메모장에 간직하고 있었다. 그리고 그는 그 여기사가 따뜻한 마음을 담아 숙부의 건강을 묻는 종이쪽지를 그녀의 외투 속에서 발견했다.

이 종이는 그의 생명의 은인이 쓴 것이며, 여행 중에 한 여관방에서 다른 방으로 전달되어 숙부가 주머니에 넣어둔 것이라고 빌헬름은 확신했다. 그는 두 개의 필체를 대조해보았다. 백작부인의 우아한 글씨체는 전부터 마음에 쏙 들었었지만, 미지의 여인의 비슷하면서도 더 부드러운 필체에는 이루 표현할 수 없을 만큼 유창한 조화로움이 있었다. 종이에 대단한 내용은 쓰여 있지 않았으나 글씨체를 보는 것만으로도 두 사람을 눈앞에서 보는 것처럼 흥분되었다.

그는 마치 꿈꾸는 듯한 그리움에 빠져들었다. 그때 미뇽과 하프 타는 노인이 마음이 담긴 노래를 불협화음으로 부르기 시작했다. 그 노래는 그의 기분을 정확히 대변해주는 것이었다.

그리움을 아는 사람만이
내 슬픔을 알리라.
홀로, 나 홀로
모든 즐거움과 담쌓고 앉아
오로지 저 창공을
아득하게 바라보노라.
나를 사랑하고 나를 알아주는 사람은

저 멀리 있구나!
이 눈은 어지럽고
이 가슴은 타들어간다.
그리움을 아는 사람만이
내 슬픔을 알리라.

제12장

친절한 수호신의 부드러운 유혹은 빌헬름을 어떤 길로 인도하는 대신, 이전부터 느끼고 있던 불안을 더욱 증폭시켰다. 보이지 않는 불꽃이 그의 핏줄에서 이글거리고, 뭐라 꼬집을 수 없는 불특정한 대상이 그의 마음속을 쉴 새 없이 들락거리며 끝없는 욕망을 부추겼다. 어떤 때는 준마를 원했고, 어떤 때는 날개를 원했다. 이렇게 한곳에 머물러 있을 수는 없다고 생각하면서도 정작 어디로 가야 할지 알 수 없었다.

그의 운명의 실오라기는 아주 묘하게 뒤엉켜버렸다. 그는 이 이상한 매듭이 풀어지기를 바랐으며, 때로는 확 끊어버리고만 싶었다. 말발굽 소리나 마차바퀴 소리가 들릴 때마다 얼른 창밖을 내다보았다. 그리고 누가 찾아온 것은 아닐까, 우연히라도 확실한 기쁨을 전해줄 전령이 온 것은 아닐까 하고 생각했다. 친구 베르너가 이 지방으로 왔다가 그를 깜짝 놀라게 할 수도 있고, 어쩌면 마리아네가 불현듯 나타날 수도 있다는 상상을 했다. 우편마차의 나팔소리에도 심장이 두근거렸다. 멜리나가 그 뒤 소식을 전해주러 온 것일까 생각하기도 하고, 특히 사냥꾼이 찾아와 자기가 사모해 마지않는 아름다운 여인에게 자기를 데리고 가는 것이 아닐까 생각하기도 했다.

하지만 유감스럽게도 그런 일은 전혀 일어나지 않았고 그는 다시 혼자가 되었다. 지난 일을 돌이켜보고 생각하고 반성할 때마다 불쾌하고 참을 수 없어지는 일이 한 가지 있었다. 그것은 자신의 지휘가 실패로 끝났다는 사실이었다. 이것을 생각할 때마다 화가 났다. 그 불행한 날 저녁, 사람들 앞에서 일단 당당하게 웅변은 했지만 그도 자신에게 책임이 있음은 부정할 수 없었다. 아니 오히려 우울할 때는 그 모든 일이 자기 탓인 것만 같았다.

자기애는 자신의 장점이나 결점을 실제보다 과장되게 생각하게 한다. 그는 자기 자신에 대한 신뢰를 발동시켜서 다른 사람의 의지를 조종했으며, 무경험과 무모함에 이끌려 선두에 섰다. 그들은 그들의 힘으로는 감당해내기 어려운 위험에 부딪혔다. 비난이 때로는 소리 높여, 때로는 침묵의 형태로 그에게 쏟아졌다. 그는 자신의 잘못된 지휘로 피해를 본 단원들에게 이자까지 붙여 되돌려줄 때까지는 버리지 않겠다고 약속한 것도, 모두가 당한 재앙을 주제넘게 자기가 혼자 떠안으려 하는 것도 또 다른 무모한 생각에서 비롯한 것이 아닌지 자책했다. 그는 순간적인 흥분과 충동에 휩싸여 그런 약속을 한 것을 후회하는가 하면, 한편으로는 누구 하나 붙잡아준 사람은 없을지언정 그가 너그럽게 내민 손은 마음속으로 다짐한 맹세에 비하면 하찮은 형식에 지나지 않았다는 생각도 했다. 그들을 도울 방법을 고민하다가, 결국 한 시라도 빨리 제를로를 찾아가는 것이 상책이라는 결론을 내렸다. 그는 상처가 다 낫지 않았는데도 짐을 쌌다. 그리고 목사와 외과 의사의 충고를 무시한 채 이상한 길동무들인 미뇽과 노인을 데리고서, 운명이 너무도 오랫동안 붙잡아두고 있었던 무위도식의 생활에 다시금 작별을 고했다.

제13장

제를로는 두 팔을 벌려 그를 반겼다. "오, 왔군요! 다시 만났어요. 당신은 별로, 아니 전혀 변하지 않았군요. 물론, 고귀한 예술에 대한 당신의 애정도 변함없이 강렬하고 생기로 넘치겠지요? 당신이 와주어서, 최근에 당신이 보낸 편지에서 느꼈던 불신감도 다 사라져버렸습니다. 나는 그것이 기쁘군요."

빌헬름은 놀라서, 더 자세히 설명해달라고 청했다.

"당신이 나를 대하는 태도가 오랜 친구 같지 않았으니까요." 제를로가 대답했다. "당신은 나를 큰 부자 대하듯 하면서, 별 쓸모도 없는 사람들을 아무렇지도 않게 추천하지 않았습니까. 우리의 운명은 관객의 평가로 결정됩니다. 멜리나 씨나 나머지 단원들을 우리 극장에서 채용하기란 어려울 겁니다."

빌헬름은 그들에게 유리한 말을 해주려고 했다. 그러나 제를로가 가차 없이 그들을 깔보는 말을 시작했으므로, 어떤 부인이 방으로 들어와서 대화가 중단되었을 때는 오히려 다행스럽게 생각되었을 정도였다. 제를로는 곧 그 부인이 자기의 누이동생인 아우렐리아*²라고 소개했다. 그녀가 매우 상냥하게 그를 반겼고 그 말투도 호의적이었으므로, 빌헬름은 그녀의 총명해 보이는 얼굴에 특별한 분위기를 더해주는 뚜렷한 슬픔의 그림자를 깨닫지 못했다.

빌헬름은 오랜만에 자기의 본거지로 돌아온 듯한 기분이었다. 지금까지는 자기가 무슨 말을 해도 겨우 만족할 만한 정도로밖에 그 이야기를 들어주는 사람이 없었지만, 지금은 그의 말을 완전히 이해해줄 뿐만 아니라 많은 도움이 되는 대답을 해주는 예술가 또는 지식인과 대화하는 행복을 만끽할 수 있었기 때문이다. 두 사람 모두 일찌감치 최근 작품을 섭렵하고 있었다. 비평도 정확했다. 관객의 반응을 분석하고 존중할 줄도 알았다. 그뿐만 아니라 서로 빠르게 발전하고 있었다.

빌헬름은 셰익스피어에 빠져 있었으므로, 화제는 자연스럽게 이 작가로 옮겨갔다. 빌헬름은 이 작가의 여러 작품이 독일에 몰고 올 새 시대에 대한 기대를 열띠게 피력했으며, 이윽고 자기가 그렇게도 열심히 연구해온 〈햄릿〉에 관해 말하기 시작했다.

제를로는 자기도 조건만 갖춰졌다면 그 작품을 진작 상연했을 것이며, 자기는 폴로니우스 역을 해보고 싶다고 말했다. 그리고 웃으면서 이렇게 덧붙였다. "햄릿만 발견된다면 오필리아를 발견하기란 식은 죽 먹기죠."

빌헬름은 오빠의 이 농담이 아우렐리에에게는 불쾌한 이야기라는 것을 눈치채지 못했다. 오히려 그는 평소 버릇대로, 자기라면 어떤 식으로 햄릿을 연기하겠는지 장황하게 늘어놓았다. 그는 두 사람에게, 우리가 이미 앞에서 들은 결론을 자세하게 설명했다. 그리고 제를로가 그의 가설에 의문을 품었음에도, 끝까지 자기 의견을 이해시키려고 갖은 애를 썼다. "아, 알았습니다." 마침내 제를로가 말했다. "당신 주장이 모두 옳다고 치지요. 그런데 그

---

*2 이 대목에서는 아우렐리아(Aurelia)라고 되어 있지만, 이다음부터는 아우렐리에(Aurelie)라고 지칭되어 있다. 제를로라는 성(姓)이 이미 이탈리아계임을 나타내고 있지만, 이 대목에서는 제를로가 자기 누이동생을 소개하면서 무심결에 이탈리아식 호칭으로 말한 것으로 이해된다.

것을 전제로 또 무슨 설명을 하려는 겁니까?"

"많은 것, 아니 전부 다죠." 빌헬름이 대답했다. "생각해봐요. 내가 묘사한 왕자가 뜻하지 않게 아버지를 잃었습니다. 그에게 활력을 불어넣어주는 정열은 명예욕이나 지배욕이 아니에요. 그는 왕의 아들이라는 신분에 만족하며 살았지만, 이제야 비로소 왕과 신하를 갈라놓는 차이점에 주목하지 않을 수 없게 된 겁니다. 왕관을 쓸 수 있는 권리는 세습적인 것이 아니지만, 아버지가 더 오래 살았더라면 외아들의 요구권은 더 다져졌을 것이며, 왕관을 물려받을 희망은 더 확실해졌을 겁니다. 그런데 지금 그는 왕위에 대한 약속은 빛 좋은 개살구에 지나지 않으며, 숙부가 자기를 아마도 평생 왕위에서 제외하리란 사실을 알았습니다. 지금 그는 하느님의 은총과도 재산과도 인연이 없는 초라한 신세이며, 어릴 때부터 자기 소유로 생각해오던 환경에 둘러싸여 있으면서도 이방인처럼 느끼고 있습니다. 여기서 그의 정서는 처음으로 우울한 빛을 띠게 되지요. 그는 자기가 일반 귀족 이상의 존재가 아니라는 사실을, 아니 일반 귀족과 동급이라는 사실을 뼈저리게 깨닫습니다. 그래서 모든 사람의 종인 것처럼 행동하지요. 그렇지만 비굴하거나 자신을 지나치게 낮추지는 않습니다. 영락하고 초라해진 척을 하는 것뿐이지요.

그는 지난날이 한낱 사라진 꿈으로만 생각되었습니다. 숙부는 그를 격려하고, 그런 상황을 다른 관점에서 보게 하려고 했습니다. 그러나 그는 모든 것을 잃었다는 기분에서 벗어나지 못하죠.

그에게 찾아온 두 번째 타격은 그에게 더 깊은 상처를 입히고 그의 기를 더욱더 꺾어놓았습니다. 바로 어머니의 결혼이었습니다. 충실하고 마음씨 착한 아들에게는 아버지를 잃었어도 아직 어머니가 남아 있었습니다. 그는 돌아가신 위대한 아버지의 늠름한 모습을 그 고귀한 어머니와 함께 추모하고 싶었습니다. 하지만 그는 어머니마저 잃었습니다. 그것은 죽음으로 어머니를 빼앗긴 것보다도 더 괴로웠습니다. 훌륭한 교육을 받고 자란 아이가 부모에게 품는 신뢰의 이미지가 깨졌습니다. 어머니도 여자였습니다. 그녀도 '연약한 자'*3라고 지칭되는 여자의 범주에 들어가는 존재였던 것입니다.

그는 비로소 큰 타격을 입고, 이제 자신이 오갈 데 없는 처지임을 깨닫습

---

*3 〈햄릿〉 제1막 제2장 제146행(Frailty, thy name is woman!) 참조.

니다. 이 세상의 그 어떤 행복도 그가 잃은 것을 보상해줄 수 없었습니다. 그는 천성이 우울하지도, 사색에 잠기는 성격도 아니었지만, 이제 우울과 사색은 그에게 무거운 짐이 됩니다. 그는 이런 인물로 등장합니다. 내가 작품에 무엇을 첨가하거나 부풀린 것은 하나도 없습니다."

제를로가 누이동생을 보고 말했다. "빌헬름이라는 사람, 내가 말한 대로지? 첫머리부터 훌륭한 말을 해주고 있고, 같이 있다 보면 더 다양한 이야기로 우리를 설득해줄걸." 빌헬름은 설득하려는 게 아니라 그저 이해하기를 바랄 뿐이며, 조금만 더 참고 들어달라고 간청했다.

"이런 젊은이, 이런 왕자를 똑똑히 머릿속에 그리고, 그가 놓인 상황을 상상하면서, 아버지의 망령이 나온다는 이야기를 들었을 때의 그를 관찰해 봐요. 엄숙한 망령이 그의 앞에 나타나는 그 무시무시한 밤에 그의 곁에 서봐요. 그는 무서운 공포에 사로잡힙니다. 그는 그 기묘한 형체에 말을 겁니다. 망령의 손짓에 이끌려 따라가고, 그 목소리를 듣습니다. 숙부에 대한 가공할 탄핵이 그의 귀를 때립니다. 복수해 달라는 요구와 거듭 되풀이되는 간곡한 부탁의 말이 들려옵니다—'날 잊지 말아다오!'

그런데 망령이 사라졌을 때 우리 앞에 서 있는 것은 누구입니까? 복수심에 불타는 젊은 영웅입니까? 자기의 왕관을 빼앗아간 사람을 응징하라는 요구를 받고 행복감을 느끼는 타고난 군주입니까? 아닙니다. 놀라움과 비애가 이 고독한 젊은이를 엄습한 것입니다. 그는 회심의 미소를 짓고 있는 악인을 증오하고, 죽은 아버지를 잊지 않겠노라고 맹세합니다. 하지만 마지막에 의미심장한 한숨을 내쉬며 이렇게 말합니다.

'시대의 톱니바퀴가 잘못 돌아가고 있구나.

그것을 바로잡기 위한 가혹한 운명을 타고났다니!'

나는 이 말에 햄릿의 모든 행동을 설명하는 열쇠가 있다고 생각합니다. 나는 셰익스피어가 한 영혼에게 감당 못할 벅찬 행위를 짊어지우고 그 모습을 묘사했다고 생각합니다. 그런 의미에서 이 작품은 통일성 있게 쓰였습니다. 연약한 꽃을 심기 위해 만든 호화로운 화분에 떡갈나무를 심는 것과 같지요. 떡갈나무의 뿌리가 뻗어 내리면 화분은 깨질 것입니다.

영웅을 만드는 강한 마음을 갖지 못한, 아름답고 순수하고 고귀하고 지극히 도덕적인 인물이 짊어질 수도, 벗어던질 수도 없는 무거운 짐 때문에 파멸해가는 것입니다. 그에게는 모든 의무가 신성했지만, 너무 무거운 것이기도 했습니다. 그는 불가능을 강요받았습니다. 그 자체는 불가능하지 않지만, 그에게는 불가능한 일이었지요. 그는 몸부림치고, 발버둥치고, 불안에 떨고, 우왕좌왕합니다. 아버지의 말을 떠올리고 또 떠올리다가 결국 목적은 거의 잊어버리지만, 두 번 다시 쾌활한 젊은이로 돌아올 수는 없는 것입니다."

제14장

몇 사람이 들어와서 대화가 멈춰졌다. 매주 한 번씩 제를로의 집에 모여서 작은 연주회를 여는 음악 애호가들이었다. 음악을 매우 사랑했던 제를로는 배우가 음악을 좋아하지 않는다면 절대로 자기 예술을 명확히 이해하고 느낄 수 없다고 주장했다. 가락이 있고 그 가락에 맞추어 몸을 움직일 때는 훨씬 경쾌하고 품위 있는 연기를 할 수 있다. 그러나 산문적인 역할을 할 때도 배우는 자기 식으로 단조롭게 연기하는 게 아니라 머릿속으로 그 배역에 맞는 곡을 상상하면서 박자와 운율에 맞춰 적당한 변화를 주어야 한다는 것이었다.

아우렐리에는 거기서 일어나는 모든 일에 흥미가 없는 듯했다. 그녀는 빌헬름을 옆방 창가로 데리고 가서 밤하늘을 올려다보며 이렇게 말했다. "당신은 햄릿에 관해서는 아직도 할 말이 많은 것 같군요. 그런데 당신의 의견은 나중에 오빠랑 같이 듣기로 하고, 지금은 먼저 오필리아에 관한 생각을 들려주시겠어요?"

"오필리아에 관해서는 별로 할 말이 없습니다." 빌헬름이 대답했다. "그녀의 성격은 아주 짧고 훌륭한 묘사로 완전히 드러나니까요. 그녀의 마음은 늘 성숙하고 달콤한 관능의 기쁨을 추구합니다. 그녀에게는 왕자의 손길을 바랄 자격이 당연히 있었지만, 왕자에 대한 사랑이 샘물처럼 넘쳐흘러 그녀의 착한 마음은 마음의 요구에 완전히 잠겨버렸습니다. 걱정이 된 아버지와 오빠는 솔직하고 노골적으로 경고합니다. 얌전한 태도도 그녀 가슴에 있는 얇은 베일과 마찬가지로 마음의 동요를 감출 수 없습니다. 아니, 보일락 말락 한 동요마저도 다 드러내고 말지요. 그녀의 상상력에는 불이 붙고, 그녀의 조용하고 얌전한 성격도 사랑으로 가득한 갈망에 몸부림칩니다. 게으른 기회의 여신이 나무를 흔들기만 하면, 열매는 금방 떨어지게 되지요."

아우렐리에가 말했다. "그런데 이제 버림받고 거부와 멸시를 당하게 되자······ 실성한 연인의 마음속에서 가장 고귀하던 것이 가장 비천한 것으로 바뀌어 그가 사랑의 달콤한 술잔 대신 고뇌의 쓴잔을 내밀자······."

"마음이 산산이 부서지는 거지요." 빌헬름이 말했다. "그녀의 존재를 지탱해주던 발판이 무너져 내리고, 그곳을 아버지의 죽음이라는 폭풍우가 덮칩니다. 아름다운 건물이 그냥 무너져 내리는 겁니다."

빌헬름은 아우렐리에가 마지막 말을 어떤 심정으로 했는지 알아차리지 못했다. 이 작품과 그 구성과 완벽함을 말하는 데 정신이 팔린 그는 아우렐리에가 자기의 말에서 전혀 다른 인상을 받고 있다는 사실도, 이 극화된 환영들을 통해 그녀의 깊은 상처가 슬픔이 되어 생생하게 고통으로 터져나오는 사실도 눈치채지 못했다.

아우렐리에는 여전히 머리를 손에 얹고서 눈물이 그렁그렁한 눈으로 하늘을 바라보고 있었다. 마침내 그녀는 감추고 있던 슬픔을 억누를 수가 없어져서 빌헬름의 두 손을 붙잡고 외쳤다. 그는 놀라서 그저 그녀 앞에 서 있었다. "죄송해요. 너무 걱정이 돼서······ 저 사람들을 보고 있으면 숨통이 죄어서 숨이 막힐 것만 같아요. 무정한 오빠의 눈도 피하고 싶고요. 당신 앞에 있으면 마음속의 응어리가 다 풀리는 기분이에요, 빌헬름 씨." 그녀가 말을 이었다. "아까 처음 뵈었을 뿐인데, 당신에게라면 뭐든 털어놓을 수 있을 것 같아요." 그녀가 잠시 말을 멈추고, 그의 어깨에 기대 왔다. 그녀가 흐느끼며 말했다. "이렇게 빨리 마음을 고백하고 약한 모습을 보인다고 해서 나를 어리석은 여자라고 생각하지는 말아주세요. 좋은 친구가 되어주세요. 나도 좋은 친구가 되어드리겠어요." 그는 진심으로 위로했다. 그녀는 계속 울면서 말을 잇지 못했다.

난처하게도 바로 그때 제를로가 들어왔다. 그런데 뜻밖에도 그의 손을 잡고 필리네까지 등장했다. "여기에 당신 친구가 있습니다. 그도 당신을 만나 반가울 겁니다." 제를로가 말했다.

"아니! 여기서 당신을 보게 되다니!" 빌헬름이 놀라서 외쳤다. 그녀가 조심스럽고 침착한 태도로 그에게 다가와 환영 인사를 했다. 그러고는 별 볼

일 없는 자기를 곧 좋아질 거라는 희망만으로 이 훌륭한 극단에 넣어주신 제를로 씨의 친절을 찬양했다. 그녀는 빌헬름을 친근하지만 어딘지 서먹서먹한 거리를 두고 대했다.

그러나 그런 척하는 것도 두 사람이 있는 동안뿐이었다. 아우렐리에가 슬픔을 감추기 위해 방에서 나가고 제를로도 사람들이 찾아서 나가자, 필리네는 문 쪽을 보고 두 사람이 정말로 나갔는지 확인하더니, 갑자기 바보가 된 것처럼 온 방 안을 폴짝폴짝 뛰어다니다가 바닥에 주저앉아 숨이 막히도록 웃어젖혔다. 그러다가 벌떡 일어나 빌헬름에게 매달려 왔다. 그러고는 자기가 먼저 도착해서 정황을 살피고 자리 잡은 것이 얼마나 현명한 일이었는지를 아주 자랑스럽게 이야기했다.

"여긴 좀 독특한 곳이에요. 나는 이곳이 너무 마음에 들어요. 아우렐리에는 어떤 귀족하고 불행한 사랑에 빠졌다가 한바탕 소동을 일으켰던 모양이에요. 아주 괜찮은 사람이었다고 하던데. 나도 한 번 보고 싶어요. 자식까지 있는 것 같던데요. 아니, 분명 그 애가 자식이 맞을 거예요. 세 살쯤 되는 사내아이가 뛰어다니며 놀고 있는데, 인물이 태양처럼 훤해요. 그 애 아버지는 분명 멋진 사람일 거예요. 난 어린애를 그다지 좋아하지는 않지만, 그 애는 귀여워요. 내가 계산해봤는데, 아우렐리에의 남편이 죽은 해하고 새 애인이 생긴 해하고 아이 나이가 정확히 맞아떨어져요.

그런데 그 남자친구는 그녀를 내버려둔 채 벌써 1년이나 나타나지 않고 있어요. 그녀가 정신 못 차리고 저렇게 우울해 하는 건 바로 그 때문이죠. 정말 바보 같지 않아요? 오빠란 사람은 극단의 여자 무용수에게 알랑거리고, 나이 먹은 여배우와도 은밀한 관계인 데다, 시내에도 퍽 괜찮은 여자를 몇 명이나 데리고 있는데, 이번에는 내가 애인 물망에 올랐어요. 그러니 그도 대단한 바보죠. 나머지 사람들 이야기는 내일 말해줄게요. 아, 한마디만 더. 당신이 잘 아는 이 필리네 양은 그 가운데서 가장 바보인데, 그녀는 당신한테 홀딱 반해 있어요." 그녀는 지금 한 말이 모두 사실이라 맹세하고, 재미있는 구경거리라고 단언했다. 그러고는 빌헬름에게 제발 아우렐리에게 연정을 느껴보라고 부탁했다. 그래야만 진정한 추격전이 시작된다는 것이었다. "아우렐리에는 자기를 버린 남자를, 당신은 아우렐리에를, 나는 당신을, 그리고 그녀의 오빠는 나를. 이렇게 되면 반년쯤은 즐겁게 보낼 수 있어요. 그렇게 되지 않는다면, 난 이 복잡하게 얽힌 사각관계에서 벌어지는 첫 번째 에피소드 부분에서 죽도록 하지요." 그녀는 부디 이 극본을 망치지 말고, 자기가 남들 앞에서 보이는 태도에 걸맞은 경의를 표해 달라고 그에게 부탁했다.

제15장

다음 날 아침, 빌헬름은 멜리나 부인을 방문했지만 그녀는 집에 없었다. 다른 유랑 단원에게 물어보자, 필리네에게 아침 식사 초대를 받아서 갔다고 했다. 호기심이 나서 서둘러 가보니, 모두들 매우 즐겁고 유쾌하게 보였다. 약삭빠른 필리네가 모두를 모아놓고 초콜릿을 대접하고 있었다. 그녀는 아직 희망이 완전히 좌절된 것은 아니며, 자신이 나서서 이렇게 뛰어난 배우들을 극단에 들어오게 하면 얼마나 이득이 되는지 설득해보겠노라고 말했다. 그들은 신중하게 필리네의 말에 귀 기울이고, 초콜릿을 몇 잔이나 거듭 청했다. 그들은 이 아가씨가 결코 나쁜 사람이 아니며, 앞으로는 이 아가씨를 나쁘게 말하지 말아야겠다고 생각했다.

필리네와 단둘이 되자 빌헬름이 말했다. "당신은 제를로가 저들을 고용해줄 거라고 생각합니까?"

필리네가 대답했다. "천만에요. 그건 나하고 상관없어요. 난 그저 저들이 하루라도 빨리 다른 곳으로 떠나기를 바랄 뿐이에요. 라에르테스만은 남았으면 좋겠지만. 다른 사람들은 머잖아 다 보내버리겠어요."

그녀는 빌헬름도 이제 그 재능을 그만 썩히고 제를로 같은 단장 밑에서 무대에 서야 한다는 자신의 확신을 말했다. 그녀는 이 극단을 지배하고 있는 질서와 분위기와 정신을 찬양하고, 빌헬름에게 온갖 아양을 떨면서 그의 재능을 치켜세웠다. 그 바람에 그의 가슴과 상상력도 이 제안을 받아들일 뻔했지만, 한편으로 그의 이성은 그것을 얼토당토않은 일이라고 생각했다. 그는 자신의 감정을 필리네에게, 심지어 자기 자신에게도 숨긴 채 편안하지 않은 하루를 보냈다. 도저히 거래처를 방문할 마음도, 그곳에 와 있을 편지를 가지러 갈 마음도 생기지 않았다. 최근 자기 가족들이 걱정하고 있을 것이 마음에 걸렸지만, 그들의 불안이나 비난을 자세하게 알고 싶지 않았다. 그날 저녁에 있을 신작 상연에서 순수한 즐거움을 맛보게 되리라는 큰 기대를 품고 있는 만큼 더욱더 그랬다.

제를로는 그가 공연 연습을 보는 것을 허락하지 않았다. "우리를 알려면 우리의 가장 좋은 점부터 봐야 합니다. 그전에는 우리 속을 공개할 수 없어요."

그날 저녁, 빌헬름은 공연을 보고 더없는 만족을 느꼈다. 이렇게 완벽한 연극을 본 것은 처음이었다. 모든 배우가 훌륭한 천부적 소질을 지니고 있으며 자기가 하는 예술에 관해 심오하고 명확하게 이해하고 있음을 알 수 있었다. 더구나 그들은 서로 무관심한 게 아니라 서로 단점을 보완해주고 모자람을 보충해주고 격려해주었으므로, 그들의 연기 전체가 매우 적절하고 정확했다. 제를로가 전체의 핵심을 이루는 중심인물임을 한눈에 알 수 있었다. 그는 매우 훌륭했다. 그가 등장해서 입을 열 때마다 뛰어난 모방의 재능과 더불어 명랑한 기분, 절도 있는 활기, 그 장면에 맞는 감정이 명확하게 느껴지는 데에는 경탄하지 않을 수 없었다. 그의 인품에 존재하는 내면적인 부드러움이 관객 전체에게 퍼지는 듯했다. 오랜 연습을 통해 몸에 익힌 기교를 숨길 줄 알았기에, 다양한 역할의 미묘한 차이까지 경쾌하고 편안하게 표현해 내는 놀라운 연기력은 그만큼 더 커다란 기쁨을 주었다.

누이동생인 아우렐리에도 오빠에 뒤지지 않았다. 그녀는 오빠가 한껏 즐겁게 해놓은 사람들의 마음을 감동시킴으로써 오빠보다 더 큰 갈채를 받았다.

며칠을 그렇게 유쾌하게 보낸 어느 날, 아우렐리에가 빌헬름에게 만나고 싶다는 말을 전해왔다. 서둘러 가보니 그녀는 긴 의자에 누워 있었다. 두통을 앓는 것 같았으며, 오한으로 온몸을 덜덜 떨고 있었다. 그가 들어오는 것을 보고 그녀의 눈이 반짝 빛났다. "용서하세요. 당신이 내게 보여주신 신뢰 때문에 허약해진 것 같습니다." 그녀가 말했다. "지금까지 나는 내 슬픔을 벗 삼아 살아왔습니다. 내 슬픔은 나에게 힘과 위로를 주었어요. 그런데 왠지는 몰라도 당신이 그 침묵의 포박을 풀어버렸어요. 내키지 않겠지만 당신도 내가 혼자서 싸워온 싸움을 거들어주시겠지요?"

빌헬름은 다정하고 정중하게 대답했다. 그녀의 모습과 슬픔이 언제나 마음에 걸렸으며, 친구로서 할 수 있는 일은 뭐든지 할 테니 자기를 믿어달라고 말했다.

말하는 동안 그의 시선은 그녀 앞 마룻바닥에 앉아서 장난감들을 마구 뒤섞고 있는 사내아이에게 쏠려 있었다. 필리네가 말했듯이, 그 아이는 세 살쯤 되어 보였다. 빌헬름은 좀처럼 고상한 표현을 쓰지 않는 경박한 필리네가 그 아이를 태양에 비유한 이유를 그제야 알 수 있었다. 부리부리한 눈과 오동통한 얼굴 주위로 금빛으로 빛나는 아름다운 고수머리가 물결치고, 눈부시리만큼 하얀 이마에는 부드럽게 휘어진 짙은 눈썹이 나 있었다. 뺨은 생기가 넘치고 건강하게 빛났다. "여기 앉으세요." 아우렐리에가 말했다. "이 행복한 아이를 보고 놀라셨나 보군요. 내가 이 아이를 기쁘게 품에 안은 것은 사실이에요. 난 이 아이를 소중하게 길렀죠. 하지만 이 아이를 볼 때마다 내 슬픔이 얼마나 깊은지 깨닫게 돼요. 그 슬픔이 이토록 훌륭한 선물의 가치를 조금도 느끼지 못하게 하지요."

"죄송해요. 또 신세타령이 되었군요." 그녀가 말을 이었다. "하지만 난 당신이 절대로 날 오해하지 않았으면 좋겠어요. 한동안은 마음이 좀 가라앉을 줄 알았는데, 막상 당신을 만나고 보니 다시 나 자신을 억누를 수가 없군요. 당신은 '세상에 버림받은 여자는 얼마든지 있다'고 하시겠지요. 당신은 남자니까요. 그리고 '남자의 배반은 죽음보다도 더 확실하게 여자를 옭아매는 불행인 것을, 뭘 그렇게 야단이람! 멍청한 계집!' 하고 생각하시겠지요. ― 아! 빌헬름 씨! 내 불행이 그렇게 흔한 거라면, 흔하디흔한 불행이라면 나도 견뎌보겠어요. 하지만 내 불행은 흔한 것이 아니에요. 거울에라도 비춰서 보여드리고 싶군요. 누군가에게 부탁해서 대신 말해달라 하고 싶을 정도예요. 아! 유혹을 당했다가 뜻밖의 배반을 당하고 버림받은 거라면, 절망 속에서도 위로를 찾을 수 있을 거예요. 하지만 나는 훨씬 고약한 경우랍니다. 내 스스로 나를 속이고, 그런 줄 알면서 자신을 기만했으니까요. 내가 나를 절대로 용서할 수 없는 건 바로 그런 이유에서예요."

"당신처럼 훌륭한 생각을 가진 분은 그렇게 불행해지리라고는 생각되지 않습니다만." 빌헬름이 대답했다.

"내가 그런 생각을 가지게 된 게 누구 탓이라고 생각하세요?" 아우렐리에가 말했다. "그것은 소녀를 타락시키고야 마는 나쁜 교육 가운데서도 가장 나쁜 교육, 감각과 호감을 그릇된 길로 이끄는 최악의 본보기 탓이랍니다.

난 어머니를 일찍 여의고 가장 중요한 성장기를 숙모 댁에서 보냈어요. 숙모는 정숙에 관한 규범을 경멸하는 것을 규범으로 삼는 여자였죠. 어떤 욕망에도 맹목적으로 몸을 맡기고, 상대를 뜻대로 조종하기 위해서 무질서한 욕망에 이성을 잃을 수만 있다면 기꺼이 노예라도 되는 여자였어요.

그 때문에 순진하고 맑은 눈을 가졌던 어린이들이 남자를 어떤 식으로 생각하게 되었을지 짐작이 가시죠? 숙모가 데리고 들어오는 남자들은 하나같이 감정이 무디고 난폭하고 뻔뻔스럽고 예의라곤 눈곱만큼도 없었어요. 그들은 욕망이 채워지면 곧 우쭐해져서는 얼간이들처럼 거들먹거렸죠. 그렇게 최악의 남자들의 노리개로 전락한 숙모를 나는 여러 해 동안 지켜보았습니다. 그러나 숙모는 아무리 험한 꼴을 당해도 태연하게 자신의 운명에 순응했어요. 아니, 더 나아가서 그런 치욕스런 멍에를 참고 또 참았죠.

빌헬름 씨, 나는 그런 식으로 남자라는 족속을 알았습니다. 그리고 철저하게 증오했죠. 좀 괜찮다 싶은 남자들조차도, 다른 상황에서라면 자연의 은총 덕에 절대로 잊지 않을 정상적인 감정을 여자를 상대로라면 완전히 내다 버릴 수 있다는 사실을 깨달았기 때문입니다.

하지만 유감스럽게도 나는 그런 기회에 여자로서도 서글픈 경험을 실컷 해야 했습니다. 정말이지 열여섯 소녀 시절의 내가 지금의 나보다 훨씬 영리했어요. 지금의 나는 나 자신조차 이해할 수 없으니 말입니다. 젊었을 때는 그렇게 영리했는데, 나이가 들수록 점점 더 어리석어지는 이유가 뭘까요?"

아이가 칭얼거리기 시작했다. 아우렐리에가 신경질적으로 종을 울렸다. 노파가 아이를 데리고 나가려고 들어왔다. "아직도 치통이 있나요?" 아우렐리에가 얼굴에 붕대를 감은 노파에게 물었다. "영 참을 수가 없을 정도죠." 노파가 웅얼거리며 대답하고는, 노파를 따라가고 싶어하는 아이를 번쩍 안고서 나갔다.

아이가 나가자 아우렐리에가 격렬하게 울음을 터트렸다. "난 탄식하거나 슬퍼하는 것 말고는 할 수 있는 일이 아무것도 없어요. 불쌍한 벌레처럼 당신 앞에 누워 있는 나 자신이 너무 부끄럽습니다. 더는 아무것도 생각할 수가 없어서 드릴 말씀도 없어요." 아우렐리에가 말했다. 그녀는 말을 잇지 못하고 입을 다물었다. 빌헬름은 뻔한 말을 하기는 싫고, 그렇다고 특별히 다른 할 말도 없었으므로, 그녀의 손을 잡은 채 말없이 그녀를 내려다보았다. 그러다가 어색해져서 바로 앞 작은 탁자 위에 있던 책을 집어 들었다. 셰익스피어의 작품집으로, 〈햄릿〉 부분이 펼쳐져 있었다.

그때 제를로가 들어와서 누이동생의 상태를 물었다. 그러고는 빌헬름이 들고 있는 책을 들여다보더니 이렇게 말했다. "또 〈햄릿〉인가요? 마침 잘됐습니다. 당신은 그 작품을 무슨 교회 법령집처럼 떠받들지만, 나는 그런 의견에 트집을 잡을 만한 의문점을 몇 가지 가지고 있거든요. 영국인조차도 이 작품의 주된 관심사는 제3막에서 끝나고, 마지막 두 막은 겨우 전체 줄거리를 따르고 있을 뿐이라고 말하고 있으니 말입니다. 이 작품의 끝부분은 어떻게 해볼 수도 없는 상태에 있으니까요."

"그토록 많은 걸작을 내놓을 수 있는 국민의 일부가 편견과 좁은 소견 때문에 그릇된 판단을 내리는 것은 흔한 일이죠." 빌헬름이 말했다. "그렇다고 해서 그것이 우리가 자기 눈으로 보고 올바른 판단을 내리는 것을 방해할 수는 없습니다. 나는 이 작품의 구상에 대해 이러쿵저러쿵 할 마음은 추호도 없습니다. 오히려 그보다 더 위대한 구상은 일찍이 없었다고 생각하지요. 그것은 새로이 구상된 것이라기보다는 그냥 거기 있는 것이라고 할 수 있습니다."

"그것을 어떻게 해석할 생각인가요?"

"난 아무것도 해석하지 않을 겁니다. 내 생각을 말할 따름이지요."

아우렐리에가 베개에서 일어나 몸을 손으로 지탱하면서, 자신이 옳다고 확신하며 말하고 있는 빌헬름을 물끄러미 바라보았다. "우리는 혼자서 자주적으로 행동하고, 마음이 명령하는 대로 사랑하고 증오하며 계획하고 실행합니다. 또 모든 장애물을 물리치고 위대한 목적에 다다르는 영웅을 보면 크게 만족하고 갈채를 보내죠. 역사가나 시인들은 그런 자랑스러운 운명을 타고나는 사람도 있다고 주장합니다. 하지만 이 작품이 가르치는 바는 그것과는 다릅니다. 즉 주인공은 아무런 계획도 없지만, 작품은 계획으로 넘치는 것입니다. 이 작품에서는 어떤 악인이 끝내 복수를 이뤄냈다고 해서 벌을 받지는 않습니다. 엄청난 사건이 벌어져서 다양한 결과를 동반하며 계속 굴러가다가 죄 없는 사람까지 끌어들이죠. 범인은 자신이 떨어지게 될 나락을 피하는 듯이 보이지만, 자신의 길을 아슬아슬하게 다 빠져나갔다고 믿는 그 순간에 나락으로 굴러떨어집니다. 선행이 그것을 누릴 자격이 없는 사람에게 조차 많은 이익을 가져다주는 것처럼, 죄 없는 사람에게도 나쁜 영향을 미치는 것이 바로 악행의 특징이기 때문입니다. 그렇지만 선행이든 악행이든 그것을 실행한 당사자는 그 어떤 보상이나 벌도 받지 않습니다. 이 작품에서도 그렇습니다. 이 얼마나 놀라운 일입니까! 연옥은 망령을 보내서 복수하게 하지만, 복수는 이루어지지 않습니다. 모든 상황이 한데 얽혀 복수를 종용하지만, 그래도 복수는 이루어지지 않습니다. 얼마나 공허한지! 이승의 인간도, 저승의 망령도 오직 운명의 손아귀에만 맡겨진 것을 행할 수 없기 때문입니다. 심판의 시간이 다가옵니다. 선과 악 모두 파멸합니다. 하나의 세대가 낮에 베어 죽고, 다른 세대가 싹을 틔웁니다."

잠시 모두 얼굴만 멀뚱히 바라보았다. 마침내 제를로가 이렇게 말했다. "당신은 셰익스피어만 받들 뿐, 하느님의 섭리에는 별다른 경의를 표하지 않는군요. 당신은 시인이 생각해본 적도 없는 궁극의 목적과 계획까지도 시인의 업적으로 돌리고 칭송하지만, 일반 사람들은 그 모두를 하느님의 섭리로 돌리고 찬양합니다."

제16장

"한 가지 여쭈어도 될까요?" 아우렐리에가 말했다. "오필리아 역을 다시 살펴보았는데, 나는 그 역할이 매우 마음에 들었어요. 상황에 따라서는 직접 연기해보고 싶기도 하고요. 그런데 빌헬름 씨, 작가는 실성한 오필리아에게 다른 노래를 부르게 하는 편이 좋지 않았을까요? 음울한 발라드의 단편 같은 것을 골라도 좋았을 텐데. 고귀한 아가씨에게 그런 천박하고 음탕한 노래를 부르게 한 이유가 뭘까요?"

"아우렐리에 양, 그 점에 관해서도 나는 조금도 양보할 수 없습니다." 빌헬름이 대답했다. "그렇게 이상하게 보이는 부분에도, 또 그다지 어울리지 않는 것처럼 보이는 장면에도 숨겨진 깊은 의미가 담겨 있습니다. 작품 첫머리에 이 착한 처녀가 무슨 생각을 하고 있는지 금방 알 수 있는 대목이 있습니다. 그녀는 홀로 조용한 나날을 보내고 있었지만, 그녀의 소망과 바람을 감출 수는 없었죠. 정욕의 곡조가 그녀의 마음을 뒤흔들었던 것입니다. 그녀는 몇 번이나 서투른 여자처럼 노래를 불러서 육욕을 억제하려고 했지만, 그런 노래는 도리어 욕망을 일깨울 뿐이었습니다. 마침내 모든 억제력을 잃고서 마음 가는 대로 노래를 부르게 되었을 때, 입은 그녀의 본심을 드러내고 말았습니다. 그리하여 그녀는 광기어린 순결한 상태에서 왕과 왕비 앞에서 자기가 좋아하는 음탕한 노래의 여운을 즐기게 되지요. 정조를 빼앗긴 처녀의 노래, 남자에게 빨려들어가는 처녀의 노래 따위를 말입니다."

그런데 그의 이야기가 채 끝나기도 전에, 불현듯 정체를 알 수 없는 이상한 광경이 눈앞에서 벌어졌다.

아무렇지도 않게 방 안을 왔다 갔다 하던 제를로가 갑자기 아우렐리에의 화장대로 다가가더니, 그 위에 놓여 있던 무언가를 재빨리 집어 들고서 문쪽으로 빠르게 갔다. 그런데 오빠가 무슨 짓을 했는지 금세 눈치챈 아우렐리에가 벌떡 일어나더니 오빠 앞을 가로막고 서서 믿을 수 없을 만큼 격렬하게 그에게 덤벼든 것이다. 그녀는 오빠에게 빼앗긴 물건의 한쪽 끄트머리를 홱 낚아챘다. 두 사람은 집요하게 몸싸움하면서 꼬리를 물듯 빙빙 돌았다. 오빠는 껄껄 웃었지만 그녀는 약이 바짝 올라 있었다. 빌헬름이 황급히 달려가서 두 사람을 떼어놓았다. 그는 그들을 진정시키려고 했지만 아우렐리에는 칼집에서 빠진 단도를 들고서 오빠에게 달려들었다. 제를로가 손에 덩그러니 남은 칼집을 신경질적으로 바닥에 내동댕이쳤다. 빌헬름은 놀라서 뒷걸음쳤다. 그는 너무도 놀라서 아무 말도 나오지 않았다. 왜 이런 요상한 물건 때문에 이상한 다툼이 두 사람 사이에 벌어져야 하는지 알 수 없었다.

"당신이 우리의 심판관이 되어주시오." 제를로가 말했다. "이 애가 이 무서운 칼을 가지고 뭘 하려고 하는지 한번 보란 말이오. 이런 단도는 여배우한테 어울리지 않아요. 바늘이나 메스처럼 뾰족하고 예리하지 않습니까. 이 위험한 물건을 도대체 왜 가지고 있는지 모르겠소. 이 애는 성격이 불같아서 언제 또 어떤 이유로 자살 소동을 일으킬지 모르오. 이제 그런 소동은 지긋지긋하오. 진정으로 그런 생각을 하다니, 정말 미친 짓이지. 이 위험한 장난감을 갖고 있다니, 정말 어이가 없어서 원!"

"아, 도로 찾았네!" 아우렐리에가 번득이는 칼날을 높이 치켜들면서 말했다. "이 소중한 친구를 더 깊숙한 곳에 보관해야겠어. 미안하다, 칼아." 그녀가 단도에 입 맞추며 말했다. "널 이렇게 함부로 굴려서 미안해."

제를로는 진심으로 화가 난 듯했다. "어떻게 생각하든 상관없어요, 오라버니." 그녀가 말을 이었다. "비록 꼴은 이렇지만 나한테는 소중한 부적이라는 걸 모르겠어요? 여차하면 이 친구에게 도움과 조언을 구할 거예요. 위험해 보인다고 해서 다 해로운가요?"

"그런 헛소리를 듣고 있자니 머리가 어떻게 될 것만 같구나." 제를로는 이렇게 말하고, 분노를 억누르며 방에서 나갔다. 아우렐리에는 단도를 조심스럽게 칼집에 넣고, 그것을 다시 호주머니에 넣었다. 빌헬름이 지금 벌어진 기묘한 싸움에 관해 몇 마디 물었지만 그녀는 그의 말을 자르며 말했다. "우리 아까 하던 얘기나 계속해요. 재수 없게 오빠한테 방해받고 말았지만."

"오필리아에 대한 당신의 의견은 전적으로 옳다고 생각해요. 나도 작가의 의도를 오해하지 않도록 조심하겠어요. 하지만 나는 오필리아에게 공감하기보다는 오필리아가 불쌍해서 견딜 수가 없어요. 내가 관찰한 바를 이야기해도 될까요? 요즘 당신은 그런 기회를 수없이 제공해주셨으니까 말이에요. 문학작품, 특히 희곡을 판단하는 당신의 그 깊고 정확한 감식안에 나는 놀라고 있답니다. 착상의 근본까지 꿰뚫어 보고, 그 표현의 가장 세세한 특징까지 놓치지 않으시니 말이죠. 당신은 대상을 직접 본 것도 아니면서 그 묘사의 진실을 잘 파악하시는군요. 당신은 전세계를 예감할 수 있는 분이고, 문학작품을 만나면 그 예감이 문학작품과 어우러져 활짝 피어나 전개되는 것 같아요." 그녀가 말을 이었다. "그건 즉 외부에서 당신 내부로 들어가는 것이 아무것도 없기 때문이죠. 당신만큼 같이 사는 사람들에 대해 아무것도 모른 채 완전히 오해하고 있는 사람을 나는 별로 본 적이 없어요. 이런 말을 해서 죄송해요. 당신이 좋아하는 그 셰익스피어를 해석하는 걸 들으면, 당신은 신들의 회의석상에서 그들이 인간을 어떻게 만들지 의논하는 것을 듣고막 인간세상으로 돌아오신 게 아닌가 하는 생각이 들어요. 또 그와 반대로 당신이 사람들과 어울리는 걸 보면, 당신이 창조주의 커다란 첫아들이 아닌가 하는 생각이 듭니다. 경건하리만치 순수하며, 주위에 있는 사자나 원숭이나 양이나 코끼리를 아주 신기하게 바라보고, 그들도 그곳에서 살아 움직이고 있으니까 자기와 똑같은 존재라 생각하고 천진난만하게 말을 거는 듯한 느낌이 든단 말이죠."

"아우렐리에 양, 나도 내가 세상을 잘 모르고 있는 것을 알기에 이따금 내가 싫어진답니다." 빌헬름이 대답했다. "세상을 더 명확하게 볼 수 있도록 가르쳐주면 고맙겠습니다. 나는 어렸을 때부터 마음의 눈을 바깥보다는 안으로만 돌려왔습니다. 그러니 인간이라는 존재를 어느 정도 알지만 낱낱이 이해하지 못하고 있는 것도 당연하지요."

"그런 것 같군요." 아우렐리에가 말했다. "실은, 당신이 오빠한테 보낸 사람들을 하도 칭찬하시기에 나도 처음에는 당신이 우리를 놀리는 게 아닌가 생각했어요. 당신 편지의 내용과 그 사람들의 실력이 영 달라서 말이지요."

아우렐리에의 이 말은 정확했다. 빌헬름도 자신의 결점을 인정하긴 했지만 이 말을 듣자 마음이 무거워졌다. 아니, 수치스럽기까지 했다. 그래서 한편으로는 자신의 상처받기 쉬운 성격을 숨기기 위해, 다른 한편으로는 가슴속에서 이 진실한 비난을 확인하기 위해서 입을 다물고 정신을 가다듬었다.

"이런 말을 드렸다고 해서 놀라실 필요는 없어요." 아우렐리에가 말을 이었다. "이성의 빛에는 언제든 다다를 수 있지만 충실한 마음은 그 누구도 주지 않죠. 만약 당신이 예술가의 운명을 타고났다면 이런 무지나 순진함은 평생 간직해도 좋아요. 그건 어린 싹을 감싸고 있는 아름다운 껍질이니까요. 그 껍질을 뚫고 너무 빨리 돋아나는 건 매우 불행한 일이에요. 다시 말하면 우리가 누구를 위해 일하고 있는지 잘 모르는 채로 있는 것이 좋은 일이죠.

아! 나도 내 자신과 우리 국민을 최고라 생각하고 무대에 섰을 때는 그런 행복한 상태에 있었어요. 내 공상 속에서 독일인은 훌륭한 국민, 최고의 국민이었죠. 나는 작은 무대 위에서 조명을 사이에 두고 독일 국민들을 보면서 대사를 외곤 했어요. 줄지어 있는 등불들이 국민들과 나를 갈라놓고 있었는데, 눈부신 조명과 등유의 그을음 때문에 앞이 잘 보이지 않았죠. 하지만 관객들로부터 들려오는 박수소리가 얼마나 기뻤는지 몰라요. 수많은 손이 일제히 내미는 선물을 얼마나 감사한 마음으로 받았는지요! 오랫동안 나는 그런 좋은 기분으로 지냈습니다. 관객은 내가 뜻하는 대로 반응해주었지요. 나도 관객과 완전히 하나가 되었어요. 완벽한 조화를 느끼고 있다 생각했죠. 늘 모든 국민 중에서 가장 고귀한 국민들, 가장 훌륭한 국민들 앞에 서 있다는 생각을 했어요.

그런데 불행하게도, 연극을 좋아하는 사람들의 관심을 끄는 것은 여배우의 소질이나 재능뿐만이 아니었어요. 그들은 젊고 발랄한 처녀에게 온갖 요구를 해왔습니다. 그들은 내가 그들에게 일으킨 감정을 개인적으로도 그들과 나누는 것이 내 의무라는 점을 노골적으로 내게 깨우쳐주려고 했지요. 하지만 유감스럽게도 그런 것은 내 취향이 아니었어요. 나는 그들의 정서를 고양시켜주고 싶었지만, 그들이 말하는 '심장'이란 것에는 아무런 욕구도 느끼지 못했죠. 온갖 신분, 나이, 성격의 사람들이 계속해서 내게 무거운 짐이 되었습니다. 무엇보다도 혐오스러웠던 것은, 내가 다른 얌전한 처녀들처럼 방에 틀어박혀서 이런저런 성가신 일을 회피할 수 없다는 사실이었어요.

남자들은 대개 숙모의 집에서 자주 보던 행태를 내게 보였습니다. 그들의 버릇이나 어리석음이 나를 즐겁게 해주지 않았더라면, 이때도 난 혐오감밖에 느끼지 못했을 거예요. 극장이나 공공장소나 집에서 그들과 마주치는 것을 피할 수 없었기에, 나는 차라리 그들을 찬찬히 관찰하기로 했습니다. 오빠가 그 일을 적극 도와주었지요. 약삭빠른 점원과 잘난 척 잘하는 상인의 아들에서 뺀질뺀질하고 계산속 훤한 한량, 대담한 군인, 성미 급한 귀공자에 이르기까지 온갖 사람들이 내 앞을 지나갔으며, 그 한 사람 한 사람이 나름대로 나와 야릇한 관계에 있는 듯한 생각이 들었습니다. 이 점을 생각하신다면, 내가 독일인들을 아주 잘 안다고 자부하는 것도 용서하실 수 있겠지요?

괴상하게 멋을 부린 학생, 겸손한 척하면서 실은 오만한 구제불능 학자, 위태롭게 걷는 내성적인 고위층 자제, 뻣뻣하게 구는 약삭빠른 관리, 흙냄새 풍기는 시골 남작, 친절하지만 따분하기 짝이 없는 궁정 귀족, 친절하지만 잘못된 길을 가고 있는 도련님, 여유로운 장사꾼, 성미 급하고 투기에 목숨 거는 상인, 이런 별의별 사람이 다 몰려왔습니다. 그런데 정말이지, 그 많은 이들 가운데에서 나에게 아주 흔하디흔한 흥미를 불러일으키는 사람은 한 명도 없었습니다. 그 멍청한 사람들이 보내는 찬사를 일일이 듣는 것도 정말 고역이었죠. 따분하고, 참을 수 없을 만큼 혐오스러웠습니다. 모든 관객이 하나가 되어 보내는 박수소리는 무척 기쁘게 받아들였지만 말이죠.

내 연기에 대한 논리적인 칭찬이나 내가 존경하는 작가에 대한 칭찬을 듣고 싶은데, 이 사람이고 저 사람이고 간에 시시한 의견이나 말하고 시시한 작품의 이름을 들면서, 내가 그 작품에 출연하는 것을 보고 싶다는 겁니다. 그 가운데 한 사람이라도 멋지고 세련되고 재치 있는 대사를 하나라도 기억해서 적당한 때에 말해주지나 않을까 귀를 쫑긋 세우고 기다렸지만, 그런 일은 전혀 일어나지 않았습니다. 그런 주제에 그들은 배우가 대사를 잘못 말하거나 무심코 사투리를 쓰거나 하면 야단법석을 떨면서 신이 나서 그 이야기만 죽어라고 해대는 겁니다. 마침내 나는 내가 어떤 반응을 보여야 할지 알 수 없게 되어버렸습니다. 그들은 자기들이 똑똑하다 자부하고 있어서 나를 특별히 즐겁게 해줄 필요는 없다고 생각했던 것입니다. 그리고 나를 어루만져주기만 하면 내가 기뻐서 어쩔 줄 모를 거라고 생각했지요. 나는 그들이 참을 수 없을 만큼 혐오스러워졌습니다. 온 독일인이 내 품위를 손상시키기 위해서 의도적으로 그들을 나에게 보낸 거라는 생각마저 들었지요. 독일인들이 모두 무례하고 방약무인하고 무식하고 좋은 점이라고는 눈곱만큼도 없는 몰지각한 사람처럼 생각되었습니다. '독일인은 외국인에게 배우지 않으면 구두 버클 하나 제대로 채우지 못할 거야!' 나는 몇 번이나 외쳤습니다.

이렇듯 그 무렵 나는 아주 맹목적이었고, 신경증 비슷한 병에 걸려 있었습니다. 그리고 그런 상태가 계속됨에 따라 내 증상은 차츰 더 심해졌습니다. 자칫 자살할 수도 있었죠. 하지만 나는 자살이 아닌 다른 극단으로 치달았습니다. 결혼을 한 것입니다. 결혼을 당한 것일 수도 있죠. 극단을 가지고 있었던 오빠는 조수를 간절히 찾고 있었습니다. 그러다가 한 청년이 뽑히게 되었죠. 저도 그 사람이 싫지는 않았습니다. 그는 오빠가 지닌 모든 것을 갖고 있지 않았습니다. 즉 꼼꼼함, 부지런함, 절약정신, 금전감각 같은 귀중한 재능 말이죠.

어쩌다 그렇게 됐는지는 잘 모르겠지만, 그는 내 남편이 되었습니다. 그리고 우리는 함께 살았습니다. 쉽게 말해서, 모든 일은 순조로웠습니다. 수입도 많았습니다. 이건 오빠의 활동 덕분이었죠. 우리는 금슬 좋게 지냈습니다. 이건 남편의 공적이었습니다. 나는 세상과 국민에 관해서 더는 생각하지 않았습니다. 이제 세상하고는 아무 관계도 없게 되었고, 국민이라는 개념도 사라졌습니다. 내가 무대에 선 것은 살기 위해서였습니다. 내가 입을 여는 것은 단지 대사를 말하기 위해서였는데, 무대에 나간 사람으로서 말을 하지 않을 수 없었기 때문이었습니다.

나는 괜한 말썽을 일으키지 않도록, 사실 오빠의 생각대로 행동할 뿐이었습니다. 오빠에게 중요한 것은 박수소리와 돈이었습니다. 우리끼리 이야기지만, 오빠는 칭찬받기를 좋아하는 성격이었고 또 낭비가였습니다. 나는 이제 내 감정이나 확신에 따라 연기하는 것이 아니라 오빠의 지시대로 연기했습니다. 그리고 오빠가 고맙다고 하면 그것으로 만족했죠. 오빠는 관객의 모든 약점을 잘 알고 있었습니다. 돈이 넘치도록 들어왔고, 오빠는 만족스럽게 살았습니다. 우리도 오빠와 함께 만족스러운 나날을 보냈고요.

그러는 사이에 나는 권태에 빠졌습니다. 판에 박힌 일을 하는 단순노동 같아서요. 아무런 기쁨도 흥미도 느끼지 못한 채 하루하루를 살아갔습니다. 우리의 결혼 생활은 아이도 없었고, 오래가지도 못했습니다. 남편은 병에 걸려 날이 갈수록 쇠약해졌습니다. 남편에 대한 걱정 때문에, 만사에 무관심하던 내 버릇도 사라졌지요. 그 무렵 나는 어떤 사람을 알게 되었는데, 그로 인해 새로운 생활이 시작되었습니다. 새로운 생활이기도 하고 덧없는 생활이기도 했지요. 그 생활은 얼마 못 가 끝나고 말았으니까요."

그녀는 잠시 입을 다물고 있다가 다시 이렇게 말했다. "갑자기 얘기할 생각이 없어졌어요. 더는 말하고 싶지 않군요. 좀 쉬게 해주세요. 하지만 내 불행한 이야기가 모두 끝날 때까지는 여기 있어주세요. 그동안 미뇽을 불러서 그녀가 뭘 원하는지 물어봐주시겠어요?"

미뇽은 아우렐리에가 말하는 동안 두어 번 들어왔었다. 그러나 들어올 때마다 아우렐리에가 목소리를 죽였으므로 다시 조용히 나가서는 홀에서 조용히 앉아 기다리고 있었던 것이다. 다시 들어오라고 하자, 그녀는 책을 들고 들어왔다. 모양이나 장정으로 봐서 작은 지도책이라는 것을 금방 알 수 있었다. 그녀는 도중에 목사 댁에서 처음으로 지도를 보고 몹시 놀라서 목사에게 여러 질문을 던져 최대한 많은 것을 배웠다. 무언가를 배우고자 하는 그녀의 욕구가 이 새로운 지식으로 인해 더 왕성해진 듯했다. 그녀는 이 책을 사달라고 빌헬름을 열심히 졸랐다. 그 책을 갖고 오느라고 그림방에 커다란 은 버클을 잡히고 왔는데, 오늘은 너무 늦었으니 내일 아침 돈을 주고 그것을 찾아다달라는 것이었다. 빌헬름은 미뇽의 그 청을 들어주었다. 그러자 이번에는 자기가 외운 것을 말하기도 하고, 평소처럼 이상한 질문을 해대기 시작했다. 그녀가 매우 노력하고 있음에도, 무언가를 이해한다는 것이 그녀에게는 매우 어려운 일이라는 사실이 이번에도 증명되었다. 그녀가 많은 노력을 기울이고 있는 글씨 쓰기도 마찬가지였다. 그녀는 여전히 서툰 독일어밖에 할 줄 몰랐다. 자신의 속마음을 솔직하게 전달할 수 있는 입이라는 유일한 기관을 미뇽은 치터를 연주하고 노래를 부르기 위해서만 올바르게 쓸 줄 아는 것 같았다.

그녀의 말이 나온 김에, 최근 빌헬름이 그녀 때문에 가끔 느끼는 당혹감에 관해서도 말하고 넘어가야겠다. 그녀는 들어와서 "안녕하세요"라고 말하거나 "안녕히 주무세요"라고 말하고 나갈 때 두 팔로 그를 꼭 껴안고 격렬하게 입을 맞추었는데, 그때마다 그는 불쑥불쑥 눈뜨는 격렬한 본능에 불안해지곤 했다. 그녀의 태도에 나타나는 떨림과도 같은 격렬함은 날이 갈수록 심해지는 듯했다. 조용히 있을 때도 그녀의 내면은 쉬지 않고 움직였다. 잠시도 가만히 있지 못하고, 노끈을 손으로 돌돌 만다든가, 손수건을 주무른다든가, 종이나 나뭇조각을 씹어댔다. 그런 모든 행동이 내면의 격렬한 동요를 없애기 위한 것으로 보였다. 그녀가 조금이나마 밝아지는 것은 어린 펠릭스 곁에 있을 때뿐이었다. 그녀는 그 아이를 무척 잘 다루었다.

아우렐리에는 잠시 쉬고 나자 드디어 자신의 남자친구들에 관한 한 맺힌 이야기를 할 마음이 생겼다. 그러나 이번에는 미뇽이 도무지 나갈 생각을 하지 않았기에 초조해져서, 그녀에게 어서 나가 보라고 눈치를 주었으나 아무 소용이 없었다. 결국 아우렐리에는 분명히 말해서 억지로 내보내야만 했다.

"지금 아니면 결코 이야기할 기회가 없을 것 같아요." 아우렐리에가 말했다. "내가 진심으로 사랑했던 그 변심한 남자가 여기서 몇 마일 떨어지지 않은 곳에 있다면, 나는 당신에게 이렇게 말할 거예요. '말을 타고 가서 어떻게든 그이와 친해져 보세요. 그리고 돌아오시면 당신은 분명 날 용서하고 진심으로 날 가엾게 여기실 거예요.' 하지만 지금은 그저 그이가 얼마나 멋진 사람이었고, 내가 그이를 얼마나 사랑했었는지를 말씀드리는 것밖에 할 수 있는 일이 없군요.

내가 그이와 알게 된 것은 남편이 한 치 앞을 알 수 없을 만큼 위독해졌을 무렵이었어요. 그이는 미국에서 돌아온 지 얼마 되지 않았었죠. 그이는 미국에서 프랑스인들과 합중국 깃발 아래 열심히 일하며 상당한 대우를 받았다고 해요.

그이는 차분한 예의와 솔직한 온화함으로 나를 대해주었고, 나나 내 처지, 그리고 내 연기에 대해서도 옛날부터 알던 사람처럼 매우 친절하고 솔직하게 자신의 의견을 말해주었어요. 나는 내 모습을 다른 사람 속에서 또렷이 발견하는 기쁨을 처음으로 맛볼 수 있었죠. 그이의 판단은 정확했고, 비난하는 구석은 조금도 없었어요. 바람기도 그만하면 없는 편이었고요. 언제나 여자들에게는 인기가 있는 것 같았는데, 나는 그 점이 신경 쓰였지요. 하지만 그이는 아첨하거나 치근덕대지는 않았어요. 이 점이 나를 안심시켰어요.

그이는 마을 사람들과는 별로 교류가 없었어요. 대개는 말을 타고 나가서 이웃 마을의 지인들을 방문하거나 집안일을 처리하곤 했지요. 돌아오는 길에는 어김없이 우리 집에 들러서는 점점 심해져가는 우리 남편을 따뜻하게 병문안 해주었어요. 솜씨 좋은 의사를 데리고 와서 병자의 고통을 덜어주었지요. 그리고 나에 관한 일이라면 뭐든지 관심을 보였고, 자기 운명에도 나를 관여시켜주었습니다. 즉 종군했을 때의 이야기, 군인이 되고 싶다는 간절한 소망, 가족, 지금 하는 일 등을 모두 들려주었죠. 요컨대 나한테는 숨김없이 뭐든지 다 가르쳐주었어요. 마음을 열고 그 밑바닥까지 보여주었지요. 나는 그이의 능력을 알게 되었고, 그이의 열정을 알게 되었습니다. 난생처음으로 재기 넘치는 진심어린 교우를 즐긴 것이지요. 그리고 나 자신을 제대로 성찰해보기도 전에 그이에게 매료되고 말았습니다.

그러는 사이에 남편은 세상을 떴어요. 그와 결혼했을 때와 마찬가지로 언젠지도 모르게요. 그러자 극단 경영이라는 무거운 짐이 고스란히 나에게 넘어왔습니다. 무대에서는 흠잡을 데 없는 오빠도 경영에는 아무런 도움이 되지 않았죠. 나는 모든 일을 도맡아 했고, 동시에 내가 맡은 역할을 전보다 더 열심히 연구했습니다. 그리고 이전처럼 연기했지요. 아니, 전혀 다른 힘과 새로운 생명을 가지고 연기했습니다. 그이에 의해서, 그이를 위해서. 하지만 그 멋진 사람이 객석에 앉아 있다는 사실을 의식하면 최선의 연기를 펼칠 수가 없었지요. 하지만 그이가 몰래 지켜보고 있다가 뜻하지 않은 박수로 나를 놀라게 했을 때 내가 얼마나 기뻤을지는 당신도 짐작이 가실 겁니다.

정말이지 나는 이상한 여자예요. 어떤 역할을 연기해도 사실은 그이를 칭찬하고 그이를 칭송하기 위해 대사하는 것 같은 기분이 드는 겁니다. 그것은 어떤 대사를 하던 내 마음에서 우러나오는 목소리였기 때문이죠. 하지만 그이가 관객 속에 있다는 사실을 알면, 도저히 온 힘을 다해 대사를 욀 수가 없었어요. 얼굴을 맞대고는 사랑이나 칭찬을 할 수 없는 것과 마찬가지죠.

그이가 없으면 여유롭게 연기하고, 얼마간은 차분하게 최선을 다할 수가 있었어요. 그럴 때는 이루 표현할 수 없을 만큼 만족스러웠지요. 박수소리도 나를 기쁘게 했고요. 관객이 만족하는 걸 볼 때마다 나는 객석을 향해 '이게 다 그이 덕분이랍니다!' 외치고 싶어졌답니다.

그래요. 나에게 관객과 온 국민과의 관계는 묘하게 바뀌었습니다. 독일인은 다시 가장 유리한 광채를 띠며 나타났습니다. 나는 지금껏 내가 얼마나 눈이 어두웠는지 깜짝 놀라고 말았죠.

'국민의 일부를 보고 그 국민 전체를 욕하는 것은 얼마나 어리석은 일인가!' 나는 몇 번이나 나 자신에게 말했습니다. '개개인이 그렇게도 중요한 존재여야 하는가? 그렇게 중요하다고 할 수 있나? 절대로 그렇지 않다. 문제는 좋은 환경에 둘러싸여 발전하고, 뛰어난 사람의 지도를 받아 궁극적인 공통의 목표를 향해 갈 수 있는 소질과 힘과 능력을 지닌 사람이 대중 속에 얼마나 있느냐이다.' 그래서 나는 우리나라 사람들에게 뛰어난 독창성이 결여되어 있다는 사실에 더는 슬퍼하지 않고, 그들이 자신들이 나아갈 방향을 외국에서 받아들인다는 사실을 부끄러워하지도 않은 채, 내가 지도자를 발견했다는 사실을 기쁘게 생각하게 되었습니다.

로타르는—그이를 내가 좋아하는 이름으로 부르겠어요—언제나 나에게 독일인을 이야기할 때는 용기라는 측면에서 설명해주었습니다. 바르게 지도하기만 하면, 이 세상에 그만큼 유능한 국민은 없다고도 했지요. 나는 어떤 국민의 가장 중요한 특성을 한 번도 생각한 적이 없다는 사실이 부끄러웠습니다. 그이는 역사에 정통했고, 그 무렵 대부분의 저명인사들과도 교분을 쌓고 있었지요. 그 또한 젊은 나이였지만, 조국의 싹터 오르는 희망에 찬 젊은 세대나 다양한 분야에서 묵묵히 일하는 사람들을 주목했습니다. 나에게 독일 전체를 보라 훈계하고, 현재와 미래의 희망을 이야기해주었습니다. 나는 대기실로 찾아오는 별 볼 일 없는 사람들을 기준으로 국민 전체를 판단했던 나 자신이 부끄러웠습니다. 일을 할 때도, 진실하고 재기 넘치고 남에게 활기를 주는 것을 의무로 생각하라고 일깨워주었지요. 그러자 나는 무대에 올라갈 때마다 영감이 충만해지는 것을 느꼈습니다. 평범한 대사를 해도 내 입을 통해서 나오면 금처럼 귀중한 말이 되었습니다. 그 무렵 내가 바라던 시인이 곁에 있어 주었더라면 훌륭한 효과를 냈으리라고 생각합니다.

젊은 과부인 나는 그렇게 몇 달을 보냈습니다. 그이에게 나는 없어서는 안될 존재였고, 저도 그이가 외국에 있을 때는 몹시 불행한 기분이었죠. 그는 자기 친척들과 훌륭한 누이동생의 편지도 보여주었습니다. 내게 일어나는 일이라면 아무리 하찮은 일이라도 신경 써주었습니다. 그보다 섬세하고 완벽한 화합은 생각할 수 없었죠. 하지만 사랑이라는 단어는 입에 담지 않았습니다. 그이는 미국을 자주 드나들었어요. —그런데 빌헬름 씨, 당신도 슬슬 가야 할 시간이군요."

제17장

빌헬름은 그의 거래처 방문을 더는 늦출 수가 없었다. 그곳으로 향하는 그는 불안한 심정이 되었다. 그것은 가족들이 보낸 편지가 그 집에 도착해 있다는 사실을 알고 있었기 때문이다. 그는 편지에 쓰여 있을 비난의 말이 두려웠다. 모르긴 몰라도, 거래처에서도 그의 일로 당혹해 하고 있다는 소식이 도착해 있을 것이 분명했다. 그렇게 많은 기사적 모험을 하고 난 뒤에도 어린애처럼 비치기는 싫었다. 그는 거만한 태도로 당혹감을 감춰야겠다고 생각했다.

그러나 만사가 그럭저럭 순조롭게 풀리는 것을 보고 그는 놀라는 한편 만족했다. 널찍한 사무실은 어찌나 그리 활기가 넘치고 바쁘던지, 그 앞으로 온 편지를 찾을 틈도 없을 지경이었다. 그가 오랫동안 얼굴을 비추지 않았다는 사실도 대수롭지 않게 여기는 듯했다. 무엇보다 아버지의 편지도 친구인 베르너의 편지도 막상 뜯어보니 평범한 내용이었다. 떠날 때 그에게 일기를 꼬박꼬박 쓰라고 당부하고 쓰는 법까지 표로 만들어서 쥐어주었던 아버지는 아들이 곧 일기를 자세히 적어 보내리라고 생각했다. 그래서 처음에는 아들이 아무런 소식을 보내오지 않아도 안심하고 있었던 듯했다. 그러나 백작 댁에서 보낸 처음이자 유일한 편지의 그 알쏭달쏭한 내용에 대해서만큼은 불평했다. 베르너는 그 특유의 장난스러운 말투로 마을의 유쾌한 소식들을 전해주었다. 그리고 빌헬름이 커다란 상업도시에서 사귀게 될 친구나 지인에 관해서 소식을 전해달라고 부탁했다. 빌헬름은 아주 작은 수고로 질책을 면

할 수 있게 된 것이 기뻐서 당장 매우 유쾌한 내용의 답장을 두세 통 썼다. 아버지에게는 원하시는 대로 지리, 통계, 상업에 관한 온갖 주석을 곁들인 자세한 여행일기를 보내겠노라고 약속했다. 이번 여행에서 많은 것을 겪은 그는 그것들을 모으면 꽤 두꺼운 책자가 만들어지겠다고 생각했다. 그는 아직 쓰지도 않았거니와 기억하지도 않은 연극을 상연하겠답시고 등불을 켜놓고 관객을 불러 모았던 때와 같다는 사실을 깨닫지 못했다. 게다가 막상 편지를 쓰기 시작하자, 느낀 점이나 생각한 것, 즉 마음과 정신의 수많은 경험에 관해서는 술술 써지는 것과는 달리 외부 세계의 일에 관해서는 쓸 것이 아무것도 없다는 사실을 깨닫지 않을 수 없었다. 그런 것들에 전혀 주의를 기울이지 않았다는 사실을 이제야 비로소 깨달은 것이었다.

그렇게 당혹감에 빠져 있을 때 그에게 큰 도움이 되어준 것은 친구인 라에르테스의 지식이었다. 두 젊은이는 서로 비슷한 구석이 거의 없음에도 늘 붙어 다녔다. 라에르테스는 결점도 많고 독특한 구석도 꽤 많았지만 참으로 흥미로운 인물이었다. 쾌활하고 낙천적인 성격으로, 눈앞의 처지 따위는 전혀 비관하지 않고 세상을 살아갈 것 같은 남자였다. 불행과 질병으로 청년의 순수한 감정은 잃었지만 인생의 변덕스러움과 허무함에는 눈이 뜨여 있었다. 그래서 어떤 대상을 곰곰이 생각하기보다는 그 인상을 직접 마음 내키는 대로 단편적으로 표현하는 버릇이 있었다. 그는 혼자 있기를 싫어해서 카페나 술집을 두루 돌아다녔으며, 집에 있을 때에도 유일한 낙이라고는 여행기를 읽는 것뿐이었다. 마침 시내에 대형 대여 도서관이 있어서, 그는 그 독서욕을 실컷 채울 수 있었다. 그리고 곧 전세계의 절반을 그의 뛰어난 기억력 속에 떠올릴 수 있었다.

따라서 빌헬름이 아버지에게 보고서를 올리겠다고 엄숙하게 약속은 했지만 쓸거리가 없노라고 고백하자, 라에르테스는 그건 아무 일도 아니라는 듯 말했다. "그럼 우리 유례없는 여행기를 써야겠군요." 그가 계속 말했다. "독일이란 나라는 사람들이 구석구석까지 종횡무진 여행하고 돌아다닌 나라가 아니겠어요? 그리고 독일을 여행하고 책을 쓴 사람들은 많건 적건 그 여행경비를 독자들에게서 환불받고 있지요. 우리가 알기 전에 어떤 길로 지나왔는지만 말해 봐요. 그 뒤는 내가 아니까. 책을 쓰기 위한 자료나 참고서는 내가 찾아오겠습니다. 아직 측량되지 않은 면적이나 조사되지 않은 인구도 적어야 하고 남들이 주지 않은 정보를 많이 써넣어야 합니다. 나라별 세입은 연감이나 통계표를 보면 알 수 있지요. 뭐니 뭐니 해도 이런 게 가장 믿을 만한 자료 아니겠어요? 우리의 정치적 견해도 그걸 근거로 펼치기로 합시다. 각국 정치에 대한 개똥철학도 잊어서는 안 되고요. 몇몇 영주를 조국의 진정한 아버지로 만들어버립시다. 그렇게 해두면, 다른 영주를 욕할 때 훨씬 신빙성이 커지니까 말이죠. 유명인사가 사는 곳을 지나가지 않더라도, 어디 술집 같은 데에서 우리가 그들을 만났는데 그들이 우리를 믿고 농담을 하더라고 합시다. 특히 어느 풋풋한 처녀와의 연애 이야기를 지극히 고상하게 엮어내는 일은 잊지 말아야 합니다. 성인 남녀가 좋아하도록 해야 할 뿐만 아니라, 그 어떤 책방에서도 기꺼이 사들일 만한 작품으로 만듭시다."

두 사람은 책 만들기를 시작했으며, 그 일을 무척 즐겼다. 한편 빌헬름은 밤에는 극장을 찾아가거나 제를로나 아우렐리에와 대화를 나누면서 매우 만족스러운 나날을 보냈다. 너무나도 오랫동안 좁은 세계 안에서만 맴돌던 그의 생각은 날이 갈수록 커지고 넓어졌다.

제18장

빌헬름은 단편적이기는 하지만 제를로의 경력에 대한 이야기를 듣고 엄청난 흥미를 느꼈다. 이 사나이는 누구에게 자기 이야기를 하거나 어떤 주제에 관해 논리적으로 말하는 성격이 아니었기 때문이다. 그는 이른바 무대 위에서 태어나 젖을 먹고 자란 사람이었다. 그는 아주 어린 시절부터 무대에 있는 것만으로도 관객을 감동시켰다. 그때 이미 대본 작가들은 이 아이가 천부적인 조연이라는 사실을 꿰뚫어보았던 것이다. 아직 박수의 의미조차 모를 나이에, 평판이 좋은 작품 속에서 처음으로 "아빠" "엄마" 등의 대사를 했을 때는 관객들에게 커다란 갈채를 받았다. 아모르로 분장하여 공중에 매달린 채 벌벌 떨면서 천장에서 내려온 적도 한두 번이 아니었고, 어릿광대가 되어 알을 깨고 나오거나 어린 굴뚝청소부를 연기하며 일찌감치 주목을 받았다.

하지만 불쌍하게도 그는 화려한 저녁 공연에서 갈채를 받는 대신 낮에는 호된 고통을 치러야 했다. 주의력을 환기하고 지속시키려면 때리는 게 상책이라고 믿는 그의 아버지는 어떤 역할을 가르치건 틈만 나면 그를 두들겨 팼다. 아들의 연기가 서툴러서가 아니라, 더 능숙하고 늘 완벽하게 연기시키기 위해서였다. 옛날 사람들이 경계석을 놓을 때, 커서도 그 장소를 똑똑히 기억하라는 의미에서 주위에 둘러선 아이들을 호되게 매질하던 것과 같았다. 그는 정신적으로나 육체적으로 매우 훌륭하게 자랐는데, 특히 몸짓이나 동작에서 대단한 유연성을 보이게 되었다. 또한 그는 도저히 믿기 어려울 정도로 남의 흉내를 잘 냈다. 어린 시절부터 누군가의 흉내를 내면, 생김새도 나이도 성격도 천차만별인 그 인물을 눈앞에서 보는 듯한 인상을 주었다. 동시에 그는 세상에 순응할 줄도 알았다. 어느 정도 자신의 능력을 스스로 깨닫자, 그는 아버지를 떠나는 것이 가장 자연스러운 길이라고 생각했다. 그의 아버지는 아무리 아들의 분별력이 늘고 재주가 좋아졌어도 아직은 자기가 엄하게 가르쳐야 한다고 생각했다.

부모 곁을 떠난 소년은 드넓은 세상에 나와 자신의 연기가 크게 환영받는 것을 보고 더할 나위 없는 행복을 느꼈다. 행운의 별은 먼저 그를 사육제 무렵 어느 수도원으로 이끌었다. 그곳에서는 기도 행렬을 통제하고 종교적 가면극을 통해 교구민을 즐겁게 해주던 신부가 죽은 지 얼마 되지 않은 터였다. 그는 죽은 신부를 대신할 자비로운 수호신으로서 나타난 셈이었다. 마리아에게 잉태를 알리는 가브리엘 역을 맡은 그는 마리아로 분장한 매우 아름다운 소녀의 마음에도 들었다. 그녀는 마리아의 정해진 축사를 아주 겸손하게, 그리고 내면의 긍지를 담아 무척 우아하게 말했다. 그는 다양한 신비극에서 가장 중요한 역할을 잇따라 연기했으며, 마지막에는 구세주로 분장해 조롱당하고 채찍으로 얻어맞고 십자가에 달림으로써 적지 않은 자부심을 느꼈다.

병사를 맡은 몇 명의 사람들은 그리스도를 채찍질하는 장면에서 인정사정을 봐주지 않았다고 한다. 제를로는 교묘하게 복수하기 위해 마지막 심판 장면에서 그들에게 황제나 국왕의 화려한 의상을 걸치게 했다. 그리고 그들이 그 역할에 매우 만족하며 천국에서도 다른 사람들보다 앞장서서 가기 위해 막 발걸음을 옮기는 순간, 악마의 형상을 하고 불쑥 나타나 부젓가락으로 호되게 후려치고는, 그들을 불길이 이글거리는 지옥으로 사정없이 밀어넣었다. 그 장면을 본 관객들과 거지들은 매우 경건한 마음이 되었다.

영리한 그는 황제나 국왕을 연기한 사람들이 이 뻔뻔스러운 계략을 눈치 챌 것이며, 자기가 아무리 그건 마지막 심판의 고발자이자 형리인 악마의 특권이라고 주장해도 들은 척도 안 하리라는 것을 간파하고 있었다. 그래서 천년왕국 장면이 시작되기 전에 몰래 그곳을 빠져나와, 그 무렵 '기쁨의 아이들'이라고 불리던 이웃 마을의 한 극단에 들어갔다. 그들은 그를 매우 반갑게 맞이해주었다. 그들은 슬기롭고 재치와 활기로 넘쳤다. 인간 존재 모두를 이성으로 나누어도 결코 딱 떨어지는 법이 없으며, 반드시 묘한 우수리가 남는다는 진리를 잘 아는 사람들이었다. 그들은 대중 속에 분산되면 위험한 것으로 돌변할지 모르는 이 거추장스러운 우수리를 정기적이고 계획적으로 없애버리려고 했다. 다시 말해서 일주일에 하루는 철저하게 바보가 되었는데, 그날은 나머지 엿새 동안 자기든 남이든 할 것 없이 바보처럼 굴었던 일을 풍자적으로 표현함으로써 서로 벌을 주는 것이었다. 이런 방식은 도덕적인 사람이 날마다 스스로 인정하고 스스로 경계하고 스스로 벌하는 연속된 수양에 비하면 거칠기는 했지만, 더 유쾌하고 확실한 방법이었다. 내면에 자리 잡고 있는 바보를 부정하지 않고 그것이 본디 자기 모습이라고 눈감아버리면 그 바보가 다른 길을 통해 자기기만의 도움을 받아 가끔 주인 행세를 하게 되며, 그 바보를 진작 내쫓았다고 자부하는 이성을 어느새 노예로 삼아버리기 때문이다. 그 우스꽝스러운 가면극은 단원들이 돌아가면서 했는데, 그날 무대에 서는 사람은 누구든 자기나 타인의 특징을 아주 그럴싸하게 연기해도 상관없었다. 사육제 기간에는 아주 자유롭게 행동함으로써, 민중을 즐겁게 하고 선도하려고 애쓰는 성직자와 경쟁했다. 미덕과 악덕, 예술과 학문, 오대륙과 사계절을 풍자적으로 나타내는 엄숙한 행렬은 민중에게 다양한 관념을 감각적으로 가르쳐주었다. 이렇게 그들의 유희는, 한쪽에서 종교적인 가장행렬이 어처구니없는 미신을 더욱 굳건하게 하는 것에 비하면 아주 소용없는 짓이라고만은 할 수 없었다.

여기서도 젊은 제를로는 내 세상을 만난 듯했다. 그는 진정한 독창력은 없었지만, 대신 눈앞에 보이는 것을 활용하고 매만져 빛나게 하는 비상한 재능이 있었다. 그의 풍부한 착상, 흉내 내는 재주, 그리고 적어도 일주일에 하루는—자기를 돌봐주는 은인들에게 대해서까지도—완전히 자유롭게 허용된 신랄한 기지는 그를 극단에서 귀중한 존재, 없어서는 안 될 존재로 만들어주었다.

그러나 방랑벽이 있는 그는 곧 이 유리한 지위를 버리고 조국의 여러 지방으로 떠돌아다니며 다시 새로운 시련을 겪곤 했다. 그는 독일의 개화되긴 했지만 예술 면에서 뒤처진 지방을 찾아갔다. 그곳에서는 확실히 선과 미가 존경받고 있었으나 때로는 정신이 결여되어 있었다. 그의 가면극은 전혀 통하지 않았던 것이다. 그는 그곳 사람들의 마음과 감정에 호소할 수단을 찾아야만 했다. 크고 작은 극단에 잠깐씩 머무르며, 그 기회에 모든 희곡 작품과 배우들의 특색을 파악했다. 그 무렵 독일 연극에 만연했던 천편일률성, 알렉산드리너 시형*4의 무미건조한 억양과 운율, 부자연스러움, 단조로운 대화, 딱딱한 설교조의 몰취미성과 통속성 등을 그는 몸소 이해했으며, 동시에 무엇이 사람들에게 감동과 호감을 주는지를 알아차렸다.

그는 인기 있는 몇몇 연극의 역할이 아니라 그런 작품 전체를 쉽게 기억했으며, 그 작품들을 연기해서 갈채를 받는 배우들의 독특한 말투까지 모조리 머리에 넣었다. 그렇게 방랑을 계속하는 동안에 돈이 완전히 바닥난 때가 있었다. 그는 그 작품들을 가지고 어느 귀족의 저택이나 마을에서 1인극을 하면 밥값과 숙박비 정도는 쉽게 벌 수 있으리라는 생각을 했다. 그래서 술집, 방, 정원이 순식간에 그의 무대가 되었다. 장난기 섞인 진지함과 그럴듯해 보이는 열의로 구경꾼들의 상상력을 자극하고 그들의 감각을 기만하는 데 성공했다. 그들이 두 눈 뜨고 지켜보는 앞에서 오래된 장롱을 성으로 둔갑시키고, 부채를 단도로 변신시켰다. 젊음의 열의가 심오한 감정의 결여를 채워주었으며, 무모함은 강인함으로 아첨은 부드러움으로 보였다. 이미 그 연극들을 본 적 있는 사람들은 자기가 보고 들었던 장면을 기억해냈으며, 그렇지 않은 사람들은 뭔지 모를 신비한 예감을 느끼고서 그것들을 더 자세히 알고 싶다는 열망에 휩싸였다. 한곳에서 성공한 것은 다른 곳에서도 반드시 성공한다. 그는 모든 사람을 그 자리에서 똑같은 방법으로 속이는 데 성공할 때

---

*4 알렉산드리너(Alexandriner)는 12음절 6각의 시형으로서, 오피츠(Martin Opitz) 이래 독일 고급 희곡의 지배적 시형이 되었는데, 한 행의 시에 강약의 운율이 여섯 번이나 교차하므로 경직되고 단조로운 인상을 풍겼다. 그 때문에 질풍노도의 시인들은 이 시형을 즐겨 쓰지 않게 되었다.

마다 내심 은밀한 기쁨을 맛보았다.

그는 발랄하고 자유로우며 그 무엇에도 방해받지 않는 정신 덕분에 다양한 역할과 다양한 연극을 몇 번이나 되풀이하는 사이에 날이 갈수록 실력이 늘었다. 처음에는 그저 본보기로 삼아 흉내만 내던 것들보다도 더 본디 의미에 가까운 낭송과 연기로 바뀌었다. 그리하여 그의 연기는 갈수록 자연스러워 보이면서도 실은 철저히 계산된 영역에 다다르게 되었다. 역할에 몰입해 있는 듯이 보이면서도 효과를 노렸다. 그의 가장 큰 자부심은 회를 거듭할수록 관객에게 더 큰 감동을 주고 있다는 점이었다. 그래서 무모한 1인극을 펼칠 때조차도 어느 정도는 절제할 필요성을 느꼈다. 그리하여 그는 한편으로는 부득이하게 또 한편으로는 본능적으로, 목소리나 몸짓을 최소한으로 써야 한다는 진리를 깨닫게 되었는데, 대부분의 배우는 아직 이것을 터득하지 못했다.

또 그는 그를 좋아하지 않는 거친 사람들을 길들여 자기에게 관심을 갖게 하는 기술도 습득했다. 가는 곳마다 식사와 잠자리에 만족했고, 어떤 선물이든지 감사히 받았으며, 굳이 필요하지 않을 때는 돈마저 거절했으므로, 모두 기꺼이 추천장을 써주었다. 이렇게 그는 한동안 귀족들의 저택을 돌아다니며 사람들을 매우 즐겁게 해주는 동시에 자기 자신도 즐거움과 기쁨과 고상한 연애를 맛보았다.

차가운 성격의 그는 누구든 진심으로 사랑할 수 없었다. 지나치게 명석해서 누구를 존경할 수도 없었다. 그는 늘 남의 외면적 특징만을 보았으며, 그것을 연기의 재료로서만 썼다. 그러나 동시에, 단 한 사람에게서라도 호감을 얻지 못하거나 단 한곳에서라도 갈채를 받지 못하면 자존심이 크게 상하곤 했다. 앞으로 그는 어떻게 해야 갈채를 얻을 수 있을까 하는 문제에만 신경 쓰고 고민하게 되었으며, 마침내는 연기뿐만 아니라 일상생활에서도 남의 구미에 맞게만 행동하게 되었다. 그의 기질, 재능, 삶의 방식이 서로 작용하여 어느새 그는 완벽한 배우가 된 것이다. 아닌 게 아니라 묘한 일이지만 완전히 자연스러운 작용과 반작용을 통해서 또 통찰과 훈련을 통해서, 그의 낭송, 낭독, 몸짓에 의한 연기는 진실과 자유와 솔직함이라는 고도의 단계에 다다랐던 것이다. 하지만 실생활과 교제에서는 차츰 더 남의 이목을 피해서 기술적으로, 아니 기만적으로 겁쟁이가 되어 갔다.

그의 운명이나 모험에 관해서는 나중에 말할 기회가 있을 것이다. 여기서는 다음 사실을 언급하는 데만 그치겠다. 즉 그가 벌써 성공하여 배우로서의 확고한 명성을 얻었다고까지는 할 수 없을지언정 대단히 높은 지위에 오르게 된 뒷날에는 대화중에 아주 교묘한 방법으로, 또 어떤 때는 냉소적인 궤변만 어떤 때는 조소적인 궤변만 늘어놓아 언제나 진지한 분위기를 깨뜨려 버리는 버릇을 지니게 되었다는 사실이다. 특히 그는 빌헬름이 여느 때처럼 일반적이고 이론적인 이야기를 꺼낼라치면 곧 이 방법을 썼다. 그럼에도 두 사람은 함께 있는 것을 무척 좋아했다. 서로의 생각 차이가 대화에 활기를 주었기 때문이다. 빌헬름은 모든 것을 그가 파악하는 이론으로 설명하려고 했으며 예술과 결부시키려고 했다. 명확한 규칙을 정해서 무엇이 옳고 아름답고 선한 것인지, 또 무엇이 갈채를 받기에 합당한 것인지 규정하려고 했다. 요컨대 그는 모든 것을 진지하게 다루었다. 이에 반해 제를로는 사물을 매우 가볍게 받아들이고, 어떤 질문에도 직접적인 대답은 피했으며, 어떤 에피소드나 농담을 섞어서 재미나게 설명했다. 단원들을 가르칠 때도 명랑하게 가르쳤다.

제19장

이렇게 빌헬름이 유쾌한 시간을 보내는 동안, 멜리나와 다른 단원들은 불쾌한 상황에 놓여 있었다. 빌헬름은 그들이 마치 악령처럼 생각되었다. 그것도 단지 얼굴을 보이는 정도가 아니라, 불만 가득한 표정과 비꼬는 말로 그를 불쾌하게 했다. 제를로는 그들에게 계약에 대한 희망을 안겨주기는커녕 임시 고용조차 허용하지 않았지만, 그들의 가능성을 찬찬히 뜯어보고 있었다. 배우들이 그와 담소를 나누기 위해 주위로 몰려들 때면 그는 그들에게 무언가를 낭독하게 하고, 때로는 자기도 그 낭독에 끼었다. 상연이 결정된 작품이나 오랫동안 상연되지 않은 작품을 골라 그 가운데서 일부를 낭독시켰다. 또한 최초 공연 때 신경에 거슬렸던 부분을 다시 한 번 시켜봄으로써 배우들의 통찰력을 키워주고 정확히 급소를 찌르는 능력을 길러주었다. 다듬어지지 않은 재능보다는 미숙하더라도 정확한 이해력이 보는 이를 만족시키기 때문이다. 그렇게 해서 제를로가 알지 못하는 사이에 길러준 명쾌한 통찰력을 통해 평범한 소질을 지닌 사람도 비범한 연기력을 갖춘 배우가 되었다. 그는 시도 낭독시켰는데, 그것은 잘 낭송된 리듬이 우리 마음에 불러일으키는 그 황홀한 감정을 터득하는 데에도 적지 않은 도움을 주었다. 그러나 다른 극단에서는 누구든 쉽게 할 수 있는 산문 낭독부터 시작하는 것이었다.

이런 기회에 그는 새로 찾아온 배우들을 자세히 파악하고, 그들의 사람됨과 발전 가능성을 판단하고, 곧 있을 대대적인 극단 개혁 때 그들의 재능에서 즉시 어떤 이익을 뽑아낼 수 있기를 은근히 바랐다. 그는 이 문제를 한동안 자연스러운 흐름에 맡겨두었다. 빌헬름이 그들을 잘 봐 달라 아무리 간청해도 어깨를 으쓱하며 거부했지만, 마침내 때가 왔다는 판단이 서자 전혀 뜻밖에도 빌헬름에게 꼭 그가 자기 무대에 서주었으면 좋겠다고 부탁하면서 그것을 조건으로 다른 사람들과 계약하겠다고 제안해 왔다.

빌헬름이 대답했다. "갑자기 그들을 모두 채용하겠다는 건, 지금까지 당신이 했던 말과는 반대로 그들이 영 쓸모없는 배우는 아니라는 뜻이군요. 나를 제외하더라도 그들의 재능에는 변함이 없을 것 같은데요."

이에 제를로는 아무에게도 말하지 말라며 자신의 사정을 털어놓았다. 자기 극단에서 가장 인기 있는 배우가 계약 갱신 때 출연료 인상을 조건으로 내세울 것 같은데, 자기는 그것에 응할 마음이 없다고 했다. 관객의 호응이 이전만 못하기 때문이라는 것이었다. 그리고 그 배우를 놓치면 그의 팬도 모두 따라갈 것이다. 그러면 극단은 재능 있는 배우와 그저 그런 배우까지 몇 명쯤 잃게 된다. 그는 그 대신 빌헬름과 라에르테스, 호통 잘 치는 노인, 심지어 멜리나 부인에게까지 큰 기대를 걸고 있노라고 말했다. 그뿐만 아니라 저 불쌍한 '훈장님'에게 유대인이나 대신, 특히 나쁜 역할을 맡기면 아주 좋을 것 같다고 말했다.

빌헬름은 너무나 갑작스러워서 그의 말을 차분하게 들을 수가 없었다. 그러나 무슨 말이든 대꾸하지 않을 수 없어서 심호흡을 크게 한 뒤에 이렇게 말했다. "당신은 친절하게도 우리에게서 찾을 수 있고 기대할 수 있는 좋은 점만을 말하고 있습니다. 하지만 당신의 훌륭한 안목이 도저히 놓칠 수 없는 우리의 약점은 어떻게 보고 있는지 궁금하군요."

"약점은 근면과 연습과 반성을 통해서 쉽게 강점으로 바꿀 수 있소." 제를로가 말했다. "당신들은 아직 기교를 모르는 풋내기지만, 많든 적든 기대가 가지 않는 사람은 한 명도 없소. 내가 판단하기에 멍청한 사람은 한 명도 없거든. 얼간이만큼은 어쩔 도리가 없긴 하지만. 자만에 빠져 있는 건지 멍청한 건지 우울증 때문인지는 모르겠지만, 그런 사람들은 뭘 가르쳐도 먹히지 않거니와 나쁜 습관을 바로잡아줄 방법도 없지요."

제를로는 자기가 무엇을 해줄 수 있으며 어떤 조건을 바라는지 간단히 설명하고, 되도록 빨리 결정해달라고 부탁했다. 그러고는 몹시 당황해 하는 빌헬름을 남겨둔 채 나가버렸다.

라에르테스와 함께 시작한 가짜 여행기는 기묘하고도 장난스러운 작업이지만 빌헬름은 그 일을 하는 사이에, 현실 세계와 일생생활을 난생처음으로 주의 깊게 관찰하게 되었다. 그는 아버지가 왜 그토록 부지런히 일기를 쓰라고 했는지 이제야 그 의도를 알 수 있었다. 수많은 산업과 수요를 중개하는 인물이 되어 대륙의 산들과 깊은 숲까지 삶의 영역을 넓히는 데 일익을 담당하는 것이 얼마나 즐겁고 유익한 일인지 처음으로 깨달았다. 그가 지금 있는 활기 넘치는 상업도시를 라에르테스가 초조해 하면서도 부지런하게 구석구석까지 질질 끌고 다녀준 덕분에, 모든 물자가 흘러 나가고 흘러 들어오는 일대 중심지라는 개념을 구체적으로 알 수 있었다. 그의 정신이 이런 종류의 활동을 관찰하는 데 진정한 기쁨을 느낀다는 사실도 처음으로 알게 되었다. 이런 상황에서 제를로가 그런 제안을 한 것이었다. 타고난 재능에 대한 그의 소망, 애착심, 신뢰, 오갈 데 없는 단원들에 대한 의무감이 다시 불타올랐다.

"나는 다시 갈림길에 섰다." 그는 그 자신에게 말했다. "소년 시절에 내 앞에 섰던 두 여신 사이에 말이다. 그런데 한쪽은 그때만큼 초라해 보이지 않고, 다른 한쪽은 그때만큼 화려해 보이지 않는다. 어느 쪽을 따르더라도 하나의 내적 사명인 것만 같다. 그리고 양쪽의 외적 유인은 모두 강렬하다. 너는 둘 가운데 어느 쪽도 택하지 못할 것이다. 어느 쪽의 외적 유인이 다른 쪽을 누르고 너의 선택을 결정해주기를 바라고 있다. 하지만 잘 생각해보면 너에게 상업, 이득, 소유에 대한 흥미를 느끼게 해주는 것은 외적인 사정뿐이다. 육체적인 것이든 정신적인 것이든, 선과 미를 추구하며 네 속에 숨어 있는 소질을 더욱 발전시키고 완성시키고 싶은 소망을 낳고 길러주는 것은 너의 내적인 욕구다. 별다른 노력도 하지 않았는데 나를 여기까지, 내 모든 소망의 목적지까지 이끌어준 운명을 어찌 존경하지 않을 수 있는가? 일찍이 내가 고찰하고 계획한 모든 일이 내가 가만히 있어도 우연하게 실현되고 있지 않은가? 정말이지 묘한 일이다. 오랫동안 마음속에서 키우고 불태워온 희망이나 소망만큼 인간과 가까운 것은 없다. 그런데 그것들이 마침내 현실이 되어 마주치게 되면 그것들을 알아보지 못하고 뒷걸음쳐버린다. 나를 마리아네에게서 떼어놓은 그 불행한 밤 이전에는 내게 꿈에 지나지 않았던 모든 것이 내 앞에 나타나 손을 뻗어왔다. 여기로 도망쳐오고 싶어했더니 보이지 않는 손이 나를 이곳으로 인도한 것이다. 나는 제를로가 나를 고용해주기 바랐는데, 이제는 제를로가 내게 먼저 그것을 제안하고, 풋내기인 나로서는 감히 바라지도 못할 조건을 제시해왔다. 나를 연극에 붙잡아둔 것이 오로지 마리아네에 대한 사랑뿐이었던가? 나를 마리아네와 묶어준 것이 예술에 대한 사랑이었던가? 무대를 향한 그 소망, 그 도피로는 시민사회의 환경에서는 허용되지 않는 삶을 계속하기 바라는 불안정하고 무질서한 사람에게만 어울리는 것이었을까? 아니면 그것과는 전혀 다른 더 순수하고 더 훌륭한 소망이었을까? 너를 자극해서 그 무렵의 네 생각을 바꾸게 했던 것이 과연 있었나? 오히려 너는 지금까지 아무런 생각도 없이 그 계획을 좇아오지 않았나? 이제 너는 아무 의도도 없고, 동시에 엄숙하게 맹세한 약속을 지킬 수도 있으며, 훌륭한 방식으로 무거운 책임에서 벗어날 수 있게 되었다. 그러니 이 마지막 한 걸음은 더욱더 인정해줘도 좋지 않은가?"

그의 마음과 상상력 속에서 작용하는 모든 것이 바쁘게 뒤바뀌었다. 미뇽과 함께 있을 수 있다는 점, 그리고 하프 타는 노인과 헤어지지 않아도 된다는 점이 천칭의 무거운 추로서 적잖이 작용했다. 그러나 그가 평소처럼 아우렐리에를 방문했을 때, 그 천칭은 여전히 흔들리고 있었다.

제20장

아우렐리에는 긴 의자에 누워 있었는데, 이제는 조금 안정을 되찾은 듯했다. "내일도 무대에 섭니까?" 빌헬름이 물었다. "물론이죠." 그녀가 씩씩하게 대답했다. "보시다시피 난 아무렇지도 않아요. —그렇지만 일반 관객석에서 쏟아져나오는 박수갈채를 멈추게 할 방법은 없을까요? 그 사람들은 호의적으로 그러는 거겠지만, 나는 그게 죽을 만큼 괴롭거든요. 그저께도 심장이 터져버리는 건 아닌가 싶었답니다. 전에는 내가 잘했다 생각될 때는 참을 수 있었어요. 오랫동안 연습하고 준비해서 멋지게 해냈다는 칭찬의 증거가 극장 구석구석에서 들려오는 게 기뻤거든요. 그러나 요즘의 나는 내가 하고 싶은 대로 대사를 말하지도 못하고, 내 생각대로 말하지도 못한답니다. 나는 반쯤 넋이 나가 있고, 늘 제자리를 맴돌고 있어요. 그런데도 내 연기는 관객들에게 전보다도 더 큰 감명을 주고 있지요. 박수갈채도 이전보다 커요. 나는 생각하곤 한답니다. '당신들은 무엇이 당신들을 그렇게 황홀하게 하는지 알고 있습니까? 어둡고 격렬하고 정체 모를 여운이 당신들을 감동시키고 박수치게 하는 겁니다. 당신들을 기쁘게 하는 것이 불행한 여자의 슬픔이라는 것을 당신들은 느끼지 못하고 있어요.'

오늘 아침에 나는 내 배역을 연구했어요. 지금도 그것을 되풀이해서 해보던 참이었지요. 나는 아주 녹초가 되었어요. 내일 다시 처음부터 할 거예요. 내일은 무대에 서야 하니까요. 이렇게 나는 내 몸을 혹사시킵니다. 일어나 있어도 따분하고, 잠자리에 들기도 싫어요. 온갖 잡생각이 머릿속에서 빙글빙글 돌고 있어요. 그러다가 위로 같은 것이 떠오르겠지만, 그런 건 훨훨 쫓아버리고 저주를 퍼붓지요. 나는 항복하고 싶지 않아요. 필연에 머리를 숙이기는 싫어요. —나를 파멸시키는 것이 필연일 리 없어요. 다른 것일 수는 없을까요? 나는 내가 독일인이라는 사실에 죗값을 치러야만 합니다. 모든 사물에 무게를 두고, 그 모든 무게를 짊어지는 것이 독일인의 특성이니까요."

"아, 아우렐리에 양!" 빌헬름이 말을 가로막았다. "스스로 칼날을 갈아 끊임없이 자신에게 상처 입히는 일은 이제 그만둬요. 당신에게는 남은 게 아무것도 없다는 말인가요? 당신에게는 젊음, 미모, 건강, 재능이 남아 있지 않습니까. 당신 탓도 아닌 일로 보물을 하나 잃어버렸다고 해서 다른 것까지 죄다 던져버려야 하나요? 그런 것까지 필연이라고 하렵니까?"

그녀는 잠시 입을 다물고 있다가 이윽고 이렇게 말했다. "나도 잘 알아요. 사랑 따위는 시간낭비죠. 사랑! 그것은 시간낭비일 뿐이에요. 내가 할 수 없는 일, 해서는 안 될 일은 아무것도 없었어요. 그런데 지금은 모든 것이 다 사라져버렸어요. 나는 애인에게 버림받은 불쌍한 여자예요. 제발 나를 가엾게 여겨주세요. 나는 가련한 여자예요."

그녀는 상념에 잠겼다가 이윽고 격렬하게 이렇게 외쳤다. "당신들 남자는 여자가 당신들 목에 매달리는 데 익숙하지요! 하지만 당신들은 느낄 수 없어요. 자존심 있는 여자의 가치를 느낄 수 없다고요! 모든 거룩한 천사를 걸고 순수하고 정결한 마음을 지닌 모든 지복의 신상을 걸고, 사랑하는 남자에게 몸을 바치는 여자만큼 숭고한 존재는 없다고 맹세합니다. 여자라고 불릴 자격이 있는 한, 우리 여자들은 냉정하고 긍지 있고 고상하고 총명하고 현명합니다. 그리고 우리 여자들은 누구를 사랑하고 그 사랑에 보답 받기를 원하는 순간, 이런 모든 장점을 당신들 발아래에 내던져버리죠. 아! 나는 이런 것을 다 알면서도 좋다고 내 모든 존재를 내던져버렸어요. 하지만 지금은 그런 나도 절망에 빠지고 싶습니다. 자진해서 절망에 빠지고 싶은 심정이에요. 내 안의 마지막 피 한 방울까지 벌하고 싶어요. 몸 안의 힘줄 하나까지도 남김없이 고통 받게 하고 싶어요. 마음껏 비웃으세요. 연극이라도 하는 듯이 이렇게 격정을 터트리는 것을 비웃으시라고요."

빌헬름은 조금도 웃을 기분이 나지 않았다. 반은 자연스럽고 반은 꾸며낸 듯한 아우렐리에의 이 비참한 상태가 그를 몹시 괴롭혔다. 고문 받는 듯한 인간의 고통에 혼란스러웠던 것이다. 그의 마음은 흔들렸으며, 그의 피는 열병에 걸린 듯이 들끓었다.

그녀가 일어나서 방 안을 왔다 갔다 했다. "나는 그이를 사랑해서는 안 될 이유를 낱낱이 열거해보곤 한답니다." 그녀가 말했다. "그이가 사랑받을 자격이 없는 사람이라는 것도 알고 있어요. 온 정신을 딴 데 쏟으려고 온갖 노력을 다한답니다. 하지 않아도 될 역할을 맡기도 하고, 눈감고도 할 수 있는 오래된 배역을 세세한 부분까지 열심히 연습하고 또 연습하기도 하지요. ― 빌헬름 씨, 억지로 자신을 자신에게서 떼어내는 게 얼마나 고역인지 아세요? 가슴이 답답해서 터져버릴 것만 같아요. 그래서 그이를 사랑하는 감정에 몸을 다시 내맡기고 말지요. 미쳐버리지 않기 위해서 말이에요. ―그래요, 나는 그이를 사랑해요. 그이를 사랑해요!" 그녀가 닭똥 같은 눈물을 뚝뚝 흘리며 말했다. "그이를 사랑해요. 그리고 지금 그 상태로 죽어가고 있어

요."

그는 그녀의 손을 잡고 진심을 담아, 자기 자신을 못살게 굴지 말라고 간청했다. "아! 우리 인간이 불가능한 일뿐만 아니라 가능한 많은 일까지도 이루어내지 못하다니 정말 묘한 노릇입니다." 그가 말했다. "당신을 최고로 행복하게 해줄 성실한 사람을 발견하지 못하는 것이 당신의 운명이었던 겁니다. 그리고 나는 내 일생의 행복을 불행한 한 여자에게 바쳐서 그 여자를 내 성실성의 무게로써 갈대처럼 땅바닥에 쓰러뜨리고, 아니 아예 꺾어버리는 것이 운명이었고요."

그는 언젠가 마리아네와 있었던 일을 아우렐리에에게 털어놓은 적이 있었으므로 지금 이런 이야기를 할 수 있었다. 그녀가 그의 눈을 물끄러미 바라보면서 물었다. "당신은 여자를 속인 적이 한 번도 없다고 단언할 수 있나요? 가벼운 칭찬이나 뻔뻔스러운 맹세, 마음을 간질이는 약속으로 여자의 애정을 자극한 일이 없다고 말할 수 있어요?"

"네, 말할 수 있고말고요." 빌헬름이 대답했다. "그다지 자랑거리는 아니지만 말입니다. 내 삶은 몹시 단순해서, 여자를 유혹하려고 마음먹을 기회조차 별로 없었으니까요. 게다가 당신같이 아름답고 훌륭한 사람이 슬픔에 빠진 것을 보는 것은 무엇보다 무서운 경고가 됩니다. 내 맹세를 믿어줘요. 내 마음을 완벽하게 대변해주는 맹세, 당신이 준 감동으로 말이 되고 형태를 이룬 맹세, 이 순간 거룩해진 맹세지요. 이제 모든 부질없는 사랑은 거부하겠습니다. 아무리 진지한 사랑이라도 마음속에 묻어두겠어요. 내가 평생을 바칠 수 있는 여자가 아니면 내 입술로 사랑 고백을 하지 않겠습니다."

그녀는 차갑고 쌀쌀맞은 눈으로 그를 바라보았다. 그러다가 그가 손을 내밀자 두어 걸음 뒤로 물러났다. "그런 맹세가 다 무슨 소용이에요?" 그녀가 말했다. "여자가 아무리 많은 눈물을 흘린다 한들, 그것으로 바닷물이 불어나는 것도 아닌데요. 하지만 수천 명이나 되는 여자 가운데에서 한 사람이라도 구원받는 것은 좋은 일이고, 수천 명이나 되는 남자 가운데에서 한 사람이라도 성실한 남자가 있는 건 나쁜 일이 아니죠. 당신이 무슨 약속을 하고 있는지 아시기는 하나요?"

"알다마다요." 빌헬름이 빙그레 웃으면서 말하고, 손을 내밀었다.

"그렇다면 그 맹세를 받아들이죠." 그녀는 그렇게 말하고 오른손을 움직였다. 그는 그녀가 자기가 내민 손을 잡을 거라고 생각했다. 그런데 그녀는 잽싸게 그 손을 주머니에 넣더니 번개처럼 단도를 빼들고 그 칼끝으로 그의 손바닥을 획 그어버렸다. 그는 놀라서 손을 거뒀지만, 이미 피가 뚝뚝 떨어지고 있었다.

"당신들 남자들에게 무슨 일을 기억하게 하려면 거친 방법으로 표시를 해주는 게 상책이거든요!" 그녀는 명랑하게 외쳤지만, 곧 황급히 응급처치를 하기 시작했다. 솟구쳐 오르는 피를 멈추게 하려고 손수건을 꺼내서 그의 손에 감아주었다. "이 반미치광이 여자를 용서하세요!" 그녀가 외쳤다. "하지만 이 피가 헛되다고는 생각하지 마세요. 마음이 후련해지자 제정신이 돌아왔으니까요. 이렇게 무릎 꿇고 빌게요. 최소한의 위로가 되도록, 제발 상처를 치료하게 해주세요."

그녀는 허둥지둥 장롱으로 달려가더니 붕대와 몇 가지 기구를 가지고 와서는 지혈을 하고, 정성껏 상처를 살펴보았다. 상처는 손바닥과 엄지가 붙은 부분에서 생명선을 지나 새끼손가락까지 이어져 있었다. 그녀는 생각에 잠겨 잠자코 붕대를 감았다. "아우렐리에 양, 왜 내 손을 베었습니까?" 그는 두어 번 물어보았다.

"가만히 계세요." 그녀가 손가락을 입에 대면서 대답했다. "아무 말씀도 하지 마세요."

제5부

제1장

이렇게 빌헬름은 지난날의 두 상처가 채 아물기도 전에 다시금 적잖이 불쾌한 세 번째 상처를 새로이 입게 되었다. 아우렐리에는 그가 외과 의사의 치료를 받지 못하게 하고는 온갖 이상한 말을 늘어놓거나 수상한 의식을 행하거나 주문을 외면서 직접 붕대를 감아 그를 무척 당황스럽게 했다. 그러나 빌헬름뿐만 아니라 그녀 주위에 있는 모든 사람이 그녀의 불안정하고 괴상한 행동에 고통을 겪고 있었다. 그 가운데서도 가장 큰 피해자는 어린 펠릭스였다. 이 활발한 아이는 그런 압박감을 견디지 못하고, 그녀가 야단을 치거나 구슬릴 때마다 점점 더 버릇이 나빠졌다.

이 소년은 사람들이 흔히 나쁜 버릇이라고 말하는 행동들을 하기 좋아했는데, 엄마인 아우렐리에는 그것을 절대로 봐주지 않았다. 이를테면 그는 컵에 따라서 마시기보다는 병째로 마시기를 좋아했으며, 음식을 접시로 먹기보다는 냄비째로 먹는 것을 더 맛있어 했다. 그런데 그런 못된 버릇은 용서되는 법이 없었다. 문을 활짝 열어젖히거나 세게 닫을 때마다, 또 무슨 심부름을 시켜도 금방 가지 않거나 요란스럽게 나갈 때마다 장황한 설교를 들어야만 했다. 그래도 조금도 좋아질 기미가 보이지 않았다. 오히려 아우렐리에에 대한 정은 날이 갈수록 줄어드는 듯했다. 엄마라고 부르는 말투에서도 애정이 전혀 느껴지지 않았다. 오히려 그 애가 의지하는 사람은 뭐든지 마음대로 하게 해주는 늙은 유모였다.

그러나 이 노파도 병이 깊어져 조용한 곳으로 휴양을 떠나게 되었다. 그러므로 미뇽이 다정한 수호신 역할을 해주지 않았더라면, 펠릭스는 아마 완전한 외톨이가 되었을 것이다. 두 아이가 대화하는 모습은 정말이지 사랑스러웠다. 미뇽이 펠릭스에게 간단한 노래를 가르쳐주면, 기억력이 좋은 펠릭스는 그것을 금방 외워서 듣는 이를 가끔 놀라게 했다. 미뇽은 여전히 열중해 있는 지도에 관해서도 펠릭스에게 가르쳐주었는데, 그 방법은 그다지 바람 직하다고 할 수 없었다. 그녀는 어느 나라가 따뜻하고 어느 나라가 추운지 말고는 전혀 관심이 없었기 때문이었다. 북극과 남극이 있고, 거기에는 엄청 나게 많은 얼음이 있으며, 그곳에서 멀어질수록 따뜻해진다는 사실은 매우 훌륭하게 설명할 수 있었다. 미뇽은 여행을 떠나는 사람이 있으면 북쪽으로 가느냐 남쪽으로 가느냐만 묻고는, 자기의 자그마한 지도를 들여다보며 그 여정을 더듬어보느라고 애를 썼다. 특히 빌헬름이 여행 이야기를 들려주면 매우 흥미를 보이며 귀를 기울였으나 이야기가 다른 주제로 넘어가면 몹시 슬퍼했다. 그녀는 연극에서 무슨 배역을 맡으라고 아무리 말해도 들은 체 만 체했으며, 그렇다면 연극이 공연될 때 극장에 가보기나 하라고 해도 꿈쩍도 안 했다. 그 대신 송시나 노래는 즐겁게 열심히 외웠다. 대개 엄숙하고 장중 한 곡조였는데, 그런 시를 불쑥불쑥 낭송하여 모두를 깜짝 놀라게 했다.

제를로는 어떤 재능이 싹틀 조짐이 있으면 그게 어떤 것이든 늘 주의 깊게 살폈으므로 미뇽을 격려해주었다. 특히 그가 마음에 들어한 것은 미뇽의 아 주 사랑스럽고 다채로우며 때로는 쾌활하기까지 한 노래 솜씨였다. 같은 의 미에서 그는 하프 타는 노인도 좋아했다.

제를로는 음악적 소질도 없고 악기도 다루지 못했지만, 그 높은 가치만큼 은 잘 알고 있었다. 그래서 그는 다른 것과는 비교도 할 수 없는 이 즐거움 을 맛볼 기회를 되도록 많이 마련하려고 했다. 평소에도 일주일에 한 번은 연주회를 열었지만, 이번에는 미뇽과 하프 타는 노인과 바이올린을 잘 켜는 라에르테스를 모아 기묘한 작은 악단을 하나 만들었다.

그는 말버릇처럼 이렇게 말했다. "인간은 저속한 것에 익숙해지기 쉬우 며, 아름다움이나 완벽에 대한 정신이나 감각의 감수성은 쉽게 둔해집니다. 따라서 그런 것을 느끼는 능력은 모든 수단을 동원해서 유지해야 하지요. 이 런 즐거움 없이 살아갈 수 있는 사람은 아무도 없으니까요. 많은 사람이 새 롭기만 하면 아무리 비속하고 몰취미한 것에도 만족하는데, 그건 단지 좋은 것을 맛보는 데 익숙하지 않기 때문입니다. 적어도 날마다 한 번쯤 짧은 노 래를 듣고, 좋은 시를 읽고, 훌륭한 그림을 감상해야 하며, 가능하다면 이성 적인 말을 몇 마디 해봐야 합니다."

이런 생각은 제를로에게는 이른바 태어나면서부터 갖고 있는 것이었으므로, 그의 주위에 있는 사람들은 늘 유쾌한 담화를 즐길 수 있었다. 이렇게 만족스러운 나날을 보내던 빌헬름에게 어느 날 검은 봉인이 찍힌 편지가 도착했다. 베르너가 봉인했다는 것은 슬픈 소식을 의미했다. 그는 아버지의 죽음이 짤막하게 적힌 편지를 보고 적잖이 놀랐다. 아버지는 잠깐 병을 앓다가 갑자기 세상을 떠나셨으며, 집안일은 모두 말끔하게 정리해놓으셨다는 것이었다.

빌헬름은 이 뜻밖의 소식에 깊은 충격을 받았다. 우리는 친구나 친척이 이 세상에 우리와 함께 살 때에는 아무것도 느끼지 못하고 가끔 그들을 소홀히 대하다가 이 아름다운 관계가 이 세상에서 끊어졌을 때에야 비로소 자신의 게으름을 후회한다는 사실을 뼈저리게 느꼈다. 훌륭한 아버지가 일찍 세상을 뜨고 말았다는 슬픔은, 아버지가 이 세상에 큰 미련이 없었으며 이 세상에서 그다지 향락을 추구하지도 않았다고 생각함으로써 힘겹게나마 위로할 수 있었다.

얼마 안 가서 빌헬름은 자신의 처지를 다시 생각하게 되었으며, 적지 않은 불안을 느꼈다. 인간은 마음이나 생각이 채 준비되기 전에 외부 사정에 의해 큰 변화를 맞게 되면 매우 위험한 상태에 빠지게 된다. 그때에는 생각지도 못했던 인생행로가 열리게 되며, 자기가 그 새로운 환경에 응답할 힘을 갖추지 못했음을 뼈저리게 느끼면 느낄수록 그 위험은 더욱더 커진다.

빌헬름은 앞으로 어떻게 해야 할지 혼란스러워하는 와중에 자유를 얻었다. 그는 자신의 생각이 무척 훌륭하며, 의도는 순수하고, 자신의 계획도 나무랄 데 없다고 확신했다. 그 모든 것을 어느 정도 자신 있게 인정할 수 있었다. 그러나 그는 자신의 경험이 미숙하다는 사실을 깨닫게 되는 기회가 많았다. 그래서 남의 경험과 그들이 거기에서 이끌어내는 결론에 너무 지나치게 가치를 두었으며, 그럼으로써 더욱더 혼란에 빠졌다. 그는 자기에게 없는 것을 채우는 데는, 책이나 대화를 통해 만난 중요한 것들을 빠짐없이 적어두고 수집하는 것이 가장 빠른 길이라고 생각했다. 그래서 그는 자기가 재미있다고 생각한 사람이나 자기의 의견, 생각, 심지어는 대화 전체를 적었으며, 가엾게도 이렇게 진실과 오류를 뒤섞어 하나의 관념으로 만들어 거기에 매달렸다. 아니, 문장 하나하나에 집착한다고까지 할 수 있었다. 그는 때때로 타인의 횃불을 길잡이별로 착각함으로써 자신의 본디 생각이나 행동 방식을 잃고 말았다. 아우렐리에의 신랄한 태도나 친구 라에르테스의 냉소적인 인간 혐오증도 지나치리만큼 그의 판단을 흐리게 했으나, 그에게 가장 위험한 것은 야르노였다. 야르노의 명석한 지성은 눈앞의 책에 관해서는 적확하고 엄정한 판단을 내릴 수 있었다. 그러나 그는 개별적인 판단이 마치 보편적인 것처럼 말하는 결점이 있었다. 지성의 판단은 본디 일회적인 것이며 더구나 특정한 경우에서만 적용되는 것이므로, 아무리 비슷한 경우에 적용하더라도 이치에 맞는다고 할 수 없다.

그리하여 빌헬름은 자신과의 합의를 위해서 노력했음에도 바람직한 합의로부터는 차츰 더 멀어져갔다. 이렇게 혼란에 빠져 있는 탓에 지나친 열의에 넘쳐 도움이 될 만한 것은 닥치는 대로 이용하려고 했으나, 무엇을 해야 좋을지 모르는 지경이 되고 말았다.

제를로는 이 부고 통지를 자신에게 유리하게 이용했다. 사실 그는 날마다 자신의 극단을 새로 조직해야 할 필요성을 느끼고 있었다. 계약을 갱신해야 했지만 자기들은 이 극단에 꼭 필요한 존재라고 생각하는 몇몇 단원들이 날이 갈수록 꼴불견스럽게 굴었으므로, 그들과 계약을 갱신할 마음은 별로 없었다. 그러자면 극단을 완전히 새로 구성해야 했는데, 그는 차라리 그러는 편이 좋을 것 같았다.

그는 직접 빌헬름을 설득하려 하지 않고, 아우렐리에와 필리네를 부추겼다. 계약을 바라던 다른 단원들도 빌헬름을 그냥 내버려두지 않았다. 그리하여 그는 상당한 당혹감을 느끼면서도 갈림길에 서게 되었다. 정반대 의미에서 쓰인 베르너의 편지 한 통이 마침내 그를 한 가지 결심으로 내몰리라고는 아무도 생각하지 못했다. 그 편지의 전문을 첫머리만 빼고 거의 수정하지 않은 채로 다음에 옮겨보겠다.

제2장

"—그렇게 되었다네. 사실 누구든 무슨 일이 생기더라도 자신의 일에 전념하고 활동을 계속해 나간다면 그것은 아주 바람직한 일이라고 할 수 있네.

아버님이 돌아가시고 15분도 지나지 않았는데, 집안일은 벌써 하나에서 열까지 아버님의 생각대로 돌아가지 않게 되었네. 친구, 지인, 친척들, 특히 기회는 이때다 하고 뭔가를 얻어 가려는 사람들이 몰려왔지. 뭔가를 가져오는 사람, 가지고 가는 사람, 돈을 내는 사람, 책을 쓰는 사람, 계산하는 사람, 포도주나 케이크를 사 오는 사람, 먹고 마시는 사람……. 하지만 누구보다도 열심히 움직이는 사람은 상복을 고르는 여자들이었네.

빌헬름, 그러니 나 역시 이 기회에 내 이익을 생각했다고 해도 나를 용서해주리라 생각하네. 자네의 누이동생에게는 힘이 닿는 대로 친절을 베풀고 일을 거들어주었네. 그리고 그동안 양가 아버님의 지나친 형식주의 때문에 지지부진했던 결혼식을 상을 치르자마자 올리는 것이 좋겠다고 설득하는 데 성공했지.

하지만 그 커다랗고 휑한 집을 우리가 욕심낸다고 생각하지는 말아주게. 우리는 더 겸손하고 분별력 있는 사람들이라네. 그러니 우리의 계획을 들어주기 바라네. 자네 누이동생은 결혼과 동시에 우리 집으로 옮길 거네. 물론 어머님도 함께.

'그럴 수 있겠나?' 자네는 말하겠지. '그 작은 집에는 자네들이 발을 들일 공간조차 없잖아' 라고 말이야. 하지만 그게 바로 재주라네! 배치만 잘하면 문제없거든. 욕심만 부리지 않는다면 빈 공간은 얼마든지 있다고 생각하지 않나? 그 커다란 집은 팔도록 하겠네. 금방 좋은 값에 팔 수 있을 거야. 집을 판 돈으로는 백 배의 이자를 불리도록 하지.

나는 자네가 이 계획을 이해해주리라 믿네. 그리고 나는 자네가 아버님이나 할아버님처럼 아무런 이득도 없는 그런 삶은 물려받지 않기 바라네. 할아버님은 볼품없는 미술품을 산더미처럼 모아놓고 아주 자랑스러워하셨지만, 내가 보기에 그걸 보고 좋아하는 사람은 아무도 없었네. 또한 아버님은 값비싼 가구에 둘러싸여 지내셨지만, 그것을 누구와 함께 즐기려고 하지는 않으셨지. 우리는 그런 삶의 방식을 바꾸고자 하네. 나의 이 의견에 자네도 찬성해주기 바라네.

사실 나는 온 집 안에서 책상머리 말고는 머물 곳도 없고, 앞으로 아기의 요람을 어디다 두어야 할지도 모를 지경이라네. 그 대신 바깥 공간은 굉장히 넓어 보인다네. 남자는 카페나 클럽에 가면 되고, 여자는 산책을 하거나 마을에 다니면 되지. 시골에는 둘이서 다닐 즐거운 유원지도 많아. 게다가 가장 큰 이점은 식탁이 가득 차서 아버지가 손님을 부를 수 없게 된다는 점이지. 그들은 우리 아버지가 손님들을 즐겁게 하려고 아무리 애를 써도 불평불만만 가득하거든.

집 안에 불필요한 것은 하나도 놓지 않을걸세. 너무 많은 가구나 살림살이도 놓지 않을 거야. 마차와 말도 필요 없네. 필요한 것은 돈뿐이지. 그리고 날마다 하고 싶은 일을 이성적으로 하는 거네. 옷장도 필요 없네. 언제나 가장 좋은 새 옷을 입을 생각이네. 남자 옷은 해질 때까지 입고 다니면 되고, 여자 옷은 유행이 조금만 지나면 팔아버리면 되네. 오래된 잡동사니를 안고 사는 것보다 견딜 수 없는 일은 없지. 누가 나한테 아주 값비싼 반지를 주면서 날마다 그걸 끼고 다니라고 한다면 난 사양하겠네. 죽은 재산 따위에는 조금도 기쁨을 느낄 수 없으니까. 즉 내 유쾌한 신조는 이렇다네. 성실하게 일해서 돈을 벌 것, 가족과 즐겁게 지낼 것, 우리 가족에게 도움이 되지 않는 한 세상일에는 신경을 쓰지 않을 것.

자네는 이렇게 말하겠지. '자네의 그 근사한 계획 속에서 나는 어떻게 되어 있지? 아버지의 집은 팔아 치우고 자네 집에는 내가 있을 곳이 없다면 내 보금자리는 도대체 어디란 말이야?'

물론 그건 가장 중요한 문제네, 빌헬름. 거기에는 곧바로 대답할 수 있지만, 그전에 자네가 시간을 매우 유용하게 보냈다는 사실에 마땅한 칭찬부터 하도록 하지.

불과 몇 주 사이에 어떻게 해서 온갖 유익하고 흥미로운 사물을 관찰했는지 정말 궁금하네. 자네가 여러 능력을 갖고 있다는 건 알고 있지만, 이렇게까지 주의력과 열의가 있는 줄은 미처 상상도 못했어. 자네의 여행일지를 보고, 자네가 이 여행을 얼마나 이롭게 이용하고 있는지 잘 알 수 있었네. 제철소나 제동소에 관한 기술도 아주 훌륭했네. 사물에 대한 깊은 통찰력을 읽을 수 있었어. 나도 그런 곳을 방문한 적이 있지만, 자네의 보고에 비하면 내 보고는 허술하기 짝이 없는 것이었네. 아마포 제조에 관한 편지는 구석구석까지 시사하는 바가 많았고, 경쟁에 관한 의견은 매우 적절했네. 두어 군데 합산이 틀렸지만 그런 건 그다지 중요하지 않네.

하지만 나와 장인어른을 가장 즐겁게 한 것은 토지 경영, 특히 그 개량에 관한 깊은 식견이었네. 우리는 어떤 비옥한 지방의 땅을 살 계획이네. 지금은 압류 상태에 있는 넓은 땅인데, 장인어른의 집을 판 돈으로 살 생각이지. 그 땅을 사서 일부는 소작을 주고 일부는 남겨둘 거네. 우리는 자네가 그리로 가서 토지 개량을 감독해주었으면 하네. 그러면 대단한 것은 아니지만, 2, 3년 내에 그 땅은 값이 3분의 1은 오를 걸세. 그때 다시 팔아서 더 넓은 땅을 사고, 그것을 개량해서 다시 파는 거지. 그 일을 할 사람은 자네밖에 없네. 그동안 우리는 집에서 꼼꼼하게 사무를 보도록 하겠네. 그러면 우리는 어느새 누구나 부러워하는 처지가 되어 있을 거야.

이제 그만 펜을 놓겠네. 여행을 맘껏 즐기도록 해. 즐겁고 유익하게 보낼 수 있는 곳이라면 어디든 가보게. 처음 반년은 자네가 없어도 문제없네. 그러니 마음껏 세상을 구경하고 오도록 해. 영리한 사람은 여행에서 최상의 교양을 쌓는 법이지. 그럼 잘 있게! 자네와 이렇게 친밀한 관계가 되어서, 그리고 앞으로는 일도 함께할 수 있게 되어서 참으로 기쁘네."

이 편지는 매우 잘 쓰였으며 다양한 경제적 견식도 담고 있었지만, 빌헬름은 여러 의미에서 마음에 들지 않았다. 자기가 엉터리로 만들어낸 통계며 공업, 농업, 지식에 관한 찬사도 어딘지 비난처럼 들렸고, 매내가 시민생활의 행복에 대해 쓴 이상에도 그는 아무런 매력을 느끼지 못했다. 오히려 뭔지 모를 반항심에 이끌려, 그것과는 정반대 방향으로 격렬하게 치닫게 되었다. 빌헬름은 자기가 얻고자 하는 교양이 무대 위에서만 완성된다고 확신했는데, 베르너가 그것도 모르고 점점 더 명확하게 반대를 하는 만큼 그의 결심은 더욱 확고해지는 것 같았다. 그는 모든 논거를 끌어모아 자신의 의견을 한결 굳건하게 했다. 현명한 베르너에게 자기의 뜻을 전달하려면, 그것이 유리한 것으로 보이게 해야 할 것 같았기 때문이다. 그리하여 답장이 완성되었는데, 그것 또한 여기에 언급해두기로 하겠다.

제3장

"자네의 편지는 매우 잘 쓰였고, 빈틈없고 현명한 논리에 근거하고 있어서 나로서는 뭐라 덧붙일 말이 없네. 하지만 내가 자네와는 그것과 정반대로 생각하고 주장하고 실행하더라도 역시 정당성을 가질 수 있다고 말한다면 자네는 이해하지 않겠지. 자네의 살아가는 방식, 생각하는 방식은 무한한 소유와 가볍고 유쾌한 향락에 국한되어 있네. 내가 그런 일에 아무런 매력도 느끼지 못한다는 건 말할 필요도 없겠지.

유감스럽게도 가장 먼저 고백해야 할 것은, 내 여행일지는 아버지를 기쁘게 해드리려고 친구의 도움을 빌려 여러 책에서 베낀 것이라네. 그 안에 담긴 내용이나 그런 종류의 지식이라면 나도 여러모로 알고 있지만, 내가 그런 일을 다 이해한다고는 할 수 없으며 관여하고 싶지도 않네. 내 속이 광석 찌꺼기로 가득한데 좋은 철을 만드는 것이 무슨 소용이 있겠나? 그리고 내가 나 자신조차 제대로 추스르지 못하는데 농지 개량이 무슨 소용이 있단 말인가?

한마디로 말해서 있는 그대로의 나를 철저하게 성장시키는 것, 이것이야말로 어렴풋하나마 어린 시절부터 품고 있던 내 소망이자 목표였다네. 지금도 그 생각에는 변함이 없네. 변한 게 있다면, 그것을 실행할 수단이 조금이나마 분명해졌다는 거지. 나는 자네가 생각하는 것보다 많은 세상을 보아 왔고, 자네가 생각하는 것보다 세상을 내게 유리하게 이용해 왔네. 그러니 자네가 생각하는 것과 똑같지는 않을지 몰라도 내 말을 조금은 주의해서 들어주기 바라네.

만일 내가 귀족이라면 우리의 논쟁은 간단히 정리되겠지. 하지만 나는 시민이니까 나 스스로 길을 선택해야만 하네. 부디 내 말을 이해해주기 바라네. 외국은 어떤지 모르지만 독일에서는 귀족만 일종의 일반적인, 뭐랄까, 개인적인 교양을 갖출 수 있네. 시민이라도 공적을 세울 수는 있지. 꼭 필요하다면 정신을 수련할 수도 있어. 하지만 아무리 발버둥 친다 해도 인품만은 어쩔 수가 없어. 아주 고귀한 사람들과 어울리는 귀족이라면 예의범절을 익힐 의무가 있지. 그리고 그런 예의범절에는 파벌이 없기에 아주 고상하면서도 여유로운 것이 되지. 또 귀족은 궁정에서든 군대에서든 용모와 인품이 재산이므로 그것들을 중요시하고, 남들에게도 자기들이 그것을 아주 중요하게 생각한다고 보일 필요가 있네. 귀족들은 일상생활에서도 엄숙한 우아함을 보여야 하고, 진지하고 중대한 일을 할 때도 경쾌한 우아함을 보여야 하지. 그것들은 어떤 자리에서도 균형을 잃지 않는다는 증거니까 말이야. 귀족은 공적인 인격체네. 그 행동 하나하나가 세련되고, 그 목소리가 쩌렁쩌렁하고,

그 태도 전체가 냉정하고 침착하면 할수록 귀족은 완벽해지네. 고귀한 사람을 대하든 비천한 사람을 대하든 친구를 대하든 가족을 대하든 그 태도에 변함이 없다면 흠잡을 데가 없지. 그 이상 바랄 것도 없어. 귀족은 냉정하더라도 분별력만 있으면 그만이네. 속내를 숨겨도 현명하면 그만이지. 삶의 어떤 순간에서도 외면적으로 자기를 억누를 수 있다면 그 이상은 아무것도 요구되지 않네. 귀족은 자기에게, 또는 자기 주위에 갖고 있는 다른 모든 것, 이를테면 능력, 재능, 재산, 모든 것이 단순한 부록처럼 보이는 걸세.

그런데 그런 이점을 조금이라도 갖고 싶어하는 시민이 있다면 어떻게 될까? 그는 틀림없이 실패할 걸세. 그리고 그는 그런 종류의 능력이나 본능을 평생 갖지 못하는 만큼 더욱더 불행해질 걸세.

귀족은 일상생활에서 아무런 제한도 받지 않고, 경우에 따라서는 왕족 또는 왕족에 버금가는 지위에 앉을 수도 있기에 늘 태연하게 왕족 앞에 나설수가 있지. 귀족에게는 언제든지 승진할 기회가 있어. 하지만 시민에게 가장 어울리는 행동양식은, 자기 앞에 그어진 경계선 속에서 순수하고 조용하게 살아가는 것이네. 시민은 '넌 어떤 사람이냐?' 자문해서는 안 되네. '너는 무엇을 가졌느냐? 어떤 견식, 지식, 능력을 갖고 있느냐? 재산은 얼마나 있느냐?'라는 질문만 가능하지. 귀족은 인격을 표시함으로써 모든 것을 가질 수 있지만 시민은 인격으로는 아무것도 가질 수 없고 또 가져서도 안 되네. 귀족은 눈부신 면모를 드러내도 되고, 또 그래야만 하네. 하지만 시민은 그저 존재하는 데 만족해야만 하지. 자신을 드러내고 싶어하는 시민은 우스꽝스럽고 어리석을 뿐이네. 귀족은 행동하고 영향력을 행사해야 하지만 시민은 무언가를 성취하고 창조해야 하지. 시민은 사회에 도움이 되기 위해서는 저마다 능력을 단련해야 하네. 그리고 그러려면, 시민이라는 존재에는 조화가 없고 또 있어서도 안 된다는 것이 전제가 되어야 한다네. 한 가지 방법으로 도움이 되려면 다른 것은 모두 포기해야 하니까.

이런 차별이 생긴 것은 귀족이 오만해서도 아니고 시민이 비굴해서도 아니네. 사회구조 자체가 그렇게 되어 있기 때문일세. 나는 그것이 조금은 바뀔까, 바뀐다면 무엇이 바뀔까 하는 것에는 관심이 없네. 요컨대 나는 지금처럼 나 자신만 생각하면 그만이네. 어떻게 나 자신과 내 끊임없는 욕구를 채우고 달성할 수 있을까만 생각하면 돼.

출신 때문에 허락되지 않은 것, 내가 나면서부터 갖고 있는 것을 반드시 조화롭게 육성하고자 하는 소망은 이젠 저항하기 어려울 만큼 강력해졌네. 자네와 헤어지고 나서 나는 몸을 단련함으로써 많은 것을 얻었네. 당혹스러워하던 버릇도 많이 고쳐졌네. 내 의견도 강력하게 주장할 수 있게 되었지. 말투와 목소리도 훈련했고, 사람들 앞에 나서도 호감을 사게 되었다고 자부할 수 있게 되었네. 공인이 되어 더 넓은 세상으로 나가 사람들의 사랑을 받으며 활동하고 싶다는 욕망이 날이 갈수록 억누르기 어려울 만큼 커져가고 있다는 것을 부정하지는 않겠네. 문학과, 문학에 관련한 모든 것에 대한 애착과 나한테 꼭 필요한 향수라는 면에서도, 좋은 것만을 진정으로 좋게 하고 아름다운 것을 아름답게 하는 정신과 취미를 되도록 빨리 가꾸어가고 싶은 욕구가 있네. 자네도 알아주리라 생각하지만, 나는 이 모든 것을 무대 위에서만 발견할 수 있네. 이 유일한 영역에서 마음껏 활동하고 나 자신을 단련할 수 있을 것이네. 상류사회와 마찬가지로, 무대 위에서는 교양만 있으면 인간으로서 찬연하게 빛날 수 있지. 정신과 육체가 늘 보조를 맞추어 노력해야만 하네. 나는 다른 곳에서처럼 무대에서도 성공하고 빛을 발할 수 있으리라 생각하네. 꼭 무대 위가 아니더라도, 마음만 먹으면 고된 단순노동도 얼마든지 있네. 나는 날마다 내 인내력을 단련할 수 있네.

내 편지로 나와 논쟁할 생각을 하지 않기 바라네. 자네의 답장이 도착하기 전에 나는 한 발 더 내딛었을 테니까. 세상의 선입견을 피하기 위해서 나는 이름을 바꿀 생각이라네. 아무래도 마이스터라는 이름으로 무대에 오르기는 창피하니까 말이야. 그만 펜을 놓겠네. 우리의 재산은 믿을 만한 사람에게 맡겨졌으니 나는 아무 걱정도 하지 않겠네. 필요할 때는 부탁하겠네. 그렇지만 대단한 금액은 아닐 거야. 내 재주로 먹고살아갈 생각이니까."

편지를 보내자마자 빌헬름은 편지에 쓴 내용을 지켰다. 즉 타당한 조건으로 계약을 맺어 배우가 되겠다는 갑작스러운 제안으로 제를로와 다른 사람들을 몹시 놀라게 했다. 계약은 즉시 체결되었다. 제를로가 오래전부터 제시한 조건은 빌헬름도 다른 사람들도 충분히 만족할 만한 것이었기 때문이다. 그리하여 우리가 오랫동안 화제로 삼았던 불행한 단원들도 모두 갑작스럽게 채용될 수 있었다. 그러나 라에르테스 외에는 그 누구도 빌헬름에게 고마운 뜻을 비치지 않았다. 그들은 능력도 없이 계약을 부탁했던 것처럼, 계약을 받아들일 때도 고마워하지 않았다. 오히려 자기들이 채용된 것은 필리네 덕분이라 생각하고 그녀에게 감사하는 사람이 대부분이었다. 계약서가 작성되고 서명되었다. 빌헬름이 예명으로 서명하려는 순간, 이상한 연상 작용이 일어났다. 예전에 부상당해서 필리네 무릎에 누워 있던 그 숲 빈터의 광경이 눈앞에 떠오른 것이었다. 그 사랑스러운 여기사가 백마를 타고 덤불에서 나타나더니 이쪽으로 다가와서 말에서 내렸다. 그리고 왔다 갔다 하면서 친절을 베풀다가 마침내 그의 앞에 섰다. 외투가 어깨에서 미끄러져 내리고, 얼굴과 몸이 광채로 둘러싸였다가 사라졌다. 빌헬름은 자기가 무엇을 하고 있는지도 의식하지 못한 채 기계적으로 서명했다. 서명을 끝내고 나서야, 미뇽이 옆에서 그를 가만히 끌어당기며 서명을 말리려고 했다는 것을 깨달았다.

제4장

제를로는 빌헬름이 무대에 서는 조건으로 내세운 것 가운데서 한 가지만은 일부만 받아들였다. 빌헬름은 〈햄릿〉을 생략 없이 원작 그대로 상연할 것을 요구했다. 제를로는 이 기묘한 요구를 가능한 한 받아들이겠다고 했다. 이 문제에 대해서 두 사람은 지금껏 가끔 논의를 벌였었다. 무엇이 가능하고 무엇이 가능하지 않은지, 줄거리를 토막 내지 말고 무엇을 원작에서 뺄 수 있을지, 이 문제에 관한 두 사람의 의견은 너무나도 달랐다.

빌헬름은 아직도 좋아하는 여성이나 존경하는 작가에게도 어떤 결점이 있을 수 있다는 진리를 이해하지 못하는 행복한 시기에 있었다. 그런 시기에 그들에 대한 우리의 감정은 완전무결한 것이기 때문에, 그들 안에도 그런 완벽한 조화가 있다고 생각해버리기 마련이다. 한편 제를로는 지나치리만큼 까다로웠다. 그의 혜안은 어떤 작품을 보더라도 반드시 결점을 잡아냈다. 작품이 아무리 훌륭해 보여도 그것을 지나치게 신중히 다룰 필요는 없다고 생각했다. 따라서 셰익스피어의 작품 가운데에서도 특히 〈햄릿〉은 대단히 손볼 곳이 많다고 주장했다.

제를로가 밀알에서 겨를 골라내는 것이라고 말해도 빌헬름은 막무가내였다. "밀알과 겨가 섞여 있는 게 아닙니다." 빌헬름이 말했다. "줄기와 큰 가지, 작은 가지, 이파리와 봉우리와 꽃과 열매죠. 그것들이 서로 의지하고 어우러져서 하나가 되는 것 아닐까요?” 제를로는 나무줄기를 통째로 식탁에 올릴 수는 없으며, 예술가는 금 사과를 은 접시에 담아서 손님에게 내놓아야 한다고 주장했다. 두 사람은 온갖 비유를 끌어대어가며 논쟁했으나, 두 사람의 의견은 갈수록 멀어지는 것만 같았다.

어느 날 제를로가 빌헬름과의 긴 논쟁 끝에 이런 제안을 했다. 즉 가장 빨리 논쟁을 끝내는 방법은 펜을 잡고서 비극에서 관객의 호응이 그다지 좋지 않을 것 같은 부분은 빼버리고 두세 인물을 한 인물로 합쳐버리는 것이며, 그 방법이 잘 이해가 가지 않거나 그럴 용기가 없다면 그 일은 자기가 맡아서 순식간에 끝내버리겠노라는 것이었다. 이 말을 들은 빌헬름이 몹시 낙담하며 말했다.

“그건 약속하고 다르지 않습니까? 당신처럼 견식 있는 사람 입에서 어떻게 그런 경솔한 말이 나오는지 모르겠군요.”

“빌헬름 씨.” 제를로가 말했다. “당신도 언젠가는 나처럼 될 거요. 이것이 전세계에서 이 극단에서만 행해지는, 좋지 않은 방법이라는 것쯤은 나도 잘 압니다. 하지만 독일의 연극계만큼 엉망진창인 곳이 또 있을까요? 이렇게 구역질나는 각색 작업을 강요하는 사람은 극작가들입니다. 관객들도 그건 인정해요. 배우의 수, 장식, 무대장치, 상연시간, 대사의 길이, 배우의 체력, 이런 것들의 한계를 넘지 않는 작품이 얼마나 있을까요? 그런데도 우리는 그런 것을 신경 쓰지 않고 연극을 해야 합니다. 계속해서 연기해야 하고, 게다가 새로운 것을 해야만 해요. 작품을 수정해도 원작만큼의 효과를 낼 수 있다면 사정에 맞게 하면 되는 겁니다. 관객도 그걸 원한다니까요. 독일인 중에서, 어쩌면 모든 근대 국민 중에서 작품 전체의 미를 느낄 줄 아는 사람은 얼마 되지 않을 걸요. 대부분의 사람이 부분적으로만 칭찬하고 비방하고 열광하지요. 연극은 언제나 토막 난 대목을 모은 것에 지나지 않아서 가장 득을 보는 쪽은 배우입니다.”

“그 말이 맞습니다.” 빌헬름이 말했다. “하지만 언제까지 그 상태가 이어져야 한단 말입니까? 모든 것이 현 상태에 머물러서는 안 되죠. 당신이 뭐라고 하건 난 당신이 옳다고 생각하지 않습니다. 이 세상의 어떤 권력을 사용한다 해도 내게 그런 계약을 지키게 하지는 못할 겁니다. 터무니없는 착각에서 맺은 계약이니까요."

제를로는 화제를 재미있는 쪽으로 돌렸다. 분위기가 험악해질 것을 우려한 제를로가 빌헬름에게 〈햄릿〉에 관해 지금까지 수없이 나눴던 두 사람의 대화를 다시 한 번 상기시키고, 그렇다면 개작하는 방법을 잘 생각해 보라고 부탁했다.

빌헬름은 며칠 동안 혼자 방에 틀어박혀 있다가 눈을 반짝반짝 빛내면서 나타났다. "내 생각이 맞는다면, 전체를 멋지게 개작할 방법을 찾아냈습니다." 그가 말했다. "네, 셰익스피어가 그 천재성을 중요한 부분에만 집중시키지 않고 또 원작으로 삼은 소설에 휘둘리지만 않았던들, 그도 그 방법을 썼으리라고 생각해요."

"어디 들어봅시다." 제를로가 천천히 긴 의자에 앉으면서 말했다. "차분하게 들어보지요. 그 대신 비평은 더 엄격해질 겁니다."

"상관없습니다. 그럼 들어보세요." 빌헬름이 대답했다. "아주 신중하게 조사하고 숙고를 거듭한 결과, 나는 이 작품의 구상이 두 가지로 나뉜다는 결론을 냈습니다. 첫 번째는 인물과 사건의 주요 내적 관계, 즉 주요 인물들의 성격이나 행동에서 비롯된 강력한 작용입니다. 이것들은 그 하나하나가 훌륭하고, 배열순서도 손댈 것이 없어요. 어떤 식으로 손을 대더라도, 무너뜨리기는커녕 뒤흔들 수조차 없지요. 이거야말로 누구나 보고 싶어하는 것이며, 누구든 건드리고 싶어하는 것입니다. 영혼을 아주 깊숙한 부분까지 뒤흔드는 것이 바로 이것이며, 독일의 무대에서도 거의 그대로 연기되고 있습니다. 이 작품에서 지적할 수 있는 두 번째 점은, 인물들을 한 장소에서 다른 장소로 이동시키거나 이런저런 우연한 사건으로 맺어주는 외적 관계입니다. 지금까지 이것은 너무 가볍게 여겨나왔습니다. 지나가는 말로 잠깐 언급되거나 완전히 생략되어 왔지만, 나는 그건 잘못이라고 생각합니다. 확실히 이 외적 관계라는 맥락은 가늘고 느슨하지만 작품 전체를 꿰뚫으면서 각 장면을 긴밀하게 연결하고 있습니다. 이 맥락이 없다면 작품은 조각조각 나고 말겁니다. 실제로 이 맥락을 끊어버리고, 그래도 괜찮다고 생각해서 그 끄트머리를 그대로 방치해두면 작품 전체가 뿔뿔이 흩어지고 말지요.

이 외적 관계란 노르웨이의 정세 불안, 포틴브라스 왕자와의 전쟁 준비, 그 숙부인 늙은 왕에게 보낸 사신, 분쟁 해결, 포틴브라스 왕자의 폴란드 원정, 마지막에 있는 그의 귀환, 비텐베르크에서 귀국한 호레이쇼, 그곳으로 가고 싶어하는 햄릿, 레어티즈의 프랑스 여행, 그의 귀국, 영국으로 추방된 햄릿, 해적의 포로가 되는 사건, 그것을 가지고 온 사람을 죽이라는 편지를 받은 두 신하의 죽음 등입니다. 이런 정황이나 사건은 장편소설에서라면 풍부함을 더해주겠지만, 특히 주인공이 아무런 계획도 갖고 있지 않은 이 희곡에서는 통일성을 몹시 훼손하는 커다란 결점이지요."

"오, 듣던 중 가장 옳은 소리예요!" 제를로가 말했다.

"끼어들지 마십시오. 칭찬받을 말만 하려는 건 아니니까요." 빌헬름이 말했다. "이런 결점들은 마치 큰 건물을 지을 때의 버팀목과 같아서, 벽으로 단단히 지지해주기 전에는 들어낼 수가 없습니다. 그래서 나는 이렇게 제안하는 바입니다. 앞에서 말한 중요한 첫 번째 상황에는 절대로 손을 대지 말고 전체적으로나 부분적으로 그대로 두십시오. 그 대신 통일성 없이 흩어져 작품을 산만하게 만드는 모티프는 모두 없애버리고, 한 가지 모티프로 대치하는 겁니다."

"그게 뭐지요?" 느긋하게 기대 앉아 있던 제를로가 몸을 일으키며 물었다.

"그건 이미 작품 안에 있습니다." 빌헬름이 대답했다. "그걸 잘 이용하기만 하면 되죠. 바로 노르웨이의 소요입니다. 내 계획안을 검토해 보세요.

햄릿의 부왕이 죽자, 갓 정복된 노르웨이는 반란을 도모하게 됩니다. 노르웨이의 총독은 아들 호레이쇼를 덴마크로 돌려보내어 함대를 준비하게 합니다. 그는 햄릿의 옛 학우로서 모든 동급생들 가운데서도 가장 용기 있고 신중한 인물입니다. 하지만 향락에 빠져 있는 새 왕 밑에서는 함대 준비가 지지부진하기만 했지요. 호레이쇼는 선왕을 잘 알고 있었습니다. 최근 전쟁에 참가하여 선왕의 총애를 얻었기 때문입니다. 따라서 제1막 망령 장면은 그대로 남겨둡니다. 이어서 새 왕은 호레이쇼에게 알현을 허락하고, 함대 준비를 서두르라는 임무를 줍니다. 그러면서 동시에 레어티즈를 노르웨이로 파견하여, 함대가 곧 도착할 거라는 소식을 알립니다. 한편, 어머니인 왕비는 호레이쇼와 함께 함대에 오르고 싶다는 햄릿의 청을 허락하지 않습니다."

"거참 다행이로군!" 제를로가 말했다. "그러면 비텐베르크와 대학도 필요 없어지는군요. 그게 늘 성가신 장해물이었는데. 정말 훌륭한 생각입니다. 노르웨이와 함대라는 두 가지 배경만 상상하면 되니까 말이죠. 나머지는 모두 눈으로 볼 수 있고 다 무대 위에서 일어날 수 있는 사건이에요. 상상력으로 전세계를 돌아다닐 필요가 없어졌어요."

"결말이 어떻게 될지는 당신도 짐작이 가시겠지요?" 빌헬름이 말했다. "햄릿은 호레이쇼에게 의붓아버지의 범행을 털어놓습니다. 그러면 호레이쇼는 햄릿에게 둘이 함께 노르웨이로 가서 군대를 장악하고 군비를 갖추어 귀국하자고 권합니다. 햄릿이 왕과 왕비에게 위험한 존재가 되자, 그들은 그를 함대에 태우고 로젠크랜츠와 길든스턴을 딸려 보내 감시하게 하는 것이 그를 따돌리는 가장 빠른 수단이라고 생각하게 됩니다. 그리고 얼마 있어 레어티즈가 돌아오자, 암살 계획에 몸이 달아 있는 이 젊은이에게도 햄릿의 뒤를 쫓게 하지요. 함대는 역풍을 맞아 나아가지 못하고 햄릿은 되돌아옵니다. 그가 묘지를 거니는 장면에도 잘만 하면 동기를 부여할 수 있을 거예요. 오필리아의 무덤에서 레어티즈와 재회하는 장면은 정말 중요합니다. 그건 꼭 있어야 해요. 거기서 왕은 햄릿을 즉시 해치워야겠다고 생각합니다. 송별연, 레어티즈와의 화해를 빙자한 표면상의 연회가 화려하게 열립니다. 기사들의 시합이 벌어지고, 햄릿은 레어티즈와 검을 겨눕니다. 그리고 네 명이 모두 죽으면서 막을 내리죠. 누구도 살아남아서는 안 됩니다. 국민의 선거권이 부활하고, 햄릿은 죽어가면서 호레이쇼에게 한 표를 던집니다."

"자, 어서 책상에 앉아서 작품을 손질해 보세요." 제를로가 말했다. "당신의 의견에 전적으로 찬성합니다. 단지 의욕이 식어버리지 않도록 조심하기 바랍니다."

제5장

빌헬름은 오래전부터 〈햄릿〉을 번역하고 있었다. 그때 그가 참고한 것은 빌란트[*1]의 훌륭한 번역본이었다. 애초에 그가 셰익스피어를 알게 된 것도

[*1] 독일 작가 빌란트(Wieland)의 셰익스피어 번역판은 1762년에서 1768년까지 여덟 권으로 출간되었는데, 대부분 산문으로 번역되었다는 단점이 있지만, 독일 무대에 셰익스피어를 도입한 공이 크다. 여기서 괴테가 빌란트의 번역을 언급한 것은, 그 문학사적 공로로 보아도 타당성이 있지만 빌란트에 대한 후배 작가로서의 예우의 뜻도 담겨 있는 것으로 보인다.

이 번역본을 통해서였다. 빌란트의 번역에서 빠진 부분도 채웠다. 따라서 그가 이 작품의 연출에 제를로와 거의 의견일치를 보았을 때 그의 번역은 이미 완성되어 있었다. 그는 마침내 각색에 들어가 자신의 계획대로 생략하고 집어넣고 분리하고 이어 붙였다. 변경한 부분을 원래대로 되돌리기도 했다. 자신의 구상에는 만족했지만, 막상 실행하다 보면 늘 원작을 훼손하고 있을 뿐이라는 생각이 들었기 때문이다.

각색을 끝내자마자 제를로와 단원들 앞에서 낭독했다. 모두 매우 만족스러워 보였다. 특히 제를로는 호의적인 의견을 잔뜩 쏟아냈다.

그는 이렇게 말했다. "이 작품에는 여러 외적 사건이 얽혀 있지만, 용케도 당신은 그것들을 위대한 시인이 묘사한 것보다 간단하게 풀어냈습니다. 무대 밖에서 일어나는 일, 눈에 보이지 않아 관객이 상상해야 하는 일은 마치 연기하는 배우의 뒤에 있는 배경과도 같은 것이죠. 그 배경을 함대와 노르웨이라는 커다랗고 단순한 것으로 처리한 덕분에 작품이 대단히 좋아졌어요. 배경을 모두 없애버리면, 이 작품은 단순한 가정극이 될 겁니다. 여기서는 왕가 전체가 내부의 범죄와 미숙함 때문에 멸망하고 만다는 웅대한 구상이지만, 가정극이 되어버리면 충분한 품위를 지니지 못하게 되죠. 하지만 배경이 다양하고 늘 변화하고 혼란스럽다면, 인물의 인상이 흐려지고 말 우려가 있습니다."

빌헬름은 다시 셰익스피어의 편을 들었다. 셰익스피어는 이 작품을 섬나라 사람들을 위해서, 즉 배경으로 배나 항해나 프랑스 해안이나 해적을 보는 데 익숙한 영국 사람들을 위해서 썼으며, 우리가 당혹스럽고 혼란스러워하는 것도 그들에게는 아주 일상적인 일이라는 것이었다.

제를로도 그 의견에 동의했다. 그리하여 두 사람은 이 작품은 어차피 독일의 무대에서 연기될 것이니, 원작보다 무게감 있고 배경도 단순하게 하는 편이 독일인의 상상력에 맞을 거라는 점에서 의견합의를 보았다.

배역은 그전부터 이미 결정되어 있었다. 제를로는 폴로니어스를, 아우렐리에는 오필리아를 맡았다. 라에르테스에게는 이름이 비슷하다는 이유로 레어티즈 역할이 진작 정해져 있었다. 호레이쇼 역은 새로 들어온 단원 중에서 젊고 땅딸막하고 쾌활한 젊은이가 맡게 되었다. 왕과 망령 역할만큼은 조금 정하기 어려웠다. 두 역할을 맡을 사람으로는 호통 잘 치는 노인밖에 남아 있지 않았기 때문이다. 제를로는 왕 역할로 '훈장'을 추천했는데, 빌헬름은 거기에 완강히 반대했다. 결론은 쉽게 나지 않았다.

빌헬름은 그의 대본에 로젠크랜츠와 길든스턴을 둘 다 그대로 남겨놓았다. "왜 이들을 하나로 합치지 않지요?" 제를로가 물었다. "이걸 하나로 하는 건 쉬운 일일 텐데."

"그렇지 않습니다. 그렇게 단축할 수는 없어요. 그러면 의미도 효과도 사라지고 맙니다." 빌헬름이 대답했다. "이 두 사람의 역할과 행동은 한 사람으로 표현할 수 없습니다. 그런 사소한 것에도 셰익스피어의 위대함이 나타나 있지요. 조용히 등장해서 설설 기고 굽실거리는 처신, 뭐든지 네네 하면서 비위를 맞추는 아첨, 기민함, 잘난 척, 뭐든지 아는 듯하지만 사실은 빈 껍데기뿐인 진짜 악당, 무능함, 이런 것들을 한 사람으로 표현할 수는 없어요. 가능하다면 적어도 열두 명은 필요할 정도입니다. 그들은 무리를 이루어서야 비로소 그 존재를 드러내며, 바로 무리 그 자체이기 때문이죠. 셰익스피어는 은근하면서도 현명하게 이 무리를 그 두 사람으로 표현하게 했습니다. 내 각색본에서는 이 두 사람을 착하고 훌륭한 호레이쇼라는 한 사람과 대조되는 인물로서 등장시킬 생각입니다."

"알겠소." 제를로가 말했다. "뭐 어떻게든 되겠지. 한 사람은 엘미레(이것이 호통 잘 치는 노인의 맏딸 이름이었다)에게 맡깁시다. 두 사람이 착한 사람으로 보인다 해도 나쁠 것 없겠죠. 그 인형들에게 곱게 화장시키고 멋지게 입혀서 재미있게 만듭시다."

필리네는 극중에서 공작부인 역할을 맡게 되어 무척 기뻐하고 있었다. "첫 번째 남편을 무척 사랑했으면서 재빨리 두 번째 남편과 결혼하는 모습을 아주 자연스럽게 연기해 보이겠어요. 엄청난 박수갈채가 쏟아질 거예요. 모든 남자가 세 번째 남편이 되고 싶다고 생각하게 만들어야지!"

아우렐리에는 이 말을 듣고 언짢은 표정을 지었다. 필리네에 대한 그녀의 반감은 날이 갈수록 커져 갔다.

"발레 장면이 없어서 정말 아쉽군요." 제를로가 말했다. "발레 장면이 있으면 첫 번째 남편하고도 두 번째 남편하고도 파드되*2를 출 수 있을 텐데.

---

*2 pas de deux. 발레에서 두 사람이 추는 춤을 말한다.

첫 번째 남편은 박자에 취해서 잠이 들고, 그러면 무대 뒤에 있는 작은 무대에서 당신의 발과 종아리가 더없이 귀여워 보일 텐데 말입니다."

"내 종아리가 어떤지 잘 모르실 텐데요." 그녀가 쌀쌀맞게 대꾸했다. "내 발은……" 그녀는 이렇게 말하면서 재빨리 탁자 아래로 손을 뻗어 덧신을 벗어 들고는 제를로 앞에 놓았다. "이 덧신을 보세요. 이것보다 예쁜 게 있다면 어디 구경하고 싶군요."

"어이쿠!" 제를로가 그 귀여운 덧신을 보면서 말했다. 확실히 좀처럼 볼 수 없는 고급스러운 덧신이었다.

파리에서 만든 것으로, 필리네가 백작부인에게서 선물 받은 것이었다. 백작부인은 발이 예쁘기로 유명했다.

"정말 매력적인 물건이군요. 보기만 해도 가슴이 설렙니다." 제를로가 말했다.

"어머, 과장도……."

"이렇게 고급스럽고 아름다운 덧신보다 좋은 것은 없지만, 그냥 바라만 보기보다는 소리를 듣는 편이 훨씬 멋지겠어요." 제를로가 말하고, 덧신을 집어 들더니 번갈아서 탁자 위에 떨어뜨렸다.

"뭐하시는 거죠? 돌려주세요."

제를로가 조심스럽게 진지함을 가장해서 말했다. "이런 말을 해서 미안하지만, 우리 독신 남자들도 밤이면 대개 혼자서 다른 사람들처럼 무서워하곤 하지요. 어둠 속에 있다 보면 누군가가 간절해집니다. 특히 여관이라든가 으스스한 낯선 곳에 있을 때, 마음씨 착한 아가씨가 말상대가 되어주고 이것저것 시중을 들어주면 진심으로 마음이 놓이죠. 밤이 되어 침대에 누워 있을 때 뭔가 부스럭거리는 소리가 나면 소름이 오싹 끼칩니다. 그런데 문이 열리고 귀여운 속삭임이 들려오더니 조용히 다가오지요. 커튼이 펄럭이고 덧신이 또각또각 소리를 냅니다. 누군가 살금살금 들어옵니다. 그런데 혼자가 아닙니다. 아! 구두 뒤축이 마룻바닥을 울리는 그 사랑스럽고 소중한 소리. 그 모양이 사랑스러울수록 소리도 예쁘지요. 나이팅게일, 개울이 졸졸거리는 소리, 바람이 살랑거리는 소리, 오르간 소리, 피리 소리, 온갖 좋아하는 소리가 있겠지만, 나에겐 그 또각또각, 또각또각 하는 소리가 제일입니다. 론도*³에 딱 맞는 주제라고나 할까요. 아무리 들어도 질리는 법이 없지요."

필리네는 제를로의 손에서 덧신을 빼앗아 들고서 말했다. "뒤축이 찌그러졌잖아요. 이 덧신은 나한테 너무 커요." 그러고는 잠시 그것을 만지작거리다가 이내 신발 바닥끼리 마주대고 문지르기 시작했다. "아, 이 열나는 것 좀 봐!" 그것을 뺨에 대고 말하고는 다시 문질러서 이번에는 제를로에게 내밀었다. 제를로는 만져보려고 아무 생각 없이 손을 뻗었다. "또각또각!" 그녀가 외치면서 신발 뒤축으로 그의 손을 사정없이 내리쳤다. 그가 비명을 지르면서 손을 뺐다. "내 덧신을 보실 때는 다른 생각을 하도록 가르쳐드리죠." 그녀가 웃으며 말했다.

"그렇다면 노인네를 어린아이 다루듯 하면 어떻게 되는지 가르쳐드리지!" 제를로는 이렇게 외치면서 벌떡 일어나더니 그녀를 와락 끌어안고는 몇 번이나 입을 맞추었다. 그때마다 그녀는 짐짓 반항하는 척하면서도 그대로 몸을 내맡겼다. 옥신각신하는 사이에 그녀의 기다란 머리카락은 다 풀어헤쳐지고, 두 사람은 한데 엉켰으며, 의자는 쓰러졌다. 아우렐리에는 모욕당했다는 생각에 화를 내며 자리를 떴다.

제6장

새로 각색한 〈햄릿〉은 수많은 인물이 생략되었음에도 여전히 그 수가 많아서 단원들만으로는 모자랄 지경이었다.

제를로가 말했다. "이렇게 가다가는 무대 뒤에서 프롬프터까지 끌어내어 역할을 하나 맡아달라고 해야 할 판이로군."

"나도 그 프롬프터에게는 여러 번 감탄했습니다." 빌헬름이 말했다.

"그 사람보다 더 완벽한 프롬프터는 없을 거요." 제를로가 말했다. "관객에게는 전혀 들리지 않는데, 무대에 있는 우리에게는 한 줄도 빠짐없이 들리니 말이오. 그는 특별한 목청을 가지고 있어서, 우리가 대사를 까먹었을 때는 수호신처럼 낭랑한 목소리로 우리에게 속삭여주지요. 배우가 그 역할의 어떤 부분을 모두 외우고 있는지를 정확히 파악했다가, 기억이 가물가물해

---

*3 프랑스에서 비롯한 반복구를 포함한 짧은 시형(詩型).

질 것 같으면 재빨리 알아차립니다. 나도 대사를 쓱 훑어만 보고 무대에 나갔다가, 그가 말해주는 대사를 듣고서 겨우 연기를 마친 적이 여러 번 있어요. 다만 그가 배우를 불필요한 존재로 만드는 묘한 습성이 있어서 탈이긴 하지만요. 즉 각본에 진심으로 공감해서, 감동적인 장면이 되면 낭독이 아니라 숫제 낭송을 해버리거든요. 그 나쁜 버릇 때문에 나도 난처했던 적이 몇 번 있었죠."

아우렐리에가 말했다. "나도 언젠가 그 사람 때문에 아주 위험한 대목에서 대사가 막혔더랬어요. 다른 묘한 버릇 때문이긴 했지만."

"그렇게 신중한 사람이 왜 그런 짓을 했을까요?" 빌헬름이 말했다.

"그는 어떤 장면이 되자 감동한 나머지 눈물을 뚝뚝 흘렸어요. 이성을 잃은 거죠." 아우렐리에가 말했다. "그런데 사실 그가 그런 상태가 되는 건 감동적인 대목에서만이 아니에요. 쉽게 말하자면, 작가의 순수한 마음이 밝고 순진한 눈을 통해 엿보이는 대목에서는 늘 그렇죠. 다른 사람이라면 단순히 좋다고만 생각할 정도의 대목에서 말이에요. 대부분의 사람은 그냥 지나치고 말 그런 대목이요."

"그런 섬세한 마음을 가진 사람이 왜 무대에는 오르지 않죠?"

"쉰 목소리에다 동작이 뻣뻣해서 무대에는 맞지 않거든요. 우울증도 조금 있어서 단원들과도 잘 어울리지 못하고." 제를로가 말했다. "마음을 열게 하려고 무진 애를 썼지만 소용없습니다. 그의 낭독은 정말이지 어디서 들어본 적이 없을 정도로 훌륭해요. 낭독과 열정적인 낭송과의 미묘한 구별은 누구도 감히 흉내 낼 수 없죠."

"바로 그겁니다! 뜻밖의 귀중한 인재를 발견했어요!" 빌헬름이 외쳤다. "저 사나운 피루스*⁴의 대사를 암송할 배우를 찾았어요!"

"당신 같은 열정을 지녀야지만 최종 목표를 위해 뭐든지 이용할 수 있는 거군요." 제를로가 말했다.

"그 대목은 삭제해야 하는데, 그러면 작품 전체가 흐리멍덩해지는 건 아닐까 하고 몹시 걱정하던 참이거든요." 빌헬름이 말했다.

"난 잘 모르겠는데요." 아우렐리에가 말했다.

---

*4 《햄릿》 제2막 제2장 참조.

"곧 알게 될 겁니다. 셰익스피어가 신인 배우들을 등장시키는 데는 두 가지 목적이 있습니다. 첫째, 프리아모스의 죽음을 그토록 감동적으로 낭송하는 배우는 왕자 자신에게도 큰 감명을 주어, 동요하는 젊은 왕자의 양심을 뒤흔듭니다. 그래서 이 장면은 작은 극중극이 왕에게 대단히 커다란 효과를 주는 다음 장면의 전주곡이 됩니다. 햄릿은 타인의 고통, 그것도 허구적 고통을 그토록 크게 동정하는 배우를 보고 자책감을 느끼고서 즉시 같은 방법으로 의붓아버지의 양심을 시험해 보려는 생각을 하게 되는 겁니다. 제2막 끝부분의 독백은 또 얼마나 훌륭합니까! 나는 그 독백이 낭송되는 것이 벌써부터 기대가 됩니다.

'아! 나란 놈은 얼마나 얼간이인가! 얼마나 한심한 겁쟁이인가!
—지금 여기에 있던 그 배우는 얼마나 놀라운가!
단순한 헛소리와 덧없는 격정을 불태우는 것만으로도
내 마음을 내 맘대로 조종하다니! 그 창백한 얼굴!
그 눈의 눈물! 광란의 눈빛!
쉰 목소리! 몸 전체를 하나의 생각이 관통하고 있구나!
그것은 누구를 위한 것인가! —
바로 헤쿠바*5를 위한 것이다! 헤쿠바와 그,
그와 헤쿠바 사이에 울어야 할 이유가 어디 있는가?' "

"우리가 그 사람을 무대로 끌어낼 방법은 없을까요?" 아우렐리에가 말했다.

"조금씩 조금씩 끌어내야겠지." 제를로가 말했다. "무대 연습 때, 그 부분을 연기할 배우는 곧 올 거라 하고 그때까지만 대신 읽어달라고 하면서 어떻게든 설득할 방법을 생각해봐야지."

이 문제는 의견일치를 보았으므로, 그 이야기는 망령으로 넘어갔다. 빌헬름은 왕 역할을 '훈장'에게 주는 바람에 호통 잘 치는 노인이 망령을 연기하게 된 것이 못마땅했다. 앞으로 배우 지망생이 몇 명 더 올 것이므로 조금만 더 기다리면 그 가운데에서 적당한 배우를 찾을 수 있을 것만 같았다.

그러므로 빌헬름이 그날 밤에 그의 예명 앞으로 온 기묘한 필체의 편지를

---

*5 《햄릿》 제2막 제2장 참조.

책상 위에서 발견했을 때 얼마나 놀랐을지는 쉽게 짐작이 가리라.

"오! 별난 젊은이여! 우리가 알기로 당신은 〈햄릿〉에서 연기할 망령을 비롯한 배우가 모자라서 몹시 곤란해 하고 있습니다. 당신의 열의는 기적이라 부를 만하지요. 우리는 기적을 행할 수는 없지만 기적 비슷한 것은 만들어낼 수 있을 겁니다. 믿고 있으면, 필요할 때 망령이 나타날 겁니다. 용기를 내고 마음을 편안히 가지세요. 답장은 필요 없습니다. 당신의 결심이 어떤지는 우리도 압니다."

그는 이 해괴한 편지를 서둘러 제를로에게 보여주었다. 제를로는 그것을 되풀이해서 읽더니 마지막으로 신중한 표정을 지으며 말하기를, 이건 중대한 일이며, 과연 이 편지의 말을 믿어도 좋을지, 또는 믿을 수 있을지 신중하게 생각해봐야 한다는 것이었다. 두 사람은 많은 대화를 나누었다. 아우렐리에는 한마디도 하지 않고 그저 이따금 빙그레 웃기만 했다. 며칠 뒤 이 편지가 다시 화제에 올랐을 때, 그녀는 그것이 제를로의 장난인 것 같다고 분명히 말했다. 그리고 빌헬름에게 참을성 있게 망령을 기다려보라고 충고했다.

대체적으로 제를로는 매우 들떠 있었다. 떠나가기로 되어 있는 배우들도 자기들이 떠났을 때 후회하게 하려고 좋은 연기를 하기 위해 최선의 노력을 다했으며, 새로 들어온 단원들에 대한 대중의 호기심으로도 상당한 수입을 기대할 수 있기 때문이었다.

빌헬름과의 교제도 그에게 적지 않은 영향을 주었다. 예술에 관해 이전보다 많은 대화를 하게 되었다. 결국은 그도 독일인이었으며, 독일인은 자기 행동에 변명하기를 좋아하기 때문이다. 빌헬름은 그런 담화를 몇 가지 기록해두었다. 그러나 이 이야기가 너무 자주 멈춰서는 안 되므로, 그런 연극론은 흥미 있어하는 독자들을 위해 다른 기회에 언급하기로 하겠다.

특히 어느 날 저녁, 제를로는 폴로니어스 역할을 어떻게 연기할 것인지 이야기하면서 대단히 기분이 좋아 보였다. "이번에는 관록 있는 인물을 최고로 연기해볼 생각입니다." 그가 말했다. "나름대로 침착함과 자신감, 공허한 자신감, 유쾌하지만 거친 성격, 여유가 있으면서도 눈치 빠른 성격, 악의 없는 교활함, 거짓으로 점철된 진실성을 요소요소에서 멋지게 연기해 보일 겁니다. 이 정직하고 끈기 있고 시대 흐름에 아첨하는 반백의 악당을 연기 면에서도 대사 면에서도 완벽한 궁정식으로 연기할 생각입니다. 작가의 대략적이고 거친 묘사도 살릴 생각이고요. 준비가 다 됐을 때는 책을 읽듯이 술술 말하고, 기분이 좋을 때는 백치처럼 떠들어댈 거요. 떠벌리기 좋아하는 촌뜨기이기도 하지만, 놀림을 받아도 새침을 떨며 태연한 얼굴을 할 거요. 어떤 역할을 이렇게 열의를 가지고 즐겁고 장난기 있게 해본 적은 거의 없습니다."

"나도 내가 맡은 역할이 그만큼 기대되면 얼마나 좋을까!" 아우렐리에가 말했다. "나는 오필리아를 완벽히 연기해낼 만큼 젊지도 유연하지도 않아요. 유감이지만, 내가 아는 거라고는 오필리아의 머리를 돌게 만드는 그 감정에서만큼은 아무리 시간이 지나도 벗어날 수 없을 거라는 것뿐이죠."

"그렇게 어렵게 생각하지 말아요. 나도 햄릿을 연기하고자 하는 강한 열망에 이 작품을 철저하게 연구했지만, 그 결과 전혀 엉뚱한 쪽에서 헤맸으니까요. 그 역할을 연구하면 할수록, 내 몸동작이 셰익스피어가 햄릿에게 부여한 동작과 전혀 다르다는 사실을 깨달았거든요. 모든 것이 햄릿이라는 역할과 긴밀하게 연관되어 있다는 사실을 곰곰이 생각해보면 불충분하게나마 좋은 효과를 볼 수 있지 않을까 합니다."

"당신은 대단히 양심적으로 작업에 발을 들이려고 하는군요." 제를로가 말했다. "배우가 최대한 맡은 역할에 동화하면, 그 역할도 그만큼 배우에게 동화되어주는 법입니다. 셰익스피어가 햄릿을 어떻게 묘사했다고요? 당신이 그것과 전혀 닮지 않았단 말입니까?"

"먼저 햄릿은 금발입니다." 빌헬름이 말했다.

"그게 바로 지나친 추론이라는 거예요." 아우렐리에가 말했다. "그런 추론은 도대체 어디서 나온 거죠?"

"덴마크인이고 북유럽 사람이니까 금발에 푸른 눈이 당연하겠지요."

"과연 셰익스피어가 그런 것까지 생각했을까요?"

"분명히 그렇게 쓰여 있는 것은 아닙니다. 하지만 다른 부분과 연관 지어보면 그런 결론이 나오죠. 햄릿은 펜싱을 하다 지쳐서 얼굴에서 땀을 흘립니다. 그러자 왕비가 '왕자는 뚱뚱하니까 잠깐 쉴 시간을 주어라'라고 말하죠. 그러니 금발에 뚱뚱하다고밖에 더 생각할 수 있겠습니까? 갈색 머리카락을 가진 사람이 젊고 뚱뚱한 경우는 드무니까 말이죠. 그의 변덕스러운 우울증,

연약한 슬픔, 우유부단한 성격, 이 모든 것이 금발과 뚱뚱한 체격에 딱 들어맞지 않습니까? 호리호리하고 갈색 고수머리를 가진 젊은이라면 더 큰 결단력과 민첩함을 기대할 수 있겠죠."

"당신은 내 환상을 깨뜨려놓는군요." 아우렐리에가 말했다. "뚱뚱보 햄릿은 상상하고 싶지 않은데. 뚱뚱한 햄릿 따위는 집어치우세요. 원작하고 다르다고 해도 매력적이고 우리를 감동시킬 수 있는 햄릿을 연기해주시기 바라요. 작가의 의도보다 우리의 즐거움이 더 중요하잖아요. 우리가 바라는 건 우리에게 어울리는 매력이에요."

제7장

어느 날 저녁, 소설과 희곡 중 어느 쪽이 뛰어난가 하는 논의가 벌어졌다. 제를로는 이런 논의는 무익하고 잘못된 것이며, 장르의 한계선만 넘지 않으면 소설과 희곡 둘 다 뛰어나다고 말했다.

"나는 그 둘의 차이에 대해선 아직 잘 모르겠는데요." 빌헬름이 말했다.

"그걸 아는 사람은 아무도 없소. 하지만 이 문제는 곰곰이 생각해볼 가치가 있다고 생각합니다." 제를로가 말했다.

그들은 이것저것 많은 이야기를 주고받았으며, 결국 대충 다음과 같은 결론을 내렸다.

소설에서든 희곡에서든 우리가 보는 것은 인간의 본성이며 행위다. 두 문학 양식의 차이는 단순히 외적 형식에 있는 것이 아니며, 희곡에서는 인물이 말하고 소설에서는 대개 인물이 묘사된다는 점에 있는 것도 아니다. 유감스럽게도 많은 희곡은 대화적 소설에 지나지 않는다. 그런 식으로라면 서간체로 희곡을 쓰는 일도 불가능하지 않다.

소설에서 묘사되는 것은 주로 생각과 사건이며, 희곡에서는 성격과 행위다. 소설은 천천히 진행되어야 하며, 주인공의 생각은 어떤 방법으로든지 전체가 바쁘게 전개되지 않도록 억제되어야 한다. 반면 희곡은 빠르게 전개되어야 하며, 주인공의 성격은 가끔씩만 억제되면서 결말을 향해 치달아야 한다. 소설의 주인공은 수동적이어야 한다. 적어도 고도로 능동적이어서는 안 된다. 그러나 희곡의 주인공에게는 능동적인 행위가 요구된다. 그랜디슨*6, 클라리사*7, 파멜라*12, 웨이크필드의 목사*8, 톰 존스*9 등은 수동적이라고까지는 할 수 없으나 사건을 늦추는 인물이다. 모든 사건은 어느 정도 그들의 성격에 따라서 만들어진다. 희곡에서는 주인공의 생각에 따라 맞춰지는 것은 아무것도 없으며, 모든 것은 주인공에게 대항한다. 주인공은 인생행로에서 장해물을 치우든지 그것에 굴복한다.

그들은 다음 문제에서도 의견이 일치했다. 소설에서는 우연이 작용할 여지가 주어지지만, 그 우연은 작중인물의 생각에서 비롯한 것이어야 한다. 그와는 반대로 인간하고 상관없는 우연한 외적 사정에 의해 인간이 뜻밖의 난국에 내몰리는 일은 희곡에서만 나타난다. 우연은 비참한 처지에 놓이기는 하지만, 결코 비극적인 상황에 놓이지는 않는다. 이에 반해 운명은 늘 두려운 것이어야 한다. 그리고 죄 있는 행위든 죄 없는 행위든, 서로 아무 관련도 없는 행위가 운명으로 엮이는 불행이 생길 때 최고의 의미에서 운명은 비극적이 된다.

이런 고찰을 하다 보니 이야기는 다시 저 기묘한 〈햄릿〉과 이 작품의 특징으로 돌아갔다. 주인공에게는 사상밖에 없으며, 그가 만나는 것은 사건뿐이다. 따라서 이 작품에는 조금 소설적인 구석이 있다. 그러나 전체적인 구상을 그리는 것은 운명이며, 이 작품은 무시무시한 행위로부터 출발한다. 또한 주인공은 늘 무시무시한 행위를 하게끔 강요받으므로, 이 작품은 최고의 의미에서 비극적이다. 따라서 비극적인 결말밖에 있을 수 없다는 것이 이들이 내린 결론이었다.

드디어 대목 읽기를 하게 되었는데, 빌헬름은 이 대목 읽기라는 과정을 하나의 축제처럼 생각했다. 각 역할은 미리 꼼꼼하게 원작과 대조해 놓았으므

---

*6 영국의 작가 리처드슨(S. Richardson) (1689~1761)의 소설 《찰스 그랜디슨 경의 이야기(The History of Sir Charles Grandison)》(1753/1754)의 주인공.

*7 리처드슨의 소설 《클라리사 할로우(Clarissa Harlowe)》(1747/1748)의 주인공.

*12 리처드슨의 소설 《파멜라(Pamela)》(1740)의 주인공.

*8 영국의 작가 골드스미스(Oliver Goldsimth) (1728~1774)의 소설 《웨이크필드의 목사(The Vicar of Wakefield)》(1766)의 주인공.

*9 영국의 작가 필딩(Henry Fielding) (1707~1754)의 소설 《톰 존스 이야기(The History of Tom Jones)》(1749)의 주인공.

로, 이 면에서는 아무런 지장이 있을 수 없었다. 모든 배우가 이 작품에 익숙했기에 빌헬름은 시작하기 전에 대본 읽기의 중요성에 대해 설명하면 되는 것이다. 음악가가 악보만 보고도 어느 정도 연주할 줄 알아야 하는 것처럼, 배우는, 아니 교양 있는 사람은 한눈에도 희곡, 시, 소설의 특징을 즉시 읽어내고 완벽하게 낭독할 줄 알아야 한다. 배우가 훌륭한 작가의 정신이나 의도를 미리 파악하지 못한 상태라면 암기해 봤자 아무 짝에도 쓸모가 없다. 문장의 나열만으로는 그 어떤 효과도 거둘 수 없다고 그는 설명했다.

제를로는 대본 읽기만 잘 끝나면 다른 연습, 심지어 무대 연습에서조차도 그다지 잔소리하지 않을 생각이라고 말했다. "배우가 공부라는 말을 입에 올리는 것보다 우스꽝스러운 일은 없거든요." 그가 말했다. "내 생각에 그것은 프리메이슨 단원들이 노동을 말하는 것과 같죠."

대본 읽기는 기대한 대로 잘 끝났다. 극단의 명성이 높아지고 수입도 좋아진 것은 이 몇 시간을 활용한 결과라고 할 수 있었다.

"빌헬름 씨, 당신이 단원들에게 그토록 진지하게 설명한 것이 유효했습니다." 제를로가 다시 단둘이 되었을 때 말했다. "그들이 당신의 기대대로 연기해줄지는 모르겠지만 말이죠."

"어째서요?"

"내가 아는 한, 사람들은 상상력에 쉽게 자극받으며 어떤 허구의 이야기를 들려주면 즐겁게 듣지요. 하지만 그들에게서 창조적인 상상력을 발견하기란 어려운 일입니다. 배우들에게선 특히 그런 경향이 두드러지지요. 아름답고 멋지고 화려한 역할을 주면 누구나 크게 만족하죠. 하지만 자만심에서 주인공 자리를 꿰차고 있을 뿐, 그 이상을 생각하는 경우는 드뭅니다. 다른 사람들이 자기가 연기하는 의도를 알아줄까 하는 생각은 눈곱만큼도 하지 않죠. 작가가 작품을 쓸 때 무슨 생각을 하는지, 역할을 잘 소화해내려면 자기의 어떤 개성을 버려야 하는지, 전혀 다른 사람이 되었다는 확신을 가지고 관객에게도 그렇게 확신시키려면 어떻게 해야 하는지, 진실한 연기력으로 무대를 신전으로 바꾸고 마분지로 만든 배경을 숲으로 보이게 하려면 어떻게 하면 좋은지, 이런 것들을 생생하게 파악할 줄 아는 배우는 아주 드물지요. 이러한 정신의 내적 강도만이 관객의 눈을 속이고, 이러한 허구의 진실만이 효과를 낳으며 환상을 불러일으킨다는 사실을 누가 이해하고 있을까요?

그러니 우리도 정신이니 감정이니 하는 복잡한 말은 그만두기로 합시다! 우리 단원들에게는 먼저 문장의 의미를 차근차근 설명하고 이해시키는 것이 가장 확실한 방법이에요. 그러면 소질이 있는 사람은 재치 있고 감수성 풍부한 표현을 빠르게 익힐 것이고, 소질이 없는 사람이라도 최소한 전혀 엉뚱한 연기나 대사를 하지는 않겠지요. 일반적으로도 적용되는 말이지만, 대부분의 배우가 문장조차 잘 이해하지 못하는데 정신이 이러니저러니 말하는 것만큼 꼴사나운 일도 없거든요."

제8장

첫 번째 무대 연습 때, 빌헬름이 너무 빨리 나온 바람에 무대에는 아무도 없었다. 그런데 그 무대의 모습은 그를 놀라게 했으며, 또한 묘한 추억을 불러일으켰다. 숲과 마을을 나타낸 배경은 고향 마을에서 본 무대, 그것도 무대 연습 때 본 것과 똑같았기 때문이다. 그날 아침 마리아네는 처음으로 그에게 사랑을 고백하고, 처음으로 행복한 밤을 약속해주었었다. 무대의 농가도 고향의 농가와 똑같았는데, 이것은 어떤 무대에서나 거의 비슷하다. 반쯤 열린 덧창으로 실제 아침 햇살이 들어와 문 옆에 대충 고정해 놓은 벤치의 일부를 비추었다. 하지만 아쉽게도 아침 해는 그때처럼 마리아네의 무릎과 가슴을 비춰주지는 않았다. 그는 벤치에 앉아 그 묘한 일치에 대해 곰곰이 생각해 보았다. 당장에라도 이 자리에 마리아네가 나타날 것만 같았다. 아! 하지만 거기에는 이 배경을 필요로 하는 공연이 그 무렵 독일 무대에서 자주 상연되었다는 것 말고 다른 의미는 없었다.

다른 배우들이 도착했기에 그의 상념은 멈추었다. 마침 대기실에 자주 얼굴을 비추는 단골 관객 두 사람이 들어와서 빌헬름에게 매우 반갑게 인사했다. 한 사람은 멜리나 부인에게 관심 있는 듯이 보였지만, 다른 한 사람은 진정 연극을 사랑하는 사람이었다. 훌륭한 극단이라면 어느 곳이든 팬으로서 환영할 만한 사람이었다. 그들이 연극에 정통한 사람인지 단순한 연극 애호가인지는 가늠하기 어려웠다. 그러나 연극에 정통한가 아닌가와는 별개로 대단한 연극 애호가임은 분명했다. 또한 좋은 것은 존중하고 나쁜 것은 거부할 만한 안목은 갖고 있었으나, 한편으로는 연극을 너무 사랑하는 나머지 그다지 완성도가 높지 않은 작품까지 높이 평가했다. 연극이 시작되기 전부터 가슴을 두근거리고, 연극을 다 보고 나면 그것을 회상하면서 다시 즐기는 것은 그들에게는 무엇과도 바꿀 수 없는 근사한 희열이었다. 무대 소품조차도 그들에게는 기쁨이었으며, 정신적인 것은 그들을 황홀하게 했다. 줄거리를 많이 잘라버린 부분 연습만 보고도 환상을 불러일으키는 연극광들이었다. 그들에게는 결점은 멀리 있는 사물처럼 눈에 들어오지 않았으며, 반면에 좋은 점은 가까이에 있는 사물처럼 가슴을 울렸다. 요컨대 그들은 모든 예술가가 저마다 자기 분야에서 있어주기를 바라는 그런 애호가였다. 그들은 무대 뒤편에서 관람석으로, 관람석에서 무대 뒤편으로 마음껏 왔다 갔다 했는데, 특히 그들이 마음에 들어한 곳은 대기실이었다. 그들은 배우들의 자세며 의상, 낭독, 낭송을 열심히 지적해주고, 단원들이 거둔 효과에 관해 활발하게 토론했다. 또한 배우들이 딴 데 한눈팔지 않고 집중해서 정확하게 연기하도록 끊임없이 잔소리하고, 때로는 모두에게 화를 냈으며, 자그마한 선물을 주기도 하고, 그다지 큰돈 들이지 않고 배우들에게 즐거움을 마련해주기도 했다. 두 사람은 연습이나 상연 때 무대에 올라와도 좋다는 특권을 가지고 있었다. 〈햄릿〉의 연출에 관해서는 모든 점에서 그들과 빌헬름의 의견이 일치하는 것은 아니었다. 빌헬름은 가끔은 양보했지만, 대개는 자신의 의견을 고수했다. 그리고 그런 토론은 그의 성향을 굳건히 하는 데 도움이 되었다. 그는 두 사람에게 자기가 얼마나 그들을 고맙게 생각하는지 솔직하게 털어놓았다. 그들은 이 공동 노력이 독일 연극의 새로운 시대를 열어가는 데 일조를 하게 되리라 예언했다.

무대 연습 때 이 두 사람이 있어준 것은 대단히 도움이 되었다. 특히 그들이 역설한 것은 무대 연습 때도 상연 때처럼 생각하는 자세나 동작을 늘 대사와 연결시켜서 모든 것이 습관적으로 일치하도록 해야 한다는 점이었다. 그중에서도 비극을 연습할 때 손으로 쓸데없는 동작을 해서는 안 된다, 무대 연습 때 코담배를 피는 비극 배우를 보면 불안해진다, 그런 배우는 상연 때 틀림없이 같은 장면에서 한 모금 피우고 싶어지기 때문이다, 또한 짧은 구두를 신어야 하는 역을 맡은 배우는 장화를 신고 연습해서는 안 된다, 무대 연습 때 여배우가 치마 주름에 손을 찔러 넣고 있는 것을 보는 것만큼 고통스러운 일은 없다, 그들은 이렇게 단언했다.

그 밖에도 두 사람의 설득으로 대단히 유익한 일이 생겼다. 즉, 남자 배우 전원이 군사교육을 받게 된 것이다. "군인 역이 많이 나오지 않습니까." 그들이 말했다. "최소한의 교련도 받지 않은 사람이 대위나 소령의 제복을 입고 무대 위를 활보하는 것을 보는 것만큼 한심한 일은 없으니까요."

빌헬름과 라에르테스 두 사람은 처음으로 어느 하사관에게 교육을 받았다. 그들은 동시에 펜싱 연습도 열심히 계속했다.

이렇게 두 사람은 극적으로 모집된 극단을 양성하는 데 비상한 노력을 기울였다. 관객들은 그들의 도가 너무 지나치다고 비웃었지만, 그들은 언젠가는 관객들도 만족해주리라 믿고 절치부심했다. 그러나 배우들은 이 두 사람을 그다지 고마워하지 않았다. 특히 배우에게 중요한 점, 즉 커다란 목소리로 또박또박 대사를 말하는 것이 배우의 의무라는 점을 강조했기 때문이다. 이 문제에 관해서는 두 사람이 상상도 하지 못한 저항과 반발이 있었다. 대부분의 단원들은 지금까지 해온 대로 목소리를 내도 충분히 들린다고 주장하며, 관객에게 들리도록 대사를 말하려고 노력하는 사람은 아무도 없었다. 어떤 사람은 건물의 결함을 탓했고, 어떤 사람은 자연스럽게 힘을 빼고 부드럽게 말해야 할 때 큰 목소리를 낼 수는 없지 않느냐고 반박했다.

무한한 인내심을 가지고 있는 두 애호가는 모든 수단을 동원해서 이 갈등을 해결하고 그들의 고집을 꺾으려고 노력했다. 그들은 논리적으로 설득했으며, 때로는 어르고 달래서 마침내 목적을 이루었다. 그때 빌헬름의 좋은 사례가 특히 도움이 되었다. 그는 연습 때 두 사람을 가장 먼 자리에 앉히고, 분명히 들리지 않을 때는 곧바로 벤치를 열쇠로 두드려달라고 부탁했다. 그는 또박또박 발음하고 목소리 크기를 적당히 조절해 가며 점차 연기에 열중했는데, 가장 격렬한 대목에서도 고래고래 소리 지르지는 않았다. 열쇠 소리가 울리는 횟수는 연습을 거듭할수록 줄어들었다. 다른 단원들도 차츰 이 방법을 받아들이게 되었으며, 마침내 이번 연극은 극장 구석구석까지 안 들리는 사람이 없도록 울려 퍼지리라 기대할 수 있게 되었다.

이 예만 보아도, 인간이란 얼마나 자기중심적인 방식만으로 그 목표에 다다르려고 하는지, 본디 자명한 것을 이해시키는 데도 얼마나 많은 노력을 기울여야 하는지, 무언가를 이뤄내고자 하는 사람이 상대방에게 그 계획을 가능하게 하는 기본 조건을 받아들이게 하는 일이 얼마나 어려운 일인지를 알 수 있다.

제9장

무대장치와 의상, 그 밖의 필요한 것들이 착착 준비되었다. 빌헬름은 몇몇 장면, 몇몇 대목에 기발한 제안을 했고, 제를로도 그것을 받아들였다. 계약할 때의 약속을 고려한 동의이기도 하고 자기도 이해했기 때문이기도 하지만, 동시에 그는 이런 교섭을 통해 빌헬름의 환심을 사서 다음 기회에 그만큼 유리하게 자기 의도대로 따르게 할 생각이었다.

예를 들면 빌헬름의 제안이란 이런 것이었다. 즉 첫 번째 알현 장면에서 왕과 왕비는 막이 오를 때부터 왕좌에 앉아 있고 신하들은 그 옆에 서 있으며, 햄릿은 눈에 띄지 않게 신하들 사이에 서 있게 하자는 것이었다. "햄릿은 꼼짝도 안 하고 있어야 합니다. 검은 옷을 입고 있는 것만으로도 충분히 눈에 띄니까요. 그는 눈에 보이지 않게 숨어 있어야 합니다. 알현이 끝나고 왕이 그에게 아들로서 말을 걸 때 비로소 앞으로 나와야 하며, 그럼으로써 이 장면이 진행될 수 있도록 해야 합니다."

또 다른 성가신 문제는 햄릿이 어머니와 만나는 장면에서 격한 투로 언급하는 두 점의 초상화에 관한 것이었다. "둘 다 등신대로 만들어서 무대 뒤쪽 정면 문 옆에 걸었으면 좋겠습니다." 빌헬름이 말했다. "그리고 선왕의 초상화는 망령과 똑같이 완전무장해야 하며, 망령이 나타나는 쪽과 같은 쪽에 걸어두어야 합니다. 또 오른손으로는 뭔가 명령을 내리는 자세를 취하고, 몸을 옆으로 돌려서 어깨 너머로 보는 자세였으면 좋겠습니다. 망령이 문으로 나가는 순간에 초상화와 망령을 완전히 일치시키기 위한 것이죠. 그 순간 햄릿이 망령을 보고 왕비가 초상화를 보게 하면 효과는 매우 클 것입니다. 그때 의붓아버지는 공식적인 국왕의 복장을 하고 있어야 하는데, 선왕보다는 화려하지 않도록 그리는 게 좋겠죠."

그 밖에도 여러 문제점이 있었지만, 여기에 대해서는 또 다른 곳에서 말할 기회가 있을 것이다.

"마지막에 햄릿이 죽어야만 한다는 점에 대해서도 당신은 양보하지 않겠지요?" 제를로가 물었다.

"햄릿을 살려둘 수는 없습니다. 작품 전체가 그를 죽음으로 내몰고 있으니까요. 거기에 대해서는 충분히 이야기하지 않았나요?"

"하지만 관객은 살리고 싶어할 텐데."

"다른 친절이라면 얼마든지 관객에게 베풀 수 있지만 이것만큼은 안 됩니다. 우리도 만성질환으로 죽어가는 훌륭하고 유능한 사람을 보면 그가 더 오래 살기를 바라게 됩니다. 가족들은 울며 의사에게 매달리지만, 의사라도 목숨을 살릴 수는 없지요. 의사가 자연의 필연성에 저항할 수 없듯이, 우리도 누구나 인정하는 예술의 필연성을 거스를 수 없습니다. 관객이 품어야 할 감정이 아니라 품고 싶어하는 감정을 불러일으키는 것은 관객에 대한 그릇된 양보입니다."

"돈을 내는 사람은 누구든 자기가 좋아하는 상품을 고를 수 있지요."

"어느 정도는 그렇지요. 하지만 관객은 존중해줘야지 어린아이 취급해서 돈을 갈취할 수는 없습니다. 관객에게는 좋은 작품을 보여줌으로써 점점 좋은 작품에 대한 감각과 취미를 길러주어야 합니다. 그러면 그들은 두 배는 만족스럽게 돈을 낼 겁니다. 오성은커녕 이성조차도 이 지출을 비난할 수 없으니까요. 장래에 대한 눈을 뜨게 교화시키기 위해서라면, 귀여운 아이에게 그러듯이 관객의 비위를 맞출 수도 있겠죠. 하지만 계속해서 그릇된 감정을 가지게 하면서 그것을 이용하기 위해 귀족이나 부자에게 알랑거리듯이 관객의 비위를 맞출 수는 없는 노릇입니다."

이런 식으로 두 사람은 그 밖에도 몇 가지를 더 논의했는데, 그것은 주로 이 작품에 더 손볼 부분은 없는지, 어떤 부분을 건드리면 안 되는지 하는 것이었다. 여기에 관해서는 더 깊이 들어가지 않도록 하겠다. 언젠가 이 개작된 〈햄릿〉을 관심이 있으신 독자 여러분께 보여드릴 기회가 있으리라 생각한다.

제10장

엄청나게 오랜 시간을 끌던 총연습도 끝났다. 제를로와 빌헬름은 아직도 신경 쓰이는 부분이 잔뜩 있었다. 준비에 많은 시간을 들였음에도 꼭 필요한 것들이 마지막 순간까지 준비되지 않았기 때문이었다.

이를테면 두 국왕의 초상화가 아직 완성되지 않았다. 망령을 누가 맡을지가 아직 정해지지 않아서, 엄청난 효과가 기대되는 햄릿과 어머니가 상봉하는 장면에서 쓰일 초상화가 아직 그려지지 않았던 것이다. 이런 판국에 제를로는 농담을 했다. "망령이 나타나지 않아서 보초병이 허공에 대고 칼을 휘젓게 되고 프롬프터가 무대 뒤에서 망령의 대사를 말할 수밖에 없는 처지가되면, 결국 우리는 멋지게 망하겠는걸."

"우리가 믿지 않으면 그 신비로운 친구도 달아나 버릴 겁니다. 그 사람은 분명 극적인 순간에 나타나 우리와 관객을 놀라게 해줄 겁니다." 빌헬름이 말했다.

"틀림없이 그럴 겁니다." 제를로가 외쳤다. "내일 연극이 끝나면 얼마나 기쁠까요! 생각보다 훨씬 힘든 일이 많았습니다."

"내일 연극이 끝나면 제일 기뻐할 사람은 나예요." 필리네가 말했다. "내역할은 별것도 아니지만 말이에요. 수백 번 연극을 해도 연극이 끝나면 금세 잊고 말 것을 가지고 허구한 날 똑같은 말만 듣는 게 얼마나 지긋지긋한지! 제발 골치 아픈 이야기는 이제 그만하세요. 한번 식탁을 떠난 손님은 나중에 어떤 진수성찬에도 트집을 잡는 법이죠. 그들은 집으로 돌아가서, 그렇게 참고 견디기 힘든 자리에 어떻게 있었는지 알 수가 없다는 둥 하며 투덜거리는 거예요."

"필리네 양, 당신의 그 비유를 내 변명에 좀 쓰겠습니다." 빌헬름이 말했다. "한 향연이 열릴 때까지 얼마나 많은 것을 자연과 기술, 상업, 공업, 수공업이 하나가 되어 만들어내야 하는지 한번 생각해봐요. 우리의 식탁에 오르기까지 사슴은 숲 속에서, 물고기는 강이나 호수에서 오랜 세월을 보냅니다. 또 주부나 요리사는 모든 음식을 부엌에서 조리합니다. 우리는 먼 곳에 있는 양조업자나 뱃사공, 술 창고 관리인의 수고 따위는 전혀 신경 쓰지 않은 채, 처음부터 포도주가 거기 있었던 것처럼 식후에 홀짝 마셔버리지요.

어차피 쾌락이 일시적인 것이라고 해서 그 모든 사람이 일하지 않고 만들지 않고 운송하지 않아도 되는 걸까요? 한 집안의 가장이 그 모든 것을 사들이고 저장해놓지 않아도 될까요? 어떤 쾌락이든 일시적인 것은 없습니다. 쾌락이 주는 인상은 오래도록 남기 때문이죠. 우리가 노력하고 애써서 공연하는 작품은 관객에게도 보이지 않는 힘을 줍니다. 그 힘이 얼마나 큰 작용을 하는지 우리는 모르지만 말이죠."

"그런 건 아무래도 좋아요." 필리네가 말했다. "남자들은 언제나 모순투성이라는 걸 이번에도 알았어요. 위대한 작품을 훼손하지 않으려고 벌벌 떨면서, 이 작품에서 가장 훌륭한 생각은 싹둑 잘라냈으니 말이에요."

"가장 훌륭한 생각이라니요?" 빌헬름이 말했다.

"네! 햄릿조차도 자랑스러워하는 생각 말이에요."

"그게 어느 부분이죠?" 제를로가 말했다.

"만약 당신이 가발이라도 쓰고 계신 거라면 시원하게 벗겨드리기라도 하련만! 분별할 수 있는 눈을 뜨게 해드리고 싶으니까 말이에요."

다른 사람들은 그 말의 의미를 생각하느라고 대화는 멈추었다. 모두 자리에서 일어서 있었다. 밤도 깊어진 시간이라 모두 헤어져 방으로 돌아가고 싶어했다. 다들 어찌해야 할 바를 모르고 우두커니 서 있자, 필리네가 우아하고 아름다운 곡조로 노래를 부르기 시작했다.

밤의 고독을
그렇게 구슬픈 목소리로 노래하지 마세요.
오! 아름다운 이들이여,
밤은 즐거운 모임의 시간이랍니다.

일찍이 여자가 남자에게
아름다운 반쪽이었던 것처럼
밤은 이 세상의 반쪽,
가장 아름다운 반쪽이니.

낮은 기쁨에 찬물을 끼얹을 뿐.

그런 낮이 어찌 즐거우리오?
기분전환에는 좋지만
다른 데는 아무짝에도 쓸모가 없지요.

하지만 밤이 오면
향기로운 등불은 어둠을 몰아내고
입술에 입술을 맞추고
장난과 사랑의 말이 속삭여지네.

낮에는 사납게 불타며 달려가는
성급하고 경솔한 아모르도
밤이 되면 조그만 선물에도
짧은 장난에도 발길을 멈추네.

나이팅게일은 연인들에게
부드럽게 사랑의 노래를 불러주네.
감옥에 갇힌 사람, 슬픔에 잠긴 사람들에게는
탄식의 노래로 들릴지라도.

은밀히 가슴을 두근거리며
그대들은 종소리에 심취하네.
천천히 열두 시를 알리는,
안식과 휴식을 부르는 종소리에.

그러니 착한 사람이여,
날마다 긴긴 낮 동안에는
고통이 있으며
밤에는 즐거움이 있음을 명심하기를.

노래를 마치자 필리네는 가볍게 허리를 숙였으며, 제를로는 큰 소리로 브라보를 외쳤다. 그녀는 문밖으로 뛰쳐나가 깔깔 웃으며 멀어져갔다. 그녀가 계단을 내려가면서 노래하는 소리와 발뒤축을 울리는 소리가 들렸다.

제를로는 옆방으로 들어갔다. 빌헬름이 아우렐리에에게 밤 인사를 하는데 그녀는 잠시 서 있다가 이렇게 말했다.

"정말이지 비위에 거슬리는 여자예요. 정말 싫어요. 아주 사소한 동작까지 말이에요. 금발이면서 오른쪽 고수머리만 갈색이라니! 오빠는 관심이 있는 것 같지만 나는 쳐다보기도 싫어요. 이마의 상처도 천박하고 기분 나빠요. 늘 열 걸음 이상은 떨어져 있고 싶다니까요. 요전에, 어렸을 때 아버지가 얼굴에 접시를 집어던져서 흉터가 남은 거라고 농담처럼 말하더군요. 눈과 이마에 '이 여자를 조심하라'고 쓰여 있는 것 같지 뭐예요?"

빌헬름은 아무런 대꾸도 하지 않았다. 아우렐리에는 점점 부아가 치미는지 이렇게 말했다.

"저 여자한테 친절하고 정중한 말은 도저히 못하겠어요. 난 그만큼 저 여자가 싫어요. 그런데도 저 여자는 내게 자꾸만 알랑거려요. 저런 여자는 딱 질색이에요. 빌헬름 씨, 당신도 저 여자한테 어느 정도는 호감을 갖고 계신 것 같더군요. 그런 모습을 보노라면 가슴이 아파와요. 그럴 만한 가치도 없는 여자한테 존경에 가까운 관심을 드러내고 계시니 말이에요."

"그녀가 어떤 여자든 나는 그녀에게 신세를 졌습니다. 그녀의 태도에 비난의 여지가 있다 하더라도, 그녀의 인격은 공평하게 봐주어야 하죠."

"인격이라고요? 저런 여자한테 인격이 있다고 생각하세요? 아, 남자들이란! 이제야 남자들을 알겠군요. 당신네 남자들은 저런 여자가 좋은 거예요."

"날 의심하는 겁니까, 아우렐리에 양? 그녀와 함께 보낸 시간은 1분, 아니 1초 단위로 설명할 수 있어요."

"됐어요. 이미 늦었으니 싸움은 그만두도록 해요. 남자는 다 똑같아요. 안녕히 주무세요, 빌헬름 씨. 안녕히 주무세요, 내 예쁜 극락조 양반!"

빌헬름은 자기를 왜 그런 별명으로 부르는지 이유를 물었다.

"다음에 설명해드리죠. 극락조는 발이 없어서 하늘을 날아다니며 에테르를 먹고 산대요. 물론 지어낸 이야기죠. 시적인 이야기요. 그럼 안녕히 주무세요. 운이 좋다면 멋진 꿈이라도 꾸시고요."

그녀는 그를 혼자 남겨두고 자기 방으로 들어갔다. 그도 서둘러 자기 방으로 올라갔다.

그는 화가 난 마음을 달래려고 방 안을 서성거렸다. 아우렐리에는 농담조로 말했지만, 그 단호한 말투에 그는 상처를 입었다. 그는 그녀의 주장이 순억지라고 생각했다. 그는 필리네를 매정하고 쌀쌀맞게 대할 수는 없었다. 그녀가 그에게 무슨 잘못을 한 것도 아니었다. 게다가 그는 그녀에게 조금도 애정을 느끼지 않았다. 그 점은 스스로 돌이켜볼 때 자신 있고 단호하게 말할 수 있었으며, 한 점 부끄러움도 없었다.

옷을 벗고 침대 옆으로 가서 커튼을 열려는데, 침대 앞에 웬 여자의 덧신이 한 켤레 있는 것을 보고 깜짝 놀랐다. 한쪽은 세워져 있고, 한쪽은 뉘어 있었다. ─틀림없이 필리네의 덧신이었다. 커튼도 조금 흐트러져 있는 것 같았다. 아니, 흔들리고 있는 것 같았다. 그는 그 자리에 우두커니 서서 그 광경을 가만히 노려보았다.

그는 화가 치밀어 올라 숨이 막힐 것만 같았다. 잠시 숨을 고른 뒤에 차분한 목소리로 이렇게 말했다.

"일어나요, 필리네! 이게 무슨 짓입니까? 당신의 현명함과 정숙함은 어디로 간 거죠? 내일 아침 온 극단에 소문이 퍼졌으면 좋겠어요?"

아무 반응이 없었다.

"농담이 아닙니다. 이런 장난은 잘못된 것이에요."

아무 소리도 나지 않았으며, 아무런 움직임도 없었다.

마침내 결심하고서 침대로 척척 걸어가 커튼을 열어젖혔다. "일어나요! 오늘 밤 당신에게 방을 빌려줄 생각은 없습니다."

놀랍게도 그의 침대는 텅 비어 있었다. 베개와 이불을 만진 흔적도 없었다. 주위를 둘러보고 샅샅이 뒤져 보았지만 누가 있는 기척은 없었다. 침대 뒤와 난로나 선반 뒤에도 아무것도 없었다. 그는 계속해서 열심히 뒤지고 다녔다. 심술궂은 관찰자가 봤다면, 그가 필리네를 찾고 싶어서 돌아다니는 거라고 생각했을 것이다.

잠은 진작 달아났다. 그는 덧신을 책상 위에 놓고, 방 안을 돌아다니다가 이따금 책상 옆에 멈춰 섰다. 장난을 좋아하는 수호신이 그 모습을 보았더라면, 그가 밤새 그 사랑스러운 덧신 옆을 떠나지 못하고 기쁜 마음으로 그것을 바라보고 손에 들어보고 만지작거리다가 새벽녘이 되어서야 옷을 입은 채 침대에 쓰러져 야릇한 공상에 잠겨서 잠들었다고 할 것이다.

아닌 게 아니라 제를로가 들어왔을 때, 빌헬름은 아직도 자고 있었다. "세상에! 아직도 자고 있습니까? 이게 무슨 일인지 원! 무대로 찾으러 갔는데 안 보인다 했더니. 무대에는 아직 할 일이 산더미처럼 많은데!" 제를로가 소리를 질렀다.

제11장

오전과 오후 시간이 눈 깜짝할 새에 지나갔다. 극장은 이미 만원이었다. 빌헬름은 서둘러 옷을 갈아입었다. 처음으로 의상을 입어봤을 때는 넉넉한 듯했지만, 지금은 그런 기분을 느낄 새도 없었다. 허둥지둥 옷을 입었다. 대기실로 여배우들을 찾아가 보니 그녀들은 저마다 제대로 되는 게 하나도 없다는 둥, 아름다운 깃털 장식이 비뚤어져 있다는 둥, 버클이 헐렁하다는 둥 하며 흠집을 잡고는 다시 풀었다가 꿰매거나 핀으로 고정하거나 했다. 서곡이 시작되었다. 필리네는 주름 장식을 트집 잡았고, 아우렐리에도 망토가 이러쿵저러쿵 하며 한마디 했다. "그대로 두십시오! 햄릿은 단정하지 않은 편이 더 어울려요!" 그가 외쳤지만 여자들은 그를 놓아주지 않고 계속해서 치장하느라고 정신이 없었다. 서곡이 끝나고 연극이 시작되었다. 그는 거울을 들여다보고 모자를 깊이 눌러쓰기도 하고 화장을 다시 고치기도 했다.

그때 누군가가 뛰어들어와서 "유령이다! 유령이다!" 외쳤다.

빌헬름은 온종일 너무 바빴기 때문에 정말로 유령이 나타나 줄까 하는, 가장 신경 쓰이는 이 문제를 생각해볼 여유가 없었다. 그런데 이제 그런 걱정은 완전히 사라져버린 것이다. 무대감독이 와서 이것저것 물어보는 바람에 빌헬름은 그 유령을 보러 갈 틈조차 없었다. 다만 서둘러 왕좌로 달려갔더니 이미 왕과 왕비가 궁정 신하들에게 둘러싸여 장려하게 빛나고 있었다. 그는 호레이쇼의 마지막 대사만을 겨우 들을 수 있었다. 호레이쇼는 망령의 출현으로 몹시 당황하여 자기 역할조차 거의 잊어버린 듯이 보였다.

막이 오르자 만원 객석이 눈앞에 드러났다. 호레이쇼가 대사를 다 말하고 왕 앞에서 물러나 빌헬름 쪽으로 와서, 왕자에게 하는 투로 말했다. "망령은 갑옷을 입고 있었습니다. 우리 모두를 공포에 떨게 했습죠."

그동안에도 흰 망토를 입고 두건을 쓴 키 큰 두 남자가 무대 뒤에서 보일 따름이었다. 빌헬름은 방심하고 초조하고 당황한 가운데 첫 번째 독백도 제대로 하지 못한 것 같은 기분이 들었다. 퇴장할 때 성대한 갈채를 받았음에도, 이어서 소름끼치도록 극적인 겨울밤 장면에 등장할 때도 그다지 흥이 나지 않았다. 그러나 이내 마음을 고쳐먹었다. 교묘하게 끼워 넣은 덴마크인의 주연과 주량에 관한 대사를 덤덤하게 읊었을 때는 관객들처럼 유령 따위는 까맣게 잊고 있었다. 그래서 호레이쇼가 "보세요, 나왔어요!" 외쳤을 때는 진짜로 기절초풍할 만큼 놀라고 말았다. 그는 뒤를 돌아보았다. 키 크고 고귀한 자태, 낮게 들리는 발소리, 무거운 갑옷을 입었음에도 경쾌한 몸놀림에 그는 강렬한 인상을 받았다. 빌헬름은 돌처럼 뻣뻣하게 굳어서 나지막하게 "천사들이여, 신의 사자들이여, 우리를 지켜주소서"라는 말밖에 할 수 없었다. 그는 망령을 뚫어지게 바라보며 두어 번 심호흡한 뒤에 흥분해서 띄엄띄엄, 쥐어짜내듯이 망령에게 말을 걸었다. 그러나 그것은 그 어떤 명배우도 능가하는 훌륭한 표현처럼 보였다.

이 대목에서는 그의 번역문이 크게 도움이 되었다. 원작에 충실하게 번역한 것이지만, 말의 배열이 뜻밖의 사건에 깜짝 놀라고 공포에 질린 심리 상태를 나타내기에 안성맞춤이었던 것이다.

"네가 거룩한 영이든 지옥의 악령이든,
하늘의 영기를 실어왔든 지옥의 독기를 실어왔든,
의도가 사악한 것이든 선한 것이든,
이렇게 위엄 있는 모습으로 나타난 이상은
나와 더불어 이야기하자. 햄릿이라고 부르랴,
아니면 국왕이라고 부르랴, 부왕이라고 부르랴! 오, 대답하라!"

관객들 사이에 깊은 감동이 퍼지는 것이 느껴졌다. 망령이 손짓하자, 왕자는 우레와 같은 갈채를 받으며 그 뒤를 따랐다.

무대가 바뀌어 두 사람이 멀리 떨어진 공터에 다다랐을 때, 망령이 우뚝 멈춰 서더니 뒤를 돌아보았다. 그 바람에 햄릿은 망령과 딱 붙어 서게 되었다. 그가 누구인지 너무나 궁금해서 빌헬름은 재빨리 투구의 차양 밑으로 그를 살폈다. 그러나 움푹 꺼진 눈과 잘생긴 코밖에는 보이지 않았다. 빌헬름은 조심스럽게 관찰하면서 앞에 서 있었다. 갑자기 투구 안에서 쩌렁쩌렁한, 조금은 쉰 듯한 목소리가 "나는 네 아비의 영혼이다" 말했다. 빌헬름은 너무 놀라서 두어 걸음 뒷걸음쳤다. 관객들도 흠칫 놀랐다. 모두 어딘가에서 들은 적 있는 목소리라고 생각했다. 빌헬름은 아버지의 목소리와 비슷하다고 생각했다. 이런 기묘한 감정과 기억, 객연 배우의 정체를 알고 싶다는 호기심, 그러나 그것이 그를 모욕하는 일이 되지나 않을까 하는 불안감, 이 자리에서 그에게 너무 가까이 다가가면 연기에도 걸림돌이 되지나 않을까 하는 우려 등으로 빌헬름은 마음이 복잡했다. 망령이 긴 대사를 말하는 동안 그는 계속 자세를 바꾸고, 동요한 기색을 보이고, 어찌할 바를 모르고, 주의를 기울이는 듯하면서도 넋을 놓고 있었으므로, 망령이 모두를 공포로 몰아넣은 것과 마찬가지로 그의 연기는 모든 관객의 찬탄을 자아냈다. 망령은 슬픔이라기보다는 원한, 망령만이 가질 수 있는 길고 한없는 원한을 담아 대사를 했다. 그것은 이 세상 모든 것에서 떨어져 무한한 고뇌에 몸부림치는 위대한 영혼의 탄식이었다. 마지막으로 망령은 기묘한 방식으로 나락으로 떨어졌다. 가볍고 투명한 회색 베일이 증발기체처럼 바닥에서 피어오르는가 싶더니 망령을 감싸며 사라져버린 것이다.

햄릿의 친구들이 돌아와 검을 걸고 맹세했다. 그러나 망령은 나락에서 두더지처럼 잽싸게 돌아다니며, 그들이 어디에 서 있든지 발밑까지 쫓아와서 "맹세하라!" 외쳤으므로, 그들은 발등에 불이라도 붙은 것처럼 서둘러 장소를 바꾸었다. 장소를 바꿀 때마다 발밑에서 작은 불꽃이 일어나 더욱더 효과를 상승시키고 관객들에게 깊은 인상을 심어주었다.

이렇게 연극은 막힘없이 진행되었다. 아무런 실수도 없었으며, 모든 것이 순조로웠다. 관객들은 매우 만족스러워 보였으며, 배우들의 기쁨과 의욕은 장면이 바뀔 때마다 점점 더 커지는 것 같았다.

제12장

막이 내리고 뜨거운 박수갈채가 사방팔방에서 울려퍼졌다. 네 왕족의 시체가 벌떡 일어나 기뻐하며 서로 얼싸안았다. 폴로니어스와 오필리아도 무덤에서 나와, 다음 회를 광고하러 무대 앞으로 나간 호레이쇼에게 쏟아지는 우레와 같은 박수갈채를 기쁜 마음으로 들었다. 관객은 다른 연극의 광고 따위에는 귀도 기울이지 않고 열광적으로 오늘 연극의 재연을 희망했다.

"대성공이야!" 제를로가 외쳤다. "하지만 오늘 밤은 골치 아픈 이야기는 그만두도록 하죠. 문제는 첫인상입니다. 누가 첫날에 겁을 잔뜩 집어먹었다거나 제멋대로 연기했다고 해서 이러쿵저러쿵 잔소리하지는 않겠어요."

회계원이 와서 묵직한 금고를 제를로에게 건넸다. "첫날치고는 최고의 매출입니다." 그가 말했다. "앞으로도 기대가 돼요. 그런데 약속하신 만찬회는 어디서 하나요? 오늘은 맛있는 음식을 잔뜩 먹을 수 있겠죠?"

그들은 무대의상을 입은 채로 모여서 그들끼리 조촐한 축하연을 열기로 했던 것이다. 장소는 빌헬름이 정하고, 요리는 멜리나 부인이 준비하기로 했었다.

평소에는 무대배경을 제작하는 방을 깨끗이 치우고, 여러 무대 배경들을 장식 삼아 늘어놓았다. 그래서 정원처럼 보이기도 하고 주랑(柱廊)처럼 보이기도 했다. 방에 들어온 사람들은 수많은 촛불에 눈이 부실 지경이었다. 아낌없이 피워놓은 향이 자욱한 연기를 이룬 가운데, 요리가 빽빽하게 놓이고 훌륭하게 꾸며진 식탁 위에 휘황찬란한 불빛이 가득했다. 모두 환성을 지르면서 그 훌륭한 준비를 칭찬했으며, 짐짓 품위 있는 태도로 자리에 앉았다. 마치 영계(靈界)의 왕 일가가 식탁에 앉아 있는 듯한 모습이었다. 빌헬름은 아우렐리에와 멜리나 부인 사이에 앉았고, 제를로는 필리네와 엘미레 사이에 앉았다. 모두 자기 자신과 자기 자리에 만족했다.

두 연극광도 동석하여 단원들을 더욱 즐겁게 했다. 두 사람은 상연 중에 몇 번이나 무대 뒤를 방문하여 자기와 관객들이 얼마나 만족하고 있는지를 질리지도 않고 전달했다. 그리고 이 자리에서는 단원들 한 사람씩을 들어 서로를 칭찬해주었다.

저마다의 공적과 훌륭했던 장면들이 차례차례 믿을 수 없을 만큼 뜨거운 찬사를 받았다. 식탁 끄트머리에 얌전히 앉아 있던 프롬프터도 그 사나운 피루스 연기를 크게 칭찬받았다. 햄릿과 레어티즈의 검술 시합은 아무리 칭찬해도 모자라고, 오필리아의 슬픔은 이루 형언할 수 없을 만큼 아름답고 우아했으며, 폴로니어스의 연기는 뭐라 칭찬할 말이 없을 정도라고 했다. 그 자리에 있는 사람들은 다른 단원이 받는 찬사 속에서 자신을 향한 찬사를 동시에 들었으며, 그런 찬사가 곧 자신에 대한 찬사라고 생각했다.

동석하지 않은 망령도 찬사와 칭찬을 받았다. 망령은 타고난 성대와 뛰어난 감각으로 그 역할을 훌륭히 소화해냈다. 모두가 가장 이상하게 생각한 것은 그 남자가 극단 안에서 일어나는 모든 일을 훤히 알고 있다는 점이었다. 그는 화가의 모델이나 된 것처럼 초상화 속에 그 모습 그대로 그려져 있었다. 두 연극 애호가는 망령이 초상화 근처에서 홀연히 나타나 자기와 똑같은 모습으로 그려진 두 개의 초상화 앞을 지나가는 것을 보고 소름이 끼쳤다며 입을 모아 칭찬했다. 그 장면은 허구가 기가 막히게 섞여 있는 까닭에, 관객들이 왕비에게는 그 망령이 보이지 않는다고 진심으로 믿었다고 말했다. 멜리나 부인은 그 장면에서 햄릿이 아래쪽에 있는 망령을 가리키고 있는데도 줄곧 위쪽에 있는 초상화를 보고 있었던 게 매우 좋았더라는 칭찬을 받았다.

모두들 망령이 어떻게 들어왔을까 궁금해 했다. 무대감독의 말로는, 평소에는 무대장치로 가려져 있지만 오늘 저녁에는 고딕풍의 홀로 사용할거라서 열어두었던 뒷문으로 들어왔다고 했다. 흰 망토를 입고 망토의 두건을 뒤집어쓴 거구의 남자 두 명이 들어왔는데, 두 사람은 서로 분간이 가지 않을 정도로 닮아 있었으며, 제3막이 끝나자 다시 그리로 나가버린 것 같더라고 했다.

특히 제를로는 망령이 처량한 한탄조로 말하지 않았을 뿐만 아니라 진정한 영웅에 걸맞게 아들에게 용기를 주는 대사를 마지막에 덧붙였다며 칭찬했다. 그 대사를 기억하고 있던 빌헬름은 대본에 그 부분을 집어넣겠다고 약속했다.

모두 향연에 취해서, 아이들과 하프 타는 노인이 자리에 없다는 사실조차 깨닫지 못했다. 그러나 곧 그들은 매우 쾌활하게 등장했다. 모두 해괴한 차림을 하고서 나란히 들어왔다. 펠릭스는 트라이앵글을 치고, 미뇽은 탬버린을 쳤으며, 노인은 어깨에 맨 무거운 하프를 앞으로 돌려 잡고 연주했다. 그들은 식탁을 돌며 여러 노래를 불렀다. 그들에게도 음식을 주었으며, 특별히 아이들에게는 마시고 싶어하는 만큼 달콤한 포도주를 먹게 해 주었다. 단원들은 그날 저녁 두 연극 애호가가 몇 상자나 선물한 값비싼 포도주를 잔뜩 마신 터였기 때문이다. 아이들은 폴짝폴짝 뛰어다니며 쉴 새 없이 노래했다.

특히 미뇽이 그렇게 신명난 모습을 보는 것은 처음이었다. 그녀의 탬버린 연주는 상상도 하지 못할 만큼 정교하고 신선했다. 손가락을 가죽에 대고 재빨리 움직여 소리를 내는가 하면, 손등이나 주먹으로 치기도 하고, 다양한 박자로 가죽 부분을 무릎이나 머리에 부딪치거나 방울만을 울려가며, 그 단순하기 짝이 없는 악기에서 실로 다채로운 음색을 내는 것이었다. 그렇게 한참을 신명나게 연주한 뒤에 아이들은 빌헬름의 맞은편 안락의자가 비어 있는 것을 보고 그곳에 앉았다.

"그 자리는 비워두어라." 제를로가 말했다. "거긴 아마 망령을 위한 자리일걸. 망령이 오면 너희들 혼날 텐데!"

"망령 같은 건 무섭지 않아요." 미뇽이 말했다. "오면 비켜주죠, 뭐. 그 망령은 제 숙부세요. 저한테 해를 끼칠 리 없다고요." 그녀가 어릴 적에 자기가 아버지라고 여긴 사람을 '큰 악마'라고 불렀다는 사실을 모르는 사람은 그 말뜻을 알아차리지 못했다.

단원들은 서로 얼굴을 보았을 뿐인데, 제를로가 망령의 정체를 알고 있다는 의심은 갈수록 더 짙어졌다. 모두 신나게 떠들고 신나게 마셨다. 여자들은 이따금 겁에 질려 문 쪽을 바라보았다.

커다란 팔걸이의자에 앉은 아이들은 상자에서 얼굴을 내민 어릿광대 인형처럼 식탁 위에 얼굴만 삐죽 내밀고 있었는데, 그 모습 그대로 인형극을 하기 시작했다. 미뇽은 태엽이 끼익끼익거리는 소리를 똑같이 흉내 내고는 진짜 나무 인형이 아니면 견뎌내기 어려울 정도로 심하게 자기 머리를 다른 아이의 머리에 부딪치기도 하고 식탁 모서리에 부딪치기도 했다. 미뇽은 꼭 미친 것처럼 야단법석을 떨었다. 처음에는 모두들 재미있어 하며 웃었지만, 나중에는 그만두는 것이 좋겠다고 말리지 않을 수 없었다. 그러나 미뇽은 들은 척도 하지 않고 벌떡 일어나서는 탬버린을 들고 미친 듯이 식탁 주위를 뛰어다녔다. 머리카락을 나풀거리고 고개를 뒤로 한껏 젖힌 채 팔다리를 공중에 내던지듯이 했다. 그 모습은 고대 미술품에서 보이는 그 기괴하고 비현실적인 자세로 지금도 우리를 깜짝 놀라게 하는 마이나데스*11를 연상하게 했다.

아이들이 재주를 부리고 법석을 떠는 데에 자극받아 다른 사람들도 저마

---

*11 그리스 신화에서 주신(酒神) 디오니소스를 섬기는 광란의 시녀들.

다 흥을 돋우는 데 격려하고자 했다. 여자들은 캐논을 두어 곡 불렀고, 라에르테스는 나이팅게일이 우는 소리를 흉내 냈으며, '훈장'은 구금(口琴)*¹²을 아주 작게 불어 취주곡을 연주했다. 그러는 사이에 옆에 앉은 남녀들은 갖가지 장난을 벌이기 시작했다. 손을 툭툭 건드리기도 하고 깍지 껴 잡기도 하더니 몇 쌍인가는 심상치 않은 분위기마저 보이기 시작했다. 특히 멜리나 부인은 빌헬름에게 애정을 숨기지 않고 드러냈다. 밤도 깊어가기 시작했다. 유일하게 이성을 차리고 있던 아우렐리에는 일어나서 다른 사람들에게 이제 그만 헤어질 시간임을 알렸다.

제를로가 끝인사로서 불꽃놀이를 보여주었다. 어떻게 하는지는 알 수 없으나 하늘로 높이 쏘아 올리는 불꽃, 폭죽, 동그란 모양의 불꽃을 입으로 흉내 냈다. 눈을 감고 있으면 진짜 불꽃이 쏘아 올려지는 것처럼 들렸다. 모두 일어나서 여자들에게 손을 내밀고 집까지 바래다주었다. 빌헬름은 마지막으로 아우렐리에와 방에서 나갔다. 계단에서 마주친 무대감독이 "이것이 망령이 남기고 간 베일입니다. 무대 아래 장치에 걸려 있더군요. 지금 발견했습니다" 말했다. ─"신비로운 유품이로군요!" 빌헬름이 말하고 그것을 받아 들었다.

그 순간 누가 그의 왼팔을 잡았다. 그는 격렬한 통증을 느꼈다. 미뇽이 숨어 있다가 그를 붙잡고 팔을 깨문 것이었다. 그녀는 그의 옆을 미꾸라지처럼 빠져나가 계단을 뛰어 내려가서 사라져버렸다.

사람들은 모두 밖으로 나가고 나서야 자기들이 너무 많이 마셨음을 깨달았다. 그들은 작별 인사도 하지 않고 뿔뿔이 흩어졌다.

빌헬름은 방으로 돌아오자마자 옷을 훌훌 벗어던지고 불을 끄고 침대에 파고들었다. 이내 잠이 들었으나, 난로 뒤에서 무엇인가가 부스럭거리는 소리에 눈을 떴다. 환상으로 열이 오른 그의 눈앞에 갑옷과 투구로 무장한 왕의 모습이 어른거렸다. 몸을 벌떡 일으켜 망령에게 말을 걸려고 했다. 그 순간 그는 부드러운 팔이 자기 몸을 감더니 격렬한 입맞춤이 자기 입술을 막고, 어떤 것이 자기 가슴을 짓누르는 것을 느꼈다. 그러나 그는 그것을 밀어낼 만한 기력이 없었다.

---

*12 철제 말굽 모양의 원시적인 작은 취주악기.

제13장

다음 날 아침, 빌헬름은 어쩐지 불쾌한 기분을 느끼고 벌떡 일어났지만 침대는 비어 있었다. 잠을 잤는데도 말끔히 사라지지 않은 취기 때문에 머리가 무거웠다. 간밤에 찾아왔던 낯선 방문객을 생각하자 마음이 불편해졌다. 가장 의심스러운 사람은 필리네였지만, 그가 껴안았던 보드라운 그 육체가 필리네의 것이라고는 생각되지 않았다. 빌헬름은 격렬한 애무를 받으며 그 이상하고 말없는 방문객 옆에서 잠들었지만, 지금은 그 흔적조차 찾을 수 없었다. 허둥지둥 침대에서 나와 옷을 입으며 살펴보니, 평소에는 빗장을 걸어두는 문이 반쯤 열려 있었다. 간밤에 빗장을 단단히 걸었는지 아닌지는 생각나지 않았다.

그러나 더욱 이상한 것은 침대 위에서 발견한 망령의 베일이었다. 그 자신이 가지고 와서 거기에 던져놓은 것이라고 생각했다. 그 회색 베일의 가장자리에는 자수로 검은 글자가 새겨져 있었다. 그는 베일을 펼치고 다음과 같은 문구를 읽었다. "처음이자 마지막으로 말한다. 도망쳐라! 젊은이, 도망쳐라!" 그는 너무 놀랐으나 무슨 뜻인지 알 수 없었다.

그 순간 미뇽이 아침 식사를 가지고 들어왔다. 그는 미뇽을 보고 깜짝 놀랐다. 아니, 경악했다는 표현이 옳을 것이다. 그녀는 하룻밤 사이에 어른이 된 듯이 보였다. 기품 있고 고상한 태도로 다가와서는 진지한 눈빛으로 그의 눈을 들여다보았다. 그는 차마 그 눈을 마주 쳐다볼 수가 없었다. 그녀는 평소와 달리 그의 몸에 손을 대지 않았다. 평소에는 손을 잡거나 뺨이나 입술, 팔 또는 어깨에 입을 맞췄지만 오늘 아침은 할 일을 마치자 말없이 방에서 나갔다.

예정되었던 대본 읽기 시간이 다가오자 단원들은 하나둘 얼굴을 내밀었는데, 간밤의 축하연 탓에 모두들 정상적인 상태가 아니었다. 자기가 그토록 열띠게 주장한 원칙을 가장 먼저 자기가 어기는 일이 없도록 빌헬름은 정신을 바짝 차렸다. 평소에 훈련해둔 덕분에 위기는 가까스로 넘길 수 있었다. 훈련이나 습관은 모든 예술에서 천부적 재능이나 변덕이 종종 놓치는 빈틈을 메워주는 법이다.

확실히 이 기회에, 앞으로도 계속될 것 같은 상태, 아니 일생을 좌우할 직업으로 발전될 일을 시작할 때 축하연부터 벌여서는 안 된다는 생각이 옳다는 사실이 입증된 것이다. 축하라는 것은 어떤 일이 성공을 거두었을 때 비로소 행해져야 한다. 처음부터 벌이는 축제는 우리로 하여금 노력과 오래 이어질 고생을 감내하게 해주는 의욕과 힘을 없애버리기 때문이다. 모든 축하 행사 중에서도 가장 부적절한 것은 결혼식 때 벌이는 떠들썩한 축하연이다. 결혼식은 가장 정숙하고 겸허하며 희망에 가득 찬 가운데 거행되어야 한다.

그렇게 그날은 별다른 일 없이 지나갔다. 빌헬름은 그날처럼 무미건조하게 보낸 적이 없는 것 같았다. 저녁이 되자 모두들 예사로이 나누던 환담을 나눌 생각도 없이 하품을 하기 시작했다. 〈햄릿〉에 대한 흥미도 사라지고, 내일 있을 두 번째 공연이 귀찮게 여겨지기까지 했다. 빌헬름은 망령의 베일을 보여주었다. 그것을 본 사람들은 모두 망령이 두 번 다시 나타나지 않을 거라고 생각하지 않을 수 없었다. 특히 제를로가 그런 의견이었다. 그는 그 기묘한 인물이 조언한 것까지도 알고 있는 듯했다. 그러나 "도망쳐라! 젊은 이, 도망쳐라!"라는 말은 어떤 뜻인지 설명하지 못했다. 극단에서 가장 뛰어난 배우를 떠나가게 하려는 의도를 가진 듯한 인물과 한통속이 될 수 있을 리도 만무했다.

하는 수 없이 망령 역할은 호통 잘 치는 노인에게 돌아가고, 왕 역할은 '훈장'에게 넘어가게 되었다. 두 사람은 자기들이 맡은 역할을 이미 연구해두었다고 자신 있게 말했다. 딱히 이상한 일도 아니었다. 이 연극을 수없이 연습하고 세세하게 토론한 터라, 모두들 언제 어떤 역을 맡아도 좋을 만큼 숙지하고 있었기 때문이다. 그래도 몇 가지는 급히 연습했다. 밤이 완전히 깊어 헤어지게 되었을 때, 필리네가 빌헬름에게 속삭였다. "덧신을 가져가야겠어요. 그러니까 문을 잠그지 마세요." 방으로 돌아온 그는 그 말에 적잖이 당황했다. 간밤의 손님이 필리네였을지도 모른다는 추측이 그 말로 더욱 확실해졌기 때문이다. 우리도 이 의견에 동의하지 않을 수 없다. 특히 우리는 그를 의심하거나 그에게 다른 이상한 혐의를 씌울 이유가 없기 때문이다. 그는 초조한 마음으로 몇 번이나 방 안을 서성였다. 필리네의 당부대로 빗장은 걸지 않은 채였다.

그때 별안간 미뇽이 정신없이 방으로 뛰어들어와서는 빌헬름을 붙잡고 소리쳤다. "마이스터 씨, 큰일이에요! 불이 났어요!" 그가 문밖으로 뛰쳐나가

보니 위층에서 무서운 기세로 연기가 밀려 내려오고 있었다. 복도에서도 "불이야!" 하고 외치는 소리가 들렸다. 하프 타는 노인이 악기를 껴안고서 연기 속에서 헉헉대며 계단을 뛰어내려왔다. 아우렐리에는 방에서 뛰쳐나와 어린 펠릭스를 빌헬름의 팔에 던지듯 내맡겼다.

"이 아이를 부탁해요! 우리는 다른 물건을 좀 챙겨야겠어요!" 그녀가 외쳤다.

그렇게 위험한 상황은 아니라고 판단한 빌헬름은 먼저 불이 난 곳을 찾아서 불길이 더 번지기 전에 꺼야겠다고 생각했다. 그는 아이를 노인에게 맡기고는, 작은 아케이드를 지나 마당으로 통하는 나선계단을 내려가 아이들과 밖에 있으라고 지시했다. 미뇽은 등불을 들고 노인의 발치를 비추어 주었다. 빌헬름은 아우렐리에에게도 같은 길을 통해 짐을 밖으로 옮기라고 말했다. 그리고 자신은 연기 속으로 뛰어들었으나, 곧 그렇게 위험을 무릅쓴 것이 헛수고였음을 깨달았다. 불길은 옆집에서 번진 것 같았다. 이미 다락방의 나무 구조물과 사다리 계단에 옮겨 붙어 있었다. 도우려고 달려온 다른 사람들도 모두 연기와 불길에 괴로워했다. 그러나 그는 모두를 격려하고, 물을 가지고 오라 소리쳤다. 설령 물러서는 한이 있더라도 한 발짝씩만 물러서자고 하면서, 자기도 그들과 함께 끝까지 남겠노라 약속했다. 그때 미뇽이 달려 올라와서 외쳤다. "마이스터 씨, 펠릭스를 살려주세요! 할아버지가 미쳐서 펠릭스를 죽이려고 해요!" 빌헬름은 정신없이 계단을 뛰어 내려갔다. 미뇽이 그 뒤를 따랐다.

그는 아치형 문으로 나가는 계단 끝에 놀라서 멈췄다. 그곳에 쌓아두었던 짚단과 커다란 섶나무 다발이 활활 타고 있는데, 펠릭스는 바닥에 누워서 악을 쓰며 울고 있었고, 노인은 고개를 푹 꺾고 옆쪽 벽에 서 있었다. "할아버지, 이게 무슨 일입니까?" 빌헬름이 외쳤지만 노인은 대답하지 않았다. 미뇽이 펠릭스를 안아 일으켜 겨우 마당으로 데리고 갔다. 빌헬름은 불타오르는 짚단과 섶나무 다발을 무너뜨리고 밟아서 불을 끄려고 했지만 도리어 불길을 키울 뿐이었다. 마침내 눈썹과 머리카락에까지 불이 옮겨 붙자 화염을 헤치고 그는 노인을 데리고 마당으로 달아났다. 노인은 수염을 태우며 마지못해 따라나왔다.

빌헬름은 마당 어딘가에 있을 아이들을 서둘러 찾아다녔다. 미뇽과 펠릭스는 멀리 떨어진 정자 어귀에 있었다. 미뇽은 펠릭스를 진정시키려고 갖은 애를 쓰고 있었다. 빌헬름은 펠릭스를 무릎 위에 앉히고, 무슨 일이 있었는지 묻기도 하고 쓰다듬어주기도 했으나, 두 아이에게서 맥락이 닿는 이야기는 전혀 들을 수 없었다.

그러는 사이에 불길은 맹렬한 기세로 집들을 몇 채나 집어삼키며 온 동네를 환히 비추었다. 빌헬름은 화염의 붉은빛에 비추어 펠릭스를 살펴보았다. 상처나 핏자국은 보이지 않았으며 혹도 없었다. 온몸을 만져보았으나 아파하는 기색도 없었다. 펠릭스는 서서히 안정을 되찾았다. 놀라서 불길을 보고 있던 아이는 서까래며 대들보에 차례차례 불이 붙어 조명등처럼 빛나는 것을 보고 좋아하기까지 했다.

빌헬름은 옷가지며 그 밖에 불에 탔을지도 모르는 물건들 따위는 생각도 나지 않았다. 커다란 위험을 피한 두 아이가 자신에게 얼마나 소중한 존재인지 절실하게 느끼게 되었다. 그는 새삼스러운 감정으로 펠릭스를 가슴이 꼭 끌어안았다. 그리고 미뇽도 기쁘고 다정하게 끌어안으려고 했으나 미뇽은 그것을 부드럽게 거절하더니 그의 손을 꼭 잡았다.

"마이스터 씨." 그녀가 말했다(그를 이런 이름으로 부르는 것은 오늘 밤이 처음이었다. 지금까지는 '주인님'이라고 부르거나 나중에는 '아버지'라고 불렀었다). "마이스터 씨, 우리는 정말 위험한 순간에 가까스로 피하게 된 것이에요. 펠릭스는 정말 죽을 뻔했거든요."

빌헬름은 이것저것 물어보고 나서야 다음과 같은 사실을 알아냈다. 미뇽이 아치형 문까지 왔을 때, 하프 타는 노인이 그녀의 손에서 등불을 빼앗더니 갑자기 짚단에 불을 붙였다. 그러고는 펠릭스를 땅바닥에 내려놓더니 괴상한 몸짓을 하며 손을 펠릭스의 머리에 얹고, 그 애를 산 제물로 삼으려는 듯 칼을 빼들었다. 그때 마침 미뇽이 달려들어 그의 손에서 칼을 빼앗고 비명을 지르자 물건들을 마당으로 나르던 사람이 집에서 뛰어나와서 그녀를 구해주었다. 그러나 그 사람은 경황이 없는 통에 노인과 펠릭스만을 남겨두고 다시 가버렸다.

두어 채의 집이 완전히 화염에 휩싸였다. 아케이드에 불이 붙자 아무도 마당으로 나올 수가 없었다. 빌헬름은 자기의 소지품보다는 친구들이 더 걱정되어 안절부절못했다. 아이들을 그대로 내버려둘 수도 없어서 점점 더 번지는 불길을 그저 바라만 보았다.

불안한 상태에서 두어 시간이 지났다. 펠릭스는 그의 무릎에서 잠들었고, 미뇽은 그의 손을 꼭 쥔 채 옆에 누워 있었다. 진화 작업을 한 덕분에 불길은 마침내 사그라지기 시작했다. 불탄 건물들이 무너져 내렸다. 아침이 되자 아이들이 추워하기 시작했다. 그도 얇은 옷밖에 걸치지 않아서 이슬 내리는 것이 참기 어려울 지경이었다. 아이들을 타다 남은 집으로 데리고 갔다. 그들은 숯 덩어리들과 잿더미에 기분 좋게 몸을 녹였다.

날이 밝기 시작하자 친구들과 지인들이 모여들기 시작했다. 모두 무사했다. 많은 것을 잃은 사람도 없었다. 10시가 가까워지자 제를로가 〈햄릿〉의 새 배역이 정해진 부분만이라도 연습해보자며 모두를 격려했다. 그는 경찰과도 입씨름을 벌여야 했다. 성직자들은 신께서 이런 심판을 내리셨으니 극장은 문을 닫아야 마땅하다고 주장했다. 이에 제를로는 간밤에 잃은 것을 보상받기 위해서나, 공포에 질린 사람들의 기분을 전환하기 위해서라도 지금이 재미있는 연극을 상연하기에 적절한 시기라고 주장했다. 이 의견이 통하여 극장은 만원을 이루었다. 배우들은 전에 없던 열의를 보이며 첫 공연 때보다도 열정적이고 대담하게 연기했다. 관객들은 지난밤의 끔찍한 사건으로 감정이 고조되어 있던 데다가 하루를 멍하니 무료하게 보낸 탓에 더 재미있는 오락거리를 찾고 있던 터라, 특별한 일에 더욱더 열광했다. 대부분은 연극의 평판을 듣고 처음으로 찾아온 관객들이어서 첫 공연 때와는 비교도 할 수 없을 만큼 반응이 뜨거웠다. 호통 잘 치는 노인은 그 미지의 망령을 똑같이 연기해냈으며, '훈장'도 본디 그 역을 맡았던 배우처럼 연기를 잘했다. 그의 초라한 몰골도 한몫했다. 붉은 망토를 걸치고 담비 가죽으로 만든 흰 목도리를 매고 있음에도, 그를 가리켜 어설프게 만들어진 가난뱅이 왕이라고 욕하는 햄릿의 대사가 꼭 맞아떨어진 것이다.

아마 그 사람보다 더 이상한 경로로 옥좌에 오른 사람은 없을 것이다. 다른 사람들, 특히 필리네는 그가 새로 얻은 고귀한 신분을 몹시 놀려댔지만 그는 위대한 학자인 백작이 그를 처음 본 순간부터 이런 일을, 아니 이보다 더한 일도 예언해주었던 것을 잊지 말았으면 한다고 말했다. 그러자 필리네는 그에게 더 겸손해지라 타이르고, 성에서 있었던 그 불행한 밤을 떠올리며 겸손하게 왕관을 쓸 수 있도록 곧 그의 겉옷 소매에다가 흰 가루를 뿌려주겠노라고 단언했다.

제14장

새 숙소를 찾는 것이 가장 급한 일이었다. 단원들은 뿔뿔이 흩어져서 찾았다. 빌헬름은 하룻밤을 보냈던 마당의 정자가 가장 마음에 들었다. 열쇠도 손쉽게 손에 넣었으므로 그리로 옮기기로 했다. 아우렐리에의 새 거처가 매우 좁아서 펠릭스를 데리고 와야 했는데, 미뇽도 소년을 보내고 싶어 하지 않았다.

아이들은 깔끔한 2층 방을 점령했으며, 빌헬름은 아래층 홀을 차지했다. 아이들은 잠이 들었지만 그는 편안히 잠을 이룰 수가 없었다.

이제 막 뜬 보름달이 밝게 빛나는 아름다운 정원 저편에는 불에 타 시커멓게 된 폐허가 펼쳐져 있었는데, 여기저기서 아직 연기가 피어오르고 있었다. 공기는 상쾌했으며, 밤은 이루 형용할 수 없이 아름다웠다. 극장에서 나올 때 필리네가 팔꿈치로 그를 쿡 찌르며 뭐라고 몇 마디 속삭였지만 잘 들리지 않았다. 그는 혼란스럽고 기분이 언짢았다. 그녀가 무엇을 하려고 하는 것이며, 자기가 무엇을 해야 하는지 도무지 알 수 없었다. 필리네는 며칠 동안 그를 피해 다니다가 오늘 밤 처음으로 신호를 보내온 것이었다. 유감스럽게도 빗장을 지르지 말라고 했던 문은 불타 없어지고, 귀여운 덧신은 연기로 변했다. 그녀가 이 정원으로 올 생각이라 해도, 도대체 어떻게 들어온다는 것인지 그는 통 알 수가 없었다. 그는 그녀를 만나고 싶지 않았다. 그러면서도 한편으로는 꼭 그녀에게 자신의 감정을 전달하고 싶었다.

그러나 무엇보다 그의 마음을 무겁게 짓누르는 것은 지난밤 이래 모습을 보이지 않는 하프 타는 노인의 운명이었다. 잔해를 치울 때 잿더미 밑에서 죽어 있는 그를 발견하는 것은 아닌지 두려웠다. 아무에게도 말하지 않았지만, 화재의 원인이 노인은 아닐까 그는 의심했다. 불이 붙어 연기가 자욱한 다락방에서 처음으로 도망쳐 내려온 것도 그였고, 아치형 문에서의 그 자포자기한 모습도 이 불행한 사건의 결과인 것만 같은 생각이 들었기 때문이다. 그러나 경찰의 조사 결과, 화재가 일어난 것은 그가 살던 집이 아니라 그 집에서 세 번째 집이었음이 밝혀졌다. 불은 다락방을 타고 순식간에 번졌던 것이다.

빌헬름이 정자에 앉아 이런 생각들을 하고 있는데, 근처 오솔길에서 누군가가 살금살금 걸어오는 소리가 들렸다. 뒤이어 들려오는 구슬픈 노랫소리를 듣고서야 그것이 하프 타는 노인임을 알았다. 가사는 잘 들렸다. 광기의 구렁텅이에 빠진 불행한 사람을 위로하는 노래였다. 유감스럽게도 빌헬름의 기억에는 그 노래의 마지막 한 구절밖에 남아 있지 않다.

문가로 다가가
조용히 얌전하게 서 있으리라.
자비로운 손이 빵을 건네주면
나는 다시 길을 가리라.
사람들은 나를 보면
자신의 행복을 생각한다.
한 방울 눈물이 뺨을 타고 흐른다.
그러나 나는 그 눈물의 의미를 알지 못한다.

그는 노래를 부르면서, 인적 드문 거리로 이어지는 정원의 나무문으로 다가갔다. 그러나 그 문이 잠겨 있는 것을 보자 산울타리를 뛰어넘으려 했다. 빌헬름이 그를 붙잡고 부드럽게 말을 건넸다. 노인은 자신은 여기서 도망가고 싶다, 도망가야만 한다 말하며, 문을 열어달라고 간청했다. 빌헬름은 정원 밖으로 나갈 수는 있어도 마을 밖으로 나갈 수는 없다고 그를 타이르고, 그랬다가는 어떤 오해를 받을지 모른다고 설득했다. 그러나 그는 막무가내였다. 노인은 고집을 꺾지 않았다. 빌헬름도 물러서지 않고, 나중에는 반강제로 노인을 정자로 밀어 넣고서 자기도 정자에서 한 발짝도 나가지 않았다. 그리고 그와 기묘한 대화를 주고받았는데, 우리는 독자 여러분이 쓸데없는 생각이나 불안한 감정으로 괴로워하지 않도록 자세한 이야기는 생략하고 넘어가기로 하겠다.

제15장

빌헬름은 뚜렷하게 광기의 조짐을 보이고 있는 이 불행한 노인을 어찌하면 좋을지 몰라 이러지도 저러지도 못하고 있는데, 라에르테스가 그날 아침에 그를 이 난처한 상태에서 구해주었다. 오래전부터 여기저기 기웃거리고 다니는 버릇이 있는 라에르테스는 카페에서 요즘 심한 우울증 발작으로 괴로워하는 한 남자를 만났다. 그는 그와 같은 환자를 전문으로 치료하는 지방목사에게 보내졌는데, 그도 치료에 성공했으며, 아직 마을에 남아 있던 그 사제는 환자의 가족들에게 대단히 존경받았다.

빌헬름이 당장 그 목사를 찾아가서 노인의 증상을 털어놓자, 두 사람의 의견은 일치했다. 그래서 여러 핑계를 들어 노인을 설득한 끝에 그 남자에게 치료를 맡길 수 있었다. 빌헬름에게 이별은 괴로웠으나 완치된 노인과 다시 만날 수 있다는 희망만이 겨우 그 슬픔을 견디게 해주었다. 노인을 가까이에서 보고 그 재기 넘치고 진심 어린 음악을 듣는 것에 너무 익숙해졌기 때문이다. 하프는 불에 타버려서 새것을 사 들려 보냈다.

미뇽은 그나마 얼마 없던 옷가지마저 화마에 빼앗겼다. 새 옷을 지으려고 하자 아우렐리에가 슬슬 여자아이의 옷을 입히는 게 좋지 않겠느냐고 말했다.

"절대로 싫어요!" 미뇽이 소리치면서, 원래 옷이 좋다고 완강하게 주장했다. 결국 그녀의 고집에 따르는 수밖에 없었다.

단원들은 이것저것 생각할 여유가 없었다. 계속해서 연극을 상연해야 했기 때문이다.

빌헬름은 가끔 관객의 의견을 들으러 나갔다. 그가 듣고 싶은 말을 듣는 경우는 거의 드물었다. 오히려 그의 마음을 우울하게 하고 화나게 하는 의견이 많았다. 예를 들어 〈햄릿〉의 초연이 있은 직후에 어떤 젊은 남자가 아주 신이 나서 이야기하는 것을 들어보니, 그날 저녁 극장에서 대만족이었다는 것이었다. 그러나 이야기를 자세히 들은 빌헬름은 몹시 부끄러워졌다. 그 젊은 남자는 뒤에 앉은 관객들이 화를 내고 있는데도 자기가 모자를 벗지 않고 연극이 다 끝날 때까지 참을성 있게 쓰고 있었다고 말하며 그 영웅적 행위를 득의양양하게 떠벌린 것이었다.

다른 남자는 빌헬름은 레어티즈 역할을 매우 훌륭하게 연기했지만 햄릿을 연기한 배우한테는 그다지 만족할 수 없다고 말했다. 이 착각은 그리 부자연스러운 것만은 아니었다. 빌헬름과 라에르테스와 아주 조금이긴 하지만 닮은 구석이 없지 않았기 때문이다.

세 번째 남자는 빌헬름의 연기를, 특히 어머니와 상봉하는 연기를 입에 침이 마르도록 칭찬했지만, 절정 부분에서 조끼 밑으로 하얀 끈이 삐죽 나오는 바람에 환상이 확 깨진 것은 유감이라고 말했다.

그러는 동안 극단 안에도 여러 가지 변화가 일어났다. 필리네는 화재가 일어난 날 저녁 이래로 빌헬름에게 접근하려는 시도를 전혀 하지 않았다. 그녀는 일부러 그러는 것처럼 숙소도 멀리 떨어진 곳에 잡았으며, 엘미레와 어울려 지냈다. 또 아우렐리에로서는 반길 일이겠지만, 제를로의 숙소에는 좀처럼 얼굴을 내밀지 않았다. 여전히 필리네에게 마음이 있는 제를로는 엘미레와 만난다는 핑계로 이따금 필리네의 집을 방문했다. 어느 저녁, 그는 빌헬름을 데리고 갔다. 집에 들어간 두 사람은 필리네가 안쪽 방에서 붉은 제복에 흰 바지를 입은 젊은 사관의 품에 안겨 있는 것을 보고 깜짝 놀랐다. 다른 쪽으로 돌아서 있었기에 사관의 얼굴은 볼 수 없었다. 필리네는 현관홀로 나와서 두 방문객을 맞이하고 등 뒤로 문을 닫았다. "못 볼 장면을 보여드리고 말았네요." 그녀가 말했다.

"별로 놀란 정도까지는 아닙니다." 제를로가 말했다. "그보다, 아름답고 젊은 저 부러운 친구를 소개해주시지요. 안심하세요. 질투해봤자 소용없다는 건 당신에게 질리도록 들은 말이니까."

"그럼 얼마 동안 그런 의심을 하고 계시도록 해야겠는데요." 필리네가 장난스럽게 말했다. "지금 말씀드릴 수 있는 건, 저 사람이 내 여자친구라는 사실뿐이에요. 이삼 일 조용히 나와 함께 있고 싶대요. 곧 저 친구가 어떤 사람인지 알려드릴게요. 어쩌면 저 흥미로운 소녀를 소개시켜드릴지도 모르겠고요. 그러려면 먼저 내가 겸손과 관대함을 공부해야겠네요. 남자란 새로운 여성과 알게 되면 오래된 여자친구를 잊어버리고 마니까."

빌헬름은 마치 돌이 되어버린 듯 뻣뻣하게 서 있었다. 붉은 제복을 본 순간, 마리아네가 가장 좋아하던 상의가 떠올랐기 때문이다. 그것은 영락없는 마리아네의 모습이었으며, 바로 그녀의 금발이었다. 다만, 지금 본 사관이 키가 좀 더 큰 것 같았다.

"부탁입니다!" 빌헬름이 외쳤다. "당신 친구에 관해서 더 많은 것을 가르쳐주십시오! 저 남장한 미인을 소개해주세요. 우리는 이미 비밀을 공유했습니다. 맹세코 비밀은 지키겠어요. 저 사람을 소개해주십시오."

"어머나, 왜 이렇게 열을 올리실까? 좀 침착하세요. 오늘은 안 돼요."

"최소한 이름만이라도……"

"그럼 비밀이 아니게 되잖아요."

"제발 이름만이라도요."

"그럼 맞춰보세요. 단, 세 번뿐이에요. 그렇지 않으면 달력에 나오는 세례명은 다 대실 테니까 말이에요."

"알았습니다. 그럼…… 체칠리에?"

"아니에요."

"헨리에테?"

"아니요. 조심하세요. 당신의 호기심을 채울 기회도 이번이 마지막이니까."

빌헬름은 머뭇거렸다. 몸이 떨려왔다. 입을 열었지만 말이 나오지 않았다. 가까스로 웅얼거리면서 "마리아네?" 말했다. "마리아네 맞죠!"

"브라보! 맞았어요!" 필리네가 버릇대로 뒤꿈치로 돌면서 외쳤다.

빌헬름은 할 말을 잃었다. 제를로는 그의 동요를 눈치채지 못하고 필리네에게 문을 열어달라고 집요하게 애원했다.

그때 느닷없이 빌헬름이 옥신각신하는 두 사람을 가로막으며 필리네의 발치에 무릎 꿇고서 열정적으로 애원했다. "저 사람과 만나게 해주십시오!" 그러자 두 사람은 몹시 놀랐다. "저 사람은 나의 사람, 나의 마리아네입니다. 내가 하루도 잊은 적 없는 사람, 이 세상 누구와도 바꿀 수 없는 사람이에요. 그녀를 만나게 해줄 수 없다면, 당신이 저 사람한테 가서 내가 여기 있노라는 이야기만 해주세요. 저 사람에게 첫사랑과 청춘의 모든 행복을 바친 남자가 여기 있노라고 전해주세요. 그 남자는 무정하게 저 사람을 버린 일을 변명하고 싶습니다. 용서를 빌고 싶어요. 그녀가 어떤 잘못을 했다 하더라도 용서할 생각입니다. 아니, 한 번만 볼 수 있다면, 저 사람이 행복하게 살고 있다는 것만 알게 된다면 아무것도 바랄 게 없습니다."

필리네는 머리를 저으며 말했다. "빌헬름 씨, 그렇게 큰 소리로 말하지 마세요. 우리 서로 속이는 일은 그만두기로 해요. 저 아가씨가 정말 당신의 친구라면 난 저 아가씨를 위로해야만 해요. 여기서 당신을 만날 줄은 꿈에도 생각하지 못했을 테니까. 저 사람이 여기에 온 건 전혀 다른 용건 때문이에요. 게다가 사정이 좋지 않을 때 옛 연인을 만나기보다는 유령을 보는 편이 낫다고 하잖아요? 저 사람에게 물어보고, 마음의 준비를 시키겠어요. 그리고 어떻게 하면 좋겠는지 의논해볼게요. 내일 당신이 몇 시에 오면 좋겠는지, 아니면 몇 시에 오실 수 있는지 내가 편지를 보낼게요. 내 말대로 하세요. 나와 내 친구의 뜻에 거슬리게 하신다면, 저 멋진 친구를 절대로 누구와도 만나게 할 수 없어요. 문단속을 더 철저히 해야겠군요. 설마 도끼나 자귀를 들고 오시는 건 아니겠죠?"

빌헬름은 계속해서 간청하고 제를로는 설득하려고 애썼지만 필리네는 꿈쩍도 하지 않았다. 마침내 두 사람은 포기하고 방에서 나와 집을 뒤로했다.

빌헬름이 얼마나 그날 밤을 초조하게 보냈는지는 쉽게 짐작이 가리라. 다음 날은 필리네의 편지만 기다렸다. 시간이 더디게만 갔다. 하필 그날 저녁에는 무대에 서야 했다. 무대에 서는 것이 이토록 고통스럽게 생각된 적은 처음이었다. 연극이 끝나자, 초대의 편지가 와 있는지도 물어보지 않고 필리네에게 달려갔다. 문은 굳게 잠겨 있었다. 그 집 하인이 아가씨가 오늘 아침 젊은 사관과 함께 떠나면서 이삼 일 내로 돌아온다고 했는데, 숙박비도 이미 치렀고 짐도 다 들고 간 걸 보면 돌아오지 않을 것 같다고 말했다.

그 말을 들은 빌헬름은 제정신이 아니었다. 그는 황급히 라에르테스에게 달려가서, 펠레네의 뒤를 쫓아가서 무슨 일이 있더라도 그 동행의 정체를 밝혀야 한다고 말했다. 이에 라에르테스는 친구의 흥분과 경솔함을 질책했다. "내 장담하는데, 그 사람은 프리드리히입니다. 그 젊은이는 귀한 집 태생이죠. 그는 필리네에게 홀딱 반해 있는데, 얼마간 필리네와 함께 지낼 수 있을 만한 돈을 친척에게서 뜯어낸 모양이지요."

그 말을 듣고도 빌헬름은 이해가 되지 않았지만, 짐짓 있을 법한 이야기라고 생각했다. 라에르테스는 필리네가 빌헬름과 제를로에게 했던 이야기는 모두 다 새빨간 거짓말이며, 몸매나 머리카락 색깔도 프리드리히와 똑같다고 말했다. 그리고 열두 시간도 전에 집을 떠났다면 쉽게 찾을 수는 없을 것이며, 무엇보다 중요한 건 빌헬름과 필리네가 동시에 사라지면 제를로는 연극을 할 수 없게 될 거라고도 했다.

이렇게 설득당하자 마침내 빌헬름은 직접 뒤를 쫓는다는 생각을 포기했다. 그날 저녁에 라에르테스는 이 일을 안심하고 맡길 수 있을 만한 유능한 남자를 데리고 왔다. 이 남자는 고귀한 사람들을 위해 여행 중에 파발꾼이나 길잡이로 일한 경험이 많은 침착한 사람으로, 마침 요즘 일이 없어서 놀고 있다고 했다. 그들은 그에게 돈을 주고 자세한 사정을 설명한 다음, 달아난 두 사람을 찾아내면 절대로 눈을 떼지 말고, 그들이 어디에 있는지 어떻게 하고 있는지를 즉시 두 사람에게 보고하라고 부탁했다. 그는 곧바로 말에 올라타서 수상한 두 사람의 뒤를 쫓았다. 이렇게 조치하고 나서야 빌헬름은 조금 안정을 되찾았다.

제16장

필리네가 떠나고 없어도 무대에서나 관객들 사이에서 그다지 큰 동요는 일어나지 않았다. 그녀는 무슨 일을 하건 별로 열정을 쏟지 않았으며, 여자들은 모두 그녀를 싫어했고, 남자들은 무대에서보다는 단둘이서 만나고 싶어했다. 그래서 그녀의 훌륭한 배우로서의 재능은 빛을 보지 못했다. 다른 단원들은 필리네가 없어진 만큼 더욱 열심히 노력했다. 특히 멜리나 부인의 열성과 근면함은 유난히 두드러졌다. 오래전부터 빌헬름의 원칙을 모두 이해하고 그의 이론과 범례에 충실히 따라온 그녀는 요즘 어쩐지 자신을 매력적인 존재로 만들기 시작했다. 곧 그녀는 올바른 연기를 습득했으며, 대사도 자연스럽게 소화하게 되었다. 감정을 표현하는 법도 어느 정도는 체득하게 되었다. 제를로의 기분에 맞출 줄도 알았으며, 그를 기쁘게 하기 위해 노래 연습도 열심히 했다. 그리고 실제로 곧 크게 발전하여, 극단 모임이 있을 때면 그녀의 노래가 빠지는 일이 없게 되었다.

새 배우들이 몇 명 들어옴으로써 극단은 더욱 완전해졌다. 빌헬름과 제를로도 저마다 개성을 발휘하여 빌헬름은 모든 작품에서 전체적인 의미와 분위기를 강조했고, 제를로는 자잘한 개개의 부분을 꼼꼼히 점검했다. 칭찬받아 마땅한 그런 열의는 배우들에게까지 활기를 주었으며, 관객들은 그들에게 열렬한 관심을 보였다.

"잘되어가는 것 같군." 어느 날 제를로가 말했다. "이대로만 가면 곧 관객들도 올바른 길로 들어오게 될 거요. 어이없는 엉터리 연극으로 관객들을 속이는 건 식은 죽 먹기지만, 합리적이고 올바른 연극을 재미있게 보여주면 분명 극장 쪽으로 눈을 돌리게 될 겁니다.

독일 연극에서 가장 결여되어 있는 점은 무엇이며, 배우와 관객이 분별력을 잃은 이유는 뭘까요? 그건 무대에 관련된 것이 너무 잡다하고, 판단의 근거가 될 기준이 어디에도 없다는 점에서 비롯됩니다. 우리가 독일 연극을 경계선이 없는 야외극장처럼 확장시켜버린 것은 큰 실수였다고 나는 생각합니다. 하지만 국민의 취향이 올바른 경계선을 그어줄 때까지 단장이나 배우가 지금 있는 좁은 한계선 안에 갇혀 있을 수는 없는 노릇이지요. 제아무리 훌륭한 사교계라 할지라도 일정한 제약이 있어야만 존속할 수 있습니다. 훌륭한 극장 또한 마찬가지죠. 어떤 기교나 대사 표현, 소재, 몸동작은 배제해야 합니다. 살림을 줄인다고 해서 가난뱅이가 되는 건 아니니까요."

이 의견에는 찬성하는 사람도 있거니와 반대하는 사람도 있었다. 빌헬름을 비롯한 대부분은 영국 연극을 편들었고, 제를로와 몇몇 사람은 프랑스 연극을 편들었다.

그래서 빈 시간이 있어 한가로울 때면(유감스럽게도 배우에게는 한가한 시간이 잔뜩 있다) 모두 모여서 영국과 프랑스의 유명한 작품 몇 편을 훑어보고 가장 뛰어나고 본뜰 만한 가치가 있는 작품을 고르자는 데에 합의했다. 프랑스 작품 몇 편부터 읽기로 했다. 아우렐리에는 낭독이 시작될 때마다 방에서 나갔다. 모두 처음에는 어디 몸이라도 안 좋은가 생각했지만, 어느 날 빌헬름이 너무 이상해서 물어보니 아우렐리에는 이렇게 말하는 것이었다.

"그런 낭독 자리에는 같이하지 않겠어요. 가슴이 터져버릴 것 같은데 어떻게 대본 낭독을 듣거나 판단할 수 있겠어요? 난 프랑스어라면 영혼 깊숙한 곳에서부터 정말 싫어요."

"왜 프랑스어를 그토록 싫어하죠? 우리 교양의 대부분은 프랑스어 덕분인데요. 우리의 본성이 형태를 갖추기 전까지는 계속 신세를 져야만 합니다."

"편견으로 하는 말이 아니에요. 불행한 인상에 의한, 바람난 친구에 의한 불쾌한 기억 때문에 그 아름답고 세련된 말에 대한 기쁨을 빼앗겨버린 거예요. 지금 나는 내 진심을 다해 프랑스어를 증오합니다. 우리 둘이 좋은 관계였을 때 그이는 독일어로 편지를 썼죠. 마음이 담긴 진실하고 힘찬 독일어였어요. 그런데 나와 헤어지려고 마음먹었을 무렵부터는 프랑스어로 쓰기 시작했죠. 전에도 가끔 반농담으로 쓴 적은 있었지만 말이에요. 왜 갑자기 프랑스어로 바꿨는지 나는 금방 알 수 있었어요. 독일어로 쓰면 얼굴이 붉어지는 내용도 프랑스어로라면 술술 적어 내려갈 수 있으니까요. 결단을 뒤로 미루거나 모호한 말을 하거나 거짓말을 하기에는 적당한 언어이니까요. 그 얼마나 '페르피드'*13한 언어인지! 고맙게도 독일어에는 '배신'의 의미를 포괄하는 단어가 없어요. 거기에 비하면 우리 독일어의 '트로일로스'*14라는 불쌍한 단어는 마치 천진난만한 어린아이와 다름없죠. 페르피드는 트로일로스에 향락과 오만과 심술을 덧붙인 것이에요. 이런 미묘한 어감을 한마디로 표현할 수 있는 세련된 국민이 얼마나 부러운지! 프랑스어는 정말이지 세계적인 언어예요. 세계적인 언어가 될 가치가 충분히 있어요. 온 세계 사람이 서로 속이고 거짓말하는 데 안성맞춤이죠! 그 사람의 프랑스어 편지도 아주 훌륭했어요. 속는 셈치고 읽으면 아주 따뜻하고 열정적으로 보이기까지 했죠. 하지만 자세히 읽으면 상투어구, 역겨운 상투어구뿐이었어요. 그 사람은 프랑스어 전체에 대한 내 기쁨, 프랑스 문학에 대한 기쁨, 그 언어로 말해지는 고귀한 영혼의 아름답고 귀중한 표현에 대한 기쁨마저도 망쳐놓았어요. 프랑스어를 들으면 난 소름이 끼친답니다."

그녀는 이런 식으로 몇 시간이나 푸념과 불만을 늘어놓으면서 다른 사람들의 이야기를 방해하고 맥을 끊어놓았다. 결국 제를로가 조금 엄중한 말투로 그녀의 변덕스러운 수다를 멈추게는 했지만, 그날 저녁의 담화는 엉망이 되고 말았다.

이런 일은 흔히 일어나기 마련이며, 다양한 사람의 다양한 사정으로 만들어진 모임이 완전한 상태로 오래 유지되기란 불가능한 법이다. 극단이든 국가든 친구들의 모임이든 군대든, 흔히 그 완전함, 일치, 만족, 활동이 최고 단계에 있을 때가 화제에 오르곤 하지만 곧 구성원이 바뀌고 새로운 얼굴이

---

*13 perfide. 불성실한, 불충한, 배신하는, 배반하는.
*14 treulos. 부실한, 불신의 ; 부정(不貞)한 ; 불충(不忠)한 ; 신용할[믿을] 수 없는.

들어와 사람들은 사정에 어울리지 않게 되고 사정은 사람들에 어울리지 않게 된다. 그러면 모든 것이 변하고, 그때까지 서로 이어져 있던 것이 순식간에 흩어져버리고 만다. 제를로의 극단에도 그런 일이 일어났다. 제를로의 극단은 한동안 독일 극단으로서 최고의 완벽함을 자랑했다. 대부분의 배우가 적절한 자리에 기용되었으며, 모두가 할 일을 충분히 갖고 있었고, 그 일을 기쁜 마음으로 했다. 상호 인간관계도 그럭저럭 원만했다. 처음에는 모두가 열정과 활기를 가지고 노력했으므로 저마다의 재능에 큰 기대를 걸어도 좋을 것 같았다. 그러나 곧 그 가운데 일부는 감정 없이도 가능한 연기밖에 할 줄 모르는 꼭두각시임이 드러나게 되었다. 또한 얼마 가지 않아 갖가지 욕심이 고개를 들기 시작했다. 그렇게 되면 제아무리 훌륭한 조직도 유지되지 못하고, 분별력 있고 사려 깊은 사람들이 결집시키기 원하는 모든 것도 쉽게 무너지고 만다.

필리네가 사라졌다는 사실은 처음에 생각했던 것처럼 그렇게 대수롭지 않은 일이 아니었다. 그녀는 능란하게 제를로를 상대해 왔으며, 다른 사람의 마음도 많든 적든 끌어당기는 수완이 있었다. 아우렐리에의 격한 언행도 참을성 있게 견뎠으며, 빌헬름의 기분을 풀어주는 것은 그녀의 장기였다. 그녀는 전체를 하나로 만드는 접착제였던 것이다. 얼마 못 가서 모든 사람은 그녀의 빈자리를 크게 느끼게 되었다.

제를로는 사랑 없이는 살아갈 수 없는 남자였다. 엘미레는 어느새 어른이 되었다. 아름다워졌다고까지는 할 수 없어도 꽤 오래전부터 제를로의 관심을 끌고 있었다. 그 연정을 눈치챈 필리네는 재빠르게 두 사람을 맺어주고자 했다. "중매 기술을 빨리 익혀야지. 나이가 들면 달리 할 일도 없어지니까." 그녀는 입버릇처럼 말했다. 그렇게 차츰 가까워지던 제를로와 엘미레는 필리네가 없어지자 곧 긴밀한 관계가 되었다. 그런데 이런 사랑의 장난을 절대로 이해해주지 못할 그녀의 아버지에게는 무슨 수를 써서라도 자신들의 관계를 숨겨야 하는 만큼, 조그만 로맨스는 두 사람을 더욱 즐겁게 해주었다. 엘미레의 여동생은 이 사실을 알고 있었다. 그래서 제를로는 이 두 사람을 여러모로 배려해주지 않을 수 없었다. 그녀들의 못된 버릇 가운데 하나는 지나치게 많이 먹는다는 것이었는데, 거의 한없는 탐식에 가까웠다. 그런 점에서 필리네는 전혀 달랐다. 이슬을 먹고 산다고 해도 좋을 정도로 거의 조금

밖에 먹지 않았으며, 샴페인 잔의 거품을 아주 우아하게 핥아먹는 정도였는데, 그런 모습이 그녀의 사랑스러움을 더욱더 빛나게 했다.

이제 제를로는 두 사람의 비위를 맞추기 위해서 아침 식사가 끝나자마자 점심 식사를 먹이고, 간식을 대령하고 저녁 식사까지 준비해야 했다. 게다가 제를로는 또 다른 속셈을 갖고 있었는데, 그것이 뜻대로 되지 않아 불안해하고 있었다. 그는 빌헬름과 아우렐리에 사이에 애정의 조짐 같은 것이 있다고 생각했으며, 그것이 진짜이기를 간절히 바랐다. 그는 극장 운영의 사무적인 면은 빌헬름에게 전적으로 위임하고, 그를 첫 번째 매부와 마찬가지로 충실하고 유능한 도구로 만들고 싶었던 것이다. 이미 그는 극단 살림의 대부분을 아무도 모르게 조금씩 조금씩 빌헬름에게 맡기고 있었다. 그리고 회계는 아우렐리에가 처리했다. 이리하여 제를로는 다시 이전처럼 자유롭게 생활하고 있었다. 그러나 한편으로는 제를로도 아우렐리에의 신경을 은근히 건드리는 구석이 있었다.

무릇 관중은 성공을 거둔 유명한 공인들에게 독특한 태도를 취하기 마련이다. 즉 그런 사람들에게는 점점 차가워지며, 그들보다 훨씬 못한 신인의 재능을 응원하고, 전자에게는 과도한 요구를 하면서 후자는 무슨 일을 하든지 너그러운 시선으로 바라봐주는 것이다.

제를로와 아우렐리에는 이런 현상에 대해 생각해볼 기회가 충분히 있었다. 신인들, 특히 젊고 잘생긴 배우는 대개 주목을 받고 갈채를 독차지했다. 한편, 이 남매는 시종일관 정력을 다 쏟아부어도 호의적인 박수갈채 하나 받지 못한 채 퇴장하곤 했다. 거기에 특별한 이유가 있음은 말할 것도 없다. 아우렐리에의 교만함은 이목을 끌었으며, 관객을 멸시하는 그 태도는 널리 알려졌다. 제를로는 누구를 개별적으로 대할 때는 친절했지만, 관객 전체를 대할 때 내뱉는 가시 돋친 비평은 입소문을 타고 널리 퍼졌다. 한편, 젊은 배우들은 아직 낯선 인물인 데다가 젊고 사랑스러우며 돈도 궁해서 모두 저마다 후원자를 갖게 되었다.

머지않아 내부에서도 불온한 움직임이나 온갖 불만이 생기기 시작했다. 빌헬름이 단장 일을 맡았다는 사실이 알려지자 이내 배우 대부분이 그의 지시를 따르지 않게 되었다. 빌헬름은 그 나름대로 극단 전체에 질서와 근면함을 불어넣고자 했으며, 특히 기계적으로 할 수 있는 일부터 정확히 처리하라고 강하게 주장했지만 반항은 갈수록 더 심해질 뿐이었다.

실제로 한동안은 거의 이상적이었던 인간관계가 순식간에 뜨내기 유랑극단에서밖에 볼 수 없는 무질서 상태로 바뀌었다. 그리고 유감스럽게도 빌헬름은 수고와 부지런함과 노력을 거듭해 이 방면에서 유명인이 되기에 필요한 모든 요건을 체득하고 인격도 활동의 방법도 거기에 맞춰 단련해온 지금에 와서, 결국 우울할 때면 이 직업만큼 시간과 노력이 많이 들어가는 일은 없다는 생각이 들었다. 일은 번거롭고, 보수는 적었다. 기계적으로 일을 고생고생해서 다 끝냈나 싶으면 이번에는 정신과 감정을 최고도로 긴장시키는 일을 해내야만 하는 이런 일보다는, 한 단계를 끝내면 마음의 휴식을 즐길 수 있는 다른 일에 도전해 보는 것이 어떨까 하는 생각이 든 것이다. 이것도 모자라, 오빠의 낭비벽을 토로하는 아우렐리에의 한탄도 반복해서 들어야 했고, 자기를 여동생과 결혼시키고자 하는 제를로의 은근한 태도도 짐짓 모르는 체해야 했다. 또한 마음속 깊이 자리잡은 고뇌도 비밀로 해야 했다. 그 정체불명의 사관의 뒤를 쫓아간 사람은 아직 돌아오지도 않았거니와 소식도 보내오지 않았다. 빌헬름은 마리아네를 다시 잃는 것 아닌가 하는 두려움에 떨어야 했다.

바로 그 무렵에 국상이 나서 극장은 몇 주간 부득이 쉬어야만 했다. 그는 이 기회를 이용해서, 하프 타는 노인을 돌보고 있는 목사를 방문하기로 했다. 목사는 쾌적한 근교에 살고 있었다. 목사관에서 그가 처음으로 본 것은 한 소년에게 하프를 가르치고 있는 그 노인이었다. 그는 빌헬름을 보더니 매우 반기며 벌떡 일어나 손을 내밀며 말했다. "보시다시피 나는 아직 쓸모 있는 몸이라오. 그만 실례하고, 하던 일을 계속하겠습니다. 시간이 정해져 있어서요."

목사는 진심을 담아 빌헬름에게 인사하고, 노인의 경과가 아주 좋아서 완치를 기대할 수 있을 것 같다고 말했다.

당연히 두 사람의 대화는 광기를 어떻게 치료하느냐 하는 쪽으로 흘러갔다.

"육체적인 문제가 극복하기 어려운 장해물이 되는 일이 가끔 있는데, 그럴 때는 믿을 수 있는 의사와 상담해야 합니다. 그 밖의 광기는 치료법이 아주 간단합니다. 건강한 사람이 광기에 빠지지 않도록 방지하는 것과 같은 방법이지요. 자발성을 자극하고, 질서에 익숙하게 하는 겁니다. 그들의 존재와 운명도 다른 사람들의 그것과 같으며, 비상한 재능도 지상의 행복도 극단적인 불행도 보통의 경우와 별로 다르지 않다는 것을 이해시키면 광기가 비집고 들어올 틈이 없지요. 이미 이상을 일으킨 경우라도 점점 좋아지게 됩니다. 노인의 일과는 일정합니다. 아이들에게 하프를 가르치고, 밭일을 돕지요. 벌써 많이 밝아졌답니다. 자기가 심은 양배추를 언제 먹을 수 있을까 기대하고 있지요. 내 아들의 실력이 좋아지도록 하프도 열심히 가르치고요. 자기가 죽으면 하프를 내 아들에게 물려주겠답니다. 뭔지 모를 양심의 가책을 느끼고 있는 듯하지만, 나는 목사로서 그런 문제는 캐묻지 않도록 조심하고 있습니다. 하지만 활동적인 생활은 여러 사건을 동반하는 법인지라, 그도 머잖아 그 어떤 의혹도 활동으로써만 극복할 수 있다는 진리를 깨닫게 될 겁니다. 나는 그것을 서두르지 않습니다. 하지만 노인이 수염을 깎고 저 수도사의 옷을 벗어버리게 한다면 얻을 것은 많을 텐데요. 타인과 다르게 보이려고 애쓸 때만큼 우리에게 광기로 다가가게 하는 것은 없고, 다른 사람과 똑같이 생각하고 많은 사람과 더불어 살아가는 것만큼 양식을 유지시켜주는 것은 없으니까요. 유감스럽게도 우리의 교육이나 시민조직 안에는 우리나 우리 아이들을 광기에 노출시키는 요소가 너무나도 많습니다."

빌헬름은 이 사려 깊은 목사 곁에서 며칠을 머물며, 미친 사람들뿐만이 아니라 얼핏 영리하거나 현명한 것처럼 보이지만 광기와 동전의 양면 관계에 있는 특이성을 지닌 사람들에 관한 흥미 있는 이야기를 들었다.

의사가 낌으로써 대화는 두 배로 활기를 띄었다. 이 사람은 친구인 목사를 자주 방문하여 목사의 박애적인 노력을 돕고 있다고 했다. 그는 병중임에도 의사라는 가장 고귀한 의무를 수년간 해오고 있는 초로의 사나이였다. 그는 전원생활을 더없이 사랑했으며, 바깥 공기를 마시지 않으면 살아갈 수 없는 사람이었지만, 한편으로는 매우 사교적이고 활동적이어서 꽤 오래전부터 여러 곳의 목사와 친교 맺는 것을 유난히 좋아했다. 누가 유익한 일을 하고 있다는 소문을 들으면 발 벗고 나서서 그 사람을 도와주었다. 무엇을 해야 할지 몰라 망설이는 사람에게는 취미를 가지라고 권유했다. 동시에 그는 귀족이나 대관, 영주재판장과도 친분이 있었는데, 20년 동안 몇몇 농업 분야 개발에 남몰래 크고 작은 공헌을 했다. 이를테면 농지나 가축, 농민에게 유익한 사업을 촉진하여 진정한 계몽을 추진해 왔다. 그는 인간에게 유일한 불행은 어떠한 관념에 사로잡혀서 활동적인 생활에 아무런 영향도 주지 못하거나 활동적인 생활에서 완전히 격리되어버리는 것이라고 말했다. "나는 현재 어느 신분 높고 유복한 부부에게서 그런 증상을 보고 있습니다. 여러모로 손을 써봤지만 지금까지는 아무런 효과도 보지 못했죠. 목사님, 그건 아무래도 목사님의 전문일 것 같습니다. 설마, 여기 계신 젊은 양반이 어디 가서 이 이야기를 옮기지는 않겠지요?

어느 귀족 댁에서 주인이 집에 없는 동안에, 그다지 칭찬할 만한 짓은 못 되지만, 주인의 평상복을 어느 젊은이에게 입혀서 변장을 시켰습니다. 그렇게 해서 부인을 속일 생각으로요. 나한테는 그저 장난이었다고 했지만, 아무래도 나는 그 고귀하고 사랑스러운 부인을 유혹해 보려던 것이 아니었나 싶습니다. 아무튼 공교롭게도 남편은 뜻밖에도 일찍 돌아와서 자기 방으로 들어갔고, 거기서 자기 자신의 환영을 보고는 곧 자기가 죽게 되리라는 생각에서 헤어나오지 못하고 우울증에 빠져버렸습니다.

그는 종교적인 말로 위로해주는 사람들의 꾐에 넘어가 부인과 함께 헤른후트 공동체*15로 들어갔고, 자식이 없는 형편이라 친척들에게 돌아가게 되어 있는 재산의 대부분을 그 교회에 기부하려고 했지요. 내가 그것을 뜯어말리려고 얼마나 고생을 하고 있는지 모릅니다."

"부인과 함께 들어갔다고요?" 빌헬름은 이 이야기를 듣고 적잖이 놀라 격하게 외쳤다.

빌헬름의 외침을 단순히 인도주의적인 동정이라고 오해한 의사가 말했다.

"가엾게도 그 부인은 남편보다도 더 깊은 고뇌를 안고 있었습니다. 부인은 이 세상을 등지겠다는 생각까지 하고 있는 형편이죠. 그 청년이 작별을

---

*15 반종교개혁을 통해 가톨릭 지역으로 변한 뵈멘(보히미아)과 메렌(모라비아) 지방으로부터 '뵈멘의 형제들(Böhmische Brüder)'이라고 불리던 교인들이 1722년에 친첸도르프 백작의 영지로 피난을 왔다. 백작은 뢰바우(Löbau)의 동쪽 오버라우지츠(Oberlausitz)에 있는 그의 땅에서 그들을 살게 하고 그 새로운 정착촌을 '헤른후트(Herrnhut)'(독일어의 본디 의미는 '주님의 보호소')라 부르고, 경건주의적 정신 아래 교구를 조직했다. 이 작은 교우 공동체는 그 종교적 내면성과 활동적 지도자 때문에 곧 온 독일의 이목을 끌었으며, 유럽 각국에까지 널리 알려지게 되었다. 괴테는 젊은 시절에 이 교단의 신도들과 만난 적이 있었다. 한 권의 독립된 '종교적 책'이라고도 볼 수 있는 이 소설의 제6권에서도 헤른후트 교파에 대한 언급이 여러 번 나온다.

알리려고 왔을 때, 부인은 싹트는 애정을 감추지 못하고 그만 이성을 잃었습니다. 대담해진 청년은 부인을 품에 안고, 남편의 초상이 들어간 커다란 다이아몬드 목걸이로 부인의 가슴에 지그시 눌렀습니다. 부인은 격렬한 통증을 느꼈지만 그것도 점차 사라졌지요. 처음에는 붉은 자국이 남았으나, 그것도 곧 흔적도 없이 사라졌습니다. 나는 인간적으로는 부인이 아무런 자책할 필요가 없다고 확신하며, 의사로서는 이 압박이 나쁜 후유증을 가져오지 않으리라고 굳게 믿습니다. 하지만 부인은 그렇게 믿지 않았죠. 응어리가 남아 있다는 겁니다. 촉진으로 그 망상을 쫓아내주려고 해도, 그녀는 그 응어리가 지금 당장 만져지지 않을 뿐 결국은 암 덩어리가 되고 말 거라는 말만 자꾸 되풀이합니다. 딱한 노릇이지만 그 때문에 부인 자신이 볼 때도, 다른 사람이 볼 때도 부인의 젊음과 미모는 완전히 퇴색하고 말았지요."

"아! 나는 정말 불행한 인간이구나!" 빌헬름은 이마를 치며 외쳤다. 그러고는 자리를 박차고 일어나 밖으로 뛰쳐나갔다. 이런 기분은 일찍이 처음이었다.

의사와 목사는 이 당황스러운 상황에 몹시 놀랐으나, 저녁에 그가 돌아와서 자세한 속사정을 설명하고 자신의 행동을 심하게 자책하자 그를 위로하지 않을 수 없었다. 특히 그가 암담한 그 심정으로 다른 사정까지 이야기하기 시작하자 두 사람은 진심으로 그를 딱하게 여겼다.

다음 날 의사는 빌헬름의 부탁을 흔쾌히 들어주었다. 그와 함께 시내로 나가, 걱정스러운 상태인 채로 남겨두고 온 아우렐리에를 의사와 함께 최대한 도와주기로 한 것이다.

그녀는 그들이 생각하던 것보다 훨씬 심각한 상태였다. 그녀의 병은 일종의 간헐열이었는데, 그녀가 자기 식대로 일부러 발작을 지속시키거나 악화시키는 탓에 더욱더 손쓸 방법이 없었다. 의사는 의사라는 신분을 숨긴 채 소개되었으며, 대단히 허물없고 지혜롭게 행동했다. 그녀의 몸 상태와 정신 상태에 대한 이야기가 오갔다. 의사는 그녀와 똑같은 병에 걸리고도 오래도록 장수한 사람들의 예를 몇 가지 들고, 이러한 병에는 일부러 격정적인 감정을 불러일으키는 것이 가장 좋지 않다고 말했다. 특히 그는, 완치될 희망이 없는 병적인 체질로 태어났음에도 종교적인 마음을 스스로 기르는 사명을 가진 사람들이 있는데, 지금껏 보아온 바로는 이런 사람들이야말로 정말 행복한 것 같다고 솔직하게 털어놓았다. 그는 이 이야기를 어디서 들은 이야기처럼 아주 조심스럽게 말하며, 동시에 지금은 고인이 된 한 여자친구에게서 받은 매우 흥미로운 원고가 있는데 그것을 보여주겠다고 두 사람에게 약속했다. "나에게는 둘도 없이 소중한 그 원고를 다 빌려드리겠습니다. 《아름다운 영혼의 고백》이라는 표제만은 내가 붙인 것입니다."

의사는 빌헬름에게 신경이 곤두서 있는 불행한 아우렐리에에게 어떻게 식이요법을 하고 의학적 조치를 취하면 좋을지 최대한 자세히 조언해주고 나서, 나중에 편지를 보내거나 가능하다면 자기가 직접 다시 와보겠다고 약속했다.

빌헬름이 자리를 비운 사이에 극단에는 뜻밖의 변화가 일어나고 있었다. 빌헬름은 연출을 맡고부터는 모든 일을 어느 정도 자유와 관용으로써 대했다. 특히 소품 따위를 신경 썼는데, 그중에서도 의상, 무대장치, 소도구 일체는 여유 있고 고급스럽게 만들었으며, 단원들의 비위를 맞추기 위해 그들을 자유롭게 내버려두었다. 고상한 수단으로는 그들을 길들일 수가 없었기 때문이다. 그는 자신이 그렇게 하는 것이 당연하다고 생각했다. 제를로는 제대로 단장 일을 수행할 마음이 없었기 때문이다. 그는 무대의 화려함을 칭찬받으면 기뻐하고 회계 업무를 도맡아 하는 아우렐리에가 모든 경비를 제하고도 적자는 아니었다고 확언해주었다면서, 자기가 마음에 드는 여성들에게 마구 선심도 쓰고 그 밖의 다른 일로도 지게 된 빚을 갚을 만한 돈을 내 주기만 하면 만족한다는 소리나 하는 형편이었기 때문이다.

이제까지 의상을 맡았던 멜리나는 타고난 냉정함과 교활함으로 사태를 조용히 관망하고 있다가 빌헬름의 부재와 아우렐리에의 병이 악화된 것을 기회로 삼고, 실은 수입을 더 늘리고 지출을 줄여 얼마를 저축할 수 있으며 그렇게 되면 마음껏 재미있게 살 수 있을 거라는 말로 제를로를 꼬드겼다. 제를로가 그 말에 쉽게 넘어가자 멜리나는 과감하게 다음과 같은 말까지 꺼냈다.

"몇몇 배우의 출연료가 지나치게 높다고 말하려는 것이 아닙니다. 우리 배우들은 모두 실력이 좋아서 어느 마을에 가도 환영받을 거예요. 하지만 그들은 벌이에 비해 돈을 너무 많이 받아갑니다. 그래서 말인데, 내 제안은 오페라를 해보면 어떨까 하는 겁니다. 연극이라면 두말할 것도 없이 당신은 혼자서 한 편의 연극을 통째로 해낼 만한 능력을 가지고 있잖아요. 그런데도 당신의 실력이 과소평가되고 있다는 건 몸소 느끼고 계실 겁니다. 당신과 함께 연기하는 사람들이 훌륭해서가 아니라 그저 그런 실력을 가진 탓에 당신의 특출난 재능이 여태껏 정당한 평가를 받지 못하고 있는 겁니다.

예전처럼 혼자 하시면 어떻겠습니까? 그리고 중간 정도 실력을 가진, 말하자면 중간치기 배우들을 값싼 출연료를 주고 모으는 겁니다. 그런 다음 당신이 잘 아시는 것처럼 그들에게 기계적으로 연극하는 법만 가르쳐주고, 나머지 배우들은 오페라에 출연시키는 거죠. 그렇게 하면 당신은 같은 수고와 같은 비용으로 더 많은 만족을 얻을 수 있을 테고, 지금까지와는 비교도 되지 않을 만큼 많은 돈을 벌 수 있을 겁니다."

제를로는 멜리나의 이 제안이 매우 마음에 들었다. 체면상 반박해보기는 했지만 진심은 아니었다. 그는 음악을 좋아해서 전부터 그런 작업을 해보고 싶었다 말하며 흔쾌히 멜리나의 제안을 수락했다. 그러나 그렇게 되면 아무래도 관객의 기호를 더욱더 잘못된 길로 이끌게 되지나 않을까, 정통 오페라도 정통 연극도 아닌 그런 어설픈 연극을 하다 보면 틀림없이 제대로 되고 완벽한 예술작품을 통해 길러진 취미의 나머지조차도 완전히 잃고 마는 것이 아닐까 하는 걱정이 된다고도 말했다.

멜리나는 빌헬름의 현학적인 이상주의와, 관객에게 배우는 것이 아니라 관객을 교육한다는 그런 교만함을 마음껏 비웃었다. 그리하여 두 사람은 의기투합하여 돈만 벌면 그만이며, 부자가 되거나 떵떵거리며 살 수만 있다면 그걸로 족하다는 확신을 갖게 되었다. 그들의 계획에 방해가 되는 사람은 쫓아버려야 한다고까지 말했다. 멜리나는 아우렐리에의 건강이 심상치 않은 걸 보면 얼마 살지 못할 것 같아 걱정이라고 말했지만, 속으로는 정반대로 생각했다. 제를로는 빌헬름이 가수가 아니라서 유감이라고 말했는데, 그것은 곧 그를 잘라버릴 생각임을 암시하는 말이었다. 멜리나는 아낄 수 있는 물품을 표로 만들어서 가지고 왔다. 제를로는 멜리나야말로 죽은 매부보다 세 배는 더 유능하다고 생각했다. 이 암합을 비밀에 부쳐야 한다는 것을 잘 아는 그들은 더욱더 긴밀한 사이가 되었다. 그들은 틈만 나면 모든 가능성에 대해 이야기했다. 아우렐리에와 빌헬름이 세운 계획에는 하나부터 열까지 트집을 잡았으며, 머릿속으로는 자신들의 새로운 계획을 차츰 더 구체화해

나갔다.

두 사람은 자신들의 계획을 비밀에 부치고 절대로 입 밖에 내지는 않았지만, 태도에도 그런 생각을 숨겨둘 만큼 처신에 능란한 사람들은 못 되었다. 멜리나는 자신의 전문 분야에서는 사사건건 빌헬름에게 반항했으며, 평소에도 여동생을 다정하게 대해준 적 없는 제를로는 그녀의 성격이 본디 변덕스럽고 격한 만큼 더 위로해주어야 하는데도 그녀의 병세가 악화할수록 더욱 못되게 굴었다.

바로 그 무렵에 〈에밀리아 갈로티〉*[16]를 상연하게 되었다. 배역은 아주 성공적이었다. 비극에 제한된 이야기이기는 하지만 모든 단원이 자기 연기의 다양성을 남김없이 발휘할 수 있었다. 제를로는 마리넬리 역을 완벽하게 소화했고, 오도아르도 역을 맡은 배우의 연기도 훌륭했다. 멜리나 부인은 어머니를 맡아 풍부한 연기력을 보여주었고, 엘미레는 에밀리아 역을 맡아 자신의 매력을 유감없이 발휘했다. 라에르테스는 아피아니를 대단히 기품 있게 연기했으며, 빌헬름은 공작 역을 몇 달에 걸쳐 연구했다. 그는 이 기회에 고귀한 태도와 기품 있는 태도가 어떻게 다른지, 전자는 후자에 얼마나 포함되어야 하는지, 후자는 전자에 얼마나 포함되어야 하는지에 대한 문제를 혼자서 생각했으며, 제를로나 아우렐리에와도 가끔 의견을 나누었다.

마리넬리 역을 맡아 궁정인을 풍자화하지 않고 기품 있게 연기한 제를로는 이 문제에 대해 훌륭한 의견을 말했다. "기품 있는 태도란 본디 소극적인 것으로, 장기간의 지속적인 훈련을 필요로 하기에 쉽게 흉내 낼 수 없소. 위엄을 태도로 보여야 하죠. 자칫 잘못하다가는 형식적인 오만한 태도에 빠지기 때문이오. 오히려 위엄이 없는 것, 기품이 없는 모든 것을 피해야 합니다. 절대로 자신을 잊지 말고, 자기와 타인에게 늘 주의를 기울이며, 자기에게는 엄격하게 하지만 남에게는 지나치게 엄격하게도 지나치게 무르게도 대하지 말아야 합니다. 어떤 일에든지 감동하는 기색을 보이지 말고, 어떤 일에도 흔들리지 않아야 합니다. 절대로 당황하지 말고, 그 어떤 순간에도 침착함을 잃지 않으며, 속으로는 아무리 분노가 폭발하더라도 겉으로는 태연

---

*16 레싱의 희곡 〈에밀리아 갈로티〉는 1772년에 책으로 출간된 이래 베를린과 함부르크 등에서 공연된 바 있었고, 1791년에 바이마르의 극장을 지휘하게 된 괴테도 1793년에 이 작품을 바이마르의 무대에 올린 바 있다.

하게 행동해야 합니다. 고귀한 사람은 때로는 자기를 잊어버려도 좋지만, 기품 있는 사람에게는 절대로 그렇게 해서는 안 됩니다. 기품 있는 사람은 아주 훌륭한 옷을 입은 사람과 같아서, 어디에 기대는 법도 없고 다른 사람의 손길이 닿는 것도 대단히 꺼리죠. 사람들 사이에서 튀어 보이지만, 고립되어서는 안 됩니다. 모든 예술과 마찬가지로 연극에서도 결국 가장 어려운 것을 얼마나 간단히 처리하느냐가 문제입니다. 따라서 기품 있는 사람은 다른 사람들에게서 아무리 멀리 떨어져 있어도 늘 다른 사람과 결속되어 있는 듯이 보여야만 하며, 늘 자연스럽고 그런 상황에 익숙해야 합니다. 늘 일인자답게 보여야 하지만, 억지로 그런 사람처럼 행세를 해서는 안 됩니다.

따라서 기품 있게 보이기 위해서는 실제로 기품이 있어야 한다는 것을 알수 있습니다. 여성이 남자보다 기품 있게 행동하는 것도, 궁정인이나 군인이 가장 빨리 품위를 체득하는 것도 그런 이유에서죠."

이 말을 듣고 빌헬름은 자기 역할에 거의 절망했지만, 제를로가 그를 격려하고 아주 하찮은 부분까지 세세하게 지적하여 그가 인물을 잘 파악할 수 있도록 도와준 덕분에, 상연 때는—적어도 관객의 눈에는—매우 기품 있는 공작을 연기할 수 있었다.

제를로는 또 지적할 것이 발견되면 상연이 끝난 뒤에라도 주의를 주겠다고 약속했지만, 공연이 끝나고 남매 사이에 불쾌한 언쟁이 벌어져서 도저히 비평할 상황이 아니었다. 아우렐리에는 오르시나 역을 두 번 다시는 볼 수 없을 정도로 훌륭하게 연기했다. 그 역할을 전체적으로 대단히 잘 파악하고 있던 그녀는 연습 때는 설렁설렁 연기했지만 본무대에 오르자 자신의 개인적인 고뇌의 수문을 한꺼번에 터트렸던 것이다. 그 덕분에 그녀는 어떤 시인이 창작에 임하여 감정이 불길처럼 타오를 때조차도 생각해보지 못할 혼신의 연기를 한 것이다. 그녀의 뼈를 깎는 노력은 우레와 같은 관객의 박수로 보상받았다. 그러나 상연이 끝나고 모두가 그녀를 찾았을 때 그녀는 반쯤 혼절하여 안락의자에 쓰러져 있었다.

제를로는 전부터—그의 표현에 따르자면—그녀의 과장된 연기와, 조금이라도 그녀의 불행한 이야기를 알고 있는 관객 앞에서 속마음을 드러내는 것이 못마땅했다. 그는 사람들에게 둘러싸인 채 안락의자에 쓰러져 있는 그녀를 보고는 화가 났을 때의 버릇대로 이를 부득부득 갈고 발을 쿵쿵 구르며 말했다. "그냥 내버려둬! 그러다가 알몸으로 무대에 오르겠지. 그렇게 되면 박수갈채가 얼마나 더 완벽해지겠어!"

"오빠는 은혜를 몰라요! 무정한 사람 같으니라고!" 그녀가 외쳤다. "머지않아 나는 박수갈채가 들리지 않는 곳으로 알몸인 채 실려갈 거라고요." 이렇게 말하고는 벌떡 일어나 문 쪽으로 뛰어갔다. 하녀는 그녀에게 망토를 가져다주는 것도 잊고 있었으며 마차도 없었다. 비가 내리고 세찬 바람이 휘휘 불었다. 아무리 말려도 그녀는 막무가내였다. 그녀는 완전히 흥분 상태에 있었다. 그녀는 일부러 천천히 걸으며, 시원한 공기가 참 좋다고 했다. 마치 게걸스럽게 냉기를 들이마시는 것처럼 보였다. 집에 도착했을 때는 목소리가 쉬어서 거의 한 마디도 할 수가 없었다. 그러나 목덜미에서 등줄기까지가 빳빳하게 굳어 있다는 말은 하지 않았다. 머지않아 혀에 마비가 오더니 횡설수설하기 시작했다. 침대에 눕혀져 이런저런 응급조치를 받고 나서야 가라앉았지만, 이번에는 다른 증상이 나타나기 시작했다. 열이 펄펄 끓어 위독한 상태에 빠졌다.

이튿날 아침, 그녀는 한 시간 정도 안정을 되찾았다. 빌헬름을 불러서 편지 한 통을 건네며 이렇게 말했다. "이 편지는 오랫동안 이 순간만을 기다려 왔어요. 곧 인생의 마지막 순간을 맞이할 것 같아요. 이 편지를 손수 전해주시고, 그 못된 인간에게 단 몇 마디라도 해서 내 고통에 복수해주시겠다고 약속해줘요. 그 사람에게도 감정은 있어요. 내가 죽었다는 소식을 들으면 적어도 한순간은 슬퍼해주겠죠."

빌헬름은 편지를 받아 들었지만, 그녀가 죽는다는 생각을 떨쳐버리게 하려고 그녀를 성심껏 위로했다.

"아니에요. 나의 가장 간절한 희망을 빼앗지 말아주세요. 난 오랫동안 죽음을 기다렸어요. 난 기쁘게 죽음을 품에 안을 거예요."

얼마 안 있어, 의사가 약속한 원고가 도착했다. 그녀가 빌헬름에게 그 원고를 읽어달라고 부탁했다. 그것이 가져다준 효과는 다음 권을 읽으시면 더욱더 잘 이해하실 수 있을 것이다. 아우렐리에의 격하고 반항적인 성격은 그 글을 듣고 나자 순식간에 누그러졌다. 그녀는 빌헬름에게 주었던 편지를 다시 달라 하고는 다른 편지를 썼다. 그녀는 그것을 아주 온화한 감정으로 써 내려갔다. 그리고 빌헬름에게 그 사람이 자기가 죽었다는 소식을 듣고 슬퍼하는 것 같거든 그 사람을 위로해주고, 자기가 그 사람을 용서하고 그의 행복을 빌더라고 전해달라 부탁했다.

이때부터 그녀는 매우 조용해졌다. 이따금 빌헬름이 읽어준 원고에 들어 있는 몇 가지 관념에 관해 생각에 잠기거나, 그것을 자기 것으로 하려고 애쓰는 듯했다. 체력이 눈에 띄게 쇠약해진 기색은 없었지만, 빌헬름이 어느 날 아침 방문해보니 뜻밖에도 그녀는 죽어 있었다.

그는 그녀를 존경했었고, 같이 사는 데도 익숙해져 있었으므로, 그녀를 잃은 슬픔은 대단히 컸다. 그녀는 그를 진정으로 소중히 여겨주는 유일한 사람이었다. 최근 제를로의 냉대는 눈에 띄게 심해졌다. 그래서 그는 그녀에게서 부탁받은 심부름을 빨리 수행하고자 잠시 극단을 떠나기로 했다. 한편, 빌헬름의 출발은 멜리나를 위해서는 대단히 바람직한 일이었다. 멜리나는 재빠르게 여기저기에 편지를 써서 남자 가수 한 명과 여자 가수 한 명을 신속하게 고용했다. 두 사람을 한동안 간막극에 출연시켜 관객들에게 얼굴을 알림으로써 앞으로 오페라에 내세울 준비를 할 생각이었다. 얼마 동안은 그렇게 해서 아우렐리에의 죽음과 빌헬름의 부재를 상쇄할 수 있을 터였다. 빌헬름은 휴가를 몇 주 동안만 받을 수 있다면 다른 일은 아무래도 상관없었다.

그는 자기의 임무를 이상하리만치 중대하게 생각했다. 아우렐리에의 죽음은 그에게 깊은 감명을 주었다. 그녀가 그렇게 빨리 무대에서 사라지자, 그녀의 목숨을 단축하고 그 짧은 일생을 그토록 고통스럽게 만든 남자를 증오하지 않을 수 없었다.

죽음에 임하여 아우렐리에가 했던 마지막 말은 온화한 것이었으나, 그는 그 부정한 남자에게 편지를 건네며 따끔하게 비판할 생각이었다. 그리고 그때의 기분에 좌우되지 않도록 해야 할 말을 미리 생각했지만, 그것을 적어 내려가는 사이에 필요 이상으로 말투가 격해지고 말았다. 그는 흡족하게 고쳐 써졌다는 확신이 들자 그것을 외우면서 여행 준비를 시작했다. 옆에서 그가 짐 싸는 모습을 지켜보던 미뇽이 그에게 남쪽으로 가는지 북쪽으로 가는지 물었다. 북쪽으로 간다고 하자, "그럼 난 여기서 기다릴게요" 말했다. 그녀는 마리아네의 진주목걸이를 달라고 졸랐다. 그는 그것을 거절할 수가 없었다. 네커치프는 이미 그녀가 가지고 있었다. 그 대신 미뇽은 그가 필요 없다는데도 굳이 망령의 베일을 여행 가방에 쑤셔 넣었다.

멜리나는 연출을 맡게 되었으며, 멜리나 부인은 어머니의 눈으로 아이들을 보살피겠다고 말했다. 빌헬름은 아이들과 헤어지기가 괴로웠다. 작별할 때 펠릭스는 서럽게 울었다. 선물로 무엇이 받고 싶으냐고 그 애에게 묻자, "아빠를 갖다주세요" 했다. 미뇽은 빌헬름의 손을 잡고 발뒤꿈치를 들고 서서 그의 입술에 격렬하게 키스했는데, 거기에는 애정이 아니라 마음이 담겨 있었다. 그러고서 그녀는 말했다. "마이스터 씨, 우리를 잊으시면 안 돼요. 빨리 돌아오세요."

우리는 빌헬름을 만감이 교차하는 착잡한 심정으로 여행길에 오르도록 내버려두고, 여기서 시 한 수를 적어 이 권을 끝내도록 하자. 미뇽이 깊은 감정을 담아 몇 번 암송했던 시이지만, 계속해서 밀려드는 기묘한 사건들로 인해 지금까지 소개할 기회가 없었던 것이다.

말하라 하지 말고 침묵하라고 해줘요.
비밀을 지키는 것이 나의 의무니까요.
이 내 속을 당신에게 보여드리고 싶지만,
나의 운명이 그것을 허락하지 않는군요.

때가 오면 마음의 어둠도
떠오르는 태양에 밝아지겠죠.
단단한 바위도 가슴을 열고
숨었던 샘도 솟아나겠죠.

친구의 품에서 안식을 찾으면
가슴에 맺힌 한도 풀어지겠죠.
하지만 맹세가 나의 입술을 막으니,
그것을 열 수 있는 것은 오로지 하느님뿐.

제6부

아름다운 영혼의 고백

나는 여덟 살이 될 때까지 아주 건강한 아이였습니다. 그러나 그 시절의 일은, 태어난 날을 기억하지 못하듯이 잘 기억이 나지 않습니다. 여덟 살이 되자 심하게 피를 토했습니다. 그때의 느낌은 마음에 깊이 새겨져 기억에 강하게 남습니다. 마치 어제 일처럼 세세한 것 하나까지 아직도 내 눈에 선합니다.

계속 누워 있어야만 했던 9개월 동안, 내 모든 생각의 토대가 만들어졌다는 느낌이 듭니다. 내 정신이 나름대로 독특하게 발전할 수 있는 첫 번째 단서를 찾았기 때문입니다.

나는 고통스러웠고, 또 사랑했습니다. 그것이 내 마음의 원래 모습이었습니다. 격심한 기침과 사람을 탈진하게 하는 신열에 시달리며 껍데기에 틀어박힌 달팽이처럼 가만히 있었습니다. 조금이라도 상태가 좋아지면 무엇인가 즐거운 일이 하고 싶었습니다. 그러나 다른 즐거움은 누릴 수 있는 처지가 못 되었기에 몸이 상하지 않도록 눈과 귀로 즐거움을 찾았습니다. 사람들은 나에게 인형과 그림책을 갖다 주었으며, 침대 옆에 앉는 사람은 무엇인가 이야기를 해줬습니다.

어머니가 해주시는 성경 이야기는 즐겁게 들었습니다. 아버지는 자연계의 여러 표본들로 즐겁게 해주셨습니다. 아버지는 좋은 수납장을 가지고 계셨는데 이따금 서랍을 하나씩 빼가지고 오셔서 여러 가지 물건들을 보여주시면서 설명을 해주셨습니다. 말린 식물과 곤충, 여러 종류의 해부학적 표본들, 인간의 피부와 뼈, 미라 등이 소녀의 병상 앞으로 날려져 왔습니다. 아버지가 사냥해오신 새나 짐승도 부엌으로 가져가기 전에 나에게 보여주셨습니다. 그러나 여기에 '이 세상의 통치자'[*1] 또한 빠져서는 안 되므로, 아주머니는 사랑 이야기나 요정 이야기를 해주셨습니다. 나는 모든 것을 받아들였고, 모든 것이 내 마음속에 뿌리내렸습니다. 눈에 보이지 않는 어떤 존재와 신이 나서 이야기한 적도 있었습니다. 그때 어머니에게 불러드려 적어달라고 했던 몇몇 시들은 지금도 기억하고 있습니다.

아버지에게 배운 것을 몇 번이나 아버지에게 다시 이야기해드렸습니다. 약도 즉시 먹지 않고 물었습니다. "이 약은 어디에서 났어? 어떻게 생겼어? 이름이 뭐야?" 아주머니의 이야기도 무심히 들어 넘기지 않았습니다. 나는 아름다운 옷을 입고 아주 멋진 왕자들과 만나는 것을 상상했습니다. 왕자들은 이 낯선 아름다운 아이가 누구인지 알아낼 때까지 안절부절못했습니다. 하얀 옷을 입고 황금 날개를 달고 나의 환심을 사려는 멋진 꼬마 천사도 같은 모험을 했습니다. 나는 늘 상상을 했기에 마치 천사가 살아 있는 듯한 느낌이 들었답니다.

1년이 지나자 건강해졌습니다. 그러나 어린 시절에 했던 상상의 날개는 사라졌습니다. 인형과도 놀고 싶지 않았습니다. 나의 사랑에 즉각 반응해주는 존재들을 원했습니다. 아버지는 개나 고양이, 새를 기르셨는데, 그런 동물들이 나를 즐겁게 해주었습니다. 그러나 아주머니가 얘기해주신 동화들 가운데 아주 중요한 역할을 한 동물을 가질 수 있다면 어떤 것도 아깝지 않았을 것입니다. 그것은 어떤 농부의 딸이 숲에서 발견해 길렀다는 아기 양이었습니다. 사실 마법 때문에 양으로 변한 왕자였는데, 결국에는 아름다운 청년이 되어 은인인 그 아가씨와 결혼을 합니다. 나는 이런 아기 양이 너무 가지고 싶었습니다.

그러나 그런 일이 일어날 리는 없습니다. 내 주변에는 모든 것이 무정하게 흘러갔기에 그런 멋진 동물을 얻으리라는 희망은 사라져갔습니다. 그 동안에 신기한 사건들이 적혀 있는 책들을 읽고 위안을 받았습니다. 제일 인기가 있던 것은 《기독교 독일국의 위대한 군주 헤라클레스와 보헤미아 공주 발리스카의 이상한 이야기》[2]였습니다. 그 경건한 사랑 이야기는 내 취향에 꼭

---

* 1 〈요한복음〉 12 : 31, 16 : 11. 이 세상의 통치자란 사탄을 말함.
* 2 브라운슈바이크의 승려인 부흐홀츠(Buchholtz, Heinrich 1607~1671)가 쓴 도덕적·교화적이며 기상천외한 방대한 바로크 소설. 《기독교 독일국의 위대한 군주 헤라클레스와 보헤미아 공주 발리스카의 이상한 이야기(Des Christlichen Teutschen Groß-Fürsten Herkules Und Der Böhmischen Königlichen Fräulein Valiska Wunder-Geschichte)》(1659)

맞았습니다. 사랑하는 발리스카 공주에게 무슨 일이 생기거나 끔찍한 일이 생기면 헤라클레스는 서둘러 도와주러 왔는데, 그 전에 먼저 기도부터 드리는 것이었습니다. 그 책에 기도의 말이 자세히 적혀 있었는데, 정말 마음에 들었습니다. 내가 늘 어렴풋이 느꼈던 보이지 않던 것에 대한 애착은 그 책으로 점점 커졌습니다. 내가 무엇이든 털어놓을 수 있는 분은 신이어야 한다고 생각했기 때문입니다.

나는 계속 자라면서 무엇이든 닥치는 대로 읽었으며, 제일 마음에 들었던 것은 《로마의 옥타비아》*³였습니다. 소설 형태로 쓰인 초기 기독교도의 박해에 나는 아주 강한 흥미를 느꼈습니다.

그러자 어머니가 책만 읽어서야 되겠느냐고 나무라기 시작하셨습니다. 아버지는 어머니의 뜻에 따라 어느 날 책을 가져가셨지만 그다음 날 다시 내게 돌려주셨습니다. 어머니는 현명하신 분이라 그런 책에서는 아무것도 얻는 것이 없다고 하시면서 성경도 그만큼 열심히 읽어야 한다고 하셨습니다. 물론 나는 성경에 큰 흥미를 가지고 읽고 있었습니다. 그런데도 어머니는 의심스러운 책들이 내 손에 들어오지 않도록 늘 신경을 쓰셨습니다. 하지만 그런 치욕적인 책이라면 나 자신이 먼저 버렸을 것입니다. 그도 그럴 것이 내 왕자님이나 공주님은 모두 좋은 사람들이었기 때문입니다. 더욱이 남녀 간의 자연스러운 사랑 이야기는 사람들이 생각하는 것보다 내가 더 잘 알고 있었습니다. 나는 그것을 성경에서 배웠습니다. 미심쩍은 부분이 나오면 말을 내 눈앞에 떠오르는 사실들과 결부시켜 내 지식과 상상력으로 교묘하게 진실을 찾았습니다. 만약 마녀들의 이야기를 들었다면 나는 마술도 알았을 것입니다.

이 정도로 책벌레였는데도 요리까지 배우게 된 것은 어머니의 지식욕 덕분이었습니다. 하지만 요리를 할 때에도 배울 것이 있었습니다. 닭이나 새끼 돼지의 배를 가르는 일은 나에게는 하나의 축제였습니다. 내장을 아버지에게 가져가 보여드리면 아버지는 젊은 학생에게 말하듯이 설명해주셨습니다. 그리고 진심으로 기뻐하시면서 내가 아들로 태어났어야 했다고 하셨습니다.

열두 살 때였습니다. 프랑스어와 춤과 미술을 배우면서 흔히 그러듯이 좋

---

*3 안톤 울리히(Anton Ulrich, 1633~1714)가 쓴 바로크 소설. 《로마의 옥타비아(Römische Octavia)》(1677/79~1707).

교수업도 받았습니다. 종교수업에서는 여러 가지를 느끼고 생각했는데, 내 마음에 와 닿는 것은 아무것도 없었습니다. 하느님의 이야기는 기쁘게 들었습니다. 내 또래들보다도 하느님에 관해서 잘 이야기할 수 있는 것을 자랑스럽게 여겼습니다. 그래서 종교에 대해서 잘 말할 수 있도록 도움이 될 만한 많은 책들을 열심히 읽었습니다. 그러나 이런 신성한 가르침에 대해 나 자신이 어떤지, 내 영혼이 영원한 태양을 반사하는 거울처럼 되어 있는지, 그런 것은 생각해보지도 않았습니다. 그것은 처음부터 그렇게 정해져 있었습니다.

프랑스어도 열심히 배웠습니다. 선생님은 유능한 분이었습니다. 경박한 경험주의자도, 무미건조한 문법가도 아니었으며, 여러 학문을 배우셨고 세상 견문도 넓었습니다. 프랑스어를 가르쳐주시면서 여러 가지로 내 지식욕을 만족시켜주셨습니다. 나는 선생님이 너무 좋아서 선생님이 오실 때에는 늘 설레는 마음으로 기다렸습니다. 미술은 어렵다고 생각하지는 않았지만, 선생님에게 두뇌와 지식이 있었다면 더 발전했을 것입니다. 그러나 미술 선생님은 숙련된 손재주만 지닌 분이셨습니다.

처음에는 춤이 그다지 재미가 없었습니다. 내 몸이 너무 예민했던 것입니다. 그리고 여동생하고만 춤을 췄습니다. 하지만 선생님은 가르치는 남자 여자 할 것 없이 모두 모아서 무도회를 열 생각이셨기 때문에 이 과목이 전과는 다르게 재미있어졌습니다.

많은 소년 소녀들 가운데에서 특히 눈에 띈 것은 시종장의 두 아들이었습니다. 동생은 나와 동갑이었는데, 형은 두 살 위였습니다. 이렇게 아름다운 애들은 이제껏 본 적이 없다고 모두가 말할 정도였습니다. 나도 두 사람을 보자마자 다른 아이들은 눈에 들어오지도 않았습니다. 그때부터 나는 정성들여서 춤을 추었고 잘 추고 싶었습니다. 어쩌된 일인지 그 두 아이도 많은 아이들 중에서 유독 나에게 관심을 보였습니다. 한 마디로 처음부터 우리는 사이좋은 친구가 되었고, 이 즐거운 작은 모임이 끝나기도 전에 우리는 벌써 다음에 어디서 만날지 약속을 했습니다. 나는 너무 기뻤습니다. 그리고 다음날 아침, 두 소년이 저마다 꽃다발에 다정한 편지를 곁들여서 내 안부를 물어왔을 때에는 너무 기뻐서 정신이 돌아버릴 것만 같았습니다. 그러나 그때와 같은 느낌은 두 번 다시는 느끼지 못했습니다. 친절함은 친절함으로, 편지는 편지로 되돌아갔습니다. 그때부터 교회나 산책길이 만나는 장소가 되었습니다. 어린 친구들도 늘 우리를 같이 불러주었습니다. 그러나 우리도 이젠 영리해져서 알아도 괜찮은 것 외에는 부모님이 모르시도록 숨겼습니다.

이제 나는 한 번에 두 명의 애인을 가진 셈입니다. 누구를 선택할지는 아직 정하지 않았습니다. 둘 다 좋았습니다. 우리는 셋이서 사이좋게 지냈습니다. 그런데 갑자기 형이 큰 병에 걸렸습니다. 내가 크게 아픈 적이 있어서 환자에게 위로가 되는 편지를 쓰거나 환자의 입에 맞는 맛있는 과자를 보내서 기쁘게 해주었습니다. 그의 부모는 이런 내 정성을 고마워했고, 아들이 완쾌되자 아들의 청을 들어주어서 나와 내 동생을 초대해주었습니다. 나를 맞이한 그의 애정 어린 태도는 어린애다운 것이 아니었습니다. 그날부터 나는 그를 선택하기로 마음을 정했습니다. 그는 동생에게는 비밀로 하자고 했지만 사랑은 숨길 수 없었습니다. 동생의 질투는 우리의 비밀을 완전하게 만들어주었습니다. 동생은 여러 가지로 장난을 쳤고, 우리의 기쁨을 망쳐놓고 즐거워했지만, 그가 없애버리려고 했던 우리의 열정은 더욱 타올랐습니다.

이제 나는 정말로 원하던 아기 양을 찾았습니다. 그래서 이 열정은 이전의 병처럼 나에게 영향을 주었습니다. 나는 조용해지고 열광적인 기쁨을 피하게 되었습니다. 나는 고독을 사랑하고, 감상적이 되었습니다. 그러자 다시 하느님을 생각하게 되었습니다. 내가 무엇이든 털어놓을 수 있는 분은 늘 하느님이었습니다. 그래서 계속 시름시름 앓는 그를 위해 눈물을 흘리며 기도를 드린 것을 지금도 기억하고 있습니다.

이 일은 너무 어린아이 같기는 하지만 내 마음을 수양하는 데에는 많은 도움이 되었습니다. 프랑스어 선생님은 이제까지 하던 번역 대신 날마다 자신의 느낌을 편지로 쓰게 했습니다. 나는 큰맘 먹고 《필리스와 다몬》*⁴이라는 제목으로 내 사랑 이야기를 써냈습니다. 노교사는 바로 알아채시고는, 솔직하게 다 털어놓도록 하기 위해서 내 작품을 아주 높이 칭찬해주셨습니다. 나는 점점 더 대담해져서 사실 그대로 세세한 부분까지 솔직하게 털어놓았습니다. 어떤 말 때문인지는 잘 기억이 나지 않지만 한번은 이렇게 말씀하셨습니다. "잘 썼구나! 아주 자연스러워. 하지만 필리스는 조심해야 해. 일이

---

*4 필리스(여자 이름)와 다몬(남자 이름)은 목가문학(牧歌文學)에서 자주 쓰이는 연인의 이름.

곧 심각해질 수도 있으니까."

나는 선생님이 문제를 진지하게 여기지 않고 계시는 것에 화가 나서 심각하다는 말씀은 무슨 뜻이냐고 물었습니다. 선생님이 바로 노골적으로 설명해주셨기에 나는 미처 놀라움을 감출 수조차 없었습니다. 하지만 곧 우리는 화가 치밀어 오르고 선생님이 그런 생각을 하신다는 것에 기분이 상했습니다. 그러나 마음을 다시 가라앉힌 뒤 필리스를 변호하려고 얼굴을 붉히며 말했습니다. "그렇지만 선생님, 필리스는 명예로운 처녀예요."

하지만 선생님은 심술궂게 명예로운 필리스를 두고 나를 놀렸습니다. 그리고 프랑스어로 말하면서 '명예롭다'라는 의미의 'honnête'란 단어를 써서 필리스의 명예로움에 여러 가지 의미를 갖다 댔습니다. 나는 바보가 된 기분이 들어 어떻게 해야 할지 몰랐습니다. 선생님은 내가 무서워하지 않도록 이야기를 멈추셨지만, 기회를 봐서 다시 이야기를 꺼내셨습니다. 선생님은 수업에서 읽거나 번역한 희곡이나 단편들이 계기가 되어 이른바 정숙함이라는 것이, 정열의 도전에 대해서는 얼마나 약한 방패인가를 몇 번이나 이야기하셨습니다. 나는 더 이상 항변은 하지 않았지만, 속으로는 늘 화가 나고 선생님의 이야기가 무거운 짐처럼 느껴졌습니다.

나와 다몬과의 관계도 점점 멀어졌습니다. 동생의 심술궂은 장난 때문에 사귈 수 없게 된 것입니다. 그리고 얼마 되지 않아 둘 다 아직 어린 나이에 죽고 말았습니다. 나는 슬펐지만 그들을 곧 잊게 되었습니다.

이제 필리스는 빠르게 자랐고 아주 건강했으며 세상을 알기 시작했습니다. 왕세자는 결혼한 지 얼마 되지 않아 부왕이 돌아가시자 곧 왕위에 올랐습니다. 궁정과 도시도 활기를 띠었습니다. 그래서 내 호기심도 많은 자극을 받았습니다. 연극이나 무도회, 그리고 거기에 연이어 벌어지는 각종 모임이 있었습니다. 부모님은 우리를 되도록 밖에 나가지 못하게 하셨지만, 궁정 행사이고 보니 얼굴을 내밀지 않을 수 없으셨으며, 그럴 때면 나도 부모님을 따라가곤 했습니다. 외국인들도 밀려들어 왔고 집집마다 손님으로 가득 찼습니다. 우리 집도 다른 사람의 소개를 받아 온 몇몇 귀족들이 머물고 있었습니다. 내 아저씨 댁에서는 모든 인종의 외국인들을 만날 수 있었습니다.

나중에도 프랑스어 선생님은 조심스럽지만 정확하게 경고를 계속 해주셨는데, 나는 마음속으로 늘 선생님을 기분 나쁘게 생각했습니다. 선생님의 주장이 옳다고는 한 번도 생각한 적이 없었습니다. 아마 그때도 내가 옳고, 어떤 경우에도 여자는 약한 존재라고 생각하는 선생님이 틀렸을지도 모릅니다. 그러나 아주 집요하게 그렇게 말씀하셨기에 어느 때는 선생님이 옳을지도 모르겠다는 불안감에 아주 자신 있게 이렇게 말씀드린 적도 있습니다. "위험이 그토록 크고 인간의 마음이 그렇게 약하다면 나를 지켜달라고 하느님에게 기도드리겠어요."

선생님은 그 순진한 대답이 좋으셨는지 내 마음가짐을 칭찬해주셨습니다. 그러나 나는 진심으로 그렇게 생각한 것은 아니었습니다. 그것은 빈말에 지나지 않았습니다. 눈에 보이지 않는 존재에 대한 나의 감정은 완전히 사라졌기 때문입니다. 나를 에워싸고 있던 수많은 사람들 때문에 혼란스러워 거센 물결에 내 마음은 휩쓸려 가버렸습니다. 내 삶에서 가장 공허한 시기였습니다. 며칠 동안이나 아무 말도 하지 않고 건실한 생각은 아무것도 하지 않고 멍하니 시간을 보내는 것이 나의 일상이었습니다. 좋아하는 책들도 읽지 않았습니다. 나를 둘러싼 사람들은 학문 따위는 생각하지도 않았습니다. 그들은 독일의 궁정 사람들이었는데 그 무렵 이 계급의 사람들에게 문화라고는 전혀 없었습니다.

이런 사람들과의 교제가 나를 파멸의 수렁으로 빠뜨리리라는 것은 틀림없는 사실이겠죠. 나는 관능적인 발랄함 가운데서 그저 그렇게 지냈습니다. 산만하고, 기도도 하지 않았으며, 자신도 하느님도 생각하지 않았습니다. 그러나 잘생기고 부자에 옷 잘 입는 그 많은 남자들 가운데 누구 하나 내 마음에 드는 사람이 없었다는 것은 하느님의 인도였다고 생각합니다. 다들 방탕했고, 또 그것을 숨기려고 하지도 않았습니다. 나는 무서웠습니다. 그들의 이야기는 알 수 없는 이야기들뿐이었고, 그것을 듣고 있자니 모욕당한 기분이었습니다. 나는 그들에게 냉정했습니다. 무엇보다 그들의 무례함은 이따금 믿기 힘들 정도여서, 늘 퉁명스럽게 대했습니다.

노선생님은 이런 추악한 청년들은 대개 처녀의 도덕성을 위협할 뿐만 아니라 건강도 해칠 수 있다는 사실을 살짝 귀띔해주었습니다. 나는 그들만 보면 그만 소름이 끼쳤습니다. 그들 가운데 한 사람이 어쩌다가 나에게 아주 가까이 다가오기만 해도 불안했습니다. 술잔과 찻잔은 물론, 누군가가 앉았다 방금 일어난 의자까지도 건드리지 않았습니다. 그래서 나는 정신적으로

나 육체적으로 매우 고립된 상태에 있었으며, 그들이 나에게 말해주는 칭찬들을 모두 콧대 높게도 당연한 찬사로 생각했습니다.

그 무렵 우리 도시에 머물던 외지인들 가운데에서 한 청년이 특히 눈에 띄었는데, 우리는 그를 농담 반 진담 반 나르치스*5라고 불렀습니다. 그는 외교관으로서 좋은 평판을 듣고 있었으며, 우리나라의 새 궁정에서 일어나는 인사이동에서 유리한 지위를 얻고자 기대하고 있었습니다. 그는 우리 아버지와 곧 친해졌고, 그의 지식과 태도로 더 유력한 명사들과의 모임에도 드나들 수 있게 되었습니다. 아버지는 그를 칭찬했으며, 그에게 자만심 같은 것이 없었다면 그의 아름다운 모습은 더욱 주목을 끌었을 것입니다. 나도 그를 보고 호감을 가졌지만, 말해본 적은 없었습니다.

그 사람도 참석했던 큰 무도회에서 우리는 함께 미뉴에트를 추었는데, 그다지 가까워지지도 않은 채 끝나버렸습니다. 아버지가 나의 건강을 염려하셔서 나는 늘 격한 춤들은 피했는데, 그날도 격렬한 춤들이 시작되자 옆방으로 가서 친구들이나 카드놀이를 하던 손위의 부인들과 이야기를 했습니다.

한동안 일행과 함께 춤추던 나르치스도 한번은 내가 있던 방으로 들어왔습니다. 춤을 추다가 터진 코피가 멈추자 나와 이런저런 이야기를 하기 시작했습니다. 달리 애정은 없었지만 30분도 안 되어서 이야기가 아주 재미있어졌기에, 우리 둘은 이제 더 이상 춤출 생각을 전혀 하지 않았습니다. 얼마 안 있어 다른 사람들이 놀리기 시작했지만, 우리는 신경 쓰지 않았습니다. 다음 날 저녁에도 이야기를 할 기회가 있었고, 우리는 서로의 건강을 염려했습니다.

이제 우리는 친한 사이가 되었습니다. 나르치스는 나와 여동생을 찾아왔습니다. 그리고 그때야 비로소 나는 내가 무엇을 알고 있는지, 무엇을 생각하고 느끼는지, 대화 중에 무엇을 표현할 수 있는지 깨닫기 시작했습니다. 진작부터 상류 사교계에 드나들던 그 새로운 친구는 역사와 정치 분야에 완전히 정통한 데다 문학에도 폭넓은 지식을 가지고 있었으며, 신간 서적, 특히 프랑스에서 출간된 것은 모르는 것이 없었습니다. 그는 여러 가지 재미있는 책을 가지고 있어서 보내주었는데, 이것은 알아서는 안 될 사랑에 관한

---

*5 그리스 신화, 나르시스(Narziß). 물에 비친 아름다운 자기 모습에 넋이 빠져 수선화가 된 미소년

지식보다도 더 비밀로 해야만 했습니다. 학식 있는 여자들이 비웃음을 받기도 했고, 교육을 받은 여자들이 인기가 없었기 때문입니다. 아마도 그토록 많은 무식한 남자들을 창피하게 만드는 것을 예의 바르지 못한 일로만 생각했기 때문이겠죠. 내 정신을 교육할 수 있는 이 새로운 기회를 아주 바람직한 것으로 여기셨던 아버지조차도 내가 이런 문학책들을 읽는 것은 비밀로 하라고 요구하실 정도였으니까요.

우리의 교제는 만 1년간 이어졌습니다. 그러나 나에게 사랑이나 애정을 표현한 적은 없었습니다. 그는 늘 예의바르고 친절했지만, 어떤 감정을 나타내지는 않았습니다. 오히려 그 무렵 무척 예뻤던 내 여동생의 매력에 무관심할 수 없었던 것 같습니다. 농담으로 외국어로 된 온갖 애칭을 여동생에게 붙여주었습니다. 그는 여러 개의 외국어를 잘할 수 있었고, 그 특유의 말을 독일어로 이야기할 때 섞어 쓰는 것을 좋아했습니다. 여동생은 그의 친절에 그다지 관심을 보이지 않았습니다. 동생과는 인연이 달랐던 것입니다. 동생은 성급한 편이었고 그는 예민한 편이어서 사소한 일로 자주 다투었습니다. 한편 어머니와 아주머니들하고도 사이가 좋아 점점 한 가족처럼 되어갔습니다.

만약 이상한 우연으로 우리의 관계가 갑자기 변하지 않았다면, 우리는 계속 그대로 지냈을 것입니다. 나는 여동생과 함께 어느 집에 초대를 받았는데, 별로 가고 싶지 않았습니다. 그곳에 오는 손님들은 잡다하고, 세련되지 못하다고까지 하지는 않더라도 품위가 없는 사람들이었기 때문입니다. 이번에는 나르치스도 같이 초대되어 나도 가볼까 하는 생각이 들었습니다. 그가 있으면 나와 이야기를 할 수 있는 사람은 확실히 있는 거니까요. 그런데 식사를 할 때부터 불쾌한 일들이 있었습니다. 몇몇 남자들이 취했던 것입니다. 식사 뒤에는 벌서기 놀이를 시작했는데, 모두가 다 참여해야 된다는 것이었습니다. 이 놀이는 매우 소란스럽고 야단스럽게 진행되었고, 나르치스가 벌을 서게 되었습니다. 그가 받은 벌은 여기에 있는 모든 사람 귀에 무엇인가 맘에 들 만한 말을 속삭여주라는 것이었습니다. 그는 내 옆에 있던 어느 대위의 부인 곁에 오래 머물렀습니다. 그러자 갑자기 그 대위가 그의 따귀를 때렸습니다. 바로 옆에 앉아 있던 나의 눈에 머리카락에 뿌려져 있던 분가루가 튀어 날아들 정도였습니다. 눈을 닦고 어느 정도 정신을 차렸을 때, 두 사람이 칼을 뽑아들고 서 있는 것을 보았습니다. 나르치스는 피를 흘리고 있었습니다. 대위는 취기와 분노와 질투로 정신이 나가 다른 사람들이 뜯어말려도 막무가내였습니다. 나는 나르치스의 팔을 붙들고 문밖으로 나와 계단을 올라가서는 다른 방으로 데리고 들어갔습니다. 그러고는 미친 듯이 날뛰는 대위가 위험해 보여 곧장 문을 잠가버렸습니다.

우리는 둘 다 상처를 그다지 대수롭지 않게 생각했기 때문입니다. 손에 가벼운 찰과상만 있었으니까요. 그런데 나는 곧 그의 등을 타고 피가 줄줄 흘러내리는 것을 알았습니다. 머리에 심한 상처를 입은 것입니다. 불안해지기 시작했습니다. 다른 사람에게 도움을 청하기 위해 계단참까지 내려갔지만 아무도 보이지 않았습니다. 모두들 아래층에서 미쳐 날뛰는 그를 진정시키고 있었던 것입니다. 마침내 그 집 딸 하나가 뛰어 올라왔지만, 너무 떠들어대서 불안해졌습니다. 그녀는 그 바보 같은 소동과 그 저주받을 희극에 대해서 자지러지게 웃고 있었던 것입니다. 나는 외과 의사를 불러달라고 부탁했습니다. 그러자 그녀는 자기가 직접 불러주겠다며 말괄량이 아가씨답게 바로 계단을 뛰어 내려갔습니다.

나는 다시 부상당한 그에게로 돌아가 그의 손을 내 손수건으로 싸매고, 문에 걸려 있는 수건을 그의 머리에 동여맸습니다. 그는 피를 많이 흘리고 있었고 창백해져서 정신을 잃을 것만 같았습니다. 도와줄 사람은 옆에 아무도 없었어요. 나는 자신도 모르게 그를 팔에 껴안고는 쓰다듬어주고 좋은 말을 해주면서 기운을 차리도록 애썼습니다. 비록 정신적인 것에 지나지 않았지만, 도움이 되었는지 그는 정신을 잃지 않고 얼굴이 창백해진 채 그대로 앉아 있었습니다.

마침내 그 댁의 안주인이 왔습니다. 그녀는 나르치스가 이런 모습으로 제 두 팔에 안겨 둘 다 피범벅이 되어 있는 것을 보고 깜짝 놀랐습니다. 나르치스가 부상을 당했다고는 아무도 생각하지 못했고, 내가 잘 데리고 나갔다고만 생각했기 때문입니다.

그로부터 포도주와 향수 등 환자의 기운을 북돋울 수 있는 것이 넘쳐나도록 날라져 왔고, 이윽고 외과 의사도 왔습니다. 나는 그때 그만 물러나도 좋았겠지만, 나르치스가 내 손을 꽉 쥐고 있었습니다. 하긴 그렇게 손이 붙잡혀 있지 않았다 하더라도 나는 남아 있었을 것입니다. 의사가 붕대를 감아주고 있는 동안에도 포도주로 그의 입술을 닦아주었습니다. 손님들이 모두 주위에 서 있었는데도 조금도 신경을 쓰지 않았습니다. 의사의 치료가 끝나자 나르치스는 말없이 진심을 담은 작별인사를 하고는 집으로 실려갔습니다.

그 안주인은 나를 자기 침실로 데리고 가서 옷을 모두 벗겼습니다. 솔직히 말해, 나의 몸에서 그의 피를 닦아내고 있을 때 힐끗 거울을 보았더니 나는 옷을 입지 않고도 아름답다고 할 만하다는 사실을 처음으로 알았습니다. 내 옷은 다시 입을 수 없었습니다. 그러나 그 댁 여자들은 모두 나보다 작거나 뚱뚱한 사람들이어서 이상한 모습이 되어 집에 돌아가 부모님을 놀라게 만들었습니다.

부모님은 내가 놀란 사실과 나르치스의 부상, 대위의 망동 등 그 사건에 대해 무척 화를 내셨습니다. 아버지는 나르치스의 복수를 위해 바로 그 대위에게 결투를 신청하실 기세였습니다. 또 그런 음험한 결투를 바로 그 자리에서 꾸짖지 않았는지 괘씸하다며 거기에 있던 남자들을 나무라셨습니다. 그 대위는 뺨을 때리며 바로 칼을 뽑아 뒤에서 나르치스를 찌른 것이 분명하다는 것이었습니다. 그리고 손의 상처는 나르치스 자신이 칼을 뽑을 때에 입은 것이었겠죠. 나는 말을 할 수도 없을 정도로 화가 나 흥분했습니다. 마음 깊은 곳에 잠들어 있던 격정이 바람을 만난 불꽃처럼 활활 타올랐습니다. 즐거움과 기쁨은 먼저 사랑을 만들어놓고 남몰래 조용히 키우는 것이고, 본디 대담한 사랑은 놀라움으로 더 쉽게 결단을 내리고 속마음을 고백하게 만드는 것입니다. 부모님은 나에게 약을 주시고 자리에 뉘었습니다. 아버지는 다음 날 일찍 나르치스에게 가셨는데, 그는 상처 때문에 열이 나 누워 있었습니다.

두 사람 사이에 어떤 대화가 오갔는지 아버지는 별로 말씀해주시지 않았지만, 이 사건이 가져올지도 모르는 결과에 대해서는 나를 안심시키려고 하셨습니다. 나르치스가 대위에게 사죄를 받는 것으로 끝날지, 법정에까지 끌고 가야 할 일인지 하는 이야기였습니다. 나는 아버지를 잘 알아서 아버지가 결투 없이 끝나리라는 말은 믿을 수 없었습니다. 하지만 나는 가만히 있었습니다. 여자가 이런 문제에 끼어드는 게 아니라고 어릴 때부터 아버지에게 배웠기 때문입니다. 어쨌든 둘 사이에 나에 관한 이야기가 있었던 것 같지는 않았습니다. 하지만 얼마 안 있어 아버지는 그때의 일을 낱낱이 어머니에게 털어놓으셨습니다. 아버지의 말씀에 따르면, 나르치스는 나의 간호에 감동을 받아 아버지를 안고 나에게 받은 은혜는 평생 잊지 못할 것이라고, 나와 함께 나눌 수 없는 행복은 바라지 않는다고 아버지를 장인어른이라고 부르는 것을 허락해달라고 간청했다는 것이었습니다. 어머니는 아버지의 말을 그대로 전해주셨지만, 동시에 흥분해서 그가 한 말을 그대로 받아들여서는 안 된다고 주의를 주셨습니다. "네, 물론이지요." 나는 짐짓 쌀쌀맞게 대답했으나, 도저히 태연할 수 없었습니다.

나르치스는 두 달 동안이나 누워 있었습니다. 오른손 부상 때문에 편지를 쓸 수도 없었는데, 그동안에도 그는 나에게 호의를 보내왔습니다. 여느 때와 다른 그의 친절함과 어머니에게 들은 말들이 섞여 내 머릿속은 여러 가지 공상으로 가득 찼습니다. 이 사건으로 온 도시가 들썩거렸습니다. 내가 아무리 부정하려고 해도 내 마음을 뒤흔드는 결론이 났던 것입니다. 이제까지는 놀이나 버릇이었던 것이 지금은 진정한 애정이 되었습니다. 나는 불안한 마음으로 지냈는데, 모든 사람에게 조심스럽게 감추려 하면 할수록 그 불안은 더욱더 커져갔습니다. 그를 잃을지도 모른다고 생각하니 무서워졌습니다. 또 그와 가까운 관계가 될지도 모른다고 생각하면 가슴이 떨렸습니다. 아직 철이 덜 든 소녀에게 결혼은 생각만으로도 두려운 일이었습니다.

이렇게 끊임없는 동요 속에 나는 다시 나 자신을 되돌아보게 되었습니다. 이제까지 밤낮으로 내 눈앞에 어른거리던 다채로운 환상들이 한꺼번에 사라졌습니다. 내 마음은 다시 움직이기 시작했습니다. 그러나 눈에 보이지 않는 그분과 오랫동안 멈추었던 관계를 다시 회복하는 것은 쉬운 일이 아니었습니다. 우리 사이에는 아직 상당한 거리가 있었습니다. 예전에 비하면 많이 좁아졌지만 아직도 사라지지는 않았습니다.

대위가 중상을 입은 결투가 나도 모르는 사이에 있었습니다. 여론은 모든 점에서 내 애인의 편이었습니다. 그는 드디어 사람들 앞에 모습을 보였습니다. 머리와 손에 붕대를 매고 제일 먼저 찾아간 곳은, 나의 집이었습니다. 내 가슴은 너무 두근거려서 아플 정도였습니다. 온 가족이 그를 맞이했는데, 가족들이나 그나 평범하게 인사를 하거나 정중한 인사를 보일 뿐이었습니다. 그는 기회를 보아 남몰래 몇 번이나 애정을 표시했으나, 나의 불안은 더욱 커져갈 뿐이었습니다. 그는 완쾌하고 나자 겨울 내내 전처럼 우리 집을 들렸으며, 자신의 마음이나 애정의 증거를 남모르게 보내왔는데도 여전히 모든 것이 확실하지 않았습니다.

사실 나는 늘 시련 속에 있었습니다. 마음을 터놓고 말할 수 있는 사람은 아무도 없었습니다. 하느님으로부터도 멀리 떨어져 있었습니다. 황량하게 지낸 4년 동안, 하느님을 완전히 잊었던 것입니다. 이따금 하느님을 생각했지만 하느님과의 사이는 차갑게 식었습니다. 성당에는 갔지만 의례적인 것에 지나지 않았습니다. 게다가 하느님 앞에 나설 때에는 아름다운 옷을 입고 다른 사람보다 낫다고 생각하는 나의 미덕과 품행과 장점들을 자신 있게 보였기에, 하느님은 그렇게 꾸민 나를 전혀 알아보지 못하신 것 같았습니다.

한 신하가 은총을 기대하는 영주에게 냉대를 받았다면 불안했겠죠. 하지만 나는 조금도 불안하지 않았습니다. 나는 필요한 것은 다 가지고 있었고 건강하고 안락하게 지내고 있었습니다. 내가 이따금 하느님을 생각하는 것을 하느님이 인정해주신다면 그것은 그것대로 좋지만, 인정해주지 않더라도 내 할 일은 했다고 생각합니다.

물론 내가 나 자신을 이렇게까지 생각한 것은 아니었습니다. 그러나 이것이 내 영혼의 진짜 모습이었습니다. 그러나 내 생각을 바꾸고 정화시키려는 마음의 준비가 이미 다 되어 있었습니다.

봄이 왔습니다. 내가 혼자 있을 때, 나르치스가 아무런 예고도 없이 찾아왔습니다. 그때 그는 애인처럼 행동했는데 마음을 허락해주겠는지, 앞으로 명예롭고 수입이 많은 직책을 얻으면 자기의 청혼을 받아줄 것인지 물었습니다.

그는 이미 우리 고장의 궁정에 임용되어 있었습니다. 그렇지만 사람들이 그의 야망을 두려워해서 빨리 승진시키기보다는 그가 재산도 갖고 있었기 때문에 적은 월급만 주고 있었던 것입니다.

나는 그를 많이 좋아했지만, 그가 솔직하게 이야기할 수 있는 사람이 아니라는 것도 알고 있었습니다. 그래서 나는 침착하게 먼저 아버지에게 말씀드려보라고 말했습니다. 그는 아버지의 승낙을 받는 일은 전혀 의심하지 않는 듯했지만, 당장 나의 승낙을 받고 싶다고 말했습니다. 마침내 나는 부모님의 동의를 절대적인 조건으로 하고 승낙했습니다. 그래서 그는 정식으로 부모님에게 결혼 이야기를 꺼냈습니다. 부모님은 승낙하셨으며 곧 그가 승진하리라 기대하면서 약속해주셨습니다. 여동생과 아주머니한테도 알렸지만, 비밀로 하라고 엄명을 내리셨습니다.

이제 애인이 약혼자가 되었습니다. 이 둘 사이의 차이는 아주 컸습니다. 건전한 생각을 가진 모든 소녀의 애인을 약혼자로 바꾸어놓을 수 있다면, 설령 이 관계가 결혼으로 이루어지지 않는다 하더라도 우리 여성들을 위해서는 큰 도움이 될 것입니다. 둘 사이의 사랑이 줄어들지는 않겠지만 보다 더 이성적인 사랑이 될 것입니다. 사소한 어리석은 많은 행동들, 온갖 교태와 변덕이 바로 사라집니다. 약혼자가 아름답게 머리를 꾸민 것보다도 아침 수건을 쓰고 있는 것이 더 마음에 든다고 한다면, 분별 있는 아가씨라면 틀림없이 머리치장을 신경 쓰지 않게 되겠죠. 그리고 그도 사고가 올바르다면 세상에 보여주기 위해 약혼자를 인형으로 만들기보다는 주부가 되어주었으면 하는 것이 당연한 일이겠지요. 그래서 모든 면에서 이렇게 말할 수 있을 것입니다.

다행히 약혼자가 지성과 학식을 가졌다면, 그녀는 대학교나 외국에서 배울 수 있는 것보다 더 많은 것을 배울 수 있습니다. 그녀는 약혼자가 줄 수 있는 교양을 기꺼이 받아들일 뿐만 아니라, 이 길에서 더 나아가려고 할 것입니다. 사랑은 불가능한 것을 가능하게 합니다. 결국 여성에게 필요한, 혹은 여성에게 어울리는 순종도 곧 익숙해질 것입니다. 약혼자는 남편처럼 지배하려고 하지 않습니다. 부탁할 뿐입니다. 그래서 여성은 그가 바라는 바를 읽어내고 부탁하기 전에 하려고 할 것입니다.

이렇게 나는 무엇과도 바꿀 수 없는 것을 경험으로 배웠습니다. 나는 행복했습니다. 정말 행복했습니다. 이 세상에서 누릴 수 있는 그대로 말이죠. 짧은 시간 동안이기는 했지만.

이렇게 고요한 즐거움 가운데 여름 한철이 지나갔습니다. 나르치스는 나를 곤란하게 하는 일은 절대로 하지 않았습니다. 나는 점점 더 그가 좋아졌습니다. 마음 깊은 곳에서부터 그를 좋아했습니다. 그도 그것을 잘 알았고 나를 소중하게 생각해주었습니다. 그런데 그 사이에 아주 사소한 일에서 우리의 관계를 점점 벌어지게 하는 무언가가 자라났습니다.

나르치스는 약혼자로서 나와 사귀고 있었지만, 아직 금지된 것을 요구한 적은 없었습니다. 그러나 순결과 품행의 한계에 대한 우리의 생각은 아주 달랐습니다. 나는 누구에게도 비난받고 싶지 않았고, 세상에 알려져 곤란해질 행동은 절대로 허락하지 않았습니다. 자질구레한 도락(道樂)에 익숙해져 있던 그는 이런 나를 너무 엄격하다고 생각했고, 그 때문에 끊임없는 말다툼이 생겼습니다. 그는 나의 태도를 칭찬하면서도 내 결심을 꺾으려고 했습니다.

나는 예전 프랑스 선생님이 '일이 심각해질 수도 있으니까'라고 했던 말이 생각났으며, 동시에 그렇게 안 되도록 할 수도 있다고 하면서 그때 내가 말했던 방지책도 생각났습니다.

나는 하느님과 다시 조금씩 친해졌습니다. 하느님은 나에게 이런 멋진 약혼자를 주셨던 것입니다. 나는 그것을 감사하게 생각했습니다. 세속적인 사랑은 나의 정신을 집중시키고 움직이게 만들었는데, 내가 하느님과 사귀는 것은 그 사랑과 모순되는 것이 아니었습니다. 나는 순진하게도 나를 불안하게 하는 것에 대해 하느님께 하소연했습니다. 그렇지만 나를 불안하게 하는 것을, 다름 아닌 나 스스로 원하고 있다는 것을 알아차리지 못했습니다. 나는 나 스스로 아주 강하다고 생각해서 '우리를 유혹에 빠지지 않게 해주시옵소서'*6라고는 기도하지 않았습니다. 유혹 따위는 극복할 수 있다고 생각했던 것입니다. 나는 정절이라는 쓸모없고 겉만 번드레한 장식을 하고서 자신만만하게 하느님 앞에 나타났던 것입니다. 하느님은 그런 나를 돌려보내지 않았습니다. 내가 조금이라도 다가가면 하느님은 내 마음에 부드러운 인상을 남겨주셨습니다. 이 인상에 감동되어 나는 자꾸만 다시 그분을 찾아가게 된 것입니다.

나르치스가 없다면 나에게는 온 세상이 죽은 것과 마찬가지입니다. 나르치스 이외에는 그 어느 것도 매력이 느껴지지 않았습니다. 꾸미고 싶은 마음도 그의 마음에 들고자 하는 것에 지나지 않았습니다. 그를 만날 수 없으면 정성들여 꾸밀 생각도 들지 않았습니다. 나는 춤을 좋아했는데, 그가 없으면 몸을 움직이는 것조차 귀찮아졌습니다. 화려한 연회에 초대받아도, 그가 오지 않으면 옷을 새로 마련할 생각도, 헌옷을 유행에 맞게 입고 나갈 기분도 들지 않았습니다. 나는 누구도 싫지 않았지만, 다들 귀찮았다고 말하는 게 낫겠죠. 평소엔 카드놀이 따위는 하고 싶지도 않은데, 손윗사람들과 어울

*6 〈마태복음〉 6 : 13. "우리를 유혹에 빠지지 않게 하시고 악에서 구하소서."

려 카드놀이라도 할 수 있었을 때에는 그날 저녁 시간은 정말 잘 보냈다고 생각할 정도였습니다. 그리고 옛 친구가 이런 나를 놀리거나 하면 그날 저녁 처음으로 미소를 짓는 게 고작이었습니다. 산책을 할 때에도 그 밖의 모든 사교적 모임에서도 이런 식이었습니다.

내가 선택한 사람은 그이뿐.
난 그이만을 위해 태어난 듯,
내가 바라는 건 그이의 사랑뿐! *7

나는 친구들 사이에서도 늘 고독했고, 대개 이런 완전한 고독이 나에게는 더 나았습니다. 하지만 복잡한 내 정신은 잠을 잘 수도, 꿈을 꿀 수도 없었습니다. 나는 느끼고 생각했습니다. 그리고 내가 느끼고 생각하는 것에 따라 하느님과 이야기하는 법을 차츰 알아가게 되었습니다. 그러자 내 영혼에 다른 종류의 느낌이 점점 자라나게 되었는데, 이것은 나르치스에 대한 느낌과 조금도 모순되지 않았습니다. 나르치스에 대한 나의 사랑은 전체 천지창조 계획의 일환에 속하는 것으로서 하느님에 대한 내 의무와 조금도 위배되지 않았기 때문입니다. 이 두 가지는 모순된 것이 아니었지만, 또한 한없이 다른 것이었습니다. 나르치스는 내 눈앞에 어른거리면서 나의 온 사랑을 다 받고 있는 유일한 형상이었습니다. 그러나 또 하나의 감정은 어떤 상에 쏠리고 있는 것이 아니라 이루 말할 수 없을 정도의 유쾌한 것이었습니다. 나는 이런 감정을 더 이상 가지고 있지 않으며, 가지고 싶어도 더 이상 가질 수도 없습니다.

나르치스는 그 밖에도 나의 비밀은 다 알고 있었지만, 이런 감정에 관해서만은 아무것도 몰랐습니다. 얼마 안 있어 나는 그의 생각이 나와 다르다는 것을 알았습니다. 그는 가끔 책을 가져다주었는데, '눈에 보이지 않는 존재'와의 이어짐이라 부를 수 있는 모든 것을 크고 작은 무기로써 반박하는 그런 책들뿐이었습니다. 그가 가져온 것이라 다 읽기는 했지만, 결국 그 내용은 처음부터 끝까지 이해할 수 없었습니다.

---

*7 인용된 시이겠지만, 누구의 시인지는 모른다.

학문과 지식에 대해서도 두 사람 사이에는 차이가 있었습니다. 그는 다른 남자들과 마찬가지로 배운 여자들을 경멸했는데, 그러면서도 끊임없이 나를 가르치려고 했습니다. 법률학을 뺀 모든 학문에 대해 나와 이야기했습니다. 그리고 모든 종류의 책을 가져왔지만, 칼뱅파 신도가 가톨릭 국가에서 그 신앙을 숨겨야 하는 것보다도 더 여자는 그 지식을 비밀로 해야 한다는 이상한 의견을 되풀이해서 늘어놓았습니다. 나는 아주 자연스럽게 세상 사람들 앞에서 다른 사람들보다 똑똑하고 많이 배운 척도 하지 않았는데, 그가 허영심을 이겨내지 못하고 가끔 먼저 내 자랑을 했습니다.

그 무렵 큰 영향력, 풍부한 재능, 고매한 정신으로 존경 받던 사교계의 거물이 우리나라 궁정에서 큰 인기를 끌고 있었습니다. 그는 나르치스를 특히 눈여겨보고, 늘 자신의 옆에 두었습니다. 그들은 여성의 순결에 대해서도 논의를 했는데, 나르치스는 그 내용을 나에게 자세하게 이야기해주었습니다. 나도 내 의견을 솔직하게 말했고, 나르치스는 글로 써달라고 했습니다. 나는 프랑스어를 꽤 유창하게 말하고 쓸 수도 있었습니다. 다행히 노선생님이 기초를 잘 가르쳐주셨기 때문입니다. 나르치스와의 편지도 프랑스어로 썼으며, 그 무렵에는 세련된 교양을 얻으려면 프랑스어로 된 책을 읽는 수밖에 없었습니다. 백작은 내 글을 마음에 들어했고, 나는 얼마 전에 썼던 몇 편의 시까지도 보여드려야 했습니다. 요컨대 나르치스는 더 참지 못하고 자기 애인을 자랑한 모양이었습니다. 이 이야기는 백작이 떠날 때 나르치스에게 보낸, 프랑스어로 재치 있게 쓴 편지로 끝이 났습니다. 나르치스는 매우 만족했습니다. 백작은 그 편지 속에 두 사람의 우호적인 논쟁을 상기하면서 회의와 오류를 하던 끝에 매력적이고 정숙한 부인의 품에 안기어 이제야 비로소 덕성이 무엇인지 가장 확실하게 알게 된 나르치스야말로 행복한 사람이라고 했습니다.

이 시는 맨 처음 나에게 보여주었는데, 나중에는 거의 모든 사람에게 보여주어서 누구나 그것을 보고 저마다 마음대로 생각했습니다. 이런 일이 여러 번 있어서 그가 존경하는 모든 사람은 우리가 모르는 사람들일지라도 우리 집에 와야만 했습니다.

어느 백작 가족이 우리 고장의 실력 있는 의사에게 치료를 받기 위해 한동안 여기서 머물렀습니다. 나르치스는 그 의사의 댁에서도 아들 같은 대접을 받고 있어서, 나를 그 댁으로 데리고 갔습니다. 그 점잖은 사람들과의 대화로 정신과 마음이 유쾌해졌습니다. 사교적인 평범한 오락조차도 다른 집에서처럼 그렇게 공허하지 않았습니다. 다들 우리의 관계를 알고 있어서 거기에 맞는 대접을 해주셨는데, 간섭하지는 않으셨습니다. 내가 이 새로운 만남을 이야기하는 것은 이것이 앞으로의 내 인생에 많은 영향을 주었기 때문입니다.

우리가 약혼을 한 지 벌써 1년이 흘렀습니다. 그와 함께 우리의 봄도 지나갔습니다. 여름이 오고, 모든 것이 보다 진지하고 보다 뜨거워졌습니다.

예기치 않게 몇 분이 돌아가셔서 나르치스가 요구할 수 있는 자리가 생겼습니다. 나의 운명이 결정되는 순간이 다가온 것입니다. 나르치스와 그의 모든 친구들이 그에게 불리한 인상을 지워버리고 또 그가 원하는 지위를 얻을 수 있도록 애썼습니다. 그리고 나는 내 소원을 가지고 그 보이지 않는 분을 찾아갔습니다. 그가 나를 아주 친절하게 맞이해주셨기에 나는 기꺼이 몇 번이나 더 찾아갔습니다. 나는 솔직하게 나의 소원을 털어놓고, 나르치스가 그 직책을 얻게 되기를 원했습니다. 그러나 나의 소원은 사정하는 투는 아니었으며, 내 기도를 꼭 들어달라고 요구하지도 않았습니다.

그 직책은 나르치스보다 훨씬 못한 경쟁상대가 차지했습니다. 나는 그 소식을 듣고 깜짝 놀라 급히 내 방으로 들어가 문을 꽉 잠가버렸습니다. 맨 먼저 슬픔은 눈물이 되어 흘러내렸는데, 그 다음에는 '우연히 일어난 일은 아닐 거야'라는 생각이 들었습니다. 그러자 어느 사이에 불행한 일처럼 보이는 것도 사실은 행복한 일이 될 수도 있겠다는 생각이 들어 기꺼이 받아들이자고 결심했습니다. 그러자 근심의 구름을 모두 쫓아버릴 듯한 부드러운 감정이 밀려들었습니다. 나는 이제 어떤 일도 참을 수 있을 것 같았습니다. 내가 밝은 표정으로 식탁으로 가니 온 집안사람들이 놀랐습니다.

나르치스는 나보다 더 낙담했기에 위로해주어야 했습니다. 그는 가족에게도 힘든 일이 있어서 많이 괴로워했습니다. 우리는 진심으로 서로 믿고 있었으므로 뭐든 털어놓았던 것입니다. 그 뒤 다른 일을 구했는데, 그것도 잘 되지 않았습니다. 나는 그를 위해, 또 나 자신을 위해 아주 가슴 아프게 생각했습니다. 그리고 나는 나의 모든 소원을 흔쾌히 들어주신 그분에게 갔습니다.

그 경험이 내 마음을 누그러뜨릴수록 그만큼 더 자주 그 경험을 되풀이해서 생각했으며, 내가 그렇게도 자주 위안을 얻었던 바로 그곳에서 늘 위안을 얻고자 했습니다. 하지만 내가 그 위안을 항상 늘 수 있었던 것은 아니었습니다. 나는 마치 햇볕을 쬐려는데 무엇인가가 가로막아 그늘에 있는 듯한 기분이 들었습니다. '뭐지?' 나는 생각했습니다. 나는 열심히 그 원인을 찾았고, 모든 것이 내 마음에서 일어난 것임을 확실히 알았습니다. 마음이 곧바로 하느님을 향해 있지 않을 때의 나는 무감각 상태였습니다. 그분의 반응을 느끼지 못한 채 그분의 답을 들을 수 없었습니다. '똑바로 그분에게로 가는 것을 막는 것은 무엇일까?' 그것이 두 번째 의문이었습니다. 그래서 나는 광야에 서서 막연하게 그것을 찾느라고 내 사랑의 두 번째 해를 보냈습니다. 사실 더 일찍 끝낼 수도 있었습니다. 얼마 안 가서 실마리를 잡았기 때문입니다. 그러나 나는 그것을 인정하지 못하고 빠져나갈 구멍만 찾고 있었던 것입니다.

내 영혼이 바로 하느님에게 가는 것을 막고 있는 것은, 내가 어리석은 즐거움에 빠지거나 쓸데없는 일만 하고 있다는 것을 알았기 때문입니다. 어떻게, 그리고 어디서 그렇게 되었는가 하는 것은 금방 밝혀졌습니다. 그러나 모든 사람이 무관심하게 방치되고 미친 듯한 세상에서 어떻게 빠져나올 수 있을까 하는 것이 문제이겠죠. 나는 지금 이대로 내버려두고 속 편하게 보이는 다른 사람들처럼 될 대로 되라는 식으로 살고 싶었습니다. 그러나 그럴 수가 없었습니다. 내 내면의 목소리가 끊임없이 반대하기 때문입니다. 나는 사교계에서 벗어나 내 상황을 바꾸려고 했지만, 그것도 내 의지대로 할 수 없었습니다.

나는 하나의 틀 안에 갇혀 있었으며, 여러 연결 고리들을 끊어버리고 달아날 수가 없었습니다. 그래서 내가 중대하게 생각하는 그 일에도 여러 가지 불운이 몰려오고 겹쳤습니다. 나는 이따금 울면서 잠자리에 들었고 뜬눈으로 밤을 지새우고는 눈물이 채 마르지도 않은 상태로 다시 일어났습니다. 나는 강력한 지원이 필요했습니다. 하지만 어릿광대처럼 방울 모자를 쓴 채 들떠 돌아다니는 나에게 하느님은 아는 척도 하지 않으셨습니다.

그래서 나는 나의 모든 행동을 깊이 생각해보기 시작했습니다. 처음 그 대상은 춤과 카드놀이였습니다. 찬성이든 반대이든 모조리 찾아서 화제로 삼고 읽고 검토하고 덧붙이거나 비난도 하면서 나 자신을 괴롭혔습니다. 하지만 내가 이것들을 그만두면 나르치스의 마음을 언짢게 할 것이 분명했습니다. 그는 사람들 앞에서 성실하게 보이려다가 오히려 우스꽝스러워지는 것을 두려워했기 때문입니다. 내가 어리석고 해로운 일이라고 생각하는 것을, 나 스스로 좋아서가 아니라 단지 그를 위해서 했기 때문에 모든 것이 참기 어렵고 힘든 일이 되었던 것입니다.

나를 이렇게까지 산만하게 만들고 마음의 평화를 흩트리는 행동들을 계속하면서 내 마음에 보이지 않는 분의 힘이 와 닿기를 얼마나 애썼는지, 그리고 이 싸움이 이런 식으로는 해결될 수 없다는 것을 얼마나 뼈저리게 느껴야 했는지 다 설명하려면 부득이하게 길게 했던 말을 자꾸 되풀이한다는 비난을 피할 수 없겠죠. 어리석음의 옷을 입자마자, 그것은 단순한 가면에 그치지 않고 그 어리석음 자체가 금방 온몸의 구석구석에까지 속속들이 배어버렸기 때문입니다.

여기서 단순한 역사적 기술의 틀을 넘어 내 안에서 일어난 변화에 대해 조금 생각해봐도 괜찮을까요? 내가 스물두 살, 아니 더 어릴 때 내 또래의 사람들이 천진스럽게 즐기는 것이 조금도 즐겁다고 생각되지 않을 만큼 내 취미나 사고방식을 변화시킨 것은 무엇이었을까요? 왜 그런 즐거움이 나에게는 천진난만하게 보이지 않았을까요? 나에게는 그런 즐거움이 천진난만하게 보이지 않는데 그것은 내 또래의 다른 사람들과는 달리 나는 내 영혼을 알았기 때문이라고 대답할 수 있을 것 같습니다. 아니, 나는 저절로 얻게 된 경험으로 이 세상에는 보다 고상한 느낌이 존재하며, 이 느낌이 쾌락 속에서는 도저히 찾을 수 없는 어떤 종류의 즐거움을 실제로 우리에게 선사한다는 사실을 알고 있었습니다. 그리고 동시에 이처럼 고상한 기쁨 속에는, 우리가 불행해졌을 경우에 우리의 마음을 굳세게 해주는 신비롭고도 소중한 힘이 있다는 사실도 알았기 때문입니다.

그러나 젊은 사람들의 사교적인 즐거움이나 오락은 당연히 나에게 엄청난 매력을 가져다주었습니다. 나로서는 그것을 하면서 아무것도 하지 않는 것처럼 하는 것은 불가능했으니까요. 지금의 나라면, 그럴 마음만 있다면 그 무렵의 나를 방황하게 하고 심지어는 완전히 휘두르려고 한 여러 가지 일들을 아주 태연하게 대할 수 있을 것입니다. 그러나 그때는 이런 중간은 없었습니다. 매력적인 쾌락을 버리든지, 또는 상쾌한 기분을 만들어주는 내적인 감정을 버리든지 둘 가운데 하나밖에 없었습니다.

그러나 내 영혼 속에서의 싸움은 나도 모르는 사이에 승패가 났습니다. 내 안에서 감각적인 기쁨에 대한 열망이 남아 있다 하더라도, 나는 그것을 즐길 수 없었습니다. 아무리 포도주를 좋아하는 사람이라도 부패한 공기가 가득 차 질식사할 것만 같은 지하실에서 그득히 찬 커다란 술통들 옆에 있게 되면 술 마실 기분이 싹 가시는 것과 다름없습니다. 깨끗한 공기가 술보다 중요한 것이지요. 나는 이 사실을 너무나도 생생하게 느꼈습니다. 만일 내가 나르치스의 사랑을 잃을지도 모른다는 두려움에 머뭇거리지만 않았다면, 매력적인 것보다 선을 택하는 데 괴로워하는 일 따윈 처음부터 없었을 것입니다. 그러나 결국 몇 번이나 싸우고 되풀이해서 생각한 끝에 마침내 나를 나르치스에게 묶어놓고 있는 그 인연의 끈조차도 냉엄한 눈으로 바라보았을 때, 그것 또한 아주 약해서 끊어질 수도 있다는 사실을 알았습니다. 나에게 나를 진공의 공간 안에 가둔 것은 유리덮개에 지나지 않는다는 사실을 알았습니다. 그 것을 깨뜨리는 힘만 있다면 나는 구원받을 것입니다.

이렇게 생각하자 바로 실행에 옮겼습니다. 가면을 벗고 언제나 마음이 명하는 대로 행동했습니다. 나는 늘 나르치스를 사랑했습니다. 그러나 이제까지 뜨거운 물속에 놓여 있던 온도계가 갑자기 대기 속에 걸려 있게 되었습니다. 이제 온도계는 대기의 온도 이상으로 올라갈 수 없었습니다.

불행하게도 그 대기의 온도는 눈에 보이게 내려갔습니다. 나르치스는 서먹서먹하게 행동하기 시작했습니다. 그것은 그의 자유였습니다. 그러나 그가 멀어짐에 따라 나의 온도계도 내려갔습니다. 가족들도 그것을 알아차리고 내게 이것저것 물어보고는 이상하게 생각했습니다. 나는 남자처럼 설명했습니다.

"이제까지 나는 충분히 희생을 해왔습니다. 앞으로도 삶이 끝날 때까지 어떤 고난에도 맞설 것입니다. 그러나 내가 하는 일에는 완전한 자유를 요구합니다. 내가 하는 일은 스스로 확신할 수 있는 일이어야만 합니다. 내 생각을 완고하게 주장할 생각은 없습니다. 오히려 상대방에게 이유가 있다면 기꺼이 들을 생각입니다. 그러나 내 행복에 관련된 일은 내가 정합니다. 그 어떤 종류의 강압도 받아들이지 않겠습니다. 예를 들어 커피처럼, 많은 사람들이 좋아하는 것이라도 경험상 나에게 해가 된다면 훌륭한 명의가 권한다 하더라도 마시지 않겠습니다. 그와 마찬가지로, 아니 그보다도 훨씬 나를 혼란스럽게 하는 행동은 내게 아무리 도덕적으로 도움이 된다 하더라도 절대로 받아들이지 않을 생각입니다."

이미 오래전부터 마음속으로 조용히 준비해왔기에 이런 논쟁은 나에게 조금도 불쾌하지 않았고 오히려 유쾌한 것이었습니다. 나는 후련했고, 내 결심의 가치를 절실히 느꼈습니다. 나는 단 한 치도 물러서지 않았습니다. 내가 아랫사람으로서 신경 쓰지 않아도 되는 상대에게는 호되게 몰아붙였습니다. 곧 나는 집안에서 승리를 거두었습니다. 어머니는 어릴 때부터 같은 생각을 하셨지만, 그것이 꽃을 피우지는 못했던 것입니다. 즉 자신의 확신을 관철시킬 용기가 일깨워질 어떤 필연적인 계기가 없었던 것입니다. 어머니는 나를 통해 자신의 소원을 이루게 된 것을 보고 기뻐하셨습니다. 바로 밑의 여동생은 찬성한 듯했습니다. 둘째 여동생은 주의 깊게 조용히 들었습니다. 아주머니가 제일 심하게 반대했습니다. 아주머니는 하나에서 열까지 진부한 것이어서 반론할 수가 없다고 하셨습니다. 마침내 나는 어떻게 말해도 아주머니는 그 문제에 관여할 권리가 없다고 말해야 했습니다. 그 뒤로는 아주머니도 자신의 생각을 고집하는 일은 거의 없었습니다. 아주머니는 이 일을 가까이서 지켜보면서도 아무런 느낌도 보이지 않았던 분이었습니다. 내가 아주머니에게 감정도 없고 아주 편협한 생각의 소유자라고 말해도 지나친 말이 아닙니다.

아버지는 늘 당신의 생각대로 행동하셨습니다. 아버지는 별 말씀이 없으셨지만, 자주 나와 그 일에 대해 말씀을 나누셨습니다. 아버지는 합리적이었으며, 말씀하시는 것만큼은 반대하기 어려운 것이었습니다. 하지만 나는 마음속 깊은 곳에서 옳다고 느껴 반론을 제기했습니다. 하지만 바로 상황이 바뀌어 아버지에게 애원을 해야 했습니다. 아버지의 말씀은 분별력이 있는 만큼 감정적인 반론을 할 수밖에 없었습니다. 나는 말하고 싶은 것을 다 말하고는 왈칵 울어버렸습니다. 내가 얼마나 나르치스를 사랑하는지, 지난 2년 동안 얼마나 참았는지, 내가 한 일이 옳다는 것을 얼마나 확신하는지, 또 그 확신을 지키기 위해서라면 사랑하는 약혼자를 잃어도 좋으며, 필요하다면 전재산을 버릴 각오도 되어 있고, 내 생각과 반대되는 행동을 하느니 조국도 부모도 친구도 버리고 타국에서 사는 게 낫겠다고 말씀드렸습니다. 아버지는 당신의 감동을 숨기시고 가만히 계셨는데, 마침내 나의 뜻에 동의하신다고 확실히 말씀해주셨습니다.

그 무렵부터 나르치스는 우리 집을 피했습니다. 그래서 아버지는 매주 나르치스가 참석하던 그 모임을 그만두셨습니다. 이 일은, 궁정에서도 시내에서도 소문이 났습니다. 이런 경우에 늘 그러듯이, 사람들은 모두 입을 놀려댔습니다. 세상 사람들이 이런 일에 관심을 가지는 것은 그들이 우둔한 사람들의 결심에 어느 정도의 영향을 끼치려는 버릇이 있기 때문입니다. 나는 세상을 잘 알고 있었습니다. 사람들은 기껏 어떤 행동을 하라고 자기가 권한 일이라도 나중에 가서는 그런 행동을 했다고 오히려 질책하는 경우가 흔하다는 것쯤은 알고 있었습니다. 그리고 설령 내가 몰랐다 하더라도, 나의 마음이 확고한 이상, 나는 그런 것 따위는 정말 아무렇지도 않게 여겼을 것입니다.

이에 반해 나르치스를 사랑하는 마음은 버리려고 하지 않았습니다. 그는 모습을 보이지 않았지만, 그에 대한 나의 사랑은 변하지 않았습니다. 진심으로 그를 사랑했습니다. 새로이 사랑하듯이, 전보다 더 차분하게 사랑했습니다. 그가 내 확신을 방해하지 않는 한, 나는 그 사람의 여자였습니다. 그러나 이 조건이 만족되지 않고서는 왕국을 준다 해도 나는 거절했을 것입니다. 몇 달 동안 나는 이것을 생각했습니다. 그리고 마침내 침착하게 행동할 수 있는 만큼의 평정심을 찾고 굳건해졌을 때, 애정이 가득하지는 않지만 정중하게 편지를 써서 왜 더 이상 나한테 오지 않느냐고 그에게 물었습니다.

하찮은 일에는 자신의 의견을 밝히기를 싫어하면서, 자신에게 좋다고 생각하는 것은 잠자코 실행하는 그를 잘 알기에, 이번에는 의도적으로 그의 답장을 요구한 것입니다. 내가 보기에 장황한 문체와 하찮은 상투어들로 되어 있는 장문의 무미건조한 답장이 왔습니다. 더 나은 직위를 얻지 못하고선 결혼할 수 없어서 나에게 청혼할 수도 없다, 그리고 자기가 지금까지 얼마나 많은 어려움을 겪었는지는 누구보다도 내가 잘 알고 있을 것이다, 또한 자기 생각으로는 이렇게 오랫동안 결실을 맺지 못하는 교내가 이어진다면 나의 명예에 손상이 될 수도 있으니, 자기가 지금까지처럼 간격을 두고 연락을 하도록 허락해주면 좋겠다, 그러나 나를 행복하게 해줄 수 있는 상황이 되면 지체 없이 나에게 한 약속은 신성한 것으로 알고 꼭 지키겠다는 사연이었습니다.

나는 바로 답장을 썼습니다. 우리의 일은 온 세상에 알려졌기에 새삼스럽게 내 명예를 염려하는 것은 너무 늦었다. 내 명예라면 내 양심과 내 순결이 더 확실한 증인이 될 것이다. 나는 이제 당신의 약속은 망설이지 않고 돌려드리니 행복을 찾으시길 바란다는 내용이었습니다. 그러자 바로 짧은 답장이 왔는데, 본질적으로는 앞의 편지와 같은 것이었습니다. 직위를 얻으면 자신과 행복을 함께하기를 원하는지 물어보겠다는 말이었습니다.

이제 나에게는 아무 말도 하지 않은 것이나 마찬가지였습니다. 나는 나의 친척들과 친지들에게 그 일은 이미 끝난 것이라고 설명했습니다. 사실 끝난 것과 다름없었습니다. 그는 9개월 뒤에 아주 바람직한 직위로 승진하자 다시 한 번 청혼을 하긴 했습니다만, 집안을 일으켜 세워야 하는 한 남자의 아내가 되레 내가 나의 생각을 고쳐야 한다는 조건이 붙어 있었습니다. 나는 정중하게 그것에 대해 감사의 뜻을 표했고, 막이 내린 극장에서 나가려는 사람처럼 그 이야기는 깨끗이 잊으라고 말했습니다. 그는 이제 홀가분한 처지라 얼마 되지 않아 부유하고 명망 있는 집안의 딸과 결혼했습니다. 나는 그가 나름 행복해진 것을 알고 안심했습니다.

그가 직위를 얻기 전에, 그리고 그 뒤에도 나에게는 몇 번이나 혼담이 들어왔었다는 것을 말해두어야겠습니다. 아버지나 어머니는 내가 받아들이기를 원하셨지만, 나는 망설이지 않고 바로 거절했습니다.

나는 이제 폭풍우가 휘몰아치던 3, 4월을 보내고 가장 아름다운 5월의 날씨를 선사받은 기분이 들었습니다. 건강도 좋아져서 말할 수 없을 정도로 안정된 마음의 평화를 누릴 수 있었습니다. 아무리 곰곰이 생각해봐도 나는 약혼자를 잃었지만 오히려 많은 것을 얻은 것입니다. 젊고 감정으로만 넘쳐흐르는 나에게 하느님께서 창조하신 이 세계가 전보다 천 배는 더 아름답게 생각되었습니다. 전에는 아름다운 정원이 너무 지루해서 사교계에 가거나 카드놀이를 했던 것입니다. 이제 나는 깊은 신앙심을 조금도 부끄러워하지 않았고 예술과 학문에 대한 사랑도 숨기지 않았습니다. 그림을 그리거나 책을 읽었습니다. 나를 지지해주는 사람도 많았습니다. 내가 버렸던, 아니 오히려 그쪽에서 나를 버린 상류사회 대신에 내 주위에는 훨씬 더 풍요롭고 흥미 있는 작은 세계 하나가 형성되었습니다. 나는 본디 사교생활을 좋아했습니다. 그래서 내가 알았던 사람들에게서 멀어졌을 때, 고독을 두려워했던 것도 부정하지는 않겠습니다. 하지만 이제 나는 충분히 보상받았습니다. 아니, 어쩌면 너무 과분하게 보상받았다고 말해도 좋습니다. 나의 교제는 이제야 폭이 넓어졌습니다. 그중에는 나와 사고방식이 일치하는 고향 사람들뿐만이 아니라 다른 지역 사람들까지도 끼어들었습니다. 내 이야기가 소문으로 널리 퍼진 겁니다. 많은 사람들이 약혼자보다 하느님을 소중하게 생각하는 아가씨를 보고 싶은 거겠죠. 그 무렵에는 전반적으로 어떤 종교적인 분위기가 독일에 퍼져 있었습니다. 몇몇 후작 가문과 백작 가문에서도 영혼의 구제에 대한 관심이 높았습니다. 똑같은 생각을 품은 귀족들도 적지 않았습니다. 신분이 낮은 사람들 사이에서도 이런 생각들은 깊게 퍼졌습니다.

이제 나는 앞서 말한 백작 가문에 더 끌렸습니다. 그 가문은 몇몇 친척들이 우리 도시로 더 들어왔으므로 그 사이에 매우 강성해져 있었습니다. 저도 바라는 일이었지만, 그 훌륭한 사람들도 나와의 교제를 원했습니다. 그들은 친척들이 많기에 나는 그 댁에서 여러 군주들과 백작들, 그리고 제국의 고관들도 사귀었습니다. 나는 누구에게나 나의 사고방식을 감추지 않았습니다. 사람들이 이런 나를 존경해서인지, 아니면 단지 건드리지 않고 아껴주려 해서인지는 모르지만, 어쨌든 나는 마음껏 이야기를 하고 누구도 반대하지 않았습니다.

이제 나는 전과는 다른 방식으로 세상에 발을 들여놓게 되었습니다. 마침 그때, 늘 지나가는 길에 우리 집에 들르곤 하시던 아버지의 이복동생 한 분이 잠시 머물고 계셨습니다. 그분은 궁중관리사로 인망도 있고 세력도 있었는데, 모든 일이 자신의 뜻대로 되어나가지 않는다는 이유만으로 그만두셨습니다. 사려 깊고 엄격한 성격이셨는데, 이런 점에서는 아버지와 많이 닮았습니다. 다만 아버지에게는 어느 정도 부드러운 면이 있어서 일에서도 양보하시고, 자신의 신념에 반대되는 일은 하지 않으면서 남이 하는 일은 너그럽게 보셨습니다. 그래서 그에 대한 불만은 나중에 당신 혼자서 참으시거나, 혹은 가족들에게 터놓고 얘기하셨습니다. 숙부님은 훨씬 젊으셨고, 그분의 자립심은 그 외적인 상황에 따라 수긍할 만한 점이 적지 않았습니다. 숙부님의 어머님이 꽤 부자인 데다가 그녀의 멀고 가까운 친척들로부터도 큰 재산을 물려받았습니다. 그래서 숙부님은 다른 수입원이 필요 없으셨습니다. 그에 비해 아버지는 재산이 없고 봉급이 적어서 직장에 얽매일 수밖에 없으셨습니다.

숙부님은 가정적으로 불행해서 더욱더 완강해지셨습니다. 사랑하는 아내와 앞날이 기대되는 아들을 일찍 잃자 뜻에 맞지 않는 일은 모두 멀리하시려는 것같이 보였습니다.

우리 집안에서는 가끔, 숙부님은 아마 다시 결혼하시지 않을 테니 우리가 엄청난 재산의 상속자가 되는 게 아닐까 하고 소곤거리며 우쭐대기도 했습니다. 나는 그런 말에는 더 이상 신경 쓰지 않았습니다만, 다른 식구들은 그것을 기대하는 모습이었습니다. 숙부님의 성격은 완고했지만, 말할 때에는 오히려 누구의 말에도 친절하게 귀를 기울이시고, 저마다의 생각을 당신 자신의 논거와 예를 들어가며 격려해주셨습니다. 숙부님을 잘 모르는 사람은 늘 숙부님과 의견이 같다고 생각했습니다. 숙부님은 분별력이 있어서 어떤 사고방식도 받아들일 수 있으셨기 때문입니다. 그러나 나하고는 사이가 그다지 좋지 않았습니다. 나의 경우는 숙부님이 생각해본 적도 없는 감정이 문제였기 때문입니다. 관심을 가지고 이해하려고 애쓰면서 내 사고방식에 대하여 나와 이야기를 하시려고 했지만, 나의 모든 행동을 전혀 이해하지 못하셨습니다.

숙부님은 비밀을 털어놓지 않는 사람이었지만, 얼마 지나지 않아 평소보다 더 오래 머무시는 진짜 이유가 드러났습니다. 우리는 숙부님이 우리 자매들 가운데에서 특히 막내를 골라서 당신의 뜻대로 결혼도 시켜주고 행복하게 만들어주려는 의향을 지니고 계시다는 것을 알게 된 것입니다. 그 애는 재색을 겸비했고 특히 상당한 지참금까지 있으니, 틀림없이 일류 배우자를 고를 만했습니다. 숙부님이 나를 어떻게 생각하는지도 암묵적으로 가르쳐주셨습니다. 즉, 숙부님은 나를 어느 수녀단의 귀부인 회원으로 입회시켜주셨는데, 곧 수입까지 생겼습니다.

여동생은 숙부님의 배려에 나만큼 만족하지도, 감사해 하지도 않았습니다. 여동생은 나에게 이제까지 숨겨왔던 연애문제를 털어놓았습니다. 그 애는 좋아해서는 안 될 남자와 사귀고 있었는데, 내가 온갖 방법을 동원해 반대하리라는 것을 알고 있었기 때문입니다. 실제로도 그랬지만 말입니다. 나는 내가 할 수 있는 온갖 방법으로 동생을 말렸으며, 결국 성공했습니다. 숙부님의 의도는 너무나 진지했고 명확했기에, 또 세상 물정에 밝은 내 동생에게는 앞으로가 너무 매력적이어서 자신의 이성조차 거부할 수 없었던 그 애정을 과감히 포기할 힘을 얻을 수 있었던 것입니다.

이제 여동생은 숙부님의 온화한 인도를 지금까지처럼 피하지 않게 되었습니다. 이렇게 숙부님의 계획은 곧 시작되어 여동생은 이웃에 있는 궁정에 들어갔습니다. 그리고 여집사장으로서 명망 높은 숙부님의 여자친구 분에게 맡겨져 지도를 받게 된 것입니다. 나는 동생을 데리고 새로이 머물 곳으로 갔습니다. 우리는 우리에게 베풀어주는 그 영접에 매우 만족했으며, 가끔 나는 이제는 수녀단의 여성 회원으로서, 세상에서 연기해야 하는 내 역할에 남몰래 미소를 짓지 않을 수 없었습니다.

예전 같았으면 이런 상황에 처하면 나는 당황하고, 어쩌면 머리까지 이상해졌을지도 모릅니다. 그러나 이제 나는 내 주위의 모든 사물에 대해 아주 담담한 심경이 되었습니다. 아주 침착하고, 두세 시간이나 머리를 매만지거나 화장을 했습니다. 그리고 내 직책상 신분에 어울리는 옷을 입는 것이 의무라는 생각만 했습니다. 많은 사람들이 모인 홀에서 나는 온갖 사람들과 이야기를 했지만 그 어떤 모습, 그 어떤 성격도 나에게 강한 인상을 남기지는 못했습니다. 대부분 다리가 피곤하다는 것만이 내가 집으로 가져온 유일한 감정이었습니다. 나는 내 교양에 도움이 되는 사람들도 많이 만났습니다. 모든 인간적 미덕과 훌륭하고 고귀한 행동의 귀감이 되는 부인들도 몇 명 알게 되었는데, 특히 여집사장이 그렇습니다. 그분 밑에서 수련을 받게 된 여동생은 행운이라고 생각합니다.

하지만 집으로 돌아오자 나는 이 여행이 내 몸에는 좋은 결과를 가져오지 못한 것을 느꼈습니다. 매우 절제하고 음식에도 주의를 기울여 왔지만, 시간도 체력도 여느 때처럼 자유롭지 못했던 것입니다. 음식, 운동, 기상, 취침, 옷 입고 외출을 하는 것 등을 집에 있을 때처럼 나의 의지대로 기분대로 할 수 없었습니다. 사교적인 모임에서는 말을 하지 않으면 실례입니다. 필요한 것은 뭐든 했습니다. 그것이 의무라 생각했고, 곧 끝나리라는 것을 알고 있었으며, 평소보다도 건강하다고 느꼈기 때문입니다. 그러나 외지에서의 불안정한 생활은 내가 느낀 것보다 강렬한 작용을 했음에 틀림없습니다. 집에 돌아와 걱정하실 것 없다고 이야기하며 부모님을 기쁘게 해드리고 있는데, 그만 뜻밖에도 피를 토했기 때문입니다. 위험한 것은 아니었고 금방 괜찮아 졌지만, 꽤 오랜 기간 동안 체력이 약해졌습니다.

이렇게 나는 다시 새로운 교훈을 되뇌어야 했습니다. 나는 그것을 기쁘게 받아들였습니다. 나를 이 세상에 묶어두는 것은 아무것도 없었습니다. 그리고 나는 이 세상에서는 결코 올바른 길을 찾을 수 없으리라는 확신을 갖게 되었습니다. 그래서 나는 이제 더할 나위 없이 밝고 차분해졌습니다. 삶을 포기하고 난 뒤에도 살아 있었습니다.

새로운 시련을 견뎌내야 했습니다. 어머니가 중병을 얻으셨고, 5년이나 투병하시다가 돌아가셨습니다. 그동안 괴로운 일들이 몇 번이나 있었습니다. 어머니는 불안이 너무 심해질 때면 한밤중에도 우리를 불러놓고는 괜찮아질 때까지 마음을 가라앉혀 보려고 하셨던 것입니다. 게다가 아버지까지 건강이 나빠지셨을 때에는 나의 고통은 더욱 심해졌으며 거의 참기 어려운 지경이 되었습니다. 아버지는 젊었을 때부터 가끔 두통으로 괴로워하셨는데, 길어 보았자 하루하고 반나절 정도였습니다. 그런데 이번에는 지속적인 것이 되었습니다. 그래서 통증이 심해지면 그 고통이 나의 가슴을 찢는 듯 와 닿았습니다. 이럴 때마다 나는 내 몸이 허약한 것이 가장 한스럽게 느껴졌습니다. 몸이 약해서 내가 하고 싶은 신성한 의무를 하지 못 하거나, 또는 그것을 실행해 나가는 것이 너무나 힘들었기 때문이었습니다.

이제 나는 내가 택한 길이 과연 진실인지 아니면 단순한 환상인지, 다른 사람들 흉내를 내고 있는 게 아닌지, 내 신앙의 대상이 현실성이 있는 것인지 스스로 생각해보기 시작했습니다. 그 결과는 늘 하느님이 계신다는 것을 알았기에 무엇보다 큰 버팀목이 되었습니다. 하느님을 향하는 내 마음의 올바른 방향을 찾고, 또 '하느님의 사랑을 받고 있는 친구들(beloved ones)'과 교제를 하고자 했으며 성공했습니다. 그러자 모든 것을 견딜 수 있게 되었습니다. 여행자가 그늘을 찾듯이, 외부 세계로부터 온갖 압박에 시달릴 때마다 내 영혼이 그 피난처로 찾아들었던 것인데, 거기서는 한 번도 빈손으로 돌아온 적이 없었습니다.

최근에 종교를 옹호하고 종교에 대해 감정보다도 열성을 더 많이 지니고 있는 듯한 몇몇 사람들이 동료 신자들에게 기도가 실제로 이루어진 사례들을 공표해주기를 호소한 적이 있었는데, 이것은 아마도 그들이 자기들의 반대자들을 정말 법적으로 설득하기 위한 증거가 필요했던 것으로 짐작됩니다. 그들은 참다운 종교적 감정을 전혀 알지 못했고, 스스로 진짜 종교적 체험을 한 적도 없었을 것입니다!

나는 괴로움에 처해 하느님을 찾았을 때 위로를 얻지 못한 적은 한 번도 없다고 말할 수 있습니다. 이것은 이미 수없이 많이 언급된 말입니다. 이것에 대해서는 더 이상은 말할 수도 없고 말해서도 안 된다고 생각합니다. 내가 결정적인 순간에 느낀 것은 모두 중요한 것이었지만, 하나하나 예를 들어 보면 그것은 아주 진부하고 하찮은, 믿을 수 없는 이야기가 되고 말 것입니다. 마치 숨 쉬고 있는 것이 우리가 살아 있다는 증거이듯이, 우리는 하느님 없이는 이 세상에 존재하지 않는다는 사실이 증명된 것처럼 말입니다. 하느님께서는 내 옆에 계셨고, 나는 하느님 앞에 있었습니다. 모든 신학적 용어를 피해서 내가 말씀드릴 수 있는 것은 이것뿐입니다.

그 무렵에도 나는 내가 전혀 아무 종파에도 속하지 않는 상태를 간절히 원했습니다. 그러나 누가 그렇게 일찍부터 다른 사람의 형식을 빌리지 않고 순수한 관계 속에서 자기 자신을 알 수 있는 행운을 얻을 수 있을까요? 내 영혼의 행복은 나에게는 진지한 문제였습니다. 그래서 나는 겸허하게 다른 사람들의 견해에 의지하기로 하고, 할레의 개종파*8에 나 자신을 완전히 맡겼습니다. 그러나 그것은 마음 깊은 곳에 녹아드는 것이 아니었습니다.

이 교파의 가르침에 의하면 마음의 변화는 죄를 두려워하는 것에서 시작해야 된다는 것입니다. 마음은 이런 괴로움 속에서 많건 적건 간에 갚아야 할 벌을 알고, 죄악을 범할 생각이 사라지도록 지옥의 맛을 미리 조금 보아두어야 한다는 것입니다. 그리고 나면 마침내 뚜렷이 알 수 있을 정도로 은총을 보장받았다는 느낌을 얻는 것이지만, 자칫하면 이 은총이 도중에 그만 사라져버리는 수도 자주 있기에 진지하게 자꾸만 바라고 구해야 된다는 것입니다.

나에게는 이 모든 것이 맞지 않았습니다. 내가 진심으로 하느님을 찾으면 그분은 늘 내 앞에 나타나주셨습니다. 그리고 지나간 일은 꾸짖지 않으셨습

---

*8 프랑케(August Hermann Francke)가 일으킨 경건주의의 한 파. 할레가 그 중심지여서 할레의 개종파로 불렸다.

니다. 나중에야 내가 얼마나 변변하지 못한지 깨달았으며, 그 무렵에도 내가 아직 변변하지 못하다는 것은 알고 있었습니다. 그러나 나의 불완전성에 대한 인식은 불안이라곤 전혀 없이 찾아왔습니다. 나에게는 지옥에 대한 공포가 단 한순간도 찾아온 적이 없습니다. 정말입니다. 악령이라거나 사후에 벌과 고통을 받아야 할 곳 따위의 개념은 나의 관념 영역에서는 결코 설 자리를 찾을 수 없었답니다. 하느님을 모르고 살면서 '그 보이지 않는 분'에 대하여 마음의 문을 닫고 있어서 그분에 대한 신뢰와 사랑을 모르고 있는 사람들은 내가 보기에는 그 자체만으로 너무나 불행하기에, 지옥이니 천벌이니하는 것은 그들에게 더 엄한 벌을 내리겠다는 위협으로 들리기보다는 오히려 벌을 좀 완화해주겠다는 약속으로 들릴 것같이 생각될 정도입니다. 증오만을 마음속에 품고 그 어떤 선에도 냉담하고 태양은 빛을 발하지 않는다고 주장하기 위해 눈을 감은 사람처럼 자신과 타인에게 악을 강요하려는 사람을 보면, 내가 보기에 이들은 말할 필요도 없을 정도로 딱한 사람들입니다. 이 사람들의 상태를 더욱 나쁘게 하는 지옥은 도대체 누가 만들어낸 것입니까? 과연 누가 그런 짓까지 할 수 있었겠습니까?

이와 같은 정서 상태가 하루도 변함없이 10년이나 이어졌습니다. 많은 시련에도, 사랑하는 어머니의 고통스러운 임종 때조차도 변하지 않았습니다. 나는 솔직한 성격이라서, 어머니의 임종 때에도 나의 정서 상태를 경건하지만 아주 고루한 사람들에게 숨기지 않았습니다. 하지만 그 때문에 많은 우정 어린 질책을 들어야 했습니다. 그들은 건강할 때에 천당에 갈 수 있는 기반을 굳혀놓기 위해서는 얼마나 진지한 태도를 취해야 하는가를 너무 늦기 전에 나에게 가르쳐주는 것이라고 했습니다.

나도 진지하지 않은 것은 아닙니다. 그때는 이해하고 슬퍼하고 두려움에 떨었으면 했지만, 도저히 그런 기분이 들지 않아서 나도 놀랐습니다. 하느님을 생각하면 내 마음은 늘 밝았습니다. 사랑하는 어머니의 고통스러운 임종 때에도 나는 죽음이 무섭지 않았습니다. 하지만 이 중대한 시간에 나는 많은 것을 깨달았습니다. 쓸데없이 선생님들이 가르치려고 드는 것과는 전혀 다른 것을 배웠습니다.

차츰차츰 나는 여러 유명 인사들의 말에도 의심을 품게 되었으며 남몰래 나의 생각만을 지키게 되었습니다. 한 여자친구는 처음부터 내가 너무 많은 양보를 했기 때문에 내 문제에 늘 끼어들었습니다. 나는 이 친구와 관계를 끊어야만 했습니다. 그래서 한번은 그녀에게 아주 결연한 투로, 그런 수고는 하지 말았으면 한다, 조언은 필요 없다, 하느님이 계시고, 하느님만이 인도자라고 말해주었습니다. 그녀는 나에게 모욕을 당한 것으로 생각하고, 지금도 나를 원망하고 있습니다.

이렇게 종교적인 문제에서는 친구들의 충고나 설득은 받아들이지 않겠다고 결심했기에 나는 비종교적인 상황에서도 나 자신의 길을 갈 용기를 얻었습니다. 나는 눈에 보이지 않는 인도자의 도움의 손길이 없었더라면, 아마도 길을 잃었을지도 모릅니다. 그것을 생각하면 지금도 그 현명하고 행복한 인도에 놀라지 않을 수 없습니다. 사실 누구도 나에게 무엇이 중요한지 몰랐고, 나 자신도 몰랐기 때문입니다.

우리에게 생명을 주신 존재, 생명이라 불리는 그 모든 것을 부양하고 계신 존재로부터 우리를 떼어놓는 그것, 아직도 완전히 해명되지 않은 그 악한 것, 사람들이 죄악이라고 부르는 그것, 그것을 나는 아직도 전혀 모르고 있었던 것입니다.

그 보이지 않는 친구와 사귀게 되자 나는 나의 모든 생명력을 이루 말할 수 없이 감미롭게 느끼게 되었습니다. 그리고 이 행복을 언제까지나 즐기고 싶은 욕망이 너무나 강했기 때문에 나는 이 교제를 방해하는 것은 모두 단념했습니다. 그리고 이 문제에 관해서는 경험이 최고의 스승이었습니다. 그러나 이것은 약을 먹지 않고 식이요법에만 의지하는 환자들과 같았습니다. 그것은 어느 정도 효력이 있긴 했지만 오래 가는 것은 아니었습니다.

자주 산만해지는 나에게 가장 좋은 방법은 고독이라는 것을 알았지만, 늘 고독 속에만 파묻혀 있을 수는 없었습니다. 그러나 고독을 뒤로하고 사람들 틈으로 들어가면 그것만으로도 더욱 강렬한 인상을 주었습니다. 나의 가장 큰 장점은 조용한 것을 좋아해서 결국은 늘 조용한 곳으로 물러난다는 데에 있었습니다. 나는 마치 희미한 어스름 속에 파묻혀 있는 듯이 나의 불행과 약점을 잘 알고 있었습니다. 그래서 내 몸을 아끼고 나 자신을 외부에 내놓지 않음으로써 이 곤경을 헤쳐 나가려고 했던 것입니다.

나는 7년 동안이나 절제하고 조심했습니다. 건강상태가 나쁘다고 보지 않았고 내 상태를 바람직한 것으로 여겼습니다. 기묘한 상태와 사정이 생기지 않았다면 아마도 나는 늘 같은 단계에 머물렀겠죠. 그러나 나는 묘한 길을 계속 가야 했습니다. 모든 친구들의 충고도 따르지 않고 나는 새로운 관계를 맺었습니다. 나는 친구들이 반대하는 바람에 처음에는 당황했습니다. 바로 나는 나의 보이지 않는 인도자에게 물었습니다. 그런데 그분이 나에게 그것을 허락해주시기에 나는 더 이상 망설이지 않고 나의 길을 계속 갔습니다.

지성도 있고 성품도 좋고 재능도 있는 한 남자가 근처에 집을 구해 이사를 왔습니다. 내가 사귄 외지인들 중에는 그와 그의 가족들도 있었습니다. 우리는 풍속, 집안의 법도 및 습관이 매우 일치했기에 얼마 안 가서 곧 서로 가까워졌습니다.

필로—나는 그 사람을 이렇게 부르겠습니다—는 나이가 들어 기력이 점점 감퇴해 가기 시작하는 나의 아버지에게도 여러 가지로 도움을 주었습니다. 그는 얼마 안 있어 우리 집안의 제일 친근한 친구가 되었습니다. 그리고 그는 나를 두고 말하기를, 상류사회 사람들의 제멋대로 하는 행동이나 공허한 면도 없고 고요한 시골 사람들의 무미건조하고 소심한 면도 없는 사람을 드디어 한 사람 보게 되었다고 했기 때문에, 우리는 곧 허물없는 친구가 되었습니다. 그는 나에게 매우 유쾌한 느낌을 주는 사람이었고, 또 매우 필요한 사람이기도 했습니다.

저는 세상일에 관여하여 그 어떤 영향력을 행사할 소질도, 또 그럴 생각도 전혀 없었지만, 그런 일에 대해 듣는 것은 좋아해서 여기저기에서 일어나는 사건들은 뭐든 알고 싶었습니다. 나는 세상일에 대해서는 감정이 개입되지 않은 명확한 지식을 얻는 것을 선호했으며, 내 느낌과 깊은 정, 그리고 애정은 하느님을 위해, 내 가족을 위해, 그리고 내 친구들을 위해서 간직해두었습니다.

이렇게 말하는 것은 좀 그렇지만, 친구들은 필로와 나의 새로운 관계에 대해서 질투를 하고 있었습니다. 그들이 이 관계에 대해 나에게 경고하는 것은 여러 면에서 볼 때 옳은 일이기도 했습니다. 나는 남모르게 고민했습니다. 왜냐하면 나 자신도 그들의 항의가 완전히 허무맹랑하다거나 이기적이라고만 생각할 수가 없었기 때문입니다. 나는 본디 내 의견보다는 남의 의견을 좇아 행동하는 데에 익숙해 있었습니다. 그러나 이번에는 내 확신을 굽히고 싶지가 않았습니다. 나는 이번에도 하느님께 나에게 경고해주시고, 못하게 막아주시거나 인도해주십사 하고 빌었습니다. 그런데 그분이 내 마음을 통해 나에게 그만두도록 경고하지 않으시기에 나는 안심하고 내가 가던 길을 계속 걸어갔습니다.

전체적으로 볼 때 필로는 나르치스와 조금은 닮은 데가 있었습니다. 다만 그는 경건한 교육 덕분으로 나르치스보다는 감정을 더 가다듬을 수 있었고 감정에다 더 많은 활기를 불어넣을 수 있었던 것 같았습니다. 그는 나르치스보다 허영심은 적었으나 더 독자적인 성격을 지니고 있었습니다. 세속적인 사업에서 섬세하고 정확하며 끈기 있고 지칠 줄 몰랐습니다. 이와는 반대로 나르치스는 명확하고 예리한 데다 민첩했으며 믿을 수 없을 정도로 경쾌하게 일을 처리했습니다. 그를 통해서 나는 모임에서 낯을 익혔던 거의 모든 저명인사들의 아주 내밀한 속사정까지도 알게 되었습니다. 그래서 나는 나 자신의 망루로부터 시끄러운 세상살이를 멀리서 구경하는 것이 너무 즐거웠습니다. 필로는 이제 나에게 더 이상 아무것도 숨길 수 없었습니다. 그는 나에게 자기의 내적인 관계들을 털어놓았습니다. 나는 그 사람 일이 두려웠는데, 그것은 복잡하게 얽힐 여러 가지 상황을 예견할 수 있었기 때문입니다. 그리고 나쁜 일은 내가 짐작했던 것보다 빨리 찾아왔습니다. 그는 고백은 아예 하지 않고 늘 숨겨두었는데, 마지막 순간에도 내가 최악의 사태를 추측할 수 있을 만큼만 털어놓았습니다.

그것이 내 마음에 큰 충격을 주었습니다. 나는 꿈에도 생각 못한 새로운 경험을 하게 되었습니다. 나는 이루 말할 수 없는 비애감에 젖은 채 또 한 사람의 아가톤*9을 보는 기분이었습니다. 델포이의 숲 속에서 교육을 받고 아직 그 양육비를 지불하지 못하고 늘 무거운 체납이자까지 덧붙여서 갚던 아가톤을 말이지요. 그 아가톤은 나의 친한 친구였습니다. 나는 진심으로 동정했고 같이 괴로워했습니다. 이렇게 우리 둘은 극히 묘한 정신 상태에 빠졌습니다.

---

*9 빌란트의 장편소설 《아가 이야기》(1766~1767)의 주인공. 델포이(파르나소스 산계에 있는 아폴론의 성지)의 엄격한 신관들 밑에서 교육을 받은 아가톤은 관능의 세계를 전혀 몰랐지만, 나중에 아름다운 매춘부 다나에의 품 안에서 관능의 세계에 빠져 거기에서 빠져나오려고 고생을 한다. 필로의 고백이 어떤 것인지는 기록되어 있지 않지만, 아가톤과 다음에 나오는 다윗에 의해 그것이 관능의 세계에 대한 것이라는 점이 암시되어 있다.

나는 오랫동안 그의 정서 상태를 두고 연구하고 난 뒤에 방향을 바꾸어 나 자신을 관찰하기에 이르렀습니다. '너라고 해서 그 사람보다 나을 게 없다'라는 생각이 작은 구름처럼 나의 눈앞에서 피어오르더니 차차 번져서 마침내 내 온 영혼을 캄캄하게 뒤덮어버렸습니다.

이제 나는 더 이상 '너라고 해서 그 사람보다 나을 게 없다'라고 생각만 하는 것이 아니고, 그것을 두 번 다시는 느끼고 싶지 않을 정도로 뼈저리게 느꼈습니다. 그리고 그것은 금방 사라지는 것이 아니었습니다. 그 보이지 않는 손이 지켜주지 않았던들 나는 지라르, 카르투슈, 다미앵*10이나 또는 그보다 더한 괴물도 될 수 있었다는 사실을 1년 넘게 지속적으로 느끼지 않을 수 없었습니다. 그렇게 될 수 있는 소질을 내 마음속에서 분명히 느꼈습니다. 아, 정말이지, 이 얼마나 무서운 발견입니까!

지금까지 나는 내 속에 죄악이 있을 수 있다는 가능성을, 경험을 통해서는 전혀 알아차릴 수 없었습니다. 그랬던 만큼 이제 나 자신도 죄를 저지를지 모른다는 그 가능성이 나의 예감 속에서 아주 놀라울 정도로 분명히 떠오르는 것이었습니다. 하지만 나는 아직도 악을 모르고 있었습니다. 다만 그것을 두려워했을 따름이었죠. 즉 내가 죄를 저지를지도 모른다는 느낌은 있었지만, 나 자신을 탄핵할 만한 죄는 아직 저지르지 않았던 것입니다.

자기 스스로 인지하지 못하는 그런 정신상태가, 죽은 뒤에 내가 원하는 최고의 존재와의 결합에 알맞지 않다는 것은 굳게 믿지만, 그 때문에 하느님과 헤어질지도 모른다는 두려움은 조금도 없었습니다. 나는 내 마음속에서 악을 발견했지만, 하느님을 사랑했고 내가 느끼는 것을 미워했습니다. 아니, 그것을 더욱더 확실하게 미워할 수 있게 되기를 원했습니다. 이 병으로부터, 그리고 병을 앓게 되어 있는 이 소질로부터 구원받는 것이 제 소망의 전부였습니다. 나는 그 위대한 의사 선생님*11께서 이번에도 나에게 도움의 손길을

---

*10 여기에 나오는 세 사람은 모두 프랑스인이다. 지라르(1690~1733)는 고해하러 온 여자를 유혹했다고 한다(진위는 분명하지 않다). 카르투슈(1693~1721)는 유명한 도둑떼의 두목. 다미앵(1714~1757)은 1757년 루이 15세의 암살을 계획했다.

*11 〈출애굽기〉 15 : 26, "너 이스라엘이 너희 하느님 야훼의 말을 들어 순종하고, 그가 보기에 바르게 살며 그 명령을 귀에 담아 모든 규칙을 지키면, 이집트인들에게 내렸던 어떤 병도 너희에게는 내리지 아니하리라. 나는 야훼, 너희를 치료하는 의사이다." 〈마태복음〉 9 : 12, "예수께서 이 말을 들으시고 '성한 사람에게는 의사가 필요하지 않으나 병자에게는 필요하다.'" 경건주의적 은유.

마다하지 않을 것임을 믿고 있었습니다.

단 하나의 의문은 이 병을 치료해줄 수 있는 것이 무엇이냐 하는 것이었습니다. 도덕적 훈련일까? 하지만 나는 그것이 도덕적 훈련이라고는 결코 생각할 수 없었습니다. 왜냐하면 나는 벌써 10년 동안이나 단순한 도덕적 훈련 이상의 것을 해왔는데, 이제야 비로소 알게 된 이 무서운 악은 그럼에도 나의 영혼 깊숙한 곳에 숨어 있었던 것입니다. 이 무서운 악은 다윗이 바쎄바를 바라보았을 때*12처럼 썩 물러가 버릴지도 모릅니다. 다윗도 하느님의 친구였고, 나 또한 진심으로 하느님이 나의 친구라고 굳게 믿고 있었거든요.

그러니까 이것은 아마도 인류의 피할 수 없는 약점이 아닐까요? 그래서 우리는 언젠가 한번은 욕망의 지배를 느끼게 되는 것을 감수하지 않으면 안 되는 것일까요? 아무리 애쓴다 하더라도 우리는 우리가 빠져들게 된 죄악의 수렁을 싫어하면서도 비슷한 경우가 오면 다시 거기에 빠져드는 것은 아닐까요?

나는 도덕의 가르침으로부터는 아무런 위안도 찾을 수 없었습니다. 엄격성을 통해 우리의 애정을 다스리려고 하는 도덕도, 너그러운 태도로써 우리의 애정을 덕성으로 만들고 싶어하는 도덕도 다 마음에 들지 않았습니다. 그 보이지 않는 친구와의 교제로 얻게 된 기본적인 개념들이 나에게는 훨씬 결정적인 가치를 지니고 있었던 것입니다.

나는 언젠가 다윗이 저 추악한 파국을 겪고 난 뒤에 쓴 시*13를 읽었습니다. 그때 그가 자신 속에 깃들여 있는 악이 자신이 태어날 때 타고난 육신 속에 이미 들어 있었음을 말하지만,*14 속죄를 원하면서 깨끗한 마음*15으로 되돌아갈 수 있기를 간절히 기도했다는 사실을 보고 의아했습니다.

그러나 어떻게 하면 그 기도들이 이루어질 수 있을까요? 정통 신조서(信

---

*12 〈사무엘 하〉 11장 참조. 다윗이 목욕을 하는 바쎄바의 아름다운 모습에 반해 정을 통했다. 다윗은 그것을 숨기기 위해 바쎄바의 남편 우리야를 위험한 전쟁터로 보내 죽게 만들었다. 바쎄바는 다윗의 아내가 되고 나중에 솔로몬을 낳았다.

*13 〈시편〉 51 : 1. "하느님, 선한 이여, 나를 불쌍히 여기소서. 어지신 분이여, 내 죄를 없애주소서." 다윗의 시.

*14 〈시편〉 51 : 7. "정화수를 나에게 뿌리소서, 이 몸이 깨끗해지리이다. 나를 씻어주소서, 눈보다 더 희게 되리이다."

*15 〈시편〉 51 : 12. "그 구원의 기쁨을 나에게 도로 주시고 변치 않는 마음 내 안에 굳혀주소서."

條書)들이 가르쳐주고 있는 답은 나도 잘 알고 있었습니다. 즉 예수 그리스도의 피가 우리를 모든 죄악으로부터 정화해준다*16는 것은 나에게는 성경의 진리였습니다. 그러나 나는 사람들이 그렇게도 자주 입에 담아왔던 이 말을 지금까지 한 번도 이해하지 못했다는 사실을 이제야 비로소 깨달은 것입니다. '이것이 무슨 뜻일까? 어떻게 그런 일이 있을 수 있을까? *17' 하는 물음들이 밤낮없이 내 머리에서 떠나지 않았습니다. 마침내 나는 내가 찾고 있는 해답이 만물과 우리 자신을 창조한 그 영원한 말씀의 인간화*18에서 찾아야 한다는 사실을, 번쩍하고 스쳐 지나가는 어떤 섬광 속에서 본 것 같았습니다. 태초부터 하느님이 보시고 헤아리고 계시는 우리가 살고 있는 밑의 세상에 한번은 주민의 자격으로 오셔서 수태와 탄생부터 무덤에 이르기까지 한 단계 한 단계 일일이 다 겪어보셨다는 것, 그리고 그분이 이러한 독특한 우회로를 거치신 다음, 우리도 행복하게 살게 될 그 밝은 하늘나라로 가셨다는 것, 이것이 바로 희미하게 먼동이 터오는 것처럼 나에게 계시되었던 것입니다.

아, 그런데 이런 일을 얘기하는 데에 왜 우리는 외적인 상태만을 가리킬 뿐인 비유적 표현을 써야 할까요? 하느님 앞에서는 높은 것 낮은 것, 어두운 것 밝은 것이 어디 있겠습니까? 위와 아래, 낮과 밤이라는 것은 우리 인간에게만 있는 것입니다. 하느님이 우리와 비슷한 모습을 하고 계신 것은, 우리가 하느님을 알아보지 못할까봐 걱정하셨기 때문입니다.

그러면 우리는 어떻게 해야 이 헤아릴 수 없는 그 소중한 은혜를 입을 수 있을까요? 성서는 '믿음을 통해서'라 말하고 있습니다. 그러면 믿음이란 무엇일까요? 성서에 나오는 한 사건에 관한 이야기를 진실이라고 생각하는 것, 그것이 나에게 무슨 도움이 될까요? 그 이야기의 영향과 결과를 내 것

---

*16 〈요한일서〉 1 : 7. "그러나 하느님께서 빛 가운데 계신 것처럼 우리도 빛 가운데서 살고 있으면 우리는 서로 친교를 나누게 되고 그분의 아들 예수의 피가 우리의 모든 죄를 깨끗이 씻어줍니다."

*17 〈누가복음〉 1 : 29와 1 : 34. "도대체 그 인사말이 무슨 뜻일까?" (1 : 29) "이 몸은 처녀입니다. 어떻게 그런 일이 있을 수 있겠습니까?"(1 : 34)에서 인용.

*18 〈요한복음〉 1 : 1 이하, 1 : 14. "말씀은 하느님과 함께 계셨고 하느님과 똑같은 분이셨다."(1 : 1 이하) "말씀이 사람이 되셔서 우리와 함께 계셨는데 우리는 그분의 영광을 보았다. 그것은 외아들이 아버지에게서 받은 영광이었다. 그분에게는 은총과 진리가 충만하였다."(1 : 14)

으로 받아들여야 합니다. 이것을 자신의 것으로 만드는 믿음이란 평범한 사람에게는 독특한 정서 상태라는 것은 틀림없습니다.

'자 그럼, 전능하신 분이시여! 나에게 믿음을 주옵소서!' 하고 나는 한번은 가슴이 터질 듯이 기도를 했습니다. 나는 조그만 책상 앞에 앉아서 거기에 몸을 기대고는 눈물에 젖은 얼굴을 두 손 안에 묻고 있었습니다. 이때 나는 하느님께서 기도를 들어주실 때에 꼭 필요한 지극히 희귀한 상태에 있었습니다.

그때 내가 느꼈던 것은 말로 다 표현할 수 있는 것이 아닙니다. 무언가를 끌어당기는 힘이 나의 영혼을, 예수가 못 박혀 돌아가신 그 십자가로 나를 데리고 갔습니다. 그 힘은, 내 영혼을 멀리 떨어진 곳에 있는 애인에게로 이끌어주는 힘과 꼭 같았습니다. 어쩌면 그것은 우리가 생각하는 것보다도 훨씬 본질적이고 진실에 가까운 것인지도 모릅니다. 그렇게 내 영혼은 사람이 되었다가 십자가에 못 박혀 돌아가신 그분에게로 다가갔습니다. 그리고 그 순간, 나는 믿음이 무엇인지를 깨달았습니다.

이것이 믿음이다! 나는 이렇게 말하고는 깜짝 놀라서 벌떡 일어났습니다. 이제 나는 그때 내가 느낀 것, 본 것을 확신하려고 애썼습니다. 곧 나는 제정신이 지금까지와는 전혀 다르게 공중으로 날아오를 수 있는 능력을 얻었다고 확신했습니다.

이런 느낌은 말로 표현할 수 있는 것이 아닙니다. 나는 그것을 공상과는 확실하게 구별할 수 있었습니다. 그 느낌은 공상이나 환상과는 전혀 다른 것이고, 지금 그리려고 하는 대상을 확실히 그려낼 수 있었습니다. 그것은 상상력이 그 자리에 없는 애인의 모습을 우리의 눈앞에 그려 보여주는 것과 같았습니다.

최초의 황홀감이 지나가자 나는 내 영혼의 이런 상태가 전에도 있었다는 사실을 알아차렸습니다. 하지만 이렇게 강력하게 느낀 적은 한 번도 없었습니다. 그 상태를 확실하게 알아차려서 나 자신의 것으로 만들 수도 없었습니다. 모든 영혼이 한두 번은 그와 비슷한 것을 느낀 적은 있으리라 생각합니다. 하느님이 계시다는 것을 한 사람 한 사람에게 가르쳐주시는 것은 다름 아닌 그분 자신입니다.

이전부터 나는 가끔 엄습해 오는 이 힘에 아주 만족해하고 있었습니다. 수

년 동안 이상한 섭리에 따라 생각지도 못한 고통을 겪지 못했다면, 그에 따라 자신의 힘과 능력에 대한 신뢰를 완전히 잃지 않았다면 아마도 나는 그런 상태로 언제까지나 만족하고 있었을 겁니다.

그러나 나는 그 위대한 순간이 있은 뒤로 날개를 얻었습니다. 이제까지 나를 위협했던 것들 위로 날아오를 수 있었습니다. 그것은 마치 물살이 매우 빠른 까닭에 강아지가 겁이 나서 짖고 그 앞에 멈춰 서지 않을 수 없는 그런 강물 위를, 한 마리 새가 노래를 부르며 아무 힘 들이지 않고 날아서 건널 수 있는 것과 같았습니다.

이런 나의 기쁨은 이루 형언할 수 없었습니다. 나는 이 일을 누구에게도 털어놓지 않았지만, 내 가족들은 나의 기쁨의 원인이 무엇인지는 모른 채 내 기분이 아주 좋다는 것만 알았습니다. 내가 언제까지고 영혼 속에 그 티 없이 맑은 기분을 숨겨놓았다면 얼마나 좋았을까요? 여러 상황에 휘말려 얼떨결에 그만 내 비밀을 발설해버리지 않았다면 나는 다시 한 번 먼 길을 돌아갈 필요가 없었을 것입니다.

이제까지 10년 동안 기독교도로서의 삶에는 이렇게 꼭 필요한 힘이 내 영혼 속에 없었기 때문에, 나 역시 다른 성실한 사람들의 경우와 같은 상태에 놓여 있었습니다. 즉 나는 공상의 공간을 늘 하느님과 관계가 있는 영상들로 가득 채움으로써 갖가지 어려움을 해결했습니다. 이 방법도 분명 도움이 되었습니다. 해로운 영상들이나 그 악한 결과들을 막을 수 있었으니까요. 게다가 우리의 영혼은 갖가지 정신적 영상들에 둘러싸여, 마치 한 마리 새끼 새가 이 가지에서 저 가지로 파닥거리며 날아가듯이 조금 높이 날아오르는 일도 자주 있거든요. 더 좋은 방법이 없는 한 이런 수련도 아주 탓할 수는 없는 것이겠지요.

교회나 종소리, 오르간 소리, 찬송가, 특히 목사님들의 설교는 하느님에게 끌리는 영상들이나 인상들을 우리에게 심어줍니다. 나는 이런 것들이 너무 좋았습니다. 날씨가 나빠도 몸 상태가 좋지 않아도 교회에 가야 했습니다. 아파서 누워 있을 때에도 일요일의 교회 종소리를 듣는 것만으로도 참을 수 있었습니다. 우리의 수석 궁정목사님은 너무나 훌륭하신 분으로, 나는 그분의 설교 듣는 것을 아주 좋아했습니다. 동료 목사님들도 존경했습니다. 나는 흙으로 만든 접시에 가득 담긴 과일 중에서도 하느님의 말씀이 깃들인 황금색 사과를 가려낼 수 있었습니다. 공적인 수업 외에도 온갖 종류의 사사로운 신앙심 선도에 참가했습니다. 그러나 이것을 통해서도 나에게는 다만 공상과 아주 섬세한 감각만이 더욱더 발달하게 되었습니다. 나는 이런 수련에 익숙해져 있었고 이 길을 너무나 존중했기에 그때까지도 이보다 더 고상한 길이 있으리라고는 생각도 못했습니다. 나의 영혼은 단지 더듬이만 갖고 있지 눈은 없었기 때문입니다. 내 영혼은 더듬기만 할 뿐 볼 수 없었던 것입니다. 아, 이 영혼에 눈이 있었다면 더 많이 볼 수 있었을 텐데!

지금도 기대에 부풀어 설교를 들으러 갔습니다. 그러나 아, 왜 이런 일이 일어났을까요? 나는 이제까지 찾았던 것을 더 이상 찾을 수 없었습니다. 내가 이미 진실을 알고 있는데도, 목사님들은 그 진실에 접근하기 위해 무던히 애를 쓰고 있었습니다. 나는 얼마 가지 않아 그들에게 싫증이 났습니다. 그러나 내가 찾을 수 있었던 그분에게만 의지하고 있기에는 나는 너무 길이 잘못 들여져 있었습니다. 나는 영상이나 외적인 인상들을 구하고, 그것이 순수하고도 정신적인 욕망이라고 느꼈던 것입니다.

필로의 부모님은 헤른후트 교파와 관계를 맺어오고 있었기에 그의 장서에는 아직도 친첸도르프 백작의 저서들이 많이 남아 있었습니다. 그는 두세 번 아주 분명하고도 당당한 어조로 단지 심리적인 한 현상을 알기 위해서라도 이 책들 가운데 몇 권을 훑어보라고 권했습니다. 나는 백작을 아주 몹쓸 이단자라고 생각했기에, 필로가 같은 의도로 나에게 억지로 떠맡기다시피 했던 에버스도르프의 찬송가*19조차도 손대지 않은 채 그냥 내버려둔 상태였습니다.

그러던 중, 외부로부터 나를 위로할 만한 것이 아무것도 없어서 별 생각 없이 찬송가집을 펴보았습니다. 물론 그 노래들은 매우 이상한 형식으로 씌어 있었지만, 내가 느꼈던 것과 같은 것들을 암시하는 듯이 보이는 노래들을 발견하고 너무 놀랐습니다. 독창적이고 소박한 표현에도 끌렸습니다. 독특한 감성이 독특한 방법으로 표현되어 있는 것 같았습니다. 신학적인 용어 때문에 무엇인가 경직되고 세속적인 것을 떠올리지 않아도 되었습니다. 나는 그들이야말로 내가 느꼈던 바를 그대로 느꼈다는 확신이 들었습니다. 그래

---

*19 에버스도르프(독일 튀링겐주에 있는 도시)의 목사로 경건주의의 신학자 슈타인호퍼가 펴낸 찬송가집(1742).

서 나는 이제 그 가사들 가운데 하나를 암송하고 며칠 동안 그 의미를 골똘히 생각해 보면서 매우 행복해 했습니다.

진실에 눈을 뜬 그 순간부터 거의 3개월이 흘렀습니다. 마침내 나는 내 친구 필로에게 모든 것을 털어놓고 그 백작의 책들을 빌려달라고 부탁하기로 결심했습니다. 나는 이제 그 책들에 대한 호기심을 억누를 수가 없었던 것입니다. 마음속에서는 그것을 진지하게 말리고 있었지만, 실제로는 실행에 옮겼습니다.

나는 필로에게 그 모든 것을 자세히 이야기했습니다. 그런데 그 사람 자신이 그 이야기에서 주요 인물이기도 했거니와 내 이야기가 그 사람을 위해서도 아주 엄격하기 짝이 없는 참회설교를 포함하고 있었기 때문에, 그는 매우 당황했으며 감동했습니다. 그는 울었습니다. 나는 그것을 보고 기뻤으며, 그도 이제 완전히 마음을 바꾼 것이라 생각했습니다.

그는 내가 읽고 싶다는 책들을 모두 빌려주었습니다. 그래서 이제는 나의 상상력을 위한 영양분이 남아돌 정도였습니다. 나는 친첸도르프 백작 식으로 생각하고 말하는 데에 능숙해졌습니다. 내가 그 백작의 사고방식과 화법을 지금은 높이 평가하지 않는다고 생각하지 말기를 바랍니다. 나는 백작을 공정하게 평가하고 싶습니다. 백작은 결코 공허한 몽상가가 아닙니다. 그는 대개 상상력을 대담하게 비약시키면서 위대한 진실을 말하고 있습니다. 백작을 나쁘게 말하는 사람들은 그의 독자성을 평가할 줄 몰랐던 것이며 다른 사교와 가릴 줄도 몰랐던 것입니다.

나는 백작이 말로 나타낼 수 없을 만큼 좋아졌습니다. 만일 마음대로 할 수만 있다면, 나는 틀림없이 고향도 친구들도 버리고 그분이 계신 곳으로 갔을 것입니다. 우리는 틀림없이 서로를 이해했겠지만, 우리가 오랫동안 서로 마음이 맞기는 어려웠을 것입니다.

그 무렵 우리 집안 형편으로 하여금 나를 그렇게 꼼짝 못하게 묶어두도록 해준 내 수호신에게 감사해야 합니다. 나에게는 정원에 나가는 것만으로도 큰 여행이나 다름없었거든요. 늙고 허약하신 아버지를 돌봐드리는 일만 해도 내게는 힘겨웠습니다. 종교적 공상에 빠져 시간을 보내는 것이 유일한 즐거움이었습니다. 내가 얼굴을 대하는 사람은 아버지가 좋아하시는 필로뿐이었습니다. 그러나 나에 대한 그의 격의 없던 관계도 지난번의 그 고백으로 조금 서먹서먹해져 버렸습니다. 그 사람한테는 그 감동이 마음속 깊은 곳까지 스며들지는 못한 것 같았습니다. 그는 나와 같은 언어로 말하려고 몇 번이나 노력했지만, 잘되지 않자 이 문제를 피하게 되었습니다. 그는 견문이 넓어서 늘 새로운 화제를 끌어오는 것이 아주 쉬운 일이었습니다.

그러니까 나는 나 홀로 헤른후트파의 여신도가 된 셈이었습니다. 그러나 나는 내 정서와 취향이 이렇게 새로이 바뀐 일을, 특히 수석 궁정목사님에게는 비밀로 해야만 했습니다. 나는 그분을 나의 고해 목사님으로서 존경했고, 그분의 위대한 업적은 조금도 손상될 수 없는 것이었습니다. 헤른후트 교파를 아주 싫어한다고 해도 말이지요. 유감스럽게도 이 훌륭한 분도 나와 다른 사람들 때문에 많은 우울한 일을 겪게 되었습니다.

그분은 수년 전에 다른 곳에서 성실하고 경건한 귀족 한 분을 알게 되고, 진지하게 하느님을 찾고 있는 그 사람과 오랫동안 편지를 주고받았습니다. 그 뒤에 그 귀족이 헤른후트 교파에 들어가 오랫동안 그 신자들과 머물게 되었을 때, 그 귀족의 종교적 스승인 목사님은 많이 괴로워하셨습니다. 그러다가 그 귀족이 그 신자들과 사이가 틀어져 목사님 곁에서 살기로 결심하고 다시금 그분의 지도에 완전히 몸을 맡긴 것처럼 보였을 때, 그분은 정말 기뻐하셨습니다.

이제 수석 목사님은 말하자면 아주 의기양양해져서 새로 온 그 사람을 당신이 특히 좋아하는 모든 신자에게 소개하셨습니다. 아버지는 아직 아무도 만나지 않으셨기에 우리 집에는 데리고 오지 않았습니다. 그 귀족은 인기가 많았습니다. 그는 궁정의 예절을 갖추고 있었으며, 교구민들의 호감을 살 만한 점이 있었고, 여러 가지 순박한 좋은 특성들을 지니고 있었습니다. 얼마 안 가서 그를 아는 모든 사람은 그를 위대한 성자로 여겼습니다. 이에 대해 그의 종교적 은인인 목사님은 아주 기뻐하셨습니다. 그런데 유감스럽게도 그는 단지 외적인 상황 때문에 교파와 갈라섰을 뿐, 마음속에서는 아직도 완전히 헤른후트 교파의 신자였습니다. 그가 공감하고 있었던 것은 분명 교의 그 자체였으나 친첸도르프 백작이 그 교의의 테두리를 장식하곤 했던 시시한 말의 성찬[20]도 아주 좋아했습니다. 그는 교단의 생각과 말투에 꽤 익숙

---

[20] 친첸도르프 백작은 비유를 좋아해서, 그 저서에는 독특한 표현이 많았다.

해져서 이제는 오랜 친구인 목사님 앞에서 세심한 주의를 기울여야 했습니다. 하지만 친한 사람들에게 둘러싸여 있을 때에는 자신도 어쩌지 못하고 자기의 습작이나 기도문이나 상징적 비유 등을 발설했습니다. 그때마다 그는, 누구나 짐작을 했겠지만 큰 갈채를 받았습니다.

나는 이런 일에 관해서는 아무것도 모르는 채 내 나름대로 계속 그 시시한 말의 성찬에 탐닉했습니다. 우리는 오랫동안 서로를 모르고 지냈던 것이지요.

어느 날, 짬을 내어 여자친구의 문병을 갔습니다. 거기서 몇몇 지인들을 만났는데, 곧이어 내가 어떤 이야기 중에 뛰어들어 그들에게 걸림돌이 된 것을 알아챘습니다. 나는 모르는 척했는데, 헤른후트 교파의 그림들이 두세 점 아담한 액자에 끼워진 채 벽에 걸려 있는 것을 보고 놀랐습니다. 나는 내가 이 집에 들어서기 전에 무슨 일이 일어났을까를 금방 파악했습니다. 그래서 나는 거기에 잘 어울리는 몇몇 시구들을 읊으면서 환영의 뜻을 표했습니다.

친구들이 얼마나 놀랐는지는 가히 짐작하실 수 있을 것입니다. 우리는 서로의 처지를 밝히고 당장에 의기투합하여 마음을 터놓는 사이가 되었습니다.

나는 기회를 봐서 외출하려고 했지만, 그래도 3주나 4주에 한 번쯤이었습니다. 그 귀족 출신의 사도와도 알게 되고, 차츰차츰 모든 비밀 신자들과도 알게 되었습니다. 그들의 모임에도 되도록 나갔습니다. 그리고 본디 사교적인 성향도 없지 않은 나로서는 다른 사람들의 의견을 듣고, 이제까지 나 혼자서만 속으로 품고 골똘히 생각해오던 갖가지 일들을 다른 사람들에게 말해줄 수 있다는 것에 한없이 기뻤습니다.

그러나 친첸도르프 백작의 미묘한 말과 표현을 느낄 수 있는 사람들은 극소수에 지나지 않았으며, 예컨대 느낄 수 있는 사람들이 있다 하더라도 그들은 그런 것을 통해서는 예전에 교회에서 신학적 학술용어들을 통해 배운 것 이상의 것을 배우지는 못한다는 사실을 알아차리지 못할 만큼 거기에 푹 빠져 있지는 않았습니다. 그런데도 나는 그 사람들과 같이 걸어갔습니다만, 결코 그들이 잘못 이끌지는 않았습니다. 나는 다른 사람을 조사하거나 다른 사람의 마음을 추측하는 것은 내 일이 아니라고 생각했습니다. 그렇지만 여러 가지 순수한 수련 덕분에 더 나은 사람이 될 수 있는 준비를 한 것은 사실입니다. 나는 말참견을 하지 않으려 하고, 스스로 말할 때에도 의미를 전달하는 것에만 애를 씁니다. 의미라는 것은 미묘한 상황에서는 숨겨서 암시하는 경우가 있으니까요. 어쨌든 나는 잠자코 참고 있으면서 누구든지 자기 나름대로 하도록 내버려두었습니다.

그러나 그 비밀 모임의 평온한 시기도 오래가지 못하고 곧 공적인 논쟁과 갈등의 폭풍우가 휘몰아쳤습니다. 궁정과 도시에서도 큰 소동이 일어났습니다. 아니, 많은 추문들이 생겼다고까지 말씀드려야 할 것 같습니다. 헤른후트 교파의 강력한 반대론자인 우리의 수석 궁정목사님이 자신의 가장 선량한, 평소에 자신을 가장 따르던 신도들이 모두 헤른후트 교파 쪽으로 쏠리게 되었다는 사실을 고백하게 되는 굴욕적인 순간이 온 것입니다. 심한 모욕감을 느낀 목사님은 처음에는 마음을 절제하지 못했더니 나중에는 물러서고 싶어도 물러설 수도 없게 되었습니다. 격렬한 논쟁이 벌어졌습니다. 다행히 내 이름은 불리지 않았습니다. 나는 내가 그렇게도 증오하던 그 모임의 우연한 회원에 지나지 않았고, 또 그 열성적인 목사님에게 내 아버지와 필로는 세속적인 일에서 없어서는 안 될 사람이었기 때문입니다. 나는 조용히 만족해하며 중립을 지켰습니다. 선량한 사람들이라 하더라도 이런 감정과 대상에 대해서 말하는 것은 싫어했기 때문입니다. 그들은 아주 깊은 의미는 이해하지 못한 채 단지 피상적인 차원에만 머물러 있었습니다. 그럼에도 친구들과 서로 이해가 잘 안 되는 문제에 대해서 반대론자들과 싸운다는 것은 부질없는 짓이었습니다. 선량하고 고상한 사람들조차 이 문제에서는 반감과 증오로 인해 본의 아니게 불공정한 쪽으로 넘어가게 되고, 그래서 외적인 형식을 지키려고 그들의 가장 선량한 깊은 속마음까지도 거의 훼손하기에 이르게 되었다는 것을 알았기 때문입니다.

수석 목사님은 이 문제에서 잘못을 범하셨다는 것이 확실하고, 사람들이 나까지 부추겨 그분에 대해 분개하도록 애쓰긴 했지만, 나는 목사님을 진심으로 존경하는 마음을 결코 버릴 수가 없었습니다. 나는 그분을 잘 알았으며, 이 문제에 대한 목사님의 의견을, 목사님의 관점에서 공정하게 이해할 수 있었습니다. 누구든 약점이 없는 사람은 없습니다. 다만 훌륭한 사람은 그 약점이 더 잘 눈에 띄는 것뿐이겠지요. 그래서 우리는 늘, 이렇게 매우 큰 특권을 지닌 분들이 아무 결점도 없고 아무런 희생을 치르지 않아도 되기를 마음속으로 소망하고 또 그러기를 바라는 것입니다.

나는 목사님을 아주 훌륭한 분으로 존경했으며, 나의 말없는 중립적 태도가 평화까지는 아니더라도 적어도 휴전상태에 도움이 되고 싶었습니다. 내가 얼마나 도움이 될지는 모르겠지만, 하느님은 서둘러 이 일에 결말을 내리시어 그분을 당신에게로 데리고 가셨습니다. 조금 전까지만 하더라도 그분과 심한 말다툼을 해오던 사람들은 모두 그분의 관 옆에서 울었습니다. 그분의 성실함과 하느님에 대한 경건한 마음을 의심한 사람은 아무도 없었기 때문입니다.

그때 나도 그 사건으로 다른 면모를 보게 된 그 일을 그만 손에서 놓지 않을 수 없었습니다. 그동안 숙부님은 내 여동생에 대한 자신의 계획을 은밀히 추진해왔습니다. 신분과 재산을 갖춘 한 청년을 내 동생의 신랑감으로 소개했으며, 기대에 걸맞은 풍족한 지참금을 약속하셨습니다. 아버지는 흔쾌히 허락하셨고, 동생도 전 애인과 헤어져 마음의 준비가 되어 있어서, 자신의 신분에 다가오는 변화를 기꺼이 받아들였습니다. 결혼식은 숙부님의 성에서 거행되었는데, 가족들과 친구들이 초대되어 우리는 모두 밝고 즐거운 마음으로 그리로 갔습니다.

내가 살아오면서 어느 집에 들어가 보고 놀라기는 이번이 처음이었습니다. 숙부님의 취미나 거느리고 있는 이탈리아인 건축가, 숙부님이 수집하신 골동품과 서적에 대해서는 몇 번이나 들었지만, 내가 이제까지 본 것과 비교해 가면서 머릿속에서 나 나름대로 다채로운 상상을 해왔을 따름이었습니다. 그 때문에 내가 숙부님 집 안으로 들어서면서 받은 그 엄숙하고도 조화로운 인상에 얼마나 놀랐는지 모릅니다. 그와 같은 인상은 어느 홀에 들어가거나 어느 방에 들어가거나 더욱더 강렬해졌습니다. 이제까지는 호화로운 장식을 보면 마음이 혼란스러울 따름이었지만, 여기서는 마음을 집중하고 나 자신을 다시 되돌아보게 되었습니다. 결혼식과 잔치를 위한 모든 준비에서도 호화스러움과 품위가 아늑한 호감을 자아냈습니다. 나는 단 한 사람이 이 모든 것을 생각해내고 지시하고 여러 사람이 협력해서 이렇게 큰 의미에서의 공동 작업을 할 수 있다는 것이 신기했습니다. 그러나 모든 점에서 주인과 그의 수하들은 아주 자연스러웠으며, 그 어떤 경색된 기미나 공허한 식전의 분위기는 전혀 느낄 수 없었습니다.

결혼식 자체는 의외로 화기애애한 분위기 속에서 시작되었습니다. 우리는 뜻밖에도 훌륭한 성악곡을 듣게 되었고, 목사님도 이 식전에 진리의 모든 엄숙성을 부여했습니다. 나는 필로 옆에 서 있었는데, 그는 축하의 말 대신에 깊은 한숨을 쉬며 말했습니다.

"당신 동생 분이 손을 내주는 것을 보았을 때, 펄펄 끓는 물을 뒤집어씌우는 것 같은 기분이었어요."

"왜죠?" 내가 물었습니다.

"결혼식*21에서는 늘 그런 기분입니다." 그가 말했습니다.

나는 그를 보고 웃었지만, 그 이래로 가끔씩 이 말을 떠올리곤 합니다.

피로연에서는 젊은 사람들도 많이 있었는데, 우리 주위에 있는 사람들은 품위 있고 진지했기에 더욱더 훌륭해 보였습니다. 모든 가구, 식탁용품들, 식기, 식탁 위에 놓는 케이크 그릇 등이 전체와 잘 어울렸습니다. 보통 다른 집에서는 건축가도 케이크 굽는 사람도 같은 유파 출신인 것처럼 나에게 보였다면, 이 집에서는 케이크 굽는 사람도 식탁 차리는 사람도 모두 건축가에게 배운 것처럼 생각되었습니다.

손님들은 여러 날을 이곳에서 머물게 되었는데, 재치 있고 사려 깊은 주인은 손님들이 재미있는 시간을 보낼 수 있도록 아주 다양하게 준비해 놓았습니다. 많은 사람들이 잡다하게 뒤섞인 모임은 별 재미가 없습니다. 이런 모임에서는 그 자체의 속성상 가장 속되고도 무미건조한 오락거리를 택하게 되고, 그 결과 취미가 저속한 사람들보다도 오히려 고상한 사람들이 무료함을 느끼는 법이지요.

숙부님은 전혀 다른 방법으로 모임을 준비하셨습니다. 이른바 집사 같은 역할을 맡은 두세 명을 불렀습니다. 그중 한 사람은 젊은 사람들을 맡았습니다. 그가 착안한 춤이나 마차 드라이브 같은 사소한 놀이가 그의 지휘로 이루어졌습니다. 젊은 사람들은 야외에 있기를 좋아하고 바깥바람 쐬는 것을 꺼리지 않았기에, 정원과 정원이 마주보고 있는 큰 홀이 젊은이들에게 배정되었습니다. 그래서 두세 개의 회랑들과 정자들이 만들어졌는데, 그것들은 단지 판자와 아마포로 되어 있을 뿐이었지만, 그렇게 고상한 상황 속에 있다

---

*21 원어는 Kopulation으로 '교미, 성교'라는 의미도 있다.

보니 모두가 온통 돌이나 대리석으로만 되어 있는 것처럼 보였습니다.

피로연에 손님들을 초대한 주인이 손님들의 욕구를 만족시키고 즐겁게 보내도록 만들기 위해 이렇게까지 신경을 쓰는 것은 매우 드문 일입니다.

나이 든 사람들을 위해서는 사냥과 카드놀이, 또는 간단한 산보를 하거나 따로 정다운 담소를 나눌 자리들이 마련되었습니다. 일찍 잠자리에 드는 사람을 위해서는 조용하고 가장 멀리 떨어진 방이 배정되었습니다.

이렇게 훌륭한 원칙에 따라 우리가 머무르는 그 공간은 하나의 조그만 세계처럼 생각되었습니다. 그러나 자세히 보면 그 성은 그렇게 크다고 할 수도 없었습니다. 그 성을 자세히 아는 주인의 배려가 없었다면, 아마도 그렇게 많은 손님들을 묵게 하면서도 그 손님들 각자에게 모두 마음에 들도록 접대하기가 어려웠을 것입니다.

잘생긴 사람을 보면 기분이 유쾌해지는 것과 마찬가지로, 어느 집의 전체 구조를 보고 우리가 거기에서 분별 있고 이성적인 사람의 손길이 구석구석까지 닿아 있는 것을 느낄 수 있으면 유쾌해집니다.

설령 건축과 장식에 취미가 전혀 없더라도, 깨끗한 집에 들어가는 것은 그것만으로도 하나의 즐거움입니다. 그 집의 주인은 교양인이 갖춰야 할 자질들 가운데에서 적어도 한 가지 면은 갖추고 있다는 사실이 우리에게 드러나 보이기 때문이지요. 하물며 어떤 사람의 집으로부터, 비록 그것이 감성적인 것에 그친다 하더라도, 제법 고귀한 문화의 정령이 우리를 반겨 맞이해준다면 우리의 유쾌한 기분은 갑절로 상승될 것입니다.

나는 숙부님의 성에서 이와 같은 것을 아주 생생하게 보고 느낄 수 있었습니다. 그때까지 나는 미술에 대해서는 많은 것을 듣고 읽어왔습니다. 필로는 상당한 그림 애호가로 뛰어난 작품들을 수집했습니다. 나 또한 그림을 자주 그렸는데, 지나치게 자신의 감정에만 얽매어서 꼭 필요한 한 가지[22]만을 해결하려고 했습니다. 또 내가 보아온 모든 미술품은 여타의 세속적인 사물들

＊22 〈누가복음〉 10 : 40～42. 마리아(마르타의 동생)는 예수님의 발치에 앉아 말씀을 듣고, 시중드는 일에 경황이 없던 마르타는 예수께 와서 "주님, 제 동생이 저에게만 일을 떠맡기는데 이것을 보시고도 가만두십니까? 마리아더러 나를 좀 거들어주라고 일러주십시오." 하고 말하였다. 그러나 주께서는 이렇게 대답하셨다. "마르타, 마르타, 너는 많은 일에 다 마음을 쓰며 걱정하지만 실상 필요한 것은 한 가지뿐이다. 마리아는 참 좋은 몫을 택했다. 그것을 빼앗아서는 안 된다."

과 마찬가지로 나의 정신을 산만하게만 하는 것 같았습니다. 이제 나는 처음으로 무엇인가 외적인 것 때문에 나 자신한테로 되돌아왔습니다. 그래서 이제야 비로소 나는 꾀꼬리의 자연스럽고도 훌륭한 노랫소리와 감정이 넘쳐흐르는 인간의 성대에서 흘러나오는 4부 합창의 할렐루야의 차이를 구별할 줄 알게 되어 스스로 크게 놀랐던 것입니다.

나는 이러한 새로운 사고방식을 솔직하게 숙부님에게 털어놓았습니다. 숙부님은 다른 손님들이 모두 자기 방으로 가고 나면 나와 둘이서만 이야기를 하곤 하셨습니다. 숙부님은 당신이 소유하고 있는 것과 이룩해 놓은 것에 대해서는 그다지 말하지 않으셨지만, 어떤 의미에서 그것들을 수집하고 진열했는지에 대해서는 아주 자세하게 이야기를 해주셨습니다. 그때 나는 숙부님이 나를 배려하면서 이야기를 하시고, 예전부터 해오던 방식이지만 당신이 깨달은 선을, 내가 가장 올바르고 최선이라 확신하는 것보다도 하위에 두시는 것처럼 말씀하시는 것이었습니다.

언젠가 숙부님은 이렇게 말씀하셨습니다.

"이 세상의 창조주인 하느님께서 몸소 자신의 피조물 모습을 띠고 그 피조물이 사는 방식 그대로 잠시 이 세상에서 사셨다는 것을 생각할 수 있다면, 하느님께서 그토록 커다란 애정을 가지고 피조물과 하나가 되어주신 거니까, 인간이라는 피조물은 그것만으로도 무한히 완전한 존재라고 생각해야 해. 그러니까 인간이라는 개념에는 신과 모순되는 점이 조금도 없는 거야. 우리는 신과는 닮지 않았고, 그래서 신으로부터 거리를 느끼는 거지. 하지만 그럴수록 악마의 변호인처럼 우리 본성의 치부나 약점을 보려 하지 말고, 신을 닮았다는 우리의 요청을 확인할 수 있도록 오히려 온갖 이성적인 상태를 찾아야 할 의무가 있는 것이야."

나는 미소를 지으며 이렇게 대답했습니다.

"숙부님, 친절하게 나의 언어로 말씀해주시니 너무 부끄러워요. 숙부님이 해주시는 말씀은 나에게 아주 중요한 의미를 지니고 있기에 그것을 숙부님 자신의 언어로 듣고 싶어요. 설령 내가 이해하지 못하는 부분이 있더라도 내가 어떻게든 나의 말로 옮겨서 이해하도록 애써볼게요."

"그럼 이제부터는 어조를 바꾸지 않고 내 식으로 말하마." 숙부님이 대답하셨습니다. "인간의 최대 업적이라고 한다면 아마도 그것은 주위의 상황을 될 수 있는 대로 지배하고, 될 수 있는 대로 상황의 지배를 덜 받는다는 점에 있다 할 거야. 온 우주가, 이를테면 한 커다란 바윗덩이가 건축가의 눈앞에 놓여 있듯이 우리 앞에 놓여 있는 거야. 건축가는 이 우연한 천연의 돌덩이를 소재로 해서 굉장한 경제성과 합목적성과 견고성을 갖춘, 자신의 정신에서 우러나온 하나의 원상을 조립해내야 해. 우리 외부에 있는 것은 자연의 한 요소에 지나지 않아. 그러나 우리의 몸을 이루고 있는 모든 것도 그렇다고 할 수 있겠지. 우리 내부 깊숙한 곳에는 존재해야 마땅한 것을 만들어낼 수 있는 창조력이 있단다. 그래서 이 창조력은 우리가 어떤 방법을 쓰든 간에 우리의 외부 또는 우리 자신에게 그런 것을 표현해두기 이전에는 우리로 하여금 잠시도 쉽게 내버려두지를 않는단 말이야. 애야, 아마도 너는 제일 바른 길을 선택한 것 같구나. 너의 도덕적인 인성, 깊고 자애로운 천성을 지키고, 그리고 지극히 높으신 분하고도 완전히 일치시키려고 노력해 왔잖니! 그러니 우리는 다른 감각적인 사람들과 조화롭게 지내기 위해 애써야 하고, 그들을 비난해서는 안 된다."

이런 대화들을 통해 숙부님과 나는 더 가까워졌습니다. 그래서 나는 숙부님이 나와 얘기하실 때에는 내 생각에 맞춰주는 게 아니라 자신의 생각을 그대로 말씀해주시길 원했습니다.

"너의 사고방식이나 행동을 칭찬한다고 해서 내가 네 비위를 맞추고 있다고 생각하지는 마라." 숙부님이 말씀하셨습니다. "난 무엇을 바라는지 확실히 알고 끊임없이 나아가 자신의 목적을 이루는 사람을 존경한다. 그 목적이 위대한지 사소한지, 또는 칭찬할 만한 것인지 비난받을 것인지는 생각하지 않는단다. 애야, 불행이든 재앙이든 모두 인간들이 게을러서 자기들의 목적을 올바르게 알려 하지 않고, 설령 안다고 해도 그 목적을 향해 진지하게 노력하지 않기에 생겨나는 거란다. 이런 인간들은 내가 보기에는 마치 탑을 세우면 되겠다, 아니 탑을 세워야 하겠다고 생각은 했으면서도 막상 오막살이 하나를 지을 때에도 기초공사를 소홀히 하는 사람과 같단다. 너 자신의 도덕적 천성에 맞게 사는 것을 최고의 목적으로 한 네가, 그렇게 담대한 희생을 치르는 대신 가족이나 어쩌면 남편이 될지도 모르는 약혼자 사이에서 그럭저럭 살아왔다고 치자. 그랬더라면, 너는 아마도 언제까지나 네 영혼과 일치하지 못해 단 한순간도 만족스럽게 지낼 수 없었을 거야."

"숙부님은 희생이라 하셨지만 나는 보다 높은 목적을 위해, 즉 어떤 신적 존재를 위해 저에게는 소중한 것이라도 그 신적 존재한테는 비교적 사소한 것을 희생으로 바치고 있는 거예요. 마치 사랑하는 아버지의 건강을 위해 귀여운 양을 기꺼이 제단에 바치는 것과 같은 일이라 생각해요."

"다른 것을 위해 그 어떤 것을 버리고, 다른 것보다 그 어떤 것을 선택하도록 명령하는 것이, 이성이든 감정이든 결단의 결과야말로 인간이 지닌 가장 존경할 만한 점이라고 생각한다. 상품과 돈을 함께 가질 수는 없지. 돈을 내놓을 마음이 없으면서 늘 가지고 싶어하는 사람이나, 물건을 손에 넣고서도 산 것을 후회하는 사람이나 딱하기는 매일반이야. 그러나 나는 그렇다고 해서 그 사람을 비난할 생각은 전혀 없어. 그건 본디 그들의 죄가 아니라 그들에게 놓인 복잡한 상황 탓이니까. 그들은 그런 복잡한 상황 속에서는 자신을 통제할 수 없는 거야. 그래서 도시보다 시골에 못된 상인이 적고, 또 대도시보다 소도시에 못된 인간이 적은 법이지. 그런데 왜 그럴까? 인간은 태어날 때부터 제한적인 여건에 얽매이게 된다. 단순하고 가깝고 확실한 목적들은 바로 알 수 있어서 당장 손에 잡히는 수단을 쓰는 데에 익숙해지지. 그러나 조금이라도 멀리 가면 금방 자기가 무엇을 바라는지, 무엇을 하면 좋을지 모르게 된단 말이야. 대상이 너무 많아서 심란해진 것인지, 또는 그 대상들이 고귀하고 값진 것이어서 정신이 나가버린 것인지 그런 것은 아무래도 좋아. 자신의 규칙적이고 바른 행동과 일치하지 않는 어떤 일을 노력하라고 강요받을 때에는 언제나 불행해지는 거란다.

사실 이 세상에서 진지한 관심 없이 할 수 있는 것은 아무것도 없단다. 우리가 교양인이라고 부르는 사람들 중에서도 사실 이러한 진지성이 모자란 사람이 많단다. 연구를 하든 일을 하든 예술을 하든, 심지어 여가를 즐길 때에도 그들은 단지 자기 자신을 지키기 위해서만 그러는 거란다. 그들은 그것을 해결하기 위해서만 마치 한 뭉치 신문을 읽어치우듯이 인생을 살고 있어. 그 좋은 예가, 로마에서 만난 젊은 영국인이야. 그는 저녁에 어떤 모임에서 매우 흡족해 하며 얘기했다는 거야. 이번 달은 여섯 개의 교회와 두 개의 미술관을 다녀왔다고 말이지. 그들은 여러 가지를, 게다가 자신과 가장 무관한 것을 알고 싶어하고, 그걸 알아봤자 마치 공기를 헐떡거리며 들이마시는 것과 같아서 고픈 배를 채울 수 없다는 것을 알아채지 못한단 말씀이야. 나는 누군가를 사귀게 되면 먼저 어떤 일을 어떻게 하는지, 그리고 결과는 어떤지 물어보곤 하지. 그리고 그 대답에 따라 그에 대한 관심도 결정이 되는 거란 다."

"숙부님! 숙부님은 너무 엄격하신 것 같아요. 그러다 보면 숙부님이 도와줄 수도 있는 많은 착한 사람들이 도움의 손길을 거절하게 되는 건 아닐까요?"

"오랫동안 그들한테서, 그들을 위해 헛수고를 해온 사람에게 하는 말이냐? 우리를 즐거운 야유회에라도 초대한다고 생각하면서 실은 우리로 하여금 다나이데스나 시시포스*23처럼 헛수고만 하는 부류가 되도록 만들고 마는 그런 인간들 때문에, 젊었을 적에는 골치깨나 썩었지! 다행이도 이제 나는 그런 사람들과 인연을 끊었어. 그런데 그런 인간 하나가 어쩌다 운 나쁘게 내 활동 영역 안에 들어와도, 나는 아주 정중한 방법으로 그를 내보내려고 하지. 그런 인간들이 와서 세계정세를 혼란스럽게 하거나 학문의 천박성, 예술가들의 경박성, 시인들의 공허성 등 그 밖의 온갖 문제들에 대해 신랄하게 불평들을 늘어놓기 때문이야. 그러나 그들이나 그들과 똑같은 무리들은 그들이 바라는 대로 책을 썼다 하더라도 결코 그 책을 읽지 않으리라는 것도 사실이지. 그들은 자기들이야말로 진정한 문학작품을 모르고 있으며, 훌륭한 예술작품도 편견을 통하지 않고는 절대로 그들의 찬사를 얻을 수 없다는 사실을 꿈에도 생각하지 못하거든. 하지만 우리 이제 이런 말은 그만두자꾸나. 그들을 욕하거나 나무라봤자 무슨 소용이 있겠니?"

숙부님은 내 주의를 벽에 걸려 있는 여러 가지 그림에게로 돌리셨습니다. 그래서 나는 내 마음이 끌리는 그림이나 그려진 대상에 의미가 있는 듯한 그림들을 바라보았습니다. 숙부님은 한참동안 그렇게 나를 내버려두고 잠자코

＊23 그리스 신화. 다나이데스(Danaïdes)는 다나이스(Danais)의 복수형이다. 다나오스(그리스인의 총칭인 다나오이의 조상)의 딸들은 다나이스라 불렸다. 다나오스에게는 50명의 딸이 있었다. 딸들은 한 사람을 제외하고는 모두 아버지의 명령으로 결혼한 그날 밤 신랑을 죽였기 때문에, 지옥에서 구멍 뚫린 물통에다 물을 부어 채워야 하는 영겁(永劫)의 벌을 받았다. 시시포스 (Sisyphus)는 인간들 중에서도 가장 교활한 인물이다. 그 때문에 지옥에서 커다란 바위를 산꼭 대기로 밀어 올리는 벌을 받았는데, 그 바위는 정상 근처에 다다르면 다시 아래로 굴러떨어지는 영원히 되풀이되는 벌이었다.

계시더니 이렇게 말씀하셨습니다.

"이런 작품들을 만들어낸 천재에게도 조금은 관심을 보였으면 좋겠구나. 착한 사람들은 자연 속에서 기꺼이 하느님의 손길을 인정하는데, 그분의 모방자에게도 조금은 관심을 보내야 하지 않을까?"

숙부님은 이렇게 말하면서 나로 하여금 그다지 눈에 띄지 않는 그림들을 눈여겨보도록 하셨습니다. 실은 천재만이 우리에게 예술의 역사를 알게 해주고, 비로소 예술작품의 가치와 품격을 올바르게 이해하도록 해줄 수 있다는 점을 가르쳐주시려는 것이었습니다. 우리는 보는 것만으로도 현기증이 나는 그런 높은 경지 위에서 천재가 얼마나 자유롭게 즐겁게 노닐 수 있는지를 이해하기 위해서, 먼저 몇 백 년에 걸쳐 쌓은 기교와 손재주의 그 어려운 단계들을 알아야 한다는 말씀이었습니다.

숙부님은 이런 의미에서 멋진 작품들을 수집해오신 것이었습니다. 숙부님이 그 그림들을 설명해주셨을 때, 나는 마치 도덕적인 교양을 비유의 형태로 배운 듯한 느낌이었습니다. 내가 숙부님께 이런 나의 생각을 말씀드렸더니 숙부님은 이렇게 말했습니다.

"네가 말한 그대로다. 네가 말했듯이 도덕적인 교양을 혼자 틀어박혀서 생각한다고 반드시 잘하는 일이라고 할 수 없다. 오히려 우리는 도덕적 교양을 함양하려고 애쓰는 정신적 인간은 비교적 섬세한 감각도 동시에 기를 필요가 있다는 점을 느끼게 될 것이다. 그렇지 않으면, 그는 고삐 없는 공상의 유혹에 빠져 그 어떤 아주 나쁜 짓거리는 아니라 할지라도 몰취미한 장난을 즐기느라고 자신이 타고난 고상한 본성의 품위를 떨어뜨릴 위험이 있기 때문이야."

나는 숙부님이 나를 두고 하신 말씀이라고 의심하지는 않았지만, 그런 말에 무척 당황스러웠습니다. 돌이켜보면 나에게 신앙심을 불어넣어주었던 찬송가들 중에는 몰취미한 것들도 많았을 것이고, 나의 종교적인 관념들과 결부되어 있던 여러 가지 형태들도 숙부님의 엄격한 사고방식에는 아마도 달갑게 보이지 않았으리라 생각되기 때문입니다.

그동안에도 필로는 자주 도서실을 다녔는데, 이번에는 나도 데리고 갔습니다. 우리는 다양한 책의 종류나 그 엄청난 양에 놀랐습니다. 책들은 여러 방면에 걸쳐 포괄적으로 수집되어 있었습니다. 거기에는 거의 모든 책이 명확한 인식에 이르게 하고, 우리에게 올바른 질서를 가르쳐주며, 올바른 자료를 제공하거나 인간 정신의 통일성을 확신시켜주는 그런 책들뿐이었습니다.

나는 지금까지 살아오면서 헤아릴 수 없이 많은 책을 읽었습니다. 몇몇 분야에서는 내가 모르는 책이 거의 없을 정도였습니다. 그런 만큼 평소 다른 곳에서는 제한된 수의 책들이 어지럽게 꽂혀 있거나 또는 많은 책들이 끝없이 늘어서 있는 것만을 보았는데, 여기서는 전체를 다 볼 수 있고 어디에 무슨 책이 없다는 것까지도 알 수 있어서 정말 기뻤습니다.

동시에 우리는 아주 흥미롭지만 조용한 사람을 알게 되었습니다. 그는 의사이자 박물학자였는데, 그 댁의 주인이라기보다는 오히려 페나테스*24처럼 보였습니다. 그는 우리에게 박물 표본실을 보여주었습니다. 그 표본실은 도서실과 마찬가지로 자물쇠로 잠근 유리장 안에 표본들을 넣어두어 방의 벽들을 장식하고 있어서 공간을 비좁게 하지 않으면서도 그 품위를 한층 높여주고 있었습니다. 그것을 보고 나는 내 어린 시절을 떠올리고, 그 무렵 아버지가 바깥세상을 거의 볼 수 없던 어린 딸의 침대로 가져와 보여주셨던 여러 가지 물건들을 이번에는 내가 아버지에게 다시 보여드리기도 했습니다. 그때도, 그리고 나중에 있었던 대화에서도 그 의사는 종교적인 견해라는 점에서 나에게 접근하고 있다는 사실을 전혀 감추지 않았습니다. 그러면서 그는, 숙부님이 관대하시며 인간 본성의 가치와 통일성을 보여주고 증진시켜주는 것이면 무엇이든지 존중하신다고 숙부님을 칭찬했습니다. 다만 숙부님은 다른 사람들에게도 똑같은 것을 요구하시고, 개인의 오만과 배타적인 편협함을 무엇보다 싫어하신다고 했습니다.

내 여동생의 결혼식이 끝난 뒤로 숙부님의 두 눈에는 기쁜 기색이 역력했습니다. 그리고 내 여동생과 그 아이들을 위해 무엇을 해주면 좋을지 나와 여러 번 이야기를 나누셨습니다. 숙부님에게는 손수 관리하는 기름진 토지들이 있었는데, 이것들을 최선의 상태로 조카들에게 물려주려고 하셨습니다. 우리가 현재 머물고 있는 영지에 대해서도 특별한 생각을 갖고 계시는 것 같았습니다.

"이 토지는, 이 토지의 가치를 알고 존중하고 누릴 줄 아는 사람에게 물려

---

*24 페나테스(Penates). 로마 신화. 로마의 고대종교에서 집의 식료품을 들여오는 광 또는 곳간의 신. 예부터 집의 수호신이었다.

주고 싶다. 부유한 귀족은, 특히 독일에서 모범을 보여야 한다는 것을 알고 있는 사람에게만 물려주고 싶단다."

대부분의 손님들은 이미 뿔뿔이 흩어져 돌아갔습니다. 우리도 작별할 준비를 하고 있었고 축하의 마지막 행사도 끝났다고 생각했을 때, 우리를 즐겁게 해주려는 숙부님의 배려로 다시 한 번 놀랐습니다. 우리는 내 여동생의 결혼식 때에 그 어떤 악기의 반주도 없이 사람들 목소리만으로 하는 합창을 들었을 때 느꼈던 그 황홀한 감동을 숙부님에게 숨김없이 털어놓았습니다. 그리고 그 즐거움을 다시 한 번 마련해주셨으면 하고 숙부님에게 넌지시 비쳤습니다만, 숙부님은 그것을 귀담아들으시는 것 같지 않았습니다. 그러던 어느 날 저녁 숙부님이 이렇게 말씀하셨을 때, 우리는 정말 깜짝 놀랐습니다.

"무도곡도 이제 한물갔구나. 젊은 친구들이 가버렸으니 말이야. 신혼부부들도 2, 3일 전보다 더 침착해진 것 같고, 우리도 이제 다시 못 볼지도 모르겠구나. 보게 되더라도 다른 상황에서 재회할 터이니, 이렇게 헤어진다고 생각하니 왠지 엄숙한 기분이 드는구나. 이런 기분을 보다 고상하게 만드는 데에는 음악이 제일이지. 다들 전부터 앙코르를 원하고 있었지?"

숙부님은 그동안 사람 수를 늘리고 몰래 연습을 해온 합창단으로 하여금 4부 합창과 8부 합창을 부르도록 했습니다. 정말 천상의 행복이란 이런 것이라 할 정도의 감동이었습니다. 나는 이제까지 성가를 들은 적은 있지만, 언제나 신자들이 자기 자신에게 유쾌한 감정을 불러일으킨다고 해서 하느님을 찬송하는 것으로 믿고 숲 속의 새들처럼 쉰 목소리로 부르곤 하는 그런 경건한 노래들뿐이었습니다. 연주회도 가본 적이 있지만, 그때도 기껏해야 연주가들의 재능을 경탄할 수 있을 뿐이었고 일시적인 즐거움에 취할 수 있는 경우조차 드물었습니다. 그런데 지금의 이 음악은 가장 훌륭한 인간 본성의 심오한 정신에서 우러나와 숙련된 특정 기관들을 통해 하모니를 이루고 다시금 인간의 심오한 정신에게 속삭여 인간으로 하여금 정말 자기가 하느님을 닮았다는 것을 생생하게 느끼게 해주었습니다. 모두가 라틴어로 된 성가였는데, 그 음악들은 윤리적인 속세의 사람들에게는 마치 금반지에 박힌 보석들과도 같았고, 이른바 교화적인 요구를 전혀 하지 않으면서도 자기 자신을 지극히 정신적으로 고양시켜주고 행복하게 만들어주었습니다.

떠날 때 우리 모두는 아주 귀한 선물들을 받았습니다. 나는 숙부님에게 내가 속한 수녀단을 상징하는 십자가상을 받았는데, 이제까지 보아오던 것보다 훨씬 더 정교하고 아름답게 세공된 에나멜을 입힌 것이었습니다. 그것은 큼직한 다이아몬드에 매달려 있었는데, 그 때문에 동시에 끈에 묶여 있는 것이기도 했습니다. 숙부님은 이 다이아몬드가 박물 표본실의 소장품들 가운데 가장 귀중한 보석이라고 하셨습니다.

내 여동생은 이제 남편과 함께 그의 영지로 떠났고 우리도 저마다 자기 집으로 돌아왔는데, 우리는 외부 환경에 관한 한, 아주 평범한 생활로 돌아온 듯한 느낌이었습니다. 우리는 마치 요정들의 성에서 평범한 지상으로 내려온 듯 다시금 종전의 방식대로 행동하고 살아가야만 했습니다.

그 새로운 환경에서 내가 겪은 신기한 체험은, 나에게 매우 아름다운 인상을 남겼습니다. 숙부님은 그 인상을 북돋우어주고 새롭게 해주려고 당신이 가장 아끼는 미술품들을 가끔씩 나에게 보내주기도 하시고, 내가 충분히 오랜 시간 동안 감상하고 나면 그것들을 다른 것들과 바꿔주기도 하셨지만, 아무래도 그 인상이 그때처럼 그렇게 생생하게 오랫동안 남아 있을 수는 없었습니다.

나는 나 자신에게만 몰두하고 내 마음과 정서의 문제를 정리하면서 비슷한 생각을 지닌 사람들과 이런 문제에 대해 이야기하는 것에 익숙해져서, 주의를 기울여 미술품을 보기가 쉽지 않았으며, 혹시 본다 하더라도 곧 나 자신에게로 되돌아오고 말았습니다. 나는 한 폭의 그림이나 한 점의 동판화를 마치 책의 활자처럼 그렇게 바라볼 수밖에 없었습니다. 아름다운 인쇄는 사람을 기분 좋게 만들겠지만, 인쇄 때문에 책을 손에 잡는 사람이 어디 있겠습니까? 그래서 조형적인 표현도 나에게 무엇인가를 말해주고, 나에게 가르침을 주고 나를 감동시키며 개선시켜주는 것이어야 했습니다. 숙부님이 아무리 편지로 당신의 미술품들에 대해 설명을 해도, 나는 여전히 옛날 그대로 머물러 있을 수밖에 없었습니다.

나의 성격 때문이라기보다는 오히려 외적인 사정, 즉 집안의 여러 변화에 따라 나는 이러한 미술품을 감상하는 일로부터 멀어졌으며, 아니 감상은커녕 나 자신으로부터도 한동안 멀어졌습니다. 다시 말해 내 연약한 체력이 지탱해 낼 수 있는 것만큼 참고 감당해야 했습니다.

미혼인 여동생이 이제까지 늘 나를 도와주었습니다. 그 애는 건강하고 튼튼한 데다 마음씨가 아주 착해서 집안일을 혼자 도맡아 해왔습니다. 그래서 내가 아버지를 안심하고 돌봐드릴 수 있었던 것입니다. 그런데 그 애가 독감에 걸리더니 그것이 폐결핵이 되어 3주 뒤에 갑자기 죽고 말았습니다. 그 애의 죽음은 나에게 큰 충격이었습니다. 돌이켜보면 그때 받은 마음의 상처로 인해 지금도 가슴이 아픕니다.

　동생의 장례가 채 끝나기도 전에 이번에는 내가 병으로 자리에 눕게 되었습니다. 전에 앓았던 가슴 질환이 재발한 것 같았습니다. 나는 심한 기침이 났고, 목이 쉬어 목소리가 제대로 나오지 않았습니다.

　결혼한 여동생은 너무 놀라고 슬퍼서 조산을 하고 말았습니다. 늙으신 아버지는 당신의 자식들뿐만 아니라 자손을 남길 희망마저 한꺼번에 잃는 것이 아닌가 하고 매우 두려워하셨습니다. 아버지의 이런 눈물은 나를 더 슬프게 만들었습니다. 나는 하느님에게 겨우 견딜 만한 건강이라도 회복시켜주십사 기도했으며, 아버지의 임종이 끝날 때까지만 살게 해주시기를 간절히 청했습니다. 그 뒤 나는 병이 나아서 내 체질보다 더 건강해졌습니다. 그래서 어렵사리 해내는 것이긴 했지만 그래도 다시 내 의무를 다할 수 있게 되었습니다.

　동생은 다시 임신을 했습니다. 동생은 친정어머니에게 털어놓을 여러 걱정거리들을 나에게 말했습니다. 그 애는 남편과 그다지 사이가 좋지 않았고, 그 일을 아버지에게는 알리지 말아달라고 했습니다. 어쩔 수 없이 내가 중재를 하게 되었는데, 마침 제부가 나를 믿는 데다 둘 다 정말 착해서 내가 이런 역할을 해낼 수 있었던 것 같습니다. 둘 다 서로에게 관대하게 대하지 않고 비난만 할 뿐이어서 완전히 하나가 되어 살고자 하는 욕심 때문에 도저히 하나가 될 수 없었던 것입니다. 그래서 나는 세속의 문제도 진지하게 대할 수 있게 되었고, 이제까지 찬송가로 부르기만 했던 일을 실행에 옮기게 되었습니다.

　동생은 아들을 낳았습니다. 아버지는 몸이 불편하신데도 기어이 동생에게 갔습니다. 아기를 보시고는 아버지는 믿을 수 없을 정도로 밝고 즐거우신 듯했습니다. 그리고 세례 때에도 아버지는 평소와 다르게 감격하신 모습이었습니다. 정말이지 두 개의 얼굴을 지닌 수호신이라 해도 될 정도였습니다.

하나의 얼굴은 곧 들어가게 될 저승을 기쁜 마음으로 바라보셨으며, 다른 하나의 얼굴은 당신의 자손인 손자에게서 희망에 가득 찬 현세적인 새 삶을 바라보시는 것 같았습니다. 아버지는 집으로 돌아오는 길에도 아기의 생김새와 건강, 또한 이 새로운 세계시민의 소질이 아무쪼록 잘 형성되어 나갔으면 좋겠다는 바람에 대해서 끊임없이 말씀하셨습니다. 집에 돌아와서도 이 이야기는 계속 이어졌습니다. 그러다가 며칠이 지나고 나서야 비로소 아버지에게 열이 있다는 것을 알았습니다. 오한은 아니었지만 식후에 사람을 약간 나른하게 만드는 열기였습니다. 하지만 아버지는 자리에 눕지 않고 날마다 아침 마차로 출근해서 충실히 직무를 수행하셨습니다. 그러다가 마침내는 심상치 않은 징후들이 지속적으로 나타나서 일도 할 수 없게 되었습니다.

나는 아버지가 집안일부터 마치 남의 일처럼 자신의 장례식 준비까지 일사불란하게 처리하실 때의 그 정신적 평온함과 밝고 명확한 모습을 결코 잊을 수 없습니다.

이제까지의 아버지에게서는 볼 수 없었던 이 밝은 모습이 생생한 환희로까지 고조된 채 아버지는 나에게 이렇게 말씀하셨습니다.

"지금까지 느껴오던 죽음에 대한 공포가 어디로 가버렸지? 죽음을 두려워해야 하나? 난 자비로우신 하느님의 가호를 받고 있어서, 무덤으로 가는 것도 두렵지 않다. 나에게는 영원한 생명이 있다."

이런 말씀을 하시고 얼마 되지 않아 아버지가 돌아가셨습니다. 그때의 아버지 모습을 돌이켜보는 것은 고독한 나에게는 가장 즐거운 일들 가운데 하나입니다. 거기에 보다 높은 힘이 작용했다는 것은 누가 내게 뭐라고 엉뚱한 소리를 한다 해도 부정할 수 없는 사실입니다.

사랑하는 아버지의 죽음은 그때까지의 내 삶의 방식을 완전히 바꿔놓았습니다. 나는 아주 엄격한 복종과 엄청난 제약에서 벗어나 완전히 자유로워졌습니다. 나는 이 자유를 마치 오랫동안 먹지 못했던 맛있는 음식처럼 즐겼습니다. 이제까지는 두 시간 동안 집 바깥에 있는 일도 드물었는데, 지금은 온종일 방에 있는 일이 거의 없었습니다. 지금까지는 내가 드문드문 방문할 수밖에 없었던 친구들도 이제는 나와 지속적으로 만나게 된 것을 기뻐했고 나또한 그랬습니다. 자주 식사에 초대받았고 마차 드라이브, 소규모 유람여행도 있었는데, 나는 어디에든 빠지지 않고 참석했습니다. 그러나 그것도 죽돌고 나자, 자유의 아주 귀중한 행복이란 하고 싶은 것을 뭐든 하는 데에 있는 게 아니라 자신이 정당하고 적당하다고 생각되는 것을 거리낌이나 숨김 없이 떳떳한 방법으로 행하는 데에 있다는 것을 알게 되었습니다. 이제 나도 나이가 들어서 이런 경우에 수업료를 들이지 않고도 훌륭한 확신에 이를 수 있었습니다.

내가 단념할 수 없었던 일은 헤른후트 교구 신도들과의 만남을 계속하고 그들과의 유대를 더 긴밀하게 하는 것이었습니다. 그래서 나는 가장 가까운 곳에 있는 그들의 교회당들 가운데 하나를 서둘러 찾아갔습니다. 그러나 그곳 또한 내가 생각했던 것은 결코 찾아볼 수 없었습니다. 이에 대해 그들은 자기들의 현재 모습은 정식 교회와는 전혀 다르다는 점을 나에게 설명하려고 했지만, 나는 이해할 수 없었습니다. 진정한 정신이란 조직이 크고 작은 것과는 무관하게 조직 내부로부터 바깥으로 드러나 보이는 것이라고 확신하기 때문입니다.

나와 자리를 함께했던 주교들 가운데 한 분은 친첸도르프 백작의 제자였는데, 여러 가지로 나를 보살펴주었습니다. 그분은 영어를 완벽하게 했는데, 마침 내가 영어를 조금 알아들을 수 있었으므로 그분은 이것이야말로 우리가 같은 교파에 속한다는 하나의 암시라고 했습니다. 그러나 나는 조금도 그렇게 생각하지 않았고, 그와 대화하는 것도 싫었습니다. 그는 도공으로 모라비아*25 출신이었습니다. 그래서 그의 사고방식에도 도공다운 티가 엿보였습니다. 나는 오히려 프랑스군의 소령이었다는 폰 엘(von L)이라는 분과 더 맞았습니다. 그러나 그분이 상관에게 보이는 복종의 태도는 나로서는 도저히 흉내 낼 수 없는 것이었습니다. 더구나 그 소령의 부인과 매우 지체가 높은 상류층 부인들이 그 주교의 손에다 키스하는 것을 보면 나는 마치 나 자신이 따귀*26를 한 대 얻어맞는 듯한 느낌이 들었습니다. 그 사이에 네덜란드로 여행*27을 가기로 약속이 되어 있었는데, 다행이 한 번도 이 여행은 실행에 옮겨지지 않았습니다.

동생은 두 번째로 딸을 낳았습니다. 이번에는 여자들이 기뻐할 차례였습

＊25 Moravia, 체코 동부에 있던 지방.
＊26 헤른후트 교구에서는 손에다 입을 맞추는 것이 금지되어 있었기 때문이다.
＊27 네덜란드도 헤른후트 교구의 발생과 관계가 있었다.

니다. 우리는 이 애가 앞으로 우리와 비슷하게 자라면 좋겠다고 생각했습니다. 그러나 나의 제부는, 그다음 해에 또 딸이 태어나자 매우 불만스러워했습니다. 그는 많은 토지를 갖고 있어서 앞으로 그 관리를 도와줄 아들을 원했던 것입니다.

나는 몸이 약해져 있었기에 조용히 지내고 있었습니다. 그러자 마음도 안정을 찾을 수 있었습니다. 나는 죽음을 두려워하지 않았습니다. 오히려 죽기를 바라기까지 했습니다. 그러나 마음속으로는 내가 내 영혼을 탐구하고 더욱더 하느님에게 다가가도록 하느님께서 나에게 시간을 주신 것이라 느꼈습니다. 나는 밤에 잠을 잘 자지 못했지만, 특히 그럴 때에 그것이 무엇인지 분명히 설명할 수는 없는 그 무엇인가를 느낄 수 있었습니다.

내 영혼은 육체와는 따로 떨어져 사고하는 것 같이, 육체 자체를 마치 옷처럼 자신과는 관계가 없는 존재로 생각했습니다. 내 영혼은 지나간 시간과 사건들을 놀랄 만큼 생생하게 눈앞에 그려낼 수 있었으며, 그것으로부터 앞으로 다가올 일도 미리 느낄 수 있었습니다. 그 모든 시간은 흘러가 버렸고, 앞으로 다가올 시간도 역시 흘러가 버릴 것이며, 육체는 옷처럼 갈기갈기 찢어지겠지요. 그러나 이것을 잘 알고 있는 나는 언제까지나 존재하는 것입니다.

이런 위대하고 숭고하며 위안을 주는 감정에는 될 수 있는 대로 집착하지 않는 것이 좋다고 가르쳐준 사람은, 요즘 나와 점점 더 가까워지고 있는 고귀한 친구였습니다. 바로 숙부님 댁에서 알게 된 의사였는데, 그는 내 육체와 정신 상태에 대해서 잘 알고 있었습니다. 그는 우리가 이런 감정들을 외부 세계와 아무런 관련 없이 우리 자신 속에서 자꾸만 자라나도록 키우면, 결국 이런 감정들이 우리 자신의 내부를 매우 공허하게 할 것이며 우리가 존재하는 그 자체를 뒤엎어버리리라는 것을 가르쳐주었습니다.

"활동하라, 이것이 인간의 첫 번째 사명입니다. 쉬어야 하는 그 모든 사이 시간을 외적 사물들에 대한 명확한 인식을 얻는 데 써야 합니다. 그러면 그 인식이 다시금 그가 활동하는 것을 쉽게 해줄 테니까요."

그 친구는 자신의 육체를 외적인 대상처럼 바라보는 내 습성을 알았으며, 내가 나 자신의 체질과 병, 그리고 약에 관해서까지 상당한 지식을 갖고 있고, 끊임없이 나 자신이나 가족들의 병을 오래 간병하는 사이에 내가 받은 의사가 된 사실도 알아챘습니다. 그래서 내 관심을 인간의 육체와 의약품에 관한 지식으로부터 인간과 비슷한 다른 자연물에게로 돌려주었습니다. 마치 낙원에 간 듯한 느낌이었습니다. 이런 비유적 표현을 계속 쓰자면, 그는 나로 하여금 결국에는, 날이 저물어 선들바람이 불 때 낙원을 거닐고 계시는 창조주*28를 멀리서 느낄 수 있도록 해준 것입니다.

마음속에 하느님을 확고하게 품게 된 나는, 지금 자연 속에서 하느님을 보고 얼마나 기뻤는지 모릅니다. 그분의 손으로 이루어진 작품에 내가 얼마나 큰 흥미를 느끼고, 그분이 당신의 입김으로 내게 생명을 불어넣어주려 하심에 내가 얼마나 감사했는지 모릅니다.

여동생이 또다시 임신을 해서 우리는 제부가 그렇게 기다리는 아들이 태어나기를 원했습니다. 그런데 유감스럽게도 제부는 그 아들이 태어나는 것을 볼 수 없었습니다. 그 강건하던 사람이 불운한 낙마로 갑자기 세상을 떠났습니다. 동생도 귀여운 아들을 낳고는 그만 남편의 뒤를 따라갔습니다. 그녀가 남겨놓은 어린 사남매를 보자니 너무 슬펐습니다. 건강한 사람들이 아픈 나보다 먼저 세상을 떠나간 것입니다. 희망으로 가득 찬 이 꽃봉오리들이 몇몇 떨어지는 것까지도 보는 건 아니겠지요. 나는 이 세상을 잘 알기 때문에 아이들이, 특히 상류층 아이들이 수많은 위험을 겪어야 하는 것을 잘 알고 있었습니다. 지금은 내가 어릴 적보다 그런 위험이 더 커진 것처럼 생각되었습니다. 나는 몸이 약해서 이 아이들을 위해 거의 아무것도 할 수 없을 것 같았습니다. 그런 형편이고 보니, 숙부님께서—물론 당신의 평소 사고방식에서 나온 결심이긴 했습니다만—이 귀여운 아이들의 교육을 위해 애쓰시겠다고 결심을 해주신 일은 정말 다행이었습니다. 아이들이 모두 잘생겼고, 성격은 제각각이었지만 모두 착하고 분별 있는 사람이 되리라는 기대가 있어서 어느 모로 보나 그런 보살핌을 받을 만한 자격이 있었지요.

그 친절한 의사가 나의 주의를 환기시켜준 이래로 나는 그 아이들과 친척들 사이의 닮은 점을 찾았습니다. 아버지는 조상의 초상화들을 세심하게 간수해오셨으며, 당신 자신과 자식들의 초상화까지도 제법 괜찮은 화가들을 시켜서 그리게 하셨습니다. 그럴 때에는 내 어머니와 외가 친척들까지도 그

---

*28 〈창세기〉 3 : 8. "날이 저물어 선들바람이 불 때 야훼 하느님께서 동산을 거니시는 소리를 듣고 아담과 그의 아내는 야훼 하느님 눈에 뜨이지 않게 동산 나무 사이에 숨었다."

리게 하셨던 것입니다. 우리는 온 가족의 성격을 잘 알고 있어서 가끔 초상화와 비교해 왔는데, 이제는 아이들의 외모나 성격에 닮은 점들이 없을까 하고 찾아보았습니다. 동생의 큰아들은 자기 친할아버지를 쏙 뺀 듯이 닮았습니다. 그분 젊은 시절의 매우 잘 그려진 초상화 하나가 숙부님의 수집품들 가운데에 있었거든요. 그 애는 늘 용감한 장교의 모습을 보여주던 그 할아버지를 닮아서인지 총을 아주 좋아해서 나한테 찾아올 때마다 총을 갖고 놀곤 했습니다. 아버지가 아주 훌륭한 총기 진열장을 유산으로 남겨주신 것입니다. 그래서 그 애는 권총 한 쌍과 엽총 하나를 선물로 받고 나서야, 또 엽총의 독일식 장전 방법을 알아내고 나서야 겨우 느긋해졌습니다. 말이 났으니 말입니다만, 그 애는 행동으로나 성격으로나 거친 데는 전혀 없었고 오히려 온순하고 이해력이 빨랐습니다.

나는 제일 위의 여자아이가 특히 마음에 들었습니다. 아마도 그 애가 나를 닮았고, 또 네 아이들 가운데서 제일 많이 나를 따랐기 때문인 것 같습니다. 그러나 그 아이가 커감에 따라 자세히 관찰하면 할수록 나는 점점 더 나 자신이 부끄러워졌다고 말씀드리는 것이 옳을 것 같습니다. 나는 그 아이를 바라볼 때마다 놀라고, 심지어는 존경하고 싶어질 정도였습니다. 그 아이보다 더 고귀한 모습, 더 다소곳한 심성은 어디서도 찾아볼 수 없었고, 그 아이처럼 대상에 구애하지 않고 늘 똑같이 행동하기란 쉬운 일이 아니었습니다. 늘 무슨 일이든 했고, 그 애가 손을 대면 어떤 일이라도 품위 있는 행동이 되었습니다. 시간과 장소에 어울리는 일이라면 무슨 일이라도 상관없었습니다. 그래서 아무 할 일이 없어도 조금도 초조해하지 않고 마찬가지로 침착하게 할 수 있었습니다. 나는 일을 할 필요가 없는데도 이렇게 열심히 하는 것을 본 적이 없었습니다. 어릴 때부터 그 애가 곤경에 처한 사람들과 가난한 사람들에게 하던 행동은 이미 아무도 흉내 낼 수 없는 것이었습니다. 나는 자선적인 일을 할 만한 능력이라곤 전혀 없다는 것을 솔직히 고백하겠습니다. 하긴 나도 가난한 사람들에게 인색하지는 않았고, 내 형편에 넘치게 베푼 적도 있습니다. 그러나 말하자면, 그것은 나 자신의 몸값을 지불한 것이나 다름없었습니다. 그리고 누군가가 나의 세심한 보살핌을 받으려면 그는 천성적으로 나와 가까워야 했습니다. 나는 조카에게서 그 반대의 모습을 보고 감동했습니다. 나는 그 애가 가난한 사람에게 돈을 주는 것을 본 적이 없습니다. 그 애는 적선을 할 목적으로 내게서 얻어간 것을 언제나 가장 필요한 물건으로 바꾸었습니다. 그 애가 내 옷장과 속옷 상자들을 뒤져 헌옷가지들을 가져가는 모습은 정말 사랑스러웠습니다. 내가 더 이상 입지 않거나 나에게 필요 없는 옷가지들을 찾으면, 이 낡은 옷들을 마름질해서 남루한 옷을 입은 그 어떤 아이에게 맞춰 입히는 것이 그 애의 가장 큰 기쁨이었습니다.

그 애의 여동생은 좀 달랐습니다. 자기 엄마를 많이 닮아서 어릴 때부터 벌써 매우 아름답고 매력적인 여성으로 자랄 것이라는 기대를 갖게 만들었습니다. 과연 그런 기대가 어긋나지 않을 것 같습니다. 그 애는 외모에 꽤 신경을 쓰고 어릴 때부터 눈에 띄게 화장을 하거나 화사하게 옷 입는 것을 좋아했거든요. 어머니가 물려주신 아름다운 진주목걸이를 그 애가 우연히 내 집에서 찾아냈기에 내가 그 애의 목에 걸어주지 않을 수 없었습니다. 그 때는 아직 조그만 어린애였는데도 거울을 보면서 황홀해 하던 모습은 지금도 눈에 선합니다.

이렇게 여러 취향을 가진 아이들을 볼 때마다 나는 내가 죽고 난 뒤에 내 소유물들이 그 아이들 손으로 넘어가서 그들을 통해 다시금 생기를 얻으리라고 생각하자 즐거웠습니다. 아버지의 엽총이 다시 조카의 어깨 위에 얹혀서 들판을 돌아다니고, 아버지의 사냥 주머니로부터는 다시 꿩들이 쏟아져 나오는 것을 보았습니다. 또 소녀들이 내 옷의 천으로 지은 옷을 입고 부활절 견진성사*29를 마치고 교회에서 나오는 모습도 그려보았고, 시민계급의 한 얌전한 아가씨가 결혼식에서 입는 의상으로 화사하게 변화된 장면도 눈앞에 그려보았습니다. 나탈리에는 이런 아이들과 정숙하고 가난한 처녀들에게 옷을 해 입히는 것을 좋아했기 때문입니다. 하지만 이 자리에서 말씀드려야겠는데, 나탈리에는 내가 젊었을 적에 그렇게도 생생하게 나타났던 어떤 가시적인, 또는 눈에 보이지 않는 존재에 대한 사랑, 또는 그런 존재에 대해 귀의하려는 모습은 전혀 찾아볼 수 없었습니다.

그 아래 조카가 바로 같은 날에 내 진주목걸이와 보석으로 치장을 하고 궁중으로 들어가는 모습을 상상해보면, 나는 내 소유물도 내 육신과 마찬가지로 이제 그 본질을 되찾는 것 같은 기분이 들어 마음이 편안해졌습니다.

---

*29 세례 성사를 받은 신자에게 성령과 그 선물을 주어 신앙을 성숙하게 하는 성사.

그 아이들은 무럭무럭 잘 자라 건강하고 아름다우며 총명했습니다. 숙부님이 이 아이들을 내게서 멀리 떼어놓는 것도 불평하지 않고 견뎌냈습니다. 그 아이들이 근처에 있거나 심지어는 시내에 있을 때에도 그 아이들을 만나는 일은 드물었습니다.

프랑스 성직자로 생각되지만 그 출신에 대해서는 누구도 모르는 한 비범한 분이, 그 아이들을 모두 보살피고 각기 다른 장소에서 교육시키며 그들의 숙소도 계속 옮겼습니다.

처음에 나는 이런 교육방법에 제대로 계획한 것이 아무것도 없다고 생각했는데, 그 의사 친구가 가르쳐주었습니다. 숙부님은 그 신부*30의 설득으로 확신을 가지게 되셨다는 것이었습니다. 즉 사람을 교육해서 무엇인가 효과를 얻으려면 먼저 그 사람의 취향과 소망이 어느 쪽으로 향하고 있는지를 알아야 하고, 그 다음에는 그 취향을 되도록 빨리 만족시키고 가능한 한 그 소망을 이룰 수 있는 환경을 마련해주어야 한다는 것입니다. 그러면 그 사람은 자기가 잘못을 범했다 하더라도 하루라도 빨리 자신의 잘못을 깨닫고, 자신에게 적합한 것을 골랐을 경우에는 더욱더 그것에 열심히 매달려서 부지런히 수업에 임할 수 있다는 것입니다. 나는 이 기이한 시도가 성공하기를 바랄 뿐입니다. 아마도 그 아이들이 훌륭한 소양을 갖추었기 때문에 성공하리라 생각합니다.

그러나 내가 숙부님과 그 신부님의 의견에 찬성할 수 없는 점은 그들이 어린이들로 하여금 자기 성찰을 하도록 유도하고, 그 유일하고 변함이 없으신 눈에 보이지 않는 분과 만나도록 인도해줄 수 있는 모든 가능성을 막으려고 한다는 것입니다. 또한 숙부님이 나를 아이들에게 위험하다고 생각해서 화가 나는 일도 자주 있었습니다. 실제 생활에서 너그러운 사람은 아무도 없는가 봅니다. 누구한테나 그 사람의 독특한 방식과 본성을 허용하겠다고 공언하면서도 자신과 다른 생각을 하는 사람은 늘 따돌리려고 하니까요.

내 신앙이 틀리지 않았다고 굳게 믿으면 믿을수록 아이들을 나에게서 멀리 떼어놓으려는 그런 교육방식은, 나를 우울하게 만들었습니다. 나의 신앙은 실제적인 것이라 이만큼의 힘을 보이기 때문에 신적인 기원도, 또 실제적

---

*30 'abbé'는 프랑스어이다. 특히 프랑스에서는 수도원에서 근무하는 성직자의 총칭이다. 18세기에는 교육자, 재산관리인, 사서로 일하는 귀족이 많았다.

인 대상도 가져서는 안 되는 것일까요? 우리는 실제적인 것을 통해 우리 자신의 존재를 더욱 확신하게 되는 셈인데, 그렇다면 우리를 도와서 모든 선한 일을 이루게 하시는 저 신의 존재를 확신하기 위해서는 왜 똑같은 방법이 통하지 않는 것일까요?

나는 끊임없이 앞으로 나아가고 있습니다. 결코 뒤로 물러나는 일은 없습니다. 나의 행동도 내가 완전무결성에 대해 지녀오던 관념에 점점 더 다가섰습니다. 사실 몸이 약해 많은 것을 할 수는 없지만, 그래도 내가 옳다고 생각하는 일을 하는 것은 날이 갈수록 손쉽게 느껴집니다. 이 모든 것이 인간 본성에서 유래하는 것이라고 설명될 수 있을까요? 인간 본성의 타락상을 너무나도 깊이 통찰해 온 나로서는 결코 그렇게 설명될 수 없다고 봅니다.

나는 무엇인가를 명령받은 기억이 없습니다. 나에게는 법의 형태로 나타난 것이 아무것도 없습니다. 나를 이끌고 언제나 올바르게 인도하는 것은 본능입니다. 나는 자유로이 내 의향을 따르고, 제약도 후회도 느끼지 않습니다. 다행히도 나는 이 행복이 누구 덕분인지 알고 있으며 이 은혜를 아주 겸허하게 받아들여야 한다는 것도 잘 알고 있습니다. 보다 높은 힘이 우리를 지켜주지 않는다면, 모든 인간의 가슴속에서 얼마나 무서운 괴물이 생겨나고 자라날 수 있는가를 너무나도 분명히 알고 있기에, 나는 자신의 능력과 역량을 자랑하는 위험에는 결코 빠지지 않을 것입니다.

제7부

제1장

봄이 왔다. 온종일 하늘을 뒤덮고 있던 천둥구름은 요란을 떨며 때 아닌 장대비를 산 위에 쏟아부었다. 비가 들녘 쪽으로 사라지자 태양이 그 휘황찬란한 빛을 발하며 다시 나타났다. 이윽고 잿빛 하늘에 무지개가 보였다. 빌헬름은 말을 몰고 가면서 쓸쓸한 표정으로 무지개를 바라보며 혼자 중얼거렸다.

'아, 인생에서 가장 아름다운 빛은 어째서 어두운 대지 위에서만 나타나야 하는 걸까? 왜 그토록 황홀하고도 찬란한 순간에는 달갑지 않은 비가 찾아오는 것일까? 메마른 가슴은 날씨가 맑든 흐리든 언제나 변함이 없구나. 마음에 품은 사랑이 언젠가는 그 대상을 만나리라는 희망만큼 사람을 설레게 하는 것은 없다. 아름다운 이야기를 듣거나 잘 어우러진 멋진 풍경을 보았을 때처럼 말이야. 이럴 때 사람은 타향이 아닌 고향에 있는 듯한 착각을 하게 되는 것이지.'

그러는 동안, 언제 쫓아왔는지 뒤에서 걸어오던 남자와 함께 가게 되었다. 그는 아주 활기찬 걸음으로 말과 나란히 걸으며 이런저런 애기로 말을 걸어왔다. 그러더니 갑자기 물었다.

"내가 잘못 생각한 것이 아니라면 어디선가 뵌 것 같습니다."

"나도 기억합니다. 우리 함께 뱃놀이를 간 적이 있지요?"

빌헬름이 물었다.

"아, 그렇군요!"

빌헬름은 그 남자를 찬찬히 쳐다보더니, 잠시 뭔가 생각하는 듯했다.

"그동안 무슨 일이 있었는지 잘 모르겠습니다만, 그때 나는 당신이 루터파의 교회 목사님인 줄 알았습니다. 그런데 오늘 다시 보니 가톨릭교회 신부님처럼 보여서 말입니다."

"오늘은 제대로 보셨습니다."

그러더니 모자를 벗어 머리 가운데의 삭발한 부분을 보여주었다.

"친구 분들은 어디에 가셨습니까? 함께 계시는 줄 알았습니다."

"지나치게 오래 있었지요. 그 시간들을 돌아보면 유감스럽게도 구멍이 뻥 뚫린 것만 같습니다. 아무것도 남아 있지 않습니다."

"그건 잘못 생각하시는 겁니다. 모든 만남은 흔적을 남기기 마련입니다. 우리가 의식하지 못할지라도 분명 어딘가에 좋은 영향을 끼칩니다. 하지만 그걸 따지려 드는 것은 좋지 않은 생각입니다. 왜냐하면 자만심에 빠져 해이해질 수도 있고 반대로 풀이 죽어 무기력해질 수도 있기 때문입니다. 결국 해만 입게 될 뿐이지요. 그러니까 늘 눈앞에 맞닥뜨린 일을 하는 것이 좋습니다. 지금 우리의 상황에서 말해 보자면" 신부는 미소를 지으며 말을 이었다. "서둘러 숙소로 가야겠지요."

"로타리오*¹의 영지까지 얼마나 걸릴까요?" 빌헬름이 물었다.

산을 넘으면 바로 있다고 신부가 대답했다. "아마도 거기서 다시 뵙게 될 거 같습니다. 나는 근처에 일이 있어서요. 그럼 조심해서 가십시오." 신부는 지름길로 가려고 경사진 오솔길을 따라 올라갔다.

'그래, 그의 말이 옳아!' 빌헬름은 말을 재촉하며 혼자 중얼거렸다. '가장 가까운 일부터 생각하는 거야. 그러니까 지금 내가 해야 할 일은 그 슬픈 역할을 잘해내면 돼. 잔인한 남자가 수치스럽게 할 대목을 아직도 기억하고 있는지 어디 다시 해보자.'

빌헬름은 그 내용을 암송하기 시작했다. 한마디도 잊지 않고 다 외우고 있었다. 기억이 되살아나자 용기가 솟구쳤다. 그러면서 아우렐리에의 고통과 죽음이 생생하게 떠올랐다.

"아우렐리에의 영이여!" 그는 소리쳤다. 내 주위에 떠다녀라! 그리고 할 수만 있다면 네가 평온하게 잠들어 있다는 걸 보여다오!"

이렇게 혼잣말을 하고 생각에 잠기는 사이에 그는 어느덧 산 정상에 다다랐다. 맞은편 산허리에 색다른 건물이 보이는 걸로 보아 로타리오 씨의 저택

---

*1 4권 16장에서는 로타르라 부르고 있다. 로타리오(Lothario)가 정식 이름이다.

임에 틀림없었다. 두세 개의 첨탑과 합각머리 지붕을 한 들쑥날쑥하고 낡은 저택이 가장 오래된 건물인 것 같았다. 하지만 가까이에 있거나 조금 떨어진 곳에 있는 새 건물들은 더욱 불규칙했고 복도나 지붕이 있는 통로를 통해서 본관과 서로 이어져 있었다. 외형적인 균형이나 건축학적인 미관은 하나같이 내부를 쾌적하게 만들기 위해 희생당한 것처럼 보였다. 성벽이나 연못도 없을뿐더러 정원이나 큰 가로수 길도 없었다. 채소밭과 과수원이 건물 바로 옆까지 뻗어 나와 건물과 건물 사이의 빈터조차도 작은 밭으로 변해 있었다. 조금 떨어진 곳에 작은 마을이 하나 보였는데, 과수원도 밭도 잘 손질되어 있었다.

빌헬름은 깊은 생각에 잠겨 주위에 그다지 신경을 쓰지 않았다. 말을 여관에 맡겨놓고는 깊이 생각할 것도 없이 성으로 발걸음을 재촉했다.

문에서 늙은 하인이 아주 정중하게 그를 맞이했다. 그러고는 오늘은 주인이 많은 편지를 써야 해서 만나기 어려울 것이라며, 이미 몇 명의 손님을 그냥 돌려보냈다고 일러주었다. 하지만 빌헬름이 하도 간곡히 부탁을 하는 바람에 늙은 하인도 어쩔 수 없이 주인에게 안내할 수밖에 없었다. 하인은 빌헬름을 고풍스런 넓은 방으로 안내하고는 주인이 곧바로 나타나지 않을 수도 있으니 좀 참고 기다려 달라했다. 빌헬름은 긴장이 되었는지 이리저리 서성거리며 벽에 걸려 있는 기사나 부인의 옛 초상화를 바라보았다. 그는 길에서 외웠던 대목을 다시 읊으며, 이런 갑옷들이며 고풍스런 장식품들로 둘러싸인 곳이라면 한층 더 효과적이리라 생각했다. 그리고 옷이 스치는 소리가 날 적마다 자세를 가다듬으며, 그 사람이 나오면 위엄 있는 태도로 먼저 편지를 건넨 다음, 비난을 쏟아부으려고 벼르고 있었다.

이러기를 몇 번이나 되풀이했을까? 빌헬름은 분해서 화가 머리끝까지 치밀어 올랐다. 그제야 긴 장화에 외투를 걸친 단정한 용모의 남자가 옆문으로 들어왔다.

"무슨 좋은 소식이라도 가지고 오셨는지요? 오래 기다리게 해서 죄송합니다."

그는 꽤 친절하게 말하며 손에 들고 있던 편지를 접었다. 빌헬름은 좀 당혹스러웠지만 아우렐리에의 편지를 건네며 말했다.

"내 친구가 마지막으로 남긴 말입니다. 당신은 눈물 없이는 못 읽으실 겁니다."

로타리오는 편지를 받자 곧 방으로 돌아가서는 두세 통의 편지를 봉하고 겉봉투를 쓰고 난 뒤 아우렐리에의 편지를 뜯어서 읽기 시작했다. 문이 열려 있어서 그가 무엇을 하는지 아주 잘 보였다. 그는 두세 번 되풀이해서 읽는 것 같았다. 빌헬름은 이런 분위기에서 자기가 준비한 격정적인 대사가 썩 잘 어울린다고는 생각지 않았지만, 마음을 가다듬고 문턱으로 다가가 그 대사를 막 시작하려는 참이었다. 바로 그때, 벽걸이 가리개가 젖혀지고 길에서 만났던 신부가 들어왔다.

"신부님, 내가 지금 세상이 깜짝 놀랄만한 편지 한 통을 받았습니다."

로타리오는 신부에게 말하고는 빌헬름을 향해 말을 이었다.

"죄송합니다만, 지금은 말할 기분이 아닙니다. 괜찮다면 오늘 밤은 여기서 머물러주십시오. 신부님, 이분이 편히 쉬도록 돌봐주시겠습니까?"

그러면서 로타리오는 빌헬름에게 머리를 숙였다. 신부가 빌헬름의 손을 잡는 바람에 그는 할 수 없이 신부의 뒤를 따랐다.

두 사람은 아무 말 없이 기묘한 복도를 몇 개나 지나 아주 멋진 방에 다다랐다. 신부는 그를 방으로 안내하더니, 인사도 하지 않고 돌아갔다. 조금 지나자 활기찬 소년 하나가 들어와 빌헬름의 심부름을 하기로 되어 있다고 자기소개를 하고는 저녁 식사를 가져왔다. 소년은 빌헬름이 음식을 먹는 동안 그 집의 아침과 저녁 메뉴에 대해서, 일꾼과 그들이 즐기는 놀이에 대해서 이러쿵저러쿵 쉴 새 없이 말을 늘어놓았다. 특히 로타리오 씨에 대해서는 칭찬이 끊이질 않았다.

명랑한 소년이었지만, 빌헬름은 그를 빨리 내보내고 혼자 있고 싶었다. 일이 계획대로 잘 되지 않아 답답하고 우울했기 때문이었다. 맡은 임무를 절반밖에 수행하지 못한 채 어정쩡해진 상황을 어찌해야 할지 막막했다. 내일 아침엔 꼭 해내고 말리라 굳게 마음먹었지만 어쩐 일인지 로타리오 앞에서는 그의 마음이 계획한 대로 되지 않는다는 것을 알아차렸다. 또한 지금 있는 집은 자신의 집과 달라서 매우 낯설었다. 옷을 갈아입으려고 여행 가방을 열자, 잠옷과 함께 미뇽이 넣어주었던 그 유령의 베일이 딸려 나왔다. 그것을 보니 더욱 슬퍼졌다.

"달아나라! 젊은이여, 달아나' 이 불가사의한 말은 무슨 뜻일까? 무엇으로부터 달아나란 말인가? 도대체 어디로? 차라리 유령이 '너 자신에게로 돌아가라' 했다면 훨씬 좋았을 것을!"

그는 액자에 끼워져 벽에 걸려 있는 영국 동판화들을 바라보았다. 아무 생각 없이 그저 바라보고 있었지만 그러던 중 좌초한 배를 그린 한 장의 그림에 시선이 고정되었다. 한 아버지가 아름다운 딸들을 데리고 밀려오는 파도 앞에서 죽음을 기다리고 있었다. 그 가운데 한 여자는 저 아마존의 여인과 어딘가 닮은 것 같았다. 그는 이루 말할 수 없는 연민의 정을 느꼈다. 가슴에 맺힌 응어리를 풀어내고 싶었다. 어느새 눈물이 걷잡을 수 없이 흘러내렸다. 그날 밤 그는 마음의 평안을 얻지 못한 채 잠자리에 들었다.

새벽 무렵에 그는 이상한 꿈을 꾸었는데, 소년 시절 자주 찾아갔던 정원에 있었다. 눈에 익은 가로수 길이며 산울타리와 화단을 바라보며 즐거움에 젖어 있었다. 마리아네와 진심어린 대화를 나누었으며 지난날의 불행 따위는 생각하지도 않았다. 그러자 곧 평상복 차림의 아버지가 평소와는 다른 상냥한 모습으로 다가와 뜰에서 의자를 두 개 가져오라고 했다. 그리고 아버지는 마리아네의 손을 잡고 숲 속으로 사라져버렸다.

빌헬름은 서둘러 의자를 가지러 갔지만 뜰은 텅 비어 있었다. 아버지가 서 있던 창가에 아우렐리에가 서 있을 뿐이었다. 말을 걸려고 가까이 다가갔지만 그녀는 얼굴을 돌린 채 바로 옆에 있는데도 얼굴을 볼 수가 없었다. 창밖을 보니 한 번도 본 적이 없는 정원에 많은 사람들이 모여 있었고, 개중에는 낯익은 얼굴도 몇 있었다. 멜리나 부인이 나무 아래에 앉아 장미꽃 한 송이를 손에 들고 만지작거리고 있었으며, 그 옆에는 라에르테스가 선 채로 금화를 세고 있었다. 미뇽과 펠릭스는 풀밭에 있었는데, 미뇽은 반듯하게 누워 있었고 펠릭스는 엎어져 자고 있었다. 필리네가 나타나 아이들 위에서 손뼉을 치자, 미뇽은 꿈쩍도 하지 않았으나 펠릭스는 벌떡 일어나 달아났다. 필리네가 뒤쫓아오자 처음엔 깔깔거리며 달아났지만, 하프 타는 사람이 큰 걸음으로 성큼성큼 쫓아오자 무서워서 소리를 지르며 연못 쪽으로 도망쳤다. 빌헬름은 허둥지둥 뒤를 쫓아가 보았는데 이미 펠릭스가 연못에 빠진 뒤였다. 그는 발이 땅바닥에 철썩 달라붙은 것처럼 꿈쩍도 할 수가 없었다. 그때 연못 맞은편에 아름다운 아마존 여인이 나타났다. 그녀는 오른손을 펠릭스에게 뻗치고는 연못가를 따라 걸어가고 있었는데, 펠릭스는 그 손을 향해 똑바로 물을 헤치며 그녀가 걸어가는 쪽으로 따라갔다. 마침내 그녀는 펠릭스에게 손을 내밀어 연못으로부터 아이를 끌어냈다. 그새 빌헬름도 가까이 와 있었는데, 펠릭스의 온몸은 불길에 싸여 불똥이 떨어지고 있었다. 빌헬름의 고통은 더욱더 심해졌다. 하지만 아마존 여인이 재빨리 자기 머리에서 흰 베일 하나를 떼어내어 펠릭스를 덮었다. 그러자 순식간에 불이 꺼졌다. 이윽고 그녀가 그 베일을 들어올리자 그 속에서 두 명의 소년이 불쑥 나타나 장난치며 뛰어다녔다. 빌헬름은 그 아마존 여인과 손을 잡은 채 정원을 가로질러 걸어갔다. 저 멀리 가로수 길에서 아버지와 마리아네가 산책하고 있는 것이 보였다. 키가 큰 나무들이 죽 늘어서 있는 가로수 길은 정원을 둘러싸고 있는 것 같았다. 빌헬름은 그들 쪽으로 발걸음을 돌려 그 아마존 여인과 함께 정원을 가로질렀다. 그런데 갑자기 금발의 프레드리히가 나타나서는 큰 소리로 웃으며 온갖 수법으로 그들이 가는 길을 막았다. 그래도 이들은 앞으로 나아가려 했다. 프레드리히는 길을 비켜주더니 멀리 있는 빌헬름의 아버지와 마리아네한테로 달려갔다. 아버지와 마리아네는 달아나는 것처럼 보였다. 프레드리히는 더욱더 빨리 그들을 뒤쫓아갔다. 빌헬름의 눈에는 아버지와 마리아네가 나는 듯이 가로수 길을 달리고 있는 것처럼 보였다. 아버지가 너무 염려스럽고 마리아네가 가엾은 마음에 두 사람을 도우러 가고 싶었지만 아마존 여인의 손이 그를 붙잡고 놓아주지 않았다. 그로서는 이렇게 붙잡혀 있는 것이 아주 기분 좋았다. 이렇게 뒤섞인 느낌 속에서 잠이 깼다. 방 안엔 이미 아침 햇살로 가득했다.

제2장

빌헬름이 소년의 안내를 받아 아침 식사를 하러 오니, 홀에는 이미 그 신부가 기다리고 있었다. 로타리오는 벌써 말을 타고 나갔다고 했다. 신부는 그다지 말이 많지 않았고 무언가를 깊이 생각하는 것 같았다. 그는 아우렐리에의 죽음에 대해 묻더니 빌헬름의 말에 열심히 귀를 기울였다.

"아! 우리가 교양을 갖추기까지 자연적으로도 인위적으로도 많은 노력이 필요하지요. 이것을 충분히 아는 사람은, 그리고 그것을 가르치는 사람은 자신의 탓이든 남의 탓이든 인간이 스스로를 파멸할 때 절망하지 않을 수 없지요. 이런 점을 생각하면 나는 생명 그 자체가 우연한 선물로 여겨지는군요. 그래서 생명을 선물 이상으로 생각하지 않는 사람을 보면 칭찬해주고 싶어집니다."

그가 말을 채 마치기도 전에 젊은 부인이 문을 벌컥 열어젖히더니 불쑥 들어왔다. 늙은 하인이 말려도 다짜고짜로 신부의 팔에 매달렸다. 그러곤 뭐라고 말을 하긴 하는데 울부짖다시피 해서 겨우 알아들을 수 있었다.

"그 사람 어디 있어요? 어디에 숨겼어요? 이렇게 배신하다니! 어서 대답해요! 무슨 일이 있었는지 다 알고 있어요. 뒤따라갈 거예요. 어디에 있지요?"

"진정해요." 신부가 짐짓 태연한 투로 말했다. "아가씨 방으로 가죠. 모든 것을 다 말씀드리리다. 마음을 가라앉히지 않으면 하고 싶은 말도 제대로 할 수가 없답니다." 신부는 차분한 목소리로 부인에게 손을 내밀었다.

"나는 내 방으로 올라가지 않을 거예요! 나는 늘 방에 갇혀 있었어요! 다 알고 있어요. 대령이 결투를 신청해서 그이가 말을 타고 나간 거죠? 혹시…… 방금 들린 두세 발의 총성일지도…… 마차를 준비시키세요! 신부님도 함께 가요. 그러지 않으면 온 집 안이, 아니 온 마을이 떠나가도록 소리를 질러댈 거예요."

그녀는 몹시 흐느끼며 창가로 달려갔다. 신부는 그녀를 붙잡고 달래려 했으나 도무지 말을 들으려 하지 않았다. 마차 소리가 들리자 그녀는 창문을 홱 열어젖혔다.

"그이가 죽었죠? 사람들이 그이를 실어오는 거예요."

그녀는 비명을 질렀다.

"지금 마차에서 내리십니다. 살아 계십니다."

신부가 기쁜 듯이 말했다.

"어디 다친 거예요. 그렇지 않다면야 말을 타고 오는 게 맞아요. 저 봐요! 모두가 부축하고 있어요. 많이 다친 게 분명해요."

그녀는 쏜살같이 달려 나갔다. 신부도 급히 그녀의 뒤를 따랐고, 빌헬름도 뛰어 나갔다. 빌헬름은 그 아름다운 여인이 계단을 올라오는 자신의 연인과 마주치는 것을 보았다.

로타리오는 동행인에게 몸을 기대고 있었는데, 빌헬름은 그가 곧 야르노임을 알았다. 로타리오는 당황스러워하는 그녀에게 상냥하게 말을 걸더니 그녀의 부축을 받아 계단을 올라왔다. 그리고 빌헬름을 지나치며 손을 들어 인사하고는 이내 자기 방으로 사라졌다.

얼마 있지 않아 야르노가 그 방에서 나와 빌헬름에게 다가왔다.

"또 만났군요. 당신은 연극을 위해 태어난 사람이란 생각이 듭니다. 그리 좋은 환경은 아니지만 우리는 지금 연극을 시작하고 있군요."

"이런 묘한 순간에 다시 뵙게 되어 기쁩니다. 깜짝 놀랐습니다만, 당신을 만나니 오히려 침착해지는군요. 남작의 상처는 심각한가요?"

"그렇지는 않은 것 같습니다."

야르노가 말했다.

잠시 뒤에 젊은 외과 의사가 방에서 나왔다.

"어떻습니까?"

야르노가 물었다.

"매우 위독합니다."

의사가 대답하며 몇 가지 도구들을 가방에 챙겨 넣었다.

빌헬름은 의사의 가방에 달린 끈을 보자 어디선가 본 듯한 기억이 있는 것 같았다. 가방과 전혀 어울리지 않는 화려한 색상이라든지 이상한 모양의 금색과 은색 무늬가 어딜 봐도 이 세상에 둘은 존재하지 않을 성싶었다. 빌헬름은 지금 눈앞에 있는 가방이, 지난번 숲에서 자신에게 붕대를 감아주었던 그 노의사의 가방임이 틀림없다는 확신이 들었다. 오랜 시간이 지난 지금 그 아름다운 아마존 여인의 흔적을 다시 찾을 수 있을지도 모른다는 희망이 온몸에 불꽃처럼 확 퍼졌다.

"이 가방을 어디에서 구하셨는지요? 선생님에 앞서 가방을 지니고 계셨던 분이 누군지 아십니까? 부탁입니다만, 말씀해주십시오."

빌헬름이 외쳤다.

"경매에서 샀습니다만, 내가 그것을 알아야 합니까?"

이렇게 말하고서 의사는 훌쩍 떠나버렸다.

"저 젊은 의사의 입에서 한마디라도 바른말이 나왔으면 좋겠는데!"

야르노가 말했다.

"그럼, 그 가방을 경매에서 사지 않았단 말입니까?"

"물론입니다. 로타리오가 위독하다는 말도 거짓이지요."

빌헬름은 착잡한 마음으로 생각에 잠겨 거기 그렇게 서 있었다. 그러자 야르노가 그 뒤 어떻게 지냈느냐고 물었다. 빌헬름은 여행하다가 겪었던 일들을 대충 얘기했다. 그리고 아우렐리에의 죽음과 부탁받은 일에 대해서도 말했다.

"그거 참 묘하군요. 정말 묘해요!"

야르노가 외쳤다.

신부가 방에서 나와 야르노에게 손짓을 보내며 자기 대신 로타리오의 곁에 있어 달라고 부탁했다. 그러고는 빌헬름에게 이렇게 말했다.

"남작이 당신에게 부탁을 했어요. 가능하면 이곳에 며칠 머물러주시라고요. 그리고 남작의 말벗도 되어주셨으면 하는군요. 당신의 일행에게 무엇인가 꼭 전할 말씀이 있으면, 곧장 편지를 전달해드리겠습니다. 그리고 오늘 있었던 일에 대해 좀 설명을 해야 될 것 같군요. 비밀이랄 것까지는 없으니까요. 실은 남작님이 어느 부인에게 지나치게 마음이 끌려 연애를 했는데, 그녀는 남작을 독차지한 기쁨에 겨워 온 천하에 떠들고 다녔어요. 그 덕분에 실제보다 얘기가 더 부풀려지기도 하고 세간의 이목을 끌게 되었지요. 그런데 유감스럽게도 얼마 지나지 않아 남작은 그녀에게서 흥미를 잃었고 급기야는 그녀를 피하게 되었답니다. 하지만 그녀는 너무 격분한 나머지 그대로 물러설 수 없었던 거지요. 어느 무도회 자리에서 사람들이 지켜보는 가운데 말다툼이 벌어졌는데, 그녀는 모욕을 참을 수 없다며 누가 그녀를 대신해 남작을 벌해주기를 청했지요. 하지만 어떤 기사도 선뜻 나서는 사람이 없었답니다. 그런데 그녀와 오래전에 헤어진 전 남편이 나타나 그녀의 편을 들어 남작에게 결투를 신청한 거지요. 그래서 오늘 그 일이 벌어졌고 남작이 부상을 입은 것입니다. 하지만 그녀의 전 남편이 더 심하게 다쳤다는군요."

이 일이 있은 뒤 빌헬름은 그 집에서 가족처럼 대접받게 되었다.

제3장

환자의 옆에서 말벗도 하면서 책을 읽어주는 일을 빌헬름은 기쁘게 받아들였다. 리디에는 잠시도 그의 곁을 떠나지 않고 간호에만 마음을 쏟았으며, 다른 일에는 아예 눈길도 보내지 않았다. 하지만 로타리오는 정신이 혼란스러운지 그날은 책읽기를 그만하자고 했다.

"오늘, 나는 인간이 얼마나 어리석게 자기 시간을 낭비하고 있는가를 새삼 실감했습니다." 로타리오가 말했다. "저는 여러 가지 일들을 생각하며 계획하곤 했습니다. 하지만 정작 실행에 옮기려고 하면 최선의 계획임에도 망설여질 때가 많습니다. 개혁을 위한 몇 가지 제안들을 책에서 읽었는데, 이제 그 계획을 내 영지에서 시도해보고 싶습니다. 마침 총알이 심장을 스쳐나갔기에 이 개혁도 해볼 수 있는 거지요."

리디에는 눈물을 글썽거리며 사랑스러운 눈빛으로 그를 바라보았다. 그녀도 그의 친구들도 그가 무사한 것에 대해 서로 기쁨을 나누고 있는 것 같았다. 하지만 야르노는 이렇게 말했다.

"남작님이 계획하고 계시는 개혁안을 실행에 옮기기 전에 여러 방면으로 검토해 봐야 한다고 생각합니다."

"언제까지나 계획만 하고 있다는 것은 모두에게 문제의 핵심이 보이지 않는다는 증거이며, 혹 너무 서두른다면 문제의 핵심을 파악하지 못했다는 증거이기도 하지요." 로타리오가 말했다. "영지를 다스리기 위해서는 여러 가지 면에서 농민의 도움이 필요하다는 것과 또 조금은 강제로 계획을 밀고 나가야 하는 것도 잘 알고 있습니다. 하지만 그러한 계획이 모두 다 꼭 필요한 것은 아니지요. 따라서 어떤 일은 농민에게 양보해야 한다고 생각합니다. 나는 아버지가 하셨던 것보다 영지를 잘 관리하고 있는지, 어떻게 하면 수입을 더 늘릴 수 있는지, 그리고 늘어나는 이익을 혼자만 독차지해도 되는 것인지 아니면 나를 위해 일해준 사람들에게 그에 맞는 이익을 나누어주어야 하는지 고민해 왔습니다."

"그런 것이 인간이지요!" 야르노가 소리쳤다. "내 이기심을 탓한다 해도 나는 그다지 부끄럽지 않습니다. 사람은 누구나 모든 것을 자기한테로 긁어모으려고 합니다. 그래야만 자기 마음대로 그것을 쓸 수 있거든요. 사람들이 자기 스스로 지출하지 않은 돈을 훌륭하게 썼다고 생각하는 경우란 드물지요."

"그건 정말 그래요." 로타리오가 말했다. "자본을 자기 마음대로 쓰지만 않는다면 그렇게 많은 돈이 필요하지도 않겠지요."

"남작님이 개혁을 시행하신다면 적어도 지금은 손해를 보실 테니 그다지 마음이 내키지는 않는군요. 아시다시피 지금 남작님의 재정 상태는 빚을 갚기도 어려운 형편이기 때문입니다. 부디 빚을 청산하실 때까지 개혁을 연기하기를 권해드리고 싶습니다."

"아, 그럼 그때까지 하늘의 운명에 맡기는 수밖에 없겠군요." 로타리오가 말했다. "하지만 그게 교양인의 가장 큰 약점이라는 걸 알아야 해요. 모든 걸 하늘에 맡기고 실행조차도 하지 않으려 한단 말입니다. 무엇을 위해 돈을 빌렸습니까? 무엇 때문에 숙부와 등을 지고 누이를 그렇게 오랫동안 내팽개쳐두었습니까? 다 관념 때문이었지요. 나는 한때 미국에서 활약할 수 있으리라고 기대했지요. 그리고 그곳에서 꼭 필요한 인물이 될 수 있다고 생각했어요. 그땐 무언가를 실행에 옮기려 할 때 수많은 위험이 도사리고 있었기에 더욱 의미가 있으며 또 가치가 있다고 생각했어요. 하지만 지금은 가장 가까이에 있는 것이야말로 가치 있고 소중하다 여기고 있지요."

"미국에 계실 때 보내주신 편지는 지금도 생생하게 기억이 남니다." 야르노가 말했다. "'나는 돌아가겠습니다. 집과 과수원과 가족이 있는 곳이 나의 미국입니다!'라고 적으셨지요."

"그랬지요! 물론 지금도 그 문구를 암송하고 있습니다. 하지만 지금은 그때처럼 활발하게 일을 하지 않아서 부끄럽습니다. 날마다 거듭되는 일상 속에서 우리는 이성만 있으면 충분하다고 여기며 삶에서 일어나는 변화를 느끼지 못하고 있습니다. 그리고 발견한다하더라도 이런저런 핑계로 그 변화를 받아들이려 하지 않습니다. 나는 이성을 추구하지만 많은 사람들에겐 하찮은 것이지요."

"이성을 무시해선 안 된다고 생각합니다. 하지만 일상 속에서 어떤 이상한 일이 일어난다 해도 알고 보면 시시한 일들이 많다는 것을 아셔야 합니다." 야르노가 말했다.

"그건 그렇지요! 사람들이 올바른 행동을 하지 않기 때문입니다. 이를테면 나의 매제도 전재산을 팔아 교회에 기부하는 것으로 자신의 영혼이 구원을 받았다고 생각하는 겁니다. 그가 가진 재산을 아주 일부만이라도 어려운 사람을 돕는 일에 썼더라면 많은 사람들을 행복하게 하고 자기 자신과 그들을 위해 이 지상에서 천국을 이룩할 수 있었을 겁니다. 우리의 희생이 제구실을 못할 때가 많다고 생각합니다. 왜냐하면 우리가 너무도 쉽게 포기해버리기 때문이지요. 마음을 굳게 먹고 행동하지 않으며, 쉽게 절망하며, 자신이 가지고 있는 것을 버리니까 말이지요. 솔직히 말하자면 요 며칠 동안 백작의 일을 생각하고 있습니다. 백작이 불안한 망상에 사로잡혀 했던 일을, 나는 확신을 가지고 하겠다고 결심했습니다. 회복하기만을 기다리고 있을 수는 없습니다. 여기 서류를 준비했으니까 이제 정리만 하면 됩니다. 영주의 법관하고도 의논해보시지요. 그도 도와줄 겁니다. 무엇이 문제인지 당신도 아주 잘 알고 있습니다. 낫든지 죽든지 이 일만큼은 해결을 해야겠습니다. 그리고 외치겠습니다—'헤른후트 교단이 따로 없다, 바로 여기다'라고."

로타리오의 입에서 죽는다는 말이 나오자, 리디에는 침대 앞에 털썩 주저앉아 그의 두 팔에 매달리며 슬피 울었다. 외과 의사가 들어왔다. 야르노는 빌헬름에게 서류를 건넸다. 그러고는 리디에를 방에서 억지로 나가도록 했다.

홀에 빌헬름과 야르노만 남았을 때, 빌헬름이 물었다.

"백작이 어떻게 됐다는 겁니까? 형제 교단에 들어간다는 백작이 어느 백작입니까?"

"당신이 잘 아는 그 백작입니다." 야르노가 말했다. "백작을 그렇게 신앙의 길로 가게 만든 장본인은 다름 아닌 바로 당신이지요. 그리고 당신은 그의 사랑스런 부인이 어쩔 수 없이 백작을 따라가게 만든 악당이기도 하지요."

"그럼, 그 부인이 로타리오 씨의 여동생이란 말입니까?"

빌헬름은 깜짝 놀라 소리쳤다.

"그렇소."

"그럼 로타리오 씨도 그 일을 알고 있나요?"

"다 알고 있습니다."

"부디 나를 도망가게 해주십시오! 내가 무슨 낯으로 로타리오 씨를 볼 수 있단 말입니까?"

"누구든지 타인에게 돌을 던져서는 안 된다, 타인을 수치스럽게 하려고 긴 연설을 준비해서는 안 된다고 그러겠죠. 물론 거울 앞에서야 얼마든지 괜찮겠지만 말이죠."

"그것 또한 알고 계시군요?"

"그뿐만이 아니죠." 야르노가 미소를 지으며 말했다. "하지만 이번에는 전번처럼 그렇게 쉽게 당신을 놓치지 않을 겁니다. 신병모집 일이라면 걱정하지 않아도 됩니다. 나는 이제 군인이 아닙니다. 내가 군인이었을 적에 당신에게 그런 의심을 불어넣지 않았으면 좋았을 뻔했습니다. 당신과 헤어지고 많은 변화가 있었습니다. 내 친구이자 은인인 후작이 돌아가시고 나는 세상과의 인연을 끊었습니다. 합리적인 일은 기쁘게 밀고 나가고 취미생활을 하지 않는 사람을 보면 그대로 두지 않았지요. 그래서 사람들은 나를 소란스럽고 입이 거친 놈이라고 했죠. 어리석은 사람들이 가장 두려워하는 부류는 이성적인 사람이지요. 그런데 정말 두려운 것이 무엇인지를 안다면, 어리석음을 두려워해야 합니다. 하긴 이성적인 사람은 불편하지요. 그래서 사람들은 정리해버리려고 하죠. 어리석음은 곧 사라지니까 기다리기만 하면 되지요. 그런 건 어떻든 상관없습니다. 나는 살아야 하니까요. 앞으로의 계획을 말하지요. 괜찮다면 도와주십시오. 그보다 당신은 어떻게 지냈나요? 그때와는 꽤 달라 보이는군요. 집시들과 어울려 다니며 당신의 꿈을 마음껏 펼쳐보았는지요."

"그것에 대해서는 더 이상 말하지 마세요!" 빌헬름이 외쳤다. "나의 과거나 앞으로의 일들에 대해 더 이상 묻지 말아주십시오. 연극에 대해서 많이들 이야기하지만, 자신이 직접 무대에 서보지 않으면 상상할 수조차 없는 세계입니다. 그들은 스스로에 대해서 아는 것이 하나도 없지요. 그저 아무 생각 없이 연극을 하는 겁니다. 그러면서 바라는 것은 한도 끝도 없습니다. 그런데도 본인들은 그걸 깨닫지 못합니다. 모두가 자신만이 스타가 되기를 꿈꾸는 것입니다. 그 무엇보다도 그들은 타인들과 함께 어울리지 않고서는 아무 일도 할 수 없다는 사실을 모르고 있습니다. 스스로를 아주 특별한 존재라고 여기지만, 늘 하던 것 말고는 소화해낼 능력이 없습니다. 그러면서 새로운 것을 찾아 서성거리며 불안에 떨지요. 또 싸움은 얼마나 격렬한지! 다만 보잘것없는 자부심과 지나친 이기심만으로 얽혀 있지요. 서로 돕는다는 건 상상할 수조차 없습니다. 은밀한 이간질과 험담이 끊이질 않으니 서로를 향한 불신의 골만 깊어질 따름입니다. 뻔뻔하게 굴지 않으면 바보 취급을 당할 뿐입니다. 누구나 무조건 존경받기만을 바라며 조금이라도 무시를 당하면 버럭 화를 냅니다. 그들은 자신들의 행동이 바람직하지 않다는 것을 잘 알지만, 오히려 더욱 그렇게 하는 것입니다. 언제나 자신을 지키기 위해 아등바등하며 그 누구도 믿으려 하지 않습니다. 그래서 그들은 이성과 훌륭한 취미를 몹시 두려워하는 사람들처럼 보이고, 마치 특권이라도 가진 듯 제멋대로 행동하려는 사람들처럼 보이는 것입니다."

빌헬름이 한숨을 쉬며 계속해서 푸념을 늘어놓으려 하자 야르노가 박장대소하며 그의 말을 가로막았다. 그는 웃음을 참지 못해 안락의자에 고꾸라지며 소리쳤다.

"아, 불쌍한 사람들!"

어느 정도 진정이 되었는지 야르노는 말을 이었다.

"그거 아시오? 지금 당신이 말한 건 배우들만의 세계가 아니란 걸 말이오. 이 세상 전체가 다 그렇단 말입니다. 믿어지지 않는다면 당신의 신랄한 비평을 받을 만한 사람들과 사건들을 한번 가려내볼까요? 얼마든지 할 수 있으니까요. 그런데 그런 인재들이 연극계에만 몰려 있다고 믿고 있으니 정말 웃음을 참을 수가 없군요."

빌헬름은 꾹 참았다. 사실 야르노의 그 거침없고 때 아닌 폭소에 기분이 매우 상했기 때문이다.

"그런 걸 인간의 보편적인 결점들이라고 주장하시다니! 당신은 정말 인간을 혐오하시는군요."

"이런 일들이 연극계에만 있다고 생각한다면 그건 당신이 아직 세상을 잘 모른다는 증거이기도 하지요. 자기기만이나 사람들 마음에 들고 싶어하는 배우의 욕망은 어쩌면 자연스러운 것일지도 모르겠습니다. 자신에게나 다른 사람에게나 빛나 보이지 않으면 배우로서의 생명이 끝난 것이나 다름없기 때문입니다. 배우에게 있어 관객의 박수갈채는 매우 소중합니다. 왜냐하면 그것이 그들이 받는 최고의 보수이기도 하니까요. 배우는 화려하고 빛나는 자리에 늘 목이 마른 자들입니다. 또한 그것이 그들의 삶의 이유이기도 하지

요."

"이번엔 내가 웃을 차례군요. 당신이 이렇게 공평하고 너그러운 분이신 줄 미처 몰랐습니다."

"오해하지 말았으면 합니다. 신에게 맹세컨대 정말 조심스럽게 말하는 겁니다. 모든 사람의 공통된 결점을 연극배우라서 용서하고, 다른 사람들은 용서하지 않는다는 뜻이 아닙니다. 이런 일로 탄식의 노래를 늘어놓고 싶지 않습니다. 내 노래는 당신보다 훨씬 비통하니 말입니다."

의사가 방에서 나왔다. 환자의 상태가 좀 어떠냐는 질문을 받자 그는 아주 상냥하게 대답했다.

"아주 좋습니다. 곧 쾌차하실 겁니다."

의사는 아주 시원스럽게 대답하고는 휙 나가버렸다. 빌헬름은 이번에야말로 그 가방에 대해 캐물으려고 잔뜩 벼르고 있었는데 허사가 되고 말았다. 그는 여전사의 소식을 알고 싶은 나머지 야르노에게 속마음을 털어놓았다.

"당신은 뭐든지 잘 아시니까, 그것쯤은 이미 알고 계시리라 생각했는데요."

잠시 생각에 잠기더니 야르노가 말했다.

"진정해요. 그리고 사람들이 아무것도 눈치채지 못하도록 조심하시오. 그러면 그 아름다운 여인은 곧 찾을 수 있겠지요. 지금은 로타리오 씨 용태가 걱정이군요. 위독한 거 같아요. 의사가 친절하게 말하는 걸 보면 알 수 있어요. 리디에를 떨어뜨려놓으면 좋을 텐데요. 그녀는 그다지 도움이 되지 않거든요. 하지만 어쩌면 좋을지…… 오늘 밤 나이 든 의사가 올 겁니다. 그때 가서 계속 의논해보기로 합시다."

제4장

의사가 왔다. 그는 우리가 이미 알고 있는 키가 작고 친절한 나이 든 의사였는데, 우리가 그 흥미로운 수기를 알게 된 것도 바로 의사가 알려준 덕분이었다. 그는 로타리오를 진찰하고 나더니 낯빛이 어두워졌다. 그 뒤 야르노와 오랫동안 이야기를 나누었다. 하지만 두 사람 모두 저녁 식사 자리에서는 아무런 내색도 하지 않았다.

빌헬름은 나이 든 의사에게 깍듯이 인사를 한 뒤, 하프 타는 노인의 안부를 물었다.

"그 불쌍한 노인을 치료할 희망은 아직 남아 있습니다."

나이 든 의사가 말했다.

"당신같이 돈에 쪼들리며 별난 생활을 하는 사람에게는 귀찮은 짐이었겠군요. 그런데 그 뒤 어떻게 되었는지 말해주겠습니까?"

야르노가 말했다.

"그렇듯 묘한 심리상태를 보이는 사람을 이제껏 본 적이 없습니다. 노인은 아주 오랫동안 쭉 자신의 일 말고는 관심을 갖지 않은 듯합니다. 그 어느 것에도 말입니다. 오로지 자신의 내면세계에만 파묻혀 끝없이 공허한 자신을 바라볼 뿐이었습니다. 그의 모습에 대해 숨김없이 이야기해주었을 때 나는 심장이 요동치는 것을 느꼈습니다. '앞뒤로 새까만 어둠밖에는 보이지 않습니다. 그 어둠 가운데 내가 떨며 외로이 서 있습니다. 죄의식은 언제나 나의 온몸을 짓누릅니다. 그런데 이 죄의식이란 것이 이상야릇한 형체로 멀찌감치 서 있는 유령처럼 뒷모습밖에는 보이질 않습니다. 거기는 높은 곳도 낮은 곳도 앞도 뒤도 없습니다. 언제까지라도 변하지 않는 이 상태를 어떤 말로 나타낼 수 있을까요…… 너무나 괴로워 견딜 수 없을 땐 가끔 소리를 지르곤 했습니다. 영원히! 영원히. 이처럼 묘하고도 의미를 알 수 없는 말조차도 내 어두운 마음에 비하면 밝고 또렷한 것이었습니다. 어둠 속에서는 은총의 빛 한 줄기도 보이지 않습니다. 너무나 서글픈 마음에 눈물이 쏟아집니다. 우정과 사랑만큼 소름끼치게 싫은 것도 없습니다. 나를 둘러싼 상황이 실제이기를 바라는 소원을 불러일으키기 때문이지요. 산다는 건 두려운 일입니다. 마침내 이 두 가지 망령도 내가 살고 있다는 귀중한 의식을 빼앗기 위해 절망의 구렁텅이에서 올라온 것에 지나지 않을 뿐입니다'

노인은 이렇게 속마음을 털어놓으며 조금이라도 위안을 얻곤 했습니다. 괜찮다면 여러분도 노인과 대화를 나누어보는 게 어떻습니까? 나는 두세 번 노인의 이야기를 들었는데 그때마다 큰 감동을 받았습니다. 얘기를 하다 보면 세월이 많이 흘렀다는 것을 느낄 때가 있는데, 그때마다 그는 소스라치게 놀라곤 합니다. 그리고 다시 마음이 좀 가라앉으면 변화란 환상에 지나지 않는다며 대수롭지 않게 여깁니다. 어느 날 밤 노인은 자신의 백발을 노래하기 시작했지요. 주변에 있던 우리는 모두 그의 노래를 들으며 눈물을 흘리지 않을 수 없었습니다.”

“그 노래 가사를 좀 말씀해주십시오!”

빌헬름이 외쳤다.

“그런데 노인이 어째서 죄의식을 느끼고 있는지 아십니까? 이상한 옷을 입어서 놀림을 받거나, 불이 났을 때 이상한 행동을 하거나, 아이를 함부로 대하거나 한 일들에 대해서도 모르십니까?”

야르노가 물었다.

“우리는 단지 추측에 의해서만 그의 운명을 어렴풋이 짐작할 수 있을 따름입니다. 직접적으로 묻거나 하지는 않습니다. 그가 가톨릭 가정에서 교육을 받은 것을 알기 때문에 우리는 고해성사를 통해 그의 마음을 가라앉힐 수 있으리라고 생각했습니다. 그래서 신부에게로 데려가려고 하면 어찌된 일인지 언제나 주눅이 든 표정으로 불만을 품고 달아나 버립니다. 하지만 그를 알고 싶어하는 여러분의 마음을 생각해서 우리가 추측하고 있는 것들만이라도 말씀드리고자 합니다. 그는 한때 성직자였다고 합니다. 그가 긴 옷에 턱수염을 기르고 다니는 건 그 때문일 것입니다. 불쌍하게도 그는 지금까지 살아오는 동안 사랑의 기쁨이란 걸 모르며 지냈습니다. 나이가 들어서 처음으로 아주 가까운 친척 여자와 잘못된 사랑에 빠졌는데, 결국 여인이 아이를 낳고 죽은 것이 화근이 된 것 같습니다. 그 뒤부터 그의 정신 상태는 극도로 이상해지고 미친 사람처럼 지내는 거지요.

그의 가장 큰 망상은 그가 가는 곳마다 불행이 따라오리라는 것과 머지않아 그가 미친 소년에게 살해될 것이라는 생각입니다. 처음엔 미뇽을 두려워했는데, 미뇽이 여자아이란 걸 안 뒤부터는 펠릭스를 두려워하고 있습니다. 그의 인생은 그야말로 처참 그 자체였지만, 그럼에도 그는 그의 삶에 강한 애착을 가지고 있습니다. 펠릭스를 미워하는 이유도 여기에 있는 것 같습니다.”

“노인이 정말 나을 수 있을까요?”

빌헬름이 물었다.

“조금씩 나아지고 있습니다. 적어도 더 나빠지지는 않았습니다. 그리고 일도 계속하고 있고, 신문 읽는 습관을 들인 덕분에 이제는 날마다 신문이 오기만을 눈이 빠지도록 기다린답니다."

"그의 노래가 궁금하군요."

야르노가 말했다.

"몇 곡 소개하도록 하겠습니다. 목사의 큰아들이 언제나 설교를 기록하면서 노인이 눈치채지 않게 가사를 적어놓았습니다."

다음 날 아침 야르노가 빌헬름을 찾아와 말했다.

"부탁이 하나 있는데, 꼭 들어주시오. 리디에를 한동안 로타리오 씨 곁에서 떼어놓으려고 합니다. 그녀의 열정적인, 아니 차라리 성가시다고 해야 할 사랑이 오히려 남작의 회복에 방해가 되고 있습니다. 그가 워낙 건강한 체질이어서 그만하길 다행입니다만, 아직 안정을 취해야만 합니다. 당신도 봤듯이 그녀는 성미가 불같은 데다 또 터무니없이 걱정을 늘어놓으며 어찌나 울어대는지 그를 괴롭히고 있습니다."

야르노는 잠시 한숨을 내쉬더니 말을 계속했다.

"한마디로 말해서, 얼마 동안 리디에를 성에서 떠나 있도록 해달라는 것이 의사의 요청입니다. 그래서 우리가 그녀의 친한 친구를 하나 불러내 근처에서 기다리도록 부탁해두었습니다. 그녀에게는 여기서 두 시간 거리에 살고 있는 영주 법관댁에 친구가 와 있으니 가서 만나보는 것이 어떻겠느냐고 말했습니다. 법관에게는 이 모든 일에 대해 미리 일러두었습니다. 그녀가 친구의 행방을 물으면 법관이 아주 유감스럽게도 테레제 양이란 사람은 방금 떠났다고 하며, 뒤쫓아가면 따라잡을 수 있을 듯이 말하기로 되어 있습니다. 그러면 리디에는 그 말을 믿고 곧바로 뒤쫓아갈 겁니다. 우리 계획대로라면 그녀는 점점 더 멀리 떠나게 됩니다. 결국엔 포기하고 돌아가겠다고 할 겁니다. 그러면 절대로 그녀의 말에 반대해서는 안 됩니다. 그 대신 밤을 잘 이용해야 합니다. 마부는 영리한 사람이니까 알아서 잘하겠지만 그래도 한 번 더 부탁해 놓겠습니다. 당신이 그녀와 함께 가주었으면 합니다. 그래서 그녀의 말벗도 하며 이 일을 맡아주시오. 부탁입니다."

"참으로 난처한 부탁을 하시는군요. 숭고한 사랑에 상처를 내면서까지 도와야 한다니 마음이 편치 않군요. 이런 식으로 사람을 속여야 한다니…… 이런 일은 태어나서 처음입니다. 아무리 좋은 일을 위해서일지라도 한번 속이기 시작하면 자연히 그 정도가 너무 지나쳐질 가능성이 있다고 늘 믿어왔거든요."

"떼쓰는 아이를 교육시키려면 이런 식이 아니고 달리 어떻게 가르칠 수 있겠어요?"

"차라리 아이라면 이렇게까지 할 필요는 없었겠죠. 우리가 마음을 열고 아주 따뜻한 사랑으로 돌보아야 하니까요. 하지만 성인의 경우엔 꼭 상대방을 도우려고 하는 건 아니니까 위험하지요. 하지만……."

빌헬름은 잠시 생각하더니 말을 이었다.

"그렇다고 해서 내가 당신의 부탁을 거절한다는 뜻은 아닙니다. 나는 당신의 총명함을 진심으로 존경합니다. 그리고 로타리오 씨에게도 좋은 감정을 품고 있고요. 어떤 수단을 써서라도 친구가 하루빨리 회복되길 바라는 당신의 마음에 감동도 했고요. 나는 기쁘게 당신 뜻에 따를 것입니다. 친구를 위해 목숨을 거는 것만으로는 부족합니다. 필요하다면 내 신념 또한 굽힐 각오가 되어 있습니다. 우리의 최고 열정과 최선의 소원도 친구를 위해서라면 희생해야 한다고 생각합니다. 리디에 씨가 울부짖으며 눈물을 흘리는 모습이 눈에 선하지만 나는 당신의 부탁을 들어드리겠습니다."

"그 대신 보상은 충분히 하겠습니다. 그리고 테레제 양을 만나게 해주겠습니다. 때로는 마주치게 될 테니까요. 많은 남자를 부끄럽게 만들었지요. 그녀야말로 진정한 아마존입니다. 남잔지 여잔지 알아보기 쉽지 않은 옷을 입고 헤매고 다니는 귀여운 양성체(兩性體) 따위와는 다르지요."

빌헬름은 깜짝 놀랐다. 테레제야말로 그가 그토록 만나고 싶어하는 아마존이 아닐까 생각했다. 더욱이 그가 좀 더 그녀에 대해 알려고 하자 야르노가 문득 말을 멈추고 나가버렸기에 그는 더욱더 그런 기대를 갖게 되었다.

빌헬름은 존경하고 사랑하는 사람을 다시 보게 된다는 새로운 희망에 말할 수 없이 가슴이 설렜다. 이제 그는 자기에게 주어진 그 임무야말로 뚜렷한 섭리에 의한 소명으로 생각되었다. 가엾은 리디에를 속여서 그녀의 순진하고 격렬한 사랑의 훼방꾼 노릇을 해야 한다는 어두운 마음의 그림자는 흔적도 없이 어디론가 사라졌다.

마차가 문 앞에 서 있었다. 리디에는 잠깐 망설였다가 마차에 올랐다.

"그이에게 꼭 전해주세요! 해가 저물 무렵엔 돌아오겠다고 말예요."

마차가 출발하자, 뒤를 돌아다보는 그녀의 눈에서 눈물이 하염없이 쏟아지고 있었다. 어느 정도 시간이 지나자 마음이 가라앉았는지 빌헬름을 보며 말했다.

"테레제를 보시면 한눈에 반하실 거예요! 정말 멋지고 아름다운 아가씨랍니다. 그녀가 여기까지 오다니 좀 이상하긴 하지만 말예요. 그녀와 남작님은 아주 뜨겁게 사랑하던 사이였답니다. 남작님은 먼 길을 마다 않고 가끔 그녀를 만나러 가셨죠. 나는 그때 그녀와 함께 지냈는데, 두 사람은 서로를 위해서만 존재하는 것처럼 보였어요. 그런데 어느 날 우리 사이가 갑자기 깨진 거예요. 왜 그렇게 됐는지 그 이유는 아무도 모른답니다. 남작님은 나를 알고 계셨죠. 내가 얼마나 테레제를 부러워했는지도, 또 얼마나 남작님을 사랑했는지도, 그리고 그를 사랑하는 마음을 감추려 하지 않았던 것까지도 그는 이미 다 알고 있었어요. 그리고 남작님은 그녀 대신에 나를 선택하셨어요. 나는 그 사랑을 거부하지 않았고요. 내가 그녀의 애인을 빼앗은 것처럼 여겨졌을 텐데…… 그녀는 나를 원망하지도 미워하지도 않았어요. 하지만 내가 이 사랑을 위해 흘린 눈물은 아무도 모를 거예요. 처음에는 그저 가끔씩 제3의 장소에서 남의 눈을 피해 만났습니다. 그러나 나는 그런 생활을 오래 견뎌낼 수가 없었죠. 그와 함께 있을 때만 행복을 느꼈어요. 정말이지 그 순간은 행복했어요. 하지만 그와 떨어져 있으면 눈물이 마르질 않았고 마음을 가눌 수조차 없었어요. 며칠이나 지났는데도 그가 나를 만나러 오지 않았어요. 그래서 나는 그를 만나러 이곳까지 오고 말았습니다. 그는 매우 놀랐을 텐데도 나를 따뜻하게 맞아주었어요.

이번 일만 일어나지 않았더라면…… 아마 지금쯤 천국에서 지내는 기분일 거예요. 그이가 부상을 당해 침대에 누워 계시니 내 마음이 어떨지…… 말하지 않아도 아실 거예요. 바로 이 순간에도 나는 단 하루지만 그의 곁을 떠난 나 자신을 매우 꾸짖고 있답니다."

빌헬름은 테레제에 대해 좀 더 자세히 물어보고 싶었지만 그들이 탄 마차가 영지 법관의 집 현관에 들어섰다. 재판장이 현관문에서 달려나와 테레제 양은 이미 떠났다며 아주 애석한 표정을 지었다. 그는 일행에게 아침 식사를 들고 가라고 권하면서도 바로 뒤쫓아가면 옆 마을에서 그녀를 만날 수 있을 거라며 희망을 주었다. 그래서 마차는 급히 옆 마을 쪽으로 떠났다. 하지만 몇 개의 마을을 지나쳤는데도 아무도 만나지 못했다. 불안해진 리디에는 이제 그만 성으로 돌아가자고 외쳤지만, 마부는 못 들은 척하며 계속해서 말을 몰았다. 마침내 화가 머리끝까지 난 그녀가 마차를 돌리라고 고래고래 고함을 지르자, 빌헬름은 마부를 부르며 미리 약속해둔 눈짓을 해보였다.

"꼭 왔던 길로 되돌아갈 필요는 없습죠. 내가 지름길로 안내해 드립죠. 그쪽이 훨씬 가깝고 또 경치도 좋습죠."

마부가 굽실거리며 말했다. 그러고는 옆길로 빠지더니 숲을 지나 드넓은 목초지를 가로질러 달렸다. 그러나 아무리 달려도 눈에 익은 풍경이 나타나지 않자 마부는 길을 잘못 들었다며 머리를 조아렸다. 그러고는 저쪽에 마을이 하나 보이니 길을 바로 찾을 수 있을 거라고 했다. 시간이 흘러 어느새 밤이 되었다. 마부는 자기 역할을 능숙하게 해냈다. 달리는 도중에 몇 번이고 길을 물으면서 대답은 기다리지도 않고 쏜살같이 앞으로 나아갔다. 그들은 밤새도록 마차를 타고 달렸다. 리디에는 한숨도 눈을 붙이지 못했다. 달빛 아래 비슷비슷한 풍경들이 눈에 익을 틈도 없이 획획 사라지고는 했다. 먼동이 틀 무렵이 되어서야 낯익은 풍경이 리디에의 눈에 들어왔다. 그런데 좀 이상한 기분이 들었다. 마차가 화려하고 아담한 어느 별장 앞에 멈추자, 젊은 여자가 현관문에서 나와 마차 문을 열었다. 리디에는 주위를 둘러보고 여인을 다시 한 번 쳐다보더니 그만 정신을 잃고 빌헬름의 품 안으로 쓰러져 버렸다.

제5장

빌헬름은 다락방으로 안내되었다. 이 아담한 새 집은 무척 깔끔하게 잘 정돈되어 있었다. 마차로 다가와 빌헬름과 리디에를 맞이한 여인은 다름 아닌 테레제였는데, 그가 그토록 그리워하며 찾고 있던 여전사와는 전혀 다른 모습의 여성이었다. 보통 키에 몸매가 날씬하고 동작이 매우 빨랐다. 파랗게 빛나는 커다란 눈은 눈썰미가 있어 보였다.

테레제는 빌헬름의 방으로 들어오더니 무엇이 필요한가를 물었다.

"미안해요. 페인트 냄새가 좀 심하죠? 지은 지 얼마 안 돼서 그래요. 당신이 이 방에 묵는 첫 손님이랍니다. 그런데 좀 더 즐거운 일로 오셨더라면 좋았을 텐데! 가엾은 리디에 때문에 한동안 우리 모두가 고통을 받게 될 테지요. 게다가 또 다른 불편도 견뎌야 할 거예요. 하필 이런 때 하녀가 일을 그만두고 하인도 손을 다쳐서 어쩔 수 없이 내가 모든 일을 도맡아 하고 있거든요. 하지만 마음만 먹으면 어떻게든 잘해낼 수 있겠지요. 하인들 부리기가 이렇게 힘든 줄은 미처 몰랐어요. 시중드는 일은 말할 것도 없고, 자기 자신을 위한 일조차도 제대로 하지 않으니까요."

테레제는 그 밖에도 많은 일들에 대해 이러쿵저러쿵 얘기를 늘어놓았다. 말이 많은 여성인 것 같았다. 빌헬름은 리디에를 만나 그녀에게 사과하고 싶다고 말했다.

"지금은 사과해도 소용없을 거예요. 시간이 필요하다고 생각해요. 사과든 위로든 말로 할 수 있는 일이 아니니까요. 시간이 지나면 위로가 될 거예요. 리디에가 이렇게 말했어요. '제발 부탁이에요. 그 사람을 이리로 데려오지 말아요. 나는 더 이상 사람을 믿을 수 없어요. 그 사람은 감쪽같이 나를 속였다고요!' 리디에는 이미 로타리오 씨를 용서했어요. 로타리오 씨가 변명하는 편지를 그녀에게 써 보냈거든요. 자기는 친구들이 꾀어서 그들이 시키는 대로만 했을 뿐이라고요. 리디에는 당신도 그 친구들 가운데 한 명이라고 생각해서 싸잡아 비난하고 있어요."

"리디에 양이 나를 비난하셔도 상관없습니다. 오히려 과분한 명예인걸요. 내가 어찌 감히 훌륭하신 남작님의 친구가 될 수 있겠습니까? 이번 일도 그래요. 난 한낱 도구에 지나지 않았습니다. 내가 잘했다는 건 아니지만, 어쩔 수 없었어요. 내가 누구보다도 존경하는 사람의 생사가 걸린 문제였기 때문입니다. 테레제 양, 남작님은 정말 훌륭한 분이세요. 그리고 친구 분들 또한 그렇습니다. 나는 그분들과 지내면서 비로소 대화라는 것을 해볼 수 있었습니다. 내 말을 나보다 더 정확하고 충실하고 폭넓게 이해해서 다시 나에게 설명해주는 분들과 대화할 수 있었던 거죠. 그래서 내가 어렴풋하게나마 느끼고 있던 것이 분명해지고, 오직 머릿속에만 존재하고 있던 생각을 눈으로 확인할 수 있게 되었습니다. 그러나 아쉽게도 이 즐거움은 사라지고 말았네요. 처음엔 내가 지나치게 걱정을 해서 그랬고, 이번엔 이런 달갑잖은 임무를 맡았기 때문이지요. 그래도 나는 이 일을 순순히 맡았습니다. 나를 모임에 끼워주신 훌륭한 남작님과 친구 분들을 위해서라면 내 감정을 억누르더라도 뭔가 해야겠다고 생각했기 때문입니다."

테레제는 그 이야기를 들으며 정겨운 눈빛으로 빌헬름을 쳐다보았다.

"그래요, 자기 생각이 다른 사람의 입을 통해 분명히 밝혀지는 것은 참으로 기분 좋은 일이지요! 우리는 타인으로부터 옳다고 인정받을 때 비로소 자신이 옳다는 것을 인정하게 되지요. 로타리오 씨에 대해서는 나도 당신과 꼭 같은 생각이에요. 모든 사람이 그분을 올바르게 보고 있는 것은 아니지만, 적어도 그를 잘 아는 사람은 누구나 그를 존경하며 따르지요. 사실 로타리오 씨를 생각하면 마음이 너무 아파요. 그렇지만 어느 하루라도 그를 생각하지 않은 적은 없답니다."

테레제의 가슴속에서 깊은 한숨이 터져 나왔다. 오른쪽 눈가에 영롱한 이슬방울이 맺혔다.

"나를 마음 약한 울보라고 생각하진 말아주세요. 그냥 눈에서 눈물만 나는 거니까요. 예전에 눈꺼풀 밑에 작은 사마귀가 있었는데, 그걸 떼어낸 다음부터 눈이 약해진 탓인지 툭하면 눈물이 나온단 말이죠. 자, 보세요. 이제는 흔적도 거의 안 보이지만."

빌헬름은 테레제의 눈가를 유심히 살펴보았다. 사마귀 흔적은 남아 있지 않았지만, 그 눈은 아주 맑고 투명해서 영혼의 깊은 곳까지 들여다보이는 것 같았다.

"자, 이제 우리가 서로 친구가 된 거네요! 우리 되도록이면 빨리 서로에 대해서 알기로 해요. 한 사람이 살아온 역사는 그의 성격을 나타내주지요. 내가 지금까지 어떻게 살아왔는지 말씀드릴게요. 당신도 나에게 당신의 이야기를 들려주세요. 우리가 서로 먼 거리에 살더라도 정신적으로는 언제까지나 가깝게 지냈으면 좋겠어요. 이 세상에 산이나 강이나 마을만 존재한다면 얼마나 공허하겠어요? 하지만 자신과 같은 생각 같은 마음으로 함께 살아가는 사람이 어딘가에 존재한다면, 그 사실만으로도 우리가 사는 세상은 낙원처럼 느껴질 거예요."

테레제는 산책시간에 다시 만나자며 서둘러 방을 나갔다. 테레제와 함께 있는 시간은 즐거웠다. 로타리오와 그녀 사이에 무슨 일이 있었는지 궁금해졌다. 누군가 빌헬름을 불러 그가 밖으로 나가보니 테레제였다. 계단이 좁고 가팔라 둘이 나란히 내려갈 수 없어서 그들은 한 사람씩 계단을 내려갔다.

"배포가 크고 넓은 로타리오 씨가 원하시는 대로 했더라면 아마 뭐든지 크고 넓어졌을 거예요. 하지만 그분과 어울릴 가치가 있는 여자가 되려면, 그분이 나한테서 가치 있다고 생각하는 부분을 유지할 수밖에 없는 거죠. 아, 그나저나 관리인이 어딜 갔지?"

테레제가 계단을 내려오며 이렇게 말했다.

"내가 관리인을 둘 만큼 부자라고 생각하진 말아주세요. 내가 가진 얼마 안 되는 자유지(自由地)＊²쯤은 나 혼자서도 얼마든지 경작할 수 있답니다. 실은 내가 잘 아는 비옥한 토지를 사서 이사 온 이웃 사람이 있는데, 그 집의 관리인을 말하는 거예요. 이웃집 주인은 사람 좋은 노인이세요. 그런데 안타깝게도 관절염 때문에 병석에 누워 계시죠. 게다가 그분의 일꾼들도 이 지역을 잘 몰라서 그들이 낯익을 때까지 내가 도와주기로 했답니다."

빌헬름과 테레제는 밭이랑 목초지랑 과수원을 따라 천천히 걸었다. 테레제는 모든 일을 관리인에게 지시하면서 아주 하찮은 일까지도 다 설명해주었다. 빌헬름은 그녀가 뛰어난 지식과 정확성으로 어떤 일에도 재빠르게 대처하는 것을 보고 깜짝 놀랐다. 테레제는 조금도 망설이지 않고 재빨리 요점을 파악해서 문제를 처리해 나갔다. 관리인과 헤어질 때 그녀는 말했다.

"주인께 안부 전해주세요. 되도록 빨리 찾아뵐게요. 부디 건강관리에 유의하시길."

관리인이 돌아가자 테레제는 빙그레 웃으며 말을 이었다.

"그런데 말이죠, 머잖아 나는 부자가 될지도 몰라요. 맘씨 좋은 이웃집 주인이 나를 마음에 들어하는 것 같거든요."

"관절염을 앓고 계신다는 그 노인 말예요? 당신같이 젊은 여인이 그런 노인과 결혼하리라고는 전혀 생각지 못했는데요."

"물론이죠. 나는 그분과 결혼할 마음은 없어요. 자신이 가진 재산을 제대로 관리할 수 없다면 재산이 있다 한들 무슨 소용이 있겠냐고 생각하겠죠."

빌헬름은 테레제가 농사일을 많이 알고 있어 감탄했다. 그러자 테레제가

＊2 자유지(Freigut)는 신하가 군주를 섬길 의무와 공납의 의무 없이 보유할 수 있는 토지. 기사령(騎士領)과 비슷하지만 소유자에게 그 지역을 통치할 권리가 없다는 점이 다르다. 농민해방으로 자영(自營) 토지가 생기기 전에 존재했던 과도기적 토지 소유 형태.

말했다.

"나는 쓸모있는 일을 무척 좋아하는 데다 일찍부터 기회를 얻었고 외부의 격려도 받았죠. 꾸준히 노력하면 누구나 많은 일을 하면서 살 수 있어요. 내가 어떻게 해서 이런 일을 할 수 있게 되었는지 안다면 당신도 내 솜씨에 더 이상 놀라지 않을 거예요."

집으로 돌아오자 테레제는 작은 정원을 그에게 보여주었다. 정원은 길도 좁을뿐더러 온갖 식물이 무성해서 몸을 움직이기조차 어려울 지경이었다. 안뜰을 지나 돌아오는 길에 그는 나무장작들을 자로 잰 듯이 반듯하게 잘라 가로세로로 쌓아둔 더미를 보고 미소 짓지 않을 수 없었다. 어찌나 가지런히 잘 쌓아놓았는지 건물의 한 부분처럼 보이기까지 했다. 단지와 통 같은 물건들은 모두 제자리에 깔끔하게 놓여 있었다. 빨강과 하양으로 칠해진 집은 왠지 재미있어 보였다. 균형미와는 거리가 멀어 보였지만, 필요에 따라 튼튼하고 쾌적한 공간을 만들려고 애쓴 흔적들이 고스란히 드러나 보이는 그런 집이었다.

식사가 방으로 날라졌다. 빌헬름은 혼자서 여유롭게 이런저런 생각을 할 수 있었다. 특히 로타리오 씨와 가까운 사이였던 한 흥미로운 여성을 여기서도 알게 되었다는 사실이 그에게 깊은 인상을 남겼다.

'그래, 로타리오 씨는 훌륭한 분이니까 멋진 여성을 만나는 건 당연하지. 그의 남자다움과 탁월한 인품은 정말 멀리까지도 영향을 끼치는구나. 그래도 다른 남자들에게 피해는 주지 말았으면 좋겠는데…… 빌헬름, 네가 정말로 두려워하는 것이 무엇인지 이제 솔직히 인정해봐. 그 훌륭한 여전사를 마침내 만났을 때, 너의 모든 기대나 꿈과는 달리 그녀가 로타리오 씨의 연인이어서 끔찍한 슬픔과 모욕을 맛보게 될까봐 두려운 것이 아닐까?'

제6장

빌헬름은 조금 지루함을 느끼면서 불안한 마음으로 오후를 보냈다. 그런데 저녁 무렵에 방문이 살짝 열리더니 예쁘장한 젊은 사냥꾼이 인사를 하며 들어왔다. 아름다운 눈을 보고 빌헬름은 곧 이 사람이 테레제임을 알아차렸다.

"산책하러 나가지 않을래요? 갑자기 이런 옷을 입고 나타나서 미안해요. 안타깝게도 이제 이런 옷차림은 한낱 겉치레에 지나지 않지요. 하지만 내가 이 조끼를 즐겨 입었던 시절에 대해서 당신한테 말하고 싶거든요. 그러니까 이렇게라도 해서 그때 일들을 기억해내려는 거예요. 자, 나갈까요? 전에 사냥과 산책을 하면서 자주 쉬던 장소에 가면 아마 기억이 날 거예요."

둘은 집을 나섰다. 길을 걷다가 테레제가 말했다.

"나만 얘기를 하니까 멋쩍군요. 나에 대해 당신은 이미 많은 걸 알고 있는데 나는 당신에 대해 아는 게 없군요. 이제 당신 얘기를 들려주세요. 그러면 나도 용기를 내어 내 과거와 처지를 말할 수 있을 것 같아요."

"유감스럽게도 나는 잘못하고 방황한 일밖에는 드릴 말씀이 없네요. 게다가 지금의 이 혼란스러운 마음을 특히 당신에게는 들키고 싶지 않습니다. 당신의 시선이나 당신을 둘러싸고 있는 것들, 당신의 인격과 행동, 이 모든 것을 보면 당신이 지금까지 무척 즐겁게 지내면서 언제나 아름답고 깨끗한 길을 착실히 걸으며 한순간도 낭비하지 않고 자책할 일도 없이 완벽하게 살아왔음을 알 수 있습니다."

"내 얘기를 다 듣고도 당신이 그런 말씀을 하실지 모르겠네요."

테레제가 웃으며 말했다. 두 사람은 계속 걸으며 이런저런 이야기를 나누었다. 그러다가 테레제가 빌헬름에게 물었다.

"빌헬름 씨, 독신이세요?"

"네, 그런데요. 하지만 독신으로 있고 싶지는 않습니다."

"아, 그러시군요! 그렇다면 사랑에 얽힌 복잡한 사연이 있을 법한데요? 당신 이야기를 듣고 싶어요."

둘은 언덕을 올라 넓게 그늘진 떡갈나무 아래에 앉았다.

"이 독일 나무 아래에서 어느 독일 아가씨에 대한 이야기를 들려드릴게요. 좀 지루하더라도 참아주세요.

내 아버지는 이 지방의 부유한 귀족이셨어요. 성격이 재미있고 밝은 데다 활동적이고 훌륭한 경제학자셨죠. 딸에게 상냥한 아버지였으며 또한 성실한 친구가 되어주셨어요. 그리고 누구보다도 뛰어난 농장주였습니다. 다만 딱하나 결점이 있었어요. 아버지가 얼마나 훌륭한 분인지 모르는 어리석은 한여인에게 지나치게 너그러우셨다는 거지요. 유감스럽게도 그 여인은 내 어머니였어요. 어머니의 성격은 아버지와는 정반대였습니다. 어머니는 극성스럽고 변덕스러운 데다 가정을 잘 돌보지도 않고, 하나밖에 없는 딸에게도 애정이 없었어요. 그리고 낭비벽이 있기는 해도 예쁘고 똑똑하고 재주가 많아서 모임에서는 인기가 있었지요. 하지만 이런 모임은 규모도 작았고 그다지 오래가지도 않았어요. 그 모임에 참가한 사람은 대부분 남자들이었습니다. 왜냐하면 여자들은 우리 어머니와 교제하기를 좋아하지 않았고, 어머니도 자기보다 더 눈에 띄는 여자를 그냥 놔두지 않았기 때문이지요. 나는 외모도 성격도 모두 아버지를 닮았어요. 새끼 오리가 물가를 찾아가듯이 나는 어렸을 적부터 부엌, 저장실, 헛간, 물건을 쌓아두는 다락방 같은 곳을 좋아했어요. 아직 철없는 어린아이였는데도 뭐랄까 본능적으로 집 안을 정리하거나 청소하는 일에만 신경을 썼어요. 그러자 아버지는 무척 기뻐하셨습니다. 어설프지만 꾸준히 노력하는 나를 보고 아버지는 이 일 저 일 등을 맡기곤 하셨지요. 반대로 어머니는 나를 사랑하지 않았고 그런 마음을 한순간도 숨기지 않았어요.

나는 성장함에 따라 활동범위도 넓어졌으며 아버지를 더욱 깊이 존경하고 사랑하게 되었습니다. 둘이서 함께 밭에 나가기도 했고 아버지가 계산서 점검하는 일을 도와드리기도 했는데, 그때마다 아버지가 무척 좋아하시는 걸 느낄 수 있었어요. 아버지 눈을 보면 꼭 내 눈을 보는 것 같았어요. 바로 이 눈 때문에 나는 아버지를 쏙 빼어 닮았다는 소리를 들었죠. 하지만 어머니 앞에선 아버지는 그런 말씀, 그런 태도를 보이지 않으셨어요. 어머니가 나를 엄하고 부당하게 꾸짖을 때에는 온화하게 내 편을 들어주셨지만, 나를 지켜주시는 것이 아니라 그저 나의 좋은 점을 말씀하실 따름이었어요. 이처럼 아버지는 어머니가 하는 일에는 결코 반대하지 않으셨습니다.

그런데 어머니가 연극에 엄청난 흥미를 보이더니 마침내 극단을 만들었어요. 어머니와 함께 무대에 설 남자 배우는 생김새와 나이를 불문하고 넘쳐나도록 많았지만 여배우 쪽은 자주 모자라기도 했지요. 나와 함께 자란 리디에는 갈수록 더욱 예뻐질 거라고 칭찬이 자자하던 귀여운 아이였는데, 이 무대에서는 여주인공을 빛내주는 조연을 맡았습니다. 그리고 늙은 하녀 한 명이 어머니 역이나 숙모 역을 맡았어요. 주인공의 연인이나 모든 여주인공, 양치기 소녀 같은 역할은 언제나 어머니가 도맡아 했고요. 내가 잘 아는 사람들이 변장을 하고 무대에 서서 다른 사람처럼 보이려고 애쓰는 것이 얼마나 우스꽝스러워 보였는지 말로는 다 표현할 수 없어요. 내 눈에는 연극에서 나타내려는 인물은 보이지 않고 오직 어머니와 리디에, 남작이나 비서의 실제 모습밖에는 보이지 않았습니다. 나는 그 사람들이 자신들의 배역과는 많이 빗나간 인물들이라는 사실을 잘 알고 있었어요. 그래서 그들이 행복하다든지 슬프다든지, 사랑에 빠졌다든지 아니면 그럴 마음조차 없다든지, 구두쇠라든지 또는 잘 베푼다든지 하는 연기를 왜 하는지 나로선 이해가 되지 않았지요. 따라서 나는 객석에 가만히 앉아 그들을 지켜보는 일을 그다지 좋아하지 않았어요. 하지만 아무것도 안 할 수는 없었죠. 그래서 코를 양초에 박고 냄새를 맡거나, 저녁 식사 준비를 하거나, 다음 날 아침에 모두가 잠들어 있을 때 아무렇게나 흐트러져 있는 의상을 정리하거나 했습니다.

내가 이렇게 하면 어머니는 좋아했지만 그래도 사랑해주지는 않았어요. 오히려 나를 경멸하기까지 했습니다. '만약에 내가 네 아버지처럼 누구 딸인지 아리송했다면, 분명히 너를 누군가에게 주어버렸을 거야.' 이렇게 심한 말을 한 번도 아니고 몇 번이나 했어요. 난 지금도 생생하게 기억하고 있답니다. 고백하는데, 어머니의 이런 태도 때문에 나는 어머니로부터 점점 멀어져갔어요. 어머니를 생판 남처럼 여기기 시작한 것입니다. 그리고 나도 모르게 매처럼 날카로운 눈으로 하인들을 감시하게 되었어요. 여담이지만 하인들을 감시하는 것이야말로 집안 살림의 기본이지요. 어쨌든 이렇게 살피다보니 자연스럽게 어머니를 둘러싸고 일어나는 일에 대해서도 눈치챘지요. 어머니가 모든 남자를 같은 마음으로 바라보지 않는다는 것도 알았고요. 나는 차츰 더 날카로운 눈길로 지켜보았습니다. 그래서 리디에가 어머니의 심복이라는 것도 알아차렸어요. 리디에는 열정으로 가득 차 연기에 온 정신을 쏟고 있더군요. 어머니와 리디에가 몰래 만나는 것도 알았지만 나는 입을 꾹 다물고 아버지에게는 아무 말도 하지 않았습니다. 아버지가 슬퍼하실까봐 두려웠던 거예요. 하지만 마침내 말할 수밖에 없는 처지가 되었습니다. 어머니와 리디에가 하인들을 매수하지 않으면 안 될 일들을 저지르고 말았던 거예요. 하인들이 나를 얕잡아 보고 말을 듣지 않았고, 아버지가 세워놓은 규칙도 지키지 않았어요. 나는 집안의 무질서를 도저히 참을 수가 없었습니다. 그래서 그동안 있었던 일을 아버지에게 모두 말씀드렸어요.

아버지는 침착하게 내 이야기를 다 듣고 나서 미소를 지으셨어요.

'애야, 나도 다 알고 있단다. 그러니 소란 피우지 말고 조금만 참을 수 있겠니? 나도 널 위해 참고 있으니까.'

그러나 나는 조용히 있을 수가 없었어요. 참을 수 없었죠. 속으로 아버지를 원망했어요. 아버지는 왜 참기만 하는지 도저히 이해할 수 없었기 때문이에요. 그래서 아버지가 못하신다면 나라도 나서서 질서를 바로잡아야겠다고 생각했죠. 모든 것을 밝히기로 굳게 결심했습니다.

우리 어머니는 개인 재산을 어느 정도 가지고 있었지만 워낙 낭비가 심해서 그것만으로는 모자랐어요. 그 때문에 부모님은 가끔 다투기도 하셨어요. 이 문제만큼은 오랫동안 해결하지 못한 채 질질 끌고 다녔죠. 그런데 어머니의 불륜을 계기로 일이 커지고 말았어요.

어머니가 가장 사랑하던 애인이 신의를 저버린 거예요. 어머니는 모든 게 싫어졌는지 다른 지방으로 이사를 가자고 했어요. 그런데 막상 그곳에 가니까 외로웠나 봐요. 그래서 이번에는 도시로 가자고 했죠. 하지만 그곳도 마음에 들어하지 않았어요. 끝내 두 분 사이에 무슨 일이 있었는지는 몰라도, 아버지는 내가 모르는 어떤 조건 아래 어머니의 남프랑스 여행을 허락하셨습니다.

이제 아버지와 나는 완전히 자유로워졌어요. 너무나 행복한 나머지 천국에 와 있는 것 같았습니다. 아버지는 어머니를 프랑스로 보내기 위해 많은 돈을 잃어버렸지만, 나는 그것이 하나도 아깝지 않게 여겨졌어요. 할 일을 제대로 안 하는 하인들도 모조리 내보냈습니다. 그랬더니 다행스럽게도 집안의 질서가 다시 제자리를 찾았어요. 그 뒤로 2, 3년 동안 아버지와 나는 더없이 행복한 시간을 보냈습니다. 모든 게 뜻대로 되었어요. 그런데 정말 안타깝게도 이런 행복은 오래가질 않더군요. 아버지가 뇌졸중으로 갑자기 쓰러지셔서 오른쪽 반신마비를 일으켜 말도 제대로 할 수 없게 된 거예요. 그래서 아버지가 무엇을 원하시는지 추측할 수밖에 없었어요. 아버지는 생각을 말로 나타내지 못했으니까요. 아버지가 나와 단둘이 있기를 바라실 때마다 얼마나 불안했는지 모른답니다. 그분이 심한 몸동작으로 다른 사람들은 다 나가라는 신호를 보내어 막상 우리 둘만 남게 되었을 때에도 아버지는 아무 말씀도 하실 수가 없었거든요. 무슨 일 때문에 흥분해서 좀처럼 마음을 가라앉히지 못하셨어요. 그런 아버지 모습을 바라보기가 너무 힘들었습니다. 뭔지는 모르겠지만 저에 대한 어떤 일을 꼭 알려주고 싶어하신다는 것만은 분명했어요. 아버지가 그토록 뼈저리게 나에게 말씀하시려는 것이 무엇인지 나도 무척 알고 싶었어요. 평소엔 아버지 눈만 바라보아도 아버지가 무엇을 원하는지 알 수 있었는데, 이제는 그 방법도 소용이 없었습니다. 아버지 눈에서도 표현력이 사라져버린 거죠. 아버지는 아무것도 바라거나 기대하지는 않았지만, 분명히 무엇인가를 나에게 말하고 싶어하셨어요. 하지만 슬프게도 그게 뭔지 알 수가 없었지요. 이윽고 아버지는 또다시 발작을 일으키셨습니다. 그 뒤엔 꿈쩍도 하지 않으셨죠. 그렇게 아버지는 내 곁을 떠났어요.

잘은 모르겠지만 아버지가 마지막에 내게 하려던 말을 추측해 보건대, 아버지는 어딘가에 숨겨둔 보물을 어머니가 아닌 나에게 물려주시려 했던 거 같아요. 나는 그렇게 확신했죠. 그래서 아버지가 돌아가시기 전부터 여기저기 찾아보았으나 끝내 보물을 찾을 수 없었어요. 아버지가 돌아가시자 모든 물건에 봉인이 찍히게 되었습니다. 나는 어머니에게 편지를 보내 관리인으로서 이 집에 남아 있고 싶다고 말했어요. 하지만 어머니는 거절했고 나는 영지를 비우고 나와야만 했습니다. 아버지와 어머니가 함께 쓴 유언장에 따르면 모든 권리는 어머니에게 있었으므로, 적어도 어머니가 살아 있는 동안 나는 어머니를 의지할 수밖에 없는 형편이었어요. 드디어 나는 아버지가 마지막에 무슨 말씀을 하시려고 했는지 알 것 같았어요. 불쌍한 아버지는 자신이 죽고 난 뒤 마땅찮은 대우를 받게 될 나를 하염없이 걱정했던 거예요. 친구들 몇 명이 너는 상속권을 빼앗긴 셈이다, 이 옳지 않은 유언장을 받아들이지 말아야 한다고 뜻을 폈지만 나는 그런 짓까지 하고 싶지는 않았습니다. 저에게는 아버지와의 추억이 그 무엇보다 소중했으니까요. 나는 운명을 믿고 제 자신을 믿기로 결심했습니다.

나는 커다란 영지를 몇 개나 가지고 있는 이웃집 부인과 친하게 지냈는데 다행히 그 부인이 나를 거두어주셨어요. 나는 그 집을 관리하게 되었습니다. 나한테는 쉬운 일이었죠. 부인은 매우 규칙적인 생활을 했으며 모든 일에 질서를 중요시했어요. 나는 관리인이나 하인들과 싸우면서까지 충실히 부인을 도와드렸습니다. 나는 구두쇠도 아니고 성격이 못된 것도 아니지만, 일반적으로 여자들은 남자들보다 낭비에 대해 훨씬 엄격한 편이지요. 쓸데없는 지출은 어떠한 이름으로라도 받아들일 수 없어요. 모든 사람은 자신에게 주어진 테두리 안에서만 즐겨야 한다고 생각해요.

아무튼 나는 또다시 물 만난 물고기가 되어 조용히 아버지의 죽음을 슬퍼하고 있었습니다. 친절한 부인은 나와 무척 마음이 맞았어요. 그런데 작은 상황 하나가 나의 평화를 깨뜨렸습니다. 리디에가 돌아온 거예요. 우리 어머니는 리디에를 버릴 대로 버려놓고는 무자비하게도 내팽개쳤어요. 리디에는 우리 어머니 때문에 망가져서 성적 욕망에 사로잡혀 거기서 헤어나지 못하게 되었어요. 무슨 일을 하든 욕망을 억누르지 못했어요. 그 애가 갑자기 나타나자 친절한 내 은인은 망설이지 않고 리디에까지 받아주셨습니다. 그래서 리디에는 나를 돕게 되었는데 아무래도 일이 잘 풀리지가 않았습니다.

그즈음 부인의 친척들과 상속자들이 그곳을 찾아와 사냥을 즐기곤 했는데, 나는 그때 처음으로 로타리오 씨를 만났습니다. 나는 그분이 다른 사람들과는 비교도 안 될 만큼 훌륭하다는 사실을 금세 알아챘어요. 하지만 한 번도 로타리오 씨를 나와 연관 지어 생각하지는 않았어요. 그분은 누구에게나 정중하게 대하는 사람이었지요. 리디에는 그분의 관심을 끌려고 무척 애쓰는 것 같았어요. 나는 늘 바빠서 그분들과 어울릴 기회가 별로 없었습니다. 게다가 로타리오 씨 앞에만 서면 평소보다 말수가 적어졌어요. 평소엔 대화를 인생의 향신료라 여기면서 마음껏 즐겼는데 말이죠. 아버지와 나는 모든 일에 대해 언제나 대화를 나눴어요. 우리는 누군가와 마음을 터놓고 대화할 때 비로소 바르게 생각할 수 있는 법이니까요.

그런데 로타리오 씨가 여행이나 출정에 대해 이야기할 때 나는 정말로 열심히 귀를 기울였어요. 다른 누구의 이야기를 들을 때보다도 더 말이죠. 그분이 보고 말하는 세계는 마치 내가 관리하는 영지처럼 아주 또렷하게 보이는 것 같았어요. 그것은 어느 모험가의 신비한 운명도 아니었고, 여행자가 좁은 생각으로 지껄이는 허풍스런 이야기도 아니었어요. 그런 여행자들은 어떤 나라의 참모습을 묘사하겠다고 해놓고서 실은 자기 이야기만 하거든요. 그런데 로타리오 씨는 단순히 이야기하는 데 그치지 않고, 우리를 그가 겪은 세계로 이끌어주었어요. 나는 쉽게 맛볼 수 없는 순수한 기쁨을 느꼈습니다.

어느 날 밤 로타리오 씨는 여성에 대한 그의 생각을 이야기했습니다. 나는 그 말을 들으며 표현할 수 없는 기쁨이 솟구치는 걸 느꼈어요. 그 대화는 아주 자연스럽게 이루어졌지요. 이웃에 사는 부인 몇 명이 오셔서 여성의 교양에 대해 이야기를 나눴어요. 대충 이런 내용이었죠. 여성들은 불공평한 대우를 받고 있다, 남성들만 고급문화를 누리고 있다, 그들은 여성들의 학문을 인정하지 않는다, 여성들을 한낱 노리개나 가정부로 여긴다, 뭐 그런 이야기들이었어요. 로타리오 씨는 듣고만 있을 뿐 아무 말도 하지 않았습니다. 그러나 시간이 흘러 몇 사람만 남자 그분도 솔직하게 자신의 생각을 말했어요.

'남성들이 이렇게 비난을 받는 것은 좀 이상하지 않나요? 그들은 여성이 차지할 수 있는 가장 높은 지위를 여성들에게 주려고 하는데 말이죠. 집안의 실권을 쥐는 것만큼 큰 힘이 있나요? 남성은 밖에서 여러 가지 인간관계에 시달리며 재산을 늘리고 가정을 지키기 위해 이리저리 뜁니다. 정치에까지 참여해 이런저런 일에 휘둘리고는 하지요. 무언가를 억누르고 다스리는 것처럼 보이지만 실은 그렇지 않습니다. 이성적이어야 한다면서 꾀나 부리고, 깨끗해야 한다면서 오히려 뭔가를 숨기고, 정직해야 한다면서 남을 속이곤 하지요. 결코 이룰 수 없는 목적을 위해 스스로 많은 것을 포기하고 자신을 삶과 하나가 되게 해야 합니다.

그러나 사려 깊은 주부는 실제로 집안을 다스리면서 가족 모두가 즐겁게 활동할 수 있도록 해줍니다. 인간의 가장 큰 행복은 자신이 옳고 바람직하다고 여기는 일을 하는 것이며, 그 목적을 이룰 수 있는 곳은 가정이 아닐까요? 우리 생활에 없어서는 안 될 필수품을 도대체 어디서 찾을 수 있다고 생각하십니까? 우리의 잠자리와 부엌과 지하실이 있는 곳, 우리와 우리 가족들을 위한 온갖 저장품이 보관되어 있는 바로 그곳밖에 없지 않습니까? 이처럼 날마다 끊임없이 되풀이되는 질서를 철저히 지키려면 얼마나 규칙적인 활동이 필요한지 알고 있습니까? 별처럼 언제나 같은 궤도를 정확히 돌면서 낮과 밤을 다스리고, 필요한 도구를 갖추고 밭에 농작물을 심고 거둬들이며, 늘 행복한 마음으로 사랑을 가지고 끊임없이 가정을 돌보는 남성은 그다지 많지 않습니다. 아내가 집안을 잘 다스리고 이끌어 나갈 때 비로소 사랑하는 남편을 집의 주인으로 바로 세울 수 있습니다. 아내는 마음을 모아 많은 지식을 얻어서 그것이 가족에 도움이 되게 합니다. 주부는 누구에게도 의존하지 않으며 남편 또한 가정적으로나 저마다 내면적으로 진정한 자립을 하게 합니다. 남편이 바라는 것은 안전하게 지켜지고, 그가 얻는 것은 잘 활용됩니다. 그리하여 남편은 안심하고 보다 커다란 대상을 바라볼 수 있게 되지요. 운이 좋으면 그는 아내가 집안을 다스리는 것과 마찬가지로 국가를 다스리게 될 것입니다.'

그러면서 로타리오 씨는 이상적인 여성에 대해 말하기 시작했습니다. 나는 그만 얼굴이 빨개지고 말았어요. 그의 이상형이 나와 꼭 닮았다고 느꼈기 때문이지요. 나는 남몰래 승리의 쾌감을 맛보았습니다. 지금까지의 처지로 보면 그가 나를 마음에 두고 있을 리도 없었을뿐더러, 저에 대해 아무것도 아는 게 없다는 생각에 매우 기뻤지요. 내가 그토록 존경하는 남자에게 한 여자로서 칭찬받은 것이 아니라 한 인간으로서 본성을 칭찬받다니! 살면서 그보다 더 유쾌한 일은 없었죠. 제게는 매우 큰 보상과 위로가 되었죠!

모두가 자리를 뜨자 부인이 미소를 지으며 나에게 말했어요. '남자들은 다 그래요. 스스로는 실행하지도 않을 일을 멋대로 생각하거나 말하곤 한다니까요. 그렇지 않다면 테레제 양처럼 멋진 여성을 여태 가만히 놔뒀겠어요?' 나는 웃으며 농담조로 말했습니다. '남자들은 이성적으로는 가정부같이 일 잘하는 여자를 원하지만 정작 마음은 딴 데 가 있지요. 전혀 다른 여자를 꿈꾼다니까요. 저처럼 일밖에 모르는 여자는 귀엽고 매력적인 아가씨들을 도저히 따라갈 수 없죠.' 나는 리디에 들으라고 일부러 이렇게 말했어요. 왜냐하면 리디에는 로타리오 씨에 대한 마음을 숨기지 않았고, 그분도 이곳에 올 때마다 차츰 리디에에게 관심을 보였기 때문이에요. 리디에는 가난하고 신분도 낮았기에 감히 그와 결혼하겠다는 생각은 할 수 없었지만, 그를 유혹해서 그의 사랑을 독차지하고픈 욕구를 끝내 참을 수 없었나 봐요. 나는 그동안 누군가를 사랑해본 적이 한 번도 없었을뿐더러 그때도 사랑에 빠지진 않았어요. 하지만 나라는 사람이 내가 존경하는 남성에게 어떤 여성으로 보이는지 알게 되어 무척 기쁘긴 해도, 솔직히 말해서 그것만으로는 만족할 수 없었어요. 그가 나를 알아주고 나에게 관심을 갖고 다가와주기를 바랐죠. 뒷일이야 어찌되든 나는 그런 소망을 품게 되었습니다.

내가 부인에게 할 수 있었던 최고의 보답은 그 영지에 있는 아름다운 산림을 잘 가꾸는 일이었어요. 그 귀중한 땅은 시간이 흘러 환경이 바뀌면 좀 더 커다란 가치를 얻게 될 텐데도 구태의연한 관행에 따라 대충 관리되고 있었습니다. 계획이나 질서라고는 전혀 없었죠. 나무 베기를 일삼고 제대로 심지도 않았어요. 많은 산들이 온통 망가져 있었죠. 어린나무들이 고르게 자라고 있는 곳은 꽤 오래전에 벌채한 구역뿐이었어요. 그래서 나는 유능한 산지기와 함께 모든 숲을 살폈습니다. 다시 측량을 하고, 무성한 가지는 잘라내고, 씨를 뿌리고, 나무를 옮겨심기도 하며 재정비를 했지요. 얼마 되지 않아 산은 제 모습을 찾기 시작했습니다. 나는 말을 타고 다니기에 편하고 걸을 때에도 옷자락에 걸려 넘어지지 않도록 남자 옷을 지어 입고서 여기저기 돌아다녔습니다. 다들 내가 언제 불쑥 나타날까 두려워했지요.

그런데 어느 날 젊은 남자들이 또다시 사냥을 나온다는 소식을 들었습니다. 로타리오 씨도 그들 가운데 한 사람이었죠. 그때 나는 태어나서 처음으로 남에게 잘 보이고 싶다는 생각을 했습니다. 좀 더 솔직하게 말하자면 존경하는 분에게 내 모습을 있는 그대로 보여주고 싶었어요. 나는 남자 옷을 입고 총을 둘러멘 채 영지 사냥꾼과 함께 숲이 시작되는 곳에서 그 일행을 맞이했습니다. 그런데 로타리오 씨는 내가 누군지 알아보지 못하더군요. 부인의 조카 하나가 나를 산지기라고 그에게 소개하면서, 나이가 너무 어리지 않느냐고 놀리기도 하고 농담을 섞어 가며 나를 칭찬하기도 했어요. 그러다가 가까스로 로타리오 씨는 내가 누구인지 알아차렸죠. 조카 분은 미리 계획이라도 세웠던 것처럼 로타리오 씨 앞에서 기쁜 표정으로 내가 해놓은 일들을 자세하게 설명하기 시작했어요.

로타리오 씨는 그 이야기를 흥미 있게 듣더니 나에게 이것저것 물었어요. 영지와 이 지방에 대해서였지요. 내 지식을 그에게 보여줄 수 있어서 얼마나 기뻤는지 모른답니다. 내가 몇 가지 개선책을 내놓자 그도 찬성해주었어요. 그는 비슷한 예를 들어가며 적합성을 인정해주어 내 주장에 힘을 실어주었습니다. 그때 내 기분이 얼마나 좋았을지 당신은 상상도 할 수 없을 거예요. 그런데 나는 그에게 인정받고 싶었을 뿐, 사랑받기를 원했던 건 아니었어요. 어쨌든 로타리오 씨와 나는 집으로 돌아왔죠. 그런데 리디에를 보는 그의 눈빛이 왠지 애틋하다고 느꼈어요.

나는 바라던 목적은 이루긴 했지만 그 순간부터 왠지 마음의 평정을 찾을 수가 없었어요. 하지만 그날부터 그는 나를 진심으로 존경하고 무척 신뢰하는 모습을 보여주었습니다. 모임에선 언제나 내게 말을 걸어 내 의견에 귀를 기울였어요. 특히 집안일에 관해서는 내가 모든 것을 다 알고 있기라도 한 듯 언제나 나를 믿어주었지요. 그가 그토록 관심을 갖고 대해주니 나도 저절로 힘이 났습니다. 그는 일반적인 국가 경제나 재정에 대해 이야기를 나눌 때에도 나를 대화에 끌어들였어요. 그래서 나는 그가 오지 않을 땐 이 지방이나 나라 전체의 사정을 자세히 알아두려고 노력했습니다. 그건 그다지 어렵지 않은 일이었어요. 내가 지금까지 알고 있었던 작은 일들이 국가적 차원에서는 큰 짜임새로 똑같이 되풀이되고 있었을 뿐이었으니까요.

그 무렵 로타리오 씨는 전보다 더 자주 영지에 찾아오곤 했어요. 우리는 모든 분야에 걸쳐 대화를 나누었는데, 대체로 경제 분야를 이야기할 때가 많았어요. 그렇다고 해서 전문적인 경제 이야기는 아니었지만요. 인간이 일정한 계획 아래 자신의 능력과 시간과 돈을 변함없이 투자한다면, 보잘것없어 보이는 수단을 통해서도 엄청난 효과를 얻을 수 있다는 점에 대해 많은 이야기를 서로 나누었어요.

그러는 가운데 나는 점점 그에게 끌리는 기분을 느꼈습니다. 그에 대한 사랑이 너무나도 빠르게 격정적으로 내 안에서 끓어오르는 것을 막을 수 없었어요. 그것은 마음속 깊은 곳에서 피어나는 더없이 순수하고 한결같은 사랑이었죠. 그런데 그가 나 때문이 아니라 리디에 때문에 자주 이곳에 찾아오고 있다는 생각이 문득 들었어요. 리디에도 그런 확신이 들었는지 언젠가부터 로타리오 씨 일로 나에게 상담을 요청하는 게 아니겠어요. 그런데 그 덕분에 나는 조금이나마 안심할 수 있었지요. 리디에가 매우 의미심장하게 받아들이는 일들이 내가 보기엔 별것 아니었거든요. 로타리오 씨가 리디에를 진심으로 사랑하며 꾸준한 관계를 원하고 있다는 증거는 전혀 찾아볼 수 없었어요. 오히려 리디에가 어떻게든 그의 사랑을 독차지하려고 애쓰는 것만 점점 더 눈에 띌 뿐이었죠.

그러던 어느 날 부인이 내게 아주 놀라운 소식을 전해주었어요.

'로타리오가 당신을 아내로 맞고 싶다는군요.'

부인은 그렇게 말하고 내 장점을 하나하나 꼽으셨어요. 부인 말씀으로는, 그가 오랫동안 기다리며 꿈꿔왔던 여인이 바로 나라고 했다는 거였어요. 나는 어찌나 기뻤던지 정말 꿈이 아닌가 했어요.

이 행복을 어떻게 표현하면 좋을까요? 내가 그토록 존경하는 분이 나를 선택해주시다니! 나는 그와 함께 내가 가진 능력을 마음껏 펼치는 상상을 해보았어요. 그동안 익힌 나의 재능과 타고난 소질을 한껏 살린다면 유용한 일을 할 수 있을 것만 같았어요. 나라는 인간 자체를 완벽하게 무한히 발전시킬 수 있을 것 같았지요. 그래서 나는 그의 청혼을 받아들였습니다. 그가 찾아오자 우린 단둘이서 이야기를 나누었어요. 그는 사랑이 가득 담긴 눈빛으로 내 눈을 바라보더니 나를 끌어안고 입을 맞추었습니다. 하지만 그게 처음이자 마지막 키스였어요. 그는 현재 자신의 처지가 어떤지 솔직히 내게 이야기해주었어요. 미국에 가느라 돈이 얼마나 많이 들었는지, 토지를 담보로 얼마만큼 빚을 졌는지 모두 다 털어놓았지요. 그리고 그 일로 종조부님과 다투었는데 그 훌륭하신 종조부님이 자기 방식대로 그를 돌보려 하면서, 그에겐 가정적인 여성이 어울리는데도 무조건 부잣집 아가씨랑 결혼시키려고 벼르고 계신다는 거예요. 그래서 그는 여동생을 시켜 종조부님을 설득할 생각이라고 했어요. 그는 현재 재산 상태와 계획과 전망 등에 대해서도 설명하더니 나에게 도움을 요청했어요. 그리고 종조부님의 허락을 받을 때까지 이 일은 비밀로 해달라고 했지요.

로타리오 씨가 방을 나가자마자 곧바로 리디에가 들어왔어요. 그가 자기에 대해 무슨 말을 하지 않았느냐고 궁금해 하더군요. 나는 그렇지 않다고 대답했어요. 그리고 지루한 경제 문제를 들먹였죠. 리디에는 뭐가 불안한지 우울하고 신경질적인 태도를 보였어요. 로타리오 씨가 다시 들어왔지만 그 애의 기분은 바뀌지 않았습니다.

어머, 벌써 해가 저물기 시작했네요. 빌헬름 씨, 당신은 운이 좋은 사람이군요. 하마터면 나 혼자서 즐겁게 떠들어대는 구구절절한 이야기를 계속 들을 뻔했는데 말이죠. 이제는 빨리 이야기를 마무리해야겠네요. 느긋하게 늑장 부릴 수 있는 시간이 없으니까요.

로타리오 씨는 정말로 멋진 여동생을 소개시켜주었어요. 그 친구는 종조부님이 나를 받아들이도록 다리 역할을 했지요. 그 덕분에 종조부님은 나를 기꺼이 맞아주셨고 우리의 희망을 들어주셨어요. 나는 이 행복한 소식을 전하기 위해 영지로 돌아왔습니다. 이제는 집안사람들 모두가 그 일을 알게 되었지요. 하지만 리디에는 그 사실을 알고 있으면서도 있을 수 없는 일이라며 믿으려 하지 않았어요. 그러다가 사실을 받아들였는지 어느 날 갑자기 어디론가 사라져버렸습니다. 도대체 그 애가 어디로 사라졌는지 아무도 몰랐어요.

결혼식 날은 점점 다가오고 있었습니다. 그동안 나는 로타리오 씨에게 몇 번이나 그의 초상화를 달라고 부탁했었어요. 약속을 잊었나 싶어 그날도 다시 한 번 부탁을 했는데 그가 되묻는 거예요. '아가씨, 당신은 내 초상화를 딱 맞게 그려달라던 그 그림틀을 나한테 아직 안 줬다는 걸 잊었나요?' 사실이었어요. 실은 내 여자친구가 나에게 선물해준 소중한 틀이 하나 있었어요. 유리 뚜껑 겉면에는 그 친구의 이름이 그녀의 머리카락으로 새겨져 있었지요. 하지만 상아로 된 뒷면은 텅 비어 있었어요. 처음에는 그 안에 친구의 초상화를 넣으려고 했었는데, 애통하게도 그녀가 갑자기 세상을 떠나버리고 말았던 거예요. 그 충격은 이루 말할 수 없었지요. 내가 친구를 잃은 슬픔에 젖어 있을 때 로타리오 씨의 사랑이 내 영혼을 어둠 속에서 건져준 것이지요. 그래서 나는 이 소중한 틀을 로타리오 씨의 초상화로 채우자고 마음먹었습니다.

나는 서둘러 방으로 돌아가 보석함을 가져왔어요. 로타리오 씨가 보는 앞에서 뚜껑을 열었죠. 그런데 그가 보석함 속 여인의 사진이 든 목걸이를 손에 들고 유심히 살펴보더군요. '이분은 누구죠?' 그가 다급하게 물었습니다. 나는 내 어머니라고 대답했어요. '분명 폰 생 탈방 부인이신데! 2, 3년 전에 스위스에서 만난 적이 있어요.' '그래요, 그분이에요.' 나는 빙그레 웃으며 말을 이었습니다. '그러니까 당신은 장모님 될 분을 우연히 만난 거군요! 생 탈방은 우리 어머니가 여행할 때 쓰시는 낭만적인 이름이에요. 지금도 그 이름으로 프랑스에 머물고 계세요.'

'아, 이럴 수가! 말도 안 돼!' 그는 갑자기 목걸이를 보석함 속에다 도로 집어던지더니 손으로 두 눈을 가렸습니다. 그러고는 방에서 뛰쳐나가더니 밖으로 나가 말에 올라탔어요. 나는 허둥지둥 발코니로 뛰어가 목청껏 그를 불렀죠. 그는 이쪽을 돌아보고 손을 한 번 흔들더니 그대로 말을 타고 빠르게 떠나갔습니다. 그것이 우리의 마지막이 되고 말았지요."

태양이 가라앉고 있었다. 테레제는 아름다운 눈동자로 석양에 타오르는 저녁놀을 물끄러미 바라보며 하염없이 눈물을 흘리고 있었다.

이윽고 테레제는 말없이 손을 내밀어 새 친구의 손을 잡았다. 빌헬름은 너무나 안타까운 심정으로 그녀의 손에 입을 맞추었다. 테레제는 눈물을 닦고 일어섰다.

"이제 그만 돌아갈까요? 저녁 식사 준비를 해야겠어요."

돌아오는 길에서는 그다지 말을 많이 하지 않았다. 정원 문으로 들어서자 리디에가 벤치에 앉아 있는 것이 보였다. 리디에도 인기척을 느꼈는지 벌떡 일어나더니 두 사람을 피해 집 안으로 들어갔다. 손에는 종이를 들고 있었으며, 여자아이 둘이 그 옆에 있었다. 테레제가 입을 열었다.

"저거 보세요. 리디에는 언제나 로타리오 씨의 편지를 손에 들고 있어요. 그 편지가 유일한 위안거리인 셈이죠. 그가 완쾌되는 즉시 그녀를 다시 불러 함께 살겠으니 그때까지만 이곳에서 지내라고 한 거예요. 리디에는 그 말만 굳게 믿으며 아픈 마음을 달래고 있지요. 하지만 아직도 자기를 이곳으로 보낸 그의 친구들을 용서하진 않았어요."

두 여자아이가 다가와 테레제에게 인사를 하더니, 그녀가 외출한 사이에 있었던 일들을 하나도 빠짐없이 보고했다.

"이것도 내 업무 가운데 하나예요. 로타리오 씨의 멋진 여동생과 힘을 합쳐 아이들 몇 명을 돌보고 있거든요. 나는 뒷날 훌륭한 주부가 될 야무진 아이들을 맡았고, 그 친구는 차분하고 섬세한 재능을 가진 아이들을 맡았지요. 우리는 이 아이들이 나중에 남편의 행복과 가정의 평화를 위해 힘쓰는 여성으로 자라길 바라고 있어요. 저, 당신도 그 친구를 만난다면 아주 새로운 세계를 경험하게 될 거예요. 그 친구는 매우 아름답고 상냥한 여성이랍니다. 그 아가씨를 존경하지 않을 사람은 이 세상 어디에도 없을 거예요."

빌헬름은 그가 이미 로타리오 씨의 아름다운 여동생을 알고 있으며, 그녀와의 덧없는 만남이 그를 끊임없이 괴롭히리라는 사실을 감히 말할 용기가 나지 않았다. 그런데 마침 테레제가 볼일이 급해서 이야기를 멈추고 집 안으로 들어갔다. 이제 빌헬름 혼자였다. 젊고 아름다운 백작부인이 자선사업을 통해 잃어버린 행복의 빈자리를 채우려 한다는 사실이 한없이 비통하게 여겨졌다. 부인은 인생을 유쾌하게 즐기는 대신, 다른 이들의 행복을 바라며 시름을 잊으려고 애쓰는 것 같았다. 그에 반해 그토록 엄청난 시련을 겪었는데도 의연하게 본디 모습을 잃지 않는 테레제 양은 얼마나 행복하고 대단한 사람인가! 빌헬름은 자기도 모르게 외치고 말았다.

"모든 일을 초연하게 자신의 운명으로 받아들이며 삶을 소중하게 지켜내는 사람이야말로 진정한 행복이 무엇인지 아는 사람이지!"

얼마 뒤 테레제가 그의 방으로 들어왔다. 그녀는 실례한다고 하면서 용건을 말했다.

"우리 집 책들은 모두 이 책장에 꽂혀 있어요. 실은 제대로 꽂아두었다기보다도 버리지 못해 그냥 그렇게 놔둔 것뿐이지만요. 리디에가 종교 서적을 읽고 싶어해서요. 이 책장에 두세 권쯤은 있을 것 같은데…… 세상일에 푹 빠져 살던 사람들이 어려움이 닥치면 갑자기 종교를 찾는다고들 하지요. 병이 나서 어쩔 수 없이 먹어야 하는 쓰디쓴 약처럼 선과 도덕을 찾는 거예요. 목사님이나 설교사님을 그저 일시적으로 도움이 되는 의사쯤으로밖에 여기지 않는 거죠. 하지만 나는 도덕이 식이요법과도 같다고 생각해요. 식이요법이란 하나의 생활습관으로서 살아가는 동안 끊임없이 지켜야 하는 거지요."

그녀는 책장을 뒤져 수양(修養)에 관한 책들을 몇 권 골랐다.

"리디에가 현실도피를 하려고 이런 책을 찾는 것도 다 내 어머니에게서 배운 거지요. 어머니는 애인과 사이가 좋을 땐 연극과 소설을 즐겼어요. 그러다 애인이랑 헤어지기라도 하면 꼭 이런 책들을 찾곤 했지요. 하느님께서 그런 책을 통해 우리에게 뭔가를 말씀해주신다고 믿다니, 나로선 정말 이해할 수 없는 일이에요. 이 세상이 우리와 어떤 관계가 있는지는 세상이 직접 가르쳐줄 테고, 우리가 자신과 남에게 어떤 책임이 있는지는 저마다의 양심이 가르쳐줄 겁니다. 그런데 무턱대고 책만 찾으니…… 무슨 소용이 있겠어요. 책은 우리가 저지른 잘못에 그럴싸한 이름이나 붙여줄 뿐이라고요."

테레제는 책 몇 권을 들고 방을 나갔다. 그날 밤 빌헬름은 책들을 훑어보며 시간을 보냈다. 테레제 말마따나 이런저런 책들이 우연히 한데 모여 꽂혀 있을 따름이었다.

이 집에 며칠 동안 머물며 그는 테레제를 지켜보았는데 그녀는 늘 조금도 흐트러짐 없이 제 할 일에만 집중하고 있었다. 그리고 지난번에 이야기했던 그 사건의 뒷이야기도 떠엄떠엄 들려주었다. 모든 사건의 날짜, 시간, 장소, 사람 이름 따위를 그녀는 똑똑히 기억하고 있었다. 여기서는 독자 여러분이 꼭 아셔야 할 내용만 간단히 적어보겠다.

로타리오 씨가 돌연 테레제 곁을 떠나버린 이유는 유감스럽게도 아주 쉽게 설명되었다. 그는 여행길에 테레제의 어머니를 만났고 그녀의 매력에 빠져들었다. 어머니도 그가 싫지는 않았던 모양이다. 두 사람은 곧 충동적인 육체관계를 맺어버렸다. 그리고 불행하게도 잠시 동안의 쾌락으로 로타리오의 행복은 끝나버리고 말았다. 결국 로타리오 씨는 그가 그토록 그리며 원했던 완벽한 반려자를 눈앞에 두고도 스스로 포기할 수밖에 없었다. 테레제는 이 가혹한 운명을 받아들이고 예나 지금이나 변함없이 일과 의무의 테두리 안에서 순수하게 살아갔다. 그 뒤 로타리오 씨와 테레제는 리디에가 근처에 숨어 살고 있는 걸 알았다. 리디에는 어디서 주워들었는지, 테레제의 결혼이 깨진 걸 알고 무척이나 좋아했다. 그러더니 다시 로타리오 씨를 유혹하기 시작했다. 로타리오 씨는 리디에를 사랑해서라기보다는 테레제를 잃은 슬픔을 이기지 못해, 깊이 생각할 겨를도 없이 무심코 리디에의 소원을 들어주고 말았다.

테레제는 이 사실을 알고도 조용하게 제 할 일을 했다. 로타리오 씨에게 그 어떤 불평도 요구도 하지 않았다. 만일 로타리오 씨와 결혼을 했더라도 가정을 뿌리째 뒤흔들 만큼 심각한 문제가 아닌 이상, 테레제는 이미 모든 것을 참을 각오가 되어 있었다. 적어도 테레제 본인은 가끔 그렇게 말했다. 집안을 잘 관리하는 부인이라면 남편이 잠시 바람을 피우는 것쯤은 너그럽게 눈감아주면서 남편이 곧 제자리로 돌아올 것을 굳게 믿어야 한다고.

얼마 안 있어 테레제의 어머니는 모든 재산을 날렸다. 그 바람에 테레제도 적잖은 피해를 입었다. 결국 아버지가 남긴 재산은 한 푼도 갖지 못했다. 하지만 테레제를 거두어준 친절한 부인이 세상을 떠날 때 그녀에게도 재산을 물려주었다. 테레제는 조그만 땅과 꽤 많은 돈을 물려받았다. 그리고 그곳으로 옮겨가자, 로타리오 씨는 야르노 씨를 시켜서 좀 더 좋은 땅을 그녀에게 주려고 했다. 그러나 테레제는 그 호의를 재치 있게 거절했다.

"나는 말이죠, 내가 로타리오 씨와 함께 넓은 땅을 관리할 수 있는 능력이 있었음을 이 작은 땅에서 보여드리고 싶어요. 하지만 혹시라도 내 잘못이나 다른 사람의 잘못으로 어려움을 겪게 된다면, 그땐 망설이지 않고 존경하는 그 친구 분에게 달려가겠어요! 그때는 도와주실 거죠?"

테레제의 솜씨는 그곳에서도 빛을 발하기 시작했다. 그녀가 조그만 땅에 자리를 잡자마자 근처에 사는 이웃들이 찾아와서 여러 가지로 도움을 요청하곤 했다. 더구나 옆에 새로 이사 온 이웃집 주인은 재산을 미끼로 테레제에게 접근했다. 테레제가 마음만 바꾼다면 자기 재산의 대부분을 그녀에게 물려주겠다는 뜻을 그대로 드러냈다. 테레제는 이런 사정을 이미 빌헬름에게 털어놓았으며, 이따금 어울리는 결혼과 어울리지 않는 결혼에 대해 서로 농담을 주고받기도 했다.

"세상 사람들은 자기들 기준으로 신분이 다른 남자와 여자가 결혼을 하면 이러쿵저러쿵 입방아를 찧는단 말이죠. 그런데 실제로는 어울리는 결혼보다도 어울리지 않는 결혼이 더 많은 것 같아요. 안타깝게도 대부분의 결혼생활은 쉽게 깨질 것처럼 보이거든요. 신분이 다른 사람들끼리 결혼했을 경우에는, 한쪽이 다른 한쪽의 타고난 삶에 맞추지 못할 때 어울리지 않는 결혼이라고 말하죠. 신분이 다르면 생활방식도 다를 수밖에 없으니까요. 남남이었던 두 사람은 서로의 생활방식을 이해할 수도 없고 바꿀 수도 없어요. 그래서 이런 결혼은 하지 않는 편이 낫다면서 사람들이 수군대는 거고요. 하지만다 그런 건 아니에요. 반대로 아주 행복한 부부도 있죠. 젊은 여자와 늙은남자가 결혼하면 문제가 많다고들 하지만, 그렇지 않은 부부를 나는 알고 있거든요. 내 기준에 따르면, 연회로 허송세월하며 체면만 차리는 결혼이야말로 어울리지 않는 결혼이에요. 그런 결혼이라면 나는 차라리 가난할지라도 성실한 농부의 아들과 결혼하겠어요."

빌헬름은 이제 슬슬 떠나야 할 때다 싶어 리디에와 작별인사를 하고 싶다고 테레제에게 말했다. 리디에는 아직도 화가 풀리지 않았지만 테레제의 중재로 마지못해 그 제안에 응했다. 빌헬름이 친절하게 몇 마디 말을 건네자 리디에가 대답했다.

"이젠 나도 어느 정도 고통을 이겨냈다고 생각해요. 로타리오 씨는 나에게 끝없이 소중한 사람이에요. 그런데 나는 그분의 친구들이 어떤 사람들인지 잘 알고 있어요. 나의 소중한 로타리오 씨 곁에 그런 사람들이 있다는 게 마음에 들지 않아요. 신부님은 성격이 이상해서 사람을 당황하게 하거나 어렵게 만들곤 하지요. 의사는 무슨 일이든 빨리 해치우려고만 하고요. 야르노 씨는 바늘로 찔러도 피 한 방울 나지 않을 사람이에요. 그리고 당신은······ 한마디로 줏대가 없어요. 냉큼 돌아가서 그 잘난 친구들의 도구로 이용당하는 게 제격일 테죠. 그 사람들이 당신한테 시키고 싶어하는 일들이 아직도 잔뜩 남아 있을 거예요.

그래요, 난 옛날부터 알고 있었어요. 다 알았다니까요. 그들이 나를 얼마나 거추장스러워하는지. 그리고 뭔가 감추고 있는 비밀이 있다는 것도 말예요. 어째서 그 많은 방들마다 자물쇠가 채워져 있는 거지요? 이상한 복도들도 몇 개나 되고요. 어째서 그 커다란 탑에는 아무도 다가가면 안 된다는 건가요? 무엇 때문에 나를 내 방에 가둬놓으려고 하는 건가요? 솔직히 말하면, 처음엔 질투심 때문에 이런 사실들에 신경을 쓰게 되었어요. 어딘가에 복 받은 연적이 숨어 있는 게 아닌가 했거든요. 하지만 이제 그런 생각은 하지 않기로 했어요. 로타리오 씨가 진심으로 나를 사랑하고 존중한다고 믿기 때문이지요. 그리고 그 사람이 허울 좋은 가짜 친구들에게 속고 있다는 사실도 확신하고 있어요. 당신이 정말로 그를 위한다면, 그리고 내게 한 일을 용서받고 싶다면 로타리오 씨를 그 사람들의 손아귀에서 해방시켜주세요. 아니, 아니…… 당신한테 그럴 능력이 어디 있겠어요? 이 편지를 그이에게 전해주세요. 그리고 편지에도 썼지만, 내가 변함없이 로타리오 씨를 사랑하고 그의 말을 진심으로 믿는다고 그에게 전해주세요. 아아!"

리디에는 감정이 북받쳤는지 벌떡 일어나 테레제의 목을 끌어안고 울부짖었다.

"그이는 나를 미워하는 사람들에게 둘러싸여 있어요. 그들은 내가 그이를 위해 아무 일도 하지 않았다고 말하면서 그이를 설득하려고 할 거예요. 굳이 인정을 베풀 필요도 없다고 하겠죠. 아아, 그토록 훌륭한 그 사람도 아마 그런 소리를 들으면 마음이 흔들리지 않을까요?"

빌헬름은 테레제와는 밝고 명랑하게 헤어질 수 있었다.

"곧 다시 만날 수 있었으면 좋겠어요. 이제 당신은 나에 대해 아주 잘 알게 되었죠. 어찌 된 일인지 나 혼자서만 얘기를 했네요. 다음엔 당신이 얘기할 차례예요."

돌아가는 동안에는 생각할 시간이 충분히 있었기에 그는 새로 사귄 이 명랑한 여성에 대한 기억을 하나하나 더듬으며 곰곰이 생각해 보았다. 테레제의 진실한 모습이 가슴 깊이 다가왔다. 미뇽과 펠릭스가 테레제 양과 함께 지낸다면 얼마나 행복할까 하는 생각이 들었다. 빌헬름 자신도 이 긍정적인 여성 곁에서 지내고 싶었다. 그러면 얼마나 좋을까. 로타리오의 성에 가까워지자, 수많은 복도와 부속 건물을 지닌 커다란 탑이 평소보다 더 그의 눈길을 끌었다. 빌헬름은 언제 기회를 봐서 신부님이나 야르노 씨에게 그 탑에 대해 물어봐야겠다고 생각했다.

제7장

성에 돌아와 보니 로타리오 씨는 거의 회복되어 있었다. 의사도 신부도 그 자리에 없었고 야르노 씨만 혼자 남아 있었다. 그로부터 며칠 지나자 로타리오 씨는 말을 타고 외출할 수 있게 되었다. 혼자서 나가기도 하고 여럿이 함께 나가기도 했다. 로타리오 씨의 이야기는 진지하면서도 재미있었다. 배울 점도 많았고 듣기에도 좋았다. 그런데 그에게서는 때때로 섬세한 감정의 흔적이 엿보이곤 했다. 로타리오 본인은 이 감정을 숨기려고 노력했는데, 자기도 모르게 그것이 드러날 때마다 불쾌해 하는 것 같았다.

어느 날 저녁 식사자리에 앉은 로타리오 씨는 기분이 좋아보였지만 어째서인지 입을 다물고 있었다.

야르노가 말문을 열었다.

"남작님, 오늘 무슨 좋은 일이라도 있으셨나요?"

"눈치 한번 빠르군요. 대단해요! 네, 오늘은 정말 즐거운 일이 있었습니다. 평소엔 별것도 아닌 일이 오늘따라 감동적이지 뭡니까. 오후에 강 건너 마을로 말을 타고 달렸지요. 전에도 몇 번이나 지나갔던 곳이에요. 그런데 이번에 부상을 당해 몸도 마음도 생각보다 많이 약해진 것이 분명한데, 뭐랄까, 새로운 힘이 솟아나면서 다시 태어난 것 같은 기분이 드는 겁니다. 주위에 있는 만물이 내가 지난날에 보았던 모습과 똑같이 빛나더군요. 모든 것이 한없이 사랑스럽고 우아하고 매력적으로 느껴졌어요. 이미 오래전에 그런 느낌은 잃어버린 줄 알았는데 말이죠. 또다시 이런 현상이 일어난 것도 내 몸이 약해졌기 때문이라는 사실을 잘 알면서도 나는 그 기분을 즐기며 천천히 말을 몰았습니다. 그러다가 문득 깨달았지요. 마치 무슨 병처럼 감미로운 감정을 불러일으키는 상상을 무작정 접을 수만은 없다는 것을요. 내가 전에 자주 그 길을 지나갔던 이유를 당신은 알고 있죠?"

"내 기억이 틀림없다면, 그때 남작님과 가난한 농부의 딸 사이에 있었던 조그만 연애사건 때문이었던 것 같은데요."

야르노가 대답했다.

"맞아요! 실은 커다란 연애사건이라고 해야 더 정확하겠죠? 우린 진심으로 서로 사랑했고 오랫동안 진지한 만남을 이어갔으니까요. 오늘 우연히 그 사랑이 아주 생생하게 내 마음속에 떠올랐습니다. 남자아이들이 나무를 흔들어 풍뎅이를 잡는 모습도, 가지가 무성한 물푸레나무도 그녀를 처음 만났을 때와 똑같았어요. 마르가레테와 헤어진 지 벌써 여러 해가 지났는데도 말입니다. 그녀는 먼 곳으로 시집을 가버렸죠. 그런데 2, 3주 전에 아이들을 데리고 친정아버지를 만나러 왔다는 소식을 우연히 듣게 되었어요."

"그렇다면 오늘 남작님이 외출하신 것은 우연이 아니었다는 말씀이군요?"

"그래요. 실은 마르가레테가 보고 싶었지요. 그래서 그 집 근처까지 갔는데, 마르가레테의 아버지는 문 앞에 앉아 계시고 그 옆에 한 살쯤 된 아이가 서 있더군요. 조금 더 가까이 다가가자, 이층 창문으로 한 여인이 얼굴을 내미는 게 보였어요. 그리고 내가 문 앞에 이르렀을 때 누군가 이층에서 급히 뛰어내려오는 소리가 들렸어요. 나는 단번에 마르가레테란 걸 눈치챘죠. 솔직히 말하면, 그녀가 나를 알아보고 기뻐서 뛰어내려오는 줄 알고 좀 우쭐했어요. 그런데 웬걸, 그녀가 문밖으로 뛰쳐나오더니, 그새 코앞까지 다가간 내 말을 피해 아이를 안고 안으로 홱 들어가 버리지 뭡니까! 어찌나 부끄럽던지 몸 둘 바를 모르겠더군요. 정말 난처했어요. 하지만 집 안으로 뛰어들어갈 때 마르가레테의 목덜미와 귀가 유난히 빨개 보여 조금 위안이 되었지요.

나는 말을 세워두고 그녀의 아버지와 잠시 이야기를 나누면서도 혹시 마르가레테가 다시 얼굴을 내비치지 않을까 하는 희망을 버리지 않았습니다. 그런데 그 여자는 끝까지 코빼기도 내밀지 않았어요. 굳이 안부를 묻기도 뭐해서 그냥 그곳을 떠났죠. 조금 불쾌하긴 했어도 놀라움이 그 감정을 얼마쯤 누그러뜨려줬어요. 자세히 보진 못했지만 마르가레테는 예전 그대로였거든요. 10년이란 세월이 무색할 만큼. 아니, 전보다 더 젊어 보이기까지 했어요. 여전히 몸매도 늘씬하고 발걸음도 경쾌하더군요. 가느다란 목선은 하물며 옛날보다 더 우아해 보였고, 두 볼은 금세 사랑스럽게 빨개지는 것이 전과 다름없었어요. 그런데도 여섯 명이나 되는, 어쩌면 더 많은 아이들의 어머니라니! 그 놀라운 모습은 나를 둘러싼 신비로운 세계와도 잘 맞아떨어졌어요. 그래서 나는 한층 젊어진 기분으로 말을 달렸지요. 그때 태양은 벌써 저만치 물러나 있었어요. 그래서 가장 가까운 숲에 다다랐을 때 나는 왔던 길로 돌아가기로 했습니다. 어느덧 밤이슬이 내려서 의사의 말대로 곧장 집에 돌아가는 것이 옳았지만, 나는 또다시 농부의 집 쪽으로 말머리를 돌리고 말았어요. 듬성듬성한 산울타리 너머로 한 여인이 뜰을 이리저리 거닐고 있는 모습이 보이더군요. 나는 오로지 그녀를 만나고 싶은 마음에 오솔길을 따라 바로 가까이까지 다가갔습니다.

저녁 해가 눈부시게 빛나고 있었어요. 그래도 그녀가 산울타리 근처에서 무슨 일을 하고 있다는 것은 알 수 있었죠. 그 모습은 산울타리에 반쯤 가려져 있긴 해도 옛날에 내가 사랑했던 여인임에 틀림없었어요. 그 옆으로 다가가 말을 멈추자, 심장이 심하게 요동치는 걸 도저히 진정시킬 수가 없더군요. 저녁 바람에 살랑살랑 흔들리는 높은 들장미 가지 사이로 그녀 모습이 어렴풋이 보였어요. 나는 용기를 내어 말을 걸었습니다. '잘 지내고 있소?' 그러자 그녀가 속삭였어요. '네, 잘 지내요.' 그때 한 아이가 산울타리 안에서 꽃을 꺾는 게 보였어요. 그래서 나는 당신의 다른 아이들은 다 어디 있느냐고 물었죠. 그런데 그 여자가 이렇게 말했어요. '저 아이는 제 아이가 아니에요. 전 아직 그럴 나이는 아닌데요.' 그 순간 나는 나뭇가지 사이로 그녀의 얼굴을 똑바로 보고 너무 놀라서 할 말을 잃고 말았습니다. 그 여인은 내 애인이면서도 내 애인이 아니었어요. 10년 전 마르가레테보다 좀 더 어리고 아름다웠죠. 나는 당황해서 당신은 누구냐고, 이 댁 따님이 아니냐고 물었습니다. 그러자 그 여자는 이렇게 대답했어요.

'아뇨, 나는 이 댁 따님의 사촌동생이에요.'

'세상에, 아무리 그래도 너무 닮았군요.'

'10년 전의 사촌언니를 아는 사람들은 다들 그렇게 말씀하시지요.'

나는 여러 가지 궁금한 점들을 계속해서 물었어요. 내가 사람을 잘못 봤다는 것을 알았는데도 오히려 기분이 좋아지더군요. 지금 눈앞에 있는, 지난날 행복한 시절의 마르가레테를 똑 닮은 그 여자에게서 눈을 뗄 수가 없었어요.

어느새 아이는 꽃을 찾으러 연못 쪽으로 뛰어갔고요. 나는 곧 그 여자와 작별인사를 나누고 다시 말을 타고 그 아이의 뒤를 쫓았지요.

하지만 난 분명히 마르가레테가 친정집에 와 있는 것을 알고 있었어요. 말을 타고 가며 곰곰이 생각해 봤죠. 그때 말을 피해 아이를 안고 집 안으로 들어간 사람은 과연 마르가레테였을까요, 아니면 사촌동생이었을까요? 오늘 있었던 일을 생각하면 생각할수록 신기하고 즐거워집니다. 이렇게까지 즐거운 일은 흔치 않겠죠. 하지만 난 아직 다 낫지 않았어요. 나도 잘 압니다. 지나치게 흥분하면 곤란하다는 것을요. 의사에게 이 흥분의 여운을 없애달라고 부탁해야겠어요."

이처럼 즐거운 사랑 이야기는 귀신 이야기와 닮은 데가 있다. 한번 얘기를 꺼내기 시작하면 다른 이야기들이 저절로 끝없이 쏟아져 나오니깐 말이다.

로타리오와 야르노와 빌헬름은 지난날을 돌아보며 사랑 얘기를 하느라 시간 가는 줄 몰랐다. 로타리오가 가장 애깃거리가 많았다. 야르노의 얘기는 하나같이 독특했다. 그리고 빌헬름이 해야 할 얘기는 이미 모두가 알고 있으리라. 그런데도 빌헬름은 누가 자신과 백작부인과의 일을 상기시킬까봐 조마조마했다. 그러나 그 일을 떠올린 사람은 아무도 없었다. 백작부인에 관한 이야기는 전혀 나오지 않았다.

로타리오가 다시 말문을 열었다.

"실은 말이죠, 한동안 절망적인 사랑의 아픔을 맛본 뒤 찾아오는 새로운 사랑의 기쁨만큼 마음을 충만하게 채워주는 것이 이 세상에 또 있을까 싶습니다. 하지만 이런 기쁨조차도 테레제 양과의 결혼에 비할 바가 아니죠. 만약 운명이 그때 나를 테레제 양과 이어주었더라면 이런 기쁨은 평생 단념하고 살 수 있었을 텐데. 우리는 언제까지나 젊은이로 남아 있을 수는 없습니다. 순진한 어린애로 있을 수가 없어요. 이 세상을 알고 이 세상에서 자신이 무엇을 해야 하며 무엇을 기대할 수 있을지 아는 남자라면, 당연히 좋은 여자와 결혼하고 싶어할 겁니다. 그 여자는 언제나 남편과 함께 일하며 그에게 필요한 모든 것을 꼼꼼히 챙겨주고, 남편이 어쩔 수 없이 포기한 일들을 넘겨받아 대신 마무리해주며, 남편이 목표를 향해 똑바로 달려갈 수 있도록 도우며 그 일을 여러 면으로 도움이 되게 해줍니다. 나는 테레제양이야 말로 이런 여인이라 확신했고, 그녀와의 행복한 결혼생활을 꿈꾸었어요.

그것은 환상 속의 행복한 천국이 아닙니다. 이 지상에 존재하는 확실한 삶의 낙원이지요. 테레제 양과 함께라면, 달콤한 행복에 잠겨 있더라도 생활의 질서를 잃지 않을 거예요. 그리고 제아무리 불행한 일이 닥쳐와도 용기를 가질 수 있을 테지요. 테레제 양은 아주 작은 일에도 관심과 배려를 아끼지 않아요. 그녀는 가장 위대한 것을 손에 넣을 수 있으면서도 필요하다면 그것을 다시 포기할 줄 아는 영혼의 소유자입니다! 역사상 위대했던 모든 남자들보다 더 훌륭하다고 여겨지는, 여자가 지닌 놀라운 소질을 나는 바로 테레제 양에게서 발견했습니다. 눈부시게 꽃핀 소질을요. 상황에 대한 명민한 분별력, 어떤 경우에나 잘 대처하는 민첩함, 세세한 부분들에 대한 확실한 인식 …… 이런 능력을 통해 테레제 양은 전체를 전혀 생각하지 않는 것 같으면서도 실제로는 늘 전체를 훌륭한 상태로 만들고 있거든요."

로타리오는 미소 띤 얼굴로 빌헬름을 쳐다보며 이야기를 계속했다.

"빌헬름, 당신은 내가 테레제 양을 너무도 사랑해서 아우렐리에 양을 떠날 수밖에 없었음을 이해하고 용서해줄 테지요? 아마 당신도 느꼈겠지만 테레제 양과 함께라면 언제까지나 즐겁게 지낼 수 있을 것 같았어요. 하지만 아우렐리에 양과는 행복한 결혼생활을 기대조차 할 수 없었죠."

"내가 이곳에 온 이유를 말씀드려야겠군요. 실은…… 남작님에 대해 그다지 좋은 생각을 품고 있지 않았습니다. 아니, 솔직히 말씀드리자면 매우 분노하고 있었습니다. 당신이 아우렐리에 양에게 했던 일들을 크게 따질 생각이었지요."

"비난을 받아도 어쩔 수 없죠. 나는 아우렐리에 양에 대한 우정을 그대로 유지했어야 했어요. 우정이라는 감정을 사랑으로 바꿔서는 안 되었던 겁니다. 아우렐리에 양은 존경할 만한 사람이었지만, 사랑과는 거리가 먼 여인이었어요. 애정을 불러일으키지도 못하고 유지하지도 못했거든요. 그녀는 사랑할 때에도 전혀 사랑스럽지 않았어요. 그것은 어쩌면 여인으로서 가장 큰 불행이었을 겁니다."

빌헬름은 침통한 표정으로 그 말을 듣더니 입을 열었다.

"네, 그럴지도 몰라요. 우리가 비난받을 만한 행동을 할 때도 있듯이, 우리 생각이나 행동이 기묘하게도 자연스럽고 올바른 길에서 벗어날 때도 있는 법이지요. 그래도 우리에게는 반드시 지켜야 할 의무라는 것이 있습니다.

이제는 아우렐리에 양을 편하게 보내주어야 한다고 생각해요. 더 이상 서로를 비난하거나 고인을 탓하지 맙시다. 우리 함께 그녀의 죽음을 애도하는 마음으로 그녀의 무덤에 가서 꽃을 뿌리면 어떨까요? 음…… 그런데…… 그 불쌍한 어머니가 잠들어 있는 무덤에다 맹세코 당신께 하나 물어보고 싶은 것이 있습니다. 어째서 당신은 그 사랑스런 아들을 그대로 버려둔 채 데려오지 않는 거죠? 누가 봐도 기뻐할 아들인데 말입니다. 당신은 참으로 순수하고 다정하신 분이잖습니까. 그런데 어떻게 아버지로서의 정을 그토록 철저하게 부정할 수 있는 겁니까? 그렇게 귀여운 아이한테 아무 관심도 없으신가요? 그 아이가 얼마나 사랑스러운데……."

"네? 무슨 말이죠? 대체 누구 얘기를 하는 건가요?"

로타리오가 어리둥절해 하며 물었다.

"당신과 아우렐리에 양의 아들 말예요! 그 귀여운 아이에게 모자란 것은 딱 하나예요. 바로 상냥한 아버지의 보호지요. 그것만 있으면 그 애는 더할 나위 없이 행복해질 겁니다."

"맙소사, 정말 어처구니가 없군요!"

로타리오가 큰 소리로 외쳤다. 그리고 말을 이었다.

"아우렐리에 양에게 아들이 있다고요? 금시초문인데요. 심지어 내 아들이라니…… 그런 건 전혀 몰랐지만, 만일 알았더라면 당신이 말하지 않아도 데려왔겠지요. 하지만 그게 아니어도 나는 그 아이를 기꺼이 맡아 기르고 싶습니다. 아우렐리에가 남긴 마지막 선물이니까요. 그런데 그 애가 진짜 내 아들입니까? 아우렐리에 양이 그러던가요? 그 애가 자기 자식이라고, 또 내 자식이라고?"

"아우렐리에 양에게 직접 들은 바는 없습니다만, 나는 당신 아이라고 생각했습니다. 지금까지 한 번도 의심해 본 적이 없어요."

"아, 그 일이라면 내가 좀 설명해드릴 수 있을 것 같은데요."

옆에서 가만히 듣고만 있던 야르노가 끼어들었다.

"빌헬름 당신이 몇 번인가 만났던 그 노파가 아이를 데려온 겁니다. 아우렐리에 양은 그 아이를 맡아 기름으로써 마음의 평안을 찾으려고 했던 거죠. 물론 그 바람대로 아이는 그녀의 큰 기쁨이 되었고요."

그 이야기를 듣고 빌헬름은 어쩔 줄 몰라 했다. 갑자기 착하고 귀여운 미농과 펠릭스의 얼굴이 또렷이 떠올랐다. 그는 이 아이들을 딱한 처지에서 구할 방법이 없겠느냐고 물었다. 이에 로타리오가 대답했다.

"간단한 해결책이 있지요. 여자아이는 테레제 양에게 맡기는 게 좋겠어요. 그녀보다 더 그 애를 잘 돌볼 수 있는 사람은 아마 없을 테니까요. 그리고 남자아이는 빌헬름 당신이 맡는 게 어때요? 여자가 미처 가르치지 못하는 것도 성인 남자가 곁에 있으면 남자아이는 저절로 다 배우거든요."

"내 생각인데요. 빌헬름 씨, 연극을 그만두는 게 어떻습니까? 당신은 말이죠, 배우로서는 재능이 없어요."

야르노의 그 말에 빌헬름은 너무나 흥분한 나머지 이성을 잃을 뻔했다. 배우로서의 자존심에 크게 상처를 받았기 때문이다.

"이왕이면 좀 더 친절을 베푸셔서, 나를 격려해주실 순 없나요? 물론 그것도 달갑지 않은 친절입니다만, 배우는 내 꿈이거든요."

빌헬름은 끓어오르는 분노를 애써 억누르고 억지웃음을 지으며 대꾸했다.

"아뇨, 그 문제는 잠시 제쳐두고, 먼저 아이들을 데려오는 게 어떨까요? 아무튼 다 잘될 겁니다."

야르노가 말했다.

"네, 나도 그러려고 했습니다. 안타까운 운명을 지닌 펠릭스가 어찌 지내는지 걱정되기도 하고 미뇽이 보고 싶기도 해서요. 미뇽은 신기할 만큼 나를 잘 따른답니다."

마침내 빌헬름의 말대로 하루빨리 아이들을 만나러 가야 한다는 쪽으로 모두 뜻을 모았다.

다음 날 빌헬름은 떠날 채비를 마쳤다. 말에 안장도 얹어놓았다. 이제 로타리오에게 인사하는 일만 남았다. 어느새 식사 시간이 되자 사람들은 여느 때처럼 집주인을 기다리지 않고 먼저 자리에 앉았다. 로타리오는 꽤 늦게 들어와 그들 옆에 앉았다. 그때 야르노가 말했다.

"내기를 해도 좋습니다만, 남작님은 또다시 자신의 다정한 마음씨를 시험해보신 것 같군요. 옛 애인을 다시 보고 싶다는 욕망을 이겨내지 못하셨나 봅니다."

"네, 맞아요!"

로타리오가 대답했다.

"어떠셨는지 얘기해주시지 않겠습니까? 정말 궁금하군요."

"솔직히 말해, 어제 일이 자꾸 생각나더군요. 그래서 다시 한 번 찾아가서 본인을 만나보고 싶어졌어요. 어제 본 마르가레테의 젊어진 모습이 내 마음 속에 무척 즐거운 환상을 심어줬거든요. 그래서 가보니까 문 앞에서 아이들이 놀고 있었어요. 아이들을 방해하면 안 되겠다 싶어서 좀 떨어진 곳에 말을 세워 둔 채 집 안으로 걸어 들어갔지요. 그런데 그토록 만나고 싶었던 마르가레테가 내 쪽으로 걸어 나오지 않겠어요! 그래요, 다름 아닌 마르가레테였어요. 아주 많이 변한 모습이었지만 나는 한눈에 알아볼 수 있었죠. 전보다 더 살이 쪘고 키도 좀 큰 것 같더군요. 우아함이 침착한 태도에서 언뜻언뜻 드러났어요. 밝고 쾌활하던 성격은 이제 조용히 생각에 잠긴 모습으로 바뀌었고요. 가볍게 꼿꼿이 들고 다니던 고개도 조금 수그러졌고, 이마엔 가늘긴 하지만 주름살도 잡혀 있었어요.

마르가레테는 나를 보더니 눈을 내리깔았습니다. 그러나 얼굴을 붉히지도 않았을 뿐더러 흥분하지도 않았어요. 그녀와 가볍게 악수를 나눈 뒤, 남편도 함께 왔느냐고 물었더니 아니라고 하더군요. 또 내가 아이들에 대해 궁금해하자, 마르가레테는 문께로 가서 아이들을 불렀어요. 그랬더니 어디에 있었는지 아이들이 우르르 몰려나와 어머니를 둘러싸는 게 아니겠어요! 아이를 품에 안고 있는 그녀가 어찌나 아름답던지! 수많은 아이들 속에 파묻힌 그녀가 한없이 존경스럽기까지 했어요. 딱히 할 말이 떠오르지 않아 아이들 이름을 물어보기도 했지요. 마르가레테도 눈치를 챘는지 아버지가 곧 돌아오실 거라며 안쪽으로 안내해주더군요. 안쪽 방은 옛 모습 그대로였어요. 게다가 놀랍게도, 과거의 마르가레테와 꼭 닮은 아름다운 사촌동생이 그 옛날 내 애인과 똑같은 자세로 물레 앞 의자에 걸터앉아 있는 게 아니겠어요! 그런데 또 그녀를 쏙 빼닮은 어린 딸이 뒤따라 들어오는 거예요. 그때 내 마음이 어땠는지는 아무도 모를 겁니다. 마치 꽃과 열매가 단계별로 빽빽이 늘어서서 자라고 있는 오렌지밭에 온 것 같았어요. 과거와 미래 사이의 기묘하기 이를 데 없는 현실에 발을 딛고 있는 기분이었죠.

사촌동생은 차를 내오겠다며 방을 나갔습니다. 나는 한때 온 마음을 다해 사랑했던 여인에게 손을 내밀며 이렇게 말했어요. '다시 만나게 되어 정말 기쁘군요.' '그렇게 말씀해 주시니 감사합니다. 나도 얼마나 기쁜지 모르겠어요. 평생에 단 한 번만이라도 당신을 다시 만나고 싶었어요.' 마르가레테는 흥분하지도 않고 침착한 목소리로 아주 자연스럽게 말했어요. 한때 제 마음을 그토록 설레게 했던 그 자연스러움이었죠. 이윽고 사촌동생이 방으로 들어오고, 아버지도 돌아왔습니다. 내가 어떤 기분으로 그곳에 있었고, 어떤 기분으로 그곳을 나왔는지는 여러분의 상상에 맡기기로 하지요."

제8장

도시로 돌아오는 동안 빌헬름은 그가 알고 있거나 소문으로 들은 훌륭한 여성들을 떠올려보았다. 행복한 일은 별로 없고 슬프고 힘든 그 여인들의 운명을 생각하니 왠지 마음이 아팠다. 그는 큰 소리로 혼잣말을 했다.

"아아, 가엾은 마리아네! 앞으로 당신에 대해 또 무슨 소식을 듣게 될까? 그리고 나의 아름다운 여전사, 나의 고귀한 수호신…… 나는 그대에게 많은 도움을 받았지요. 나는 언제나 그대를 그리워하는데 아직도 만나지 못했군요. 그런데 언젠가 그대를 만났을 때 그대가 다른 여인들처럼 불행을 겪고 있으면 어쩝니까!"

빌헬름은 도시에 도착한 뒤 숙소에 갔더니 아는 사람이 하나도 없었다. 다들 무대 연습을 하고 있는 걸까? 극장으로 가보았다. 그런데 그곳도 쥐 죽은 듯이 고요했다. 덧문이 열려 있기에 무대로 올라가보았더니 아우렐리에의 늙은 여종이 삼베로 무대의상을 만들고 있었다. 노파는 자기 손놀림이 간신히 보일락 말락 한 불빛 아래에서 바느질에 마음을 쏟느라 누가 오는 줄도 몰랐다. 펠릭스와 미뇽은 그 노파 옆에 얌전히 앉아 있었다. 두 아이는 책한 권을 들고 있었다. 미뇽이 소리 내어 읽으면 펠릭스가 따라 읽었다.

아이들은 벌떡 일어나 빌헬름에게 인사했다. 그는 두 아이를 꼭 껴안고는 늙은 여종에게 다가갔다.

"당신이 이 아이를 아우렐리에에게 데려다주었소?"

빌헬름은 진지한 얼굴로 여종에게 물었다. 그제야 늙은 여종은 일감에서 눈을 떼고 빌헬름을 쳐다보았다. 그는 불빛에 비친 그 얼굴을 보고 깜짝 놀라 몇 발짝 뒤로 물러섰다. 그 사람은 다름 아닌 바르바라 할멈이었다.

"마리아네는 어디에 있습니까?"

빌헬름이 소리를 질렀다.

"아주 먼 곳에 있습니다."

"그럼, 펠릭스는 도대체 누구죠?"

"너무나 진실하고 다정했던 그 불행한 아가씨의 아들이지요. 당신 때문에 우리가 얼마나 많은 고생을 했는지 당신은 영원히 모르는 편이 나을 겁니다. 당신에게 드릴 이 보물이 우리를 불행하게 했던 만큼, 이제는 당신을 행복하게 해주었으면 하는 마음뿐이에요."

노파가 일어나서 밖으로 나가려 하자 빌헬름이 얼른 붙잡았다. 노파가 조용히 말했다.

"달아나려는 게 아니에요. 증거물을 가져오려는 거죠. 그걸 보면 아마 기쁨과 슬픔을 함께 느끼실 거예요."

노파가 나가자 빌헬름은 불안해하면서도 한편으론 기쁜 마음으로 펠릭스를 바라보았다. 정말로 이 아이가 자기 아들인가 생각했다.

"펠릭스는 당신 아들이에요! 당신 아들이라고요!"

미뇽이 큰 소리로 말하며 펠릭스를 빌헬름의 무릎에 앉혔다. 얼마 뒤 노파가 편지 한 통을 가져와 빌헬름에게 건네줬다.

"마리아네 아가씨가 마지막으로 남긴 겁니다."

"마리아네가 죽었단 말이오?"

빌헬름이 소리쳤다.

"네, 죽었어요. 이제 와서 누굴 탓하겠습니까만……"

빌헬름은 큰 충격을 받았다. 마음이 몹시 어수선해졌다. 잠시 뒤 그는 떨리는 손으로 편지봉투를 뜯었다. 그러나 첫 문장을 채 읽기도 전에 슬픔이 북받쳐 편지를 툭 떨어뜨리고 벤치에 쓰러져버렸다. 한동안 꼼짝도 할 수 없었다. 미뇽이 가까이 붙어서 그를 돌보려고 애썼다. 펠릭스는 떨어진 편지를 주워들더니 미뇽의 손을 잡아끌었다. 읽어달라고 자꾸만 보챘다. 미뇽은 펠릭스의 고집을 당해낼 재간이 없어 아이 곁에 앉아 편지를 읽기 시작했다. 펠릭스는 아까처럼 미뇽이 하는 말을 고스란히 따라했다. 그래서 빌헬름은 마리아네의 편지를 두 번씩 들어야 했다.

'언젠가 당신이 내 편지를 읽게 되신다면, 부디 당신의 연인을 불쌍히 여겨주세요. 나는 당신을 사랑함으로써 기꺼이 죽음을 받아들입니다. 아직 태어난 지 며칠밖에 안 된 갓난아이를 두고 떠나가야 한다니, 눈물이 앞을 가립니다. 이 아이는 당신 아들이에요. 겉으로 드러난 정황이야 어떻든지, 나는 오직 당신만을 향한 순결한 사랑을 지켰어요. 그런데 당신을 잃으면서 나는 나를 이 세상에 묶어두던 모든 것을 잃어버렸습니다. 그래도 아이가 건강하다니 안심하고 눈을 감을 수 있습니다. 자세한 얘기는 바르바라 할멈에게 들어주세요. 그녀를 나무라진 마세요. 이제는 작별인사를 해야겠네요. 잘 있어요. 부디 나를 잊지 말아주세요.'

얼마나 가슴 아픈 편지인가! 조금은 수수께끼 같은 구석이 있어서 오히려 위로가 되기도 했지만, 아이들이 그 내용을 더듬거리며 한 문장 한 문장 되풀이해 읽는 바람에 더욱 가슴이 미어졌다.

"이제 아시겠어요?"

빌헬름의 마음이 가라앉기도 전에 바르바라가 입을 열었다.

"그토록 착한 아가씨를 잃었지만 귀여운 아드님을 얻었으니 하느님께 감사해야죠. 그 착한 아가씨는 끝까지 당신을 위해 정조를 지켰어요. 당신을 위해 모든 것을 희생하고 크나큰 불행에 빠져버렸죠. 그런 속사정을 다 알면 아마도 당신은 이루 말할 수 없는 고통을 맛보게 될 거예요."

그 말을 듣고 빌헬름이 소리쳤다.

"슬픔과 기쁨의 잔을 한꺼번에 죽 들이켜게 해주시오! 마리아네가 더없이 훌륭한 여인이었다는 것을, 내 사랑과 존경을 받기에 합당한 여인이었다는 것을 내가 믿어도 되겠소? 아니, 믿게 해주겠소? 내가 단 하나밖에 없는 소중한 사람을 잃어버렸다고…… 그 고통을 맛보게 해주시오."

"지금은 안 됩니다. 나로서도 어쩔 수 없어요. 해야 할 일도 있고, 또 우리가 함께 있는 모습을 남들에게 들키고 싶지 않거든요. 저, 펠릭스가 당신 아들이란 사실도 비밀로 해주세요. 내가 여태껏 거짓말을 했다는 걸 알면 모두들 가만있지 않을 테니까요. 미뇽은 염려하지 않아도 돼요. 영리하고 입이 무거운 아이랍니다."

"나는 전부터 알고 있었지만 말하지 않았어요."

미뇽이 그렇게 말하자 바르바라가 깜짝 놀라 물었다.

"미뇽, 어떻게 알았지?"

"어디서 들었니?"

빌헬름도 물었다.

"성령님이 알려주셨어요."

"어떤 식으로? 어디서?"

"아치문 근처에서요. 하프 타는 할아버지가 칼을 뽑았을 때, 어디선가 '그 애 아버지를 불러오라'는 목소리가 들렸어요. 그때 직감적으로 그게 당신인 줄 알았죠."

"도대체 누가 그런 말을 했니?"

"몰라요. 마음속에서, 머릿속에서 들렸어요. 그때 전 너무 무서워서 덜덜 떨며 기도했거든요. 그랬더니 어디선가 목소리가 들려와서 알아챈 거예요."

빌헬름은 미뇽을 꼭 안아주었다. 그리고 그녀에게 펠릭스를 잘 돌봐달라는 말을 남기고 극장을 나왔다. 비로소 그는 미뇽이 전보다 훨씬 창백해지고 몸도 여위었다는 사실을 깨달았다.

그는 아는 사람들 가운데 멜리나 부인을 제일 먼저 만났다. 부인은 무척 살갑게 인사했다.

"아! 빌헬름, 무슨 일이든 당신이 기대한 대로 되었다면 좋으련만!"

"기대라고요? 나는 아무것도 기대하지 않아요. 내가 없어도 모든 일이 잘 되어 가고 있다고 솔직히 말해도 괜찮습니다."

"어째서 우리 곁을 떠난 거죠?"

"내가 없어도 세상일이 잘 돌아간다는 사실을 빨리 깨닫는 편이 낫기 때문이지요. 우리는 자기 자신을 과대평가하기 쉽지요. 자신이 소속된 단체를 자기 혼자서 떠받친다고 생각하지요. 자기가 없어지면 다른 사람들이 잘 살지도 먹지도 숨 쉬지도 못 할 거라고 믿는다니까요. 하지만 다른 사람들은 그가 없어진 것조차 모를 거예요. 빈자리는 누군가에 의해 쉽게 채워지니까요. 하물며 떠난 사람보다 새로 온 사람이 더 높이 평가받지는 못할망정 더 사랑받는 경우가 많단 말이죠."

"그래도 그동안 같이 지냈던 사람들이 슬퍼할 텐데요. 그건 생각하지 않아도 되나요?"

"그들도 금세 현실에 적응할 겁니다. '지금 있는 곳에서 할 수 있는 일을 하자. 열심히 일하면서 다른 사람들과 어울려 지금 이 순간을 즐기며 사는 거야!' 이렇게 말할지도 모르죠."

자세한 사정을 들어보니 빌헬름이 예상한 대로였다. 이미 오페라가 시작되어 관객들의 주목을 끌고 있었다. 빌헬름이 맡았던 배역은 이제 라에르테스와 호레이쇼가 맡고 있었는데, 이 둘은 빌헬름보다도 훨씬 더 호평을 받는 듯했다.

마침 라에르테스가 들어오자 멜리나 부인이 큰 소리로 말했다.

"있죠, 저분 좀 보세요. 정말 복도 많아요. 저분은 머지않아 자본가 아니면 어떤 큰 인물이 될 거예요."

빌헬름은 그와 포옹하며 인사를 나누었는데, 아주 좋은 천으로 된 윗옷을 입었음을 감촉으로 느낄 수 있었다. 다른 옷가지들도 화려하진 않지만 최고급 천으로 된 것들이었다.

"이게 어찌 된 일입니까?"

빌헬름이 무척 궁금하다는 듯이 물었다.

"뭐, 천천히 얘기하기로 하죠. 드디어 내 방황의 길에도 볕이 들기 시작했나 봅니다. 어느 규모가 큰 상점 주인이, 내가 이리저리 방황하며 얻은 끼와 지식과 인맥을 이용해 큰돈을 벌었어요. 그래서 나도 그 이익을 분배받았죠. 이 기회에 여자에 대한 신뢰도 얻을 수 있다면 아낌없이 돈을 쓸 텐데. 실은 그 상점 주인한테 어여쁜 조카딸이 하나 있거든요. 그러니까 내가 맘만 먹으면 그녀와 결혼해서 엄청난 부자가 될 수도 있다는 거죠."

"저, 아마 모르시겠지만, 당신이 없는 동안 제를로가 아름다운 엘미레와 정식으로 결혼을 했어요. 엘미레의 아버지가 몰래 숨어서 사귀는 걸 허락하지 않았거든요."

멜리나 부인이 알려주었다. 이어서 그들은 빌헬름이 떠나 있는 동안 일어난 여러 가지 일들에 대해 이야기했다. 빌헬름은 이미 이곳엔 자기 자리가 존재하지 않는다는 사실을 깨달았다.

그는 바르바라가 오기만을 애타게 기다렸다. 그 노파는 밤이 깊어지면 찾아오겠다고 말했었다. 모두가 잠든 다음에 찾아갈 테니, 마치 젊은 아가씨가 애인 집에 몰래 숨어들기로 약속했을 때처럼 마음의 준비를 하라는 것이었다. 빌헬름은 노파를 기다리는 동안 마리아네의 편지를 백 번은 더 읽었다. 그는 사랑하는 여인이 쓴 '순결'이란 단어에 무한한 기쁨을 느꼈고, 그녀의 죽음을 예고하는 부분에서는 두려움을 느꼈다. 하지만 마리아네는 죽음을 두려워하지 않은 것 같았다.

자정이 지났을 때 반쯤 열린 문에서 바스락거리는 소리가 났다. 바르바라가 작은 바구니를 들고 안으로 들어왔다.

"그럼 우리가 이제까지 겪어온 고통에 대해 얘기할게요. 어차피 당신은 그 얘기를 들어도 눈썹 하나 까딱하지 않을 테지만요. 당신은 다만 자신의 호기심을 만족시키기 위해 초조하고 불안한 마음으로 내가 오길 기다린 거잖아요. 우리 마음이 찢어지도록 아팠을 때에도, 지금도…… 당신은 얼음같이 차가운 이기심으로 온몸을 감싸고 있으니까요. 자, 생각해 보세요. 행복했던 그날 밤을. 나는 샴페인 병을 꺼내고, 이렇게 세 개의 잔을 탁자 위에 올려놓았지요. 당신은 순진한 어린 시절 얘기로 우리를 속여 깊은 잠에 빠지게 했어요. 그럼 오늘은 내가 슬픈 진실을 얘기해서 당신 눈을 번쩍 뜨이게 해드리지요."

빌헬름은 바르바라가 병을 따서 세 개의 잔에 샴페인을 채우자, 무슨 말을 해야 좋을지 몰랐다.

"드세요!"

바르바라는 거품이 이는 술잔을 단숨에 비우고 말했다.

"김이 빠지기 전에 어서 드세요! 그리고 이 세 번째 잔은 불행한 마리아네 아가씨를 위해 마시지 말고 그냥 거품이 날아가게 놔둡시다. 그날 밤 마리아네 아가씨가 당신을 위해 잔을 들었을 때 그 입술은 얼마나 붉고 탐스러웠던가요! 아, 그런데…… 지금은 싸늘하게 굳어 말이 없군요."

"이 마녀! 미친 할망구 같으니라고!"

빌헬름은 소리를 지르며 자리에서 벌떡 일어났다. 그러고는 주먹으로 탁자를 쾅 내리쳤다.

"귀신이라도 들렸어? 도대체 나한테 왜 이러는데? 안 그래도 마리아네가 고통받다 죽었다는 소식을 듣고 괴로워서 미칠 지경인데, 내 아픔은 아무것도 아니란 말인가? 이런 지독한 술수까지 써서 나를 더 심하게 괴롭혀야겠어? 제사상 앞에서도 술을 퍼마시며 떠들어대는 이 주정뱅이야! 그래, 어디 한번 실컷 마시고 떠들어봐! 난 예전부터 당신이 맘에 안 들었어. 당신 얼굴을 보고 있으면, 당신과 늘 함께 있던 마리아네까지 저절로 의심스러워진다고."

"진정해요. 나를 화나게 하지 마세요. 당신은 우리에게 엄청난 빚을 졌다고요. 그런데 지금 채무자가 채권자를 욕하는 겁니까? 주제도 모르시니 애석하기 그지없습니다. 하지만 당신 말씀이 옳을지도 몰라요. 내가 간단히 몇 마디만 해도 당신은 충분히 괴로울 테니까요. 좋아요. 그럼 마리아네 아가씨가 끝까지 당신의 여인으로 남기 위해 어떻게 몸부림치며 견뎌냈는지 들어보시지요."

"나의 여인? 무슨 터무니없는 이야기를 꾸며내려는 거지?"

빌헬름이 소리를 질렀다.

"내 말을 끊지 마세요. 이야기를 다 듣고 나서 믿든지 말든지, 당신 마음대로 하세요. 당신이 믿건 말건 이제는 아무 상관없으니까. 우리를 마지막으로 만났던 그날 밤, 혹시 종이쪽지를 발견하고 가져가지 않았나요?"

"맞아. 집에 도착해서야 알았지. 열정에 휩싸여 스카프를 확 낚아채서 주머니에 넣었는데, 그 속에 끼어 있더군."

"거기에 뭐라고 적혀 있었죠?"

"다음에는 이번보다 더 상냥하게 대해줬으면 한다고, 마음이 상한 애인이 부탁하는 내용이었어. 당신들은 그 부탁을 들어주었지. 그 남자가 새벽녘에 당신네 집에서 나가는 걸 내 눈으로 똑똑히 봤으니까."

"그래요, 당신이 그 남자를 봤을 수도 있겠죠. 하지만 그날 밤 실제로 무슨 일이 벌어졌는지 당신은 이제야 알게 될 겁니다. 그때 마리아네 아가씨가 얼마나 슬퍼했는지, 그리고 내가 얼마나 분노했는지 말입니다. 사실대로 말씀드리지요. 뭔가를 부정하지도 꾸미지도 않을 겁니다. 나는 노어베르크라는 남자에게 몸을 허락하도록 마리아네 아가씨를 설득했어요. 결국 아가씨도 내 뜻을 받아들였지요. 아니, 싫어하면서도 내가 하라는 대로 해주었어요. 노어베르크 씨는 부자인 데다 아가씨한테 홀딱 빠져서 쉽게 떠날 사람으로 보이지 않더군요. 하지만 그는 곧 여행을 떠나야 했고, 그가 떠난 뒤에 아가씨는 당신을 만난 겁니다. 아, 그 바람에 내가 얼마나 참아야 했는지, 아가씨를 말리려고 얼마나 애를 썼는지…… 아가씨는 내 앞에서 자꾸만 울었어요.

'아아…… 할멈이 한 달만 더 내 청춘과 순결을 아껴주었더라면, 나는 내가 꿈에 그리던 상대를 만나 사랑하면서 그에게 어울리는 상대가 되었으련만. 마지못해 딴 남자에게 억지로 팔아넘겼던 것을 평온한 마음으로 사랑하는 이에게 기꺼이 바칠 수 있었을 텐데……'

마리아네 아가씨는 당신을 만나고 나서 완전히 사랑에 빠지고 말았어요. 그 결과 당신이 행복했는지 어땠는지는 묻지 않겠습니다. 나는 아가씨의 생각을 내가 원하는 쪽으로 끌고 갈 수 있었어요. 아가씨가 바라는 조그마한 일들쯤은 얼마든지 만족시켜주는 방법을 알고 있었으니까요. 하지만 아가씨 마음까지 내 맘대로 할 순 없었어요. 아가씨가 진심으로 싫어하면 그것으로 끝이었죠. 아가씨는 자기 마음에 들지 않으면 내가 해주는 일이나 권하는 일을 결코 받아들이지 않았어요. 다만 고집 센 마리아네 아가씨도 극심한 가난만큼은 견디지 못했습니다. 그런데 얼마 지나지 않아 돈이 바닥나고 말았어요. 어렸을 적엔 모자란 것 하나 없이 넉넉한 환경에서 자랐는데, 이런저런 사정으로 인해 집안 형편이 어려워졌거든요. 가엾은 아가씨는 사치스런 생활에 익숙해진 나머지 무슨 원칙 같은 것을 가슴에 새기고 있었어요. 그런 원칙은 아가씨를 도와주기는커녕 불안의 씨앗이 되고 말았습니다. 아가씨는 세상 물정 모르는 천진무구한 소녀였어요. 돈을 내지 않으면 물건을 살 수 없다는 것조차 몰랐으니까요. 아가씨의 유일한 걱정거리는 바로 빚이었어요. 늘 받는 것보다는 주는 것을 더 좋아했거든요. 그러다가 사소한 빚이 어느새 눈덩이처럼 불어나서, 빚을 갚기 위해 어쩔 수 없이 몸을 팔게 된 거지요."

"그럼 당신은? 그 상황에서 어떻게 해볼 순 없었나?"

빌헬름이 호통을 쳤다.

"어떻게 해볼 수도 있었겠죠. 굶주림과 가난이 주는 고통을 각오했더라면 말이지요. 하지만 그런 건 딱 질색이거든요!"

"이런 못된 뚱쟁이 할망구 같으니라고! 그래서 가엾은 마리아네를 희생양으로 삼은 건가? 배불리 먹고 마시기 위해 그 여자를 팔았던 거야?"

"그만 진정하세요. 그렇게 호통치고 싶거든 당신네 같은 사람들이 살고 있는 저 웅장하고 멋진 저택들에 한번 가보시지요. 천사같이 귀여운 딸들을 부잣집 남자에게 시집보내려고 혈안이 된 부인들이 한 무더기는 될 테니까요. 아무리 형편없는 놈이어도 돈만 많으면 된다는 식이죠. 가엾은 딸들은 앞으로 어떻게 될지 몰라 불안과 두려움에 떨고 있다니까요. 세상일에 밝은 여자친구가 '결혼만 하면 네 몸도 마음도 네 뜻대로 움직일 수 있다'고 가르쳐주기 전까지는 말예요."

"조용히 해! 남들도 똑같이 잘못했다고 해서 당신이 결백해지진 않아! 횡설수설하지 말고 꼭 해야 할 말만 하라고!"

"그럼 당신도 흥분을 가라앉히고 내 이야기를 들어보세요! 마리아네 아가씨는 내 말을 듣지 않고 결국 당신에게 몸을 허락했어요. 이 일에 대해선 당신도 할 말이 없으실 테죠. 드디어 노어베르크 씨가 돌아왔어요. 그는 황급히 마리아네 아가씨를 만나러 왔죠. 그런데 아가씨는 아주 쌀쌀맞게 그를 대했고 키스도 허락하지 않았어요. 나는 어떻게든 이 위기를 벗어나려고 갖은 방법을 다 썼습니다. 아가씨가 얼마 전에 고해신부님 말씀을 듣고 양심의 가책을 느껴서 그러는 거니까 지금은 그냥 아가씨 뜻을 존중하자, 시간이 지나면 괜찮아질 거다, 이러면서 겨우 그를 집으로 돌려보냈어요. 그리고 최선을 다해 아가씨를 설득하겠다고 약속했죠. 노어베르크 씨는 돈 많고 무식한 사람이었지만 근본은 선량했어요. 그리고 무엇보다 아가씨를 진심으로 사랑했죠. 그가 내 말대로 꾹 참고 기다리겠다고 말해주어서 나도 그가 상처받지 않도록 더욱더 애썼습니다. 하지만 아무리 아가씨를 설득해도 소용없었어요. 결국 나는 집을 나가겠다고 거의 협박하다시피해서 아가씨로 하여금 그에게 편지를 쓰게 했어요. 그날 밤 집에 오도록 말이에요. 그런데 그날 당신이 와서 스카프와 함께 노어베르크 씨의 답장까지 들고 간 거예요. 당신이 불쑥 찾아오는 바람에 내 계획은 물거품이 되고 말았습니다. 당신이 떠나고 나서 한바탕 소동이 벌어졌어요. 아가씨가 당신을 배신할 수 없다며 미친 듯이 날뛰는 바람에 나도 그만 마음이 흔들리고 말았답니다. 아가씨가 너무 불쌍했거든요. 그래서 오늘은 적당한 핑계를 대서 노어베르크 씨를 그냥 돌려보낼 테니 걱정하지 말라며 아가씨를 잘 타이른 뒤 잠자리에 들도록 했어요. 아가씨는 내 말을 믿을 수 없었던지 옷을 입은 채 침대에 누웠죠. 하지만 언제나처럼 흥분해서 울다 지쳐 어느새 잠이 들었어요.

이윽고 노어베르크 씨가 오셨습니다. 나는 얼른 그를 붙들고 사정을 설명했어요. 아가씨가 느끼는 양심의 가책과 후회를 한껏 부풀려 암울하게 묘사했죠. 그런데도 그는 아가씨 얼굴만이라도 한번 볼 수 없겠느냐며 애원을 했어요. 나는 그 간절한 부탁을 거절할 수 없어 아가씨에게 마음의 준비를 시키려고 안쪽 방으로 들어갔습니다. 그런데 그가 다짜고짜로 따라 들어온 거예요. 우리 둘은 나란히 아가씨 침대 앞에 서게 되었지요. 인기척이 느껴졌는지 아가씨가 눈을 번쩍 뜨더니 소스라치게 놀라며 벌떡 일어나 우리 팔을 뿌리치고 달아났어요. 처음엔 간절하게 부탁하기도 하고 또 섬뜩한 말로 위협하기도 하더니, 결국 조금도 물러서지 않겠다고 맹세하는 게 아니겠어요. 게다가 당신과의 사랑 이야기도 두세 마디 흘렸지만, 불쌍한 노어베르크 씨는 그게 무슨 말인지 못 알아듣는 눈치였어요. 그냥 종교적인 의미로 해석한 것 같았죠.

마침내 그가 방에서 나가자 아가씨는 그대로 방에 틀어박혀버렸습니다. 나는 그 일로 꽤 오랫동안 그를 붙들고 변명을 늘어놓았어요. 지금은 아가씨가 임신해서 그런 거니까 당신이 너그러운 마음으로 이해해 달라고 했지요. 그는 곧 아버지가 된다는 말에 금세 밝은 얼굴로 아들이었으면 좋겠다며 감격스러워했어요. 그리고 아가씨가 원하는 일은 뭐든지 다 들어주겠다고 했고요. 그녀를 불안하게 하거나 흥분시키면 안 되니까 잠시 여행을 떠나 있겠다고 약속까지 했죠. 이런 까닭으로 그가 새벽녘에 우리 집에서 나갔던 거예요. 그때 몰래 숨어서 지켜보던 당신이 이 세상에서 가장 행복한 놈이라고 여겼던 그 연적의 속마음을 꿰뚫어볼 수 있었더라면, 아마 더할 나위 없는 행복을 얻으셨을 겁니다. 하지만 슬프게도 당신은 그 사람의 모습을 보고 절망에 빠져버렸지요."

"그게 사실인가?"

"그럼요, 물론이죠. 당신을 절망에 빠뜨릴 다음 이야기도 사실이고요. 다음 날 아침에 있었던 일을 당신에게 그대로 전한다면 당신은 분명 고통스러워할 거예요. 아가씨는 매우 활기차게 잠자리에서 일어났어요. 그리고 아주 상냥하게 나를 부르더니 더없이 따뜻한 목소리로 고맙다 인사하며 나를 힘껏 안아주었어요. 그러고는 거울 앞에 서서 함빡 미소를 지으며 말했어요.

'이제 나는 나를, 내 모습을 즐길 수 있게 되었어. 나는 내 모습을 찾았고, 내가 사랑하는 단 한 사람의 여자가 된 거야. 아, 나 자신을 이긴다는 게 이렇게 기쁜 일이구나! 그 사람이 바라는 내가 될 수 있다니! 이보다 행복한 일이 또 있을까? 정말 고마워, 할멈. 그 놀라운 꾀와 분별력을 이용해

서 나를 위해 그토록 애써주다니! 앞으로도 쭉 내 편으로서 내가 제대로 행복해지도록 도와줘!'

나는 그 말에 거스르지 않고 동의했어요. 되도록 아가씨를 자극하지 않으면서 듣기 좋은 말로 기분을 맞췄지요. 아가씨는 정말로 다정하게 나를 꼭 껴안아주었어요. 만일 아가씨가 잠깐이라도 창가에서 멀어지게 되는 일이 있으면 내가 대신 거기서 지켜봐야 했지요. 당신이 그 길을 지나갈 테니까 최소한 그 모습이라도 봐야 한다는 거예요. 그렇게 아가씨는 하루 내내 안절부절못하고 있었습니다. 밤이 되면 당신이 평소에 들르던 시간에 꼭 오실 거라고 믿었지요. 나는 일찌감치 계단까지 나가서 귀를 기울이고 있었어요. 그렇게 한참 기다리다 지쳐 다시 아가씨 방으로 갔죠. 그런데 놀랍게도 아가씨가 장교복을 입고 있지 뭐예요. 믿을 수 없을 만큼 명랑하고 매력적인 모습이었어요.

'오늘은 남자 옷을 입어도 괜찮지 않을까? 꽤 용감하게 싸웠거든. 우리가 처음 만났던 시절의 내 모습을 그에게 보여주고 싶어. 그때처럼 다정하게, 그때보다 더 자유롭게 그를 끌어안고 싶어. 내가 결단을 내리지 못하고 과거에 구속되어 있던 그때보다는 이제 훨씬 더 그 사람에게 어울리는 여자가 된 거잖아? 하지만……'

아가씨는 잠깐 생각하고 말을 이었어요.

'아직 나는 완전히 승리한 게 아니야. 그에게 어울리는 사람이 되어 진정한 사랑을 이루기 위해서는 좀 더 단호하게 행동할 필요가 있어. 먼저 지금까지 있었던 일을 그에게 다 밝힐 거야. 그리고 그가 나를 사랑할지, 버릴지는 그의 뜻에 맡기는 거지. 그것은 그를 위해서도 나를 위해서도 각오해야 할 일이야. 만일 그가 나를 버린다면 나는 다시 혼자가 되어 벌을 받으면서 거기서 위안을 얻고, 그 가혹한 운명을 순순히 받아들일 거야.'

이런 생각을 하며 한 가닥 희망을 붙잡고 아가씨는 당신을 기다렸습니다. 하지만 당신은 끝내 오지 않으셨지요. 아아, 아가씨가 얼마나 간절히 당신을 기다렸는지…… 얼마나 희망에 차 있었는지…… 차마 말로는 다할 수 없습니다. 아직도 눈에 선해요. 아가씨, 당신은 뜨거운 사랑과 정열로 이 남자에 대해 이야기했죠. 그가 그토록 잔인한 남자인 줄 미처 모르고 즐겁게 이야기하던 당신 모습이 지금도 눈에 선해요!"

"이런, 몹쓸 할망구 같으니라고!"

빌헬름은 벌떡 일어나 바르바라의 손을 부여잡고 소리쳤다.

"어설픈 연극은 집어치우시지! 그 구질구질한 준비된 말도 더는 듣고 싶지 않아. 당신의 차갑고 침착하며 만족스런 태도를 보니 속마음이 훤히 들여다보이는군. 자, 어서 나의 마리아네를 나에게 돌려줘! 살아 있지? 틀림없어! 가까이에 있는 거야! 그렇지 않고서야 당신이 이렇게 밤늦은 시각에 나를 찾아올 리 없어. 아까부터 내가 좋아할 만한 이야기를 줄줄 늘어놓으면서 마음의 준비를 시키고 있잖아. 그 이유가 뭐지? 마리아네를 어디에 숨긴 거야? 어서 말해! 그녀를 만나게 해줘, 내 두 팔로 그녀를 꼭 끌어안게 해달라고! 그러면 당신 말을 다 믿어줄 테니! 뭐든지 다 믿겠다고 약속할게! 예전에 그녀 그림자를 언뜻 본 적이 있다고. 제발 마리아네를 내 품에 다시 돌려줘! 당장 그녀 앞에 무릎 꿇고 용서를 빌고 싶어. 그리고 그녀가 자기 자신과 당신을 상대로 용감하게 싸워 이겼다는 사실에 아낌없는 찬사를 보내고 싶어. 우리 아들 펠릭스를 데리고 마리아네에게 갈 거야. 자, 어서 말해봐. 마리아네를 어디에 숨겼지? 그녀와 나 사이에 더 이상 끼어들지 말란 말이야. 당신은 이미 목적을 이루지 않았나? 마리아네를 어디에 숨겼어? 어서 말을 하라고! 이 불빛으로 그녀를 비추고 싶어. 사랑스런 마리아네를 한번 더 보게 해줘!"

빌헬름은 의자에 앉아 있는 바르바라를 억지로 일으켜 세웠다. 그를 말없이 쳐다보던 노파의 두 눈에서 눈물이 흘러넘쳤다. 이루 말할 수 없는 슬픔이 느껴졌다.

"불쌍하기도 하지. 아뇨, 틀렸어요. 아직도 그런 희망을 품고 계시다니……."

바르바라가 흐느끼며 말했다.

"네, 맞아요! 내가 아가씨를 숨겼어요. 땅속에 말예요. 저 찬란한 햇빛도 부드러운 불빛도 두 번 다시 귀여운 마리아네 아가씨의 얼굴을 비출 수는 없을 거예요. 자, 사랑스런 펠릭스를 아가씨 무덤 앞에 데리고 가서 말해주세요. 네 아빠가 끝내 외면하고 지옥에 떨어뜨려버린 네 엄마가 지금 이곳에 잠들어 있다고 말이죠! 그 사랑스럽던 심장은 이제 더 이상 당신을 보고 싶은 그리움에 팔딱팔딱 뛰지 않아요. 아가씨가 혹시 옆방에 숨어서 내 얘기,

아니 지어낸 얘기가 끝나기만을 기다리고 있다든지, 그런 일은 결코 없습니다. 아가씨는 어둡고 좁은 곳에 갇혀 있어요. 신랑도 그 안에 들어갈 수 없고, 신부도 애인을 맞이하러 뛰어나올 수 없다고요."

바르바라는 의자 옆 바닥에 털썩 주저앉아 목 놓아 울기 시작했다. 그제야 비로소 빌헬름은 마리아네의 죽음을 완전히 받아들였다. 그러고는 억누를 수 없는 충격과 슬픔에 휩싸였다. 이윽고 바르바라가 일어나더니, 이제 더 이상 할 말이 없다며 편지 꾸러미가 들어 있는 가방을 탁자 위에 내던졌다.

"이 편지를 읽으면 당신이 얼마나 잔인한 사람인지 깨닫고 몹시 수치심을 느끼게 될 겁니다. 과연 눈물 없이 읽을 수 있을지, 어디 한번 읽어보시지요."

바르바라는 소리 없이 방에서 나갔다. 그날 밤 빌헬름은 도저히 편지 가방을 열어볼 엄두가 나지 않았다. 그 가방은 그가 마리아네에게 선물한 것이었다. 빌헬름은 자신이 보낸 편지를 마리아네가 그 안에 소중히 간직하고 있다는 것을 전부터 알고 있었다. 다음 날 아침, 그는 마음을 굳게 먹고 편지 꾸러미를 풀었다. 자기가 연필로 흘려 쓴 종이쪽지들이 쏟아져 나왔다. 그 편지들 하나하나를 보니 그들이 기쁘게 만난 첫날부터 잔인하게 헤어진 마지막 날까지의 모든 일이 낱낱이 머릿속에 떠올랐다. 하지만 마리아네가 그에게 보낸 작은 편지 꾸러미를 보았을 땐 그야말로 가슴이 찢어지는 고통을 느꼈다. 내용으로 미루어 보아 그 편지들은 베르너에 의해 되돌아온 것들이었다.

내가 보낸 편지들은 단 한 통도 당신에게 전달되지 않았어요. 나의 부탁과 애원도 말예요. 당신이 내 편지를 그대로 돌려보내신 건가요? 이제 나는 당신을 만날 수 없단 말인가요? 다시 한 번 편지를 보낼게요. 부탁이에요. 나에게 와주세요. 제발 와주세요! 한 번만 더 당신을 내 품에 안아볼 수만 있다면, 더 이상 당신을 붙잡지 않겠습니다.

평소 내가 당신 곁에 앉아 당신의 손을 잡고 눈을 바라보며 사랑과 믿음으로 가슴이 벅차올라 '사랑하고 또 사랑하는 착한 당신!'이라고 속삭이면 당신이 너무 좋아하셔서 나는 몇 번이고 같은 말을 되풀이해야 했죠. 다시

한 번 말할게요. 사랑하고 또 사랑하는 착한 당신! 예전처럼 상냥하게 대해 주세요. 나에게로 와주세요. 나를 더 이상 비참한 상태로 내버려두지 마세요.

당신은 나를 죄인이라 여기고 계시지요? 그래요. 나는 죄인이에요. 하지만 당신이 생각하시는 그런 죄인은 아니에요. 나에게 와주세요. 당신이 나에 대한 모든 것을 아셨으면 좋겠어요. 그것이 나의 유일한 위안입니다. 뒷일은 어찌 되든 상관없어요.

나를 위해서만이 아니라 당신 자신을 위해서도 나에게 와주시길 바랍니다. 나를 피하느라 많이 힘드시죠? 그 참을 수 없는 고통을 나도 이해할 수 있어요. 우리 이별의 고통을 조금이라도 줄이고 싶어요. 제발 나에게 와주세요! 당신이 나를 끝없는 불행의 구렁텅이로 빠뜨리고 계시는 지금 이 순간에 나는 오히려 당신의 여자가 될 자격을 비로소 갖춘 것 같습니다.

성스러운 모든 것을 걸고, 사람 마음을 움직일 수 있는 모든 것을 걸고 간절히 부탁드립니다. 이것은 한 영혼, 한 생명, 아니 두 생명이 걸린 문제예요. 그리고 한 생명은 당신에게 영원히 소중한 존재가 될 것입니다. 당신은 나를 매우 의심하고 계시기에 믿지 않을지도 모르겠지만요. 그러나 나는 죽는 순간에도 말할 거예요. 내 배 속에 있는 아이는 당신 아이에요. 당신을 사랑하게 된 그 순간부터 다른 남자하고는 손도 잡아본 적이 없어요. 아, 당신의 사랑, 당신의 성실성이 내 청춘의 길동무였더라면 얼마나 좋았을까요!

아무리 애원을 해도 내 말을 들어주시지 않는군요. 나도 더 이상 말하지 않겠어요. 하지만 이 편지들은 이대로 남기고 싶어요. 마침내 수의가 내 입술을 덮고 당신이 탄식하는 소리가 내 귀에 들리지 않게 되더라도, 이 편지들이 당신에게 진실을 말해줄지도 모르니까요. 내 슬픈 인생을 통틀어 숨을 거두는 마지막 순간까지 내 마음을 달래주는 유일한 것은, 내가 비록 죄를 지었어도 당신에 대해서는 더없이 결백했다는 사실일 것입니다.

빌헬름은 더 이상 편지를 읽지 못하고 한없는 슬픔에 젖었다. 그런데 그때 라에르테스가 들어왔다. 빌헬름은 자신의 감정을 애써 숨기느라 더욱더 큰 고통을 느꼈다. 라에르테스는 지갑을 꺼내 금화를 세기도 하고 계산을 하기도 하면서 빌헬름에게 말했다. 차츰 부자가 되어가는 것보다 더 근사한 일은 없으며, 부자가 되면 불편 없이 하고 싶은 일을 할 수 있어 좋다고 했다. 빌헬름은 자신이 꾸었던 꿈[*3]을 떠올리며 빙그레 미소를 지었다. 하지만 그와 동시에 등골이 오싹해졌다. 그날 밤 꿈속에서 마리아네가 빌헬름 곁을 떠나 돌아가신 그의 아버지를 따라갔고 마침내 두 사람이 유령처럼 둥둥 떠서 정원 주위를 맴돌던 모습이 떠올랐다.

라에르테스는 깊은 생각에 잠겨 있는 빌헬름을 데리고 카페로 갔다. 그들이 카페에 들어서자 평소 무대 위에서 그를 즐겨 보던 사람들이 금세 빌헬름 곁으로 모여들었다. 그들은 그를 만나서 기뻐했으나, 그가 무대를 떠난다는 말을 듣고 매우 안타까워했다. 그들은 빌헬름의 인품과 연기력, 우수한 재능과 그들이 그에게 걸고 있는 기대에 대해 아주 친절하게 말해주었다. 빌헬름은 몹시 감동한 나머지 큰 소리로 말했다.

"아, 두세 달 전에만 이렇게 관심 어린 격려를 해주셨더라면 얼마나 좋았을까요! 얼마나 도움이 되고 위로가 되었을까요? 그랬더라면 나도 이렇게까지 완전히 무대를 떠날 생각은 하지 않았을 테고, 관객에게 절망하지도 않았을 텐데요."

그러자 한 중년 남성이 일어나서 말했다.

"아니, 그렇게 생각하시면 안 되죠. 관객은 아주 많습니다. 진정한 이해력과 참된 감수성을 지닌 사람은 생각보다 많아요. 하지만 예술가는 자신이 창조한 작품에 대해 비평 없는 찬사를 요구해서는 안 됩니다. 그것이야말로 가장 쓸모없는 것이니까요. 그런데도 이른바 예술가들은 비평이 붙은 찬사는 그리 좋아하지 않는 것 같더군요. 내가 아는 바로는 무릇 인생에서든 예술에서든 우리가 무엇인가를 행동하고 만들어내려면 자기 내면의 소리에 귀를 기울여야 할 것입니다. 그리고 실제로 무엇인가를 성취하고 완성했다면 이번에는 주의 깊게 많은 사람들의 생각을 들어보아야 하지요. 조금만 생각의

[*3] 빌헬름이 로타리오 씨의 성에 도착한 날 꾸었던 꿈. 제1장 참조.

폭을 넓히면, 많은 목소리를 통해 좋은 의견을 찾아낼 수 있을 겁니다. 아무튼 우리의 이런 수고를 덜어줄 수 있는 사람들은 대개 입을 꾹 다물고 있으니 말입니다."

"바로 그게 문제입니다! 그렇게 입을 다물고 있으면 안 되죠. 자주 듣는 얘기입니다만, 훌륭한 작품을 보고도 입을 꾹 다무는 사람들이 꼭 남들이 자기를 무시한다고 투덜거린단 말이죠."

빌헬름이 말했다.

"그럼 오늘은 우리 다 같이 입을 열어볼까요? 선생님, 우리랑 같이 식사하시죠. 선생님과 아우렐리에 씨에게 하지 못했던 온갖 이야기들을 다 털어놓고 싶거든요."

한 젊은이가 신이 나서 말했다. 그러나 빌헬름은 초대를 거절하고 멜리나 부인을 만나러 갔다. 아이들 문제를 의논하고 아이들을 데려오기 위해서였다.

그는 바르바라의 비밀을 제대로 숨기지 못했다. 귀여운 펠릭스를 보자마자 자신도 모르게 속마음을 드러내고 말았던 것이다.

"오, 내 아들! 사랑하는 내 아들아!"

그는 아이를 번쩍 들어 올려서 자기 가슴에 꽉 껴안았다.

"아버지, 선물은요? 선물 없어요?"

펠릭스가 물었다. 미뇽은 비밀을 지켜야 된다고 나무라는 듯한 눈빛으로 둘을 쳐다보았다.

"어머, 웬일이세요?"

멜리나 부인이 말했다. 아이들은 밖으로 나갔다. 바르바라가 비밀로 하자고 그렇게 단단히 부탁했건만 빌헬름은 개의치 않고 부인에게 모든 사정을 솔직히 털어놓았다. 멜리나 부인은 웃으며 그를 바라보았다.

"어휴, 남자들이란 왜 그리 쉽게 속아 넘어가는지 모르겠어요! 길바닥에 뭔가 떨어져 있기라도 하면 얼른 주워 자기 짐인 양 어깨에 짊어지거든요. 그 대신 아무것도 떨어져 있지 않으면 주위를 둘러보지도 않아요. 지난날 자신이 제멋대로 열정적인 사랑의 각인을 찍어둔 사람 말고는 아무도 돌아보지 않는다니까요."

부인은 살짝 한숨을 내쉬었다. 만일 빌헬름에게 보는 눈이 있었더라면 그는 멜리나 부인의 태도에서 억누를 수 없는 애정을 발견했을 것이다.

이제 그는 아이들에 대해 부인과 의논했다. 펠릭스는 자기가 맡고 미뇽은 시골로 보낼 생각이라고 말했다. 멜리나 부인은 한꺼번에 두 아이와 헤어지는 것을 섭섭하게 여겼지만, 그것이 좋은 결정이며 그럴 수밖에 없다고 생각했다. 펠릭스는 부인이 돌보기에는 힘겨웠으며, 미뇽에게는 시골의 상쾌한 공기와 새로운 환경이 필요했다. 마음씨 착한 미뇽은 허약한 체질이라 좀처럼 건강해지지 않았다.

부인이 입을 열었다.

"내가 아까 경솔하게도 그 아이가 정말 당신 아들인지 조금 의심하는 것처럼 말씀드렸잖아요. 그건 마음에 담아두지 마세요. 물론 그 노파 말은 믿을 게 못 돼요. 하지만 자신의 이익을 위해서라면 거짓말을 밥 먹듯이 하는 사람도, 진실이 자기에게 도움 될 때는 진실을 말하기도 하지요. 그 노파는 펠릭스가 로타리오 씨 아들이라고 하면서 아우렐리에를 속였어요. 그런데 우리 여자들은 참 특이해서, 비록 아이 엄마를 모르거나 원수처럼 미워하더라도 연인의 아이만큼은 진정으로 사랑한단 말이죠."

마침 펠릭스가 방으로 뛰어 들어오자, 부인은 평소 보기 드문 살가운 태도로 아이를 꼭 껴안았다.

빌헬름은 서둘러 집으로 돌아와 사람을 보내 바르바라에게 당장 만나자고 했지만, 바르바라는 어두워지기 전에는 그쪽으로 가지 않겠다고 대답했다. 그는 무뚝뚝한 얼굴로 노파를 맞이하더니 차갑게 말했다.

"거짓과 꾸며낸 이야기로 그럴듯하게 남을 속이는 것은 정말 비열한 짓이오. 지금까지 당신은 그런 식으로 못된 짓을 많이 했소. 그래서 당신 말 한마디에 내 인생의 행복이 걸려 있는 지금도 난 당신을 믿을 수가 없단 말이오. 그러니까 그 아이를 내 품에 마음껏 안아볼 수가 없다고. 펠릭스가 진짜 내 아들이라면 그보다 더한 행복이 없는데도 말이지. 당신 얼굴을 보면 증오와 경멸을 느끼지 않을 수 없어."

"솔직히 말씀드리자면, 당신 태도야말로 정말 참기 힘드네요. 설령 그 애가 당신 아들이 아니라 해도, 곁에 두고 언제나 볼 수 있다면 천금을 주고라도 사고 싶을 만큼 세상에 둘도 없이 귀엽고 사랑스러운 아이가 아닌가요? 그리고 당신이 키울 만한 아이가 아닌가요? 내가 이제껏 갖은 고생을 다하며 그 아이를 돌봤으니, 이제 얼마 남지 않은 내 삶을 봐서라도 사례금을 조금 주시는 게 옳지 않겠어요? 아, 뭐 하나 모자랄 것 없는 당신네 높으신 분들은 진실이니 성실이니 하며 번지르르한 말만 늘어놓으시죠. 그러나 우리같이 그날 벌어 그날 먹고사는 가난뱅이들에게는 아무리 어려운 일을 당해도 도와줄 친구 하나 없고 구원의 손길조차 없답니다. 이기적인 인간들 틈에서 버둥거리며 겨우 목숨을 유지하다가 아무도 모르게 굶어 죽어가는 수밖에 없죠. 만일 당신이 듣기를 원하고 또 들을 각오가 되어 있다면, 이런 얘기는 얼마든지 해드릴 수 있어요. 마리아네 아가씨의 편지는 읽어보셨나요? 아가씨가 그 불행한 시기에 쓴 편지들이죠. 당신을 만나려고 애썼지만 결국 실패했고, 그 편지를 당신에게 전할 수도 없었어요. 무정한 매부란 인간이 당신을 지키고 있어서 내가 무슨 수를 쓰더라도 소용이 없었어요. 마지막에는 그 사람이 아가씨와 나를 감옥에 처넣겠다고 협박까지 하는 바람에 우리는 완전히 희망을 잃고 말았지요. 이 모든 일이 내가 들려드린 얘기와 딱 들어맞지 않나요? 노어베르크 씨의 편지를 읽고도 아직 의심이 풀리지 않았단 말인가요?"

"무슨 편지?"

"편지 꾸러미 안에 없었나요?"

"아직 다 읽지 못했네."

"그 꾸러미 좀 줘보세요. 그게 가장 확실한 증거물일 테니까요. 노어베르크 씨의 쪽지가 이 슬픈 혼란의 씨앗이 되었다면 그가 쓴 또 다른 편지야말로 얽힌 매듭을 푸는 열쇠일지도 모르죠. 아직도 뭔가 풀 것이 남아 있다면 말이에요."

바르바라는 편지 꾸러미 안에서 편지 한 통을 꺼내어 빌헬름에게 보여주었다. 그는 한눈에 그 기분 나쁜 필체를 알아봤다. 마음을 억누르고 편지를 읽기 시작했다.

마리아네! 내게 말해주오. 도대체 이러는 이유가 뭐요? 제아무리 여신이라도 나를 이렇게 실연에 우는 비참한 남자로 만들지는 못할 거요. 함박 미소를 지으며 두 팔을 벌리고 달려와 내 품에 안기기는커녕, 그대는 방에 틀어박혀 내 얼굴도 보려고 하지 않았소. 그 차가운 태도를 보면 그대가 나를 진심으로 싫어한다고 생각할 수밖에 없구려. 내가 그대의 침실 옆방 고리짝에 걸터앉아 바르바라 할멈과 함께 밤을 지새우다니…… 어떻게 나한테 이럴 수 있소? 사랑하는 그대가 겨우 문 두 개만 지나면 닿을 곳에 있는데…… 이런 어처구니없는 일이 어디 있단 말이오? 물론 나는 그대에게 충분히 생각할 시간을 주고, 그대를 재촉하지도 않겠다고 약속했소. 하지만 그렇게 15분, 30분이 헛되이 지나갈수록 정말 미쳐버릴 것만 같단 말이오. 그동안 내가 최선을 다해서 그대에게 마음을 담아 선물을 보냈잖소. 그런데도 그대는 내 사랑을 의심하는 거요? 그대가 원하는 것을 말해보시오. 뭐든지 다 해줄 테니까. 모자란 것 하나 없이 다 해주겠소. 아, 당신 머릿속에 그런 쓸데없는 생각을 불어넣은 그 신부란 작자가 확 병신이나 되어버렸으면 좋겠구려! 당신은 왜 하필 그런 작자를 만난 거요? 젊은이들을 꽤 너그럽게 봐주는 성직자도 얼마든지 있는데 말이오. 아무튼 이대로는 안 되겠소. 이틀 안에 대답을 들어야겠소. 나는 곧 떠나야 하니까. 그대가 다시 전처럼 상냥하게 나의 사랑을 받아주지 않는다면, 나도 더 이상 그대를 찾지 않을 거요……

편지는 이런 식으로 계속 이어지며 언제나 똑같은 문제에 대해 이야기하고 있었다. 바르바라가 한 말이 사실이었음을 확인한 빌헬름은 고통 속에서도 야릇한 기쁨을 맛보았다. 노어베르크 씨의 두 번째 편지도 마리아네의 단호한 태도를 그대로 말해주었다. 빌헬름은 이런 편지들을 통해 가엾은 마리아네가 죽음에 이르기까지 무슨 일을 겪었는지 짐작할 수 있었다. 그는 가슴이 미어져 아무 말도 할 수 없었다.

바르바라는 맹수처럼 사납게 날뛰는 노어베르크 씨를 살살 달래며 그에게 마리아네가 죽었음을 알리고 펠릭스가 그의 아들인 것처럼 믿게 만들었다. 그래서 노어베르크 씨가 바르바라에게 몇 번인가 돈을 보냈는데 이 노파는 그 돈을 가로챘다. 그리고 아우렐리에를 교묘히 속여 펠릭스를 그녀에게 떠넘겼으므로 양육비가 따로 필요 없었다. 그러나 유감스럽게도 이 비밀 수입은 그리 오래가지 못했다. 노어베르크 씨가 방탕한 생활을 하느라 많은 재산을 탕진한 데다, 복잡한 여자관계로 인해 첫아들로 알고 있는 아이에 대한 애정이 식어버렸기 때문이다.

모든 이야기가 참으로 진실 같았다. 앞뒤 맥락이 척척 들어맞았다. 그러나 빌헬름은 아직도 순수하게 아들을 얻은 기쁨에 완전히 젖어들 수 없었다. 마치 악마가 주는 선물을 눈앞에 두고 있는 듯 두려웠다. 빌헬름의 마음을 눈치챈 바르바라가 한마디 했다.

"오직 시간만이 당신의 그 깊은 의심을 없애줄 수 있을 겁니다. 먼저 그 애를 남의 자식이라 여기고서 한번 눈여겨보세요. 그러면 아이의 천성과 소질과 재능 따위를 곧 알아보게 되겠지요. 그런데도 그 아이가 당신을 닮았다는 걸 느끼지 못한다면 당신은 눈 뜬 장님인 셈입니다. 장담하건대 내가 만일 남자라면 절대로 남한테 속아서 엉뚱한 아이를 제 자식으로 떠맡지는 않을 거예요. 하지만 남자들은 본디 눈썰미가 없으니, 그 점이 여자들에게는 다행스런 일이겠지요."

이런 이야기를 나눈 끝에 빌헬름은 노파와 합의를 보았다. 빌헬름이 펠릭스를 맡아 돌보기로 하고, 노파는 미뇽을 테레제에게 데려다준 다음 어디든 원하는 곳으로 가서 작은 돈이라도 생활보조금을 받으며 살기로 했다.

그는 미뇽을 불러 이러한 변화를 받아들일 준비를 하라고 일렀다. 그러자 미뇽이 말했다.

"마이스터 씨! 제발 당신 곁에 있게 해주세요. 당신은 괴롭겠지만 전 그게 더 좋아요."

그는 미뇽을 달랬다. 넌 이제 다 컸으니 앞으로 교양을 쌓으려면 테레제 양에게 가서 배우는 게 좋을 거라며 타일렀다. 그 말에 미뇽이 대답했다.

"저는 이미 누군가를 사랑하거나 슬퍼할 수 있을 정도로는 교양을 쌓았는걸요."

빌헬름은 미뇽의 건강으로 화제를 돌리며, 끊임없이 건강에 조심하면서 의사의 지시에 따라 생활해야 한다고 말했다. 미뇽이 대꾸했다.

"왜 제 걱정을 하시나요? 다른 걱정하실 일도 많으실 텐데요."

그러자 빌헬름은 '미안하지만 난 너를 데려갈 수 없다, 그 대신 네가 내 친구들 있는 곳으로 가 있으면 나중에 자주 만나러 가겠다'고 하면서 애써 달래보아도 미뇽은 아예 귀를 틀어막아버렸다.

"제가 곁에 있는 게 싫으신가 보군요? 하긴 그편이 더 나을지도 몰라요. 그렇다면 나를 하프 타는 할아버지에게 데려다주세요. 불쌍한 할아버지는 의지할 데 없이 외롭게 살고 계시잖아요."

빌헬름은 그 노인이 정성스런 보살핌 속에 치료를 받고 있다며 알아듣도록 설명해주었다. 그런데도 미뇽은 할아버지 곁으로 가겠다고 고집을 부렸다.

"할아버지가 보고 싶어 견딜 수가 없는걸요."

"네가 할아버지를 그렇게 좋아하는 줄 몰랐구나."

"할아버지가 깨어 있을 때에는 너무 무서워서 눈을 똑바로 쳐다볼 수도 없었어요. 하지만 주무실 때면 할아버지 곁에 앉아 있는 게 참 좋았어요. 그래서 옆에서 파리를 쫓으며 주무시는 할아버지를 오래오래 바라보곤 했어요. 내게 어려움이 닥칠 때마다 할아버지가 도와주셨어요. 내가 할아버지에게 얼마나 큰 은혜를 입었는지 아무도 모를 거예요. 가는 길만 알았다면 벌써 할아버지를 만나러 달려갔을 거예요."

빌헬름은 자신의 처지를 자세하게 설명했다. 그리고 아주 이성적인 아이니까 이번에도 모든 걸 이해하고 따라줄 것으로 믿는다고 말했다. 그러자 미뇽이 말했다.

"이성은 정말 잔인하네요. 마음이 더 나아요. 당신이 말씀하신 곳으로 갈게요. 하지만 펠릭스와 함께 떠나게 해주세요."

빌헬름이 이런저런 말로 달래어보았으나 미뇽은 끝까지 뜻을 굽히지 않았다. 마침내 그는 두 아이를 바르바라에게 맡겨서 둘 다 테레제 양에게 보내기로 결심했다. 사랑스런 펠릭스를 자기 아들로 선뜻 받아들이기가 여전히 두려웠던 그로서는 이 결정이 그리 어렵지 않았다. 그는 펠릭스를 번쩍 안아들고 방 안을 빙글빙글 돌았다. 아이는 거울 앞에서 자기를 높이 쳐들어 달라고 했다. 그래서 그는 아이를 안고 거울 앞으로 가서 나도 모르게 아이와 자기가 닮았는지를 살펴보려 했다. 순간적으로 아이가 자기를 쏙 빼닮았다고 여겨지면 있는 힘을 다해 꽉 껴안았다. 하지만 또다시 불쑥 자기가 속고 있을지도 모른다는 생각이 들면 아이를 바닥에 내려놓고 맘대로 걸어 다니도록 내버려두었다.

"아, 세상에 둘도 없이 소중한 이 보물을 얻었다가 나중에 남이 낚아채가기라도 하면, 나…… 나는 어쩌나……. 나야말로 이 세상에서 가장 불행한 인간이 되겠지!"

빌헬름은 큰 소리로 탄식했다.

아이들이 예정대로 떠났다. 빌헬름은 정신적으로는 이미 극단을 나온 상태여서 이제는 정식으로 극단과 작별 인사를 하고 떠나기만 하면 되었다. 마리아네는 이미 이 세상 사람이 아니었다. 어린 두 수호천사도 떠나고 없었다. 그의 생각은 아이들 뒤를 좇고 있었다. 상상력이 빚어낸 사랑스런 펠릭스의 모습이 매력적인 환상처럼 눈앞에 어른거렸다. 그는 펠릭스가 테레제의 손을 잡고 들과 숲을 신나게 뛰어다니는 모습을 보았으며 시골의 상쾌한 공기를 마시면서 느긋하고 명랑한 그녀 곁에서 행복하게 잘 지내는 모습도 보았다. 펠릭스를 테레제에게 맡기기로 결정한 다음부터 그녀의 존재는 전보다 훨씬 더 소중하게 여겨졌다. 빌헬름은 극장에서 연극을 볼 때에도 테레제를 생각하면 웃음이 나왔다. 그의 정신은 이미 그녀의 포로가 되었으므로 연극을 보아도 쉽게 감동되지 않았다.

제를로와 멜리나 부인은 그가 더 이상 극단에 아쉬움이 남아 있지 않다는 걸 느꼈는지 아주 깍듯한 태도로 그를 대했다. 그가 다시 무대에 서기를 바라는 관객들도 있었지만 빌헬름은 그러고 싶지 않았다. 그리고 멜리나 부인을 뺀 나머지 단원들은 빌헬름이 다시 극단에 돌아오기를 원치 않았다.

빌헬름은 드디어 멜리나 부인에게도 인사했다. 그는 감개무량하다는 듯이 말했다.

"사람들은 때때로 너무 쉽게 그 어느 것도 믿을 수 없는 미래를 약속합니다. 그건 정말 주제넘은 짓이죠. 우리는 매우 하찮은 약속도 지킬 능력이 없거든요. 하물며 중대한 계획은 두말할 필요도 없고요. 그때 우리가 강도를 만나 모든 것을 빼앗기고 부상을 당한 채 초라한 주막에 들어갔던 일을 기억하십니까? 그 불행한 밤에 내가 여러분 모두에게 약속했던 일을 떠올리면 너무 창피해서 고개도 못 들 지경이에요. 그때 나는 우리가 당한 불행으로 몹시 흥분한 나머지 내가 품은 뜻이 아주 훌륭하다고 생각한 겁니다. 하지만 실제로 이루어진 것은 아무것도 없어요. 나는 여러분 모두에게 큰 빚을 지고 떠납니다. 그나마 단원들이 내가 한 약속을 그리 대단하게 여기지도 않고, 아무도 나에게 약속을 지키라고 재촉하지 않아서 얼마나 다행인지 모르겠습니다."

그러자 멜리나 부인이 말했다.

"너무 자책하진 마세요. 당신이 우리 모두를 위해 애쓰신 일들을 아무도 알아주지 않아도 나는 똑똑히 기억할 거예요. 당신이 우리 곁에 계시지 않았더라면 지금쯤 우리가 어떤 처지에 놓여 있었을지 몰라요. 지금 우리는 우리가 원하던 대로 목표를 이루어가고 있지 않습니까? 그런데 사람들은 원하던 목표를 계획해서 실행하고 나면 처음의 목적은 잊어버리고 말지요. 그래서 우리는 아무것도 한 게 없다, 아무것도 이루지 못했다고 생각하는 것뿐이에요."

"당신이 그토록 다정하게 위로해주셨음에도 내 마음이 편해지지 않는군요. 나는 모두에게 큰 빚을 진 사람입니다."

빌헬름이 대답했다.

"그래요, 당신이 정말로 우리한테 빚을 졌을지도 모르죠. 그러나 당신이 생각하시는 그런 빚은 없습니다. 우리는 자기가 한 약속을 지키지 못하면 부끄러움을 느끼지요. 하지만, 아…… 빌헬름 씨, 훌륭한 사람은 그 자리에 있기만 해도 언제나 많은 약속을 하게 되는 법이랍니다. 그가 불러일으키는 신뢰감, 그가 쏟아붓는 애정, 그가 일깨우는 희망이 끝이 없기 때문입니다. 그래서 그는 자기도 모르게 마음을 쓰고, 그것을 모두에게 갚아야 할 빚이라 여기며 살아가는 겁니다. 그럼, 부디 몸조심하세요. 당신이 이끌어주어 우리 극단의 모습이 매우 좋아졌습니다. 그런데 당신이 떠나시면 내 허전한 가슴을 무엇으로 채워야 할지 모르겠어요."

빌헬름은 그 도시를 떠나기 전에 베르너에게 긴 편지를 썼다. 지금까지 이들은 편지 몇 통을 주고받았지만 서로의 의견이 맞지 않아 연락이 끊어진 상태였다. 그러나 이제 빌헬름은 베르너가 몹시도 바라던 대로 행동하기로 마음먹었으므로 그에게 다음과 같은 편지를 쓰면서 다가갈 수 있었다.

연극을 그만두기로 결심했네. 그리고 앞으로는 모든 면에서 틀림없고 알맞게 행동하는 사람들과 함께 일할 걸세.

빌헬름은 자기 재산에 대해서도 물었는데, 이제 와서 생각하니 자기가 그토록 오랫동안 자기 재산에 무관심했다는 사실이 오히려 이상할 정도였다. 자기 내면세계 형성을 중요하게 생각하는 사람들은 흔히 이렇게 외적인 일에는 신경도 쓰지 않는다. 빌헬름은 이 점을 미처 모르고 있었다. 그도 그런 사람들 가운데 하나였으나, 지속적인 활동을 유지하려면 외적인 뒷받침이 필요하다는 사실을 이제야 처음으로 깨달았다. 그는 처음 떠날 때와는 전혀 다른 기분으로 여행을 떠났다. 눈앞에 펼쳐진 아름다운 경치가 더없이 매혹적이었다. 왠지 이번 여행길에는 즐거운 일이 생길 것만 같은 기대감에 가슴이 부풀어 올랐다.

제9장

빌헬름이 로타리오의 영지로 돌아와 보니 집안 분위기가 많이 바뀌어 있었다. 로타리오의 종조부님이 돌아가셔서 그가 유산을 물려받기 위해 그쪽으로 떠난 뒤였다. 야르노가 그 소식을 전하며 반갑게 빌헬름을 맞이했다.

"마침 잘 돌아왔어요. 나랑 신부님을 좀 도와주세요. 남작님이 이웃에 있는 넓은 땅을 사들이는 일을 우리에게 맡기고 가셨거든요. 오래전부터 준비한 일인데, 때마침 이번에 현금과 신용장을 얻게 된 거죠. 한 가지 마음에 걸리는 게 있다면 다른 지역의 어떤 큰 상회도 전부터 이 땅을 눈독 들여왔다는 겁니다. 그래서 우리는 아예 그쪽과 손을 잡고 이 일을 추진하기로 결정했어요. 안 그러면 괜히 가격만 올라갈 테니까요. 그쪽도 꽤 영리한 사람들 같아요. 그래서 우리도 지금 계산을 하며 견적을 뽑고 있어요. 어느 쪽도 손해를 보지 않기 위해서는 토지를 어떻게 나누면 좋을지 경제적으로 연구해야 합니다."

야르노가 빌헬름 앞에 서류들을 펼쳐놓았다. 그리고 다 같이 밭과 초원과 부속 건물들을 자세히 살펴보았다. 야르노도 신부도 이런 일에 이골이 난 것 같았지만 빌헬름은 테레제 양도 여기 함께 있었으면 좋겠다고 생각했다.

그들은 며칠 동안 이 일에 몰두했다. 빌헬름은 그동안 있었던 여러 가지 사건과, 자기가 펠릭스의 아버지가 된 아직도 믿지 못할 일에 대해 겨우 짬을 얻어 그들에게 말했다. 그런데 그에게는 무척 중대한 문제인데도, 그들은 그것을 대수롭잖다는 듯이 가볍게 여기는 것 같았다.

빌헬름은 그들 두 사람이 식사하거나 산책할 때 무슨 이야기를 하다가 가끔 그만두고 다른 쪽으로 화제를 슬쩍 돌린다는 걸 알았다. 이런 행동은 마치 빌헬름에게는 비밀로 하고 자기들끼리 처리해야 할 문제라는 점을 말하는 것 같았다. 그는 리디에가 했던 말을 떠올렸다. 눈앞에 있는 커다란 저택 한편은 늘 접근이 금지되어 있었으므로 리디에의 말이 더더욱 그럴싸하게 여겨졌다. 여러 회랑, 특히 겉모습만 여러 번 보아온 그 오래된 탑으로 들어가는 통로와 입구를 기회가 있을 때마다 몇 번이나 조사해 봤는데도 통 찾을 수가 없었다.

어느 날 밤 야르노가 그에게 말했다.

"당신은 이제 믿을 만한 우리 가족이에요. 그래서 당신에게 이 집에 얽힌 비밀을 좀 더 자세히 알려줘야겠어요. 그게 옳다고 생각되니까요. 처음으로 세상에 나가는 사람이 자기 능력을 높이 평가하면서 많은 재능을 익히려고 하며 다양한 일을 하려고 노력하는 것은 매우 바람직한 일입니다. 그러나 그 교양이 일정 수준에 이르면, 보다 큰 집단에 융화되는 법을 배우고 다른 사람들을 위해 살면서 의무적인 활동에 몰두하여 자기 자신을 잊는 방법을 익히는 것이 좋아요. 그때 비로소 그는 자기 자신을 알게 됩니다. 행동이라는 것은 본디 자기와 다른 사람을 비교하는 일이기 때문이지요. 당신을 둘러싼 작은 세계*⁴가 있는데, 그 세계에서 당신은 더없이 잘 알려져 있습니다. 이 점을 당신도 곧 알게 될 거예요. 내일 아침 해뜨기 전에 옷을 단정히 입고 기다리고 있어요."

야르노는 약속 시간에 찾아와 빌헬름을 데리고 어디론가 걸어갔다. 이 저택에서 빌헬름이 아는 방과 모르는 방을 지나고 또 몇몇 회랑을 지나 그들은 마침내 튼튼한 쇠붙이가 붙어 있는 고풍스런 문 앞에 도착했다. 야르노가 똑똑 두드리자 그 커다란 문은 사람 하나가 겨우 지나갈 정도로 살짝 열렸다. 야르노는 빌헬름 혼자만 안으로 밀어넣었다. 그곳은 어둡고 비좁은 상자 같은 곳이었다. 주위는 칠흑같이 캄캄했다. 한 발 내디디자마자 뭔가에 부딪쳤다. 그때 어디서 들어본 듯한 목소리가 그를 불렀다. "들어오세요." 그제야 빌헬름은 사방이 벽걸이로 막힌 공간에 들어와 있음을 눈치챘다. 벽걸이 사이로 희미한 빛이 비쳐들고 있었다. "들어오세요." 또다시 소리가 들렸다.

---

*4 탑의 모임.

그는 벽걸이를 들추고 안으로 들어갔다.

그가 들어선 홀은 한때 교회당이었던 듯했다. 바닥에서 두세 단 높은 곳에 초록색 테이블보로 덮인 큰 탁자가 놓여 있었다. 꼭 닫힌 장막 뒤에는 그림이 숨어 있는 것 같았다. 양옆으로 아름답게 세공된 책장들이 보였고, 그 주위에 도서관에서 흔히 볼 수 있는 가는 철망이 둘러쳐져 있었다. 그런데 그 책장에는 책 대신 두루마리가 잔뜩 들어 있었다. 홀에는 아무도 없었다. 떠오르는 태양이 알록달록한 색유리그림을 통해 빌헬름의 얼굴을 똑바로 비추며 정답게 인사를 했다.

"앉으세요."

누군가가 말했다. 그 목소리는 아무래도 제단 쪽에서 들리는 것 같았다. 빌헬름은 입구에 걸린 벽걸이 바로 앞에 팔걸이가 있는 작은 의자에 앉았다. 아침 햇살이 눈부셨지만 다른 방법이 없었다. 그가 앉은 의자는 고정되어 있어 맘대로 옮길 수도 없었다. 그는 손으로 두 눈을 가렸다.

제단 위에 있던 장막이 작은 소리를 내며 열렸다. 하나의 테두리 안에 텅 빈 시커먼 공간이 나타났다. 그곳에 평상복을 입은 사나이가 등장해 빌헬름에게 말을 걸었다.

"내가 누군지 기억하십니까? 아마 궁금한 점이 많으실 테지요. 많은 가운데 특히 당신 조부님이 소장하셨던 미술품들이 지금 어디에 있는지 궁금하지 않으신가요? 당신이 무척 좋아했던 그 그림은 이미 잊어버리셨나요? 그 병든 왕자는 지금 어디에서 신음하고 있을까요?"

빌헬름은 그가 누군지 금세 알아보았다. 그 잊을 수 없는 밤에 숙소에서 그와 이야기를 나누었던 낯선 남자였다. 그 남자가 말을 이었다.

"어쩌면 이제는 우리가 운명과 성격에 대해 서로 같은 생각을 할지도 모르겠군요."

빌헬름이 막 대답하려고 하는데 장막이 도로 닫혀버렸다. 그는 입속으로 중얼거렸다.

"뭐지? 정말 이상하군! 우연한 사건에도 연관성이 있는 걸까? 우리가 운명이라 부르는 것도 실은 우연에 지나지 않나? 조부님이 수집하셨던 미술품…… 대체 어디에 있는 걸까? 아니, 이 엄숙한 순간에 왜 그런 이야기를 꺼내는 거지?"

더 이상 길게 생각할 틈이 없었다. 또다시 막이 열리더니 눈앞에 한 남자가 나타났다. 빌헬름은 한눈에 그를 알아봤다. 언젠가 빌헬름이 유쾌한 친구들과 함께 뱃놀이할 때 만난 시골 목사였다. 로타리오 집에 있는 신부와 비슷했지만 같은 사람은 아닌 것 같았다. 그 목사가 명랑한 얼굴에 점잖은 목소리로 빌헬름에게 말했다.

"사람을 가르치는 교육자의 의무는 잘못을 따지는 것이 아니라 그릇된 길로 들어서는 학생을 구하는 것입니다. 다시 말하면 무엇을 잘못했는지 알게 하는 것이야말로 교육자의 지혜라고 할 수 있지요. 잘못을 자주 일삼는 그 행동이 버릇이 되어 마치 특권인 듯 여기고 기뻐하게 됩니다. 하지만 잘못을 하고 곧 그 일을 깨달은 사람은 자신이 얼마나 바보스러운지 알게 됩니다."

장막이 또다시 닫혔다. 빌헬름은 잠시 생각할 시간을 얻었다. 그는 혼자 중얼거렸다.

"그래, 저 사람이 말하는 잘못은 지금까지 내내 나를 따라다녔던 그 교만이야. 나는 아주 엉뚱한 곳에서 교양을 얻으려 하고, 또 소질이 전혀 없는 분야에서 내 재능을 찾겠답시고 큰소리 떵떵 치며 자아도취에 빠져 있었지."

아까보다 빠른 속도로 막이 열리더니 한 장교가 등장했다. 그는 딱 한마디만 했다.

"믿을 만한 사람들을 사귀시오!"

막이 홱 닫혔다. 빌헬름은 그다지 오래 생각할 필요도 없이 그 사람이 누군지 기억해냈다. 예전에 그 백작 저택의 정원에서 빌헬름을 끌어안았던 사람, 그로 하여금 야르노를 징모관이라고 믿게 했던 그 장교였다. 그 사람이 어떻게 여기까지 오게 되었을까. 도대체 정체가 뭘까. 빌헬름은 알 수가 없었다. 모든 것이 수수께끼처럼 여겨졌다.

'이토록 많은 사람들이 너에게 관심을 가지고 네가 어떻게 살아왔는지 알고 있었다. 네 인생을 위해 앞으로 무슨 일을 해야 할지도 알고 있었다. 그런데도 왜 그들은 좀 더 너를 매섭게 가르치지 않았을까? 어째서 너의 가벼운 행동을 탓하지 않고 오히려 칭찬까지 했을까?'

"우리를 탓하지 마시오!"

그때 어떤 목소리가 들렸다. 그 목소리는 계속해서 말했다.

"당신은 구원받았소. 지금 목표를 향해 똑바로 나아가고 있는 길이오. 여태까지 당신이 저지른 어리석은 짓을 하나도 후회하지 마시오. 똑같이 되풀이하지도 마시오. 이토록 축복받은 행운아가 세상에 또 어디 있겠소?"

막이 좌우로 열렸다. 갑옷과 투구로 무장한 덴마크의 늙은 왕이 그곳에 서 있었다. 그가 입을 열었다.

"나는 네 아버지의 망령이다. 내가 너를 위해 바라던 바는 이제 내 바람보다 더 크게 이루어졌도다. 그러니 나도 이제 안심하고 떠나갈 수 있겠구나. 험한 산길에서는 빙 돌아가야 위로 올라갈 수 있고, 너른 땅에서는 이 마을로부터 저 마을까지 똑바로 뚫린 길을 따라 걸어갈 수 있지. 그 점을 기억하렴. 그럼 잘 있어라. 내가 너를 위해 준비해둔 것을 즐길 때에는 부디 나를 기억해다오."

빌헬름은 너무 놀라서 말도 못할 지경이었다. 진짜 아버지 목소리를 듣는 것 같았기 때문이다. 하지만 그 목소리는 그의 아버지 목소리가 아니었다. 지금 들은 목소리와 기억에 남아 있는 목소리가 너무도 비슷해서 그는 매우 놀랐다.

그러나 오래 생각해볼 여유는 없었다. 신부가 나타나 초록색 탁자 뒤에 가서 섰다.

"이리 오세요!"

신부가 빌헬름을 불렀다. 당황하여 넋을 잃고 있던 빌헬름은 자리에서 일어나 그쪽으로 갔다. 계단을 밟고 올라갔다. 초록색 테이블보 위에는 자그만 두루마리가 놓여 있었다. 신부가 엄숙하게 선언했다.

"당신의 수업증서입니다. 여기에 적혀 있는 내용을 명심하십시오. 중요한 내용이니까요."

빌헬름은 그 두루마리를 받자마자 곧바로 펼쳐들고 읽어나갔다.

수업증서*5

예술은 길고 인생은 짧다. 판단은 어렵고 기회는 순식간에 달아난다. 행동하기는 쉽고 생각하기는 어렵다. 생각하면서 행동하는 것은 유쾌한 일이 아

---

*5 Lehrbrief. 장인 밑에서 수업을 마친 도제(徒弟)에게 주는 수업증서. 여기서는 교양을 쌓기 위해 노력하는 한 인간이 인격 수양의 수업시대를 마치면서 마음에 새겨야 할 귀한 가르침들이 적힌 문서를 뜻한다.

니다.

모든 시작은 밝고 즐거우며 그곳으로 들어서는 문은 기대로 가득 차 있다. 소년은 깨달음을 얻고, 그 인상이 그 소년의 삶을 결정한다. 소년은 즐겁게 배우고, 이따금 진지함이 그를 깜짝 놀라게 한다. 우리는 뭔가를 본뜨는 재주를 지니고 태어나지만 무엇을 본떠야 할지는 쉽게 깨닫지 못한다. 훌륭한 것은 찾아내기 어렵고 그것을 평가하는 일은 더더욱 힘들다. 산꼭대기는 인간을 유혹하나 거기까지 올라가는 계단은 사람의 마음을 끌지 못한다. 사람들은 그저 높은 곳을 바라다보며 밑에서 어슬렁거릴 뿐이다.

누구나 예술의 일부분을 배울 수 있으나 예술가는 그 전체를 필요로 한다. 예술을 반밖에 모르는 사람은 늘 그릇된 생각으로 입으로만 열심히 떠들어댄다. 예술을 완전히 자기 것으로 만든 사람은 행동으로 보여줄 뿐 입은 함부로 놀리지 않고 말을 아낀다. 전자에게는 비밀도 없고 능력도 없다. 전자에게서 배운 지식은 갓 구운 빵처럼 그날의 굶주림을 달래주지만, 그것을 근본으로 삼을 수 없으며 더군다나 근본이 되는 것을 우습게 여겨서는 안 된다.

말은 분명히 좋은 것이지만 가장 좋은 것은 아니다. 가장 좋은 것은 말로써 뚜렷이 표현될 수 없다. 행동을 유발하는 정신이야말로 가장 좋은 것이다. 행동은 오직 정신을 통해서만 이해되고 표현될 수 있다. 우리가 올바르게 행동할 때에는 그 누구도 자신이 무슨 일을 하고 있는지 알지 못한다. 그러나 우리가 옳지 않은 행동을 할 때에는 그것을 늘 의식하고 있다. 단지 그럴싸한 상징만을 내세움으로써 행동하는 사람들은 시시한 현학자나 위선자 아니면 엉터리 사기꾼이다. 이런 사람들은 수가 많아서 무리 짓기를 좋아한다. 그들의 요사스런 세 치 혀는 배우는 제자들의 기를 꺾는다. 그들의 고루한 범용주의(凡庸主義)는 가장 훌륭한 제자조차 불안에 떨게 만든다.

참된 예술가의 가르침은 마음으로 깨닫게 하는 것이다. 말이 없는 곳에서는 행동이 대신 말을 한다. 진정으로 배우는 참된 제자는, 이미 아는 것에서 모르는 것을 이끌어내는 방법을 배움으로써 스승에게 가까이 다가간다.

그때 신부가 입을 열었다.

"그쯤이면 됐습니다. 나머지는 나중에 혼자서 천천히 읽어보세요. 자, 이번에는 저 책장을 살펴보십시오."

빌헬름은 책장으로 다가가 두루마리 겉에 쓰인 문구를 읽었다. 놀랍게도 그 책장에는 〈로타리오의 수업시대〉, 〈야르노의 수업시대〉, 그 자신의 수업시대 그리고 그가 모르는 수많은 사람들의 이름이 적힌 두루마리가 보관되어 있었다.

"저, 이 두루마리들을 봐도 될까요?"

"네. 이제 당신은 이 방에 있는 모든 물건을 마음대로 볼 수 있습니다. 아무것도 금지되어 있지 않아요."

"신부님, 뭐 하나 여쭤봐도 되겠습니까?"

"얼마든지 물어보세요. 당신이 지금 가장 신경 쓰고 있는 문제, 앞날에 관한 궁금증을 물어보면 내가 뭐든지 다 시원하게 대답해드리죠."

"그럼 좋습니다! 여러분은 온갖 비밀을 꿰뚫어 보는 신비롭고도 현명하신 분들이죠. 그 혜안으로 판단해서 나에게 진실을 가르쳐주십시오. 펠릭스는 정말로 내 아들인가요?"

"거참 좋은 질문이군요!"

신부가 기뻐서 손뼉을 치며 큰 소리로 말했다.

"그래요, 펠릭스는 당신 아들입니다! 우리 사이에 감춰져 있는 가장 신성한 것에 걸고 맹세하건대, 펠릭스는 틀림없이 당신 아들이에요. 그리고 그 착한 마음씨로 볼 때 그 아이의 죽은 어머니는 당신에게 잘 어울리는 여성이었습니다. 이제 그 사랑스런 아이를 당신에게 안겨드려야겠군요. 자, 뒤를 보세요. 그리고 행복을 꽉 붙잡으세요."

뒤에서 작은 소리가 났다. 돌아보니 입구에 걸린 벽걸이들 사이로 어린애가 장난스럽게 얼굴을 살짝 내밀고 이쪽을 훔쳐보고 있었다. 펠릭스였다. 펠릭스는 장난을 치다가 들킨 것을 알고 다시 숨어버렸다.

"애야, 이리 나오너라!"

신부가 아이를 불렀다. 아이가 쪼르르 뛰어나왔다. 빌헬름은 곧바로 그쪽으로 달려가 귀여운 아이를 품에 꼭 안고 감격에 겨워 소리쳤다.

"그래, 알겠구나, 알겠어! 너는 분명히 내 아들이다! 내 친구들 덕분에 이렇게 귀하디귀한 선물을 얻었구나. 그런데 애야, 도대체 어디서 튀어나온 거니? 이렇게 중요한 순간에?"

그러자 신부가 말했다.

"그런 건 묻지 마세요. 축하합니다, 빌헬름 씨! 자연이 고하는 바에 따라 당신의 수업시대는 이제 끝났소."

제8부

제1장

펠릭스가 정원으로 깡충깡충 뛰어나갔다. 환희에 찬 빌헬름이 그 뒤를 따라갔다. 자연은 한껏 매력을 내뿜으며 아름다운 아침을 열고 있었다. 빌헬름은 더없이 상쾌하고 행복한 그 순간을 만끽했다. 이 드넓고 멋진 세계에 존재하는 모든 것이 펠릭스에게는 새롭고 신기하기만 했다. 어린 소년은 지칠 줄 모르고 자꾸만 물었다. 그러나 아버지는 거기에 대답할 만큼 아는 게 많지는 않았다. 마침내 그들은 이제 막 사귄 정원사에게서 여러 가지 식물의 이름과 쓰임새를 물었다. 빌헬름은 새로운 눈으로 자연을 바라보게 되었다. 아이의 호기심과 궁금증을 통해서 그는 이제야 비로소 자기 주위에 있는 사물에 대해 얼마나 관심이 없었는지, 얼마나 모르고 있었는지 깨달을 수 있었다. 그의 인생에서 가장 행복한 하루인 이날, 드디어 그의 인격이 형성되기 시작한 것 같았다. 가르쳐야 하는 자리에 서고 보니 그는 스스로 배워야 할 필요성을 느끼게 되었다.

한동안 보지 못했던 야르노와 신부가 어느 날 밤 손님 한 명을 데리고 나타났다. 빌헬름은 손님에게 다가갔다. 깜짝 놀라 제 눈을 의심했다. 그 손님은 바로 베르너였다. 베르너도 이런 일을 전혀 예상치 못했는지 처음에는 빌헬름을 알아보지 못했다. 두 사람은 서로 다정하게 끌어안았다. 자네 많이 변했구먼, 둘 다 똑같이 그렇게 말했다. 베르너는 빌헬름이 예전보다 키도 크고 건장해졌으며 자세도 좋아졌고 인품도 훌륭해지고 품위 있어 보인다고 말했다. 그리고 한마디 덧붙였다. "옛날의 순수한 모습은 사라진 것 같지만." 그러자 빌헬름이 말대꾸했다. "지금이야 놀라서 그렇지, 충격이 가시면 그 모습도 다시 나타날 걸세."

하지만 베르너는 빌헬름에게 좋은 인상을 주지 못했다. 이 착한 사나이는 좋아보이기는커녕 더 늙어 보였다. 전보다 훨씬 몸이 야위었고, 뾰족한 얼굴은 더 홀쭉해졌으며 코는 더 길어진 것 같았다. 이마도 정수리도 어느새 벗겨졌고 목소리는 카랑카랑했다. 움푹 들어간 가슴, 움츠러든 어깨, 칙칙한 두 뺨은 의심할 여지 없이 그가 힘든 노동에 지친 우울병 환자라는 사실을 드러내주었다.

빌헬름은 베르너의 많이 바뀐 모습을 굳이 말하지 않으려고 조심스럽게 마음을 가다듬었다. 그런데 베르너는 친구를 다시 만난 기쁨에 흠뻑 취해 있었다. "그래, 내 생각에 자네는 아마 돈도 벌지 않고 시간을 낭비했을 테지만, 그래도 그동안 참 훌륭하게 성장했구먼. 모처럼 행운을 얻었으니 꼭 쥐고 놓치지 말게. 또 시간 낭비나 하지 말고! 그 남자다운 풍채를 이용해서 부잣집 상속인 예쁜 아가씨나 하나 붙잡으라고." 그 말에 빌헬름이 웃으며 대꾸했다. "자네는 어쩜 그렇게 변한 게 없나? 오랜만에 만났는데 벌써부터 나를 무슨 상품 취급하고 돈벌이가 될 만한 투자 대상으로 여기고 있으니."

야르노와 신부는 이렇게 두 친구가 재회했는데도 그다지 마음에 두지 않고 그들로 하여금 과거와 현재 일을 마음껏 이야기하게 내버려두었다. 베르너가 빌헬름 주위를 빙 돌며 그를 이쪽저쪽으로 돌려세우는 바람에 빌헬름은 당황해서 어쩔 줄 몰랐다. "나 원, 세상에! 어떻게 이런 일이 다 있지? 정말 놀라워. 하지만 내 눈이 틀렸을 리 없지. 자네 눈은 전보다 더 깊어졌고 이마는 더 넓어졌구먼. 코는 더 얄팍해지고 입매는 사랑스러워졌고. 어휴, 정말 훌륭해졌는데. 모든 것이 조화롭고 딱 좋아. 그 태평한 게으름뱅이가 이토록 근사한 남자가 되다니!" 그러더니 그는 거울에 비친 자기 모습을 보며 말했다. "그에 비해 내 꼴은 이게 뭐람. 그동안 돈이라도 충분히 벌어놓지 않았더라면 진짜 꼴불견이었을 거야."

베르너는 빌헬름이 전에 보낸 편지를 아직 못 받은 상태였다. 로타리오가 땅을 함께 구입할 생각이라던 다른 고장의 상회가 바로 베르너 상회였다. 베르너는 그 일로 여기까지 왔는데, 설마 여기서 빌헬름을 만나게 될 줄은 꿈에도 몰랐다. 영지(領地) 법관이 와서 서류를 내놓았다. 베르너는 서류에 적힌 내용에 동의했다. "내가 보기에 두 분은 이 젊은 친구에게 친절하신 것 같군요. 그렇다면 부디 우리 몫이 줄어들지 않도록 신경 써주십시오. 아무튼 이 친구가 땅의 일부를 사서 부자가 될 것인가 말 건가는 전적으로 이 사람한테 달려 있지만요." 베르너의 말에 야르노와 신부가 언짢아하며 이제 막 기본적인 것들을 합의했을 뿐이라고 자신들의 생각을 밝혔다. 베르너는 옹브르*¹ 한판 하자고 제안했다. 신부도 야르노도 두말없이 자리에 앉았다. 베르너는 이미 카드놀이에 중독되어 있어서 밤마다 옹브르를 치지 않고는 못 배겼다.

두 친구는 저녁 식사를 마치고 단둘이 남게 되자 그동안 하고 싶었던 이야기들을 샅샅이 하면서 열띤 대화를 벌였다. 빌헬름은 이처럼 훌륭한 사람들과 친해지게 된 자신의 행운과 현재 처지에 대해 우쭐대며 이야기했다. 그러자 베르너는 고개를 설레설레 저으며 말했다. "그랬군. 그래서 자기 눈으로 직접 보기 전에는 뭐든지 곧이곧대로 믿으면 안 된단 말이지. 실은 자네에 대해 이러쿵저러쿵하는 수다쟁이들이 한둘이 아니었거든. 글쎄, 자네가 어느 방탕한 젊은 귀족과 함께 살면서 그에게 여배우들을 차례차례 소개해 줘서 돈을 낭비하게 만들었다느니, 자네 때문에 그 귀족이 친척들에게 눈총을 받게 되었다느니, 뭐 그런 얘기들을 나한테 하더라고." 그러자 빌헬름이 말했다. "맙소사, 그런 오해를 하다니! 내가 연극계에 몸담으면서 무슨 욕을 들어도 웃어넘길 수 있게 되었으니 망정이지, 아니었으면 나 자신을 위해서나 내 훌륭한 친구들을 위해서나 진심으로 화를 냈을 거야. 그런 녀석들은 아주 작은 일밖에 모르잖아. 그런데 어떻게 우리 행동을 두고 이러쿵저러쿵 비평할 수 있는 거지? 선악을 막론하고 모든 일은 대체로 보이지 않는 곳에서 조용히 일어나는 법이야. 그리고 겉으로 드러나는 것은 대개 하찮은 일들 뿐이지. 그러니까 그놈들은 실은 아무것도 모르는 셈이야. 그런 녀석들 앞에 무대를 꾸미고 사방에서 불빛을 받으며 배우들이 세 시간쯤 되는 연극을 마쳤다고 하세. 그 연극을 이해할 수 있는 사람이 그 가운데 한 사람이라도 있을까?"

이어서 빌헬름은 가족과 옛 친구와 고향에 대해 물었다. 베르너는 무엇이 변했고 무엇이 안 변했는지 엄청 빠른 말투로 자세히 이야기했다. "우리 집 여자들은 행복하게 잘 지내고 있어. 아무튼 돈이 부족하지는 않으니까. 하루의 절반은 멋 부리는 데 쓰고, 나머지 절반은 멋 부린 자기 모습을 남들에게

---

*1 ombre(omber). 영어로는 옴버라고 하며, 세 사람이 함께하는 카드놀이.

자랑하는 데 쓰고 있지. 그러면서 집안 살림도 그럭저럭 잘하고 있고. 내 아들들은 제법 똑똑한 청년이 될 것 같아. 그 애들이 책상머리에 앉아 글을 쓰고 계산을 하고, 이리저리 돌아다니며 흥정을 하고 물건을 싸게 사서 비싼 값에 파는 모습이 벌써부터 눈에 선하네. 나는 되도록 빨리 아이들이 저마다 자기 가게를 경영하게 해줄 작정이야. 아 참, 우리 재산 말인데, 이 점에 대해서는 자네도 만족할 수 있을 거야. 땅 문제가 잘 처리되면 당장 나와 함께 돌아가자고. 보아하니 자네도 이제는 철이 들어 제대로 사업을 할 수 있을 것 같은데. 자네가 새로 사귄 친구들은 정말 대단해. 자네를 바른 길로 이끌어줬으니까. 아, 난 정말 바보야. 내가 자네를 얼마나 좋아하는지 이제야 알다니! 이렇게 자네의 당당하고 멋진 모습을 보니, 아무리 봐도 질리지 않는구먼. 전에 자네가 우리 마누라한테 보내줬던 초상화하고는 영 딴판인데. 실은 그 초상화 때문에 우리 집이 한바탕 떠들썩해졌었지. 훤히 드러난 목, 반쯤 벌거벗은 가슴, 큼직한 옷깃, 늘어진 머리카락, 둥근 모자, 짧은 조끼, 헐렁헐렁한 긴 바지. 이런 젊은이를 두고 마누라와 딸은 정말 멋있다고 칭찬했지만 나는 어릿광대나 다름없는 꼴이라고 주장했거든. 그런데 지금 내 눈앞에 있는 자네 모습은 놀라우리만치 훌륭해 보이는군. 다만 머리를 땋지 않은 것이 옥에 티야. 머리를 땋아야지. 안 그러면 유대인 여행자로 오해받아서 관세나 보호세를 뜯길지도 몰라."[2]

그러는 사이에 펠릭스가 방 안으로 들어왔지만 아무도 눈치채지 못했다. 펠릭스는 소파에 누워 잠들어버렸다. "이 애는 누구야?" 베르너가 물었다. 그 순간 빌헬름은 진실을 말할 용기가 나지 않았다. 또 천성적으로 의심이 많은 이 남자에게 복잡한 사정을 설명하고 싶지도 않았다.

이윽고 그들은 땅을 살펴본 뒤 계약을 매듭지으려고 다 같이 밖으로 나갔다. 빌헬름은 어디에 가나 펠릭스를 데리고 다녔다. 땅이 머잖아 자신의 것이 된다는 생각을 하니 빌헬름은 아이를 위해서 정말로 잘한 일이라고 진심으로 기뻐했다. 앵두와 딸기를 먹고 싶어하는 아이를 보며 빌헬름은 자신의 어린 시절을 떠올렸다. 그는 가족의 행복을 위해 끊임없이 노력해야 하는 아

---

*2 그 시대 남자들은 대체로 머리를 땋았는데, 유대인은 종교적인 이유 때문에 머리를 땋지 않았다. 그리고 독일에는 유대인을 박해하는 경향이 있었으므로 유대인은 다른 나라로 이동할 때 관세와 보호세 따위를 내야 했다.

버지의 온갖 책임에 대해 생각했다. 묘목원과 건물들을 매우 흥미롭게 살펴보았다. 황폐해진 밭을 다시 일구고 낡은 건물을 수리할 계획을 열심히 세웠다. 그는 더 이상 지나가는 철새처럼 이 세상을 바라보지 않았다. 건물을 보더라도, 거기 있는 사람이 채 떠나기도 전에 망가져버리는 임시 오두막으로 여기지는 않았다. 지금 그가 기초를 다지려고 하는 모든 것은 어린 아들에게 도움이 되어야 했고, 그가 만들어내는 모든 것이 몇 세대에 걸쳐 무사히 존속되어야 했다. 이렇게 생각한다는 점에서 그의 수업시대는 이미 끝났으며, 그는 아버지로서의 자각과 시민으로서의 모든 미덕을 손에 넣은 셈이었다. 그것을 실감하며 그는 비할 데 없는 커다란 기쁨을 맛보았다. "아, 도덕의 엄격함은 얼마나 부질없는지!" 그가 외쳤다. "그에 비해 자연은 자비롭게도 우리를 마땅히 그래야 할 온갖 모습으로 만들어주는구나. 아, 사람들로 하여금 올바른 길을 벗어나게 만드는 시민사회의 지나친 요구, 자연 자체가 원하는 것보다도 더 많은 것을 우리에게 원하는 그 시민사회의 요구는 이상하기 짝이 없어. 진정한 배움의 길을 없애고 앎의 즐거움을 무시한 채 최종 목적만을 제시하는 교육이 무슨 소용이란 말인가!"

이제까지 그는 인생의 많은 것을 보아왔다. 그러나 어린아이를 관찰할 때 비로소 인간의 본성을 분명히 알 수 있다는 생각이 들었다. 극장도 이 세상도 따지고 보면 바닥에 던져진 주사위 한 무더기에 지나지 않으니, 그 주사위들 하나하나의 표면에는 1부터 6까지의 숫자가 표시되어 있지만 모두 다 합치면 마침내 똑같은 수가 된다고 생각했다. 그러나 어린아이의 경우는 달랐다. 아이들은 저마다 다른 주사위이다. 주사위의 여섯 면에는 그 사람의 본성에 따라 서로 다른 숫자가 뚜렷이 새겨져 있다.

사물의 차이를 알고자 하는 펠릭스의 욕구는 나날이 커졌다. 사물에는 이름이 있다는 사실을 깨닫고는 모든 사물의 이름을 알고 싶어했다. 아이는 아버지가 뭐든지 다 안다고 굳게 믿어 모든 걸 물음으로써 아버지를 괴롭혔다. 그래서 빌헬름은 평소에는 거의 흥미를 느끼지 않던 것들에 관심을 가지고 새삼스레 바라보게 되었다. 만물의 근원과 종말을 알고자 하는 타고난 본능도 펠릭스에게서는 일찌감치 나타났다. 바람은 어디서 불어오고 불꽃은 어디로 가느냐는 질문을 받았을 때 아버지는 자신의 무지함을 절절히 느꼈다. 인간의 생각은 어디까지 확장될 수 있을까, 인간은 과연 무엇을 자기한테나 남한테나 똑똑히 설명할 수 있을까. 그는 그것이 알고 싶었다. 생물이 학대받는 모습을 보고 아이가 몹시 화를 내자 아버지는 이것이야말로 훌륭한 심성을 나타내는 증거라며 무척 기뻐했다. 비둘기 몇 마리의 목을 자른 식모에게 아이가 화를 내며 대든 적도 있었다. 하지만 아이가 참새를 잡아 토막내거나 인정사정없이 개구리를 때려죽이는 모습을 봤을 때는 마음이 어수선했다. 이렇게 아이가 하는 짓을 관찰하며 그는 겉으로는 더없이 공명정대해 보이지만 실은 아무 관심 없이 타인의 행위를 바라보던 많은 사람들을 떠올렸다.

아이가 자신의 인격에 아름답고 참된 영향을 끼치고 있다는 즐거운 느낌은 얼마 못 가서 사라져버렸다. 자기가 아이를 교육한다기보다도 아이가 자기를 교육하고 있다는 사실을 빌헬름은 깨달았기 때문이었다. 그는 아이가 무슨 짓을 해도 나무라지 않았다. 아이가 스스로 선택하지 않은 쪽으로 아이를 이끌 수는 없었다. 아우렐리에가 그토록 애써서 고치려고 했던 아이의 나쁜 버릇들도 그녀가 죽고 나서는 모조리 되살아나는 것 같았다. 아이는 여전히 출입문을 제대로 닫지 않았고, 자신의 몫으로 접시에 덜었던 음식을 먹다가 남겼다. 때로는 음식을 덜어 먹지 않고 큰 냄비에서 바로 퍼먹거나, 가득 채워진 잔은 내버려 둔 채 병에다 입을 대고 꼴깍꼴깍 마셨다. 그래도 혼나지 않자 아이는 무척 기뻐했다. 아직 글자도 모르고 배울 생각도 없는 이 아이가 책을 들고 방구석에 앉아 무척 진지하게 "책이 어려워도 공부해야 해!" 이렇게 말할 때에는 더없이 사랑스럽기도 했다.

그런데 빌헬름은 지금까지 자기가 이 아이를 위해 아무것도 해주지 못했으며 지금도 별다를 게 없다고 생각될 때마다 그의 행복을 몽땅 빼앗긴 것만큼 끔찍한 불안감에 휩싸였다. "남자라는 생물은 처음부터 자기 자신 말고는 아무도 돌볼 수 없도록 이기적인 존재로 태어난 걸까?" 그는 혼잣말을 했다. "나는 미뇽에게 했던 것과 똑같은 짓을 펠릭스에게 하고 있는지도 몰라. 그래, 나는 귀여운 미뇽을 거두었지. 그 애와 함께 있으면 너무나 즐거웠어. 그런데 나는 매정하게도 그 애를 제대로 돌보지 않고 내버려두었어. 그토록 교육받고 싶어하던 아이가 어떤 교육을 받을 수 있도록 해주었지? 아무것도 해주지 않았어! 나는 그 아이를 그 아이 자신에게 내맡기고, 또 교양 없는 극단 안에서 만나게 되는 온갖 우연에다가 내맡겨버렸어. 자, 그리고 펠릭스에 대해서는 어떤가. 너에게 이토록 소중한 존재가 되기 전부터 너는 이상하게 그 애가 마음에 걸렸었지. 그런데 그때 과연 네 양심이 너에게 명령했던가? 그 애를 위해서 아주 작은 일이라도 해주라고? 아, 정신 차려. 이제는 네 시간도, 남의 시간도 낭비할 때가 아니야. 정신 똑바로 차리고, 혈연과 애정의 끈으로 너와 연결되어 있는 사랑스런 두 아이를 위해서 무슨 일을 해줘야 할지 곰곰이 생각해봐."

이러한 독백은 따지고 보면 그가 이미 깊이 생각하고 요모조모 따져서 내린 결정을 다시 한 번 확인하는 일에 지나지 않았다. 그 사실을 스스로 인정했으니 더 이상 일을 미룰 수 없었다. 마리아네를 잃은 슬픔을 몇 번이나 헛되이 되새기고 나서 그는 확실히 깨달았다. 아이를 위해서 그는 어머니를 찾아야 하며, 테레제보다 더 훌륭한 어머니는 없으리라는 사실을. 그는 그 뛰어난 여자를 잘 알고 있었다. 나와 내 가족을 안심하고 맡길 수 있는 아내이자 반려자는 그 여자밖에 없을 것 같았다. 로타리오에 대한 테레제의 고귀한 사랑은 조금도 문제가 되지 않았다. 그 두 사람은 기묘한 운명의 장난 때문에 영원히 맺어질 수 없게 되었다. 게다가 테레제 본인도 스스로를 자유로운 몸으로 여겼으며, 결혼에 대해서는 조금 무관심해 보이면서도 마땅히 해야 한다는 뜻으로 말하지 않았던가.

오랫동안 깊이 생각한 끝에 빌헬름은 딱한 자신의 사정을 테레제에게 이야기하기로 결심했다. 그가 테레제에 대해 알고 있듯이, 테레제도 그에 대해 자세히 알아야 한다. 그는 지금까지 자신이 걸어온 인생길을 돌아보았다. 하지만 딱히 이렇다 할 큰일은 없었다. 하지만 어떤 이야기를 해도 자기한테 도움이 될 것 같지는 않았다. 그래서 그는 몇 번이나 마음을 접으려고 했다. 그러다가 마침내 야르노에게 부탁해야겠다고 다짐했다. 그는 탑에 있는 자신의 수업시대 두루마리를 빌려오기로 마음먹었다. 뜻밖에도 야르노는 흔쾌히 두루마리를 빌려주었다.

스스로 자신의 잘못을 밝힌다는 것은 훌륭한 사람으로서는 그리 기분 좋은 일이 아니다. 과도기는 위험으로 가득 차 있다. 위기는 곧 질병이 아닐까. 병을 앓고 나서 선뜻 거울을 보는 사람은 없을 것이다. 물론 내가 회복되고 있다는 사실을 느끼긴 하지만, 그래도 거울에는 지나간 병의 흔적만이 비칠 뿐이니까. 그러나 빌헬름은 충분히 준비가 되어 있었다. 그의 처지도 그의 현실을 똑똑히 알려주었으며 친구들도 망설이지 않고 그를 도왔다. 빌헬름은 처음엔 조금 조급하게 양피지 두루마리를 펼쳤지만, 그 내용을 읽어내려가는 동안에 조금씩 안정을 되찾았다. 거기에는 그의 역사가 웅장하고도 날카로운 글로 적혀 있었다. 하찮은 일들이나 부분적인 감상에도 그는 마음을 빼앗기지 않았다. 애정이 넘치는 모든 뉘우침은 그에게 부끄러운 느낌을 주지 않으면서 올바른 길로 이끌어주었다. 그는 태어나서 처음으로 자신의 모습을 자세히 들여다보았다. 그것은 거울에 비친 제2의 자아가 아니라 초상화에 그려진 또 다른 자아였다. 물론 거기에 묘사된 얼굴이 자기 얼굴과 똑같다고 말할 수는 없다. 그러나 자신을 깨닫고 표현하면서, 또 옛 모습으로 추억 속에서 현재의 자신보다도 더 오래오래 살아간다는 사실이 그에게는 기쁘게 느껴졌다.

이 기록을 통해 모든 일이 기억 속에 되살아났다. 이제 빌헬름은 테레제를 위해 자기 생애를 글로 남기기로 했다. 그런데 테레제는 훌륭한 일을 많이 한 데 비해 자신은 아무것도 내세울 게 없어서 왠지 부끄러워졌다. 그는 그 수기를 무척 자세히 썼지만, 테레제에게 보내는 편지에는 용건만 짤막하게 적었다. 그는 테레제의 우정을 원하며, 더 나아가 사랑까지도 원한다고 말하며 청혼했다. 그리고 되도록 빨리 결정해달라고 부탁했다.

이 일을 벌이기 전에 먼저 친구인 야르노나 신부와 의논해야 하지 않을까. 그런 망설임도 없진 않았다. 그러나 그는 결국 친구들에게 말하지 않았다. 그의 결심은 이미 확고했으며 이 일은 그에게 몹시 중대했기 때문이다. 아무리 사려 깊고 위대한 인물이 조언해주더라도 그 말을 따를 수는 없었다. 오히려 그는 남한테 들키지 않으려고 신중하게 행동했다. 손수 다음번 우편마차 편으로 편지를 보냈을 정도이다. 어쩌면 자기 스스로는 그동안 남몰래 자유롭게 살아왔다고 생각했는데, 두루마리를 읽어보니 자기 생활의 수많은 부분이 남들에게 관찰되고 지도되어 왔다는 뜻밖의 사실을 깨닫게 되어 좀 불쾌해졌는지도 모른다. 그래서 그는 적어도 테레제의 마음에는 순수한 자기 마음의 소리를 전달해서 자기 운명을 그녀의 결심과 결단에 맡기려고 한 것이다. 이 중대사에 대해서만은 자신의 감시자 및 감독자의 눈을 피해 행동하면서도 전혀 죄책감을 느끼지 않아도 되어 그는 마음이 편했다.

제2장

떠나간 편지와 엇갈리듯이 로타리오가 돌아왔다. 중요한 일이 잘 풀려서 머잖아 깨끗이 해결되리라는 생각에 모두들 기뻐했다. 빌헬름은 이렇게 많은 실들 가운데 무엇이 어떤 식으로 맺어지고 풀리게 될지, 또 자신의 운명은 앞으로 어떻게 정해질지 생각하며 기대에 부풀었다. 로타리오는 무척 다정하게 모두에게 인사를 했다. 활기찬 모습의 그는 즐겁고 명랑해 보였다. 자기가 해야 할 일을 잘 알고 있으며, 그 앞길을 가로막는 것은 하나도 없다고 굳게 믿는 남자처럼 보였다.

빌헬름은 그에게 진심 어린 인사를 할 수가 없었다. '이 사람은 테레제의 친구이자 연인이요, 약혼자였던 사람이야.' 이렇게 속으로 중얼거리지 않을 수 없었다. '너는 지금 이 사람의 빈자리를 차지하려는 거야. 그런 느낌을 언젠가는 깨끗이 지워버리거나 훌훌 털어낼 수 있다고 생각하는 거냐?' 아마 그 편지를 아직 보내지 않았더라면 도무지 보낼 용기가 나지 않았을 것이다. 다행히 주사위는 이미 던져졌다. 테레제는 벌써 마음을 정했을지도 모른다. 서로 먼 거리에 있어서 그 행복한 결말이 베일에 싸여 있을 뿐이다. 이기든 지든 머잖아 확실히 밝혀질 게 틀림없다. 이렇게 생각하며 빌헬름은 불안한 마음을 애써 달래려고 했다. 그러나 그의 심장은 열병에 걸린 것처럼 쿵쿵 뛰었다. 그는 중요한 거래에도 제대로 집중할 수가 없었다. 이 거래에 그의 전재산이 걸려 있다 해도 과언이 아니건만. 아아! 열정에 휩싸인 인간에게는 그를 둘러싼 모든 것, 그가 가진 모든 것이 무의미해지고 마는 것이다.

다행히 로타리오는 이 거래에 적당히 응했고 베르너도 일을 척척 처리했다. 잇속에 밝은 베르너는 그가, 아니 정확히는 그의 친구가 좋은 땅을 손에 넣게 되자 진심으로 기뻐했다. 한편 로타리오는 전혀 다른 생각을 하고 있는 듯했다. 그가 입을 열었다.

"나는 재산을 손에 넣어도, 그게 합법적인 재산이 아니면 기뻐할 수 없단 말이죠."

그러자 베르너가 큰 소리로 외쳤다.

"원, 세상에! 설마 우리 재산이 합법적이지 않다고 말씀하시는 겁니까?"

"완전하지는 않죠."

로타리오가 대답했다.

"땅에 대한 대가를 현금으로 지불하잖아요?"

"그것만으로는 충분치 않아요. 이런 말씀을 드리면 부질없는 헛소리라고 생각하겠지만, 어떤 재산이든 그에 맞는 세금을 국가에 바치지 않는 한 완전히 합법적이라고는 할 수 없으며 완전히 정당하지도 않은 것 같아요."

"뭐라고요? 그럼, 우리가 자유롭게 구입한 땅에 대해서조차 세금을 내야 한다는 건가요?"

"네, 그렇습니다. 어느 정도는요. 그것을 다른 모든 소유지와 같게 취급할 때에만 소유권의 확실성이 보증되는 거지요. 많은 통념들이 흔들리고 있는 요즘 세상에 농민들이 '귀족의 소유권은 우리 소유권보다 근거가 희박하다' 고 생각하는 이유가 뭔지 압니까? 귀족은 땅에 대한 세금을 내지 않고 농민들만 세금을 내기 때문입니다."

"아니, 그렇게 따지면 우리 자본에서 생기는 이자는 어찌 되는 겁니까?"

"그거야 문제 될 게 없어요. 봉토(封土)*3니 뭐니 하는 눈속임일랑 그만 두고, 국가가 정당한 합법적 세금을 거두면서 우리 마음대로 땅을 팔 수 있게 해준다면 말이죠. 그러면 우리는 이렇게 큰 땅을 통째로 갖고 있을 필요가 없으니, 자식들에게 똑같이 나누어주어서 다들 자유롭게 활발한 사업을 하도록 해줄 수 있겠지요. 괜히 이것저것 제약만 많은 특권을 남겨놓을 필요가 없다는 얘깁니다. 그 특권도 말이죠, 우리가 조금이라도 특권을 누리려면 늘 조상님들의 망령을 불러낼 수밖에 없다고요. 남자도 여자도 아무런 제약 없이 자유롭게 주위를 둘러보다가 좋은 처녀나 총각을 찾아내서, 단지 좋다는 이유만으로 자기 배필을 직접 고를 수 있다면 얼마나 행복할까요?*4 그러면 국가는 더 많은, 어쩌면 더 훌륭한 국민들을 가지게 될 테니까 인재와 일손이 모자라서 고생할 일도 없어지겠지요."

"솔직히 말씀드리자면, 나는 지금까지 국가에 대해서는 생각해본 적도 없습니다. 세금도 관세도 보호세도 그냥 관례에 따라 내고 있었을 뿐이에요."

---

*3 봉건시대에 주군이 자신에게 충성을 맹세한 신하에게 하사한 토지. 신하는 이에 대해 세금을 낼 필요는 없으나 자유롭게 토지를 처분할 수 없었다.

*4 결혼 상대를 고를 때에는 대체로 재산이나 신분 따위를 고려하게 마련이다. 게다가 그 시대에는 세습 농민은 영주의 허락 없이 마음대로 결혼할 수 없었다.

베르너가 말했다.

"그래요? 그럼 이제부터라도 훌륭한 애국자가 되길 바랍니다. 식사할 때 자식들한테 먼저 음식을 차려주는 아버지가 좋은 아버지이듯이, 다른 모든 지출을 제쳐두고 국가에 바쳐야 할 돈을 먼저 바치는 사람이 훌륭한 국민입니다."

이런 대수롭지 않은 반성은 그들의 일 처리를 더욱 빠르게 만들었다. 일이 대충 해결되자 로타리오가 빌헬름에게 말했다.

"이제 당신을 떠나보내야겠어요. 여기보다 더 당신을 필요로 하는 곳으로. 내 누이동생이 가능한 한 빨리 당신이 오기를 기다리고 있거든요. 불쌍한 미뇽이 많이 쇠약해진 모양이에요. 당신이 곁에 있으면 좀 나아질 거라고 생각하나 봅니다. 누이동생이 이런 쪽지까지 나한테 보냈어요. 읽어봐요. 그애가 당신이 오길 얼마나 애타게 기다리고 있는지 알 수 있을 겁니다."

로타리오가 종이쪽지를 건넸다. 빌헬름은 그 이야기를 듣고 무척 당황했다. 연필로 휘갈겨 쓴 글씨가 백작부인의 필체임을 금세 알아봤지만, 뭐라고 대답해야 할지 몰랐다.

"펠릭스도 데려가요. 애들끼리 어울려 놀면 기운이 날 테니까. 내일 아침 일찍 떠나야 합니다. 내 하인들이 타고 온 누이동생의 마차가 아직 여기에 있습니다. 중간지점까지는 내 말을 빌려드리지요. 그다음부터는 역마를 이용하세요. 자, 그럼 안녕히 가세요. 누이동생에게 안부 전해주고요. 아 참, 나도 곧 거기로 갈 테니까 손님을 몇 명 받을 준비를 해놓으라고 전해줘요. 우리 종조부님의 친구인 치프리아니 후작님이 이쪽으로 오고 계신답니다. 후작님은 종조부님을 살아생전에 만나려고 하셨어요. 젊은 시절의 추억이라든가, 두 분의 공통된 취미인 미술에 관해 환담을 나누려고 하신 거지요. 후작님은 종조부님보다 훨씬 젊으세요. 우리 종조부님이 후작님의 교양에 아주 좋은 영향을 끼치셨지요. 아마 후작님이 퍽 상심하실 테니까 내가 최선을 다해 그분을 위로해드려야 할 거예요. 그러려면 되도록 많은 사람을 모아 성대한 연회를 여는 것이 가장 좋은 방법일 겁니다."

말을 마친 로타리오는 신부와 함께 자기 방에 틀어박혔다. 야르노는 그 전에 이미 말을 타고 외출했다. 빌헬름은 서둘러 자기 방으로 돌아갔다. 속마음을 털어놓을 상대는 하나도 없었고, 그가 무척 망설이고 있는 두려운 출발을 막아줄 사람도 없었다. 젊은 하인이 들어와서 어서 짐을 꾸려달라고 말했다. 날이 밝으면 곧바로 떠날 수 있도록 오늘 밤에 짐을 마차에 실어야 한다는 것이다. 빌헬름은 어찌해야 좋을지 몰랐다. 그러다가 마침내 큰 소리로 외쳤다.

"좋아, 아무튼 여길 떠나자! 앞으로 어떻게 할까는 가면서 생각해야겠어. 여차하면 도중에 말을 멈추고, 차마 말할 수 없었던 사연을 편지로 써서 심부름꾼에게 전해달라고 해야지. 그다음 일은 될 대로 되라지."

이렇게 결심하긴 했지만 그날 밤 그는 한숨도 자지 못했다. 곤히 잠들어 있는 펠릭스의 얼굴을 볼 때에만 조금이나마 기운이 났다. 그는 또다시 외쳤다.

"아아, 도대체 또 어떤 어려움이 나를 기다리고 있을까? 내가 저지른 실수가 앞으로 얼마나 나를 괴롭히려나. 미래를 위해 준비할 훌륭하고 마땅한 계획이 또 실패하겠지! 아, 너그럽고도 잔인한 운명이여, 제발 내 손에 들어온 이 보물만은 빼앗지 말아다오. 나의 가장 소중한 이 분신이 눈앞에서 파괴되는 모습을 본다면, 이 아이의 마음이 내 마음에서 멀리 떠나게 된다면 나한테는 분별도 이성도 걱정도 조심성도 다 필요 없어질 것이다. 생존 본능도 사라져버려라! 우리를 동물과 구별하는 모든 것들아, 사라져버려라! 슬픈 나날을 내 마음대로 끝내는 일이 허락되지 않는다면, 의식을 영원히 파괴하는 죽음이 기나긴 밤을 몰고 오기도 전에 빨리 광기(狂氣)가 내 의식을 없애버리면 좋겠구나."

그는 어린 소년을 품에 안더니 입을 맞추고 가슴을 맞대었다. 넘쳐흐르는 눈물로 아이의 보드라운 뺨을 적셨다. 아이가 눈을 떴다. 그 맑은 눈동자와 부드러운 눈빛이 아버지를 마음속 깊이 감동시켰다. 아버지는 속으로 소리쳤다.

'내가 그 아름답고도 불행한 백작부인에게 너를 소개해서 그 사람이, 네 아버지가 그토록 깊은 상처를 주었던 그 사람이 너를 품에 안는다면 도대체 무슨 일이 벌어질까. 하지만 너를 품에 안는 순간 그 사람의 진정한 슬픔이, 아니 어쩌면 상상 속의 슬픔이 새삼 되살아나서, 그 사람이 비명을 지르며 너를 확 밀쳐버릴지도 몰라!'

마부는 그에게 더 이상 생각하거나 망설일 틈을 주지 않았다. 날이 밝기도 전에 빌헬름은 마차에 실렸다. 그는 펠릭스를 따뜻하게 감싸주었다. 쌀쌀하지만 맑고 상쾌한 아침이었다. 어린 소년은 태어나 처음으로 해가 떠오르는 광경을 보았다. 불꽃같이 비쳐드는 빛줄기와, 차츰 강해지는 햇빛의 위력을 보고 펠릭스는 깜짝 놀랐다. 어린아이의 커다란 기쁨과 기묘한 감상은 아버지 마음을 흐뭇하게 했다. 아버지는 나도 모르게 아이의 눈을 들여다보았다. 아이의 눈 속에서는 마치 태양이 맑고 고요한 호수 위에 비치는 것처럼 떠올라서 맴돌고 있는 듯했다.

어느 작은 도시에 도착하자 마부는 마차에서 말을 떼어 끌고 돌아가 버렸다. 빌헬름은 얼른 방을 하나 구했다. 여기서 여행을 그만할지 계속 앞으로 나아갈지 고민했다. 여러모로 궁리하고 망설이며 그는 그동안 감히 다시 읽을 생각도 못했던 종이쪽지를 꺼내 들었다. 쪽지에는 다음과 같이 적혀 있었다.

"오빠의 그 젊은 친구분을 빨리 이쪽으로 보내주세요. 미뇽의 상태는 이틀 전보다 더 나빠졌어요. 이런 처지가 슬프긴 하지만, 그래도 그분과 사귀게 되는 것은 무척 기쁜 일이겠지요."

처음에 이 쪽지를 봤을 때에는 마지막 구절을 눈여겨보지 않았었다. 그는 화들짝 놀랐다. 곧바로 여행을 멈추기로 결심했다.

"맙소사, 도대체 왜? 로타리오는 사정을 다 알면서도 내가 누구인지 여동생에게 가르쳐주지 않았단 말인가? 백작부인은 자제력을 발휘해서 두 번 다시 보고 싶지 않은 사람을 침착하게 기다리고 있는 것이 아니라, 전혀 모르는 사람을 기다리고 있는 거였어! 그런데 내가 그 앞에 나타난다면? 그 사람은 소스라치게 놀라면서 주춤주춤 뒤로 물러서겠지. 얼굴이 새빨개질 거야. 아, 안 돼! 도저히 그런 장면을 연출하러 갈 수는 없어!"

그때 말이 끌려나와 마차에 매였다. 빌헬름은 마차에서 짐을 내리고 그곳에 그냥 머물기로 마음먹었다. 그는 몹시 흥분했다. 준비가 다 되었음을 알리려고 계단을 올라오는 하녀의 발소리가 들렸다. 그는 부득이 그곳에 머물러야 할 그럴싸한 핑계를 빨리 생각해내려고 쩔쩔매다가 무심코 손에 든 종이쪽지를 봤다. 그러다가 갑자기 부르짖었다.

"아니, 이게 뭐야? 이건 백작부인의 글씨체가 아니라 아마존의 필체잖아!"

하녀가 들어오더니 어서 밑으로 내려오시라는 말을 남기고 펠릭스를 데려 갔다. 홀로 남은 빌헬름이 외쳤다.

"이럴 수가! 이게 정말일까? 잠깐만, 이걸 어쩐다? 여기서 좀 기다리면 서 사정을 알아봐야 하나? 아니면 서둘러 가야 하나? 서둘러 달려가서 운명 의 흐름에 몸을 맡겨봐? 그 사람을 만나러 가는데 망설일 게 뭐가 있어? 오 늘 밤 당장 그 사람을 만날 수 있는데, 뭐 하러 이런 감옥 같은 데 스스로 틀어박히겠다는 거야? 이건 그 사람 글씨체야. 그래, 그 사람 필체라고. 이 필체가 너를 부르고 있어. 너를 그 사람 곁으로 데려가려고, 그 사람의 마차 에 말이 매여 있어. 그래, 이제야 수수께끼가 풀렸군. 로타리오에게는 여동 생이 두 사람 있는 거야. 로타리오는 한 여동생과 나와의 관계는 알아도, 다 른 한 여동생에게 내가 얼마나 큰 은혜를 입었는지는 몰랐던 거야. 하기야 아마존도 자기가 목숨까진 아니어도 건강을 되찾아줬던 그 부상당한 떠돌이 가, 설마 자기 오빠네 집에서 어울리지도 않게 후한 대접을 받고 있는 줄은 꿈에도 몰랐겠지."

마차 안에서 몸을 이리저리 흔들고 있던 펠릭스가 소리쳤다.

"아빠, 빨리 오세요! 빨리 와서 저 예쁜 구름 좀 보세요! 색깔이 진짜 예 뻐요!"

"그래, 갈게!"

빌헬름이 계단을 뛰어 내려가며 외쳤다.

"아가야, 네가 경탄해 마지않는 하늘의 자연현상도, 네 아버지가 이제 곧 보게 될 광경에 비하면 아무것도 아니란다!"

그는 마차 안에 앉자마자 모든 일을 머리에 떠올려보았다.

'그렇구나. 이 나탈리에란 사람이 테레제의 친구인 거야. 이 얼마나 놀라 운 발견, 놀라운 희망인가! 이제야 눈이 번쩍 뜨인 기분이야. 한 여동생에 대한 이야기를 듣는 게 너무 무서워서 또 다른 여동생이 있을 가능성은 생각 조차 안 하다니, 정말 희한한 일도 다 있지!'

그는 기쁨이 가득 찬 눈으로 펠릭스를 바라봤다. 아이와 자신이 대단한 환 영을 받을 거라고 그는 희망에 부풀었다.

저녁이 되어 해가 떨어졌다. 길이 좋지 않아 마부는 마차를 천천히 몰았 다. 펠릭스는 곤히 잠들어 있었다. 또다시 걱정과 의혹이 슬금슬금 고개를 들었다. 그는 조용히 혼잣말을 했다.

"어쩌면 이 모든 것이 어처구니없는 망상과 착각일지도 몰라. 그냥 글씨체가 좀 닮았다고 해서, 내가 그 사람을 아마존이라고 내멋대로 생각하고 어처구니없는 상상을 하는 게 아닐까?"

그는 다시 종이쪽지를 꺼내어 저물어가는 희미한 빛에 비춰 보았다. 또다시 그것이 백작부인의 필체처럼 보이기 시작했다. 전체적으로 보았을 때 그의 마음이 갑자기 그에게 전해주었던 사실이, 자세히 뜯어보니 그의 눈에는 영 의심스러워 보였다.

"그렇다면 이 말들은 너를 끔찍한 상황으로 끌고 가는 셈이다. 겨우 몇 시간 뒤에는 이 말들이 또다시 너를 데리고 되돌아갈지도 모르지. 백작부인과 단둘이 만난다면 그나마 낫겠지만, 혹시 남편이 곁에 있을지도 몰라. 어쩌면 남작부인도. 그동안 그 사람은 얼마나 변했을까? 그 사람 앞에서 내가 똑바로 설 수나 있을까?"

그러나 지금 자신이 아마존에게 다가가고 있을지도 모른다는 실낱같은 희망이 이따금 우울한 공상 속에 끼어들곤 했다. 어느새 밤이 되었다. 돌바닥 위를 구르던 마차가 저택 뒷마당으로 들어가 멈춰 섰다. 양초를 든 하인이 호화로운 현관에서 나오더니 널따란 계단을 내려와 마차로 다가왔다. "기다리고 있었습니다." 하인이 가죽으로 된 문을 열며 말했다. 마차에서 내린 빌헬름은 잠들어 있는 펠릭스를 안아 들었다. 그를 맞이한 하인이 등불을 들고 현관에 서 있는 또 다른 하인을 향해 외쳤다.

"이분을 남작 아씨*5께 안내해드려!"

그 순간 어떤 생각이 번개처럼 빌헬름의 영혼을 스쳐 지나갔다.

'아, 다행이야! 우연인지 필연인지, 남작부인도 여기에 와 계시는구나. 먼저 남작부인을 만나게 되나 보군. 아마 백작부인은 이미 잠자리에 드신 모양이야. 하늘의 천사들이시여, 난처하기 그지없는 이 순간을 어떻게든 무사히 넘길 수 있도록 도와주소서.'

저택 안으로 들어갔다. 지금까지 그가 들어간 곳 가운데 가장 엄숙한 장소, 그가 느끼기에는 가장 신성한 장소에 발을 들여놓은 기분이었다. 바로

---

*5 Baroness. '남작부인' 또는 '남작 아씨'. 여기서는 '남작 아씨'란 뜻으로 쓰였는데, 빌헬름은 백작부인의 친구인 '남작부인'이라고 착각했다.

앞에 대롱대롱 매달려 있는 눈부신 샹들리에 밑에는 넓고 완만한 계단이 있었다. 계단은 위쪽 층계참에서 둘로 갈라졌다. 대좌(臺座) 위와 벽감(壁龕) 안에는 대리석 입상과 흉상이 나란히 진열되어 있었다. 그중 몇몇은 왠지 눈에 익었다. 어릴 때 받은 인상은 아주 세세한 부분까지 고스란히 기억에 남는 법이다. 그는 조부님이 소장하고 있던 뮤즈 상을 알아보았다. 그 형태나 가치는 기억하지 못했지만, 다시 만들어 넣은 한쪽 팔과 새 천으로 노닥노닥 기운 옷이 기억났다. 마치 동화 나라에 온 것 같았다. 품에 안은 아이가 무겁게 느껴졌다. 계단에 잠시 멈춰 서서 아이를 고쳐 안으려고 무릎을 꿇었다. 하지만 속마음은 숨을 좀 돌리고 싶어서였다. 겨우 다시 일어설 수 있었다. 등불을 들고 앞서 가던 하인이 아이를 대신 안아주려고 했지만, 빌헬름은 아이를 내주지 않았다. 이윽고 그는 대기실 안에 들어갔다. 그런데 놀랍게도 대기실 벽에는 낯익은 〈병든 왕자〉 그림이 걸려 있었다. 하지만 자세히 들여다볼 틈도 없었다. 하인이 방을 두세 개 지나 조그만 방으로 그를 안내했다. 들어가 보니 어두운 전등갓 그림자 속에서 한 여인이 의자에 앉아 책을 읽고 있었다. '아, 제발 그 사람이기를!' 그는 이 결정적인 순간에 속으로 중얼거렸다. 아이가 눈을 뜬 것 같아서 바닥에 내려놓고 그 여인에게 다가가려 했지만, 아이는 잠이 덜 깼는지 폭 고꾸라졌다. 여인이 일어나 이쪽으로 걸어왔다. 아마존이었다! 그는 정신을 차릴 수 없었다. 무릎을 꿇고 부르짖었다. "그 사람이다!" 그는 여인의 손을 잡고 황홀한 기분으로 그 손에 입맞춤했다. 아이는 두 사람 사이의 융단에 누워 새근새근 잠자고 있었다.

펠릭스를 소파에 뉘였다. 나탈리에가 그 옆에 앉더니 빌헬름더러 근처에 있는 의자에 앉으라고 했다. 뭔가 마실 거리를 내오게 하려 했지만 빌헬름은 정중히 사양했다. 그는 이 여인이 바로 그 사람이란 사실을 확인하고 싶어서, 전등갓 그림자 속에 숨어 있는 얼굴을 열심히 살펴보느라 바빴다. 나탈리에는 미뇽의 병세를 짧게 설명했다. 미뇽은 어떤 깊은 감정 때문에 나날이 쇠약해지고 있었다. 본인은 애써 감추고 있지만 신경이 몹시 예민해서, 가끔 심한 심장 발작을 일으켜 위독한 상태에 빠지기도 했다. 이 생명의 가장 중요한 기관이 돌발적인 감정 변화를 못 이겨 덜컥거릴 때마다 아이의 심장은 뛰놀지 않았다. 이 불안한 발작이 가라앉으면 다시 힘차게 고동치는 생명력이 모습을 드러내곤 했다. 조금 전에는 너무 빈약해서 고민이었는데 이제는 너무 과해서 불안하다고 했다.

빌헬름은 미뇽의 발작 장면을 기억해냈다. 나탈리에는 이제 의사에 대해서 말했다. 의사가 미뇽의 병세와 친구이자 은인인 빌헬름을 오게 한 이유를 말해줄 것이라고 했다. "그 아이가 많이 변했다는 사실을 알게 되실 거예요." 나탈리에가 말을 이었다. "이제는 여자 옷을 입고 있답니다. 전에는 그렇게도 싫어했는데."

"어떻게 설득하신 건가요?"

빌헬름이 물었다.

"전부터 그렇게 해주고 싶었지만, 실은 우연한 사건 덕분에 일이 잘 풀린 거예요. 자, 어찌 된 일인지 설명해드릴게요. 아시다시피 나는 늘 어린 소녀들 몇 명을 주위에 두고 있어요. 그 아이들이 커감에 따라 그 생각이 바람직하고 올바른 방향으로 뻗어나갈 수 있도록 내가 옆에서 도와주고 싶어서요. 나는 스스로 올바르다고 생각하는 것 말고는 아무것도 그 아이들에게 말해주지 않습니다. 하지만 세상에서 통용되고 있는 여러 가지 오류나 편견을 다른 사람들이 그 아이들에게 말해주는 것까지는 내 힘으로 막을 수 없고, 막을 생각도 없습니다. 아이들은 이따금 그런 것에 대해 나한테 물어보고는 하지요. 그럴 때 나는 외부에서 전해진 그 그릇된 개념을 어떻게든 올바른 개념과 관련지어, 도움이 되지는 않아도 나쁘지는 않은 개념으로 만들어주려고 애쓴답니다. 그런데 얼마 전에 그 아이들이 농부의 아이들한테서 천사니, 산타클로스니, 크리스마스 선물이니 하는 이야기를 들었어요. 특정한 시기가 되면 천사나 산타클로스가 인간 모습으로 이 세상에 나타나서 착한 아이에게는 선물을 주고 나쁜 아이에게는 벌을 준다는 거죠. 아이들은 누가 천사나 산타클로스로 변장하는 게 틀림없다고 믿었어요. 그래서 나도 맞장구를 쳤어요. 그리고 여러 번 말로 가르치는 것보다 한 번 보는 게 더 낫겠다고 생각했어요. 그런데 때마침 좋은 기회가 왔습니다. 평소에 행실이 바른 쌍둥이 자매의 생일이 코앞에 다가왔거든요. 그래서 그날 천사가 두 사람에게 어울리는 조그만 선물을 가져올 거라고 미리 귀띔해주었지요. 두 자매는 설레는 마음으로 천사가 나타나기를 기다렸습니다. 나는 미뇽에게 이 역할을 맡기기로 결정했어요. 그날 미뇽은 그야말로 천사 같은 옷을 입었습니다. 길고 가벼운 새하얀 옷이었죠. 가슴에는 금빛 목걸이를 늘어뜨리고 머리에는 금빛 왕관을 썼어요. 처음에 나는 미뇽한테 날개는 달아주지 않을 생각이었습니다. 그런데 미뇽을 꾸며주던 여자들이 솜씨를 자랑하고 싶었는지, 큼직한 금빛 날개 한 쌍을 꼭 달아줘야겠다고 고집을 부리지 뭐예요. 그렇게 해서 탄생한 멋진 천사가 이윽고 한 손에는 백합을 들고 다른 한 손에는 조그만 바구니를 든 채 소녀들 한가운데로 걸어 들어왔어요. 그때는 나도 정말 깜짝 놀랐습니다. '봐, 천사야!' 하고 내가 말했지요. 아이들은 잠시 넋을 잃고 있다가 겨우 입을 열었어요. '미뇽이다!' 이렇게 입을 모아 외쳤죠. 그러나 아무도 이 놀라운 존재에게 감히 다가갈 엄두를 내지 못했어요.

'자, 너희에게 주는 선물이야.'

미뇽이 조그만 바구니를 내밀었습니다. 아이들은 그 주위에 모여들어 미뇽을 쳐다보기도 하고 만지기도 하고 질문을 던지기도 했습니다.

'네가 정말로 천사야?'

한 아이가 묻자 미뇽이 대답했어요.

'그럼 좋겠구나.'

'백합꽃은 왜 들고 있어?'

'내 마음이 이 꽃처럼 순결하고 정직해야 한다는 뜻이야. 정말로 그렇게 되면 좋을 텐데.'

'그 날개는 어떻게 된 거니? 자세히 보여줘!'

'아직 펼쳐본 적은 없지만, 펼치면 훨씬 아름다워질 거야.'

미뇽은 아이들의 천진난만한 물음에 하나하나 꼼꼼하게 대답해주었어요. 이윽고 아이들의 호기심도 채워지고 천사의 강렬한 인상도 조금 무뎌졌지요. 그래서 이제 그만 미뇽의 옷을 벗겨주려고 했는데, 그 아이가 거부하면서 치터를 집어 들더니 이 높은 책상에 걸터앉아 놀랍도록 우아한 태도로 노래를 부르기 시작했어요.

이 반짝이는 환상을, 하얀 옷을 벗기지 말아주세요.
저는 이제 곧 아름다운 이 세상을 떠나
저 견고한 무덤으로
내려가게 될 테니까요.

그곳에서 잠시 쉬고
상쾌하게 눈을 뜨면
이 깨끗한 옷도
목걸이도 왕관도 다 두고 갈 거예요.

하늘 위에 있는 존재들에게는
남녀 구별이 무의미하고
정화된 육체에는
옷도 장식도 필요 없으니까요.

걱정도 고생도 모르고 살아왔지만
슬픔만은 부족함 없이 맛보았지요.
괴로움 때문에 일찍 시들었어요.
저에게 다시 영원한 젊음을 돌려주세요.

나는 그 자리에서 결정했어요. 미뇽에게 그 옷을 그대로 입히고, 비슷한
옷을 몇 벌 더 마련해주기로요."
나탈리에가 말을 이었다.
"그 옷을 입으면 미뇽은 겉모습뿐만 아니라 인격까지 딴판으로 바뀌는 것
같아요."
이미 밤이 깊었다. 나탈리에는 빌헬름에게 그만 가서 쉬라고 했다. 빌헬름
은 좀 불안한 마음으로 그녀 곁을 떠났다. '이미 결혼을 했을까?' 빌헬름은
문득 자신에게 그렇게 물었다. 무슨 기척이 날 때마다 그는 그녀의 남편이
문을 열고 들어올까봐 흠칫거렸다. 그를 방으로 안내한 하인은 빌헬름이 그
일을 물어보기 전에 재빨리 사라져버렸다. 그는 마음이 불안하여 한동안 잠
을 이룰 수 없었다. 그는 아마존의 모습과 방금 만난 여인의 모습을 비교해
보았다. 두 모습이 서로 달랐다. 아마존의 모습은 그가 만들어낸 상상의 인
물이었다. 하지만 방금 만난 여인은 도리어 그를 사뭇 다른 사람으로 바꾸어
놓을 것 같았다.

제3장

다음 날 아침, 빌헬름은 모두가 조용히 잠들어 있는 저택 안을 둘러보았다. 지금까지 본 집들 가운데 가장 깨끗하고 아름답고 기품 있는 건축양식이었다.

'참다운 예술은 건전한 사회와도 같아. 우리 내부에 있는 교양은 어떤 절도를 지키도록 추구하고 있는데, 참다운 예술은 그 절도를 더없이 기분 좋게 우리에게 가르쳐준단 말이지.'

조부님이 소장하고 있었던 입상과 흉상이 그에게 주는 인상은 믿을 수 없을 만큼 유쾌했다. 충동적으로 〈병든 왕자〉 그림을 보러 갔다. 그 그림은 변함없이 매력적이고 감동적이었다. 그 밖에도 많은 방들을 하인이 보여주었다. 도서실, 박물 표본실, 물리 실험실도 있었다. 그는 이 모든 것이 자기와는 아무 상관도 없음을 느꼈다. 그새 펠릭스가 일어나 그를 뒤따라왔다. 그런데 테레제는 과연 언제 어떤 답장을 보낼까. 문득 불안해졌다. 미뇽을 만나기가 두려웠다. 나탈리에와 얼굴을 마주하는 것도 거북했다. 테레제에게 보낼 편지를 봉하고 나서 그 고귀한 여인에게 정신없이 푹 빠져 있었던 그때와 지금 이 상황을 비교해 보니, 그 차이가 놀라울 따름이었다.

나탈리에가 보낸 심부름꾼이 와서 아침 식사를 하시라고 했다. 식당에 들어가자 단정한 옷을 입은 소녀들 몇 명이 식탁을 차리고 있었다. 다들 열 살이 안 되어 보였다. 또 다른 소녀는 다양한 음료수를 가져왔다.

빌헬름은 소파 위에 걸린 초상화를 눈여겨보았다. 그다지 잘 그린 그림은 아니었지만 나탈리에의 초상화임에 틀림없었다. 나탈리에가 안으로 들어왔다. 그런데 어찌 된 일인지 초상화에서는 더 이상 나탈리에의 모습이 보이지 않았다. 그나마 초상화 가슴에 그려진 십자 휘장이 위안이 되었다. 나탈리에의 가슴에도 똑같은 모양의 십자가 휘장이 달려 있었다.

"이 초상화를 보고 있었는데요. 정말로 신기하군요. 어느 화가인지, 같은 사람을 그렸는데도 매우 다른 느낌의 초상화를 그릴 수 있다니. 전체적으로 볼 때 이 초상화는 당신을 꼭 닮았는데, 자세히 보면 얼굴 생김새도 성격도 딴판인 것 같아요."

그러자 나탈리에가 말했다.

"그토록 닮았다는 것이 오히려 신기하죠. 왜냐하면 이것은 내 초상화가 아니거든요. 이건 이모님 초상화예요. 이모님은 나이가 드셨어도 그때 아직 어린애였던 나랑 많이 닮으셨죠. 이 초상화는 그분이 지금 내 나이쯤 되셨을 때 그려진 거예요. 처음 보신 분들은 누구나 내 초상화라고 생각하시지요. 당신도 이 훌륭한 분을 아셨더라면 참 좋았을 텐데요. 나는 이모님께 많은 은혜를 입었습니다. 이모님은 무척 몸이 약하셨어요. 더구나 그분 자신의 문제를 너무 깊게 생각하고 도덕적으로도 종교적으로도 무척 엄격해서 사회에 잘 섞이지 못하셨죠. 만약 상황이 달랐더라면 사회적으로도 큰 인물이 되셨을 거예요. 이모님은 몇 안 되는 친구분들을, 특히 나를 비춰주시는 등불이었습니다."

갑자기 수많은 상황들이 하나로 이어지는 것 같았다. 빌헬름은 잠시 생각하고 나서 말했다.

"혹시 그 아름답고 훌륭한 영혼의 소유자가 당신 이모님이 아니었을까요? 그분의 담담한 고백록은 나도 읽은 적이 있습니다만."

"그 수기를 읽으셨나요?"

나탈리에가 물었다.

"네. 무척 흥미로웠어요. 그 글이 내 삶 전체에 영향을 주기도 했습니다. 나는 그 수기를 읽고 그분의 고결한 인격에 깊은 감명을 받았습니다. 아니, 그분뿐만 아니라 그분을 둘러싸고 있는 모든 것이 고결했어요. 또 그분의 자립성과, 그분이 그 고귀하고 상냥한 정서에 어울리지 않는 것은 무엇 하나 받아들이지 않는다는 점이 인상적이었지요."

"그래요? 그럼 당신은 그 수기를 읽은 많은 사람들 가운데 누구보다도 이모님의 아름다운 성품을 정당하게, 아니 공정하게 이해해주신 거군요. 교양 있는 사람이라면 누구나 자기 자신과 타인이 가지고 있는 온갖 더럽고 속된 것들과 싸워야 한다는 사실을 잘 알고 있지요. 또 교양을 얻으려면 비싼 값을 치러야 한다는 사실도 알고요. 그런데도 가끔 이기적인 생각에 사로잡혀 남의 은혜를 잊어버린단 말이에요. 착한 사람은 스스로 섬세함이 모자랐다고 자책하곤 하지요. 그런데 아름다운 마음씨를 가진 사람이 너무 예민하게 양심적으로 자신을 갈고닦으면, 아니 지나치게 그랬다고 할 수 있겠죠. 아무튼 그렇게 되면 세상 사람들은 그 사람을 너그럽게 받아들이지 못하게 되는 것 같습니다. 하지만 이런 사람은 우리 마음속에 있는 이상(理想)이 외부로 표출된 존재예요. 하나의 본보기죠. 우리가 도저히 흉내 낼 수는 없어도 목표로 삼고 따라가는 대상이에요. 생각해 보세요. 세상 사람들은 네덜란드 여성의 결벽성을 비웃곤 하죠. 하지만 내 친구 테레제도 가정에서 그런 관념을 늘 마음에 두지 않았더라면, 지금 같은 사람이 되지 못했을 거예요."

"아, 그럼 당신은 테레제 양의 친구인 나탈리에 양이시군요? 그 훌륭하신 이모님께서 진심으로 사랑하셨던 나탈리에 양 말이에요! 사려 깊고 사랑스럽고 친절한 그 소녀! 그래요, 그런 집안이니까 그토록 훌륭한 인물이 나올 수 있었던 거군요. 비로소 눈이 번쩍 뜨이는 기분입니다. 당신의 조상님과 당신이 속한 사회 전체가 이제는 한눈에 보이는 것 같아요."

"네, 우리에 대해 알고 싶다면 우리 이모님의 수기를 읽는 것이 제일 좋은 방법일지도 몰라요. 그런데 이모님이 나를 너무 좋게만 말씀하신 것 같아요. 이모님은 어릴 때부터 나를 무척 귀여워하셨거든요. 어린애에 대해 이야기할 때에는 다들 그러잖아요. 아이의 진짜 모습을 그려내기보다는 자신의 기대와 희망을 표현하는 법이죠."

나탈리에가 이야기하는 동안 빌헬름은 재빨리 생각해 보았다. 이로써 로타리오의 출신과 어린 시절을 알게 되었다. 아름다운 백작부인은 이모님의 진주 목걸이를 목에 두른 소녀가 되었다. 그 사람의 보드랍고 사랑스런 입술이 내 입술에 닿았을 때, 그 진주 목걸이가 나에게도 닿을락 말락 했지. 그는 이 감미로운 추억을 몰아내려고 얼른 다른 생각을 했다. 그 수기를 통해 알게 된 사람들을 하나하나 떠올려보았다.

"아, 그럼 나는 그 훌륭하신 외종조부님의 저택에 와 있는 거군요. 아니, 이건 저택이 아닙니다. 신전이에요. 그리고 당신은 신전에 있는 고귀한 사제, 정확히는 성령 그 자체입니다. 어젯밤 내가 이곳에 들어왔다가 어릴 때 봤던 오래된 미술품들이 다시금 내 눈앞에 나타난 광경을 보고 느꼈던 그 인상은 평생토록 잊지 못할 것입니다. 나는 미뇽의 노래*6에 나오는 다정한 대리석상을 떠올렸어요. 그러나 이곳에 있는 미술품은 나를 동정하지는 않았습니다. 다만 엄격한 표정으로 나를 바라보며 어린 시절과 현재를 직접 이어

---

*6 제3권 첫머리에 나오는 노래.

주었지요. 우리 집안의 유서 깊은 보물이, 조부님이 그토록 애지중지하시던 삶의 기쁨이, 이제는 이곳에서 다른 훌륭한 미술품들과 함께 진열되어 있군요. 그리고 날 때부터 훌륭한 노인장께 사랑을 받았던 이 보잘것없는 인간인 나도 지금 이 자리에 서 있고요. 아아, 이 얼마나 놀라운 우연인지! 신비로운 운명의 만남이군요!"

소녀들은 집안일을 하기 위해 하나둘 자리를 떠났다. 나탈리에와 단둘이 남은 빌헬름은 그의 마지막 말을 좀 더 낱낱이 설명해달라는 부탁을 받았다. 그래서 이 저택에 전시되어 있는 미술품 가운데 많은 부분이 실은 자기 조부님의 소장품이었음을 밝혔다. 그러자 분위기가 매우 밝고 화기애애해졌다. 앞서 빌헬름은 수기를 통해 이 가족을 만나게 되었는데, 이제는 그가 물려받았어야 할 유산 속에서 자기 자신을 다시 만난 셈이었다. 그는 미뇽을 만나게 해달라고 부탁했다. 그러나 나탈리에는 이웃에 왕진을 간 의사가 돌아올 때까지 기다리라고 했다. 그 의사가 누구인지는 여러분도 쉽게 짐작할 수 있을 것이다. 그렇다, 바로 〈아름다운 영혼의 고백〉에 나오는 그 자그마하고 활동적인 인물이다. 빌헬름이 입을 열었다.

"그렇다면 나는 지금 당신의 가족들 사이에 있는 거군요. 내가 온갖 기묘한 사건들을 겪고 나서 당신 오라버님 댁에서 다시 만난 그 신비롭고 불가사의한 인물이 혹시 그 수기에 나오는 신부님인 건 아닐까요? 그분에 대해 자세히 말씀해주실 수 없나요?"

"그분에 대해 말씀드릴 거야 많지요. 그중에서도 내가 가장 잘 알고 있는 것은 그분이 우리 교육에 미치신 영향입니다. 그분은 교육이 그 사람의 타고난 소질과 밀접하게 관련되어 있어야 한다고 확신하셨어요. 적어도 한때는 말이죠. 지금은 어떻게 생각하시는지 모르겠네요. 그때 그분은 이렇게 주장하셨어요. 인간의 처음이자 마지막인 것은 활동이라고요. 인간에게 활동할 자질이 없고 또 우리를 활동하게 하는 본능이 없다면, 인간은 아무것도 할 수 없다는 거죠. 그분이 늘 말씀하셨어요. '시인은 날 때부터 시인이라고 세상 사람들은 말하죠. 다른 예술가에 대해서도 마찬가지고요. 하기야 그렇게 말하지 않을 수 없겠죠. 타고난 재능에서 비롯된 성과는 척 봐도 보통 사람은 도저히 흉내 낼 수 없을 것 같으니까요. 그런데 자세히 관찰해 보면 인간의 모든 능력은, 아무리 하찮아 보여도 전부 타고난 능력이란 말이죠. 어디에 쓸모가 있는지 모를 재능은 하나도 없습니다. 다만 현대 사회의 불확실하고 오만한 교육이 인간을 안개 속에서 방황하게 만드는 것뿐입니다. 우리의 교육은 인간의 내적 충동에 활기를 불어넣지는 않고 욕망만 자극하고 있어요. 또 진정한 소질을 발전시켜주지는 않고 그 소질을 지향하려고 애쓰는 본성과 모순되는 대상을 추구하게 만듭니다. 내가 보기에는 남의 길을 똑바로 걸어가는 어린이나 젊은이보다는, 이리저리 헤매면서도 자신의 길을 걸어가는 어린이 또는 젊은이가 훨씬 더 바람직해 보입니다. 방황하면서도 자신의 길을 걷는 사람은 자력으로 또는 남의 인도를 받아 올바른 길을, 즉 타고난 본성에 어울리는 길을 찾아내기만 하면 다시는 그 길에서 벗어나지 않습니다. 그러나 남의 길을 걸어가는 사람은, 그 엉뚱한 길에서 벗어나 제멋대로 행동할 위험에 늘 드러나 있습니다.'"

그 말을 듣고 빌헬름이 말했다.

"참 이상하군요. 그런 신비로운 사람이 나한테도 관심을 가지고, 그분의 방식대로 나를 가르치셔야 하는데, 오히려 한동안은 내 잘못된 행위를 즐기셨던 것 같아요! 그분이 다른 사람들과 한통속이 되어 나를 놀리신 모양인데, 뒤에 그 일을 어떻게 책임지실지 꾹 참고 기다려봐야겠군요."

"글쎄요, 그분의 교육방식이 변덕스러울지는 몰라도, 나는 그 변덕에 대해 불평을 할 수 없습니다. 왜냐하면 우리 남매 가운데 나는 특히 그 교육방식에 큰 도움을 받았거든요. 로타리오 오빠도 아마 그보다 더 좋은 교육을 받을 수는 없었을 거예요. 다만 내 여동생인 백작부인은 예외지만요. 그 아이는 다른 방식으로 교육받는 편이 나았을지도 몰라요. 그러면 그 아이의 연약한 본성을 좀 더 진지하고 강인하게 만들 수도 있었을 텐데. 내 남동생 프리드리히도 말이죠, 그 애가 앞으로 어떻게 될지 나는 짐작도 못하겠어요. 내 남동생이 이 교육적인 실험의 희생양이 되나나 않을까 걱정된답니다."

"아, 남동생도 있으시군요?"

"네. 무척 명랑하고 촐싹대는 아이지요. 고삐를 잡아줄 사람이 없으니까 제 마음대로 이리저리 떠돌아다니고 있어요. 그 방종하고 게으른 아이가 앞으로 어떻게 될지…… 상상도 못하겠어요. 벌써 오랫동안 만나 보질 못했네요. 그래도 신부님과 오빠의 친구분들이 지금 그 애가 어디에서 무엇을 하고 있는지 늘 알고 계시니까 그나마 안심이 되지만요."

빌헬름은 이 복잡한 사정에 대해 나탈리에의 생각을 묻고 싶었다. 또 비밀 결사에 대해서도 알고 싶었다. 그런데 그때 의사가 방 안에 들어왔다. 의사는 반갑다고 한마디 하고는 미뇽의 병세를 설명하기 시작했다.

나탈리에는 펠릭스의 손을 잡았다. 자기가 먼저 이 아이를 데리고 미뇽에게 가서, 빌헬름을 만날 마음의 준비를 시키겠다고 말했다.

빌헬름과 단둘이 남게 되자 의사가 이야기를 계속했다.

"자, 이제 당신이 짐작도 못했을 기묘한 이야기를 해야겠군요. 나탈리에 양은 우리가 편안히 이야기할 수 있도록 일부러 자리를 피해주신 겁니다. 사실 이것은 나탈리에 양이 들려주신 이야기지만, 그래도 그분이 계시는 곳에서 거리낌 없이 할 만한 이야기는 아니니까요. 지금 문제가 되고 있는 그 착한 아이의 이상한 성질은 오로지 깊은 그리움에서 비롯됐다고 할 수 있습니다. 고향을 다시 한 번 보고 싶다는 소망과, 빌헬름 씨, 바로 당신에 대한 그리움이에요. 이 두 가지 소망만이 그 아이가 살아 있는 이유라고 해도 지나친 말은 아닐 겁니다. 둘 다 한없이 먼 곳을 향해 손을 뻗는 듯한 동경과 그리움이에요. 그 기묘한 아이의 마음속에서는 그리워하는 대상이 손댈 수 없는 곳에 놓여 있는 셈입니다. 미뇽은 밀라노 근처에서 태어났나 봐요. 어릴 때 줄타기 곡예단에 유괴되어 부모님과 헤어지게 되었나 봅니다. 그보다 더 자세한 사정은 말해주지 않더군요. 미뇽은 그때 너무 어려서 지명과 인명을 정확히 기억하지 못하는 것 같았고, 더구나 자기 집 주소와 부모님에 대해서는 아무에게도 자세히 가르쳐주지 않겠다고 맹세한 모양입니다. 미뇽이 왜 그런 맹세를 했는지 아십니까? 미뇽이 길을 잃었을 때 자신을 발견한 사람들에게 집 주소를 알려주고 그곳으로 데려다 달라고 부탁했답니다. 그런데 그들은 미뇽을 데리고 서둘러 그곳을 떠나버렸던 겁니다. 그리고 밤이 되자 숙소에서 서로 농담을 주고받았습니다. 운 좋게 횡재했다고, 여기까지 데려왔으니 이제는 돌아갈 길을 찾지 못할 거라고요. 그들은 그 애가 잠자는 줄 알았을 테지만, 불쌍한 미뇽은 그 이야기를 듣고 그만 절망하고 말았습니다. 그런데 그 절망 속에서 마침내 성모 마리아가 나타나 그 아이를 돌봐주겠다고 약속했답니다. 그래서 미뇽은 앞으로는 아무도 믿지 않고 자신의 이야기는 아무에게도 하지 않으리라, 오직 하느님만을 믿고 살다가 죽으리라고 하늘에 맹세했던 겁니다. 지금 말씀드린 이야기조차 미뇽이 나탈리에 양에게 명확히 고백한 것은 아닙니다. 그저 미뇽이 그동안 무심코 뱉었던 말들과 노래와 행동들을 바탕으로 나탈리에 양이 이야기를 모아본 겁니다."

그제야 빌헬름은 미뇽의 수많은 노래와 말이 지닌 참뜻을 알 것 같았다. 그는 의사에게 간곡히 부탁했다. 이 독특한 소녀의 묘한 노래와 고백을 통해 알아낸 사실을 부디 숨김없이 말해달라고.

"그럼 기묘한 고백을 하나 들려드리지요. 설령 당신이 기억하지 못해도 당신과 깊이 연관된 일인데요. 내 생각에는 어쩌면 그 일에 미뇽의 생사가 달려 있지 않을까 싶습니다."

"말씀해 보세요. 어서요."

"〈햄릿〉 공연이 있었던 날 밤에, 한 여성이 당신 방에 숨어들었던 일을 기억하시나요?"

"네, 똑똑히 기억하고 있습니다. 하지만 이런 자리에서 그 이야기가 나올 줄은 몰랐네요."

빌헬름이 부끄러운 듯이 말했다.

"그게 누구였는지 아십니까?"

"모르겠습니다. 아, 겁주지 마세요. 맹세코, 그게 미뇽이라는 건 아니겠지요? 누굽니까? 가르쳐주세요."

"나도 모릅니다."

"그럼 미뇽은 아니었나 보군요."

"네, 확실히 미뇽은 아니었습니다. 하지만 미뇽도 실은 당신 방에 찾아가려고 했습니다. 그랬다가 연적(戀敵)이 선수 치는 모습을 한쪽 구석에서 목격하고 깜짝 놀랐던 거죠."

"연적이오? 맙소사, 계속 말씀해보세요. 정말 혼란스럽군요."

"그런 사실을 이렇게 빨리 알게 된 걸 당신은 감사해야 할 겁니다. 나탈리에 양과 내가 적잖이 고생을 했거든요. 사건 자체에는 그다지 흥미가 없었지만 우리는 오직 미뇽을 구하고 싶어서, 그 아이의 복잡한 사정을 그나마 이만큼이라도 알아내려고 노력했습니다. 꽤 힘들었죠. 자, 들어보세요. 그때 미뇽은 필리네와 다른 처녀들이 스스럼없이 나누는 경박한 이야기와 묘한 노래 가사에 자극을 받았어요. 그래서 사랑하는 사람과 함께 하룻밤을 보낸다면 얼마나 멋질까 하고 생각하게 되었죠. 아, 물론 그 아이는 서로 믿는 가운데 조용하고 행복한 시간을 보내고 싶었을 뿐입니다. 빌헬름 씨, 당신을 향한 애정이 그 착한 아이의 마음속에서 쑥쑥 자라고 있었던 거예요. 전에도 그 아이는 당신 품에 안겨서 숱한 괴로움을 잊을 수 있었지요. 그 아이는 그런 행복을 마음껏 맛보고 싶었던 겁니다. 그래서 미뇽은 당신에게 직접 부탁해 볼까 하다가도, 왠지 두려워져 포기해버리곤 했습니다. 그런데 그날 밤, 즐거운 분위기와 포도주 여러 잔에 취해서 마침내 그 아이는 대담하게도 당신 방에 숨어들기로 결심한 겁니다. 문이 잠기기 전에 들어가서 숨어 있으려고 서둘러 뛰어갔지요. 그런데 막 계단을 올라갔을 때 발소리가 들렸어요. 얼른 몸을 숨겼습니다. 하얀 옷을 입은 여자가 당신 방에 숨어들어가는 모습이 보였어요. 그 뒤 곧바로 당신이 올라왔죠. 큼직한 빗장 지르는 소리가 들렸습니다.

미뇽은 이루 말할 수 없는 고통을 느꼈습니다. 타오르는 질투의 불길이 은밀한 정욕과 뒤섞여, 이제 막 피어나는 꽃봉오리 같은 그 아이의 마음을 덮쳤어요. 그때까지는 동경과 기대로 활기차게 뛰고 있던 미뇽의 심장이 뚝 멈췄습니다. 무거운 납덩이가 가슴을 짓누르는 것 같았어요. 숨을 쉴 수가 없었습니다. 어쩌면 좋을지 몰랐어요. 그때 노인의 하프 소리가 들려왔습니다. 미뇽은 서둘러 다락방에 있는 노인에게로 갔죠. 그리고 그 노인의 발치에서, 끔찍한 고통을 끌어안고 괴로운 하룻밤을 보냈습니다."

의사는 잠시 말을 멈추었다. 그러나 빌헬름이 잠자코 있었으므로 하던 이야기를 이어 갔다.

"나탈리에 양이 나에게 고백하더군요. 이 이야기를 하는 미뇽의 모습보다 더 끔찍하고 슬픈 모습은 이제껏 본 적이 없다고요. 게다가 자기가 미뇽의 아픈 기억을 되새겨 놓았다면서 자책하기도 했어요. 그때 나탈리에 양은 이렇게 말했습니다.

'미뇽이 여기까지 이야기하고, 아니 정확히는 내가 끈질기게 퍼부은 물음에 대답을 하고는 갑자기 내 앞에서 쓰러지더니 가슴을 누르며 애처롭게 끙끙댔어요. 그 끔찍한 밤의 고통이 되살아났다고 말예요. 나는 정신을 차리려고 애썼습니다. 그래서 정신과 육체에 도움이 된다고 알려져 있는 방법을 써서 그 아이를 치료해 봤죠.'"

그러자 빌헬름이 입을 열었다.

"나를 너무 고통스럽게 하시네요. 이제 그 아이를 다시 만나야 하는데 내 마음은 몹시 불안합니다. 내가 그 아이에게 얼마나 많은 잘못을 저질렀는지 똑똑히 깨달았으니까요. 솔직히 말씀드리지요. 그 아이의 마음 상태가 그렇다면, 내가 그 애를 만나 봤자 무슨 소용이 있을까요? 나는 모르겠습니다. 당신은 의사로서 그 두 가지 그리움이 그 아이의 심장을 파먹다 못해 죽음으로 몰고 간다고 확신하시잖아요. 그런데 왜 내가 그 아이를 다시 만나서 그 고통을 되살려줘야 합니까? 자칫하면 그 애의 죽음을 재촉하게 될지도 모르는데?"

"이봐요, 빌헬름 씨. 우리는 환자를 도울 수 없을 때에도 최소한 그 고통을 덜어줄 의무가 있어요. 상상 속에 존재하던 사랑하는 사람이 실제로 눈앞에 나타난다면, 상상이 그 파괴력을 잃어버리고 애타는 그리움이 담긴 조용한 눈길로 바라보기만 할 수도 있어요. 나는 그런 보기들을 잘 알고 있습니다. 뭐든지 절도 있게, 목적의식을 가지고 해야만 해요. 사랑하는 사람이 눈앞에 나타나면 꺼져가던 정열에 또다시 불이 붙을 수도 있으니까요. 그 아이를 만나 다정하게 대해주세요. 결과가 어찌 될지는 그때 가서 봅시다."

그때 나탈리에가 들어와서 미뇽의 방으로 빌헬름을 안내하겠다고 했다.

"미뇽이 펠릭스를 만나 무척 행복한가 봐요. 아마 당신이 가셔도 기분 좋게 맞이해줄 거예요."

빌헬름은 조금 망설이면서도 그 뒤를 따라갔다. 조금 전에 들은 이야기 때문에 마음이 어지러웠다. 격정적인 장면이 벌어질까봐 두려웠다. 그런데 그가 방 안에 들어서자 예상과는 정반대되는 모습이 펼쳐졌다.

풍성한 밤색 머리카락을 일부는 곱슬머리로 놔두고 일부는 묶어 올린 미뇽이 기다란 흰 여성복을 입고 앉아 있었다. 펠릭스를 무릎에 앉혀 꼭 껴안고 있었다. 미뇽은 이미 이 세상을 떠난 유령 같았고, 펠릭스는 생명 그 자체처럼 보였다. 천국과 지상이 서로를 끌어안고 있는 듯한 모습이었다. 미뇽이 미소 지으며 빌헬름에게 손을 내밀었다.

"이 아이를 데려와주셔서 고마워요. 어찌 된 영문인지 모르겠지만, 사람들이 이 아이를 데려간 다음부터 나는 살아도 사는 것 같지가 않았어요. 제 마음이 아직도 이 세상에서 뭔가를 구하고 있는 한, 이 아이가 제 마음의 빈틈을 메워줄 테지요."

빌헬름을 맞이하는 미뇽의 모습이 행복해 보여 다들 크게 안심했다. 의사는 빌헬름에게 자주 미뇽을 보러 와달라 부탁했고, 또 모두들 미뇽의 정신적 육체적 안정을 위해 힘써 달라고 했다. 그리고 곧 다시 오겠다는 말을 남기고 돌아갔다.

이제 빌헬름은 소녀들과 여인들에게 둘러싸여 있는 나탈리에를 가까이서 바라볼 수 있었다. 나탈리에와 함께 사는 것보다 더 큰 행복은 없을 것 같았다. 나탈리에의 존재는 그녀 옆에 있는 많은 소녀들과 여인들에게 더없이 순수한 영향을 주었다. 그들 가운데 몇몇은 나탈리에의 저택에 살았고, 나머지는 근처에 살면서 가끔 이곳을 찾아왔다.

언젠가 빌헬름이 나탈리에에게 말했다.

"당신은 지금까지 늘 평탄한 길을 걸어오셨지요? 내 생각이 틀리지 않았다면, 당신 이모님께서 어린 시절의 당신에 대해 적어놓으신 글이 지금도 당신에게 들어맞는 것 같군요. 당신을 보면 말이죠, 한 번도 길을 잃고 헤맨 적이 없을 것 같다는 생각이 듭니다. 뒤로 물러나야 했던 적은 이제껏 한 번도 없었지요?"

그 질문에 나탈리에가 대답했다.

"네. 그건 내 성격을 정확히 꿰뚫어 보셨던 외종조부님과 신부님 덕분입니다. 지금도 생생히 기억해요. 어릴 때부터 나는 어려운 사람을 볼 때마다 어떻게든 도와주고 싶어했죠. 그런 바람을 도저히 누를 수 없었어요. 아직 두 다리로 설 수 없는 어린아이, 더 이상 두 다리로 몸을 지탱할 수 없는 노인, 아이를 갖고 싶어하는 부자, 가족을 먹여 살릴 수 없는 가난한 사람, 직업을 찾고 싶다는 은밀한 소망, 재능을 살리고자 하는 간절한 욕구, 그렇듯 하찮아 보여도 이 세상에 꼭 필요한 여러 가지 일을 할 수 있는 능력과 필요한 모든 것들을 어디서나 찾아낼 수 있는 밝은 눈이 나에게는 선천적으로 주어졌나 봐요. 누가 가르쳐주지 않아도 저절로 그런 것들이 내 눈에 들어왔거든요. 나는 오직 그런 것들을 보기 위해서 태어난 것 같기도 했어요. 이를테면 생명이 없는 아름다운 것들에 푹 빠지는 사람들이 많잖아요? 하지만 그런 것들은 내 마음을 조금도 움직이지 못합니다. 예술이 지닌 매력은 더욱 그랬고요. 이 세상에 존재하는 결핍과 욕구를 찾아내자마자 그걸 어떻게 채우고 해결하고 도울지 생각하는 것이야말로 나의 가장 큰 즐거움이었어요. 물론 지금도 그렇고요.

누더기를 걸친 가난한 사람을 보면, 저절로 우리 집이나 친구 집 장롱 속에 있는 남아도는 옷들이 떠올랐습니다. 제대로 보살핌을 받지 못해서 야위어버린 아이들을 보면, 사치스럽게 편안히 살면서 지루해 하는 부유한 부인들이 생각났고요. 비좁은 단칸방에 갇혀 살고 있는 대가족을 보면, 수많은 집과 저택의 넓은 방을 그들에게 내줘야 한다고 생각했습니다. 나는 무슨 반성이나 성찰을 거치지 않아도 선천적으로 이런 관점을 가지고 있었어요. 그래서 어릴 때부터 희한한 짓을 하거나 기상천외한 생각들로 주변 사람들을 당황하게 만든 적이 한두 번이 아니었답니다. 아, 나한테는 또 하나 독특한 점이 있었어요. 돈이 욕망을 채우는 수단임을 몰랐던 거예요. 한참 뒤에야 그 사실을 겨우 알게 되었죠. 나는 선심을 쓸 때 무조건 현물을 주었어요. 그 바람에 웃음거리가 된 적도 많았지요. 하지만 신부님만은 나를 이해하시는 것 같았어요. 그분은 언제나 내 편이 되어주셨습니다. 내 소망과 성향을 스스로 깨우치도록 해주셨고, 그런 소망과 성향을 효과적으로 채울 방법을 가르쳐주셨지요.”

“그럼 당신도 그 기묘한 사람들의 원칙에 따라 이곳에 있는 소녀들을 교육하고 있는 건가요? 모든 아이들이 스스로 자신을 교육하게 해서, 그들이 자아를 찾아 헤매며 실수를 저지르다가 마침내 다행히 목적을 이루거나 아니면 불행해지는 모습을 그저 지켜보고만 있는 겁니까?”

“아뇨! 사람을 그런 식으로 다루는 것은 내 마음속의 원칙에 어긋나는 행위입니다. 당장 도와주지 않는 사람은 영원히 도와주지 않을 사람이고, 당장 충고해주지 않는 사람은 영원히 충고해주지 않을 사람입니다. 이와 마찬가지로, 살아가는 데 도움이 될 만한 법칙은 분명히 말해서 아이들 머릿속에 확실히 새겨넣는 일이 꼭 필요하다고 봅니다. 그래요, 우리 본성에 따라 이리저리 제멋대로 방황하는 것보다는 차라리 규칙에 따라 방황하는 편이 더 낫다고 주장하고 싶을 정도예요. 내 생각에 우리 인간의 본성에는 어떤 빈틈이 있는데, 그 빈틈은 명확하고 확고한 법칙을 통해서만 메워질 수 있는 것 같아요.”

“그렇다면 당신의 교육방식은 우리 친구들이 취하는 방식과 전혀 다르군요?”

"네, 맞아요. 그런데 바로 이 점에서도 그분들은 믿을 수 없을 만큼 너그러운 태도를 보여주고 계십니다. 그분들은 이것이 내 방식이라는 이유만으로 뭐든지 탓하지 않고 내 뜻대로 하게 해주시니까요."

나탈리에가 소녀들을 어떤 식으로 교육했는지는 다음 기회에 자세히 보고하겠다.

미뇽은 자주 그들과 함께 어울리고 싶어했다. 이 소녀는 빌헬름과 조금씩 다시 친해지면서 그에게 마음을 열게 된 것 같았고, 또 모든 일에 전보다 더욱 즐거워하며 삶의 기쁨을 맛보는 것 같았다. 그래서 사람들은 미뇽의 소원을 기꺼이 들어주었다. 미뇽은 쉽게 지치는 편이라서 산책하다가 곧잘 빌헬름의 팔에 매달리곤 했다.

미뇽이 말했다.

"있잖아요, 이제 미뇽은 더 이상 나무에 올라가거나 폴짝폴짝 뛰어다니지 않아요. 하지만 지금도 여전히 이쪽 산꼭대기에서 저쪽 산꼭대기로 성큼성큼 걸어 다니고 싶고, 이 지붕에서 저 지붕으로, 이 나무에서 저 나무로 건너뛰고 싶어요. 아, 저 새들은 얼마나 행복할까요. 저렇게 사랑스러운 모습으로 정답게 둥지를 짓잖아요. 정말 부러워요."

머잖아 미뇽은 빌헬름과 함께 정원으로 산책 나가는 것이 습관처럼 되었다. 빌헬름이 무슨 일을 하고 있거나 눈에 띄지 않을 때에는 펠릭스가 그 자리를 대신했다. 이따금 미뇽은 이 세상 사람이 아닌 것처럼 보였다. 그러나 또 어떤 순간에는 이 세상 사람이 되어 빌헬름과 펠릭스를 부둥켜안았는데, 미뇽은 그들과 헤어지는 것을 무엇보다도 두려워하는 것 같았다.

나탈리에는 깊은 생각에 잠긴 듯했다.

"우리는 당신이 오셔서 저 불쌍한 아이의 마음을 열어주기를 바랐습니다. 그런데 그게 과연 잘한 일이었는지, 지금은 잘 모르겠네요."

이렇게 말하고서 나탈리에는 입을 다물었다. 빌헬름이 어떤 말이든 하길 바라는 눈치였다. 실은 빌헬름도 알고 있었다. 지금 이 상황에서 그가 테레제와 결혼하게 된다면 미뇽이 큰 상처를 받을 게 틀림없다는 사실을. 그러나 테레제에게서 아직까지 답장을 받지 못한 그는 이 계획을 함부로 밝히지 않았다. 한편 빌헬름은 나탈리에가 그 일을 알고 있을 거라 생각하지 않았다.

이와 마찬가지로 나탈리에가 여동생 이야기를 하면서 여동생의 좋은 점을 칭찬하고 현재 처지에 대해 슬픈 뜻을 나타냈을 때에도, 빌헬름은 마음 편히 그 이야기를 들을 수가 없었다. 그는 백작부인이 머잖아 이곳에 오리라는 소식을 듣자 적잖이 당황했다. 나탈리에가 그에게 말했다.

"지금 나의 제부(弟夫)는 교단에서 활약했던 돌아가신 백작님[*7]을 대신해서, 뛰어난 견식과 활동을 통해 그 커다란 조직을 유지하고 세력을 확장하려는 생각밖에 안 하고 있어요. 이번에 그 사람은 내 여동생과 함께 말하자면 작별 인사를 하러 이곳에 오는 거예요. 그다음에는 자기네 교단이 뿌리내리고 있는 여러 마을을 방문할 예정이랍니다. 주위 사람들은 그분 마음대로 하게 내버려두고 있는 모양이에요. 제부는 친첸도르프 백작님과 똑같아지고 싶은 나머지, 내 여동생을 데리고 미국까지 건너갈 생각인가 봐요. 그 사람은 조금만 더 노력하면 성자(聖者)가 될 수 있다고 확신하고 있어요. 그러니까 이왕 하는 김에 가능하다면 순교자가 되어 영광스런 최후를 맞이하고 싶다는 생각도 가끔 하는 것 같습니다."

제4장

테레제 양에 대한 이야기는 지금까지 자주 나왔다. 이야기를 하다가 불쑥 테레제 양이 튀어나온 적도 많았다. 그때마다 빌헬름은 자신이 그 훌륭한 여성에게 사랑을 고백하고 청혼까지 했다는 사실을 나탈리에에게 솔직히 털어놓고 싶어졌다. 그러나 스스로도 잘 설명할 수 없는 감정 때문에 자주 실패했다. 그렇게 그가 오랫동안 망설이기만 하자, 마침내 나탈리에가 겸손하고도 명랑한, 언제 봐도 매력적인 미소를 띠며 먼저 말을 꺼냈다.

"어쩔 수 없네요! 마침내 내가 먼저 침묵을 깨고 당신의 비밀스런 문제에 억지로 끼어들 수밖에 없겠군요. 빌헬름 씨, 나하고도 깊은 관계가 있는 그 중요한 일을 나에게 계속 숨기실 건가요? 내 친구에게 청혼하신 것 맞죠? 제가 남의 일에 공연히 참견하는 게 아닙니다. 여기 신임장도 있는걸요. 그 친구가 당신에게 쓴 편지입니다. 내 손으로 당신에게 전해드리라는 부탁을

---

*7 헤른후트 교단의 친첸도르프 백작은 1760년에 세상을 떠났다.

받았어요."

"테레제 양의 편지라고요!"

빌헬름이 외쳤다.

"네, 맞아요, 빌헬름 씨. 당신의 운명은 결정되었습니다. 정말 복도 많으시군요. 축하해요. 당신과 내 친구의 앞날에 축복이 가득하기를."

빌헬름은 말없이 멀거니 앞만 보고 있었다. 나탈리에는 가만히 그를 쳐다보았다. 창백해진 그의 얼굴이 눈에 들어왔다.

"너무 기뻐서 말문이 막힐 정도로 깜짝 놀라셨나 봐요. 아, 내가 이렇게 말문이 트여 있다고 해서 기뻐하는 마음이 부족한 건 아닙니다. 당신은 나한테 고마워하셔야 해요. 실은 내가 테레제의 결정에 적잖은 영향을 끼쳤거든요. 그 친구가 나한테 조언을 구했는데, 기막힌 우연의 일치로 때마침 당신이 이곳에 와 계셨지요. 나는 테레제의 마음속에 남아 있던 몇 가지 의혹을 없애줄 수 있었어요. 그 일로 심부름꾼이 바쁘게 오갔습니다. 자, 이것이 그 친구의 결정입니다. 그 마음의 변화가 여기에 잘 나타나 있어요. 그 친구가 보낸 편지를 전부 읽어보세요. 당신의 신부 될 사람의 아름다운 마음씨를 맑은 눈으로 똑바로 들여다보세요."

빌헬름은 나탈리에가 건넨 편지를 펼쳐 들었다. 편지는 봉해져 있지 않았다. 거기에 다음과 같이 진심 어린 말이 적혀 있었다.

"있는 그대로의 나, 당신이 알고 계시는 나는 이제 당신의 여자입니다. 그리고 있는 그대로의 당신, 내가 알고 있는 당신을 나는 내 남자라고 부르고 싶어요. 결혼으로 인해 우리와 우리 주변 환경에 어떤 변화가 일어난다 해도 우리는 이성과 낙천적인 용기와 선의를 통해 어려움을 이겨낼 수 있을 겁니다. 우리를 이어주는 것은 정열이 아니라 애정과 신뢰니까요. 그러니 우리 앞길을 가로막는 위험은 다른 사람들에 비하면 훨씬 적을 거예요. 내가 이따금 옛 남자친구인 로타리오 씨를 그리워하더라도 당신은 틀림없이 용서해주실 테지요. 그 대신 나는 어머니로서 당신의 아들을 품에 꼭 끌어안겠습니다. 당신이 지금 당장 조그만 우리 집에서 저와 함께 사실 생각이라면, 나는 기꺼이 당신을 이 집 주인이자 가장으로서 맞이할 것입니다. 머잖아 토지를 구입하는 일도 잘 끝나겠지요. 거기에 새집을 지을 때에는 나에게도 한 말씀 해주세요. 당신이 나에게 보여준 신뢰가 잘못된 것이 아님을 곧바로 입증해

드리고 싶습니다. 그럼 잘 지내세요. 그리운 내 친구, 사랑하는 내 남편, 존경하는 지아비 빌헬름 씨! 테레제는 희망과 삶의 기쁨에 부푼 가슴으로 당신을 받아들이겠습니다. 자세한 이야기는 나탈리에에게 들으세요. 그 친구가 모든 것을 말해줄 거예요."

이 편지로 테레제의 모습을 선명하게 떠올린 빌헬름은 완전히 평정을 되찾았다. 편지를 읽는 동안 그의 마음속에 온갖 생각들이 떠올랐다가 사라졌다. 그는 나탈리에에 대한 애정이 생생히 자기 마음속에 남아 있음을 깨닫고는 깜짝 놀랐다. 그는 두려운 마음에 자신을 나무랐다. 모든 게 다 부질없다고 생각했다. 흠잡을 데 없이 완벽한 여성인 테레제를 머릿속에 그리며 다시 한 번 편지를 읽었다. 그러자 마음이 상쾌해졌다. 아니, 적어도 마음이 상쾌하다고 할 수 있을 만큼 충격에서 벗어나 기운을 되찾았다. 나탈리에는 테레제에게서 받은 편지 몇 통을 그에게 보여주었다. 그것을 여기에 조금 소개하겠다.

테레제는 자신이 알고 있는 빌헬름이 어떤 사람인지 설명하고 나서 다음과 같이 이야기를 계속했다.

"나한테 청혼한 그 사람은 내가 그동안 마음으로 그려보던 남자야. 그가 자기 자신을 무척 솔직하게 묘사한 편지가 있는데, 곧 너한테 보내줄게. 그걸 보면 그 사람이 자신을 어떻게 생각하는지 너도 알게 될 거야. 그와 함께라면 행복할 수 있을 것 같아. 그런 확신이 들어."

"신분에 대해서는, 내가 전부터 어떤 생각을 가지고 있었는지 너도 알잖아. 어떤 사람들은 외적 조건의 불균형을 몹시 두려워해서 도저히 이겨내지 못하기도 하지. 하지만 나는 남들을 설득할 생각은 없어도 어디까지나 내 확신에 따라 행동하고 싶어. 나는 누군가에게 모범을 보일 마음은 없지만, 내 행동에 배울 점이 없는 것은 아니야. 다만 내가 걱정하는 것은 내적인 불균형이야. 어떤 그릇은 반드시 거기에 담기는 내용물과 어울려야 해. 빛 좋은 개살구, 돈 많은 구두쇠, 고귀한 신분과 조잡한 언행, 젊은 데도 융통성 없는 태도, 분수에 넘치는 허례허식, 이런 불균형을 나는 도저히 참을 수 없어. 세상 사람들이 뭐라고 하든지 간에, 아무튼 나는 그래."

"우리는 아마 잘 살아갈 수 있을 거야. 내가 이런 말을 하는 데에는 나름대로 근거가 있어. 그 사람은 너랑, 그래, 내가 진심으로 아끼고 존경하는 나탈리에 너랑 닮았거든. 그렇다니까. 그 사람도 너와 마찬가지로 더 나은 것을 추구하는 고귀한 탐구심과 노력하는 자세를 갖추고 있어. 그런 자질을 통해 우리는 선(善)을 찾아내려고 하면서 스스로 선을 만들어내는 거지. 그동안 네가 다양한 사람들을 대하고 다양한 상황에서 행동할 때, 내가 그 모습을 보고 나라면 그렇게 안 할 텐데 하면서 몇 번이나 솔직하게 너를 비난한 적이 있었잖아? 하지만 결과를 보면 십중팔구 네 행동이 옳았음이 드러나지. 네가 했던 말 기억나니? '우리가 남들을 대할 때 지금 있는 그대로의 모습으로만 받아들인다면 그들을 더욱 망치게 될 거야. 그들이 마땅히 그리되어야 할 미래의 모습을 이미 갖췄다고 생각하며 그들을 대한다면, 우리는 그들을 데려가고 싶은 곳까지 제대로 데려갈 수 있어.' 너야 그렇게 생각하겠지만, 나는 그런 식으로 생각할 수도 없고 행동할 수도 없어. 나 스스로도 잘 아는걸. 분별, 질서, 규율, 명령 그것이 내 본성이야. '테레제 양은 아이들을 훈육하고 나탈리에 양은 기른다'고 야르노 씨가 말했잖아. 그 말은 지금도 똑똑히 기억해. 심지어 그 사람은 나한테 믿음, 소망, 사랑이라는 세 가지 미덕이 결여되어 있다는 말까지 했어. 그래, 그 사람이 그랬지. '테레제 양은 믿음 대신 분별력을, 소망 대신 신뢰를, 사랑 대신 끈기를 가지고 있단 말이야.' 내가 너한테 기꺼이 고백하자면, 사실 너를 만나기 전까지는 명석함과 총명함보다 더 중요한 것은 이 세상에 없다고 생각했었어. 네가 옆에 있었기에 나는 새로이 설득되고 활력을 얻어 나 자신을 뛰어넘을 수 있었던 거야. 나는 너의 아름답고 고귀한 영혼 앞에서는 기쁜 마음으로 무릎을 꿇을 수 있어. 같은 의미에서 빌헬름 씨도 존경하고 있어. 그의 인생 기록은 성과 없이 영원히 이어지는 탐구의 기록이야. 하지만 그것은 공허한 탐구가 아니야. 그 사람은 선의로 가득 찬 놀라운 탐구의 재능을 타고났어. 그는 자기 자신으로부터 생겨난 것만을 받을 수 있다는 이상한 신념을 가지고 있지. 그러니까 나탈리에, 이번에도 내 명석한 판단력이 쓸모없지는 않은 셈이야. 미래의 내 남편이 자기 자신을 알고 있는 것보다도 내가 더 그를 잘 알 수 있으니까. 그렇기에 나는 더더욱 그 사람을 존경해. 확실히 나는 그가 어떤 사람인지 볼 수 있지만, 그의 전체적인 인격을 살펴볼 수는 없어. 아무리 분별력을 총동원해봐도 그 사람이 앞으로 무슨 일을 할 수 있을지 짐작도 못하겠어. 그 사람을 생각할 때마다 늘 그의 모습이 네 모습과 뒤섞이곤 해. 과연 내가 이런 두 사람과 친하게 지낼 만큼 가치 있는 사람일까? 스스로 생각해봐도 잘 모르겠어. 그래도 나는 내 의무를 다하고, 남들이 나에게 기대하는 바를 충실히 수행함으로써 그런 가치 있는 사람이 되고 싶어."

"로타리오 씨를 생각하느냐고? 물론이지. 아주 생생하게, 날마다 생각하고 있어. 나를 둘러싸고 있는 생각 속에서 그가 한순간이라도 사라진 적은 한 번도 없어. 아, 젊은 날의 실수 때문에 그 훌륭한 사람이 장난 같은 운명으로 너의 친오빠가 되었다는 것은 정말 유감스런 일이야. 사실 나 같은 여자보다도 네가 훨씬 더 그 사람에게 잘 어울리는 짝인데. 나도 너한테는 기꺼이 그 사람을 양보할 수 있을 거야. 아니, 양보하지 않을 수 없겠지. 아무튼 그 사람이 자신에게 어울리는 아내를 찾을 때까지 우리가 가능한 한 그를 도와주자. 그리고 그가 배필을 얻은 뒤에도 언제까지나 함께 사이좋게 지내자."

"그나저나 우리 친구분들은 과연 뭐라고 할까요?"
나탈리에가 먼저 말문을 뗐다.
"오라버님은 아직 아무것도 모르시나요?"
"네, 아무것도 몰라요. 당신 가족과 마찬가지로. 이번 일은 어디까지나 우리 둘이서 추진했거든요. 리디에가 무슨 변덕스런 망상을 테레제에게 심어줬는지 몰라도, 테레제는 신부님과 야르노 씨를 별로 믿지 않는 것 같아요. 그분들의 이런저런 비밀 모임과 계획에 대해서는 나도 대충 알고 있지만 한 번도 자세히 알아보지는 않았는데, 리디에가 옆에서 부추기는 바람에 테레제는 그런 것들에 대해 의심을 가지게 된 모양이에요. 그래서 이번에 인생의 중대사를 결정할 때도 나 말고는 누구의 조언도 듣지 않았습니다. 사실 우리 오빠하고는 이미 예전에 이야기를 나누었나 봐요. 서로 결혼할 때는 그 문제에 대해 상의하지 않고 결혼 소식만 알리기로요."
나탈리에는 곧바로 오빠에게 편지를 쓰더니 빌헬름에게도 몇 마디 덧붙여달라고 했다. 테레제의 부탁이었다. 그런데 막 편지를 봉하려는 순간에 야르노가 연락도 없이 불쑥 찾아왔다. 그들은 크게 기뻐하며 그를 반갑게 맞이했다. 그도 무척 기분이 좋은지 끊임없이 유쾌한 농담을 던졌다. 그러다가 마침내 참지 못하고 용건을 꺼냈다.

"여러분, 실은 내가 여기까지 온 이유는 말이죠, 몹시 놀랍고도 유쾌한 소식을 하나 전해 드리기 위해서랍니다. 테레제 양에 관한 소식인데요. 나탈리에 양, 우리가 지나치게 많은 일에 참견한다는 이유로 당신은 몇 번이나 우릴 나무라셨지요? 하지만 이제 당신도 알게 되실 겁니다. 첩보망을 곳곳에 펼쳐두는 것도 나쁘지 않다는 사실을. 자, 무슨 일인지 아시겠어요? 맞혀보세요. 당신의 날카로운 통찰력을 한번 보여주십쇼!"

그는 의기양양하게 말하고 나서 장난스런 얼굴로 빌헬름과 나탈리에를 보았다. 두 사람은 그들의 비밀이 다 들통 났다고 생각했다. 나탈리에가 빙그레 웃으며 말했다.

"우리는 당신이 생각하시는 것보다 훨씬 더 똑똑하답니다. 당신이 수수께끼를 내시기도 전에 이미 종이에 해답을 써놨거든요."

나탈리에는 로타리오에게 보낼 편지를 야르노에게 주었다. 자기들을 깜짝 놀라게 해주려던 상대에게 오히려 한 방 먹였다고 생각하니 기분이 좋았다. 야르노는 의아해 하면서 편지를 받아 대강 훑어보았다. 그 순간 화들짝 놀라 편지를 떨어뜨리고 말았다. 평소의 그답지 않게 멍한 얼굴로, 아니 그야말로 몹시 놀란 얼굴로 눈을 휘둥그레 뜨고 두 사람을 바라보았다. 말문이 막힌 모양이었다.

빌헬름과 나탈리에는 적잖이 당황했다. 야르노는 방 안을 이리저리 돌아다니기 시작했다. 그러다가 큰 소리로 외쳤다.

"아, 도대체 무슨 말을 하면 좋을지! 솔직히 말해야 할까요? 계속 비밀로 할 수는 없겠죠. 어차피 혼란을 피할 수는 없겠고. 자, 그럼 비밀에는 비밀로, 뜻밖의 소식에는 뜻밖의 소식으로 전하겠습니다. 테레제 양은 그 어머니의 친딸이 아니었어요! 그러니까 이제 결혼을 방해하던 걸림돌이 사라진 거죠. 그래서 내가 여기까지 온 겁니다. 그 훌륭한 여성한테 로타리오 씨와 결혼할 마음의 준비를 시켜달라고 당신에게 부탁하기 위해서요."

야르노는 두 친구가 충격을 받아 땅바닥만 내려다보고 있는 모습을 보았다. 그래서 한마디 덧붙였다.

"이런 상황에서는 다 같이 모여 있어봤자 소용없어요. 좋은 해결책이 떠오를 리 없죠. 각자 생각해야 할 일은 혼자서 생각하는 것이 가장 좋습니다. 적어도 나는 한 시간 동안 혼자서 생각해봐야겠으니 양해해주십쇼."

말을 마치자마자 그는 서둘러 정원으로 나가버렸다. 빌헬름도 기계적으로 그를 뒤쫓아 나갔지만 바싹 따라붙지는 않았다.

한 시간 뒤 그들은 다시 모였다. 빌헬름이 먼저 입을 열었다.

"지금까지 내가 아무런 목적이나 계획도 없이 경박하게 희희낙락하며 살아오던 동안에는 우정도, 애정도, 호의도, 신뢰도 쌍수를 들고 나를 환영해주었습니다. 아니, 오히려 그쪽에서 앞다투어 나에게 달려들었죠. 그런데 이제 이렇게 심각한 문제가 발생하니까, 운명이 저와는 다른 길을 선택하려고 하는군요. 테레제 양과 결혼하겠다는 내 결심은 아마도 순전히 나 한 사람의 마음에서 우러난 첫 번째 결심일 겁니다. 나는 심사숙고한 끝에 그런 계획을 세웠어요. 물론 이성적으로 내린 결정입니다. 그리고 그토록 바라던 훌륭한 여인의 승낙도 얻었죠. 내 소망은 모두 다 이루어졌습니다. 그런데 이제 와서 너무나도 사나운 운명이 나를 압박하는군요. 내가 내민 손을 도로 거두게 하려고요. 저 멀리서 테레제 양이 이쪽으로 손을 내밀고 있건만, 마치 꿈속에 있는 것 같아서 나는 그 손을 잡을 수 없습니다. 그 사람의 아름다운 모습이 영원히 멀리 떠나버립니다. 아, 아름다운 그 모습, 그녀 곁에 있는 행복한 모든 모습과도 이제는 작별을 고해야겠군요."

그는 잠시 입을 다물고 앞만 바라보고 있었다. 야르노가 말문을 열려고 하자 빌헬름이 그의 말을 가로막으며 소리쳤다.

"한마디만 더 하게 해주세요. 이번에야말로 내 운명을 송두리째 결정해버릴 주사위가 던져졌으니까요. 지금 이 순간 나를 지지해주는 것은 바로 로타리오 씨를 처음 만났을 때 받은 인상, 그때부터 지금까지 한순간도 사라지지 않았던 그 첫인상입니다. 그분은 모든 호의와 우정을 받을 만한 자격이 있는 사람이에요. 그리고 희생 없이는 우정도 없죠. 그 사람을 위해서라면 불쌍한 리디에를 속이는 일도 얼마든지 할 수 있었어요. 그러니까 그 사람을 위해서라면 더없이 훌륭한 여성을 아내로 맞이하는 일도 그만둘 수 있겠지요. 자, 이제 가세요. 가서서 이 기묘한 처지를 그분에게 말씀드려주세요. 그리고 나는 이미 마음먹었다고 전해주십시오."

그 말에 야르노가 대답했다.

"급할수록 돌아가라는 말이 있지요. 이럴 때 서두르면 안 됩니다. 로타리오 씨의 동의 없이는 더 이상 아무것도 하지 맙시다. 내가 로타리오 씨를 찾아가겠습니다. 여러분은 여기서 참고 기다리세요. 내가 여기로 돌아오든가, 아니면 로타리오 씨가 편지를 보낼 때까지요."

야르노는 말을 타고 떠나갔다. 이제는 몹시 우울해진 두 친구만이 남았다. 그들이 이번 사건을 몇 번이나 다시 생각해 보고 의견을 나눌 시간은 충분히 있었다. 그러다가 그들은 뒤늦게 실수를 깨달았다. 야르노한테서 이 야릇한 이야기를 일방적으로 전해 들었을 뿐, 자세한 사정은 물어보지도 않았던 것이다. 빌헬름은 왠지 좀 수상하다는 생각까지 하게 되었다. 그런데 다음 날 테레제가 보낸 심부름꾼이 와서 이상한 편지를 나탈리에에게 건네주었다. 두 사람의 놀라움과 혼란은 극에 이르렀다.

"미안하지만 전에 보낸 편지에 이어 또 한 통의 편지를 보내면서 너한테 이상한 부탁을 하나 해야겠어. 내 약혼자에게 서둘러 이쪽으로 와달라고 말해줘. 그 사람을 내게서 빼앗으려는 어떤 속임수에도 굴하지 않고 나는 그이를 내 남편으로 맞이할 거야. 동봉한 편지를 그에게 전해줘. 누가 옆에 있으면 절대로 들키지 않게 조심해서 전해줘야 해."

빌헬름이 받은 편지 내용은 다음과 같았다.

"내가 갑자기 들떠서 하루빨리 결혼하자고 조른다면 당신은 나를 어떻게 생각하실까요? 우리는 냉정한 이성을 통해 맺어진 사이인데 말이죠. 이 편지를 받으시거든 만사 제쳐놓고 곧바로 그곳을 떠나 이쪽으로 와주세요. 사랑하는 빌헬름 씨, 당신을 나에게서 빼앗아 우리의 결합을 방해하려고 하는 무리가 있어요. 나의 사랑, 존경하는 친구, 그리운 당신 빌헬름 씨, 제발, 제발, 빨리 와주세요."

"이걸 어쩌면 좋죠?"

빌헬름이 편지를 읽고 나서 말했다. 나탈리에가 잠시 고민하더니 대답했다.

"이렇게까지 내 마음과 머리가 꽉 막혀버린 것은 처음이에요. 대체 어쩌면 좋을지, 무슨 말을 해야 할지 전혀 모르겠어요."

그러자 빌헬름이 격한 투로 외쳤다.

"로타리오 씨는 이 일에 대해 아무것도 모르는 게 아닐까요? 아니면 알고 있어도, 자기 자신이 우리와 마찬가지로 위험한 음모의 표적이 되어 있다는 사실은 모르고 계시는 게 아닐까요? 아니, 어쩌면 야르노 씨는 우리가 쓴 편지를 보고 얼토당토않은 이야기를 즉석에서 지어냈을지도 몰라요. 우리가 너무 가볍게 그 편지를 보여주지 않았더라면 그 사람도 다른 이야기를 하지 않았을까요? 대체 무슨 생각을 하는 걸까요? 목적이 뭘까요? 테레제 양이 말한 그들의 속셈은 또 뭘까요? 그래요, 로타리오 씨가 비밀결사에 몸담고 비밀스런 활동을 하고 있는 것은 확실해요. 그들은 어떤 목적을 가지고 활동 하면서 여러 사람들의 행동과 운명을 지켜보고 또 조종하고 있죠. 그건 나도 알고 있어요. 그런데 이런 비밀스런 활동의 최종 목적이 무엇인지 나는 도무 지 모르겠습니다. 하지만 그들이 지금 나한테서 테레제 양을 빼앗으려 한다 는 것만큼은 뚜렷한 사실입니다. 한편에서는 속임수일 가능성도 있지만 어 쨌든 로타리오 씨가 행복해질지도 모른다는 식으로 나를 설득하려 하고, 다 른 한편에서는 사랑하고 존경하는 내 신부가 자기 품으로 오라고 나를 부릅 니다. 이제 나는 어떻게 해야 할까요? 어느 쪽을 포기해야 할까요?"

그 말에 나탈리에가 대답했다.

"잠시만 참으세요. 조금만 더 생각해봐요. 일이 이렇게 어지럽게 돌아갈 때 너무 급하게 굴면 돌이킬 수 없는 잘못을 저지르게 됩니다. 나로선 이렇 게밖에 말할 수가 없네요. 지어낸 이야기나 교묘한 속임수에는 무조건 꾹 참 고 영리하게 대처해야 합니다. 그 이야기가 사실인지 거짓인지는 머잖아 밝 혀질 거예요. 혹시 오빠가 정말로 테레제와 결혼하고 싶어한다면, 이토록 놀 라운 행운이 그에게 찾아온 순간 누군가가 그 행운을 영원히 빼앗아버리는 것은 인간이라면 할 수 없는 짓이겠지요. 그러니까 오빠가 이 일을 알고 있 는지, 또 믿고 있는지, 본인이 그걸 바라고 있는지, 그게 밝혀질 때까지만 좀 더 기다려봐요."

다행히 곧 로타리오가 보낸 편지가 와서 나탈리에의 조언이 옳았음을 증 명해주었다. 그는 편지에 다음과 같이 적었다.

"야르노를 그쪽에 돌려보내지 않을 거야. 심부름꾼을 통해 아무리 자세히 설명한들, 내가 직접 쓴 문장 한 줄이 너에게는 더 의미가 있을 테니까. 나 는 테레제 양이 그 어머니의 친딸이 아니라고 확신하고 있어. 테레제 양도 먼저 그 점을 확신하고서 냉정하게 판단하여 마침내 나와 그 친구 가운데 누구를 선택할지 결정했으면 좋겠어. 그때까지 나는 그 사람과 결혼하려는 희망을 버리지 않을 거야. 그러니 그 친구를 이곳으로 보내지 말아줘. 꼭 부탁해! 네 오빠의 행복과 인생이 거기에 달려 있단다. 이런 애매모호한 상태가 오래가지는 않을 거야. 내가 약속할게."

나탈리에가 빌헬름에게 부드럽게 말했다.

"자, 사정이 어떤지 아시겠지요? 이 집을 떠나지 않겠다고 맹세해주시겠어요?"

그러자 빌헬름이 나탈리에에게 손을 내밀며 말했다.

"맹세하고말고요. 당신이 허락하실 때까지 나는 이곳을 떠나지 않겠습니다. 나는 나를 인도해주신, 그것도 당신을 통해 인도해주신 하느님과 성령께 감사드릴 따름입니다."

나탈리에는 테레제에게 그동안 있었던 일을 자세히 써서 자신이 빌헬름을 떠나보낼 수 없는 이유를 밝혔다. 그리고 로타리오의 편지도 동봉했다.

테레제는 다음과 같은 답장을 보냈다.

"로타리오 씨까지 그런 헛소문을 믿으시다니, 놀라서 말이 안 나올 지경이야. 자기 여동생한테 이 정도로 뻔뻔한 거짓말을 하실 분은 아닌데. 아, 정말 화가 나. 더 이상 무슨 말을 할 필요도 없겠지. 험한 꼴을 당한 불쌍한 리디에는 잠시 다른 집에 맡겨놓고, 내가 직접 너희 집으로 찾아가는 게 제일 낫겠다. 난 말이지, 우리 모두가 속아 넘어가서 영원히 안개 속을 헤매게 될까봐 두려워. 만일 빌헬름 씨가 내 마음을 알아주신다면 당장 네 손을 뿌리치고 내 품으로 달려오실 텐데. 그러면 나는 절대로 그이를 아무한테도 내주지 않을 텐데. 아, 이대로 빌헬름 씨를 잃고, 로타리오 씨도 되찾지 못하게 될까봐 두려워. 그 사람들은 로타리오 씨에게 나와 결혼할 수 있으리라는 희망을 줘서 리디에를 그로부터 떼어놓으려는 거야. 아니, 더 이상 아무 말도 하지 않을게. 이야기가 복잡해질 뿐이니까. 머잖아 우리의 아름다운 관계가 흐트러지고 훼손되어 완전히 망가져버리지 않을까, 뒤에 모든 사실이 밝혀졌을 때에는 이미 돌이킬 수 없는 곳까지 와 있지 않을까? 그건 시간만이 가르쳐주겠지. 빌헬름 씨가 용기 있게 결정해서 그곳을 떠나 이쪽으로 오지 않는다면, 이삼 일 안에 내가 너희 집으로 가서 그를 꼭 붙잡을 거야. 아마

너는 깜짝 놀라겠지. 네가 잘 아는 테레제가 어쩌다 이렇게 정열에 불타게 되었을까 하고. 아니, 이건 정열이 아니라 확신이야. 로타리오 씨가 나와 맺어질 수 없는 이상, 이 새로운 친구가 내 삶을 행복하게 해주리라는 확신 말이야. 이 이야기를 그에게 전해줘. 단둘이 떡갈나무 밑에 앉았을 때 그가 나에게 관심을 보여줘서 기뻐했던 그 자그만 청년*8의 이름으로, 마음을 활짝 열고 그의 청혼을 받아들인 테레제의 이름으로 그이에게 내 말을 전해줘. 로타리오 씨와 함께 살겠다는 첫 번째 꿈은 이미 내 마음속에서 멀리 떠나가 버렸어. 내 새로운 친구와 함께 어떻게 살아갈까 하는 꿈은 지금 생생히 내 눈앞에 어른거리고 있어. 어떤 사람들은 이 남자를 저 남자로 곧바로 갈아치우는 일쯤이야 쉽다고 여기나 본데, 나를 그런 여자로 생각하지 말아줘."

나탈리에는 이 편지를 빌헬름에게 건네며 말했다.

"나는 당신을 믿어요. 설마 내 곁에서 도망치시지는 않을 테지요? 내 인생의 행복이 당신에게 달려 있다는 점을 잊지 마세요. 내 삶은 오빠의 삶과 연결되어 있어요. 오빠의 고통은 내 고통이며, 오빠의 기쁨은 내 행복입니다. 그만큼 우리 둘의 뿌리는 하나로 얽혀 있어요. 우리 마음이 감동해서 높이 뛰어오를 수 있다는 사실, 그리고 기쁨과 사랑과 온갖 욕망을 뛰어넘어 우리에게 만족을 주는 감정이 이 세상에 존재한다는 사실을 나는 오로지 오빠를 통해 알게 되었다고 해도 과언이 아니에요."

거기서 나탈리에는 입을 다물었다. 빌헬름이 그 손을 잡고 힘주어 말했다.

"계속 얘기해주세요! 우리가 서로를 진심으로 믿게 될 수 있는 절호의 기회잖아요. 지금 우리는 그 어느 때보다 서로를 잘 알아야 할 필요가 있습니다."

"네, 맞아요, 빌헬름 씨."

나탈리에가 미소를 지었다. 조용하고 부드러우며 이루 형언할 수 없는 기품을 지닌 태도로 말을 이었다.

"이 상황에서 내가 이런 말씀을 드리면 좀 엉뚱하다고 생각하실지도 모르겠지만요. 사실 수많은 책이나 세상 사람들이 '사랑'이란 이름으로 우리에게 보여주는 것이 나에게는 늘 꾸며낸 이야기처럼 여겨졌답니다."

*8 남자로 변장한 테레제.

"사랑을 해보신 적이 없나요?"

"한 번도 없어요. 하지만 언제나 사랑하고 있다고도 할 수 있겠지요."

제5장

두 사람은 이런 대화를 나누며 정원을 이리저리 거닐었다. 나탈리에는 빌헬름이 모르는 다양한 생김새의 꽃들을 꺾었다. 빌헬름은 그 꽃들의 이름을 물었다. 잠시 뒤 나탈리에가 말했다.

"아마 당신은 내가 누구를 위해 이 꽃다발을 만드는지 모르실 거예요. 이건 말이죠, 이제 곧 찾아뵐 외종조부님께 바칠 꽃다발이에요. 태양이 마침 '과거의 홀'*9을 비추고 있잖아요. 지금 이 순간에 꼭 당신을 그곳으로 모셔가고 싶어요. 나는 그곳에 갈 때마다 외종조부님이 특별히 좋아하시던 꽃들을 들고 간답니다. 그분은 좀 유별난 분이셨어요. 독특한 감수성을 가지고 계셨지요. 여러 가지 동물과 식물, 여러 인간 유형과 지역, 더 나아가 몇몇 광석에 대해서도 그분은 아무도 이해할 수 없을 만큼 강한 애착을 보이셨습니다. 그분이 자주 이런 말씀을 하셨어요. '내가 젊었을 때부터 내 본능을 거스르면서 넓고 보편적인 것을 향해 이성을 꾸준히 갈고닦지 않았더라면, 아마 나는 무척 따분하고 보기 싫은 인간이 되었을 거야. 뭔가 엄청난 일을 해낼 수 있는 훌륭한 사람이 자신의 개성을 제대로 살리지 못하는 것보다 더 보기 싫은 모습은 없거든.' 하지만 때로는 약한 말씀도 하셨습니다. 가끔씩이라도 숨 좀 돌리면서 칭찬받을 수도 없거니와 변명할 수도 없는 일을 정신없이 즐기지 않는다면, 숨 막혀서 도저히 살아갈 수 없을 거라고 말이죠. 그분이 그러셨어요. '내가 욕망과 이성을 완전히 일치시킬 수 없었던 것은 내 탓이 아니야.' 그럴 때마다 나를 놀리기도 하셨죠. '나탈리에는 살아생전에 이미 천국에 가 있는 셈이라니까. 네 본성은 세상 사람들이 바라고 구하는 것 말고는 아무것도 원치 않으니까 말이야.'"

이런저런 이야기를 나누며 걷다 보니 또다시 그들은 어느새 '과거의 홀'

---

*9 별관(別館) 이름.

앞으로 돌아왔다. 나탈리에는 넓은 복도를 지나 화강암 스핑크스 석상 두 개가 놓여 있는 출입문 앞으로 빌헬름을 데려갔다. 그 문은 이집트식으로 아래쪽보다 위쪽이 좀 좁았다. 그 청동 문 너머에는 엄숙한, 아니 그보다는 무시무시한 광경이 숨어 있을 것 같았다. 그래서 막상 홀 안에 발을 디뎠을 때 빌헬름은 유쾌한 놀라움을 느꼈다. 예상과는 달리 죽음과 무덤을 떠올리는 모든 요소가 예술과 생명에 의해 제거되어버려서 더없이 순수하고 밝은 분위기로 가득 찬 광경이 눈앞에 펼쳐졌기 때문이다. 벽에는 균형 잡힌 벽감이 설치되어 있었고, 그 안에는 큼직한 석관이 놓여 있었다. 벽감과 벽감 사이에 있는 기둥들의 오목한 부분에는 뼈단지와 물그릇이 장식되어 있었다. 벽과 둥근 천장의 나머지 면들은 질서 정연하게 구분되어 있는데, 그 크고 작은 화면 안에는 여러 가지 모양의 또렷한 테두리와 화환과 장식무늬들 사이에 명랑하고 의미심장한 인물들이 그려져 있었다. 그 밖의 부분은 아름다운 불그스름한 노란색 대리석으로 덮여 있었는데, 교묘한 화학적 합성 작용을 통해 탄생한 유리 같은 담청색 줄무늬들이 주황색 대리석과 오묘한 대조를 이루면서 보는 사람의 눈을 즐겁게 함과 동시에 전체적으로 잘 결합된 조화로운 분위기를 자아냈다. 이 모든 호화로운 장식들은 건축학적인 균형을 이루고 있었다. 그래서 이 홀에 들어온 사람은 누구나 순수한 예술의 힘을 경험함으로써 인간이 얼마나 멋진 존재인지, 또 얼마나 멋진 존재가 될 수 있는지 비로소 깨닫고는 자신이 고양되는 느낌을 받을 수 있었다.

출입구 맞은편에는 호화로운 석관이 놓여 있고, 그 위에 쿠션에 몸을 기댄 위엄 있는 인물의 대리석상이 있었다. 그는 눈앞에 펼쳐진 두루마리를 조용히 주의 깊게 보고 있는 것 같았다. 그 두루마리는 보기 쉽게 한쪽으로 기울어진 상태였다. 거기에 이렇게 적혀 있었다. "삶을 생각하라."*10

나탈리에는 시든 꽃다발을 치우고 싱싱한 꽃다발을 외종조부님 석상 앞에 놔두었다. 그것은 바로 외종조부님의 상이었다. 빌헬름은 전에 숲에서 보았던 노신사의 모습을 거기서 발견한 듯한 기분이 들었다. 나탈리에가 말했다.

"이 홀이 완성될 때까지 우리는 이곳에서 자주 놀았어요. 만년에 외종조부님은 실력 있는 예술가 몇 명을 이곳으로 초대해서, 여기 이 그림들의 스

---

*10 중세 그리스도교의 금욕적인 격언 "죽음을 생각하라(Memento mori)"와 대조되는 말이다. 계몽주의 세계관을 표현.

케치와 밑그림을 고안하고 결정하는 일을 도우며 가장 큰 즐거움을 느끼셨습니다."

빌헬름은 질리지도 않고 주위에 있는 사물들을 열심히 둘러보았다. 그러다가 큰 소리로 외쳤다.

"이 '과거의 홀'에는 생명이 넘쳐흐르고 있군요! 이건 '현재의 홀'이라고도, '미래의 홀'이라고도 할 수 있겠어요. 모든 것이 과거에는 이러했고 앞으로도 계속 이러할 테지요. 오직 이 홀을 즐기고 감상하는 인간만이 변할 겁니다. 아이를 품에 안은 이 어머니 상은 몇 세대에 걸친 행복한 어머니들보다 더 오래오래 살겠지요. 또 체통이고 뭐고 다 집어치우고 아들과 함께 신나게 노는 이 수염 난 남자는 수백 년 뒤에도 어떤 아버지에게 즐거움을 줄 겁니다. 여기 이 신부는 영원히 이렇게 수줍어 하며 앉아 있을 테고요. 누가 자기를 위로해주고 말 걸어주길 은근히 바라면서 말이죠. 이 신랑도 그래요. 그는 문지방에서 귀를 쫑긋 세운 채 들어오라는 허락이 떨어지기를 기다릴 겁니다."

빌헬름은 수없이 많은 그림들을 둘러보았다. 단순히 장난삼아 손발을 움직이거나 연습해 보는 어린아이의 즐거운 첫 번째 충동에서부터 현자의 조용하고 고독한 진지성에 이르기까지, 모든 것이 아름답고 생생하게 순서대로 그려져 있었다. 그 그림들을 보면 인간의 타고난 자질과 능력 가운데 불필요하고 쓸모없는 것이라곤 하나도 없다는 사실을 똑똑히 알 수 있었다. 어린 소녀가 맑은 샘에서 샘물을 긷다가 잠시 손을 멈추고 수면에 비친 자기 모습을 흐뭇하게 들여다보는 최초의 유치한 자기만족에서부터, 왕과 백성이 그들의 굳은 약속의 증인으로서 제단에 모셔진 신들의 이름을 부르는 엄숙한 의식에 이르기까지, 모든 것이 뜻깊고 힘차게 묘사되어 있었다.

이 홀에 있는 관람자는 하나의 세계, 하나의 천국에 에워싸인다. 이 모든 조형물들이 불러일으키는 생각과 감정 말고도 이곳에는 인간의 존재 전체를 사로잡는 뭔가가 있는 것 같았다. 빌헬름은 그것을 설명할 수는 없어도 분명히 느낄 수 있었다. 그래서 소리 내어 외쳤다.

"이게 뭘까요? 우리 인간의 행위나 운명이 불러일으키는 온갖 공감과도 무관하고 또 모든 의미와도 관계없이 이토록 강력하게, 그러면서도 또 부드럽게 내 마음을 사로잡는 이것은 대체 무엇일까요? 그것은 전체적으로도,

또 모든 세세한 부분들을 통해서도 나에게 말을 걸고 있습니다. 그런데 나는 그 전체를 파악할 수도 없고 세세한 부분 하나를 내 것으로 만들 수도 없습니다. 이 면들, 선들, 높이와 너비, 양감과 색채, 이 모든 것에서 얼마나 위대한 마력(魔力)이 느껴지는지! 대충 훑어보기만 해도 이런 형상들을 이토록 보기 좋은 장식품으로 만들어주는 것은 과연 무엇일까요? 그래요, 우리는 이곳에서 잠시 발을 멈추고 편히 쉬면서 이 모든 것을 눈으로 보고 행복을 맛볼 수도 있을 겁니다. 그런데 그와 동시에, 눈앞에 있는 것과는 전혀 다른 것을 느끼거나 생각할 수도 있을 것 같아요."

모든 사물이 교묘하게 배치된 상태에서 결합과 대립을 통해, 또 단조로운 그림과 다채로운 그림의 혼합을 통해 모든 것이 제자리에 놓여서 올바른 모습을 완벽히 갖춘 채 완전하고 명확한 인상을 풍기고 있는 광경을 제대로 묘사할 수 있다면 얼마나 좋을까. 그러면 아마 독자 여러분도 우리가 안내해준 그곳을 쉽게 떠나지는 못할 것이다.

홀의 네 귀퉁이에는 커다란 대리석 촛대가 하나씩 있었다. 그리고 홀 한가운데에는 무척 아름답게 꾸며진 석관을 둘러싸고 조그만 촛대 네 개가 세워져 있었다. 석관의 크기로 본다면 그다지 키 크지 않은 젊은 사람이 그 안에 누워 있을 것 같았다.

나탈리에는 석관 옆에서 걸음을 멈추더니 그 위에 손을 올렸다.

"외종조부님은 이 고대 유물을 특히 좋아하셨어요. 그분이 가끔 이런 말씀을 하셨죠. '너희들이 저 위에 있는 오목한 구멍에다 꽂아놓는 갓 피어난 꽃들만이 일찍 떨어지는 게 아니야. 가지에 매달린 채 조금만 더 있으면 익을 것 같은 희망의 열매도 일찍 떨어질 수 있지. 모르는 새에 벌레가 먹어서 너무 일찍 익어버린다면 말이야.' 그분은 혹시 미뇽의 미래를 예언하신 게 아닐까요? 왠지 두려워요. 그 아이는 차츰 우리 품에서 벗어나 이 조용한 안식처로 들어가려고 하는 것 같아요."

홀에서 나가려던 나탈리에가 입을 열었다.

"잠깐만요. 당신에게 보여드릴 것이 또 하나 있어요. 저기 위쪽을 보세요. 양옆에 있는 반원형 빈 공간이 보이죠? 저곳에 남들 눈에 띄지 않게 합창대가 서 있을 수 있답니다. 그리고 가장자리 장식 밑에 있는 놋쇠 장식물은 말이죠, 외종조부님의 지시에 따라 장례식 때 융단을 걸기 위한 장치로 쓰이는 것이에요. 그분은 음악 없이는, 특히 노래 없이는 살 수 없는 분이셨습니다. 그런데도 노래하는 사람은 보기 싫어하는 독특한 분이셨죠. 툭하면 이런 말씀을 하셨어요. '극장이 우리에게 아주 나쁜 버릇을 들여놨어. 극장에서 음악은 그저 무대 위의 움직임을 돕는 것밖엔 하는 게 없어. 감정이 없으니까. 오라토리오나 악기 연주회에서도 언제나 악사들의 모습이 방해가 돼. 참된 음악은 오로지 귀를 위해서만 존재하는 거란다. 아름다운 목소리보다 더 보편적인 것은 없을 테지만, 그 소리를 내는 특정한 인물이 눈에 띄면 그 보편성의 순수한 효과가 사라져버린단 말이다. 물론 누군가와 대화할 때에는 상대를 눈으로 보고 싶지. 그 대화가 즐거워지느냐 시시해지느냐는 한 사람 한 사람의 모습과 성격에 달려 있으니까. 그러나 노래하는 사람은 눈에 띄면 안 돼. 겉모습에 현혹되고 싶지 않다고. 노래는 단지 목에서 귀로 전해지면 되는 거야. 정신이 정신에게, 다양한 세계가 우리 눈에, 천국이 인간에게 호소하는 것이 아니란 말이야.' 그래요, 기악(器樂)에 대해서도 마찬가지였어요. 악기 연주자의 기계적인 손놀림이나, 저절로 그렇게 되는 기묘한 동작이 청중의 집중력을 흐트러뜨리고 떨어뜨린다는 거예요. 그래서 외종조부님은 그들을 되도록 눈에 띄지 않게 하셨지요. 음악을 들을 때마다 그분은 늘 눈을 감고 순전히 귀로만 음악을 즐기기 위해 정신을 집중하셨습니다."

두 사람이 홀에서 막 나오려고 하는데 아이들이 헐레벌떡 복도를 달려오는 소리가 들렸다. 펠릭스가 외치는 소리도 들렸다.

"내가 말할 거야! 내가 한다니까!"

미뇽이 열린 문을 통해 먼저 뛰어들었다. 숨이 몹시 차는지 제대로 말을 하지 못했다. 좀 떨어진 곳에서 펠릭스가 큰 소리로 외쳤다.

"테레제 아주머니가 오셨어요!"

아이들은 그 소식을 서로 먼저 전하려고 달리기 시합을 한 모양이었다. 미뇽이 나탈리에의 품에 쓰러졌다. 심장이 터질 듯이 세차게 뛰고 있었다.

"어머, 요 나쁜 녀석아! 심한 운동을 하면 안 된다고 했잖니? 이거 봐, 심장이 펄떡펄떡 뛰잖아!"

나탈리에가 말하자 미뇽이 숨을 몰아쉬며 대꾸했다.

"괜찮아요, 터져도 상관없어요! 제 심장은 이미 너무 오랫동안 뛰었는걸요."

두 사람은 뜻밖에 벌어진 일에 놀라 어쩔 줄 몰랐다. 겨우 정신을 차린 순간, 테레제가 그곳에 나타났다. 테레제는 나탈리에 쪽으로 달려가 나탈리에와 미뇽을 한꺼번에 끌어안았다. 그러고 나서 몸을 돌려 맑은 눈으로 빌헬름을 쳐다봤다.

"빌헬름 씨, 어때요? 설마 당신까지 속아 넘어가지는 않았겠죠?"

빌헬름이 테레제 쪽으로 한 발 내디디자 테레제는 얼른 그에게 달려가 그 목을 끌어안았다. 빌헬름이 외쳤다.

"오, 나의 테레제!"

"빌헬름 씨, 내 연인, 내 남편, 나는 영원히 당신의 여자예요!"

테레제도 큰 소리로 외치면서 뜨거운 키스를 퍼부었다.

옆에서 펠릭스가 테레제의 치맛자락을 잡아당기며 말했다.

"테레제 아주머니, 나도 여기 있어요!"

나탈리에는 꼼짝도 안 하고 앞만 바라보고 있었다. 그때 미뇽이 갑자기 왼손을 가슴에 대고 오른손을 확 뻗으며 외마디비명을 지르더니, 마치 숨이 끊어진 것처럼 나탈리에의 발치에 풀썩 쓰러져버렸다.

충격이 너무 심했다. 미뇽의 심장은 멈추었고 맥박도 느껴지지 않았다. 빌헬름은 미뇽을 서둘러 안은 뒤 어깨에 둘러멨다. 미뇽의 몸이 힘없이 어깨 밑으로 축 늘어졌다. 의사가 달려왔지만 이미 가망이 없었다. 그 의사와 우리가 잘 아는 젊은 외과 의사가 여러모로 애써봤지만 모두 헛수고였다. 사랑스런 아이의 목숨을 되살릴 수는 없었다.

나탈리에는 테레제에게 눈짓했다. 테레제는 빌헬름의 손을 잡고 그를 밖으로 데리고 나왔다. 그는 말없이 입을 다물고 있었다. 테레제와 똑바로 마주 볼 용기도 없었다. 그는 나탈리에를 처음 만났을 때 그녀가 앉았던 소파에 테레제와 나란히 앉았다. 그동안 일어났던 운명적인 사건들이 머릿속에 주르르 떠올랐다. 아니, 사실 그는 아무것도 생각하지 않았다. 그저 도저히 피할 수 없었던 갖가지 사건들이 그의 마음을 꽉 쥐고 마음껏 흔들도록 내버려두었다. 살다 보면 여러 가지 사건들이 날개 달린 북*¹¹처럼 정신없이 우리 눈앞을 오가며, 우리 스스로 조금이나마 구상하여 짜기 시작했던 직물을

---

*11 베틀에 걸린 날실들 사이로 왔다 갔다 하면서 씨실을 푸는 기구.

제멋대로 순식간에 완성해버리는 순간이 있는 법이다.

테레제가 먼저 그의 손을 잡으면서 침묵을 깨뜨렸다.

"사랑하는 빌헬름 씨, 이럴 때일수록 우리는 서로 힘을 합쳐야 해요. 앞으로도 이렇게 우리가 힘을 합쳐야 할 일이 몇 번이나 있을 테니까요. 이런 슬픈 일을 견디려면 둘이서 함께 이 세상에서 살아나가야 해요. 빌헬름 씨, 당신은 혼자가 아니라는 사실을 기억하세요. 당신이 테레제를 사랑한다는 것을 보여주세요. 당신의 고통을 누구보다도 먼저 나와 함께 나눠주세요."

테레제는 빌헬름을 껴안았다. 그를 부드럽게 자기 가슴에 껴안았다. 그도 두 팔로 테레제를 강하게 끌어안으며 소리쳤다.

"불쌍한 미뇽! 슬픈 일이 있으면 그 아이는 이 보잘것없는 가슴에 기대고 위안을 얻었지요. 아, 부디 이 끔찍한 순간에 당신의 따뜻한 가슴으로 나를 평온하게 감싸줘요."

두 사람은 서로를 꼭 끌어안았다. 두근두근 뛰는 테레제의 심장 박동이 그의 가슴에 느껴졌다. 그러나 그의 마음속은 싸늘하고 텅 비어 있었다. 다만 미뇽과 나탈리에의 모습만이 그림자처럼 눈앞에 어른거렸다.

나탈리에가 방 안에 들어왔다. 테레제가 외쳤다.

"우리를 축복해줘! 이 슬픈 순간에 네가 지켜보는 가운데 우리 둘이 맺어지게 해줘!"

빌헬름은 테레제의 목덜미에 얼굴을 묻고 있었다. 울음이 터져나올 만큼 행복했다. 나탈리에가 들어오는 소리는 듣지 못했고 그 모습도 보지 못했다. 그러나 그녀 목소리가 귀에 들어오자 눈물이 왈칵 쏟아졌다.

"하느님께서 맺어주시는 짝을 내가 억지로 떼어놓을 생각은 없어요."

나탈리에가 빙그레 웃으며 말을 이었다.

"하지만 나는 당신들을 맺어줄 수도 없고, 칭찬할 수도 없어요. 슬픔과 사랑 때문에 둘 다 우리 오빠를 깨끗이 잊어버린 모양이니까요."

그 말을 듣자마자 빌헬름은 테레제의 품에서 얼른 빠져나왔다.

"어디 가세요?"

두 여자가 깜짝 놀라 물었다. 빌헬름이 외쳤다.

"그 아이를 만나게 해줘요! 그 아이는 내가 죽인 거나 마찬가지입니다. 불행은 차라리 똑바로 바라보는 편이 나아요. 공상만 하는 동안에는 불행이 차츰 커지면서 마음속 깊이 파고드니까요. 이 세상을 떠난 천사를 보러 갑시다. 그 아이는 밝은 얼굴로 자기는 지금 행복하다고 말할 거예요."

두 사람은 흥분한 빌헬름을 말리지 못하고 얌전히 그 뒤를 따라갔다. 그런데 젊은 외과 의사와 함께 그들을 맞이한 예의 친절한 의사는 그들이 시신에 접근하는 것을 막았다.

"그 가여운 주검에 다가가지 마세요. 내가 힘을 다해서 그 독특한 아이의 시신을 한동안 이대로 보존하고 싶군요. 아무쪼록 이해해주십시오. 단순히 부패를 막는 정도가 아니라 살아 있는 그대로의 모습을 유지하게 하는 훌륭한 기술을 그 사랑스런 아이에게 당장 써보고 싶습니다. 그 애가 머잖아 죽으리라는 것은 알고 있었어요. 그래서 준비도 다 해놨죠. 이 친구도 도와줄 테니 틀림없이 성공할 겁니다. 나에게 시간을 좀 주세요. 그 아이를 '과거의 홀'로 옮길 때까지는 다시 보고 싶다고 조르시면 안 됩니다."

젊은 외과 의사는 지금도 그 특색 있는 왕진 가방을 들고 있었다. 빌헬름이 질문을 던졌다.

"이분이 들고 계신 가방은 어디서 난 건가요?"

그 물음에 나탈리에가 대답했다.

"그거라면 내가 잘 알지요. 아버지가 주신 겁니다. 그때 숲 속에서 당신에게 붕대를 감아주신 그분 말이에요."

"아, 역시 내 생각이 맞았군요! 저 끈을 보고 금방 알아봤죠. 실례지만 그걸 나에게 파실 수 없나요? 나에게 은혜를 베풀어준 사람을 찾기 위한 실마리를 제공한 것이 저 끈이거든요. 저 생명도 없는 물건이 얼마나 많은 기쁨과 슬픔을 보아왔을지! 이제껏 저 끈은 얼마나 많은 슬픔의 현장에 있었을까요. 그런데도 아직 실오라기가 상하지 않았군요. 이제껏 얼마나 숱한 임종을 지켜보았을까요. 그런데도 아직 빛이 바래지 않았어요. 내 인생의 가장 아름다운 순간에도 저 끈은 그 자리에 있었습니다. 부상당해 쓰러져 있는 나의 눈앞에 우아한 당신 모습이 나타났던 순간에 말이죠. 지금 너무나 이른 죽음으로 우리 가슴을 아프게 하고 있는 미뇽은 그때 머리카락을 피로 물들인 채 내 목숨을 구하려고 온 정성을 다하고 있었지요."

세 사람은 이 슬픈 사건에 대해 길게 이야기할 겨를이 없었다. 또 미뇽이 누구인지, 이 아이가 어떤 이유로 갑자기 죽게 되었는지 테레제에게 설명할 시간도 없었다. 손님이 찾아왔기 때문이었다. 그들 앞에 나타난 손님은 다름 아닌 로타리오와 야르노와 신부였다. 나탈리에가 재빠르게 오빠에게 다가갔다. 다른 사람들은 그 순간 아무 말도 하지 않았다. 이윽고 테레제가 미소 지으며 로타리오에게 말을 건넸다.

"설마 여기서 나를 만나게 될 줄은 모르셨겠죠? 적어도 이런 처지에서 우리가 만나는 것은 바람직한 일이 아니잖아요. 아무튼 오랜만입니다. 정말 반가워요."

그러자 로타리오는 테레제에게 손을 내밀며 대답했다.

"우리가 언젠가는 고통스럽게 헤어져야 한다면, 내가 사랑하는 좋은 사람 앞에서 그렇게 된다 해도 상관없다고 생각합니다. 나는 당신의 결심을 억지로 바꿔놓을 마음은 없습니다. 나는 지금도 여전히 당신의 마음과 분별력과 순수한 감정을 진심으로 믿고 있어요. 그러니까 내 운명과 내 친구의 운명을 기꺼이 당신에게 맡기겠습니다."

곧이어 그들은 대수롭지 않은 삶의 이야기로 화제를 바꾸었다. 그러다가 둘씩 짝을 지어 산책하러 나갔다. 나탈리에는 로타리오와 함께, 테레제는 신부와 함께 갔다. 빌헬름은 야르노와 둘이서 저택에 남았다.

묵직한 고통이 빌헬름의 가슴을 짓누르던 순간에 세 친구가 갑자기 찾아온 일은 그의 슬픔을 한껏 더 자극하여 불쾌감을 자아냈다. 빌헬름은 강한 분노와 의혹을 느꼈다. 야르노가 왜 그렇게 뚱한 얼굴로 입을 다물고 있느냐고 물었을 때도 빌헬름은 불쾌한 기분을 숨김없이 드러냈다.

"더 이상 무슨 할 말이 있겠습니까? 로타리오 씨가 자기 보좌관들을 다 데리고 나타났잖아요. 그러니 늘 바쁘게 활동하시는 저 비밀스러운 '탑'에 있는 사람들이 이번에는 우리를 노리고 무슨 일을 꾸미고 있는 게 틀림없지 않겠습니까. 대체 우리를 상대로 무슨 기묘한 일을 계획하고 있는 건지 모르겠어요. 내가 아는 한, 그 거룩하신 분들은 이미 맺어진 것들을 갈라놓고 또 갈라진 것들을 맺어주는 일을 고상한 목표로 삼고 계시는 것 같지만요. 그분들이 그런 식으로 어떤 작품을 만들어내는지 나같이 속된 인간은 영원히 풀지 못할 수수께끼겠죠."

"화가 단단히 났군요. 뭐, 그것도 좋지만요. 좀 더 화를 내세요. 그 편이 훨씬 나으니까."

"네, 화야 얼마든지 낼 수 있죠. 내가 날 때부터 지금까지 꾸준히 길러온 타고난 인내력을 여러분이 한껏 시험하며 즐기고 있는 게 아닌지 무척 걱정되긴 하지만요."

"이번 일이 어떻게 될지는 머잖아 알게 될 테니 그 이야기는 이쯤에서 그만둡시다. 그보다도 탑에 대해서 설명을 좀 해야겠군요. 아무래도 당신은 탑을 불신하고 있는 모양이니."

"저는 지금 정신이 뒤숭숭한 상태입니다. 그래도 상관없다면 마음대로 하십시오. 다만 내 머릿속이 고민거리로 꽉 차 있어서 그 좋은 말씀을 제대로 들을 수 있을지 모르겠군요."

"기분이 몹시 안 좋은가 봅니다. 그래도 탑에 대한 의문을 풀어드리는 일을 그만둘 생각은 없습니다. 당신은 나를 영리하고 빈틈없는 인간이라고 여기나 본데, 이왕이면 정직한 인간이라고도 여겨줬으면 좋겠군요. 또 그보다 더 중요한 문제는, 이번에는 이것이 내 임무라는 점입니다."

"당신 스스로 좋아서 설명을 하는 거라면 참 좋을 텐데 아쉽군요. 처음부터 나는 당신이 하는 말은 믿지 않는데, 어째서 당신 이야기를 들어야 하는 겁니까?"

"글쎄요. 지금 내가 하는 이야기가 터무니없는 동화 같다 해도 시간을 조금 내줄 수는 있을 겁니다. 그래요, 대놓고 이런 이야기부터 한다면 당신이 억지로라도 들을지 모르겠군요. 탑에서 본 것들은 모두 젊은 혈기가 남긴 유물입니다. 처음에는 동료들 대부분이 매우 진지하게 그 일에 임했지만, 지금은 다들 지난 추억을 가끔씩 떠올릴 때만 필요로 하지요."

그 말에 빌헬름이 목청을 돋으며 물었다.

"아니, 그렇다면 그 의미심장한 동작들과 말들이 단순한 장난에 지나지 않는다는 건가요? 여러분은 외경심을 불러일으키는 장소로 엄숙하게 사람을 데려가서 기묘하기 짝이 없는 모습을 보여주고, 매우 근사하고 신비스럽고 한편 이해할 수 없는 격언들로 가득 찬 알쏭달쏭한 두루마리를 우리에게 건네주었죠. 그리고 지금까지는 수업 중인 도제(徒弟)였지만 이제는 수업시대가 끝났다고 그걸 받는 사람에게 말하죠. 하지만 어떤가요? 예전이나 지금이나 별 다름없이 조금도 현명해지지 않았단 말입니다."

"그 양피지는 지금 어디에 있죠? 가지고 있지 않나요? 거기에는 좋은 말들이 많이 적혀 있어요. 일반적인 격언이기는 해도 그냥 지어낸 이야기는 아닙니다. 하기야 그걸 읽고도 아무런 깨달음을 얻지 못한다면 아무 쓸모없는 이해하기 어려운 격언에 지나지 않겠지만요. 자, 그 수업증서란 것을 가지고 있다면 나한테 보여주겠어요?"

"그야 물론 가지고 있죠. 이런 부적은 늘 몸에 지니고 다녀야 효과가 있으니까요."

"아하, 그렇죠. 그럼 어느 샌가 거기에 적힌 내용이 당신 머리와 가슴에 새겨질 테죠?"

야르노가 싱긋 웃으며 말했다. 그는 두루마리를 펼쳐 들고 전반부를 쓱 훑어보았다.

"이 부분은 예술 감각 양성에 관한 거군요. 이거야 다른 사람들도 설명할 수 있겠죠. 후반부는 인생에 관한 내용이네요. 내 전공 분야입니다."

이어서 그는 두루마리 곳곳에서 짧은 글들을 인용하여 거기에 가끔 주석을 달거나 이야기를 곁들였다.

"젊은이들은 비밀이나 의식이나 거창한 말에 비정상적인 호감을 보이게 마련이지요. 그런데 이것은 그 젊은이의 성격에 어느 정도 깊이가 있음을 보여주는 증거가 될 때가 많아요. 그 나이에는 누구나 자기 자신의 존재를 온통 사로잡아 뒤흔드는 무언가를 원합니다. 예컨대 그것이 애매하고 불확실한 것이어도 말이죠. 다양한 것을 예감하는 젊은이는 비밀 속에서 많은 것을 찾아낼 수 있다고 믿습니다. 그래서 많은 것을 비밀로 하고 비밀스럽게 활동해야 한다고 생각하죠. 우리 젊은 친구들의 이런 생각을 부추긴 사람이 바로 신부님입니다. 그것이 신부님의 원칙이자 취미이자 습관이기 때문이지요. 한때 신부님은 어느 비밀스런 단체에 소속되어 있었나 봐요. 그 결사 자체가 비밀리에 다양한 활동을 했던 거죠. 나는 그런 비밀 활동에 도무지 적응할 수 없었습니다. 나는 다른 동료들보다 나이도 많았고, 젊을 때부터 만사를 또렷하게 보면서 언제나 그런 명확성만을 추구했지요. 나의 가장 큰 관심사는 세상을 있는 그대로 보는 것이었습니다. 나는 이런 취향을 다른 훌륭한 동료들에게도 퍼뜨렸어요. 그 바람에 하마터면 우리의 인격 수양 전체가 엉뚱한 방향으로 나아갈 뻔했습니다. 왜냐하면 우리는 오로지 남의 결점과 부족함만을 찾아내면서 스스로를 뛰어난 인간으로 여기기 시작했거든요. 그때 신부님이 우리를 도와주셨습니다. 남을 관찰할 때에는 반드시 그의 인격 형성에 관심을 가져야 한다, 실은 오로지 활동을 통해서만 자기를 관찰하고 자기 목소리를 들을 수 있다는 사실을 신부님이 우리에게 가르쳐주셨죠. 또 이런 충고도 해주셨어요. 우리 결사의 초기 형태를 그대로 유지하는 편이 좋겠다고요. 그래서 우리 결사에는 규율 비슷한 것이 남았고, 그 때문에 조직 전체가 초기의 신비주의적인 인상을 풍기는지도 몰라요. 그러다가 이 조직은 말하자면 예술의 경지에 이를 만큼 발전한 수공업 길드 형태를 띠게 되었습니다. 실습생, 조수, 선생과 같은 명칭은 거기서 유래한 거지요. 우리는 자기 눈으로 사물을 보고, 우리의 세계인식을 모은 독자적인 기록 모음집을 만들려고 했습니다. 그래서 우리는 스스로 쓰기도 하고 남에게 쓰라고 권하기도 해서 수많은 고백록을 만들어냈습니다. 그런 수기들을 바탕으로 뒷날 여러 가지 《수업시대》들이 탄생한 거죠. 아, 물론 모든 사람이 인격 수양에 관심을 갖고 있는 것은 아닙니다. 많은 사람들은 그저 안온하게 살기 위한 가정상비약이니, 돈벌이니, 갖가지 행복을 부르는 비법 따위에 신경 쓸 뿐이지요. 제 발로 똑바로 걸으려고 하지 않는 이런 사람들을 우리는 신비로운 말이나 주문으로 붙잡아두기도 하고, 때로는 내쳐버리기도 했습니다. 말하자면 자신이 태어난 목적을 실감하고 확실히 자각하게 된 사람, 웬만큼 즐겁고 편안하게 제 갈 길을 걸어갈 수 있을 만큼 수양을 쌓은 사람, 오직 이런 사람들에 대해서만 우리는 우리 나름대로 수업시대가 끝났다고 선언하는 겁니다."

"그렇다면 여러분은 나를 지나치게 빨리 졸업시켜버린 겁니다. 그날 이후로 나는 내가 무엇을 할 수 있는지, 무엇을 하고 싶은지, 무엇을 하면 좋을지 전혀 모르고 있으니까."

"우리는 이런 혼란에 빠지는 것을 나무라지 않습니다. 머잖아 행운이 다시 찾아와 우리를 구해줄 테니까요. 그건 그렇고, 이 말이나 좀 들어봐요. '앞으로 크게 될 사람은 자기 자신과 세상에 대해 늦게 깨우친다. 감성과 더불어 실행력까지 갖춘 사람은 매우 드물다. 감성은 시야를 넓혀주지만 실행력을 빼앗는다. 행위는 활력을 주지만 시야를 좁아지게 만든다.'"

"그만하세요. 이상한 격언은 더 이상 읽지 마세요. 그런 상투적인 말 때문에 지금 내 머릿속이 뒤죽박죽이란 말입니다."

"그래요? 그럼 내 이야기를 계속하죠."

야르노는 두루마리를 반쯤 말더니, 이따금 힐끔힐끔 그것을 내려다보며 말을 이었다.

"나는 모임을 위해서나 동료들을 위해서나 가장 도움이 안 되는 사람이었습니다. 나는 아주 못난 선생이었어요. 시시한 일에 필사적으로 매달리는 사람을 보면 참을 수가 없었고, 길을 헤매는 사람을 보면 당장 가서 말을 걸어야 직성이 풀렸습니다. 예컨대 그 사람이 몽유병자라서, 내가 말을 거는 순간 목뼈가 부러질 위험이 있다 해도 말이죠. 그럴 때마다 늘 신부님과 다투었습니다. 신부님은 잘못된 일을 겪어보아야만 옳은 게 무엇인지 깨닫는다고 믿으셨어요. 당신을 두고서도 우리 둘이서 자주 싸웠지요. 신부님은 특히 당신에게 관심이 많으셨어요. 그분에게 그렇게 큰 관심을 받는다는 것 자체가 대단한 겁니다. 아무튼 나는 당신을 만날 때마다 뭐든지 사실대로 거침없이 말했죠. 그래서 아마 당신한테 미운털이 박혔을 겁니다."

"당신은 정말로 무섭게 나를 다루셨지요. 언제나 자기 원칙에만 충실하신 것 같았습니다."

"아니, 여러 가지 훌륭한 소질을 지닌 젊은이가 잘못된 길을 걸어가려고 하는데 내가 어찌 보고만 있겠습니까?"

"실례지만 당신은 나한테 배우로서의 재능이 전혀 없다고 매우 냉정하게 말씀하셨잖습니까. 나는 이제 연극을 완전히 포기했지만, 솔직히 말하면 나 스스로는 그렇게 재능이 없다고 생각하지는 않는데 말이죠."

"글쎄요. 내 생각에는, 자기 자신밖에 연기할 수 없는 사람은 배우가 아닙니다. 그건 뻔한 사실이죠. 겉모습도 마음도 다 바꿔가면서 다양한 인간을 연기할 수 없다면 그는 스스로를 배우라고 여길 자격이 없습니다. 당신은 이를테면 햄릿이라든가 다른 몇 가지 역할은 아주 멋지게 소화해냈지요. 그런 역할을 할 때에는 당신의 성격과 풍채와 그 순간의 분위기가 당신을 도왔던 겁니다. 뭐, 단순한 연극 애호가나 연기 말고는 재주가 없는 사람이라면 그 정도만 해도 충분하겠지만요."

야르노는 두루마리를 보면서 말을 이었다.

"'아무리 훈련을 거듭해도 최고의 경지에 이를 수 없는 재능에 대해서는 주의해야 한다. 자기가 원하는 만큼 재능을 발전시킬 수는 있겠지만, 결국 진정한 명인의 솜씨를 보면 자신이 얼마나 부질없는 일에 시간과 정력을 낭비했는지 깨닫고 후회하게 될 테니까.'"

"읽지 마시라니까요! 부탁이에요. 그냥 이야기를 계속해주세요. 당신 이야기를 해달라고요. 부디 가르쳐주십시오. 그럼 〈햄릿〉을 상연할 때 유령을 내보내서 나를 도와준 사람이 신부님이었던 겁니까?"

"그렇습니다. 만약 당신을 구할 수 있다면, 그것이 당신을 구할 유일한 수단이라고 신부님은 확신하고 계셨거든요."

"그래서 나한테 베일을 남기고 도망치라고 하신 거군요?"

"네. 게다가 신부님은 〈햄릿〉 공연을 통해서 당신의 연극에 대한 열정이 사그라지기를 기대하셨습니다. 신부님은 이번 공연만 끝나면 당신이 두 번 다시 무대에 서지 않을 거라고 말씀하셨어요. 나는 정반대로 생각했지요. 결국 내가 옳았고요. 그날 밤에도 연극이 끝난 뒤에 우리는 그 문제로 말다툼을 벌였습니다."

"당신도 내 연기를 보신 겁니까?"

"그야 물론이죠."

"그때 유령을 연기한 사람은 누굽니까?"

"그건 나도 몰라요. 아마 신부님이나 신부님의 쌍둥이 동생이겠죠. 아마 동생일 겁니다. 동생이 좀 더 키가 크니까."

"아니, 신부님과 당신 사이에도 비밀이 있나요?"

"친구 사이에도 얼마든지 비밀이 있을 수 있죠. 사실 비밀이 없을 수가 없어요. 그렇다고 서로가 서로에게 비밀스런 존재인 건 아니지만요."

"아, 골치 아프군요. 생각하면 생각할수록 더 어지러운데요. 이번에는 신부님에 대해 말씀해주세요. 그분한테는 내가 신세를 많이 졌지요. 그만큼 불평할 점도 많지만."

"신부님이 모두에게 이토록 존경받으며 우리를 거의 지배하다시피 할 수 있는 까닭은 그분이 자유롭고 날카로운 통찰력을 지니고 있기 때문입니다. 인간은 자기 내부에 여러 가지 힘을 지니고 있어서 누구나 자기 나름대로 그 힘을 통해 성장하지요. 그런데 신부님은 그 모든 힘을 꿰뚫어볼 수 있는 통찰력을 타고나셨습니다. 대부분의 사람들은 말이죠, 아무리 훌륭한 사람이어도 시야가 어느 정도 한정되어 있어요. 누구나 자기 자신과 다른 사람의 특정한 장점만을 존중하고 오직 그것만 생각하면서 열심히 키우려 하지요. 하지만 신부님은 정반대예요. 그는 모든 힘을 제대로 식별해서 키워주고자 하십니다. 자, 이쯤해서 다시 한 번 두루마리를 봐야겠군요."

야르노가 두루마리 내용을 읽기 시작했다.

"'모든 사람이 다 모여야 인류가 되고, 모든 힘이 다 모여야 세계가 된다. 온갖 힘은 서로 자주 충돌하면서 다른 힘을 파괴하려 하지만, 자연은 그런 힘들을 하나로 모아 다시금 새로운 힘을 낳는다. 가장 수준 낮은 동물적인 수공(手工) 본능에서부터 가장 수준 높은 정신적인 예술 창작에 이르기까지, 어린아이의 혀짤배기소리나 단순한 환성에서부터 웅변가와 가수의 절묘한 표현에 이르기까지, 소년의 첫 싸움질에서부터 나라를 수호하거나 정복하는 거대한 조직에 이르기까지, 매우 가벼운 호의나 순간적인 애정에서부터 몹시 격렬한 정열과 엄숙한 결혼에 이르기까지, 눈앞에 있는 구상적인 사물에 대한 더없이 소박한 감정에서부터 머나먼 정신적 미래에 대한 더없이 어렴풋한 예감이나 소망에 이르기까지 이 모든 것들이 그리고 훨씬 더 많은 것들이 우리 인간 내부에 깃들어 있으므로 우리는 그것을 키워야 한다. 그리고 그 힘은 한 사람의 내부에 있는 것이 아니라 많은 사람들의 내부에서 모아진다. 인간의 재능은 모두 다 중요하고 필요하며, 그러므로 제대로 자랄 수 있도록 힘써주어야 한다. 어떤 사람은 아름다움만을 키우고 또 어떤 사람은 가치만을 키우는데, 이 둘이 하나가 되어야 비로소 한 인간이 완성된다. 사실 가치는 저절로 만들어진다. 가치는 누구에게나 꼭 필요한 것이어서 대중이 스스로 만들어내기 때문이다. 반면에 아름다움은 이루어져야 한다. 아름다움을 표현하는 사람은 적은데 아름다움을 요하는 사람은 많기 때문이다.'"

"그만하세요! 나도 이미 읽어본 내용이니까."

"어차피 거의 다 읽었습니다. 이 부분은 특히 신부님 생각과 매우 맞는군요. '하나의 힘은 다른 힘을 지배할 수 있다. 그러나 어떤 힘도 다른 힘을 새로 만들어낼 수는 없다. 인간의 힘은 자신의 모든 재능 속에서 자라난다. 남을 이끌고 가르치려는 사람들 가운데서도 이 점을 이해하고 있는 사람은 그리 많지 않다.'"

"나도 이해가 안 가는데요."

"이 문장에 대해서는 앞으로 신부님이 많이 가르쳐주실 겁니다. 그래서 사람은 자신에게 어떤 재능이 있으며, 그것을 어떻게 잘 자라게 할 수 있을지 늘 마음을 써주어야 합니다. 그리고 남을 존중하고 나를 희생하도록 애써야 합니다. 우리는 남을 존중할 때에만 존중받을 수 있으니까요."

"제발 부탁입니다. 잠언은 더 이상 듣고 싶지 않아요. 상처받은 마음에 잠언 따위는 어울리지 않습니다. 그보다도 당신이 잘하는 무자비한 바른말을 해주세요. 여러분이 나한테 대체 뭘 바라시는지, 뭘 어떻게 어떤 식으로 해서 나를 가지고 노시려는지 그걸 분명히 말씀해주십시오."

"내 장담하지요. 당신은 머잖아 우리를 몹시 의심했던 일을 뉘우치고 사과하게 될 겁니다. 잘 생각해서 선택하는 것이 당신의 임무이고, 당신을 돕는 것이 우리 임무입니다. 인간은 자신에게 한계가 있음을 깨닫기 전까지는 아무리 애를 써봐도 행복해질 수 없습니다. 나 같은 사람한테 의지하지 말고 신부님께 의지하십시오. 당신 자신이 아닌 주변 세계를 생각하십시오. 이를테면 로타리오 씨의 훌륭함을 깨닫고 배워보세요. 그 사람의 통찰력과 활동은 떼려야 뗄 수 없을 만큼 밀접하게 이어져 있습니다. 그는 끊임없이 앞으로 나아가면서 자기 자신을 키우고 또 모든 사람을 이끌어갑니다. 그는 언제 어디에서나 하나의 세계를 거느리고 있습니다. 단지 그가 존재하기만 해도 그를 둘러싼 사람들은 힘을 얻고 용기를 냅니다. 자, 그럼 우리의 훌륭한 의사 선생님은 어떤가요? 정반대인 것 같지 않나요? 로타리오 씨의 활동은 고루 멀리까지 영향을 미칩니다. 의사 선생님은 그 예리한 눈으로 가까운 곳만 바라보지요. 일을 만들고 남들에게 활기를 불어넣기보다는 오히려 활동을 위한 수단을 생산하는 셈입니다. 마치 알뜰하게 살림을 하는 것 같지요. 그 사람의 활동은 남들 눈에 띄지 않지만 주위에 있는 모든 사람을 도와줍니다. 그는 쉴 새 없이 모아서 늘리고 또 받은 것은 골고루 나눠주는 방법을 압니다. 어쩌면 로타리오 씨는 의사 선생님이 몇 년에 걸쳐 열심히 쌓아 올린 업적을 하루아침에 무너뜨려버릴지도 몰라요. 또 로타리오 씨는 그렇게 없어진 것을 백배로 늘려서 채울 수 있는 힘을 사람들에게 어느 날 갑자기 돌려줄지도 모릅니다."

"이렇게 나 자신이 엉망진창이 된 순간에도 남의 장점만 생각해야 한단 말입니까? 너무 비참하고 힘든 일이군요. 마음이 편안한 사람이라면 또 몰라도, 정열과 의혹으로 마음이 어수선한 사람에게는 그런 고찰이 도무지 안 어울리는 것 같은데요."

"냉정하게 이성적으로 뭔가를 고찰하는 것은 어느 때나 해롭지 않은 법입니다. 남의 장점을 생각하는 버릇이 들면 어느새 저절로 자기 자신의 장점도 알게 됩니다. 그러면 우리가 공상에 빠져서 저지르는 어리석은 실수도 기꺼이 멀리하게 되지요. 가능한 한 당신 마음속에서 모든 의심과 불안을 쫓아내 버리세요. 아, 저기 신부님이 오시는군요. 공손하게 대하세요. 머잖아 당신이 저분에게 얼마나 감사해야 하는지 좀 더 확실히 알게 될 겁니다. 나 참, 저분은 은근히 장난이 심하다니까요. 저거 봐요, 나탈리에 양과 테레제 양 사이에서 오시잖아요. 분명히 또 무슨 일을 꾸미고 계시는 거예요. 본디 저분은 운명의 신을 어설프게나마 흉내 내기를 좋아하셔서요. 가끔씩 중매를 서는 취미를 아직도 못 버리셨다고 하네요."

야르노의 현명하고 사려 깊은 조언도 빌헬름의 격정적인 분노를 누그러뜨리지는 못했는데, 하필이면 이때 야르노가 중매니 뭐니 하는 말을 꺼내는 바람에 빌헬름은 정말 무신경한 태도라고 생각하며 냉소적인 웃음을 띠고 한마디 쏘아붙였다.

"중매를 선다고요? 그런 일은 서로 좋아하는 당사자들에게 그냥 맡겨두면 좋을 텐데요."

제6장

그들 모두가 다시 한자리에 모였으므로 두 사람은 이야기를 멈추었다. 잠시 뒤 그들은 심부름꾼이 왔다는 말을 들었다. 그런데 그 심부름꾼이 편지를 로타리오에게 직접 전하고 싶어한다는 것이다. 안으로 안내되어 들어온 남자는 건장하고 유능해 보이는 사나이였다. 옷차림도 매우 훌륭하고 고상했다. 빌헬름은 그 남자를 어디서 본 것 같은 기분이 들었다. 과연 그것은 착각이 아니었다. 전에 그가 마리아네인 줄 알았던 그 여자와 필리네의 행방을 찾아달라고 뒤따라 보냈다가 그길로 소식이 끊긴 바로 그 남자였다. 빌헬름이 그에게 말을 걸려고 하는 순간에 편지를 다 읽은 로타리오가 말문을 열었다. 매우 심각하고 어쩐지 화난 듯한 투였다.

"당신 주인의 성함이 뭐요?"

그러자 심부름꾼이 공손하게 대답했다.

"죄송하지만 그것만은 말씀드릴 수 없습니다. 꼭 필요한 내용은 그 편지에 다 적혀 있을 것입니다. 구두로 전할 만한 내용은 아무것도 들은 바가 없습니다."

"그래요? 그럼 어쩔 수 없군!"

로타리오가 웃으면서 말을 이었다.

"당신 주인이 이런 어처구니없는 편지를 보낼 만큼 나를 믿으신다니, 나도 기꺼이 그분을 환영하겠소."

"곧 도착하실 겁니다."

심부름꾼은 정중히 인사하고 나서 물러갔다. 로타리오가 다른 사람들에게 말했다.

"여러분, 들어보세요. 정말이지 어처구니없는 질 나쁜 편지입니다. 글쎄, 이름 모를 작자가 이렇게 써 보냈어요. '유머야말로 모든 손님들 가운데 가장 유쾌한 손님인 줄로 알고 있습니다. 나는 언제나 이분을 길동무 삼아 이리저리 돌아다니고 있으므로, 이번에 각하를 찾아뵐 때에도 각하께서 저희를 기꺼이 환영해주시리라고 믿습니다. 더 나아가 귀댁의 모든 분들이 이번 방문에 크게 만족해주실 것을 기대하며, 그다음에 나는 기회를 보아 얼른 다시 물러갈 생각이옵니다. 그럼 이만 줄이겠습니다. 폰 슈네켄푸스*12 백작 올림.'"

"그런 백작 집안은 처음 듣는데요."

신부가 말했다.

"아마도 대리 백작*13이겠죠."

야르노도 한마디 했다. 그때 나탈리에가 입을 열었다.

"나는 그 수수께끼를 쉽게 풀 수 있어요. 틀림없이 우리 동생 프리드리히일 거예요. 외종조부님이 돌아가시고 나서부터 언제 한번 찾아오겠다고 말

---

*12 Schneckenfuß. 달팽이 다리.

*13 황제가 직무를 볼 수 없거나 서거했을 때에는 대리인(제국 집정관)이 임시로 왕위에 올라서 일을 대행했다. 이 대리인이 임명한 백작이 대리 백작이다.

했거든요."

"정답입니다! 예쁘고 똑똑하신 우리 누님!"

근처에 있는 수풀 속에서 누군가가 외치는 소리가 들렸다. 이어서 인상이 좋은 쾌활한 청년이 나타났다. 빌헬름은 하마터면 비명을 지를 뻔했다.

'원, 세상에! 그 금발머리 장난꾸러기잖아! 설마 이 친구가 이런 곳에 나타날 줄이야!'

프리드리히도 빌헬름을 알아보고 소리를 꽥 질렀다.

"어이쿠, 깜짝이야! 옛날에 내가 여러모로 신세 졌던 당신을 여기서 다시 만나다니! 이집트에 퍼질러 앉아 있는 피라미드나 이미 사라졌다고 여겨지는 전설 속의 마우솔로스 영묘*14를 여기 외종조부님의 정원에서 발견하더라도 이보다 더 놀랍지는 않을 거예요! 아, 정말 반가워요."

프리드리히는 모든 이들에게 인사와 키스를 하고 나서 다시 빌헬름 곁으로 달려왔다.

"여러분, 이분을 극진히 대접해주세요! 이분은 영웅이자 사령관이며, 연극 철학자이십니다. 내가 이 사람을 처음으로 만났을 때에는 아주 심한 짓을 했단 말이죠. 삼빗으로 머리를 벅벅 빗어주다시피 했거든요. 그런데도 내가 나중에 혼쭐나게 되었을 때 이분은 나를 구해주셨어요. 그야말로 스키피오*15처럼 너그럽고 알렉산더*16처럼 통이 크신 분이에요. 뭐, 가끔은 여자한테 푹 빠지기도 하지만, 그래도 연적을 미워하지는 않아요. 말하자면 적들의 머리 위에 숯불을 쌓아 올리는 짓은 하지 않는다고요.*17 왜, 그런 식으로 남한테 창피주는 짓을 흔히들 하잖아요? 하지만 이분은 안 그래요. 오히려 자기 애인을 빼앗아 달아나는 친구가 혹시라도 돌에 부딪혀*18 넘어질까봐, 착하고 충실한 하인을 시켜 뒤따라가게 할 정도라니까요."

그가 이렇게 쉴 새 없이 떠드는 바람에 아무도 그를 말릴 수 없었다. 게다

---

*14 먼 옛날 할리카르나소스의 통치자였던 마우솔로스 왕과 아르테미시아 왕비가 안치되어 있는 웅장한 영묘.

*15 고대 로마 장군이자 정치가. 기원전 236~183.

*16 마케도니아 왕. 기원전 356~323.

*17 《로마서》 12 : 20. "원수가 배고파하면 먹을 것을 주고 목말라하면 마실 것을 주십시오. 그렇게 하면 그의 머리에 숯불을 쌓아놓는 셈이 될 것입니다."

*18 《시편》 91 : 12. "행여 너 돌부리에 발을 다칠세라 천사들이 손으로 너를 떠받고 가리라."

가 그런 식으로 그 말에 응수할 수 있는 사람은 하나도 없었으므로, 그는 혼자서 계속 떠들어댔다.

"아, 혹시 내가 거룩한 성서와 속세의 책을 넘나드는 방대한 양의 서적을 읽은 티가 나서 놀라셨나요? 흠, 그럼 내가 어떻게 이런 지식을 얻게 되었는지 말씀드리지요."

사람들은 그가 그동안 어떻게 지냈으며 지금 어디서 오는 길인지 알고 싶어했다. 하지만 그는 여러 가지 명언이나 고사성어만 열심히 늘어놓으며 끝까지 자세한 사정은 말해주지 않았다.

나탈리에가 나지막한 목소리로 테레제에게 말했다.

"저 애가 저렇게 명랑하게 떠들어대는 모습을 보니 가슴이 아파. 겉으로는 신나게 떠들지만, 실은 분명히 무슨 일이 있는 걸 거야."

야르노가 몇 마디 농담을 던진 것을 제외하고는 아무도 프리드리히의 익살에 제대로 반응해주지 않았다. 그러자 프리드리히가 이렇게 투덜거렸다.

"이거 참, 이렇게 풍류를 모르는 분들이랑 같이 있으니까 나까지 주눅이 들어서 그동안 내가 저지른 온갖 죄들이 내 마음을 짓누르는 것 같군요. 자, 그럼 과감하게 총고해(總告解)라도 할까요. 하지만 존경하는 신사 숙녀 여러분 모두에게 이 고백을 들려드릴 수는 없겠습니다. 여기 이 귀하신 친구분한테만 들려드리지요. 이분은 이미 내 삶과 행적을 어느 정도 알고 계시니까요. 게다가 오직 이분만이 내 고백을 듣고 싶어할 이유가 있거든요. 자, 어때요? 듣고 싶지 않습니까?"

그는 빌헬름을 돌아보며 말을 이었다.

"누가, 언제, 어디서, 무엇을, 어떻게, 왜 했을까요? 그리스어 동사 'Philéo'와 'Philoh'*¹⁹의 동사 변화는 어떠하며, 세상에서 가장 사랑스러운 이 동사의 파생어는 또 어떠한지 궁금하지 않으십니까?"

그러면서 그는 빌헬름의 팔을 붙들고 호들갑스럽게 껴안거나 키스하면서 그를 끌고 갔다.

프리드리히는 빌헬름의 방에 들어가자마자 창가에 놓여 있는 면도칼 하나를 발견했다. '나를 잊지 마세요'라는 문구가 새겨져 있었다. 프리드리히가

---

*19 둘 다 '나는 사랑한다'는 뜻이다. Philoh는 Philéo의 축약형. 필리네(Philine)는 이 동사의 파생어.

입을 열었다.

"소중한 물건을 잘 간직하시나 보군요. 그래요, 이건 내가 당신 머리카락을 쥐어뜯었던 날에 필리네가 당신한테 선물한 면도칼이죠. 그동안 당신은 이걸 보면서 그 귀여운 아가씨를 떠올리셨을 테지요? 내가 감히 장담할 수 있는데, 그 사람도 여전히 당신을 잊지 못하고 있습니다. 질투심 따위는 이미 내 마음속에서 몰아냈기에 망정이지, 안 그랬으면 이렇게 당신 얼굴을 쳐다보지 못했을 겁니다."

"그 사람 이야기는 그만하게. 물론 그 여자와 함께 지내던 시절의 즐거운 추억이 오랫동안 내 머릿속에서 사라지지 않았던 것은 사실이야. 하지만 그것도 다 지난 일이지."

"쳇! 아니, 그게 뭡니까? 당신 애인을 잊어버렸다고요? 당신은 그 여자를 진심으로 사랑하고 있었습니다. 날이면 날마다 그 사람한테 선물을 보냈잖아요. 독일인이 남에게 선물을 할 때에는 틀림없이 사랑에 빠진 겁니다. 그래서 나는 결국 당신한테서 그 아가씨를 빼앗아 달아날 수밖에 없었죠. 붉은 제복을 입은 장교는 마침내 뜻을 이루었지만 말이에요."

"뭐? 그럼 그때 필리네를 찾아온 장교가…… 필리네를 데려간 그 장교가 자네였단 말인가?"

"네, 맞아요. 당신은 마리아네라고 착각하셨지만요. 당신이 그렇게 오해하는 것을 보고 우리 둘이서 배꼽을 쥐고 웃었죠."

"정말 너무하는군! 나를 그렇게 속 태우게 하고 떠나버리다니!"

"게다가 당신이 우리 뒤를 쫓게 했던 심부름꾼도 우리가 잽싸게 고용해 버렸지요. 상당히 쓸 만한 남자더군요. 지금도 그 친구는 우리 밑에서 일하고 있어요. 그리고 나는 예나 지금이나 여전히 그 아가씨를 미칠 듯이 사랑하고 있습니다. 그 사람 때문에 정신을 못 차리겠어요. 무슨 신화 속 주인공이라도 된 것 같습니다. 이러다가 어느 날 갑자기 변신하게 될까봐[20] 하루하루 벌벌 떨며 살고 있다니까요."

"그런데 자네는 대체 어디서 그렇게 폭넓은 지식을 얻은 건가? 틈만 나면 고사성어나 옛날이야기를 인용하는 자네의 그 기묘한 화법은 정말이지 놀랍

---

[20] 오비디우스의 《변신 이야기》. 괴테가 어릴 때 즐겨 읽었던 작품이다.

기 그지없군."

"실은 무척 재미있는 방법으로 해박한 지식을 얻었지요. 그것도 아주 많은 지식을요. 필리네는 지금 나와 함께 살고 있는데요. 우리는 어느 기사령(騎士領)에 있는 오래된 성을 하나 빌려서 마치 코볼트*21처럼 즐겁게 살고 있답니다. 그런데 그곳에 양은 적어도 질이 좋은 장서가 있었던 거죠. 이를테면 2절판 성서,*22 고트프리트의 《연대기》,*23 두 권으로 된 《유럽 대관(大觀)》,*24 《고대 사화집(詞華集)》,*25 그리피우스*26의 작품 따위가 있었고, 또 그만큼 귀중하지는 않아도 제법 좋은 책들이 많이 있었어요. 그런데 우리끼리 한바탕 신나게 놀고 나면 좀 심심해진단 말이죠. 그래서 우리는 심심풀이로 책을 읽기 시작했습니다. 그런데 책을 읽어도 금세 따분해지더군요. 그때 필리네가 근사한 아이디어를 생각해냈습니다. 책을 있는 대로 다 모아서 책상 위에다 모조리 펼쳐놓고, 우리가 서로 마주 앉아 교대로 책을 읽는 거예요. 이 책 저 책에서 군데군데 조금씩 읽는 거죠. 그런데 이게 정말 엄청나게 재미있더군요. 마치 상류 사교계에 와 있는 기분이 들었어요. 상류 사교계에서는 한 가지 주제만 가지고 길게 이야기하거나 심지어 철저하게 논의하거나 하면 촌스럽다고 욕을 먹잖아요? 뭐, 그래서 우리는 서로 상대의 입을 막으려고 기를 쓰며 떠들어대는 요란한 사교 모임에 참석한 기분을 맛볼 수 있었어요. 날마다 이 놀이를 규칙적으로 꾸준히 계속했죠. 그랬더니 어느새 기막힐 정도로 해박한 지식을 얻게 되었지 뭡니까. 하늘 아래 더 이상 새로운 것은 하나도 없을 정도로 말이죠. 세상만사에 대하여 우리의 지식이 근거를 제공해주더군요. 우리는 이 공부 방법을 다양하게 바꿔보았습니다. 정말로 여러 가지 방법을 써봤어요. 때로는 겨우 몇 분 만에 모래가 다 흘러내리는 망가진 모래시계를 이용하기도 했지요. 먼저 한 사람이 재빨리

---

*21 독일 민간 설화에 등장하는 장난꾸러기 꼬마 요정.

*22 대형 성서. 그 시대에 많은 사랑을 받았다.

*23 요한 루드비히 고트프리트가 쓴 《역사 연대기》. 1619년 간행된 유명한 역사서.

*24 1633에서 1718년 사이에 발행된 유럽 역사에 관한 책. 요한 아벨레(1600∼1634)가 쓴 동시대 역사서를 다른 작가가 이어 썼다. 두 권으로 된 신판이 1738년에 간행되었다.

*25 페터 라우렘베르크가 1633년에 펴낸 책. 그리스 로마 시대의 명문 200편을 모았다.

*26 독일 바로크 시대를 대표하는 시인 겸 극작가(1616∼1664). 1650년 이후로 그의 작품집이 많이 나왔으며, 1698년에는 전집이 출판되었다.

시계를 뒤집고 글을 읽습니다. 그러다 모래가 다 떨어지면 곧바로 다음 사람이 시계를 또 뒤집고서 글을 읽기 시작하는 거죠. 이런 식으로 우리는 대학생처럼 열심히 공부했습니다. 다만 우리는 시간 가는 줄 모르고 즐겁게 공부하며 아주 잡다한 지식을 쌓았다는 점에서 진짜 대학생과는 좀 다르지만요."

"맙소사, 정말 황당하기 짝이 없군! 하기야 자네들같이 유쾌한 젊은 남녀가 모였으니 그런 놀라운 짓을 할 수도 있었겠지. 그런데 자네들처럼 장난기 많은 사람들이 어찌 그렇게 오랫동안 붙어 있을 수 있는 거지? 나로선 도저히 상상할 수 없는 일이군."

"그게 바로 우리의 행복이자 불행입니다. 필리네는 지금 남들 앞에 당당히 나설 만한 모습이 아니고, 스스로도 자기 모습을 보기 싫어해요. 임신을 했거든요. 세상에 그녀보다 더 보기 흉하고 우스꽝스러운 꼴은 없을 겁니다. 내가 떠나오기 직전에도 그 사람이 우연히 거울을 보더니 '어휴, 보기 싫어!' 하면서 고개를 팩 돌리더군요. 그러고는 계속 투덜거렸어요. '멜리나 부인이랑 똑같이 생겼잖아. 아, 정말 추하기도 하지. 꼴불견이야.'"

그 말에 빌헬름은 웃으며 말했다.

"솔직히 말하겠네. 자네들 두 사람이 아버지와 어머니로서 함께 있는 모습을 본다면 꽤 우스꽝스럽긴 할 거야."

"어휴, 내가 졸지에 애아버지가 되다니, 농담도 이런 농담이 없어요. 그 사람이 그렇다고 말하고, 날짜를 따져봐도 그게 맞는 것 같지만요. 〈햄릿〉 공연이 끝난 뒤 그 사람이 당신 방에 쳐들어갔던 그 빌어먹을 사건이 있었던 만큼, 처음에는 나도 좀 긴가민가했습니다."

"뭐? 내 방에 쳐들어가다니?"

"아니, 설마 그 일을 기억 못하시는 건 아니겠지요? 혹시 모르고 계셨던 겁니까? 그날 밤 더없이 사랑스러운 모습으로 나타났던 그 살아 있는 유령은 바로 필리네였어요. 물론 그 사건은 나로선 참기 어려운 지참금이었습니다. 하지만 그만한 일도 참을 수 없다면 애초에 누굴 사랑할 자격이 없는 거죠. 자기가 애아버지냐 아니냐는 결국 스스로 그걸 굳게 믿는가 아닌가에 달린 문제예요. 나는 확신한다, 고로 나는 아버지다. 뭐, 이런 거죠. 어때요? 나는 논리학도 제대로 활용할 줄 안다고요. 우리 아이는 태어나자마자 너무 심하게 웃어서 숨이 꼴깍 넘어가지 않는 한, 유능하지는 않더라도 적어도 유쾌한 시민이 될 수 있을 겁니다."

이처럼 두 사람이 실없는 이야기를 즐겁게 나누는 동안에 다른 사람들은 심각한 대화를 나누고 있었다. 프리드리히와 빌헬름이 그 자리를 떠나자마자 신부는 자연스럽게 다른 사람들을 정원 앞에 있는 홀 안으로 데려갔다. 모두들 자리에 앉자 그는 다음과 같이 말했다.

"우리는 그저 덮어놓고 테레제 양이 그 어머니의 친딸이 아니라고 주장하기만 했습니다. 그러나 이제는 어찌 된 일인지 구체적으로 설명해야겠군요. 자세한 사정을 말씀드리지요. 이에 관해서는 앞으로도 모든 수단과 방법을 동원하여 그것이 명확한 진실임을 입증할 것입니다.

폰 ○○ 부인은 결혼하고 나서 몇 년 동안은 남편과 무척 사이좋게 잘살았다고 합니다. 그런데 안타깝게도 두어 번 아이를 가졌지만 그때마다 번번이 유산하고 말았습니다. 세 번째로 유산했을 때에는 하마터면 죽을 뻔했죠. 의사들이 부인에게 경고했습니다. 다음에 또 유산했다가는 십중팔구 목숨을 잃을 거라고요. 그들 부부는 절박한 상황에 빠졌습니다. 그러나 이혼하려고 하지는 않았죠. 겉으로 보기에 그들은 더할 나위 없이 금슬 좋은 행복한 부부였으니까요. 폰 ○○ 부인은 정신 수양을 하고 명사(名士) 행세를 하거나 허영의 기쁨을 맛보는 일을 통해서, 자기에게 주어지지 않은 어머니로서의 행복에 대한 보상을 받으려고 했습니다. 그래서 남편이 다른 여자에게 호감을 가졌을 때에도 그 잘못을 너그럽게 눈감아주었지요. 그 여자는 집안 살림 전체를 맡고 있는 아름답고 무척 야무진 처녀였습니다. 그런데 어느 날 폰 ○○ 부인이 직접 손을 써서 그 처녀와 테레제 양의 아버지를 하나로 맺어지게 해주었습니다. 그 뒤에도 그 여자는 여전히 집안 살림을 돌보며 전보다 더 헌신적으로 공손히 부인을 모셨습니다.

얼마 뒤 그 여자가 임신했다는 사실을 고백했습니다. 그때 그들 부부는 동기는 전혀 달라도 결과적으로는 똑같은 생각을 하게 되었습니다. 폰 ○○ 씨는 정부가 낳은 아이를 자신이 낳은 아이처럼 호적에 올리고 싶어했어요. 그리고 폰 ○○ 부인은 수다쟁이 의사 때문에 자기 몸에 이상이 있다는 소문이 은근히 퍼지고 있어서 마음이 몹시 불편한 상태였지요. 그래서 그 아이를 자기 아이로 슬쩍 바꿔치기해서 명예를 회복하고, 또 그 일에 매우 너그러운 태도를 보임으로써 혹시라도 잃어버릴지 모르는 이 집안에서의 우위를 계속

유지하려고 마음먹었습니다. 부인은 남편보다 훨씬 신중했습니다. 남편의 속마음을 꿰뚫어보고 있으면서도 시치미를 뚝 떼고, 남편이 먼저 말을 꺼내도록 자연스럽게 유도했지요. 드디어 남편이 그 얘길 꺼내자 부인은 자신이 원하는 것들을 조건으로 내걸어 거의 다 손에 넣었죠. 그리고 유언장이 만들어졌는데, 거기에 아이의 장래를 위한 내용은 거의 없었나 봅니다. 늙은 의사는 그때 이미 세상을 떠났으므로 그들 부부는 똑똑하고 유능한 젊은 의사에게 그 일을 부탁했습니다. 그는 보수를 듬뿍 받았어요. 또한 작고한 동료의 실수와 서툴렀던 판단을 밝혀낸다면 자기 자신의 명예도 높일 수 있을 거라고 생각했지요. 아이의 진짜 어머니도 순순히 이 계획에 동의했습니다. 이리하여 교묘한 바꿔치기가 착착 진행되었습니다. 테레제 양은 무사히 태어나서 양어머니의 아이가 되었어요. 그런데 친어머니는 이 바꿔치기의 희생자가 되고 말았습니다. 산모가 무리를 해서 너무 빨리 자리에서 일어나는 바람에 결국 건강이 나빠져 세상을 떠난 거지요. 슬퍼하는 착한 남편을 남겨두고서.

이리하여 세상의 눈으로 본다면 모든 일이 폰 ○○ 부인의 뜻대로 다 이루어졌습니다. 세상 사람들에게 당당하게 자랑할 만한 귀여운 아이를 갖게 됨과 동시에 연적도 해치워버릴 수 있었으니까요. 부인은 아무래도 남편과 그 여자와의 관계를 질투할 수밖에 없었고, 또 적어도 나중에는 그 여자의 영향력이 강해질까봐 은근히 두려워하고 있었던 것입니다. 부인은 아이를 몹시 귀여워했습니다. 또 남편과 단둘이 있을 때에는 사랑하는 사람을 잃어버린 그의 슬픔을 이해하고 동정하는 모습을 보임으로써 남편의 마음을 사로잡으려고 했습니다. 그 결과 남편은 부인에게 완전히 굴복하여 자기 자신의 행복은 물론이고 아이의 행복까지 부인에게 내맡겨버렸습니다. 그러다가 죽기 바로 전에 잠깐 동안, 그것도 다 큰 딸 덕분에 겨우 가장의 자리를 되찾을 수 있었지요. 테레제 양, 아마 편찮으신 당신 아버지가 당신에게 꼭 밝히고 싶어하시던 비밀이 바로 이것이었을 겁니다. 이 기회에 당신에게 이 이야기를 꼭 자세히 들려주고 싶었어요. 세상에 둘도 없을 기이한 인연으로 당신의 약혼자가 되어버린 우리 빌헬름 군이 때마침 자리를 비웠으니까요. 지금 내가 한 이야기를 확실하게 증명해주는 서류가 여기 있습니다. 이 서류를 보면 당신은 내가 벌써 오래전부터 발견한 이 서류를 쥐고 이리저리 쫓고 있었으며 또 이제야 겨우 확신하게 되었음을 알게 될 겁니다. 그리고 새로운 희망이 또다시 부서지기라도 하면 로타리오 씨가 크게 상처받을까봐 내가 차마 로타리오 씨에게 이런 행복의 가능성을 조금도 귀띔할 수 없었다는 사실도 알게 될 테지요. 그리고 리디에 양이 어째서 나를 의심했는지도 깨닫게 될 겁니다. 솔직히 말하자면, 나는 로타리오 씨와 테레제 양이 결혼할 수 있을지도 모른다는 가능성을 예측하고부터는 리디에 양에 대한 로타리오 씨의 애정을 조금도 북돋워주지 않았거든요."

신부의 이 이야기에 대답하는 사람은 아무도 없었다. 아가씨들은 2, 3일 뒤 신부님에게 그 서류를 돌려주었지만, 그때도 이 문제에 대해서는 아무런 말도 하지 않았다.

사람들이 한자리에 모였을 때 즐길 만한 일은 근처에서 얼마든지 찾아낼 수 있었다. 그 근방에는 매력적인 곳이 많았으므로 그들은 혼자서 또는 다 같이 모여 경치를 구경하러 갔다. 말이나 마차를 타기도 했고 때로는 걸어가기도 했다. 이 일을 기회로 야르노는 자기가 부탁받은 일을 빌헬름에게 밝히고 문제의 서류를 건네주었다. 그러나 그는 더 나아가 빌헬름에게 어떤 결단을 촉구하는 것 같지는 않았다. 빌헬름이 말문을 열었다.

"지금 나는 참으로 기묘한 처지에 있습니다. 결국은 내가 맨 처음 나탈리에 양에게 했던 진심이 담긴 말을 다시 한 번 되풀이하면 될 것 같군요. 로타리오 씨와 친구분들은 나에게 뭐든지 포기하라고 요구하실 수 있습니다. 자, 이 자리에서 나는 테레제 양에 대한 나의 모든 요구를 여러분에게 맡기겠습니다. 그 대신 여러분은 정식으로 나를 해방시켜주십시오! 그래요, 야르노 씨, 굳이 오랫동안 심사숙고하지 않아도 이런 결심이야 얼마든지 할 수 있어요! 지난 며칠 동안 나는 충분히 느꼈거든요. 테레제 양이 여기서 나를 처음 만났을 때 보여줬던 열정을 겉으로나마 어떻게든 유지하려고 애쓰고 있다는 사실을. 이미 그 사람의 애정은 저에게서 떠나가 버렸어요. 아니, 솔직히 말씀드리죠. 처음부터 나는 그 사람의 애정을 손에 넣은 적이 한 번도 없었습니다."

"이런 문제는 잠자코 기다리고 있으면 저절로 해결될 것입니다. 지나치게 말을 많이 하면 언제나 당황하거나 혼란스런 상황에 빠지기 쉬우니까요."

"아뇨, 나는 오히려 이런 때일수록 보다 냉정하고 보다 순수한 결단을 내려야 한다고 생각합니다. 지금까지 나는 공연히 망설이거나 애매한 태도를 취한다고 가끔 비난받아 왔습니다. 그런데 내가 이렇게 과감한 결단을 내린 순간에, 당신들은 어째서 스스로 비난하던 그 잘못을 나에게 저지르려고 하시는 건가요? 설마 자기 자신은 인격 수양을 원치 않는다는 사실을 우리에게 알려주겠다는 오직 한 가지 한 목적으로 우리의 인격 수양을 그토록 열심히 도와주시는 건 아니겠지요? 자, 내가 보기 드물게도 순수한 생각을 가지고 있었기에 빠져들고 말았던 이 혼란의 소용돌이에서 이제 그만 나를 해방시켜주세요. 당장 상쾌한 해방감을 느끼게 해주세요."

이렇게까지 부탁했음에도 며칠이 지나도록 그는 이번 일에 대해서 아무 말도 듣지 못했다. 친구들에게서도 아무런 변화가 나타나지 않았다. 오히려 그들은 의미 없는 일반적인 이야기만 나눌 뿐이었다.

제7장

어느 날 나탈리에와 야르노와 빌헬름이 한곳에 모여 있었는데 갑자기 나탈리에가 말을 꺼냈다.

"야르노 씨, 무슨 심각한 고민거리가 있으신가 봐요? 벌써 얼마 전부터 알아챘어요."

"네, 그렇습니다. 중대한 계획이 하나 있어요. 우리가 오랫동안 준비했던 일을 드디어 실행할 때가 왔습니다. 당신도 무슨 일인지 대충은 알고 계시지요? 이참에 이 젊은 친구에게도 말해줘야겠군요. 빌헬름 군이 이번 일에 참여할 마음이 있나 없나 확인해 봐야 하니까요. 앞으로 한동안 우리는 서로 만날 수 없을 겁니다. 나는 곧 미국으로 건너갈 생각이거든요."

"미국에요?"

빌헬름이 이렇게 반문하더니 미소를 지으며 말을 이었다.

"맙소사, 당신이 그런 모험을 할 줄은 꿈에도 몰랐습니다. 더군다나 나를 동반자로 선택해주시다니요!"

"당신도 우리 계획을 자세히 알게 된다면 생각이 달라질 겁니다. 어쩌면 이 일에 푹 빠질지도 모르죠. 한번 들어봐요. 세상 돌아가는 것을 조금이라도 안다면 커다란 변화가 닥쳐오리라는 것, 그리고 더 이상 사유재산이 완벽하게 보호되는 곳은 그 어디에도 없다는 사실도 알게 될 것입니다."

"나는 이 세상의 움직임새 따위는 모릅니다. 얼마 전까지만 해도 나는 재산 같은 데는 전혀 관심이 없었거든요. 하기야 그런 것에는 영영 관심을 두지 않는 편이 나았을지도 모르지만요. 재산을 어떻게 유지할까 걱정하다 보면 저절로 우울증에 걸릴 것 같으니까요."

"내 이야기를 끝까지 들어봐요. 걱정이야 노인네들이 하는 일이지요. 덕분에 우리 젊은이들은 마음 편히 지낼 수 있단 말입니다. 인간이 하는 모든 행동은 유감스럽게도 대립에 의해서만 균형을 이루는 법이죠. 요즘 같은 시대에 한곳에서만 재산을 보유하거나 한곳에만 투자하는 것은 현명한 방법이 아닙니다. 그렇다고 여러 곳에 분산시켜 놓은 재산을 관리하는 것도 쉬운 일이 아니죠. 그래서 우리는 새로운 방법을 생각해냈습니다. 우리의 유서 깊은 '탑'을 출발점으로 세계적인 결사를 조직해서 세계 각지의 사람들을 회원으로 받아들이는 겁니다. 그래서 이를테면 어느 나라에 혁명이 일어나 누군가가 재산을 몽땅 잃어버리는 사태가 일어났을 때에는, 회원들이 서로의 생활을 보장해주는 거지요. 나는 이제 곧 미국으로 건너가서, 로타리오 씨가 그쪽에 머물 때 마련해둔 편리한 환경을 이용할 겁니다. 신부님은 러시아로 가실 거고요. 당신은 어떤가요? 우리 계획에 참여할 생각은 없나요? 혹시 참여하고 싶다면 로타리오 씨와 함께 이 나라에 남을지 아니면 나와 함께 떠날지 결정해줘요. 내 생각에 당신은 후자를 선택할 것 같지만요. 젊은이라면 한 번쯤 멀리 여행을 떠나야지요. 그게 얼마나 도움이 되는데요."

뜻밖의 제안에 빌헬름은 정신을 가다듬고서 대답했다.

"깊이 생각해볼 가치가 있는 제안이군요. 요즘에 나는 '멀리 떠날수록 좋다'를 좌우명으로 삼고 싶은 심정이니까요. 그 계획을 좀 더 자세히 설명해주실 수 없나요? 내가 세상 물정에 어두워서 그런지, 그런 단체는 아무래도 극복하기 힘든 어려움에 처할 것 같은데요."

"그런 어려움의 대부분은 현재로선 우리 인원수가 적기 때문에 충분히 해결될 수 있지요. 우리 동료들은 모두 성실하고 현명하며 분별력이 있는 더없이 굳센 사람들입니다. 그리고 우리는 보편적인 감각을 지니고 있는데, 오직 이런 감각에서만 공동체적인 감각이 생겨날 수 있지요."

그때까지 묵묵히 듣고만 있던 프리드리히가 여기서 불쑥 끼어들었다. *27

"나한테도 권해주신다면 기꺼이 따라갈 텐데요."

그 말에 야르노는 고개를 가로저었다. 프리드리히가 이야기를 계속했다.

"그래요? 내 어디가 마음에 안 드시는 겁니까? 새로운 식민지에는 젊은 이민자들도 필요하잖아요? 젊은 친구들이라면 내가 당장 모아서 데려올 수 있습니다. 물론 유쾌한 녀석들도 데려올게요. 정말이라니까요. 그리고 이 나라에서는 더 이상 발붙일 곳이 없는 착한 아가씨도 하나 알고 있어요. 왜, 다들 아시잖아요. 사랑스럽고 매력적인 리디에 양 말이에요. 불쌍한 사람이죠. 고통과 슬픔에 사로잡혀 이러지도 저러지도 못하고 있어요. 기회를 봐서 그 슬픔을 바다 밑바닥에 가라앉히든가, 착실한 남자에게 의지하든가 할 수밖에 없죠. 저기, 빌헬름 씨, 당신도 어차피 버림받은 여자를 위로해주는 역할을 맡게 되었으니까 그냥 과감하게 결심하는 게 어때요? 저마다 좋아하는 여자를 한 사람씩 데리고 이 노신사를 따라가자고요."

이 제안에 빌헬름은 화가 났지만 애써 태연한 척하며 대꾸했다.

"글쎄, 그 아가씨가 지금 자유로운 몸인지 어떤지조차 모르잖아. 게다가 나는 누구한테 구혼해서 성공할 만큼 복 받은 남자는 아닌 것 같아. 그러니 그런 짓은 하고 싶지 않네."

그때 나탈리에가 한마디 했다.

"프리드리히, 넌 네가 경박한 인간이니까 다른 사람들도 똑같이 경박할 거라고 생각하나 보구나. 하지만 빌헬름 씨에게 어울리는 상대는 오직 이분을 위해 모든 것을 바치는 여자야. 이분 곁에 있으면서 다른 남자에 대한 추억으로 마음이 흔들리거나 하지 않는 참으로 여자다운 여자란 말이야. 다만 이번에는 상대가 테레제같이 더없이 이성적이고 순수한 여성이기에 이분도 그런 모험을 감행하신 거야."

"모험이라고요? 그야 사랑은 전부 다 모험이지요. 그늘진 정자에서 귀뚜라미 노랫소리에 둘러싸여 서로 포옹하는 것도, 또 제단 앞에서 피리소리와 북소리에 맞춰 금반지를 교환하는 것도 모두 다 모험이라고요. 모든 것이 우연의 산물이지요."

---

* 27 처음에는 나탈리에, 야르노, 빌헬름만 있었는데 갑자기 어디서 프리드리히가 나타났다. 원작자의 실수일까.

그 말에 나탈리에가 대답했다.

"내가 늘 생각하는 바이지만, 이른바 원칙이라는 것은 우리의 존재에 도움이 되는 보충 도구에 지나지 않을 뿐이야. 우리는 다들 자신의 결점을 그럴듯한 원칙의 옷으로 감싸버리기를 좋아하지. 그러니까 조심해야 해. 네가 그렇게 좋아서서 목매고 있는 아름다운 아가씨가 너를 어디로 데려갈지 모른다고."

"그 여자는 아주 훌륭한 길을 걸어가고 있어요. 바로 성자가 되는 길이지요. 물론 빙 돌아서 가는 길이지만, 그만큼 더 재미있고 확실한 길이랍니다. 막달라 마리아*28도 이 길을 걸었다고요. 그런 사람이 한둘이 아니에요. 아니, 그보다도 누님이 사랑을 논한다는 게 말이나 됩니까? 누님은 어디선가 신붓감이 하나 부족하지 않는 한 결혼하지 못하실 겁니다. 만약 어찌어찌 해서 결혼을 한다 하더라도 누님은 타고난 자비심을 발휘해서 어떤 남자의 부속물이 되어 몸과 마음을 다 바치시겠지요. 그러니까 이런 얘긴 그만두고, 여기 이 인신매매업자랑 계약해서 바다를 건너갈 사람이 누구누구인지나 확실히 정합시다."

"미안하지만 당신 제안은 받아들일 수 없소. 이미 늦었으니까. 그리고 리디에 양에 대해서는 걱정할 필요 없소."

"왜요?"

"내가 그녀에게 청혼했기 때문이오."

"아니, 아저씨! 정말로요? 굉장하네요! 이 일을 명사로 친다면 그 앞에 여러 가지 형용사들이 붙을 수 있을 테고, 또 주어로 친다면 그 뒤에 여러 가지 동사들이 따라붙을 수 있겠는데요!"

그때 나탈리에가 끼어들었다.

"내 의견을 솔직하게 말씀드릴게요. 한 여자가 다른 남자에 대한 사랑 때문에 절망하고 있을 때 그녀를 차지하려고 하는 것은 위험한 시도이지 않을까요?"

---

*28 막달라는 갈릴리 호수 서쪽 기슭, 티베리아스에서 북서쪽으로 몇 킬로미터 떨어진 곳에 있었던 마을이다. 이 마을에서 태어난 막달라 마리아는 예수를 충실히 따랐다. 예수가 처형되어 무덤에 묻히는 광경을 지켜본 이 여인은 나중에 천사들에게서 예수가 부활한다는 소식을 가장 먼저 들었다.

"위험한 줄 알면서도 감행한 겁니다. 어떤 조건만 충족되면 그 사람은 내 아내가 되어줄 겁니다. 내 말 믿으세요. 이 세상에서 가장 귀한 것은 바로 누군가를 사랑하여 정열을 불태울 수 있는 마음입니다. 그 마음이 전에 누구를 사랑했는지, 또 지금도 누구를 사랑하고 있는지는 문제가 안 됩니다. 실은 다른 남자에 대한 사랑이 내가 받게 될 사랑보다도 더 매력적으로 느껴질 정도거든요. 이 경우에는 스스로 자만에 빠져 순수한 시각을 잃어버릴 위험보다는 그 아름다운 마음의 힘을 똑바로 바라볼 수 있을 테니까요."

"최근에 리디에 양과 이야기를 나누신 건가요?"

나탈리에가 묻자 야르노는 빙그레 미소 지으며 고개를 끄덕였다. 나탈리에는 고개를 설레설레 흔들고는 몸을 일으키면서 한마디 했다.

"당신들이 하는 일을 어떻게 생각하면 좋을지 이제는 잘 모르겠군요. 하지만 나는 절대로 속아 넘어가지 않을 거예요."

나탈리에는 밖으로 나가려고 했다. 그때 신부가 편지 한 통을 들고 들어와 그녀를 붙들었다.

"아, 가지 마세요. 지금부터 내가 하는 제안에 대해서 당신의 지혜를 빌리고 싶거든요. 왜, 우리가 얼마 전부터 기다리고 있는 분이 있잖습니까. 돌아가신 당신 외종조부님과 친하셨던 후작님 말입니다. 그분이 며칠 안으로 이곳에 도착하신답니다. 그분이 이런 편지를 보내셨어요. 독일어를 생각만큼 유창하게 할 수가 없어서 답답한 처지이니, 독일어 외에 두세 개 외국어를 완벽하게 구사할 줄 아는 길동무가 한 사람 필요하다고 하시는군요. 정치가보다는 학자들과 교류하고 싶으니 그쪽 방면의 통역사를 꼭 구했으면 좋겠다고 하십니다. 이런 일에는 우리의 젊은 친구 빌헬름 군이 적격이지요. 외국어에 능통할 뿐만 아니라 다양한 지식도 지니고 있으니까요. 그리고 이렇게 훌륭하신 분을 모시고 더없이 좋은 조건 아래 독일을 유람하는 것은 빌헬름 군에게도 많은 도움이 될 것입니다. 조국을 잘 모르는 사람은 외국을 정확히 헤아릴 척도가 없으니까요. 자, 어때요? 여러분 생각은 어떻습니까? 나탈리에 양의 의견은 어떤가요?"

이 제안에 이의를 제기하는 사람은 아무도 없었다. 야르노는 어차피 당장 미국으로 떠날 마음은 없었으므로 이 제안이 자신의 미국 여행 제안에 걸림돌이 된다고 생각하지는 않았다. 나탈리에는 아무 말도 하지 않았다. 프리드리히는 여행의 좋은 점에 관한 격언들을 줄줄이 늘어놓았다.

빌헬름은 이 새로운 제안을 듣자 속으로 몹시 화가 났다. 분노를 감출 수 없을 지경이었다. 이 사람들은 한시라도 빨리 자기를 쫓아내고 싶어 안달하는 것이다. 이런 속셈이 그에게는 훤히 보였다. 더더욱 질이 나쁜 것은 그들이 그런 속셈을 노골적으로 드러낸다는 점이었다. 리디에가 그에게 품었던 의혹과 그 자신이 지금까지 겪었던 모든 일이 또다시 마음속에서 생생히 되살아났다. 그에게 모든 사정을 설명해주던 야르노의 그 자연스러운 태도조차도 이제는 억지로 꾸며낸 것처럼 느껴졌다.

그는 정신을 가다듬고 대답했다.

"확실히 괜찮은 제안이네요. 곰곰이 생각해볼 가치가 있어요."

"빨리 결정하셨으면 좋겠는데요."

신부가 말했다.

"그렇게 빨리 결정할 수는 없어요. 후작님이 이곳에 오시면 그분과 내가 잘 어울리는지 확인하고 나서 결정해도 되지 않겠습니까. 아, 그 전에 조건이 하나 있습니다. 나는 펠릭스를 데려갈 겁니다. 어디로 가든지 난 그 아이를 데려갈 거예요."

"그 조건은 받아들이기 어려울 것 같군요."

"이거 참, 알 수가 없네요. 그렇다면 나는 왜 다른 사람의 조건을 받아들여야 하나요? 나도 내 조국은 둘러보고 싶습니다. 그러나 꼭 이탈리아 사람과 동행해야 할 필요는 없지 않습니까?"

"아뇨, 젊은이는 언제나 다른 사람과 결속될 필요가 있습니다."

신부는 짐짓 점잖고 진지한 태도로 대답했다.

빌헬름은 바로 옆에 나탈리에가 있어서 마음이 조금이나마 가라앉기는 해도 더 이상 자신의 감정을 억누를 수 없을 것 같다고 생각했다. 그래서 좀 성급하게 말했다.

"조금만 더 생각할 시간을 주십시오. 앞으로도 내가 계속 다른 사람들과 함께 있어야 할지 아니면 오히려 내 마음과 분별력의 단호한 명령에 따라서, 나를 끊임없이 비참하게 구속할 것만 같은 이 모든 인연을 단숨에 끊어버려야 할지, 머잖아 결판을 낼 수 있을 것입니다."

그는 매우 흥분한 상태로 이렇게 말했다. 나탈리에를 힐끗 보니 마음이 좀 가라앉았다. 이 격정적인 순간에 나탈리에의 자태와 가치가 한층 더 깊숙이 그의 가슴속에 새겨졌다.

이윽고 혼자가 된 빌헬름은 스스로에게 말했다.

"그래, 솔직히 고백하자. 너는 그 사람을 사랑하고 있어. 한 사람이 온 힘을 다해 누군가를 사랑할 수 있다는 것이 과연 어떤 것인지 너는 또다시 실감하고 있어. 이런 식으로 나는 마리아네를 사랑했지. 그러면서도 지독한 오해를 했고. 또 나는 필리네를 사랑했어. 그러나 그 여자를 경멸할 수밖에 없었지. 나는 아우렐리에를 존경했어. 그러나 그녀를 사랑할 수는 없었어. 나는 테레제를 존경했어. 실은 펠릭스에 대한 부성애가 테레제에 대한 애정의 모습을 띤 것이었지. 그런데 이 가슴속에 사람을 행복하게 만들어주는 온갖 감정이 다 모여 있는 지금 나는 멀리 떠나야 하는 걸까? 아아, 어째서 이런 감정은, 이런 인식은 그 사람을 소유하고 싶다는 불같은 욕망을 수반하는 걸까? 그리고 그 사람을 소유하지 않는 한 이러한 감정과 확신이 다른 모든 행복을 완전히 파괴해버리는 이유는 또 무엇일까? 앞으로 내가 태양이나 세상이나 사회나 그 밖의 어떤 것이 가져다주는 행복을 과연 맛볼 수가 있을까? 너는 언제나 '나탈리에가 이곳에 없다'고 속으로 한탄하기만 하지 않을까? 그런데 또 슬프게도 나탈리에는 언제나 네 눈앞에 어른거리겠지. 눈을 감으면 그 사람 모습이 떠오를 거야. 그리고 눈을 뜨면 눈부신 영상이 잔상을 남기듯이 그 사람의 잔상이 모든 사물 위에 떠돌고 있을 거야. 전에도 잠깐 스쳐 지나갔던 아마존의 모습이 꾸준히 네 공상 속에 나타나지 않았던가? 그때 너는 그 사람을 보기만 했지 알지는 못했어. 그런데 이제 너는 그 사람을 알게 되어서 그 사람 가까이에 있지. 그 사람은 너에게 많은 관심을 보이고 있어. 지금 네 가슴속에는 그 사람의 인격이 깊이 새겨져 있다고. 전에 그 사람의 모습이 네 마음속에 새겨졌던 것과 마찬가지로. 그리고 무엇보다도 끊임없이 뭔가를 찾아 헤매는 것은 괴로운 일이야. 그러나 겨우 찾아낸 것을 버리고 떠나야 한다는 것은 그보다 훨씬 더 괴로운 일이지. 앞으로 나는 이 세상에서 무엇을 찾고 무엇을 구해야 하나? 이에 견줄 만한 보물이 과연 어느 지방의 어느 마을에 묻혀 있을까? 나는 그보다 더 시시한 보물을 찾기 위해 언제까지나 여행을 계속해야 하는 걸까? 인생이란 한쪽 끝에 다다르자마자 또다시 왔던 길로 돌아가야 하는 달리기와도 비슷한 것일까? 선하고 훌륭한 것은 도저히 움직일 수 없게끔 고정되어 있는 목표물에 지나지 않아서, 그곳에 다다른 순간 곧바로 말을 달려 또다시 멀리 떠나가야 하는 걸까? 속세의 물건을 원하는 사람은 하늘 아래 어디에서나, 심지어 시장이나 장터 같은 곳에서도 얼마든지 그것을 손에 넣을 수 있건만!"

그때 아들이 그에게로 뛰어왔다. 그는 아들을 불렀다.

"얘야, 이리 오렴! 너는 내 전부야. 앞으로도 영원히 그랬으면 좋겠구나. 너는 사랑하는 네 어머니를 대신해서 나에게 온 거야. 또 내가 널 위해서 선택한 두 번째 어머니의 역할까지 대신해주어야 한다. 그리고 이번에는 그보다 더 큰 공허함을 네가 메워줘야겠구나. 너의 아름다움과 사랑스러움과 지식욕과 능력으로 내 마음과 정신에 활기를 불어넣어다오."

아이는 새 장난감을 가지고 열심히 놀았다. 아버지는 아이가 장난감을 좀 더 쉽게 가지고 놀 수 있도록 도와주려고 했는데, 그 순간 아이는 장난감에 대한 흥미를 잃고 말았다. 그 모습을 본 빌헬름이 외쳤다.

"아아, 너는 진정한 인간이구나! 얘야, 이리 오렴. 펠릭스, 나랑 같이 가자. 우리 둘이서 가능한 한 목적 따위 생각하지 말고 발길 닿는 대로 이 세상을 한가롭게 돌아다녀 보자꾸나."

빌헬름은 이곳을 떠나 아이를 데리고 이 세상의 다양한 사물들을 두루 구경하며 기분전환을 해야겠다고 단단히 결심했다. 그는 베르너에게 편지를 써서 돈과 신용장을 맡기기로 했다. 이번에는 꼭 서둘러 돌아오라는 엄명을 내리며 프리드리히의 심부름꾼에게 그 일을 시켰다. 그는 다른 친구들에게는 몹시 화가 나 있었지만 나탈리에하고는 변함없이 순수한 관계를 유지했다. 그는 자신의 계획을 그녀에게 밝혔다. 나탈리에는 그가 떠날 수도 있고 또 떠나야 한다는 사실을 당연하다는 듯이 받아들였다. 그녀의 차가워 보이는 태도에 그는 슬픔을 느꼈다. 그러나 나탈리에가 옆에 있으면서 상냥하게 말을 해주자 그는 이루 말할 수 없이 마음이 편안해졌다. 나탈리에는 여러 도시들을 방문, 그곳에 사는 자기 친구들과 만나보라고 권했다. 이윽고 심부름꾼은 빌헬름이 원하던 것을 가지고 돌아왔다. 그런데 베르너는 이 새로운 여행에 불만이 있는 모양이었다. 그의 편지 내용은 다음과 같았다.

"자네가 마침내 분별력을 가지게 되리라는 내 소망은 또 한동안 이루어질 수 없겠군그래. 도대체 자네들은 어딜 그렇게 싸돌아다니는 건가? 자네가 재산 경영을 도와줄 거라면서 나에게 기대를 잔뜩 품게 만들었던 그 여자는 대체 어디로 간 건가? 또 다른 친구들도 이곳을 떠나는 바람에 영지 법관과 내가 둘이서 온갖 일을 다 떠맡고 있단 말일세. 다행히 그는 우수한 법률가이고 나는 우수한 재산관리인이지. 우리는 어떻게든 일을 해치우는 데에는 도가 튼 사람들이야. 그럼 잘 다녀오게. 자네의 탈선행위는 너그럽게 용서하겠네. 그런 탈선행위 덕분에 이쪽 거래가 잘 진행되고 있는 셈이니까."

외적인 조건만 보자면 이제 빌헬름은 언제든지 떠날 수 있었다. 그러나 두 가지 장애물이 그의 마음을 붙들고 놔주지 않았다. 사람들은 그가 아무리 애를 써도 장례식날까지는 미뇽의 시신을 볼 수 없다고 했다. 장례식은 신부가 집전할 예정이었지만 아직 준비가 덜 되어 있었다. 게다가 시골 목사가 기묘한 편지를 보내왔다. 이 일로 의사가 그쪽으로 가보았다. 그것은 빌헬름이 좀 더 자세히 알고 싶어하던 하프 연주자에 대한 일이었다.

처지가 이렇다 보니 빌헬름은 밤낮으로 몸과 마음이 편치 않았다. 모든 사람이 잠들면 그는 고요한 집 안을 이리저리 돌아다녔다. 옛날에 보았던 낯익은 미술품들이 그의 마음을 끌기도 하고 때로는 거부감을 불러일으키기도 했다. 자신을 둘러싸고 있는 그 모든 것을 무엇 하나 이해할 수 없었지만 그렇다고 해서 무시할 수도 없었다. 모든 것이 모든 것을 연상시켰다. 지금까지 살아온 인생의 고리를 남김없이 다 바라보는 기분이 들었다. 그러나 아쉽게도 그 고리는 끊어져 영원히 하나로 이어지지 않을 것 같았다. 아버지가 팔아버린 이 미술품들은 하나의 상징처럼 여겨졌다. 즉 빌헬름 또한 이 세상의 바람직한 것을 조용히 철저하게 소유하는 일에서 배제되어 있으며, 또 자신의 잘못이나 타인의 잘못으로 인해 그것을 빼앗기게 되어 있다는 사실을 그 미술품들이 상징하는 듯했다. 이런 기묘하고도 서글픈 생각에 잠겨 있자니 문득 자신이 유령이 된 것 같은 착각이 들었다. 주변에 있는 사물들을 직접 만지고 느낄 때에도 자신이 정말 살아서 이 세상에 존재하고 있는지 의심하지 않을 수 없었다.

자신이 발견하고 또 재발견한 모든 것을 이토록 어처구니없이, 그러면서도 어쩔 수 없이 버려야 한다니. 이런 사실이 이따금 그를 괴롭혔다. 이러한 깊은 슬픔과 비통한 눈물만이 자신이 살아 있다는 감정을 느끼게 해주었다. 그는 스스로 맛보았던 진정한 행복을 공허한 심정으로 떠올려 보았다. 그리고 크게 탄식했다.

"그래, 인간에게서 다른 모든 것을 합친 것보다도 더 소중한 오직 하나뿐인 무언가가 없어진다면, 그건 아무것도 없는 것과 마찬가지야!"

드디어 후작이 도착했다. 신부가 모두에게 이 사실을 알리고 빌헬름에게 충고를 했다.

"당신은 아들과 단둘이서 여행을 떠나기로 결심하신 것 같더군요. 그래도 후작님과 인사는 하고 가세요. 여행길에 우연히 그분을 만난다면 틀림없이 도움이 될 테니까."

후작이 나타났다. 노인이라고 하기에는 아직 젊은 사람이었다. 풍채가 좋고 호감 가는 전형적인 롬바르디아 사람처럼 보였다. 그는 청년 시절에 그보다 훨씬 나이가 많은 외종조부님을 군대에서 만나게 되었고, 그다음에는 사업 관계로 친해졌다. 나중에 두 사람은 이탈리아 대부분의 지역을 함께 여행하기도 했다. 후작이 이곳에서 다시 만난 미술품들은 대개 그에게서 직접, 또는 그가 지금도 생생하게 기억하는 몇 번에 걸친 우연한 기회를 통해서 사들여져 이곳에 소장된 것이었다.

보통 이탈리아 사람들은 다른 나라 사람들보다도 예술의 높은 가치에 예민하게 반응한다. 그리고 나름 품위 있는 사람들은 하나같이 예술가나 명인이나 교수로 불려지길 바란다. 이런 칭호에 대한 욕심을 통해 이탈리아 사람들은 적어도 단지 뭔가를 전수받아 재빨리 습득하거나 수련을 함으로써 숙련된 기술을 얻는 것만으로는 충분치 않다고 확실히 못을 박는다. 더 나아가 모든 사람이 자기가 하는 일에 대해 생각하거나, 원칙을 세우거나, 이런저런 일을 꼭 해야 하는 이유를 자신에게도 남에게도 분명히 밝히는 능력을 가지고 있어야 한다는 의견을 밝힌다.

후작은 소유자가 이미 세상을 떠나 안타깝긴 해도 이토록 훌륭한 미술품들을 다시 볼 수 있어 무척 감동한 모양이었다. 그는 떠나간 친구의 영혼이 근사한 유품을 통해 자신에게 말을 거는 것 같다며 기뻐했다. 그들은 다 같이 다양한 작품들을 구경하며 의견을 나누었다. 의견이 일치하자 분위기가 무척 화기애애해졌다. 후작과 신부가 주로 이야기를 이끌었다. 나탈리에는 외종조부님을 다시 만난 것 같은 기분을 느끼며 두 사람의 의견과 사고방식을 완벽하게 이해했다. 빌헬름은 두 사람의 이야기를 연극용어로 바꿔야지만 비로소 어느 정도 이해할 수 있었다. 사람들은 프리드리히의 경망스런 수다를 막으려고 애썼다. 야르노는 그 자리에 거의 얼굴을 비치지 않았다.

요즘에는 뛰어난 예술품이 눈에 띄게 줄어들었다는 이야기가 나오자 후작이 자신의 생각을 말했다.

"환경이 예술가에게 얼마나 큰 영향을 끼치는지 고려하고 통찰하기란 쉬운 일이 아닙니다. 아무리 위대한 천재나 가장 뛰어난 재능을 지닌 예술가라도 그 자신에 대한 요구는 언제나 끝이 없고, 타고난 소질을 개발하려면 이루 말할 수 없이 엄청난 노력이 필요합니다. 그런데 환경이 예술가에게는 별로 좋지 않고, 또 세상 사람들이 그저 경박하고 안일하고 쾌적한 겉모습만을 추구하기에 그들을 쉽게 만족시킬 수 있다는 사실을 깨닫게 되면, 예술가는 게으름과 이기심으로 인해 평범하고 변변치 못한 것만 붙잡고 늘어지게 됩니다. 안 그런다면 오히려 놀랄 일이겠지요. 예술가가 조금이나마 고통이 따르더라도 올바른 길을 선택하기보다는 그냥 유행에 맞는 물건을 만들어서 돈과 명성을 얻으려고 하는 것도 신기한 일은 아니에요. 요컨대 현대 예술가는 결코 작품을 만들려고 하지 않고 단지 인기 있는 상품을 만들어서 팔려고 내놓을 뿐입니다. 대중을 만족시키기보다는 자극하려고만 합니다. 모든 것이 애매모호하기만 해요. 기초나 완성 따위는 존재하지 않습니다. 잠깐이라도 화랑에 머물며 대중이 어떤 작품에 끌리는지, 어떤 작품을 칭찬하고 어떤 작품을 무시하는지 한번 보십시오. 그걸 확인하는 순간 우리는 이 시대에 흥미를 잃고 미래에 대한 희망도 거의 포기하게 될 것입니다."

그 말에 신부가 맞장구를 쳤다.

"네, 그렇습니다. 그리고 유감스럽게도 예술가와 애호가는 서로 협력하고 있어요. 애호가는 흔하고 모호한 만족밖에 원하지 않습니다. 예술작품이란 마치 자연 풍경처럼 쾌적한 느낌을 줘야 한다고 생각하지요. 사람들은 예술작품을 감상하는 기관이 혀나 턱과 마찬가지로 자연스럽게 만들어져 있다고 믿으며 예술작품을 요리 비슷한 것으로 여기고 있습니다. 진정한 예술 감상의 경지에 오르기 위해서는 다른 종류의 문화도 필요하다는 것을 모르는 것이지요. 본디 인간이 자기를 형성하고 교양을 쌓으려면 이런 차이가 존재함을 반드시 깨달아야 하는데, 이것이 가장 어려운 문제입니다. 바로 그렇기 때문에 편협한 교양이 무수히 생겨나는 것이며, 그 모든 것이 뻔뻔하게도 교양 전체를 비난하고 있는 실정입니다."

"무슨 말씀을 하시는 겁니까? 나로선 명확하게 이해하기가 힘든데요."

때마침 그곳에 온 야르노가 이렇게 말하자 신부가 대꾸했다.

"이 문제를 간결하고 정확하게 설명하기란 어려운 일입니다. 하지만 이것만은 말씀드릴 수 있습니다. 인간이 다양한 활동을 하거나 다양한 향락을 누리고자 한다면 그에 따라 서로 다른 다양한 기관들을 저마다 만들어내야 합니다. 모든 것을 자신의 전인격으로 실행하며 즐기려 하는 사람, 자기 외부에 있는 모든 것을 그런 즐거움과 관련지으려 하는 사람은 영원히 만족되지 못할 노력만 계속하다가 인생을 헛되이 보낼 것입니다. 훌륭한 조각이나 멋진 그림을 그 자체로서 바라보고, 노래를 노래 자체로서 듣고, 배우를 배우로서 칭찬하고, 건축물을 그 자체의 조화와 영속성 때문에 즐기는 것은 당연해 보여도 실은 매우 어려운 일입니다. 보시다시피 대부분의 사람들은 완벽한 형태를 갖춘 예술작품을 마치 말랑말랑한 점토처럼 다루지요. 그들은 자기 취향과 의견과 변덕스런 기분에 따라 행동합니다. 이미 완성된 대리석상을 곧바로 새로 만들라고 합니다. 잘 세워진 건축물의 규모를 넓히거나 줄이라고 합니다. 그림은 반드시 교훈을 담고 있어야 한다고 말합니다. 연극은 보는 이를 교화해야 한다고 주장합니다. 그러니까 그들은 모든 것이 얼마든지 바뀔 수 있다고 생각하는 것이지요. 그런데 실상은 어떨까요? 대부분의 사람들은 그들 스스로가 형태가 없으며 자기 및 자기의 본질에다 형태를 부여할 수 없으므로, 모든 대상으로부터 형태를 빼앗아서 모든 것을 자기와 똑같이 애매하고 느슨한 소재로 만들어버리는 것입니다. 마침내 모든 것을 이른바 '효과'로 환원하는 것이지요. 그러므로 모든 것이 상대적입니다. 전혀 맞지 않거나 너무 평범한 것을 제외하고는 모든 것이 상대적으로 바뀌는 것입니다."

신부의 설명을 듣고 야르노가 말했다.

"알겠습니다. 아니, 정확히는 당신이 철저히 주장하시는 원칙과 방금 말씀하신 이야기가 일치한다는 사실은 잘 알겠습니다. 그러나 나는 인간이라는 불쌍한 존재를 그토록 엄격하게 대할 수는 없습니다. 하기야 예술과 자연의 최고 걸작을 보자마자 곧바로 자신의 초라한 욕구를 떠올리거나, 오페라를 보면서도 나 자신의 양심과 도덕심을 오페라에 적용시키거나, 한 주랑

(柱廊) 앞에 서서도 개인적인 사랑과 증오를 버리지 못하는 인간들이라면 나도 지겨울 만큼 많이 봤지만요. 그들은 외부에서 주어지는 가장 좋고 가장 선한 작품을 자신의 슬픔과 어떻게든 연결지으려고 자신의 상상 속에서 가능한 한 보잘것없는 사물로 만들어버리는 것입니다."

제8장

그날 저녁에 신부는 사람들을 미뇽의 장례미사에 초대했다. 모두들 '과거의 홀'로 들어갔다. 홀 내부는 더없이 불가사의한 조명과 장식물로 화려하게 꾸며져 있었다. 벽면은 거의 다 하늘색 융단으로 뒤덮여 있어서 겨우 벽 아랫부분과 위쪽 돌림띠만이 보일 뿐이었다. 네 귀퉁이에 세워진 촛대에서는 커다란 양초들이 활활 타고 있었고, 가운데 놓인 석관을 에워싼 네 개의 작은 촛대에서는 조그만 양초들이 타고 있었다. 석관 옆에는 은빛 수가 놓인 하늘색 옷을 입은 소년 네 명이 서 있었다. 그들은 석관 위에 누운 고인에게 큼직한 타조 깃털 부채로 바람을 보내고 있는 것 같았다. 일동이 자리에 앉자, 눈에 띄지는 않지만 두 합창대가 귀여운 목소리로 노래하기 시작했다.

"우리의 이 비밀스런 모임에 그대들이 데려온 이는 누구인가?"

그러자 네 소년이 사랑스러운 목소리로 대답했다.

"지친 친구 하나를 데려왔어요. 한동안 여러분 곁에서 쉬게 해주세요. 앞으로 천국에 있는 형제자매의 노랫소리가 이 친구를 깨울 때까지."

합창대

우리 모임에 들어온 첫 번째 젊은 친구여, 진심으로 환영한다. 슬퍼하며 환영한다. 그대의 뒤를 잇는 소년 소녀가 이곳에 오지 않기를. 오직 노인들만이 스스로 마음 편히 이 고요한 홀로 다가오기를! 자, 사랑스런 아이야, 이제 이 엄숙한 모임 속에서 편히 쉬어라.

소년들

아아, 친구야, 얼마나 마지못해 너를 이곳에 데려왔는지! 너는 이곳에 머물겠지. 우리도 이곳에 머물러 너를 위해 울 거야. 우리 친구의 관 옆에서 울 거야.

합창대

보라, 이 힘찬 날개를. 보라, 이 가볍고 순결한 옷을. 머리의 황금 리본이 얼마나 눈부시게 빛나는지. 보라, 이 아름답고 고상한 안식을.

소년들

아, 안타까워라. 더 이상 저 날개는 펄럭이지 못하는구나. 옷자락이 나부끼지 않는구나. 너를 위해 장미 화관을 만들어주었을 때 너는 다정한 눈길로 우리를 쳐다보았건만.

합창대

마음의 눈으로 먼 곳을 보라. 그대들 안에서 샘솟게 하라. 아름답고 고상한 생명을, 머나먼 별님 너머로 데려다주는 강력한 힘을.

소년들

안타깝고 또 안타까워라. 너는 이제 떠나갔구나. 더 이상 정원을 거닐며 들꽃을 따지 않는구나. 너를 이곳에 두어야 하다니! 우리가 너를 위해 우는 것을 허락해줘. 우리를 울게 해줘. 네 곁에 머물게 해줘.

합창대

아이들아, 이제 그만 삶으로 돌아가거라. 너희의 눈물을 흐르는 냇물에 떨어뜨리고 상쾌한 바람에 말리려무나. 밤을 피해 도망가거라. 밤낮의 기쁨과 지속적인 삶은 살아 있는 자들의 운명이란다.

소년들

네, 그럼 우리는 삶으로 돌아가겠습니다. 낮이여, 우리에게 일과 기쁨을 다오. 저녁이 우리에게 휴식을 선사하고 밤잠이 우리 내부의 힘을 되살려놓을 때까지.

합창대

아이들아, 서둘러 삶으로 돌아가거라. 아름다움의 순결한 옷을 입고 천상의 눈동자 위에 불멸의 관을 쓴 사랑의 여신이 너희 앞에 나타나기를.

소년들은 떠나갔다. 신부가 의자에서 일어나 관 뒤로 걸어갔다.

"새로이 이곳에 눕게 된 사람은 누구나 엄숙한 의식으로 맞이해야 합니다. 그것이 이 고요한 거처를 마련하신 분이 정해놓은 규칙이죠. 이 저택을 지으시고 이 홀을 만드신 분에 이어 우리는 처음으로 이곳에 어린 외국인을 맞게 되었습니다. 이리하여 엄격하고 멋대로이고 냉혹한 죽음의 여신의 전혀 다른 두 희생자를 이 조그만 공간에 안치하게 되었습니다. 우리는 일정한 법칙에 따라 이 세상에 태어납니다. 우리가 빛을 볼 때까지 자라나는 일수는 정해져 있습니다. 그러나 수명에 관한 법칙은 없습니다. 가장 연약한 생명의 실이 뜻밖에 오래 버티기도 하고, 또 가장 튼튼한 실이 변덕스러운 운명의 여신의 가위에 걸려 싹둑 잘리기도 합니다. 지금 이 장례식의 주인공이 누구인지 우리는 잘 모릅니다. 이 아이가 어디서 태어났는지, 부모가 누구인지 우리는 모릅니다. 나이도 그저 추측해볼 뿐입니다. 이 아이는 자신의 굳게 닫힌 마음 안에 숨기고 있던 아픔을 조금도 내비치지 않았습니다. 그래서 우리는 이 아이에 대해 아는 바가 거의 없습니다. 다만 한 가지, 어느 야만스런 사나이의 손아귀에서 자기를 구해준 사람에 대한 이 아이의 사랑만은 우리도 알고 있습니다. 이 부드러운 애정, 이 뜨거운 감사의 마음이 바로 이 아이의 생명의 기름을 다 쓰면서 타올랐던 불꽃이 아닐까요. 숙련된 의사의 솜씨도 이 아이의 생명을 이어주지는 못했으며, 친구들의 세심한 배려도 그 삶을 길게 연장시키지는 못했습니다. 그러나 의술은 떠나가는 영혼을 붙잡지는 못했을망정 모든 수단을 동원하여 시신이 썩는 것을 막았습니다. 대량의 향유가 온 혈관 구석구석까지 채워져서 혈액을 대신하며, 이토록 일찍 창백해져버린 뺨을 붉게 물들여주었습니다. 여러분, 이리 오세요. 오셔서 기술과 배려가 낳은 이 기적을 보십시오."

신부가 덮개를 치웠다. 미뇽은 천사 옷을 입고 더없이 편안한 자세로 누워 있었다. 꼭 잠들어 있는 것 같았다. 모두들 그 옆으로 다가가서 살아 있는 것 같은 그 모습을 보고 경탄했다. 그러나 빌헬름은 꼼짝도 하지 않았다. 그는 그대로 멍하니 의자에 앉아 있었다. 자신이 지금 무엇을 느끼고 있는지 생각해볼 수도 없었다. 뭔가를 생각하는 순간, 그 느낌이 산산이 부서질 것 같았다.

신부는 후작을 위해 프랑스어로 말했다. 후작도 다른 사람들과 함께 미뇽에게 다가가 그 시신을 주의 깊게 바라보았다. 신부가 말을 계속했다.

"다른 사람들에 대해서는 그토록 굳게 마음의 문을 닫고 있었지만, 이 아이의 착한 마음은 성스러운 믿음을 가지고 끊임없이 하느님을 우러러보고 있었습니다. 하느님에 대한 이 아이의 겸손함, 아니 자기비하에 가까워 보이는 그 성향은 아마 타고난 것이었나 봅니다. 이 아이는 가톨릭교 안에서 태어나고 자란 독실한 가톨릭 신자였습니다. 가끔 성스러운 흙 위에서 편안히 잠들고 싶다는 은밀한 소망을 내비치기도 했지요. 그래서 우리는 교회 관습에 따라 이 대리석 관을 축복하고, 베개 속에 넣어준 흙 한 줌에도 하느님의 축복이 내리도록 했습니다. 임종의 순간에 이 아이는 그 부드러운 두 팔에 열렬히 입을 맞췄습니다. 수없이 많은 점으로 구성된 매우 우아한 십자고상(十字苦像)에 말이지요!"

그렇게 말하면서 신부는 미뇽의 오른팔 소매를 걷어 올렸다. 다양한 문자와 기호를 배치해서 새겨 넣은 십자고상이 하얀 피부 위에서 푸르스름하게 빛났다.

후작은 몸을 굽히고 그 문신을 뚫어져라 보았다. 그러다가 갑자기 허리를 쭉 펴고 두 팔을 높이 쳐들며 외쳤다.

"오오, 하느님! 가엾은 아이야! 불쌍한 내 조카딸아! 설마 이런 곳에서 널 만날 줄이야! 이 얼마나 슬프고도 기쁜 일이냐. 우리는 벌써 오래전에 포기했었는데, 호수 밑바닥에 가라앉아 물고기 밥이 되었을 거라고 생각했던 네 육신을 여기서 다시 찾아내다니! 너는 이제 죽어서 이토록 아름답게 보존되었구나. 애야, 내가 네 장례식에 참석하고 있다. 아주 장엄하고 멋진 장례식이야. 훌륭한 분들이 참석해주셔서 더욱 근사해진 장례식이지. 아, 나중에 좀 진정하고 제대로 말할 수 있게 되면……."

그가 목멘 소리로 더듬더듬 말을 이었다.

"……너 대신 내가 이분들께 깊은 감사의 뜻을 표하마."

그는 눈물이 앞을 가려 더 이상 아무 말도 할 수 없었다. 그러자 신부는 용수철 장치를 눌러 미뇽의 시신을 석관 바닥으로 내려보냈다. 그러자 아까 보았던 소년들과 똑같은 옷을 입은 젊은이 네 명이 융단 그늘에서 나타나더니 아름답게 장식된 묵직한 뚜껑으로 관을 덮고 노래를 불렀다.

청년들

과거의 보물, 지난날의 아름다운 형상은 이곳에 안치되었습니다. 이 대리석 안에서 썩지 않고 편히 쉴 것입니다. 그리고 그대들 가슴속에서도 계속 살아 움직일 것입니다. 이제 삶으로 돌아가십시오. 이 성스러운 엄숙함을 그대로 가지고 가십시오. 오직 성스러운 엄숙함만이 삶을 영원하게 할 수 있으니까요.

보이지 않는 합창대가 이 마지막 구절을 청년들과 함께 불렀다. 그러나 이 격려의 말에 귀 기울이는 사람은 하나도 없었다. 그들은 신비로운 발견과 기묘한 감동에 깊이 빠져 있었던 것이다. 신부와 나탈리에가 후작을 안내하고 테레제와 로타리오가 빌헬름을 데리고 나갔다. 합창 소리가 완전히 사라지자 드디어 온갖 슬픔과 성찰과 생각과 호기심이 또다시 모든 이의 마음을 강하게 사로잡았다. 그들은 다시 한 번 아까와 같은 그 엄숙한 분위기 속으로 돌아가고 싶어졌다.

제9장

후작은 이 일에 대해 이야기하려고 하지 않았다. 그러나 신부하고는 단둘이서 긴 대화를 나누었다. 사람들이 모두 모인 자리에서 후작은 음악을 자주 들려달라고 청했다. 그때마다 사람들은 이 부탁을 기꺼이 들어주었다. 실은 다들 대화하기를 꺼렸던 것이다. 이런 식으로 며칠이 지났는데, 후작이 슬슬 떠날 준비를 하고 있다는 사실이 알려졌다. 어느 날 그는 빌헬름에게 말했다.

"나는 그 아이의 시신을 번거롭게 이리저리 옮기고 싶지 않아요. 그 아이는 자기가 살면서 사랑하고 괴로워했던 이 고장에 계속 머무는 편이 좋을 겁니다. 하지만 그 아이의 친구였던 여러분은 꼭 그 애의 조국에 와주시기 바랍니다. 그곳으로 나를 찾아오셔서, 그 가엾은 아이가 태어나고 자란 곳을 둘러보겠다고 약속해주셔야겠습니다. 거기 있는 원기둥과 조각상을 구경하셔야지요. 아마 그 아이도 어렴풋이 기억하고 있었을 테지만.

그 아이가 자주 조약돌을 줍곤 했던 호숫가로 여러분을 안내하고 싶어요. 친애하는 젊은 양반, 특히 당신에게 큰 신세를 진 어느 가족의 감사하는 마음을 설마 몰라주지는 않겠지요? 나는 내일 떠날 겁니다. 자세한 사정은 신부님께 다 말씀드렸어요. 그분이 나 대신 여러분에게 이야기해드릴 겁니다. 내가 슬픔이 북받쳐 중간에 말을 자꾸 멈췄는데도 그분은 끝까지 잘 참고 들어주셨습니다. 아마 그분은 제삼자로서 나보다 더 이야기를 잘 정리해서 들려주시겠지요. 그나저나 전에 신부님께서 제안하신 대로, 나와 함께 독일을 여행하시지 않겠습니까? 그러면 정말 기쁠 텐데요. 아드님을 데리고 가셔도 괜찮습니다. 혹시 아드님이 우리에게 하찮은 불편을 끼치더라도, 그때마다 우리 불쌍한 조카딸을 보살펴주신 당신의 따뜻한 마음씨를 새삼 떠올릴 수 있겠지요.”

그날 저녁 백작부인이 도착하는 바람에 다들 깜짝 놀랐다. 부인이 들어오자 빌헬름은 온몸이 부들부들 떨렸다. 부인도 미리 마음의 준비를 하고 있었는데도 언니에게 기대지 않을 수 없었다. 나탈리에는 동생에게 얼른 의자를 권했다. 부인의 옷차림은 이상하리만치 수수했고 용모도 그새 많이 변해 있었다. 빌헬름은 부인을 똑바로 쳐다볼 수 없었다. 부인은 빌헬름에게 다정하게 인사했지만 그 짧은 몇 마디 속에 부인의 생각과 감정이 고스란히 배어 있었다. 후작은 일찍 잠자리에 들었으나 다른 사람들은 아직은 서로 헤어질 생각이 없었다. 신부가 원고를 꺼내 들었다.

“나는 이 놀라운 이야기를 듣자마자 얼른 종이에 적어놓았습니다. 이런 신기한 이야기를 적을 때야말로 잉크와 종이를 아끼지 말아야지요.”

백작부인도 지금 무슨 일이 문제되고 있는지 들어서 알게 되었다. 신부가 원고를 읽기 시작했다.

“나도 나름대로 세상을 많이 보아온 사람입니다만, 역시 전세계를 뒤져봐도 우리 아버지보다 희한한 사람은 찾기 힘들 거라는 생각이 듭니다. 그분의 성품은 고결하고 솔직했으며, 그분의 생각은 아주 넓어서 위대하다 싶을 정도였습니다. 그분은 자기 자신에게 더없이 엄격한 분이셨지요. 어떤 계획이든 흔들림 없이 철저하게 실천하셨지요. 아버지의 모든 행동은 한결같고 규칙적이었습니다. 그래서 그분은 한편으로는 사귀기도 쉽고 같이 일하기도 좋은 상대였지만, 또 한편으로는 이러한 성질 때문에 세상과 결코 쉽게 타협하지 못하는 분이기도 했습니다. 아버지는 모든 규칙을 준수하는 일을 자신의 신조로 삼을 뿐만 아니라 모두에게도 요구하셨거든요. 국가든, 이웃이든, 자식이든, 하인이든 가리지 않고 말이죠. 그분이 아무리 온당한 요구를 해도 그 엄격한 성품 때문에 그것은 무리한 요구가 되어버렸습니다. 그래서 아버지 생각대로 되는 일이라곤 하나도 없었지요. 뿐만 아니라 그분은 끝내 인생을 즐기는 경지에는 이르지 못했습니다. 호화로운 저택을 짓고 정원을 만들고 매우 아름다운 고장에 있는 큰 토지를 새로 손에 넣었을 때에도 아버지는, 당신은 검소하게 인내하면서 살아가야 할 운명을 타고났다고 작은 소리로 중얼거리며 속으로 울분을 삼키셨습니다. 아버지는 척 봐도 무척 위엄 있는 분이셨지요. 농담을 던지실 때에도 뛰어난 지성만이 두드러질 뿐이었습니다. 특히 남에게 비난받는 것을 참지 못하셨어요. 언젠가는 당신이 만든 시설물을 누가 비웃었다는 이야기를 듣고 완전히 이성을 잃으셨습니다. 그런 모습은 평생에 딱 한 번 봤어요. 아버지는 자기 자식들과 재산도 바로 이런 정신으로 정리해 나가셨습니다. 형님은 뒷날 엄청난 재산을 물려받을 후계자로서 교육을 받았으며, 나는 성직자가 되고 동생은 군인이 될 운명이었습니다. 나는 활발하고 정열적이며 활동적이고 민첩했습니다. 나는 운동이라면 뭐든지 다 잘했지요. 반면에 내 동생은 고요히 앉아 몽상을 즐겼습니다. 학문과 음악과 문학에도 푹 빠져 있었지요. 그래서 격렬한 말다툼 끝에 당신의 계획이 실현될 수 없음을 완전히 깨닫고 나서 아버지는 그제야 마지못해 동생과 내 직업을 바꾸는 일을 허락해주셨습니다. 아버지는 우리 둘 다 만족해 하는 것을 뻔히 알면서도 직업을 바꾼 것을 탐탁지 않게 여기셨어요. 그래서 우리가 선택한 직업은 결과가 좋지 않을 거라고 단언하셨지요. 나이가 들수록 아버지는 차츰 더 사회 전체로부터 스스로 고립되셨습니다. 마지막에는 거의 혼자 살다시피 하셨지요. 아버지와 변함없이 친분을 유지한 사람은 그분의 오랜 친구 한 명뿐이었습니다. 이 친구분은 독일에서 군 복무를 하셨는데, 원정 도중에 아내를 잃으셨지요. 그런데 그분이 저희 집 근처에 있는 작은 집을 구입하더니 열 살쯤 된 딸을 데리고 그곳으로 이사를 오셨습니다. 그리고 일주일에 몇 번씩 날짜와 시간을 정해 아버지를 찾아오셨지요. 가끔씩 딸도 데려왔습니다. 하지만 그 사람은 절대로 아버지의 뜻을 거스르는 행동을 하지 않았어요. 아버지는 오로지 그분만은 유일하게 참고 지낼 수 있는 말동무로 인정하셨습니다. 이윽고 아버지가 돌아가시자 이 사람은 꽤 많은 유산을 받게 되었습니다. 그분이 시간낭비를 하지 않았다는 사실을 우리도 잘 알게 된 겁니다. 그는 토지를 더 늘렸습니다. 자기 딸한테도 많은 지참금을 줄 수 있게 되었지요. 그 소녀는 점점 자라서 놀랍도록 아름다워졌습니다. 그래서 형님이 나한테 가끔 농담을 하곤 했죠. 그 아가씨한테 결혼을 신청해보라고요.

한편 내 동생 아우구스틴은 수도원에서 참으로 기묘한 상태에 빠져 몇 년 동안 은둔 생활을 하고 있었습니다. 그는 성스러운 열광의 즐거움에 푹 빠져 있었지요. 한동안은 셋째 하늘*29까지 올라갔나 싶더니 금세 비참한 무력감과 공허의 나락으로 떨어져버리는, 반은 정신적이고 또 반은 육체적인 감정에 사로잡혀 있었던 겁니다. 아버지 살아생전에는 진로를 바꿀 생각을 할 수 없었습니다. 무엇을 바라거나 요청한다는 것은 말도 안 되는 일이었습니다. 그러나 아버지가 돌아가시고 나서는 동생이 우리를 자주 찾아왔습니다. 처음에는 딱하기만 하던 동생의 상태도 점점 좋아졌어요. 이성이 승리를 거두었기 때문이지요. 그런데 동생이 이성을 되찾자, 자연의 올바른 길을 걸으면서 만족과 건강을 얻을 수 있다는 사실을 깨닫게 되었어요. 그래서 동생은 하느님에 대한 맹세로부터 자신을 해방시켜달라고 점점 더 열성적으로 우리에게 부탁하게 되었습니다. 그러면서 자기가 이웃에 사는 스페라타에게 관심이 있음을 은근슬쩍 내비쳤고요.

형님은 그동안 아버지의 엄격함 탓에 많이 고생했기 때문에 동생의 처지를 그냥 두고 보지 못했습니다. 그래서 우리는 우리 집안의 고해신부님을 찾아뵈었습니다. 기품 있는 늙은 신부님이셨지요. 우리는 그분께 동생의 두 가

---

*29 구름의 하늘, 새의 하늘(첫째 하늘) 위에는 드넓은 하늘이 있는데 그 투명한 궁륭천장에는 해, 달, 별과 같은 천체가 자리 잡고 있다(둘째 하늘). 그리고 그 위에 하느님이 살고 계시는 하늘이 있다(셋째 하늘). 천사들도 살고 있는 그 하늘은 구원받은 사람들이 마지막에 다다르는 낙원이다.

지 소원을 솔직히 밝히고서 이 일을 잘 해결해달라고 부탁드렸습니다. 하지만 그분은 이상할 정도로 망설이셨어요. 동생이 하도 졸라대서 우리도 좀 더 열심히 신부님을 설득했죠. 그랬더니 그분은 마침내 결심을 하고 우리에게 기묘한 이야기를 털어놓으셨습니다.

놀랍게도 스페라타는 아버지와 어머니가 똑같은 우리의 누이동생이었습니다. 아버지는 남편으로서의 권능이 이미 사라졌을 법한 만년에 이르러 다시 한 번 애정과 욕정에 사로잡히셨던 겁니다. 그런데 바로 얼마 전에도 그 지방에서 비슷한 일이 일어나 동네 사람들의 웃음거리가 된 일이 있었지요. 아버지는 그와 마찬가지로 웃음거리가 되고 싶지는 않았습니다. 그래서 마치 젊은 날의 무모한 애정에서 생겨난 사랑의 열매를 숨기듯이, 만년에 얻은 이 합법적인 사랑의 열매를 주의 깊게 숨겨버리기로 결심하셨던 겁니다. 우리 어머니는 비밀리에 아이를 낳아 남의 집에 보내셨습니다. 이때 고해신부님을 제외하고는 이 비밀을 아는 유일한 사람인 아버지의 옛 친구분이 그 아이를 자기 딸로 삼겠다고 흔쾌히 승낙하셨습니다. 신부님은 부득이한 경우에는 이 비밀을 밝혀도 된다는 유보 조건을 받아놓았습니다. 그 뒤 아버지가 돌아가시자 그 소녀는 한 노파의 보살핌을 받으며 자랐습니다. 우리는 동생이 노래와 음악에 이끌려 이미 그 여자 집에 드나들고 있다는 사실을 알고 있었습니다. 동생은 새로운 인연을 맺기 위해 오래된 인연을 끊게 해달라고 끊임없이 졸라대고 있었죠. 그래서 우리는 그가 얼마나 위험한 상황에 처해 있는지 가능한 한 빨리 동생에게 알려주지 않을 수 없었습니다.

그러자 동생은 경멸에 찬 사나운 눈초리로 우리를 쏘아보면서 악을 썼습니다.

'말도 안 되는 헛소리는 집어치워요! 그런 황당무계한 이야기는 순진한 꼬맹이나 얼빠진 멍청이한테나 들려주라고요. 내 마음에서 스페라타를 빼앗지는 못할걸요. 스페라타는 내 여자예요. 그러니까 끔찍한 소설 같은 이야기는 더 이상 하지 말아요. 내가 그런 거짓말에 속아 넘어가서 겁먹을 것 같아요? 스페라타는 내 누이동생이 아닙니다. 내 아내예요.'

그는 황홀한 듯이 우리에게 설명해주었습니다. 그 천사 같은 처녀가 나를 구해줬다, 사람들로부터 부자연스럽게 고립되어 있던 나를 참된 인생으로 인도해줬다, 우리 두 사람의 마음은 이부합창의 두 목소리처럼 조화를 이루고 있다, 나는 지금까지 겪었던 모든 괴로움과 방황을 오히려 축복하고 싶다, 왜냐하면 그 덕분에 모든 여성들로부터 멀어졌다가 지금은 이렇게 세상에서 가장 사랑스런 처녀에게 나 자신을 송두리째 바칠 수 있게 되었으니까……

우리는 동생의 이 고백을 듣고 경악을 금치 못했습니다. 동생의 처지가 너무 딱했어요. 그러나 우리로선 어쩔 도리가 없었습니다. 동생은 격한 투로 스페라타가 자기 아이를 가졌다고 단언했습니다. 고해신부님은 자신의 의무를 다해주셨지만 소용이 없었습니다. 오히려 사태가 더욱 악화될 뿐이었죠. 동생은 자연과 종교의 관계, 인륜적 권리와 시민적 법칙의 관계를 논하며 어떻게든 자기한테 유리한 방향으로 해석하려고 최선을 다했습니다. 동생의 생각에는 자신과 스페라타와의 관계보다 더 성스러운 것은 없으며, 남편과 아내라는 이름보다 더 고귀한 것은 없었습니다. 그는 소리 높여 외쳤습니다. ‘오직 이것만이 자연의 이치에 맞는 것입니다! 나머지는 모두 다 망상이나 편견에 지나지 않습니다. 과거의 훌륭한 민족들을 보세요. 하나같이 형제자매의 결혼을 인정했잖아요? 아, 당신들이 모시는 신들의 이름은 꺼내지도 마세요. 우리를 현혹하여 자연의 길에서 벗어나게 만들어, 더없이 숭고한 욕망을 파렴치한 강압에 의해 끔찍한 범죄로 만들고 싶을 때에만 당신들은 그 신들의 이름을 이용하지 않습니까. 당신들은 정신을 혼란시키고 육체를 치욕적으로 남용했다는 이유로 생매장당할 희생자들을 원하고 있을 뿐이라고요.

나는 이렇게 말할 자격이 있습니다. 왜냐하면 열광의 최고 경지인 가장 감미로운 만족 상태로부터 무력감과 공허와 부정과 절망의 끔찍한 절망에 이르기까지, 또 초월적인 존재에 대한 최고의 예감으로부터 가장 완전한 불신인 나 자신에 대한 불신에 이르기까지 나는 그 모든 것을 겪으며 누구보다도 많이 괴로워했으니까요. 나는 현혹으로 가득 찬 술잔의 내용물을 찌꺼기까지 남김없이 다 마셨습니다. 그리하여 치명적인 독이 내 존재 전체에 뼛속까지 스며들었지요. 그런데 이제는 자비로운 자연이 사랑이라는 가장 큰 선물을 통해 다시금 나를 치유해 주었습니다. 나는 천사 같은 아가씨의 품에 안겨서 새삼스레 내 존재와 그녀의 존재를 느낍니다. 우리가 하나임을 알고, 이 생명의 결합에서 제삼자가 태어나 우리에게 미소 지을 것임을 압니다. 그런데 바로 이 순간에 당신들은 지옥의 불꽃, 연옥의 화염을 끄집어내서 이 순결한 사랑의 열렬하고 진실하며 결코 파괴할 수 없는 환희를 함부로 공격하려고 합니다. 어차피 그런 불꽃으로는 겨우 병적인 상상력이나 태울 수 있을 텐데 말이죠. 날 만나고 싶거든, 하늘을 향해 우듬지를 장엄하게 뻗치고 있는 저 사이프러스 나무 아래로 오세요. 레몬꽃과 유자꽃이 피어나고 우아한 미르테가 청순가련한 꽃송이를 내미는 그 산울타리 쪽으로 우리를 만나러 오시라고요. 오셔서 당신들의 그 인공적인 어두운 잿빛 그물로 어디 한번 우리를 위협해보시죠!' "

이처럼 동생은 오랫동안 우리가 하는 이야기를 믿지 않고 끈질기게 버텼습니다. 우리가 진실만을 말하고 있음을 맹세하고 신부님이 직접 보증해주셨는데도 그는 끝내 생각을 바꾸지 않았습니다. 오히려 고래고래 소리를 질러댔습니다.

"당신네 수도원 복도에 울려 퍼지는 메아리나, 곰팡내 나는 양피지나, 복잡하고 변덕스런 법령 따윈 다 집어치워요! 그보다도 자연과 당신들 마음에다 물어보라고요. 그러면 자연은 당신들이 무엇을 두려워해야 하는지 가르쳐줄 겁니다. 자연은 자기가 대체 무엇에게 영원한 최종적 저주를 내리는지, 그 엄격한 손짓으로 당신들에게 가르쳐줄 겁니다. 저 백합을 보세요. 암술과 수술이 한 꽃줄기에서 나지 않습니까. 두 가지를 낳은 꽃이 그 둘을 하나로 합쳐주지 않습니까. 더구나 백합은 순결의 상징이 아닌가요? 형제자매의 결합이 아름다운 열매를 맺지 않습니까? 자연이 그런 결합을 배척한다면 그 점을 분명히 표현할 것입니다. 존재해서는 안 될 창조물이 이 세상에 태어날 리 없습니다. 실수로 태어난 창조물은 일찌감치 죽어버릴 테지요. 불모의 꽃은 힘없이 피었다가 일찍 시들어버릴 것입니다. 이것이 바로 자연의 저주입니다. 자연의 엄격함을 보여주는 증거입니다. 자연은 직접적인 결과를 통해서만 어떤 대상에게 벌을 내립니다. 자, 주위를 한번 둘러보세요. 무엇이 금지되어 있고 무엇이 저주를 받고 있는지 훤히 보이지요? 정숙한 수도원에서나 번잡한 세상에서나 자연의 저주를 받은 수많은 행위들이 성스러운 행위로서 존경을 받고 있습니다. 안일한 나태, 지나친 노동, 방자한 과잉, 곤궁한 결핍, 이런 것들을 자연은 서글픈 눈으로 내려다보며 우리에게 '절도'를 지키라고 합니다. 자연의 모든 관계는 진실하며 자연의 모든 작용은 평온합

니다. 나처럼 고통을 겪은 사람은 자유로워질 권리가 있습니다. 스페라타는
내 여자예요. 오로지 죽음만이 그녀에게서 나를 떼어놓을 수 있을 것입니다.
그러니 어떡하면 내가 스페라타를 독차지할 수 있을지, 어떡하면 내가 행복
해질 수 있을지 그것만 걱정해주세요. 나는 곧바로 스페라타 곁으로 가서 이
제는 두 번 다시 떨어지지 않을 겁니다.

　동생은 스페라타를 만나기 위해 나룻배를 타러 가려고 했습니다. 우리는
그를 붙잡았어요. 더없이 끔찍한 결과를 낳을 게 뻔한 짓은 제발 하지 말아
달라고 애원했습니다. 너는 지금 네가 생각하고 상상하는 것 같은 자유로운
세계에서 살고 있는 게 아니야, 자연의 법칙과 마찬가지로 철저한 법칙과 관
계가 존재하는 조직체 속에서 살고 있다는 점을 잊지 말아다오. 우리는 그렇
게 말했습니다. 고해신부님은 동생을 늘 감시하며 절대로 집 밖으로 나가지
못하게 하라고 우리에게 신신당부를 하시더니, 며칠 뒤에 돌아오겠다는 말
을 남기고 떠나가셨습니다. 그런데 마침내 우리가 두려워했던 일이 일어나
고 말았어요. 물론 이성은 우리 동생을 강하게 만들어주었습니다. 하지만 그
는 마음이 약했어요. 전에 받았던 종교적 인상들이 마음속에 생생히 되살아
나는 바람에 그는 무시무시한 회의에 사로잡혀버렸습니다. 그렇게 이틀 동
안 괴로운 낮과 밤을 보내야 했습니다. 고해신부님이 다시 그를 도우러 오셨
지만 아무 소용도 없었습니다. 고삐 풀린 자유로운 이성은 그를 용서했으나,
그의 감정과 종교와 온갖 익숙한 관념들이 그에게 유죄를 선고한 것입니다.

　어느 날 아침, 우리는 동생의 방이 텅 비어 있는 것을 발견했습니다. 책상
위에 종이쪽지가 놓여 있었어요. 내용은 대충 이랬습니다. 당신들이 다짜고
짜 나를 감금했으니까 나는 나 자신의 자유를 추구할 권리가 있다, 나는 도
망쳐서 스페라타를 만나러 갈 거다, 우리 둘은 멀리 도망칠 거다, 당신들이
우리 둘을 억지로 갈라놓을 작정이라면 나도 이미 각오한 바가 있다……

　우리는 너무 놀라 허둥거렸습니다. 그러자 신부님이 진정하라고 하셨어
요. 불쌍한 동생은 빈틈없이 감시를 당하고 있었던 겁니다. 그래서 뱃사공들
이 그를 건너편 기슭으로 건네주지 않고 수도원으로 데려갔던 겁니다. 40시
간 동안 한숨도 못 자고 깨어 있던 그는 달빛을 받으며 나룻배가 흔들리기
시작하자마자 기절하듯 잠들어버렸습니다. 그리고 눈을 떴을 때에는 이미
수도사들이 그를 둘러싸고 있었죠. 등 뒤에서 수도원 문이 닫히는 소리가 들

렸습니다. 그 소리에 그는 겨우 정신을 차렸던 겁니다.

우리는 동생의 비참한 운명이 너무 안타까워서 고해신부님의 냉혹함에 거세게 항의했습니다. 그러나 존경스런 신부님은 '섣불리 동정했다가는 오히려 불쌍한 환자에게 치명적인 해를 끼칠 수 있다'고 외과 의사처럼 논리적인 근거를 제시하며 순식간에 우리를 설득해버렸습니다. 그분은 결코 자기 마음대로 행동하는 것이 아니라 주교님과 장로회의의 명령을 따라 움직이는 것이라고 하셨습니다. 그 의도는 세상의 모든 비난을 피하면서 이 슬픈 사건을 비밀스런 교회 규율의 베일로 덮어 감추려는 것이었지요. 스페라타는 철저히 보호를 받았습니다. 애인이 친오빠라는 사실도 그녀에게는 알리지 않기로 했습니다. 스페라타는 이미 그녀의 사정을 알고 있는 어느 신부님에게 맡겨졌지요. 그래서 스페라타의 임신과 출산은 비밀에 부쳐질 수 있었습니다. 그녀는 어머니로서 갓 태어난 아이에게 온 마음을 기울였어요. 다른 수많은 처녀들과 마찬가지로 스페라타도 글을 몰랐습니다. 그래서 그녀는 애인에게 전하고 싶은 말을 신부님에게 대신 전해달라고 부탁했지요. 그 신부님은 젖먹이를 안고 있는 어머니를 속이는 일은 신성한 의무라고 여겼습니다. 그래서 그는 본 적도 없는 내 동생의 근황을 스페라타에게 전하고, 내 동생의 이름으로 평온히 살기를 바란다고 말했습니다. 자기 자신과 아이를 잘 돌보면서 뒷일은 모두 하느님께 맡기라고 했습니다.

스페라타는 날 때부터 신앙심이 강한 여자였어요. 더구나 그녀의 처지와 외로움 때문에 그런 경향이 더욱 강해졌지요. 신부님도 일부러 그런 감정을 부채질했습니다. 스페라타가 언젠가 우리 동생과 영원히 이별할 수 있게끔 마음의 준비를 시키려고요. 이윽고 아이가 젖을 떼고, 더없이 끔찍한 영혼의 고뇌에도 견딜 수 있을 만큼 어머니의 체력이 회복되었습니다. 그 사실을 확인하자마자 신부님은 스페라타의 잘못을 무시무시한 형태로 설명하기 시작했습니다. 그는 성직자에게 몸을 허락한다는 것은 자연에 대한 죄악이자 근친상간이나 다름없다는 식으로 말했습니다. 왜냐하면 그는 스페라타가 느끼는 후회를, 그녀가 자기 잘못의 참모습을 알았더라면 틀림없이 느끼게 되었을 후회와 똑같은 것으로 만들어야겠다는 기묘한 생각을 하고 있었기 때문입니다. 이런 식으로 신부님은 스페라타의 마음속에 커다란 슬픔과 고통을 심어주고, 교회와 그 수장(首長)인 그리스도의 관념을 더없이 드높여 놓았지요. 더 나아가 그는 이런 사건에 눈감고 심지어 죄인들을 정식으로 결혼시 킴으로써 용서해준다면 영혼의 구제와 관련해서 아주 무서운 결과를 낳게 될 것이라 했고, 또 죄인이 하루빨리 잘못을 뉘우쳐서 언젠가 천상의 영광을 얻는 것이 훨씬 더 구원에 가까운 길이라고 말했습니다. 그리하여 마침내 스페라타는 가련한 죄인처럼 자진해서 단죄의 칼날 아래 목을 들이밀고, 영원히 내 동생과 헤어지게 해달라고 간절히 부탁하게 되었습니다. 이처럼 설득 작업이 멋지게 성공하자 교회 사람들은 스페라타가 자기 집이나 수도원에 자유롭게 머물 수 있도록 허락해주었습니다. 물론 어느 정도 감시가 따르기는 했지만요.

스페라타가 낳은 아이는 쑥쑥 자라더니 좀 이상한 성격을 보이기 시작했습니다. 그 아이는 아주 어릴 때부터 이리저리 뛰어다니며 매우 날렵하게 움직였습니다. 게다가 누구한테 배우지도 않았는데 어느새 무척 아름답게 노래를 부르거나 치터를 연주하게 되었습니다. 다만 말로써 자기 생각을 표현하는 일에는 서툴렀습니다. 발음기관에 문제가 있다기보다는 오히려 그 아이의 사고방식에 이상이 있는 것 같았지요. 그런데 그 불쌍한 어머니는 자기 자식에 대해 슬픈 감정을 느끼고 있었습니다. 신부님의 거침없는 설득이 머릿속을 온통 헤집어놓는 바람에 그녀는 정신 상태가 아주 이상해져버렸어요. 자신이 저지른 잘못이 점점 더 끔찍하고 심한 죄악으로 여겨졌습니다. 신부님이 몇 번이나 되풀이해 말한 근친상간 비유가 스페라타의 가슴에 너무 강하게 박힌 나머지, 그녀는 마치 진정한 관계를 깨달은 것처럼 지독한 혐오감을 느끼게 된 것입니다. 신부님은 이 불행한 여인의 마음을 갈가리 찢어놓은 자신의 뛰어난 솜씨를 적잖이 자랑스러워했나 봅니다. 하지만 자기 자식의 존재를 진심으로 기뻐하는 모성애와, 이 아이는 애초에 태어나지 말았어야 했다는 끔찍한 생각이 서로 충돌하는 모습은 보기에도 딱할 정도였습니다. 때로는 두 가지 감정이 막상막하로 겨루기도 했고, 또 때로는 자식에 대한 혐오감이 모성애를 이기기도 했습니다.

사람들은 이 아이를 일찌감치 어머니한테서 떼어놓아 저 아래 호숫가에 사는 착한 부부에게 맡겼습니다. 아이는 전보다 더 자유롭게 뛰놀게 되었어요. 곧 아이가 나무타기를 무척 좋아한다는 사실이 밝혀졌습니다. 나무 꼭대기까지 올라가기도 하고, 뱃전에서 뛰놀기도 하고, 가끔 그 동네에 찾아오는 줄타기 광대들의 놀라운 재주를 흉내 내기도 했습니다. 그것이 그 아이의 타고난 본능이었어요.

모든 동작을 쉽게 해내려고 그 여자아이는 남자아이와 옷을 바꿔 입는 것을 좋아했습니다. 그 아이의 양부모님은 이렇게 품행이 나쁜 짓은 도저히 허락할 수 없다고 생각했지만 우리는 되도록 그 아이를 너그럽게 용서해주라고 했어요. 그 아이는 이따금 이리저리 뛰어다니다가 이상하리만치 멀리까지 가기도 했습니다. 길을 잃어 한동안 헤맬 경우도 있었으나 결국 어느 사이엔가 집에 돌아왔습니다. 그럴 때마다 그 아이는 대체로 이웃 마을에 있는 별장의 현관 원기둥 근처에 앉아 있었지요. 그래서 사람들은 어느새 그 아이가 사라져도 찾으려고 하지 않게 되었습니다. 그냥 제 발로 돌아오기를 기다리게 되었지요. 그 아이는 그곳에 있는 돌계단에서 잠시 쉬는 모양이었습니다. 그러고는 커다란 홀로 들어가 입상을 구경하다가 누군가 특별히 붙들지 않는 한 서둘러 집으로 돌아오곤 했습니다.

그런데 마침내 우리의 이런 믿음이 무너지고 말았습니다. 우리의 안이함이 벌을 받게 된 겁니다. 그 아이는 돌아오지 않았어요. 그 애 모자가 물 위에 떠 있었습니다. 급류가 호수로 흘러 들어가는 지점에서 그리 멀지 않은 곳이었어요. 그 아이는 바위에 기어오르다가 실수로 떨어진 것 같았는데 아무리 찾아봐도 그 아이의 시체는 발견되지 않았습니다.

주위에 있는 여자들의 부주의함으로 이윽고 스페라타도 자기 아이가 죽었다는 사실을 알았습니다. 그런데 스페라타는 그 소식을 듣고도 침착하고 명랑한 태도를 보였어요. 하느님께서 그 불쌍한 아이를 데려가심으로써 그 애가 더 큰 불행을 당하거나 일으키는 일을 예방해주셔서 다행이라는 식으로 기쁜 심정을 노골적으로 내비치기까지 한 것입니다.

이 일을 계기로 호수에 관한 여러 가지 전설이 화제가 되었습니다. 이를테면 그 호수는 해마다 죄 없는 어린아이 하나를 집어삼켜버린다는 전설이 있었습니다. 하지만 시체를 싫어해서 언젠가는 그걸 호숫가로 밀어 올리는데, 심지어 시체가 호수 밑바닥에 가라앉아 있어도 그 마지막 뼛조각까지 모조리 호숫가로 내보내버린다고 합니다. 또 호수에 빠져 죽은 자식을 그리며 슬퍼하는 어머니에 관한 전설도 있었습니다. 이 어머니는 장례를 치르고 싶으니 아이의 뼈라도 돌려달라고 하느님과 성자들에게 애타게 기도를 했습니다. 그랬더니 다음번 폭풍우가 칠 때 머리뼈가, 그다음 폭풍우가 칠 때에는 몸통뼈가 호숫가로 밀려 올라왔습니다. 모든 뼈가 다 모이자 어머니는 그것을 정성스레 천으로 싸서 교회로 가져갔습니다. 그런데 신기하게도 교회 안에 들어서자마자 보따리가 점점 무거워졌어요. 마침내 제단의 계단 위에 보따리를 내려놓자마자, 아이가 울음을 터뜨리며 천을 헤치고 나왔습니다. 다들 깜짝 놀랐죠. 그런데 딱 하나, 아이에게는 오른손 새끼손가락 뼈가 없었습니다. 어머니는 나중에 열심히 찾아다녀서 결국 그 뼈도 찾아냈습니다. 그 새끼손가락 뼈는 기념으로 다른 성물(聖物)과 함께 교회에 보관되었다고 합니다.

이러한 전설들이 불쌍한 아이어머니에게 깊은 감명을 주었나 봅니다. 스페라타의 상상력은 한껏 나래를 폈고 가슴속에 숨어 있던 감정도 고조되었습니다. 그 아이는 자기 자신과 부모를 위해 속죄한 거야, 지금까지 우리가 받았던 벌과 저주는 이로써 모조리 사라진 거야. 그녀는 그렇게 믿었습니다. 이제는 아이의 뼈를 찾아 로마로 가져가기만 하면 돼. 그러면 그 아이는 성베드로 성당에 있는 커다란 제단의 계단 위에서 아름답게 빛나는 새 살갗을 드러내며 사람들 앞에 당당히 나타날 거야. 그 아이는 두 눈으로 아버지와 어머니를 바라볼 테지. 그리고 교황님은 하느님과 성자들의 분명한 동의를 얻어 만백성이 환호하는 가운데 그 부모의 죄를 용서하고 사면하여 두 사람을 맺어지게 해줄 거야.

이리하여 스페라타의 눈길과 관심은 끊임없이 호수와 호숫가에 쏠리게 되었습니다. 달 밝은 밤에 물결이 반짝일 때마다 스페라타는 그 빛나는 파도 하나하나가 내 자식을 데려다줄 거라고 생각했습니다. 그래서 누군가가 호숫가로 뛰어 내려가서 그 뼈를 줍는 시늉을 해야 했습니다.

낮에도 스페라타는 조약돌이 깔린 기슭을 지치지도 않고 계속 걸어 다니며 무슨 뼈를 발견할 때마다 얼른 바구니에 집어넣었습니다. 그게 다 동물 뼈라는 사실은 어느 누구도 차마 말할 수가 없었습니다. 그녀는 큼직한 뼈는 땅에다 묻고 작은 뼈만 모았습니다. 이런 일을 날이면 날마다 되풀이했어요. 아무리 어쩔 수 없는 일이었다지만 그 의무를 다하는 바람에 불쌍한 여인을 이 지경으로 만들어버린 신부님은 이제 최선을 다해 그녀를 돌봤습니다. 신부님의 영향력 덕분에 그 지방 사람들은 스페라타를 미친 여자라고 여기지 않고 그저 믿음에 심취한 여자라고 생각했어요. 우연히 그녀를 만날 때마다 어른들은 합장을 했고 아이들은 그녀의 손에 입을 맞추었습니다.

스페라타의 늙은 친구이자 보호자였던 그 노파는 스페라타가 제 오빠와 맺어지게 된 데에 어느 정도 책임이 있었지만, 우리 고해신부님은 앞으로 평생 동안 이 불행한 여자를 성심성의껏 계속 돌봐준다는 조건으로 그 노파의 죄를 사해 주었습니다. 그리고 실제로 그 사람은 놀라운 인내심과 성실성으로 끝까지 그 의무를 다했습니다.

이러는 동안에도 우리는 동생에게서 눈을 떼지 않았습니다. 의사들과 수도사들은 우리가 동생과 직접 만나는 일은 허락지 않았지만, 동생이 나름대로 잘 지내고 있다는 사실을 확인시키기 위해서 우리가 원할 때마다 뜰이나 복도에 있는 동생의 모습을 보여주었습니다. 때로는 동생 방 천장에 있는 유리창을 통해서 그를 관찰할 수도 있었고요.

여기서 모든 일을 일일이 다 설명하지는 않겠습니다. 아무튼 여러 가지 끔찍하고도 기묘한 과정을 거치고 나서 동생은 정신적으로는 안정되었지만 육체적으로는 불안정한 이상한 상태에 빠지게 되었습니다. 하프를 들고 연주할 때에는 대개 반주에 맞춰 노래도 불렀는데, 그런 경우에는 얌전히 앉아 있었지만 다른 때에는 거의 가만히 있지 못하고 늘 바쁘게 움직였습니다. 그러면서도 또 언제나 무척 고분고분하게 지시에 순종하는 태도를 보였어요. 그의 모든 정열은 죽음이라는 유일한 공포 속에 녹아들어 어디론가 사라져 버린 것 같았습니다. 동생에게 위험한 병에 걸리거나 죽게 될 거라고 위협하기만 하면 무슨 일이든지 다 시킬 수 있을 정도였습니다.

동생은 지치지도 않고 수도원 안을 이리저리 돌아다니거나 이런 식으로 산과 골짜기도 돌아다닐 수 있으면 훨씬 더 좋겠다는 뜻을 노골적으로 내비치는 등의 기묘한 행동 외에도, 끊임없이 자기를 괴롭히는 기괴한 현상에 대해 이야기했습니다. 그러니까 밤에 자다가 눈을 뜰 때마다 아름다운 소년이 침대 발치에 서서 번뜩이는 칼날로 자기를 위협한다는 것이었습니다. 다른 방으로 옮겨줬지만 그곳도 마찬가지였어요. 결국 이 수도원 안에서는 어디를 가나 그 소년이 매복하고 있다는 것이었습니다. 그러고는 전보다 더 안절부절못하며 이리저리 왔다 갔다 하게 되었는데, 나중에 돌이켜보니 그즈음에 그는 평소보다 더 자주 창가에 서서 호수 쪽을 바라보곤 했던 것 같습니다.

한편 가엾은 누이동생은 여전히 한 가지 일에만 열중하며 날마다 뼈만 주워 모으고 있었습니다. 그래서 몸이 갈수록 쇠약해지는 것 같았어요. 우리 의사는 스페라타가 주워 모은 뼈들 속에다가 어린아이의 뼈를 조금씩 섞어 넣어 그녀에게 희망을 주자는 제안을 했습니다. 효과가 매우 의심스런 시도였지만, 적어도 1인분의 뼈가 모두 모이면 스페라타도 끝없는 뼈 수집을 그만두고 로마로 떠날 희망을 가질 수는 있을 것 같았습니다.

이 계획은 곧 실행되었습니다. 스페라타를 돌봐주는 노파는 우리가 가져다준 어린아이 유골과 누이동생이 모은 뼈를 몰래 바꿔치기했습니다. 그리하여 점점 신체의 다양한 부분이 모여서 어느 부분이 모자란지 헤아릴 수 있을 정도가 되었지요. 그러자 믿을 수 없을 만큼 커다란 기쁨이 불쌍한 환자의 온몸에 번졌습니다. 스페라타는 신체의 각 부분을 실과 리본으로 정성스레 이어 붙여놓았어요. 그리고 마치 성자의 유골을 다루듯이 빈 공간에는 비단과 자수천을 채워넣었지요.

이렇게 해서 거의 모든 부분이 모였습니다. 단지 말단의 몇몇 조각이 모자랄 뿐이었어요. 어느 날 아침, 누이동생이 아직 자고 있을 때 의사가 환자의 상태를 보러 왔습니다. 그래서 노파는 환자가 어떤 일을 하고 있는지 의사에게 보여주려고 침실에 있는 상자에서 그 소중한 뼈를 꺼내 왔죠. 곧바로 누이동생이 침대에서 벌떡 일어나는 소리가 들렸어요. 누이동생은 상자에 덮인 천을 치우더니 그 안이 텅 비어 있는 것을 발견했습니다. 그 순간 그녀는 털썩 무릎을 꿇고 앉았어요. 사람들이 달려가 보니 누이동생은 환희에 넘쳐 열심히 기도하고 있었습니다. 그러다가 소리 높여 외쳤어요. '아아, 진짜였어! 꿈이 아니야, 진짜였어! 여러분, 저와 함께 기뻐해주세요! 우리 귀여운 아이가 되살아났어요. 내가 봤다고요. 그 아이가 일어나서 베일을 벗어던졌어요. 그 아이가 내뿜는 빛으로 온 방 안이 환해졌지요. 성스러워 보일 만큼 아름다운 모습이었어요. 그 애는 바닥을 딛고 걸으려고 했지만 그럴 수 없었습니다. 저절로 둥실둥실 떠올랐거든요. 나한테 손을 내밀어도 닿지 않았어요. 그러자 그 애는 어서 따라오라고 하면서 내가 가야 할 길을 가르쳐주었습니다. 그럼요, 따라가야죠. 당장 따라갈 거예요. 저도 그걸 예감하고 있습니다. 아, 마음이 가벼워진 것 같아요. 모든 슬픔이 사라졌어요. 되살아난 그 아이를 보기만 했는데도 이미 천국의 기쁨을 맛본 것 같습니다.'

그때부터 누이동생의 마음은 하늘나라에 대한 희망에 한껏 부풀었습니다. 지상에는 더 이상 관심을 두지 않았죠. 식사도 거의 하지 않았습니다. 그리하여 누이동생의 정신은 점점 육체의 속박에서 벗어나고 있었어요. 마지막에는 갑자기 핏기를 잃고 창백하게 질리더니 모든 감각이 사라져버렸습니다. 그러고는 그대로 두 번 다시 눈을 뜨지 않았어요. 그녀는 이른바 '죽음'에 이른 것이었습니다.

얼마 지나지 않아 스페라타가 환시(幻視)를 보았다는 소문이 세상에 빠르게 퍼졌습니다. 생전에 스페라타는 믿음에 심취한 인물로서 존경을 받고 있었지요. 그런데 그녀가 죽고 나서 이 존경심이 급격히 다른 생각으로 바뀌었습니다. 스페라타를 축복받은 사람으로, 더 나아가 성녀로 추앙해야 한다는 것이었죠.

장례식 날이 되자 믿을 수 없을 만큼 많은 사람들이 장지(葬地)로 몰려들었습니다. 사람들은 그녀의 손을 만지거나 하다못해 옷자락이라도 잡아보려고 애를 썼습니다. 이처럼 열광적으로 경배하는 가운데, 다양한 병에 걸린 환자들은 그동안 시달려오던 고통이 씻은 듯이 사라지는 것을 느꼈습니다. 그들은 병이 나았다고 믿으며 그 사실을 열성적으로 고백했습니다. 사람들은 하느님과 새로운 성녀를 찬양해 마지않았어요. 결국 교회 사람들도 그 시신을 교회당으로 옮기지 않을 수 없었습니다. 민중이 부디 경배를 드릴 기회를 달라고 했거든요. 어찌나 많은 사람들이 교회당으로 몰려왔는지, 헤아릴 수조차 없을 정도였습니다. 본디 신앙심이 깊은 산골 사람들이 여러 산골짜기에서 쏟아져 나왔습니다. 날이 갈수록 예배와 기적과 찬미가 점점 더 심해졌습니다. 이런 새로운 예배를 제한하고 될 수 있는 대로 억압하려는 주교님의 지시도 제대로 실행되지 못했어요. 교회가 압박을 가할 때마다 민중은 격분했습니다. 믿지 않는 자에게는 폭력이라도 휘두를 기세였죠. 그들은 소리높여 부르짖었습니다. '우리 조상님들 가운데 성 보로메우스 님[30]도 계시지

---

*30 카를로 보로메오(1538~1584). 추기경. 이탈리아 아로나 출신. 축일은 11월 4일. 1560년에 외삼촌인 교황 비오 4세에 의해 밀라노 대주교로 임명되었다. 트리엔트 공의회(1545~1563)를 성공시키기 위해 최선을 다했으며, 1566년 그 유명한 로마 공교요리(公敎要理)를 작성할 때에도 중심인물로 활약했다. 그는 종교계 규율을 유지하기 위해 결연히 나섰다. 그리고 1570년 기근과 1576년 페스트 창궐 당시에 빈민구제활동을 펼쳤다. 뒷날 성 암브로시오 봉사회로 알려지게 된 공동체를 창설. 1610년에는 성인 반열에 들었다.

않습니까? 그분의 어머니는 살아생전에 아들이 성자가 되는 기쁨을 누리지 않으셨습니까? 사람들은 아로나 근처에 있는 바위 위에다 저 커다란 조각상을 세움으로써 그분의 정신적 위대함을 우리 눈에 보이는 형태로 만들지 않았던가요? 그분의 친족이 지금도 분명히 우리와 함께 살아가고 있을 텐데요. 하느님께서는 독실한 백성들 사이에 그분의 기적을 늘 새로이 나타나게 하겠다고 약속하셨잖습니까?'

며칠이 지나도 그 시신은 썩을 기미가 보이지 않았습니다. 오히려 살갗이 한층 새하얘져서 투명해 보일 정도였죠. 그러자 사람들의 믿음은 극에 이르렀어요. 이때 많은 환자들이 갖가지 병의 괴로움에서 벗어났습니다. 아무리 주의 깊은 관찰자라도 그 현상을 제대로 설명할 수는 없었습니다. 그렇다고 단순한 속임수라고 딱 잘라 말할 수도 없었습니다. 그 지방 전체가 흥분의 도가니에 빠졌고, 기적을 직접 보러 오지 못한 사람들도 적어도 한동안은 그 소문 이외에 다른 이야기는 하나도 들을 수 없었습니다.

내 동생이 머물고 있는 수도원에서도 바깥세상과 마찬가지로 이 기적에 관한 소문이 파다하게 퍼졌습니다. 동생은 평소에 무슨 일에나 무관심했어요. 게다가 동생이 이 사건과 무슨 관계가 있는지 아는 사람은 하나도 없었습니다. 그래서 수도사들은 아무런 거리낌 없이 동생 앞에서 그 사건에 대해 이야기했습니다. 그런데 동생이 주의 깊게 그 이야기에 귀를 기울였나 봐요. 그는 어떻게 수도원을 빠져나갔는지 아무도 모를 만큼 교묘한 방법으로 탈출했습니다. 나중에 알게 된 일인데, 동생은 순례자 일행의 틈에 섞여 배를 타고 건너가며 '배가 뒤집어지지 않게 조심하라'고 뱃사공에게 한마디 했을 뿐, 그 밖에 수상쩍은 행동은 전혀 하지 않았다고 하더군요. 밤늦은 시각에 동생은 그의 불행한 연인이 마침내 고통에서 벗어나 편히 잠들어 있는 교회당으로 갔습니다. 들어가 보니 몇 안 되는 신자들이 구석에서 무릎을 꿇고 앉아 있었어요. 그리고 내 누이동생을 돌보던 노파도 그녀의 머리맡에 앉아 있었지요. 동생은 노파에게 다가가 인사하더니, 지금 안주인의 상태가 어떠냐고 물었습니다. 노파는 당황해서 이렇게 대답했지요. '보시는 그대로입니다.' 그러자 동생은 한쪽 옆에 서서 시신을 바라보더니 조금 머뭇거리며 그 손을 붙잡았습니다. 그런데 손이 얼음장같이 차가웠어요. 깜짝 놀라 반사적으로 그 손을 놓쳐버렸죠. 동생은 초조하게 주변을 둘러보다가 노파에게 말했습니다. '저는 지금 이곳에 머물 수 없습니다. 멀리, 아주 멀리 떠나야 해요. 하지만 언젠가는 반드시 돌아올 겁니다. 이 사람이 눈을 뜨거든 꼭 그렇게 전해주세요.'

그 말을 남기고 동생은 떠나갔습니다. 우리는 한참 뒤에야 이 사실을 알게 되었죠. 동생이 어디로 갔는지 알아내려고 노력했지만 소용없었어요. 동생이 어떻게 그 많은 산들과 골짜기들을 넘어갔는지 아무도 알 수 없습니다. 그로부터 오랜 시간이 흘러 우리는 마침내 그라우뷘덴*31에서 동생의 흔적을 찾았습니다. 하지만 그때는 이미 늦어 있었어요. 동생의 흔적은 금세 사라져 버렸습니다. 독일로 간 것 같기는 한데, 전쟁 통에 그 희미한 발자취는 완전히 지워지고 말았습니다."

제10장

신부가 읽기를 멈추었다. 아무도 눈물 없이는 그 이야기를 들을 수 없었다. 백작부인은 손수건으로 계속 눈가를 누르고 있었다. 그러다가 자리에서 일어나 나탈리에와 함께 방 밖으로 나갔다. 다른 사람들은 하나같이 침묵하고 있었다. 신부가 입을 열었다.

"그런데 여기서 문제가 하나 있습니다. 우리 비밀을 밝히지 않고 후작님을 그냥 떠나시게 해도 되는 걸까요? 아우구스틴과 그 늙은 하프 연주자가 같은 인물이라는 점에는 의문의 여지가 없습니다. 그 불행한 남자를 위해서나 가족들을 위해서나 우리가 무엇을 어떻게 하면 좋을지 잘 생각해봐야 합니다. 그럼 내 의견을 말씀드리지요. 아마 의사가 곧 돌아올 겁니다. 그러니까 조급하게 행동하지 말고, 그가 어떤 소식을 가지고 올지 기다려봅시다."

모두 그 의견에 찬성했다. 신부가 이야기를 계속했다.

"실은 또 한 가지 문제가 있는데요. 이쪽은 훨씬 쉽게 해결될 것 같군요. 후작님은 우리가, 특히 여기 빌헬름 군이 그분의 가엾은 조카딸에게 베푼 친절에 이루 말할 수 없는 감동을 받으셨습니다. 그분은 나에게 그동안 무슨 일이 있었는지 숨김없이 자세하게 몇 번이나 되풀이해서 말하도록 했습니다. 그 이야기를 모두 다 듣고 후작님은 크나큰 감사의 뜻을 표하며 이렇게 말씀하셨어요. '빌헬름 군은 나와 함께 여행하기를 거절했지만, 그것은 그가 우리 관계를 아직 모를 적에 있었던 일입니다. 이제 우리는 남남이 아니에요. 생활방식도 성격도 잘 모르는 낯선 사람이 아니란 말입니다. 나는 빌헬름 군에게 깊은 유대감을 느끼고 있습니다. 그 사람은 이미 내 가족이나 다름없습니다. 처음에는 아들과 헤어지고 싶지 않다는 그 사람의 마음이 나와 함께 여행하는 데 걸림돌이 되었지요. 그러나 지금은 아들이 우리 둘을 더욱 강하게 이어주는 아름다운 연줄이 되어줄 것을 기대하고 있습니다. 안 그래도 그동안 내가 그 사람한테 신세를 많이 졌는데, 이번 여행에서도 그의 도움을 좀 받았으면 좋겠군요. 그리고 내가 고향으로 돌아갈 때에는 그 사람도 함께 이탈리아로 데려가고 싶습니다. 형님도 아마 기쁘게 맞아주실 거예요. 형님은 빌헬름 군의 양녀였던 우리 조카딸이 받아야 했던 유산도 아낌없이 그 사람한테 내주실 겁니다. 실은 아버지와 그 친구분이 비밀리에 해놓으신 약속에 따라 스페라타가 물려받았던 재산이 이제는 우리에게 넘어왔거든요. 이건 당연히 우리 조카딸의 은인께서 받으셔야지요. 꼭 드리고 싶습니다.' "

테레제가 빌헬름의 손을 잡으면서 말했다.

"아무런 이익을 바라지 않는 선행이 가장 고귀하고 아름다운 이윤을 창출한다는 좋은 예를 여기서 다시 한 번 보게 되었네요. 자, 이 특별한 초청을 받아들이세요. 후작님께 이중으로 봉사하는 의미에서 그 아름다운 나라에 다녀오세요. 언제나 당신의 상상력과 마음을 끌어당기던 나라잖아요."

그러자 빌헬름이 대답했다.

"나는 모든 것을 여러분에게, 여러분의 지시에 맡기겠습니다. 이 세상에서 자기 의지에 따라 노력하는 것은 정말 부질없는 짓인가 봅니다. 꼭 붙잡고 싶은 것은 포기해야만 하고, 나로선 받을 자격도 없는 은혜는 저절로 밀려온단 말이지요."

빌헬름은 테레제의 손을 한 번 강하게 꼭 쥐어주고 나서 놓았다. 그는 신부에게 말했다.

"나는 신부님에게 모든 걸 다 맡길 테니 결정해주세요. 나는 그 지시에 따르겠습니다. 펠릭스를 떼놓고 가지 않아도 된다면야 어디로든 기꺼이 가겠어요. 당신이 좋다고 생각하시는 일은 뭐든지 다 하겠습니다."

이 말을 들은 신부는 곧바로 한 가지 계획을 내놓았다. 후작님을 먼저 떠나게 하자, 그리고 빌헬름은 여기에 남아 기다렸다가 의사의 보고를 듣고 무엇을 어쩌면 좋을지 심사숙고한 다음에 펠릭스를 데리고 후작님 뒤를 쫓아가자는 것이었다. 신부는 후작에게 먼저 떠나서서 이 지방 명소라도 천천히 구경하시라고 권했다. 빌헬름이 출발 준비를 마칠 때까지 후작님을 여기서 그냥 기다리시게 하기도 멋하다는 평계를 대면서. 후작은 정말로 고맙다는 말을 몇 번이나 되풀이하고 그곳을 떠났다. 그가 남기고 간 보석과 세공품과 자수 직물 같은 선물들은 그 감사하는 마음을 입증하기에 충분했다.

드디어 빌헬름이 떠날 준비가 다 되었다. 그런데도 의사한테서 아무런 소식이 없자 모두들 당황했다. 가련한 하프 연주자를 틀림없이 좀 더 행복하게 만들어줄 희망이 보이게 되었는데, 하필 이 순간에 그에게 무슨 불행한 일이라도 생긴 게 아닐까 하고 모두들 걱정했다. 그래서 그쪽으로 심부름꾼을 보내기로 했다. 그런데 심부름꾼이 말을 타고 떠난 그날 저녁에 엇갈리듯이 의사가 돌아왔다. 그 옆에는 낯선 사나이가 한 사람 있었다. 그는 생김새도 태도도 매우 근엄하고 점잖아서 남들의 눈길을 끌었다. 하지만 그가 누구인지 아는 사람은 아무도 없었다. 이 저택에 찾아온 두 손님은 한동안 가만히 입을 다물고 있었다. 이윽고 수수께끼의 사나이가 빌헬름에게 다가가 손을 내밀었다.

"옛 친구를 벌써 잊어버리셨나요?"

그것은 늙은 하프 연주자의 목소리였다. 그러나 그의 외모에는 옛 흔적이 하나도 남아 있지 않은 것 같았다. 그는 평범한 여행객이 흔히 입는 옷을 단정하고 우아하게 차려입었고, 수염은 깨끗이 깎았으며, 곱슬머리도 어느 정도 손질한 상태였다. 하지만 무엇보다도 그 근엄한 얼굴에서 늙은이 같은 느낌이 완전히 사라졌다는 사실이 그를 몰라볼 만큼 달라지게 만든 듯했다. 빌헬름은 진심으로 기뻐하며 그를 끌어안았다. 이어서 그를 다른 사람들에게 소개했다. 그의 거동은 매우 침착했다. 물론 그는 이곳에 모인 사람들이 자신의 정체를 바로 얼마 전에 알게 되었다는 사실은 알지 못했다. 그는 차분한 목소리로 말을 꺼냈다.

"겉으로는 어른스러운 모습을 하고 있지만, 실은 오랫동안 방황한 끝에 이제야 비로소 아무것도 모르는 어린아이로서 이 세상에 발을 들여놓은 이 사람을 부디 너그럽게 이해해주십시오. 내가 이렇게 다시 여러 사람들 앞에 나설 수 있게 된 것도 이 훌륭한 선생님 덕분입니다."

모두들 입을 모아 환영한다는 말을 했다. 그때 의사가 얼른 그에게 산책이나 하고 오라고 권했다. 그 즉시 대화가 중단되고 대수롭잖은 이야기들이 오갔다.

그가 밖으로 나가자 의사는 다음과 같이 사정을 설명했다.

"저 사람은 매우 기묘한 우연의 일치 덕분에 저렇게 회복된 겁니다. 우리는 오랫동안 우리가 믿는 바에 따라서 그를 정신적으로나 육체적으로나 열심히 치료했습니다. 이 치료가 어느 정도까지는 효과를 보았죠. 그러나 죽음에 대한 공포는 여전히 극심했습니다. 그는 수염을 기르고 긴 옷을 걸치는 일을 그만두려고 하지 않았어요. 하지만 그 점만 제외하고는 전보다 더 세상일에 관심을 가지게 되었죠. 그의 노래도 사고방식도 점점 더 삶에 가까워지는 것 같았습니다. 아시다시피 얼마 전에 나는 목사님이 보내신 기묘한 편지를 받고 그쪽으로 갔었지요. 가보니까 그분이 완전히 딴판으로 변해 있더군요. 스스로 수염도 깎고, 곱슬머리도 평범한 모양새로 손질해달라 하고, 옷도 평범한 옷으로 갈아입고 싶어하는 것이었습니다. 하루아침에 딴사람이 된 것 같았어요. 우리는 그 변화의 원인이 궁금했지만 본인에게 직접 물어보지는 않았습니다.

그러다가 어느 날 우연히 그 기묘한 사정을 알게 되었지요. 목사님의 약상자에서 약병이 하나 사라졌거든요. 액상 아편이 든 병이었죠. 우리는 그걸 누가 가져갔는지 철저히 조사해야겠다고 생각했어요. 그런데 다들 자기는 아니라고 하더군요. 그 일로 해서 온 집안사람들이 격렬한 말다툼을 벌였습니다. 그러다가 마침내 그 사람이 나섰어요. 그는 자기가 아편 병을 갖고 있다고 고백했습니다. 그래서 그걸 마셨냐고 물었더니 그는 안 마셨다고 대답하며 다음과 같은 이야기를 들려줬습니다.

'이 약병을 손에 넣었기 때문에 내가 이성을 되찾을 수 있었던 겁니다. 물론 여러분은 이 병을 나한테서 얼마든지 빼앗을 수 있어요. 하지만 그러면 나는 또다시 희망을 잃고 예전 같은 상태로 돌아가겠지요. 죽음으로써 이승의 고통에 마침표를 찍을 수만 있다면 얼마나 좋을까 생각하게 된 것이 회복의 첫 번째 계기였습니다. 그러다가 곧 자살을 해서 이 고통을 끝낼 생각을 하게 되었어요. 나는 자살하기 위해 이 병을 훔쳤습니다. 그런데 언제든지 이 끔찍한 고통에서 벗어날 수 있다고 생각하니 오히려 고통을 견딜 수 있는 힘이 생겨나더군요. 이 부적을 지니고서 죽음이 내 곁에 있다고 생각했기에 나는 삶으로 떠밀려 돌아올 수 있었습니다. 내가 이 내용물을 마실까 봐 걱정되시나요? 그러실 필요 없습니다. 누구보다도 사람 마음을 잘 알고 계시잖습니까. 부디 내가 삶과의 절연(絶緣)을 인식함으로써 오히려 삶에 집착할 수 있게 해주십시오.' 그 말을 듣고 곰곰이 생각한 끝에 우리는 더 이상 그를 추궁하지 않기로 결심했습니다. 그래서 지금 그는 단단한 컷글라스로 된 병에다 그 독극물을 집어넣고서 마치 신비로운 해독제인 것처럼 가지고 다닌답니다."

다른 사람들은 그동안 밝혀진 사실들을 모조리 의사에게 가르쳐주었다. 그들은 이 일을 아우구스틴에게는 비밀로 하기로 했다. 신부는 그가 이제 막 접어든 회복의 길을 꾸준히 걸어갈 수 있도록 옆에서 계속 돌봐줄 작정이었다.

아마 그러는 사이에 후작과 빌헬름의 독일 여행은 끝날 것이다. 혹시 그때까지 고국으로 돌아가고픈 마음을 아우구스틴에게 심어줄 수 있다면, 가족들에게 그의 상태를 솔직히 밝히고서 빌헬름이 그를 가족들 곁으로 데려다줄 것이다.

빌헬름은 여행 준비를 다 끝냈다. 그런데 아우구스틴은 자신의 오랜 친구이자 은인인 빌헬름이 금방 또다시 여행을 떠난다는 소식을 듣고 매우 기뻐했다. 처음에는 그가 그러는 것이 좀 이상해 보였지만 신부는 이 묘한 심리 변화의 원인을 곧 알아냈다. 아우구스틴은 펠릭스에 대한 두려움을 아직도 극복하지 못했기에 그 소년이 하루빨리 멀리 떠나기를 간절히 바랐던 것이다.

그런데 점점 더 많은 사람들이 모여들다 보니 어느새 본관과 별관의 방을 총동원해도 모든 사람에게 침실을 제공할 수 없을 정도가 되었다. 애초에 이렇게 많은 손님을 한꺼번에 맞이할 준비가 되어 있지 않았으므로 더더욱 그랬다. 그들은 아침을 같이 먹고 점심도 같이 먹었다. 때로는 혼자서 식사하고 싶다는 생각을 하면서도 겉으로는 이렇게 다 같이 허물없이 어울려 지내는 생활을 한껏 즐기고 있는 것처럼 행동했다. 테레제는 가끔 로타리오와 동행하기도 했지만 대체로 혼자서 말을 타고 자주 외출하더니 벌써 이웃에 사는 모든 남녀 농사꾼들과 친해져버렸다. 이것은 테레제가 살림살이를 하면서 지키는 원칙이었다. 이웃에 사는 모든 사람과 가능한 한 친하게 지내며 늘 우호적인 관계를 유지하는 일이 꼭 필요하다고 생각했던 것이다. 테레제와 로타리오와의 결혼 문제는 전혀 화제가 되지 않는 것 같았다. 나탈리에와 백작부인 사이에서는 도무지 이야깃거리가 떨어질 줄 몰랐다. 신부는 하프 연주자와 친해지려고 애쓰는 모양이었다. 야르노는 자주 의사와 진지한 이야기를 나누었다. 프리드리히는 빌헬름을 졸졸 따라다녔고, 펠릭스는 마음에 드는 장소가 생기면 어디로든 당장 달려가 보곤 했다. 모임을 끝내고 산책하러 나갈 때에도 사람들은 대개 이런 식으로 짝을 지어 다니곤 했다. 모든 사람이 한자리에 모여야 할 때에는 재빨리 음악을 틀어 도피처를 구했다. 음악은 모두를 하나로 이어주면서도 각자가 자기만의 세계에 빠질 수 있게 해주는 수단이었다.

그런데 뜻밖에 백작까지 찾아오는 바람에 사람이 또 하나 늘었다. 그는 자기 부인을 데리러 왔다고 하는데, 보아 하니 속세의 친척들에게 정식으로 작별 인사를 하러 온 모양이었다. 야르노는 그를 마중하기 위해 서둘러 마차 있는 데까지 달려갔다. 백작은 어떤 사람들이 이곳에 모여 있느냐고 물었다. 야르노는 백작을 만나면 늘 충동적으로 그러듯이 갑자기 어처구니없는 객기를 부리며 대답했다.

"이 세상에 있는 귀족이란 귀족은 다 모여 있습니다. 공작, 후작, 자작, 남작…… 백작만 빼고는 다 모여 있다니까요."

두 사람은 계단을 올라갔다. 홀에서 백작을 처음으로 맞이한 사람은 빌헬름이었다. 백작은 빌헬름을 보자마자 "각하!"[32] 외치며 프랑스어로 말을 걸었다.

"이거 참, 뜻밖에도 여기서 다시 뵙게 되어 정말 반갑습니다. 내 기억이 잘못되지 않았다면 당신이 후작님의 수행원으로 오셨을 때 내 성에서 뵈었던 것 같은데요."

---

[32] Milord. 신분이 높은 영국인을 부르는 호칭.

"네, 그때 나는 영광스럽게도 각하를 모시고 있었지요. 그런데 저를 영국인으로, 심지어 귀족으로 생각해주시는 것은 그야말로 분에 넘치는 영광입니다. 사실 전 독일인이고……."

"무척 유능한 청년이지요."

거기서 재빨리 야르노가 끼어들었다. 백작은 웃으면서 빌헬름을 바라보더니 무슨 말을 하려고 했다. 그때 다른 사람들이 나타나 진심으로 백작을 환영하며 인사말을 건넸다. 그리고 지금 당장 백작님을 적당한 방으로 안내해드릴 수 없어 죄송하다며 곧바로 방을 마련하겠다고 했다. 그러자 백작이 웃으며 입을 열었다.

"허, 참! 방 배정을 우연의 힘에 맡기고 있는 건가요? 그러지 말고 잘 생각해서 처리하면 웬만한 문제는 쉽게 해결될 텐데요. 아, 제발 나 때문에 슬리퍼 한 짝이라도 옮기지 말아주세요. 그랬다간 대혼란이 일어나 모두가 불편을 겪을 게 뻔하니까요. 나 때문에 단 한 시간이라도 누군가가 불편을 겪게 할 수는 없어요. 그래, 당신도 알잖소?"

백작은 야르노를 보고 묻더니 빌헬름 쪽을 돌아보았다.

"젊은 양반, 당신도 그렇고요. 그때 얼마나 많은 사람들이 내 성에서 쾌적하게 묵었는지 직접 보시지 않았습니까? 손님들과 수행자들의 명단을 좀 보여주시죠. 그리고 지금 여러분이 어디에 묵고 있는지 가르쳐주세요. 여러분이 조금만 수고해주신다면 모두가 다 넓은 방에서 편히 지낼 수 있게끔 내가 방 배정을 변경해보겠습니다. 이러다 또 손님이 불쑥 찾아올지도 모르니까 방 하나를 예비로 남겨둬야겠군요."

야르노는 즉시 백작의 부관 역할을 맡아, 이 작업에 필요한 갖가지 정보 기록을 제공하며 이따금 자기 나름대로 백작을 신나게 골려주었다. 그러나 얼마 안 가서 백작이 큰 승리를 거두었다. 방 배정이 끝나자 백작이 지켜보는 가운데 각 방문에 이름표가 붙여졌다. 그저 수고를 좀 해서 방을 바꿨을 뿐인데도 완벽하게 목적이 이루어졌음을 누구나 인정하지 않을 수 없었다. 게다가 야르노는 현재 서로에게 관심을 갖고 있는 사람들끼리 같은 방을 쓰게끔 특별히 신경 써서 방을 배정해주었다.

모든 일이 끝나자 백작이 야르노에게 말했다.

"본인은 자기가 독일인이라고 하는데…… 자네가 마이스터라고 부르는 그 젊은이의 정체에 대해 좀 가르쳐주지 않겠나?"

그러나 야르노는 아무 대답도 하지 않았다. 그는 백작이 뭔가를 물어보는 척하며 실은 남에게 가르쳐주려고 하는 부류의 인간임을 잘 알고 있었던 것이다. 과연 백작은 대답을 기다리지도 않고 이야기를 계속했다.

"그때 자네는 그 청년을 나에게 소개하면서 후작님의 이름으로 잘 부탁한다고 했지. 그러니까 그 친구 어머니는 독일인일지 몰라도 아버지는 영국인, 그것도 지체 높은 영국인인 게 틀림없어. 내가 장담한다니까. 하기야 30년 동안이나 독일인의 혈관 속에 흐르고 있는 영국인의 피 따위는 아무도 문제 삼지 않겠지만. 뭐, 더 이상은 아무 말도 하지 않겠네. 자네들은 꼭 이런 혈통의 비밀을 간직하고 있으니까 말이야. 하지만 이런 문제에 관해서는 절대로 내 눈을 속일 수 없지."

그러면서 백작은 그때 자신의 성에서 빌헬름이 겪었던 다양한 일들을 이야기해주었다. 백작은 커다란 오해를 하고 있었다. 후작의 수행원이었던 젊은 영국인을 빌헬름으로 몇 번이나 착각했는지 모른다. 하지만 이번에도 야르노는 아무 말도 하지 않았다. 백작은 젊었을 때 기억력이 무척 좋았으며, 지금도 젊은 날의 추억을 하나도 빠짐없이 기억한다고 자부했다. 그러나 사실 그는 기억력이 점점 쇠퇴함에 따라 상상력에서 비롯된 기묘한 연상 작용과 공상까지도 전부 다 진짜라고 확신하고 있었다. 아무튼 그는 전보다 훨씬 온화하고 사교적인 사람이 되어 있었다. 그가 모임에 끼어들면 분위기가 확 좋아졌다. 그는 유익한 책을 같이 읽자고 제안하기도 하고, 때로는 여러 가지 가벼운 놀이를 하자고 했으며, 자기가 참가하지 않을 때에도 그 놀이 방법을 세심하게 남들에게 가르쳐주었다. 주변 사람들은 그의 헌신적인 봉사 정신에 감탄했다. 그럴 때마다 그는 이렇게 말했다. 이 세상의 중대사에서 손을 뗀 사람은 적어도 아주 보잘것없는 일에서나마 세상 사람들과 발맞춰 나가야 할 의무가 있다고.

그런 놀이를 하는 자리에서 빌헬름은 몇 번이나 불안하고 불쾌한 기분을 맛보았다. 경박한 프리드리히가 틈만 나면 나탈리에에 대한 빌헬름의 사랑을 은근슬쩍 암시하려고 했기 때문이다. 도대체 어떻게 눈치챈 걸까? 무슨 근거로 저런 말을 하는 걸까? 다른 사람들은 우리 둘이 언제나 붙어 다니니까, 내가 실수로 그에게 비밀스런 속마음을 고백해버린 게 틀림없다고 확신할 테지. 빌헬름은 그런 생각을 하며 언짢아했다.

어느 날, 그들이 농담을 주고받으며 평소보다 더 명랑하게 떠들고 있었는데 갑자기 아우구스틴이 문을 벌컥 열고 무시무시한 얼굴로 뛰어 들어왔다. 그의 얼굴은 창백하게 질렸고 눈은 벌겋게 충혈되어 있었다. 그는 무어라 말하고 싶은데 말문이 막혀버린 모양이었다. 그 모습에 모두들 등골이 서늘해졌다. 혹시 광기가 재발한 걸까? 그렇게 생각한 로타리오와 야르노가 달려가서 그를 꽉 붙들었다. 아우구스틴은 더듬더듬 무슨 말을 웅얼거리더니 마침내 봇물 터지듯이 말을 쏟아내며 소리를 질렀다.

"이거 놔요! 어서, 빨리! 도와줘요! 그 애를 살려주세요! 펠릭스가 독약을 먹었다고요!"

두 사람이 그를 놓아주자 아우구스틴은 급히 문밖으로 뛰쳐나갔다. 다른 사람들도 깜짝 놀라 그 뒤를 쫓아갔다. 누가 큰 소리로 의사를 불렀다. 아우구스틴은 신부님 방으로 달려갔다. 그곳에 아이가 있었다. 아이는 저 멀리서 어른들이 "애야, 무슨 일 있니?" 하고 소리치며 뛰어오는 모습을 보고 깜짝 놀라 어쩔 줄 모르는 것 같았다.

"아버지! 저 말이죠, 물병에다 입을 대고 마시지 않았어요. 컵에 따라 마셨어요! 목이 너무 말라서……."

펠릭스의 외침 소리를 듣고 아우구스틴은 두 손바닥을 딱 부딪치며 소리를 질렀다.

"아, 이젠 다 틀렸어!"

그는 주변 사람들을 밀치고 달아나 버렸다.

탁자 위에는 아몬드 주스가 든 컵이 놓여 있었고, 그 옆에는 내용물이 절반 이상 비어버린 물병이 있었다. 의사가 달려와 사정을 전해 들었다. 그는 액상 아편이 들어 있었던 낯익은 약병이 텅 비어버린 것을 보고 깜짝 놀랐다. 얼른 식초를 가져오라고 지시하더니, 자신이 아는 모든 의학적 수단을 총동원하여 환자를 치료하기 시작했다.

나탈리에는 아이를 방으로 옮기고 진심으로 걱정하며 돌봐주었다. 신부는 사정 설명을 들으려고 아우구스틴을 찾으러 나갔다. 불행한 아버지도 아우구스틴을 찾으러 나갔지만 헛일이었다. 그가 돌아와 보니 모두가 불안하고 걱정스런 표정을 짓고 있었다. 그사이에 의사가 컵에 든 아몬드 주스를 조사했는데, 거기서 아편이 많이 검출되었다는 것이다. 아이는 소파에 누워 있었는데 상태가 몹시 안 좋아 보였다. 아이는 더 이상 아무것도 억지로 먹이지 말라고, 더는 괴롭히지 말아달라고 아버지에게 애원했다. 로타리오는 달아난 아우구스틴을 찾기 위해 사람을 풀고서 자기도 직접 말을 타고 나갔다. 나탈리에는 아이 옆에 앉아 있었다. 아이는 그녀의 무릎에 매달려 칭얼거렸다. 식초가 너무 시어서 죽겠으니 설탕 좀 먹게 해달라고 했다. 의사는 그러라고 허락해주었다. 그는 아이가 무척 흥분한 상태니까 한동안 안정을 취해야 한다, 필요한 조치는 이미 다 취했으며 앞으로도 최선을 다해 치료할 것이라고 말했다. 그때 백작이 왠지 편치 않은 기색으로 아이에게 다가갔다. 매우 진지한, 아니 엄숙한 태도였다. 그는 두 손을 아이의 이마에 얹고 하늘을 우러러보더니 잠시 그대로 가만히 있었다. 빌헬름은 탈진하여 안락의자에 푹 쓰러져 있었는데, 갑자기 벌떡 일어나 절망에 가득 찬 눈길로 나탈리에를 한 번 보더니 문밖으로 뛰쳐나가 버렸다.

뒤이어 백작도 밖으로 나갔다.

그로부터 얼마쯤 시간이 흘렀다. 의사가 입을 열었다.

"아무리 생각해도 이해가 안 되는군요. 위험한 병적 증상이 전혀 나타나질 않아요. 한 모금만 마셨어도 분명히 대량의 아편을 복용했을 텐데 맥박을 재어봐도 그래요. 아까 그 소동으로 아이가 불안해지고 또 내가 약을 먹이는 바람에 맥박이 좀 빨라진 정도이지, 그 이상은 별다른 변화가 없어요."

바로 얼마 뒤 야르노가 뛰어 들어왔다. 아우구스틴이 다락방에서 피투성이가 된 채 발견되었다는 것이다. 그 옆에는 면도칼이 떨어져 있었는데 그것으로 자기 목을 그었다는 것이다. 의사는 서둘러 그쪽으로 달려갔는데 때마침 몇 사람이 아우구스틴을 떠메고 계단을 내려오고 있었다. 의사는 환자를 침대에 눕히고 자세히 관찰했다. 기관지에까지 깊숙이 상처가 나서 심한 출혈이 생기는 바람에 정신을 잃은 모양이었지만, 아마도 목숨은 건질 수 있을 것 같았다. 의사는 환자의 몸을 움직여 자세를 바로잡더니 상처를 꿰매고 그 위에 붕대를 감았다. 그날 밤은 다들 한숨도 자지 못하고 불안한 밤을 지새웠다. 펠릭스는 나탈리에한테서 잠시도 떨어지려고 하지 않았다. 빌헬름은 그녀 앞에 있는 의자에 앉아 소년의 다리를 자기 무릎에 올려놓고 있었다. 아이의 머리와 가슴은 나탈리에의 품에 안겨 있었다. 이런 식으로 두 사람은 소중한 무게와 고통스런 불안을 서로 나누며 동이 틀 때까지 괴롭고 우울한 자세를 계속 취하고 있었다. 나탈리에는 한 손을 빌헬름에게 맡기고 있었다. 그들은 아무 말 없이 아이를 내려다보고, 서로 얼굴을 마주 보았다. 한편 로타리오와 야르노는 그 방의 다른 한구석에 앉아서 매우 중요한 이야기를 열심히 나누고 있었다. 사태가 이렇게 급박하지만 않았어도 그 이야기가 무엇인지 여기서 독자 여러분께 알려드렸을 텐데, 그러지 못하는 것이 유감스러울 따름이다. 소년은 편안히 잠들어 있었다. 그러다가 아침 일찍 기운차게 눈을 뜨고 벌떡 일어나더니, 버터 바른 빵을 먹고 싶다고 했다.

아우구스틴이 어느 정도 회복되자마자 사람들은 도대체 어찌 된 일인지 조금이라도 그에게서 설명을 들으려고 했다. 여러모로 애쓴 끝에 겨우 이야기를 들을 수 있었는데, 알고 보니 불행하게도 백작이 방 배정을 다시 하는 바람에 신부님과 같은 방을 쓰게 된 아우구스틴은 자신의 내력이 적혀 있는 문제의 원고를 읽게 되었다는 것이다. 그는 이루 말할 수 없이 엄청난 충격을 받았다. 도저히 더 이상은 살아갈 수 없을 것 같았다. 그는 늘 그랬듯이 이번에도 아편을 도피 수단으로 선택했다. 그는 아몬드 주스 잔에 아편을 쏟아붓고, 잔을 입에 댄 순간 불현듯 소름이 끼쳤다. 그래서 잔을 내려놓고 다시 한 번 정원에 나가 산책하며 이 세상을 둘러보기로 했다. 그런데 방으로 돌아와 보니, 펠릭스가 막 비워버린 잔에 대고 물병을 기울여 잔을 채우고 있더라는 것이었다.

사람들은 이 불행한 사나이를 진정시키려고 노력했다. 하지만 그는 미친 듯이 흥분하여 빌헬름의 손을 덥석 붙잡고 말했다.

"아아, 진작 당신 곁을 멀리 떠났어야 했는데! 내가 그 아이를 죽이든지 아니면 그 아이가 나를 죽이리라는 것을 처음부터 잘 알고 있었건만!"

"그 애는 살아 있어요!"

빌헬름이 말했다. 그때 의사가 옆에서 주의 깊게 이야기를 듣고 있다가 아우구스틴에게 물었다.

"물병에 든 주스 전체에 독을 넣었나요?"

"아뇨, 잔에만 넣었습니다."

"아, 그럼 엄청난 행운이군요! 그 아이는 물병에 직접 입을 대고 주스를 마셨던 거예요! 자비로운 수호신께서 그 아이가 바로 옆에 마련되어 있던 죽음의 잔을 건드리지 않도록 도와주신 겁니다!"

그 순간 빌헬름이 두 손으로 얼굴을 가리며 날카롭게 비명을 질렀다.

"천만에요! 말도 안 되는 소리 하지 마세요! 그 애가 자기 입으로 분명히 말했단 말입니다. 물병이 아니라 잔에 든 주스를 마셨다고요! 그 애는 그냥 겉으로 보기에만 건강한 거예요. 머잖아 우리들 품에 안겨서 숨을 거둘 겁니다!"

빌헬름은 황급히 밖으로 달려 나갔다. 의사도 아래층으로 내려가 아이를 살살 쓰다듬으며 물었다.

"펠릭스, 너 그때 물병에 든 주스를 마셨지? 잔에 든 주스를 마신 게 아니라. 맞지?"

그러자 아이는 울음을 터뜨렸다. 의사는 나탈리에에게 낮은 소리로 사정을 설명했다. 그래서 나탈리에도 아이에게서 사실을 알아내려고 애썼다. 하지만 아이는 점점 더 심하게 울기만 할 뿐이었다. 끊임없이 울다가 지쳐 어느새 잠들어버렸다.

빌헬름은 아이 곁에서 뜬눈으로 밤을 새웠다. 그날 밤은 조용히 지나갔다. 다음 날 아침, 아우구스틴이 침대 위에서 죽은 채 발견되었다. 그는 평정을 되찾은 것처럼 간병인의 눈을 속이고는 몰래 붕대를 풀어 출혈 과다로 죽은 것이었다. 나탈리에는 아이를 데리고 산책하러 나갔다. 아이는 아무 일도 없었던 것처럼 아주 건강했다. 펠릭스가 문득 입을 열었다.

"아줌마는 참 상냥한 분이세요. 혼내지도 않고 때리지도 않잖아요. 그렇죠? 그러니까 아줌마한테만 솔직하게 말할게요. 실은 내가요, 물병에 입을 대고 먹었어요. 아우렐리에 엄마는 내가 물병을 들고 마시려고 할 때마다 내 손가락을 때리셨어요. 그때 아버지 표정이 어찌나 무섭던지…… 날 때릴 것 같았어요."

나탈리에는 날아갈 듯이 가벼운 발걸음으로 서둘러 돌아갔다. 그때 저쪽에서 빌헬름이 걸어왔다. 여전히 걱정에 짓눌린 얼굴이었다. 나탈리에는 아이를 번쩍 들어 올리더니 빌헬름의 품에 힘차게 던져주면서 큰 소리로 외쳤다.

"행복한 펠릭스 아버지! 여기 아드님을 돌려받으세요! 물병에 입을 대고 마셨대요. 나쁜 습관이 아이를 구했네요!"

사람들은 이 다행한 결말을 백작에게도 알려주었다. 백작은 왠지 모르게 확신에 찬 미소를 띤 채 입을 다물고 얌전히 그 이야기를 들었다. 마치 순진하고 착한 사람들의 착각쯤이야 너그럽게 보아 넘기겠다는 식이었다. 똑똑하고 눈치 빠른 야르노도 이번만큼은 백작이 왜 이렇게 우쭐거리며 자신만만한 태도를 보이는지 알 수가 없었다. 간접적으로 빙 돌려 캐물은 끝에 그는 겨우 그 이유를 알게 되었다. 백작은 펠릭스가 실은 정말로 독약을 먹었는데 자기가 그 이마에 손을 얹고 진심으로 기도했기 때문에 기적적으로 목숨을 구했다고 확신하고 있었던 것이다. 백작은 바로 떠나기로 마음먹었다. 그는 평소와 다름없이 순식간에 짐을 쌌다. 드디어 헤어져야 할 순간이 온 것이다. 그때 아름다운 백작부인이 언니의 손을 그대로 잡은 채 빌헬름의 손을 잡았다. 그러고는 네 개의 손을 한데 모아 꼭 쥐더니 부인은 재빨리 몸을 돌려 마차에 올라탔다.

이처럼 끔찍하고도 기묘한 사건들이 꼬리에 꼬리를 물고 잇따라 일어나는 바람에 사람들은 평소와는 다른 생활을 할 수밖에 없었다. 모든 것이 질서를 잃고 뒤죽박죽이 되었다. 온 집 안이 열병에라도 걸린 것처럼 혼란에 빠져 휘청거렸다. 잠자는 시간과 일어나는 시간, 밥 먹는 시간과 차 마시는 시간, 다 같이 모이는 시간, 이 모든 것이 완전히 흐트러져 엉망이 되었다. 테레제 이외에는 아무도 자신의 정상 궤도를 따라 움직이지 못하고 있었다. 남자들은 알코올의 힘을 빌려 어떻게든 명랑한 분위기를 만들어내려고 했지만, 이 인위적인 기분이 오히려 자연스러운 기분을 멀리 쫓아내고 말았다. 오직 자연스러운 기분만이 진정한 명랑함과 활동성을 보장해주건만.

빌헬름은 불같은 열정에 사로잡혀 흔들리면서 극심한 혼란에 빠져버렸다. 예상치 못했던 온갖 무서운 사건들이 일어남으로써 그의 영혼은 근본적으로 안정을 잃어버린 상태였다. 그는 전부터 자신의 마음을 지배하고 있었던 하나의 열정에 더 이상 저항할 수 없었다. 펠릭스는 다시 그의 품으로 돌아왔다. 하지만 그는 가슴이 텅 빈 것 같았다. 베르너의 편지와 수표도 무사히 도착했다. 이제 여행에 나서기 위해 필요한 것은 딱 하나뿐이었다. 바로 이곳을 떠날 용기였다. 모든 정황이 그에게 떠나기를 재촉하고 있었다. 로타리오와 테레제가 빌헬름이 떠나기만 하면 결혼하리라는 것은 쉽게 상상할 수 있는 일이었다. 야르노는 여느 때와 달리 말이 없었다. 평소의 쾌활함을 조금 잃어버렸다고도 말할 수 있을 것 같았다. 아무튼 의사가 빌헬름이 병에 걸린 것 같다면서 약을 주었기에 빌헬름은 간신히 그 당혹스러운 상황을 어느 정도 모면할 수 있었다.

사람들은 밤마다 꼬박꼬박 한자리에 모였다. 명랑한 익살꾼 프리드리히는 언제나 포도주를 과음했다. 그는 이야기의 주도권을 틀어쥐고서 늘 그러듯이 수많은 인용구와 장난스런 암시를 통해 좌중을 웃기곤 했다. 또 때로는 자신의 생각을 노골적으로 밝혀서 모두를 당황하게 만들기도 했다.

그는 빌헬름이 병에 걸렸다는 것을 전혀 믿지 않았다. 어느 날 밤, 모두가 모여 있을 때 그는 큰 소리로 말했다.

"의사 선생님, 빌헬름 씨는 도대체 무슨 병에 걸린 건가요? 의사의 무지(無知)를 호도하고 있는 수천 가지 질병의 이름 가운데 이 친구의 경우에는 어느 것도 들어맞지 않는 것 같은데요? 뭐, 적어도 비슷한 병의 사례라면 없지는 않지만요. 이런 병세는……."

그는 좀 더 힘주어 말을 이었다.

"이집트나 바빌로니아 역사에는 분명히 그 병이 존재할 겁니다."

모두들 서로 얼굴을 마주 보며 빙그레 웃었다.

"그 왕의 이름이 무엇이었지요?"

프리드리히가 큰 소리로 말했다. 그리고 잠시 말을 멈추고 대답을 기다리더니 다시 입을 열었다.

"여러분이 가르쳐주시지 않는다면 할 수 없죠, 내가 스스로 알아내야겠네요!"

그는 문을 활짝 열고 대기실에 걸려 있는 그 커다란 그림*33을 가리켰다. 그리고 이야기를 계속했다.

"저거 보세요. 침대 발치에 서서 병든 자식을 보고 괴로워하는 저 사람의 이름이 뭐였죠? 왕관을 쓰고 염소수염을 기른 저 남자 말입니다. 또 얌전하

---

*33 제1권 제17장에 등장하는 〈병든 왕자〉 그림. 이 그림에 얽힌 이야기는 플루타르코스(46?~120?)의 《영웅전》에 나오는 전설로서 수많은 문학과 회화의 소재가 되었다. 시리아 왕국(셀레우코스 왕조)을 건설한 셀레우코스 1세 니카토르는 병에 걸린 아들 안티오코스 왕자를 살펴보러 온다. 그런데 의사가 환자의 맥을 짚고 있을 때 왕의 후처인 아름다운 왕비 스트라토니케가 방 안에 들어온다. 그 순간 의사는 왕자가 새어머니를 사랑하여 상사병에 걸렸음을 깨닫는다.

고도 야릇한 눈을 빛내면서 독약과 해독제를 동시에 품고 저곳으로 들어오는 저 아리따운 여인의 이름은 뭔가요? 그리고 그제야 모든 사실을 깨닫고 난생처음으로 정확한 처방전을 써서 환자의 병을 치료하는 특효약, 맛도 좋고 효과도 좋은 특효약을 왕자에게 먹일 기회를 얻게 된, 저 돌팔이 의사의 이름은 뭐였지요?"

이런 식으로 그는 계속 떠들어댔다. 다른 사람들은 되도록 속마음을 숨기려고 애쓰면서 당황스러움을 감추기 위해 억지웃음을 지었다. 나탈리에의 두 뺨에는 발그스레한 홍조가 떠올랐다. 마치 그녀의 심적 동요를 드러내듯이. 다행히 나탈리에는 그때 야르노와 함께 방 안을 이리저리 거닐고 있었다. 그래서 출입구 근처에 왔을 때 날렵하게 몸을 움직여 밖으로 나갔다. 그리고 대기실 안을 두어 번 왔다 갔다 하더니 자기 방으로 돌아가 버렸다.

모두들 아무 말도 하지 않고 있었다. 프리드리히가 춤을 추며 노래하기 시작했다.

자, 여러분, 기적을 보십시오!
일어난 것은 일어난 것,
말한 것은 말한 것.
이 밤이 물러가기 전에
기적을 보십시다!

테레제는 나탈리에를 쫓아갔다. 프리드리히는 의사를 커다란 그림 앞으로 끌고 가서 의술에 대해 터무니없는 찬사를 늘어놓더니 슬그머니 어딘가로 가버렸다.

그때까지 로타리오는 창문이 있는 움푹한 공간에 서서 꼼짝도 하지 않고 정원을 내려다보고 있었다. 빌헬름은 매우 두렵고 불안한 상황에 처해 있었다. 로타리오와 단둘이 남았는데도 그는 여전히 침묵을 지키고 있었다. 지금까지 자신에게 무슨 일이 일어났는지 재빨리 되돌아보고 나서 마지막으로 현재 상황을 확인하자 소름이 확 끼쳤다. 마침내 그는 벌떡 일어나 소리쳤다.

"만약 지금 일어난 일, 또 나와 당신에게 일어난 일이 내 탓이라면 제발 나에게 벌을 내려주십시오! 나에 대한 애정을 거두시어 크나큰 고통을 안겨주십시오. 그리고 가차 없이 드넓은 세상 속으로 나를 내던져버리십시오. 그래요, 난 벌써 옛날에 세상 속으로 뛰어들어 자취를 감췄어야 했어요. 하지만 혹시나 내가 무서운 우연의 늪에 빠져 헤어나지 못하는 가련한 희생자라고 생각하신다면, 부디 당신의 사랑과 우정에 대한 보증을 작별 선물로 나에게 주시길 바랍니다. 자, 더 이상 출발을 미룰 수는 없겠군요. 지난 며칠 동안 내 마음속에서 무슨 일이 일어났는지 당신에게 고백할 수 있는 날이 언젠가는 오겠지요. 내가 좀 더 빨리 당신에게 내 마음을 고백하지 않았기 때문에, 그러니까 내가 무슨 생각을 하고 있는지 숨김없이 당신에게 고백하기를 망설였기 때문에 아마도 내가 지금 그 벌을 받고 있는 것 같습니다. 솔직히 고백했더라면 당신은 틀림없이 나에게 힘을 빌려주셨을 테지요. 너무 늦기 전에 나를 구해주셨을 테지요. 이제까지 나는 몇 번이나 깨달음을 얻고 나 자신을 되돌아보았습니다. 하지만 그때마다 너무 늦었거나 아무 소용이 없었어요. 내가 이러니 야르노 씨한테 설교를 들어도 할 말이 없는 것이지요. 나는 내가 그 점을 이해한 줄 알았어요. 그래서 새로운 삶을 시작하기 위해 그것을 활용하려고 했었죠. 과연 내가 그렇게 할 수 있었을까요? 그렇게 해야만 했을까요? 우리 인간은 스스로를 탓하고 운명을 저주하곤 하지만 그것도 다 부질없는 짓입니다. 우리는 비참한 존재예요. 필연적으로 비참해질 수밖에 없다고요. 그러니까 우리를 파멸시키는 것이 자기 자신의 잘못이든, 더욱 고차원적인 힘의 영향이든, 우연이든, 미덕이든, 악덕이든, 지혜든, 광기든, 그런 건 아무래도 상관없지 않나요? 자, 그럼 안녕히 계십시오. 나는 더 이상 한시도 이 집에 머무를 수 없어요. 이 댁 손님으로서 받은 호의에 본의 아니게 커다란 흠집을 내고 말았으니까요. 아아, 그렇더라도 당신 동생분의 무례한 언동은 도저히 용서할 수 없어요. 그 사람의 행동이 나의 불행을 한계까지 밀어붙여서 나를 절망의 구렁텅이에 빠뜨렸습니다."

"잠깐만요. 그런데……."

로타리오가 빌헬름의 손을 잡으며 말을 이었다.

"테레제가 나와 결혼하는 것을 승낙하기 전에 비밀 조건을 하나 붙였는데, 그게 당신과 내 누이동생이 결혼해야 한다는 것이라면 당신은 어떻게 할 건가요? 그 고귀한 여자는 당신에게 그런 식으로 보상하고 싶어합니다. 우리 두 쌍이 같은 날 같은 시각에 예식을 올려야 한다고, 반드시 그렇게 하겠다고 맹세하더군요. 테레제가 이렇게 말했습니다. '그의 지성은 나를 선택했지만 그의 마음은 나탈리에를 원하고 있어요. 그러니 나의 지성은 그분의 마음을 도와줄 겁니다.' 그래서 우리는 나탈리에와 당신을 관찰하기로 합의를 보았어요. 신부님한테도 이 사실을 털어놓았고요. 신부님은 이 결합을 위해 아무것도 하지 않고 모든 일이 순리대로 흘러가게 내버려두겠다는 약속을 하도록 했습니다. 우리는 정말로 그렇게 했습니다. 그러자 자연의 힘이 저절로 작용하기 시작하더군요. 어리석은 내 동생은 무르익은 열매를 살짝 흔들어 떨어뜨렸을 뿐입니다. 자, 우리는 이처럼 예사롭지 않은 인연으로 맺어진 사이가 아닙니까. 그러니 시시한 삶을 살아가지 맙시다. 서로 힘을 합쳐 위대한 일을 해냅시다. 누군가를 지배하려는 욕심을 버리고 많은 사람들을 도와주는 후견인이 됩시다. 그 사람들이 하고자 하는 일을 적당한 때에 실행할 수 있도록 지도하거나, 목표는 아주 잘 알고 있지만 달성할 방법을 모르는 사람들을 목표 지점까지 데려가주는 거지요. 교양 있는 사람들이 그럴 마음만 먹는다면, 그들은 자기 자신과 세상 사람들을 위해 상상도 못할 만큼 엄청난 일들을 해낼 수 있을 것입니다. 바로 이런 일을 위해서 동맹을 맺지 않겠습니까? 이것은 한낱 몽상이 아닙니다. 충분히 실현할 수 있는 이념이에요. 늘 뚜렷하게 자각되어 있지는 않지만 드물지 않게 훌륭한 사람들에 의해 실행되고 있는 이념입니다. 그 점에서 내 동생 나탈리에는 살아 있는 본보기라고 할 수 있죠. 자연이 이 아름다운 영혼에게 지시해 놓은 행동방식은 아마 영원히 다가서지 못할 본보기로 남아 있게 될 것입니다. 네, 그렇습니다. 나탈리에는 다른 누구보다도, 감히 말하자면 고귀하신 우리 이모님보다도 더 아름다운 영혼이라고 불릴 자격이 있습니다. 훌륭하신 의사 선생님이 그 초고에 〈아름다운 영혼의 고백〉이란 제목을 붙일 때에는 우리가 아는 사람들 가운데 이모님이 가장 아름다운 영혼을 지닌 분이셨습니다. 그런데 그 뒤에 나탈리에가 성장하고 발전했지요. 나탈리에 같은 사람은 온 인류의 기쁨입니다."

로타리오가 계속해서 이야기를 하려고 하는데 프리드리히가 갑자기 큰 소리를 지르며 뛰어 들어왔다.

"아, 나한테 어떤 왕관을 주실 건가요? 어떤 상을 주실 건가요? 미르테,

월계수, 담쟁이덩굴, 떡갈나무…… 아무튼 눈에 띄는 모든 나무들의 가장 싱싱한 잎사귀로 관을 만들어서 나한테 주세요. 나는 그만큼 엄청난 공을 세웠으니까요! 이제 나탈리에 누나는 당신 겁니다. 내가 이 보물을 발굴한 마법사라고요!"

"또 무슨 난리를 피우려는 거요? 난 이만 물러가겠습니다."

빌헬름이 말했다.

"누가 너한테 그러라고 부탁했니?"

로타리오가 빌헬름을 붙잡으면서 프리드리히에게 물었다.

"아뇨, 내 힘으로 해낸 일이에요. 원하신다면 하느님의 은총이라고 해도 되고요. 좀 전에 나는 사랑의 중개인이었지만 지금은 특명전권대사랍니다. 내가 문짝에 귀를 대고 들었는데요, 누나가 신부님한테 자기 마음을 모두 털어놓았어요!"

그 말에 로타리오가 대꾸했다.

"이런 뻔뻔한 녀석 같으니라고! 누가 너더러 엿들으랬어?"

"아니, 누가 단둘이 방구석에 틀어박혀 있으래요? 하여튼 내가 모든 것을 똑똑히 들었다고요. 누나는 무척 흥분한 것 같았어요. 왜, 그 애가 정말로 아파 보여서 누나가 그 애의 상반신을 품에 안고 있었던 그날 밤, 당신은 절망한 모습으로 누나 앞에 앉아서 그 사랑스런 짐의 무게를 누나와 함께 감당하고 있었잖아요? 그때 누나는 만에 하나 그 애가 죽기라도 하면 당장 당신에게 사랑을 고백하고 청혼하기로 마음먹었대요. 물론 그 아이는 지금 살아 있죠. 하지만 그렇다고 해서 마음을 바꿔야 할 이유는 없잖아요? 한번 결정한 일은 조건이 변해도 반드시 지켜야 해요. 이제 곧 신부님이 놀라운 소식을 전하러 오실 겁니다."

신부가 방 안에 들어왔다. 프리드리히가 신부를 보고 의기양양하게 외쳤다.

"우리는 이미 다 알고 있어요! 그러니까 짧게 끝내주세요. 신부님이 여기까지 오신 것도 형식적인 일이고, 모든 사람의 입회를 바라시는 것도 형식적인 일이잖아요."

"동생이 엿들었답니다."

로타리오가 말했다.

"이거 참, 너무하는구먼!"

신부가 소리쳤다. 그러자 프리드리히가 대꾸했다.

"어휴, 그냥 빨리 하자고요. 예식은 어떻게 할 건가요? 물론 여러분은 여행을 떠나서야 할 테지만요. 마침 잘됐네요, 후작님이 초대해주셨으니! 알프스만 잘 넘어가면 그다음엔 모든 일이 다 잘될 겁니다. 여러분이 좀 희한한 짓을 하기만 하면 다들 미친 듯이 기뻐할 거예요. 아무런 대가 없이 오락을 제공해주는 셈이니까. 마치 가장무도회 같은 거죠. 온갖 신분의 사람들이 참가해서 신나게 어울려 놀 수 있을 테니까요."

"하기야 당신은 그런 떠들썩한 소동을 벌여서 우리에게 즐거운 구경거리를 제공해준 적이 한두 번이 아니지요. 아무래도 오늘은 내게 말할 기회를 주지 않을 것 같군요."

신부가 말했다. 이어 프리드리히도 한마디 했다.

"어때요? 전부 모두 내가 말한 대로죠? 어디 틀린 부분이 있으면 말씀해보세요. 자, 갑시다, 가자고요. 누나한테 가서 축하한다고 말해줘야지요."

로타리오는 빌헬름을 꼭 끌어안고서 누이동생에게 데려갔다. 나탈리에는 테레제와 함께 그를 맞이했다. 그들은 말없이 입을 다물고 있었다. 그때 프리드리히가 소리쳤다.

"다들 뭘 그렇게 우물쭈물하고 있어요? 이틀 안에 여행 준비를 다 끝내버리자고요! 아 참, 그런데……."

그는 빌헬름을 돌아보며 말을 이었다.

"우리가 처음 만났을 때에는 상상도 못했죠? 내가 당신한테 그 아름다운 꽃다발을 달라고 했을 때, 설마 당신이 나한테서 이토록 아름다운 꽃을 건네받게 될 줄 누가 알았겠어요?"

"맙소사, 더없이 행복한 이 순간에 그 시절을 돌이키지 말아주세요!"

"그 시절을 부끄럽게 여길 필요는 없어요. 자기 출신을 부끄러워 할 필요가 없는 것과 마찬가지로요. 그 시절에도 충분히 즐거웠잖아요? 당신을 보면 왠지 웃음이 나와요. 당신이 기스의 아들 사울과 비슷하다는 생각이 들어서요. 아버지의 당나귀를 찾아 나섰다가 왕국을 손에 넣은 그 사람 말입니다."*34

그 말에 빌헬름이 대답했다.

"난 왕국의 가치는 몰라요. 그러나 내가 분에 넘치는 행복을 손에 넣었다는 것은 잘 압니다. 나는 이 행복을 이 세상 무엇과도 바꾸지 않을 거예요."

---

*34 〈사무엘상(上)〉 제9장, 제10장 참조. 기스의 아들 사울은 아버지가 잃어버린 암나귀 몇 마리를 찾으러 갔다가 숩 땅에서 예언자 사무엘을 만난다. 그는 주님의 뜻으로 기름 세례를 받아 이스라엘의 초대 왕이 된다.

Wilhelm Meisters Wanderjahre
빌헬름 마이스터 편력시대

제1부

제1장 이집트에로의 피난*1

산길 가파른 모퉁이를 돌아 깊은 골짜기로 꺾여드는 곳 우람한 바위 그늘 아래 빌헬름은 앉아 있었다. 내려다보면 아찔한 전율이 돋는 곳이었지만 풍광을 둘러보기에는 좋은 장소였다. 해는 아직 하늘 높이 걸려 그의 발치께 바위 절벽 우뚝 선 가문비나무 가지들을 비추고 있었다. 그가 마침 기록장에 무언가를 써넣으려 할 때, 바위 주위를 이리저리 돌아다니던 펠릭스가 돌멩이 하나를 손에 쥐고 다가왔다.

"아버지, 이 돌멩이 이름이 뭐예요?" 소년이 물었다.

"나도 모르겠는데." 빌헬름이 대꾸했다.

"이 돌 속에 반짝이는 게 틀림없이 금이겠죠?" 소년이 말한다.

"금이 아니란다." 아버지가 말했다. "사람들이 그런 것을 고양이 금*2이라고 하더구나."

"고양이 금이라니요?" 소년은 미소를 지으면서 물었다. "왜 그렇게 부르죠?"

"그건 아마 가짜 금이기 때문이겠지. 가짜를 말할 때 요물로 여겨지는 고양이를 붙여서 말하기도 하니까."

"기억해 둘게요." 아들은 그렇게 말하고는 고양이 금이라는 돌멩이를 가죽으로 된 여행가방 속에 넣었다. 그러더니 또 다른 것을 꺼내면서 "이건 뭐예요?" 묻는다. "나무열매란다. 뾰족뾰족한 껍질을 보니 전나무 방울 종류인

---

*1 《편력시대》의 주인공인 빌헬름이 이집트로 피난 간 것은 아니다. 제1장과 제2장에 나오는 요셉과 마리아의 운명과 그 생활 모습이 성서에 나오는 성가족(聖家族), 즉 예수와 그의 부모의 그것과 비슷함을 말하는 것이다. 〈마태복음〉 제2장 참조.

*2 금운모. 셀로판지처럼 투명한 광물로 금빛을 띤다.

것 같구나."

"솔방울 같지는 않아요. 동그란데요."—"사냥꾼들에게 물어보기로 하자. 그들은 숲과 나무열매에 대해서는 무엇이든 다 알고 있으니까 말이다. 씨를 뿌리고, 나무를 심고 가꾸는 법을 잘 알고 있을 뿐만 아니라 마음먹은 대로 나무줄기를 크게 자라나게도 한단다."

"사냥꾼들은 그런 것까지 알고 있군요. 어제 짐꾼이 저를 부르더니 사슴이 지나간 발자국이라고 일러주었어요. 저는 모르고 지나쳤었거든요. 또렷하게 발톱 자국 몇 개가 남아 있었어요. 큰 사슴이었을 거예요."

"네가 짐꾼에게 이것저것 캐묻는 걸 나도 들었단다."

"짐꾼도 아는 것이 많지만 사냥꾼하고는 비교가 안 되죠. 저도 사냥꾼이 되고 싶어요. 하루 내내 숲 속에 있으면서 새소리로 그 이름을 알아내거나 새 둥지 있는 곳을 찾아내서 알을 꺼내고 말이죠. 새끼를 잡아서 어떻게 길러야 하는지, 다 자란 새들을 언제 잡아야 하는지 알 수만 있다면 얼마나 멋있을까! 정말 재미있을 것 같아요."

이런 대화가 끝날 무렵 험한 산길을 내려오는 낯선 얼굴들이 나타났다. 눈부시게 아름다운 두 소년이 언뜻 소매를 걷어 올린 셔츠로 보이는 빛바랜 얇은 웃옷을 입고 잇달아 뛰어내려왔다. 이들이 빌헬름을 보고 깜짝 놀라 멈춰서는 바람에 빌헬름은 그들을 자세히 관찰할 수 있었다. 둘 가운데 나이가 많아 보이는 소년의 머리 주위에 풍성한 금발이 물결치고 있어 먼저 그리로 눈길이 갔다. 그리고 소년의 맑고 푸른 눈이, 그 아름다운 모습에 넋을 잃고 있는 빌헬름의 시선을 끌었다. 다른 한 소년은 동생이라기보다는 친구처럼 보였는데 어깨까지 부드러운 밤색 머리카락이 드리워져 있었고, 눈동자도 머리카락 색을 그대로 옮겨놓은 듯 같은 빛깔을 띠고 있었다.

이런 깊은 산속에서 볼 수 있으리라고는 전혀 생각지 못한 두 사람을 빌헬름은 더 가까이에서 보고 싶었지만 그럴 틈이 없었다. 어떤 사나이의 목소리가 들려왔기 때문이다. 그 목소리는 바위 모퉁이를 돌아 엄숙하면서도 정답게 날아들었다. "너희들, 왜 그러고 있니? 길을 막고 서 있으면 안 돼."

빌헬름은 위쪽을 보았다. 그가 아이들을 보고 신기해했다면 지금 시야에 들어온 광경은 그를 깜짝 놀라게 했다. 다부진 몸에 키가 그리 크지 않은, 갈색 피부에 검은 머리를 한 젊은 남자가 가벼운 옷차림으로 힘차고도 조심스럽게 바윗길을 내려오고 있었다. 그는 자기 뒤로 당나귀 한 마리를 끌고 있었다. 잘 먹여 살이 찌고 멋지게 치장한 당나귀의 머리가 먼저 나타나더니 뒤이어 등에 실은 아름다운 짐이 보였다. 쇠장식을 단 큼직한 안장 위에 얌전하고 예쁜 여인이 앉아 있었다. 푸른 망토를 몸에 두른 그녀는 갓 태어난 아기를 가슴에 품고는, 이루 말할 수 없는 애정을 담은 눈길로 아기를 바라보고 있었다. 당나귀를 끌고 가는 남자와 아이들과 마찬가지로 그녀도 빌헬름을 보고 순간 주춤했다. 당나귀도 걸음을 머뭇거렸지만, 워낙 비탈이 가팔라서 당나귀와 끌고 가는 사람 모두 걸음을 멈추지 못했다. 빌헬름은 그들이 불쑥 나와 있는 절벽 저쪽으로 사라져가는 것을 이상하게 생각하면서 바라볼 뿐이었다.

좀처럼 볼 수 없는 이 광경이 그의 주의를 온통 빼앗은 것은 어쩌면 당연한 일이었다. 호기심에 가득 찬 그는 일어서서 그들이 어쩌면 다시 한 번 나타나주지 않을까 하는 마음에 멀리 골짜기 아래쪽을 보았다. 그가 마침 저독특한 여행자들과 인사라도 나눌 양으로 이제 아래로 내려가볼까 마음먹은 찰나, 펠릭스가 올라와서 말했다.

"아버지, 저 애들 집에 가도 돼요? 함께 가자는데요. 아버지도 같이 오시라고 그 어른이 말했어요. 가요! 저 아래에서 우리를 기다리고 있어요."

"나도 그 사람들과 얘기를 나누고 싶구나." 빌헬름이 대답했다.

그는 비탈이 조금 완만한 길에서 그의 눈길을 잡아끌었던 기이한 모습을 지그시 바라보았다. 이제야 그는 한 사람 한 사람의 자세한 모습을 알아볼 수 있었다. 늠름한 몸을 가진 젊은 남자는 아니나 다를까 어깨에 큰 자귀 하나를 메고 흔들거리는 기다란 쇠곱자를 가지고 있었다. 아이들은 커다란 갈대 다발을 종려나무처럼 손에 쥐고 있었다. 이런 점에서 그들은 천사와 같았지만 한편으로는 먹을 것이 들어 있는 작은 바구니를 들고 있어 날마다 산길을 오르내리는 짐꾼 같기도 했다. 더 자세히 관찰하니, 어머니는 푸른색 망토 아래에 아련하게 붉은빛을 띤 옷을 입고 있었다. 우리의 친구 빌헬름은 지금까지 여러 번 그림에서 본 적이 있는 이집트로의 피난을 실제로 눈앞에서 보는 것 같아 놀라지 않을 수 없었다.

서로 인사를 나눈 뒤 빌헬름이 꼼짝 않고 바라볼 뿐 말을 못하고 있자 젊은 남자가 말했다. "아이들은 벌써 친구가 되었네요. 당신도 함께 오지 않으시럽니까? 어른들도 사이좋게 지낼 수 있는지 한번 알아보도록 합시다."

빌헬름은 잠시 생각하고 나서 대답했다. "당신들의 작은 가족행렬을 보니 믿음과 호감이 생깁니다. 그리고 솔직히 말씀드리자면 당신들을 더 가까이에서 알아보고 싶은 호기심도 들었고 말입니다. 왜냐하면 처음 보는 순간 당신들이 정말로 여행자들인지 아니면 이 한적한 산속에 보기 좋은 모습으로 나타나 마음을 들뜨게 하는 정령들인지 혼자 의아해하고 있었거든요."

"그렇다면 함께 우리집으로 갑시다." 사나이가 말하자 아이들도 함께 가자며 펠릭스의 손을 잡아당겼다. "함께 가시지요." 그의 아내도 젖먹이에게서 낯선 사람 쪽으로 시선을 돌리면서 상냥하게 말했다.

빌헬름은 서슴지 않고 말했다. "아쉽지만 지금은 함께 갈 수 없습니다. 적어도 오늘 밤은 저 위에 있는 국경 오두막집에서 묵어야 합니다. 여행가방과 서류들을 거기에 두고 온 데다 짐도 꾸리지 않은 채 그냥 놔뒀습니다. 하지만 당신들의 친절한 초대에 따르려는 소망과 의사가 있다는 증거로 제 아들 펠릭스를 보내겠습니다. 내일 반드시 찾아가겠습니다. 여기서 얼마나 멉니까?"

"우리는 해가 지기 전에 집에 닿을 겁니다." 목수인 요셉이 대답했다. "그리고 산에 있는 오두막집에서는 한 시간 반이 걸립니다. 당신 아들 덕분에 오늘 밤에는 집 안이 북적이겠네요. 내일 당신이 오기를 기다리고 있겠습니다."

사나이와 당나귀가 움직이기 시작했다. 빌헬름은 펠릭스가 이처럼 선량한 사람들과 함께 어울리게 된 것을 흐뭇해하면서 바라보았다. 천사처럼 귀여운 두 아이와 펠릭스를 비교해 보니 상당한 대조를 이루고 있었다. 펠릭스는 나이에 비해 그리 크지는 않았지만 가슴팍이 넓고 어깨도 다부졌으며, 그 천성을 보면 남을 지배하려는 마음과 봉사심이 섞여 있었다. 그는 어느새 종려나무 가지와 바구니 하나를 들고 있었는데 그것이 그의 양면성을 말해 주고 있는 듯했다. 이윽고 일행이 바위벽을 돌아 또다시 사라지려 할 즈음 빌헬름은 정신을 차리고 뒤에서 소리쳤다. "누구를 찾아야 할까요?"

"성 요셉 성당을 대달라고 하면 됩니다." 아래쪽에서 목소리가 들려왔다. 그리고 일행은 푸른 바위 벽 너머로 모습을 감추었다. 경건한 합창 소리가 멀리서 울려와서는 점점 사라져갔다. 저것은 펠릭스의 목소리임에 틀림없다고 생각한 빌헬름은 자신이 아들의 목소리를 확실히 가려낼 수 있다고 생각했다.

그는 산 위로 계속 올라갔다. 높이 오를수록 해가 지는 것도 그만큼 더뎌졌다. 빌헬름이 더 높이 올라가자 산 아래쪽에서 놓쳤던 해가 다시 그를 비추었고 그가 오두막집에 이르렀을 때에는 아직도 해가 저물기 전이었다. 다시 한 번 그는 웅장한 산의 전망을 즐긴 뒤 방으로 들어갔다. 그러고는 곧 펜을 들고 그날 밤의 한 자락을 편지를 쓰며 보냈다.

빌헬름이 나탈리에*[3]에게

이제 드디어 높은 곳에 다다랐소. 산꼭대기에 말이오. 이 산은 지금까지 걸어온 땅 전체보다 더 큰 거리로 우리 두 사람을 떼어놓을 것이오. 그러나 내 마음의 시냇물이 나로부터 사랑하는 사람들에게로 흐르고 있는 한 여전히 그들 가까이에 있는 셈이오. 오늘 나는 이렇게 상상할 수 있소. 나뭇가지를 숲 속 시냇물에 던지면 그 가지는 틀림없이 그대가 있는 곳으로 흘러가 불과 며칠 안에 그 앞마당에 가닿을 것이라고. 이런 식으로 우리의 정신은 그 상념을, 우리의 마음은 그 감정을 한결 쉽게 내려보내는 것이오. 그러나 산 저편으로 가면 상상력과 감각을 가로막는 벽이 나타나지는 않을까 걱정이 되오. 이건 틀림없이 쓸데없는 걱정일 뿐이겠지. 산 너머로 간다고 해도 이쪽과 다르지 않을 테니 말이오. 당신과 나를 갈라놓을 것이 뭐가 있겠소! 아무리 기구한 운명이 나를 당신에게서 멀리 떨어지게 하고, 내가 이처럼 가까이 있는 하늘의 문을 갑자기 닫아버린다고 하더라도, 나는 영원히 당신의 것이오. 나는 결심할 시간이 있었소. 그러나 이별의 결정적인 순간에 당신의 말, 당신의 키스에서 그 결심을 얻어내지 못했다면 언제까지나 마음을 다잡지 못했을 것이오. 우리 두 사람에게 지금, 그리고 영원히 끊어지지 않는 실마리가 계속 이어져 있지 않다면 어떻게 내가 몸을 뿌리치고 떠나올 수 있었겠소. 그렇지만 나는 이 모든 것을 일절 입 밖에 내서는 안되오. 당신의 따뜻한 충고를 어기고 싶지는 않소. 이별이란 말을 당신에게 하는 것도 이 산 꼭대기에서가 마지막일 것이오. 이제부터 나는 떠돌이 생활을 해야 할 것 같

---

*3 Natalie : 《수업시대》 끝부분에서 빌헬름과 맺어지게 되는 빌헬름의 아내이다. 《편력시대》에는 직접 나오지 않지만, 빌헬름이 자신의 심경을 토로할 때마다 받아주는 상대역을 하고 있다.

소. 떠돌이 특유의 의무를 실행에 옮겨, 나만이 겪는 시련을 이겨내야 하겠소. 비밀결사가, 그리고 내가 나 자신에게 부과한 모든 조건을 읽어나갈 때마다 나는 항상 미소 짓게 된다오! 대부분의 조건은 잘 지켜나가겠지만 그렇지 못하는 것도 더러 있을 것이오. 그러나 조건을 위반하려 할 때에도 이 편지, 나의 마지막 고백이자 면제의 증거물인 이 기록은 나에게 명령하는 양심의 역할을 대신해 줄 것이오. 이렇게 하여 나는 또다시 본궤도로 들어서게 되겠지. 나의 과오는, 산에서 흘러내려오는 물처럼 되풀이되는 일은 없을 것이오.

어쨌든 나는 당신에게 꼭 고백해야 할 것이 있소. 나는 이따금 제자들에게 외면적이고 습관적인 의무만을 부여하는 결사의 교사들과 지도자들에 대해 감탄해 마지않소. 그들은 그렇게 함으로써 자신과 세상에 대해 쉽게 일을 처리하는 것이오. 다시 말해 나는 내가 지켜야 할 의무 가운데에서 처음 한동안 귀찮고 가장 의아하게 여겨진 부분들이 사실은 가장 편리하고 바람직한 것이라고 생각하게 되었소.

나는 3일 이상 한 지붕 밑에서 묵어서는 안 되오. 숙소를 옮길 때에는 전에 묵었던 숙소에서 적어도 1마일은 떨어져 있어야 하오. 이런 규정은 이제부터의 삶을 편력의 시대로 만들고, 조금이라도 정착하고 싶은 유혹에 빠지지 않도록 하는 데에 알맞은 것이오. 나는 이 조건에 정확하게 따랐을 뿐만 아니라 정해진 허가사항을 한 번도 이용하지 않았소. 지금 있는 이곳이 사실은 내가 처음 묵는 곳이며, 같은 침대에서 세 밤을 자는 것은 처음이란 말이오. 이곳에서 지금까지 보고 듣고 모아두었던 것들을 당신에게 보내고 있는 것이오. 그리고 내일 아침 일찍 저쪽으로 내려가 어떤 기이한 가족, 나로서는 성가족(聖家族)이라 부르고 싶은 가족을 찾아갈 텐데, 이에 대해서는 내 일기에 여러 번 나올 것이오. 그럼, 안녕히! 이 편지를 당신 손에서 놓을 때에는 이렇게 느껴주시오. 이 편지는 오로지 한 마디를 말하고 있고, 그 한 마디만을 되풀이하여 말하고 싶어 한다고. 그러나 내가 다시 당신 발밑에 무릎 꿇고, 당신의 두 손에 얼굴을 묻으며 그때까지 당신 없이 지낸 모든 서글픈 마음을 눈물과 함께 마음껏 흘려보낼 수 있는 행복을 누릴 때까지는 그 한마디를 말하지도, 되풀이하지도 않겠다고 말이오.

아침

짐은 다 꾸려놓았소. 짐꾼은 여행가방을 들것에 동여매고 있소. 아직 해는 떠오르지 않고 골짜기 아래에서 안개가 자욱하게 올라오고 있소. 그러나 하늘은 활짝 개었소. 우리는 어두운 골짜기를 향해 내려가지만 얼마 안 있어 골짜기까지도 밝아올 것이오. 내 마지막 탄식을 당신에게 보내게 해주시오! 당신에게 보내는 내 눈길을 하염없는 눈물로 채우게 해주시오! 나는 단호하게 결심을 세웠소. 다시는 당신에게 탄식하는 말을 하지 않겠소. 떠돌이로서 겪게 될 일들만 들려주겠소. 그래도 이제 펜을 놓고자 하니, 또다시 수없이 많은 상념과 바람과 계획이 교차하는군. 짐꾼이 부르고 있소. 집주인은 아직 내가 있는데도 마치 내가 가버린 것처럼 벌써 방을 치우고 있구려. 무정하고 분별 없는 상속자가 죽어가는 사람 앞에서 자기 소유가 될 물건들을 서슴없이 챙기는 것처럼 말이오.

제2장 성 요셉 2세

떠돌이 빌헬름은 짐꾼 뒤를 바싹 쫓았다. 험한 바위 절벽이 뒤로 물러났다가는 머리 위로 지나갔고 완만한 산을 빙빙 돌았다. 우거진 숲을 여러 개 빠져나와 정감 있는 목장을 등지고 앞으로 나아간 끝에 드디어 산 중턱으로 나왔다. 그곳에서는 사방이 언덕으로 둘러싸인, 정성스레 가꾸어진 골짜기가 내려다보였다. 절반은 무너져내리고 절반은 잘 보존되어 있는 큰 수도원 건물이 눈길을 끌었다. "저게 성 요셉 수도원입니다." 짐꾼이 말했다. "아름다운 성당인데 안타깝게 됐어요. 벌써 수백 년 동안이나 저렇게 폐허로 방치되었지만 기둥과 주춧돌은 덤불이나 나무 사이에 아직도 단단하게 서 있는 게 보일 겁니다."

"그래도 수도원 건물은 아직도 잘 보존되어 있는 것 같은데요." 빌헬름이 말했다.

"네." 짐꾼이 대답했다. "거기에는 관리인이 살고 있는데 건물을 관리하면서 마을 사람들이 내는 조세와 십일조를 거두어들이고 있지요."

이런 이야기를 나누면서 그들은 열려 있는 문을 지나 넓은 가운데뜰로 들어갔다. 이 뜰은 잘 보존된 건물로 둘러싸여 있어서 조용히 명상에 잠길 수 있는 곳으로 보였다. 펠릭스가 어제 알게 된 천사들과 함께 어느 실팍한 여자가 내려놓은 바구니를 둘러싸고 뭔가에 열중하는 모습이 빌헬름의 눈에 들어왔다. 그들은 버찌를 사려는 참이었다. 더 정확하게 말하면 언제나 잔돈을 가지고 다니는 펠릭스가 값을 깎는 중이었는데, 흥정이 끝나자 그는 손님에서 주인으로 변신하여 과일을 한 움큼씩 친구들에게 나눠주었다. 아무 열매도 나지 않는 이끼 낀 숲 속 한복판에 있으면 반짝이는 색깔의 과일은 한결 아름답게 보였고 그 산뜻한 맛은 빌헬름에게도 기분 좋은 것이었다. 과일 파는 여자가 멀리 떨어진 과수원에서 받아서 이곳까지 이고 온 것이라고 말했다. 그러니까 좀 비싸게 느껴질지 몰라도 이 정도면 괜찮은 값이라고 말하고 싶은 듯했다. 아이들은 빌헬름에게 이제 곧 아버지가 돌아올 테니 잠깐 회당에 들어가 쉬시라고 말했다.

아이들이 회당이라고 말한 방으로 안내되었을 때 빌헬름은 얼마나 놀랐던가. 가운데뜰에서 곧장 큰 문을 들어서자, 아주 깨끗하고 잘 보존된 작은 교회당이 나왔는데, 자세히 보니 일상생활도 할 수 있게 꾸며져 있었다. 한쪽에는 테이블, 안락의자, 작은 의자와 긴 의자 여러 개가 놓여 있었고 다른쪽에는 색색의 도자기와 항아리와 술잔들을 늘어놓은 멋진 문양이 새겨진 선반, 궤 몇 개와 장롱도 있어서 모든 게 질서정연하면서도 일상적인 가정생활의 쾌적함을 보여주고 있었다. 옆에 있는 높은 창문에서 햇빛이 비쳐 들어왔다. 그러나 떠돌이의 주의를 더욱 끈 것은 벽에 그려진 채색화였다. 그것은 매우 높은 창문 아래 벽에 드리워진 벽걸이 양탄자처럼 작은 교회당의 삼면을 에워싸고 있었다. 아래쪽은 나머지 벽과 마룻바닥을 덮고 있는 판자까지 그려져 있었다. 그림은 성 요셉의 일대기였다. 목수 일을 하는 요셉. 그는 마리아를 만난다. 한 떨기 백합이 두 사람 사이 대지에 피어나 있고 몇몇 천사들이 그들을 바라보며 주위를 날아다닌다. 그들은 혼례를 올리고 천사들의 축하인사가 뒤따른다. 일을 시작하려다 기분이 심란해서 손에 든 도끼를 내려놓고 아내와 헤어질 것을 생각한다. 그러나 꿈에 천사가 나타나자 상황은 달라진다. 베들레헴의 마구간에서 태어난 아기를 그는 경건한 마음으로 바라보며 공손하게 절한다. 그다음 이어지는 그림은 참으로 아름답다. 여러 나무를 마름질하여 끼워 맞춘 것일 텐데 마침 두 개의 나무가 십자가 모양을 하고 있었다. 아기는 십자가 위에서 자고 있고 어머니가 곁에 앉아 사랑이 넘치는 눈으로 아기를 바라보고 있다. 양아버지인 요셉은 아기의 잠을 깨우지 않으려고 일손을 멈추고 있다. 바로 그 뒤로 이집트로의 피난 장면이 이어진다. 그림을 눈여겨보던 떠돌이는 어제 자신이 실제로 보았던 광경이 그대로 벽에 그려져 있는 것을 보고 자기도 모르게 미소를 지었다.

그가 그림 감상에 젖어 있을 때 주인이 들어왔다. 빌헬름은 그가 어제 본 성가족의 인도자였음을 바로 알 수 있었다. 두 사람은 진심어린 인사를 나누고 이런저런 말들을 주고받았지만 빌헬름의 주의는 여전히 그림으로 쏠릴 뿐이었다. 주인은 손님의 관심이 어디에 가 있는지 알아차리고는 싱글벙글 웃으면서 말했다. "틀림없이 당신은 이 건물과 그림이 우리집 사람들과 일치하고 있음에 놀라고 계실 겁니다. 그런데 이건 어쩌면 당신이 상상하는 것보다 훨씬 기묘한 일일 거예요. 이 건물이 우리를 이렇게 만들었습니다. 생명 없는 것에 생기가 깃들면 때로는 생명 있는 것을 낳을 수도 있으니까요."

"그렇고말고요!" 빌헬름이 말했다. "수백 년 전 이 거친 산간벽지에 그처럼 큰 힘을 휘둘러 건물과 영지 그리고 여러 권리를 가진 거대한 조직을 만드는 대신 다양한 문화를 이 지역에 보급시킨 정신. 그 정신이 오늘날 이 폐허 속에서도 살아남은 인간들에게 생명력을 미치지 않는다면 오히려 이상할 겁니다. 그러나 이런 일반론에는 구애받지 말도록 합시다. 그보다 당신의 이야기를 들려주십시오. 과거가 당신 안에서 재현되어 지나간 일들이 다시 당신 앞에 나타나는 게 어떻게 가능했는지, 농담도 과장도 없이 알고 싶습니다."

빌헬름이 주인의 입에서 해명의 말이 나오기를 기대하던 그때, 가운데뜰에서 요셉을 부르는 정다운 목소리가 들렸다. 주인은 그 소리를 듣고 문 쪽으로 갔다.

"그의 이름도 요셉이구나!" 빌헬름이 혼잣말을 했다. "이것만으로도 예삿일이 아니다. 그러나 저 사람이 실제로도 성자로 보이는 것이 훨씬 더 상서로운 일이겠지." 빌헬름이 문 쪽을 보자 어제 본 성모가 남편과 얘기하는 모습이 보였다. 두 사람이 드디어 떨어지더니 아내는 건너편 안채로 들어갔다. "마리아! 그런데 말이오!" 남편이 그녀를 불렀다. '그녀도 역시 마리아로군.' 빌헬름은 생각했다. '이건 마치 천팔백 년 전으로 되돌아간 기분인데.'

그는 지금 자신이 있는 장엄한 분위기의 골짜기, 이 폐허와 고요함을 생각해보았다. 그러자 묘하게 예스러운 기분에 사로잡혔다. 그때 주인과 아이들이 들어왔다. 아이들은 빌헬름에게 함께 산책을 나가자고 졸랐고, 주인도 그렇게 해주면 그사이에 몇 가지 일을 처리하겠다고 했다. 빌헬름과 아이들은 기둥이 늘어선 교회 건물의 폐허를 빠져나왔다. 교회의 높은 합각머리와 벽은 비바람 때문에 오히려 단단해진 듯 보였지만, 한편으로는 커다란 나무들이 오랜 세월에 걸쳐 넓은 벽에 뿌리를 박고 가지각색의 풀과 꽃, 그리고 이끼가 어울려 대담하고 아름다운 하늘 정원을 이루고 있었다. 완만한 풀밭 오솔길이 세차게 흐르는 시냇물을 따라 나 있었다. 조금 높은 곳에 서자 떠돌이는 건물과 그 위치를 한눈에 둘러볼 수 있었다. 이곳에 사는 사람들이 더욱 주목할 만한 존재가 되어버린 데다 환경과 어우러진 모습이 그의 활발한 호기심을 자극했기에 한결 흥미롭게 바라보았다.

그들이 돌아왔을 때 경건한 홀에 식사가 준비되어 있었다. 상석에 놓인 안락의자에는 부인이 앉았다. 그녀 옆에는 높이 받친 바구니가 있고, 그 안에서 아기가 자고 있었다. 왼편에 아기의 아버지, 오른편에는 빌헬름이 앉고, 세 아이들은 식탁 아래쪽을 차지했다. 나이 든 하녀가 정성 들여 차린 음식을 내왔다. 음식 그릇도 마찬가지로 성서에 나오는 옛 시절을 생각나게 했다. 아이들이 이야깃거리를 늘어놓는 동안, 빌헬름은 청순한 부인의 모습과 몸가짐을 마음껏 관찰할 수 있었다.

식사가 끝나고 모두들 따로따로 흩어졌다. 주인은 손님을 폐허의 그늘진 곳으로 데리고 갔다. 조금 높은 곳에서는 아래 계곡 전체를 내다볼 수 있었는데 저 멀리 아래쪽에 있는 산봉우리가 풍성한 산허리와 맞물려 숲으로 뒤덮인 산등성이를 그리면서 앞으로 튀어나올 듯이 보였다.

주인이 말했다. "당신의 호기심을 충족시켜드리는 것이야말로 제가 마땅히 해야 할 일이지요. 진지한 근거가 있다면 아무리 이상야릇한 일일지라도 진심으로 받아들일 분이라는 걸 느끼고 있기 때문에 더 그렇습니다. 보시는 바와 같이 아직 유적이 남아 있는 이 종교 시설은 성가족에게 바쳐진 것으로, 옛날부터 여러 기적이 일어났기 때문에 순례지로 유명했답니다. 교회는 성모와 성자에게 봉헌되었는데, 훼손된 지 벌써 수백 년이 지났어요. 양아버지인 성 요셉에게 바쳐진 작은 교회당과 수도원 건물은 사용할 수 있는 부분이 아직 남아 있습니다. 오래전부터 어느 세속 영주가 이곳의 수입을 거둬들이고 있고, 그분이 이곳에 관리인을 두었지요. 제가 그 관리인입니다. 이전 관리인은 제 아버지이고, 아버지도 할아버지에게서 이 직책을 물려받은 거예요.

이곳에서는 벌써 오래전에 성 요셉에 대한 경배행사가 없어져 버렸지만, 그분이 우리 가족에게 자비로운 은혜를 베풀어주셨기 때문에 우리가 그분을 특별히 감사하게 생각하는 것은 이상할 게 없습니다. 그래서 세례식 때 요셉이라는 이름을 받았고, 말하자면 이로 인해 제 삶도 결정된 거예요. 저는 아버지의 세금 걷는 일을 돕게 되었지만 그에 못지않게, 아니 그보다 더 어머니 일에도 애정을 쏟았습니다. 어머니는 기꺼이 힘닿는 데까지 사람들에게 선의를 베풀었고 그 자선을 통해 산골 마을 전체에 알려져 사랑을 받았어요. 어머니는 물건을 가져다주고 주문을 받거나 사람들을 돌봐주느라고 저를 이곳저곳으로 심부름 보냈는데, 그 덕에 이런 자선적인 일들을 쉽게 터득할 수 있었지요.

대체로 산골 생활은 평지보다 더 인간미가 있답니다. 주민들은 서로 가깝기도 하고 기분에 따라서는 멀기도 하죠. 필요한 것은 적지만 그만큼 절실합니다. 평지 사람들 이상으로 스스로를 의지하고 있기 때문에 자신의 손발을 믿는 수밖에 없어요. 노동하는 사람, 배달부, 짐꾼 모두 한 사람이 다 한답니다. 서로 의좋게 자주 만나 공동 작업을 하면서 지내고 있어요.

그즈음 저는 나이가 어렸기 때문에 어깨에 많은 짐을 지고 다닐 수가 없어 당나귀에 큰 바구니를 매달고 그 뒤를 따르면서 험한 산길을 오르내릴 생각을 해냈지요. 말을 데리고 밭을 경작하는 머슴이 황소를 부려 밭을 가는 머슴보다 낫다고 생각하는 평지 사람들은 당나귀를 얕잡아보지만, 산골 사람들은 그렇지 않아요. 더욱이 저는 이 작은 교회당 벽화를 보고 당나귀가 아기 예수와 그 어머니를 등에 태우는 영예를 얻었음을 일찍이 알아차렸기 때문에 아무런 주저 없이 당나귀 뒤를 따랐던 거예요. 하지만 그때 이 교회당은 지금 같은 모습이 아니었습니다. 교회당은 헛간처럼, 아니 거의 마구간처럼 쓰였어요. 장작, 막대기, 농기구, 물통, 사다리, 그 밖에 무엇이든 너저분하게 처박혀 있었어요. 다행히도 그림이 높은 곳에 있어서 벽에 붙인 널빤지가 어느 정도 지탱해 주었죠. 저는 어릴 때부터 이런 목재 더미를 기어올라가 아무도 저에게 설명해 주지 않는 그림을 바라보는 걸 무척이나 좋아했습니다. 어쨌든 저는 그림 속에 있는 성자가 저의 대부라는 것을 알고 있었기 때문에 그분이 저의 큰아버지라도 되는 듯이 그림을 보고 좋아했어요. 그러다가 수입 좋은 관리인을 지망하려면 수공업 기술을 익혀야 한다는 조건 때문에 앞으로 이 훌륭한 교회의 녹을 저에게 물려주고자 한 부모님의 의사에 따라 수공업을, 이 산속에서 관리하는 데 도움이 될 만한 기술을 배우게 되었지요.

아버지는 통을 만드는 사람이었는데, 필요한 것은 무엇이든 자급자족해서 그 일이 아버지에게도 마을에도 커다란 이득을 가져다주었어요. 하지만 저는 아버지 뒤를 이어 통을 만들겠다는 결심을 할 수 없었습니다. 어릴 때부터 성 요셉 옆에 자세하고 정확하게 그려진 목수 연장을 보아왔기에 목수 일에 끌렸던 거예요. 부모님한테 제 꿈에 대해 털어놓았더니 반대하지 않으셨어요. 여러 건축물을 지을 때 목수가 자주 필요했고, 더군다나 이런 삼림지대에서는 세밀한 일에 대해 어느 정도 재주와 열정만 있다면 가구 만드는 일은 물론, 목각 기술까지도 필요했기 때문에 더더욱 반대하지 않았던 거예요. 그리고 저로 하여금 꿈을 보다 더 강하게 갖게 해준 것은 안타깝게도 지금은 거의 다 지워진 저 그림입니다. 나중에 그림이 있는 곳으로 안내해 드리겠지만, 그것이 무엇을 나타내려고 하는지 당신이 알게 되면 수수께끼가 금방 풀릴 거예요. 성 요셉은 헤롯왕의 옥좌를 만드는 매우 중요한 일을 맡게 되었습니다. 이미 만들어놓은 두 개의 기둥 사이에 그 호화로운 의자를 설치한다는 거예요. 요셉은 꼼꼼히 넓이와 높이의 치수를 재고 귀중한 옥좌를 만들었지요. 그런데 그 호화스러운 의자를 자리에 놓았을 때 그가 얼마나 놀라고 당황했는지 모를 거예요. 높이는 넘치고 넓이는 모자랐거든요. 아시다시피 헤롯왕은 농담이 통하지 않는 사람이었죠. 독실한 목수는 난처하여 어쩔 줄을 몰랐어요. 어린 그리스도는 어디든 그를 따라다니며 어린애답게 고분고분 놀이 삼아 연장을 날라주곤 했는데, 양아버지가 곤경에 빠진 것을 보고 곧 나서서 돕습니다. 이 하느님의 아이는 양아버지에게 옥좌의 한쪽을 붙들라 하고는, 자신은 의자의 반대쪽을 붙잡고 함께 끌어당기기 시작했어요. 그러자 옥좌는 마치 가죽으로 된 것처럼 너무나 쉽게 늘어나고 그만큼 높이가 낮아지면서 그 자리에 꼭 들어맞게 되었지요. 목수는 가슴을 쓸어내렸고, 왕은 그저 만족해했다는 이야기입니다.

그 옥좌 그림은 제가 소년이었을 때만 해도 잘 보였어요. 남아 있는 한쪽 부분만 봐도 그 옥좌가 얼마나 정성 들여 조각된 것인지 알 수 있을 거예요. 물론 이러한 주문을 받을 경우 목수가 만드는 것보다는 화가가 그리는 게 훨씬 쉬운 일이겠지만 말이에요.

그렇다고 해서 망설이지는 않았습니다. 오히려 제가 몸과 마음을 바친 일이 이토록 영광스러운 빛을 받았음을 알고 제자로 보내질 때까지 기다릴 수가 없었어요. 때마침 근처에 어떤 목수가 살고 있었는데, 그가 이 지역 일을 다 하고 있어서 조수와 수습생을 몇 사람 고용할 수 있었기 때문에 그 밑으로 들어가는 일은 쉽게 이루어졌습니다. 그래서 저는 부모님 가까이에 있을 수 있어, 쉬는 시간이나 휴일에는 어머니 부탁으로 자선 심부름을 계속하면서도 어느 정도는 예전과 다름없는 생활을 할 수 있었습니다."

방문*4

"이렇게 여러 해가 지났습니다." 이야기꾼은 말을 이었다. "저는 얼마 안 있어 목수 일의 이점을 터득했고, 작업을 통해 단련된 몸 덕분에 부탁받는 일은 무엇이든 맡을 수 있게 되었어요. 한편으로는 인자한 어머니를 위해, 아니 병자와 곤궁한 사람들을 위해 전과 다름없이 책무를 다했습니다. 당나귀를 끌고 산속을 돌아다니면서 짐을 어김없이 나눠주었고, 산골에 없는 물건을 소매상이나 도매상에게서 구해 왔어요. 제 소목장 스승님은 제가 하는 일에 만족해했고 부모님도 마찬가지였죠. 이곳저곳을 돌아다니면서 제가 함께 짓고 꾸민 집을 많이 볼 수 있어서 즐거웠어요. 대들보에 마무리로 선을 내거나 단순한 무늬를 새긴다든지, 장식문양을 달궈서 찍어 넣는다든지, 몇 군데 오목하게 들어간 부분에 빨간 칠을 한다든지, 산간지방의 목조건물을 운치 있게 해주는 이런 일들을 특히 제가 도맡아 했어요. 헤롯왕의 옥좌와 장식이 언제나 머릿속에 들어 있어 그런 일을 가장 잘해 냈기 때문이죠.

도움이 필요한 사람들 가운데 어머니가 유달리 신경을 쓴 이들은 해산을 앞둔 젊은 부인들이었어요. 이런 경우 어머니는 저에게 비밀로 하고 일을 처

---

*4 〈누가복음〉 1 : 39 이하 참조.

리했지만 저도 차차 그 일을 알아차리게 되었습니다. 그럴 때 저는 한 번도 직접 부탁받은 적이 없었고, 모두 골짜기 아래 멀지 않은 곳에 사는 엘리자벳 부인을 통해 처리되었어요. 제 어머니는 엘리자벳 부인하고 오래전부터 사이가 좋았습니다. 두 분은 아기를 받아내는 일에 능숙해서 건강한 산골 주민들 대부분이 이 두 부인 덕에 살아 있는 셈이라고 말하는 걸 이따금 여러 곳에서 들어왔어요. 엘리자벳 부인이 저를 대하는 비밀스러운 태도와, 스스로도 잘 이해하지 못하는 수수께끼 같은 제 질문에 대해 딱 잘라서 명쾌하게 대답을 내려주는 걸 보고 저는 그녀에게 묘한 외경심을 느꼈습니다. 그리고 이를 데 없이 깨끗한 그녀의 집은 작은 성전을 보는 듯했답니다.

그러는 사이에 저는 그동안 쌓인 지식과 손재주 덕에 집안에서 상당한 영향력을 행사하기에 이르렀습니다. 통을 만드는 아버지는 지하실에 관련된 일을 맡았고, 저는 지붕과 벽에 붙인 판자를 손보면서 오래된 건물의 부서진 부분을 많이 수리했어요. 특히 몇몇 쓰러져가는 곳간과 마차를 두는 헛간을 다시 가정에서 쓸 수 있게 고쳤죠. 그 일을 끝내자마자 제가 좋아하는 작은 교회당의 잡동사니들을 치우고 대청소를 시작했어요. 며칠 사이에 교회당은 지금 보시는 대로 정돈되었습니다. 그때 특히 힘들었던 게 벽 아래에 대는 판자가 빠지거나 파손된 부분을 전체에 맞춰서 똑같이 복원하는 일이었어요. 입구의 여닫이문도 당신이 보시기에 꽤 오래된 문처럼 보이겠지만, 제가 새로 만든 겁니다. 먼저 단단한 참나무의 두꺼운 판자로 전체를 정확하게 짜맞춘 다음, 틈날 때마다 거기에 조각을 새겨 넣는 데 여러 해가 걸렸습니다. 그림 중에서 그때까지 손상되거나 지워지지 않은 부분은 그럭저럭 보존되고 있어요. 교회당 색유리창은 집을 새로 지을 때 제가 유리집 주인을 도와준 대가로 고쳐달라고 부탁한 겁니다.

저 그림들을 보거나 성 요셉의 생애에 대해 생각하면서 상상을 펼치는 사이에, 저는 이 교회당을 다시 성전으로 보게 되었어요. 특히 여름철에 거기에 머물면서 보고, 상상했던 것들을 천천히 곱씹을 수 있게 되고부터는, 그 모든 게 점점 더 생생한 인상으로 제 마음속에 남았죠. 이 성인을 본받는 삶을 살고 싶다는 마음이 가슴속에서 억누를 수 없을 정도로 북받쳐 올라왔어요. 그렇다고 그분이 겪은 것과 비슷한 일들이 그리 쉽게 일어날 리는 없으니, 차라리 아주 낮은 밑바닥부터 그와 닮아보자 결심했습니다. 사실 당나귀에 짐을 싣고 다님으로써 이미 오래전에 그 일을 시작한 셈이지만 말이에요. 그때까지 부리던 작은 당나귀로는 성에 차지 않아서 훨씬 좋은 놈을 구했죠. 타기에도, 짐을 싣기에도 한결같이 편리한 괜찮은 안장도 장만했습니다. 바구니도 두세 개 새로 샀고, 천 조각에 술을 달고 알록달록한 끈으로 엮어 만든 그물에, 서로 부딪치면서 좋은 소리를 내는 금속 징을 여러 개 붙인 뒤, 귀가 긴 당나귀의 목에 달았더니 벽에 그려진 것과 닮아 보였어요. 이런 모습으로 산을 돌아다녀도 아무도 나를 비웃지 않았어요. 선행을 베풀고 다니면 겉모습이 좀 이상하더라도 별달리 문제가 되지 않는 법이니까요.

그러는 사이에 전쟁이, 아니 정확히 말하자면 전쟁이 끝난 뒤의 여파가 이 지방에도 밀려왔습니다. 떠돌아다니던 위험한 폭도들이 몰려와서는 여기저기에서 안하무인으로 행패를 부리고 다녔어요. 민병대를 조직하여 순찰을 돌고 긴급경비를 서서 재난을 막아냈지만, 조금만 마음을 놓으면 순식간에 또 다른 악행이 벌어졌습니다.

우리 지방이 조용해지고 한참이 흘렀습니다. 저는 당나귀를 끌고 천천히 낯익은 산길을 걸으며 씨를 뿌린 지 얼마 안 되는 숲 속 공터를 지나는데, 도랑가에 앉아 있는, 아니 누워 있는 한 여인을 보았어요. 그녀는 잠이 들었든지 아니면 실신한 것 같았어요. 그래서 깨우려 했더니 아름다운 눈을 크게 뜨고는 벌떡 일어나 격하게 소리쳤습니다. '그이는 어디 있어요? 그이를 보았나요?' 하기에, '누구 말입니까?' 제가 묻자, '내 남편 말이에요!' 하는 거예요. 뜻밖의 대답이었지요. 아주 어려 보였거든요. 하지만 그렇기에 더더욱 그녀에게 힘이 되고 싶어서, 제가 선의를 가지고 그녀를 도우려 함을 확신시키려고 애를 썼어요. 사정을 들어보니 여행길에 오른 부부가 길이 좋지 않아서 마차에서 내려 가까이에 있는 보행길로 가다가 그 근처에서 무장한 괴한들에게 습격을 당했던 거예요. 그녀는 괴한들과 싸우던 남편과 떨어지게 되었는데 그 뒤를 따라갈 수 없어 이곳에 쓰러지고 말았고, 그러고 나서는 시간이 얼마나 지났는지 모른다는 것이었습니다. 그녀는 자기는 상관 말고 빨리 남편을 쫓아가달라고 간곡히 부탁하면서 몸을 일으켰습니다. 그때 제 눈앞에 선 아름답고 사랑스러운 자태란…… 그러나 저는 그녀의 몸이 제 어머니나 엘리자벳 부인의 도움을 필요로 하는 상태임을 금세 알아차렸어요. 우리는 한동안 실랑이를 벌였습니다. 저는 먼저 그녀를 안전한 곳으로 옮겨야겠다 했고, 그녀는 무엇보다 남편이 무사한지 알고 싶어 했기 때문입니다. 그녀는 남편의 흔적이 있는 곳을 떠나려고 하지 않았어요. 마침 새로운 범행 소식을 듣고 민병대 한 부대가 숲 속을 지나 이쪽으로 달려오지 않았더라면 제가 아무리 설득을 했다 한들 소용없었을 거예요. 민병대에게 우리의 사정을 말해 어떻게 해야 할지 상의하고 만날 장소를 정함으로써 겨우 마무리를 지었습니다. 저는 그동안 가끔씩 짐을 숨기곤 했던 가까운 동굴에 바구니를 내려놓고 안장을 앉기 편하게 정리한 뒤 그 아름다운 짐을 온순한 당나귀 등에 앉혔습니다. 어떤 묘한 감정이 일지 않은 건 아니었죠. 당나귀는 익숙한 길을 혼자 잘 찾아갔기 때문에 저는 그저 그 옆을 따라 가는 모양새가 되었습니다.

장황하게 말씀드리지 않아도, 제가 얼마나 묘한 기분이었는지 짐작하시겠죠. 오래도록 찾아왔던 걸 실제로 발견한 거니까요. 꿈을 꾸고 있는 것 같기도 하고, 또 이제 막 꿈에서 깨어난 듯한 기분이기도 했어요. 마치 천사와 같이 공중에 떠가듯 푸른 나무들 앞을 흔들거리며 지나가는 그녀를 보고 있노라면, 그 모습이 작은 교회당의 그림을 통해 제 마음에 피어난 한바탕 꿈처럼 생각되는 거예요. 아니면 그 그림이 꿈에 지나지 않으며 그것이 이곳에서 아름다운 현실로 변한 건지도 몰랐습니다. 제가 이것저것 물으면 그녀는 고상한 사람답게 슬픔을 누르고 스스럼없이 부드럽게 대답했어요. 나무가 없는 민둥산에 다다를 때마다 제게 주위를 살펴보고 귀 기울여달라며 몇 번이고 부탁했어요. 그 태도가 너무나 우아한 데다 길고 까만 속눈썹 아래 간절한 바람을 담은 눈을 보면, 할 수만 있다면 무엇이든 들어주지 않을 수 없었습니다. 그래요, 저는 외로이 우뚝 서 있는 높은 소나무에도 기어올라갔답니다. 직업상 몸에 익은 이런 재주가 그토록 기뻤던 것은 처음이었습니다. 축제날이나 명절날에 그와 비슷하게 높은 나무 꼭대기에 올라가 리본이나 비단 천을 끌어내렸을 때에도 그처럼 만족감을 느끼지 못했으니까요. 하지만 이번에는 안타깝게도 아무 수확 없이 내려와야 했습니다. 나무에 올라가도 아무것도 보이지 않았고 아무 소리도 들리지 않았거든요. 마침내는 그녀 쪽에서 저에게 내려오라고 큰 소리로 외치며 열심히 손짓까지 하는 거예요. 정말이지, 제가 드디어 미끄러져 내려오면서 꽤 높은 데서 뛰어내렸을 때에는 큰 소리까지 질렀어요. 다치지 않고 멀쩡하게 그녀 앞에 선 저를 보자 그녀의 온 얼굴에 측은함이 번졌습니다.

오는 동안 내내 그녀의 마음을 풀어주고 즐겁게 해주기 위해서 제가 얼마나 애를 썼는지 당신에게 길게 말할 필요도 없겠죠. 게다가 어떻게 그런 일이 가능하겠습니까! 아무것도 아닌 것을 순식간에 의미 있는 어떤 것으로 바꾸는 힘, 그것이야말로 참된 배려의 특성이죠. 그녀에게 꺾어준 꽃도, 그녀에게 보여준 먼 경치도, 그녀에게 이름을 가르쳐준 산과 숲들도 모두 세상 사람들이 마음을 나누기 위해 주는 선물처럼 그녀와 가까워지려는 일념으로 제가 그녀에게 바치려고 했던 귀중한 보물이었어요.

우리가 아랫마을, 착한 엘리자벳 부인 집 앞에 이르러 이제 쓰라린 이별이 제 앞에 왔을 때, 그녀는 이미 저의 온 마음을 사로잡았습니다. 저는 다시 한 번 그녀의 모습을 찬찬히 바라보았죠. 제 눈길이 그녀의 발목까지 내려갔을 때, 저는 나귀의 허리띠를 손질하는 척하면서 몸을 구부린 뒤 제가 그때까지 본 중에 가장 아리따운 구두에 그녀가 알아차리지 못하게 키스를 했습니다. 저는 그녀를 부축하여 나귀에서 내려놓고 문 앞 계단을 뛰어올라가 집 안을 향해 소리쳤어요. '엘리자벳 아주머니, 손님이 오셨습니다!' 인자한 엘리자벳 부인이 집에서 나오는 모습이 보였고, 부인의 어깨너머로 그 아름다운 여인이 계단을 올라오는 게 보였어요. 그녀는 고통스러운 슬픔 속에서도 우아한 내적 자부심을 잃지 않으며 올라와서 품위 있는 노부인을 다정하게 껴안았습니다. 그리고 노부인에게 방으로 안내되어 두 사람은 안으로 사라졌어요. 저는 문밖 나귀 옆에 잠시 멈춰 서 있었습니다. 마치 귀중한 물건을 내려놓고 나자, 원래의 하찮은 마부로 되돌아간 것처럼 말이에요."

한 송이 백합꽃*5

"저는 어떻게 하면 좋을지 마음을 정하지 못한 채 떠나기를 망설이고 있었습니다. 그때 엘리자벳 부인이 밖으로 나와 제 어머니를 모셔오도록 하고, 사방으로 수소문하여 가능한 한 그녀의 남편 소식을 알아오라고 부탁했어요. '마리아가 꼭 그렇게 해달라고 자네에게 부탁했네.' '한 번만 더 그녀와 얘기할 수 없을까요?' 물었더니, '그건 안 되네' 하셔서 작별 인사를 드렸습

---

*5 성모 마리아의 결혼과 수태에 관한 기독교의 전설에 의거하고 있다.

니다. 얼마 안 있어 저는 집으로 돌아왔어요. 어머니는 벌써 그날 저녁으로 산을 내려가 낯선 젊은 여자를 돌보았어요. 저는 면장에게 가면 가장 확실한 소식을 얻을 것이라 기대하고 서둘러 평지의 마을로 내려갔지요. 그러나 면장도 아직 정확한 소식을 모르고 있었어요. 그는 저를 잘 알고 있었기 때문에 그날 밤은 자신의 집에서 자고 가라고 했습니다. 그날 밤이 저에게는 한없이 길게 느껴졌어요. 당나귀에 탄 채 옆으로 흔들리면서 제 쪽을 아련하지만 정답게 내려다보는 그녀의 아름다운 모습이 눈에 선했어요. 저는 그녀의 남편 소식을 이제나저제나 기다리고 있었습니다. 선량한 남편이 제발 무사했으면 좋겠다고 바라면서도 미망인이 된 그녀를 상상해 보고도 싶었습니다. 수색대가 차례로 돌아와 소식을 서로 주고받아 본 결과, 마차는 구조됐지만 불행한 남편은 상처를 입고 이웃 마을에서 죽었음이 확실해졌어요. 그리고 처음에 약속한 대로 몇 사람이 이 슬픈 소식을 엘리자벳 부인에게 알리러 떠났다는 소리도 들었습니다. 그렇게 되면 저는 이제 아무 할 일도 없어진 셈이지만, 그럼에도 한없는 초조와 헤아릴 수 없는 욕망에 못 이겨 산을 넘고 숲을 지나 또다시 엘리자벳 부인의 집 앞까지 갔습니다. 밤이었죠. 대문은 잠겨 있었고 방 안에는 불이 켜져 있어, 커튼에 사람의 그림자가 움직이는 것이 보였어요. 문을 두드려야겠다 생각할 때마다 이런저런 상념이 몰려와 저를 억누르기를 반복하면서, 저는 그렇게 맞은편 벤치에 앉아 있었습니다.

더 자세하게 늘어놓은들 이제 아무 흥미도 없으실 겁니다만. 하여간 결국 다음 날 아침에도 사람들은 저를 그녀가 있는 집 안으로 들여보내주지 않았어요. 슬픈 소식을 알게 되었으니 이제 저는 필요없게 된 거죠. 아버지한테로, 저의 일터로 돌아가라면서, 제 물음에는 답해 주지 않고 쫓아내려 했어요.

일주일 동안 그렇게 냉담한 대접을 받다가 마침내 엘리자벳 부인이 들어오라고 불렀습니다. '살짝 들어오게. 안심하고 가까이!' 부인은 저를 깨끗한 방으로 안내했어요. 방 한구석에 반쯤 젖힌 커튼 사이로 저의 아름다운 여자가 몸을 일으키고 앉아 있는 모습이 보였어요. 엘리자벳 부인은 제가 왔음을 알리는 듯 그녀한테 다가가 침대에서 뭔가를 들어올려 제게 가져왔습니다. 새하얀 포대기에 싸인 귀여운 사내아이였어요. 엘리자벳 부인은 아기를 안고 저와 아이어머니 사이로 왔습니다. 그 순간 저는 그림에 그려진 백합꽃 줄기를, 마리아와 요셉 사이에 순결한 관계의 표시로서 땅에서 돋아난 그 백합을 불현듯 떠올렸어요. 그때부터 가슴에 맺혀 있던 모든 우울한 감정이 사라졌고 제가 해야 할 일이 무엇인지 깨달았죠. 그리고 그것을 실행에 옮기는 것이 저의 행복이라고 확신했습니다. 저는 아무런 거리낌 없이 그녀에게로 다가가서 그녀와 이야기를 나누면서 그녀의 성스러운 눈길을 똑바로 바라보며, 아기를 안아들고 마음을 담아 이마에다 입을 맞추었습니다.

'아버지를 잃은 이 아이에게 그처럼 따뜻한 애정을 보여주시니 정말로 감사할 따름입니다.' 아이 어머니가 말했습니다. 저는 저도 모르게 신이 나서 외쳤지요. '이 아이는 이제 아버지 없는 아이가 아닙니다. 당신이 그럴 생각만 가지신다면!'

저보다 생각이 깊은 엘리자벳 부인은 제게서 아기를 받아들고는 저를 내보냈습니다.

지금도 산과 골짜기를 지나야 할 때마다 그때의 일을 떠올리는 게 제게는 가장 행복한 즐거움입니다. 아무리 세세한 일이라도 기억해 낼 수 있지만 그런 얘기까지는 안 하는 게 좋겠지요. 몇 주가 지나 마리아는 건강을 회복했고 저는 더 자주 그녀를 만날 수 있게 되었어요. 그녀와의 만남은 봉사와 배려의 연속이었습니다. 가정형편으로 말하면 그녀는 원하는 대로 살 곳을 택할 수 있었어요. 처음에는 엘리자벳 부인 집에 머물다가 제 어머니와 저에게 여러 가지로 도움받은 데 대해 답례하기 위해 우리집을 찾아왔어요. 그녀는 우리집이 마음에 든 모양이었는데 어느 정도는 제 덕분이라 자부했습니다. 제가 너무나 말하고 싶으면서도 용케 참아왔던 이야기를, 좀 남다르지만 멋지게 말할 수 있었어요. 제가 그녀를 작은 교회당으로 안내했을 때, 저는 이 작은 교회당을 이미 사람이 살 수 있는 큰 방으로 개조해 놓았습니다. 제가 차례로 그림을 가리키면서 양아버지의 의무를 생생하게, 정성을 다해서 이야기했더니 그녀가 자꾸 눈물을 흘려서 그림을 끝까지 설명할 수 없었습니다. 물론 저는 그녀가 저 때문에 남편에 대한 추억을 빨리 지워버리려 한다고 자만하지는 않았지만, 저에 대해 호의를 품고 있는 것만은 틀림없다고 생각했어요. 법률에 의하면 미망인은 일 년 동안 상복을 입고 있어야 합니다. 일 년이라는 시간은 지상만물이 변하는 기간이지만, 정말이지 감수성이 강한 사람에게는 크나큰 상실에서 오는 비통한 마음을 진정시키는 데에 필요한 시간이죠. 꽃은 시들고 나뭇잎은 떨어집니다. 그러나 또다시 열매를 맺고 새싹이 돋아나는 걸 우리는 봅니다. 생명은 산 자에 속하지만 살아 있는 사람은 모든 게 변한다는 것을 각오해야 해요.

그래서 저는 제 마음 깊숙이 자리잡고 있는 문제에 대해 어머니에게 말했습니다. 어머니는 남편의 죽음이 마리아에게 얼마나 고통스러운 것이며, 그녀는 순전히 혼자의 힘으로 아기를 위해 살아야 한다는 생각에 다시 일어난 것임을 일러주었어요. 제 마음을 어머니와 엘리자벳 부인이 모르고 있었던 것도 아니었고 마리아는 이미 우리와 함께 사는 쪽으로 마음이 기울어 있었어요. 그녀는 얼마간 더 이웃에서 지내다가 산 위에 있는 우리집으로 옮겨왔어요. 그녀와 나는 약혼하여 한동안 이를 데 없이 경건하고 행복한 시간을 보낸 뒤에 결혼식을 올렸습니다. 우리를 결합시킨 처음의 감정은 사라지지 않았어요. 양아버지와 친아버지의 의무와 기쁨은 하나가 되었죠. 그렇게 우리의 조촐한 가족은 식구 수는 성가족을 웃돌게 되었지만 그들에게서 볼 수 있는 충실한 마음과 순수함의 미덕은 소중하게 간직하여 실천해왔습니다. 우리는 우연히 우리의 내면과 잘 어울리는 외면적인 모습을 얻었고 또 절실한 필요가 있어서 간직하고 있습니다. 우리는 모두 다리 힘이 좋고 민첩한 일꾼이지만 볼 일이 있거나 누군가를 방문하려고 이 산과 골짜기를 넘어야 할 때는 당나귀가 언제나 우리와 한데 어울려 여러 가지 짐들을 날라주거든요. 당신이 어제 만난 모습 그대로 우리는 이 지역 일대에 알려져 있어요. 그리고 우리가 하루하루를 생활하는 모습이 우리가 본받고자 우러러보는 저 성인들의 이름과 모습을 욕되게 하지 않는 것임을 자랑스럽게 생각합니다."

제3장

빌헬름이 나탈리에에게

지금 여기에서 흐뭇하지만 좀 기이한 이야기를 끝내도록 하겠소. 이건 정말로 올곧은 한 사나이에게서 들은 이야기를 당신을 위해 적어둔 것이오. 모두 그가 말한 그대로가 아니라 그의 생각을 말하는 김에 여기저기 내 생각을 곁들였다고 하더라도 그것은 내가 그에 대해 품고 있는 친근감으로 볼 때 지극히 자연스러운 일이오. 그의 아내에 대한 존경심은 내가 당신에게 느끼고 있는 마음과 같은 것이 아니겠소? 게다가 두 사람의 만남도 우리와 어딘가 닮지 않았소? 그러나 그는 참으로 행복한 처지라오. 이중으로 실팍한 짐을 실은 당나귀와 나란히 걸으면서 저녁때에는 가족이 함께 오래된 수도원 문 안으로 들어갈 수 있고, 사랑하는 여인이나 가족들과 헤어지지 않아도 된다는 걸 생각하면 나는 그들을 남몰래 부러워해도 괜찮을 것이오. 그에 반해 나는 내 운명을 한탄하는 것조차 허락되지 않소. 나는 침묵과 인내를 지키리라 당신에게 약속했고 당신도 그 약속을 받아들여주었으니 말이오.

이 독실하고 쾌활한 사람들과 함께 지내면서 겪은 아름다운 일들은 적잖이 생략해야겠소. 내가 어찌 그 모든 걸 글로 다 쓸 수 있겠소! 요 며칠은 기분 좋게 지냈지만, 이제 사흘째 날이 이제부터 갈 길을 곰곰이 생각하라 경고하고 있으니 말이오.

오늘 펠릭스와 사소한 말다툼을 했소. 내가 당신에게 맹세한 다짐 가운데 하나가 하마터면 깨질 뻔했기 때문이오. 나도 모르는 새, 주위에 친구들이 늘어 새 짐을 더 맡아 짊어진 채 끌고 가는 처지가 되는 것이 나의 결점이자 불행이며 운명인 듯하오. 나의 편력에는 제삼자가 지속적인 동반자가 되어서는 안 된다오. 우리는 어디까지나 단둘이 있기를 원했고 또 그래야만 하오. 그런데 마침 우리에게 그다지 달갑지 않은 새로운 관계가 맺어지려는 듯이 보였소.

요 며칠, 펠릭스와 함께 뛰놀던 이 집 아이들 틈에 키가 작고 명랑하며 가난한 사내아이 하나가 끼어들었소. 이 아이는 장난치며 놀 때 흔히 볼 수 있듯이 자신에게 좋을 때나 불리할 때나 능숙하게 장난 상대가 되어주었기 때문에 금세 펠릭스의 마음을 샀다오. 그리고 이런저런 말과 행동을 보고 나는 펠릭스가 이 아이를 앞으로의 길동무로 정해 놓고 있다는 사실을 알아차렸소. 이 소년은 이 주위에서는 잘 알려져 있는데 활발한 성격 덕에 어딜 가든 환영을 받고 가끔 적선을 받기도 한다오. 하지만 나는 어쩐지 마음에 들지 않아 집주인에게 그를 멀리해 달라고 부탁해서 그렇게 해주었는데, 펠릭스가 그 일에 불만을 품는 바람에 자그마한 소동이 벌어진 것이오.

그런 가운데 유쾌한 일이 하나 있었소. 작은 교회당이라고 해야 할지 아니면 홀이라고 해야 할지 모르겠는데, 그 한구석에 돌이 들어 있는 상자가 있었소. 산속을 돌아다니는 동안 돌을 좋아하게 된 펠릭스가 상자를 끄집어내서는 그 안을 조사했다오. 그중에는 눈길을 끄는 아름다운 돌도 있었소. 주인이 펠릭스에게 마음대로 골라 가지라며, 이것은 얼마 전에 어떤 손님이 많은 돌들을 가지고 이곳을 떠날 때 남기고 간 것이라고 했소. 그런데 그 손님을 몬탄*6이라고 부르는 게 아니오. 그 이름을 듣고 내가 얼마나 기뻐했는지 당신도 상상할 수 있을 것이오. 우리의 가장 좋은 친구이며, 우리에게 그토록 많은 은혜를 베푼 사람이 그 이름을 갖고 여행하고 있는 것이오. 날짜와 동정을 들어보니 여행 중에 그를 곧 만나리라는 희망이 생겼소.

몬탄이 가까이에 산다는 소식에 빌헬름은 깊은 생각에 빠졌다. 그토록 소중한 친구를 다시 만날 수 있을지 여부를 그저 수동적으로 우연의 힘에만 기댈 수는 없다고 생각했다. 빌헬름은 그가 어느 방향으로 갔는지 아는 사람이 있지 않을까 싶어서 집주인에게 물어보았지만 자세하게 알고 있는 사람은 아무도 없었다. 그래서 그는 처음 계획대로 여행을 계속하기로 마음먹었다.
"아버지가 그렇게 고집을 부리지 않았더라면 우리끼리 벌써 몬탄을 찾아낼 수 있었을 거예요." 펠릭스가 소리쳤다. "어떻게 말이니?" 빌헬름이 묻자 펠릭스가 대답했다. "꼬마 피츠가 어제 말했어요. 아름다운 돌을 갖고 있는데다 돌에 대해 자세히 알고 있는 사람이라면 틀림없이 찾아낼 수 있다고 했어요." 몇 가지 더 묻고 난 뒤에 빌헬름은 피츠를 한번 데려가 보기로 마음먹는 한편 그럴수록 이 수상쩍은 소년에 대해 더욱 조심하고 경계하리라 결심했다. 곧 그 아이를 불러왔다. 아이는 이쪽의 의향을 다 듣고 나더니 채광용 쇠몽둥이와 끌, 그리고 큼직한 망치를 작은 자루와 함께 들고 산(山)사람의 옷차림으로 나타나 씩씩하게 앞장서서 달려갔다.
길은 옆으로 비켜나다 다시 오르막이 되었다. 두 아이는 함께 이 바위에서 저 바위로, 그루터기와 돌을 넘고 실개천과 샘을 건너 껑충껑충 뛰어갔다. 앞에 길이 없어지면 피츠는 좌우를 살피면서 서둘러 나아갔다. 빌헬름도 그렇지만 특히 짐꾼은 그렇게 빨리 뒤따라갈 수 없었기에 아이들은 몇 번이나

---

*6 야르노를 말한다. 산속으로 들어와 산 뒤로는 몬탄이라고 불렸다.

되돌아와 노래를 부르거나 휘파람을 불었다. 이름을 알 수 없는 몇 그루 나무의 생김새가 펠릭스의 주의를 끌었다. 그는 이번에 낙엽송과 잣나무를 알게 되었고 멋진 용담초가 마음에 들었다. 이렇게 이리저리 옮겨다니는 고생스러운 여행길에도 즐거운 일이 없는 것은 아니었다.

꼬마 피츠가 갑자기 멈추어 서서 귀를 기울였다. 그는 다른 사람들을 손짓으로 부르면서 말했다. "탕탕 소리가 들리죠? 저건 바위를 두들기는 망치 소리예요." "들리는구나." 일행이 대꾸했다. "저 사람이 몬탄 씨예요!" 소년이 말했다. "아니면 그분에 대해서 알려줄 수 있는 사람일 거예요." 이따금 되풀이되는 소리를 찾아 더듬어갔더니 숲 속 공터로 들어섰다. 그러자 가파르고 커다란 바위가 높은 나무숲까지도 저 멀리 아래로 굽어보며 유달리 우뚝 솟아 있는 것이 보였다. 그 바위 꼭대기에 사람이 하나 있었지만 너무 멀어 누구인지는 알 수 없었다. 아이들은 곧장 가파른 길을 기어올라가기 시작했다. 빌헬름은 뒤를 따랐는데 아주 힘들었을 뿐 아니라 위험하기까지 했다. 맨 앞에서 바위를 오르는 사람은 스스로 적당한 곳을 찾아 짚어나가기 때문에 언제나 남들보다 안전하지만 그 뒤를 따르는 사람은 앞서가는 사람이 어디에 있는지만 보일 뿐, 어떻게 갔는지는 가늠할 수 없기 때문이다. 이윽고 아이들은 정상에 이르렀고 빌헬름은 그들이 환호하는 소리를 들을 수 있었다.

"야르노 씨예요!" 펠릭스가 아버지에게 소리쳤다. 그러자 야르노가 곧바로 암벽의 가파른 쪽으로 걸어나와 친구에게 손을 내밀고는 위로 끌어올렸다. 그들은 탁 트인 하늘 아래에서 서로 얼싸안으며 재회의 기쁨을 나누었다.

그런데 두 사람이 떨어지자 빌헬름은 현기증이 일었다. 자신 때문이 아니라 아이들이 무시무시한 절벽 위에서 몸을 내밀고 있는 게 보였기 때문이다. 야르노도 그것을 알아차리고는 모두에게 당장 앉으라고 명령했다. "우리가 뜻하지 않게 광대한 자연과 마주하여 자신이 얼마나 작은 존재이며 또 위대한 존재인지 동시에 느낄 때 현기증이 나는 건 당연한 일이지. 저도 모르게 현기증을 느끼는 것과 같은 순간이 없다면 진정한 즐거움도 없는 거야."

"저 아래에 보이는 게 우리가 올라온 큰 산들인가요?" 펠릭스가 물었다. "얼마나 작게 보이는지 모르겠어요!" 그는 말을 이어나가면서 바위에서 돌덩이를 하나 들어냈다. "여기에도 고양이 금이 있네요. 이건 어디에나 있는 건가 봐요?" "이 근처 어디에나 있단다." 야르노가 말했다. "너는 그런 것에 관심이 있는 모양이구나. 그렇다면 네가 지금 세계에서 가장 오래된 산, 세계에서 가장 오래 묵은 바위 위에 앉아 있다는 걸 기억해 두어라." "세계는 한 번에 만들어진 게 아닌가요?" 펠릭스가 물었다. "그렇지는 않지." 야르노가 대답했다. "좋은 것에는 시간이 걸리는 법이란다." "그럼 저 아래에는 또 다른 돌이 있겠군요." 펠릭스가 말했다. "저기엔 다른 돌이, 어딜 가나 딴 바위가!" 그는 바로 가까이에 있는 산들로부터 점점 멀리에 있는 산을, 그리고 아래 평지 쪽을 가리키며 말했다.

매우 화창한 날이었다. 야르노는 모두에게 웅장한 경관을 하나하나 보게 했다. 여기저기에 그들이 서 있는 것과 비슷한 봉우리들이 솟아 있었다. 중간 높이의 산줄기 하나가 이에 맞서려는 듯 보였지만 그 높이에는 이르지 못했다. 그 산줄기는 멀어질수록 점점 낮아지며 평탄한 산등성이를 그리다 또다시 괴상한 모양으로 불쑥 솟아오르곤 했다. 그 끝자락 아득히 먼 곳에 호수와 강이 여럿 보였고 기름진 지대가 펼쳐져 있는 듯했다. 시선을 다시 발밑으로 돌리면 몸이 오싹해질 정도로 깊은 골짜기로 빠져들어간다. 거기에는 폭포 여러 줄기가 미로처럼 서로 얽혀 우렁찬 소리를 내면서 흘러내렸다.

펠릭스는 지치지 않고 질문을 던져댔지만 야르노는 귀찮아하지 않고 하나하나 흔쾌히 대답했다. 그런데 이때 빌헬름은 그가 그리 진실되고 성실하게 대답하고 있지 않음을 알아차렸다. 그래서 잠시도 가만히 있지 못하는 아이들이 더 위로 기어 올라갈 때 친구에게 말했다. "당신은 이런 문제에 대해 아이들과 이야기할 때, 자기 자신에게 이야기하는 것과는 다른 방식으로 이야기하는군요." "그렇게 하는 것도 매우 필요하다네." 야르노가 말했다. "자기 자신에게조차 생각한 그대로 말한다고 할 수 없으니까 말이야. 게다가 다른 사람에게는 그가 받아들일 수 있는 정도만 말하는 것이 우리의 의무라네. 인간은 자기에게 적합한 것만 이해하거든. 아이들에게 지금 존재하는 것에 마음을 붙이게 하고 명칭이나 기호를 가르쳐주는 것이 우리가 할 수 있는 최상의 일이지. 그렇지 않아도 아이들은 무턱대고 원인만 캐잖는가."

"무조건 아이들만 탓할 수는 없지요." 빌헬름이 말했다. "대상이 다양하니까 아이들도 갈피를 못 잡는 거죠. 따라서 대상을 신중하게 풀어가는 것보다 어디서부터 어디로라는 식으로 거침없이 질문을 던지는 게 나아요." "그렇지만 아이들은 대상을 피상적으로밖에 보지 않으니까 과정이나 목적에 대해 이야기할 때도 피상적으로 할 수밖에 없어." 야르노가 말했다. "아이들 뿐아니라 대부분의 인간은 평생 그런 상태에 머물러 있지요. 그리고 훤히 보이는 표면적인 진실이 평범하고 어리석게 생각되는 훌륭한 경지에는 오르지 못해요." 빌헬름이 대답했다. "그런 때가 온다면 그건 분명히 훌륭하다고 할 수 있겠군." 야르노가 말했다. "그것은 절망과 득도의 중간 상태니까." "아이들 이야기로 돌아가도록 합시다." 빌헬름이 말했다. "나에게는 무엇보다도 저 아이 일이 중요해요. 우리가 여행길에 오르고 나서부터 저 아이는 암석을 좋아하게 됐어요. 한동안만이라도 저 아이를 만족시켜줄 만큼의 지식을 나에게 가르쳐줄 수 없겠습니까?" "그건 안 되네." 야르노가 말했다. "새로운 분야는 어떤 것이든 먼저 어린아이로 돌아가기 시작해야 한다네. 대상에 대해 열정적인 흥미를 쏟아야 하고 처음에는 껍질에 기쁨을 느끼다가 마침내 그 핵심에 도달하는 행복을 얻게 되는 거지."

"그러면 말해 주십시오." 빌헬름이 말했다. "당신은 어떻게 이런 지식과 통찰을 얻었나요? 우리가 헤어지고 나서 아직 얼마 지나지 않았는데 말입니다." "이보게, 친구." 야르노가 대답했다. "우리는 체념*7하지 않을 수 없었다네. 영원히는 아니라도 꽤 오랫동안 말이야. 행동력이 있는 사람이라면 그런 상황에서 가장 먼저 새로운 생활을 시작하는 일을 생각해 낼 걸세. 대상이 새롭다는 것만으로는 충분치 않네. 그것만으로는 일시적인 기분전환에 도움이 될 뿐이니까. 그런 인간은 전체가 새로운 어떤 것을 찾아 그 한가운데로 뛰어들어가야 하지." "그렇지만 도대체 왜?" 빌헬름이 그의 말을 가로막았다. "하필이면 인간의 모든 취미 가운데 가장 고독한 산속 생활을 택한 겁니까?" "바로 그거야." 야르노가 외쳤다. "그것이야말로 고독하고 은둔자적이기 때문이지. 나는 사람들을 피하려고 했네. 인간이란 도와봤자 아무 소용없는 존재라네. 게다가 자립하려는 사람이 있으면 그를 방해하지. 행복할

---

*7 괴테의 '체념'은 감정과 지식이 지나치게 풍부하여 일어난 위험을, 단념을 되풀이함으로써 극복한 순결한 상태를 말한다. 이 책에도 '체념하는 사람들(Die Entsagenden)'이란 부제가 붙어 있다. 이는 각 개인이 특기를 살려 민주적인 질서 속에서 개체가 전체를 위하여—다시 말하면 이 목적 이외의 것을—체념한다는 뜻이다.

때는 어리석음을 멋대로 휘두르게 두어야 하고 불행할 때는 그 어리석음을 못 본 척하고 구해주면 된다 하지. 그러면서도 당신은 행복한가, 불행한가 물어보는 사람은 하나도 없다네." "아무리 그래도 인간들이 아직 그렇게 나쁘지는 않아요." 빌헬름은 미소 지으면서 말했다. "난 자네의 행복을 부정하려는 건 아닐세." 야르노가 말했다. "방랑을 계속하게나. 제2의 디오게네스*8여! 밝은 대낮에도 자네의 등불을 끄지 말도록! 저 아래로 내려가면 새로운 세계가 자네 앞에 열릴 걸세. 그러나 내기를 해도 좋네만, 그곳 또한 우리가 지금까지 겪어온 옛 세계와 마찬가지라네. 중매를 서거나 빚을 갚아주거나 할 수 없다면 자네는 그들 사이에서 쓸모없는 존재가 되는 거지." "그렇지만 당신이 만지고 다니는 단단한 바윗돌보다는 그들이 더 재미있을 것 같은데요." 빌헬름이 대답했다. "절대 그렇지 않아." 야르노가 말했다. "단단한 바윗돌은 이해하기 어려우니까 그래서 재미있는 거라네." "핑계를 대는군요." 빌헬름이 말했다. "이해할 가망이 없는 것에 매달리는 건 당신답지 않아요. 그렇게 차갑고 딱딱한 도락에서 무엇을 발견했는지 정직하게 말해 보십시오." "어떤 도락이든 그것을 설명하기는 어렵네. 더욱이 내 경우에 있어서는." 그는 잠시 생각하고는 다시 말을 이었다. "문자는 아름다운 것일지도 모르지. 그러나 소리를 표현하기에는 불충분하다네. 소리가 없어서는 안 되지만 우리가 전하고자 하는 본디 의미를 나타낼 수 있을지는 미지수지. 결국 우리는 문자와 소리에 달라붙어 있지만 그것이 전혀 없는 거나 다름이 없네. 우리가 전하는 것, 우리에게 전해 내려오는 것은 언제나 노력할 가치가 없는 하찮은 것들뿐이지."

　"아무래도 당신은 제 질문을 피하려 하는 것 같군요." 친구는 말했다. "그것이 이 바위나 산꼭대기와 무슨 관계가 있지요?" "그런데 지금 내가," 야르노가 대답했다. "다름 아닌 이 틈새와 금이 간 부분들을 문자라 보고 해독한 다음 말로 만들어내어 완전히 이해하는 법을 배웠다면 자네는 그에 대해 이의가 있겠나?" "없어요. 하지만 그건 너무 방대한 알파벳으로 생각되는데요." "그건, 자네가 생각하는 것보다는 빈틈이 없다네. 다만 다른 문자들과 마찬가지로 그것을 잘 배워야 하네. 자연은 오직 하나의 글자를 가지고 있을

---

*8 그리스의 철학자. 곳곳을 방랑하고 다니면서 자기 가르침을 설교했으며 대낮에도 등불을 들고 다녔다고 한다.

뿐이니까. 제멋대로 휘갈겨 쓴 문자에 질질 끌려다닐 필요가 없네. 나처럼 오랫동안 고문서에 애정을 쏟고 있으면 예리한 비평가가 찾아와 이건 모두 가짜에 불과하다고 단언하는 일이 생기곤 하지만, 여기서는 그런 걱정을 할 필요가 없다네." 미소를 지으며 빌헬름이 말했다. "그렇지만 여기서도, 당신의 해독 방법에 대해 논쟁이 일어나겠지요." "바로 그 때문에 나는 이 일에 대해서 아무하고도 말을 나누지 않지. 자네와도—자네를 사랑하기 때문에 더더욱—'따분한 말'이라는 가치 없는 대용품을 이 이상 주고받아 속임수를 교환하는 일은 질색이니까."

제4장

두 친구는 조심조심 힘들게 산을 내려와 아래쪽 나무 그늘 밑 아이들이 모여 있는 곳에 도착했다. 몬탄과 펠릭스는 도시락을 풀어놓는 것보다 더 열심히 수집한 돌의 표본들을 풀어놓았다. 펠릭스는 차례차례 돌 이름을 물었고 몬탄은 하나하나 가르쳐주었다. 펠릭스는 몬탄이 어떠한 돌의 이름이든 다 알고 있자 기뻐하면서 그 이름을 기억해 두었다. 그는 마지막으로 돌을 또 하나 집어들고 물었다. "이 돌의 이름은 뭐죠?" 몬탄은 그 돌을 이상하다는 듯이 바라보며 말했다. "너희들 이거 어디서 주웠니?" 피츠가 재빨리 대답했다. "제가 발견했어요. 이 지방에서 나온 거예요." "이 지방 것은 아닌데." 몬탄이 말했다. 피츠는 이 대단한 어른이 의아해하는 것을 보고 기뻐했다. "이 돌이 있는 데로 나를 데려다주면, 금화를 한 닢 주마." 몬탄이 말했다. "저는 쉽게 돈을 벌겠네요." 피츠가 대답했다. "하지만 당장은 안 돼요." "그렇다면 내가 잘 찾을 수 있게 그 장소를 자세히 알려다오. 그러나 그건 힘들겠지. 이건 스페인의 산티아고*9 부근에서 나는 십자석*10이야. 네가 모양이 하도 신기해서 훔친 게 아니라면 어떤 여행자가 잃어버린 걸게다." "금화 한 닢은 같이 오신 저 여행자에게 맡겨놓으세요." 피츠가 말했

---

*9 산티아고 데 콤포스텔라. 스페인 북서부에 있는 도시로 기독교 3대 순례지이다. 성 야곱이 순교한 곳.

*10 대개는 회색으로 검은 십자가 모양을 하고 있으며, 스페인에서 많이 생산된다.

다. "그러면 이 돌을 어디서 가져왔는지 정직하게 말씀드릴게요. 허물어진 성 요셉 성당 안에 마찬가지로 허물어진 제단이 있어요. 그 제단의 부서져서 갈라진 윗돌 밑에서 이 돌의 층을 발견했어요. 윗돌의 토대를 이루고 있더라고요. 그걸 제가 가져올 수 있을 만큼 깬 거예요. 윗돌을 굴려서 치우면 틀림없이 많이 찾아낼 수 있을 거예요."

"이 금화를 받아라." 몬탄이 말했다. "네가 그들을 발견한 데 대한 상금이다. 그걸 발견한 건 정말 대단한 행운이야. 생명이 없는 자연이 우리가 사랑하고 존경하는 십자가의 상징을 만들어낸다는 것은 마땅히 기뻐해야 할 일이란다. 자연은 예언자의 모습으로 나타나지. 영원한 옛날부터 정해져 있다가 시간이 흐르면서 비로소 현실이 되는 것들의 증거를 미리 땅속에 묻어두는 거다. 그 위에, 다시 말해 기적으로 충만한 신성한 층 위에 사제들이 그들의 제단을 세운 거야."

한동안 귀담아듣고 있던 빌헬름은 여러 이름들이 몇 번이나 다시 나올 것을 알아차리고, 아이를 처음 가르치는 데 필요한 만큼의 지식만이라도 베풀어줄 수 없느냐고 앞서도 말한 소망을 되풀이했다. "그만두게." 몬탄이 말했다. "학생들이 알아두어야 하는 것 이상을 모르는 교사만큼 비참한 게 어디 있겠나. 남을 가르치려는 사람은, 물론 자신이 알고 있는 최상의 것을 입밖에 내지 않을 수는 있어도 어중간하게 알고 있어서는 안 된다네." "그렇지만 그런 완벽한 교사가 어디 있습니까?" "쉽게 만날 수 있다네." 몬탄이 대답했다. "어디서 말입니까?" 빌헬름이 궁금해하면서 물었다. "자네가 배우고 싶어 하는 것이 있는 바로 그곳에서." 몬탄이 대답했다. "가장 훌륭한 수업은 완전한 환경에서 얻어지는 것일세. 외국어를 배우려면 그 언어의 본고장, 다시 말해 그 말이 아닌 다른 말은 전혀 들을 수 없는 곳이 제일 좋지 않을까?" "요컨대 당신은 산속에서 지내면서 산에 대한 지식을 얻었다는 거죠?" 빌헬름이 물었다. "물론이네." "사람들과는 어울리지 않고 말인가요?" 빌헬름이 물었다. "적어도 산과 인연을 맺고 있는 사람들과는 어울렸지." 몬탄이 대답했다. "광맥에 매혹된 난쟁이족들이 바위를 뚫고 땅속으로 가는 길을 내어 온갖 방법을 써서 어려운 과제를 풀어보려 애쓰는 곳이야말로 지식욕에 불탄 사색가가 자리를 잡을 곳이지. 그는 행동과 실천을 보면서 일어나는 일은 일어나는 대로 두고, 성공과 실패를 한결같이 기뻐한다네. 도움이 되는 것은 의미 있는 것의 일부에 지나지 않네. 하나의 대상을 완전히 소유하고 지배하려면 대상 그 자체를 위해 연구해야 하지. 이는 많이 보고 느끼며 배워야만 나중에 비로소 궁극적인 지점에 오를 수 있다는 뜻이라네. 하지만 우리 눈앞에 있는 아이들의 경우에는 사정이 전혀 달라. 훌륭히 성취되어 가는 것은 모두 쉽게만 보이니까 말이야. 아이들이란, 어떤 종류의 활동이든 손을 대려고 하지. 무엇이든 시작은 어렵다는 말은 어떤 의미에서는 진리일지도 몰라. 하지만 일반적으로는 이렇게 말할 수 있을 걸세. 모든 시작은 쉽지만 마지막 단계에 오르는 것은 가장 어렵고 가장 드문 일이라고."

그사이 생각에 잠겼던 빌헬름은 몬탄에게 물었다. "인간의 모든 활동은 실행할 때나 가르칠 때에도 구별이 지어져야 한다는 확신을 얻었다는 겁니까?" "나는 그 밖에 다른 것, 그 이상의 것은 모르네." 몬탄이 말했다. "인간이 무언가를 성취하려 한다면 그것은 제2의 자아가 되어 자신에게서 분리되어야 해. 그리고 제1의 자아가 그것으로만 가득 차 있지 않으면 결국 불가능하지." "그렇지만 지금까지는 여러 방면의 교양이 이롭고 필요하다고 여겨져 왔잖아요." "그 시대에는 그럴 수도 있었겠지." 몬탄이 말했다. "다양성이라는 것은 본디 한 방면에 치우치는 전문적인 인간이 활동할 수 있는 기초를 마련하는 것에 지나지 않아. 지금이야말로 이런 전문적인 인간이 활동할 수 있는 장이 충분히 주어져 있다네. 그래, 지금은 전문성의 시대지. 그것을 깨닫고 자기 자신을 위해서나 남을 위해서 활동하는 사람은 행복하네. 어떠한 일에서는 이것이 절대적으로 뚜렷하게 드러나지. 이를테면 자네가 기량을 충분히 닦아 탁월한 바이올리니스트가 되었다 치면, 지휘자가 오케스트라에서 자네에게 좋은 자리를 마련해 주리라는 건 당연하지 않겠나. 자네를 하나의 도구로 만들어보게. 그러고 나서 인류가 생활 속에서 자네에게 어떤 지위를 호의적으로 인정해 줄 것인지 기다리면 된다네. 자, 이런 이야기는 이제 그만두세. 이것을 믿고 싶지 않은 사람은 자기 길을 걸어가면 돼. 때로는 성공하는 일도 있겠지. 그러나 덧붙이건대 아래에서 위로 봉사하는 일, 그것은 어떤 경우에나 필요하다네. 한 가지 기술에 전념 하는 것, 그것이 가장 좋은 일이야. 아무리 저능아라도 그렇게 하면 언젠가는 제구실을 하는 기술자가 될 수 있고, 머리가 좀 더 나은 사람은 기량을 한 가지 얻게 되는 거지. 최고의 두뇌를 가진 사람은 한 가지를 함으로써 모든 것을 이루게 되는 거라네. 좀 더 역설을 피해서 말하자면 한 가지 일을 제대로 이뤄내면 그 제대로 행해진 한 가지 일에서 제대로 행해지는 모든 일의 비유를 발견하게 되는 거네."

여기서는 그저 스케치하듯 재현하고 있으나 두 사람의 대화는 해넘이까지 계속되었다. 해지는 광경은 멋졌으나 오늘 밤 어디서 지낼 것인가 하는 생각이 모두를 괴롭혔다.

피츠가 말했다. "좋은 숙소로 안내할 수는 없어요. 하지만 사람 좋은 숯 굽는 할아버지가 사는 따뜻한 곳에서 앉든지 눕든지 하며 밤을 지새워도 괜찮으시다면 기꺼이 모시고 가겠습니다."

그리하여 모두 그를 따라서, 비밀스러운 느낌이 드는 오솔길을 지나 한적한 곳에 이르렀다. 그곳에서라면 누구나 금방 차분해질 것만 같았다.

숲 속 좁은 공터 한가운데 알맞게 솟아오른 둥그스름한 숯가마가 따뜻한 연기를 내뿜고 있었다. 한편에는 전나무 가지로 만든 오두막집이 있고 바로 그 곁에 모닥불이 환하게 타올랐다. 모두 앉아 여장을 풀었다. 아이들은 숯 굽는 할머니에게 달라붙었다. 그녀는 손님 대접에 정성을 들여 구운 빵에 버터를 듬뿍 발라 배고파 하는 욕심쟁이들에게 맛있고 기름진 음식을 만들어 주었다.

잠시 뒤에 아이들은 거의 불빛이 닿지 않는 가문비나무 가지 사이에서 숨 바꼭질을 하면서 늑대나 개처럼 으르렁거리고 짖어대며 놀았는데, 담력이 센 여행자라도 섬뜩해할 정도였다. 그동안 두 친구는 마음을 터놓고 서로의 처지를 얘기했다. 그러나 두 사람은 서로 과거와 미래에 대해 말해서는 안 되며 오로지 현재에만 몰두해야 했다. 그것 또한 체념한 사람으로서의 수행자에게 주어진 독특한 의무 가운데 하나였다.

야르노는 광산 사업과 그에 필요한 지식과 행동력에 대한 것으로 머리가 꽉 차 있어서 그가 두 대륙(유럽과 미국)에서 이런 기술적 통찰과 숙달된 능력을 통해 무엇을 기대할 수 있는지 빌헬름에게 자세하고 정확하게, 열정적으로 들려주었다. 그러나 늘 인간의 마음속에서만 보배를 찾아온 빌헬름은 그런 이야기들을 전혀 알아들을 수 없었다.

결국 빌헬름은 미소를 지으면서 말했다. "어쩐지 당신은 자기모순에 빠져 있는 것 같네요. 젊었을 때부터 시작했어야 할 일을 나이 들어서 시작하고 있잖아요." "천만에 말씀." 그가 대답했다. "나는 어렸을 때 광산 고급관리였던 작은아버지 댁에서 자랐네. 광석에서 광분을 빼내는 일을 하는 아이들과 함께 어울리면서 그들과 나무껍질로 만든 작은 배를 광산 웅덩이에 띄웠지. 그런 경험들이 나를 다시 이 세계로 데려온 거라네. 나는 지금 이 세계에서 다시 젊어진 것 같아 기분이 좋아. 나야 어릴 때부터 숯 굽는 연기를 향내처럼 마셔왔기 때문에 좋아하지만 자네는 그렇지 않을 걸세. 이 세상에서 많은 것들을 시도해 보았지만 언제나 같은 것을 발견했네. 인간의 유일한 쾌적함은 습관에 달려 있다는 걸세. 불쾌한 일조차 일단 그것에 익숙해지고 나면 그게 사라지는 걸 아쉬워하게 되지. 언젠가 나는 상처가 좀처럼 낫지 않아 꽤 오랫동안 고생을 했는데 그것이 드디어 다 나았을 때 정말로 기분이 나빴네. 외과의사가 더 이상 오지 않게 되자 붕대 매주는 일도, 나와 아침을 함께 먹어주는 일도 없어졌으니까 말이야."

"그렇지만 나는," 빌헬름이 말했다. "내 아들에게는 한 가지 제한된 직종에서 얻어지는 것보다 훨씬 자유롭게 세계를 보는 눈을 갖게 해주고 싶습니다. 인간은 아무리 자기 주위에 울타리를 쳐도 결국은 자기가 사는 시대를 살펴보게 되는 법이죠. 그리고 앞선 시대에 일어난 일을 조금이라도 알지 못하면서 어찌 자기 시대를 이해할 수 있겠습니까? 우리 생활에 없어서는 안 될 갖가지 진귀한 양념들이 어느 나라에서 왔는지 모른다면 식료품 가게에 들어갈 때마다 그저 어안이 벙벙할 뿐 아니겠어요?"

"뭣 때문에 그렇게 번거로운 일을 하나?" 야르노가 물었다. "속물들이 그러듯이 신문이나 읽고 할머니들처럼 커피나 마시라지. 그래도 자네가 단념하지 못하고 완전한 교양에 집착하고 있는 거라면 자네가 왜 그렇게 눈이 멀어 있는지, 왜 그렇게 지금껏 찾고 있는지, 바로 옆에 훌륭한 교육 시설이 있는데도 그게 왜 안 보이는지 모르겠네." "바로 옆에 있다고요?" 빌헬름은 고개를 저었다. "물론이네." 야르노가 말했다. "여기 무엇이 보이는가?" "어디 말입니까?" "바로 코앞에." 야르노는 집게손가락으로 가리키면서 안타깝다는 듯이 외쳤다. "저기 있는 저것은 무엇인가?" "그거야 뭐!" 빌헬름이 말했다. "숯 굽는 가마죠. 그런데 그게 어떻다는 겁니까?" "좋아. 이제 알았군. 숯 굽는 가마지. 그런데 저 가마를 사용하려면 어떤 과정을 거치나?" "장작을 쌓아올려야죠." "그것이 끝난 다음에는 어떻게 하나?" 빌헬름이 말했다. "당신은 마치 소크라테스 문답법처럼 내가 무척 어리석고 아둔하다는 걸 깨닫고 고백하게 하려는 심산이군요."

"그럴 리가!" 야르노는 말했다. "계속해서 정확하게 대답하게. 그러면 장작이 차곡차곡 통풍이 잘되게 쌓아올려지면 그다음에는 어떻게 하나?" "그야 불을 지피지요." "불이 붙어 불길이 골고루 다 스며들면 어떻게 하나? 타는 대로 그냥 놔두는가?" "아니죠. 뗏장이나 흙, 숯가루 그 밖에 손이 닿는 것은 무엇이든 가지고 와서 번져가는 불길을 서둘러 막아야 합니다." "불을 끄기 위해서인가?" "아닙니다. 불길을 약하게 하기 위해서입니다." "그것은 즉 구석구석까지 잘 탈 수 있도록 열이 스며드는 데 필요한 만큼 공기를 넣어준다는 거지. 그런 다음 빈틈을 모두 막아 치솟는 불길을 잡으면 모든 장작이 저절로 꺼져 숯이 되는 거네. 열이 식은 뒤 마침내 따로따로 끄집어내면 상품이 되어 대장간이나 철물공들, 빵집이나 요리사들에게 팔려가지. 이렇게 유능한 기독교도들*11에게 충분히 도움을 주고 나면 이번에는 재가 되어 빨래하는 여인네들이나 비누 제조업자에게 쓰이게 된다네."

"그런데," 빌헬름이 웃으며 물었다. "지금 이 비유에서 당신은 당신 자신을 무엇이라 보고 있습니까?" "대답하기 어렵지 않네." 야르노가 대답했다. "나는 나 자신을 참나무 숯이 들어 있는 오래된 숯 바구니라고 생각하네. 그러나 나는 내 멋대로 나 자신을 위해서만 나를 태우는 특성을 가지고 있네. 그래서 세상 사람들이 나를 이상한 사람이라 여기고 있지만 그건 어쩔 수 없는 노릇이지." "그러면 나는요?" 빌헬름이 물었다. "당신이 볼 때 나는 어떻습니까?" "지금은 특히," 야르노가 대답했다. "자네를 순례자의 지팡이로 본다네. 어떤 구석진 곳에 세워놓아도 싹이 돋아나오지만, 어디에도 절대 뿌리를 내리지 않는 묘한 특성을 가지고 있지. 그래서 산지기도 정원사도 숯 굽는 사람도 소목장이도 그 밖의 어떤 수공업자도 자네가 도저히 그 직업인이 될 수 있을 것 같지 않다고 한다면 이 비유를 곰곰이 생각하며 이유를 깨달아 보게."

이런 이야기를 나누는 동안 빌헬름은 품에서 뭔가를 꺼냈다. 뭐에 쓰는 물건인지 지갑 같기도 하고 연장을 넣는 상자 같기도 한데, 몬탄은 자신도 그

---

*11 대장장이나 철물공, 빵 굽는 사람들을 말한다.

것을 옛날부터 잘 알고 있다고 말했다. 우리의 친구 빌헬름은 그것을 부적처럼 지니고 다니며, 자신의 운명이 이것에 어느 정도 좌우되리라 맹신하고 있음을 부인하지 않았다.

그것이 무엇인지는 아직 여기서 독자들에게 밝힐 수 없다. 다만 이것을 계기로 하나의 대화가 시작되어, 그 결과 빌헬름이 다음과 같은 고백을 하기에 이르렀다는 것만은 말해 두어야겠다. 즉 자신은 오래전부터 어떤 특수한 직종, 도움이 되는 어떤 기술에 전념하기를 바라고 있다. 생활 조건 가운데 가장 까다로운, 한곳에 사흘 이상 머물러서는 안 된다는 조건을 철회하도록 몬탄이 결사의 동맹자들에게 중재해야 한다고 했다. 자기 자신의 목적 달성을 위해 원하는 데서라면 며칠이든 머물 수 있게 허락해 줘야 한다는 것이다. 몬탄은 그의 바람이 이뤄지도록 최선을 다하겠다고 약속했다. 빌헬름이 허심탄회하게 자신의 계획을 고백한 이상 그것을 끊임없이 추구할 것이며 일단 마음에 정한 계획은 무슨 일이 있어도 충실하게 지킬 것을 엄숙하게 맹세했기 때문이다.

이런 모든 것에 대해 진지하고 철저하게 이야기하고 문답을 주고받으며 어쩐지 수상쩍은 무리들이 모여드는 숙소를 나섰다. 그들은 동이 틀 무렵 숲을 빠져나와 빈터에 다다랐다. 그곳에서 그들은 야생동물 두세 마리를 만났는데, 그것은 뭐든 알려고 덤벼드는 펠릭스를 몹시 기쁘게 했다. 여기서 길이 여러 방향으로 갈라져 있었기 때문에 그들은 헤어질 준비를 했다. 피츠에게 길들이 어디로 이어지는지 물었으나 그는 딴 일에 정신이 팔려 있는 듯, 평소와는 달리 갈피를 잡을 수 없는 대답만 했다.

"너는 도대체가 못돼먹은 녀석이야." 야르노가 말했다. "어젯밤 우리 주위에 앉아 있던 남자들을 너는 다 알고 있었어. 나무꾼이나 광부들이지. 그들은 그렇다 치더라도 나머지 사람들은 밀수업자 아니면 밀렵꾼들일 거야. 그리고 맨 마지막에 온, 모래에 연신 기호를 써 넣던 키 큰 남자, 다른 작자들로부터 특별하게 취급받던 그자는 틀림없이 도굴꾼이야. 너는 그놈과 한패가 되어 뭔가를 꾸미고 있어."

"모두 좋은 사람들이에요." 피츠가 말했다. "모두들 겨우 입에 풀칠만 하면서 살아가는 사람들이에요. 다른 사람들이 금지하는 일을 가끔 한다고는 하지만 그렇게라도 하지 않으면 도저히 살아갈 수 없는 불쌍한 사람들이죠."

그러나 사실 이 교활한 소년은, 두 친구가 서로 헤어지려 한다는 걸 알아차리고는 이리저리 궁리하고 있었다. 두 사람 가운데 어느 쪽을 따라가야 좋을지 결심이 서지 않았기 때문이다. 그는 자기의 이익을 계산하고 있었다. 아버지와 아들은 선선히 은화를 쓰지만 야르노는 금화를 쓴다. 이쪽을 놓치지 않는 것이 상책이라고 생각했다. 그래서 그는 당장 주어진 기회를 붙잡았다. 야르노가 헤어질 때 그에게 말했다. "자, 나는 성 요셉 성당으로 가서 네가 한 말이 거짓인지 아닌지 알아봐야겠다. 십자석과 부서진 제단을 찾아볼 거야." "아무것도 찾지 못할걸요." 피츠가 말했다. "저는 절대로 거짓말을 안해요. 이 돌은 거기서 가지고 온 게 맞지만 제가 돌을 모두 파내어 이 산 위에 숨겨두었어요. 아주 귀한 돌이라 그것이 없으면 보물을 캐낼 수 없어요. 작은 조각만도 매우 비싸게 팔리지요. 아저씨 말씀이 맞아요. 그 깡마른 남자와 알게 된 것도 그 때문이에요."

다시 협상이 벌어졌다. 피츠는 야르노에게 금화를 한 닢 더 주면 얼마 멀지 않은 곳에 있는 이 진귀한 광물을, 충분히 손에 넣게 해주겠다고 약속했다. 한편 그는 빌헬름 부자가 '거인의 성'으로 가는 것에 반대했다. 펠릭스가 그래도 가겠다며 우겼기 때문에 피츠는 짐꾼에게 이 여행자들을 너무 깊숙한 곳으로 데리고 들어가지 말도록 단단히 다짐받았다. 그곳 동굴이나 암벽이 갈라진 사이에서 다시 돌아온 사람은 지금까지 한 명도 없었다고 했다. 그들은 뿔뿔이 헤어졌다. 그리고 피츠는 적당한 때에 '거인의 성' 홀에서 다시 만나자고 약속했다.

짐꾼이 앞장서고 아버지와 아들이 뒤를 따랐다. 그러나 얼마 올라가기도 전에 펠릭스가, 그 길이 피츠가 가르쳐준 길과 다르다고 말했다. 그러자 짐꾼이 대답했다. "제가 더 잘 압니다. 얼마 전 폭풍 때문에 이 근처 숲들이 쑥대밭이 되었어요. 쓰러진 나무들이 마구잡이로 얽혀서 그 길을 막고 있어요. 저를 따라오세요. 틀림없이 그곳으로 모셔다 드리겠습니다." 펠릭스는 씩씩하게 걷다가 이 바위에서 저 바위로 건너뛰며 고생스러운 길을 단축시켰다. 그리고 지금 자기가 건너뛰고 있는 바위들이 화강암이란 걸 알아채고는 기뻐했다.

이렇게 올라가다가 그는 몇 개씩이나 무너져 있는 돌기둥 위에 멈춰 섰다. 갑자기 '거인의 성'이 눈앞에 나타난 것이다. 줄지어 늘어선 바위기둥들이 벽을 이루며 외로운 산봉우리 위에 솟아 있었고 빈틈없이 들어찬 기둥벽이 대문과 대문, 통로에 통로를 이루고 있었다. 짐꾼은 안으로 들어가 길을 잃지 말라고 진지하게 당부했다. 그리고 전망 좋고 양지바른 장소에서 먼저 온 사람들이 남긴 불씨의 흔적을 발견하자, 거기에 딱딱 소리를 내며 부지런히 불을 피웠다. 그는 이런 데에서 간단한 식사를 준비하는 일에 익숙했다. 빌헬름은 광대한 전망을 즐기면서 앞으로 여행할 것들을 더 자세히 살펴보려 했으나 그사이에 펠릭스가 사라져버렸다. 동굴 안에 들어가서 길을 잃었음에 틀림없었다. 아무리 이름을 부르고 휘파람을 불어보아도 대답이 없었다. 펠릭스는 영 모습을 나타내주지 않았다.

그러나 빌헬름은 떠돌이답게 만일의 경우에 대비하고 있었다. 그는 사냥 포대에서 밧줄 한 다발을 꺼내 자신의 몸에 꼼꼼히 붙들어 맸다. 그렇지 않아도 아이들을 안으로 데리고 들어갈 때는 밧줄을 길잡이의 표시로 삼을 생각을 했던 터라 이번에도 밧줄에 의지해 보기로 했다. 그는 앞으로 나가면서 이따금 호루라기를 불었지만 한동안 아무런 반응도 없었다. 그러다 드디어 안쪽에서 날카로운 휘파람 소리가 울려오더니 얼마 안 있어 펠릭스가 시커먼 바위틈에서 위로 얼굴을 내밀었다. "아버지, 혼자세요?" 펠릭스가 조심스럽게 속삭였다. "응, 혼자다." 아버지가 대답했다. "나뭇조각을 몇 개 주세요. 굵은 막대기 같은 걸로요." 그것을 받아든 소년은 그래도 안심이 안 되는 듯 소리쳤다. "아무도 동굴로 들어오지 못하게 하세요!" 한참 모습을 감췄던 그가 훌쩍 다시 나타나더니 더 길고 튼튼한 막대기를 달라고 했다. 아버지는 이 수수께끼가 풀리기를 초조하게 기다렸다. 마침내 이 대담한 소년이 서둘러 바위틈에서 올라왔다. 펠릭스는 작은 상자를 하나 가지고 나왔는데, 그것은 작은 8절판 책만 한 크기로 깨끗하면서도 낡아 보였다. 금으로 만들어진 듯했으며, 에나멜 장식이 달려 있었다. "아버지, 이걸 챙겨두세요. 아무에게도 보이지 말고요." 펠릭스는, 마음속의 은근한 충동에 이끌려 바위틈새로 기어들어가 아래쪽에서 어슴푸레 빛나는 공간을 발견하게 된 경위를 서둘러 말했다. 그의 말에 의하면 그곳에는 철로 된 커다란 상자가 하나 있었는데, 자물쇠로 잠겨 있지 않음에도 뚜껑을 열기는커녕 조금도 들어올릴 수 없었다고 한다. 그래서 그걸 어떻게 열어보려고 막대기를 여러 개 달라고 한 것이며, 받침대를 뚜껑 밑에 세우고 쐐기를 끼워 넣어 겨우 열어보니, 상자 안은 텅 비어 있었으나 한쪽 구석에서 이 멋진 작은 상자를 발견했다는 것이다. 두 사람은 이를 비밀에 부치기로 약속했다.

정오가 지나 있었다. 세 사람은 간단히 식사를 때웠다. 오기로 약속한 피츠는 아직 오지 않고 있었다. 그러나 펠릭스는 이상하게 불안해 하면서 자꾸만 이곳을 떠나고 싶어 했다. 땅 위에서도 땅 아래에서도 보물을 되돌려달라고 재촉하는 것 같았기 때문이다. 돌기둥은 한결 더 검고 동굴은 유달리 깊어지는 듯 생각되었다. 그는 비밀을 하나 짊어졌다. 하나의 소유물을. 이것은 정당한 것인가 부당한 것인가, 안전한 것인가 불안전한 것인가? 초조함이 그를 그곳에서 내몰았다. 장소를 바꾸면 그 불안에서 벗어날 수 있으리라 생각했다.

그들은 어느 대지주의 드넓은 소유지로 가는 길을 택했다. 이 지주의 부유함과 유별남에 대해서 그들은 귀가 닳도록 들어왔다. 펠릭스는 이제 아침나절처럼 뛰어다니지 않았다. 세 사람은 몇 시간을 묵묵히 걸었다. 펠릭스는 두어 번 작은 상자를 꺼내 보고 싶어졌지만 아버지는 넌지시 짐꾼을 가리키며 서두르지 말고 침착하라 했다. 한편으로는 피츠가 오면 좋을 텐데 하고 기다렸으나 다른 한편으로는 그 교활한 녀석을 두려워하기도 했다. 또 신호로 휘파람을 불다가도 곧 그런 행동을 후회했다. 이렇게 마음의 동요가 한동안 계속되었는데, 그때 멀리서 피츠의 휘파람 소리가 들려왔다. 그는 '거인의 성'에 가지 못한 데 대해 야르노와 함께 있었기 때문에 늦어졌고, 바람에 쓰러진 나무가 길을 막았다고 변명했다. 그러고 나서 그는 기둥과 동굴 주위는 어떠했고 얼마나 깊은 데까지 들어갔었느냐며 자세하게 캐물었다. 펠릭스는 반은 들뜨고, 반은 당황해하면서 동화 같은 얘기를 늘어놓았다. 아버지에게 미소를 지어 보이고 아버지의 소매를 살짝 잡아당기기도 하는 등 갖가지 시늉을 해보였다. 그것은 자신이 어떤 비밀을 품고 있는데 지금 시치미를 떼고 있는 것을 알리는 것이나 마찬가지였다.

그들은 드디어 지주의 장원으로 쉽게 갈 수 있는 큰길로 들어섰다. 그러나 피츠는 더 좋은 지름길을 알고 있다면서 제 뜻을 굽히지 않았다. 짐꾼은 그 길로 가려 하지 않았고 결국 곧고 넓게 죽 뻗어 있는 길로 혼자 가버렸다. 아버지와 아들은 장난꾸러기 소년을 믿어보기로 했는데 이윽고 이 길로 오길 잘했다고 생각했다. 험한 산길을 내려가 날씬하게 쑥쑥 자란 낙엽송 숲을 빠져나오자 나무 사이로 점점 시야가 트이더니 어느덧 우리가 상상할 수 있는 가장 아름다운 장원이 청명한 햇빛을 받아 반짝이는 경치가 펼쳐 보였기 때문이다.

커다란 정원은 과일나무들이 오직 풍요로운 결실만을 위한 것처럼 빽빽이 심어져 있었음에도 거침없이 탁 트여 있었다. 정원은 질서정연하게 여러 구획으로 나눠져 있었고 높아졌다 낮아졌다 했지만 이 모든 것은 하나의 비탈을 이루고 있었다. 그곳에는 사람 사는 집이 여러 채 흩어져 있어 각기 다른 소유자들이 토지를 나눠 가지고 있는 것처럼 보였지만, 피츠가 밝힌 바로는 한 사람이 전체를 다스리며 이용하고 있다고 했다. 정원 너머 저편에는 한눈에 둘러보기 힘들 정도로 넓은 땅이 펼쳐져 있었다. 잘 가꿔진 농지와 나무들이 풍성했고 호수와 하천도 확실히 분간할 수 있었다.

그들은 산을 내려가 정원으로 점점 가까이 다가갔다. 이제 곧 정원 안으로 들어서겠구나 생각한 순간 빌헬름은 깜짝 놀라 멈춰 섰다. 그 모습을 보고 피츠는 고소해하는 표정을 감추지 않았다. 험하게 갈라진 산기슭이 그들 눈앞에 나타났고 그 너머에는 이제까지 가려져 있던 높은 벽이 모습을 드러냈다. 벽의 안쪽은 흙으로 완만하게 메워 있었지만, 바깥은 깎아지르는 절벽이었다. 즉 바로 앞에 정원을 바라보면서도 깊은 도랑이 정원과 그들 사이를 가로막고 있었던 것이다. "안으로 들어가려면 저쪽으로 많이 돌아가야 해요." 피츠가 말했다. "하지만 저는 이쪽으로 들어가는 입구도 알고 있어요. 그 길로 가면 꽤 가까워요. 큰비가 올 때 산에서 내려오는 물이 정원 안으로 한꺼번에 밀려들지 않게 하기 위해 지하도가 이쪽에 열려 있어요. 우리가 편하게 지나갈 수 있을 정도로 높고 넓어요." 펠릭스는 지하도라는 말을 듣자 그 안으로 들어가보고 싶은 욕망을 억누를 수 없었다. 빌헬름은 아이들 뒤를 따라갔다. 그들은 지하도의 바싹 말라버린 높은 계단을 함께 내려갔다. 옆 창에서 빛이 들어오거나 기둥과 벽에 빛이 가려지고 할 때마다 밝은 데로 나가기도 하고 어둠에 둘러싸이기도 했다. 이윽고 그들은 제법 평평한 곳으로 나와 천천히 걸어 나갔는데, 갑자기 가까이서 총소리가 나더니 지금껏 보이지 않던 격자무늬 철창이 닫히면서 그들을 가두어버리고 말았다. 그런데 모두가 아니라 빌헬름과 펠릭스만 포로가 되었다. 피츠는 총소리가 난 순간 되돌아 뛰었기 때문에 철창 틈에 그의 넓은 소맷자락이 끼었을 뿐이었다. 피츠는 재빨리 윗도리를 벗어던지고, 한시도 머뭇거리지 않고 쏜살같이 도망쳐 버렸다.

갇힌 두 사람이 놀란 가슴을 쓸어내리기도 전에 사람들의 목소리가 들려오더니 점점 가까이 다가왔다. 이윽고 무장한 사나이들이 횃불을 손에 들고 어떤 놈들이 잡혔을까 호기심에 찬 눈으로 다가왔다. 그들이 순순히 항복하겠는가 물었다. "이 마당에 항복하고 안 하고 할 게 뭐가 있겠습니까?" 빌헬름이 대답했다. "우리는 당신들 손안에 있어요. 오히려 우리를 관대하게 대해 주겠는지 이쪽에서 물어볼 일이죠. 우리가 가지고 있는 유일한 무기를 당신들에게 넘겨드리겠습니다." 이 말과 함께 그는 사냥칼을 철창 너머로 건네주었다. 곧 철창문이 열리면서 사나이들은 낯선 두 사람을 태연하게 데리고 갔다. 나선형 계단을 올라가자 기이한 장소가 나타났다. 넓고 깨끗한 방이었는데, 처마 밑에 작은 창문이 나란히 나 있었고, 창문에는 튼튼한 쇠창살이 달려 있었지만 햇빛은 충분히 들어오고 있었다. 의자와 침대 말고도 숙소에서 필요한 것은 웬만큼 갖추어져 있었다. 이 방에서 지내는 사람에게 부족한 것이라면 자유뿐일 것이다.

빌헬름은 안으로 들어오자마자 바로 의자에 앉아 지금 이 사태에 대해 골똘히 생각했다. 반대로 펠릭스는 놀라움이 가시자 터무니없이 화를 내기 시작했다. 위압적인 벽, 높은 창문, 굳건한 문, 외부와 차단된 비좁은 답답함. 이 모든 게 그에게는 전혀 겪어보지 못한 두려운 세계였다. 그는 주위를 둘러보았다. 이리저리 뛰어다니다 발을 동동 구르고 울부짖었다. 문을 흔들어대면서 주먹으로 때렸다. 어디 그뿐인가. 빌헬름이 그를 붙잡아 힘껏 누르지 않았더라면 문으로 달려가 머리를 들이박았을 것이다.

"일단 침착하게 생각해 보자꾸나, 펠릭스." 아버지가 말했다. "그렇게 안달하고 날뛴다고 해서 이곳에서 나갈 수는 없단다. 이 수수께끼는 이제 곧 풀릴 거야. 내가 잘못 본 게 아니라면 우리는 나쁜 사람들 손안에 떨어진 건 아닌 듯해. 이걸 좀 보렴. '죄 없는 자에게 석방과 보상을, 유혹당한 자에게는 동정을, 죄인에게는 올바른 처벌을'이라고 쓰여 있어. 이 문구로 보아 이 방은 필요에 따라 만들어진 곳이지, 잔학한 짓을 벌이기 위한 곳은 아니야. 인간은 다른 사람으로부터 자신을 보호해야 할 이유가 너무 많단다. 악한 일을 꾸미는 사람이 정말 많고 그것을 실행에 옮기는 사람도 적지 않아. 따라서 올바르게 살아가려면 오히려 언제나 선행을 베풀기만 해서는 안 돼."

펠릭스는 마음을 가라앉혔다. 그러나 더 이상 아버지 말에 자기 의견을 내세우지 않고 침대로 몸을 내던졌다. 아버지는 멈추지 않고 계속 말했다. "이렇게 어린 네가 아무 죄도 없는데 겪어야 했던 이 경험을 네가 어떤 시대에, 어떤 탁월한 시대에 태어났는지에 대한 살아 있는 증거로서 잊지 말도록 해라. 죄를 지은 자에게 관대하고, 범죄자에게도 위로를 보내며 비인간적인 자에게도 인간적으로 대하게 되기까지 인류가 얼마만큼의 여정을 걸어와야 했던지! 이것을 처음으로 가르치고 실천할 수 있게 하고 독려하는 데에 일생을 바친 사람들은 진실로 하느님과 같은 사람들이었단다. 아름다움을 구현하는 능력을 가진 인간은 매우 드물지. 선(善)에 대해서는 더욱 그렇고, 그렇기에 큰 희생을 치르면서 선을 독려하는 사람들을 우리는 아무리 높이 평가해도 지나치지 않은 거란다."

이렇게 위로하며 타이르는 말은 이 갇혀 있는 상황의 의미를 아주 정확하게 나타내고 있었으나 펠릭스는 귀담아듣고 있지 않았다. 그는 깊은 잠에 빠져 있었다. 여느 때보다 아름답고 혈색 좋은 얼굴이었다. 평소에는 좀처럼 나타난 적 없던 격한 감정이 그의 마음 깊은 곳에 잠재되어 있던 모든 것을 끌어올려 포동포동한 뺨을 물들여놓았기 때문이다. 아버지가 아들을 흐뭇하게 바라보며 서 있는데, 체격이 좋은 젊은 사나이가 들어와 빌헬름을 잠시 상냥하게 바라보더니 어쩌다가 평소에는 사람들이 다니지 않는 이상한 길에 들어서 덫에 걸리게 된 건지 그 경위를 묻기 시작했다. 빌헬름은 사정을 솔직하게 설명하고 나서, 신분을 밝히는 데 도움이 될 몇 가지 서류를 건넸다. 얼마 안 있으면 짐꾼이 정상적인 길을 지나 이쪽으로 올 것이 틀림없으니 그 사람이 증인이 되어줄 것이라고 말했다. 모든 일이 뚜렷해지자 관리는 빌헬름을 손님으로 대우하면서 자신을 따라오라고 일렀다. 펠릭스는 아무리 깨워도 일어나지 않아, 그 옛날 의식을 잃은 율리시즈에게 그랬던 것처럼 하인들이 그를 단단한 요에 눕히곤 밖으로 들고 나갔다.

빌헬름은 관리의 뒤를 따라 정원이 보이는 아름다운 방으로 들어갔다. 식탁 위에는 기운을 되찾게 해줄 음식이 차려져 있었다. 그것을 들도록 권한 관리는 상사에게 보고하러 나갔다. 잠에서 깨어난 펠릭스는 과일과 포도주, 비스킷이 준비된 식탁이 있는 데다 방문도 활짝 열려 있는 것을 보고 참으로 이상한 기분이 들었다. 지금까지의 일이 꿈같이 느껴지는지 방 밖으로 달려 나갔다가 다시 들어와보았다. 그리고 금세 좋은 음식과 쾌적한 환경에 마음이 설레, 지난밤의 답답한 꿈을 아침에 모두 잊듯이 조금 전의 공포와 괴로움을 싹 잊어버렸다.

짐꾼이 도착했다. 관리가 좀 더 상냥해 보이는 나이 든 사람과 함께 짐꾼을 데리고 돌아왔다. 사정은 다음과 같이 밝혀졌다. 이 토지의 소유주는 주위 사람 모두를 일하게 하고 무언가를 만들어내도록 고무시키는 보다 높은 의미의 자선가이다. 그는 요 몇 년 사이에 그의 끝없이 넓은 묘목밭에서 나는 나무모를 부지런하고 꼼꼼한 재배자에게는 무료로, 그다지 열심히 일하지 않는 자에게는 일정한 값으로, 또한 그것을 가지고 장사를 하려는 자에게는 그보다 싼값으로 각각 나눠주었다. 그런데 나중 두 경우의 사람들이 무상으로 받는 사람들과 마찬가지로 자신들도 무상으로 나눠달라고 청했다. 그들은 자신들의 요구가 거절당하자 나무모를 갖은 방법으로 훔쳐갔다. 묘목밭이 강탈당하는 데 그치지 않고 황급히 뽑아가는 탓에 전체가 못쓰게 되어버렸기 때문에 주인은 점점 화가 났다. 그래서 그들이 방수로를 뚫고 들어오는 것을 알아내어 자동총이 달린 철창을 설치했던 것이다. 다만 총은 신호를 위한 것이었다. 그 꼬마 소년은 여러 가지 핑계를 만들어 이 정원에 여러 번 모습을 나타냈던 것이 목격되었었다. 그 짓궂은 못된 아이가 전에 다른 목적으로 발견했던 길로 여행자들을 데려간 것은 지극히 당연한 일이었다. 장원의 사람들은 되도록 그 아이를 붙잡고 싶어 했다. 그렇게 할 수는 없었으나 그의 윗도리는 다른 증거물과 함께 영지 재판소에 보관하고 있다고 했다.

제5장

장원의 본채인 성(城)으로 가는 길에 우리의 친구 빌헬름은 고풍스러운 유원지나 근대적인 공원 비슷한 것은 전혀 발견할 수 없었기 때문에 의아한 생각이 들었다. 일직선으로 심어져 있는 과일나무들, 채소밭들, 넓은 약초밭, 그 밖에 어디에든 실생활에서 쓸모가 있다고 생각되는 것이 완만한 비탈을 이루며 한눈에 들어왔다. 키 큰 보리수나무들이 그늘을 드리운 광장이 당당한 건물 앞마당에 위엄 있게 펼쳐져 있었고, 그와 맞닿은 가로수 길에는 한 그루 한 그루 훌륭하게 자란 나무들이 나란히 들어서 있어 낮 시간 어느 때에든 바깥에서 단란하게 산책을 즐길 수 있었다. 저택 안으로 들어서자, 현관 벽이 아주 독특하게 장식되어 있었다. 4대륙의 커다란 지도가 눈에 띄었다. 계단 옆 멋진 벽도 여러 나라들을 간단히 그린 지도들로 꾸며져 있었다. 큰 홀로 안내되자 세계 주요 도시들의 조감도로 둘러싸여 있었는데, 그 위와 아래를 이들 도시의 풍경화가 에워싸고 있었다. 모두 아주 정교하게 그려져 있어 하나하나가 선명하게 눈에 들어오는 동시에 연속적인 상호관계도 명확하게 알아볼 수 있었다.

집주인은 키가 작고 기운 좋은 노인으로, 손님에게 인사말도 없이 대뜸 벽을 가리키면서 이들 도시를 알고 있는지, 전에 그곳에 머무른 일이 있는지 물었다. 빌헬름은 많은 도시에 관해 이것저것 적절한 설명을 할 수 있었고, 몇몇 도시는 단지 본 것만이 아니라 그 상황과 특색도 충분히 알려줄 수 있음을 보여주었다.

주인은 종을 울려 하인을 부르더니, 새로 온 두 손님에게 방을 마련해 드리고, 저녁 식사 때 그들을 모셔오라고 지시했다. 이는 그대로 지켜졌다. 빌헬름은 1층에 있는 큰 식당에서 두 여성과 마주쳤다. 그 가운데 한 명이 쾌활하게 말했다. "선생님은 이곳에서 작은 모임을 만나게 될 거예요. 모두 좋은 사람들이랍니다. 나는 조카딸인 헤르질리에예요. 이쪽은 나의 언니 율리에테입니다. 저기 두 신사는 부자지간인데, 당신도 이미 알고 계시듯 이 성의 관리를 맡고 있죠. 우리 집안의 절대적인 신뢰를 받고 있는 데다, 또한 마땅히 그에 어울리는 친구이기도 하답니다. 자, 앉으세요!" 두 여성은 빌헬름을 사이에 두고 앉았고 두 관리는 각각 양쪽 끝에 앉았다. 펠릭스는 맞은편 긴 의자에 앉았다가 곧 헤르질리에 건너편으로 자리를 옮겨앉아 그녀에게서 눈을 떼지 않았다.

한동안 일상적인 대화가 오간 뒤에 헤르질리에가 기회를 잡아 말했다. "이 손님들이 좀 더 빨리 우리하고 친해져 우리의 대화에 낄 수 있도록 먼저 말씀드리는 게 좋을 것 같습니다. 우리는 책을 많이 읽어요. 그리고 우연인지 취미가 다른 건지, 아니면 서로 달라야 한다는 반항심에서인지 모르지만 문학 경향도 가지각색이죠. 큰아버지는 이탈리아 문학을 좋아하시고, 여기이 숙녀는 완벽한 영국 부인으로 간주해도 기분 나빠하지 않지요. 그러나 나는 쾌활하고 우아하다는 점에서 프랑스인을 좋아해요. 이쪽의 아버지 관리분은 독일 고대문학을 좋아하고, 당연한 일이지만 아드님은 최근의 근대문학에 관심을 쏟고 있어요. 이런 점을 감안해서 우리를 판단하고, 공감하거나 찬성 또는 반대하면 됩니다. 어떤 의견이건 기꺼이 듣겠어요." 그리고 이런 방향에서 대화는 활기를 띠게 되었다.

그러는 동안에도 헤르질리에는 잘생긴 펠릭스의 불타는 듯한 시선에서 한시도 벗어나지 못했다. 그녀는 놀라기는 했지만 기분이 좋았다. 그래서 그에게 가장 맛있는 음식을 건넸더니 그는 기쁘게, 감사하면서 받았다. 그런데 후식이 나왔을 때, 사과가 가득 담긴 접시 너머로 그가 그녀를 물끄러미 바라보자 그녀는 이 매혹적인 과일들이 그녀의 수많은 연적인 것같이 생각되었다. 이렇게 생각하는 순간 그녀는 사과 하나를 집어 식탁 너머로, 막 어른으로 성장해 가고 있는 모험가에게 넘겨주었다. 그는 재빨리 이것을 받아 곧 껍질을 벗기기 시작했는데, 눈은 매혹적인 여인 쪽에만 가 있었기 때문에 엄지손가락을 깊숙이 베어버려 피가 콸콸 무섭게 흘러내렸다. 헤르질리에는 벌떡 일어나 그를 보살피며 피를 멎게 하고 약상자에서 반창고를 꺼내 상처에 붙여주었다. 그런데 소년은 그녀를 붙잡은 채 놓아주려고 하지 않았다. 소동이 커져 식탁은 치워지고, 모두들 작별인사를 나누었다.

"당신도 주무시기 전에 책을 읽으시죠?" 헤르질리에가 빌헬름에게 말했다. "원고 하나를 보내드리겠어요. 내가 프랑스어를 번역한 거죠. 이것보다 더 멋진 작품을 알고 계시면 말씀해 주셔야 해요. 이 작품에는 한 엉뚱한 소녀가 등장하죠! 그 소녀의 바보 같은 행동은 추천할 만한 것은 아니에요. 그렇지만 언젠가 한번 어리석은 짓을 한다면 그건 아마 이런 식이 될 거예요. 나도 가끔은 바보가 되고 싶은 기분이 들거든요."

순례하는 어리석은 여인

폰 르반 씨는 부유한 사람으로, 자기 주에서 가장 아름다운 토지를 가지고 있었으며 아들과 누이동생과 함께 군주에게라도 어울릴만한 저택에서 살고 있었다. 실제로 그의 정원과 수도, 소작지와 공장 및 가정 등은 6마일 사방에 걸쳐 주민의 절반 이상을 먹여살리고 있었기 때문에, 명망으로 보나 그가 베푸는 선행으로 보나 그는 문자 그대로 군주였다.

몇 년 전 그는 자기 정원의 울타리를 따라 먼 거리를 산책하고 있었다. 그때 그는 여행자들이 곧잘 발길을 멈추는 어떤 숲 속에서 잠시 쉬는 것을 즐겼다. 아름드리 키 큰 나무들은 어린 나무들이 빽빽하게 들어서 있는 덤불 위로 솟아 있어, 바람과 햇빛을 막아주었다. 깔끔하게 둘레를 친 샘물이 나무뿌리, 돌, 잔디를 적셔주고 있었다. 산책을 하는 주인은 언제나와 마찬가지로 책과 엽총을 가지고 있었다. 이제 그는 책을 읽으려고 했다. 책을 읽는 동안 가끔 새들의 지저귀는 소리로, 때로는 길을 지나는 사람들의 발소리로 기분 좋게 마음이 흐트러지곤 했다.

아름다운 아침이 아직 한창인데, 그가 있는 쪽으로 젊고 귀여운 여인이 혼자 걸어오고 있었다. 그녀는 큰길을 벗어나 그가 있는 서늘한 장소로 가면 한숨 돌리고 상쾌해질 수 있을 거라 생각한 듯했다. 그는 깜짝 놀라 자기도 모르게 책을 손에서 떨어뜨렸다. 이를 데 없이 아름다운 두 눈을 가진 이 순례의 여인은 걸어온 탓에 얼굴이 살짝 상기되어 있었다. 자태, 걸음걸이, 우아한 몸가짐이 어찌나 뛰어났던지, 그는 자기도 모르게 일어나 그녀 뒤에 시녀가 따라오지나 않을까 하고 길 쪽을 바라보았다. 그때 그녀가 정숙하게 그를 향해 인사했기 때문에 또다시 그 모습이 그의 주의를 끌어 그는 공손히 그 인사에 답했다. 아름다운 여행자는 샘물가에 앉아 한 마디 말도 하지 않고 한숨지었다.

"묘한 공감이었지요!" 폰 르반 씨는 나에게 이 사건을 이야기할 때 이렇게 큰 소리로 말문을 열었다. "이 한숨에 나는 침묵으로 대답했습니다. 무엇을 말하고 어떻게 해야 할지 모르는 채 나는 우두커니 서 있었습니다. 나의 눈은 이 완전무결한 모습을 파악하기에는 충분하지 못했습니다. 그녀는 한쪽 팔꿈치를 괴고 몸을 옆으로 하고 누웠는데, 그것은 우리가 생각할 수 있는 가장 아름다운 여성의 모습이었어요. 그녀의 구두는 나에게 나름대로 추측할 기회를 주었습니다. 먼지투성이 구두인 걸로 보아 먼 거리를 걸어온 것을 알 수 있었습니다. 그런데도 비단양말은 지금 막 광을 낸 것처럼 반들반들했고 걷어올린 옷은 구김살이 없었어요. 머리는 아침에 곱슬곱슬하게 말은 것 같았습니다. 깨끗한 리넨에다 아름다운 레이스, 마치 무도회라도 가려는 옷차림이었어요. 방랑하는 여인 같은 데는 전혀 없었어요. 다만 어딘지 불쌍한, 그러나 존경할 만한 떠돌이 여인이었어요.

드디어 나는 그녀가 두세 번 나에게 시선을 던지는 순간을 이용하여 혼자 여행하는 것이냐고 물었어요. '네, 그렇습니다' 하고 그녀가 대답했습니다. '나는 이 세상에서 혼자 몸입니다.'—'뭐라고요? 부인, 부모도 없고 친지들도 없다는 말입니까?'—'그런 뜻이 아닙니다. 부모도 계시고 친지도 있습니다. 그렇지만 친구는 없습니다.'—'그것은 당신 잘못이 아닌 것 같군요. 당신의 모습, 그리고 틀림없이 당신의 마음씨로 볼 때 무슨 일을 해도 너그러이 보아줄 수 있는 분 같습니다만.'

그녀는 나의 인사말에 어떤 비난이 숨겨져 있다는 것을 알아차렸어요. 그래서 나는 그녀가 교양 있는 사람임을 알 수 있었죠. 그녀는 이를 데 없이 천진무구한, 파란색을 띤 투명하고 황홀한 두 눈을 반짝이며 고상한 어조로 이렇게 말했어요. 보아하니 신분 높은 신사 같은데, 그런 신사분이 시골길을 혼자 여행하는 젊은 처녀를 만났을 때 조금 수상쩍게 생각해도 무리는 아니라고. 또 그런 일은 이때까지 여러 번 당한 적 있다고. 자기가 낯선 사람이고 따라서 아무도 자신의 신상에 대해 이렇다 저렇다 따질 권리는 없지만, 자신의 여행 목적이 매우 양심적인 성실성에서 비롯된 것만은 제발 믿어달라고. 자신을 이렇게 떠돌게 만든 원인에 대해 아무에게도 해명할 책임은 없으나 어떻든 이유가 있어 자신은 고통을 끌어안고 세상을 떠돌아야 하는 처지라고. 사람들은 여자에게는 여러 위험이 따르기 마련이라며 걱정하지만, 그런 것들은 상상에 지나지 않으며, 여자의 명예는 마음이 약하거나 기본적인 행동원칙이 흔들릴 때만 위험에 처하게 된다는 것을 알았노라고. 그녀는 그렇게 말했죠.

그 밖에도 그녀는, 자신은 안전하다고 생각되는 시간을 골라 길을 걷고, 무턱대고 아무하고나 말을 하지 않으며, 자기가 받은 교육방법에 어울리는 일을 하여 밥벌이를 할 수 있는 적당한 장소에 가끔 머물기도 한다고 말했어요. 이 말을 할 때 그녀는 목소리를 낮추고 눈을 감았어요. 그러자 눈물이 그녀의 뺨 위로 흘러내렸죠.

그 말을 듣고 나는 이렇게 대답했어요. 나는 그녀의 훌륭한 행동 못지않게 그녀가 좋은 집안 출신이라는 것을 믿어 의심치 않는다. 다만, 나는 그녀가 하인들의 시중을 받아 마땅한 신분으로 보이는 데도 뭔가 피치 못할 사정이 있어서, 반대로 다른 사람에게 봉사하고 있는 처지가 돼 있는 것이 딱하다. 그리고 강한 호기심을 느끼지만 이 이상 그녀의 일을 캐물을 생각은 없다. 차라리 그녀와 아주 가까이 지내, 그녀가 어디를 가든지 자기의 미덕과 평판을 해치지 않도록 신경쓰고 있다는 것을 이 눈으로 확인하고 싶다. 그러자 이 말이 또다시 그녀의 마음을 상하게 했는지 그녀는 이렇게 대답했어요. 자기가 이름과 고향을 숨기고 있는 것은 전적으로 평판 때문이라고. 평판이라는 것은 결국 사실보다는 추측 쪽이 더 강하기 때문에 자기를 써달라고 할 때에는 이때까지 일해 온 집에서의 증명서를 보이고 고향이나 가족에 대해서는 묻지 말아달라고 한다고. 사람들은 그 보증서를 본 뒤에 고용 여부를 결정하는데, 그녀를 고용한 사람들은 지금까지 그녀가 살아온 삶의 성실성과 결백에 대해서는 하늘에 맡기거나 그녀를 믿어주는 수밖에 없다는 것입니다."

이 같은 말로 미루어볼 때, 이 아름다운 모험 여인에게서는 정신이상을 의심할 만한 징조가 아무것도 없었다. 폰 르반 씨는 바깥세상으로 뛰어들어가려는 이런 결심을 잘 이해할 수 없었기 때문에, 아마도 자기 마음에 들지 않는 결혼을 강요당했기 때문이 아닐까 하고 추측했다. 아니면 오히려 사랑을 잃은 절망 때문일 것이라고도 생각했다. 그리고 묘한 일이지만 세상일이 흔히 그렇듯이, 그는 그녀가 다른 남자를 사랑한다고 생각하면서도 그녀에게 반해 버렸다. 그녀가 다시 길을 떠날까 봐 그는 두려웠다. 그는 그녀의 아름다운 얼굴에서 눈길을 돌릴 수가 없었다. 초록빛 그늘 아래 한층 더 아름다워진 얼굴이었다. 만약 요정이 있었다 해도, 잔디 위에 이처럼 아름다운 모습으로 몸을 가로누이고 나타날 수는 없었을 것이다. 그리고 어느 정도 소설과도 같은 이 만남이 어떤 매력을 펼쳐놓아, 그는 이 매력에 저항할 수 없었다.

그래서 폰 르반 씨는 더 깊이 생각해 보지도 않은 채, 이 미지의 아름다운 여인의 마음을 움직여 자기 저택으로 데려가려고 했다. 그녀는 별로 까다롭게 굴지 않고, 그와 함께 가서 자신이 상류사회도 잘 알고 있는 사람임을 보여주었다. 음료를 가져오면 쓸데없이 굽실대지 않고 아주 우아한 감사와 더불어 그것을 받아든다. 점심 식사를 기다리는 동안 집을 보여주었더니 가구건, 그림이건, 아니면 적절한 방의 위치건 칭찬할 가치가 있는 것만을 말한다. 도서실을 보자 좋은 책을 알아보고 자신의 취향을 겸손하게 말한다. 거침없이 지껄이지도 않고 당황해하지도 않는다. 식사 때도 마찬가지로 우아하고 자연스런 행동과 이루 말할 수 없이 사랑스러운 말솜씨를 보인다. 이런 점에서 그녀의 말은 모두 이치에 맞으며, 그녀의 성격은 그 인물과 마찬가지로 아무리 보아도 사랑스럽다.

식사가 끝난 뒤에는 조금 짓궂은 면이 나타나, 그것이 그녀를 더욱 예쁘게 했다. 그녀는 미소를 지으면서, 르반 양을 향해 말했다. 자기는 점심 식사를 대접받았을 때에는 무슨 일을 해서든 갚는 것이 습관이어서, 돈이 없을 때에는 언제나 여주인에게 재봉 바늘을 얻는다는 것이다. "허락해 주신다면," 그녀는 덧붙였다. "당신의 자수틀에 꽃을 수놓겠습니다. 나중에 당신이 그것을 볼 때마다 가난한 미지의 여자를 기억해 주세요." 이에 대해 르반 양은, 유감스럽지만 천을 자수틀에 붙인 것이 없기 때문에 당신의 멋진 솜씨에 감탄할 기쁨을 단념하는 수밖에 없다고 대답했다. 순례 여인은 곧 눈길을 피아노 쪽으로 돌렸다. "그러면 이렇게 해요." 그녀는 말했다. "옛날에도 떠돌이 악사들이 그랬던 것처럼 불면 날아가는 돈과도 같은 보잘것없는 재능으로 나의 빚을 갚기로 하겠습니다." 그녀는 시험 삼아 피아노를 두세 번 쳤는데 그것은 상당한 수련을 쌓은 솜씨임을 보여주었다. 그녀가 모든 사랑스러운 예술적인 재능을 몸에 담은 귀족 가문의 여인임은 이제 의심할 여지가 없다. 처음에 그녀의 연주는 활기 넘치는 찬란한 음향이었지만, 얼마 안 있어 장엄한 음색, 깊은 슬픔의 음색으로 변했다. 동시에 그녀의 눈에도 슬픈 기색이 떠올랐다. 눈은 눈물에 젖고 얼굴 표정도 달라지고 손가락도 더듬거렸다. 그러다가 갑자기 그녀는 장난스러운 노래를 가장 아름다운 목소리로 재미있고도 우습게 불러 모두를 놀라게 했다. 결과적으로 이 익살스러운 연가가 어딘지 그녀 자신과 깊이 관련돼 있다고 생각할 만한 이유를 갖게 만들었기 때문에, 내가 여기에 그 노래를 삽입해도 양해해 주기 바란다.

외투만 걸치고, 그렇게 바삐 어디서 왔는가?
해가 동녘에 뜨려면 아직 멀었는데.
거센 바람을 무릅쓰고 친구여,
순례길에 오르려는가?

누가 그의 모자를 빼앗았는가?
좋아서 맨발로 걷는가?
어떻게 하여 숲 속으로 왔는가?
눈이 쌓인 이 스산한 산 위로.

따뜻한 곳을 떠나오다니 이상도 하다
더 재미있는 일이 있을 텐데.
외투를 입지 않았더라면
얼마나 큰 창피를 당했을까!
저 간사한 놈이 그를 속여
가진 것 모두를 빼앗았지.
불쌍한 친구는 홀랑 벗겨
아담처럼 알몸이 되었구나.

어째서 그는 그런 길을 갔을까,
사과[10]를 찾아 그토록 위험한 데를.
물방앗간 울타리의 아름다운 사과
옛날 에덴동산에서처럼 열려 있었지!
그런 익살은 다시는 못해.
그는 재빨리 집을 빠져나와
탁 트인 벌판에서 갑자기
쓰라린 탄식을 터뜨린다.

"그녀의 불타는 눈길 속에서
배신이라는 글자는 찾을 수 없었지!
나하고 함께 황홀경에 빠진 척하더니
그런 끔찍한 흉계를 꾸몄을 줄이야!
그녀의 품에 안겼을 때, 꿈엔들 알았을까?

---

* 10 사과 : 이것은 금단의 열매를 말한다. 구약성서 〈창세기〉 3장 참조.

반역에 울렁대는 가슴인 것을.
그녀는 안달하는 사랑의 신을 붙잡았지만
사랑의 신은 우리에게 친절했다네.

사랑에 흥겹게 해놓고
끝없는 밤에 취해 버려
아침이 되자 그 순간
먼저 어머니를 불렀지!
그러자 한 무리의 친척들이
몰려들어, 그야말로 사람의 물결!
형제들이 오고 숙모들은 엿보고
사촌도 숙부도 거기 서있다!

모두 미쳐 날뛰는 대소동!
저마다 한 마리 짐승 같았네.
내 딸을 다시 돌려내라고
소리지르며 대든다.
'당신들은 모두 머리가 돌았는가!
이런 보물을 얻으려면
나보다 훨씬 약삭빠른 놈이라야지.

사랑의 신은 언제나 때맞추어
즐거운 놀이를 재빨리 해치우지.
그는 물방앗간의 열여섯 살 난 꽃을
그대로 놔두지는 않을 거야.'
그러자 그들은 옷보따리를 빼앗고는
외투까지 뺏으려 했지.
이렇게 많은 발칙한 놈들이
어떻게 이 좁은 집으로 기어들어왔지!

나는 벌떡 일어나 날뛰고 욕설을 퍼부었다.
반드시 모두를 박차고 나갈 것이라고.
다시 한 번 나는, 괘씸한 여자를 보았다.
그런데 아, 그녀는 여전히 아름답구나.
광분하는 내 기세에 모두는 주춤했으나
그래도 악담을 퍼붓는다.
그래서 천둥 같은 고함지르며
이제 겨우 그 지옥 소굴에서 빠져나왔다.

그대들! 시골 처녀는
도시 처녀와 마찬가지로 피해야 하지!
그러나 귀부인들에게
시동의 옷 벗기는 취미는 맡겨 버리자!
그러나 사랑에 뛰어난 그대들.
그대들은 거룩한 사랑의 의무는 아랑곳없이
애인을 예사로 바꾼다 하더라도
배신의 흉계는 꾸미지 말라."

풀 하나 자라지 않는 이 추운 겨울에
그는 이렇게 노래했지만
나는 그의 깊은 상처를 비웃는다.
정말 당연한 응보니까.
낮에는 순진한 애인을 속이고
밤이면 무모한 모험을 일삼아
사랑의 신을 찾아 거짓 물방앗간에 기어드는 자는,
누구든 그런 깊은 상처를 입어 마땅하다.

그녀가 이런 식으로 정신을 잃을 수 있다는 것은 예사롭지 않은 일이고, 또 이런 뜻밖의 행동은 그녀의 정신상태가 반드시 정상이라고 말할 수 없는 징조인지도 몰랐다. 폰 르반 씨는 나에게 말했다. "우리도 이건 좀 이상하구나 하고 여러 가지로 생각할 수 있었겠지만, 그런 것은 모두 잊고 있었습니다. 왜 그렇게 되었는지는 모르겠어요. 그녀가 이 연가를 들려주었을 때의 이루 표현할 수 없는 우아함에 매료된 탓일 겁니다. 익살맞기는 했지만 모든 면에서 빈틈없는 연주였어요. 손가락은 완전히 그녀의 의지대로 움직였고 목소리는 참으로 매혹적이었습니다. 연주가 끝났을 때 연주 전과 다름없는 침착한 태도였기에, 우리는 그녀가 다만 식사 뒤 소화를 돕기 위해 그러는 것으로만 생각했어요.

얼마 안있어 그녀는 다시 여행을 떠나야겠다고 허락을 청했어요. 그러나 내 눈짓을 본 누이동생이 말했어요. 만약 급한 일이 아니고 또 이 집 대접이 마음에 들지 않은 것이 아니라면 며칠 더 있어주면 우리는 축제를 지내는 기분일 거라고 했지요. 결국 그녀는 머무를 것에 동의했기 때문에 나는 그녀에게 뭔가 일거리를 줘야겠다고 생각했어요. 며칠 동안 우리는 그녀를 여기저기 데리고 다니기만 했는데 그녀는 하나도 이상한 데가 없었어요. 모든 우아함과 타고난 분별력을 갖춘 사람이었습니다. 정신은 섬세하고 정확했으며, 기억력도 비범하고 마음씨도 아름다워 이따금 우리의 감탄을 샀고, 우리 모두의 관심을 끌었어요. 그리고 예의범절을 잘 알고 있어 우리 집안 누구에 대해서도, 또 우리집을 찾아오는 몇몇 친구에 대해서도 나무랄 데 없이 그것을 실천했기 때문에 우리는 저 독특한 행동과 이런 착실한 예의범절을 어떻게 연결시켜야 하는지, 도저히 알 수 없었죠.

사실 나는 그녀에게 우리집에서 일해 달라고 제안할 엄두를 못 내고 있었어요. 그녀를 좋아하게 된 나의 누이동생도 마찬가지로 이 잘 알 수 없는 여인의 섬세한 감정을 보살피는 것이 자기의 의무라고 생각했죠. 두 여인은 함께 집안 살림을 돌보았는데, 그럴 때면 이 착한 아가씨는 가끔 허드렛일도 마다하지 않았고, 또 까다로운 정리나 계산을 필요로 하는 것도 모두 척척 처리할 수 있게 되었어요.

짧은 시간 안에 그녀는 하나의 질서를 만들어놓았어요. 물론 이 질서는 지금까지 저택 안에 없었던 것은 아니지요. 그녀는 아주 영리한 살림꾼이었어요. 그리고 그녀는 처음부터 우리와 식사를 함께 했기 때문에 새삼 불필요한 겸손으로 사양하지 않았고, 아무런 거리낌없이 함께 식사를 했어요. 그러나 맡은 일이 다 끝날 때까지는 절대로 카드나 악기에 손을 대지 않았어요.

그런데 나는 이 아가씨의 운명이 내 마음을 깊이 흔들기 시작했다는 것을 물론 고백하지 않을 수 없습니다. 나는 아가씨의 부모가 정말 안됐다고 생각했어요. 이렇게 착한 딸을 잃었으니까 말입니다. 나는 이렇게도 상냥한 미덕들, 이렇게도 풍부한 장점들이 그냥 사라져버리는 것이 아닐까 하고 한숨을 쉬었어요. 그녀와 함께 지낸 지 몇 달이 흐르자 우리는 우리가 그녀에게 불어넣으려 노력한 믿음에 힘입어 결국 그녀 스스로 자신의 비밀을 털어놓으리라 기대했어요. 어떤 불행이 원인이라면 우리도 도울 수 있고, 어떤 잘못 때문이라면 우리가 중재한다든지 증언을 해서 한때의 과실을 용서받도록 조정할 수도 있을 것이라고 생각했죠. 그러나 우리가 아무리 우정을 다짐해도, 또 아무리 부탁을 해도 효과가 없었어요. 그녀에 대해 조금이라도 알려고 하는 우리의 의도를 눈치채면, 그녀는 일반적인 잠언 같은 말을 내세우며 그 뒤로 숨어버리고는 그 의미를 가르쳐주지 않고 자기 자신을 방어하는 태도를 취했어요. 예를 들면 우리가 그녀의 불행에 대해 말하면 그녀는 '불행이란 착한 사람에게나 악한 사람에게나 똑같이 일어납니다. 그건 나쁜 액체에나 좋은 액체에 똑같이 작용하는 효험 있는 약과 같은 것이지요' 하고 말했어요.

그녀가 왜 아버지 집에서 도망쳐 나왔는지 그 원인을 알아내려고 하면 미소를 지으면서 말했어요. '노루가 도망쳤다고 해서 노루에게 죄가 있는 것은 아닙니다.' 박해를 받은 일이 있는가 하는 물음에 대해서는 '박해를 당하고 그것을 견디어나가는 것이 좋은 가문에서 태어난 많은 처녀들의 운명이지요. 한 가지 모욕에 우는 자는 더 많은 모욕을 당할 것입니다' 하고 대답하는 것이었어요. 어떻게 해서 거친 민중에게 자기 생활을 내맡길 수 있었는지, 아니면 적어도 이따금 사람들의 동정에 의지할 결심을 할 수 있었는지 물으면 그녀는 다시 미소를 지으면서 말했어요. '식사 때에 부자에게 머리를 조아리는 가난한 자에게도 분별력이 없는 것은 아닙니다.' 한번은 얘기가 농담으로 기울었을 때 애인 이야기가 나와 우리는 그녀에게 물었어요. 저 연가에 나오는 추위에 떠는 주인공은 그녀가 아는 사람이 아닌가 하고요. 나는 지금도 확실하게 기억하고 있지만 이 말은 어딘지 그녀의 가슴을 찌른 것 같았어요. 그녀는 나를 향해 두 눈을 크게 떴는데, 그것이 어찌나 진지하고 준엄했던지 나의 눈은 그 시선에 견디어낼 수 없을 지경이었어요. 그 뒤로도 화제가 연애에 옮겨질 때마다 그녀의 우아한 본성과 활달한 정신이 어두워지는 것을 알 수 있었죠. 그럴 때면 그녀는 곧 깊은 생각에 잠겼어요. 우리는 그것을 번민이라고 생각했지만 그것은 역시 마음의 아픔이었을 것입니다. 그녀는 아주 활발하지는 않았으나 전체적으로는 명랑하고, 고상하지만 젠체하는 데는 없었으며, 탁 털어놓고 이야기하는 일은 없지만 솔직했고, 신중했으나 불안해하지 않았으며, 겸손하고 온순하다기보다는 오히려 인내심이 강하고, 애정 표현이나 정중한 태도 또한 마음에서 우러나온다기보다는 고마운 마음에서 그렇게 행동을 하는 식이었어요. 확실히 그녀는 큰 집을 관리할 수 있을 만큼의 교양을 쌓은 여인이었지만, 스물한 살이 넘어 보이지는 않았어요.

이 젊고 설명하기 어려운 인물은 이런 상태였어요. 그녀가 우리집에 머무르는 2년 동안 나는 완전히 그녀에게 사로잡혀 있었는데, 그녀는 어떤 바보 같은 행동으로 우리집에서의 일을 그만 두었어요. 그 일은 그녀의 빛나고 존경할 만한 기질에 비춰볼 때 한층 더 희한한 것이었죠. 내 아들은 나보다는 젊으니까 스스로 위로할 수도 있겠지만 나는 너무 마음이 약해 언제까지라도 그녀를 잊을 수 없지 않을까 걱정입니다."

이제 나는 이 총명한 여자의 어리석음에 대해 이야기하려고 한다. 어리석은 행동이란 것이 이따금 분별력의 또 다른 모습임을 보여주기 위해서 말이다. 이 순례 여인의 고상한 성격과 그녀가 사용한 간계 사이에서 이상한 모순을 발견하게 될 것이다. 그것은 틀림없다. 그러나 순례 그 자체와 저 노래는 잘 어울리지 않는다는 것은 누구나 알 수 있는 일이다.

폰 르반 씨가 이 미지의 여자를 사랑하고 있다는 것만은 분명하다. 그런데 그는 30대처럼 젊고 씩씩하게 보인다고는 하지만, 50대의 얼굴을 지울 수는 없었다. 그러나 그는 어린아이와 같이 완벽한 건강함과 친절, 쾌활, 온화, 관용과 같은 성품으로 그녀의 마음을 사려고 했을 것이다. 아니면 자기의 재산으로 그녀의 마음에 들기를 바랐는지도 모른다. 값을 매길 수 없는 대상을 돈으로 살 수는 없다는 것 정도는 잘 알 만큼 섬세한 마음의 소유자였음에도 말이다.

한편, 그의 아들은 사랑스럽고 애정 넘치는 불타는 정열가로, 아버지처럼 여러 가지로 생각하지 않고 막무가내로 이 사랑의 모험에 달려들었다. 처음에는 신중하게 그녀의 마음을 사려고 했지만 아버지와 고모가 무턱대고 그녀에게 칭찬과 우정을 보냈기 때문에 그녀는 그에게 점점 가치 있는 존재가 되어버렸다. 그는 사랑스러운 여자의 환심을 사려고 성실하게 애써왔는데, 열정에 사로잡힌 그의 눈에는 그녀가 본디 모습보다 훨씬 돋보였다. 그녀의 일솜씨나 아름다움보다도 접근할 수 없는 엄격함이 그의 마음을 더욱 불타오르게 했다. 그는 과감하게 이야기하고, 일을 꾸몄으며, 약속도 했다.

아버지는, 의도적인 것은 아니었지만 언제나 어딘지 모르게 아버지 티가 났다. 그는 자기 자신을 알고 있었다. 그리고 자기 사랑의 경쟁자가 누군지를 알게 되었을 때에도 상대방이 비겁한 방법만 사용하지 않는다면 그를 굳이 이기려고는 생각하지 않았다. 그러면서도 그는 자신의 욕심을 꺾지는 않았다. 친절, 특히 재산이라는 것은 여자가 계획적으로 거기에 몸 바치게 되는 매력적인 자극제이기는 하지만, 사랑이 젊음을 동반하여 갖가지 자극을 띠게 되면 금방 그 효력을 잃게 된다는 사실을 그 또한 모르지 않았음에도 말이다. 폰 르반 씨는 또 다른 과오를 저질렀는데 나중에 그것을 후회했다. 즉 그녀와의 정중한 우정 관계를 갖고 있었음에도 지속적이며 합법적인 비밀 관계를 맺자고 말을 꺼낸 것이다. 때로는 자신을 한탄하면서 배은망덕이라는 표현을 쓰기도 했다. 어느 날 그는 그녀에게 자선가는 대부분 은혜를 복수로 보답받는다고 말했다. 이것은 틀림없이 자기가 사랑하는 여자를 잘 몰랐기 때문이었다. 미지의 여자는 솔직하게 이렇게 대답했다. "많은 자선가들은 은혜를 베푼 자들에게서 콩알 하나로 모든 권리를 사들이고 싶어 하지요."

두 경쟁자의 구애에 말려들어간 아름다운 미지의 아가씨는, 어떤 동기에서인지는 알 수 없지만 이 심각한 사태 속에서 한 가지 기묘한 탈출구를 생각해 냈다. 그렇게 함으로써 그녀는 자기도 상대방도 더 이상 어리석은 짓을 하지 못하도록 막으려 했던 것 같다. 아들은 그 나이에 맞는 대담성으로 달려들어 흔히 그렇듯이 이 꿈쩍도 않는 여자에게 자기 목숨을 바치겠다고 위협했다. 아버지는 좀 더 이성적이었지만 빈번히 구애하는 것에는 변함이 없고 두 사람 다 성실했다. 이 사랑스러운 여자는 자기에게 어울리는 상대를 손에 넣으려 했으면 충분히 손에 넣을 수 있었을 것이다. 두 폰 르반 씨는 모두 그녀하고 결혼할 작정이라고 단언했기 때문이다.

그러나 이 세상의 부인들은 이 아가씨의 경우를 통해 배워야 할 것이다. 설령 허영이나 광기로 정신이 혼란에 빠졌더라도 성실한 마음만 있다면 좀 처럼 치유되기 힘든 마음의 상처도 그리 오래가지 않는다는 사실을. 순례하는 여인은 더 이상 자기 몸을 지키는 일이 어렵다고 생각되는 한계에 서 있는 것을 느꼈다. 그녀는 사랑에 빠진 두 사람 틈에 끼여 두 사나이가 아무리 귀찮게 졸라도 그것은 순수한 것이라 위안을 삼고, 무모한 태도를 취해도 그것은 엄숙한 결혼 맹세를 하는 것이기 때문이라고 너그러이 봐줘야 한다고 생각하고 있었다. 실제로도 그랬고, 그녀도 그렇게 이해하고 있었다.

그녀는 폰 르반 양을 방패 삼아 숨을 수도 있었다. 그러나 그렇게 하지 않은 것은 분명 은혜를 베풀어준 사람들에 대한 존경과 아끼는 마음에서였다. 그녀는 냉정을 잃지 않았다. 자신의 미덕을 의심케 함으로써 두 사람의 어느 한쪽에도 상처를 주지 않는 방법을 찾았다. 그녀는 자신의 연인에 대한 정절을 지키느라 미친 짓을 했던 것이다. 그녀의 이 모든 희생적 행위를 느끼지도 못하고 또 계속 모른 채로 있을 그 연인은 이 진심을 받을 자격이 전혀 없었음에도.

어느 날 그녀가 나타내는 우정과 감사에 대해 폰 르반 씨가 좀 도가 지나치게 우정과 감사를 표현했을 때 그녀는 갑자기 수줍은 태도를 취해 그의 눈에 띄게 되었다. 그녀가 말했다. "주인님, 당신의 친절이 나를 불안하게 만듭니다. 그 이유를 정직하게 말씀드리게 해주세요. 모든 감사를 드려야 할 분은 오직 당신뿐이라는 것을 잘 알고 있어요. 그러나 물론……."—"잔인한 아가씨!" 폰 르반 씨가 말했다. "잘 알겠소. 내 아들이 당신 마음을 흔들어 놓았다는 거지요."—"아, 주인님, 그것만이 아니에요. 마음이 혼란스러워서 어떻게 표현해야 할지 모르겠지만요."—"뭐요? 아가씨, 당신이 설마……." —"아무래도 그런가 봐요." 그녀는 말하고 나서 깊이 머리를 숙이고 눈물을 흘렸다. 여자란 장난을 할 때에나 자기 잘못의 용서를 구할 때에나 눈물을 흘리게 마련이다.

폰 르반 씨는 홀딱 반해 있었기 때문에 혼전 임신으로 어머니가 될 것을 미리 알려주는 이런 천진난만한 정직성의 표시에 감탄할 수밖에 없었고, 그녀가 머리를 숙인 것도 이 상황에 어울린다고 생각했다. "그렇지만 그건 나로서는 전혀 이해할 수 없소."—"나도요." 그녀는 말하고는 눈물을 더 심하게 흘렀다. 눈물이 멈추지 않자 폰 르반 씨는 편치 않은 심사숙고 끝에 차분하게 말을 이었다. "이제 나도 잘 알겠소! 나의 요구는 참으로 우스운 거요. 당신을 탓하고 싶지는 않소. 당신이 나에게 준 고통에 대한 유일한 벌로서 아들의 상속분에서 필요한 만큼 당신에게 나눠줄 것을 약속하겠소. 이로써 아들이 나만큼 당신을 진심으로 사랑하고 있는지 알 수 있겠지."—"아, 주인님. 나의 어리석음을 불쌍히 여겨서 그이에게는 아무 말도 하지 말아주세요."

침묵을 요구하는 것은 침묵을 얻어내는 수단은 못 된다. 이런 조치를 취한 뒤에 미지의 미녀는 애인이 화를 내면서 이루 말할 수 없이 격분할 것을 기대하고 있었다. 이어 그는 박살내고야 말겠다는 말을 예상케 하는 눈초리로 나타났다. 그러나 그는 말을 더듬거리면서, "아가씨 어떻게 이럴 수 있어요?" 하고 말할 뿐이었다. "아니, 무슨 말씀이지요, 도련님?" 그녀는 미소를 지으면서 말했다. 이런 때의 미소는 사람을 절망에 빠지게 한다. "뭐라고요? 무슨 일이냐고요? 가세요. 당신은 나에게는 아름다운 분입니다! 적어도 합법적인 자식에게서 상속권을 빼앗아가서는 안 됩니다. 필요하다면 자녀들을 고발하는 것으로 충분해요. 그래요. 아가씨, 당신이 아버지와 공모하고 있음을 단박에 알았습니다. 당신은 둘이서 나에게 아들을 하나 떠맡기려는 거지요. 그리고 그건 내 동생이에요. 틀림없어요!"

아름다운 여인은 전과 조금도 다를 것이 없는 침착하고 밝은 얼굴로 대답했다. "틀림없다는 말은 여기 해당되지 않아요. 당신의 아들도 아니고, 동생도 아니에요. 사내아이는 성질이 나빠요. 나는 사내아이를 원치 않아요. 그 애는 불쌍한 계집아이*11지요. 인간들, 심술궂은 사람들, 어리석은 사람들, 그리고 성실하지 못한 자들에게서 완전히 떨어진, 아주 먼 곳으로 데리고 가겠어요."

그러고는 크게 숨을 들이쉬고 말을 이었다. "안녕히 계세요, 르반 씨. 안녕히! 당신은 천성이 정직한 분이에요. 그 성격에서 오는 모든 원칙을 언제나 간직하고 계세요. 그것은 '부'를 이룩한 사람에게는 위험하지 않은 것이죠. 가난한 사람들에게 친절하게 대해 주세요. 죄 없이 괴로워하는 자의 소

---

*11 그녀 자신을 말한다.

망을 돌보지 않는 자는 언젠가는 자기 소망이 받아들여지지 못함을 알게 될 거예요. 아무 의지할 데 없는 아가씨의 진실을 멸시하면 진실이 없는 여자에게 희생이 될 것입니다. 성실한 아가씨가 구애를 받았을 때 느끼는 마음의 감동을 느끼지 못하는 자는 그 아가씨를 얻을 자격이 없어요. 온갖 이성, 가족의 의도와 계획을 무시하고 오직 자신의 정열만을 위해 일을 꾸미는 자는 그 정열의 열매를 보지 못하고 가족의 존경을 잃게 되는 것도 당연하지요. 나는 당신이 나를 성실하게 사랑해 주신 것을 믿어 의심치 않아요. 그렇지만 르반 씨, 고양이는 자기가 핥는 수염이 누구 것인지 잘 아는 법이에요. 당신이 언젠가 착한 여인의 애인이 되면 저 부실한 사나이의 물방앗간을 생각해 주세요. 나의 실례를 보시고 당신 애인의 지조와 과묵함을 믿는 법을 배우세요. 내가 부실한지 그렇지 않은지는 당신이 알고 있어요. 아버지도 알고 있어요. 나는 온 세상을 뛰어다니면서 어떤 위험에도 몸을 내맡길 작정이었어요. 확실히 이 집에서 내 몸에 닥친 위험은 가장 큰 것이었어요. 그렇지만 당신은 젊으니까 당신에게만은 말하지요. 남자이건 여자이건, 정절을 지키지 못하는 것은 오직 그렇게 하려는 뜻을 품었기 때문이라는 것을요. 그래서 나는 이것을 물방앗간 친구에게 증명해 보이려고 했어요. 자기가 잃어버린 것을 슬퍼할 만큼 그의 마음이 깨끗해지면 언젠가 나를 다시 만나게 될 것입니다."

젊은 르반 씨는 그녀가 이미 말을 다 끝낸 뒤에도 여전히 귀를 기울이고 있었다. 그는 벼락을 맞은 것처럼 서 있었다. 드디어 그는 눈물을 터뜨렸다. 그리고 이 감동을 안은 채 그는 고모에게로, 아버지에게로 달려가 말했다. "아가씨가 떠나려 해요. 아가씨는 천사예요, 아니 차라리 세상을 헤매고 다니면서 모든 사람의 마음을 괴롭히는 악마예요." 그러나 순례 여인은 미리 충분히 계획했기 때문에 다시는 찾아볼 수가 없었다. 그리고 아버지와 아들이 서로 터놓고 이야기했을 때, 그녀에게는 죄가 없다는 것과, 그녀의 풍부한 재능과 바보 같은 행동을 더 이상 의심하지 않게 되었다. 폰 르반 씨는 그 뒤 열심히 수소문해 보았으나 천사와 같이 홀연히, 그리고 귀엽게 나타났던 이 아름다운 여성에 대한 진실은 조금도 얻어낼 수가 없었다.

아버지와 아들인 두 떠돌이가 꼭 필요로 했던 길고 충분한 휴식을 취하고 난 뒤, 펠릭스는 활기차게 침대에서 일어나 서둘러 옷을 갈아입었다. 평소보다 더 정성스럽게 옷을 입는구나, 하고 아버지는 생각했다. 어느 것을 입어도 몸에 꼭 맞지 않고 보기에도 그다지 좋지 않았다. 펠릭스 자신도 모든 것이 산뜻하고 새 것이었으면 하는 눈치였다. 그는 정원 쪽으로 뛰어가던 도중, 한 시간 뒤에라야 비로소 부인들이 정원에 나타날 것이라고 하기에, 하인이 손님들에게 가져온 과자를 좀 먹었을 뿐이다.

하인은 손님을 접대하며 집 안의 이것저것을 보여주는 일에 익숙해 있었다. 그때에도 그는 우리의 친구 빌헬름을 화랑으로 안내했다. 거기에는 초상화들만이 걸리거나 세워져 있었다. 모두가 18세기에 활약한 인물들로, 용케도 이렇게 멋진 미술품을 많이 수집해 놓았다. 그림도 있고 흉상도 있는데, 뛰어난 대가들의 작품인 것 같았다. 관리인이 말했다. "보시는 바와 같이 이 저택 안에는 종교, 전설, 신화, 성인전 혹은 우화 같은 것에 조금이라도 관련이 있는 그림은 하나도 없습니다. 우리 주인은 상상력이 오로지 진실을 실현시키기 위해서만 키워져야 한다는 의견입니다. 주인은 언제나 말씀하십니다만, 우리는 무턱대고 허구에 정력을 쏟고 있으니 우리 정신의 이런 위험한 특성을 구태여 외부의 자극적 수단을 가지고 한층 강조할 필요는 없다는 것입니다."

언제 주인을 찾아뵐 수 있겠느냐는 빌헬름의 물음에, 주인은 매일 습관대로 아침 일찍 말을 타고 나갔다고 했다. '어떠한 일에도 최선을 다하는 것이 인생이다!'라는 것이 주인이 입버릇처럼 하는 말이라는 것이다. "그분의 생각을 나타내주는 갖가지 격언들이 문 위 벽면에 씌어 있는 것을 보게 될 겁니다. 이를테면 바로 여기에서 우리가 마주친 '유용한 것으로부터 진실을 거쳐 아름다움으로'와 같은 것입니다."

부인들은 벌써 보리수나무 아래에 아침 식사 준비를 다 끝냈고, 펠릭스는 부인들의 주위를 장난꾸러기처럼 뛰어다니면서 여러 가지 바보 같은, 엉뚱

---

*12 여기서부터 소설은 본 궤도에 오른다. 즉 큰아버지라는 인물을 중심으로 한 공동 사회의 이상적인 모습이 그려지고, 미국이라는 주제도 등장한다.

한 장난을 저질러 자기가 돋보이게, 자기에게 모두의 주의가 집중되도록 행동하고는, 헤르질리에의 훈계나 꾸지람을 받고 싶어 안달이었다. 그런데 두 자매는, 입이 무거운 손님인 빌헬름이 마음에 들어, 스스럼없이 이것저것 이야기하면서 그의 관심을 얻고자 했다. 그녀들은 3년 동안이나 집을 비웠다가 이제 곧 돌아오게 될 사랑하는 사촌오빠[13]에 대해, 그리고 여기에서 얼마 멀지 않은 저택에 살고 있는, 그들 가족의 수호신으로 여겨지는 훌륭한 큰어머니[14]에 대해 이야기를 했다. 두 사람이 말하는 큰어머니는, 육체는 병들어 쇠약해 있지만 정신은 한창 피는 꽃처럼 건강을 유지해, 사람의 눈으로는 볼 수 없게 된 아주 먼 옛날 예언자의 목소리처럼, 인생사에 대한 순수한 신의 말을 술술 내뱉는다는 것이었다.

새로 온 손님인 빌헬름이 이번에는 화제를 현실로 돌렸다. 그는 결단성 있는 행동에 종사하고 있는, 고귀한 큰아버지를 가까이하고 싶다며 부탁했다. 그는 아까 암시한 '유용한 것으로부터 진실을 거쳐 아름다움으로'라는 길을 생각하고는, 이 말을 자기 나름대로 이해해 보려고 했다. 이 일 또한 순조롭게 되어 다행히도 율리에테의 찬성을 얻었다.

헤르질리에는 그때까지 미소를 지으면서 아무 말 없이 있다가 이렇게 말했다. "우리 여성들의 처지는 조금 특수해요. 우리는 남자들이 자주 격언을 되풀이하는 것을 들을 뿐만 아니라 금빛으로 새긴 글자로 우리의 머리 위에 걸려 있는 것을 보아야만 하죠. 그러나 우리 처녀들은 남몰래 반대되는 것을 말할 줄도 알아요. 바로 이 경우에도 반대되는 말을 할 수 있을 거예요. 아름다운 여자에게는 숭배자가 있고, 구혼자도 있고, 마침내는 남편까지도 생기지요. 그때 그녀는 진실에 다다르는 것이지요. 물론 그것은 반드시 기쁜 것만은 아니에요. 그리고 그녀가 현명하다면, 도움이 되는 일에 몸을 바쳐, 끊임없이 집과 아이들을 돌보죠. 적어도 나는 그런 예를 여러 번 보았어요. 우리 여자들은 시간을 두고 관찰하는데, 그럴 때에는 대체로 우리가 찾지 못하던 것을 발견합니다."

큰아버지가 심부름꾼을 보내, 모두에게 가까이에 있는 사냥 막사에서 식사를 대접하겠으니 말을 타고 와도 좋고 마차로 와도 좋다는 소식을 전했다.

---

*13 레나르도를 말한다.
*14 마카리에를 말한다.

헤르질리에는 말을 타고 가기로 했다. 펠릭스는 자기에게도 말을 빌려달라고 자꾸만 졸랐다. 의견이 한데 모아져 율리에테는 빌헬름과 함께 마차로 가고, 펠릭스는 자기의 젊은 마음을 바치고 있는 귀부인 덕분으로 시동(侍童)으로서는 최초의 승마를 허락받았다.

그사이 율리에테는 새로 온 친구와 함께 길게 늘어진 공원을 지나 마차로 갔다. 공원은 모두 실용과 수익 목적으로 만든 것이지만 이 한없이 많은 과일을 다 먹어낼 수 있을지 의아할 정도였다.

"당신은 묘한 곳을 통과해서 우리 동아리로 들어와, 그야말로 색다른 것을 여러모로 보았기 때문에 이런 것이 모두 어떻게 연관되어 있는 것인지 알고 싶을 거예요. 모두가 우리 큰아버지의 정신과 감각에 근거를 두고 있어요. 이 고매한 인물의 장년기는 마침 베카리아*15와 필란지에리*16 시대와 맞아떨어졌어요. 보편적인 인간성의 모든 원리가 모든 방면에 작용하고 있을 때였죠. 그러나 큰아버지의 끝까지 노력하여 마지않는 정신, 엄격한 성격은 이런 보편성을 아주 철저하게 실천적인 것과 연결된 신념으로 확장시켰던 거죠. 큰아버지가 털어놓으신 바에 따르면, 큰아버지는 저 자유주의적인 '최대다수에게 최고의 것을!'이라는 표어를 자기 나름대로 '많은 사람들에게 원하는 것을!'이라고 바꿔놓으셨어요. 최대다수라고는 하지만 그런 것을 찾아낼 수 없다, 무엇이 최고인가를 알아내는 것은 어려운 일이다, 그러나 많은 사람은 우리 주위에 언제든지 있다, 그들이 원하는 것을 우리는 알고 있다, 그들을 위하여 마땅한 것을 우리는 신중히 생각한다, 이렇게 생각하다 보면 결국 언제나 뜻있는 일을 행하고 창조할 수 있다는 것이죠. 이런 의미에서, 당신이 보시는 바와 같이 여러 가지 것이 심어지고, 경작되고, 세워져 있어요. 그것도 아주 가까운, 곧 알 수 있는 목적 때문이죠. 이 모든 것은 가까이에 있는, 큰 산악 지대를 생각하고 한 것이죠. 이 탁월한 분은 능력도 있고 재산도 있는데, 이렇게 혼잣말을 하셨습니다. '저 산 위에 사는 아이들에게는 버찌와 사과를 먹을 수 있게 해야 해. 저 아이들이 그것을 원하는 것은 당연한 일이니까 말이야. 주부의 냄비 속에 배추와 당근, 나머지 채소가 부

---

*15 Cesare Beccaria : 1738~94. 이탈리아 법학자, 경제학자.

*16 Gaetano Filangieri : 1752~88. 이탈리아 법학자. 이 두 사람은 모두 18세기 이탈리아에서 유명한 사회정책가이다.

족해서는 안 되지. 감자만으로 사는 비참한 식생활을 조금이라도 바로잡을 수 있게 말이야.' 이런 심정, 이런 방법으로 큰아버지는 자기 소유지를 이용하여 되도록이면 무슨 일이든 해보려 하고 있어요. 이렇게 해서 몇 년 전부터 남녀 짐꾼이 생겨, 두메산골 가장 깊은 데까지 과일을 지고 팔러다니는 것이랍니다."

"나도 그것을 어린애처럼 먹었답니다." 빌헬름이 말했다. "그런 과일을 만나리라고는 생각지도 못한 전나무숲과 바위들 사이에서였지요. 생기를 돋워준 그 신선한 과일이야말로 순결한 신앙심보다 더 나를 놀라게 했답니다. 정신의 선물은 어디든지 있지만, 자연의 선물은 이 지상에서는 골고루 나눠져 있지 않으니까요."

"그뿐 아니라 큰아버지는 지주답게, 먼 곳에서 여러 필수품을 산에 가져왔어요. 산기슭에 있는 건물 안에는 소금과 조미료가 저장되어 있어요. 담배와 브랜디는 다른 사람에게 맡기고 있는데, 그런 것은 필수품이 아니고 기호품이기 때문에 중개인은 얼마든지 있을 거라는 겁니다."

정해진 장소인 숲 속 산지기의 넓은 집에 도착하니, 모든 사람이 모여 있었고, 벌써 작은 식탁이 준비되어 있었다. "자, 앉으세요." 헤르질리에가 말했다. "여기 큰아버지의 의자가 있지만, 전과 마찬가지로 그분은 나타나지 않으실 거예요. 들은 바로는 손님은 여기에 별로 오래 묵지 않을 모양이지만, 어떤 의미에서는 그쪽이 내게는 고마운 일이죠. 왜냐하면 우리 가족들의 됨됨이를 알게 되면 손님은 분명 싫증이 날 테니까요. 소설이나 연극에서 언제나 되풀이되는 그런 사람들이죠. 별난 큰아버지, 얌전한 조카딸과 말괄량이 조카딸, 현명한 큰어머니, 같은 유형의 집안사람, 거기에다 사촌오빠가 돌아오면 공상적인 여행자까지도 보태지요. 그리고 사촌오빠는 괴상한 친구한 사람을 데리고 올 거예요. 그렇게 되면 이상한 각본이 만들어져 실제로 상연되어질 거예요."

"큰아버지의 괴벽은 존경할 만해요." 율리에테가 대답했다. "그분의 버릇은 아무에게도 폐가 되지 않고, 오히려 누구에게나 편리하지요. 큰아버지는 일정한 식사 시간을 싫어해요. 그것을 지키는 일이 좀처럼 없어요. 근대의 제일 멋진 발명 가운데 하나는 메뉴에서 골라 식사를 주문하는 거라고 말씀하세요."

그 밖의 여러 이야기를 하고 있는 사이에, 이 훌륭한 큰아버지는 어디에나 격언을 붙이는 것을 좋아한다는 데에 화제가 옮겨갔다. 헤르질리에가 말했다. "언니는 격언을 전부 해석할 수 있어요. 그 점에서는 관리인하고는 좋은 경쟁자 사이지요. 그렇지만 나는 그것을 모두 거꾸로 돌려 말할 수 있다고 생각해요. 그렇게 해도 마찬가지로 진실되고, 오히려 훨씬 더 진실할지 몰라요."

"나도 그런 생각이 들어요." 빌헬름이 대답했다. "개중에는 자기 스스로 자기를 파괴해 버리는 것 같은 말이 있어요. 예를 들면 '개인재산 겸 공동재산'이라고 씌어 있으면 아주 눈에 띄지만, 이것으로는 두 개의 개념이 함께 없어져 버리는 것이 아닐까요?"

헤르질리에가 말참견을 했다. "큰아버지는 저런 격언을 동양인에게서 따온 것 같아요. 동양인은 온벽에 코란의 성구를 붙이고는, 그것을 이해한다기보다는 숭배하지요."

율리에테는 흐트러지지 않고, 아까 말한 빌헬름의 물음에 대답했다. "몇 마디만 바꿔 써보면 곧바로 그 뜻이 확실해질 것입니다." 다른 사람들이 말참견을 한 뒤, 율리에테는 계속 그 말의 뜻을 해명했다. "사람은 각기 자연과 운명이 베풀어준 소유를 소중히 지키고 늘리도록 노력해야 한다. 최선을 다해 넓게 손을 펴야 한다. 그러나 이 경우에도, '언제나 어떻게 하면 타인도 그의 몫을 차지할 수 있을까를 생각하라. 재산이 있는 사람들은 다른 사람이 그들을 통해 혜택을 받아야만 존경받는다'는 말일 겁니다."

그래서 이번에는 그 실례를 찾아보게 되어, 빌헬름은 비로소 자기 관심 분야에 들어선 기분이 들었다. 그들은 저 간결한 말을 제대로 평가하기 위해서 서로 경쟁했다. 이런 이야기들이 오갔다. 군주가 존경받는 것은 무엇 때문인가? 다름 아니라 그가 어떠한 사람도 활동하게 하고, 격려하고, 사랑하고, 그리고 자기의 절대권력을, 말하자면 함께 소유할 수 있기 때문이다. 어째서 모든 사람이 부자를 우러러보는가? 부자라는 것은 가장 욕망이 강한 인간이며, 곳곳에서 자신의 풍요로움을 분배 받을 사람을 찾고 있기 때문이 아닌가. 어째서 모든 사람이 시인을 부러워하는가? 다름 아니라 시인의 본성이 나누어줌을 필요로 하고, 나누어주는 그 자체이기 때문이다. 음악가는 화가보다는 행복하다. 음악가는 사람들이 기뻐하는 선물을 직접 베풀어주지만, 화가는 선물이 자기 손을 떠났을 때 비로소 남에게 주는 것이 되기 때문이다.

더 나아가 화제는 일상적인 것으로 바뀌었다. 인간은 어떤 종류의 소유라도 확보해야 하며, 자기 자신을 공동재산의 원천이 될 중심점으로 만들어야 한다. 이기주의자가 되지 않기 위하여 이기주의자가 되어야 한다. 나누어줄 수 있기 위해서 알뜰히 모아두어야 한다. 소유물과 재산을 가난한 자에게 준다는 것은 무엇을 의미하는가? 그러나 나누어주는 것보다는, 가난한 사람들의 관리인으로서 행동하는 것이 훨씬 더 칭찬을 받는다. 이것이 '개인재산 겸 공동재산'이라는 말의 뜻이다. 어떤 사람이라도 자본에 손을 대서는 안된다. 세상이 돌아가다 보면 거기서 생긴 이자는 만인에게 속하는 것이기 때문이다.

대화 결과 알게 된 사실은, 큰아버지는 그 재산으로 기대했던 수익을 거두지 못한다고 하여 비난을 받은 일이 있었는데, 이에 대해 그는 이렇게 대답했다는 것이다. "수익이 적은 것은, 다른 사람의 생활을 안락하게 해줌으로써 나를 즐겁게 해주는 데 드는 비용이라고 생각한다. 자연스럽게 이루어지는 일이므로, 나는 이 기부를 내 손으로 직접 하지 않는다. 이리하여 모든 것은 다시 균형을 이룬다."

이와 같이 여인들은 새 친구와 함께 여러 방면에 걸쳐 이야기를 나눴다. 그리고 서로의 신뢰가 점점 깊어감에 따라, 얼마 안 있으면 돌아오게 될 사촌오빠에 대한 얘기도 나누게 되었다.

"사촌오빠의 이상한 행동은, 큰아버지의 허락을 받은 거라고 생각해요. 그는 2~3년 동안 아무런 소식도 보내지 않은 채 자기 체류지를 완곡하게 암시하는 듯한 아름다운 선물만 보내오곤 하더니, 갑자기 아주 가까운 데에서 편지를 보냈어요. 그런데 이곳 근황을 알려줄 때까지는 돌아오지 않겠다는 거예요. 이런 행동은 자연스럽지 않아요. 무슨 꿍꿍이속인지 그가 돌아오기 전에 알아내야 해요. 오늘 밤 당신에게 편지 한 뭉치를 보여드릴게요. 그것을 보시면 자세한 것을 알 수 있을 거예요." 헤르질리에는 말을 덧붙였다. "어제는 순례하는 어리석은 여인에 대해 얘기해 드렸지만, 오늘은 여행길에 오른 어떤 미친 사나이에 대해 들려드리지요." 율리에테가 끼어들었다. "솔직히 말하렴. 이 이야기도 아무 의미가 없는 것은 아니라는 걸 말이야."

마침 헤르질리에가 참을성 없이 후식은 어디 있느냐고 물었을 때, 큰아버지가 큰 정자에서 후식을 함께 먹으려고 모두를 기다리고 있다는 전갈이 왔다. 그곳으로 가는 길에 야외 취사장이 있었는데, 번쩍 번쩍 닦여진 냄비와 대접과 접시가 쨍그랑 소리를 내면서 치워지고 있는 중이었다. 넓은 정자에는 노신사가 지금 막 준비된 둥글고 큰 식탁에 앉아 있었다. 도착한 일행이 자리에 앉자 곧 이를 데 없이 먹음직한 과일, 맛있어 보이는 케이크, 최고로 단것들이 많이 날라져왔다. 이제까지 무슨 일이 있었으며, 무슨 이야기를 나누었느냐고 큰아버지가 묻자 헤르질리에가 얼른 말했다. "우리의 착한 손님은 율리에테가 자세하게 설명을 달아 도와주지 않았더라면, 큰아버지의 간결한 격언을 보고 당황했을 거예요." "너는 언제나 율리에테를 들먹이는구나." 큰아버지가 대답했다. "그 애는 착해서 계속 뭔가를 배워서 이해하려고 하지." "나는 알고 있는 것도 금방 잊어버리고 싶어요. 이해한 것이라고 해도 대단한 가치가 없는걸요." 헤르질리에는 쾌활하게 대답했다.

빌헬름이 이 말을 받아 신중하게 입을 열었다. "간략한 격언은 어떤 종류의 것이라도 나는 존중합니다. 특히, 그것이 반대되는 것에 주의를 기울이게 하고 서로 대립되는 양자를 일치시키도록 나를 자극하는 격언일 때 더더욱 그렇습니다." "전적으로 동감입니다." 큰아버지가 대답했다. "분별 있는 인간이 일생을 통해 한 일이라면 그것밖에 없지요."

그러는 동안 둥근 식탁은 점점 자리가 차서, 나중에 온 사람은 앉을 자리를 찾지 못할 지경이었다. 두 관리도 와 있었다. 사냥꾼, 말 훈련사, 정원사, 산지기, 그 밖에 직업을 금방 알아낼 수 없는 사람들. 제각기 지금 막 있었던 일에 대해 말하거나 알릴 것이 있어, 이것이 노신사를 기쁘게 했다. 경우에 따라서는 관심이 있는 질문을 해서 말을 시키기까지 했다. 그러나 마침내 그는 일어나 관리인 두 사람과 함께 가버렸다. 과일은 모두가 즐겨 먹었고, 단과자는 사뭇 껄끄러워 이런 것을 먹어낼 수 있을까 싶었지만, 젊은 사람들이 맛있게 먹었다. 이어 하나 둘 일어나, 남아 있는 사람들에게 인사를 하고 가버렸다.

손님이 이 광경을 조금 이상한 눈으로 바라보고 있는 것을 눈치챈 여인들이 다음과 같이 설명했다. "당신은 여기서도 훌륭한 큰아버지의 유별난 성격이 영향을 끼치고 있는 것을 보신 거예요. 금세기의 발명 가운데에서 가장 멋진 것은, 여관에서 아주 작은 식탁에 앉아, 메뉴를 보고 식사를 하는 것이라고 큰아버지는 주장하세요. 그분은 이것을 알고는 즉각 자신이나 다른 사람을 위해 집 안에도 받아들이려고 했어요. 큰아버지는 기분이 좋을 때면 가족이 함께 식사하는 자리에서의 끔찍함을 생생하게 묘사하곤 하시죠. 식구들이 저마다 다른 생각에 잠겨 앉아 있고, 내키지 않는 마음으로 남의 이야기를 들어주고, 건성으로 말을 하고, 무뚝뚝하게 침묵을 지키고, 거기에다 불행하게도 어린아이들까지 데리고 오게 되면, 그때뿐인 교육이 시작되어 유감스럽게도 기분이 완전히 잡쳐버린다는 거죠. '이런 여러 가지 시시한 일에도 꾹 참고 있어야 하는데, 나는 이런 것으로부터 벗어나는 방법을 알았다' 하고 큰아버지는 말씀하셨죠. 그분은 우리가 있는 식탁에 좀처럼 나타나지 않고, 오시더라도 큰아버지를 위해 비워둔 의자에 잠깐 앉으실 뿐이지요. 큰아버지는 야외 취사장비를 가지고 다니면서 대개는 혼자서 드시기 때문에 다른 사람들은 자유롭게 먹으면 되는 거죠. 그렇지만 아침 식사나 후식 이외에 가벼운 것을 대접할 때에는, 저택 안에 흩어져 있는 집안사람 모두가 모여서, 보시는 바와 같이 내놓은 것을 먹죠. 그것이 그분을 즐겁게 해주는 모양입니다. 그러나 식욕이 없는 사람은 안 와도 되고, 맛있게 먹은 사람은 곧 일어나야 한답니다. 이런 식이기 때문에 언제나 맛있게 먹는 사람들에 둘러싸여 있을 수 있다고 그분은 확신하고 있어요. 큰아버지에게서 들은 말이지만, '사람을 기쁘게 해주려면 우리가 좀처럼 또는 절대로 구할 수 없는 그런 것을 대접하도록 노력해야 한다'는 거죠."

돌아오는 길에 뜻하지 않은 일이 일어나 모두의 마음에 적지 않은 충격을 주었다. 헤르질리에가 나란히 말을 달리고 있는 펠릭스에게 말을 걸었다. "저길 봐요. 저건 무슨 꽃이죠? 언덕 남쪽 전체를 덮고 있는 저 꽃, 저런 건 여태까지 한 번도 본 일이 없어." 이 말을 듣자 펠릭스는 재빨리 말을 채찍질하여 그곳으로 몰고 간다. 그리고 그는 활짝 핀 꽃을 한 다발 멀리에서 흔들며 돌아오고 있었는데, 도중에 갑자기 말과 함께 사라져버렸다. 도랑에 빠진 것이었다. 곧 말을 탄 사람들이 일행을 이탈하여 그곳으로 말을 달렸다.

빌헬름은 마차에서 내리려고 했지만 율리에테가 말렸다. "구조대가 이미 펠릭스 옆에 가 있어요. 그리고 이런 경우 우리의 규율은 도울 사람만 자리를 떠나면 된다는 거예요. 외과의사가 벌써 그곳에 가 있을 거예요." 헤르질리에가 말을 멈추고 말했다. "그래요. 내과 의사는 별로 필요없지만, 외과의사는 언제나 필요하죠." 벌써 머리에 붕대를 감은 펠릭스가 꽃다발을 꼭 쥐고, 그것을 높이 쳐들고 말을 달려 돌아왔다. 사뭇 득의양양해서 꽃다발을 자기 여주인에게 내밀었다. 헤르질리에는 그 보답으로, 알록달록한 가벼운 목도리를 그에게 주었다. "하얀 붕대는 너에게 어울리지 않아." 그녀가 말했다. "이것이 훨씬 쾌활하게 보여." 이렇게 하여 비로소 그들은 기분이 안정되어 더 친밀한 마음으로 집으로 돌아왔다.

밤이 늦었기 때문에 일동은 내일 또다시 만날 것을 기약하면서 헤어졌다. 그러나 주고받은 다음의 편지들이 우리의 주인공에게서 계속 몇 시간 더 잠을 빼앗았고 그를 자꾸 생각에 잠기게 했다.

레나르도가 큰어머니에게

사랑하는 큰어머니. 3년이 지나서야 겨우 약속한 대로 저의 첫 편지를 보냅니다. 물론 이 약속은 참으로 이상한 것이었습니다. 저는 이 세상을 보고 이 세상에 몸 바치고자 했습니다. 언젠가는 다시 돌아가기를 원하지만, 그동안만은 일단 떠나온 고향을 잊고 싶었습니다. 고향의 전체적인 인상을 마음에 깊이 간직해 두고 세세한 기억이 저를 현혹시키지 않도록 했습니다. 그동안 살아 있다는 표시는 가끔 오갔습니다. 저는 돈을 받아오면서, 가까운 분들에게 작은 선물을 나눠주시도록 당신에게 보냈습니다. 그 물건으로, 제가 어디서 무엇을 하고 있는지 아셨을 것입니다. 큰아버지는 포도주를 맛보면서 저의 그때그때 체류지를 알아내셨을 테고, 여인들은 레이스와 잡화(雜貨) 그리고 철강제품을 통해 브라반트 지방을 지나, 파리를 거쳐, 런던으로 가는 저의 여행길을 알았을 것입니다. 따라서 저는 집에 돌아가면 여인들의 책상, 재봉틀, 차 테이블 위에서 그리고 그녀들의 실내복과 나들이옷에서 저의 여행담과 결부시킬, 아주 많은 표적을 발견할 것입니다. 저한테서 소식을 듣지 않아도 큰어머니는 저와 여행을 함께하신 것입니다. 그리고 아마 더 자세히 알고 싶다는 호기심도 없으시겠지요. 그와는 반대로 저로서는 큰어머니의 후의로 이제부터 다시 돌아가려고 하는 집안의 사람들이 어떻게 지내고 있는지 반드시 알아두어야 합니다. 실제로 저는 낯선 곳에서 온 낯선 사람처럼 들어가려 합니다. 이 낯선 사람은 편안한 마음으로 돌아가기 위해 그 집 사람들이 무엇을 원하고 무엇을 좋아하는지를 먼저 알고 싶어하며, 자신의 눈과 머리카락이 아름답다고 해서 특별대우를 하여 영접해 주리라고 자부하지는 않습니다. 그러니 인자한 큰아버지, 사랑하는 사촌누이들에 관한 것, 먼 친척, 가까운 친척, 그리고 전부터 있던 하인, 새로 온 하인들에 관한 일을 알려주십시오. 그건 그렇고, 당신의 조카인 저를 위해, 오랫동안 쓰지 않았던 낯익은 펜을 위해서라도 몇 자 써서 보내주십시오. 보내주시는 편지는 동시에 저에게 주시는 신임장인 것입니다. 신임장을 받는 즉시 저는 그것을 가지고 나타나겠습니다. 그런즉, 큰어머니 품에 안길 수 있을지 없을지는 큰어머니에게 달려 있습니다. 사람이란 생각보다는 훨씬 덜 변하는 것이며, 처지도 대개 비슷비슷합니다. 무엇이 변했는가가 아니라 변하지 않고 있는 것, 서서히 많아지고 적어지는 것을 저는 단번에 재인식하면서 낯익은 거울에 저 자신을 다시 비춰볼까 합니다. 집안 모든 사람에게 안부 전해 주시기 바라며, 제가 집을 비운 것이나 다시 집으로 돌아가는 방식이 좀 이상하기는 하지만 거기에는 끊임없는 관심이나 빈번한 편지 연락에서 볼 수 없는 훨씬 더 간절한 따뜻함이 담겨져 있음을 믿어주십시오. 온 가족에게 안부를!

추신

친애하는 큰어머니, 집에서 일하는 사람들에 관해서도 잊지 마시고 알려주십시오. 영지재판소장과 소작인들에 대해서도. 소작인의 딸인 발레리네는 어떻게 지내고 있습니까? 큰아버지는 제가 떠나기 전에 그녀의 아버지를, 당연한 일이기는 하지만 저에게는 상당히 가혹하다고 생각되게 추방했습니다. 저는 아직도 여러 가지를 잘 기억하고 있습니다. 현재의 소식을 알려주시면 과거의 일을 제가 얼마나 잘 기억하고 있는지 절 시험해 보셔도 될 것입니다.

큰어머니가 율리에테에게

사랑하는 아이들아, 이제야 3년 동안 침묵을 지키던 조카에게서 편지가 왔다. 별난 사람이란 역시 별나게 구는가 보다! 조카는 자기가 보낸 물건이나 여행길의 표식은, 친구가 친구에게 말하고 쓸 수 있는 다정한 몇 마디 말과 마찬가지로 소중한 것이라고 믿고 있다. 그는 정말로 선수를 쳤다 자부하고 자기는 그렇게도 완고하고 냉정하게 편지 쓰는 것을 거부하고, 이번에는 우리 쪽에서 먼저 해달라는구나. 어떻게 하면 좋을까? 나로서는 당장에라도 긴 편지를 써서 그의 소원을 들어주었으면 좋겠는데, 머리가 아프기 시작하여 이 편지도 끝까지 쓸 수 있을 것 같지 않다. 우리는 모두 그를 만나고 싶어하지. 사랑하는 아이들아, 너희들이 부디 이 일을 맡아다오. 너희들이 다 쓰기 전에 내 두통이 나으면 내 것도 보내겠다. 제일 쓰고 싶은 사람이 쓰거나 상황을 골라 저마다 나누어서 쓰든지 마음대로 하려무나. 너희들이 나보다는 훨씬 낫게 쓸 거야. 그 대답을 이 심부름꾼 편에 보내줄 수 있겠니?

율리에테가 큰어머니에게

저희는 금방 편지를 읽었습니다. 잘 생각하여 저희의 의견을 심부름꾼에게 보냅니다. 저희는 언제나 제 고집을 부리는 조카에 대해 큰어머니가 하시는 것처럼 마음이 너그럽지 못합니다. 이것이 저희의 일치된 의견이라는 점을 먼저 분명하게 말씀드리고 난 뒤에, 따로따로 저희 생각을 알려드리겠어요. 그는 3년 동안이나 자기의 카드를 계속 우리에게 숨겨왔고 지금도 그러는데, 저희는 저희의 카드를 펴보이면서 숨기고 있는 상대방과 승부를 가리자는 건가요. 이것은 아무리 보아도 공평하지는 않아요. 그러나 그건 그렇다 해두죠. 신경이 섬세한 사람은 너무나 경계심이 강하기 때문에 이따금 자기 자신을 속이는 수가 있죠. 다만 무엇을 어떻게 그에게 써보낼 것인가, 그 방법에 대해 우리는 합의를 보지 못하고 있어요. 자기 가족을 어떻게 생각하고 있는지, 그것을 쓰는 것은 적어도 저에게는 묘한 의무죠. 보통 때 가족에 대해서 특별히 기쁜 일이 있었다든가 좋지 않은 일이 있었다든가 하는 경우에만 생각을 하는 것이지, 그 밖에는 제각기 남의 일 같은 건 그대로 내버려두지요. 큰어머니, 그런 것을 쓸 수 있는 사람은 큰어머니뿐입니다. 큰어머니는 통찰력과 공정성을 겸비하고 있기 때문이죠. 헤르질리에는 아시다시피 금방 발끈하기 쉬운 성질이기 때문에 집안사람 모두를 즉흥적으로 익살맞게 비평했어요. 그것을 여기에 적었으면 했습니다. 그것을 보시면 편찮으신 큰어머니도 저절로 웃을 거예요. 그러나 사촌에게 보낼 만한 것은 아니랍니다.

그렇지만, 요 3년 동안 큰어머니와 저희들 사이에서 주고받은 편지들을 그에게 보여주었으면 하는 것이 저의 제안입니다. 그에게 용기가 있어 그것을 끝까지 읽으면 좋고, 읽고 싶지 않으면 실정을 보기 위해 집으로 돌아오면 되죠. 큰어머니가 저에게 보낸 편지는 잘 정리되어 있으니 지금 당장에라도 그렇게 할 수 있어요. 이 생각에 헤르질리에는 찬성하지 않는군요. 자기한테 온 것은 정리되어 있지 않다고 변명하고 있는데, 어쨌든 그 애가 직접 편지로 큰어머니에게 말씀드릴 거예요.

헤르질리에가 큰어머니에게

사랑하는 큰어머니, 저는 아주 짧게 쓰고 싶고, 또 그렇게 해야 하겠습니다. 심부름꾼이 버릇없이 참을성이 없기 때문이죠. 레나르도에게 우리 편지를 보이는 것은 지나친 호의를 베푸는 것 같아 합당치 않은 것 같습니다. 우리가 그에 대해서 좋게 말하거나 나쁘게 말한 것을 그에게 알릴 필요가 있을까요? 우리가 그를 얼마나 좋게 생각하고 있는지는 호평보다 악평에서 더 잘 드러날 텐데요! 제발, 그를 엄하게 대해 주세요. 그의 이런 요구, 이런 태도에는 흔히 외국에서 돌아오는 남자들에게 있기 쉬운, 어딘지 꾸민 것 같은 과장된 자부심이 보입니다. 그들은 국내에 남아 있는 사람들을 언제나 부족한 것으로 생각해요. 큰어머님은 두통이 심하다고 핑계를 대시고 아무 것도 써보내지 마세요. 그는 틀림없이 돌아올 거예요. 만약 돌아오지 않으면 좀 더 기다려보죠. 그러면 기발하고 괴상한 방법으로 우리집에 직접 얼굴을 내민다든지 남몰래 우리 소식을 알아본다든지, 어쨌든 무슨 생각이 떠오르겠죠. 그처럼 빈틈없는 사람이니 무슨 계획인들 못해 내겠어요. 그것도 멋진 일이 아니겠어요! 그가 지금 꾸미고 있듯이, 외교적으로 자기 가족 속에 들어오려는 방법으로는 불가능한 여러 가지 상황이 일어나겠죠.

이 심부름꾼은 왜 이러죠? 이 늙은이들을 좀 더 잘 가르쳐주세요. 그렇지 않으면 젊은 사람을 보내주시든지요. 이 늙은이는 아양을 부려도, 술을 주어도, 도대체 어떻게 할 수가 없군요. 부디 안녕히 계세요!

추신에 대한 추신

말씀해 주십시오. 사촌오빠는 그의 편지 추신에서 언급한 발레리네에 대해 무엇을 알고 싶은 걸까요? 그의 질문은 이중으로 저의 주목을 끌었습니다. 그가 편지에서 직접 이름을 댄 사람은 그 여자뿐이었습니다. 우리들은 그에게 사촌누이, 큰어머니, 관리인이니 하는, 사람이 아니라 그냥 명칭이더군요. 발레리네, 우리 영지 재판소장의 딸! 물론 금발의 아름다운 아가씨이니, 여행을 떠나기 전 사촌오빠에게는 눈부시게 빛났겠죠. 그녀는 행복한 결혼을 했어요. 이건 말씀드릴 필요조차 없는 일이죠. 그런데 사촌오빠는 그걸 전혀 모르고 있나 보죠? 이때까지 저희들에 대해 아무것도 모르는 거나 마찬가지죠. 제발 잊지 마시고, 그에게도 추신으로 알려주세요. 즉 발레리네는 매일같이 더 예뻐져서 그 덕분에 아주 훌륭한 상대를 만나 지금은 어느 유복한 지주의 아내라는 것, 그 아름다운 금발 아가씨는 결혼했다는 것을 알려주세요.

이 사실을 그에게 아주 확실하게 해주세요. 그런데 사랑하는 큰어머니, 이것이 전부가 아닙니다. 사촌오빠는 금발의 아름다운 아가씨를 그처럼 잘 기억하고 있으면서도 저 칠칠치 못한 소작인의 딸인 나호디네라는 이름의, 행방불명된 갈색 머리카락을 한 말괄량이 아가씨와 혼동을 하다니, 저로서는 전혀 이해할 수 없는 일이고, 어딘지 괴상적군요. 좋은 기억력을 자랑하던 그가 사람 이름을 헷갈리다니요. 그는 아마 이 실수를 알아차리고 큰어머니의 설명으로 잊어버린 기억을 되살리려는 것이겠지요. 그를 제멋대로 굴지 못하게 해주세요. 부탁입니다. 그런데 발레리네나 나호디네가 그의 마음속에서 어떻게 되었다는 것이며, 에테와 일리에는 그의 상상력으로부터 사라졌는데 어째서 이네와 트리네라는 여자들은 남아 있는 건지 캐물어주세요. 심부름꾼! 빌어먹을 심부름꾼!

큰어머니가 조카딸들에게
(받아쓰게 함)

평생을 함께 살아야 할 사람을 그렇게 속일 필요가 있겠니! 좋지 않은 버릇이 있긴 하지만 레나르도는 신뢰할 만한 인물이다. 나는 그에게 너희들의 편지를 보내겠다. 그것을 읽어보면 그는 너희들의 심정을 알게 될 거야. 우리도 너희들과 마찬가지로 머잖아 그의 앞에 모습을 나타낼 기회가 있기를 기대하고 있다. 잘있어라! 내 몸이 몹시 아프구나.

헤르질리에가 큰어머니에게

평생을 함께 살아야 할 사람을 그렇게 속일 필요가 있겠느냐고요? 레나르도는 응석받이로 자란 조카입니다. 저희 편지를 그에게 보내다니 어처구니가 없습니다. 그것을 읽어도 그는 우리를 이해 못합니다. 저는 오래지 않아, 기회가 있으면 다른 측면에서 저 자신을 보여줄 수 있기를 원할 뿐입니다. 큰어머니는 편찮으신 데다 맹목적으로 사랑하고 계세요. 그래서 다른 사람까지도 아주 괴롭게 하고 있습니다. 큰어머니의 병이 빨리 낫도록! 큰어머니의 애정에는 어쩔 수가 없군요.

큰어머니가 헤르질리에에게

내가 어떻게 할 수 없는 애정과 이 병 그리고 조금 편해 보려는 마음 때문에 내 머리에 떠오른 생각을 계속 고집했다면, 너의 지난번 편지도 함께 넣어서 레나르도에게 보냈을 것이다. 그러나 너희들의 편지는 보내지 않았단다.

빌헬름이 나탈리에에게

인간이란 사교적이고 이야기하기를 좋아하는 존재인가 보오. 인간은 자기에게 주어진 능력을 발휘할 때, 설사 그 이상 더 성과를 내지 못한다 해도 그 기쁨은 큰 것이오. 흔히 사람들은 모임에 가보면 자기 이야기만 하고 다른 사람에겐 말을 시키지 않는다 해서 불평을 하오. 그러나 만약 쓴다는 것이 혼자서 외롭게 하는 일이 아니라면 사람들은 다음과 같이 불평할 수도 있을 것이오. 자기 혼자만 쓰고 다른 사람에겐 쓰지 못하게 한다고 말이오.

인간이 얼마나 많은 글을 쓰는가는 상상할 수도 없소. 그중에서도 인쇄된 것은 물론 엄청나게 많지만 지금 그 문제에 대해 말하려는 것은 아니오. 그러나 편지, 보고, 이야기, 일화처럼 개개인의 상황이 편지나 상당한 분량의 수필로 쓰여져 얼마나 많이 돌아다니고 있는지는, 지금의 나처럼 교양 있는 집안에서 잠시만 살아보면 알 수 있다오. 내가 지금 지내고 있는 생활권에서는, 자기 일을 친척이나 친구들에게 알리는 데에 그 일 자체에 요구되는 시간과 거의 맞먹는 시간을 바치고 있소. 나의 새로운 친구들의 글쓰기를 좋아하는 성향 덕분으로 그들이 처한 상황을 모든 면에서 신속히 알게 된 까닭에, 며칠 전부터 하고 싶었던 이 이야기를 꺼낸 것이오. 그들은 나를 신뢰하고 있어서 나에게 편지 한 다발, 여행 일기 여러 권, 그리고 아직 해결을 보지 못한 마음의 고백 같은 것을 넘겨주었소. 이렇게 하여 나는 요 짧은 시간에 샅샅이 알게 되었소. 나는 그들과 매우 가까워졌고, 앞으로 사귀게 될 사람들에 관해서도 미리 알게 됐소. 그래서 그들 자신보다 더 그들에 대해 알고 있소. 그들은 자신들의 처지에 갇혀 있지만, 나는 언제나 당신과 무슨 일이건 이야기를 나누면서 당신의 손에 이끌려 그들 곁을 스쳐지나 가기 때문이오. 내가 그들이 심정을 토로하는 것을 들어줄 때면, 당신에게 모든 것을 알려도 괜찮다는 것을 첫 번째 조건으로 하고 있소. 그러니 여기 편지 몇 통을 함께 보내겠소. 이 편지들은 내 맹세를 깨뜨린다든가 회피하지 않고, 현재 여기서 빙빙 돌아가고 있는 세계로 당신을 인도해 줄 것이오.

제7장

이른 아침에 우리의 주인공은 혼자 화랑으로 가서 낯익은 많은 인물 그림을 보고 즐겼는데, 잘 모르는 그림에 대해서는 비치된 안내 책자가 나무랄 데 없는 해설을 해주었다. 초상화나 전기(傳記) 같은 것은 아주 독특한 흥미를 불러일으킨다. 환경을 떠나서는 생각할 수 없는 중요한 인물이 혼자 뚝 떨어져 나타나, 마치 거울 앞에서처럼 우리 앞에 서 있다. 우리는 그에게 특별한 관심을 기울여야 하며, 그가 거울 앞에서 편안하게 자기 자신에 몰두하고 있는 것처럼 오로지 그에게만 집중해야 한다. 지금 군대 전체를 대표하는 장군 한 사람이 있다. 그는 황제나 국왕을 위해 싸우지만, 그의 황제나 왕들은 그의 등 뒤로 물러나 실의에 잠겨 있다. 노련한 궁정인이 마치 우리의 비위를 맞추려는 듯이 우리 앞에 서 있다. 그를 이처럼 우아하게 길러준 것은 원래 궁정세계 덕분이지만 우리는 그런 세계를 생각하지 않는다. 이 그림 감상자를 놀라게 한 것은, 옛날의 많은 사람들이 그가 직접 만나 알고 있는 현존의 사람들과 닮았다는 점으로, 그뿐 아니라 자기 자신과도 닮았다는 사실이었다. 그리고 쌍둥이 메네히멘 형제*[17]는 왜 한 어머니에게서 태어나야만 한다는 말인가? 신들과 인간의 위대한 어머니는, 생산력이 왕성한 자궁에서 똑같은 형태를 동시에, 또는 사이를 두고 낳아서는 안 된다는 말인가?

마침내 이 다정다감한 감상자는 매우 매력 있는, 그러나 많은 불쾌감을 자아내게 하는 그림이 눈앞을 떠돌듯 지나가는 것을 부인할 수 없었다.

이렇게 감상하고 있는데 집주인이 갑자기 찾아와서, 초상화에 대해 서로 솔직하게 이야기를 나눴다. 그런 뒤로 그는 주인의 호감을 점점 더 많이 산 것 같았다. 왜냐하면 그는 친히 안쪽 방 여러 군데로 안내되어, 16세기 중요한 인물들의 귀중한 그림을 소개받았기 때문이다. 이 인물들은 살아 숨 쉬듯 완전히 현존하는 그대로여서, 이를테면 거울에 자신을 비춰보거나 관객에게 보이기 위해서가 아니라 참으로 그 사람답게, 아무런 가식과 뽐냄이 없이 느긋하게, 어떤 의도나 계획에 의해서가 아니라 존재 그 자체에 의해서만 작용하고 있었다.

집주인은 이처럼 풍부하게 수집한 과거를 이 손님이 완전무결하게 평가할 수 있는 것에 만족해하면서, 조금 전 화랑에서 그들이 이야기한 많은 인물들의 필적을 보여주었다. 그리고 마지막에는 옛 소유자들이 직접 사용하고 만졌음에 틀림없는 유물까지 보여주었다.

"이것이 내 나름대로의 시(詩) 예술입니다." 집주인은 미소 지으면서 말했다. "나의 상상력은 뭔가에 매달리지 않으면 안 됩니다. 지금도 나는 현재, 여기에 있는 것이 아니면 예전에 존재했었다고 믿지 못합니다. 과거의 이런 성스러운 유물에 대해서도, 엄밀하기 이를 데 없는 증거물을 손에 넣으려 힘쓰고 있습니다. 그렇지 않고서는 받아들일 수가 없습니다. 왜냐하면 나는 수도원 수사가 연대기를 썼다는 것은 물론 믿지만, 그가 증언하고 있는 내용에 대해서는 좀처럼 믿지 않기 때문입니다." 마지막으로 그는 빌헬름에게, 흰 종이 한 장을 내주면서 서명 없이 몇 줄 써달라고 부탁했다. 이어 우리의 손님은 융단으로 씌운 문을 지나 홀로 안내되어, 관리인 옆에 서게 되었다.

그가 말했다. "반갑게도 우리 주인은 당신을 소중히 여기고 있습니다. 당신이 이 문을 지나 들어오셨다는 것이 벌써 그것을 증명해 주고 있습니다. 그런데 우리 주인이 당신을 어떻게 생각하고 있는지 아십니까? 당신은 실천적인 교육자이고, 그 소년은 좋은 집안 출신으로 올바른 분별력을 갖추어 세

---

*17 로마의 희극작가 플라우투(B.C. 254~184)의 희극 《메네히미》에 나오는 쌍둥이 주인공.

상과 세상의 다양한 상황에 원칙을 세워 제때에 적응할 수 있도록 당신 손에 맡겨진 것이라 생각하고 있습니다." "그건, 주인의 지나친 칭찬입니다." 우리의 주인공이 말했다. "그러나 그 말을 헛되게 듣지는 않겠습니다."

아침 식사 때, 펠릭스는 벌써 여인들과 어울려 무엇을 하고 있었는데, 여인들은 빌헬름에게 부탁을 털어놓았다. 아무래도 당신을 더 이상 이곳에 묵게 할 수 없으니 차라리 저 귀하신 마카리에 큰어머니한테로 가달라. 그리고 그럴 수만 있으면 거기에서, 앞서 말한 사촌오빠한테 가서, 오빠가 이상하게 망설이고 있는 것을 없애달라. 그렇게 해주면 당신은 곧 우리 집안의 한 사람이 되고, 우리 전부에게 결정적인 봉사를 한 것이 되어, 레나르도하고도 별다른 과정 없이 가까운 사이가 되리라는 것이었다.

이에 대해 그는 대답했다. "어디든지 당신이 보내는 데에는 기꺼이 가겠습니다. 나는 보기 위해서, 생각하기 위해서 집을 떠났습니다. 당신들 집에서 나는 생각한 것보다 훨씬 많은 것을 경험하고 배웠습니다. 그리고 이제부터 준비된 여행길에서도 나는 기대 이상으로 알고 배우게 될 것을 확신합니다."

"그건 그렇고, 귀여운 개구쟁이! 너는 대체 무엇을 배울 작정이지?" 헤르질리에가 묻자 소년은 힘차게 말했다. "쓰는 것을 배울래요. 그래야 당신에게 편지를 쓸 수 있을 테니까요. 그리고 누구보다도 말을 잘 탈래요. 그래야 언제든지 곧장 당신한테 달려갈 수 있을 테니까요." 이 말을 듣자 헤르질리에는 생각에 잠기더니 이렇게 말했다. "나는 비슷한 또래의 숭배자하고는 한 번도 일이 잘되지 않았지만, 다음 세대가 그걸 곧 메워줄 모양이구나."

이제 우리는 우리 주인공과 함께, 고통스러운 작별의 시간이 다가오고 있음을 느낀다. 그러므로 우리는 이 뛰어난 집주인의 특성과 남과는 다른 비범한 기질에 대해 확실한 이해를 해두고자 한다. 그러나 그를 잘못 판단하지 않기 위해, 이미 고령에 이른 이 훌륭한 인물의 가문이나 성장 과정에 관심을 기울여야 한다. 우리가 알아낸 것은 다음과 같다.

그의 할아버지는 영국에 파견된 공사관의 유능한 일원이었는데, 그 시기가 마침 저 고결한 윌리엄 펜*18의 만년기였다. 그처럼 걸출한 인물인 펜의

＊18 William Penn : 1644~1718. 영국 퀘이커 교도의 개척자. 퀘이커 교도와 함께 미국 펜실베이니아 주로 건너가 필라델피아를 건설했다.

비범한 선의, 순수한 의도, 확고부동한 활동, 이 때문에 그가 세상을 상대로 빠진 갈등, 이 고매한 인물이 패배 직전에 겪은 위험과 곤궁, 이런 것이 젊은 할아버지의 예민한 마음에 결정적인 관심을 불러일으켰다. 그는 이 인물의 일에 공감하여, 급기야는 미국으로 이민을 가 버렸다. 이 집 주인의 아버지는 미국 필라델피아에서 태어났다. 두 사람은 이 식민지에서 더 자유롭게 일반 종교활동을 할 수 있도록 공헌한 것을 자랑으로 여기고 있었다.

이곳에서는 다음과 같은 원칙이 발전해 갔다. 즉 전통적으로 풍습과 종교가 일치를 이룬 단일 국민이라면 외부에서 들어오는 모든 영향, 모든 혁신에 대해 스스로를 지켜야 하겠지만 새로운 땅에 많은 구성원을 사방에서 불러 모아야 하는 그곳에서는 가능한 한 제약을 받지 않는 산업활동과 보편적 도덕적인 사상과 종교적인 관념에 자유로운 활동의 장(場)이 허락되어야 한다는 것이다.

18세기 첫무렵 미국을 향한 절실한 충동은 대단한 것이어서, 유럽에서 조금이라도 불편을 느끼는 사람은 누구나 저쪽 자유천지로 이민 가려고 했다. 이런 욕구는 아직 주민들이 멀리 서부로 향해 퍼져나가기 전에, 원했던 토지를 차지할 수 있다는 사실에서 조장되었던 것이다. 주민이 거주하는 토지의 경계선에, 이른바 백작 영지라는 것이 아직 많이 매매되고 있어서, 이 집 주인의 아버지도 그곳에 대대적으로 이주했던 것이다.

그러나 흔히 아들 대에 와서는 아버지가 해놓은 일과 신념에 대해 다른 의견이 생기듯이 이 경우에도 그러했다. 이 집 주인은 젊었을 때 신대륙으로부터 유럽으로 왔는데, 여기서는 사정이 전혀 다르다는 것을 느꼈다. 이 헤아릴 수 없이 귀중한 문화, 수천 년 전부터 발생하여 발달하고 널리 퍼지고, 약해지고 억압되어도 완전히 짓눌리지는 않으며, 다시 숨 쉬고 새로운 활기를 되찾아 전과 마찬가지로 무한한 활동 속에서 솟아나는 이 문화는, 인류가 어디에까지 다다를 수 있을까에 대해 전혀 다른 개념을 갖게 해주었다. 그는, 이 끝없는 활동 속에서 자기 몫을 받아내는 것이 좋다, 바다 저편 미국에서 수 세기 뒤늦게 오르페우스나 리쿠르고스의 역할을 하느니보다는 오히려 규범 속에서 활동하는 대중에게 영향을 미치며 함께 일하는 것이 좋다고 생각했다. 그는 말했다. "인간은 어디서든 인내가 필요하다. 어디에서든지 인간은 신중해야 한다. 아메리카 인디언과 주먹질하여 그들을 내쫓는다든가, 거짓 계약으로 속여 모기떼에 죽도록 시달리는 습지대로 그들을 몰아내느니보다는 차라리 왕과 타협하여 이것저것 권익을 인정받도록 하고, 이웃과는 화해를 하여 그들에게서 어떤 종류의 제한을 면제 받고, 내 쪽에서도 다른 면에서 그들에게 양보하는 것이 좋겠다."

그는 유럽으로 돌아온 뒤 가족의 많은 땅을 물려받아 그것을 자유로운 사고방식으로 처리하고, 경제적으로 운용하여 쓸모없는 방대한 인접지를 빈틈없이 사들여, 어떤 의미에서는 아직도 미개지라고 불러도 좋을 상당히 넓은 구역을 일구어냈다. 이 지역은 여러 가지로 나쁜 조건이기는 하지만 아직도 유토피아적인 정취를 충분히 갖추고 있었다.

그런 까닭에 이 지역에서는 종교의 자유가 당연한 것이었다. 공개 예배는, 인간은 살아서나 죽어서나 함께 한다는 자유로운 신앙고백으로 간주되었다. 따라서 누구도 혼자 떨어져나가 고립되지 않도록 마음을 썼다.

각 마을에는 꽤 큰 건물들이 눈에 띈다. 이것은 땅 소유자가 마을마다 의무적으로 제공하는 장소로서, 여기에 장로들이 모여 상의를 하고, 주민들이 모여 가르침을 받고 종교적인 격려의 말을 듣는다. 그러나 이곳은 또 흥겨운 오락 행사장으로도 쓰였다. 결혼식과 축일의 무도회가 열리고 휴일은 음악으로 끝난다.

또한 이곳에서는 자연 스스로가 우리를 이끌기도 한다. 쾌청한 날에는 언제나 같은 보리수나무 아래서 장로들이 서로 의논하고, 주민들은 가르침을 받으며, 젊은이들은 댄스를 즐기면서 빙빙 도는 것을 볼 수 있다. 진지한 생활 기반 위에서의 이런 쾌활함은 참으로 아름답다. 진지함과 신성함이 쾌락을 적절히 중화시키고 있는데, 우리가 우리 자신을 지켜나가기 위해서는 절도를 지키는 것이 무엇보다도 중요하다.

만일 이 집단에게 충분한 자산이 있을 경우, 특별한 계획을 갖고 있다면 별도 건물을 별도 목적을 위해 세우는 것은 그 집단의 자유이다.

그러나 이런 모든 것이 공공성과 공통의 도덕성을 아울러 고려하고 있다면 본디 종교는 어디까지나 내면적인 것, 아니 오히려 개인적인 것이다. 종교는 오로지 양심의 문제이기 때문이다. 양심은 자극받고 또 진정시켜져야 하는 것이기 때문이다. 양심이 무디어져서 활동도 않고 효력도 보이지 못한다면 자극을 받아야 하고, 회한에 들볶이는 불안한 심정 때문에 생활이 고통스러워질 염려가 있다면 진정되어야 한다. 왜냐하면 우리가 스스로의 잘못으로 자신이나 다른 사람에게 해독을 끼쳤을 때, 양심은 고통으로 바뀌기 쉬운 불안과 매우 가까운 것이기 때문이다.

그러나 아무도 여기 요구되는 성찰을 거듭한다고는 할 수 없고 또 그와 같은 자극을 받고 싶어한다고도 할 수 없으므로 일요일을 이를 위한 날로 정해놓았다. 종교, 도덕, 사교, 경제 등 사람들의 마음을 괴롭히는 것은 모두 반드시 이 일요일에 논의되어져야 한다는 것이다.

율리에테가 말했다. "만일 당신이 한동안 우리집에 머물러 계신다면 우리의 일요일도 당신 마음에 안 들지는 않을 거예요. 모레 아침 일찍 날이 밝아오면 소리 하나 없이 굉장히 조용하다는 것을 알아차릴 거예요. 각자는 혼자 있게 되고, 정해진 성찰에 몰두하기 때문이죠. 인간은 제약을 받는 존재입니다. 일요일은 그 제약을 잘 생각해 보기 위해 바쳐지는 거죠. 일주일 동안 정신없이 지내다가 육체적인 병을 얻게 되면, 다음 주 초에 빨리 의사를 찾아가야 합니다. 경제적으로나 그 밖의 가정생활에서 제약을 받는다면 우리의 관리들이 이 일 때문에 회의를 열 의무가 있죠. 우리의 마음을 어둡게 하는 것이 정신적·도덕적인 것이면, 우리는 친구 가운데 사려 깊은 사람을 찾아가 충고와 조언을 구하지 않으면 안 됩니다. 요컨대 누구나 자신을 불안하게 하고 괴롭히는 바를 다음 주까지 끌고 가지 않는다는 것이 법칙이죠. 압박받는 의무로부터 우리를 해방시켜주는 것은 오직 가장 양심적인 실천일 뿐입니다. 그리하여 도저히 해결할 수 없을 때에는 마지막으로 신에게 맡기는 거죠. 신은 모든 것을 제약하고 해방시켜 주는 분이기 때문입니다. 우리 큰아버지 자신도 이런 성찰을 게을리하지 않고, 자기 스스로 즉석에서 극복할 수 없는 것을 우리에게 털어놓고 서로 이야기를 나눈 적이 여러 번 있었어요. 그렇지만 큰아버지가 가장 많이 상담을 하는 사람은 저 고결한 큰어머니이며, 이따금 큰어머니를 찾아가 조언을 구한답니다. 일요일 저녁이면 큰아버지는 모두들 참회를 해서 마음이 홀가분해졌는가 하고 반드시 묻죠. 이런 것에서 알 수 있듯이 우리 모두는 당신의 결사, 체념한 사람들의 모임에 가입하지 않도록 충분한 주의를 기울이고 있어요."

"체념한 사람들의 모임이란 정말로 깨끗한 생활이군요!" 헤르질리에가 외쳤다. "만일 내가 일주일마다 체념을 한다면 365일을 틀림없이 마음 편안히 지낼 수 있으니까요."

작별하기 전에 우리 친구는 젊은 관리에게서 편지가 딸린 보따리 하나를 받았다. 그 편지들 가운데 다음 글을 뽑아 소개하도록 한다.

"모든 민족은 나름대로 다른 의식이 지배하고 있어, 그것을 만족시켜 주는 것이 그 민족을 행복하게 하는 것이라고 나는 생각합니다. 이것은 벌써 다양한 사람들에게서도 알 수 있습니다. 아름답게 정돈된 풍부한 음색으로 귀를 가득 채우는 사람, 그렇게 함으로써 정신과 영혼이 감격받기를 원하는 사람이, 내가 그 사람 눈앞에 이 세상에서 가장 멋진 그림을 내놓는다고 한들 나에게 고마워할까요? 그림을 좋아하는 사람은 보는 것을 원하고, 시나 소설에 의해 자극받는 것은 거절할 것입니다. 도대체 여러 방면으로 즐길 수 있는 천분을 다 가지고 태어난 사람이 어디 있을까요?

그러나 지나가는 나그네여! 당신은 이런 혜택을 받은 분으로 보였습니다. 그리고 이러한 당신이 우아하고 화려한 로코코풍인 프랑스 취향의 좋은 점을 존중할 줄 알고 계시다면, 독일적인 상태의 간소하고 성실한 정당성을 멸시하지는 않을 것입니다. 그리고 내가 나름대로의 행동방식과 사고방식에 따라, 성장 과정과 지위로 보아 독일 중산층의 순수한 가정생활 이상의 쾌적한 광경을 본 일이 없다고 하더라도 나를 용서해 주실 것입니다.

이런 말씀을 드린다고 해서 기분 나빠하지 마시고, 또 저를 기억해 주시기 바랍니다."

제8장 배반자는 누구인가?

"안 돼, 안 돼!" 그는 성이 나서 안내받은 침실로 서둘러 들어가 등불을 내려놓으며 소리쳤다. "안 돼, 그럴 수는 없어! 그렇지만 나는 어디다 하소연해야 한단 말인가? 아버지하고 다른 생각을 하는 것은 처음이야. 아버지와 다르게 느끼는 것도, 다르게 하고 싶은 마음이 드는 것도 말이야. 아, 아버지! 내 눈에 아버지가 보이지는 않지만 만일 여기 계시어 내 마음을 꿰뚫어 보신다면, 나는 조금도 변하지 않고, 여전히 충실하고 순종적이며 사랑스러운 아들이라는 것을 믿어주실 겁니다. 그런데도, 안 된다고 말해야 하다니! 아버지가 그렇게도 오랫동안 갖고 있던 가장 기쁜 소망에 거역하다니! 그것을 어떻게 고백해야 할 것인가, 어떻게 표현해야 한단 말인가? 그렇다! 나는, 율리에하고는 결혼할 수 없다. 이것을 입 밖에 내는 것만으로도 무섭다. 게다가, 어떻게 아버지 앞에 나가 고백한단 말인가? 저 인자하고 사랑하는 아버지에게 말이다. 아버지는 놀라서 나를 쳐다보고, 입을 다물고, 머리를 흔들 것이다. 총명하고 분별력 있는 학자인 아버지도 할 말을 찾지 못할 것이다. 아, 슬프다! 아, 이 고통, 이 곤경을 누구에게 털어놓는단 말인가. 누구를 붙잡고 내 편이 되어달라 말해야 한단 말인가! 잘 알고는 있지. 누구보다도 루친데, 너야! 먼저, 너에게 말하고 싶어. 얼마나 내가 너를 사랑하고 있고, 얼마나 너에게 내 몸을 바치고 있는지를 말이다. 그리고 너에게 간절히 부탁하고 싶은 것은, '나를 대신하여 말해 다오. 나를 사랑한다면, 나의 것이 되고 싶다면 우리 두 사람의 심정을 대신하여 말해 달라!' 바로 이 말이야."

이 짧고 정열적인 혼잣말을 이해하려면 많은 설명이 필요할 것이다.

N대학의 N교수에게는 이 세상에서 드물게 아름다운 외아들이 있었는데, 여덟 살 때까지는 이를 데 없이 어진 그의 아내가 맡아 키웠다. 그녀는 자기 아들이 생활하고 학문을 배우고 모든 예의범절을 몸에 익히도록 아이의 시간을 보살폈다. 그런데 그녀가 죽었던 것이다. 그 순간 아버지는 자기로서는 이런 시중을 도저히 떠맡을 수 없다고 느꼈다. 그전까지는 부모 사이에 완전한 의견일치가 있었다. 두 사람이 함께 하나의 목적을 향해 힘을 모았고, 그 다음에는 무엇을 할 것인가를 서로 의논하여 결정을 보면, 어머니가 모든 것을 잘 알아서 실수 없이 실행에 옮겼다. 그런데 지금 이 홀아비의 걱정은 두 배 세 배로 커졌다. 교수의 아들들이 대학에서 훌륭한 교육을 받는다는 것은 거의 기적에 가까운 일이라는 것을 잘 알고 있었고, 또 그것을 매일같이 자기 눈앞에서 보아왔기 때문이다.

이렇게 어찌할 바를 몰라하다가 그는 R시의 군수로 있는 친구와 의논하게 되었다. 이 친구와는 이미 오래전부터 두 집안의 결합에 대한 계획을 이야기해 오던 사이였다. 이 친구의 조언과 도움을 통해 이들은 어느 우수한 학교에 들어갈 수 있었다. 그즈음 독일에서는 이런 교육시설이 성행하여 육체와 영혼, 정신을 위한 전인교육을 우선으로 하고 있었다.

이렇게 해서 아들 일은 일단 해결이 되었지만, 아버지는 심한 고독을 느끼게 되었다. 아내를 잃고 아들마저 눈앞에서 멀어진 것이다. 자신이 직접 수고하지 않아도 바라던 대로 잘 자라는 것을 보아온 아들이 떠난 것이다. 이번에도 군수의 우정이 큰 도움이 되었다. 두 사람의 집은 멀리 떨어져 있었지만, 서로 찾아가 기분을 풀고 싶다는 강한 욕구 앞에서는 멀다는 것은 문제가 되지 않았다. 홀아비인 학자가 찾아가면, 역시 마찬가지로 어머니가 없는 그 가정에는 제각기 다른 사랑스러운 두 딸이 자라나고 있었다. 그러기에 두 아버지는 양가가 언젠가는 아주 즐겁게 결합되는 날이 올 것이라는 생각과 기대를 점점 더 굳혀갔다.

군수의 집안은 행복한 공작 영지에서 살고 있었다. 유능한 군수는 그 지위를 일생 동안 보장받아, 희망하는 사람에게 후계자 자리도 넘겨줄 수 있을 것 같았다. 다시 말해 두 집안의 결혼 계획과 관리로서의 장래 계획에 따라 루치도르는 장차 장인이 될 사람의 중요한 지위를 이어받도록 교육을 쌓아나갔다. 그것은 한 단계 한 단계 차근차근 이루어졌다. 사람들은 모든 지식을 그에게 넘겨주는 일을 소홀히 하지 않으면서, 국가가 언제나 필요로 하는 모든 능력을 계발시키기 위해 빈틈없이 전력을 기울였다. 엄정한 법률의 습득, 재판관의 지혜와 노련함을 필요로 하는 관대한 법적 조치들의 집행에 관한 훈련, 뿐만 아니라 일상생활에 필요한 계산법 등등. 계산법은 보다 높은 통찰력이 요구되는 것은 아니었지만 확실하고 틀림없이 직접 생활에 유용하게 쓰이는 것들이었다.

이런 계획 아래 루치도르는 일반 교육 과정을 끝마치자 이번에는 아버지와 후원자의 도움으로 대학에 가게 되었다. 그는 무슨 일에서나 아주 뛰어난 재능을 보였다. 거기에다 아버지에 대한 애정과 아버지의 친구에 대한 존경 때문에 자기 능력을 처음에는 순종적으로, 다음에는 스스로도 확신에 차서 교육받은 대로 한껏 발휘하게 된 것은 보기 드문 행운이라 할 만했는데 이것은 그의 천성 덕분이었다. 그는 외국의 어느 대학에 보내져, 거기서도 그는, 그 자신의 편지나 교사와 감독관들의 증언에서도 알 수 있듯이, 그의 목적에 다다를 수 있는 길을 착실히 걸어갔다. 다만 그가 몇 과목은 지나치게 서둘러 일찍 마쳤다는 것이 사람들이 그를 탓할 수 있는 유일한 흠이었다. 이 점에 대해 아버지는 머리를 가로저었고, 군수는 끄덕였다. 이런 아들을 원치 않을 사람은 없었다.

그러는 사이에 율리에와 루친데도 성장해 갔다. 작은딸 율리에는 익살스러우나 귀엽고, 변덕스럽지만 쾌활했다. 큰딸 루친데는 이렇다 할 특징을 말하기는 어려웠지만 솔직하고 청순한 태도 속에, 우리가 모든 여성에게 소망하는 것이 나타나고 있었다. 두 집안은 번갈아 서로를 방문했고, 이리하여 교수 집에서 율리에는 끝없는 즐거움을 누렸다.

지리학이 교수의 전문분야였지만, 그는 이것에 생기를 불어넣기 위해 지형학을 사용했다. 그 무렵 호만 인쇄소*19에서 일련의 지지총서가 나와 있었는데, 율리에는 그 가운데에서 한 책을 알아보고 도시 전부를 조사하여 평가하고는, 좋아하는 도시 싫어하는 도시를 논의했다. 특히 항구도시는 그녀의 호감을 샀지만, 다른 도시는 많은 탑, 둥근 지붕, 이슬람 사원의 높은 첨탑 등 특별히 눈에 띄지 않으면 그녀의 호의를 조금도 얻어낼 수 없었다.

아버지는 그녀를 일주일 내내, 이 절대적으로 신뢰하는 친구인 교수 집에 맡기는 일이 있었다. 사실 그녀는 지식과 통찰력이 늘어나 인간이 주로 어떤 이유에서, 어떤 지점과 장소를 택하여 살게 되는지를 상당히 자세하게 알게 되었다. 또 그녀는 외국 국민의 의상에도 주목하여, 양아버지라고 할 수 있는 교수가 이따금 농담조로 창문 앞을 오가는 많은 아름다운 청년 가운데서 마음에 드는 청년이 있느냐고 물으면, "물론 있어요. 그 사람이 참으로 어딘지 남다른 옷차림을 하고 있다면요" 하고 말했다. 그런데 이 나라의 젊은 학생 가운데 그런 남다른 옷차림을 한 사람들이 있었기 때문에, 그녀는 가끔 그중에서 이 사람 저 사람에게 관심을 가지는 때가 있었다. 그럴 때 그녀는 그 젊은이가 입은 옷에서 어떤 외국의 민속의상을 생각해 내고는 그래도 결국 자기의 특별한 관심을 바칠 젊은이라면 적어도 완벽한 민족의상을 걸친 그리스인쯤은 되어야 한다고 단언했던 것이다. 그러므로 그녀는 길거리에서 그런 모습을 볼 수 있는 라이프치히의 박람회에 가고 싶어했다.

이렇게 하여 무미건조하고 때로는 기분이 언짢은 업무를 마치고 나면 교수에게는 농담을 하면서 그녀를 가르치는 것보다 더 즐거운 일은 없었다. 언제나 다른 사람을 즐겁게 하고 자기 자신도 즐기는, 이런 귀여운 며느리를

---

*19 그 무렵 뉘른베르크의 유명한 지도 출판사.

교육시킴으로써 남몰래 몸이 떨리는 기쁨을 느낄 때만큼 행복한 순간은 없었다. 그건 그렇고, 두 아버지는 자기들의 계획을 딸들이 눈치채지 못하도록 하자고 합의를 보고, 루치도르에게도 비밀로 하고 있었다.

세월이란 정말로 빨리 지나가는 것이어서, 이렇게 하여 여러 해가 흘렀다. 루치도르는 공부를 완전히 끝마쳐, 모든 시험에 합격하고 집으로 돌아왔다. 윗사람들의 기쁨 또한 각별한 것이었다. 그들은 이제 이 젊은이에게서, 연륜을 쌓으며 혜택을 입어 고위직에 오른 존경스런 관리들의 기대에 양심의 가책 없이 부응하는 것 말고는 아무런 소원도 없었기 때문이다.

그렇게 일은 계획대로 착착 진행되어, 마침내 루치도르는 하위직을 모범적으로 밟아 올라간 다음, 이번에는 공적과 희망에 따라 아주 유망한 자리, 바로 대학과 군수의 중간쯤 되는 지위를 차지하기에 이르렀다.

아버지는 이제까지 암시에만 그쳤던 율리에를 약혼자 또는 아내로서 아들에게 이야기했다. 별로 의심도 하지 않고 조건도 없이, 이런 살아 있는 보물을 얻게 된 너는 얼마나 부러운 행운아인 것이냐라고 말하면서. 아버지는 그녀가 며느리로서, 자기 옆에서 지도나 겨냥도나 도시의 그림을 들추는 모습을 재빨리 마음속에 그려 보았다. 그러나 아들은 어릴 때 장난을 치며 정답게 지냈고 언제나 자기를 즐겁게 해준, 이를 데 없이 귀엽고 쾌활한 아가씨의 모습밖에는 기억할 수 없었다. 그래서 루치도르는 말을 타고 군수한테로 가, 이제 다 자라 아름다워진 아가씨를 더 가까이에서 관찰하고 몇 주일을 친하게 지내려고, 그 집안 식구와 함께 보내게 되었다.

루치도르가 도착하자, 그는 진심으로 환영을 받았고 방을 배정받았다. 그는 거기에서 몸치장을 하고 다시 나타났다. 그때 그는 낯익은 식구들 외에 아직 어른이 될까 말까 한 그 집 아들을 만나게 되었다. 응석받이고 버릇없기는 했지만 영리하고 상냥한 데가 있어, 재치 있게 사람들과 잘 어울렸다. 또 이 가족의 한 사람으로, 나이는 꽤 많지만 기운 좋고 낙천적인 노인이 있었는데, 조용한 성격에 세련되고 총명한 데다 인생을 충분히 맛본 덕분에 이런저런 일을 도우면서 남은 생을 보내고 있었다. 루치도르가 도착한 뒤 곧 또 한 손님이 와서 함께 어울렸다. 그는 이제 젊다고는 할 수 없는 사나이였는데, 풍채가 당당하고 품위가 있었으며 세상사에 익숙하여, 이 세상 먼 곳 일까지 잘 알고 있을 뿐만 아니라 재미있는 화제가 많았다. 모두 그를 안토니라고 불렀다.

율리에는 미리 예고된 약혼자를 예절 바르고도 붙임성 있게 맞이했다. 동생 쪽은 자신의 체면을 차리는 데 반하여, 루친데는 집안 체면을 세우는 데 애를 썼다. 이렇게 하여 하루는 모두에게 아주 유쾌하게 지나갔지만, 루치도르만은 그렇지 못했다. 그렇지 않아도 과묵한 그는 너무 말을 하지 않는 것은 좋지 않다고 생각하여, 마지못해 가끔 질문을 던지며 예의 바르게 행동했다. 그러나 이런 태도는 누구에게나 어색하게 보일 수밖에 없었다.

그는 완전히 멍해 있었다. 율리에를 처음 본 순간 율리에가 싫다든가 참을 수 없다든가 하는 것은 아니었지만, 어딘지 모르게 서먹서먹한 느낌이었던 것이다. 이와는 반대로 루친데에게는 마음이 끌려, 그녀가 그 동그랗고 깨끗하고 조용한 눈으로 자기를 쳐다볼 때마다 그는 온몸이 떨렸다.

이렇게 벅찬 가슴을 안은 채 그는 첫날 저녁 자기 침실로 들어가자마자 우리가 이미 첫머리에서 보았던 혼잣말을 쏟아냈던 것이다. 그러나 이 혼잣말을 이해하기 위해서, 그리고 그렇게 쏟아지는 격한 말이 우리가 이미 알고 있는 그와 어떻게 어울릴 수 있는가를 알기 위해서는 짤막한 설명이 필요하다.

루치도르는 속이 깊은 사람으로, 그의 가슴속에는 대체로 현재 요구되는 상황과는 다른 그 무엇을 간직하고 있었다. 그래서인지 다른 사람과의 담소나 대화는 순조롭게 이루어지지 못했다. 그도 그것을 느끼고는 곧잘 과묵해졌다. 물론 화제가 자신이 연구하고 있는 특정 분야에 관한 것이면 사정이 달라, 자신이 필요하다고 느끼는 것을 언제나 마음껏 이야기할 수 있었다. 게다가 전에는 고등학교에서, 나중에는 대학에서 친구들에게 마음속 깊은 생각을 털어놓았다가 기만당했던 비참한 기억이 있었기 때문에 그는 다른 사람에게 무엇인가를 이야기한다는 것에 대해 늘 신중했다. 그리고 신중히 생각하다 보면 어떤 이야기도 할 수 없게 되어버리곤 했다. 그러나 아버지에게만은 어색함 없이 언제나 똑같은 어조로 말하는 것에 길들여져 있었다. 그는 혼자 있게 되면 마음에 품고 있는 것을 혼잣말로 쏟아내곤 했던 것이다.

다음 날 아침, 그는 마음을 가다듬고 나왔지만 율리에가 어제보다 더욱 다정스럽고 명랑하게 스스럼없이 대했을 때에는, 그야말로 평정을 잃을 지경이었다. 그녀는 그가 여행한 육로와 수로에 대해서, 또 그가 학생시절에 여장을 등에 짊어지고 스위스를 두루 다니며 알프스산을 넘던 일들에 대해서 몇 번이고 물었다. 그러고는 남쪽의 큰 호수에 떠 있는 아름다운 섬에 대해서 많은 것을 알고 싶어했다. 라인 강에 대해서는 그 본줄기에서 시작하여, 먼저 아주 험한 지역을 지나 많은 굴곡을 거치며 흐르는 대로 쫓아가고 싶어했다. 마지막에는 강물이 마인츠와 코블렌츠 사이에서 좁은 지역을 벗어나 당당하게 넓은 세계로, 바다로 나아가는 경관을 살펴보는 것도 보람이 있다고 말하는 것이었다.

루치도르는 이야기하는 동안에 마음이 아주 가벼워짐을 느끼고 기분도 내켜 말이 술술 나왔기 때문에, 율리에는 황홀해하면서 외쳤다. "그런 데는 둘이서 함께 가야죠." 그 말을 듣자 루치도르는 깜짝 놀랐다. 그 외침 속에는 두 사람이 일생을 함께 걸어가자는 암시가 담겨 있는 것 같았기 때문이다.

그러나 그는 얼마 안 있어 말해야 하는 의무에서 벗어났다. 안토니라는 손님이 나서서 이야기를 시작하자 산의 수원지나 강기슭의 절벽, 좁아졌다 넓어졌다 하는 물줄기 같은 것은 모두 별것 아닌 것처럼 보였기 때문이다. 그의 이야기는 직접 제노바로 향했고, 리보르노도 멀지 않았다. 그는 이탈리아라는 나라의 가장 흥미 있는 곳을 끄집어냈는데 나폴리는 죽기 전에 꼭 봐야 한다는 것이다. 물론 콘스탄티노플 또한 놓칠 수 없는 곳이다. 넓은 세계에 관한 안토니의 이야기는 그렇게 열정적인 것은 아니었지만, 듣는 사람 모두의 상상력을 앗아가 버렸다. 율리에는 완전히 마음을 뺏겼음에도 아직 그것만으로는 만족하지 못하고, 알렉산드리아나 카이로에 가보고 싶어했다. 무엇보다 피라미드가 보고 싶었다. 그녀는 미래의 시아버지의 가르침으로 피라미드에 대해서 꽤 자세한 지식을 갖고 있었기 때문이다.

루치도르는 다음 날 밤(방문을 닫고, 등불을 내려놓자마자) 외쳤다. "자, 잘 생각해야 돼! 일이 심각해졌다. 너는 이때까지 심각한 것을 많이 배웠고 심사숙고했다. 네가 지금이야말로 법률가답게 행동하지 않으면, 법을 배운 것이 도대체 무슨 의미가 있겠어? 너 자신을 일체의 권한을 가진 인간으로 여기라고. 네 자신의 일은 잊어버리고, 다른 사람을 위해 당연히 해야 할 일을 하라고. 아무튼 일이 무섭게 헝클어져 있다! 안토니라는 손님은 확실히 루친데 때문에 온 것이다. 그녀는 저 사나이에게 이를 데 없이 아름답고 고결한, 사교적이고도 가정적인 관심을 보여주고 있다. 저 꼬마 바보 아가씨는 누구하고든지 함께 세상을 아무 이유 없이 돌아다니고 싶어한다. 게다가 저 꼬마 아가씨는 장난꾸러기다. 여러 도시와 나라에 흥미를 보이는 것도 우리를 침묵시키려는 수작이다. 그건 그렇고, 너는 어째서 이 문제에 대해 이렇게도 혼란스럽고 절망스럽게 생각하고 있는 거지? 중매에 나선 군수야말로 아주 분별력이 있고 총명하며 애정에 넘치는 사람이 아닌가? 네가 느끼고 생각하고 있는 것을 그에게 말만 하면, 그는 공감은 못할지언정 함께 생각해 줄 것이다. 그 같으면 우리 아버지의 마음을 움직일 수 있다. 그리고 양쪽 다 그의 딸이 아닌가? 도대체 저 안톤 라이저*20 씨는 루친데를 어떻게 하자는 건가? 루친데는 스스로 행복해지고 다른 사람 모두를 행복하게 해주려고 이 집안에 태어난 아가씨다. 안절부절못하는 꼬마 아가씨는 저 떠돌이 유대인*21에게 딱 달라붙으면 되는 거다. 그러면 아주 훌륭한 한 쌍이 될 거다."

다음 날 아침 루치도르는 아가씨의 아버지와 이야기를 하겠다는 굳은 결심을 하고 아래로 내려가 군수가 한가한 시간에 맞춰 그를 만나러 갔다. 그러나 군수는 공무로 출장을 떠나 모레쯤에나 돌아온다고 들었을 때 그가 얼마나 고통스럽고 당황했겠는가. 율리에는 오늘 완전히 여행길에 오른 것 같은 기분인 듯, 세계 방랑자의 곁을 떠나지 않고, 집안일에 대해서 조금 농담을 하고는 그를 루친데에게 맡겼다. 루치도르는 이때까지 이 고상한 아가씨를 일정한 거리를 두고 일반적인 인상으로만 바라보고 그것만으로도 벌써 진심으로 그녀를 연모했던 것인데, 지금 그녀를 바로 눈앞에 보고는, 처음에 자기도 모르게 마음이 끌렸던 모든 것이 두 배 세 배로 커지는 것을 느끼지 않을 수 없었다.

집을 비운 아버지를 대신하여 집안의 친구인 선량한 노인이 거기에 나왔다. 그 또한 세상을 살 만큼 살았고, 사랑도 하고 삶의 좌절도 여러 번 겪고 난 뒤 이제 젊은 시절의 친구 곁에서 힘을 얻고, 별 불편 없이 지내고 있었다. 그의 이야기에는 활기가 있었다. 특히 사위를 정하는데 무척 혼이 났다

---

*20 괴테의 친구 카를 필립 모리츠의 소설 《안톤 라이저》에 나오는 주인공. 여행을 좋아하는 인물이기 때문에 여기서는 안토니를 빈정대서 이렇게 부르고 있다.

*21 형장으로 가는 그리스도를 자기 집 앞에서 쉬지 못하게 하고 욕설을 퍼부은 죄과로 그리스도의 재림시까지 지상을 배회한다는 구두쟁이 아하스베르를 일컫지만, 여기서는 항상 떠돌아다니고 있는 안토니를 지칭해서 하는 말이다.

는 것을 자세히 이야기하면서, 주목할 만한 약혼 발표의 여러 사례를 들었다. 루친데는 눈부신 옷차림으로 나타나서는 이렇게 고백했다. 인생에서뿐만 아니라 결혼에서도 어떤 경우이든 우연이야말로 제일 좋은 결과를 가져올 수 있다, 그러나 인간의 행복은 자기 자신의 책임에 의해 얻어지는 것이다, 마음 한구석의 조용하고 침착한 확신과 고결한 의도와 신속한 결단 덕분으로 이 행복을 차지할 수 있었다고 말할 수 있다면, 그것은 가장 아름답고 가장 감명 깊은 것이라고. 루치도르가 이에 찬성했을 때, 그의 눈에는 눈물이 글썽거렸다. 얼마 안 있어 여자들은 떠나가 버렸다. 노인은 계속하여 다른 이야기를 하고 싶어해 유쾌한 이야기로 바뀌었지만, 그것을 듣고 있던 우리의 주인공은 몹시 감동하였다. 그러나 그저 공부만 해온 이 젊은이는 금방이라도 터질 듯한 자신의 감정을 겨우 억누를 수 있었다. 그렇지만 혼자가 되었을 때, 그는 참을 수가 없었다.

"나는 참아왔어!" 그는 외쳤다. "이런 어지러운 생각으로 인자한 아버지 마음을 상하게 하고 싶지 않아. 나는 나를 자제했어. 이 집의 친구인 저 훌륭한 노인을 양쪽 아버지의 대리인이라고 생각하기 때문이지. 저 노인에게 얘기하자, 모든 것을 고백하자. 저분 같으면 틀림없이 중재해 줄 것이다. 그리고 저분에게는 내가 바라는 것을 이제 거의 다 말해 버렸다. 자신이 전적으로 시인하고 있는 것을, 개인의 경우라고 해서 비난하지는 않겠지? 내일 아침 저분을 찾아가자. 이 다급해진 심정을 대담하게 탁 털어놔야 한다."

아침 식사 때 노인은 나타나지 않았다. 어젯밤 너무 많이 이야기하고 너무 오랫동안 앉아 있었으며 평소보다 술을 많이 마셨다는 것이었다. 사람들은 열심히 그를 칭찬했는데, 그것은 루치도르로 하여금 곧장 노인에게로 달려갈 수 없다는 절망감에 빠지게 했다. 저 인자한 노인은 이런 발작을 일으킬 때면 일주일 동안은 전혀 모습을 나타내지 않기도 한다고 들었을 때, 이런 불쾌한 감정은 더욱 심해졌다.

시골에서 묵는다는 것은, 사교 모임에서 많은 장점을 가지고 있다. 특히 대접하는 쪽이 사려 깊고 분별력 있는 사람들이어서, 주위 자연 환경의 손질에 정성을 쏟아온 경우에는 더욱이 그러하다. 이곳도 그런 식으로 잘 이루어져 있었다. 군수는 처음에는 미혼이었지만, 그로부터 오랫동안 행복한 결혼 생활로 들어가, 자신도 재산이 많은 데다 수입이 많은 지위에 있었기 때문에 자신의 안목과 견해, 그리고 아내의 취미에 따라, 또 아이들의 소원과 변덕에 따라 크고 작은 정원을 만들어 애지중지 가꿨고, 정성을 다해 이것들을 서서히 정원수와 도로로 이어놓자, 갖가지 변화와 특색이 담긴 이를 데 없이 아름다운 풍경이 이어져 산책하는 사람들의 눈에도 띄게 되었다. 이리하여 이 집의 젊은 사람들은 손님인 루치도르를 이런 산책에 초대했다. 누구나 자기 정원을 손님에게 보여주고 싶어하기 마련이며, 집안사람들에게는 더 이상 새롭지 않게 된 것을 손님이 바라보고 감탄하며 그에 대한 좋은 인상을 언제나 간직해 주기를 바라는 법이다. 이 지대는 가까운 곳이나 먼 곳이나, 개성 있는 정원과 자연 그대로의 전원식으로 제각기 꾸미기에는 안성맞춤이었다. 기름진 언덕과 관개가 잘된 목초지가 서로 엇갈려 있어, 이따금 전체가 바라다보이는데, 단조로운 전망은 아니었다. 토지는 주로 실용적인 것에 쓰이면서도 우아함과 매력을 잃지 않고 있었다.

본관과 관리사무소 옆에 유원지와 과수원 그리고 풀밭이 있고 거기에서 어느덧 작은 숲 속으로 들어가게 되는데, 그 숲에는 차가 다닐 수 있는 넓은 길이 아래위로 구불구불 통해 있었다. 그 한가운데 유달리 높은 곳에 방이 여러 개 딸린 홀 하나가 있다. 정문에서 들어가면, 큰 거울에 아마 이 지대에서는 최고라고 생각되는 풍경이 비쳐 보인다. 그리고 몸을 뒤로 돌리면, 뜻하지 않은 거울에 비친 풍경의 현실적인 전망을 접하게 되어 가슴이 부푸는 것이었다. 왜냐하면 여기에 오기까지의 길은 정말로 기교를 다 부려 만들어져 있어, 갑작스런 놀라움을 불러일으키는 것은 모두 교묘하게 사람들 눈에 띄지 않게 해놓았기 때문이다. 여기로 들어오는 순간 누구나 거울에서 자연으로, 자연에서 거울로 몇 번이고 뒤돌아보고 싶어진다.

한번은 이를 데 없이 아름답고 맑게 갠, 낮이 가장 긴 날, 모두는 흥겨운 들놀이를 하면서 산책을 하던 길에, 소유지 전체의 안팎을 두루 돌아본 일이 있었다. 어진 어머니의 저녁 휴식처라고 적힌 곳에는 멋진 너도밤나무 한 그루가 그 주위에 빈 땅을 안고 있었다. 곧이어 율리에가 빈정대듯 루친데의 아침 기도 장소라고 가르쳐 준 곳은, 백양나무와 오리나무 사이를 흐르는 시냇물과 가까우며, 아래쪽에 펼쳐진 목장과 위로 퍼진 밭 옆에 있었다. 그곳의 아름다움은 도저히 묘사할 수 없었다. 이미 여기저기에서 본 것 같으면서도 소박한 맛이 있어, 이처럼 사람들의 마음에 호소하는 데는 어디에도 없었다. 이와는 반대로 율리에가 싫어하는데도 남동생이 억지로 가리킨 곳은, 아담한 정자와 좀 어설픈 작은 정원이었다. 그곳은 친밀감이 가는 물방앗간 바로 옆에 있어서 겨우 사람 눈에 띌 정도였다. 이곳은 율리에가 열 살쯤 되던 때에 만들어진 것으로, 그 무렵 율리에는 물방앗간의 아가씨가 되고 싶어 물방앗간의 노부부가 그만두면 자기가 거기에 들어가 여주인이 되어 자기 대신 씩씩하게 물방앗간을 지킬 사내아이를 찾겠다고 열을 올리곤 했다는 것이었다.

"그건," 율리에가 외쳤다. "내가 개울가나 바닷가의 도시들, 제노바 같은 건 전혀 몰랐던 시절의 일이었어요. 루치도르, 당신 아버지가 내 생각을 바꿔놨어요. 그러고는 나는 좀처럼 이곳에 오지 않아요." 그녀는 실떡거리면서 깊이 드리워져 있는 라일락나무 덤불 아래 작은 벤치에 가 앉았다. 벤치는 그녀의 무게를 지탱하지 못할 만큼 움푹하게 들어갔다. "아이, 싫어. 늙은이들처럼 웅크리고 앉다니!" 그녀는 짜증을 내면서 벌떡 일어나 쾌활한 남동생과 함께 앞으로 달려갔다.

뒤에 남은 루치도르와 루친데는 조리 있는 대화를 나누었다. 그리고 이런 경우 분별심이란 감정에 가까워지는 법이다. 그들은 차례차례로 바뀌는 단순한 자연 속을 거닐면서, 사리분별이 분명한 사람은 자연계에서 뭔가를 얻을 수 있으며, 눈앞에 존재하는 것에 대한 깊은 통찰이 그것을 이용하려는 인간의 감정과 함께 어우러져 기적을 일으키고, 세상을 비로소 살만한 곳으로 만들어 그 곳에 사는 사람들이 늘어나고, 마침내는 세상을 사람으로 넘쳐나게 한다는 것을 관찰했다. 그리고 그런 것들에 대해 하나하나 이야기를 나누었다. 루친데는 이런 녹지시설의 모든 것에 대해 설명했는데 아주 겸손한 그녀도 여기저기 떨어져 있는 곳곳을 편리하고 쾌적하게 연결시킨 것이, 존경하는 어머니의 가르침과 보살핌 아래에서 자신이 만든 성과라는 사실을 숨길 수가 없었다.

그러나 아무리 긴 하루라고 해도 역시 저녁은 오고야 만다. 모두 집으로 돌아갈 생각을 해야 했다. 그래서 모두가 편하고 기분 좋은 우회로로 돌아가려고 했을 때 쾌활한 남동생이 불편하고 힘은 들지만 지름길로 가자고 했다. "왜냐하면," 그는 큰 소리로 외쳤다. "누님들은 자기들의 정원과 설계를 보여주면서 이 근방을 화가의 눈이나 부드러운 사람의 마음에 맞도록 미화하고 개량한 것을 자랑했으니까, 이번에는 내가 만든 것을 보여드리는 영광을 갖게 해주세요."

이렇게 하여 모두는 경작지와 울퉁불퉁한 길을 지나, 때로는 아무렇게나 던져놓은 돌을 따라 습지대를 넘어 걸어가야 했는데, 아직 꽤 멀리에서지만 벌써 갖가지 기계가 잔뜩하게 세워져 있는 것이 보였다. 가까이 가보니 그것은 큰 유원지 놀이터로, 여러 가지로 궁리를 한 어떤 서민감각으로 만들어져 있었다. 그리고 거기에 적당한 간격을 두고 나란히 서있는 것은, 아래위로 회전하면서 언제나 똑같은 수평을 유지하고 편히 앉아 있을 수 있는 곤돌라, 그리고 흔들리는 기구, 그네, 시소, 볼링, 벌집돌기 등으로, 그 밖에 넓은 목초지에서 많은 사람들이 여러 놀이를 하며 즐기게 하기 위해 생각할 수 있는 모든 도구가 갖추어져 있었다. "이건 내가 만든 나의 정원이에요. 아버지가 대주고 어느 머리 좋은 사람이 지혜를 짜내주었지만, 누님들이 바보라고 부르는 내가 없었더라면 지혜와 돈이 이처럼 잘 합해지지는 못했지요." 그는 외쳤다.

명랑한 분위기 속에 네 사람은 해가 져서야 집으로 돌아왔다. 안토니도 도착했다. 그러나 율리에는 이렇게 걸어다닌 하루가 만족스럽지 못했던지, 마차 준비를 시켜 멀리에 있는 여자 친구들에게로 놀러갔다. 이틀간이나 만나지 못한 것이 아쉬웠던 것이다. 남은 네 사람은 갑자기 어찌할 바를 몰라 했고, 아버지의 부재가 식구들을 불안하게 한다는 말까지 나왔다. 말이 끊어졌을 때, 쾌활한 남동생이 갑자기 일어서서 재빨리 책을 한 권 가지고 돌아와 낭독하겠다고 나섰다. 루친데는 그가 몇 년 동안이나 안 하던 생각을 어떻게 하게 됐는지를 묻지 않을 수 없었다. 남동생은 활발하게 대답했다. "난 언제나 모든 걸 제때에 생각해 내죠. 누님들은 그렇지 못하지만요." 그는 순수한 동화들을 읽었다. 인간을 자기 자신으로부터 밖으로 끌어내어 인간의 소망을 부추기고, 우리가 가장 행복한 순간에도 우리를 압박하는 모든 시름을 잊게 하는 그런 동화였다.

"이제 나는 어떻게 하면 좋지!" 루치도르는 혼자가 되었을 때 외쳤다. "시간이 촉박하다. 안토니는 신뢰할 수가 없다. 그자는 도대체 알 수 없는 사람이다. 어떤 인간인지, 어째서 이 집에 왔고 무엇을 원하는 건지 전혀 알 수 없다. 루친데를 손에 넣으려고 하는 것 같은데, 그렇다면 그에게 기댈 수 없다. 루친데 자신에게 직접 부딪혀보는 수밖에 다른 도리가 없다. 그녀에게 고백해야지. 먼저 그녀에게 말이다. 이것이 내가 느낀 최초의 감정이었지. 어째서 우리는 신중을 기하려는 길로만 빠져들어가는 것일까! 이것이 처음이자 마지막이 되어야 한다. 그래야만 목적에 다다를 수 있는 것이다."

토요일 아침 루치도르가 제때에 옷을 입고 방 안을 왔다 갔다 하면서, 루친데에게 무슨 말을 할지 이리저리 생각하고 있었다. 그때 문밖에서 농담 섞인 말다툼 소리가 들리더니 곧 문이 열렸다. 쾌활한 남동생이 손님을 위한 커피와 빵을 든 한 소년을 앞세우고는 자기는 냉육(冷肉) 요리와 포도주를 가지고 들어왔다. "너부터 들어가야 해." 남동생은 외쳤다. "손님을 먼저 대접해 드려야 하잖아. 나는 손수 챙기는 데에 익숙해 있어요. 그런데 오늘 내가 좀 일찍 와서 시끄럽게 떠든다고 생각하겠지요. 아침 식사를 천천히 들고 난 다음에 무엇을 할 것인지 생각합시다. 왜냐하면 다른 분들은 기대할 수 없으니까요. 율리에 누님은 친구 집에서 아직 돌아오지 않았어요. 이 두 사람은 적어도 2주일에 한 번은 서로 마음을 있는 대로 털어놓지 않고는 가슴이 터질 것 같대요. 루친데 누님은 토요일에는 전혀 소용이 없어요. 아버지에게 가계의 결산을 보고하죠. 나보고 도와달라고 하지만, 천만의 말씀! 물건 값이 얼마라는 것을 알고 나면, 무엇을 먹어도 맛이 없지요. 내일은 손님이 몇 명 올 겁니다. 노인은 아직도 건강이 회복되지 않았고, 안토니는 사냥하러 나갔어요. 우리도 사냥하러 갑시다."

그들이 앞뜰로 나가자 엽총, 배낭, 사냥개가 준비되어 있었다. 이렇게 하여 그들은 들판을 열심히 걸어다녔지만, 기껏해야 어린 토끼 한 마리와 불쌍하게도 보잘것없는 새 한 마리를 쐈을 뿐이었다. 그동안에 그들은 집안 사정과 현재의 친구에 대해서도 이야기를 주고받았다. 안토니의 이름도 나와, 루치도르는 기회를 놓치지 않고 그에 대해 자세히 물었다. 쾌활한 남동생은 의기양양해서 단언했다. 저 좀 이상한 자는 사뭇 정체를 나타내려 하지 않지만, 자기는 이미 다 알아냈다고. 그는 말을 계속했다. "저 사람은 틀림없이 부유한 상인 집안의 아들인데, 혈기왕성할 때 정력과 의욕을 갖고 큰 장사에 뛰어 들어가, 동시에 넘쳐흐르는 향락도 누리려고 할 즈음 집이 파산했어요. 희망의 꼭대기에서 밀려난 그는 마음을 가다듬고 남의 집에 가서 일을 했지만, 자기를 위해서나 가족을 위해서도 아무 도움이 되지 않았던 거죠. 그래서 그는 세계 곳곳을 여행하면서, 세계를 알고 상호간의 교역을 자세히 알아내면서 자기의 이익도 잊지 않았어요. 쉴 줄 모르는 활동력과 성실성을 인정받아 많은 사람들에게서 신뢰를 얻게 되었죠. 이렇게 하여 저 사람은 어딜가나 친지와 친구가 있어요. 그뿐만 아니라, 이건 아주 중요한 것이지만 저 사람의 친지가 있는 곳에는, 아무리 먼 곳이라 해도 세계 곳곳에 재산을 분산해 두었기 때문에 4대륙의 어디에나 가끔 얼굴을 내밀 필요가 있지요."

쾌활한 남동생은 이런 이야기를 어찌나 자세하고도 순진하게 늘어놓았던지 농담 섞인 설명을 집어넣어 가면서, 마치 스스로 만든 동화를 꽤 길게 짜나가려는 것 같았다.

"저 사람은 우리 아버지와 인연을 맺은 지 꽤 오래되었어요. 내가 관심이 없으니까 나는 아무것도 모른다고 두 사람은 생각하고 있지만, 그렇기 때문에 오히려 나는 더 잘 알고 있어요. 저 사람은 아버지에게 막대한 돈을 맡기고 있는데, 아버지는 또 이것을 착실하고도 유리하게 투자했지요. 바로 어제도 그는 아버지에게 보석 상자를 살짝 넘겨주고 있었어요. 그처럼 간소하고 아름답고 멋진 것은 이때까지 본 일이 없어요. 물론 몰래 힐끗 한 번 보기만 했을 뿐이죠. 아마 신부를 즐겁고 기쁘게 하고 장래의 보증을 위해 선물로 주려는가 봅니다. 안토니의 목표는 루친데입니다. 그러나 두 사람을 나란히 세워보면 어딘지 어울리는 짝이라고는 생각되지 않아요. 말괄량이인 작은누나가 그에게 더 잘 맞아요. 그리고 내가 보기에 작은누나는 그를 좋아하고 있어요. 사실 작은누나도 저 괴팍스런 아저씨에게 여러 번 마음이 들떠 있는 시선을 던지곤 해요. 마치 저 사람과 함께 차를 타고 어디엔가로 사랑의 도피를 가려는 것 같아요." 기운을 새로이 한 루치도르는 어떻게 대답해야 좋을지 몰랐지만, 방금 들은 것은 모두 속으로 인정했다. 남동생은 말을 계속했다. "대체로 율리에는 이상하게도 나이 먹은 사람을 좋아해요. 당신 아버지하고라도 아들인 당신과 다를 것 없이 서슴지 않고 결혼했을 거예요."

루치도르는 상대방이 이끄는 대로 무턱대고 따라갔다. 두 사람 다 사냥 같은 건 잊어버렸고, 어차피 대단한 노획물은 있을 것 같지 않았다. 어느 소작농 집에 들른 그들은 환대를 받았다. 한 사람은 마시고 먹고 지껄이며 즐겼고 또 한 사람은 오늘 알아낸 것을 자신을 위해, 자기 이익을 위해 어떻게 이용할 것인가를 깊이 생각했다.

이 이야기로 많은 것을 알게 된 루치도르는 안토니를 신뢰하게 되었으므로 농가에 돌아오자마자 안토니가 어디 있는지를 묻고, 정원에 있을 거라는 말에 서둘러 그곳으로 갔다. 밝은 석양빛을 받은 정원길을 다 걸었지만, 보람도 없이 어디에도 사람 흔적이 없었다. 결국 그는 넓은 홀의 문을 지나 안으로 들어갔다. 그러자 정말이지 이상하게도 거울에 반사된 해가 눈부셔 소파에 앉아 있는 두 인물이 누구인지 잘 알 수는 없었지만, 여인이 옆에 앉아 있는 사나이에게서 손에 열렬한 키스를 받고 있다는 것은 알 수 있었다. 그의 눈이 평정을 되찾아감에 따라 이것이 루친데와 안토니라는 것을 알았을 때 그가 얼마나 놀랐겠는가. 그는 바닥에 주저앉을 것 같았지만, 그 자리에 못 박힌 듯 서 있었다. 그러자 루친데가 다정하고도 스스럼없이 그를 맞아 바짝 다가와서, 자기 오른쪽에 앉아 달라고 부탁했다. 그는 무의식적으로 앉기는 했지만, 그녀가 오늘 상황을 물으면서 집안일로 함께 가지 못해 미안했다고 말했을 때, 그 목소리를 듣자 그는 거의 참을 수가 없었다. 안토니는 일어서서 루친데에게 작별을 고했다. 그녀도 마찬가지로 일어서면서, 뒤에 남은 루치도르에게 산책을 하자고 했다. 나란히 걸어가면서 그는 입을 다물고 당황해했다. 그녀도 마음이 가라앉은 것 같지 않았다. 그가 어느 정도만이라도 정신을 차리고 살펴보았더라면, 그녀가 마음 깊이 우러나오는 탄식을 숨기려고 하는 것을 그 깊은 숨결에서 알아차릴 수 있었을 것이다. 두 사람이 집에 가까이 왔을 때, 그녀는 드디어 작별을 고했다. 그러나 그는 몸을 돌리자, 처음에는 천천히 다음에는 맹렬하게 탁 트인 벌판을 향해 갔다. 저 넓은 공원도 그에게는 너무나 좁았다. 들판으로 빠져나갔다. 완전무결한 저녁의 아름다움은 전혀 느끼지 못한 채 오직 자기 자신의 마음속 목소리만을 들으면서. 혼자가 되어 넘쳐흐르는 눈물 속에 마음이 조금 진정되었을 때 그는 외쳤다.

"이때까지 괴로운 일은 여러 번 있었지만, 이처럼 고통스러운 일은 처음이야. 나를 완전히 비참하게 만들었어. 무엇보다도 원했던 행복이 이제 드디어 손에 손을 잡고 팔짱을 끼고 우리한테로 나타났다고 생각하는 순간, 벌써 영원한 이별을 고하다니! 나는 그녀 곁에 앉아 있었다. 그녀와 나란히 걸어갔다. 흔들리는 옷자락이 내 몸에 와 닿았다. 그때 이미 나는 그녀를 잃고 있었다! 그런 것을 계산하지는 말자! 엉클어진 것은 풀지 말자! 잠자코 결심을 하자!"

그는 입을 열지 않기로 결심하고 침묵을 지키고는, 생각에 잠겨 들녘을, 목장을, 덤불을 지나 때로는 길 아닌 길을 헤치면서 걸어갔다. 밤늦게 자기 방으로 들어왔을 때만은 참을 수 없어 외쳤다. "내일 아침 일찍 이곳을 떠나자. 오늘과 같은 날은 두 번 다시 겪고 싶지 않다! "

이리하여 그는 옷을 입은 채 침대에 몸을 던졌다. 청춘은 행복하고 건강한 법! 그는 금방 잠이 들었다. 그날 운동의 피로가 감미로운 밤의 휴식을 가져다주었다. 그러나 은혜로운 단꿈에서 눈을 떴을 때, 아직 이른 새벽의 해가 떠 있었다. 그날은 마침 낮이 제일 긴 날이어서 그에게는 너무나 긴 하루가 될 것 같았다. 어젯밤에는 마음을 가라앉혀주는 별의 우아함을 전혀 느끼지 못했지만 이제 마음을 북돋아 주는 아침의 아름다움을 느끼고는 절망할 뿐이었다. 세상은 언제나처럼 웅장하게 보인다. 그의 눈에는 여전히 그렇게 보였다. 그러면서도 그는 마음속으로는 그것을 긍정하지 않았다. 이 모든 것은 이제 그의 것이 아니었다. 루친데를 잃어버린 지금은 말이다.

제9장

그는 놔두고 가려 했던 여행용 가방을 재빨리 꾸렸다. 편지는 따로 쓰지 않았지만 단지 몇 마디, 아침 식사에 안 나간다는 것과 저녁에도 나오지 않는다는 것은 마부를 통해 간단히 사과해 두기로 했다. 그렇잖아도 아래로 내려와보니 마부는 벌써 마구간 앞을 큰 걸음으로 왔다 갔다 하고 있었다. "당신은 설마 말을 타시려는 것은 아니죠?" 평소에는 사람 좋은 그가 약간 불쾌하게 말했다. "당신이니까 말씀드리지만 이 집 젊은 도련님은 날이 갈수록 참을 수가 없어요. 어제도 이 일대를 실컷 타고 다녔어요. 신에게 감사드리는 마음으로 일요일 아침만큼은 쉬는 것이 당연합니다. 그런데도 오늘은 아침 일찍 해가 뜨기도 전에 나타나 마구간에서 떠들어 대기에 내가 벌떡 일어나 나가보니 당신 말에 안장을 대고 고삐를 매면서 내가 아무리 말려도 말을 듣지 않았어요. 도련님은 말에 올라타고는 이렇게 외치더군요. '내가 좋은 일을 하고 있다는 것만은 잊지 말아줘! 이놈의 말은 언제나 침착한 법률가

처럼 총총 걸음을 할 뿐이야. 난 이놈에게 박차를 가해 생명을 건 질주를 시켜야겠어.' 대충 이런 말을 했고 그 밖에도 이상한 말을 했어요."

루치도르는 이중 삼중으로 놀랐다. 그는 자신과 성격, 생활 방식이 잘 맞는 이 말이 마음에 들었다. 이 온순하고 마음이 통하는 동물이 난폭한 사람의 손에 들어간 것을 알고 불쾌해졌다. 언제 만나도 즐거운, 대학 시절 깊은 우정을 나누었던 친구 집으로 도망치려던 계획은 이런 위기에 처해, 깨져버렸다. 옛 신뢰가 되살아나서, 먼 거리도 개의치 않고 이 착하고 총명한 친구한테로 가면 반드시 조언과 위안을 얻으리라 생각했는데 이런 기대도 이제는 깨지고 말았다. 그러나 자유로이 놀릴 수 있는 힘찬 다리를 움직여 목적지에 다다르려는 용기가 있으면 전혀 가능성이 없는 것은 아니었다.

무엇보다도 이제 그는 친구에게로 이르는 길을 찾아 정원을 빠져나와 넓은 들판 쪽으로 나가려고 했다. 방향이 아직 확실치 않았을 때 왼쪽 숲 위로 솟아 있는 색다른 목조 은둔처가 눈에 띄었다. 이때까지 그가 전혀 몰랐던 것이었다. 그런데 정말로 깜짝 놀란 것은 중국식 지붕 아래 베란다에서 요 며칠 동안 앓고 있다고 생각한, 그 인자한 노인이 기운 좋게 주위를 둘러보는 모습이 보인 것이었다. 노인이 다정하게 인사를 하고 자꾸 집으로 올라오라고 권했다. 그렇지만 루치도르는 서두르는 몸짓을 하며 뭐라고 핑계를 대면서 거절했다. 그러나 노인이 급하게 계단을 비틀거리듯 내려와 곧 굴러떨어질 것 같았을 때에는 동정심이 일어 집 안으로 올라갈 수밖에 없었다. 그렇게 크지는 않았지만 아늑한 안채로 발을 들여놓자 그는 놀랐다. 경작지 쪽으로 난 창문 세 개가 있을 뿐이었지만, 정말 멋진 전망이었다. 다른 벽면은 수백 개의 초상화로 장식되어 있었다. 아니 오히려 뒤덮여 있었다. 동판화로 새겨졌거나 소묘로 그려진 이 초상화들은 색깔 있는 테를 두른 채 일정한 간격을 두고 질서정연하게 배열되어 벽에 붙어 있었다.

"아니, 정말이지 나는 당신을 특별히 좋아해요. 다른 사람 같으면 이러지 않지. 이곳은 내가 만년을 한가로이 지내는 성당이지요. 여기서 나는 바깥세상에서는 범하지 않을 수 없는 모든 과오로부터 벗어나 잘못된 나의 섭생을 회복시키는 거지요."

루치도르는 방 안 전체를 살펴보았다. 역사 공부를 해본 그는 역사에 대한 관심이 그 밑바닥에 깔려 있는 것을 곧 알 수 있었다.

노인이 말했다. "여기 선반 위에 고대의 뛰어난 인물들과, 뒤이어서는 비교적 가까운 시대의 인물들의 이름을 찾아볼 수 있어요. 이름만 있는 것은 그들이 어떤 모습을 했는지 좀처럼 찾아낼 수가 없기 때문이지요. 그러나 이 주요한 벽면이 있는 곳부터는 나의 인생과 관련이 있어요. 여기에는 내가 소년 시절 이름을 들어 본 인물들이 있어요. 위대한 사람들이라 해도 그 이름이 민중의 기억에 남는 것은 50년 정도이고, 그 뒤에는 사라져버리든지 옛날이야기로 되어 버립니다. 나의 부모는 독일인이지만 내가 태어난 곳은 네덜란드지요. 그런 나에게 네덜란드 총독 겸 영국 왕이었던 빌헬름 폰 오라니엔은 모든 위대한 영웅의 조상이라고 할 수 있답니다.

그런데 그 사람과 나란히 루이 14세가 보이지요. 이건." 루치도르는 실례만 아니라면 선량한 노인의 말을 정말이지 뚝 끊어버리고 싶었다. 물론 이야기하는 노인에게는 실례될 것이 없지만 말이다. 왜냐하면 루치도르는 프리드리히 대왕과 그 장군들의 그림을 힐끗 보았을 때 이제 노인에게서 근대사나 현대사의 긴 이야기를 싫도록 들어야 하겠구나하는 생각이 들었기 때문이다.

그러나 그도 착한 청년이므로, 가장 가까운 앞선 시대와 동시대에 대한 노인의 강한 관심에 경의를 표했고, 그의 개인적인 특성과 견해에 흥미를 느꼈다. 그는 이미 대학에서 근대나 현대사 강의를 들은 적이 있었다. 사람들은 한 번 들은 것은 자신이 언제나 기억하고 있을 것이라고 믿는 법이다. 루치도르의 마음은 먼 곳에 있었고 노인의 말에 귀를 기울이지도, 거의 보고 있지도 않았다. 그리고 무례하게 문밖으로 나가 길고 지겨운 계단을 뛰어 내려가려고 하는 순간, 아래로부터 힘 있는 손뼉 소리가 들려왔다.

루치도르가 뒤로 물러서자 노인은 창문으로 머리를 내밀었다. 그러자 아래에서 귀에 익은 목소리가 들려왔다. "노인 선생, 내려와 주세요, 제발. 당신의 역사화랑에서 나와주세요. 단식을 그만두시고, 우리의 젊은 친구를 달래도록 도와주세요! 만약 루치도르가 알게 되면 큰일 날 일이 생겼어요. 그의 말을 좀 난폭하게 다루었더니 편자 하나가 빠졌어요. 그래서 저는 말을 그냥 두고 왔어요. 루치도르가 뭐라고 하겠어요? 역시 당치 않은 일을 하면, 당치 않은 일이 생기는 법이군요."

"이쪽으로 올라와요!" 노인이 말했다. 그러고는 이번에는 안에 있는 루치도르에게 물었다. "자, 당신은 뭐라고 말하겠소?" 루치도르는 가만히 있었다. 거기에 난폭한 젊은 도련님이 들어왔다. 오랫동안 대화가 오가고 난 뒤에, 마부를 곧 그곳으로 보내 말을 돌보기로 결정했다.

노인을 뒤로하고 두 젊은이는 서둘러 집으로 갔다. 루치도르는 그곳으로 되돌아가는 것이 싫지만은 않았다. 될 대로 되라지. 그의 마음속 유일한 소망이 이 집 안에 간직되어 있지 않은가. 이렇게 절망적인 경우에는, 우리는 어차피 마음먹은 대로 일이 풀리지 않는다는 것을 깨닫게 되고, 누군가 이래야 한다고 또 이럴 수밖에 없다고 결정해 주는 순간 마음이 가벼워짐을 느끼게 된다. 그러나 자기 방으로 들어갔을 때 그는 정말 이상한 기분이었다. 이것은 마치 지금 막 떠나온 숙소의 방으로, 마차의 굴대가 부러졌다고 해서 본의 아니게 다시 돌아가는 그런 심정이었다.

쾌활한 남동생은 먼저 여행용 가방에 손을 대, 그 안에 있는 것을 차근차근 꺼내기 시작했다. 특히 여행을 하기 위해서이긴 했지만, 정장을 하기 위한 옷을 따로 챙겼었는데, 그는 루치도르에게 구두와 양말을 신게 하고, 흐트러진 갈색 고수머리를 빗게 하여 멋이 나게 만들었다. 그러고는 옆으로 물러서서, 자기가 만들어낸 우리 친구를 머리끝에서 발끝까지 바라보면서 외쳤다. "자, 이제 당신은 예쁜 아가씨들에게 꽤나 자부심이 있는 인간으로 보여요. 또 신붓감을 찾고 있는 신랑감처럼 보여요. 잠깐만 기다리세요! 때가 오면 내가 얼마나 그럴 듯한 일을 할 수 있는지를 보여드리지요. 나는 그것을, 처녀들이 언제나 곁눈질로 훔쳐보는 장교들에게서 배웠어요. 그리고 나 자신도 군대에 간 적이 있어요. 처녀들은 나를 쳐다보고 또 쳐다보기만 했어요. 나를 어떻게 해야 할지 어떤 처녀도 알 수 없었기 때문이죠. 이렇게 이 모저모로 쳐다보고 이상해하고 주목하노라면 어쩌다가 멋있는 일이 생기지요. 오래는 못 가더라도 순간에는 그것에 몸을 바칠 가치가 있지요.

그건 그렇고, 이리 오세요. 그리고 내가 당신에게 해드린 것과 똑같은 일을 나에게 해주세요. 내가 하나하나 변신해 가는 것을 보게 되면, 이 덜렁쇠에게도 기지와 발명 재주가 있다는 것을 부정하지는 못할 거예요."

이제 그는 친구를 끌고 오래된 성의 길고 넓은 복도를 지나갔다. 그는 외쳤다. "나는요, 저쪽 깊숙한 데에서 자고 있어요. 몸을 숨기려고 하는 것은 아니지만, 혼자 있는 것을 좋아하지요. 다른 사람들의 마음에 드는 일만 할 수는 없으니까요."

그들이 군수 사무실 옆을 지나칠 때, 마침 하인 하나가 까만 색깔의, 모든 것이 갖추어진 조상 대대로 물려받은 커다란 필기도구를 가지고 나왔다. 종이도 달려 있었다.

"무슨 장난을 쳐야 할지 벌써 알겠는걸." 젊은이가 외쳤다. "방 열쇠는 나한테 주고 곧 나가요. 루치도르 형, 내가 옷을 갈아입을 때까지 방 안을 들여다보지 않겠어요? 재미있을 거예요. 법학도에게는 이런 곳이 마구간 일꾼들한테처럼 싫지는 않을 테니까요." 이렇게 말하고 그는 루치도르를 '법정' 안으로 밀어넣었다.

그는 곧 마음이 통하는 낯익은 세계로 들어간 것을 느꼈다. 일에 열중하면서 이런 책상에 앉아 듣고 쓰고 하면서 훈련을 쌓은 날들의 추억이 되살아났다. 이곳은 원래 이 집의 오래되고 훌륭한 작은 교회당이었지만, 종교의 개념이 여러모로 변했기 때문에 법과 정의의 여신인 테미스를 위한 방으로 바뀌었다는 것도 그는 이미 들어 알고 있었다. 책장 안에는 옛날부터 잘 알고 있는 항목과 문서가 있었다. 그 자신이 수도(首都)에 있을 때부터 해오던 일이었던 것이다. 서류 다발 하나를 열어보니 자기가 정서(淨書)하고 기초했던 훈령이 나왔다. 필적과 종이, 관인과 군수 서명, 이 모든 것이 청춘의 희망에 넘쳐 법률 수업에 필사적이었던 시절을 기억나게 했다. 주위를 돌아보고 언젠가는 그가 일하기로 정해져 있는 군수 의자를 보았을 때 이토록 멋진 지위, 이토록 존경할 만한 가치 있는 활동영역을 경시하여 놓치게 될지도 모르는 위험에 처해 있다는 것을 깨닫자, 그 모든 것이 그를 이중 삼중으로 짓누르면서 동시에 루친데의 모습이 그로부터 멀어지는 것처럼 느껴졌다.

그는 밖으로 나가고 싶었지만 자기가 갇혀 있음을 알 수 있었다. 저 별난 친구는 경솔해서 그랬는지 아니면 장난 삼아 그랬는지 문을 잠그고 가버렸다. 그러나 우리 친구인 루치도르가 언제까지나 이런 애달픈, 가슴을 조이는 듯한 불안 속에 감싸여 있던 것은 아니었다. 상대방이 다시 돌아와 사과를 하고 그 별난 옷차림으로 완전히 기분전환을 시켜주었던 것이다. 그의 복장에는 색깔과 스타일에 어딘지 모르게 대담한 데가 있었지만 자연스러운 취향이 그것을 누그러뜨리고 있었다. 그것은 마치 우리가 문신을 한 인디언들에게도 어느 정도 갈채를 거부할 수 없는 그런 것과 같았다. 그는 외쳤다.

"오늘은 요 며칠 동안의 지루함을 보상받아야지요. 착한 친구, 명랑한 친구들이 와 있어요. 아름다운 아가씨들, 농담을 좋아하고 사랑에 눈이 먼 친구, 그리고 우리 아버지, 게다가 기적 가운데 기적인 당신 아버지도 와 있어요. 큰 잔치가 벌어질 거예요. 모든 사람이 벌써 아침 식사를 하러 홀에 모여 있어요."

루치도르는 갑자기 깊은 안개 속을 들여다보는 기분이어서 지금 이름을 열거한 아는 사람, 알지 못하는 사람들의 모습이 마치 유령처럼 느껴졌지만, 마음이 순수했기 때문에 그는 의연했고, 순식간에 어떤 일도 극복할 수 있다는 생각이 들었다. 무슨 일이 일어나든 그것을 맞이하고, 무슨 일이 생겨도 자기 심정을 확실하게 얘기하자고 굳게 결심한 뒤에 그는 발걸음도 착실하게, 바삐 가는 친구의 뒤를 따라갔다.

그러나 그는 홀의 문턱에서 멈칫했다. 창문을 따라 빙 둘러 크게 반원을 그린 사람들 사이에서 그는 아버지와 군수가 예복 차림으로 나란히 서 있는 것을 발견했기 때문이다. 자매, 안토니, 그 밖에 안면 있는 얼굴, 알지 못하는 얼굴을 쭉 둘러보니 눈앞이 흐릿해지려 했다. 비틀거리면서 그는 아버지에게 다가갔다. 아버지는 그를 아주 친절하게 맞았지만 어딘지 모르게 형식적이어서, 신뢰하면서도 접근을 막는 것 같았다. 많은 사람들 앞에 선 채로 그는 순간적으로 자기가 서야 할 장소를 찾았다. 루친데와 나란히 설 수도 있었을 것이다. 그러나 율리에가 그곳의 긴장된 예의범절을 무시하고 그의 쪽으로 몸을 돌렸기 때문에 그는 그녀 쪽으로 걸어가는 수밖에 없었다. 안토니는 루친데 옆에 앉아 있었다.

이 중대한 순간에 루치도르는 예전과 마찬가지로 자신이 사건의 수임자가 된 것 같은 심정이었다. 그리고 법률학 전반에 걸쳐 단련된 그는 저 아름다운 원리를 자신에게 유리하게 적용시켰다. "우리는 고객이 믿고 맡긴 사건을 우리 자신의 사건처럼 다루어야 한다. 그러므로 우리 자신의 사건도 전적으로 같은 의미에서 다루지 못할 이유가 없다." 직무상의 진술에 아주 능숙했던 그는, 서둘러 말할 내용을 궁리해 보았다. 그러는 사이에 엄숙하게 반원을 그리고 있던 모두는 두 날개를 펴고 그를 포위하려는 것처럼 보였다. 그는 진술할 내용은 알고 있었지만 말의 실마리를 찾을 수가 없었다. 그때 구석 탁자 위에 놓여 있는 커다란 잉크병이 눈에 띄었다. 그 옆에 사무관도

서 있었다. 군수는 인사를 하려고 했다. 루치도르는 그에 앞서 말을 하려고 했지만 그 순간 율리에가 그의 손을 잡았다. 이 때문에 그는 완전히 침착성을 잃어버렸다. 이제 결판이 났다. 모든 것을 잃고 말았다고 그는 확신했다.

이렇게 되면 현재의 모든 환경, 가족적 결합, 사교, 예의에 관한 것 등은 아무것도 신경을 쓸 수가 없었다. 그는 멍하니 앞을 보고 있다가, 율리에게서 손을 빼고 재빨리 문밖으로 나가 버렸다. 모두는 갑자기 그가 없어진 것을 알아차렸고, 바깥으로 나온 그 자신도 정신을 차릴 수가 없었다.

아주 강하게 내리쬐고 있는 한낮의 햇빛을 꺼리며, 오가는 사람의 눈을 피해 누가 찾아오지 않을까 하고 두려워하며 걷기 시작하여 큰 정원 홀에 이르렀다. 그의 무릎은 이제 말을 듣지 않았으므로 고꾸라지듯 안으로 뛰어 들어가 거울 아래 소파에 절망적으로 몸을 던졌다. 예의 바른 시민적 모임 한가운데에서 이와 같은 혼란 상태에 빠져버려, 이것이 그의 주위뿐만 아니라 그의 가슴속에 큰 파도가 되어 쳐들어왔다가 물러가는 것이었다. 그의 과거 생활과 현재의 실존이 싸웠다. 그것은 몸이 오싹해지는 무서운 순간이었다.

이렇게 그는 어제 루친데가 껴안고 있던 쿠션에 얼굴을 묻고 한동안 누워 있었다. 자신의 괴로움에 완전히 잠겨 사람이 가까이 다가오는 것도 알아차리지 못하고 있다가, 몸에 무엇이 와 닿는 것을 느끼고는 벌떡 일어섰다. 그때 그는 바로 옆에 서 있는 루친데를 보았다.

나를 데려오라고 그녀를 보냈구나, 언니다운 온순한 말로 자기를 모두한 테로, 자기로서는 비통하기 그지없는 운명을 맞이하도록 그녀에게 부탁한 것이구나 하고 상상한 그가 외쳤다. "당신을 나한테로 보내지 말았어야 했어요, 루친데. 왜냐하면 나를 그곳에서 쫓아낸 것은 당신이니까요. 나는 돌아가지 않겠습니다. 당신에게 조금이라도 동정심이 있다면, 나에게 도망갈 기회와 수단을 마련해 주십시오. 나를 데리고 가는 것이 얼마나 어려운가를 당신이 증언할 수 있게, 당신과 다른 모든 사람에게 미친 사람처럼 보일 것이 틀림없는 내 행동의 진의를 고백하겠습니다. 내가 나 자신에게 한 맹세를 들어주십시오. 그 맹세를 지금도 분명하게, 소리 높여 되풀이하겠습니다. 즉 나는 당신하고만 살고 싶다. 당신하고만 나의 청춘을 활용하고 즐기고 싶다. 그리고 노년기에도 당신하고만 충실하고도 성실하게 보내고 싶다. 인간 가운데에서 가장 불쌍한 내가 지금 당신을 떠나가는 마당에 맹세하고 있는 것은, 전에 신의 제단 앞에서 맹세한 어떠한 것에도 못지않게 굳건하고 확실한 맹세입니다."

이렇게 말하고, 그는 착 달라붙을 것처럼 그의 앞에 서 있는 그녀에게서 빠져나가려고 했다. 그러나 그녀가 그를 따뜻하게 팔에 안았다. "왜, 이러세요?" 그녀는 외쳤다. "루치도르! 자신을 불쌍히 여길 필요는 없어요. 당신은 잘못 생각하고 계세요. 당신은 나의 것, 나는 당신의 것이에요. 나는 이렇게 당신을 내 팔에 껴안고 있어요. 당신도 주저 마시고 나를 안아주세요. 당신 아버지는 매우 만족하고 계시고, 안토니는 내 동생하고 결혼하기로 했어요." 그는 깜짝 놀라 그녀로부터 뒷걸음질을 쳤다. "그게 정말입니까?" 루친데는 미소 지으면서 고개를 끄덕였고, 그는 그녀의 팔에서 벗어났다. "이처럼 내 가까이에, 이제 곧 나의 것이 될 사람을 다시 한 번 좀 멀리에서 보게 해줘요." 그는 그녀의 손을 잡고, 눈과 눈을 마주쳤다. "루친데, 당신은 나의 것이오?" "네, 그래요. 그렇고말고요." 그녀가 대답했다. 그녀의 이를 데 없이 진지한 눈에는 감미로운 눈물이 고여 있었다. 그녀를 껴안은 그는 자신의 머리를 그녀의 머리 뒤로 돌리고 난파한 사람이 바닷가 바위에 매달리듯 꼭 달라붙었다. 발아래 땅이 아직도 흔들리는 것만 같았다. 그러나 얼마 안 있어 그는 황홀한 눈길을 다시 들어 거울을 보았다. 거기에도 그녀를 자기 팔에 껴안고 자신은 그녀의 팔에 안겨 있는 것이 보였다. 그는 자꾸자꾸 그것을 바라보았다. 이러한 감정은 인간의 일생에 붙어다녀, 평생을 함께 하는 것이다. 동시에 그는 아직 거울에 비치는 풍경을 보았다. 어제는 그처럼 무참하고 불길한 예감에 가득 차 보였건만 지금은 어제보다 한층 빛나고 유달리 아름다워 보였다. 그리고 그것을 배경으로 이러한 자세로 비치는 자신의 모습은 괴로움에 괴로움을 거듭한 것에 대한 충분한 보상이었다.

"여기 우리 둘만이 있는 게 아니에요." 이렇게 말하는 루친데의 목소리에 그가 황홀한 생각에서 깨나려는 찰나, 치장을 하고 화관을 쓴 소년 소녀가 나타나 꽃다발을 들고 출구를 막고 있었다. "모든 일이 전혀 다른 결과가 될 수도 있었어요." 루친데는 외쳤다. "이제는 상황이 잘 풀렸죠. 그리고 지금은 야단법석이에요." 기세 좋은 행진곡이 멀리서 울려왔고 모두가 넓은 길로 쾌활하게 오고 있는 것이 보였다. 그는 그들을 맞이하러 나가기가 꺼려졌다. 그녀의 팔에 매달리지 않고서는 똑바로 걸을 수가 없을 것 같았다. 모두와 함께 다시 만나, 이미 이루어진 장엄한 감사의 장면을 시시각각으로 고대하면서, 그녀는 그의 옆에서 움직이지 않았다.

그러나 변덕스러운 신들의 처분은 달랐다. 우편마차의 나팔소리가 반대편에서 경쾌하게 울려와, 이 행렬 전체를 혼란에 몰아넣으려는 것처럼 보였다. "누가 오는 걸까?" 루친데가 소리쳤다. 루치도르는 낯선 사람들이 나타날까봐 두려웠다. 마차도 이제까지 전혀 본 일이 없었던 것이었다. 아주 신형인 2인승 여행용 포창마차였다! 그것이 홀 앞에 섰다. 유달리 눈에 띄는 점잖은 소년이 뒤에서 뛰어내려 문을 열었다. 그러나 아무도 내리지 않았다. 마차는 비어 있었고 소년이 안으로 들어가, 두세 번 익숙하게 손을 놀리더니 포장을 뒤로 젖혔다. 그러자 즉시 그사이 몰려온 모든 사람들 눈앞에 이를 데 없이 즐거운 산책용 예쁜 마차가 만들어졌다. 안토니는 다른 사람들을 앞질러 율리에를 마차로 안내했다. "타보세요." 그는 말했다. "이 마차가 마음에 드는지요. 나와 함께 이 마차를 타고 가장 좋은 길로 세계 곳곳을 다니기에 말입니다. 나는 나쁜 길은 택하지 않지요. 그리고 난처한 일이 생겨도 서로 돕는 거죠. 산을 넘을 때에는 짐차가 우리를 운반하면 됩니다. 그리고 이 마차도 함께 끌고 가지요."

"당신은 정말 멋진 분이에요!" 율리에가 환호성을 울렸다. 말을 모는 소년이 걸어와 이 마차 전체의 경쾌한 구조가 얼마나 타기에 편리한가를 장점과 속력을 예로 들어 세세하게 설명해 주었다.

"어떻게 감사의 말을 해야 할지 모르겠어요." 율리에가 외쳤다. "오직 이 작은 움직이는 천국 위에서, 당신이 나를 태워주는 이 구름 속에서 당신에게 진정으로 감사를 드리고 싶어요." 이렇게 말하고 그녀는 안토니에게 눈짓과 키스를 정답게 보내면서 서둘러 마차에 올라탔다. "당신은 아직 내 곁에 타면 안 돼요. 내가 이 시운전에 함께 모시고 가려는 사람은 다른 분이에요. 그분도 이제부터 어떤 시험에 합격하지 않으면 안 되니까요." 그녀는 루치도르를 불렀다. 루치도르는 때마침 아버지, 그리고 장인과 말 없는 대화를 나누고 있었지만, 사양하지 않고 결연히 가벼운 마차에 몸을 실었다. 잠시만이라도 기분을 바꾸고 싶은 피할 수 없는 욕망을 느꼈기 때문이었다. 그는 율리에와 나란히 앉았다. 그녀는 달리라고 마부에게 외쳤다. 그들은 놀라 쳐다보는 사람들 눈에서 날듯이 먼지를 일으키며 멀어져갔다.

율리에는 마차 모퉁이에 털썩 소리를 내면서 느긋하게 앉았다. "형부, 그쪽으로 편히 기대세요. 그래야 서로 마주 볼 수 있지요."

루치도르 당신은 내가 얼마나 당황해하고 혼란스러워하는지 알아챘군요. 나는 아직도 꿈을 꾸고 있는 것만 같아요. 내가 꿈에서 깨도록 도와줘요.

율리에 보세요, 마음씨 고운 농부들이 다정스럽게 인사를 보내고 있어요. 당신은 이곳에 온 이래로 윗마을까지는 안 가 보셨죠? 잘사는 사람들뿐인데 모두 나를 좋아하고 있어요. 아무리 잘산다고 하더라도 이쪽에서 선의를 가지고 도와주어야 할 여지는 얼마든지 있지요. 이렇게 기분 좋게 달리고 있는 이 길을 만든 분은 우리 아버지예요. 그리고 이 농원을 일으킨 사람도 아버지고요.

루치도르 그렇군요. 말씀대로인 것 같아요. 그렇지만 내 마음속의 혼란과 그런 외적인 것이 무슨 상관이 있나요?

율리에 조금만 참고 들으세요. 이 세상의 여러 나라와 그 화려한 모습*²²을 당신에게 보여드리고 싶으니까요. 자, 위로 왔어요. 산 쪽을 향해 펼쳐지고 있는 평평한 땅이 확실히 보이죠. 이곳 마을들은 모두 아버지의 덕을 보고 있죠. 그리고 이따금 어머니와 딸들의 덕도요. 저기 깊숙이에 보이는 작은 마을의 논밭이 이쪽과의 경계선이죠.

루치도르 당신은 지금 묘한 기분인 것 같아요. 말하고 싶은 것을 제대로 하지 않는 것 같은데요.

율리에 이번에는, 왼쪽 아래를 보세요. 모든 것이 얼마나 훌륭하게 발전했나요. 키 큰 보리수나무가 있는 교회, 마을 언덕 뒤 백양나무가 있는 관청. 우리 앞에는 농원도 있고 공원도 있지요.

마부는 한결 힘차게 마차를 달렸다.

율리에 당신은 저 위에 있는 넓은 홀을 알고 계시죠. 저건 여기서도 잘 보이지만, 저쪽에서도 이쪽이 잘 보여요. 여기 나무 앞에서 멈춰봐요. 바로 여기가 큰 거울에 비치죠. 저쪽에서는 꽤 잘 보이지만 우리는 우리 자신을 확실하게 알아볼 수가 없어요. 계속 마차를 달려요! 저기에서, 요 얼마 전에 한 쌍의 남녀가 아주 가깝게 자기들 모습을 거울에 비추지 않았던가요.

---

*22 〈마태복음〉 4 : 8 참조.

내가 잘못 생각한 것이 아니면, 서로가 아주 만족을 하면서였지요.

루치도르는 불쾌해하면서 아무 말도 하지 않았다. 두 사람은 한동안 말없이 마차가 달리는 대로 몸을 맡겼다. 대단한 속력이었다. 율리에가 말했다. "여기서부터 길이 나빠져요. 이 나쁜 길을 고치는 것이 언젠가는 당신의 공로로 돌아갈 테죠. 내리막이 되기 전에 잠깐 저쪽을 보세요. 내 어머니의 너도밤나무가 그 멋진 우듬지와 함께 높이 솟아 있죠." 그러더니 율리에는 마부에게 계속 말했다. "자네는 이 나쁜 길을 계속 가게. 우리는 골짜기를 지나 걸어서 갈 테니까. 자네보다 먼저 거기에 도착할 거야." 마차에서 내리면서 그녀는 소리쳤다. "그렇지만 당신도 인정하시겠지요. 저 영원한 유대인, 저 침착하지 못한 안톤 라이저가 자기 자신과 친구들을 위해서도 쾌적한 순례 여행을 준비할 것이라는 점을 말이에요. 아주 깨끗하고 안락한 마차니까요."

마차에서 내린 그녀는 어느새 언덕 아래로 내려가 있었다. 루치도르는 생각에 잠겨 뒤를 따라갔다. 우연히 보니 그녀는 좋은 위치에 놓인 벤치에 앉아 있었다. 그곳은 루친데의 자리였다. 율리에는 그에게 자기 옆으로 오라고 했다.

율리에 그런데, 우리가 여기에 이렇게 앉아 있어도 우린 서로 아무런 관련이 없죠. 결국 이렇게 될 운명이었어요. 작은 말괄량이 아가씨는 당신 마음에 안 들었어요. 그런 아가씨를 당신은 사랑할 수 없었어요. 당신에게 미움을 샀어요.

루치도르는 점점 더 어리둥절해졌다.

율리에 그렇지만 루친데는, 내 언니는 모든 점에서 나무랄 데 없죠. 귀여운 동생은 결국 밀려나고 말았어요. 그런데 지금 당신 입술을 보니까, 누가 그처럼 자세하게 우리에게 알려주었을까 하는 물음이 맴돌고 있는 것 같군요.

루치도르 여기에 배반자가 숨어 있군요!

율리에 네 그래요! 배반자가 있어요.

루치도르 그 사람 이름을 말해 주세요.

율리에 그 정체를 밝히는 것은 쉽지요. 바로 당신 자신이에요! 당신을 칭찬해야 할지, 욕해야 할지. 당신은 혼잣말을 하는 습관이 있더군요. 그래

서 모두를 대표해서 자백하지만 우리는 번갈아가며 당신의 말을 엿들었어
요.

루치도르 (펄쩍 뛰면서) 정말 극진한 손님 접대로군요. 이렇게 손님을
함정에 빠뜨리다니요!

율리에 천만의 말씀이에요. 당신이든 다른 누구든 우리는 다른 사람의
이야기를 몰래 엿들으려는 생각은 없었어요. 아시겠지만 당신 침대는 칸막
이를 한 벽 안쪽에 들어가 있어요. 벽의 반대편도 마찬가지로 칸막이가 되어
있는데, 평소에는 헛간으로만 사용하지요. 그런데 2, 3일 전에 그 노인에게,
거기에서 주무시라고 했어요. 외딴 은둔처에서 주무시는 것이 걱정되어서였
지요. 그런데 당신은 그 첫날 밤에 곧 그런 정열적인 독백을 털어놓았기 때
문에, 노인이 다음 날 아침 그 일을 그냥 지나칠 수 없는지라 우리에게 그
내용을 자세하게 알려 준 것이지요.

루치도르는 그녀의 말을 가로막을 생각도 없이 그 자리를 떠났다.

율리에 (일어서서 그의 뒤를 따르면서) 노인의 자백이 우리에게 얼마나
도움이 되었는지 모릅니다. 왜냐하면 나도 고백하겠는데 나는 당신을 그다
지 싫어하지는 않지만, 나를 기다리고 있는 처지는 결코 내가 바라고 있는
그런 것이 아니었어요. 군수 부인 같은 그런 환경은 질색이에요. 유능하고
착실한 남편을 가진다는 것은 좋은 일이지만 그 남편은 사람들에게 법의 판
정을 내려야 하는 몸이어서 그저 법률 안에만 파묻혀 정의로운 삶에 다다를
수 없죠. 윗사람도 아랫사람도 만족시키지 못하는 데다, 그리고 제일 나쁘게
는 자기 스스로도 만족하지 못하죠. 아버지의 결벽성과 완고함 때문에 어머
니가 얼마나 참고 견뎌왔는지 나는 잘 알고 있어요. 마지막으로 유감스럽게
도 어머니가 돌아가시고 난 뒤에야 아버지는 어느 정도 부드러워졌어요. 그
때서야 비로소 이제까지 아무 소용없이 싸워온 세상에 순응하여 세상과 화
해하려는 것처럼 보였어요.

루치도르 (이번 일에 극도로 불만스러워하고, 경솔한 처우에 화가 나서
가만히 서서) 하룻밤 장난이라면 그것도 괜찮아요. 그렇지만 밤낮을 계속하
여 아무것도 모르는 손님에게 부끄러운 속임수를 자행한다는 것은, 용서할
수 없어요.

율리에 그 죄는 우리 모두의 것이에요. 우리 모두가 당신의 혼잣말을 엿

들었으니까요. 그럼에도 엿들은 죄를 나 혼자서 뒤집어쓰고 있는 것만 같군요.

루치도르 모두라고요! 그렇다면 더욱더 안 될 말입니다. 더군다나 밤에는 용서 못할 비열한 방법으로 속이고는, 낮에는 창피한 줄 모르고 나를 쳐다볼 수 있었다는 말인가요? 그렇지만 이제는 똑똑히 알았습니다. 당신들의 낮의 행사는 나를 웃음거리로 만들기 위함이었다는 것을요. 훌륭한 가족이군요! 당신 아버지의 정의감이란 것은 어디에 있습니까? 그리고 루친데까지!

율리에 그리고 루친데까지라고요! 그건 무슨 말투죠? 루친데를 나쁘게 생각하는 것은 괴롭다, 루친데를 우리 모두와 한통속으로 취급하는 것은 참을 수 없다, 이렇게 말하고 싶은 건가요?

루치도르 나는 루친데를 이해할 수 없게 되었어요.

율리에 이렇게 말씀하고 싶은 거죠? 저 청순하고 고결한 영혼의 소유자, 조용하고 침착한 사람, 친절과 선 그 자체, 저 나무랄 데 없는 여성이 어떻게 경솔한 자들과 말괄량이 여동생, 어리광쟁이 젊은이, 비밀에 찬 작자들과 한패가 되다니, 그걸 이해할 수 없다는 거죠!

루치도르 그렇습니다. 그걸 이해할 수 없다는 겁니다.

율리에 그럼, 이걸 이해하세요! 루친데도 우리 모두와 마찬가지로, 두 손이 묶여 있었어요. 언니가 당신에게 모든 것을 털어놓으려고, 이제는 더 이상 그냥 있을 수 없어 난처해했을 때의 모습을 보셨다면 당신은 더욱 언니를 사랑했을 거예요. 참된 사랑이라면, 어떤 사랑이라도 열 배 백 배로 될 수 있는 것이라면 이렇게 말해도 좋겠죠. 이제 자신 있게 말씀드리지만, 이 장난은 우리 모두에게 너무 길었어요.

루치도르 어째서 그걸 빨리 끝내지 않았습니까?

율리에 그것도 이제 와서는 설명할 수 있어요. 당신의 처음 독백이 아버지에게 알려지고 두 딸 모두 바꾸는 것에 이의가 없다는 것을 재빨리 알게 되자, 아버지는 즉각 당신 아버지한테로 갈 결심을 했어요. 이 일이 심각해진 것을 걱정했던 거죠. 아버지이기에, 다른 아버지에게 경의를 표해야겠다고 느낀 거죠. "먼저 저쪽 아버지에게 알려야지." 아버지는 말씀하셨습니다. "이쪽에서 마음대로 정하고 나서 나중에 화가 나지만 마지못해 승낙하는 것처럼 되면 좋지 않지. 나는 그 친구를 잘 알고 있어. 그가 생각, 취미, 계획도 나름대로 고수하고 있다는 것도 잘 알고 있지. 그런 만큼 나는 더욱 걱정이 되는구나. 그는 전문적인 지도와 조감도, 그리고 율리에를 한데 섞어 생각하고는, 젊은 부부가 이곳에 정착하여 거주지를 쉽게 바꾸지 못하게 되면, 결국 이쪽으로 옮겨와서 살려고도 생각하고 있어. 그렇게 되면 휴가나 그 자신이 품고 있는 모든 즐거운 계획도 우리와 함께할 작정이지. 그래서 아직 아무것도 확실하게 공표되어 있지 않고 또 아직 아무것도 결정되어 있지 않은 이 시점에서, 인간의 본성이 어떤 엉뚱한 일을 저지를지 모르니, 먼저 그 친구가 알고 있어야 돼." 이렇게 말하고 아버지는 우리 모두에게서 엄숙한 약속을 받아내고는 우리들이 당신을 감시하고, 무슨 일이 일어나더라도 당신을 여기에 묶어두도록 했어요. 아버지의 귀가가 얼마나 오래 걸렸는지, 당신 아버지의 동의를 얻기 위해 계획, 노력, 인내가 얼마나 필요했는지는 당신 아버지에게 직접 들어보시면 될 거예요. 요컨대, 결말이 났어요. 루친데는 당신의 것이 되었어요.

이제 두 사람은 루친데의 자리에서 기꺼이 떠나, 도중에 멈추어 서기도 하고 이야기를 계속하기도 하면서 천천히 걸어, 목장을 지나 언덕으로 향해, 잘 닦아놓은 다른 길로 나아갔다. 마차가 곧 다가왔다. 그 순간 그녀는 옆에 있는 루치도르에게 색다른 광경을 주목하게 했다. 남동생이 그토록 자랑하던 기계장치가 일제히 활기차게 움직이고 있었다. 벌써 곤돌라는 많은 사람을 태우고 오르내리고 있었으며 그네는 흔들리고 있었고 돛대 같은 나무에 사람들이 기어올라가고 있었다. 수없이 많은 사람들의 머리 위에서 손에 땀을 쥐게 하는 갖가지 회전, 도약이 행해지고 있었다. 이건 모두 남동생이 식사 뒤 손님들을 즐겁게 해주려고 가동한 것이었다. "이번에는 아랫마을을 지나가요." 율리에가 말했다. "마을 사람들은 나에게 친절하니까요. 내가 얼마나 행복한가를 보여드려야지요."

마을은 아주 조용했다. 젊은 사람들은 이미 모두 유원지로 가버렸고, 늙은 남녀들이 마차의 나팔소리에 놀라 문과 창가에서 얼굴을 내밀었다. 너나 할 것 없이 일제히 인사를 하고 축하하면서 외쳤다. "참, 잘 어울리는 한 쌍이군요!"

율리에 보세요, 어때요. 우리 두 사람은 정말이지 잘 어울리는 부부였을 거예요. 당신, 후회하지 않겠죠?

루치도르 그러나 지금은 사랑하는 처제니!

율리에 나에게서 떠나갔기 때문에, '지금은 사랑하는'이라고 하는 거죠.

루치도르 한 마디만 더! 당신은 무거운 책임을 하나 지고 있습니다. 더이상 참을 수 없는 나의 처지를 알고 있었고 그것을 느끼고 있었을 텐데, 그때 손을 꼭 잡은 것은 무슨 뜻이었습니까? 그처럼 심한 심술은 나는 이때까지 한 번도 겪어본 적이 없습니다.

율리에 하느님께 감사나 드리세요. 고백한 죄는 모두 용서되는 거예요. 모든 것을 용서받았어요. 나는 당신을 원하지 않았어요. 그건 사실이에요. 그러나 당신이 나를 전혀 원하지 않았다는 것은, 이건 어떤 아가씨라도 용서 못할 일이지요. 그래서 손을 꼭 잡은 것은, 잘 기억해 두세요, 그건 장난이었어요. 고백하거니와 장난으로서는 정도가 좀 지나쳤죠. 그러고도 제가 저 자신을 용서하는 것은 오직 제가 당신을 용서하기 때문이에요. 그런즉 이제는 모든 것을 용서하고 잊어버려요! 자! 내 손을 잡으세요.

그는 그녀의 손을 잡았다. 그녀는 외쳤다. "이제 다 왔어요. 우리의 공원이 있는 데로요. 이렇게 넓은 세계를 돌아, 또다시 돌아오겠죠. 우리 또다시 만나게 되는 거죠? "

그들은 벌써 홀 앞에 다다랐지만 거기에는 인기척이 없었다. 모두는 식사시간이 너무 늦어진 것에 진저리가 나 산책을 나갔던 것인데, 안토니와 루친데가 나타났다. 율리에는 마차에서 내려 안토니에게로 달려가 진심어린 포옹을 하고 고마워하면서 기쁨의 눈물을 억누르지 못했다. 우아한 안토니의 뺨도 빨갛게 물들고 표정에도 안도의 기색이 퍼졌으며, 눈은 젖어 빛났다. 이리하여 한 훌륭한 젊은이가 새로이 탄생하고 있었다.

그렇게 이 두 쌍의 젊은 남녀는 가장 아름다운 꿈에서라 할지라도 느낄 수 없는 그런 감정을 가지고, 모두가 있는 곳으로 갔다.

제10장

빌헬름과 아들은 마부와 함께 호감이 가는 지방을 지나왔다. 넓은 지역을 에워싸고 있는 듯이 보이는 높은 담이 눈앞에 보이자 마부가 멈추어서서, 이 안으로는 말이 들어갈 수 없으니 걸어서 대문으로 들어가라고 조언을 했다. 두 사람이 종에 달린 끈을 잡아당기자 문은 열렸지만 사람은 아무도 보이지 않았다. 그래서 그들은 너도밤나무와 참나무의 아주 오래된 줄기 사이에서 반짝이는 오래된 건물을 향해서 걸어갔다. 그 건물을 보아하니 정말로 신기했다. 왜냐하면 건물 형태는 자못 고풍스러웠지만 미장이나 석공이 지금 막 일을 끝마치고 떠난 것처럼 이음새나 장식이 새롭고 나무랄 데 없이 산뜻해 보였기 때문이다.

작은 목조 문에 달린 묵직한 금속 고리를 보자 그것을 두들겨보고 싶어 펠릭스는 기분 나는 대로 좀 난폭하게 두들겼다. 이 문도 곧 열렸다. 제일 먼저 현관에 중년부인 하나가 자수틀 앞에 앉아 훌륭한 도안을 그리고 있는 것이 보였다. 미리 연락을 받은 듯이 부인은 곧바로 새로 오신 손님에게 인사를 하고는 경쾌한 노래를 부르기 시작했다. 그러자 곧 옆에 있는 문에서 어떤 부인이 나타났다. 허리에 차고 있는 것으로 보아 집안일을 맡고 있는 가정부의 우두머리라는 것을 금세 알 수 있었다. 이 부인이 상냥하게 인사를 하고는 손님을 계단 위로 안내하여 문을 열자 거기에는 넓은 홀이 있었다. 천장은 높고, 주위 벽에는 장식용 널빤지가 둘러져 있었으며, 그 위쪽에 역사적 소재를 그린 그림이 나란히 걸려 있어 방은 근엄한 느낌을 주었다. 남녀 두 사람이 그들을 맞이했는데, 남성은 상당히 나이가 들어 보였지만 여성은 비교적 젊었다.

부인은 격의 없이 손님에게 환영의 뜻을 표했다. "우리는 당신을 우리 집안 식구처럼 대하라는 연락을 받았습니다. 그렇지만 여기 이분을 당신에게 어떻게 소개하면 좋을지 모르겠군요. 이분은 이를 데 없이 잘생기셨고, 넓은 의미에서 우리 집안 친구입니다. 낮에는 우리를 여러 가지로 지도해 주시는 선생님, 밤에는 천문학자, 그리고 필요할 때는 언제나 의사도 되신답니다."

사나이는 친근감 있게 대답했다. "그러면 내가 이 부인을 소개하겠습니다. 이분은 낮에는 피곤을 모르고 일에만 열중하고 밤에는 필요하다면 늘 도움을 아끼지 않는 분, 그리고 언제나 이를 데 없이 명랑한 인생의 좋은 반려자이지요."

모습이라든지 몸동작에서 사람들의 마음을 끌어들이는 이 미녀의 이름이 안겔라였는데 그녀는 얼마 안 있어 마카리에의 도착을 알렸다. 푸른 커튼이 올라가자 젊고 아름다운 두 아가씨가 지체 높은 초로(初老)의 부인을 안락의자에 앉은 채로 밀면서 모셔왔다. 이와 함께 또 다른 두 아가씨가 정성어린 아침 식사를 차린 둥근 식탁을 끌고 들어왔다. 빙 둘러선 묵직한 긴 의자 한 모퉁이에 쿠션이 놓여 있는데 거기에 지금 소개한 남녀와 빌헬름 셋이 앉고 마카리에는 안락의자에 앉은 채로 세 사람과 마주앉았다. 펠릭스는 홀 안을 걸어다니면서 벽에 걸린 기사 그림을 신기한 듯 바라보며 선 채로 아침 식사를 했다.

마카리에는 터놓고 지내는 친한 친구를 대하는 것처럼 빌헬름에게 말을 걸었다. 그녀는 친척들을 재치 있게 묘사하면서 즐기는 것처럼 보였는데, 그것은 마치 한 사람 한 사람을 덮고 있는 개개의 가면을 통해 각자의 내적 본성을 꿰뚫어보고 있는 것 같았다. 빌헬름이 알고 있는 인물들이 성스럽게 정화되어 그의 영혼 앞에 나타났다. 이 한없이 탁월한 여성의 통찰력에 찬 선의가 그들의 껍질을 벗기고 그 안에 숨어 있는 건전한 씨앗에 품위와 생기를 불어넣었기 때문이었다.

이 흐뭇한 대상들을 애정에 가득 차 이야기하면서 다 다루고 난 뒤에 그녀는 자리를 함께한 착한 사나이를 향해 말했다. "당신은 이 새로운 친구가 있는 것을 핑계 삼아 약속했던 우리의 대화를 또다시 뒤로 미루려는 것은 아니겠지요? 이분도 아마 그 화제에 관심을 가지고 있는 것 같아요."

그러나 그 사나이는 이렇게 대답했다. "그런 주제에 대해 자기 의견을 확실하게 말하는 것이 얼마나 어려운지는 당신도 잘 알고 있을 겁니다. 왜냐하면 그것은 널리 응용될 수 있는 탁월한 방법이 잘못 쓰이는 것에 대한 이야기나 다름없기 때문이지요."

"그건 나도 인정해요." 마카리에가 대답했다. "이 문제를 이야기하면 사람들은 이중으로 당황하게 되지요. 오용(誤用)에 관해 논한다 치면, 오용하는데에도 어쨌든 수단상의 문제가 잠재해 있기 때문에 마치 수단 자체의 품위를 건드리게 되는 것처럼 보여요. 또 수단에 대해 이야기하게 되면 그 자체의 철저함과 권위 때문에 오용 같은 건 있을 수 없다는 생각이 들어요. 그렇다고는 하지만 우리는 허물없는 사이이고, 우리가 무엇을 결정하려고 한다든가 외부에 영향을 미치려는 것이 아니라 그저 우리 스스로 깨닫자는 것뿐이니까 대화를 계속하는 것이 좋지 않을까요?"

"그렇지만 우리는 우리의 새로운 친구가 어느 정도 난해한 이런 주제에 관심이 있는지, 아니면 차라리 방으로 들어가 휴식을 취하고 싶은지 미리 물어볼 필요가 있지요. 당신과 아무 관련도 없고, 또 우리가 어떻게 해서 이 문제를 거론하게 되었는지도 모르시는데 기꺼이 우리의 화제를 받아들일 수 있겠어요?" 사려 깊은 사나이가 말했다.

"지금 말한 것을 비슷한 예를 들어 내 나름대로 설명해 본다면, 위선을 공격했는데 종교를 공격했다는 이유로 고발당하는 경우와 마찬가지로 보이는군요."

"당신의 유추가 맞습니다." 이 집안의 친구는 말했다. "여기서는 여러 뛰어난 인간의 관심사요, 고등학문이며 중요한 예술이기도 한, 요컨대 수학을 문제로 하고 있죠."

빌헬름이 대답했다. "나는 아무리 연관이 없는 사항에 대해 말이 오가는 것을 들어도 언제나 그것에서 무언가를 얻을 수가 있었어요. 한 인간의 관심을 끈다는 것은 다른 인간에게도 호소하는 바가 있기 때문이지요."

그가 대답했다. "하지만 그것에는 그 인간이 일정한 정신적 자유를 획득하고 있어야 한다는 전제조건이 필요합니다. 그리고 우리는 당신이 그런 분이라 믿고 있으며, 적어도 나는 당신이 여기에 남아 있는 것에 아무런 이의도 없어요."

"그렇지만 펠릭스는 어떻게 하죠?" 마카리에가 물었다. "이제 그림도 다 구경하고 좀 지루해하는 것 같은데요."

"이 여자분한테 잠깐 귓속말하는 것을 용서해 주세요." 펠릭스가 이렇게 말하더니 안젤라에게 뭔가를 속삭였다. 그녀는 펠릭스와 함께 나갔다가 이어 미소를 지으면서 다시 돌아왔다. 때마침 이 집안의 친구가 다음과 같이 말을 시작하는 참이었다.

"어떤 반대나 비난을 드러낸다든지 적어도 의심이 가는 바를 말하게 되는 경우, 나는 스스로 앞장서서 말하는 것은 싫어합니다. 나는 오히려 어느 권위, 그것에 의지하면 다른 사람이 나에게 힘을 보태주고 있다는 것을 발견하게 되어 안심할 수 있는 권위를 찾는 것이지요. 칭찬할 일이면 아무런 주저도 느끼지 않습니다. 뭔가가 내 마음에 드는 경우 어째서 침묵할 필요가 있겠어요. 설사 그것이 나의 어리석음을 보이는 것이라도 나는 별로 부끄러워하지 않습니다. 그러나 다른 사람을 비난할 때면 훌륭한 의견을 거부하는 일도 있기 때문에 이로 말미암아 그것을 더 잘 이해하고 있는 다른 사람들의 비난을 사는 일도 생기는 법입니다. 내 잘못을 깨닫게 되었을 때, 나는 나 자신의 말을 거두어들여야 하지요. 그런 관계로 나는 여기에 몇몇 문장과 또 외국의 것을 번역한 문장을 함께 가지고 왔습니다. 이런 문제에서는 나 자신만큼이나 우리나라를 믿지 못하기 때문이죠. 멀리서 온 외국인의 찬성이 나에게는 더 큰 확신을 줍니다." 그는 이렇게 말하고 허락을 받고는 다음과 같이 읽기 시작했다.

그러나 우리가 여기서 이 친애하는 사람에게 구태여 그 글을 꼭 읽게 해야 할 필요를 느끼지 못한다 하더라도 독자 여러분은 기꺼이 허락해 주실 것으로 안다. 왜냐하면 아까, 빌헬름이 이런 이야기에 머물러 있을 의향이 있는가를 물었던 경우가 지금의 우리에게는 더더욱 해당되기 때문이다. 다시 말해 독자 여러분은 한 편의 소설을 손에 들고 있는 셈인데 그 소설이 군데군데 이미 필요 이상으로 교육적인 데가 있어서, 호의적인 독자의 인내를 이 이상 더 시험해 보지 않는 것이 좋다고 생각한다. 우리 앞에 놓여 있는 문장은 언젠가는 다른 형태로 인쇄에 부쳐질 것이다. 그래서 이번에는 이야기를 곧바로 진행하도록 한다. 왜냐하면 우리로서도 당면한 수수께끼*23가 마침내 속 시원히 풀리는 것을 기다리고 있기 때문이다.

그렇다고 하더라도 이 고상한 모임에 참가했던 사람들이 저녁이 되어 헤어지기 전에 나누었던 몇몇 이야기에 대해서는 조금 더 덧붙이지 않을 수 없다. 빌헬름은 그 낭독을 열심히 듣고 나서 아주 솔직하게 자기 의견을 말했다. "지금 여기서 들은 것은 위대한 천성과 능력 그리고 기능에 관한 것이었는데 결국 그것을 사용하는 것에 대해서 여러 가지 의문점이 있습니다. 만일 이에 대해 나의 생각을 간단하게 피력하라면 나는 소리 높여 이렇게 외치겠습니다. '위대한 사상과 하나의 순수한 마음, 이것을 신께서 우리에게 내려주시도록 간청해야 한다'라고요."

이 현명한 말에 찬성의 뜻을 표하면서 모두는 헤어졌다. 그러나 천문학자

---

*23 레나르도가 고향으로 돌아오기를 이상하게 망설이고 있는 것 (제7장 참조).

는 오늘 밤은 유달리 개어 있으므로 별하늘의 기적을 십분 맛보게 해드리겠다고 빌헬름에게 약속했다.

몇 시간 뒤에 천문학자가 손님을 안내하여 천문대로 통하는 나선형 계단을 지나 마지막으로 나간 곳은, 높고 둥근 탑의 옥상, 완전히 거칠 것 없는 전망 좋은 평평하게 트인 공간이었다. 모든 별이 반짝이는 활짝 개인 찬란한 밤하늘이, 바라보고 있는 빌헬름을 감싸고 있었다. 그는 높은 천체가 이렇게 웅장한 것인지 태어나서 처음 보는 것 같았다. 이따금 험악한 날씨가 창공을 전부 덮어버리는 그런 날은 별도로 치더라도 일상생활 가운데 집에 있으면 지붕이나 처마가, 밖에서면 숲이나 바위가 하늘을 못 보게 우리를 방해한다. 그러나 가장 심한 것은 우리 마음속에 자리잡고 있는 불안이다. 이것은 이쪽 저쪽으로 흔들리면서 안개나 거친 날씨 이상으로 우리의 주위 세계를 모조리 어둡게 해버리는 것이다.

심히 마음이 흔들리고 놀라 빌헬름은 눈을 감았다. 이 거대한 것은 초연함의 정도가 아니고 우리의 분별력을 뛰어넘어 우리를 파괴하려고 한다. '나는 이 우주에 비하면 도대체 무엇이란 말인가?' 그는 자기 마음에게 물었다. '나는 어떻게 이것과 맞설 수 있고 어떻게 그 중심에 설 수 있을까.' 한참 동안 생각한 뒤 그는 계속했다. "우리가 오늘 밤 이끌어낸 대화의 결론이 지금 이 순간의 수수께끼도 풀어주는구나. 인간이 이 무한에 대해 존립을 도모할 수 있다면 많은 방향으로 끌려가는 모든 정신력을 나의 마음속 깊이 집중시키는 것 말고 무엇을 할 수 있겠는가. 그리고 '네 마음속에서, 하나의 순수한 중심점 주위를 돌면서 꾸준히 움직여오던 것을 멈춘다면, 그래도 너는 여전히 네 자신이 영원히 살아 움직이는 이 질서의 한가운데에 놓여 있다고 생각할 수 있겠는가? 아무리 그 중심점을 너의 가슴속에서 발견하기가 어렵다 하더라도 선의와 자애로움의 원천이 바로 그 중심점이라고 인식함으로써, 그 중심점의 실체를 증명하도록 하라.' 이렇게 자문자답할 수 있을 뿐 인간이 어떻게 이 무한한 것에 맞설 수 있겠는가.

그러나 자신의 지나간 인생을 뒤돌아보고 어느 정도 미혹에 빠지지 않는 사람이 어디 있겠는가? 인간이란 대개 그 의도하는 바는 올바르다 해도 행실은 그릇되고, 욕망은 비난할 바 있다 해도 그 욕구의 성취는 더 바랄 바 없는 것임을 알게 될 터이니 말이다.

너는 얼마나 여러 번 이 별들이 반짝이는 것을 보아왔는가. 그리고 별을 발견한 너는 볼 때마다 언제나 다른 모습이 아니었던가. 별은 그러나 늘 같은 모습이고 늘 같은 것을 되풀이하여 말한다. '우리는 우리 법칙에 따른 운행에 의해 낮과 시간을 표시한다. 너도 네가 낮과 시간에 대해 어떤 관계에 있는가를 스스로에게 물어보라.' 그렇다면 나는 이제 이렇게 대답할 수 있다. '현재의 상태 같으면 나는 부끄러워할 것이 없다. 나의 의도는 어느 고귀한 집안에 속하는 모든 구성원들과 바랄 만한 결합을 맺는 것이다. 그 길은 정해져 있다. 나는 레나르도와 그 밖의 다른 고귀한 영혼들을 서로 분리시켜놓은 것이 무엇인가를 규명하여 그 장애 요소가 있으면 그것이 어떤 것이든 제거[24]해야 한다.' 이런 것을 너는 이 천상의 군병들인 별들에게 고백해도 좋다. 그들이 너를 마음에 두어준다면 그들은 너의 시야가 좁은 것에 대해 미소 지을 것이지만 기필코 너의 의도를 가상히 여겨 그 실현에 힘을 빌려줄 것이다.

이런 것을 말하면서, 아니 생각하면서 그가 하늘을 향해 몸을 돌리자 행운의 별인 목성이 언제나처럼 장엄한 빛을 보이면서 그의 눈에 들어왔다. 그는 이것이야말로 길조라고 받아들이고 한동안 사뭇 기쁜 마음으로 바라보았다.

그러자 곧 천문학자가 이쪽으로 내려오라 불러내고는 다름 아닌 이 별이 아주 커져서 위성들을 거느리고는 하나의 하늘의 기적으로만 보이는 모양을 완벽한 망원경을 통해 보여주었다.

우리의 주인공은 오랫동안 그것을 들여다보는 데에 정신을 잃고 있다가 몸을 돌려 별의 친구에게 말했다. "나는 당신이 이 별을 유달리 더 가깝게 해준 데 대해 당신에게 감사를 드려야 할지 어떨지 모르겠습니다. 아까 보았을 때 이 별은 다른 수많은 하늘의 별과 나와도 균형이 잡혀 있었습니다. 그런데 지금 이 별은 나의 상상력 속에서 그 균형을 잃고 극단적인 모습으로 나타나고 있어요. 그래서 다른 별들도 이런 식으로 더 가깝게 끌어보아도 좋은 건지 어떤지 모르겠습니다. 망원경으로 보면 별들이 나를 압박하는 것 같아 불안해집니다."

이렇게 우리 친구는 언제나와 마찬가지로 자기 생각을 거듭 말해 갔는데,

---

[24] 레나르도가 '이상하게 망설이는 것'을 해명하는 일이다.

이것을 계기로 여러 뜻하지 않은 것들이 화제에 올랐다. 천문학에 정통한 상대가 몇 가지 대답을 하자 빌헬름은 말했다. "천체에 정통한 사람들에게는 여기서 내가 현재 보고 있는 것처럼 광대한 우주를 점점 더 가깝게 하여 보는 것이 가장 큰 기쁨이라는 것은 나도 잘 압니다. 그러나 이런 말을 하는 것을 용서해 주신다면, 우리 감각의 보조역할로 사용하고 있는 이런 수단*25은 인간에 대해 도의적으로 좋은 영향을 끼치지 않는 것을 나는 일상에서 아주 흔히 보아왔습니다. 안경을 통해 보는 사람은 자기 자신을 실제 이상으로 현명하다고 생각하지요. 외적 감각과 내적 판단력의 균형이 깨지기 때문입니다. 내적인 진실과 외부에서 들어오는 허상을 어느 정도 일치시키려면 상당히 높은 교양을 필요로 하지요. 그것을 할 수 있는 사람은 극히 제한된 탁월한 사람들뿐입니다. 나는 안경을 통해 볼 때마다 딴사람이 되는데, 그런 나는 나 자신의 마음에도 들지 않습니다. 보아야 할 이상의 것을 보고 더욱 더 예리하게 보이는 세계가 나의 내면과 조화를 이루지 않기 때문입니다. 그러므로 멀리에 있는 이것저것이 어떤 성질의 것인지 내 호기심이 충족되고 나면, 당장 다시 안경을 벗어버리지요."

천문학자가 농담조로 몇 가지 의견을 말하자 빌헬름은 계속해서 말했다. "이런 안경은 딴 기계와 마찬가지로 이 세상에서 추방할 수는 없을 테지요. 그러나 도덕 현상을 관찰하는 이에게는 사람들이 불평을 늘어놓는 많은 것이 어디에서 인류에게 스며들어왔는지를 탐구하여 알아내는 것이 중요합니다. 그래서 이를테면 안경을 쓰는 습관은 젊은 세대의 건방진 태도 때문이라고 나는 확신합니다." 이런 대화를 나누고 있는 사이에 밤은 완전히 깊어가, 자지 않고 지내는 데에 익숙한 천문학자는 젊은 친구에게, 야전침대에 누워 잠깐 눈을 붙였다가 마침 오늘 아침 해뜨기 전에 완전한 빛을 띠고 나타나기로 되어 있는 금성을 상쾌해진 눈으로 바라보며 인사를 보내는 것이 어떻겠느냐고 제안했다.

빌헬름은 그 순간까지는 긴장되고 정신도 맑았으나 신중하게 배려하는 친절한 상대에게 자꾸만 권하는 말을 듣자, 실제로 심신의 피로가 한꺼번에 밀려오는 것을 느꼈다. 그래서 그는 옆으로 눕자마자 곧 깊이 잠들어 버렸다.

---

*25 안경을 사용하는 것을 말한다. 근시·원시용 안경이든 현미경이나 망원경이든 간에 순수한 시각을 어지럽히는 것이라 하여 괴테는 안경을 쓰는 것을 싫어했다.

빌헬름은 천문학자가 깨우는 바람에 벌떡 일어나 서둘러 창가로 갔다. 순간 그는 깜짝 놀라 눈을 한곳에 집중했다. 그러고는 감격하여 외쳤다. "정말 멋지구나. 이건 기적이다!" 황홀해하는 말이 몇 번이고 나왔지만 그에게 이 광경은 여전히 하나의 기적, 하나의 위대한 기적이었다.

"오늘, 드물게 크고 웅장하게 빛나는 이 사랑스러운 별을 맞이하고 당신은 틀림없이 놀랐을 것입니다. 그러나 내가 이렇게 말을 해도 냉담하다고 비난하지는 않겠지요. 즉 우리가 보고 있는 것은 기적이 아니다, 절대로 기적이 아니다라고요."

"어떻게 당신이 기적을 볼 수 있겠습니까?" 빌헬름은 말했다. "기적은 내가 가지고 온 것이고 내 마음속에 품고 있는 것이니, 어떻게 해서 그렇게 되었는지 나 자신도 모르겠습니다. 지금은 잠시 내가 말없이 바라보게 해주세요. 그리고 내가 하는 말을 들어주십시오." 얼마 뒤 그는 계속했다. "나는 조용히 누워 깊이 잠들어 있었습니다. 그러자 나는 어제의 홀 안에 들어가 있지 않겠습니까? 그것도 나 혼자였습니다. 푸른 커튼이 올라가더니, 마카리에가 앉은 의자가 마치 살아 있는 물건처럼 저절로 이쪽으로 움직여오는 것이었습니다. 의자는 황금색으로 반짝이고, 그녀의 옷은 사제복처럼 보였으며, 눈길은 부드럽게 빛나고 있어 나는 넙죽 엎드려버릴 지경이었습니다. 그녀의 발 주위에 구름이 감돌아 뭉게뭉게 떠올라와 날개로 바뀌어 성스러운 모습을 태우고는 그녀를 높이 받쳐 올렸습니다. 마지막으로 그녀의 아름다운 얼굴 대신 흩어지는 구름 사이에 별 하나가 반짝이는 것이 보였습니다. 그 별은 쉬지 않고 위로 운반되어 둥근 천장이 열리자 별이 총총 들어선 하늘 전체와 하나가 되어버렸어요. 별하늘은 점점 넓어져 모든 것을 감싸는 듯했습니다. 그 순간 당신이 나를 깨웠습니다. 잠에 취한 채 나는 비틀거리면서 창가로 다가갔습니다. 꿈속에서 본 별을 계속 생생하게 내 눈에 간직한 채 말이죠. 그리고 눈길을 보내니 이번에는 밝아오는 아침별이 저 별과 마찬가지로 아름답고, 물론 빛나며 반짝이는 웅장함은 저 별에 당하지는 못하지만, 실제로 내 눈앞에서 빛나고 있지 않겠습니까? 저 멀리에 떠 있는 현실의 별이 꿈에서 본 별을 대신하여 환상의 별이 띠고 있던 찬란함을 빨아들였습니다. 그러면서도 원래 같으면 내 눈앞에서 나의 꿈속 안개와 함께 사라지고 말 것을 나는 계속 보고 당신도 나와 함께 그것을 보고 있는 것이었습니다.”

천문학자가 외쳤다. “기적이다. 정말, 기적이다. 얼마나 이상한 이야기를 했는지 당신 자신은 몰라요. 제발, 이것이 저 훌륭한 분이 이 세상과의 작별을 예고하는 것이 아니기를! 저분은 머지않아 신처럼 변하여 올라가실 운명입니다.”

다음 날 아침 일찍 빌헬름은 남몰래 빠져나간 펠릭스를 찾으러 정원으로 서둘러 갔다. 많은 아가씨들이 거기에서 일하고 있는 것을 보고 놀랐다. 모두 다 특별히 예쁘지는 않지만 그렇다고 밉지도 않았으며, 스무 살이 채 안 되어 보였다. 출신 마을도 제각기 다르고 옷차림도 저마다 다른데, 열심히 그리고 쾌활하게 인사를 하면서 일을 계속하고 있었다.

그는 안겔라를 만났다. 그녀는 작업을 지시하고 만들어진 제품을 검사하기 위해 여기저기 다니고 있었다. 손님인 그가 그녀에게 이렇게 깨끗하고 열심히 일하는 집단이 있으리라고는, 하고 놀란 심정을 말하자 그녀가 대답했다. “이런 사람들은 없어지지 않을 거예요. 사람이 바뀌어도 일손은 마찬가지로 계속되지요. 스무 살이 되면 이 사람들은 우리 봉사단에서 일하는 모든 아가씨와 마찬가지로 실생활에, 대부분은 결혼 생활에 전념하게 되니까요. 착실한 아내를 희망하는 이 근방 젊은이들은 모두 여기에서 성장하는 이들에게 관심을 기울이지요. 그리고 우리 여생도들은 여기에 갇혀 있는 것이 아니라 여러 대목장으로 나가 둘러보기도 하고, 사나이들의 주목을 받아 선을 보기도 하고, 약혼도 하지요. 그런 까닭에 많은 가족들이 미리미리 자기 딸을 맡기려고 빈 자리가 생기는 것을 관심을 갖고 기다린답니다.” 이 방면에 대한 이야기가 끝나자 손님은 이 새로운 친구 안겔라에게 어제 저녁에 낭독된 것을 다시 한 번 읽어보고 싶다는 소원을 감추지 않았다. “그 이야기의 중요 의미는 나도 이해했지만 이번에는 문제되고 있는 세부사항을 더 자세히 알고 싶습니다.”

그녀가 대답했다. “제가 지금 당장 그 소원을 들어줄 수 있어서 정말 다행이네요. 당신이 이렇게도 빨리 우리의 가장 깊은 비밀을 알게 된 것을 생각하면 이렇게 말씀드려도 될 것 같군요. 그 원고는 이미 내 손에 들어와 있어서 다른 원고와 함께 소중히 보관하고 있다고요. 나의 여주인인 마카리에는 즉흥적인 대화의 중요성을 굳게 확신하고 있어서 그런 대화에서는 어떤 책에도 나와 있지 않은 것이, 뿐만 아니라 또 이때까지 여러 책에 나왔던 가장 훌륭한 것도 그때뿐인 것으로 되어버린다고 하면서, 마치 가지가 많이 달린 식물에서 씨앗이 나오듯 정서가 풍부한 대화에서 생기는 개개의 좋은 사상을 적어두도록 나에게 분부하셨답니다. 여주인은 말씀하셨죠. '현재의 것을 충실히 도착할 때 비로소 전통에서 기쁨을 얻을 수 있다. 거기에서 우리는 최선의 사상이 이미 이야기되어 있고 가장 사랑스러운 감정이 벌써 표현되어 있는 것을 발견하기 때문이다. 이로 말미암아 우리는 인간이 세계와 일치하고 있다는 것을 직관으로 알게 된다. 인간은 세계가 자기와 함께 맨 처음 시작되었다 믿고 싶어 하지만 이따금 자기의 의사를 어기고라도 직관으로 깨달은 조화로 마음을 돌려야 한다'고요."

안겔라는 이렇게 해서 훌륭한 문고가 생겼고 잠 못 이루는 밤에는 곧잘 마카리에게 그 가운데 한 장을 읽어준다고 계속해서 손님에게 고백했다. 그럴 때면 이상하게도 마치 한 덩어리의 수은이 떨어지면 사방으로 무수하고 다양한 물방울이 흩어지는 것과도 같이 수없이 많은 세세한 문제들이 튀어나온다고도 덧붙였다.

그 문고는 어느 정도까지 비밀로 붙여놓고 있느냐고 그가 묻자 그녀는 고백하기를, '물론 주위의 가장 가까운 사람들만 그것을 알고 있다. 그러나 당신이 보고 싶다면 자기가 책임을 지고 지금 당장이라도 책 두세 권을 보여주겠다'고 말했다.

정원에서 이런 이야기를 나누는 사이에 어느덧 두 사람은 저택에 와 있었다. 그녀는 어떤 측면 건물 방 안으로 들어가면서 미소 지으며 말했다. "이기회에 당신이 전혀 예상도 못하셨을 비밀을 하나 더 보여 드리죠." 그녀는 커튼 너머에 있는 작은 방을 들여다보게 했다. 그러자 놀랍게도 다름 아닌 펠릭스가 책상에 앉아 뭔가를 쓰고 있지 않은가. 그는 이 뜻하지 않은 아들의 열심을 이해할 수는 없었지만, 얼마 안 있어 안겔라가 그에게, 저 아이는 자취를 감춘 그 순간부터 여기로 와서 글쓰기와 말 타는 것이 자기가 하고 싶은 유일한 것이라고 말했다는 사실을 알려주었기 때문에 그는 그랬었구나 하고 모든 것을 이해할 수 있었다.

우리의 친구는 이어 어떤 방으로 안내되었다. 주위의 선반에는 잘 정리된 원고가 보였다. 여러 항목이 아주 다양한 내용을 시사하고 있어 모든 면에 빈틈이 없는 이해와 배열을 말해 주고 있었다. 빌헬름이 이런 장점을 칭찬하자 안겔라는 그런 공적은 저 집안의 친구 것인데, 그 사람은 구상뿐만 아니라 판단이 곤란한 경우에는 어떤 부류에 들어갈 것인가를 스스로 개관하고 명확하게 지도할 수 있다고 말했다. 그리고 그녀는 어제 낭독한 원고를 찾아내면서 이것이든 다른 어떤 것이든 간에 이용하도록 하라, 안을 들여다볼 수 있을 뿐만 아니라 베껴도 괜찮다고 이 열렬한 희망자에게 허락해 주었다.

이제 우리의 친구는 겸허하게 일을 시작하지 않으면 안 되었다. 너무나 매력적이고 탐나는 것들이 그 안에 넘쳐 있었기 때문이다. 특히 그는 거의 연관성이 없는 짧은 문장들로 된 여러 개의 책자들을 아주 귀중한 것이라고 생각했다. 그 문장들은 그 내력을 모르면 역설로도 보이는 결론들이었으나, 그 결론은 우리로 하여금 거꾸로 찾아내고 생각해 내면서 근원으로 거슬러 올라가 이들 사상의 유래를 멀리서부터 가까이로 또 아래에서 위로 가능한 한 뚜렷하게 찾아내도록 만들고 있었다.

우리는 앞서 말한 이유 때문에 이러한 것을 여기에 실을 수가 없다. 그러나 여기에서 얻은 것도 기회가 있으면 즉각 때를 놓치지 않고 적당한 장소에서 발췌하여 제공하려고 한다.

사흘째 되는 날 아침 우리의 친구는 좀 당황해하면서 안겔라 앞에 섰다. "오늘 나는 작별을 해야 합니다. 그래서 저 고귀한 부인으로부터 나에게 주는 마지막 부탁을 듣고자 합니다. 어제는 유감스럽게도 온종일 뵐 수가 없었어요. 지금 내 마음에 나의 내면의식을 온통 차지하고 있는 것이 있어, 그것을 꼭 알아두고 싶습니다. 가능하면 당신이 그것을 설명해 주시면 고맙겠는데요."

"당신의 심정을 알 수 있을 것 같아요." 친절한 여성이 말했다. "계속 말씀해 보세요." 그래서 그는 말을 이었다. "내가 꾼 이상한 꿈이라든지 진지한 천문학자의 몇 마디 말, 누구나 접근할 수 있는 책장 속에 '마카리에의 독자적인 말'이라고 제목을 붙여 특별히 칸막이를 해 잠겨 있는 서랍, 이런 것들의 계기가 한데 모여 하나의 마음의 소리가 되어 나를 부르고 있습니다. 내 내면의 목소리는 이렇게 외치는군요. 저 별들에 접근하는 노력은 단지 학문이 좋아서라거나 모든 천계(天界)의 지식을 얻으려는 것이 아니다, 오히려 여기에는 저 별들과 마카리에 부인 혼자만이 맺고 있는 독특한 관계가 숨겨져 있는 것으로 추측된다, 그것을 밝혀내는 것이 나에게는 아주 중요한 것임에 틀림없다고 말입니다. 나는 호기심이 많은 것도 아니고 또 주제넘지도 않지만, 이것은 정신과 의식을 탐구하는 사람에게는 알 가치가 있는 문제이기 때문에 이렇게 묻지 않을 수 없습니다. 그토록 많은 것을 털어놓아 주셨으니, 하나만 더 알려주실 수 없을까요?" "그것을 풀어드릴 수 있는 자격이 나에게도 있는 것 같군요." 이 친절한 상대는 대답했다. "당신의 이상한 꿈에 대해서는 마카리에에게 비밀로 하고 있어요. 그러나 나는 저 집안의 친구와 함께 당신의 특수한 정신의 침투력이나 심오하기 그지없는 비밀에 대한 당신의 예상 밖의 파악력을 바라보고 그것을 신중히 고려해 왔기 때문에 우리는 기꺼이 당신을 더 많은 비밀 속으로 안내해 드리겠어요. 우선 비유적으로 말씀드릴게요. 이해하기 어려운 일을 다루는 데에는 이 방법을 쓰는 것이 좋으니까요.

시인에 대해 말하기를, 눈에 보이는 여러 요소들은 시인의 천성 깊숙이에 숨어 있어 다만 시인의 가슴속에서 점차로 전개해 가는 것에 지나지 않는 것으로, 세계 속에서 시인의 눈에 보이는 것은, 모두 미리 시인이 예감 속에 체험한 것에 한정되어 있다고 말하죠. 이와 마찬가지로 마카리에에게는 태양계의 여러 관계를 처음부터 천성으로 감추고 있던 것인데, 최초에는 움직이지 않고 있던 것이 점차로 발전하여 마침내는 한층 더 뚜렷하게 생기를 띠어 작동하는 것 같아요. 처음에 그분은 이 현상을 괴로워했지만 나중에는 그것을 즐거워했고 세월과 함께 그 황홀감이 더욱 커져갔습니다. 그러나 협조자인 저 친구를 얻기까지는 마음의 통일과 안정을 가질 수가 없었어요. 그 친구의 공적에 대해서는 당신도 이제는 잘 알고 계시죠.

그는 수학자이자 철학자로서 처음부터 매사에 회의적인 사람으로, 마카리에가 일찍부터 천문학의 가르침을 받고 그것을 열심히 공부했다고 고백하자 그러한 직관이 과연 교육에 의해 습득된 것인지 오랫동안 의심하고 있었어요. 물론 동시에 마카리에는 오랜 세월을 두고 자기 내부에서 생긴 현상과 외부에서 지각된 것을 연결지어 비교해 보았지만 그 점에서 한 번도 일치점을 발견할 수가 없었다고 고백하셨어요.

그녀가 직관한 것이 그녀에게 확실하게 지각된 것은 아주 드문 일이었지만, 이 학자는 그녀로 하여금 자세하게 말하게 한 뒤 각종 계산을 했어요.

그랬더니 그녀는 태양계 전체를 몸소 지니고 있는 것이 아니다. 그녀 자신이 태양계를 구성하는 중요한 일부분을 이루는 영(靈)으로서 그 가운데를 운행하고 있다는 결론을 내린 것이죠. 이 전제에 따라 처리해 가니 그 계산은 믿을 수 없을 만큼 마카리에의 진술과 일치했어요.

지금으로서는 이 정도만 당신에게 말씀드리지만 제발 이 일에 대해서는 아무한테도 말씀하지 말아주시기를 간절히 빌겠어요. 왜냐하면 아무리 이해력이 있고 이성적인 사람이라도, 아무리 순수한 선의를 가지고 있는 사람이라 하더라도 이런 말은 공상이다, 어릴 때 배운 지식을 그릇되게 추억하고 있는 것이다, 라고 생각한다든지 해석을 내린다든지 하는 일이 없다고 할 수는 없기 때문에 집안사람들까지도 이 이상 더 자세한 것은 모르고 있어요. 이런 신비적 직관이라든지 황홀하게 만드는 환상은 집안사람들은 병이라고 생각하겠죠. 병 때문에 그분에게는 지금 인간들과 교제를 하고 그 이해관계에 참여하는 길은 막혀 있다고 생각한답니다. 이 사실은 제발 당신 혼자만의 가슴에 접어두고 레나르도 도련님이 눈치채지 않게 해주세요."

저녁에 우리의 떠돌이는 다시 한 번 마카리에 앞에 나서게 되었다. 우아하고 교훈적인 말들이 풍성하게 오갔는데 그 가운데에서 다음과 같은 것을 여기에 골라 적어본다.

"본디 우리가 가지고 있는 결점과 미덕은 표리와 같은 것으로, 미덕이 되지 않는 결점도 없고 결점이 되지 않는 미덕도 없어요. 이 후자쪽, 즉 결점이 되지 않는 미덕은 없다는 것이 다름 아닌 가장 깊은 생각을 필요로 하는 것이죠. 내가 이런 생각을 갖게 된 것은 저 이상한 조카 때문이죠. 저 젊은 사나이에 대해서는 당신도 집안사람들에게서 여러 묘한 이야기를 들으셨겠지만, 가족들의 말에 의하면 내가 저 조카를 필요 이상으로 너무 귀여워하기 때문이라고 하죠.

어릴 때부터 조카에게는 어떤 활발한 기술적 재능이 발달해 있어서, 그 아이는 이것에 완전히 몰두하여 그 점에서는 다행히 여러 가지 지식과 훌륭한 수완을 쌓는 정도의 진전을 보았어요. 나중에 그 애가 여행지에서 집에 보내온 것은 모두 언제나 가장 정교하고 머리를 쓴 이를 데 없이 섬세하고 우아한 수공예품으로, 지금 그 애가 어디에 있는지를 암시하여 우리는 그것을 알아맞혀야 할 지경이지요. 그 점으로 미루어 보면 그 애는 무미건조하고 동정심이 없고 외부적인 일에만 구애받는 인간이라고만 단정할 거예요. 그리고 조카는 말을 할 때에도 세상 일반의 도의적 고찰에 깊이 개입하는 일은 없지만 남몰래 선과 악, 찬양해야 할 것과 그렇지 않은 것을 판별할 줄 아는 놀랄 만큼 섬세한 실제적 감각을 가지고 있어요. 나는 그 애가 자기보다 나이 먹은 사람이나 나이 어린 사람에게 잘못을 저지르는 일을 본 적이 없어요. 그러나 이런 타고난 양심적인 성격이 통제를 받지 못했기 때문에 개개의 점에서는 변덕스러운 약점으로 변하게 되었어요. 그뿐만 아니라 그 애는 부탁받지도 않았고 그럴 필요가 없는데도 이것이야말로 자기가 해야 할 의무라고 생각하고는 갑자기 자기가 책임을 지겠다고 고백하기도 했었죠.

조카의 온갖 여행 방식이며, 특히 이곳으로 돌아오기 위한 준비 같은 것으로 보아 그는 어딘지 전에 우리 주위에 있던 어떤 여성에게 상처를 주었다고 생각하고 있는 것 같아요. 그 여성이 어떻게 되었는지 그 애가 지금 그것을 퍽 걱정하고 있기 때문에 그녀가 행복하게 살고 있다는 것을 들으면 곧 그 불안에서 해방되어 구출된 것으로 느낄 거예요. 이 이상의 것은 안겔라가 당신에게 이야기해 줄 거예요. 부디 이 편지를 가지고 가서서 우리 가족이 행복하게 다시 만날 수 있게 힘을 써주세요. 솔직하게 말씀드리면 나는 이 세상에서 다시 한 번 그 애를 만나 이 세상을 떠나기 전에 진심으로 축복해 주고 싶습니다."

제11장 밤색 아가씨

빌헬름이 부탁받은 일을 자세하고 정확하게 전하자 레나르도는 미소를 지으면서 대답했다. "당신을 통해 집안 사정을 알게 되어 뭐라고 감사해야 할지 모르겠어요. 그러나 한 가지만 더 물어봐야겠어요. 큰어머니는 마지막으로 한 가지만 더, 다시 말해 좀 하찮게 보이는 것을 나에게 전하라고 부탁하지 않았던가요?" 상대는 잠시 생각하고 나서 "아, 그랬습니다." 하고 말했다. "기억납니다. 큰어머니는 발레리네라는 부인에 대해 말씀하시더군요. 그녀는 행복한 결혼을 해서 바라던 대로 잘 지내고 있다고 당신에게 전하라 하셨습니다."

"덕분에 꽉 막혔던 가슴이 뚫렸습니다." 레나르도가 대답했다. "이제 안심하고 집으로 돌아가겠어요. 더 이상 그 아가씨에 대한 추억으로 자책하지 않아도 되니까요."

"그녀와는 어떤 관계였는지 묻는 것은 예의가 아니겠지요." 빌헬름이 말했다. "어쨌든 당신이 그 여자의 운명과 어떤 식으로 연관이 되어 있었든지 간에 이제는 마음 놓아도 됩니다."

"그것은 참으로 묘한 관계지요." 레나르도가 말했다. "흔히 사람들이 생각하기 쉬운 그런 연애관계는 절대 아닙니다. 당신에게는 털어놓고 말할 수 있지만 원래 얘깃거리도 못되는 것이지요. 내가 여행을 마치고 돌아가는 것을 꺼려하거나 집으로 돌아가는 것을 두려워하면서 집안 사정을 물으며 이상한 행동을 했던 것이, 사실은 모두 그 여자가 어떻게 지내고 있는지를 슬그머니 알아보려는 마음에서였다면 당신은 어떻게 생각하실 건가요?"

"왜냐하면 말이지요," 그는 말을 계속했다. "잘 알고 있는 사람들과는 오랫동안 떨어져 있다가 다시 만나도 전혀 변함이 없다는 것을 나는 잘 알고 있습니다. 그래서 가족들과는 금방 친숙해질 거라 생각했지만 다만 이 아가씨만은 마음에 걸렸던 겁니다. 그동안 처지가 달라졌을 테니까요. 그런데 좋은 방향으로 달라졌다니 고마운 일입니다."

"당신은 나를 궁금하게 만드는 군요." 빌헬름이 말했다. "뭔가 특별한 사연이 있을 것만 같은데요."

"적어도 그 말은 맞는 것 같습니다." 레나르도는 다음과 같이 말을 시작했다.

"청년이 되면 선진 유럽 순례 여행을 하는 것이 세상의 관례로 되어 있지만 나는 그것을 젊었을 때에 해두자고 어렸을 때부터 굳게 마음먹어왔어요. 그러나 그 실천은 흔히 그렇듯이 다음으로 다음으로 하고 자꾸 미루게 되었지요. 내 몸 가까이에 있는 것들이 나를 끌어당겨 놓아주지 않고 먼 곳의 일들은 책을 읽는다든지 이야기를 듣게 될수록 점점 매력을 잃어버렸어요. 그렇지만 큰아버지의 격려를 받고 그리고 나보다 먼저 세상을 보러 나간 친구들의 권유로 겨우 결심을 하게 되었어요. 그런데 결정을 하고 나니 예상했던 것보다 일이 급진전되었습니다.

이 여행을 가능하게 하기 위해 최선을 다해야 했던 큰아버지는 내 결심이

서자마자 곧 다른 일에는 전혀 신경을 쓰지 않게 되었어요. 당신도 큰아버지를 잘 알고 계시지요. 언제나 단 한 가지 일에만 몰두하여 먼저 그 일을 성사시켜야 하고 그동안 다른 일은 모두 제쳐두는 그의 버릇 말입니다. 물론 그는 이 버릇 때문에 한 개인의 힘으로는 할 수 없는 많은 것을 이루었지요. 나의 여행은 그에게는 좀 뜻밖의 일이었지만 곧 마음을 고쳐먹었습니다. 그는 계획 중이었던, 아니 이미 착수했던 몇몇 건축일은 중단했습니다. 빈틈없는 재정가인 큰아버지는 저축한 돈에 손을 대지 않으려고 뭔가 다른 수단이 없을까 하고 찾아보았습니다. 가장 손쉬운 것은 아직 거두어들이지 못한 돈, 그중에서도 소작료의 미납분을 징수하는 일이었습니다. 어느 정도 자기에게 필요하지 않은 한 채무자에게 관대한 것 역시 그의 버릇이었기 때문이죠. 그는 집사에게 명세서를 주어 집행을 맡겼습니다. 우리는 세세한 일에 대해서는 아무것도 모르지만 단지 우연히 들은 바로는, 큰아버지가 오랫동안 참아주었던 한 소작인이 마침내 쫓겨났으며 그 사나이의 담보는 빚을 일부 보상하기 위해 몰수되고 토지는 다른 소작인에게 넘어갔다는 말이었습니다. 이 사나이는 경건주의의 전원정적파(田園靜寂派)*26였는데 다른 교인들과 마찬가지로 약삭빠르지도 부지런하지도 못했어요. 믿음이 깊고 착해서 사랑을 받았지만 가장으로서는 능력이 부족했기 때문에 비난을 받고 있었습니다. 아내가 죽은 뒤에 딸아이만 하나 남았는데, 밤색 아가씨라고 불렸습니다. 그녀는 건강하고 야무진 여자가 될 것이 분명했지만 아버지 일을 떠맡아 과감하게 처리하기에는 너무나 어렸습니다. 아무튼 이 사나이는 내리막길로만 치달아 큰아버지가 아무리 관대하게 봐주었다 해도 그의 몹쓸 운명을 막을 수는 없었을 겁니다.

나는 여행만을 생각하고 있었고 이를 위한 자금을 이것저것 생각하지 않을 수 없었습니다. 모든 준비가 다 되어 짐꾸리기와 발송이 시작되고 출발 시간이 다가왔습니다. 어느 날 저녁, 나는 정든 나무와 숲과 작별하려고 다시 한 번 정원 안을 거닐고 있었는데 갑자기 발레리네가 내 앞길을 가로막았습니다. 이것이 그녀의 이름이었습니다. '밤색 아가씨'란 다른 이름은 그녀의 얼굴색이 갈색이었기 때문에 붙여진 별명이었죠. 그녀가 내 앞길을 가로

---

*26 17세기에 생긴 신교의 일파인 경건파에 대한 일반적인 명칭이다.

막은 것입니다."

레나르도는 잠시 생각에 잠겼다가 말을 이었다. "내가, 왜 이러지?" 그는 중얼거렸다. "이름이 발레리네였던가? 그래, 역시 그랬어." 그는 말을 계속했다. "별명을 더 많이 불렀거든요. 아무튼 그 밤색 아가씨가 내가 가는 길을 막아서고는 자꾸만 부탁하는 거였습니다. 자기 아버지와 자기를 위해 큰아버지에게 잘 말해 달라고요. 나는 전후 사정을 알고 있었고, 이럴 때에 그녀를 위해 뭔가 해준다는 것은 아주 어려운 일이고 뿐만 아니라 불가능한 일이라는 것을 잘 알고 있었기 때문에 그녀에게 솔직하게 그렇게 이야기하고, 안된 일이지만 그녀의 아버지의 책임이 크다는 것을 확실하게 말해 주었습니다.

그러자 그녀는 아주 분명하게, 동시에 자식으로서 아버지를 생각하고 사랑하는 마음을 담아 대답했기 때문에 나는 완전히 그녀가 불쌍히 여겨져 내 마음대로 할 수 있는 일이라면 당장에라도 그녀의 소원을 들어주어 그녀를 행복하게 해주고 싶을 정도였습니다. 그렇지만 이건 큰아버지의 수입이었으며 그의 지시이고 명령이었죠. 그의 사고방식이나 지금까지 하시던 것으로 볼 때 희망은 전혀 없었습니다. 옛날부터 나는 약속을 아주 소중하게 여겨왔었습니다. 남에게서 무언가를 부탁받으면 나는 당황하게 됩니다. 그래서 거절하는 것이 버릇처럼 되어 지킬 수 있는 것까지도 약속하는 법이 없었습니다. 이 버릇이 이번에도 나타났습니다. 그녀가 말하는 이유는 아버지에 대한 애정에서 나온 것이고 내가 거절한 것은 의무와 분별에 기초를 두고 있어서 마지막에는 나의 주장이 스스로도 너무 가혹하다는 생각이 들었다는 것을 부정하지는 않습니다. 그녀와 나는 여러 번 같은 말을 되풀이했지만 서로 상대방을 이해시키지는 못했습니다. 그녀는 점점 더 궁지에 몰리자 한층 더 웅변조가 되어 피할 수 없는 몰락이 다가오는 것을 느끼고 눈물을 뚝뚝 떨어뜨렸습니다. 그녀가 침착한 태도를 완전히 잃어버린 것은 아니었지만 흥분하여 격한 어조로 말했는데, 내가 여전히 냉담함을 가장하고 있자 그녀는 마음에 품고 있는 생각 전부를 밖으로 내놓고 말았습니다. 나는 그 상황에서 그만 벗어나고 싶었는데 갑자기 그녀가 내 발밑에 엎드려 내 손을 잡고 거기에 키스하고는 너무나도 착하고 사랑스럽게 애원하듯 나를 쳐다보는 것이었습니다. 그 순간 나는 깨닫지 못했습니다. 그녀를 껴안아 일으키면서 서둘러 말했습니다. '할 수 있는 일은 다 해보겠어요. 안심해요.' 이렇게 말하고 나는 샛길로 접어들었는데 '할 수 없는 일까지도 해주세요' 하고 그녀는 뒤에서 외쳤습니다. 나는 그 뒤 무엇을 말하려고 했는지 이제는 기억을 못하지만 '해보지요' 하고만 말하고는 말문이 막혀버렸습니다. 그녀는 희망에 가득 찬 표정을 지으면서 즉시 '그렇게 해주세요' 하고 외쳤습니다. 나는 그녀에게 인사를 하고 급히 그곳을 떠났습니다.

나는 큰아버지에게 먼저 부탁드릴 생각은 없었습니다. 큰일을 계획하고 있을 때 세세한 일에 신경쓰시게 하면 안 된다는 것을 나는 너무나 잘 알고 있었기 때문이지요. 집사를 찾아봤더니 그는 말을 타고 나가 없었습니다. 저녁때가 되자 손님들이 오고 친구들이 작별인사를 하러 왔습니다. 그들은 밤 늦도록 카드놀이를 하고 음식을 먹고 다음 날까지 머물러 있었기 때문에 마음도 들떠 저 애절하게 부탁한 아가씨의 모습도 내 머리에서 사라져갈 지경이었습니다. 집사는 돌아왔지만 전에 없이 분주해서 모두들 그를 찾고 있었습니다. 그는 내 말을 들어줄 시간이 없었습니다. 그래도 나는 노력 끝에 그를 붙잡을 수 있었습니다. 그러나 내가 저 독실한 소작인의 이름을 입 밖에 내자마자 그는 험악한 기세로 내 말을 물리치는 것이었습니다. '당신이 출발 직전에 노여움을 사지 않으시려면 제발 큰아버지에게 이 사건만은 아무 말도 하지 말아주십시오.' 나의 출발 날짜는 정해져 있었습니다. 나는 편지도 써야 했고 손님도 접대하고 이웃도 방문해야 했습니다. 하인들은 지금까지처럼 내 시중을 잘 들어 주었지만 출발 준비를 도와주는 데는 별 쓸모가 없었습니다. 모든 일을 나 혼자 해야 했습니다. 그래도 집사가 마지막으로 돈 문제를 정확하게 해놓으려고 밤에 한 시간을 내주었을 때 나는 단단히 마음을 먹고 다시 한 번 발레리네의 아버지 일을 부탁해 보았습니다.

그가 말했습니다. '남작님, 어째서 그런 일을 생각하십니까? 그렇지 않아도 나는 오늘 주인어른과 좋지 않은 일이 있었습니다. 당신이 여행을 떠나는 데 필요한 경비가 생각한 것보다 훨씬 더 많이 드니까요. 그것도 지극히 당연한 것이기는 하지만 역시 어려운 문제입니다. 더욱이 주인어른은 일이 끝난 것 같은데 그것을 두고두고 질질 끌면 싫어하시지요. 그런데 그런 일이 가끔 있어서 그럴 때마다 아무 상관도 없는 우리가 뒤치다꺼리를 하게 됩니다. 체납된 빚을 거두는 일은 엄격히 처리해야 한다는 것이 그분의 원칙이고 또한 그 점에서는 철저하시지요. 그러니 그분의 마음을 움직여 양해를 구하는 것은 어려운 일입니다. 그런 일은 하지 말아주십시오. 부탁입니다. 전혀 소용없는 일이니까요.'

이 말을 듣고 부탁할 생각은 접었지만 완전히 단념한 것은 아니었습니다. 뭐니 뭐니 해도 집행하는 것은 집사에게 달려 있으니까 가능하면 일을 너그럽게 처리해 달라고 그에게 끈질기게 부탁했어요. 그런 인물들이 흔히 그러듯이 임시방편으로 그는 일단 일을 조용히 처리할 것을 약속했어요. 이것으로 그는 나에게서 해방되었지만 나는 절박감과 초조감이 더해 갈 뿐이었어요. 나는 마차에 몸을 싣고, 집에 있었더라면 관여했을 번거로운 일을 모두 등졌던 것이지요.

마음속에 남은 생생한 인상이라는 것은 어떤 상처와 같은 것으로, 우리는 상처를 입어도 처음에는 그것을 느끼지 못하지요. 나중에 가서야 비로소 쑤시고 곪기 시작합니다. 나에게는 저 정원에서 일어난 일이 바로 그런 것이었습니다. 혼자가 되어 아무것도 하지 않고 있을 때마다 애걸하던 아가씨의 모습이 그녀를 둘러싼 모든 광경과 함께 나무와 숲, 그녀가 무릎을 꿇은 장소, 그녀로부터 떨어지려고 내가 들어간 길과 함께 모든 것이 하나로 합쳐져 선명한 그림과도 같이 내 마음속에 떠오르는 것이었습니다. 그것은 지워질 수 없는 인상으로, 다른 영상이나 관심에 의해 흐려진다든지 덮어버릴 수는 있어도 지울 수는 없었습니다. 조용할 때면 그 인상이 언제나 여지없이 나타나 그것이 오래 계속되면 계속될수록 나는 나의 생활신조, 나의 습관과는 달리 등에 짊어진 죄의 아픔을 한층 더 강하게 느꼈습니다. 확실하게 약속한 것도 아니고, 처음으로 그런 처지에 빠져 당황하여 더듬거린 것뿐인데도.

나는 처음 한동안은 편지를 써서 집사에게 그 사건은 어떻게 되었는지 물었습니다. 그의 대답이 조금씩 늦어지더니 답변을 피하기 시작하다가 이어 말투가 모호해지더니 마지막에 가서는 완전히 잠잠해졌습니다. 집으로부터 점점 멀어질수록, 나와 고향 사이에 여러 일들이 끼어들게 되어 나는 많은 것을 관찰하고 많은 일에 관여하지 않을 수 없었습니다. 그 장면은 사라져갔고 그녀의 이름까지 잊어버리게 되어 그녀에 대한 추억이 떠오르는 일도 점점 드물어졌습니다. 게다가 글로 쓴 편지 대신 물건 같은 징표를 보내는 나의 변덕도 지난날 내가 처했던 상황을 거의 전부 지워버리게 하는 데에 상당히 큰 영향을 주었습니다. 다만 집 가까이에 온 지금에 와서야, 가족들이 이 때까지 나 없이 지내온 것에 대해 이자까지 쳐서 갚아야지 마음먹고 있는 지금에 와서야 이상한 후회가―나로서도 이상하다고 표현할 수밖에 없지만― 다시 무섭게 나를 덮치는 것입니다. 그 아가씨의 모습이 가족들의 모습과 함께 새로이 되살아나, 내가 밀어서 떨어뜨린 불행 속에서 그녀가 파멸되었다는 소식을 듣게 되지 않을까 하는 것이 무엇보다 무서운 것입니다. 왜냐하면 내가 일단 약속해 놓고도 그것을 실행에 옮기지 않은 것이 그녀를 파멸로 이끄는 하나의 행위인 것이며 그녀의 불행한 운명을 촉진시키는 것이기 때문이지요. 벌써 천 번이나 나는 자신에게 타일렀습니다. 이런 감정은 결국 하나의 약점에 지나지 않는다, 내가 일찍이 약속 같은 것은 절대로 하지 않겠다고 원칙을 세운 것은 어떤 고매한 감정에서 온 것이 아니라 단지 후회를 두려워했었기 때문이라고. 그런데 지금까지 내가 피해온 그 후회라는 감정이 이미 지나간 천 가지 기회를 대신하여 이번 기회를 잡고 나를 괴롭힘으로써 나에게 복수하려는 것만 같았습니다. 그런데도 그 모습, 나를 괴롭히는 그 장면은 참으로 기분 좋고 사랑스러운 것이어서 나는 언제나 그것을 마음속에 그리지 않을 수 없었지요. 그리고 그 일을 생각할 때면 그녀가 내 손에 한 키스가 나에게 지금도 알알이 뇌리에 새겨지는 것입니다."

레나르도는 입을 다물었다. 그래서 빌헬름은 재빨리 유쾌하게 대답했다. "그렇다면 이따금 추신에 그 편지의 가장 흥미로운 내용이 쓰여 있는 것처럼 나는 추가보고를 통해 당신에게 이를 데 없이 큰 봉사를 해드린 셈이군요. 사실 나는 발레리네에 관해서는 그저 지나가는 길에 들었을 뿐이기 때문에 별로 아는 것이 없지만요. 그러나 확실한 것은 그녀는 지금 어느 유복한 지주의 아내가 되어 만족스러운 생활을 하고 있다는 것입니다. 당신의 큰어머니가 헤어질 때 나에게 분명히 그렇게 말씀하셨습니다."

"정말 잘됐군요." 레나르도가 말했다. "이것으로 나를 속박하는 것이 모두 없어졌습니다. 당신이 내 죄의 소멸을 선고해 주었으니, 이제 그렇지 않아도 나를 기다리다 지쳐 있는 우리 가족에게 가십시다." 빌헬름이 대답했다. "유감스럽지만 나는 당신과 동행할 수가 없어요. 나는 특별한 의무를 지고 있어서 어디에서나 사흘 이상은 머물러서는 안 되고 같은 땅을 1년 이내에 두 번 밟아서는 안 됩니다. 이런 이상한 계율을 고수하는 이유를 더 자세히 말할 수 없는 점을 용서하십시오."

"유감스럽군요." 레나르도가 말했다. "이렇게 빨리 헤어져야 하다니요. 내 쪽에서 무언가 당신에게 도움이 되었으면 했는데 그것도 해드리지 못해 유감입니다. 그러나 모처럼 신세를 졌으니, 이왕이면 당신이 발레리네를 찾아가 그녀의 형편을 알아보고 나서 서면으로든 구두로든—만나는 제3의 장소는 곧 찾을 수 있을 겁니다만—내가 안심하도록 자세한 소식을 전해 주시면 참으로 기쁘겠습니다만."

이 제안에 대해 두 사람은 계속 의견을 나누었다. 발레리네의 거처는 빌헬름이 이미 알고 있었다. 그는 그녀를 방문할 것을 승낙했다. 제3의 장소도 결정이 되어, 레나르도 남작은 여인들이 있는 곳에 남아 있는 펠릭스를 데리고 그곳으로 오기로 했다.

레나르도와 빌헬름은 나란히 말을 타고 달리면서 여러 가지 대화를 나누며 아늑한 풀밭을 한동안 지나 차도에 아르러 남작의 마차가 있는 곳에 다다랐다. 마차는 주인을 태워 고향으로 돌아갈 계획이었기 때문에 두 친구는 거기서 헤어지려고 했다. 빌헬름은 짤막하지만 다정하게 이별을 고하고 다시 한 번 남작에게 얼마 안 있어 발레리네에 대한 소식을 전할 것을 약속했다.

레나르도가 대답했다. "곰곰이 생각해 보니 내가 당신과 동행하더라도 길을 좀 돌아서 가는 것뿐이니, 내가 직접 발레리네를 찾아가서 안 될 이유가 있겠습니까? 이 눈으로 그녀의 행복한 모습을 확인한다는 것이 뭐가 나쁜가요? 당신은 친절하게도 심부름을 떠맡겠다고 말씀해 주셨는데 그런 당신이 내가 동행하는 것을 싫어할 리가 있겠습니까? 법률 문제를 잘 처리할 줄 모르는 경우 법적인 보호자가 필요한 것처럼 나는 동행자가 필요합니다. 도덕상의 원조자 말이지요."

빌헬름은 오랫동안 떠나 있던 그를 집에서 기다리고 있으며, 마차만 돌아가면 이상하게 생각할 것이라는 등 이것저것 설득해 보았지만 레나르도의 마음을 돌릴 수는 없었다. 결국 그는 동행을 승낙했다. 그러나 앞으로의 일이 걱정이 되어 기분이 좋지 않았다. 이리하여 하인들에게는 집에 돌아가서 할 말을 알려주고는 두 친구는 발레리네의 거처로 향하는 길에 들어섰다. 이 지역은 기름져 있었고 농업의 본거지인 것 같았다. 발레리네 남편의 소유지도 이를 데 없이 잘, 그리고 정성들여 경작되어 있었다. 레나르도는 그와 나란히 말을 달리면서 한 마디의 말도 없었기 때문에 빌헬름은 토지 상태를 세밀하게 관찰할 여유가 있었다. 드디어 레나르도가 입을 열었다. "다른 사람이 내 처지라면 아마 남몰래 발레리네에게 다가가려고 하겠지요. 자기가 상처를 준 여성의 눈앞에 모습을 나타내는 것은 역시 고통스러운 일입니다. 그러나 나는 스스로 그 심정을 감수하는 겁니다. 처음 나를 본 그녀의 눈은 나에게 비난을 퍼붓겠지만 나는 그것을 꾹 참는 거지요. 다른 사람을 가장하고 거짓말을 하고 그것을 피하려고 하느니보다 오히려 그쪽이 낫습니다. 허위는 진실과 마찬가지로 우리를 궁지로 몰아넣는 거지요. 그리고 진실과 허위 어느 쪽이 우리에게 도움이 되는지 저울질을 해보면 단호하게 진실 쪽에 몸을 맡기는 것이 어떠한 경우에라도 애쓴 보람이 있는 것입니다. 그러니 안심하고 말을 달립시다. 나는 내가 누구라는 것을 확실하게 말하고 당신을 나의 친구 겸 동행자라고 소개하겠습니다."

이제 그들은 큰 농가에 도착하여 그 구역 안에 들어가 말에서 내렸다. 소작인으로 보아도 좋을 만큼 검소한 옷차림을 한 어떤 마음씨 좋은 사나이가 두 사람을 맞이하고는 자기가 이 집의 주인이라고 했다. 레나르도가 자기 이름을 대자 주인은 그를 만나 서로 알게 된 것을 상당히 기뻐하는 것처럼 보였다. "집사람은 무어라고 말할까요!" 그는 외쳤다. "집사람이 은인의 조카님을 다시 만나면 말입니다! 내 아내는 자기와 아버지가 당신의 큰아버님에게 얼마나 큰 은혜를 입고 있는지를 도저히 말로는 표현 못할 지경입니다."

순간 얼마나 이상한 생각들이 레나르도의 마음속에 교차했겠는가. '이 사나이는 자못 성실하게 보이지만 사실은 친절한 듯한 얼굴과 매끄럽지 않은 말 뒤에 괴로운 생각을 감추고 있는 것이 아닐까? 저렇게도 상냥한 외모에 갖가지 비난을 나타낼 수 있는 것일까? 왜냐하면 큰아버지가 이 가족을 불행하게 만든 것이 아니었던가? 그것을 이 사나이는 모르고 있는 것일까? 아니면' 하고 그는 얼른 희망을 품고 생각했다.

'그 사건은 내가 생각하는 것처럼 악화되지 않은 건지도 몰라. 어쨌든 확실한 소식은 한 번도 받아본 일이 없으니까 말이야.' 이런 추측이 엇갈려서 뒤엉키고 있는 사이에, 주인은 이웃으로 나들이 간 아내를 불러들일 마차를 준비시켰다.

"집사람이 돌아올 때까지 내 나름대로 접대를 하면서 하던 일을 계속하도록 허락하신다면, 잠깐 함께 밭으로 나가 내가 농장을 어떤 식으로 운영하고 있는지 보시지 않겠습니까? 당신은 대지주이기 때문에 경작에 필요한 귀중한 지식, 귀중한 기술에 무엇보다도 관심이 있을 테니까요." 레나르도는 별로 반대하지 않았고 빌헬름은 지식을 얻게 되어 기뻐했다. 이 농부는 울타리 없이 경작하고 있는 자기 소유의 토지를 완전히 파악하고 있었다. 그가 실행한 것은 그 목적에 알맞은 것이었다. 그가 씨 뿌리고 심은 것은 알맞은 자리를 차지하고 있었고, 경작 방법과 그 이유를 아주 명확하게 설명해 주었기 때문에 쉽게 이해되었으며, 그와 똑같이 해낼 수 있을 것 같은 생각이 들었다. 이것은 즉 어떤 일이건 손쉽게 해치우는 대가를 볼 때 흔히 사람들이 빠지기 쉬운 망상인 것이다.

손님들은 매우 만족스러웠으며 그저 진심으로 칭찬과 찬의를 표시하는 것밖에 달리 할 말이 없었다. 주인은 그것을 고마워하고 기분 좋게 받아들이며 말했다. "그런데 이번에는 약점을 보여드려야겠어요. 물론 약점이란 것은 한 가지 일에 전념하는 사람이라면 누구에게서나 볼 수 있는 것이지만 말이죠." 그는 두 사람을 농기구장으로 안내하고는 그가 사용하는 농기구와 예비품, 갖추고 있는 모든 종류의 도구와 그 부속품을 보여주었다. "나는 곧잘 비난을 받고 있지요." 그는 말했다. "이것은 너무 지나치다고 합니다. 그러나 그렇다고 해서 나는 나 자신을 책망할 수는 없어요. 일 그 자체를 동시에 놀이처럼 즐기면서 할 수 있는 사람, 환경이 의무로서 요구하는 것을 놀이로서 즐길 수 있는 사람은 행복합니다."

두 사람의 이방인은 마음 내키는 대로 여러 질문을 하고 가르침을 받았다. 특히 빌헬름은 이 사나이가 즐겨 말하고자 하는 일반적 의견에 기꺼이 맞장구치는 것을 게을리하지 않았다. 한편 레나르도는 오히려 생각에 잠겨, 이런 상황이면 발레리네의 행복은 틀림이 없을 것이라 생각했고 그 행복을 남몰래 나누어가지는 기분이었다. 물론 자기로서도 설명할 수 없는 희미한 불안감을 동반하고 있기는 했지만 말이다.

지주의 부인이 탄 마차가 도착했을 때 세 사람은 벌써 집 안으로 돌아와 있었다. 모두는 바삐 그녀를 맞이했다. 그러나 그녀가 마차에서 내리는 것을 보았을 때 레나르도는 얼마나 놀라 질겁했던가. 그녀는 밤색 아가씨가 아니었다. 그뿐 아니라 전혀 딴사람이었다. 아름답고 날씬한 모습은 마찬가지였지만 금발이었다. 금발 미인의 모든 장점을 빠짐없이 갖춘 금발이었다.

　이 아름다움, 이 우아함에 레나르도는 몹시 놀랐다. 그의 눈이 찾고 있었던 사람은 밤색 아가씨였다. 그러나 지금 그와 마주앉아 빛나고 있는 사람은 전혀 다른 여자였다. 이 표정도 그는 기억하고 있었다. 그녀의 말투와 거동에서 그는 얼마 뒤 확실하게 기억해 냈다. 그녀는 큰아버지 집에서 대단히 존경을 받고 있던 영주재판소장의 딸이었다. 그랬기에 큰아버지도 그녀의 혼수를 많이 장만해 주었고 이 새로운 한 쌍에게 원조를 아끼지 않았던 것이다. 이런 모든 일, 그리고 그 밖의 것들은 젊은 부인이 처음 인사에 곁들여 유쾌한 기분으로 말했던 것이다. 거기에는 뜻하지 않은 재회에서 자연적으로 드러나는 기쁨이 담겨져 있었다. 서로 자기를 알아볼 수 있느냐고 물어보면서 이만한 나이가 되면 아주 눈에 띄게 나타나는 얼굴의 변화에 대한 이야기도 나누었다. 이 발레리네는 언제 보아도 상냥한 여자였지만 흥겨운 나머지 도를 지나쳐 평소의 새침데기 상태에서 벗어나면 한결 더 사랑스러웠다. 모두 말이 많았고 푸짐하게 떠들었기 때문에 레나르도는 마음을 가다듬어 난감한 심정을 감출 수가 있었다. 빌헬름은 친구가 사람을 착각했다고 재빨리 눈짓을 했기 때문에 이 처지를 도와주려고 할 수 있는 일을 다 했다. 게다가 이 여자는 남작이 자기 가족을 만나기 전에 자기를 생각하여 들러준 것에 조금 우쭐해져서, 여기에는 무언가 다른 의도가, 그렇지 않으면 무언가 착오가 있는 것이 아닌가 하는 의심은 조금도 가지지 않았다.

　두 친구는 자기들만의 비밀 이야기를 하고 싶어 몸이 근질근질했지만 모두들 밤늦게까지 자리를 함께 해서 그럴 수가 없었다. 마침내 객실에 단둘이 남게 되자 곧 이야기를 시작했다.

　레나르도가 말했다. "나는 어쩐지 괴로움에서 벗어나지 못할 운명인 것 같습니다. 불행하게도 이름을 착각한 것이 이렇게 괴로움을 더해 주는군요. 이 금발 미녀가 도저히 미녀라고 할 수 없는 밤색 아가씨하고 함께 놀고 있는 것을 나는 자주 보았고, 나는 나이가 훨씬 위였지만 이들과 함께 들과 정원을 뛰놀며 다녔습니다. 그렇다고 해서 두 사람이 나에게 특별한 인상을 준 것은 아닙니다. 다만 한쪽 이름만을 기억하고 그것을 다른 한쪽 이름으로 생각했던 것입니다. 지금 나는 나하고는 아무런 상관이 없는 아가씨가 그녀 나름으로 무척 행복한 것을 보고 있지만 한편으로 걱정이 되는 또 다른 여자는 이 세상에 버려져 어디에 가 있는지 그 행방조차 모르고 있습니다."

다음 날 아침 두 친구는 부지런한 농사꾼들보다도 더 빨리 일어났다. 손님을 만나는 기쁨으로 발레리네도 일찌감치 눈을 떴다. 손님들이 어떤 기분으로 아침 식사에 나왔는지 그녀는 전혀 알 도리가 없었다. 밤색 아가씨에 관한 소식을 몰라서 레나르도가 괴로운 심정이라는 것을 잘 알고 있는 빌헬름은 화제를 지난 시절, 놀이 친구, 그가 잘 알고 있는 지방, 다른 추억거리 쪽으로 돌려갔다. 이로 말미암아 발레리네도 아주 자연스럽게 밤색 아가씨에 대해 말을 해 그 이름을 대게 되었다.

레나르도는 나호디네라는 이름을 듣게 되었다. 그 순간 그는 그 이름을 기억해 냈다. 그러나 그 이름과 함께 그처럼 애원하던 아가씨의 모습이 확실하게 되살아나 발레리네가 동정어린 말로 독실한 소작인의 재산이 차압당한 일, 그의 단념, 그리고 그가 작은 보따리를 든 딸에 기대어 떠나간 모습을 말했을 때 그다음 이야기를 듣는다는 것은 도저히 견디어낼 수 없을 지경이었다. 레나르도는 지금 당장이라도 무너질 기분이었지만 다행인지 불행인지 발레리네가 꽤 자세하게 말해 주었기 때문에 그의 동행자의 도움으로 어느 정도 마음의 안정을 보일 수 있었다.

주인 부부는 곧 다시 방문해 주기를 인사치레가 아닌 진심으로 말했지만 두 손님은 건성으로 수락하고 작별을 고했다. 그리고 자기에게 무언가 좋은 일이 있을 것이라 자부하는 인간에게는 무슨 일이든 행복이 될 수 있는 것처럼 발레리네는 레나르도의 침묵과 작별할 때의 눈에 띄게 당황하는 태도 그리고 갑작스러운 출발 등을 자기에게 유리하게 해석했다. 그래서 착한 농부의 충실하고 애정이 가득한 아내임에 틀림없지만 다시 싹튼, 아니 자기 생각에 새롭게 싹튼 것으로 보이는 옛날 지주의 관심에 어느 정도 들뜬 기분을 억누를 수가 없었다.

이런 이상한 일이 있은 뒤 레나르도는 말했다. "아름다운 희망을 품고 있었지만 항구 근방에까지 와서 난파를 한 셈인데, 이 일은 일단 이쯤에서 단념하고, 앞일은 잘 모르겠지만 지금으로서는 안심하고 가족한테로 돌아갈 수 있는 것은 하늘이 당신과 같은 사람을 나에게 보내준 덕분입니다. 당신의 독특한 사명에 여행의 목적지나 목적은 상관없지요? 나호디네를 방문하여 그 소식을 나에게 전해 주세요. 그녀가 행복하면 나는 만족합니다. 그녀가 불행하면 내 돈으로 그녀를 도와주십시오. 거절하지 말고 일을 처리해 주세요. 돈을 아낀다든지 나 때문에 염려를 한다든지 하지는 말아주십시오.”

빌헬름은 미소지으며 말했다. “그렇지만 이 세상 어디로 발을 옮겨야 합니까? 당신에게 그런 예감이 없으면 내가 어떻게 움직이겠습니까?”

“내 말을 들어보세요.” 레나르도가 대답했다. “어젯밤 내가 절망한 나머지 가만있지 못하고 여기저기 걸어다니는 것을 보았지요? 나는 흥분하여 머릿속도 마음속도 완전히 뒤죽박죽되어 있었는데 그때 다정한 어떤 노인이 머리에 떠올랐습니다. 훌륭한 사람인데, 별로 나에게 훈계를 하지 않으면서도 나의 소년시절에 큰 감화를 준 사람입니다. 이분은 진귀한 미술품과 골동품 때문에 이상하리만큼 집에 얽매여 있어서 집을 떠나는 것도 잠시뿐이었는데, 그런 처지가 아니었더라면 나는 그분에게 여행의 일부분만이라도 꼭 동행하고자 청했을 겁니다. 내가 알고 있기로 이분은 이 세상에서 무언가 어떤 고귀한 끈으로 이어져 있는 모든 일에 폭넓은 지식을 가지고 있습니다. 어서 그분한테 가서 내가 말한 대로 전해 주십시오. 그의 섬세한 감각으로 그녀를 찾아낼 장소나 지방을 암시해 주실 겁니다. 내가 이렇게 딱한 상황에 놓이고 보니 그 아가씨의 아버지가 독실한 경건과 신도였던 것이 생각났습니다. 그래서 이 순간 나도 아주 경건한 마음이 되어 도덕적 세계질서를 향해 이렇게 기도하고 싶습니다. 나를 위해 여기 다시 한 번 모습을 나타내시어 기적적인 은총을 베풀어주십사 하고요.”

빌헬름이 대답했다. “그건 좋다고 하더라도 또 한 가지 어려운 문제가 있습니다. 나는 펠릭스를 어디로 데려가야 합니까? 이처럼 확실치 않은 길을 함께 데리고 다니고 싶지도 않거니와, 그렇다고 해서 그 애를 떼어두고 싶지도 않습니다. 내 생각으로는 아들은 아버지의 눈이 닿는 곳에 있을 때 가장 잘 성장해 가는 것이니까요.”

“그렇지 않습니다.” 레나르도가 대답했다. “그것은 아버지의 눈 먼 사랑에서 오는 잘못된 생각입니다. 아버지란 아들에 대하여 어떤 전제적 관계를 가지고 있어서 자식의 장점은 인정하지 않고 그 결점을 기뻐하는 법입니다. 그래서 옛날 사람들도 이미 말했습니다. ‘영웅의 자식은 아무 데도 쓸모없다’고요. 그리고 나도 세상을 널리 돌아다니면서 정말로 그렇다는 것을 뼈저리게 느꼈습니다. 아까 말한 노인한테 지금 곧 편지를 써서 당신에게 드리겠지만 다행히 그는 그런 점에 관해서도 가장 좋은 지식을 제공해 줄 것입니다. 몇 년 전 그를 마지막으로 만났을 때 어떤 교육 단체*²⁷에 대해 참으로 많은 것을 이야기해 주었는데 나에게는 그것이 하나의 유토피아로밖엔 생각되지 않았습니다. 현실의 모습을 띤 일련의 이념, 사상, 제안, 계획이 제시되어 그것들은 물론 서로 연관되어 있지만 일상적인 사물의 운영 과정에서는 합쳐지기가 어려운 것으로 보였습니다. 그러나 나는 그라는 인물을 잘 알고 있고 그는 현실의 모습을 통해 가능한 것과 불가능한 것을 실현시키는 것을 좋아하기 때문에 나로서는 그냥 내버려 두었는데, 그것이 지금 우리에게 도움이 되는 거지요. 틀림없이 그는 당신이 안심하고 아들을 맡겨 현명한 지도 아래 최고의 성과를 기대할 수 있는 그런 장소와 그곳 사정을 당신에게 정확히 가르쳐 줄 것입니다."

이렇게 서로 이야기를 하면서 말을 몰고 가는데 어떤 품위 있는 별장이 그들의 시야에 들어왔다. 근엄하지만 친밀감이 느껴지는 양식의 건물로, 앞뜰은 확 트여 있고 고상한 넓은 주변에도 나무들이 무성하게 심어져 있었다. 문과 창은 굳게 닫혀 있어 적막하기만 한데, 손질이 구석구석까지 잘되어 있음을 알 수 있었다. 입구에서 무슨 일인가를 하고 있던 초로의 사나이에게 물으니, 이것은 어느 젊은이가 상속 받은 것으로 얼마 전에 죽은 아버지에게서 물려받았다고 했다.

두 사람은 더 물어본 뒤에 다음과 같은 사실을 알아냈다. 여기는 유감스럽게도 모든 것이 너무나 잘 정돈되어 있어서 젊은 상속자는 아무것도 할 일이 없었고, 기왕에 있는 것을 누리는 것은 그의 성격에 맞지 않았다. 그래서 산 근처에 있는 어느 장소를 택해 자기와 친구들을 위해 이끼를 얹은 별채를 세워 사냥꾼용 은둔지를 만들려고 하고 있다. 말하는 사람 자신에 관해 말하자면 그는 전주인 시절부터 일하던 집사로, 어느 땐가 손자가 나타나 할아버지의 취미와 재산을 남겨놓은 대로 물려받게 될 때까지 집이 상하지 않도록 그것을 보존하는 데에 무엇보다 세심한 주의를 기울이고 있다는 것이다.

두 사람은 한동안 말없이 길을 가다가 레나르도가 입을 열어 자기 생각을 말했다. 처음부터 시작하려고 하는 것이 원래 인간의 타고난 성질이라고. 이

---

*27 '교육주'에 대해 처음으로 시사하는 말이다.

에 대해 친구는 대답하기를, 그것은 얼마든지 설명할 수 있고 변명할 수도 있다, 엄밀히 말해 누구나 처음부터 시작하기 때문이라고 말했다. 그가 말했다. "그렇지만 어떤 사람이라도 조상을 괴롭혀왔던 고민에서 벗어날 수는 없습니다. 그러니 조상이 누리던 기쁨이라면 한 가지라도 잃고 싶어하지 않는다 해서 그 사람을 나쁘게 생각할 수 있을까요?"

레나르도는 대답했다. "당신 말에 힘을 얻어 고백한다면, 나는 원래 내가 만든 것이 아니면 어느 것이고 힘을 쏟을 기분이 나지 않습니다. 하인 하나라도 내가 어렸을 때부터 좋아했던 사람이 아니고는 전혀 마음에 들지 않았고, 말까지도 나 자신이 평소에 타서 길들인 것이 아니면 싫어합니다. 그런 성향의 결과로 나는 어쩔 수 없이 갖가지 원시상태에 무척 마음이 끌립니다. 문화 수준이 높은 나라나 민족들 사이를 많이 여행했지만 그래도 이 감정만은 약해지지 않았어요. 저의 상상력은 바다 저쪽에서 즐거움을 구하지요. 그 새로운 땅에는 그때까지 내버려두었던 우리집 소유지가 있는데, 거기에 가면 내가 마음속에 남몰래 품어왔던 계획이 나의 희망대로 점점 열매를 맺고 있어 그것이 마지막에는 실현되어지리라 기대하고 있습니다."

"거기에 대해 나는 아무런 이론이 없습니다." 빌헬름이 대답했다. "새로운 것, 막연한 것에 끌리는 그런 생각에는 뭔가 어떤 독자적인 것, 위대한 것이 있습니다. 다만 염두에 두기를 바라는 것은, 그런 계획은 공동으로 추진해야 좋은 결과를 가져올 수 있다는 것이지요. 당신이 그곳으로 건너가면 거기에서 가족 소유의 땅을 찾게 되겠죠. 내 동지들이 꼭 같은 계획을 품고 거기에 벌써 이주하고 있습니다. 사려 깊고 현명하며 역량 있는 이 사람들과 당신이 힘을 합치면 그로 인해 쌍방 모두 일도 쉬워지고 확장될 겁니다."

이런 말을 주고받는 사이에 두 친구는 드디어 헤어져야 할 장소에 이르렀다. 두 사람은 편지를 쓰려고 앉았다. 레나르도는 앞서 말한 좀 독특한 노인에게 친구를 소개하고, 빌헬름은 그가 새로이 알게 된 인생의 동료를 동지들에게 언급하여 그것이 자연히 소개장이 되었다. 빌헬름은 편지 끄트머리에 그가 야르노와 논의했던 일을 전하면서, 자기에게 영원한 유대인이라는 낙인을 찍은 부당한 결사의 조건*28으로부터 가능한 한 빨리 해방되고 싶은 이

---

*28 계속 떠돌아 다녀야만 한다는 결사의 계율.

유를 다시 한 번 설명했다.

이 편지를 교환할 때 빌헬름은 친구에게 신중하게 처신하도록 다시 한 번 잘 말해 두어야겠다는 생각을 억누를 수 없었다.

그가 말했다. "나는 말이죠, 당신처럼 착한 사람을 마음의 불안으로부터 벗어나게 하고, 동시에 만약 당신이 찾는 사람이 처참한 상황에 있다면 거기서 그녀를 구해 내는 것을 내 처지에서 매우 바람직한 임무라고 생각합니다. 이런 목표는 항해할 때 목표로 삼는 별과 같은 것입니다. 도중에 무슨 일이 일어나 무슨 일을 당할지 모르면서도 나아가는 것이지요. 그러면서도 나는 당신이 어쨌든 여전히 위험에 직면해 있다는 것을 부정할 수 없습니다. 당신이 약속을 피하는 사람이 아니라면, 당신에게 그토록 소중한 그 여성을 다시는 직접 만나지 않겠다고 내게 약속해 주세요. 그리고 그녀가 실제로 잘 지낸다는 것을 내가 알려주면, 그녀가 진짜 행복하든 행복하도록 도와줘야 하든 간에 그것으로 만족하겠다는 약속이 꼭 필요합니다. 그러나 나는 당신에게 그와 같은 약속을 받을 힘도 없고 그럴 작정도 아닙니다. 그렇기 때문에 당신에게 중요하고 신성한 모든 것을 걸고 당신 자신을 위해, 가족을 위해, 새로운 친구가 된 나를 위해 어떠한 핑계로라도 저 행방불명이 된 여성에게는 절대로 접근하지 말 것을 부탁드립니다. 내가 그녀를 찾은 장소라든지 그녀를 두고 떠나는 고장에 대해 자세히 설명하는 것이나, 아니 입 밖에 내는 것조차도 나에게 요구하지 말아주십시오. 그녀는 행복하게 지내고 있다고 내가 말하면 그 말을 그대로 믿는 것입니다. 그렇게 하면 당신은 해방이 되고 마음도 편해지죠."

레나르도는 미소를 지으면서 대답했다. "당신이 그처럼 나를 위해 힘써주신다면 그것으로 나는 감사할 뿐입니다. 당신이 무엇을 하고 또 어떤 일을 할 수 있는지는 모두 당신에게 맡기겠습니다. 그리고 나의 일은 시간과 판단력, 그리고 가능한지 어떤지는 모르겠지만 분별력에 맡겨주십시오."

"실례했습니다." 빌헬름은 대답했다. "그렇지만 애정이라는 것이 얼마나 뜻하지 않은 형태로 우리에게 스며들어오는 것인가를 알고 있는 사람으로서, 상황이나 형편으로 볼 때 반드시 불행과 혼란을 불러올 그런 일을 친구가 원하는 것이 아닌가 생각하면, 걱정하지 않을 수가 없습니다."

레나르도가 말했다. "내가 희망하는 것은, 그 아가씨가 행복하다는 소식을 듣고 그녀에게서 해방되는 것입니다." 두 친구는 헤어졌다. 그리고 저마다 자기 갈 길을 향해서 떠났다.

제12장

쾌적한 길을 한동안 지나가는 사이 빌헬름은 편지에 적혀 있는 도시에 도착했다. 도시는 밝고 도시계획도 잘되어 있었다. 그러나 이 새로운 외관은 이 도시에 얼마 전 큰불이 났었다는 사실을 너무나도 생생하게 증명해 주고 있었다. 편지 주소를 더듬어가자 드디어 화재를 모면한 도시 변두리 한 모퉁이에 있는 어느 집에 이르렀다. 오래되고 장중한 건물이었지만 보존이 잘된, 외관이 깨끗한 집이었다. 독특하게 짜 맞추어진 반투명 창유리는 안에서 보면 보기 좋은 찬란한 색채일 것으로 생각되었는데, 아니나 다를까 내부는 그와 마찬가지로 외관과 잘 어울렸다. 깨끗한 방마다 이미 여러 세대에 걸쳐 사용되어 온 것 같은 도구가 보였고, 이것들에 섞여 듬성듬성 새로운 것도 있었다. 집주인은 비슷하게 장식된 한 방에서 그를 따뜻하게 맞아주었다. 그곳에 있는 시계들은 이때까지 많은 탄생과 죽음의 시간을 알려왔을 것이다. 그리고 주위에 있는 물건들은 과거 또한 현재로 옮겨 놓일 수 있음을 상기시켰다.

방문객이 편지를 내밀자, 주인은 그것을 뜯지도 않은 채 옆에 놓고는 가벼운 대화를 나누면서 손님과 빨리 가까워지려고 했다. 두 사람은 얼마 안 있어 마음을 털어놓았고 빌헬름이 평소 습관과는 달리 방 안을 유심히 둘러보았을 때 인자한 노인은 말했다. "이곳에 흥미를 느끼시는군요. 여기서는 물건이 얼마나 오래 존재할 수 있는지를 보시는 겁니다. 이 세상의 변천이 너무나 빠르기 때문에 그것에 맞서기 위해 이런 것도 보아둘 가치가 있는 겁니다. 이 홍차 주전자는 이미 나의 부모님이 사용하던 것으로, 저녁 가족 모임의 증인입니다. 구리로 된 난로 덮개는 이 낡고 큼직한 불집게가 일으키는 화기로부터 지금도 우리를 보호해 주고 있어요. 모든 것이 다 이런 식이지요. 나는 그토록 많은 인간으로부터 시간과 정력을 빼앗아가는 이런 외적인 요구의 변화에 전혀 신경을 쓰지 않기 때문에 상당히 많은 다른 일에 관심을 쏟고 그것들을 다룰 수가 있었어요. 자기가 소유하고 있는 것에 대한 애정어린 관심은 인간의 마음을 풍요롭게 하지요. 그것은 인간이 아무래도 좋은 그런 것에 관심을 기울임으로써 추억의 보물을 쌓아올려가는 것이기 때문입니다. 내가 아는 한 젊은이는 사랑하는 아가씨와 헤어질 때 핀 하나를 슬쩍 훔쳐 윗옷 가슴 장식으로 날마다 달아, 여러 해에 걸친 긴 항해에서도 소중히 보배처럼 지니고 다니다가 다시 가지고 돌아왔다 하더군요. 우리 같은 보통 사람들에게는 이런 것이 하나의 미덕으로 간주될 수 있는 것이지요."

빌헬름이 대답했다. "그러나 멀고 긴 여행에서 뽑아버리고 싶은 가시를 가슴에 품고 돌아오는 사람들도 적지 않을 겁니다." 노인은 그러는 동안 편지를 펴서 다 읽었는데 레나르도의 사정에 대해서는 아무것도 모르는 모양이었다. 그가 아까의 주제로 화제를 돌렸기 때문이다. "소유물에 대한 애착은 많은 경우 우리에게 대단한 힘을 부여합니다. 우리집이 재난을 면한 것도 그 애착 덕분입니다. 도시가 불에 탈 때 모두들 내 집으로 와서 가재도구를 들어내어 구하려고 하였어요. 그러나 나는 그것을 못하게 막고 창과 문을 모두 닫도록 명령하고는 많은 이웃들과 함께 불길에 맞섰답니다. 우리가 노력한 보람이 있어 이 도시의 한구석을 무사히 지켜낼 수가 있었습니다. 다음 날 아침 우리집의 모든 것은 당신이 지금 보시는 바 그대로, 거의 백 년 전부터 있어온 모습 그대로 놓여 있었습니다." 빌헬름이 말했다. "그러면서도 당신은 나한테 말씀하시려는 거죠? 인간은 시간이 가져오는 변화에 거역할 수 없다고 말입니다." "물론이지요." 노인이 말했다. "그러나 그러한 변화에 오래 버티며 자기 자신을 잃지 않는 인간은 역시 제구실을 다 하고 있는 거지요.

그뿐만 아니라 우리는 우리 자신의 생존을 훨씬 넘어서까지 유지하고 확보할 수 있습니다. 우리는 소유하고 있는 재산과 마찬가지로 지식을 후세에 전하고 사고방식을 다른 사람에게 물려줍니다. 그리고 나로서는 지금 소유하고 있는 재산이 문제이기 때문에 오래전부터 유달리 조심을 하여 완전히 독자적인 예비책을 강구해 왔습니다. 물론 뒤늦게야 내 소망이 이루어졌지만 말입니다.

흔히 자식은 아버지가 모은 것을 흩뜨려놓고 다른 것을 수집하거나 다른 방법으로 작업하곤 합니다. 그러나 우리가 손자를, 즉 새로운 세대를 꼭 참고 기다리고 있노라면 같은 경향, 같은 사고방식이 다시 나타나지요. 마침내 나도 우리 교육자 친구들의 배려 덕분에 유능한 청년 한 사람을 만났는데, 그는 어쩌면 우리보다 훨씬 더 옛날부터 내려오는 재산을 소중히 여기며 진기한 물건들에 심한 애착을 느끼고 있는지 모릅니다. 그는 우리집으로 불길이 번지는 것을 막기 위해 맹렬한 노력을 기울였습니다. 그로 인해 나의 결정적인 신임을 얻게 되었죠. 그는 두 배 세 배로 내 집의 보물을 넘겨받을 만한 자격이 있는 사람이기 때문에 나는 모든 소유권을 그에게 양도하려고 생각하고 있습니다. 아니 이미 넘겨준 것이나 다름없어요. 그 뒤로 우리 집의 수집품은 놀랄 만큼 계속 불어나고 있습니다.

물론 당신이 보고 계시는 것 모두가 우리 소유는 아닙니다. 말하자면 당신이 평소 전당포에서 다른 사람들이 맡긴 보석을 많이 보는 것처럼 우리집에도 사정은 가지가지이지만 여기서 보관하는 것이 안전하다고 하면서 맡긴 다른 사람의 귀중품도 있습니다." 빌헬름은 그 아름다운 작은 상자 생각이 났다. 그는 그렇지 않아도 여행길에는 그것을 가지고 다니고 싶지 않았기 때문에 노인에게 그것을 보여주었다. 노인은 그것을 유심히 들여다보다가 그것의 제작 연대를 가르쳐 주면서 이와 비슷한 것을 꺼내 보여주었다. 빌헬름은 작은 상자를 열어봐도 괜찮을지 물었으나 노인의 의견은 그와 달랐다. "열어보아도 별로 해롭지는 않을 겁니다. 하지만 당신은 그것을 정말이지 이상한 우연으로 손에 넣었으니 그것으로 당신의 행운을 시험해 보시지요. 당신이 행운의 별자리를 타고났다면, 그리고 이 작은 상자에 중요한 의미가 있는 것이라면 어떤 기회에, 아니면 전혀 뜻하지 않은 때에 이 상자를 열 열쇠를 발견하게 될 것입니다." "그렇군요, 그런 일도 있겠군요." 빌헬름이 대답했다. "나 자신도 몇 번 그런 경험이 있었습니다." 노인이 대답했다. "당신 눈앞에 있는 이것이 가장 주목할 만한 예입니다. 이 상아로 된 십자가상인데요, 이 가운데에 같은 재료로 된 머리와 발이 달린 동체를 30년 전부터 가지고 있었습니다. 이것은 다른 훌륭한 세공품들과 마찬가지로 값비싼 상자 속에 넣어 보존해 왔습니다. 그런데 대략 10년 전에 나는 이것에 붙어 있었던 명문이 새겨진 십자가를 구하게 되었습니다. 그래서 나는 그 시대의 가장 우수한 조각가에게 부탁하여 팔을 달고 싶은 유혹에 빠졌습니다. 하지만 팔을 달아보니 그의 능력은 옛 조각가에 비할 때 정말 뒤처지는 것이었어요. 예술가적 열성을 찬미하기보다는 단순히 신앙의 대상으로서 바라보는 작품이 되어버렸던 것입니다.

이제 나의 기쁨을 상상해 보십시오. 얼마 전에 나는 처음부터 달려 있었던 진짜 팔을 구하게 되었습니다. 그것이 얼마나 훌륭한 조화를 이루며 여기에 달려 있는지를 당신은 보고 계십니다. 나는 이처럼 축복 받은 뜻밖의 만남에 가슴이 울렁거려 기독교의 운명이라는 것을 이것에 의해 인정하고 싶은 심정을 억제할 수 없습니다. 기독교는 사실 이따금 흩어지지만, 결국은 되풀이하여 다시 십자가로 모여드는 것입니다.”

빌헬름은 그 십자가상과 절묘한 섭리에 감탄했다. “당신의 충고에 따르겠습니다.” 그는 덧붙였다. “열쇠가 나타날 때까지 상자는 닫힌 채 그대로 두겠습니다. 설령 나의 일생이 끝날 때까지 그냥 두게 되더라도 말입니다.”
“오래 살다 보면 많은 것들이 모이고 또 흩어지는 것을 보게 되지요.”

바로 그때 재산을 상속받을 청년이 들어왔기에, 빌헬름은 상자를 그들에게 맡기겠다는 뜻을 밝혔다. 그러자 그는 큰 장부를 가져와서 위탁품을 기록했다. 여러 절차가 진행되고 조건들이 정해진 뒤에 영수증이 발급되었다. 거기에는 이 증서를 제시하는 사람에게 물품을 인도한다고 되어 있지만, 보관자와 수령자 사이에서 합의를 본 부호가 일치할 때에만 넘겨주기로 되어 있었다.

이런 모든 일이 끝나고 나서야 편지 내용에 대해 의논하게 되었다. 먼저 착한 펠릭스가 있을 곳이 논의되었는데 노인은 그가 신봉하는 교육의 근본 원칙 몇 가지에 대해 피력했다.

“모든 생활, 모든 행위, 모든 예술에는 수공업이 선행하지 않으면 안 됩니다. 손으로 하는 작업은 통제하에서만 습득되는 것이지요. 한 가지 일을 올바르게 알고 익히는 것은 백 가지 일을 어중간하게 하는 것보다 훨씬 높은 교양을 줍니다. 내가 당신에게 소개하는 곳에서는 모든 활동이 세분되어 있습니다. 생도들은 한 단계에 이를 때마다 시험을 치르게 되고, 이로 말미암아 생도들이 일관성 없이 때로는 이쪽으로 때로는 저쪽으로 마음이 쏠린다고 하더라도 그의 본성이 지향하는 바를 확실히 알게 됩니다. 현명한 어른들은 아이들로 하여금 무엇이 자기의 적성에 알맞은가를 혼자서 스스로 찾을 수 있도록 보살피지요. 인간은 자칫하면 자신의 사명에서 이탈하여 마음 내키는 길로 빠져들기 쉽지만 그들은 이런 우회로를 단축시켜줍니다."

그는 말을 계속했다. "그리고 당신은 저 훌륭하게 기초가 다져진 중심점으로부터 출발한다면, 당신의 친구에게 각별한 인상을 주었던 그 착한 아가씨를 찾는 길로 인도될 것입니다. 당신 친구는 죄없는 불행한 인간의 가치를 도덕적인 감정과 고찰에 의해 드높였기 때문에 그 아가씨의 존재를 자기 삶의 목적이자 목표로 삼을 수밖에 없었던 것이지요. 나는 당신이 그를 안심시킬 수 있기를 기대합니다. 왜냐하면 신의 섭리는 넘어진 자를 들어올리고 짓눌린 자를 일으켜 세우는 천만 가지 방법을 가지고 있으니까요. 이따금 우리의 운명은 한겨울 벌판의 과일나무처럼 보일 때가 있습니다. 그 쓸쓸한 모습을 보고 어느 누가 저 굳어버린 가지들과 갈라진 잔가지들이 이듬해 봄이 오면 다시 푸르러져 꽃을 피우고 드디어는 열매를 맺을 수 있으리라고 생각할 수 있겠습니까? 그러나 우리는 그렇게 될 것을 기대하고 또 그렇게 될 것을 알고 있습니다."

제2부

제1장

순례하는 아버지와 아들은 일러주는 길을 지나 무사히 주(州) 경계에 이르렀다. 여기서 그들은 여러 가지 귀중한 경험을 하게 된다. 첫발을 들여놓자 매우 기름진 땅이 그들 시야에 들어왔다. 완만한 언덕은 농사짓기에, 높은 산지는 양을 치기에, 넓은 골짜기 사이 평지는 가축을 기르기에 적합했다. 추수를 앞둔 때라서 모든 것이 풍요롭기만 했다. 그러나 이들을 어리둥절하게 만든 것은, 이곳에는 어른들은 보이지 않고 청소년들만이 일하고 있다는 사실이었다. 그들은 행복한 수확을 준비하고 있을 뿐 아니라 벌써 즐거운 추수감사절 준비까지 하고 있었다. 두 순례자는 이 사람 저 사람에게 인사를 하고 원장*¹에 대해서 물었지만 아무도 그가 사는 곳을 알지 못했다. 이들이 갖고 있는 편지 수신인은 '원장님께 또는 세 장로님께'라고 적혀 있었는데 소년들은 이에 대해서도 잘 몰랐다. 그러나 그들은 질문자에게, 때마침 말에 올라타려던 한 감독한테 가보라고 했다. 그래서 두 순례자는 그 감독에게 자신들이 찾아온 목적을 말했다. 펠릭스의 솔직한 태도가 그 사람에게 호감을 준 것 같았다. 이렇게 하여 세 사람은 말을 타고 한길을 달렸다.

빌헬름은 소년들의 옷 모양과 색깔이 가지각색이어서 참 이상하다는 느낌을 받았다. 궁금해서 그 이유를 감독에게 물어보려는 순간 더 이상한 모습이 눈에 들어왔다. 아이들 모두가, 각자 하던 일을 멈추고 저마다 다른 독특한 몸짓으로 말을 타고 지나가는 사람들 쪽으로 몸을 돌린 것이다. 이 행동이

---

*1 '교육주'라는 집단학원 원장이다. 괴테가 여기서 서술한 것과 비슷한 교육시설이 실제로 그 무렵 스위스에 존재했음을 1907년에 융만이 입증했다. 융만에 의하면 페스탈로치의 제자인 펠렌베르크가 베른시 근교에 이런 교육시설을 운영하고 있었다 한다. 따라서 괴테의 이 학원 서술에 페스탈로치가 끼친 영향을 간과할 수 없다.

감독을 향한 것임은 쉽게 추측할 수 있었다. 어린 소년들은 팔을 십자형으로 가슴 위에 얹고는 즐거운 표정으로 하늘을 올려다보았다. 가운데 아이들은 뒷짐을 지고 미소 지으면서 땅을 굽어보았다. 이어 세 번째 아이들은 똑바로 씩씩하게 한 줄로 서서 팔을 늘어뜨리고 머리를 오른쪽으로 돌렸는데 그것은 앞선 아이들이 각자의 자리에서 움직이지 않고 서 있는 것과는 사뭇 달랐다.

세 사람이 말을 세우고 내리자, 때마침 많은 아이들이 각기 다른 자세로 줄지어 서서 감독에게 검열을 받고 있었다. 그때 빌헬름은 이러한 몸짓이 무엇을 의미하는지 물었다. 펠릭스가 대화에 끼어들었다. "저는 도대체 어떤 자세를 해야 합니까?" 감독이 대답했다. "일단 먼저 팔을 가슴에 얹고 눈을 딴 데로 돌리지 말고 진지하고도 쾌활하게 위를 올려다봐야 해." 펠릭스는 하라는 대로 따라 하고 외쳤다. "이건 별로 마음에 들지 않아요. 위에는 아무것도 없는걸요. 계속 이러고 있는 건가요? 아냐 이제 됐을 거야." 그는 이렇게 말하더니 갑자기 기뻐서 소리쳤다. "아니! 매 두서너 마리가 서쪽에서 동쪽으로 날아가고 있어요. 이것은 틀림없이 좋은 징조겠죠?"

"네가 받아들이기 나름이고 또 행동하기 나름이지." 감독이 대답했다. "저 아이들이 서로 어울리듯 너도 저 아이들에게로 가서 함께 어울려라." 그가 신호를 보내자 아이들은 자기 대열을 떠나 전처럼 일도 하고 놀기도 했다.

"괜찮다면" 빌헬름이 이어 말했다. "여기서 내 궁금증을 풀어주실 수 있습니까? 저런 몸짓과 자세가 당신을 맞이하는 인사라는 것은 알겠습니다만."

"맞습니다." 감독이 대답했다. "저 인사법으로 소년들 하나하나의 교양이 어느 단계인지 나는 금방 알 수 있죠."

"그렇다면, 그 서열의 단계 의미를 설명해 주실 수 있습니까?" 빌헬름이 되물었다. "서열이 있다는 것은 한눈에 봐도 알겠으니 말입니다."

"그 답변은 나보다 더 높은 사람들이 할 일입니다." 상대는 대답했다. "그러나 이것만은 확실히 말씀드릴 수 있습니다. 공허한 표정이나 몸짓이 아니라, 아이들에게 최고라고는 할 수 없지만 그로 인해 알기 쉽고 중요한 지도의 의미가 전달된다는 것입니다. 그러나 동시에 아이들 각자에게 알맞다고 여겨져 지시된 것은 혼자만 가슴속에 품고 간직하도록 명령을 한답니다. 그들은 외부에서 온 사람뿐 아니라, 심지어 동료끼리도 그것에 대해 말하지 못하게 되어 있습니다. 이런 식으로 교훈은 수백 가지로 변형되지요. 비밀을 지키면 아주 큰 이익을 얻게 됩니다. 왜냐하면 사람들은 흔히 상대방이 무엇을 안목으로 삼고 있는지 빨리 알게 될수록 그 배후에는 아무것도 없으리라 생각하기 때문이죠. 어떤 종류의 비밀은 그것이 공공연한 사실이라 하더라도 은폐와 침묵으로 경의를 표시해야 합니다. 이것이 수치심은 물론 미풍양속에도 영향을 끼치니까요."

"말씀하신 내용은 잘 알겠습니다." 빌헬름이 말했다.

"우리가 신체 단련에 필요한 것을 굳이 정신적인 면에 적용하지 말아야 할 이유가 있겠습니까? 아마 당신은 다른 문제에서도 나의 호기심을 만족시켜줄 수 있을 것입니다. 모양과 색깔이 저마다 다른 옷차림이 유난히 눈에 띄었습니다. 그러나 모든 색깔이 그런 게 아니라 두세 가지 가장 밝은 색깔부터 어두운 것까지 미묘한 농담의 차이를 보이고 있습니다. 내가 본 바로는 그것이 나이나 공적의 단계를 나타내는 것 같지는 않습니다. 가장 큰 아이에서부터 가장 작은 아이까지 어울려 모양과 색이 똑같은 옷을 입기도 했고, 또 같은 몸짓을 취하는 소년들이라 해서 옷들이 서로 일치하는 것은 아니었기 때문이죠."

"그 점에 대해서도" 감독은 대답했다. "나는 더 이상 드릴 말씀이 없습니다. 하지만 내 생각이 틀리지 않다면, 당신은 이곳을 떠나기 전에 모든 의문점들에 대한 해명을 들으실 수 있을 것입니다."

그들은 이제 원장이 있을 만한 곳을 찾아서 쫓아갔다. 그런데 이 새내기 빌헬름은 그들이 영지 안으로 깊숙이 들어갈수록 아름다운 노랫소리가 점점 더 크게 들려온다는 것을 필연적으로 알게 되었다. 소년들은 무엇인가 시작하거나 어떤 일을 할 때 늘 노래를 부르고 있었다. 또 일마다 특별히 잘 어울리는 노래가 있는 모양이어서 하는 일이 같으면 어디에서나 같은 노래를 부르는 듯했다. 소년들이 한자리에 여럿 모이면 서로 교대로 중창을 했다. 저녁때에는 춤을 추는 아이도 나타나 합창에 맞추어 흥겹고 정확하게 스텝을 밟았다. 펠릭스도 말 위에서 목소리를 맞춰 노래를 따라했는데 거의 틀리지 않았다. 빌헬름은 그 일대를 활기차게 하는 이 즐거움에 흐뭇해했다.

그는 감독에게 말했다. "아마 이러한 교육에 큰 의의를 부여하고 있는 것 같군요. 그렇지 않고는 이런 숙련된 기능이 그처럼 넓고 온전하게 양성될 리 없었겠지요."

"그렇습니다." 감독이 대답했다. "우리 교육원에서는 노래가 교육의 첫 단계로, 다른 모든 과정이 노래를 통해 이어지고 퍼져 나갑니다. 아무리 단순한 오락이나 교훈이라도 여기서는 노래로 활기를 불어넣고 마음에 새기곤 합니다. 그뿐 아니라 신앙고백이나 도덕률을 전할 때도 우리는 노래를 이용합니다. 아이들이 자신의 여러 목표에 다다르기 위한 그 밖의 다른 이점들도 바로 이것과 밀착해 있습니다. 왜냐면 아이들이 발음하는 음성을 기호로써 석판 위에 쓰는 것을 가르친다든지, 기호에 따라 소리 내어 그걸 읽게 한다든지, 가사를 그 아래에 쓰게 하여 아이들을 훈련시키기 때문에 손과 귀와 눈이 동시에 훈련되어 예상보다 빨리, 바르고 아름답게 글을 쓰는 방법을 습득하게 된답니다. 이러한 모든 것은 결국 순수한 척도와 엄밀하게 규정된 수에 따라 연습되고 수행되어야 하기에 그들은 어떤 방법보다도 훨씬 빨리 측량과 계산법의 높은 가치를 파악하게 됩니다. 이런 관계로 생각할 수 있는 모든 것들 가운데에 음악을 우리 교육의 토대로 택한 것입니다. 다른 모든 것들로 통하는 순탄대로가 음악에서 시작되기 때문입니다."

빌헬름은 계속해서 그의 호기심을 채우려는 생각으로, 노랫소리만 들리고 악기 소리가 전혀 들리지 않아 이상하다는 생각을 감추지 않았다. "우리가 악기 연주를 소홀히 하는 것은 아니지만" 상대방이 대답했다. "우리는 어느 특별한 지역, 이를테면 아주 아늑한 산골짜기 같은 데 들어가 연습을 하는데, 그 경우에도 종류별로 각기 떨어진 장소에서 가르치고 있습니다. 특히 가락이 맞지 않는 초보자들은 사람이 없는 외진 곳으로 보냅니다. 그곳에서는 아무도 그런 음색을 듣고 절망에 빠지는 일이 없을 테니까요. 당신도 인정하겠지만, 잘 정돈된 시민사회에서는 이제 막 배우기 시작한 피리 연주자나 바이올리니스트와 이웃하면서 그들이 빚어내는 괴상한 소리를 그냥 참고 들어야 하는 비참한 고통을 맛보아야 하기 때문입니다.

이곳에 있는 우리 초보자들은 아무에게도 폐를 끼치지 않으려는 마음에서 자발적으로, 길든 짧든 사람들이 살지 않은 곳으로 멀리 떠나서 사람이 사는 세계로 다시 가까이 가도 좋을 만큼 역량을 쌓으려고 열심히 연습합니다. 그래서 사람 사는 곳으로 다가가려는 시도는 이따금 누구에게나 허락되는데,

그들 중에 실패하는 사람은 좀처럼 없습니다. 왜냐하면 우리 교육원의 아이들은 그런 황야에서도 다른 시설에서와 마찬가지로 조심성 있고 신중한 태도로 연습할 줄 알기 때문입니다. 당신 아드님이 좋은 목소리를 갖고 있어 매우 기쁩니다. 다른 일에 대한 지도가 그만큼 수월해질 테니까요."

그러는 동안 그들은 펠릭스가 정식으로 학원 입학 허가를 받을 때까지 머무르면서 이곳 환경에 적응할 수 있을지 스스로 시험해 보아야 할 곳에 이르렀다. 이미 멀리에서 즐거운 노랫소리가 들려왔다. 그것은 소년들이 휴식 시간을 즐기는 연주였다. 한 사람 한 사람이 넓은 원을 그리고 서서 지휘자의 신호에 따라 즐겁게, 선명하고도 능숙하게 자기가 맡은 목소리를 합창 속에 엮어내고 있었다. 그러나 지휘자는 가끔 느닷없이 짧은 신호로 합창을 중단시키고 한 아이를 지목해, 사라져가는 음조나 생각나는 가곡 하나를 즉석에서 혼자 부를 것을 요구했다. 대부분의 아이들이 상당한 실력을 보여주었고, 이 작업에 실패한 두서너 아이들은 기꺼이 벌칙을 받았지만 그렇다고 다른 아이들의 웃음거리가 되지는 않았다. 펠릭스는 아무래도 아직 어리기 때문에 쉽게 그들과 어울려 그럭저럭 그 고비를 넘길 수 있었다. 그래서 첫 번째 인사법이 그에게 주어졌다. 그는 즉시 두 손을 가슴에 얹고 위를 쳐다보았다. 장난기 있는 표정으로 보아 이런 몸짓의 숨은 뜻을 아직 그가 모르고 있다는 게 확실했다.

기분 좋은 장소, 정성어린 대접, 쾌활한 놀이친구, 이 모든 것이 소년의 마음에 들었기에 아버지가 여행길에 올라도 그다지 슬프지 않았다. 오히려 자신의 말[馬]을 떠나보내는 쪽이 훨씬 고통스러운 듯했지만, 현재 이 지역에서는 말을 데리고 있을 수 없다는 이야기를 듣더니 순순히 따랐다. 그 대신 사람들은 같은 것은 아니더라도 기운 좋고 잘 길들여진 비슷한 말을 언제고 다시 찾아주리라 그에게 약속했다.

원장을 찾을 수 없었기에 감독은 말했다. "나는 일이 있어서 이제 그만 작별인사를 드려야겠습니다. 그러나 우리 성전(聖殿)을 관리하는, 세 장로님이 있는 곳으로 당신을 안내하겠습니다. 당신 편지는 그분들 앞으로 보내졌고 또 그분들이 원장을 대신하고 있으니까요." 빌헬름은 그 성전이 무엇을 의미하는지 미리 듣고 싶었지만 감독이 말했다. "세 장로님은 당신 아드님을 우리에게 맡겨준 신뢰에 답하여, 당신에게 꼭 필요한 것을 현명하고 적절하게 이야기해 줄 것입니다. 제가 성전이라고 부르는 눈에 보이는 숭배의 대상은 특별한 구역에 숨겨져 있어 무엇하고도 접촉하지 않고, 방해도 받지 않습니다. 다만 일 년 중 어느 시기에 한해 생도들을 교양 단계에 따라 그 안으로 들여보내, 역사적이고 감각적으로 교화시킵니다. 그러면 그들이 충분한 감명을 받고 나와서 그들의 의무를 수행할 때 한동안 밑거름으로 삼게 되는 겁니다."

이제 빌헬름은 높은 벽으로 둘러싸인 산골짜기 숲 어귀에 서게 되었다. 어떤 신호로 작은 문이 열리더니 엄숙하고 당당해 보이는 한 남자가 우리 주인공을 맞이했다. 빌헬름은 녹색으로 가득 찬 넓은 장소로 안내되었다. 각양각색의 큰키나무와 떨기나무들이 그늘을 드리운 데다 높고 빼곡히 들어차 있는 자연삼림 때문에 그는 엄숙한 벽과 당당한 건물을 거의 알아보지 못할 뻔했다. 곧이어 모습을 나타낸 세 장로의 따뜻한 환대는 드디어 하나의 대화로 녹아들어갔다. 대화에서는 모두가 각자 자신의 생각을 말했는데 그 내용을 추려 여기에 소개하겠다.

"당신이 우리를 믿고 아드님을 맡겼기에 우리에게는 당신에게 우리의 지도 방법을 좀 더 자세하게 알려드릴 의무가 있습니다. 외적인 것은 이것저것 구경하셨겠지만 그렇다고 해서 모든 것을 이해했다고 할 수는 없겠지요. 그 중에서 당신이 특별히 궁금하게 여기는 점은 무엇입니까?"

"예절 바르기는 하지만 이상하게 보이는 몸짓과 인사의 의미를 알고 싶었습니다. 여기서는 확실히 외적인 것이 내적인 것과 관계가 있어 보이기도 하고 또 그렇지 않아 보이기도 합니다. 그 관계를 말해 주셨으면 합니다."

그들은 대답했다. "좋은 집안의 건전한 아이들은 많은 소질을 갖고 있습니다. 자연은 한 사람 한 사람에게 일생 동안 필요로 하는 모든 것을 주었습니다. 이걸 계발시키는 게 우리 의무인데, 때로는 저절로 잘 발달하기도 합니다. 그러나 한 가지만은 아무도 갖고 태어나지 못합니다. 그런데 그것이 바로 인간을 어느 방면에서나 하나의 진정한 인간으로 만들어주는 관건을 쥐고 있답니다. 그것이 무엇인지 알고 계시다면 말해 보십시오." 빌헬름은 잠깐 동안 생각하더니 결국 고개를 옆으로 저었다.

그들은 말하기를 꽤 주저하는 듯하다가 외쳤다. "경외심(敬畏心)입니다!" 빌헬름은 공감했다. "경외심입니다!" 다시 되풀이해 말했다. "이것은 모든 사람에게 결여되어 있습니다. 어쩌면 당신에게도 말입니다.

당신이 보신 건 세 종류의 몸짓인데, 우리는 그것으로 세 종류의 경외심을 전달합니다. 세 가지 경외심이 한데 합쳐져 일체감을 이룰 때 비로소 최고의 힘과 효과에 이르게 되는 것입니다. 첫 번째는 우리 위에 있는 것에 대한 경외심입니다. 두 팔을 가슴에 십자형으로 얹고 기쁜 시선을 하늘로 향한 그 몸짓은, 아직 성숙하지 않은 아이들에게 부과하는 것인데, 이와 동시에 저 높은 곳에 하느님 한 분이 계셔서 그 하느님이 부모와 선생, 윗사람들 모습으로 나타난다는 확증을 아이들에게 요구하는 것입니다. 두 번째는 우리 아래의 것에 대한 경외심입니다. 뒷짐을 지고 미소 지으며 시선을 떨구는 몸짓은, 대지를 쾌적하고도 밝게 응시해야 한다는 것입니다. 대지는 양식을 얻을 기회를 주어 이루 말할 수 없는 기쁨을 줍니다. 하지만 엄청난 고통을 주기도 합니다. 죄가 있든 없든 자신의 신체를 다치게 했을 때, 또 고의든 우연이든 다른 사람을 다치게 했을 때, 땅의 의지와 상관없이 해를 입었을 때 이런 것을 곰곰이 생각해 봐야 합니다. 이런 위험들은 평생을 따라다니기 때문입니다. 그러나 우리는, 이 단계의 가르침이 충분히 생도들에게 스며들어갔으리라는 확신이 들면 가능한 빨리 이 자세로부터 해방시켜준답니다. 그러고 나서 우리가 그에게 명령하는 것은 남자다워지는 일, 친구들에게 모범을 보이는 일입니다. 이러면 곧고 꿋꿋하게 서게 되는데 그렇다고 이기적으로 고립되는 것은 아닙니다. 자신과 단계가 같은 친구들과 맺어짐으로써 세상과 마주설 수 있습니다. 이 이상은 우리도 덧붙일 게 없군요."

"잘 알겠습니다." 빌헬름이 대답했다. "대부분의 사람들이 이처럼 비참한 이유는 아마 악의와 남을 욕하는 일에 열중하고 그것을 기분 좋게 생각하기 때문이겠죠. 그런 분위기에 젖게 되면 하느님에 대해서는 냉담하게, 세상에 대해서는 멸시적으로, 자기와 동등한 자들에게는 증오로 대하게 되어, 참되고 순수해야 할 자부심은 허무하게 무너지고 자만심과 불손에 빠져버리게 됩니다. 그럼에도 용서를 빌고 싶은 바이지만" 그는 계속했다. "다만 한 가지 이의를 제기하고 싶군요. 원시인들도 위력 있는 자연현상과 불가사의한 사건들에 대해 두려움을 지니고 있지 않았던가요? 이러한 원시인들의 공포가 씨앗이 되어 여기에서 더 높은 순수한 감정의 싹이 단계적으로 발전하는 것이라고 전부터 여겨왔던 게 아닐까요?" 이 물음에 장로가 대답했다. "자연에 대해서는 공포라는 말은 적절하지만 경외심은 적합하지 않습니다. 사람들은 잘 알든 모르든 힘 있는 거대한 존재를 두려워합니다. 강한 자는 이와 싸워 이기려 하고 약한 자는 피하려 하는데, 둘 다 그로부터 벗어나고 싶은 마음은 마찬가지이며, 잠깐이라도 이것을 떼어버려 그들의 천성이 자유와 독립을 되찾았을 때는 행복을 느끼게 됩니다. 보통 사람은 일생 동안 이런 일을 수백만 번이나 되풀이합니다. 공포 속에서는 자유를 얻기 위해 노력하고, 자유로부터는 공포로 내몰려 결국 한 발짝도 앞으로 나아가지 못합니다. 공포심을 갖는 것은 쉽지만 괴로운 일이며, 경외심을 갖는 것은 어렵지만 실제로는 고마운 일입니다. 인간은 좀처럼 경외심을 가질 결심은 하지 않습니다. 아니 오히려 절대로 결심하지 않는다는 편이 옳을지 모르겠습니다. 그러나 경외심이란 인간의 천성에 더해져야 할 더 높은 감성으로, 특별히 선택을 받은 사람들의 내면에서만 발전하기에 이들은 예로부터 성자 또는 신으로 여겨져 왔습니다. 여기에 모든 진정한 종교들의 존엄이 있고 그 임무가 있습니다. 진정한 종교는 예배를 드리는 대상에 따라 오직 세 가지뿐입니다."

세 장로는 말을 그쳤다. 빌헬름은 잠시 생각에 잠겨 침묵하고 있었다. 그러나 그는 이 독특한 말의 의미를 나름대로 해석하려는 불손한 생각은 없었기에 말을 계속해 달라 부탁했고, 그들 또한 쾌히 이에 응했다. "공포에 기초한 종교는 어떤 것이라도 우리에게 존경받지 못합니다. 그러나 인간 내면에서 우러나는 경외심을 지닌 사람은 남을 존경하고 스스로도 존경받을 수 있습니다. 그렇게 되면 두려움의 경우에서와는 달리 그 인간은 자기 자신과 서로 괴리될 우려는 없습니다. 우리 위에 있는 것에 대한 경외심에 기초한 종교를 우리는 민족종교라고 부릅니다. 이것은 여러 민족의 종교이고 저급한 공포로부터 벗어나는 최초의 행복한 이탈입니다. 달리 어떤 이름으로 불러도 괜찮지만 소위 이교(異敎)는 모두 이 종류입니다. 우리와 동등한 것에 대한 경외심에 기초한 두 번째 종교를 우리는 철학적 종교라고 부릅니다. 철학자는 중간 존재로, 더 높은 것을 모두 자신의 선으로 끌어내리고 낮은 것을 끌어올려, 오로지 그 중간 상태에서만 그는 현자의 이름으로 불릴 수 있기 때문입니다. 그래서 철학자는 자기와 동등한 것들, 다시 말해 전인류에 대한 관계, 또 그 밖의 모든 지상 환경, 필연이든 우연이든 간에 이들 환경에 대한 관계를 통찰함으로써 그는 우주적인 의미에서 하나의 진리 속에 살고 있습니다. 다음에는 세 번째 종교에 대해 말할 차례인데, 이는 우리 아래에 있는 것에 대한 경외심에 기초하고 있습니다. 우리는 이것을 기독교적 종교라 부르는데, 이유는 그 속에 기독교적 정신이 가장 많이 나타나 있기 때문입니다. 이것은 인류가 도달했던, 또 도달해야만 했던 궁극의 것입니다. 그러나 땅을 발밑에 두고도 자기가 태어난 곳은 훨씬 높은 데 있다고 주장할 뿐 아니라 빈곤과 비천, 조소와 멸시, 치욕과 비참, 고뇌와 죽음을 신적인 것으로 인정하고 죄악 그 자체나 범죄까지도 성스러움의 장애가 아니라 그걸 촉진하는 것으로서 존경하고 사랑하기 위해서는 어느 정도의 도정(道程)이 필요했던 거죠. 물론 그 발자취는 모든 시대를 통해 볼 수 있지만 그것이 목표는 아닙니다. 그리고 목표에 일단 다다르면 인류는 다시 돌아갈 수 없습니다. 그러므로 이렇게 말할 수 있습니다. 기독교는 한 번 출현했기에 두 번 다시 사라질 수 없다, 한 번 신적인 형태를 얻은 이상 두 번 다시 해체될 일은 없다고 말입니다."

"당신들은 이들 종교 중에서 특별히 어느 것을 믿는다는 말씀입니까?" 빌헬름이 물었다. "세 가지 전부입니다." 세 장로는 대답했다. "왜냐면 그 세 개가 하나가 됐을 때 비로소 참된 종교를 탄생시키기 때문입니다. 세 가지 경외심으로부터 최고의 경외심, 즉 자기 자신에 대한 경외심이 생기는데, 이 자기 자신에 대한 경외심에서부터 또다시 아까 언급한 세 가지 경외심이 발전하는 것입니다. 이렇게 해서 인간은 자신이 다다를 수 있는 최고의 단계에 이르고, 자기 자신을 신과 인간이 만들어낸 가장 좋은 존재로 간주할 수 있게 될 뿐 아니라, 자만과 이기심에 의해 다시 비천한 것으로 추락하는 일 없이, 그 높이에 머물게 됩니다."

"그렇게 전개해 가니 이런 신앙고백도 이상하게 느껴지지 않는군요." 빌헬름이 말했다. "우리가 살면서 여기저기서 듣게 되는 모든 것과 일치하기 때문이겠죠. 다만 차이가 있다면 다른 사람들이 분리시키는 것을 당신들은 결합시켰다는 점입니다." 그러자 그들은 말했다. "이런 신앙고백은 무의식적이기는 하지만 이미 세계 대부분 사람들에게 알려져 있습니다."

"도대체 어떻게, 또 어디서 말입니까?" 빌헬름이 물었다. "사도신경에서입니다!" 그들은 소리 높여 외쳤다. "제1조는 민족적이고, 모든 민족에게 속합니다. 제2조는 기독교적이고 고뇌와 싸우는 자, 고뇌를 통해 영광을 얻은 자를 위한 것이지요. 마지막 제3조는 성인들, 즉 가장 높은 선인이고 현자인 사람들의 영감에 찬 공동체를 가르쳐주고 있지 않습니까? 그러니 그 비유와 이름 아래 이런 확신과 서약이 말하는 삼위 신격은 당연히 최고위 일체로 간주해도 좋지 않을까요?"

빌헬름은 대답했다. "어른인 나에게는 그 세 가지 신조가 낯선 것은 아니지만 당신들이 이처럼 확실하게 연관지어 설명해 주시니 정말 감사합니다. 이 높은 가르침을 아이들에게, 처음에는 감각적인 몸짓으로, 다음에는 상징적인 화음을 곁들여서 전달하고, 마지막에는 최고의 해석으로 계발시켜주는 것에 진심으로 찬성의 뜻을 표시하는 바입니다."

"옳은 말씀입니다." 그들은 대답했다. "하지만 아드님이 가장 훌륭한 사람들의 손에 맡겨졌다는 걸 확인하시려면 더 많이 보고 들으셔야 할 겁니다. 하지만 그 일은 내일 아침을 위해 남겨두기로 합시다. 충분히 쉬어 기분을 상쾌하게 회복하십시오. 내일은 아침 일찍 안으로 안내할 테니 긴장을 풀고 마음을 느긋하게 갖도록 하십시오."

제2장

우리의 친구는 세 장로들 가운데 가장 연장자인 장로의 안내를 받으며 위풍당당한 현관을 지나 둥근, 아니 둥글다기보다 오히려 팔각형에 가까운 홀로 들어섰다. 그곳은 새로 온 방문객을 놀라게 하리만치 그림들로 풍성하게 장식되어 있었다. 그는 자기가 보는 모든 것이 분명 중요한 의미를 지니고 있으리라는 것을 쉽게 이해할 수 있었다. 물론 그것이 무엇을 의미하는지 즉각 밝혀낼 수는 없었지만 말이다. 그래서 안내하는 장로에게 물어보려했으나, 마침 그때 장로는 빌헬름에게 옆 회랑으로 가자고 권했다. 한쪽이 트여 있는 회랑은 꽃으로 만발한 넓은 정원을 둘러싸고 있었다. 하지만 시선을 끈 것은 그 화사한 자연의 조화로움보다 벽이었다. 벽에는 온통 그림이 그려져 있었던 것이다. 새로 온 사람들은 그 벽을 따라 구경하면서 걷다 보면 오래지 않아 그림들의 소재가 이스라엘 사람들의 성전(聖典)임을 알 수 있었다.

"여기입니다." 노장로가 말했다. "민족종교라고 간단히 말씀드렸던 그 종교를 전승하는 곳이 여기입니다. 이 종교의 내용은 세계사 속에서, 그 윤곽은 여러 구체적 사건들 속에서 발견됩니다. 사실 이 종교는 여러 민족이 겪는 운명의 반복에서 비로소 잘 이해할 수 있습니다."

빌헬름이 말했다. "내가 볼 때, 이스라엘 민족에게 경의를 표하고 그 역사를 그림의 기초로 삼으신 것 같습니다. 아니, 오히려 그것을 그림의 주제로 택하셨든지요."

"그렇습니다." 노장로가 대답했다. "벽의 아랫부분과 프리즈에, 동시대라기보다 오히려 의미가 같은 행위와 사건들이 그려져 있음을 아시게 될 겁니다. 모든 민족에게 의미가 같거나, 또는 같은 해석을 암시하는 이야기가 나타나 있기 때문입니다. 여기 보시는 바와 같이, 중심에는 아브라함*2이 미소년의 모습을 한 신들의 방문을 맞고 있는가 하면 위의 프리즈에서는 아드메트의 목동들 가운데 아폴로*3가 보일 겁니다. 여기서 우리가 배울 수 있는 것은 신들이 인간 앞에 나타나서 그들 사이를 걸어다닌다 하더라도 인간들은 그것을 알아보지 못한다는 점입니다."

두 사람은 그림을 구경하면서 앞으로 걸어갔다. 빌헬름이 아는 제목들이었는데, 평소 보아왔던 그림보다 더 생생하고 의미심장하게 그려져 있었다. 그가 작품에 대해 간단한 설명을 부탁한 건 기껏해야 몇 개에 불과했다. 그러다 보니 왜 하필 이스라엘 역사를 다루었는지 다시 한 번 묻지 않을 수 없었다. 노장로는 말했다. "모든 이교(異敎)들 가운데 이스라엘 종교는—이것 또한 이교지만—큰 장점이 있는데 그중 몇 가지만 말씀드리겠습니다. 민족의 심판자 앞, 여러 민족들에 대한 신이라는 심판자 앞에서는 그것이 착하고 훌륭한 국민이냐가 문제가 아니라 오로지 그 민족이 존속되고 있느냐, 스스로를 보존해 왔느냐가 문제인 것입니다. 물론 이스라엘 민족은 지금까지 그 지도자와 심판관, 우두머리, 예언가들이 수천 번 비난해 왔듯 한 번도 대단한 일을 한 적이 없습니다. 미덕이 거의 없는 데다 다른 민족이 지닌 대부분의 결점을 갖고 있습니다. 그러나 자주성, 의연함, 용감성 그리고 이 모두가

---

*2 《구약성서》〈창세기〉제18장 참조.

*3 아폴로는 퀴클로페스를 죽였기 때문에 아드메트의 목동들 사이에 끼어 지은 죄를 씻지 않으면 안 되었다. 《파우스트》제2부 제5막 9558행 이하 참조.

통용되지 않을 때의 강인함은 어느 민족에서도 유례를 찾아볼 수 없습니다. 지상에서 가장 끈질긴 민족입니다. 여호와의 이름을 대대손손 기리기 위해 지금도 강인하고, 과거에도 그러했고, 미래에도 그러할 것입니다. 그러므로 우리는 이 민족을 본보기로 삼아 그 중심으로 제시한 것이며 다른 민족들의 그림은 이를 둘러싼 액자 역할로 사용할 뿐입니다."

"장로님과 논쟁을 하는 것은 당치 않습니다." 빌헬름이 말했다. "장로님은 나를 가르치실 수 있으니까요. 그러니 이 민족의 역사나 종교의 다른 장점들을 더 자세히 알려주십시오."

장로가 대답했다. "그들의 한 가지 중요한 장점은 성서의 탁월한 집대성입니다. 너무도 이질적인 요소들을 어찌나 잘 집약해 놓았는지 통일성이 나타납니다. 그것들은 인간을 만족시킬 만큼 완벽하고 도발시킬 만큼 야만적이며, 자극을 주기에 충분할 만큼 단편적이고 마음을 온유하게 할 만큼 섬세합니다. 그러니 찬양해야 할 대립적 특성들이 이 성서의 구석구석에 얼마나 많은지요!"

연속되는 중심그림과 마찬가지로 그 아래위에 나란히 연결된 작은 그림들의 연속성은 사실 손님에게 여러 가지 생각을 하게 했다. 그래서 그는 안내자의 중요한 설명에 거의 귀를 기울이지 못했고, 안내자의 설명 역시 손님의 주의를 대상으로 집중시키기보다 오히려 흩트려 버렸다. 그 와중에 장로는 기회를 봐서 말했다. "이스라엘 종교의 장점을 한 가지 더 말해야겠습니다. 이 종교가 그들의 신을 어떤 형태로든 구체화시키지 않는다는 점입니다. 따라서 그 신에게 존경의 대상에 어울리는 인간의 모습을 부여하거나, 반대로 동물이나 괴물 모습으로 그릇된 우상숭배를 나타낼 자유를 우리에게 허용한다는 사실입니다."

우리의 주인공은 이 홀을 지나 잠깐 거닐면서, 세계사를 다시 생생하게 머릿속에 그려보았다. 이러한 그림들의 나열 방식과 안내자의 성찰을 통해 그에게는 몇 가지 새로운 견해가 생겼다. 그는 펠릭스가 이처럼 품위 있고 감각적인 묘사를 통해, 저 위대하고 뜻 깊고 모범적인 사건들이 마치 자기 옆에 있었던 일인 양 사실로 여기며 평생 동안 몸에 익혀 자기 것으로 만들어가게 될 것에 기뻤다. 마지막으로 그는 이 그림들을 아이의 눈으로 바라보았다. 그리고 이런 의미에서도 그는 그림에 아주 만족했다. 이렇게 걸어가는 동안에 그들은 슬픈 혼란의 시대, 즉 거리와 신전의 붕괴, 살육, 추방 그리고 국민들의 노예화를 담은 곳으로 왔다. 이 국민의 그 뒤의 운명은 현명하게도 비유적으로 그려져 있었다. 그것을 역사적, 사실적으로 그린다는 것은 고귀한 예술의 한계를 넘어서는 일이기 때문이었다.

그때 지금까지 지나온 회랑이 갑자기 끝나버렸다. 빌헬름은 벌써 끝에 다다른 것을 이상하게 생각했다. 그래서 안내자에게 물었다. "여기에 그려져 있는 역사의 발자취에는 어딘지 결함이 있는 듯합니다. 그림에는 예루살렘 신전이 파괴되고 백성들이 사방으로 흩어지는 모습이 그려져 있습니다. 바로 그 전에 그곳에서 가르침을 편 인물, 그러나 백성은 아무도 귀를 기울이지 않았던 저 신과도 같은 인물*4을 그려넣지 않은 채로 말입니다."

"당신의 생각대로 한다면 하나의 과오를 범하게 됩니다. 당신이 말씀하시는, 신과도 같은 분의 일생은 그의 시대 세계사하고는 아무런 상관이 없습니다. 그의 일생은 사생활적이며 그의 가르침은 개개인을 위한 가르침이었습니다. 민족 집단과 그 구성원에게 공적으로 일어나는 것은 세계사에 속하고 세계종교에 속합니다. 그런 종교를 우리는 제1의 종교로 간주합니다. 개인에게 내적으로 일어나는 것은 제2의 종교, 즉 현자의 종교에 속합니다. 그리스도가 지상을 거닐 때 가르치고 행한 것은 이런 종교였습니다. 그러므로 여기에서 외적인 것을 종결짓고 이제부터는 내적인 것을 당신에게 열어 보이겠습니다."

문 하나가 열렸다. 그들은 앞서 보았던 곳과 비슷한 회랑으로 들어섰다. 회랑에 들어서자 빌헬름은 곧 두 번째 성서인 신약성서의 그림들을 알 수 있었다. 이 그림들은 앞의 것과는 다른 사람에 의해 그려진 듯했다. 모습, 동작, 환경, 빛깔 등 모든 것이 한결 부드러웠다.

안내자는 그림 몇 점을 지나치고 난 뒤에 말했다. "보시는 바와 같이, 여기에 있는 그림은 인간이 행한 행위나 일어난 사건이 아니라 기적과 비유를 나타내고 있습니다. 이는 하나의 새로운 세계입니다. 다시 말해 앞의 그림과는 다른, 외적인 것과 내적인 것의 결합이며, 기적과 비유에 의해 새로운 세계가 열립니다. 기적은 흔하고 평범한 일을 초월적인 것으로 만들고, 비유는

---

*4 예수 그리스도를 말한다.

특출한 것을 흔하고 평범한 것으로 만듭니다."

빌헬름이 말했다. "부디 지금 하신 말씀을 더 자세히 설명해 주시겠습니까? 나로서는 도저히 그렇게 할 수 없을 것 같기 때문입니다."

"기적과 비유는 하나의 자연적인 의미를 갖고 있습니다." 안내자가 말했다. "자연이라고 했지만 그것은 깊은 의미를 말합니다. 그 의미를 설명하려면 몇 가지 예를 드는 게 가장 빠르겠지요. 이를테면 세상에는 먹고 마시는 일만큼 흔하고 평범한 건 없습니다. 이와는 반대로 어떤 음식을 순화(醇化)한다든지 또는 몇 배로 늘려 수많은 사람들에게 흡족히 제공한다면, 그것은 보통이 아닌 비상한 일입니다. 또 병이나 신체장애만큼 평범한 일은 없지만 정신적인 수단, 또는 이에 준하는 수단으로 이것을 극복하고 완화시킨다는 것은 보통이 아닌 비상한 일입니다. 다름 아닌 이런 것으로부터 일상적인 것과 비상한 것, 가능한 것과 불가능한 것이 하나가 된다는 기적 중에 기적 같은 불가사의한 일이 생겨납니다. 비유라든가 우화의 경우는 이와 반대입니다. 이 경우에는 의미와 통찰 그리고 개념이 높은 것, 비상한 것, 도달할 수 없는 것입니다. 만약 이 개념이 흔히 있는 평범하고 일상적이며 잡을 수 있는 형상 가운데 구체화되어 생명을 갖고 현실적인 것으로 우리 앞에 나타나, 우리가 그것을 자신의 것으로 만들고 파악하고 붙잡아놓지 않고 또 우리 것처럼 교류할 수 있다면 이는 누가 뭐래도 제2의 기적이라 할 수 있고, 당연히 제1의 기적에 어울릴 뿐만 아니라 오히려 제1의 기적보다 더 선호될지도 모릅니다. 여기에 살아 있는 가르침, 어떤 논쟁도 일으키지 않는 가르침이 있습니다. 그것은 무엇이 옳고 그르냐에 대한 의견이 아니라, 이견의 여지가 없는 옳음 또는 옳지 않음 그 자체입니다."

회랑의 이 부분은 한결 짧았다. 아니 오히려 안뜰을 에워싼 회랑의 4분의 1정도에 지나지 않았다. 그러나 사람들은 첫 부분은 그냥 지나쳐 갔다면 여기에서는 발걸음을 멈추어 이리저리 거닐고 싶어 했다. 그림 제목은 그다지 눈에 띄지도 않고 특색이 도드라진 것도 아니었는데 그만큼 더 깊고 조용한 의미를 규명해 보고 싶은 마음이 일어났던 것이다. 걸어가던 두 사람은 복도 끝에서 되돌아섰다. 빌헬름은 여기에서 최후의 만찬, 즉 예수가 제자들과 작별하는 데까지만 그려져 있기에 도대체 어찌된 이유인지 의아해하면서 그 이야기의 나머지 부분에 대해 물었다.

장로가 대답했다. "우리는 무엇을 가르치고 어떤 것을 전달할 때에도 구별할 수 있는 것이면 기꺼이 구별을 한답니다. 그렇게 해야만 소년들의 마음속에 중요한 것의 개념이 생길 수 있기 때문입니다. 그렇지 않아도 인생은 모든 걸 종잡을 수 없게 뒤섞어버리지요. 그렇기 때문에 우리는 여기서도 저 빼어난 분의 일생을 그 최후의 모습에서 완전히 분리했습니다. 살아 있는 동안 그는 참된 철학자로서—이런 표현에 섣부른 오해는 말아주십시오—최고의 의미에서의 현자로 나타나는 겁니다. 자기 자리에 굳건히 서서 자신의 목적을 추구하면서 걸어갑니다. 그리고 낮은 것을 자기에게 끌어올리고 무지한 사람들, 가난한 사람들, 병든 사람들에게 자기의 지혜, 자기의 부귀, 자기의 힘을 나눠줌으로써 자신을 그들과 같은 위치라고 생각하게 하면서 다른 면으로는 자신의 신격을 부정하지 않습니다. 자기를 신과 같은 위치에 올려놓거나, 그뿐 아니라 자기를 신이라고 선언하는 것까지도 사양하지 않습니다. 이렇게 그는 젊었을 때부터 주위 사람들을 놀라게 하여 그 일부를 자기 편으로 만들고 다른 일부를 자극해 적으로 돌리고 신조나 삶이라는 관점에서 어느 정도 높은 수준을 중시하는 모든 사람에게 그들이 이 세상으로부터 무엇을 기대해야 하는지를 보여주었습니다. 그렇기 때문에 그 일생의 행적이 인류의 고귀한 사람들에게는 그의 죽음보다도 훨씬 교훈적이고 결실이 많은 것입니다. 왜냐하면 저 갖가지 시련은 누구에게나 주어지지만, 이 행적만큼은 결코 아무에게나 주어지는 것이 아니기 때문입니다. 이러한 고찰에서 일어나는 모든 것은 별도로 하고 어쨌든 최후의 만찬이라는 감동적인 장면을 잘 보십시오. 이 장면에서 현자는 언제나와 마찬가지로 자기 제자들을 완전히 의지할 데 없는 고아로 남기고 갑니다. 그리고 그는 선량한 사도들을 위해 여러 가지로 마음을 써보이면서 동시에 자기와 선량한 사도들을 함께 파멸에 몰아넣게 될 한 사람의 배반자에게도 그들과 함께 식사할 것을 허락하시지요."

이렇게 말하면서 장로는 문을 열었다. 빌헬름은 현관으로 들어간 처음의 홀로 되돌아왔음에 적잖이 놀랐다. 그가 다 알아챘듯 그들은 그사이에 가운데뜰을 완전히 한 바퀴 돌았던 것이다. 빌헬름이 말했다. "당신이 나를 마지막 장소까지 데려다주시기를 바랐는데 또다시 처음 출발점으로 데려다주셨군요."

"이번에는 더 이상 보여드릴 수 없습니다." 장로는 말했다. "당신이 지금까지 관람한 것들은 생도들에게도 보여주지 않았고 설명도 해주지 않았습니다. 바깥세상의 외적인 것은 어느 생도에게나 어릴 때부터 전달하고, 특히 정신과 마음에 관계되는 내적인 것은 어느 정도 깊은 사려를 갖고 성장하는 자에게만 가르치며, 일 년에 단 한 번 열리는 나머지 것은 졸업하여 나가는 자들에게만 전달해 줍니다. 우리 아래에 있는 자들에 대한 경외심에서 일어나는 그 최후의 종교, 좋지 않은 것, 미워해야 하는 것, 피하고 싶어지는 것에 대한 존경을 우리는 졸업하여 나가는 출발점에서 마치 결혼 준비를 해주는 것처럼 한 사람 한 사람에게 주어 보냅니다. 이렇게 하여 만약 그러한 욕구가 마음속에 움직이게 될 때에는 어디서 그것을 찾아야 하는지를 알려주려고 하는 것입니다. 일 년 뒤 다시 오셔서, 우리의 종합적인 축제에 참석하여 아드님이 얼마나 발전했는지 보시기 바랍니다. 그때가 되면 당신도 고통의 성전으로 모시겠습니다."

"한 가지 질문을 허락해 주십시오." 빌헬름은 말했다. "당신들은 그 신과 같은 분의 일생을 교훈과 모범의 본보기로 내세우고 있는데 그의 고뇌, 그의 죽음을 마찬가지로 숭고한 인내의 모범으로 받아들이는 것입니까?" 장로가 말했다. "어떤 경우에도 우리는 그것을 비밀로 하지 않습니다. 그러나 우리는 그 고뇌를 매우 존경하기에 그 인고(忍苦) 위에 베일을 씌우는 것이죠. 고문대와 거기에서 괴로워하는 성자를 무자비한 세계가 태양에게 보기를 강요했을 때 태양마저 그 얼굴을 감추었는데, 그 광경을 백일하에 드러나게 하고 성스럽고 깊은 고뇌가 숨겨진 저 심오한 비밀을 장난치듯이 가지고 놀고 겉치장하여 가장 존엄한 것을 비속하고 몰취미한 것으로 보일 때까지 멈추지 않는다는 건 참으로 탄핵하여 마땅한 파렴치한 행동이라 생각합니다. 이 정도 말씀드리면 당신도 아드님에 대해 안심하실 테죠. 아드님은 어떤 방식으로든지 바람직한 방법으로 교육 받을 것이며 어떤 경우에도 혼란스러워한다든지, 동요한다든지, 불안해하는 모습을 보게 되는 일은 없을 것입니다."

빌헬름은 현관의 여러 그림을 바라보고는 장로가 그 의미를 설명해 주길 바라면서도 부탁을 주저하고 있었다. 장로가 말했다. "이것도 일 년 뒤로 미루도록 하겠습니다. 그동안 우리가 아이들을 가르치는 모습을 외부 사람들이 참관하는 것을 허용하지 않습니다. 그러나 일 년이 지나면 오셔서 우리

학원의 가장 훌륭한 연사들이 이들 그림에 대해 외부 사람들에게 공개적으로 이야기할 때 어떤 것을 유익하다고 이야기하는지 들어주십시오."

이런 이야기를 주고받는 사이 작은 문을 두드리는 소리가 들려왔다. 어제 만난 감독이 왔음을 알렸다. 그는 빌헬름의 말을 몰고 온 것이다. 그래서 빌헬름은 세 장로에게 작별 인사를 했다. 장로들은 작별할 때에 빌헬름을 감독에게 다음과 같이 추천했다. "이분은 이제 믿어도 될 사람이오. 자네는 이분의 질문에 무엇을 대답해 드려야 하는지는 잘 알고 있을 거요. 왜냐하면 이분은 틀림없이 이곳에서 보고 들은 여러 가지에 대해 가르침을 받고 싶어할 테니까요. 우리의 목표를 위해 절도를 지켜야 하는 것은 당신도 알고 있겠지요."

빌헬름은 물론 아직도 몇 가지 물음을 더 가슴에 품고 있었다. 그들이 말을 타고 지나가자 학원 아이들은 어제와 똑같은 자세를 취했다. 그러나 오늘은 드물기는 했지만 몇몇 소년이 말을 타고 지나가는 감독에게 인사를 하지 않고 자기가 일하는 곳에서 얼굴을 쳐들지 않은 채 감독이 그대로 지나가도록 내버려두는 것을 보았다. 그래서 빌헬름은 이런 예외가 무엇을 의미하는가를 물어보았다. 감독은 대답했다. "여기에는 물론 중요한 의미가 있습니다. 이것은 우리가 가르치는 아이들에게 과하는 가장 무거운 벌입니다. 저 소년들은 경외심을 표시할 자격이 없다 선언되고, 자기는 거칠고 교양이 없는 자임을 나타내도록 강요당하고 있습니다. 그러나 그들은 이러한 상황에서 벗어나기 위해 가능한 최선을 다합니다. 그리고 아주 빨리 어떠한 의무에도 기꺼이 복종합니다. 만약 완강하게 제자리로 돌아갈 것을 거부하는 자가 있다면 간단하고도 솔직한 보고와 함께 그를 부모에게로 되돌려 보냅니다. 계율을 지키지 못하는 자는 그 계율이 행해지는 땅을 떠나야만 합니다."

어제와 마찬가지로 오늘도 또 하나의 광경이 떠돌이의 호기심을 돋우었다. 생도들 옷차림이 가지각색이었던 것이다. 단계의 구별을 나타내는 것 같지는 않았다. 왜냐면 다른 인사를 하는 자들이 같은 옷을 입기도 하고 같은 인사를 하는 자들이 다른 옷을 입기도 했기 때문이다. 빌헬름은 이 모순의 숨은 뜻을 물었다. 감독이 말했다. "소년들의 마음가짐을 엄밀하게 탐색하는 수단이라 생각하면 그 모순은 해결됩니다. 우리는 다른 부분에서 엄격과 질서를 존중하지만 옷차림에서는 어느 정도 자유의사를 허용하고 있습니다.

우리가 가지고 있는 재고 옷감이나 가장자리 장식의 범위 내에서 생도들이 좋아하는 색깔을 택하게 하고 또 적당한 제한 내에서 모양과 재단도 선택하게 합니다. 그것을 우리는 자세히 관찰합니다. 왜냐하면 색깔로는 그 인간의 성향을, 모양으로는 그 인간의 생활 태도를 알 수 있기 때문이지요. 그러나 인간 본연의 특별한 개성을 정확히 판단하는 데는 어느 정도 방해가 된답니다. 인간에게는 모방정신에서 말미암은, 남과 어울리려는 성향이 있거든요. 생도들이 지금까지 본 적 없는 새로운 것을 택하는 경우는 아주 드물고 대개는 바로 눈앞에 보이는 이미 알고 있는 것을 택합니다. 그러나 이러한 관찰이 우리에게 도움이 되지 않는 것은 아닙니다. 이런 외면적인 걸 통해 생도들은 이쪽저쪽 당파에 들어가 여러 부류의 친구들을 만들기 때문에 일반적으로 다양한 성향이 눈에 띄어 그들이 저마다 어떤 데에 관심을 기울이고 있는지, 어떤 본보기를 따르고 있는지를 알게 되는 겁니다.

우리는 몇몇 경우들을 보았습니다. 아이들의 마음이 일반적으로 어디에 쏠리며, 어디에서 한 유행이 모든 것을 누르고 퍼져나가는지, 또한 온갖 분리되었던 것들이 어디서 사라지고 통합을 이루는지를 말입니다. 우리는 이런 경향을 올바른 방법으로 고치려고 노력합니다. 손안에 있는 옷감을 없애버리는 거죠. 몇 가지 옷감과 장식감은 이제 더 이상 들여오지 않습니다. 그 대신 뭔가 새로운 것, 마음을 사로잡는 것들을 넣어둡니다. 밝은색과 짧고 꼭 맞는 모양을 원기왕성한 아이들에게 권하고, 수수한 색조와 낙낙하게 주름 많은 옷을 사려 깊은 아이들에게 권해 서서히 균형을 되찾는 거지요.

왜냐하면 우리는 제복을 전혀 좋아하지 않기 때문입니다. 제복은 성격을 덮어서 숨기고 다른 어떤 옷차림보다도 아이들의 특성을 지도자 눈에 보이지 않게 합니다."

이런저런 얘기를 나누면서 빌헬름은 국경에 다다랐다. 또한 그곳은 떠돌이 빌헬름이 본디 목적지로 향하기 위해 그 늙은 친구의 지시에 따라 떠나야 할 지점이기도 했다.

작별 인사를 하기 전에 먼저 감독이 말한 내용은 다음과 같다. 대축제가 여러 방법으로 모든 관련자에게 통지될 때까지 기다려달라는 것, 이 대축제에는 모든 부모가 초대되고 우수한 생도들은 학원을 졸업하여 많은 우연이 기다리는 자유로운 생활로 내보내진다. 그때야말로 빌헬름이 원하는 대로

이 학원의 다른 구역에도 들어가 답사할 수 있다. 독자적인 원칙에 따라 완전한 환경 속에 개개의 수업이 주어지고 실시되는 구역들도.

제3장

오래전부터 이야기를 조금씩 짧게 끊어서 읽는 것을 즐기는 독자들의 습관을 고려해 처음에는 이야기를 몇 개로 나누어서 보여드리려 합니다. 그러나 성향이나 감정 그리고 일어난 사건에는 내적인 연관성이 있기 때문에 연속적으로 서술했습니다. 이 서술이 그 목적을 이루기를, 동시에 분리된 듯 보이는 사건 속의 여러 인물들이, 우리가 이미 알고 사랑하는 사람들과 아주 밀접하게 얽혀 있음이 이 이야기의 마지막에 가서는 분명해지기를 바랍니다.

쉰 살의 사나이

소령은 말을 타고 저택의 뜰 안으로 들어갔다. 그러자 조카딸 힐라리에는 벌써 그를 맞기 위해 저택으로 올라가는 바깥 계단 위에 서 있었다. 그녀는 누구인지 알아볼 수 없을 만큼 아름답게 성장해 있었다. 그녀가 나는 듯이 그를 향해 달려왔고, 그는 아버지와 같은 심정으로 그녀를 가슴에 안았다. 이어 두 사람은 그녀의 어머니가 있는 곳으로 서둘러 올라갔다.

소령의 누이동생인 남작부인 또한 그를 환영해 주었다. 힐라리에가 아침식사를 준비하기 위해 바삐 나가자, 소령은 기쁜 듯 말했다. "이번에야말로 우리 일이 잘 마무리되었다고 확실하게 말할 수 있게 됐어. 형이 말이야, 그 궁내장관이 소작인과 관리인만 가지고는 일이 제대로 될 수 없다는 걸 인정했어. 그래서 살아 있는 동안에 영지를 우리와 우리 아이들에게 물려주겠다는 거야. 형이 자기 몫으로 요구하는 연금 액수는 물론 상당하겠지. 하지만 그 정도는 얼마든지 지급할 수 있어. 그렇게 하더라도 우리는 대단한 이익을 얻을 수 있고 장래에는 모두 우리 것이 되는 거지. 이 새로운 계획은 이제 곧 본 궤도에 오르게 될 거야. 나도 곧 퇴직할 것 같아서 어떻게 할지 고민했는데 이제 그럭저럭 우리와 우리 아이들에게 이익이 될 만한 활동적인 생활이 다시 시작될 것 같아. 우리는 아이들이 성장해 가는 모습을 조용히 지켜보도록 하자. 그리고 우리 아이들이 빨리 결혼을 할 수 있게 하는 건 우리와 아이들의 마음가짐에 달린 거겠지."

"그렇다면 모든 일이 정말 순조롭겠군요." 남작부인이 말했다. "내가 오빠에게 한 가지 비밀만 털어놓지 않는다면 말이죠. 나도 요즘에서야 겨우 눈치챘어요. 힐라리에의 마음은 이제 더 이상 자유롭지 못해요. 오빠의 아들이 설 자리는 이제 거의, 아니 전혀 없게 됐어요."

"그게 무슨 말이야?" 소령이 소리쳤다. "어떻게 그럴 수 있지? 우리가 지금까지 경제적인 문제를 위해 얼마나 애를 써 왔는데 애정 문제가 우리에게 그런 장난을 걸어오다니! 말해 봐. 빨리 말해 봐. 힐라리에의 마음을 사로잡은 자가 도대체 누구란 말이야? 이제는 도저히 가망이 없을 만큼 심각하다는 말이냐? 혹시 금방 사라지는 일시적인 감정은 아닐까?"

"먼저, 좀 생각을 해보고 난 다음에 누구인지를 맞춰보세요." 남작부인이 말했다. 그러나 이로 말미암아 조바심은 점점 더 심해졌다. 조바심이 극도에 다다랐을 때 힐라리에가 아침 식사를 나르는 하녀와 함께 들어오는 바람에 그 수수께끼는 당장 풀 수가 없게 되었다.

소령은 이 아름다운 아가씨를 바라보는 자신의 눈이 방금 전과는 달라졌음을 느꼈다. 이처럼 아름다운 힐라리에의 마음속에 또렷이 자신의 모습을 새겨넣은 그 행운아가 원망스러울 지경이었다. 아침 식사는 도저히 입맛이 나지 않았다. 그는 이때까지 자신이 먹고 싶어했던 음식들이 늘 원하던 그대로 차려져 있다는 사실조차 전혀 알아채지 못했다.

이렇게 끝내 말이 없는 분위기 때문에 힐라리에도 거의 쾌활함을 잃고 말았다. 남작부인은 당황한 나머지 딸을 피아노 앞으로 데리고 갔다. 그러나 재기발랄한 감정으로 가득 찬 그녀의 연주도 소령의 박수를 거의 끌어낼 수가 없었다. 그는 이 아름다운 아이와의 아침 식사가 한시라도 빨리 끝나기를 원했다. 이를 눈치챈 남작부인은 마음을 굳히고 일어서서 정원으로 산책을 나가자고 오빠에게 권했다.

단둘이 있게 되자 소령은 조급하게 아까의 물음을 되풀이했다. 누이동생은 좀 뜸을 들인 뒤 미소를 지으며 말했다. "그 아이에게 사랑 받고 있는 행복한 남자를 보고 싶다면 멀리 가실 필요가 없어요. 그 사람은 바로 가까이 있으니까요. 그 아이는 바로 오빠를 사랑하고 있어요."

소령은 깜짝 놀라 발걸음을 멈췄다. 이어 그는 큰 소리로 외쳤다. "그런 농담은 그만해. 만약 그것이 진심이라면 나는 어떻게 해야 좋을지 모르겠군. 불행해질 뿐이야. 그런 말을 내게 진실인 양 믿게 하다니, 원. 놀란 가슴이 진정되려면 시간이 걸리겠지만 그래도 나는 이 뜻하지 않은 일 때문에 우리 관계가 얼마나 큰 지장을 받게 될지 한눈에 보이는구나. 유일한 위안은, 이런 종류의 사랑은 겉보기만 그럴싸하고 그 이면에는 본인의 착각이 숨어 있다는 거야. 그래서 순수하고 착한 영혼의 소유자라면 이러한 잘못에서 대개는 자기 스스로, 그렇지 못하면 적어도 양식 있는 다른 사람들의 도움으로 곧 제자리로 돌아갈 수 있어."

"나는 그렇게 생각하지 않아요." 남작부인이 말했다. "모든 징조로 볼 때 힐라리에의 마음을 지배하고 있는 것이 아주 진지한 감정이라는 거죠."

"그런 비상식적인 감정이 그 아이처럼 상식적인 천성에서 나올 수 있다니 도저히 믿을 수가 없어." 소령이 말했다.

"그리 비상식적인 것만도 아니에요." 누이동생이 말했다. "나만 하더라도 젊었을 때는 지금의 오빠보다 훨씬 나이 많은 남자에게 연정을 느낀 적이 있어요. 오빠는 지금 쉰 살이죠. 독일 남자로서는 아직 늙은 나이는 아니에요. 우리보다 더 열정적인 다른 나라의 국민이라면 훨씬 빨리 나이를 먹을지도 모르죠."

"그런데 무슨 근거로 그런 추측을 하는 거지?" 소령이 물었다.

"추측이 아니에요. 확실한 사실이라고요. 자세한 것은 차차 말씀드리죠."

힐라리에가 나타나 두 사람과 합류했다. 그러자 소령은 자신의 의지와는 달리 또다시 마음이 달라진 것을 느꼈다. 자신의 곁에 그녀가 있다는 것을 전보다 훨씬 기뻤고 귀중하게 여겨졌다. 그녀의 행동에도 한층 애정이 담겨 있는 듯했다. 그래서 어느새 누이동생의 말을 믿기 시작했다. 그에게 이 감정은 더할 나위 없이 좋은 것이었다. 물론 그는 이런 감정을 받아들이거나 스스로에게 허락하지 않았다. 두말할 것도 없이 힐라리에는 아주 사랑스러웠다. 왜냐하면 그녀의 행동에는 애인을 대하는 약간의 수줍음과 외삼촌에 대한 자유로운 허물없음이 잘 어우러져 드러났다. 정말로 그녀는 그를 진심으로 사랑하고 있었던 것이다. 뜰은 봄의 화려함으로 넘쳤다. 그리고 이처럼 많은 노목(老木)들이 다시 새잎으로 덮여 있는 광경을 본 소령은 자신의 봄도 다시 찾아왔다는 것을 믿을 수 있었다. 눈앞에 더할 나위 없이 사랑스러운 소녀가 있는 것을 보고 누군들 이런 생각에 유혹되지 않을 수 있으리오!

그들은 이렇게 함께 하루를 보냈다. 집안에서 행하는 매시간의 관례는 모두 아주 기분 좋게 진행되었다. 저녁 식사가 끝나자 힐라리에는 다시 피아노로 향했다. 소령은 오늘 아침과는 전혀 다른 귀로 피아노 연주를 들었다. 가락이 또 다른 가락과 얽히고, 노래는 다른 노래로 이어졌다. 이리하여 한밤중이 되도록 이 작고 단란한 모임은 좀처럼 끝나지 않았다.

소령이 자기 방으로 돌아와보니 모든 것이 익숙하게 예전 그대로 편안하게 잘 정리되어 있었다. 그가 즐겨 발을 멈추고 감상하던 몇 개의 동판화까지도 다른 방에서 옮겨와 걸려 있었다. 일단 주의를 기울여 살펴보니 하나나 사소한 것까지 자기를 위해 신경 썼음을 알 수 있었다.

이번에는 불과 몇 시간 눈을 붙였을 뿐이지만 그것만으로도 충분했다. 그의 생명력이 아침 일찍 눈을 뜨게 했기 때문이다. 그러나 이제 그는 사물의 새로운 질서가 불편하다는 사실을 깨닫게 되었다. 그는 하인과 시중 일을 겸하고 있는 늙은 마부에게 요 몇 해 동안 거친 말을 해본 적이 없었다. 왜냐하면 만사가 매우 엄중한 질서 속에서 정해진 대로 잘 지켜졌기 때문이다. 말의 시중은 나무랄 데 없었고 옷은 제때에 손질되어 있었다. 그러나 오늘은 주인이 더 일찍 일어나 버렸기에 모든 순서가 뒤죽박죽이 되었다.

거기에 또 하나 다른 사정이 벌어져 소령의 초조와 불쾌감을 부추겼다. 지금까지 그는 자기 자신에게나 하인에게나 아무런 불만을 느껴본 일이 없었다. 그러나 지금 거울 앞에 서보니 거울에 비친 자신의 모습은 그가 원하는 것과는 달랐다. 흰 머리카락도 확실히 좀 섞여 있었고 주름살도 몇 개 난 듯했다. 그는 여느 때보다 정성 들여 얼굴을 닦고 머리분을 뿌려보았지만 결국 있는 그대로 놔두는 수밖에 없었다. 거기에다 옷과 늙은 하인의 옷 손질에도 그는 만족할 수 없었다. 아무리 솔질을 해도 윗도리에는 여전히 실밥이 남아 있고 구두에는 먼지가 보였기 때문이다. 늙은 하인은 무슨 말을 해야 할지 모른 채 하룻밤 사이에 이처럼 변해 버린 주인을 눈앞에 두고 그저 놀랄 뿐이었다.

이렇듯 여러 장애가 있었지만 소령은 아침 일찍 정원으로 나갔다. 바라던 대로 힐라리에가 정말로 거기에 있었다. 그녀는 소령에게 꽃다발을 내밀었다. 그러나 그는 평소처럼 그녀에게 입을 맞추고 가슴에 안을 용기가 나지 않았다. 그는 이를 데 없이 달콤한 난처함에 사로잡혀 앞으로 전개될 일에 대해 생각하지 않은 채 자신의 감정에만 몸을 맡겼다.

얼마 뒤 남작부인도 모습을 나타냈다. 그녀는 조금 전에 한 사환이 가져다 준 편지를 오빠에게 보이면서 외쳤다. "우리를 방문하겠다고 이 편지를 보낸 사람이 누구인지 오빠는 알아맞히지 못할 거예요."

"그럼 빨리 말해 봐!" 소령이 대답했다. 그러자 연극배우인 옛 친구가 여행 도중에 이 영지에서 멀지 않은 곳을 지나가게 되어서 잠시 들렀다 가려고 한다는 내용이었다. "어떻게 변했는지 그를 꼭 만나보고 싶어." 소령이 말했다. "그는 이제 젊지는 않지만 내가 듣기로는 여전히 젊은 배역을 맡고 있다 더군."

"그분이면 오빠보다 열 살은 더 많을 거예요." 남작부인이 말했다. "물론이지." 소령은 대답했다. "내 기억대로라면 말이야."

얼마 안 있어 기운 좋고 체격 좋은 호감형 사나이가 나타났다. 그들은 서로의 얼굴을 쳐다보고는 순간 당황했지만 곧 서로를 알아보고 추억어린 대화를 나누었다. 이어 신상에 대한 이야기로 넘어가 활기차게 묻고 대답하며 서로의 사정을 알려주었다. 그러면서 그들은 이때까지 떨어져 있던 적이 전혀 없었던 것처럼 느끼게 되었다.

은밀히 전해져 오는 소문에 의하면, 이 사나이는 아주 잘생기고 호감이 가는 청년 시절에 어떤 귀부인의 총애를 받았었다. 그래서 행복하다 해야 할지 불행하다 해야 할지 모를 매우 난처한 지경에 빠졌었는데 가장 처절한 운명이 그를 엄습해 오려던 바로 그때, 운 좋게도 그를 구해 준 사람이 다름 아닌 소령이었던 것이다. 때문에 그는 이 집주인은 물론 그의 누이동생에게도 두고두고 감사함을 잊지 못했다. 왜냐하면 때맞춰 경고를 해주어 정신을 차릴 기회를 준 사람이 바로 이 누이동생이었기 때문이다.

식사를 하기 전 얼마 동안은 남자들만 남게 되었다. 소령은 옛 친구의 외모에 감탄하면서, 아니 놀라 어이없다는 듯이 하나하나 세심히 살펴보았다. 친구는 전혀 변하지 않은 것처럼 보였다. 그러므로 그가 여전히 젊은 미남

배역으로 무대에 등장하는 것은 조금도 이상한 일이 아니었다.

"자네는 꽤나 열심히 나를 쳐다보고 있구먼." 그는 마침내 소령에게 말을 걸었다. "그렇게 쳐다보니 옛날과 너무 많이 달라진 게 아닌가 하고 걱정이 되는걸."

"천만의 말씀." 소령이 대답했다. "오히려 자네 모습이 나보다 훨씬 생기 있고 젊어 보인다는 사실에 정말 깜짝 놀란 참이라네. 앞뒤 안 가리는 풋내 기였던 자네가 궁지에 몰린 것을 내가 보다 못해 도와주었을 때에도 자네는 이미 어엿한 어른이었어. 그런데도 아직 이렇게 젊다니 말이야."

"자네가 실제 나이보다 더 늙어 보인다면 그것은 자네 책임이야." 친구가 말했다. "그렇지, 자네 같은 사람 모두의 책임이지. 그렇다고 해서 자네들을 욕하는 것은 아니지만 적어도 비난을 받아 마땅하지. 자네 같은 친구들은 늘 꼭 필요한 것만 생각하지. 실체만 좋으면 겉모양 같은 것은 아무래도 상관없 다고 생각하지. 그래도 가지런히 잘돼 있을 때는 나쁘지 않아. 그러나 결국 실체와 겉모양이 서로 달라지기 시작하여 외모 쪽이 실체보다 먼저 퇴색해 버리게 되면 누구나 결국에는 지금까지 내면 때문에 외면을 등한히 한 것에 대해 후회하게 되지."

"그건 지당한 말이야." 소령은 말하면서 한숨이 나오는 것을 멈출 수가 없 었다. "전적으로 지당한 말이라고 할 수는 없겠지만," 노청년은 말했다. "뭐 니뭐니 해도 내 직업으로는 가능한 한 오래 겉모습을 닦아 윤이 나게 하지 않는다면 그건 용서 받을 수 없는 일이지. 그러나 자네들처럼 우리와 전혀 다른 사람은 그 밖의 훨씬 중요하고 영속적인 일에 관심을 돌려야 할 이유가 충분히 있을 거야."

"그렇지만 이런 경우도 있어." 소령이 말했다. "가슴속에 발랄한 생기를 느끼면서 외모도 가능하면 좀 다시 젊어졌으면 싶을 때가 있다는 말이지."

손님은 소령의 본심을 전혀 알 수 없었기에 군인으로서 하는 말로 받아들 이고 장황하게 의견을 늘어놓았다.

군대에서 겉모습이 얼마나 중요하느냐, 또 장교는 옷차림에 적지 않은 신 경을 써야 하는 것처럼 피부나 머리에도 어느 정도 주의를 기울여야 하지 않 겠느냐, 등등.

"이를테면, 이런 것은 용서할 수 없어." 그는 말을 계속했다. "자네의 귀밑머리가 벌써 희어지면서 얼굴 여기저기에 주름이 생기고, 머리 가운데는 이제 곧 벗겨지려 하는 것들 말이야. 나이를 먹기는 했지만 나를 보게. 내가 어떻게 젊음을 유지해 왔는지 잘 보란 말이네! 이건 마술을 부린 게 아니야. 사람들은 매일 노력과 주의를 기울이고도 자기 몸을 망치거나 지루해하지. 그에 비하면 내 겉모양은 훨씬 적은 노력과 주의로 이룬 것이라네."

소령은 우연히 나온 이 대화가 자신에게 아주 유익했기에 일찍 끝내고 싶지 않았다. 그러나 그는 옛 친구에게조차 사실을 숨기면서 조심스럽게 처신했다. "유감스럽지만 그동안 나는 그런 일에 게을렀어." 그는 외쳤다. "그리고 이제 돌이킬 수 없어. 이제는 단념하는 길밖에 없어. 그렇다고 해서 나를 한심한 놈이라 생각하지 말게."

"지금부터라도 늦지 않아!" 상대가 대답했다. "자네들같이 고지식한 신사들은 자칫 경직되어서, 외모에 신경 쓰는 사람을 보면 겉치레만 한다고 여기면서 사람들과 유쾌하게 어울리며 즐길 수 있는 기쁨을 내던져버리지. 그런 생활 태도를 지양하면 되는 거야." 이 말에 소령은 미소지었다. "자네들이 젊음을 유지하는 비결이 마법은 아니라고 하더라도 그건 역시 하나의 비밀이야. 적어도 신문에 곧잘 오르내리는 비약과 같은 것이지. 그 가운데서 가장 좋은 것을 자네들이 끄집어내서 시도해 보는 방법을 습득하는 거겠지." 그러자 친구가 대답했다. "자네의 말이 농담이든 진담이든 정곡을 찔렀어. 옛날부터 마음보다는 훨씬 일찍 시드는 겉모습에 조금이라도 영양분을 주기 위해 여러 가지 시도가 있었지. 실제로 이 가운데에는 귀중한 단순약이나 복합약이 있어. 그것을 나는 연극배우 동료들에게 배운다든지, 돈을 주고 산다든지, 우연히 손에 넣는다든지 해서 직접 충분히 시험해 보았지. 나는 지금도 그것을 계속 사용하고 있다네. 그렇다고 연구를 그만둔 건 아니야. 이것만은 별로 과장하지 않고 자네에게 말할 수 있어. 나는 천금(千金)으로도 바꿀 수 없는 화장 상자를 하나 가지고 다니지. 우리가 2주일만 함께 있을 수 있다면 그 효과를 자네에게도 시험해 보일 수 있는데 말이야."

그러한 것이 있을 수 있다는 생각, 그리고 그런 가능성이 마침 적절한 기회에 주어질 생각을 하자 소령의 마음은 한결 밝아져, 이미 그의 얼굴은 한층 더 생기가 넘쳐났다. 머리카락과 얼굴을 자기 마음과 일치시킬 수 있다는 희망에 부풀어, 그 약을 지금 당장 자세하게 알고 싶은 초조감 때문에 소령은 식사 때에는 마치 딴사람처럼 보였다. 힐라리에의 따뜻한 갖가지 배려를 안심하고 받아들였으며, 오늘 아침만 하더라도 그토록 낯설게만 느껴졌던 어떤 확신감에 가득 차서 그녀를 바라보았다.

연극배우 친구는 여러 가지 추억담과 세상 이야기 그리고 멋진 착상으로 유쾌한 기분을 이어주었다. 그러나 식사가 끝난 뒤 그가 바로 자리에서 일어나 작별인사를 하고 여행을 계속하려 하자 소령의 낭패감은 대단한 것이었다. 어떻게 해서든 그는 친구를 적어도 하룻밤이라도 붙잡아두려고 내일 아침 일찍 교대할 말을 준비해 놓기로 단단히 약속했다. 요컨대 효험이 있는 화장 상자의 내용물과 사용 방법을 그에게 자세히 가르쳐주기 전에는 절대로 이 집 밖으로 나가지 못하게 할 생각이었다.

소령은 이제 한시도 우물쭈물해서는 안 된다는 것을 알았기에 식사가 끝나자 곧 친구와 단둘이 말할 기회를 만들었다. 그러나 단도직입적으로 돌진할 만한 용기가 없었기에 그는 화제를 돌려 앞선 이야기를 다시 문제 삼아 다음과 같이 말했다. 자기로서는 외모에 더 많이 신경쓰고 싶었지만 세상 사람들은 그런 노력을 하는 사람을 보면 모두 허영꾼이라고 떠들어대면서, 신체적인 외모로 젊음을 평가하면서도 도덕적으로는 그만큼 그 인간에 대해 무시하려고 하기 때문에 정말 곤란하다고.

"그런 이야기로 나를 불쾌하게 만들지 말아줘." 친구는 말했다. "그건 사람들이 별다른 생각 없이 내뱉는 입버릇 같은 말이니까. 더 심하게 말하면, 그렇게 이야기함으로써 사람들은 자신의 불친절하고도 악의에 찬 본심을 토로하고 있는 거야. 자네도 잘 생각해 봐. 사람들이 이따금 허영꾼이라고 헐뜯는 게 도대체 무엇인지. 인간은 누구나 자신에 대한 기쁨을 느껴야 하며 또 그런 기쁨을 가진 자는 행복하지. 그런데 이런 기쁨을 가지고 있으면서 왜 그 감정을 억눌러야 한단 말인가. 자기 인생의 한가운데에서 삶의 기쁨을 만끽하는 것을 어째서 감추어야 한다는 말인가. 만약 어떤 인간이 자기와 자기 존재에 대한 기쁨의 표현이 너무나 강해서 다른 사람들이 그 기쁨을 표현하는 걸 방해하는 경우, 우리의 품위 있는 사회가 그 사람의 이런 기쁨에 대한 표현을 비난해야 마땅하다고 생각한다면 이의를 제기할 필요는 없겠지. 여기서는 우리의 그 품위 있는 사회라는 것이 문제니까 말일세. 애초에 그런 비난들은 바로 이 같은 과민반응에서 나왔으리라 추측할 수 있다네. 그러나 도저히 피할 수 없는 것에 대해 이상하게 부정적인, 그런 엄격한 태도가 무슨 소용이 있단 말인가. 어째서 사람들은 그런 기쁨에 대한 표현을 관대하게 봐주려 하지 않을까? 자기 자신에게는 작든 크든 그런 표현을 가끔 허락하면서 말이야. 뿐만 아니라 그런 표현에 대한 욕망이 없다면 훌륭한 사회라는 것은 전혀 성립될 수 없는 것이네. 왜냐하면 스스로 자기 마음에 들어서 다른 사람에게 과시하려는 욕구가 자기 자신을 다른 사람의 마음에도 들게 하는 것이고, 자기 자신을 우아하다고 생각하는 감정이 스스로를 우아하게 만드는 것이기 때문이네. 요컨대 모든 인간이 겉치레에 신경을 썼으면 좋겠어. 그러나 도를 지나치지 않고 참된 의미에서 그래야겠지. 그렇게 되면 우리는 교양 있는 사회에 사는 가장 행복한 인간이 될 거야. 여자들은 태어날 때부터 겉치레를 한다고들 하지. 그러나 그게 여자에게는 잘 어울리는 것이야. 그렇게 함으로써 여자는 우리에게 점점 더 호감을 갖게 해주지. 허영심 없는 청년이 어떻게 교양을 쌓을 수 있겠는가. 속이 텅 빈, 알맹이 없이 태어난 사람이라 해도 그럴듯한 겉모습은 갖출 수 있어. 그리고 유능한 인간이라면 짧은 시간 내에 외면에서 내면으로 자기 자신을 형성해 가겠지. 나로 말할 것 같으면, 나 자신을 가장 행복한 인간이라고 생각하네. 내 직업이 겉치레를 정당화해 주고, 또 내가 허세를 부리면 부릴수록 점점 더 사람들을 기쁘게 해줄 수 있기 때문이지. 다른 사람들이 비난을 받는 경우에도 오히려 나는 칭찬을 받거든. 그리고 다른 사람들이라면 어쩔 수 없이 무대에서 물러나거나 아니면 치욕을 참아야 할 나이이지만 나는 여전히 관중을 즐겁게 하고, 기쁘게 할 권리와 행복을 가지고 있단 말이야."

소령은 이 이야기의 결론을 듣고 싶지는 않았다. 겉치레를 꾸민다는 말을 그가 끄집어낸 것은 단지 친구에게 자기 소원을 멋들어지게 말하기 위한 기회로 사용하려는 것뿐이었다. 이대로 대화가 계속되면 자신의 의도에서 점점 멀어질 염려가 있다. 그래서 그는 곧장 핵심으로 돌진했다.

"나로서는 지금까지 내가 등한히 했던 것을 조금이라도 회복할 수 있다고 하니 자네가 너무 늦었다고 비웃지 않는다면 기꺼이 자네 뜻에 한번 따라보겠네. 어쨌든 자네가 사용하고 있는 염색제나 포마드 그리고 향유를 좀 나누어줄 수 없겠는가. 나도 한번 시험해 보고 싶네."

상대가 말했다. "나눠준다는 것이 그렇게 간단한 일은 아니지. 이 경우 내

병에서 좀 덜어주고, 화장품에서 제일 좋은 것을 자네에게 절반쯤 남겨준다거나 하는 것만으로 끝나는 문제가 아니야. 가르쳐준다고 곧바로 혼자 할 수 있는 것도 아니고. 이런저런 것이 어떻게 맞으며 어떤 경우에 어떤 순서로 사용하면 좋을지 알려면 연습과 연구가 필요해. 아니 그 연습과 연구조차도 당사자가 이러한 문제에 타고난 재능이 없다면 거의 도움이 안 돼."

소령이 말했다. "자네 어쩐지 이번에는 오히려 꽁무니를 빼려는 것 같군 그래. 어딘지 좀 동화 같은 자기주장을 확고히 하기 위해 나를 애먹이는군. 자네 말을 행동으로 시험해 볼 기회를 내게 주지 않으려는 것 같아."

"내가 먼저 자네에게 이런 제안을 할 만큼 자네에 대한 호감이 없었다면 그런 야유쯤으로 자네의 요구를 들어주도록 내 마음을 움직이지는 못했을 걸세. 자, 자네 이 점도 잘 생각해 주길 바라네. 인간에게는 다른 사람을 개종시키고 싶은 독특한 욕구가 있다는 걸. 그리고 자기가 귀중히 여기는 것이 다른 사람에게도 나타나게 하고 자신이 누리는 바를 그 사람도 마찬가지로 누리게 하여 그들 속에 자기 자신을 재현시키는 일에 특별한 흥미를 가지는 법이지. 실제로 만약 이를 이기심이라고 부른다 하더라도 그것은 가장 사랑스럽고 칭찬할 만하며 우리를 인간다운 인간으로 유지시켜주는 이기심일 게야. 자네에 대한 우정은 놔두고라도 다만 이상과 같은 취미만으로도 자네를 회춘(回春) 술법의 제자로 삼고 싶은 생각은 충분히 있어. 그러나 일반적으로 교사란 제자가 어중간하게 되는 것을 아주 싫어하기 때문에 나도 이 일을 어떻게 시작해야 할지 갈피를 못 잡겠네. 아까도 말했지만 향료를 가르친다든지 사용법을 전수한다든지 하는 것만으로는 충분하지 않아. 사용법이라는 것은 일반적으로 이렇다고 가르쳐줄 수 있는 게 아니란 말일세. 그러나 자네를 위해 나의 가르침을 전해 주고 싶은 심정에서 나는 어떠한 희생도 감당할 용의가 있어. 나는 지금 당장 자네에게 가장 큰 희생을 지불하려 하네. 내 하인을 자네를 위해 여기에 남겨두도록 하겠네. 그는 하인이기도 하고 마술사이기도 하지. 무엇이든지 조제할 수 있는 것은 아니고, 모든 비밀에 도통하고 있는 것도 아니지만, 취급법 전반에 대해서는 아주 잘 알고 있으니 처음 시작할 때에는 큰 도움이 될 걸세. 그의 지시에 따라 자네가 이 일에 더 정통하게 되면 계속해서 내가 자네에게 훨씬 수준 높은 비밀을 밝혀주게 될 거야."

"뭐라고?" 소령이 외쳤다. "자네의 젊어지는 술법에도 단계와 등급이 있단 말인가? 그 길에 도통한 자에게도 아직 남아 있는 비법이 있다는 말인가?"

"그렇고말고!" 상대방은 대답했다. "단번에 파악할 수 있거나, 방금 입문한 자도 가장 심오한 곳까지 꿰뚫어볼 수 있는 그런 것은 보잘것없는 술법임에 틀림없지."

말은 곧 실행으로 옮겨져 소령은 하인을 소개받고 그를 후하게 대우할 것을 약속했다. 영문도 모른 채 남작부인은 작은 상자와 작은 병 그리고 컵을 찾아주어야 했다. 약이 배합되었고 모두는 밤늦게까지 유쾌하고 기발한 이야기로 시간 가는 줄 몰랐다. 밤이 깊어 달이 떠오를 무렵 손님은 한참 뒤에 돌아오겠다고 약속하고는 마차로 출발했다.

소령은 상당히 지쳐서 자신의 방으로 돌아왔다. 아침 일찍 일어나 온종일 몸을 쉴 수 없었기에 이제 곧 잠자리에 들 수 있으려니 생각했다. 그때 그는 하인이 하나가 아니라 둘이라는 것을 알았다. 늙은 마부가 옛 방식으로 허둥지둥 그의 옷을 벗겼다. 그러자 이번에는 새 하인이 나타나서 젊어지는 법과 미용법을 시작하기에 제일 적당한 시간이 밤이며, 그것도 편안히 잠자고 있는 동안에 그 효과가 더 확실하게 나타난다고 말했다. 소령은 하인이 그의 머리에 향유를 바르고 얼굴을 마사지하고 눈썹을 붓으로 칠하고 입술을 두드리는 등의 일을 하도록 내버려두어야만 했다. 이 밖에도 여러 가지가 요구되었다. 그뿐 아니라 나이트캡까지도 곧장 머리에 써서는 안 되며, 그물이나 더 부드러운 가죽으로 된 베레모를 먼저 쓴 다음에 얹어야 했다.

소령은 왠지 모를 불쾌한 기분으로 자리에 누웠는데 그 기분을 확인할 겨를도 없이 바로 잠들어버렸다. 그러나 그의 마음 깊숙한 곳을 헤아려 말해본다면 마치 환자와, 향유를 뿌린 시체의 중간쯤 되는 미라가 된 듯한 기분이었다. 하지만 더없이 밝은 희망에 둘러싸인 힐라리에의 감미로운 모습이 이내 그를 상쾌한 잠으로 이끌었다.

다음 날 아침 제시간에 하인이 모습을 나타냈다. 주인이 갖춰 입어야 할 모든 것이 평소처럼 가지런히 정돈되어 여러 개의 의자에 놓여 있었다. 그런데 소령이 침대에서 일어나려던 바로 그때 새로운 하인이 들어와 그렇게 서둘러서는 안 된다고 엄중하게 경고했다. 계획을 성공하려면, 그리고 적잖이 정성을 들인 노고에 기쁨의 결실을 맺으려면 안정을 취해야 하며 참을성 있게 기다려야 한다고 했다. 그리고 잠시 뒤에 일어나 가벼운 아침 식사를 들고 나서 이미 준비되어 있는 목욕탕에 들어가야 한다는 것이었다. 이런 지시들은 어길 수 없는 것이어서 착실하게 지키는 수밖에 별도리가 없었다. 이러는 사이에 몇 시간이 지나갔다.

소령은 목욕 뒤의 휴식 시간을 줄여 빨리 옷을 입어야겠다고 생각했다. 그는 천성적으로 성급한 데다 빨리 힐라리에를 만나고 싶었기 때문이다. 그러나 이번에도 새로운 하인이 그를 가로막고는 설득하기에 이르렀다. 만사를 빨리 해치우려는 습관은 버려야 한다, 특히 옷을 입을 때는 자신과 즐기는 시간으로 간주해야 한다는 것이었다.

하인의 처리법은 그가 말하는 바와 완전히 일치했다. 그래서 소령도 거울 앞에 서서 거기에 비치는 자기 모습을 바라보았을 때 실제로 그 어느 때보다 훨씬 몸치장이 잘된 듯해 만족스러웠다. 밤새 하인은 많은 질문없이 알아서 군복까지도 훨씬 현대적으로 수선해 놓았던 것이다. 젊어지는 효과가 이처럼 빨리 나타난 것을 보고 소령은 아주 유쾌해져서, 내적으로나 외적으로나 상쾌해지는 것을 느끼면서 빨리 가족들이 보고 싶은 마음에 그들이 있는 곳으로 서둘러 갔다.

가보니 누이동생이 가계도(家系圖) 앞에 서 있었다. 어제저녁 그들 사이에서 몇몇 먼 친족들이 화제에 올랐기에 그녀는 이것을 벽에 걸게 했던 것이다. 그들 가운데 어떤 사람은 미혼이고 어떤 사람은 먼 곳에 살고 또 어떤 사람은 소식조차 끊겼지만, 적어도 이 남매는 자신들 또는 그들의 자식들에게 어느 정도 풍족한 유산을 상속해 주지 않을까 하는 기대를 갖고 있었던 것이다. 그들은 한동안 이 일에 대해 서로 이야기를 나누었지만 지금까지는 모든 가정적 배려나 노력이 전적으로 아이들에 관한 것이었다는 점에 대해서만 얼마 동안 이야기했었다. 힐라리에의 사랑으로 인해 상황이 확실히 달라지기는 했지만, 소령과 누이동생 모두 이 순간에는 그 문제를 더 이상 생각하고 싶지 않았다.

남작부인이 물러가고 난 뒤 소령은 혼자 간략한 가계도 앞에 서 있었다. 힐라리에는 그의 옆에 다가와 천진난만하게 그에게 기대어 가계도를 바라보면서, 이중에서 어떤 사람들을 알고 있는지, 도대체 누가 아직 살아 있는지를 물었다.

소령은 어린시절의 희미한 기억을 더듬어, 일족 가운데 가장 오래된 사람들부터 설명을 시작했다. 뒤이어 계속해서 여러 아버지들의 성격이라든지 그 자녀들이 아버지와 닮은 경우와 닮지 않은 경우를 지적해 보이고 할아버지가 이따금 손자에게서 되살아나는 것을 말하면서 덧붙여 다른 집에서 시집을 와서 때로는 가계 전체의 성격을 바꿀 만큼 영향력이 강했던 여자들에 대해서도 이야기했다. 그는 또 많은 조상들이나 친족들의 미덕을 찬양했고 그 결점도 감추지 않았다. 수치가 될 사람들의 이름은 말없이 넘어갔다. 그리고 드디어 그는 가장 아랫줄로 왔다. 거기에는 그의 형인 궁내장관과 그와 그의 누이동생 이름이 있고 그 아래에 그의 아들과 나란히 힐라리에의 이름이 있었다.

"이 두 사람은 정면으로 얼굴을 맞대고 있군그래." 소령은 말했다. 그러나 자기 가슴속에 품고 있는 바를 덧붙이지 않았다. 얼마 뒤에 힐라리에는 조심스럽게 낮은 목소리로 거의 한숨을 내쉬듯이 말했다. "그렇지만 그 윗줄을 쳐다보는 사람을 아무도 나무라지는 않겠지요." 동시에 그녀의 두 눈은 그를 쳐다보았다. 그 눈에서는 그녀의 모든 사랑이 나타나 있었다. "네가 말하는 것을 곧이곧대로 받아들여도 괜찮단 말이냐?" 소령은 그녀 쪽으로 돌아서서 말했다. "저는 아무것도 말씀드릴 수 없어요." 힐라리에는 미소지으면서 말했다. "이제는 모든 것을 알고 계시니까요."

"너는 나를 세상에서 가장 행복한 사람으로 만들어주는구나!" 소령은 외치면서 그녀의 발아래에 무릎을 꿇었다. "내 아내가 되어주겠니?" "제발 일어나세요! 저는 영원히 당신의 것이에요."

남작부인이 들어왔다. 그리 놀란 것은 아니지만 멈칫 서 있었다.

"이것이 불행한 일이라면," 소령은 누이동생에게 말했다. "그것은 네 책임이야. 행복해지면 우리 두 사람은 그것을 영원히 네 덕분이라고 생각할 거야."

남작부인은 어릴 때부터 어떤 남자들보다 오빠를 좋아했다. 그러니 힐라리에의 외삼촌에 대한 사랑도 어머니의 오빠에 대한 특별한 애정에서 비롯된 것은 아니라 하더라도 어느 정도는 연관이 있음에 틀림없었다. 이 세 사람은 이제 하나의 사랑, 하나의 기쁨으로 맺어졌고, 그들에게는 가장 행복한 시간이 흘러갔다. 그러나 결국 그들도 주변 세계를 인정하지 않을 수 없었다. 바깥 세계가 인간의 내적 감정과 일치하는 일은 드문 법이다.

이제 그들은 또다시 아들 일을 생각하게 되었다. 힐라리에는 아들의 배필로 정해져 있었고 아들 또한 그것을 잘 알고 있었다. 소령은 궁내장관인 형과의 협상을 마무리하는 즉시 아들이 있는 병영으로 찾아가 모든 것을 그와 상의하고 이 문제를 행복한 결말로 인도할 예정이었다. 그러나 이제 뜻하지 않은 사건으로 말미암아 모든 사정이 완전히 틀어지고 말았다. 평소 잘 맞았던 부자(父子) 관계가 이제부터 적대 관계로 변할지도 모른다. 그리고 사태가 어떻게 달라질지, 사람들의 감정이 어떤 식으로 흘러갈지 예측하기 어려웠다.

그렇지만 소령은 아들을 방문할 결심을 해야 했다. 아들에게는 이미 간다는 사실을 알려놓았기 때문이다. 그는 별로 마음이 내키지 않았으며 이상한 예감도 들고 게다가 잠깐이기는 하지만 힐라리에를 남겨놓고 떠난다는 고통으로 망설이다가 출발했다. 마부와 말은 남겨두고 이제는 한시도 없어선 안 될, 젊어지는 법을 가르쳐준 하인과 함께 마차를 타고 아들이 있는 도시로 향했다.

아버지와 아들은 그동안 오래 떨어져 있었기에 진심으로 반갑게 인사를 나누었고 포옹을 했다. 서로 할 말은 많았지만 가장 마음에 두고 있던 말은 어느 쪽에서도 곧바로 입 밖에 내지 못했다. 아들은 앞으로 곧 있을 승진에 대한 희망으로 들떠 있었다. 한편 아버지는 재산 전반에 관한 것, 개개 소유지와 그 밖의 것에 대해, 가족의 연장자들이 함께 의논하여 결정한 내용들을 자세하게 아들에게 말해 주었다.

대화가 어느 정도 멈추는 듯했을 때, 아들은 용기를 내어 미소지으면서 말했다. "아버지, 제게 잘해주셔서 정말 감사해요. 아버지는 소유지와 재산에 대해서는 말씀을 해주셨어요. 그러나 어떤 조건을 갖춰야 적어도 그 일부가 제 것이 되는지, 그 조건에 대해서는 아직 아무 말씀도 안 하셨습니다. 그리고 제가 그 이름을 꺼내기를 기다리고 계시죠. 사랑스러운 아가씨하고 빨리 합치겠다는 소망을 털어놓기를 기다리시겠지요."

소령은 아들의 말을 듣고 매우 당황했다. 그러나 교섭 상대방의 진의를 탐색하는 것이 그의 본성이고, 한편으로는 오랜 습성이기도 했기 때문에 그는 묵묵히 알 수 없는 미소를 띠면서 아들을 보고 있었다. "아버지, 아버지는 제가 무슨 말을 꺼내려고 하는지 모르실 겁니다." 중위는 말을 계속했다. "제가 먼저 결단을 내려서 말씀드리죠. 저는 아버지의 호의를 믿습니다. 그처럼 여러 가지로 저를 위해 걱정해 주시는 것은 또한 저의 참된 행복을 생각해 주셨음에 틀림없기 때문입니다. 어차피 언젠가는 말씀드려야겠지요. 이 기회에 말씀드리지요. 힐라리에는 저를 행복하게 할 수 없습니다! 저는 힐라리에와는 사랑스러운 친척의 한 사람으로서 일생 동안 친밀하게 지내고 싶어요. 그러나 다른 여성이 저의 정열을 불러일으켜 제 애정을 사로잡았습니다. 어쩔 수 없이 끌려가고 있습니다. 아버지, 저를 불행하게 하지 말아주십시오."

소령은 얼굴 전체에 기쁜 빛이 퍼져나가는 것을 간신히 감추었다. 이어 온화하고도 진지한 어조로 아들에게, 그처럼 완전히 그를 사로잡은 여성이 누구인지 물었다. "꼭 그 사람을 만나주세요, 아버지. 그 사람은 말로 표현할 수 있는 사람도 아니고 말씀을 드려도 과연 그렇구나 하고 수긍할 수 있는 사람도 아닙니다. 그녀에게 가까이 가는 사람 모두가 그렇듯 아버지 역시 그녀의 포로가 되지 않을까 걱정될 지경입니다. 정말이지 그런 일을 겪게 되면 아버지는 아들의 연적이 될 것입니다."

"도대체 어떤 여자냐?" 소령이 물었다. "만약 네가 그 여자의 인품을 말할 수 없다면, 적어도 외적 상황에 대해서라도 이야기 해보렴, 그거라면 오히려 말하기가 쉬울 테니까." "그럴게요, 아버지!" 아들은 대답했다. "그러나 외적 상황만 하더라도 다른 여자의 경우와는 다릅니다. 이런 상황에서 미치는 영향만 해도 다른 여자와는 다르지요. 그녀는 젊은 과부로, 얼마 전에 세상을 떠난 돈 많은 노인의 상속녀인데 지금은 혼자 몸입니다. 또 그럴 만한 충분한 가치가 있어서 많은 사람들에게 사랑받고 또 구혼받고 있어요. 그렇지만 제 생각이 틀리지 않았다면 그녀의 마음은 제게 기울어져 있어요." 아버지가 침묵한 채 반대하는 기색을 보이지 않았기에 아들은 홀가분한 기분으로 말을 계속했다. 과부의 그에 대한 태도를 말하고는 그 형언할 수 없는 우아함, 상냥함을 하나하나 높이 칭찬했다. 물론 그런 말을 들어도 아버지는 모든 사람에게 사랑을 받고 있는 여자의 가벼운 호의로만 느껴질 뿐이었다. 그 여성은 많은 남성들 중에서 누구든 한 사람을 고르겠지만 그렇다고 해서 그 남자로 완전히 마음을 정했다고 할 수는 없는 것이다. 다른 경우 같으면 소령은 틀림없이 아들이라고 하더라도, 아니 단순한 친구라 하더라도 자기기만에 의한 그런 오만은 버리는 게 좋을 거라고 충고를 아끼지 않았을 것이다. 그러나 이번 경우에는 아들이 착각한 게 아니라 과부가 진심으로 아들을 사랑해서 가능한 한 빨리 아들을 위해 결정을 내려준다면, 그것은 아버지 자신에게 더할 나위 없이 고마운 일이었다. 그래서 소령은 아무 의심도 하지 않아서였는지, 아니면 그런 의심을 일부러 품으려 하지 않아서였는지, 그냥 입을 다물고 있을 수밖에 없었다.

"너는 나를 아주 난처하게 만드는구나." 아버지는 잠시 뒤에 이야기하기 시작했다. "지금 남아 있는 우리 가문에서 결정한 모든 합의는 네가 힐라리에하고 결혼한다는 것을 전제로 하고 있지. 만약 힐라리에가 다른 사나이하고 결혼을 하게 되면 모처럼 잘 생각해서 거액의 재산을 마련하려고 계획했던 것이 소용없게 되어, 특히 너의 몫은 크게 기대하지 말아야 할 거야. 물론 또 하나의 방법이 있지만 그것은 조금 이상하게 들릴 테고, 그 방법을 호소한다 해도 너에게 넘어가는 몫은 역시 대단한 것이 못된단 말이야. 내가 이렇게 나이를 먹었지만 힐라리에와 결혼할지도 모르겠구나. 그렇지만 이것이 너를 기쁘게 할 수는 없겠지."

"아닙니다. 그거야말로 세상에서 최고로 기쁜 일입니다." 중위는 외쳤다. "진정 애정이 있는 사람이라면, 사랑의 행복을 맛보거나 소망하는 사람이라면 누가 이 최고의 행복을 모든 친구들과 그리고 그의 소중한 모든 사람에게 나누어주고 싶지 않겠습니까! 아버지는 아직 늙지 않았어요. 힐라리에는 얼마나 사랑스럽습니까! 그녀에게 구혼하려는 생각을 한 것만으로도 이미 젊은 마음과 청신한 기력을 갖고 있다는 증거입니다. 이런 착상, 이런 제안을 잘 생각해서 여러 가지로 궁리해 보죠. 아버지가 행복하다는 것을 알고 나야 저도 비로소 정말 행복해질 수 있어요. 아버지가 제 운명을 생각해 주신 배려 때문에 아버지에게 이토록 멋지고 큰 보상이 돌아갈 수 있다면 저도 정말로 기쁠 겁니다. 그것을 알게 된 지금에야 드디어 용기를 내어 믿음으로 아무런 거리낌 없이 아버지를 제가 사랑하는 아름다운 여자에게로 모시고 가겠습니다. 아버지도 그런 감정을 느끼고 계실 테니 저의 이 감정을 인정해 주시겠지요. 아들의 행복을 방해하지는 않겠죠. 어쨌든, 아버지는 자신의 행복을 쫓아가고 계시니까요."

아들이 이것저것 절실한 말들을 늘어놓자 아버지는 걱정이 될 때마다 말참견을 하려고 했지만 아들은 기회를 주지 않았고 두 사람은 아름다운 과부가 있는 곳으로 서둘러 갔다. 가보니 그녀는 잘 꾸며진 큰 저택에 살고 있었고, 때마침 숫자는 많지 않지만 선택된 사람들에게 둘러싸여 즐거운 담소를 나누고 있었다. 그녀는 어떠한 남자도 그 매력에서 벗어날 수 없게 만드는 여성 가운데 한 사람이었다. 그녀는 믿을 수 없을 만큼 능란한 솜씨로 소령을 이날 저녁 주인공으로 만들어버렸다. 마치 다른 사람들은 그녀의 가족이고 소령 혼자만 손님처럼 보였다. 그녀는 그의 상황을 잘 알고 있으면서도, 모든 것을 처음 듣는 것처럼 이런저런 이야기를 그에게 물었다. 그러자 그 자리에 있는 사람들 모두 이 새로 온 손님에게 어떤 관심이라도 나타내고 싶어 못 견뎌 했다. 어떤 사람은 소령의 형을, 또 어떤 사람은 그의 소유지를, 또한 다른 무엇을 알고 있다는 태도를 취하지 않을 수 없었다. 이러자 소령은 자기가 떠들썩한 이 대화의 중심이 되었음을 느꼈다. 게다가 그는 이 미인의 바로 옆에 앉아 그녀의 시선을 한 몸에 받았고 그녀의 미소도 그를 향해 있었다. 요컨대 그는 자기가 무엇 때문에 여기에 왔는지 거의 잊어버릴 지경이었다. 그리고 그녀는 그의 아들에 대해서는 거의 한 마디도 화제에 올리지 않았다. 아들이 그토록 열심히 담화에 끼어들었는데도 말이다. 그는 다른 모든 사람과 마찬가지로 오늘은 오직 아버지를 접대하기 위해 거기에 있는 것처럼 보였다.

여자들이 어떤 모임에서 손뜨개질을 할 때 그것은 겉으로는 무심하게 일을 계속하고 있는 듯 보이지만 그 민첩함과 우아함으로 말미암아 이따금 중요한 의미를 갖게 된다. 아름다운 여성이 한눈도 팔지 않고 열심히 그런 손뜨개를 계속하면 그녀는 주위를 전적으로 무시하고 있다는 인상을 주어, 무언의 불쾌감을 불러일으킨다. 그러나 얼마 뒤, 말하자면 이제 겨우 잠에서 깬 것처럼 뭔가 한 마디를 입 밖에 낸다든지, 슬쩍 한번 보기만 해도 이때까지 거기에 있지 않았던 여자의 존재가 다시 모임의 중심이 되고 그녀는 새로 출현한 것처럼 환영을 받는다. 그러나 그녀가 일손을 멈추고 어떤 이야기, 이를테면 사나이들이 좋아하는 교훈적인 이야기에 주의를 쏟으면, 그러한 특별대우를 받는 사나이에게는 참으로 기쁘고 영광스러운 일이 되는 것이다.

우리의 아름다운 과부 또한 이런 식으로 아취 있는 예쁘장한 편지주머니를 만들고 있었다. 더구나 이 지갑은 모양이 커서 눈에 띄었다. 그런데 이 편지주머니가 마침 거기에 있는 사람들의 화제에 올라 그녀 바로 옆자리의 사나이가 그 편지주머니를 넘겨받았고 그것은 찬사를 받으며 손에서 손으로 차례로 돌려졌다. 그동안에 뜨개질을 하던 그 여자는 소령과 진지한 이야기를 나누고 있었다. 이 집안 친구인 한 늙은이가 거의 다 완성된 이 작품을 과장해서 칭찬했다. 그러나 그것이 소령에게로 돌아왔을 때 과부는 그것이 소령의 주의를 끌 만한 가치가 없다는 듯 그의 손에서 빼앗으려 했다. 그럼에도 소령은 예절 바르게 그 작업의 솜씨를 인정할 줄 알았다. 한편 이 집안의 친구는 이때에도 이 편지주머니를 페넬로페[5]의 작품을 보는 것만 같다고 칭찬했다.

사람들은 방을 이리저리 걸어다니다가 우연히 함께 대화 상대가 되기도 했다. 중위는 아름다운 여자 곁으로 다가서서 물었다. "제 아버지를 어떻게 생각합니까?" 그녀는 미소지으면서 대답했다. "당신은 아버님을 모범으로 삼아도 좋을 것 같군요. 보세요. 입고 있는 옷맵시가 얼마나 멋진지 모르겠어요! 몸매나 태도도 아드님보다 더 훌륭해요!" 이런 식으로 그녀는 어디까지나 아들을 방편으로 삼고 아버지를 칭찬해서 젊은이의 가슴에 만족과 질투가 뒤섞인 묘한 감정을 불러일으켰다.

얼마 안 있어 아들은 아버지 옆으로 다가가 모든 것을 자세히 이야기해 주었다. 아버지는 과부에 대해 점점 더 친밀하게 행동할 뿐 아니라 그녀 쪽에서도 한층 더 생기 넘치고 허물없는 태도로 그를 대했다. 요컨대 헤어질 때에는 소령도 다른 모든 사람들과 마찬가지로 이제는 그녀 측근자들의 한 사람이 되었다고 말할 수 있었다.

갑자기 비가 심하게 쏟아졌기 때문에 사람들은 그들이 왔을 때와 같은 방법으로 집으로 돌아갈 수가 없게 되었다. 마차 여러 대가 현관에 도착하여, 걸어서 왔던 사람들이 나누어 탔다. 중위만이, 그렇잖아도 마차가 너무 비좁다는 그럴듯한 핑계를 내세워 아버지를 먼저 보내고 뒤에 남았다.

---

[5] 그리스 신화에 나오는 오디세우스의 아내. 남편이 오랫동안 집을 비우고 없을 때, 그녀에게 구혼하는 사나이들에게 시아버지의 수의를 다 만들고 난 뒤에야 그러겠다고 제의했다. 그러나 그녀는 밤이면 꿰인 실을 다시 풀어버리곤 했다.

소령은 자기 방에 들어서자 정말로 어떤 어지럼증과 자기 스스로도 믿기지 않는 그런 기분에 잠겼다. 이것은 한 상태에서 갑자기 그 반대되는 상황으로 내던져진 사람에게 일어나기 쉬운 그런 느낌이었다. 배에서 막 내린 사람에게는 땅이 흔들리는 것처럼 생각되고, 갑자기 어둠 속으로 들어간 사람의 눈에는 아직도 빛이 아물거리는 법이다. 이와 마찬가지로 소령은 아직도 아름다운 그녀의 모습에 휩싸여 있는 것처럼 느꼈다. 그는 그녀를 계속해서 보고 듣고, 또 보고 또 들을 수 있기를 원했다. 그리고 어느 정도 제정신을 되찾자 그는 아들을 용서하고, 뿐만 아니라 그토록 많은 장점을 지닌 여자를 소유하고자 하는 아들에게 행복한 남자라며 찬사를 보냈다.

　그가 이런 감정으로부터 깨어난 것은, 너무 기뻐 어찌할 바를 몰라 세차게 문으로 뛰어들어온 아들 때문이었다. 그는 아버지를 껴안고 외쳤다. "저는 세상에서 가장 행복한 사람입니다." 이렇게 두어 번 소리를 지른 뒤에 드디어 두 사람 사이에 대화가 시작되었다. 아버지는 그 아름다운 부인이 자기와 이야기하는 동안, 아들에 대해서는 한 마디도 입 밖에 내지 않았다고 말했다. "그게 바로 그녀의 우아하게 침묵하는 암시적인 방식입니다. 그렇기 때문에 사람들은 자신의 소망이 이루어질 것을 믿으면서도, 또한 언제나 의심을 완전히 떨쳐버릴 수 없는 것이죠. 저에게도 그 여자는 지금까지 늘 이런 식이었습니다. 그러나 아버지가 계셔준 것이 기적을 낳게 했어요. 기꺼이 고백합니다만, 제가 뒤에 남은 것은 조금 더 그녀를 보고 싶었기 때문입니다. 저는 그녀가 불 켜져 있는 방을 왔다 갔다 하는 것을 보았어요. 손님이 떠나간 뒤에도 불을 끄지 않는 것이 그녀의 습관인 것을 잘 알고 있었거든요. 그녀는 자기가 마법으로 끌어들인 영혼들이 돌아가고 나면 혼자 마법의 방들을 이리저리 거닐지요. 그녀는 제가 핑계를 만들어 되돌아온 것을 나무라지는 않았습니다. 그녀는 별로 대수롭지 않은 것들에 대해 상냥하게 말을 해주었어요. 우리 둘은 열려 있는 문을 지나 계속 이어져 있는 방들을 이쪽저쪽 걸어다녔습니다. 우리는 벌써 여러 번 끝까지 가서 그곳 어둑어둑한 램프 하나가 켜져 있을 뿐인 작은 방으로 들어갔어요. 그녀는 샹들리에 아래에서 움직이는 모습도 물론 아름다웠지만 램프의 부드러운 빛을 받고 있는 모습은 훨씬 더 아름다웠죠. 우리는 다시 그 방으로 왔다가 돌아서면서 한동안 조용히 서 있었습니다. 어떻게 제가 그처럼 대담해졌는지, 그처럼 과감한 일을 할 수 있었는지 저 자신도 모를 일이지만 저는 갑자기 그녀의 손을 잡고 그 부드러운 손에 키스를 하고는 그 손을 제 가슴에 갖다댔습니다. 그녀는 그 손을 빼지 않았어요. '천사 같은 분이시여' 하고 저는 외쳤습니다. '더 이상 나에게 당신의 감정을 감추지 말아주십시오. 만일 그 아름다운 가슴속에, 당신 앞에 서 있는 행복한 남자에 대한 사랑이 깃들어 있다면 이제는 더 이상 그 사랑을 감추지 말고 털어놓아주십시오. 고백하여 주십시오! 지금이야말로 가장 아름다운, 다시없는 순간입니다. 나를 쫓아버리든지 아니면 당신 품에 안아주십시오!'

저는 무슨 말을 했는지도 기억 안 나요. 어떤 행동을 했는지도 모릅니다. 그녀는 물러나지도 않고 물리치지도 않고 대답도 하지 않았어요. 저는 용기를 내어 그녀를 제 팔로 껴안고 나의 아내가 되어줄 생각이 있는지 물어보았습니다. 저는 격렬하게 그녀에게 키스했지요. 그녀는 저를 밀어냈어요. '그래요, 그렇고말고요' 하고 그녀는 낮은 목소리로 난처하다는 듯이 말했습니다. 저는 그녀에게서 물러서면서 외쳤습니다. '아버지를 보내 대신 말씀을 드리겠습니다!' '이 일은, 아버지께 아무 말도 말아주세요' 하고 그녀는 두세 걸음 내 뒤를 쫓아오면서 대답했죠. '어서 가세요. 오늘 밤 일은 잊어주세요.' "

이 말을 듣고 소령이 무엇을 생각했는지에 대해서는 이야기하지 않겠다. 어쨌든 그는 아들에게 말했다. "그래서 너는 어떻게 해야 한다고 생각하느냐? 내 생각으로는 사태가 뜻하지 않게 아주 잘돼가는 것 같다. 그러니 이제부터는 좀 격식을 갖춰서 일을 진행하는 것이 좋을 듯하구나. 내가 내일 그쪽으로 가서 너를 대신해 구혼하는 것이 아마 가장 예의에 어긋나지 않을 것 같다." "당치도 않은 말씀입니다, 아버지!" 아들은 외쳤다. "그렇게 하면 일을 완전히 그르쳐버리는 거예요. 그녀의 행동과 어조가 너무 형식적인 것에 의해 어지럽혀지거나 손상되면 안 돼요. 아버지가 아무 말씀 안 하셔도 아버지가 옆에 있어준 것이 이 결합을 촉진시킨 것이기 때문에 그것으로 이제 충분합니다. 그렇습니다. 제 행복은 아버지 덕분이에요! 아버지에 대한 제 연인의 존경심이 모든 의심을 없애주었어요. 만약 아버지께서 그런 시간을 내주시지 않았더라면, 아버지 아들은 지금 같은 행복한 순간을 누리지는 못했을 겁니다."

그들은 이런 식의 대화를 밤늦게까지 나누었다. 둘은 서로의 계획에 대해 의견의 일치를 보았다. 즉 소령은 아름다운 과부에게 의례적인 작별의 방문을 하고 나서 힐라리에와의 결혼을 진행하려 생각했고, 아들은 자신의 결혼을 가능한 한 빨리 서두르기에 이르렀던 것이다.

제4장

다음 날 아침 우리의 소령은 작별을 고하기 위해, 또한 되도록 아들의 의향을 요령 있게 개진시켜볼 작정으로 예의 아름다운 과부를 방문했다. 그는, 아주 고상한 실내복을 입고 어떤 나이든 부인과 함께 있는 그녀를 보았는데, 이 부인도 매우 조심성 있고 친근한 몸가짐으로 그를 맞아주었다. 젊은 부인의 우아함과 나이 든 부인의 단정한 태도는 그 이상 바랄 수 없을 만큼 균형 잡힌 한 쌍을 이루고 있었으며, 그녀들이 서로 주고받는 태도도 두 사람이 아주 친밀한 사이임을 대변해 주고 있는 것처럼 보였다.

젊은 부인은 벌써 어제부터 우리에게는 낯익은 편지주머니 만드는 일을 계속하여 지금 막 다 끝낸 참인 것 같았다. 왜냐하면 그녀는 호감 가는 손님이 모습을 나타내자 평범한 환영인사와 따뜻한 말로 맞아들인 뒤, 여자 친구에게, 말하자면 중단된 대화를 다시 잇듯이 이 정교한 수예품을 내밀었기 때문이다. "이걸 봐주세요. 드디어 완성됐어요. 오래 망설이고 게으름을 피우고 해서 좀처럼 완성될 것 같지 않았는데 말예요."

"소령님, 마침 잘 오셨습니다." 나이 든 부인이 말했다. "우리 논쟁에 결말을 내주세요. 그렇지 않으면 차라리 어느 한쪽을 편들어 주세요. 내 의견은 이렇습니다. 이런 끈기를 요하는 일은 이것을 받을 상대방을 확실히 정하고 그 사람을 마음으로 생각하지 않고서는 도저히 시작할 수 없는 일이다, 그런 생각 없이는 완성할 수 없는 것이다, 라고요. 당신이 직접 이 예술품 —이렇게 불러도 좋다고 생각합니다만—을 보아주세요. 이런 것이 전혀 목적 없이 만들어질 수 있다고 생각하나요?"

우리의 소령은 물론 이 작품에 대해 모든 찬사를 표하지 않을 수 없었다. 그것은 절반은 손으로 엮고 절반은 자수로 되어 있어, 감탄을 자아내면서 동시에 이것을 만든 까닭을 알고 싶은 궁금증도 불러일으켰다. 여러 색깔의 비단실이 두드러져 보였으며 금실도 군데군데 사용되어 있었다. 요컨대 편지 주머니의 화려함과 젊은 부인의 고상한 취향 가운데 어느 쪽을 더 많이 찬미해야 할지 판단이 서지 않았다.

"이래도 아직 좀 더 손봐야 할 데가 있어요." 아름다운 부인은 휘감아놓은 리본의 장식 매듭을 다시 한 번 풀어 그 안을 여기저기 고치면서 말했다. "저는 다투고 싶진 않지만." 그녀는 말을 계속 했다. "이 일을 하면서 어떤 심정이었는지는 설명드리고 싶어요. 처녀시절부터 우리는 손가락으로는 섬세한 일을 하면서, 머릿속에서는 이런저런 생각에 빠지는 데 익숙해진답니다. 이 두 가지는 우리가 점점 어렵고 손이 많이 가는 일을 배우게 된 뒤에도 여전히 우리에게 남아 있어요. 그리고 나는 이런 종류의 일 하나하나에 언제나 사람들이나 상황, 기쁨이나 슬픔과 관련된 생각들이 따라다녔다는 점을 부정하지는 않겠어요. 그렇게 해서 새로 시작된 일은 그것대로 나에게 가치 있고, 그것이 완성되면, 감히 말씀드리건대 아주 귀중했어요. 아무리 보잘것없는 것도 나에게는 그 자체로서 의미가 있었으며, 아무리 간단한 일이라도 특별한 가치를 부여했던 거예요. 그리고 아무리 손이 많이 가는 어려운 일도, 그것을 하는 동안 추억이 한층 더 풍부해지고 나무랄 데 없는 것이 된다고 하는, 단지 그 사실만으로도 고귀한 가치를 띠게 되었죠. 그래서 나는 친한 사람들이나 사랑하는 사람들, 존경할 만한 사람들, 지위가 높은 사람들에게 이런 물건을 언제 드려도 괜찮을 거라 생각했어요. 그분들도 그 점을 인정해 주고, 나라는 인간이 가장 나다운 선물을 드린다는 사실을 이해해 주셨어요. 그 자체로는 복잡하여 도저히 말로 표현할 수 없는 것이지만 결국 모두가 마음에 들어하는 선물이 되어 언제나 다정하게 드리는 인사처럼 기꺼이 받아주셨던 겁니다."

이러한 사랑스러운 고백에 대해 뭔가를 대답해야 한다는 것은 물론 거의 불가능한 일이었다. 하지만 나이 든 여자 친구는, 이런 경우 상냥한 목소리로 멋진 말을 덧붙일 줄 알고 있었다. 소령은 옛날부터 로마의 문인이나 시인들의 우아한 지혜를 존경하고, 그들의 빛나는 말을 자기 기억 속에 새겨두는 습관이 있었던 터라 이 경우에 적절한 몇몇 시구(詩句)들이 떠올랐지만, 잘난 체하는 인간이라는 느낌을 줄까봐 그 시구들을 입 밖에 내거나 언급하는 것조차 삼갔다. 그러나 침묵을 지켜 바보처럼 보이는 것도 싫었기 때문에, 즉흥적으로 시구를 산문으로 번역하여 보았지만 별로 잘되지 않았다. 그래서인지 대화는 거의 끊어지다시피 했다.

그러자 나이 든 부인은 소령이 들어왔을 때 탁상 위에 내려놓았던 책을 다시 집어 들었다. 그것은 어느 시집이었는데, 마침 두 부인의 주의를 끈 것이었다. 이것이 계기가 되어 그들은 시예술 일반에 대해 이야기하기 시작했으나 일반적인 이야기는 오래 지속되지는 않았다. 부인들이 소령의 시적 재능에 대해 전해 들었노라고 곧 털어놨기 때문이다. 자기 스스로도 시인이라는 직함을 갖고 싶다는 심정을 감추지 않았던 아들은, 전부터 그녀들에게 아버지의 시작업에 대해 들려주었을 뿐 아니라 아버지의 시 몇 개를 낭송하기도 했던 것이다. 아들의 저의는 자기 집안의 문학적 혈통을 자랑하고, 젊은 사람들이 흔히 그렇듯이 겸손하지만 아버지의 능력을 뛰어넘어 앞으로 나아가는 청년이라는 것을 보여주기 위함이었다. 그러나 소령은 단지 문학연구가이자 애호가로서만 남기를 원했기 때문에, 이 화제로부터 도망치려 했다. 하지만 적당한 핑계거리가 없었으므로 그는 자기가 지은 시 따위는 수준이 낮은 것으로, 본격적인 시로 생각해서는 안 된다고 말하고는 억지로 화제를 다른 데로 돌리려고 했다. 그렇지만 그도 서술적이라고 불리는, 어떤 의미에서는 교훈적이라고 불리는 영역에서는 두세 편의 시를 시도한 일이 있던 것을 부정할 수는 없었다.

부인들, 특히 젊은 부인은 이런 종류의 시에 호감을 보이면서 말했다. "이성적이고 조용한 마음으로 살고 싶다는 것은 결국 누구나 다 갖는 소망이고 목적인데도 우리를 제멋대로 자극할 뿐인 시가 도대체 무슨 소용이 있을까요. 그것은 우리에게 아무것도 주지는 않고 우리를 불안하게 했다가 결국 우리를 우리 자신에게 떠넘겨 버리죠. 그렇지만 나 자신을 다시 만났다고 믿게 되는 쾌적한 장소로 나를 데려다놓는 시, 소박한 시골의 진가를 내 마음속 깊이 끌어다주고, 떨기나무 숲을 지나 울창한 숲으로, 어느 사이에 호수가 내려다보이는 언덕으로 날 데려가는 시, 아마도 그 맞은편에는 경작된 언덕이 있고 숲이 우거진 봉우리들이 솟아 있으며 마침내는 푸른 산들이 늘어서 있어 만족스런 한 폭의 그림을 이루는 즐거운 지방으로 나를 이끌어가는 시, 그런 시를 접하게 되면 말할 수 없이 아늑한 기분이 든답니다. 정말이지 나는 그런 시 없이는 지내고 싶지 않아요. 맑은 리듬과 각운에 맞추어 이러한 풍경이 내게 전해질 때 내가 소파에 앉아서 얼마나 감사해하는지 아무도 모를 겁니다. 시인이 내 상상력 속에 그런 그림을 펼쳐주는 것에 대해서 말이에요. 나는 이러한 시의 풍경을, 걸어다니다 지친 뒤에, 아마 여러 가지로 불편한 상황에서 직접 눈으로 바라보는 것보다는 훨씬 느긋한 기분으로 즐길 수 있지요."

소령은 지금 나눈 대화를 원래 자신의 목적을 이루기 위한 수단으로만 보았기 때문에, 다시 아들이 정말 칭찬 받을 만한 작품을 남겼던 서정시 쪽으로 화제를 돌리려고 했다. 부인들은 노골적으로 그에게 반대하지는 않았지만, 농담으로 얼버무리면서 그가 가려고 하는 길로부터 그를 다른 데로 돌리려고 했다. 특히 아들이 이 비길 데 없는 부인에 대해 단호한 애정을 상당한 호소력과 능숙함으로 낭송했던 정열적인 시에 관해 소령이 은근슬쩍 끄집어내려고 했을 때에는 더한층 그러했다. "사랑하는 사람들이 지은 노래는" 하고 아름다운 부인이 말했다. "나는 낭송으로든 노래로든 듣고 싶지 않아요. 그것이 행복한 사랑을 하는 사람들 같으면 언제인지 모르게 샘이 날 테고, 불행한 사랑을 하는 사람이면 언제나 우리를 지루하게 만드니까요."

그러자 나이 든 부인이 사랑스러운 여자 친구에게 말참견을 했다. "어째서 우리는 경애하는 분 앞에서 이렇게 빙 돌려 말하고 장황하게 말을 늘어놓아 헛된 시간을 보내고 있는지 모르겠군요. 사냥에 대한 용감한 정열을 자세하게 노래한, 이분의 아름다운 시를 다행히도 우리가 지금 부분적으로 알고 있다는 것을 털어놓고 그 전부를 우리에게 들려주실 것을 부탁드리면 안 될까요." 그녀는 말을 계속했다. "아드님이 몇 부분 기억을 더듬어 생생하게 낭송하여 들려주었기 때문에 우리는 그 전체의 연결을 알고 싶어 못 견디겠습니다." 아버지는 또다시 아들의 재능으로 말을 돌려 그것을 추켜세우려 했지만, 부인들은 그것은 우리의 소원을 충족시켜주는 것을 완곡하게 거절하기 위한 핑계라고 단언하면서 받아주지 않았다. 그는 꼼짝 못하고, 결국 그 시를 반드시 보내드리겠다고 약속할 수밖에 없었다. 그러고는 갑자기 대화가 다른 쪽으로 바뀌었기 때문에 그는 아들을 위해 무언가를 이야기하고자 했던 뜻을 이루지 못했다. 더군다나 아들은 강요하는 듯한 말은 일절 하지 말아달라고 당부하지 않았던가.

이제는 작별인사를 할 때라고 생각했기 때문에 소령이 옷매무새를 고치자, 아름다운 부인은 좀 당황한 기색을 보였지만 그것은 한층 더 그녀의 아름다움을 돋보이게 할 뿐이었다. 그녀는 지금 새롭게 맨 편지주머니의 리본을 정성들여 고치면서 말했다. "시인이나 애인의 약속과 확언은 유감스럽게도 옛날부터 별로 믿을 수 없다고 합니다. 훌륭한 분의 말씀을 의심하는 것 같아 죄송스럽습니다만, 그 때문에 담보물이라든가 언약의 징표 같은 것을 요구하는 것이 아니라, 오히려 드리려하오니 허락해 주세요. 제발 이 편지주머니를 받아주세요. 이것은 당신의 사냥시와 닮은 데가 있어요. 갖가지 추억이 이것과 연결되어 있고, 시간이 걸려 겨우 완성된 것이니까요. 이 편지주머니를 당신의 시를 우리에게 갖다주는 전령으로서 사용해 주세요."

이렇게 뜻하지 않은 선물을 받고 소령은 적잖이 당황했다. 정성이 담긴 이 화려한 선물은 평소 그의 주위에 있는 것이라든가, 그가 사용하고 있는 것과는 전혀 비교할 수도 없는 것이어서 그는 선물로 받기는 했지만 그것을 감히 자기 것으로 생각할 수 없을 정도였다. 그러나 그는 정신을 가다듬었다. 그리고 그의 기억력은 간직하고 있던 유명한 시를 결코 잊어버리는 일이 없었기 때문에, 이때에도 고전시의 한 구절이 곧 머리에 떠올랐다. 그것을 그대로 인용한다는 것은 박식한 체하는 것뿐이기에 그만두었지만, 그 한 구절에 의해 어떤 유쾌한 착상이 마음속에 떠올라와 즉흥적으로 그는 그 착상을 아름다운 다른 말로 바꿔, 친밀감이 담긴 감사와 우아한 답례의 말로 되돌릴 수 있었다. 이렇게 하여 이 장면은 자리에 있던 모든 사람을 흡족하고 기쁘게 하고는 막을 내렸다.

이렇듯 결국 그는 어쩔 수 없이 자기가 어떤 하나의 기분 좋은 관계 속에 말려들어간 것을 적잖이 당혹해하면서 인정하지 않을 수 없었다. 그는 자기 작품을 보낼 것, 편지를 쓸 것을 약속하여 그 의무를 짊어지게 되었다. 그리고 그 계기가 좀 언짢다는 생각이 들긴 했지만, 이처럼 훌륭한 장점을 갖추고 있으며 머잖아 그와는 가까운 인척이 될 여성과 교제를 유지한다는 것은, 뭐라 해도 하나의 행복이라 생각하지 않을 수 없었다. 그러므로 그는 가슴속에 어떤 만족감을 느끼면서 작별을 고했다. 오랫동안 돌보지 않고 있었던 심혈을 기울인 작품이 정말 뜻하지 않게 호의적인 주목을 받게 된 것에 시인인 그가 어찌 기쁨을 느끼지 않을 수 있겠는가.

숙소로 돌아오자 소령은 곧바로 책상에 앉아 사랑하는 누이동생에게 모든 것을 보고하는 편지를 썼다. 그리고 그 편지의 표현 속에 그 자신이 느꼈던 어떤 흥분이 살아났던 것은 아주 자연스러운 일이었다. 그 흥분은 아들이 이따금 말참견을 하여 방해를 놓았기 때문에 한층 더 높아지는 것이었다.

이 편지는 남작부인에게 아주 복잡한 인상을 주었다. 오빠와 힐라리에의 결혼을 서두르게 만든 상황은 매우 만족스러웠지만, 저 아름다운 과부가 마음에 걸렸다. 그렇다고 하더라도 딱 집어서 확실한 이유를 말할 수도 없었다. 우리는 이 기회에 다음과 같은 의견을 말해 두려고 한다.

우리는 어떤 여자에 대한 열정을 절대로 다른 여자에게 털어 놓아서는 안 된다. 그녀들은 서로를 속속들이 잘 알고 있기 때문에, 상대가 그런 절대적인 숭배를 받을 가치가 있다고 생각할 수가 없는 것이다. 여자의 눈에 비치는 사나이는, 말하자면 상점에 물건을 사러 오는 손님과 같은 것이다. 파는 쪽은 가지고 있는 상품을 잘 알고 있기 때문에 유리한 처지에 있고, 또 그 물품을 가장 좋은 빛깔 가운데에 놓고 보일 수 있는 기회를 포착할 수가 있다. 이와는 반대로 손님 쪽은 언제나 어떤 순진한 기분으로 상점에 들어간다. 그는 물품이 필요하고 그것을 손에 넣으려고 희망하지만 그 물품을 전문가의 눈으로 보는 안목을 지니고 있는 경우는 아주 드물다. 파는 쪽은 팔 물품을 잘 알고 있지만, 사는 쪽은 자기가 살 물품의 품질을 반드시 알고 있는 것은 아니다. 그러나 인생이라는 것, 인간관계라는 것은 자칫하면 이런 것이어서, 이것을 고칠 수는 없다. 아니, 그것은 칭찬을 받아 마땅한 일이고 필요한 일이기도 하다. 왜냐하면 어떠한 열망과 구혼도, 어떠한 구입과 교환도 이런 사정에 근거를 두고 있기 때문이다.

이러한 고찰이라기보다는 느낌 때문에, 남작부인은 아들의 정열에도 그리고 아버지의 호의적인 서술에도 만족할 수가 없었다. 그녀는 사태의 행복한 전환에 놀라기는 했지만, 두 쌍 다 나이의 불균형이라는 공통점이 있었기 때문에 불안감을 떨쳐버릴 수 없었다. 오빠에게 힐라리에는 너무 어리고 아들에게 과부는 젊다고 할 수 없었던 것이다. 부디 모든 일이 잘되어줬으면 하는 진지한 소망이 희미한 탄식과 함께 치밀어올라왔다. 그녀는 마음을 가볍게 하기 위해 펜을 들고 인간이라는 것에 정통한 저 여자 친구*[6]에게 편지를 써서 사태의 발단을 이야기한 뒤에 다음과 같이 계속 써내려갔다.

"이 젊고 매혹적인 과부의 태도를 내가 전혀 모르는 것은 아닙니다. 그녀는 여성들과의 교제를 피하고, 다만 한 부인만을 자기 가까이에 허락하고 있는 것 같습니다. 그 부인은 그녀의 마음을 조금도 손상시키지 않으면서 그녀에게 아양을 떨고, 그녀의 장점들이 침묵 속에 확실히 나타나지 않을 때에는 옆에서 말을 거들어준다든지 능란하게 처리하면서 사람들의 주의를 끌어들이는 방법을 알고 있습니다. 이런 연기를 구경한다거나 여기에 참가하는 것은 남자들이 아니면 안 됩니다. 그러므로 남자들을 끌어들여 묶어둘 필요가 생기는 것입니다. 나는 그렇다고 이 아름다운 과부를 나쁘게 생각하지는 않습니다.

그녀는 상당히 예절 바르고 또 신중해 보이기 때문입니다. 그렇지만 그와 같은 음탕한 허영심은 그때그때의 사정에 따라 뭔가를 희생시킬 수도 있습니다. 그리고 내가 가장 나쁘다고 생각하는 것은, 모든 것이 숙고나 계획에 의한 것이 아니라는 점입니다. 그녀는 어떤 행복한 천성에 의해 이끌리고 보호되어지는 것입니다. 그리고 이렇게 천성이 요염한 여성에게, 천진난만함에서 나온 무모한 대담성이 발휘될 때만큼 위험한 일은 없습니다."

자신의 소유지에 돌아온 소령은 소유지를 두루 살피고 조사를 하느라 나날을 보냈다. 그는 어떤 올바르고 잘 계획된 기본 생각이라도 정작 실행에 옮기면 여러 가지 장해나 많은 돌발사건에 방해받아, 그 때문에 처음 생각은 거의 모습을 감춰버려 한동안은 흔적도 찾을 길 없는 것을 깨달았다. 그러나 결국은 일대 혼란의 한가운데에 있어도 시간이라는 것이 불굴의 인내를 가진 둘도 없는 동지로서 우리에게 손을 내밀어주는 것을 보면, 정신 앞에 다시 성공의 가능성이 모습을 나타낸다는 것을 인정하지 않을 수 없다.

그러므로 이 경우에도 아름답고 훌륭하지만 등한시되고, 잘못 사용되어온 토지의 처참한 광경은 절망적인 상태로 보였을 것이다. 그러나 현명한 경영자의 분별 있는 식견에 의해 몇 년 정도 합리적으로 성실하게 관리된다면 시들었던 것이 되살아나고 정지 상태에 있던 것이 활성화하여 질서와 활동에

---

*6 마카리에를 가리킨다. 이 부인을 여기에 언급함으로써 이 단편이 전체 소설과 유기적인 연관을 가지게 된다.

의해 결국에는 충분히 그 목적을 달성하게 될 것이라는 사실을 예견할 수가 있었다.

낙천가인 형, 궁내장관도 도착해 있었다. 성실한 변호사도 동반하고 있었는데, 이 변호사는 그의 형처럼 사람을 걱정스럽게 하는 상대는 아니었다. 형은 아무런 목적도 갖고 있지 않았으며, 설령 목적이 눈앞에 있어도 이에 다다르는 수단을 취하지 않는 그런 부류의 인간이었다. 그날그날, 그때그때의 쾌락은 그의 생활에 없어서는 안 되는 욕구였다. 오랫동안 망설인 끝에 그는 겨우 채권자들로부터 벗어나 토지에 뒤따르는 무거운 짐을 벗어버리고, 무질서한 집안 살림을 바로잡고, 일정한 수입을 확보하고, 거리낌없이 그것을 즐기자고 생각하기에 이르렀다. 그러나 한편으로는 지금까지 관습적으로 누리던 것을 조금도 버리려고 하지 않았다.

요컨대 그는 자기 동생들이 소유지, 특히 중요한 토지를 완전히 소유하기로 되어 있는 모든 협정에 동의했다. 그러나 그가 매년 자기 생일에 가장 오랜 친구와 최근에 알게 된 지인들을 초대하는 인근의 정자와 이에 이어져 있는 본채, 그리고 그 정자를 연결하고 있는 화원에 대해서만은 그 권리를 완전히 포기하려고 하지 않았다. 그 정자의 가구 집기류는 하나라도 움직여서는 안 되었고, 벽에 걸려 있는 동판화는 물론 격자울타리의 과일나무도 그를 위해 남아 있어야 했다. 뛰어난 품종인 복숭아와 딸기, 크고 맛 좋은 배와 사과, 특히 그가 오랫동안 공작 미망인에게 바쳐왔던, 작은 회색 사과는 정확하게 그에게 보내주어야 했다. 이 밖에도 여러 조건이 여기에 붙어 있었다. 그렇게 중요한 것은 아니었지만 농가 주인, 소작인, 관리인, 정원사들에게는 상당히 귀찮은 일이었다.

어쨌든 형인 궁내장관은 대단히 기분이 좋았다. 왜냐하면 그의 낙천적인 기질이 그에게 그렇게 마음먹게 한 것처럼 결국은 모든 것이 그의 소원대로 될 것이라는 생각을 버리지 않았기 때문에 유쾌한 연회를 베푼다든지, 두세 시간 동안 힘든 사냥을 나가 필요한 운동을 한다든지, 세상 이야기를 잇달아 하면서 내내 명랑하기 그지없는 얼굴을 보이고 있었다. 그는 또 이런 식으로 작별을 고하면서 소령에게 이토록 우애 있게 행동해 준 것에 대해 감사해했다. 또 얼마간의 돈을 청구하면서 금년에는 특히 작황이 좋았던 작은 회색 황금사과를 저장한 것 중에서 어느 정도를 조심조심 꾸리게 하고, 이것을 공작부인에게 공손히 바쳐 기쁘게 하리라 생각하고는, 이 보물을 가지고 그녀의 소유지로 떠났다. 그리고 그는 거기에서 호의와 친애의 정을 가진 영접을 받았던 것이다.

소령으로 말하면, 그는 이것과는 정반대의 기분으로 뒤에 남았다. 만약 활동적인 남자를 기꺼이 분발시키는 감정이 그를 찾아오지 않았더라면 그는 눈앞에 보이는 여러 가지 뒤얽힘에 거의 절망해 버렸을 것이다. 그러나 그는 뒤얽힌 것을 풀어 해결하는 것을 기대할 수 있는 인물이었기에 절망하지 않았던 것이다.

다행히도 형의 변호사는 성실하고 정직한 사람이었다. 그는 다른 할 일이 많았기 때문에, 이 사건을 빨리 해결해 주었다. 이와 마찬가지로 다행스러운 일은 궁내장관의 하인 하나가 괜찮은 조건으로 일에 협력하겠노라 약속해 주었기에 순조로운 결과를 기대할 수 있었다. 이것은 흐뭇한 일이었지만, 올곧은 소령은 이 사건을 이리저리 처리하는 과정에서 일이 깨끗하게 마무리되기 위해서는 꽤 많은 불순한 수단이 필요하다는 것을 깨달았다.

일하는 틈틈이 어느 정도 여유가 생기면 그는 아름다운 과부와의 약속을 생각해 내고는, 서둘러 자기 영지로 돌아가서 전에 쓴 시들을 찾아보았다. 그것은 가지런히 잘 보관되어 있었다. 아울러 옛날 작가들과 신진 작가들의 작품을 읽고 발췌한 것을 담은 메모와 비망록도 꽤 많이 나왔다. 그는 호라츠*7나, 그 밖에 다른 로마 시인들을 특히 좋아했기 때문에 대부분이 이들 고전으로부터 발췌한 것이었다. 그리고 이들 시구들이 대부분 지나간 시대나 사라져버린 상태나 감정을 애도하는 심정을 암시하고 있다는 점이 그의 관심을 끌었다. 많은 것을 적는 대신 우리는 여기에 그 1절만을 소개하기로 한다.

Heu!

Quae mens est hodie, cur eadem non puero fuit?

Vel cur his animis incolumes non redeunt genae!

---

*7 Horaz(Quintus Horatius Flaccus) : 고대 로마 시인(B.C. 65~8). 그의 서정시는 베르길리우스에 의해 인정받고, 얼마 뒤 계관시인 지위를 얻었다.

오늘은 대체 무슨 기분이 이런가?
이 즐거움, 이 밝음!
청춘의 혈기왕성한 소년시절에는
그렇게도 거칠고 우울했건만.
그러나, 먹는 나이에 들볶이는 이즈음에는
아무리 기분이 흡족하더라도
내 저 젊은 시절을 생각하며
그 시절이 다시 오기를 기원하노라.

이제 우리의 소령은 잘 정리된 초고 속에서 금세 사냥의 시를 발견하고는
그 공들인 정서를 보고 즐거워했다. 그것은 그가 수년 전에 대형 8절지에 라
틴어로 정성스럽게 써둔 것이었다. 유달리 큰 저 화려한 편지주머니에는 그
것이 손쉽게 들어갔다. 저자가 이처럼 화려하게 포장된 자기 작품을 보는 것
은 드문 일이었다. 그러므로 그에 대해 몇 마디를 더 써넣지 않을 수 없었지
만 산문으로 쓰는 것은 용납할 수 없었다. 그는 오비디우스*8의 저 시구가
다시 마음에 떠올랐다. 그래서 전에는 산문으로 번역했지만, 이번에는 운문
으로 고쳐 쓰면 더 좋을 것 같았다. 그것은 다음과 같았다.

Nec factas solum vestes spectare juvabat,
Tum quoque dum fierent ; tantus decor adfuit arti.

저 즐거웠던 시절을 그리워하는 기쁨!
그처럼 절묘한 자의 손에 의해
먼저 만들어지고 완성되어
급기야는 전에 볼 수 없을 만큼의 아름다움으로
끝손질되는 것을 나는 보았다.
그 물건을 여기 가지고 있지만

---

*8 Naso Ovidius : 고대 로마 시인(B.C. 43~A.D. 17). 자유분방한 관능성을 토대로 하여 인간에
게 새로운 빛을 던져 신화를 인간적으로 이해한 점은 주목할 만한 것으로, 후세에 커다란 영향
을 미쳤다.

그렇지만 나는 고백하련다.
그것이 아직 끝손질되지 않았으면 좋았을 것이라고
만들고 있는 것이야말로 비할 바 없이 아름다운 것을!

우리의 소령이 이 번역에 만족해한 것은 그저 잠시뿐이었다. 아름다운 어미변화를 하고 있는 동사 'dum fierent'를 어이없는 추상명사인 '만들고 있는 것'으로 바꾼 것은 좋지 않다고 생각했다. 그리고 아무리 머리를 짜내도 그 부분을 잘 고칠 수 없어서 짜증이 났다. 이렇게 되고 보니 갑자기 고전에 대해 특별했던 사랑이 생생하게 되살아나 그가 남몰래 정상으로 올라가보려고 노력했던 독일 문예계의 찬란한 빛이 갑자기 퇴색해 버리는 것처럼 느껴졌다.

그러나 결국 인사로 써넣은 이 화사한 시구가 원문과 비교만 되지 않는다면 그런대로 아주 그럴듯한 것이라고 생각되어, 부인이라면 기분 좋게 받아들여줄 것이라는 생각이 들었다. 그러면서 동시에 또 다른 걱정이 생겼다. 시를 가지고 어떤 부인에게 정성을 다하면 아무래도 그녀에게 반해 있는 것처럼 보이기 때문에, 그렇게 되면 장차 시아버지로서 묘한 처지에 놓이게 될 것이었다. 그런데 마지막으로 가장 난처한 점을 생각하게 되었다. 저 오비디우스의 시구는 수예 솜씨가 좋은 아름답고 가련한 여직공 아가씨, 아라크네*9를 노래한 것이다. 그렇지만 이 아가씨는 질투심이 강한 미네르바에 의해 거미로 변해 버렸기 때문에, 아무리 먼 옛날 이야기라고 하더라도 아름다운 부인을 거미와 비교하여 넓게 뻗은 그물 한가운데에 떠 있는 모습으로 그린다는 것은 위험한 일이었다. 이 부인을 둘러싸고 있는 친구들 중에 원전의 시를 아는 유식한 자가 있을지도 모른다는 점도 염두에 두어야 했다. 우리의 친구가 이런 곤혹에서 어떻게 빠져나왔는지는 우리에게 알려지지 않았다. 그러므로 우리는 이런 경우를, 뮤즈의 여신들이 장난꾸러기처럼 베일을 덮도록 허락한 그런 경우들 가운데 하나로 간주할 수밖에 없을 것이다. 어쨌든 사냥의 시 자체는 발송되었다. 그러나 우리는 이 시에 대해 아직 몇 마디 더 보태어야 한다.

---

*9 옷감 짜는 기술에 능하였지만 아테네 여신과 감히 그 기량을 겨루었기 때문에, 이 여신에 의해 거미로 변하게 되었다.

이 시를 읽는 독자는 시에 나타나 있는 명확한 사냥에 대한 열정과, 그것을 부추기는 모든 묘사에 유쾌한 기분이 된다. 여러모로 사냥에 대한 열정을 불러일으켜 돋우는 사계절의 변화도 우리 마음을 흐뭇하게 한다. 사람들이 몰아붙이고 쓰러뜨리는 모든 동물의 특성, 즐거움과 괴로움에 몸을 아끼는 사냥꾼들의 갖가지 성격, 그들을 촉진시키고 방해하는 여러 가지 우연, 이 모든 것들, 특히 새와 관계있는 모든 것은 가장 유쾌하게 묘사했고, 또 매우 독특하게 다루었다.

산새의 교미기로부터 도요새가 떼를 지어 다시 날아오기에 이르기까지, 그리고 이때부터 오두막집에 묵으면서 까마귀를 쏘아대는 시기에 이르기까지 무엇 하나 빠진 것이 없었다. 모든 것이 잘 관찰되고 명확하게 포착되었으며 열정적으로 추적되어 경쾌하면서도 장난스럽게, 때로는 빈정거림을 곁들여 묘사되고 있었다.

그러면서도 애수 띤 주제가 전체를 꿰뚫어 울리고 있었다. 삶의 기쁨으로부터의 이별이 여러 번 그려져 있었다. 이로 말미암아 쾌활한 체험에 한 줄기 정취가 곁들여져 아주 좋은 효과를 거두고는 있었지만, 흔히 격언에도 있는 것처럼 결국은 환락 뒤에 어떤 허무를 느끼게 하는 것이었다. 시의 원고를 넘겨본 때문인지 아니면 따로 일시적인 몸상태 때문이었는지, 소령은 명랑한 기분이 아니었다. 처음에는 아름다운 선물을 차례차례로 가져다주던 세월이 얼마 안 가서는 점차로 그것을 빼앗아가 버린다는 것이, 쉰 살이라는 인생의 분기점에 서자 갑자기 뼈저리게 느껴지는 것 같았다. 놓쳐버린 온천여행, 이렇다 할 즐거움도 없이 지내버린 한여름, 습관처럼 되어버린 운동부족, 이 모든 것이 그에게 어떤 육체적인 불쾌감을 느끼게 만들어, 그것은 그에게 진짜로 병처럼 생각되었고 그 때문에 필요 이상으로 초조해하는 모습이었다.

이때까지 의심할 여지가 없었던 아름다움이 흔들리기 시작하는 순간 여인들이 그지없는 고통을 느끼는 것처럼, 어느 정도 나이 든 남성들도 아직 기력은 있지만 아주 조금이라도 힘에 부친다는 느낌이 들면 더할 수 없이 불쾌해지고 심지어 참을 수 없을 만큼 불안해지기도 하는 것이다.

그런데 예전 같으면 그를 불안하게 만들었을 또 하나의 사정이 이번에는 그를 매우 기분 좋게 하는 데에 도움을 주었다. 이 시골 여행에도 그의 곁을 떠나지 않고 있던 이른바 그의 미용술 하인이 얼마 전부터 전과는 다른 방법을 택하고 있는 것 같았다. 소령의 이른 기상, 매일 있는 장거리 승마, 걸어서 다니는 순시, 볼일 있는 많은 손님의 내방 그리고 궁내장관이 있을 때에는 별일 없는 사람들까지 밀어닥치는 이런 사정 때문에 이때까지의 방법을 바꿀 수밖에 없었던 것이다. 하인은 이미 얼마 전부터 배우처럼 신경을 써야 비로소 달성할 수 있는 그런 일체의 세세한 과정을 소령에게 면제해 주었다. 그 대신 이제까지 눈가림으로 덮어두었던 두세 가지 중요사항을 더욱 엄격하게 지킬 것을 요구했다. 다시 말해 외관상 건강하게 보이는 것을 목표로 할 뿐만 아니라 건강 그 자체를 올바르게 보존하기 위한 모든 규칙들이 한층 더 강화된 것이다. 특히 모든 일에 절도를 지킬 것, 여러 용무나 배려 뒤에는 기분을 전환시킬 것, 또 피부나 모발, 눈썹과 치아, 손과 손톱 손질을 게을리하지 말 것을 강조했다. 손톱 모양을 나무랄 데 없이 아름답게 하는 일과 그 길이를 적당하게 자르는 것은 이 전문가가 전부터 신경을 쓰고 있었던 점이다. 아울러 마음의 평정을 잃게 만드는 모든 사항의 절제를 되풀이하여 강조했다. 이런 모든 것을 이해시키고 난 뒤에 이 미용유지법 교사는 이제 더 이상은 주인님에게 도움이 될 일도 없을 것이라며 작별을 원했다. 그가 아마도 먼젓번 주인한테로 돌아가서 무대생활의 갖가지 즐거움을 맛보고 싶어한다는 사실은 쉽게 짐작할 수 있었다.

이렇듯 다시 본래의 자신으로 되돌아가게 된 것은 소령에게도 고마운 일이었다. 그는 분별심이 있는 사람이었기 때문에 절도를 지키기만 하면 되었고, 그렇게 하면 행복할 수도 있는 것이다. 그는 승마와 사냥, 이와 관련된 예전 취미를 다시 자유롭게 하고 싶었다. 그리고 이런 고독한 순간에는 힐라리에의 모습이 즐겁게 떠올랐다. 그러면 그는 다시 신랑이라는 지위에, 예의 바른 삶의 테두리 안에서 우리에게 허용되는 가장 감미로운 감정에 순순히 빠져드는 것이었다.

가족 구성원 모두가 서로 특별한 소식을 알리지 않은 채 벌써 몇 달이 지나갔다. 소령은 수도로 나가 사업에 필요한 인가와 인증을 받아내는 최종교섭에 분주했다. 남작부인과 힐라리에는 그지없이 화려하고 풍족한 혼수 준비에 여념이 없었다. 소령의 아들은 저 아름다운 과부에게 정열적으로 봉사하느라 다른 일은 모두 잊은 것 같았다. 겨울이 성큼 다가오고 있었다. 그리고 불쾌한 비바람과 때 이른 어둠이 시골 집들을 온통 뒤덮어버렸다.

만약 누군가가 이런 11월의 어두운 밤에, 이 귀족 저택 근처에서 길을 잃고 헤매다가, 구름에 덮인 가냘픈 달빛 아래 밭과 목장, 나무숲과 언덕 그리고 덤불이 흐릿하게 놓여 있는 것을 본 뒤 재빨리 모퉁이를 돌아서는 순간 뜻하지 않게 기다란 건물의 창문들이 환하게 비치고 있는 것을 본다면, 그는 틀림없이 그 안으로 들어가면 화려하게 몸치장을 한 사람들의 사교모임을 만날 것이라 생각할 것이다. 그러나 두셋 하인에게 안내되어 밝게 조명이 켜진 계단을 올라가, 거기에 세 명의 여자들, 즉 남작부인과 힐라리에 그리고 시녀가 하얀 벽에 둘러싸인 밝은 방 한가운데에서, 친근한 가구들을 곁에 두고 훈훈하고 안락하게 앉아 일에 몰두하고 있는 것을 보게 된다면 얼마나 어리둥절할 것인가.

그런데 우리는 이같이 화려한 조명 속에서 남작부인을 마주치는 것이 뜻밖이라는 생각이 드는 까닭에, 이 집의 밝은 조명은 유별난 것이 아니라 이 부인이 어린 시절부터 지녀왔던 독특한 습관 가운데 하나라는 사실을 언급하고 넘어가야겠다. 궁정 여집사장의 딸로 궁중에서 자란 그녀는 겨울을 좋아했으며, 비용을 아끼지 않고 조명을 화려하게 하는 것을 모든 기쁨의 기본조건으로 삼고 있었다. 양초가 없는 것은 아니었으나 늙은 하인 중 한 명이 공예품에 특별한 관심을 가지고 있었으므로, 새로운 램프가 발견되기만 하면 성 안 여기저기로 들여놓으려 애썼다. 그 결과 조명은 화려함을 더해 갔으나 때로는 군데군데 부분적으로 어둠이 생겨났다.

남작부인은 궁중 여집사의 지위를, 애정을 위해서 그리고 오랜 생각 끝에, 훌륭한 지주이자 농장경영자인 한 남자와의 결혼을 위해 기꺼이 저버렸다. 현명한 남편은 결혼 초에 외진 시골 환경이 그녀와 어울리지 않는다는 것을 깨닫고는, 이웃의 동의를 얻고 정부의 방침에 따라, 주변 수 마일에 걸쳐 멋진 길을 닦아놓았다.

그래서 가까운 이웃과의 교통이 이처럼 잘되어 있는 곳은 어디에서도 찾을 수 없을 정도였다. 사실 이 공사의 주목적은 남작부인이, 특히 좋은 계절에 어디로든 마차를 타고 갈 수 있게 하기 위해서였다. 그러나 이와는 반대로 부인은 겨울에는 가정주부로서 다정하게 남편 곁에 머물러 있기를 희망했고, 이 때문에 남작은 불을 밝혀 밤을 낮처럼 밝게 했던 것이다. 남편이 죽은 뒤에는 정성을 다해 딸의 뒷바라지를 하느라 너무 바빴고, 이따금 찾아오는 오빠의 방문이 가장 즐거운 일이었으며, 옛날 그대로의 밝은 저택이 참다운 만족에 가까운 쾌감을 주었다.

그러나 오늘 밤이야말로 밝은 조명은 이곳에 안성맞춤이었다. 왜냐하면 방 하나에 크리스마스 선물 같은 여러 가지 물건들이 빛을 내며 눈에 띄게 가지런히 놓여 있었기 때문이다. 빈틈없는 시녀가 하인을 재촉하여 불빛을 더욱 강하게 하고, 힐라리에의 혼숫감으로 지금까지 준비해 온 것을 모두 한군데에 모아 펼쳐놓았다. 그러나 이것은 이미 장만해 놓은 것을 감탄하기보다는 아직 부족한 것을 찾아내려는 의도였다. 필요한 것은 거의 준비되어 있었다. 또한 이 옷감들은 가장 좋은 소재와 세련된 끝손질로 만들어진 것이었다. 별로 필요하지 않은 것들도 부족함 없이 갖추어져 있었다. 그런데도 시녀인 아나네테는 여기저기에서 아직 준비되지 않은 것을 지적하면서 무엇이 더 필요한지 일깨워주고 있었다. 흰색 천들은 삼베와 모슬린을 비롯해서 모두 잘 갖추어져 있었고 이런 것들은 더할 나위 없는 광채를 발하고 있었다. 그러나 아직 색색의 비단은 아무것도 없었다. 이런 옷감은 유행이 매우 자주 바뀌기 때문에 마지막에 가장 최신품으로 준비하려는 현명한 생각에서 구입을 미루어왔던 것이다.

이런 물건들을 즐거운 기분으로 점검한 뒤, 그녀들은 다시금 여느 때와 같기는 하지만 좀 더 다양한 밤의 즐거움으로 되돌아갔다. 어떠한 운명에 이끌리든 간에, 혜택받은 외모를 지닌 젊은 여성으로 하여금 아울러 내면의 우아함을 갖추게 하고 어떤 자리에서든 드러나 보이게 할 수 있는 것이 무엇인가를 잘 알고 있는 남작부인은, 이런 시골 환경 속에서도 교양을 쌓는 즐거움을 잊지 않았다. 그러므로 힐라리에는 아직 어린 나이임에도 어떤 자리에서건 당황하는 일이 없고, 어떤 대화를 나누더라도 서먹서먹한 태도를 보이지 않을 뿐 아니라, 제 나이에 알맞은 행동을 했다. 그녀가 그러한 행동을 자연스럽게 하게 된 경위를 설명하자면 너무 장황해질 것이므로 생략하기로 한다. 어쨌거나 오늘 밤의 광경은 지금까지의 생활의 전형적인 모습이었다. 정신을 풍부하게 해주는 독서, 우아한 피아노 연주, 사랑스러운 노래가 내내 계속되었다. 그것은 전과 다름없이 즐거웠고 규칙적으로 행해졌지만, 오늘 밤은 더욱 의미심장했다. 그녀들은 이 자리에 없는 제3자, 즉 사랑하고 존경하는 한 남자를 마음에 그리고 있었기 때문에 이제 그 사람을 충심으로 맞이하기 위해 이 일 저 일을 미리 연습해 보고 있었던 것이다. 감미롭고 싱그러운 신부와 같은 심정은 힐라리에만이 가지고 있는 게 아니었다. 아기자기한 마음의 소유자인 어머니도 순수하게 그 마음을 나누고 있었다. 평소에는 영리하고 활동적인 아나네테까지도 떠나고 없는 남자친구가 돌아와 모습을 나타내는 어떤 희미한 희망에 몸을 맡기지 않을 수 없었다. 이렇게 하여 사랑스러운 세 여성의 감정은 그녀들을 에워싼 저택 안의 밝음과 기분 좋은 따뜻함, 그리고 아주 쾌적한 생활 분위기와 멋진 조화를 이루고 있었다.

제5장

바깥 대문을 두드리는 요란한 소리, 외쳐대는 소리, 위협하는 소리와 강요하는 소리, 가운데뜰 앞을 오가는 불빛과 횃불, 이런 것이 실내의 부드러운 노랫소리를 가로막았다. 무슨 일인지 그 원인을 알아내기도 전에 소란이 수그러지기는 했지만 완전히 가라앉은 것은 아니었다. 계단을 올라오는 발소리가 나더니, 남자들의 심한 말다툼 소리가 들렸다. 노크도 없이 갑자기 문이 열렸다. 부인들은 깜짝 놀랐다. 플라비오*¹⁰가 혼란스럽고도 무서운 모습으로 뛰어들어온 것이다. 헝클어진 머리카락의 일부는 곤두서기도 하고 일부는 비에 젖어 축 늘어져 있었다. 옷은 마치 가시덤불을 뚫고 달려온 사람처럼 갈기갈기 찢어진 채 흙탕물과 늪 속을 건너온 것처럼 심하게 더러워져 있었다.

"아버지!" 그는 외쳤다. "아버지는 어디 계시지요?" 부인들은 깜짝 놀라서 있었다. 어릴 때부터 그의 하인이자 자상한 양육자이기도 한 늙은 사냥꾼이 들어서며 그에게 소리쳤다. "아버님은 여기 안 계십니다. 진정하십시오. 여기 고모님이 계세요. 사촌동생도 있고요. 잘보십시오!" "여기, 안계시다고? 그렇다면 내가 아버지를 찾아나서야겠어. 아버지에게만 드릴 말씀이 있어. 그리고 나는 죽을 테야. 불빛 좀 치워줘. 대낮 같은 이 불빛 말이야. 눈이 부서서 어지러워. 죽을 거 같아."

　주치의가 들어와서 조심스럽게 그의 맥을 짚어보았다. 많은 하인들이 불안해하며 주위에 서 있었다. "이런 양탄자 위에서 나는 무엇을 하려는 것인가. 나는 이것을 엉망으로 망치고 있군. 내 불행이 이 위에 뚝뚝 떨어지고, 나의 저주받은 운명이 이것을 더럽히고 있어." 그는 문을 향해 뛰쳐나가려고 했다. 사람들은 이때를 이용하여 그를 끌고 나가서 그의 아버지가 머무르곤 하는 조금 떨어진 손님방으로 데려갔다. 어머니와 딸은 우두커니 서 있을 뿐이었다. 그녀들은 복수의 여신들에게 쫓기는 오레스트*11를 본 것이었다. 그것도 예술에 의해 정화된 게 아니라 몸서리치는 꺼림칙한 현실의 오레스트를. 그 모습은 이를 데 없이 밝은 촛불에 비쳐진 쾌적하고 환한 방과 대조를 이루어 한층 더 무서워 보였다. 물끄러미 선 채로 여자들은 서로 얼굴을 쳐다보았다. 그리고 저마다 상대방의 눈 속에서 자신들의 눈에 깊이 새겨진 공포의 그림자를 보는 것처럼 생각되었다.

　남작부인은 거의 냉정을 되찾고 하인을 차례로 보내 플라비오의 상태를 알아보았다. 그가 입던 옷을 벗기고 몸은 씻겨 지금은 간호를 하고 있다는 말을 듣고 그녀들은 어느 정도 마음을 놓았다. 그는 절반은 제정신, 절반은 무의식 상태에서 사람들이 하는 대로 자신을 맡기고 있다는 것이었다. 그럼에도 하인들을 자꾸 보내서 상태를 묻고 또 묻자, 의사로부터 한동안은 좀 참고 기다리라는 전갈이 왔다.

　걱정하고 있던 여인들은 드디어 그가 사혈(瀉血)을 받고 그 밖에 가능한 진정조치를 받았다는 말을 들었다. 그의 마음이 이제 어느 정도 가라앉아 이 상태라면 곧 잠이 들 것이라는 것이었다.

　한밤중이 되었다. 남작부인은 그가 잠들어 있으면 그의 상태를 보겠노라고 했다. 의사는 처음에는 반대했지만 곧 허락했다. 힐라리에도 어머니와 함께 플라비오가 누워 있는 방으로 들어갔다. 방 안은 어두웠다. 촛불 하나만이 녹색 등갓 그늘에 희미하게 켜져 있을 뿐이었다. 거의 알아볼 수 없었고 아무 소리도 들리지 않았다. 어머니는 침대 있는 데로 다가갔다. 힐라리에는

──────────

*11 그리스 신화에 나오는 미케네의 왕 아가멤논과 클리템네스트라 사이에서 태어난 아들. 어머니가 숙부와 짜고 자기 아버지를 죽였기 때문에 그는 어머니와 숙부를 죽여 아버지의 복수를 했지만, 이 때문에 복수의 여신들에게 쫓기는 몸이 된다. 괴테의 희곡 《타우리스의 이피게네이아》 참조.

애타는 마음으로 촛불을 손에 들고, 잠자고 있는 청년을 비추었다. 그는 옆으로 누워 자고 있었는데, 이를 데 없이 우아한 귀와 지금은 창백해져 있지만 탐스러운 볼이 곱슬곱슬해진 머리카락 밑에서 정말로 사랑스럽게 내비쳤다. 조용히 쉬고 있는 손과 가느다랗고 보들보들하고 탄력 있는 손가락이 어머니와 딸의 진정되지 않고 서성이던 시선을 끌었다. 힐라리에는 숨을 죽이자, 그의 숨쉬는 소리까지 희미하게 들리는 것 같았다. 그녀는 촛불을 가까이에 가져갔다. 마치 프시케*[12]가 평화롭게 잠든 남편을 방해할까봐 염려하여 그렇게 하듯 말이다. 의사는 그 촛불을 빼앗아 비추면서 여인들을 그녀들의 방으로 데리고 갔다.

우리가 아무리 관심을 쏟아도 지나침 없을 이 선량한 사람들이 그 날 밤을 어떻게 보냈는지는 알 길이 없다. 그러나 다음 날 아침 일찍부터 어머니와 딸은 심하게 초조한 모습이었다. 끊임없이 환자의 상태를 물었고, 환자를 만나고 싶어하는 마음은 사양을 해야 한다는 것을 알면서도 절실했다. 낮 무렵이 되어서야 의사는 겨우 잠깐 만나는 것을 허락했다.

남작부인이 다가가자 플라비오가 그녀에게 손을 내밀었다. "용서해 주세요, 고모님. 조금만 참아주세요. 그렇게 오래 가지는 않을 거예요." 힐라리에도 앞으로 다가갔다. 그녀에게도 그는 오른손을 내밀었다. "잘 있었어, 사랑하는 누이동생!" 이 말이 그녀의 가슴을 찔렀다. 그는 그녀의 손을 놓지 않았다. 두 사람은 꼼짝도 하지 않고 서로의 얼굴을 쳐다보았다. 그것은 가장 아름다운 의미에서 대조를 이루고 있는 멋진 한 쌍이었다. 청년의 까맣게 빛나는 눈은 흐트러진 까만색 고수머리와 멋진 조화를 이루고 있었다. 한편 힐라리에는 얼핏 볼 때 천사의 모습처럼 조용히 서 있기는 했지만, 마음을 뒤흔드는 어제 사건에 이어, 지금은 불안한 예감으로 가득 차 있었다. '누이동생'이라고 부른 것이 그녀의 마음을 깊이 휘저어놓았다. 남작부인이 물었다. "몸은 어떠니, 사랑하는 조카야." "이젠 꽤 좋아졌어요. 그렇지만 사람들은 저를 기분 나쁘게 다루었어요." "어떻게?" "나는 사혈을 받았어요. 이

---

*12 사랑의 신 에로스의 아내인 프시케는, 남편으로부터 "완전한 어둠 속에서만 자신을 만날 수 있으며 자신의 모습을 보려고 하면 영원히 헤어지게 되리라"는 경고를 받았다. 그러나 동생을 시기한 두 언니의 꾐에 빠져 그녀는 어느 밤 등불을 밝혀 잠자는 남편의 모습을 살펴보았는데, 등불의 기름이 에로스의 어깨에 떨어져 잠에서 깨어난 그는 그녀를 영영 떠나버렸다.

건 잔인해요. 제 피를 뽑아냈어요. 그건 파렴치한 일입니다. 그 피는 내 것이 아니라 전부, 전부가 그녀의 것이니까요." 이렇게 말함과 동시에 그의 얼굴이 싹 변하는 것처럼 보였다. 그러나 그는 뜨거운 눈물과 함께 얼굴을 베개에 묻었다.

어머니는 사랑하는 딸의 얼굴에서 무서운 표정을 보았다. 힐라리에는 마치 지옥문이 열리는 것 같은, 처음으로 무서운 것을 보고 그러면서도 영원히 사라지지 않는 인상을 받은 것 같았다. 흥분한 그녀는 재빨리 빠져나와, 제일 끝에 있는 작은 방 소파에 몸을 파묻었다. 뒤를 쫓아간 어머니가 그 이유를 물었지만, 슬프게도 이제는 이유를 잘 알 수 있었다. 힐라리에는 심상치 않은 눈빛으로 올려다보며 외쳤다. "피, 피, 그것은 전부 그 여자의 것, 전부 그 여자의 것이라는데, 그 여자는 이런 대접을 받을 가치가 없어요. 불행한 플라비오! 불쌍한 플라비오!" 이 말과 함께 안타까움과 괴로움에 눈물이 쏟아져나왔다. 그렇지만 그 눈물은 괴로움으로 바스라질 것 같은 마음을 가볍게 해주었다.

앞에 언급한 사건으로부터 전개되어 나가는 상황들을, 그리고 이 최초의 만남으로부터 여인들의 마음속에 커나가는 불행한 괴로움을 그 누가 확실하게 드러낼 수 있겠는가? 면회는 환자에게도 아주 해로웠다고 의사가 말했다. 의사는 환자의 상태를 보고하고 여인들을 위로하기 위해 이따금 찾아왔지만, 이들이 더 이상 환자에게 접근하지 못하도록 일절 금지시키는 것이 자신의 의무라고 느꼈다. 의사의 말은 순순히 받아들여졌다. 그리고 딸도 어머니가 허락하려 하지 않는 것을 감히 요구하지는 않았다. 이렇듯 그들은 사려 깊은 의사의 지시를 잘 따랐다. 그 대신 의사는 여인들이 안심할 만한 소식을 가지고 왔다. 플라비오가 펜과 잉크 그리고 종이를 달라고 하여 뭔가를 썼지만, 곧바로 그것을 옆에 있는 침대 속에 감추었다는 것이다. 이렇게 되자 불안과 초조에 호기심까지 보태졌다. 참으로 괴로운 시간이었다. 그러나 얼마 뒤 의사는, 휘갈겨 쓰기는 했지만 아름다운 필체의 종이쪽지 한 장을 가져 왔다. 거기에는 다음과 같은 시 몇 줄이 담겨 있었다.

가엾은 인간은 불가사의하게 이 세상에 태어나,

갖가지 불가사의 속에서 방황하다 제 갈 길을 잃고,
찾을 길 없는 어두운 문턱을 향해
길이 없어 불확실한 발걸음으로 더듬어가는 건가.
이것을 생각하면, 빛나는 하늘빛 한가운데서
내가 보고 느끼는 것은 밤과 죽음, 지옥뿐.

그에게도 숭고한 시예술은 그 치유력을 발휘할 수 있었다. 시는 음악과 은밀하게 융합하여 모든 영혼의 괴로움을 그 근본으로부터 치유한다. 시는 먼저 그러한 괴로움을 심하게 뒤흔들어놓고, 불러내고, 녹이면서 발산시키는 것이다. 의사는 젊은이가 곧 회복하리라는 것을 확신했다. 젊은이는 육체적으로는 건강하기 때문에, 그의 정신을 짓누르는 격정이 제거된다든가 진정되면 곧 다시 쾌적한 기분으로 돌아설 것임을 굳게 믿었다. 힐라리에는 그의 시에 어떻게 답을 할지 곰곰이 생각했다. 그녀는 피아노로, 괴로워하는 친구의 몇 줄 시구에 가락을 붙여보려고 했다. 그러나 그것은 잘되지 않았다. 그녀의 영혼 속에는 그토록 깊은 고통과 음향을 함께 할 수 있는 것이 아무것도 없었기 때문이다. 그렇지만 그러한 시도를 하고 있는 사이에 그녀의 마음 속에 박자와 운율이 떠올라서, 그녀는 괴로움을 완화시킬 수 있는 가볍고 밝은 마음으로 그의 시를 마주하며 한동안 시간을 바친 끝에 다음 일절을 완성할 수 있었다.

아무리 깊은 고뇌에 빠져 있다 하더라도
당신은 역시 청춘의 행복을 타고난 몸
용기 내어 빨리 건강한 발걸음을 내디뎌라.
오라, 우정의 하늘빛과 밝음 속으로
느껴라, 성실하고 착한 사람들 한가운데 당신이 있음을
그때면 당신에게 삶의 맑은 샘물이 솟아날 것이니.

집안 친구인 의사가 사자의 역할을 맡았다. 그것은 곧 효과를 내어 벌써 젊은이는 온순해져갔다. 힐라리에는 상대의 마음을 부드럽게 만드는 일을 계속했다. 이렇게 하여 점점 밝은 하루와 자유로운 대지를 되찾는 것같이 보였다. 이 사랑스러운 치료의 모든 과정을 이야기할 기회가 언젠가 우리에게 주어질 것이다. 어쨌든 이러한 일들에 몰두하는 사이에, 한동안은 기분 좋은 나날이 계속되었고 이젠 평온한 재회의 시기가 다가왔다. 의사도 이 재회를 필요 이상으로 늦추려고 생각하지는 않았다.

그사이 남작부인은 오래된 서류를 정리정돈하느라 바빴다. 그리고 현재 상황에 꼭 들어맞는 이 소일거리는 흥분된 그녀의 정신에 놀랄 만큼 좋은 효과를 가져왔다. 그녀는 지난 여러 해의 삶을 되돌아보았다. 괴롭고 위압감을 주던 갖가지 고통은 지나가 버렸고, 그 발자취를 생각해 보는 것이 지금 이 순간 그녀의 용기를 북돋워주었다. 특히 마카리에와의 아름다운 관계, 그것도 어려운 상황에 처했을 때 그녀와 맺은 관계가 다시 생각나 그녀를 감동시켰다. 세상에 다시없을 멋진 여성이 그녀의 마음에 떠올라 이번에도 당장에 그녀에게 의지해 보자 결심했다. 도대체 그녀가 아닌 어느 누구에게 자기의 현재 심정을 호소하고 두려움과 희망을 털어놓을 수 있다는 말인가.

이런저런 것들을 정리하고 있는 중에 그녀는 다른 것에 뒤섞여 있던 오빠의 작은 초상화도 발견했다. 그리고 그것이 아들과 어쩌면 그렇게 똑같던지 자기도 모르게 미소지으면서도 탄식하지 않을 수 없었다. 그 순간, 힐라리에가 뜻하지 않게 들어와 그 초상화를 잡아 들었고 그녀 역시 아버지와 아들이 서로 닮은 것에 적잖이 놀랐다.

이렇게 얼마간의 시간이 흘러갔다. 드디어 플라비오는 의사의 허락을 얻어 그를 대동하고서 미리 예고한 대로 그녀들의 아침식사에 나타났다. 여인들은 회복 뒤 처음인 이 출현을 내심 두려워하고 있었다. 그러나 이런 숨가쁘고 중대한 순간에는 뭔가 명랑하고 우습기까지 한 일이 이따금 일어나는 법인데, 이번 경우에도 그런 일이 생겼다. 아들이 아버지의 옷을 입고 나타났던 것이다. 자신의 옷은 입을 수 없게 되었기 때문에, 소령이 사냥할 때나 집 안에서 입으려고 누이동생 집에 맡겨둔 옷을 아들이 빌려 입은 것이었다. 남작부인은 미소를 지었지만 곧 웃음을 거두었다. 힐라리에는 자신도 그 이유를 알 수는 없었지만, 완전히 당황하여 얼굴을 돌려 버렸다. 그 순간 젊은이의 입으로부터는 부드러운 말 한 마디도 나와줄 것 같지 않았다. 의사는 모든 사람이 이 어색한 상황에서 벗어날 수 있도록 도와주기 위해 아버지와 아들을 비교하기 시작했다. 아버지 쪽이 조금 키가 크다, 그래서 윗도리가 너무 길다, 아들 쪽은 어깨가 좀 넓다, 그래서 윗도리의 등넓이가 너무 좁다고 말했다. 이 두 가지 불균형 때문에 아버지 옷을 빌려 입은 아들의 모습이 우스꽝스러워 보였다.

이런 소소한 이야기들로 그들은 어색한 순간을 극복할 수 있었다. 물론 힐라리에로서는 아버지의 젊었을 때의 초상과 지금 여기에 서 있는 아들의 싱싱한 모습이 너무나 닮은 것이 어쩐지 무섭고 고통스럽기까지 했다.

어쨌거나 우리는 뒤이은 상황에 대해서는 어느 부인의 정다운 손에 의해 자세하게 묘사된 것을 보기로 하자. 우리는 우리의 방식에 따라, 다만 가장 일반적인 것들만 다룰 수밖에 없으니 말이다. 어쨌든 여기서는 시예술의 영향력에 대해서 다시 한 번 언급하지 않을 수 없다.

우리의 플라비오에게 시적 재능이 있다는 것을 부정할 수는 없지만, 그에게서 뭔가 뛰어난 시가 탄생하기 위해서는 정열적이고 감각적인 계기가 필요했다. 그렇기 때문에 저 저항하기 어려울 만큼 매혹적인 과부에게 바쳐진 시는 거의 전부가 이를 데 없이 절실하고 칭찬할 만한 가치 있는 성과를 보였던 것이다. 그리고 그것을 지금 이를 데 없이 귀엽고 아름다운 사촌 누이동생 앞에서 그가 열렬한 표현으로 낭독했기 때문에 그녀에게 적지 않은 효과를 불러일으키지 않을 수 없었다.

여자들은 남자가 다른 여성을 열렬히 사랑하고 있다는 것을 알게 되면, 남자의 고백 상대가 되어주고 싶어한다. 의논 상대가 된 여성은 무의식적으로, 숭배받는 여성의 위치로 자신이 드높여지는 것이 결코 기분 나쁘지 않다는, 은밀한 감정을 품게 되는 것이다. 게다가 이 두 사람 사이의 대화도 점점 중요한 의미를 띠게 된다. 사랑에 빠진 남자가 즐겨 문답체의 시를 짓는 것은, 애인의 사랑스런 입으로부터 듣고 싶지만 쉽게 들을 수 없는 것을, 비록 수줍게나마 아름다운 시세계의 애인에게서 보답받을 수 있기 때문이다. 그런 응답시가 힐라리에와 서로 주고받으며 낭독되었다. 그런데 시의 원고는 하나밖에 없었기 때문에 서로 제때에 읽기 위해서는 각자가 그 원고를 들여다봐야 했으며 붙잡고 있어야만 했다. 그래서 두 사람은 서로 가까이 앉아 몸과 몸, 손과 손을 점점 더 밀고 들어가 급기야는 손목과 무릎이 아주 자연스럽게 맞닿게 되었던 것이다.

그러나 이런 기분 좋은 상태에 있으면서도, 또 거기에서 일어나는 아주 즐거운 기분에 빠져 있으면서도 플라비오는 어떤 고통스러운 불안을 느꼈으며 그것을 숨길 수가 없었다. 이리하여 쉬지 않고 아버지의 도착을 애타게 기다리면서 아버지에게 털어놓지 않으면 안 될 중대한 일이 있다는 낌새를 보였다. 그러나 이 비밀이라는 것도 좀 깊이 들어가 생각해 보면 추측하기 어려운 것은 아니었다. 저 매혹적인 부인은, 이 집요한 청년에 의해 야기된 격정적인 순간에, 불행한 청년의 소망을 딱 잘라 거절하고, 그가 그때까지 집요하게 버리지 않았던 희망을 여지없이 부수어버렸던 것 같다. 그것이 어떠한 모양으로 일어났는지, 그 장면에 대해서는 구태여 말하지 않겠다. 충분한 청춘의 정열도 없이 감히 그것을 묘사한다는 비난을 받게 될까 두려워서이다. 요컨대 그는 분별력을 잃고, 휴가원을 제출하지도 않은 채 부대를 떠나, 아버지를 만나기 위해, 밤과 비바람을 뚫고, 절망에 사로잡힌 채 고모의 저택에 다다랐던 것이다. 그때 그의 모습은 우리가 바로 얼마 전에 본 그대로이다. 이러한 행동의 결과에, 냉정한 이성이 되돌아옴에 따라 그는 적지 않게 마음에 걸렸다. 아버지가 도무지 돌아오지 않고 따라서 사건을 중재해 줄 유일한 사람이 없는 셈이었으므로 마음을 가라앉힐 수도 없었고 어떻게 해야 좋을지도 몰랐던 것이다.

그러니 그가 자신의 연대장의 편지를 받았을 때 얼마나 놀라고 당황했겠는가. 그 낯익은 편지의 봉인을 두근거리는 가슴으로 머뭇머뭇 열었다. 그런데 그 편지는 이를 데 없이 다정한 내용과 함께 허락한 휴가를 한 달 더 연장했다는 말로 끝나 있었다.

어떻게 이런 은혜를 받게 되었는지 알 수 없었지만, 어쨌든 덕분에 그는 거절당한 사랑 그 자체보다도 훨씬 더 큰 불안으로 그의 마음을 옥죄었던 무거운 짐으로부터 벗어날 수 있었다. 이제야 그는 이처럼 따뜻하게 자신을 맞아 준 친척집에서의 행복을 절실하게 느꼈다. 그는 힐라리에가 곁에 있는 것을 기뻐할 수 있었고 얼마 안 있어 그의 유쾌하고 사교적인 본성을 되찾았다. 이런 기질로 인해 그는 저 아름다운 과부와 그녀를 에워싼 사람들에게도 한동안 필요한 존재였던 셈인데, 과부에 대한 청혼이 거부된 까닭에 내내 어두웠던 것이다.

이런 기분 속에서 그는 아버지의 도착을 편안하게 기다릴 수 있었다. 이곳 사람들은 갑자기 발생한 자연재해로 인해 바쁜 생활을 시작할 수밖에 없었다. 계속 내리는 비는 이때까지 그들을 저택 안에만 가둬두었었는데 그 비가 지금은 엄청난 양으로 내리퍼부으면서 여기저기 강들이 범람했다. 둑이 무너지고 저택 아래 일대는 흰 거품이 가득한 호수로 변해 버렸으며 마을과 농장 그리고 크고 작은 소유지, 심지어는 언덕 위의 작은 농토까지 그 속에서 섬처럼 떠 있을 뿐이었다.

비록 아주 드문 일이긴 했지만, 있을 수 있는 이런 경우를 대비해 사람들은 만반의 준비를 하고 있었다. 여주인은 명령을 내렸고 하인들은 실행에 옮겼다. 처음으로 가장 일반적인 구조작업이 끝나자 빵을 굽고 소를 잡아 어부의 작은 배들로 여기저기 다니면서 구석구석까지 나눠주게 되었다. 모든 일이 순조롭게 진행되어, 사람들은 친절하게 주어진 물품들은 기쁨과 감사로 받아들였다. 다만, 한 마을에서만은 사람들이 분배 임무를 맡고 있는 장로를 좀처럼 신뢰하지 않았다. 그래서 플라비오가 그 임무를 떠맡아 짐을 가득 실은 작은 배를 몰고 서둘러 무사히 그곳에 이르렀다. 일은 간단하게 처리되어 최고의 성과를 올렸다. 이어 우리의 젊은이는 계속 배를 몰고 가 집을 나올 때 힐라리에가 부탁한 일까지 처리했다. 마침 재앙이 일어났던 이 시각은 어떤 부인의 해산 시간과 같았기 때문에 아름다운 힐라리에는 특히 이 일에 신경을 쓰고 있었던 것이다. 플라비오는 그 산모를 찾아냈고, 여러 사람들의 감사, 특히 그 부인의 감사를 선물로 받고 집으로 돌아왔다. 그러니 이제 여러 이야깃거리가 없을 수가 없었다. 죽은 사람은 없었지만 기적적인 구조라든가 좀 색다르고 결국 웃음을 터뜨리게 되는 사건에 대한 이야기는 그칠 줄 몰랐다. 여러 가지 절박했던 상황이 재미있게 언급되기도 했다. 그러자 힐라리에는 갑자기 자신도 남들과 마찬가지로 배를 타고 가서 산모를 문안하고, 선물을 주고, 몇 시간을 즐겁게 보내고 싶다는 욕망을 억누를 수 없었다.

마음씨 고운 어머니는 이에 대해 조금 반대했지만, 이 모험을 해내고 말겠다는 힐라리에의 결연한 의지가 결국 승리를 거두었다. 그리고 고백하건대, 우리도 이 경위를 알았을 때 어느 정도 걱정을 했다. 무슨 위험한 일이 일어나지 않을까, 다시 말해 배가 얕은 여울에 올라앉는다든가 뒤집힌다든가 해서 아름다운 아가씨의 생명이 위험해지고, 젊은이가 필사적으로 그녀를 구해 내서, 이때까지 느슨했던 유대가 한층 더 굳게 맺어지는 것이 아닐까 하고 걱정이 되는 것이었다. 그러나 이런 일은 일어나지 않았다. 산모는 문안과 선물을 받았고 의사의 동행도 상당히 좋은 성과를 거두었다. 여기저기에서 약간의 장애물에 부딪친다든지, 위험하게 생각되는 순간이 노 젓는 사람들을 불안하게 만들었어도 그런 것들은 다만 플라비오와 힐라리에 두 사람이 서로를 놀려대는 식의 농담으로 끝났다. 서로가 상대의 불안해하는 얼굴 표정이나, 당황해하는 몸짓을 보고 알아차렸다고 우겨댔던 것이다. 그러나 그 틈에 서로간의 신뢰는 부쩍 커져 갔다. 서로 마주보며 어떤 경우에도 함께 있는 것이 습관처럼 굳어갔다. 또한 혈육이기도 하고 서로 좋아하고 있었기 때문에, 서로 접근하여 맺어져도 좋을 것이라고 깊이 마음먹게 되는 위험한 상태가 점점 짙어져갔다.

두 사람은 이러한 사랑의 길로 점점 더 끌려들어가게 되었다. 하늘은 맑게 개었고 계절에 어울리는 극심한 추위가 닥쳐왔다. 물이 채 빠지기도 전에 얼어붙었다. 세상의 풍경이 모든 이의 눈앞에서 갑자기 변해 버린 것이었다. 이때까지 홍수로 격리되었던 곳이 이번에는 단단한 얼음판으로 연결되었다. 그러자 곧장 이 지역들을 이어주는 장엄한 결합의 사자로서 저 아름다운 기술, 스케이트가 등장했다. 이것은 급속히 찾아오는 겨울의 나날을 기쁘게 만들고, 새로운 삶을 얼어붙은 빙판 위로 옮겨놓기 위해 북쪽 지방에서 발명된 것이다. 창고가 열리고 사람들은 자기 이름이 씌어진 스케이트를 찾아 신었다. 모두들 얼마간의 위험을 무릅쓰더라도 그 깨끗하고 반들반들한 빙판을 첫 번째로 타고 싶어 못견뎌하는 것이었다. 저택 사람들 가운데에는 이를 데 없이 스케이트를 잘 타는 사람들이 많이 있었다. 거의 매년 근처의 호수 여기저기에서, 그리고 이 호수를 연결하는 운하에서 스케이트를 즐길 수 있었기 때문이다. 그런데 올해에는 멀리까지 펼쳐진 평원에서 스케이트를 탈 수 있게 된 것이다.

플라비오는 이제야말로 완전히 건강해진 것을 느꼈다. 힐라리에는 아주 어렸을 때부터 외삼촌에게서 스케이트를 배웠기 때문에, 이 새로 생긴 빙원 위에서 사랑스럽고도 훌륭한 활주 솜씨를 보였다. 두 사람은 즐겁게, 점점 더 흥겹게 스케이트를 탔다. 어떤 때는 함께, 어떤 때는 혼자서, 어떤 때는 떨어져서, 어떤 때는 한 쌍이 되어서 말이다. 헤어짐이나 도피가 평소에는 사람의 마음을 아주 답답하게 하는 것이었으나 빙판 위에서는 익살맞은 사소한 장난이었다. 도망쳤다가도 곧 다시 얼굴을 맞대게 되는 것이었다.

그러나 이런 즐거움과 기쁨 한가운데에도 결핍의 세계가 존재하고 있었다. 여전히 몇 개의 마을은 아직 절반밖에 구호를 받지 못했다. 그래서 힘이 센 말이 끄는 썰매들이 필요한 물자들을 여기저기로 서둘러 날랐다. 특히 이 지방은 이곳을 지나가는 큰 길에서 멀리 떨어져 있는 많은 고장으로부터 신속하게 갖가지 농산물을 가까운 소도시와 작은 마을 창고로 운반하고, 또 그곳에서 여러 가지 물자를 가져올 수 있었던 점이 이 지방에 더욱 커다란 도움이 되었다. 이렇게 하여 가장 극심한 결핍 속에 시달리던 지역이 일거에 구조되어 배급을 받고, 숙달된 용감한 썰매꾼들에게 활짝 열린 평지가 되었던 것이다.

우리의 젊은 한 쌍도 즐거움이 앞서가기는 했지만, 이웃에 대한 깊은 애정에서 비롯된 갖가지 의무를 잊고 있지는 않았다. 예의 산모를 문안하여 필요한 것 모두를 그녀에게 선사했다. 그 밖의 다른 사람들도 방문했다. 먼저 건강이 염려되는 노인들, 그리고 평소 독실한 이야기를 신도들과 엄숙하게 나누며 풍습에 맞춰 돌보아왔고, 이제 이러한 시련을 만나 이 교화적인 대화의 소중함을 뼈저리게 느끼게 해준 성직자들, 또한 대담하게도 일찍 이 위험한 저지대를 개간했으나 이번에도 튼튼한 둑의 보호를 받아 전혀 경작지에 피해를 입지 않았고, 한없이 불안에 떨다가 자신들의 무사함에 곱절로 기뻐하고 있는 소규모 자작농들이 그들이었다. 모든 농장, 모든 집, 모든 가족과 개인들이 저마다 자신의 이야깃거리를 가지고 있었다. 누구나 자기 자신에게, 또 다른 사람에게 중요한 존재가 되어 있었다. 그런 까닭에 누군가가 이야기하는 도중에 말참견을 하는 일이 잦았다. 왜냐하면 갑자기 해빙기가 닥쳐와, 행복한 상호교류의 이 아름다운 결합이 깨져, 주인들을 위협하고 손님들을 그들의 집으로부터 차단시킬 위험이 여전히 남아 있었기 때문이다.

낮에는 이처럼 바쁘게 움직이며 생생한 관심을 갖고 일에 임했지만, 저녁에는 완전히 달라져 아주 쾌적한 시간이 주어졌다. 스케이트 타기는 아무리 힘이 들어도 덥지 않고, 아무리 오래 계속해도 피곤하지 않다는, 다른 어떤 운동보다 뛰어난 장점을 지니고 있기 때문이었다. 팔다리는 점점 더 부드러워지고, 힘을 들일 때마다 새로운 힘이 생겨나는 것같이 생각된다. 그리고 마지막에는 움직이면서도 정지하고 있는 듯한 느낌이 우리를 감싸고, 이 느낌에 잠기면서 우리는 언제나 흔들거리고 싶은 기분에 끌린다.

어쨌거나 오늘 밤 우리의 젊은 한 쌍은 미끄러운 얼음판을 떠날 수가 없었다. 등불이 환히 밝혀진 저택에는 많은 사람들이 모여 있었는데, 두 사람은 그곳을 향해 미끄러져 가다가는 갑자기 방향을 바꿔 넓은 빙원 쪽으로 즐거워하며 되돌아오곤 했다. 그들은 상대를 놓치지나 않을까 하는 두려움에서 서로 떨어지려 하지 않았고, 상대의 존재를 분명히 확인하기 위해 손을 맞잡았다. 그러나 어깨너머로 팔과 팔을 서로 휘감고, 부드러운 손가락이 무의식 중에 고수머리 속에서 꼼지락거릴 때의 움직임이 가장 감미롭게 느껴졌다.

반짝거리며 빛나는 별하늘에 둥근달이 떠올라 주변의 마술적인 분위기를 한층 더 고조시켰다. 두 사람은 다시금 서로를 똑똑히 마주보았고 그늘진 눈동자에서 언제나와 마찬가지로 서로 답을 찾았다. 그러나 이번에는 무언가 다르게 생각되었다. 눈 속 깊숙한 곳에서 한 줄기 빛이 솟아나와, 입에선 사려 깊게 침묵하고 있는 이야기를 눈이 어렴풋이 전하고 있는 것 같았다. 두 사람 다 즐거운 축제의 아늑한 상태에 빠진 듯한 느낌이었다.

도랑을 따라 키 큰 버드나무와 오리나무, 고지대와 언덕 위 낮은 덤불, 모두가 또렷이 보였다. 별은 반짝이고 추위는 점점 심해져왔지만 두 사람은 조금도 느끼지 못했다. 그리고 길게 반사되는 달빛을 따라, 아니 직접 달을 향해 얼음을 지쳤다. 그때 그들은 우연히 위를 올려다보았다. 그러자 빙판에 반사되는 달빛 속에 한 남자의 모습이 이쪽저쪽으로 움직이고 있는 것이 보였다. 그는 자기 자신의 그림자를 쫓고 있는 것 같았다. 빛나는 달빛에 에워싸인 탓에 검은 모습인 그는, 그들이 있는 쪽을 향해 오고 있었다. 뜻하지 않은 만남에 두 사람은 무의식적으로 몸을 돌렸다. 누군가를 만나는 것이 싫었던 것이다. 계속해서 이쪽으로 움직여오는 형체를 두 사람은 피했다. 그 형체는 그들을 알아보지 못한 듯, 저택 쪽으로 가는 똑바른 길로 곧장 자신의 길을 가고 있었다. 그러나 그 형체는 갑자기 지금까지의 방향을 바꾸고, 거의 불안한 심정이 되어 있는 두 사람 주위를 몇 번이고 빙빙 돌기 시작했다. 어느 정도 정신을 차린 두 사람은 몸을 숨길 만한 그늘을 찾았다. 한가득 달빛을 받으면서 그 형체는 두 사람 쪽으로 돌진해 오더니 그들 바로 앞에서 멈추어 섰다. 틀림없이 아버지였다.

발을 멈추려던 힐라리에는 너무 놀라 균형을 잃고 빙판 위에 넘어졌다. 이와 동시에 플라비오는 한쪽 무릎을 꿇고, 그녀의 머리를 무릎 위에 올려놓았다. 그녀는 얼굴을 감추었다. 그녀는 자기에게 지금 무슨 일이 일어나고 있는지 몰랐다. "썰매를 불러오지. 저 아래쪽에 아직 하나가 지나가고 있어. 힐라리에가 다치지 않았으면 좋겠는데. 저기 오리나무 세 그루 옆에서 다시 만나자." 아버지는 이렇게 말하고는 벌써 멀리 떠나가 버렸다. 힐라리에는 젊은이를 붙들고 재빨리 일어났다. "우리 도망가요." 그녀는 외쳤다. "난, 견딜 수 없어요." 그녀는 저택 반대 방향으로 맹렬히 활주하기 시작했다. 플라비오는 뒤쫓는 데 상당히 애를 먹었다. 그는 다정하게 그녀를 진정시켰다.

한밤의 얼음판 위에서 달빛을 받으며 산란한 마음으로 여기저기를 헤맨 세 사람의 마음속을 그려낸다는 것은 불가능한 일이다. 어쨌든 그들은 밤늦게 저택으로 돌아왔다. 젊은 두 사람은 감히 서로 몸을 대지도, 가까이 다가가지도 못하고 따로따로 들어왔으며, 아버지는 두 사람을 찾아 곳곳을 끌고 다녔던 빈 썰매와 함께 돌아왔다. 음악과 춤은 벌써 시작되어 있었다. 힐라리에는 심하게 넘어진 뒤여서 아프다는 핑계로 자기 방으로 숨어버렸다. 플라비오는 자신이 없는 동안 그를 대신해 춤을 이끌며 지시하고 있던 몇몇 젊은이에게 계속 그 일을 맡겼다. 소령도 모습을 나타내지 않았다. 그는 예기치 못한 것은 아니었지만, 자기 방에 사람이 있었던 것 같은 느낌을 받았고, 자기 옷과 속옷 그리고 세간들이 언제나처럼 잘 정리되어 있지 않고 여기저기에 널려 있는 것을 보고 묘한 기분에 휩싸였다. 저택의 여주인은 당황하지 않고 예의상 자신의 의무를 다했다. 무사히 손님 모두를 침실로 보내고 나서, 드디어 오빠와 단둘이서 이야기를 나눌 수 있는 여유가 생겼을 때, 그녀는 얼마나 기뻤던가. 그들은 곧 이야기를 나누었다. 하지만 놀라움에서 회복되고, 뜻하지 않았던 일을 이해하며, 의심을 풀고 근심걱정을 가라앉히기 위해서는 시간이 필요했다. 매듭을 풀고 정신적인 자유를 되찾는 일은 당장에는 기대할 수가 없었다.

만약 우리가 해당 인물들의 마음속으로 깊숙이 들어가 그것을 생생하게 그려내려면, 이 사건을 묘사할 것이 아니라 이야기하듯 관찰하듯 진행해 가야 한다는 것을 독자 여러분도 아마 이해하실 것이다.

그러므로 우리는 먼저 다음의 것을 보고하기로 한다. 소령은 이번 사건 이전에 우리 시야에서 그 모습을 감춘 뒤로는 그 시간을 쭉, 예의 집안일을 처리하는 데에 보내고 있었다. 그러나 그 일은 간단하게 잘 매듭이 지어질 것처럼 보이면서도, 역시 하나하나에서는 뜻하지 않은 여러 장애에 부딪혔다. 오래전부터 엉켜 있던 헝클어진 많은 실을 잘 풀어서 실패에 감는 일은 결코 쉬운 일이 아닌 것이다. 그는 여러 장소에서 여러 사람들을 상대로 일을 처리하기 위해 이따금 체류지를 바꾸어야 했고, 그로 인해 누이동생의 편지도 뒤늦게, 그것도 불규칙적으로 그의 손에 들어왔던 것이다. 그는 아들의 방황과 병에 대해서는 진작부터 알고 있었으며, 그 뒤 휴가를 얻었다는 말은 들었지만, 그 사정에 대해서는 아는 바 없었다. 힐라리에의 마음이 변해 가고 있다는 사실도 그는 모르고 있었다. 어떻게 누이동생이 오빠에게 그것을 알릴 수 있었겠는가.

홍수 소식을 듣자 그는 여행 일정을 앞당겼다. 그러나 서리가 내린 뒤에야 겨우 얼음으로 뒤덮인 벌판 가까이에 도착했다. 그는 스케이트를 구입하고는 하인과 말은 길을 돌아서 저택으로 가도록 하고, 자신은 곧장 저택을 향해 활주해 갔다. 그리고 밝게 비친 창문들을 멀리서 바라보면서, 대낮처럼 밝은 달빛 속에서 불쾌한 광경을 보게 되었던 것이다. 이렇게 하여 자기 자신과의 아주 불쾌한 갈등에 빠지게 되었다.

마음속으로 믿어 왔던 주관적인 진실에서 외적 현실로 옮아가는 것은 그 두 가지의 차이가 심한 만큼 언제나 고통스러운 법이다. 사랑하고 언제나 함께 한다는 것은, 이별하고 떠나가는 것과 마찬가지로 인간의 당연한 운명이 아니겠는가. 그렇지만 한쪽이 상대방으로부터 몸을 뿌리치고 떠나버리면, 그 마음속에는 커다란 심연이 생겨, 그 심연 속에서 많은 사람들이 파멸되고 마는 것이다. 오해라고 하더라도 그것이 계속되는 한은, 지우기 어려운 진실을 갖고 있다. 그래서 다만, 남자다운 씩씩한 정신의 소유자만이 오해라는 것을 인식함으로써 고귀해지고 굳세어지는 것이다. 이러한 발견은 그들을 그들 자신 이상으로 드높인다. 그들은 자기 자신 위에 높이 서서, 옛길이 닫히면 재빨리 주위를 돌아보고 새로운 길을 찾아, 그 길로 곧장 발랄하고 용감하게 걸어가기 시작하는 것이다.

인간은 이러한 순간에 수없이 많은 곤혹을 맛보게 된다. 그러나 통찰력이 풍부한 사람이라면 자기 자신의 힘 안에서 이를 극복할 수단 또한 수없이 많이 발견할 것이다. 그리고 자기 힘이 미치지 못할 때에도 자기 영역 밖에서 암시되는 수단을 예감하는 방법을 알고 있는 것이다.

다행히도 소령은 의지나 노력 없이 거의 무의식적으로 이런 경우에 대한 준비가 이미 마음속 깊이 되어 있었다. 그가 미용술을 담당하는 하인을 떠나보낸 뒤, 다시 자연스러운 생활법에 몸을 맡기고, 겉모습에 신경쓰는 것을 그만두고 난 뒤로는 육체 그 자체에서 얻는 유쾌함은 조금 줄어든 것 같았다. 그는 첫사랑의 남자로부터 자상한 아버지로 옮겨가는 데에서 씁쓸함을 느꼈다. 그리고 이 역할을 맡아야 한다는 생각이 점점 더 그를 덮쳐 눌러오고 있는 것 같았다. 힐라리에와 자기 가족 운명에 대한 면밀한 배려가 언제나 제일 먼저 그의 상념에 떠올라왔고, 그 뒤에야 사랑과 애착이, 그리고 가까이에서 얼굴을 보고 싶다는 소망이 가슴으로 퍼져갔던 것이다. 그리고 힐라리에를 자신의 품에 안는 모습을 상상할 때에도 그는 그녀를 소유하는 기쁨보다는 어떻게든 그녀를 행복하게 만들어 주고 싶은 바람이 앞섰다. 그렇다. 그가 그녀에 대한 추억을 이런 생각 없이 순수하게 맛보려고 할 때면, 그는 먼저 그녀가 꿈결처럼 입 밖에 낸 사랑한다는 말을, 그녀가 뜻하지 않게 그에게 몸을 맡겼던 순간을 생각하지 않을 수가 없었다.

그런데 그는 달이 밝게 비치는 밤, 착 붙어 한 몸이 된 젊은 두 사람을 눈앞에 보았던 것이다. 이를 데 없이 사랑스러운 아가씨가 청년 위에 털썩 주저앉는 것을 보았던 것이다. 그리고 이 두 사람은 그가 도와주려 다시 돌아온다고 친절하게 약속했는데도 정해 놓은 장소에서 그를 기다리지 않고 밤의 어둠 속으로 사라져버렸고, 그 자신은 암담한 상태 속에서 혼자 쓸쓸히 남겨졌던 것이다. 그런 심정이라면 누군들 마음속에 절망을 느끼지 않을 수 있겠는가.

언제나 사이좋게 지내는 것에 익숙해 있었고, 계속하여 한층 더 사이좋은 결합을 기대하고 있었던 이 집안 사람들은, 매우 놀라 당황해 하면서 따로따로 떨어져나갔다. 힐라리에는 고집스럽게 자기 방에 틀어 박혀 나오지 않았고, 소령은 기분을 새로이하고 아들에게서 이때까지의 경위를 들어보려 했다. 화근은 저 아름다운 과부의 여자다운 간계였다. 그녀는 이때까지 자신을 정열적으로 숭배했던 플라비오를, 그에게 눈독을 들이기 시작한 다른 사랑스러운 여자에게 양보하지 않으려고, 실제 이상으로 그에게 겉으로만의 호의를 보였던 것이다. 이에 자극받아 용기를 얻은 플라비오는 자기 목표를 향해, 예의를 벗어날 정도로 과감하게 청혼을 다그쳤다. 이런 일 때문에 처음에는 저항과 언쟁, 다음에는 결정적인 결렬이 일어나 두 사람의 관계 전체에 돌이킬 수 없는 마침표를 찍었던 것이다.

아버지의 따뜻한 사랑이라는 것은, 자식들의 과오가 슬픈 결과를 가져왔을 때에는 이를 불쌍히 여겨 될 수 있으면 그것을 바로잡아주고, 생각한 것보다 크게 잘못된 것 없이 지나갔을 때에는 그것을 용서하고 잊어버릴 수밖에 없는 것이다. 천천히 생각하고 서로 이야기를 나눈 끝에, 얼마 안 있어 플라비오는 아버지를 대신하여 여러 가지 일을 처리하기 위해 물려받은 소유지로 떠났다. 거기에서 휴가가 끝날 때까지 머물렀다가 소속연대로 복귀하기로 했다. 이 연대는 그가 휴가를 보내고 있는 사이에 다른 주둔지로 옮겨 가 있었다.

소령이 며칠 동안 한 일은 제법 오랫동안 집을 비운 사이에 누이동생 집에 쌓인 편지와 소포를 뜯는 것이었다. 그 속에는 미용술의 친구, 언제나 젊음을 잃지 않고 있는 늙은 배우가 보내 온 편지도 있었다. 그는 소령의 곁을 떠나온 하인에게서 소령의 근황과 결혼 계획을 듣고, 이런 일을 계획할 때에 염두에 두어야 할 중요한 일들에 대해 유쾌하게 늘어놓았다. 그는 그 나름대로의 논리를 전개해, 나이가 지긋한 남자에게 가장 효과가 확실한 미용법은 여자를 멀리하고 홀가분한 자유를 즐기는 데 있다고 훈계했다. 이에 소령은 미소지으면서 그 편지를 누이동생에게 보여주었다. 농담이 섞인 어조이기는 했지만 사실은 진지한 태도로 내용의 중요성을 지적하기도 했다. 그러는 사이에 시 한 편이 그의 마음에 떠올라 왔다. 그것을 운율적으로 완성한 것이 지금 당장은 우리 머리에 떠오르지 않지만, 그 내용은 우아한 비유와 경쾌한 표현으로 이루어진 훌륭한 것이었다.

"밤을 환히 비치고 있는 늦은 달도 떠오르는 태양 앞에서는 빛이 바래고, 노년에 품은 사랑의 망상도 정열적인 젊은이 앞에서는 사라져 버린다. 겨울에는 힘차게 보이던 가문비나무도 봄이 오면 밝은 녹색으로 불타는 자작나무 앞에서 갈색으로 퇴색해 보인다."

그러나 우리는 최후의 결단을 내리려는 이때, 결정적인 도움을 주는 것이 철학이라느니 시라느니 하며 칭송하려는 게 아니다. 아주 작은 사건이 아주 중대한 결과를 초래하는 일이 있는 것처럼, 마음이 이쪽저쪽으로 뒤흔들려

균형이 잡히지 않을 때에는 이따금 아주 작은 사건이 결정적으로 작용할 수도 있기 때문이다. 며칠 전에 소령의 앞니 하나가 빠졌다. 그래서 그는 또 하나가 빠지지나 않을까 하고 걱정을 했다. 의치를 끼운다는 것은 그의 기질로는 생각할 수 없는 일이었다. 그리고 이런 결함을 가지고 있으면서 젊은 애인에게 구혼한다는 것이 아주 굴욕적인 일처럼 생각되었다. 특히 그녀와 한 지붕 밑에 살고 있는 지금으로서는 말이다. 조금만 더 이전이나 더 이후였더라면 아마 이런 일은 별로 중요하지 않았을 것이다. 그러나 하필이면 이런 시기에, 완벽한 건강에 익숙한 사람이 마주치기에도 정말 불쾌할 그런 순간이 찾아온 것이었다. 마치 자신의 유기체에서 가장 중요한 부분이 떨어져 나가, 나머지 부분도 점점 허물어질 것 같은 기분이었다.

어쨌든 소령은 곧 누이동생과 이때까지 어딘지 심하게 뒤엉킨 것 같은 가족 문제에 대해서 분별력과 이해심을 가지고 서로 이야기를 나누었다. 외적인 동기로 우연히, 아직 세상 경험 없는 순진한 딸의 그릇된 생각에 말려들어가 경솔하게도 목표로부터 멀어져갔지만, 사실은 단지 길을 돌아서 갔을 뿐, 이제 원래 목표의 바로 옆까지 와 있다는 것을 함께 인정하지 않을 수 없었다. 그래서 이제는, 이 길을 계속 따라가 두 아이의 결혼을 성사시키고 부모로서의 모든 배려를 진심으로 쉼없이 다하는 것이 가장 자연스러운 일이라고 생각했다. 그 배려를 위한 자력(資力)은 언제든지 조달할 수 있었다. 오빠와 완전히 의견이 일치한 남작부인은 힐라리에의 방으로 들어갔다. 힐라리에는 피아노 앞에 앉아 자신의 반주에 맞춰 노래를 부르고 있었는데, 방에 들어와 인사를 하는 어머니에게 밝은 눈길로 가볍게 고개를 숙여 답하면서, 노래를 들어달라는 표시를 했다. 그것은 마음을 진정시켜주는 편안한 노래로, 노래하는 사람의 기분이 더 바랄 수 없을 만큼 좋다는 것을 말해 주었다. 노래가 끝나자 그녀는 신중한 어머니가 자기 생각을 이야기하기 전에 먼저 말을 꺼냈다. "자상한 어머니! 우리의 가장 중요한 일에 대해 지금껏 아무 말도 않고 있어주셔서 참 좋았어요. 어머니가 지금까지 그 부분을 건드리지 않은 것에 대해 감사를 드리고 싶어요. 그렇지만 지금은, 어머니만 좋으시다면, 서로 마음을 털어놓고 이야기할 때가 된 거 같아요. 어떻게 생각하세요?"

남작부인은 딸이 이렇게 온화하고 침착한 기분이 되어 있는 것에 아주 기뻐하면서 옛날 일들, 자기 오빠의 인품과 공적에 대해 조목조목 분별 있게 설명하기 시작했다. 이처럼 가까이에서 따르며 지낸 드물게 훌륭한 사람이, 아직 이렇다고 정해진 남자가 없는 딸의 마음에 깊은 인상을 새겨놓을 수밖에 없었다는 것은 당연한 일이며, 거기에서 어린아이다운 존경심이나 신뢰 대신 사랑이라든가 정열이라는 형태의 애정까지도 생긴다는 것은 무리가 아니라고 말했다. 힐라리에는 열심히 귀를 기울이고 있었는데, 일일이 긍정하는 표정과 몸짓을 나타내면서 오롯이 동감하고 있음을 알렸다. 어머니의 이야기는 아들에게로 옮아갔다. 그러자 힐라리에는 긴 눈썹을 내리깔았다. 어머니는 이야기를 계속하면서 아버지에 대해서 꺼낸 만큼의 칭찬할 만한 근거를 이 젊은이에게서 찾아내지는 못했지만, 그래도 부자가 꼭 닮았다는 것, 아들이 더 젊다는 것을 강조했다. 동시에 이 아들은 나무랄 데 없는 남편감이고, 인생의 반려자로 택한다면 그의 아버지가 그 나이에 이룩한 삶을 그대로 실현시켜줄 것이라고 말했다. 이 점에서도 힐라리에는 같은 생각인 것처럼 보였다. 물론 어느 정도 진지함을 더해 가는 눈길과 이따금 내리까는 눈이, 이런 경우에 아주 자연스러운, 어떤 마음의 동요를 엿보게 해주었지만 말이다. 이어 외적인 행복을 유도하는 이야기가 나왔다. 원만하게 해결된 화해, 현재로는 상당한 수입, 여러 방면으로 점점 밝아지고 있는 전망들, 모든 것이 있는 그대로 남김없이 열거되었다. 마지막으로 힐라리에 자신도 분명하게 기억하고 있지만, 이전에 그녀는 함께 자란 사촌오빠와는 농담으로나마 약혼한 사이였다는 것도 어머니는 빼놓지 않았다. 어머니는 지금까지 말한 모든 것에서 저절로 이끌려 나오는 결론에 도달했다. 자기와 외삼촌의 동의에 의해, 젊은 두 사람의 결혼은 지체없이 실현될 수 있다고.

힐라리에는 침착한 눈빛과 말투로, 자기로서는 이 결론을 지금 당장 인정할 수는 없다고 대답했다. 그러고는 섬세한 마음의 소유자라면 누구나 가질 법한 반대의견을 아주 아름답고 부드럽게 설명했다. 우리는 그것을 여기에 자세히 언급하지는 않겠다.

이성적인 사람들이 여러 가지 난점을 제거하고 이런저런 목적을 달성할 수 있는 방법을 합리적으로 생각해내고, 이에 대한 모든 논거를 명료하게 정리했을 때, 자신의 행복을 위해 마땅히 동의해야 할 상대가 전혀 다른 생각을 가지고 있다면, 또 그 상대가 칭찬할 만하고 필요한 일을 그의 내면적인 이유에서 반대한다면, 그 이성적인 사람들은 아주 불쾌한 당혹감을 느낄 것이다. 어머니와 딸은 이야기를 나누었지만, 서로를 설득시킬 수는 없었다. 분별은 감정 속에서는 인정되지 않고, 감정은 유익하고 필요한 현실에 적응하려고 하지 않는다. 대화는 열을 띨 뿐이었다. 이성의 날카로운 칼끝은 그렇지 않아도 상해 있는 마음을 찔렀다. 그러자 마음은 이제 절도를 지킬 수 없게 되어, 자신의 상태를 격정적으로 드러냈다. 힐라리에가 진실된 마음으로 있는 힘껏 이런 결혼은 부당하다는 것, 아니 죄악이기까지 하다는 것을 강조했을 때, 급기야는 어머니 자신도 어린 딸의 기품과 위엄에 놀라 물러서지 않을 수 없었다.

남작부인이 얼마나 난처해하면서 오빠에게로 되돌아왔는지는 쉽게 추측할 수 있을 것이다. 아마도 다음과 같은 소령의 심정도, 충분하다고는 말할 수 없지만 이해할 수는 있을 것이다. 다시 말해 소령은 힐라리에의 이 단호한 거절을 듣고는 내심 기분이 좋았고, 앞으로의 희망은 없었지만 마음의 위로를 받았다. 누이동생 앞에서는 저 굴욕으로부터 해방될 수 있었으며, 그에게는 아주 미묘한 명예 문제이기도 한 이 사건이 마음속에서 보상받은 것을 느꼈던 것이다. 그러나 그는 이러한 마음의 상태를 지금 당장은 누이동생에게 드러내지 않은 채 괴로운 만족감을 다음과 같은 아주 자연스러운 말속에 감추었다. 무슨 일이든 너무 서둘러서는 안 된다, 저 귀여운 아이에게 시간을 주어야 한다, 이미 열려진 길이니 이제부터는 그 길을 그녀 자신이 스스로 걸어가도록 해야 한다고.

이제 우리가 독자 여러분에게, 이 애통한 내적 상태에서 외적인 것으로 넘어가도록 요구하는 것은 거의 무리일 것이다. 그러나 지금으로서는 그 외적인 것을 언급하는 것이 아주 중요한 일이 되었다. 남작부인은 딸에게 음악과 노래, 그림과 자수 같은 일을 통해 나날을 유쾌하게 보내고, 또 독서와 낭독으로 자신과 어머니를 즐겁게 하는 등 모든 자유를 허락하고 있었다. 한편 소령은 봄을 맞아 집안일을 처리하기에 바빴다. 또한 아들은 얼마 안 있어 자기가 유복한 지주가 되고 또 힐라리에의 행복한 남편이 되는 것을 전혀 의심하지 않았기 때문에, 절박한 전쟁이 일어나게 되면 명예와 진급을 얻어내리라는, 군인다운 충동을 이제서야 비로소 느끼고 있었다. 이러한 잠깐 동안의 평온 속에서 사람들은, 힐라리에 한 사람의 변덕으로 꼬여버린 이 수수께끼가 얼마 안 있으면 풀어져 해명될 것이라 기대하고 있었다.

그러나 유감스럽게도 겉으로는 조용한 이 평안 속에서 안심할 만한 징조는 찾아볼 수 없었다. 남작부인은 딸의 마음이 달라지기만을 매일같이 기다렸지만 헛수고였다. 딸은 조심스럽게, 그리고 아주 가끔 결정적인 순간에는 단호하게 자기의 확신을 꺾을 수 없다는 것을 표명했다. 그 확신은 자기 주위 세계와 조화를 이루든 이루지 않든간에, 무엇인가를 내적으로 인식한 사람에게서만 볼 수 있는 확고한 것이었다. 소령의 마음은 분열되고 있었다. 만약 힐라리에가 정말로 아들에 대한 마음을 결정해 버린다면 그는 모욕을 당한 느낌일 것이었다. 그러나 그녀가 그 자신에게로 마음을 정했다 해도 그녀의 손을 뿌리쳐야 한다고 확신하고 있었다.

우리는 이 선량한 사람을 불쌍하게 여긴다. 이러한 근심걱정, 이러한 괴로움이 움직이는 안개처럼 쉬지 않고 그의 마음속에 떠돌아다녀서, 어떤 때는 이 안개를 배경으로 절실한 그날그날의 현실과 작업이 또렷하게 떠올랐고, 어떤 때는 이 안개가 가까이 다가와 눈앞의 모든 것을 가려버렸다. 이러한 동요와 불안정이 언제나 그의 마음속에 떠다녔다. 그리고 할 일이 많은 낮에는 민첩하고 효율적으로 활동했지만, 밤중에 우연히 눈을 뜨면 모든 불쾌한 일들이 싫은 모습으로 쉬지 않고 변화하면서 오싹한 원을 그리며 그의 마음속에서 굴러다녔다. 영원히 되풀이하여 찾아오는 이 물리칠 수 없는 상황 때문에 그는 거의 절망이라고 불러야 할 상태로 빠져버렸다. 보통 때 같으면 이런 상태의 치유법으로 가장 확실하게 효과를 나타내던 행동과 작업도, 이 경우에는 그의 마음을 진정시키기는커녕 완화시키지도 못했다.

이런 상태에서 우리의 주인공은 잘 모르는 사람으로부터 근처에 있는 작은 도시의 역사(驛舍)로 와달라고 하는, 한 통의 편지를 받았다. 급히 지나가던 어떤 나그네가 거기에서 그와 꼭 면담하고 싶다는 것이다. 소령은 여러 가지 사업관계나 사교관계로 이런 일에는 익숙해 있었고, 자유롭게 휘갈겨 쓴 글씨는 어딘지 본 기억이 있다는 생각이 들었기 때문에 더더욱 머뭇거리고만 있을 수 없었다. 소령은 그 나름대로 차분하게 마음을 가다듬고 약속된 장소로 나갔다. 그러자 거의 농가 같은 계단이 있는 방에서 그에게는 낯익은 저 아름다운 과부가 그를 맞이했다. 그녀는 그와 헤어졌을 때보다 더 아름답고 우아했다. 우리의 상상력이 가장 훌륭한 것을 꼭 붙잡아 다시 완벽하게 재현할 능력을 갖고 있지 않은 때문인지, 아니면 어떤 감동적인 마음 상태가 그녀에게 실제로 더 많은 매력을 주었기 때문인지, 어쨌든 간에 그는 놀라움과 당황을 일반적인 공손으로 위장하며 감추기 위해 곡절로 침착해져야 했다. 그는 어색하게 냉정한 태도를 보이면서 정중하게 그녀에게 인사했다.

"그러지 마세요, 훌륭한 분이시여!" 그녀는 외쳤다. "이렇게 흰 칠을 한 벽 사이에, 이렇게 누추한 곳에 당신을 오시도록 한 것은 절대로 그런 태도를 바라서가 아닙니다. 이렇게 허술한 가구는 그런 정중한 대화를 요구하지 않습니다. 나는 고백하고 싶습니다. 그래야 내 가슴속의 무거운 짐으로부터 벗어날 수 있을 것 같아요. 나는 당신 가정에 많은 화근을 불러 들였습니다." 소령은 움찔하면서 뒷걸음질쳤다. "나는 모두 알고 있습니다." 그녀가 계속했다. "새삼스럽게 설명할 필요도 없겠지요. 당신과 힐라리에 양, 힐라리에 양과 플라비오 씨, 당신의 착한 누이동생, 당신 집안의 모든 분에게 정말 미안하게 생각하고 있습니다." 그녀는 목이 메여 말이 잘 나오지 않는 것 같았다. 이를 데 없이 아름다운 그녀의 눈썹도 넘쳐흐르는 눈물을 막아내지는 못했다. 그녀의 볼은 빨갛게 물들었다. 그녀는 그 어느 때보다 아름다웠다. 이 품위 있는 남자는 어찌할 바를 몰라 하면서 그녀 앞에 서 있었다. 이제껏 느껴본 적 없는 감격이 그의 몸 안을 휩쓸고 지나갔다. "우리 좀 앉죠." 눈물을 닦으며 이를 데 없이 아름다운 여자가 말했다. "용서해 주세요. 나를 불쌍히 여겨주세요. 내가 얼마나 큰 벌을 받고 있는지는 보시는 대롭니다." 그녀는 수놓인 손수건을 다시 눈에 갖다대고, 애처롭게 울음을 감추었다.

"자초지종을 설명해 주십시오, 부인." 그는 몹시 흥분해서 말했다. "부인이라고 부르지 말아주세요." 그녀는 어색하게 미소지으며 대답했다. "그냥 친구라고 불러주세요. 저보다 더 충실한 친구는 없을 거예요. 나의 친구인 당신! 나는 모든 것을 알고 있어요. 집안 전체의 상황을 자세히 알고 있어요. 어떤 심정인지, 어떤 괴로움을 겪고 있는지도요." "어떻게 그렇게까지 잘 알고 계시죠?" "누군가의 고백에 의해서죠. 이 필적을 모르시는 것은 아니겠지요." 그녀는 개봉한 편지 두세 통을 그에게 보였다. "이건 내 누이동생의 글씨지요. 편지가 많군요. 그것도 아무렇게나 쓴 것을 보면 친한 친구한테 보낸 것 같군요. 당신은 내 누이동생과 친분이 있었던가요?" "직접은 아니지만, 간접적으로 얼마 전부터 알아요. 이 편지의 겉봉을 봐주세요. XXX에게." "새로운 수수께끼입니다. 마카리에게, 라니요. 모든 여성 중에서 가장 과묵한 분인데요." "과묵하기 때문에 괴로워하는 모든 사람에게 신뢰를 받고 있는 분이고, 그런 사람들의 고해신부이시죠. 자기 자신을 잃어버려 다시 되찾고자 원하면서도 어디에서 찾아야 할지 모르는 사람들을 위한 분이지요." "고마운 일입니다." 그는 외쳤다. "그런 중개인을 찾아냈다고 하는 것 말입니다. 나 자신이 그분에게 간청한다면, 어딘지 어울리지 않았을 것입니다. 누이동생이 그것을 대신해 줘서 고맙군요. 저 훌륭하신 분이 어떤 불행한 사람에게 도덕적인 마법의 거울을 들이대고 흐트러진 그의 외모 깊숙이 깃들어 있는 그 사람의 순수한 아름다운 영혼을 들여다보게 하고, 그렇게 하여 그 사람을 자신도 모르는 사이에 자기 자신과 화해하게 만들어, 새로운 생활로 향할 수 있도록 격려시켜준 예를 나도 알고 있습니다."

"그분은 그런 은혜를 나에게도 베풀어주셨습니다." 아름다운 여인은 대답했다. 이 순간 소령은 결정적으로 다음과 같은 것을 느꼈다. 평소 자신의 특성 속에 들어 박혀 있는 이 주목할 만한 여성에게서, 도덕적이고 아름다우며 다른 사람과 서로 마음을 나누어 가지는 본질이 드러나고 있다는 것을. "나는 불행하지는 않았어요. 그러나 늘 마음은 흔들리고 있었죠." 그녀는 말을 계속했다.

"나는 말이지, 나 자신이 아니었어요. 그리고 그것은 결국 행복하지 않았다는 것이지요. 나는 내가 마음에 들지 않았어요. 거울 앞에서 아무리 몸단장을 잘하더라도, 언제나 가장무도회를 가기 위해 모양을 내고 있는 것 같은 그런 심정이었어요. 그러던 것이 그분이 자신의 거울을 내 앞에 놓아주신 뒤부터, 사람은 내면의 화장을 할 수 있다는 것을 깨닫게 되었어요. 그 뒤로 나는 다시 나 자신이 정말로 아름답다고 생각하게 되었지요." 이렇게 이야기하는 그녀는 미소를 짓고 있는 것처럼도, 울고 있는 것처럼도 보였는데, 누구나 인정하겠지만 이런 그녀는 사랑스러움, 그 이상의 모습이었다. 그녀는 존경할 가치가 있는 사람, 영원한 사랑을 바칠 만한 사람처럼 생각되었다.

"자, 그러면 나의 친구여! 간략하게 말씀드리지요. 여기 여러 통의 편지가 있어요. 이것들을 읽고 또 읽고, 잘 생각하고 마음의 준비를 하시려면 아무래도 한 시간은 걸릴 것입니다. 원하시면, 그 이상 시간이 걸려도 괜찮습니다. 그 일이 끝나면, 우리의 관계는 몇 마디로 결정될 것입니다."

그녀는 그를 두고 정원을 거닐러 나갔다. 그는 남작 부인과 마카리에가 주고받은 편지를 펴보았다. 우리는 그 내용을 추려서 여기에 적기로 한다. 남작부인은 아름다운 과부에 대해 하소연하고 있었다. 여자가 다른 여자를 어떻게 보고 있고, 얼마나 날카롭게 비판하고 있는지 잘 나타나 있었다. 편지에는 외형적인 것, 외적인 발언들만이 언급되어 있었고, 내면적인 것은 문제삼지 않았다.

이에 답하여 마카리에 부인은 훨씬 부드러운 판단을 하고 있었는데, 그것은 본질을 지닌 인간의 내면으로부터 나오는 묘사였다. 외면적인 것은 여러 가지 우연적인 것의 결과이므로 비난할 것이 못되며, 용서해도 좋은 것으로 생각된다고 써 있었다. 다음으로 남작부인은 조카의 광란과 어리석은 짓, 젊은 두 사람의 깊어져가는 애정, 오빠의 도착, 힐라리에의 단호한 거절을 보고하고 있었다. 여기저기에서 마카리에의 순수하고도 공정한 답변들이 보였다. 그 공정함은 이러한 사건들에서 도덕적인 향상이 이루어져야 한다는, 그녀의 강한 확신에서 나오고 있었다. 마카리에는 마지막으로 이 왕복서한을 전부 그 아름다운 과부에게 보내고 있었다. 이 과부의 그지없이 아름다운 내면이 이제야 밖으로 나타나 그 외모를 더욱 아름답게 만들고 있다. 이 편지교환은 마카리에에 대한 감사의 답장으로 끝나고 있었다.

제6장

빌헬름이 레나르도에게

친애하는 친구여, 드디어 그녀*13를 찾아냈다는 소식을 전할 수 있게 되었습니다. 당신을 안심시키기 위해 덧붙인다면, 이 착한 여자는 이 이상 더 바랄 것이 없을 만큼 좋은 상태에 있어요. 먼저 일반적인 이야기를 하더라도 양해해 주십시오. 나는 아직 그녀가 살고 있는 곳에서 이 글을 쓰고 있습니다. 따라서 모든 것을 내 눈앞에 보고 있기 때문에 그것에 대해 보고할 필요

---

*13 밤(栗)색 아가씨를 말한다.

가 있는 것입니다.

집안 형편에 대해 말한다면, 경건심에 기초를 두고, 근면과 질서에 의해 활기차게 유지되고 있으며, 옹색하지도 않고 그렇다고 분에 넘치지도 않게, 사람들의 능력과 역량이 그들의 의무와 가장 행복한 균형을 이루고 있습니다. 그녀의 주위에는 가장 순수한, 가장 원시적인 의미에서의 수공업자들이 부지런히 일을 하고 있습니다. 이곳에는 제약을 받고 있는 상태 속에서도 멀리 뻗어나가는 작용력이 있고, 주위에 대한 배려와 절도, 순박함과 일에의 정진이 있습니다. 나는 이처럼 기분 좋은 시간을 가져본 일이 좀처럼 없었습니다. 곧 다가올 시간과 먼 미래에 대한 밝은 희망이 이곳을 지배하고 있습니다. 이런 사정을 종합해 볼 때, 그녀에게 관심을 가진 사람이라면 누구든 안심해도 되리라 생각합니다.

그러니 우리 두 사람이 나누었던 모든 이야기들을 떠올리면서, 부디 당신이 이 개괄적인 설명으로 만족해 주기를 진심으로 부탁해도 되겠지요. 이것을 마음속에 새기기만 하고, 그 이상의 억측은 단념하십시오. 당신도 이제는 더 큰 인생의 과업에 끌려들어가 있을 것인즉, 기운을 내서 그 일에 몰두해 주십시오.

이 편지의 사본을 하나는 헤르질리에에게, 다른 하나는 신부님에게 보냅니다. 짐작건대 신부님이 가장 정확하게 당신이 있을 만한 장소를 알고 계실 듯해서요. 비밀스러운 일이든 공공연한 일이든 마찬가지로 언제나 믿을 수 있고 의지가 되는 이분에게는 몇 가지 일을 더 써서 보낼 테니, 나중에 그분에게 전해 듣기 바랍니다. 특히 부탁하고 싶은 것은, 나 자신의 일에 관심을 가져 주고, 호의에 찬 성실한 마음으로 나의 계획이 순조롭게 이뤄질 수 있도록 도와주십사 하는 것입니다.

빌헬름이 신부에게

만약 내 생각이 틀리지 않았다면, 저 지극히 존경하는 레나르도는 현재 당신들과 함께 있을 것입니다. 그래서 나는 그의 손에 확실하게 들어갈 수 있게 편지의 사본을 보내드립니다. 이 뛰어난 청년이 당신들의 동아리에 들어가, 쉬지 않고 유익한 활동에 힘쓸 것을 빌고 있습니다. 그렇게 하면 내가 기대하고 있는 것처럼 그의 마음도 차분해질 것이라 생각하기 때문입니다.

나 자신에 대해 말한다면, 부단히 저 자신을 성찰한 결과 전부터 몬탄을 통해 제출해 놓은 청원을 이제 좀 더 진지하게 다시 말씀드릴 수 있게 되었습니다. 나의 편력시대를 더 차분하고, 더 건실하게 마치고 싶다는 소망은 점점 더 절실해져가고 있습니다. 제 뜻을 반드시 펼칠 수 있을 것이라는 기대를 품고, 빈틈없이 준비를 하고 계획을 짜놓고 있습니다. 나의 고귀한 친구인 몬탄을 위한 준비를 끝내면, 나는 앞서 말씀드린 조건 아래 앞으로의 내 인생길에 안심하고 발을 내디딜 수 있을 것입니다. 또 하나의 경건한 순례*¹⁴를 마치면, 곧장 XXX로 갈 생각입니다. 그곳에서 당신의 답장을 받고 난 뒤에, 제 마음속의 간절한 바람에 따라 새로운 행동을 시작하게 되기를 희망하고 있습니다.

제7장

우리의 친구는 앞에서 말한 편지를 발송하고 나서 가까이에 있는 수많은 산맥을 넘어 계속해서 앞으로 나아갔다. 드디어 그는 멋진 골짜기 지대가 눈앞에 펼쳐지는 곳까지 왔다. 여기서 그는 새로운 인생길을 시작함에 앞서 여러 가지 일들을 매듭지을 생각이었다. 뜻하지 않게 그는 여기서 젊고 원기 왕성한 길동무를 만났고, 이 사람 덕분으로 그의 계획과 즐거움에 여러 가지 편의를 받게 되었다. 그가 동행하게 될 사람은 화가였다. 그 화가는 훌륭한 예술가였고, 두 사람은 곧 친구가 되었다. 그들은 서로 취미와 소원, 그리고 계획을 털어놓았다. 이 탁월한 예술가는 수채 풍경화를 그리는 솜씨나 끝손질도 빈틈없는, 재기발랄한 점경(點景)으로 장식하는 법을 터득한 사람으로, 미뇽의 운명과 용모 그리고 인품에 크게 매료되어 있는 자였다. 그는 벌써 여러 번 그녀를 자기 마음속에 그리고 있었다. 그래서 그녀가 생활하고 있던 환경을 자연에 입각하여 그려볼 생각으로 여행길에 나선 것이었다. 이곳에서 그 귀여운 아이를 행복했거나 불행했던 그 모든 환경과 순간들 속에서 표현해 내고, 그리하여 모든 사람들의 다정한 마음속에 계속 살아 있는

---

*14 이탈리아에서 미뇽의 발자취를 찾아보는 여행을 말한다.

그 아이의 모습을 시각적으로 불러내고자 했던 것이다.

친구가 된 두 사람은 이내 큰 호숫가에 이르렀다. 빌헬름은 짐작이 가는 장소들을 차례로 둘러보았다. 시골의 호화로운 집들, 넓은 수도원, 나루터와 후미, 갑, 다리 등을 살펴보았고 순박하면서도 대담한 어부의 주거지, 호반에 자리잡은 밝고 작은 마을 그리고 가까운 언덕 위에 있는 작은 성(城)도 함께 찾는 것을 잊지 않았다. 예술가는 이런 모든 것을 잘 포착하여, 빛과 색에 의해 그때그때 역사적으로 불러일으킨 정취를 자기 것으로 만드는 것에 익숙하기 때문에 빌헬름은 며칠 몇 시간씩을 큰 감동 속에서 보냈던 것이다.

수많은 도화지 위에, 미뇽은 전에 살아 있던 시절 그대로의 모습으로 그려졌다. 이것은 빌헬름이 들려준 자세한 이야기가 친구의 타고난 상상력에 도움을 주어, 뭉뚱그려져 생각되어왔던 것을 구체적인 인격체로 좁혀진 틀 속에 끼워넣을 수 있었기 때문이다.

이렇게 하여, 사내아이 같은 이 소녀는 여러 가지 자세와 갖가지 의미로 그려졌다. 웅장하고 아름다운 별장 현관의 둥근 기둥 아래에 서서 생각에 잠긴 채 현관의 입상을 바라보는가 하면, 매어둔 작은 배에 탄 채 물장구를 치면서 몸을 흔들거나, 한편으로 대담한 뱃사람 같은 모습을 보이고 있었다.

그런데 그중 그림 한 점이 유달리 훌륭했다. 그것은 이 예술가가 빌헬름을 만나기 전에 이곳으로 오는 여행길에서 그린 아주 특색 있는 그림이었다. 거친 산 한가운데에서 이 가련한 사내아이 같은 소녀는 깎아지른 절벽에 에워싸여 폭포의 물보라를 뒤집어쓰면서 정체를 알 수 없는 무리 속에서 빛나고 있었다. 이토록 무섭고 험한 깊은 산속의 골짜기가 이처럼 가련하고 의미심장한 장식물로 인물을 꾸며주었던 예는 아마 흔치 않을 것이다. 집시와도 같은 형형색색의 한 무리는 야만적인 동시에 환상적이고, 이색적이며 비속하고, 두려움을 일으키기에는 모자란 듯하고, 신뢰를 불러일으키기에는 너무나 기이하다. 억센 짐바리 말들이 통나무 깐 길 위를 지나 바위를 깎아 만든 계단을 내려오면서 잡다한 짐들을 질질 끌듯이 운반해 간다. 짐 주위에는 모든 악기가 함께 매달려 있어 요란한 소리를 내면서 이따금 귀를 괴롭힌다. 이런 모든 것 사이에 섞여서 이 가련한 아이는 마지못해, 하지만 끌려가고 있는 것은 아닌 듯 깊은 생각에 잠겨 거역하지도 않고 반항하지도 않으며 함게 가고 있다. 이렇듯 눈길을 끄는 그림을 보고 어느 누가 즐거워하지 않겠는가. 빽빽하게 몰려 있는 바윗덩어리의 거대한 모습은 힘 있게 솟아 있었고 모든 것을 단절시키는 시커먼 협곡은 골짜기에 또 골짜기가 겹쳐 있어, 아슬아슬하게 가로놓인 다리 하나가 바깥세상과 연결된다는 가능성을 암시해 주지 않았더라면 모든 출구가 가로막혀버린 듯 느껴졌으리라. 예술가는 또한 시와 진실을 하나로 만드는 풍부한 감각으로 동굴 하나를 인상 깊게 그려내었다. 그것은 자연이 만들어낸 거대한 결정으로, 또는 옛날이야기에 나오는 무서운 용(龍)들의 거처로도 생각되는 것이었다.

성스러운 외경심을 품고 두 사람은 후작*15의 호화로운 저택을 찾았다. 노후작은 아직 여행에서 돌아와 있지 않았다. 그러나 두 사람은 세속의 관청이든 종교적인 관청이든 간에, 그것들과 서로 잘 지내는 방법을 터득하고 있었기 때문에 여기서도 따뜻한 예우를 받았다.

한편 빌헬름은 저택의 주인이 없다는 것을 다행으로 생각했다. 왜냐하면 그는 이 고귀한 사람과 기꺼이 다시 만나 마음으로부터의 인사를 나누고는 싶었지만, 상대방이 은혜를 입었다고 느낀 나머지 그의 성실한 행위에 대해 지나친 환대를 베풀지나 않을까 두려웠기 때문이다. 그 일에 대해서는 이미 후한 보답을 받았던 것이다.

두 사람은 자그마하고 깨끗한 배를 타고서 호수*16의 기슭에서 기슭으로 사방을 노저어갔다. 일 년 중 가장 아름다운 계절이어서 호수를 둘러싼 모든 자연이 나무랄 데 없는 장관을 이루고 있었다. 하늘의 빛깔이 창공에서 부서져 내려와 호수와 대지에까지 아낌없는 빛과 색을 내리 퍼부었고 이들의 반사 속에서 비로소 그 장려함을 드러내고 있었다. 그들은 해돋이와 해넘이는 물론, 하루 사이에도 천 가지로 변하는 색의 조화들을 어느 것 하나 놓치지 않았다.

자연에 의해 저절로 씨가 뿌려지고 인간의 손으로 재배된 풍부한 식물의 세계가 어디에서든 두 사람을 에워쌌다. 벌써 밤나무숲이 그들을 반갑게 맞아준 바 있었다. 이제 노송 그늘 아래에서 쉬면서, 월계수가 높이 솟고, 석

---

*15 《수업시대》에서 미뇽의 장례식 때, 미뇽의 큰아버지라고 소개된 인물. 이 후작은 독일여행에서 아직 돌아오지 않고 있다.

*16 이탈리아의 마지오레 호수를 말한다.

류가 붉어지고, 오렌지나무와 레몬나무에 꽃이 피고, 그 무성한 나뭇잎 그늘에서 빛나듯 얼굴을 내밀고 있는 열매들을 보면서 그들은 어쩐지 서글픈 미소를 짓지 않을 수가 없었다.

이 새로운 길동무 덕분에 빌헬름에게는 다른 즐거움이 생겼다. 우리의 오랜 주인공은 그림에 대한 안목은 없었다. 그러므로 지금까지는 인간의 모습에서 볼 수 있는 아름다움만을 느껴왔지만, 전혀 다른 즐거움과 활동으로 훈련을 받은 친구를 통해 비로소 그는 주위 세계에 새로이 눈을 뜨게 되었던 것이다.

시시각각으로 변하는 주위 경치의 아름다움에 대한 얘기를 나누며 새로이 알게 되는 것이라든지, 그것을 중심으로 묘사하는 것을 배운다든지 하면서 그의 눈은 트여갔다. 그리고 이때까지 완고하게 품고 있었던 모든 의혹으로부터 해방되었다. 이탈리아 지방을 묘사한 그림을 보면서 일찍이 그는 의아한 것이 많았다. 하늘은 너무나 푸르른 것처럼 생각되었고, 아름다운 원경을 그린 보랏빛 색조는 호감이 가기는 하지만 사실적이지 않아 보였으며 갖가지 선명한 초록색은 지나치게 다채롭다 생각하고 있었다. 그러던 것이 지금은 새로운 친구와 더불어 친밀하게 마음을 터놓기에 이르자, 본디 감수성이 풍부한 그는 친구의 눈으로 세계를 보는 방법을 배웠던 것이다. 그러자 자연은 자신이 품은 아름다움의 공공연한 비밀을 열어 보여주었다. 이제 그는 아름다움의 가장 적절한 해설자로서의 예술에 무한한 동경을 느끼지 않을 수 없었다.

그런데 전혀 뜻밖에 이 화가 친구는 또 다른 면에서 빌헬름을 흡족하게 해주었다. 이 친구는 이따금 쾌활한 노래를 부르곤 하여, 넓디넓은 호반 위에서의 조용한 뱃놀이 시간에 기분 좋은 활기를 불어넣어 주기도 했다. 그러던 어느 날 그는 한 성채에서 아주 독특한 현악기를 발견했다. 그것은 라우테(류트)라는 소형 현악기로, 야무지고 더할 나위 없이 뛰어난 소리를 내는 것이었다. 손에 쥐기에 알맞고 들고 다닐 수도 있었다. 그는 금방 악기를 조율하여 능숙하게 연주를 해서 그 자리에 있던 사람들을 즐겁게 해주었다. 이로 말미암아 그는 새로운 오르페우스*17로서 평소에는 엄격하고 쌀쌀한 집사의

─────────────

*17 그리스 신화에 나오는 악사(樂士)의 이름. 그의 출중한 음악은 자연까지도 감동시켰다고 한다.

마음까지도 부드럽게 만들었고, 은근하게 부탁하여 이 악기를 한동안 빌리기로 했다. 단 떠날 때에는 정직하게 되돌려줄 것과 일요일이나 축제일에는 가끔 찾아와서 집안사람들을 즐겁게 해주어야 한다는 조건을 달고서.

이제 호수와 그 일대는 새로운 활기를 띠게 되었다. 보트와 거룻배는 앞다투어 그들 가까이로 다가왔다. 화물선과 장삿배까지도 그들 가까이에 머물렀고 사람들이 줄지어 호숫가로 뒤쫓아왔다. 그들이 상륙하면 순식간에 흥에 겨운 사람들에게 둘러싸이기도 했고 다시 배를 타고 기슭을 떠나면 누구나 만족스러운 얼굴로, 또 부러운 마음으로 축복해 주기도 했다.

제삼자의 눈으로 본다면, 이들 두 사람의 사명은 엄밀히 말해서 이미 끝났다고도 볼 수 있다. 미뇽과 관계되는 지방과 장소는 모두 그려져 빛과 그늘까지 표현되어 색이 칠해져 있었고, 또 어떤 것은 뜨거운 한낮에 정확하게 완성되어 있었기 때문이다. 이 작업을 수행하기 위해 그들은 좀 독특한 방법으로 이곳저곳을 옮겨다녔다. 왜냐하면 빌헬름의 서약*18이 이따금 장애가 되었기 때문이다. 그러나 그들은 이 서약은 육지에서만 통용될 뿐이지 물 위에서는 적용되지 않는다 해석함으로써 때로는 서약을 피해갈 줄도 알았다.

빌헬름 스스로도 자기들의 본디 목적이 이제 완성되었다고 느꼈다. 하지만 이곳을 아무 미련없이 떠나려면 힐라리에와 아름다운 과부*19를 만나는 소망도 이루어져야 한다고 생각했다. 그러한 애기를 들은 화가 친구도 호기심이 일어, 자기 그림 가운데 아직 한 자리가 비어 있다면서 흐뭇해하고는, 그처럼 매력적인 여성들의 모습으로 그 비어 있는 곳을 아름답게 장식할 수 있다면 얼마나 좋을까라고 생각했다.

이제 그들은, 뱃사람들에게 여기에서 친구들을 만나겠노라는 희망을 알려놓고, 호반 위 이쪽저쪽을 배로 물살을 가르며 떠다녔다. 얼마 안 있어, 아름답게 꾸민 화려한 배가 그들을 향해 미끄러지듯 다가오는 것이 보였다. 그들은 곧장 그 배를 끌어당겨 올라타려고 했다. 여인들은 좀 당황해했지만 빌헬름이 보여준 저 종이쪽지*20에 자신들이 그린 화살표를 알아채고 곧 침착

---

*18 '탑의 결사'의 계율에 따른다는 서약. 곧 사흘 이상을 같은 지붕 아래에 머물러 있어서는 안된다는 서약.

*19 《쉰 살의 남자》에 나오는 여자들로, 그녀들도 이제는 체념의 인물들로서 이탈리아를 여행하고 있다.

을 되찾았다. 이윽고 두 사람은 여인들의 배에 오르라는 친절한 초대를 받아들였다.

조금 전까지만 해도 우리가 이야기했던 두 여성과 벌써 몇 주에 걸쳐 우리가 함께 여행을 계속해 온 두 남성을 상상해 보라. 네 사람이 우아한 분위기의 선실에 모여 지극히 행복한 세계 속에서 서로 마주앉아, 산들바람을 받으며 반짝이는 파도와 함께 흔들리는 광경을 그려보라. 그들은 서로 위험한 관계라고 생각될 수도 있으나 아주 우아하고 아름다운 상태에 있다는 것도 알 수 있다.

스스로 원해서건 마지못해서건, 이미 체념의 결사에 속해 있는 세 사람에 대해서는 그리 걱정할 필요는 없다. 그러나 네 번째 사람인 화가는 너무 빨리 그 결사에 들어오게 되었다고 생각할지도 모르겠다.

두세 번 호수를 가로지르며 기슭과 섬들의 절경을 둘러보고 난 뒤 여인들은 오늘 밤 묵기로 되어 있는 장소로 안내되었다. 거기에는 이 여행을 위해 고용된 유능한 안내자가 있어서 더할 나위 없는 편의를 제공받을 수 있었다. 그런데 빌헬름의 서약은 아주 적절한 조정자이기는 했지만 이 경우에는 형편이 좋지 않았다. 두 친구는 이곳에서 사흘 동안 지내면서 이 부근의 볼 만한 곳은 모두 보았기 때문에 서약에 구속받지 않는 화가 친구는 육지까지 여인들을 바래다주고 싶다며 허락을 청했지만 여인들은 거절했다. 그래서 그들은 선착장에서 조금 떨어진 곳에서 작별을 고했다.

노래에 자신 있는 화가 친구가 배에 뛰어올라, 배가 기슭에서 떠나자마자 라우테를 잡고서 아름다운 가락을 타기 시작했다. 그것은 베네치아 뱃사람들이 육지에서 바다로, 바다에서 육지로 울려퍼지게 해서 하소연하는 듯한 노래였다. 이번에는 특히 다정하게 가락을 뜯어서 풍부한 표현을 하려고 애썼다. 배가 떠나감에 따라 점점 소리를 높였기 때문에, 기슭에 있는 사람들에게는 그 남자가 계속 같은 거리에서 현악기를 타는 것처럼 들렸다. 마지막

---

*20 이 작품의 초고에는 헤르질리에가 단편 《쉰 살의 남자》를 빌헬름에게 보내는 것으로 되어 있다. 지도에서 작게 오려낸 종이쪽지를 첨부한 그녀는, 빌헬름에게 이 종이를 큰 지도 위에 놓게 되면 그 위에 그려져 있는 화살표가 찾고 있는 사람의 행방을 가리켜줄 거라 말했다. 또한 초고에서는 빌헬름이 큰 지도에다 작게 오려낸 종이쪽지를 갖다대었을 때 바늘이 미뇽의 출생지를 가리키는 것을 보고 놀라는 내용이 들어 있으나 개정판에서는 모두 삭제되었다.

에는 라우테 타는 것을 그만두고 노래만 했는데, 그 노랫소리에 여인들이 기슭에 머물러 있는 것을 보고는 만족했다. 그는 감격한 나머지, 사방이 어두워지고 배도 호수 기슭으로부터 멀어져 보이지 않게 될 때까지 계속 노래를 불렀다. 그러자 마음의 평정을 잃지 않고 있던 빌헬름이 노랫소리와 밤의 고요는 잘 어우러지기는 하나 배는 이미 노랫소리가 닿을 만한 거리를 벗어났다고 주의를 주었다. 아쉬운 노랫가락은 차츰 밤 호숫가로 긴 꼬리를 감추며 사그라져갔다.

네 사람은 약속대로 다음 날 다시 드넓은 호수 위에서 만났다. 그들은 날듯 노를 저으면서 나란히 늘어서 있는 듯하기도 하고 또한 각도에 따라서 변하는 듯한 일련의 경관에 감탄을 연발했다. 맑은 수면 위로 그 모습이 비쳤으므로 배를 가까이 몰고 가 수면 위의 풍경을 부수어 보기도 하며 즐거워했다. 게다가 화가 친구가, 뱃놀이 중 잠시 놓쳐버린 풍경들을 도화지 위에다 그렸기 때문에 지나고 난 뒤에도 그 멋진 모습들을 다시금 음미할 수 있었다. 힐라리에는 말을 많이 하지는 않았으나 이 모든 것을 이해하는 아름답고 자유로운 감각을 지니고 있는 것 같았다.

그런데 점심때가 되어 또다시 멋진 일이 벌어졌다. 여인들만이 뭍에 오르고 남자들은 나루터 앞을 가로질러 지나가고 있었다. 그때 화가 친구는 그처럼 가까운 거리에 알맞은 창법의 노래를 불러보려 했다. 요들적인 강약을 교대로 뒤섞어 노래 부르는 저 일반적인 그리움의 가락뿐 아니라, 밝고 고상하게 호소하는 가락으로도 어딘지 모르게 그럴듯한 효과가 생겨나는 것 같았다. 그래서 우리가 《수업시대》에서 연인들의 입을 통해 들었던 노래가 하나둘 이제는 현(絃) 위에, 입술 위에 막 오르려 했다. 그러나 그는 생각 끝에 참기로 했다. 그런 노래로 그녀들의 마음을 뒤흔들어놓고 싶지 않다는 세심한 배려에서였는데, 실은 그 자신에게도 그럴 필요가 있었기 때문이다. 대신 그것과는 다른 영상과 감정을 동원하여 애틋한 정을 담아 노래했다. 그것이 도리어 듣는 이들의 귀를 간질이듯 기분 좋게 울려와 노래의 효과를 훨씬 더 높여주었다. 만일 그들의 여자 친구가 맛있는 음식을 보내주지 않았더라면 그들은 먹는 것도 마시는 것도 잊은 채 나루터를 노래로 가득 메우고 있었을 것이다. 맛있는 음식과 그에 곁들여진 포도주가 그들의 미각을 자극하여 더이상 멋진 노랫소리는 들리지 않았다.

싹트는 정열을 가로막는 그 어떤 고립이나 제약도, 정열을 약화시키기는 커녕 오히려 한층 달아오르게 하는 법이다. 이 경우에도 잠시 동안이나마 서로 만나지 못한 것이 서로에게 그리움을 불러일으킨 것이 아닐까. 과연 그러했다. 여인들이 눈부실 정도로 경쾌한 곤돌라를 타고 곧장 다시 이쪽으로 오고 있는 것이 보였다.

여기에서 말한 곤돌라는 베네치아식의 슬픈 배라는 의미가 아니라, 배에 타려는 사람이 두 배로 많아진다고 해도 충분히 수용할 만한 넓이의 명랑하고 쾌적하며 호감이 가는 배를 말하는 것이다.

이렇듯 독특한 방법으로 만났다 헤어지고, 떨어졌다 함께하고 하면서 며칠이 지나갔다. 더할 수 없이 유쾌한 모임을 즐기는 사이에도 언제나 이별의 두려움이 감동 넘치는 영혼 앞에 감돌고 있었다. 새로운 친구를 눈앞에 두면 옛 친구들이 생각난다. 그러다가 새 친구들과도 헤어지고 나면 그들과 나누었던 추억이 강하게 남는다는 것을 우리는 또한 인정한다. 오직 우리의 아름다운 과부처럼 인생의 시련을 거쳐 차분해진 정신의 소유자만이 이런 때에도 마음의 평정을 잃지 않을 수 있었다.

힐라리에는 마음의 상처가 너무나 컸기 때문에 이 새롭고 순수한 감동을 받아들일 수가 없었다. 그러나 아름다운 대지의 멋진 경치가 마음을 부드럽게 어루만지며 우리를 보듬어 안을 때면, 그리고 다정다감한 친구들의 온정이 마음으로 전해질 때면 이미 지나가버린 것을 꿈처럼 되불러와 지금 눈앞에 있는 것을 마치 환영인 양 유령처럼 멀어지게 만드는 어떤 독특한 것이 우리의 정신과 감각에 찾아오는 것이다. 이렇듯 서로 이쪽저쪽으로 흔들려 끌려가다가도 떨어지고, 가까이 가다가도 멀어지면서 그들은 격정적인 며칠을 보냈다.

이들의 이런 관계를 자세히 관찰하지는 않았지만, 세상 경험이 풍부한 길 안내자는 여주인들의 조용한 태도 속에 지금까지와는 다른 어떤 변화가 조금씩 나타나고 있음을 눈치챘다. 하지만 이런 상태는 단지 일시적인 변덕과 같은 것임을 알아차렸을 때, 그는 아주 유쾌한 일을 꾸며 사태를 수습하는 방법을 알고 있었다. 다시 말해 남자들이 식탁이 준비되어 있는 장소로 안내하려고 했을 때 화려하게 치장된 다른 배가 찾아와 그녀들의 배에 바싹 다가가 연회 때에 볼 수 있는 맛있는 요리가 준비된 훌륭한 식탁을 보이면서 유혹했던 것이다. 이렇게 하여 사람들은 상당히 오랜 시간을 함께 지냈고, 여느 때처럼 밤이 되어서야 비로소 헤어졌다.

남자 친구들은 이제껏 뱃놀이를 하면서도 인공적으로 가장 아름답게 꾸며놓은 섬*21에는 올라가보지 않고 있었다. 그들은 있는 그대로의 자연을 숭배해야 한다는 심정에서, 자연계의 멋진 광경을 다 보기까지는 그 섬의 인공 장식을 여인들에게는 보이고 싶지 않았다. 그러나 순간적으로 다른 생각이 떠올랐다. 그들은 안내인에게 자세한 얘기를 했고 안내인은 서둘러 그 섬으로 향했다. 모두들 좋은 생각이라 여기고서, 인가와 멀리 떨어진 이 섬에 모여 세상을 벗어난 듯한 즐거운 사흘을 보낼 희망과 기대에 가슴이 부풀어올랐다.

앞에서 말한 여행 안내자는 활동적이고 자기 일에 숙달된 사람이었다. 그는 신분 높은 사람들을 많이 안내했고, 같은 길을 여러 번 가보아서 어디가 편하고 어디가 불편한지 훤히 알고 있었기 때문에, 불편한 쪽은 피하고 편한 쪽은 이용하면서, 자기의 이익을 소홀히 하지 않고서도 손님들이 자력으로 여행할 때보다 훨씬 싸게, 그리고 만족할 수 있게 그곳을 안내할 수 있었다.

동시에 여인들을 시중드는 쾌활한 하녀가 이번 기회에 처음으로 활동적인 진면목을 발휘했다. 그래서 아름다운 과부는 두 남자 친구에게 대단한 대접은 해드릴 수는 없으나 괜찮다면 자신의 손님으로 묵어도 좋다고 초대할 수 있었다. 이 경우에도 모든 일은 이를 데 없이 잘 진행되어갔다. 왜냐하면 전에도 그랬듯 이번에도 빈틈없는 지배인이라고 할 수 있는 여행 안내자가 여인들이 가지고 있었던 소개장을 현명하게 이용할 줄 알았으므로, 주인이 부재중임에도 저택과 정원과 부엌을 마음대로 사용할 수 있도록 개방한다는 약속을 받았을 뿐 아니라 지하실까지도 쓸 수 있도록 주선했기 때문이다. 이렇듯 모든 것이 순조롭게 진행되었기 때문에 사람들은 처음부터 마치 그곳이 제집인 양, 태어나면서부터 그러한 낙원의 주인이기라도 한 것 같은 느낌을 갖게 되었다.

여행자들의 짐은 남김없이 즉각 섬으로 운반되었다. 그 짐에는 화가 친구의 화집 전부가 함께 들어 있었기 때문에 그의 그림을 감상하면서 그가 걸어

---

*21 17세기에 테라스식 정원으로 만들어진 섬, '이졸라 벨라'를 말한다.

온 길을 쫓아 상상할 수 있는 기회가 마련되었다. 사람들은 훌륭한 작품을 접하게 되자 기뻐 어찌할 바를 몰랐다. 호사가와 예술가가 서로를 치켜세우는 그런 것과는 달리 모두들 여기서는 탁월한 한 예술가에게 진심에서 우러나는 찬사를 보냈다. 그러나 여기에서 우리는, 실제로 보여주지는 못하고 무책임한 문구만을 나열하여 믿음이 깊은 독자에게 판단을 마구 강요하고 있다는 의심을 받지 않도록 하기 위해, 그의 그림에 대한 한 전문가의 비평을 신도록 하겠다. 이 사람은 그 뒤 오랫동안 지금 문제되고 있는 그림과, 이와 비슷한 경향을 가진 작품에 대해 찬사를 아끼지 않았다.

"그는 한적한 호수의 밝은 고요를 그려내는 데 성공했다. 호숫가에 늘어서 있는 다정한 집들이 맑은 수면에 그림자로 비쳐서 마치 더없이 맑은 물에서 목욕을 하는 것처럼 보였다. 기슭은 푸른 언덕에 둘러싸였고, 언덕 뒤에는 숲으로 덮인 산들과 빙설을 이고 있는 산봉우리가 우뚝 솟아 있다. 이런 광경을 담은 색조는 밝고 명랑하며 맑았다. 원경은 어렴풋이 피어나는 아지랑이로 덮인 듯했다. 아지랑이는 시냇물이 뚫고 흐르고 있는, 저지대와 골짜기로부터 한층 더 떠올라와 회백색의 넘실거림을 보여주고 있다. 알프스에 훨씬 가까운 골짜기의 경관 묘사도 이 화가의 솜씨는 전의 것에 못지않게 칭찬 받을 만하다. 그 그림 속에서는, 산허리 전체를 덮은 빽빽이 들어선 울창한 숲이 골짜기 밑바닥까지 이어져 있고 청량한 물결이 바위 아래쪽을 휘감으며 거세게 구르듯 흘러내려가고 있다.

전경(前景)에 배치된, 짙은 그림자를 띠고 있는 나무들의 묘사도 저마다 종류를 달리하는 성격을 그 전체의 모습이나 나뭇가지의 모양새, 우거진 한 무더기의 나뭇잎 하나하나에 이르기까지 흡족하게 나타낼 줄 아는 묘미를 보여준다. 갖가지 모양과 색채의 농담이 어우러진 신선한 초록 들판이 너무도 생생했고 그 안에서 마치 미풍이 부드러운 숨결로 일어 찬란한 빛의 자취가 살아 움직이는 듯한 느낌마저 들게 한다.

중경(中景)에서는 싱싱한 초록 색조가 점차 둔해지고 멀리 산꼭대기에서는 엷은 보랏빛이 되어 하늘의 푸른빛과 잘 어울려 있다. 솜씨가 더욱 돋보이는 곳은 높은 알프스 지방의 묘사, 즉 이곳의 우람한 자태와 고요함, 이를데 없이 신선한 푸르름에 덮인 산비탈에 펼쳐진 목장이다. 오래되어 색이 짙어진 전나무가 융단과도 같은 잔디에서 키를 세우고 있고, 높은 암벽에서는 계곡물이 거품을 일으키며 쏟아져 내린다. 한가로이 풀을 뜯고 있는 소는 목장을 점령하고, 바위를 둘러싸고 나 있는 꾸불꾸불한 산 길 위에는 짐을 실은 말이나 당나귀들이 걷고 있다. 이것들 모두가 적절한 장소에 무리없이 들어차 있으며 그림에 생기를 불어넣고 있었으나, 그 가운데에서도 조용한 쓸쓸함을 어지럽게 하지 않고 자리하고 있다. 그는 그림의 마무리에서 영국제의 광택 있는 물감을 사용했기 때문에, 유난히 색채가 화려하고 밝으면서 동시에 힘차고 강한 느낌을 준다.

깊은 협곡을 그린 그림에는 주위에 죽은 듯한 암석이 우뚝 솟아 있을 뿐이고 위험스런 다리가 걸려 있는 아득한 심연에 사나운 물살이 미친 듯이 날뛰고 있어서 앞의 작품들만큼 호감을 주지는 못하지만, 그 진실성만큼은 매력을 잃지 않는다. 단 몇 차례의 중요한 붓놀림과 부분부분을 돋보이게 하는 적은 양의 자연색을 통해 나타나는 전체의 커다란 효과에 감탄할 뿐이다.

그는 마찬가지로 고산지대의 특성도 잘 그려낼 수 있었다. 그 곳에는 이제 나무와 덤불은 자라지 않고 다만 바위 꼭대기와 눈을 이고 있는 산꼭대기 사이에 부드러운 잔디로 덮인 볕이 잘 드는 평지가 있을 뿐이다. 그는 이런 장소에 자못 아름다운 푸르른 안개와 같은 매혹적인 채색을 하고 있지만 풀을 뜯는 가축들은 그려넣지 않는 사려 깊음을 보여주고 있다. 왜냐하면 고지대에서는 단지 영양의 먹이만 자랄 뿐이며 마른풀을 베는 산사람들에게는 위험한 일거리만 주기 때문이다."

지금 우리가 사용한 '마른풀을 베는 산사람들'이라는 말을 간단하게만 설명해도 이런 불모지대의 상황을 가능한 한 자세하게 독자들에게 알려드리는 데 부족하지 않을 것이다. 이런 말로 불리고 있는 이 사람들은 가축들이 절대로 갈 수 없는 초지(草地)에서 풀을 베어 말리는 고산지의 가난한 주민들이다. 이 때문에 그들은 갈고랑이가 달린 등산화를 신고, 한없이 험한 낭떠러지를 기어올라가기도 하고, 또 필요한 경우에는 높은 암벽에서 밧줄을 타고 초지로 내려가기도 한다. 이리하여 풀을 베어 말려서 마른풀이 되면, 그들은 그것을 높은 언덕에서 깊은 골짜기 바닥으로 내던져 놓았다가 많이 모이면 가축 소유자에게 판다. 질이 좋기 때문에 사는 사람은 기쁜 마음으로 그것을 구입하는 것이다.

이 그림을 실제로 본 사람들은 누구나 즐거움을 느끼고 마음이 끌렸지만, 힐라리에는 특히 지대한 관심을 기울여 이것을 바라보았다. 그녀의 의견은 그녀 자신이 이 분야에 문외한이 아니라는 사실을 나타내주었으며, 이 점을 제일 잘 간파한 사람은 역시 화가였다. 그로서는 다른 어느 누구에게서보다도 더없이 아름다운 그녀에게 인정받는 것이 가장 흐뭇했을 것이다. 이렇게 되자 연상의 여자 친구도 이제는 가만히 있을 수 없었다. 그녀는 힐라리에가 언제나 이런 식이다, 이번에도 자기 솜씨를 발휘하는 것을 주저하고 있다, 말하면서 힐라리에를 꾸짖었다. 지금 중요한 것은 칭찬을 받는다든지 비난을 받는다든지 하는 것이 아니라 배우는 것이라면서 이 이상 더 좋은 기회는 아마 두 번 다시는 오지 않을 것이라고 말하는 것이었다.

그래서 힐라리에가 할 수 없이 자신의 화집을 꺼내 보였을 때, 이 온순하고 귀엽기 이를 데 없는 아가씨에게 얼마나 뛰어난 재능이 감추어져 있었던가가 처음으로 드러나게 되었다. 재능은 타고난 것인데다가 훈련되어 있었다. 그녀는 사물을 충실하게 보는 눈과 정밀한 솜씨를 가지고 있었다. 이런 손재주가 있으면, 부인들은 이 밖의 장신구나 장식품을 만들 때에도 훌륭한 기량을 발휘할 수 있는 것이다. 물론 붓솜씨는 아직은 확실치 않고, 따라서 대상의 특징이 충분히 표현되지는 않았지만 정성스러운 마무리 실력은 십분 칭찬받아 마땅했다. 그러나 단지 이 경우에도 전체가 아주 효과적으로 파악되었다거나, 또 예술적으로 잘 조절되었다고는 할 수 없었다. 그녀는 대상에 충실치 못하면 대상을 욕되게 하는 것은 아닐까 두려운 나머지 겁이 나서 세부적인 면에만 얽매여 있는 것 같았다.

그러나 마침내 그녀는 자유로운 재능을 지닌 이 예술가의 대단한 수법에 자극을 받아 자기 안에서 조용히 잠자고 있던 미적 감각과 판단력이 서서히 되살아나고 있음을 느꼈다. 그녀는 용기를 내지 않으면 안 된다는 것, 예술가가 근본적으로 친절한 가운데에서도 되풀이하여 가르쳐준 몇 가지 주요 원리를 진지하고도 정직하게 지키지 않으면 안 된다는 것을 깨달았다. 이리하여 붓놀림에 자신이 생기면서 전체보다 세부에 매달리는 일이 점차 줄어들었고, 그녀의 훌륭한 재능을 숙달된 역량으로 꽃피우게 되었던 것이다. 그것은 마치 우리가 이전에는 알아차리지도 못하고 지나쳐온 장미꽃 봉오리가, 아침이 되어 햇빛이 떠오름과 동시에 우리의 눈앞에서 꽃을 피우고 눈부신 빛줄기 속에서 싱그러이 떨고 있는 모습을 보는 것 같았다.

　이런 미적인 성숙에는 도덕적인 효과 또한 뒤따르기 마련이다. 왜냐하면 결정적인 가르침을 베풀어준 사람에 대한 마음속 깊은 감사가 순수한 영혼의 소유자에게 마술적인 감화를 주기 때문이다. 이번 일로 힐라리에의 마음에 복받쳐오르는 것은 오랜만에 비로소 맛보는, 신이 나서 들뜨는 것과 같은 그런 즐거운 기분이었다. 처음 며칠 동안은 멋진 세계를 눈앞에 두고 보기만 하다가, 한순간 갑자기 완전한 묘사 능력이 주어졌음을 느끼게 된 것이다! 선과 색에 의해 말로는 다 할 수 없는 것에 도전한다는 것은 얼마나 큰 기쁨인가! 그녀는 새로운 청춘의 도래에 놀라움을 느꼈다. 그리고 이 행복을 가져다준 사람에게 이상하게도 마음이 끌리는 것을 어찌할 수가 없었다.

　두 사람은 나란히 앉아 있었다. 예술의 비결을 전달하려고 하는 것과, 그것을 파악하고 연습하려는 것 가운데 어느 쪽이 더 앞섰을까. 그것을 판단하는 일은 불가능했을 것이다. 스승과 제자 사이에 행복한 경쟁이 시작되었다. 친구인 예술가가 때로 그녀의 도화지에 충고조로 붓을 대려고 하면 그녀는 공손하게 그것을 거절하고 서둘러 그가 원하는 표현을 곧 해내어, 그럴 때마다 친구인 스승을 놀라게 하는 것이다.

　드디어 마지막 밤이 찾아왔다. 빛나고 밝은 둥근달이 떠올라와 낮에서 밤으로 바뀌는 것도 못 느낄 정도였다. 일행은 가장 높은 테라스에 모여 사방에서 빛을 받아 주위에 반사하고 있는 조용한 호수를 굽어보았다. 호수는 길이로 볼 때는 일부 감추어져 있었지만 폭은 어느 곳이든 멀리 바라볼 수 있었다.

　이런 상태에 있을 때에는 어떤 말을 꺼내든 결국 이제까지 백 번도 더 이야기한 것, 즉 찬란한 태양과 부드러운 달빛의 영향 아래 있는 이 하늘과 이 물결, 그리고 이 대지의 여러 가지 뛰어난 점을 다시 한 번 화제에 올려 그 뛰어난 점만을 서정적으로 찬미하지 않을 수 없었다.

　그러나 아무도 입 밖에 내지 않는 것이 있었다. 아무도 감히 자기 자신에게까지도 고백하려고 하지 않는 것, 강약의 차이는 있지만 모든 사람의 가슴에 한결같이, 거짓없이 절실하게 치밀어오르는 슬픈 감정이 그것이었다. 이별의 예감, 그것이 일행의 위로 퍼져나갔다. 그리고 점차로 깊어가는 침묵이 거의 참을 수 없을 정도가 되었다.

그때 노래에 능한 화가가 용기를 내어 악기를 잡고, 이전의 신중한 자중심도 잊고, 힘차게 서주(序奏)를 연주하기 시작했다. 미뇽의 모습이, 저 사랑스러운 아이의 최초의 부드러운 노래와 함께 그의 눈앞에 떠올라왔다. 엄청난 정열에 이끌리어 그리움에 가득 찬 손가락 놀림으로 음색이 좋은 현을 타면서 그는 노래 부르기 시작했다.

그대는 아는가 그 나라를,
레몬꽃이 피고 어두운 나뭇잎 그늘가에는 ……

너무나 감동한 힐라리에는 일어서서 얼굴을 가리며 자리를 뜨고 말았다. 아름다운 과부는 노래 부르는 화가에게 제발 그만, 하면서 한쪽 손을 흔들고, 다른 한 손으로는 빌헬름의 팔을 잡았다. 정말로 당황한 청년 화가는 힐라리에의 뒤를 쫓아갔다. 훨씬 냉정했던 과부는 빌헬름을 끌어당겨 두 사람의 뒤를 따라갔다. 이렇게 하여 네 사람은 함께 하늘 높이 비치는 달빛을 받으면서 마주 보고 서게 되었고 모두의 감정을 더는 감출 수 없었다. 여자들은 서로의 팔에 몸을 던졌고, 남자들은 껴안았다. 하늘의 달만이 이처럼 거룩하고 순수한 눈물의 증인이 되어주었다. 서서히 정신을 돌이키고 모두는 말없이 묘한 감정과 소망을 품은 채 서로 헤어졌다. 그러나 희망이 이루어지리라는 기대는 이미 끊어져 있었다. 우리의 예술가는 친구 빌헬름에게 억지로 끌려가면서 이 엄숙하고도 쾌적한 밤의 숭고한 하늘 아래서 체념하는 사람들이 느끼는 극도의 고통으로 빠져드는 것을 느꼈다. 이미 이런 고통을 견뎌낸 적 있는 다른 친구들도 또다시 괴로운 시련을 겪어야 하는 위험에 처해 있음을 깨달았다.

밤이 이슥해져서야 젊은 남자들은 잠자리에 들었다. 다음 날 아침 일찍 눈을 뜨고 정신을 차려, 이 낙원과의 이별을 견디어낼 수 있을 만큼 강해졌다고 생각했다. 그러고는 어떻게 해야 의무를 지키면서 그녀들 가까이 머무를 수 있을지 여러 계획을 가다듬었다.

그러다 그들은 여인들에게 제안을 전하려던 터에, 여인들은 이미 날이 밝기가 무섭게 떠나버렸다는 전갈을 받고는 깜짝 놀라지 않을 수 없었다. 우리 마음에 여왕으로 남아 있는 여인의 손으로 씌어진 한 통의 편지가 더 자세한 것을 알려주었다. 그러나 그 편지에 적혀 있는 것이 분별심인지 호의인지, 애정인지 우정인지, 수고에 대한 감사인지 남모르게 쑥스러워하는 선입견의 표현인지 판단을 내리기는 쉽지 않았다. 유감스럽게도 편지 끄트머리에는 엄한 요구가 담겨 있었다. 자기들의 뒤를 쫓지도 찾지도 말 것이며, 우연히 만나더라도 양심에 입각하여 서로 피하고 싶다는 것이다.

이제 젊은이들에게 이 낙원은 요술지팡이에 의해 얻어맞은 것처럼 완전한 황야로 변해 버렸다. 그 순간, 그처럼 아름답고 진기한 환경을 대한 자신들의 태도가 얼마나 부당하고 배은망덕했는지를 확실하게 알아차렸더라면, 그들도 틀림없이 자기 자신을 되돌아보며 미소지었을 것이다. 아무리 심한 제멋대로의 우울증 환자라도, 무너져내릴 것 같은 건물, 내버려진 담벼락, 비바람을 맞아 썩어가는 탑, 풀이 더부룩하게 자란 통로, 말라버린 나무들, 이끼 끼어 곰팡내 나는 인공동굴, 이 밖에 눈에 띄는 모든 것을 시샘하듯 그들처럼 날카롭게 갖은 악담을 퍼붓지는 못했을 것이다. 그러나 그들은 그러는 사이에 이럭저럭 사태에 대응할 수 있을 만큼 기분을 새로이 다잡았다. 우리 예술가는 정성스레 작품들을 챙겨 짐을 꾸렸고 이윽고 두 사람은 배에 올랐다. 빌헬름은 호반의 위쪽 지방까지 화가를 배웅했고, 이전에 약속한 대로 자신은 나탈리에를 찾아갔다. 이 아름다운 풍경화를 가지고 가서, 아마도 그녀로서는 가까운 시일 안에 올 수 없을 듯한 이 지방의 풍경을 보여줄 생각이었던 것이다. 동시에 그는 뜻하지도 않았던 사건을 고백하고는, 이 사건으로 말미암아 체념의 결사 동지들이 자신을 아주 따뜻하게 맞아들여 애정에 찬 대접을 해준 덕분으로, 병이 완전히 고쳐졌다고 할 수는 없지만 어느 정도는 위로받게 되었음을 진솔하게 말할 작정이었던 것이다.

레나르도가 빌헬름에게

마음으로 경애하는 친구여, 당신의 편지는 내가 어떤 활동을 하던 중에 도착했습니다. 이 활동은 그 목적이 그다지 위대하지 못하고 그 달성이 그다지 확실하지 않다면 혼란이라고 부를 만한 그런 것입니다. 당신 동지들과의 결합은 서로가 생각하고 있는 것보다 훨씬 중대합니다. 그러나 이에 대해서는 어떻게 말해야 할지 모르겠습니다. 쓰려고 하면 전체가 얼마나 전망하기가 어렵고, 일체의 연관성이 얼마나 말로 표현되기 어려운지 금방 깨닫게 되니 말입니다. 지금으로서는 말을 하지 않고 실천하는 것이 우리의 강령이어야 합니다. 당신이 그처럼 즐거운 비밀 하나를 절반은 베일로 씌워놓고 손이 가 닿지 않는 먼 저쪽을 가리키듯이 암시해 준 것을 거듭 감사드립니다. 원래 목표가 없는 것은 아니지만, 내가 소용돌이치듯 복잡한 관계에 쫓기고 있는 동안 저 착한 아가씨가 행복한 상태에 있어준다면 얼마나 기쁜 일이겠습니까. 자세한 설명은 신부님이 해주실 것입니다. 나는 다만 일이 잘되게 하는 것만을 생각해야겠습니다. 당신은 나의 친구가 되었습니다. 오늘은 이 이상 더 쓰지 않겠습니다. 할 일이 너무도 많아서 생각할 여유도 없습니다.

신부가 빌헬름에게

하마터면 선의에서 쓰여진 당신의 편지가 당신의 의도와는 달리 우리에게 아주 해로운 것이 될 뻔했습니다. 당신이 찾아낸 아가씨에 대한 서술이 아주 정감에 넘치고 매력적이었기 때문에, 만약 이번에 동맹을 맺은 우리의 계획이 이처럼 중대하고 원대한 것이 아니었더라면, 저 독특한 친구인 레나르도도 마찬가지로 만사를 제쳐놓고 그녀를 찾아내기 위해 노력했을 것입니다. 그러나 그는 시련을 견디어냈습니다. 그가 우리의 중대한 일에 완전히 몰입하여 다른 일에는 일절 관여하지 않고 오로지 그 일에만 전념하고 있다는 것이 증명된 셈입니다.

당신 덕분에 우리 사이에 성립된 새로운 관계는 좀 더 자세히 조사해 본 결과 저 여성에게도, 우리에게도 예상했던 것보다는 훨씬 많은 이익이 있는 것으로 밝혀졌습니다.

왜냐하면 그가 큰아버지에게서 물려받은 토지[*22]의 일부는 자연의 혜택이 적은 지방에 있는 것인데 최근에 마침 그 지방을 관통하는 운하가 계획되어, 그 운하가 우리 소유지도 통과하게 되기 때문에 만약 우리가 손을 잡는다면 그 토지의 가치는 헤아릴 수 없을 만큼 높아지게 됩니다.

그렇게 되면 그는 처음부터 시작해 보고자 하는 그의 강인한 기질을 아주 편안하게 발전시켜 나갈 수 있을 것입니다. 이 수로의 양쪽에는 아직 개척되

[*22] 트룬츠(Trunz)가 말한 대로 큰아버지가 살았던 미국의 토지이고, 운하는 미시시피와 오하이오 사이의 운하 계획일 것이다. 운하 개척에 관해서는 《파우스트》 제2부, 파우스트가 죽기 직전의 대사(11555~11586)에서도 나온다.

지 않고 사람도 살지 않는 토지가 남아돌아갈 만큼 발견될 것입니다. 그곳에 방적여공이나 직물여공이 이주해 가고, 미장이와 목수와 대장장이가 자신들과 그녀들을 위해 알맞은 공장을 세울 것입니다. 모든 것을 생산자들이 스스로 설비하겠지만, 그사이에 우리 쪽에서도 뒤얽힌 문제를 해결하는 일에 신경을 써서 사업이 잘 돌아가게 촉진시킬 수 있을 것입니다.

바로 이것이 우리 친구 레나르도가 당면하고 있는 임무이지요. 산간지대에서 식량 부족이 점점 악화된다는 하소연이 빈번히 들려오고 있는데 사실 그 지방은 인구가 너무 많습니다. 그가 그곳을 돌아보고 사람들을 만나 상황에 대한 판단을 내린 뒤에 진정 활동적인 사람들과 도움이 될 사람들을 우리 편으로 끌어올 것입니다.

또한 나는 로타리오에 대해서 알려드려야 하겠습니다. 그는 하던 일을 완전히 일단락 지을 준비를 하고 있습니다. 그는 유능한 예술가, 그것도 극소수의 우수한 예술가를 얻기 위해 교육주의 당사자들이 있는 곳으로 떠날 계획을 세워놓고 있습니다. 예술은 지상의 소금입니다. 예술과 기술의 관계는 소금과 음식물의 관계와 같습니다. 우리가 예술을 받아들이는 것도 다만 수공업이 취미와는 거리가 먼 것이 되지 않게 하자는 데에 있습니다.

전반적으로 보아 저 교육시설과 영속적으로 맺어지는 것은 우리에게는 아주 유익하고도 필요한 일일 것입니다. 우리는 실천하지 않으면 안 됩니다. 그래서 교양을 생각하지 않을 수 없겠죠. 교양 있는 사람을 받아들이는 것은 우리의 최고 의무입니다. 수없이 많은 고찰이 뒤따르는 문제입니다.

우리의 오랜 관례에 따라, 여기 또 한 가지 일반적인 말을 덧붙이게 된 것을 용서해 주십시오. 레나르도에게 보낸 당신 편지의 한 대목이 그 계기를 만들었습니다. 우리는 가정경건에 대해, 이에 마땅한 칭찬을 아끼려 하지 않습니다. 개개인의 안정은 가정경건에 기반을 두고 있는 것이며, 그러한 개인의 안정 위에 전체의 흔들리지 않는 권위도 서게 되는 것입니다. 그러나 가정경건만으로는 충분치 않습니다. 우리는 세계경건[23]이라는 개념을 파악하고 우리의 성실한 인간적인 심성을 넓은 세계와 실천적으로 관련시켜, 우리 이웃과의 발전을 촉진할 뿐 아니라 전인류를 함께 이끌고 나가야 합니다.

---

[23] 이것이 세계결사의 종교적 기초를 이루고 있는 개념이다.

그건 그렇고 마지막으로 당신의 청원에 대해서 언급하자면, 이 한 가지만 말씀드리겠습니다. 몬탄은 마침 때맞추어 그것을 우리에게 보내주었습니다. 저 독특한 사나이는 당신이 도대체 무엇을 계획하고 있는지를 전혀 설명하려 하지 않았습니다. 단 그것은 사려 깊은 일이며, 성공하면 사회에 아주 유익할 것이라며 친구로서 책임질 수 있다고 말했습니다. 그러므로 당신이 편지에서도 그 일을 비밀로 하고 있는 것을 관대히 봐드리겠습니다. 요컨대 당신은 모든 제한으로부터 해방되어 있습니다. 만일 당신의 체류지가 우리에게 알려져 있었다면 이 뜻은 이미 당신에게 전달되어 있었을 것입니다. 나는 일동의 이름으로 거듭 말합니다. 설사 당신의 목적을 확실하게 입 밖에 내지 않는다 하더라도 몬탄과 당신을 믿고 승인합니다. 여행길에 오르는 것도, 머무르는 것도, 움직여 다니는 것도, 꼼짝 않고 있는 것도 당신이 생각하는 대로 맡기겠습니다. 당신이 무엇을 이루든 그것은 옳은 일일 것입니다. 당신이 우리 단체의 꼭 필요한 일원이 되어주시기를 빕니다.

마지막으로 지도 하나를 첨부하겠습니다. 이 지도에 의해 당신은 우리가 이동하는 연락의 중심점을 알게 될 것입니다. 계절마다 어디로 편지를 보내야 할지도 확실히 나타나도록 해두었습니다. 우리가 간절히 바라마지 않는 것은, 편지가 믿을 만한 심부름꾼에게 맡겨져야 하는 것인데 그런 심부름꾼은 곳곳에 많이 있으니 그것도 이 지도를 보면 알 수 있습니다. 우리 단체의 누군가가 어디에 있는지를 찾으려 한다면, 역시 마찬가지로 표시되어 있는 것을 보아주세요.

삽입하는 말

우리는 여기서 얼마간의 시간이 흘러갔음을, 그것도 여러 해가 지나갔음을 알려드리지 않으면 안 되게 되었다. 만약 인쇄술상의 처리와 잘 맞아들어갈 수 있다면 이 부분에서 기꺼이 한 권을 끝냈을 것이다.

그러나 두 개의 장(章) 사이에 이 정도의 간격만 두어도 지금 말한 시간의 척도를 뛰어넘는 데에 충분할 것이다. 우리는 우리가 보고 있는 앞에서 막이 올라가고 내려가고 하는 사이에 이만큼의 시간이 지나가도록 허용하는 것에 오래전부터 익숙해져 있기 때문이다.

우리는 이 제2부에서 우리의 오랜 친구들이 처한 상황이 의미심장하게 드러나고 있음을 보아왔다. 그리고 동시에 새로운 사람들도 알게 되었다. 만약 그들이 살아가는 방법을 터득하게 된다면 모든 사람의 일이 제각기 원하는 그대로 완전히 이루어지리라는 점을 기대해도 좋겠다는 전망이다. 그러므로 우리는 이미 나 있는 길이나 새로 생기게 될 길 위에서 그들 하나하나가 이야기 속에 엮여들어간다든지 몸을 뺀다든지 하는 모습을 다시 만나게 될 것을 기약하도록 하자.

제8장

이제 한동안 내버려두었던 우리의 주인공을 찾아보자. 그가 평지 쪽에서 교육주로 들어서는 것이 보인다. 그는 드넓은 꼴밭과 습기 찬 골짜기를 넘어 마른 풀밭을 걸으며 작은 호수 여럿을 돌았다. 숲이라기보다 덤불로 덮인 언덕에 올라 살아 움직이는 것이 거의 없는 대지가 눈길 닿는 곳마다 거칠 것 없이 펼쳐져 있는 광경을 바라보고 있었다. 이런 길을 더듬어가면서 그는 자신이 말을 키우는 지역에 들어와 있음을 차츰 깨닫게 되었다. 사실 이 품위 있는 동물이 수컷과 암컷, 늙거나 어린 말이 한데 섞여 크고 작은 무리를 이루고 있는 것이 여기저기에서 눈에 띄었다. 그런데 갑자기 지평선 저편에서 무시무시한 모래 바람이 이는가 싶더니 드디어는 옆에서 상쾌한 바람이 불어와 먼지가 걷히면서 그 안에서 일어나는 소란한 모습의 정체가 드러났다.

큰 무리의 말이 대단한 기세로 질주해 온다. 말들은 올라탄 목자들에 의해 잘 다루어지고 함께 모아져 있다. 이 놀라운 큰 무리가 떠돌이의 옆을 질주하여 지나간다. 그 무리를 따라 말을 타고 가는 목자 가운데 아름다운 소년 하나가 미심쩍은 눈길로 그를 물끄러미 바라보더니 말을 세워 뛰어내려 아버지를 껴안았다.

이렇게 하여 그들의 질문과 답변이 시작되었다. 아들의 이야기는 이러하다. 그는 처음의 시련기에는 많은 것을 견디어내야만 했다. 자신은 옛날에도 조용하고 궁핍한 시골생활을 싫어했듯이 그런 생활을 별로 특별하게 여기지도 않았기 때문에 자기가 타던 말을 그리워하면서 밭과 초원을 걸어다니곤 했다. 추수감사절만은 아주 마음에 들기는 했지만, 그 뒤 밭을 갈고, 도랑을 만들고, 작물을 가꾸는 일에 지쳐서 그만 손을 들지 않을 수가 없었다. 필요하고 유용한 가축을 돌보는 일을 하기도 했지만 언제나 아무렇게나 대충 했고 또한 마음에 내키지도 않았다. 그러다가 드디어 보다 활기찬 승마 쪽으로 배치가 되었다. 암말과 새끼말을 지키는 일이 때로는 몹시 지겹기도 했으나 3년 내지 4년 안에는 유쾌하게 사람을 태우고 뛰어다니게 될 활발한 작은 짐승을 눈앞에 보고 있는 것은 송아지나 새끼돼지를 돌보는 것하고는 역시 질이 다른 일이었다. 송아지나 새끼돼지를 기르는 목적은 충분히 먹이를 주고 살이 오르게 해서 어디론가로 데리고 가는 것이 고작이기 때문이다.

틀림없이 청년이라고 해도 될 만큼 자라난 소년의 성장, 몸과 마음이 함께 건강한 모습, 재기 넘친다고까지 할 수는 없지만 어느 정도 구김살 없이 명랑한 말투에 아버지는 커다란 만족을 느꼈다. 이어 말에 올라탄 두 사람은 질주하고 있는 다른 말들을 서둘러 쫓아갔다. 한적한 곳에 있는 넓은 몇 채의 농장 옆을 지나 규모가 큰 시장 축제가 열리는 장소에 도착했다. 그곳은 믿기 어려울 만큼 소란스럽고 복잡했다. 자욱하게 먼지를 일으키는 것이 상품용 말인지, 아니면 말을 사러온 사람들인지 분간할 수가 없었다. 세계 여러 나라에서 말을 사러온 사람들이 혈통 좋고 정성들여 사육된 말을 손에 넣으려고 이곳에 모여 있었다. 이 세상 모든 언어를 다 듣는 것 같은 기분이었다. 그 사이사이에 뒤섞여, 아주 인상적인 관악기의 생생한 울림도 들려왔다. 모든 것이 활동과 힘 그리고 생명을 나타내고 있었다.

우리의 떠돌이는 지난번 방문했을 때 알게 된 감독과 다시 만났다. 감독은 사람들 눈에 띄지 않고 조용히 규율과 질서를 지킬 줄 아는 건실한 사람들과 함께 있었다. 빌헬름은 여기에서도 오로지 한 가지 일에만 전념하고, 폭넓은 생활 속에서도 절제를 잘하고 있는 하나의 본보기를 보는 것 같았다. 그래서 그는 동물들을 사육하는 이런 거친, 말하자면 마구잡이 일을 하면서 생도 자신이 포악해져 동물화되는 것을 막기 위해 평소에 또 어떤 훈련을 받고 있는지를 알고 싶었다. 이토록 심하게 거칠어 보이는 일과 세상에서 가장 부드러운 언어훈련이 서로 결합되어 있다는 말을 듣자 빌헬름은 아주 기뻤다.

그런데 그 순간 아버지는 자기 곁에 있던 아들이 없어진 것을 알아차렸다. 떼지어 모여 있는 사람들 틈 사이로 행상인과 물건을 놓고 열심히 흥정을 하면서 값을 깎고 있는 아들의 모습이 보였다. 그러다가 잠깐 사이에 전혀 보이지 않게 되었다. 아버지가 당황해서 두리번거리는 것을 보고 감독이 그 이유를 물었다. 아들 때문이라는 말을 듣자, "그냥 놔두십시오." 말하고는 아버지를 안심시켰다. "미아(迷兒)가 된 것은 아닙니다. 그렇지만 우리가 어떤 방법으로 생도들을 다시 불러모으는지 보여드리지요." 이렇게 말하고는 그의 가슴에 걸려 있던 호루라기를 세게 불었다. 그러자 여기저기에서 일제히 대답이 들려왔다. 감독은 말을 계속했다. "지금은 이 정도로만 해둡시다. 이것은 다만, 감독이 가까이에 있다는 것을 알리고 대략 몇 명의 아이들에게 호루라기 소리가 들리는지 알고 싶을 때에 사용하는 신호입니다. 아이들은 두 번째 신호에는 대답하지는 않지만 준비를 하고 있다가 세 번째 신호에 대답과 함께 기세 좋게 달려옵니다. 사실 그 밖에도 이 신호는 여러 가지로 만들어져 특수한 목적에 따라 쓰이고 있습니다."

어느덧 두 사람 주위는 덜 붐비게 되었다. 그들은 언덕을 향해 산책하면서 더 느긋하게 대화를 나눌 수가 있었다. "아까 말씀드린 언어훈련을 우리가 하게 된 것은," 감독은 말을 이었다. "세계 곳곳의 젊은이들이 이곳에 모여들기 때문입니다. 외국에 있으면 곧잘 같은 나라 사람들끼리만 모이고 다른 나라 사람들과는 떨어져서 당파를 만들곤 합니다. 우리는 그런 일이 없도록 자유롭게 대화를 나누게 함으로써 그들이 서로 가까워지도록 노력하고 있습니다.

이런 시장에서는 어떤 외국인이든지 자기의 말투나 표현으로 충분한 대화를 나누고 싶어하고, 또 편안하게 값을 깎고 흥정을 하려고 하기 때문에 모두에게 공통으로 사용될 수 있는 언어를 훈련시키는 일이 절실하지요. 그러나 이때에 생도들에게 바벨탑 이후와 같은 언어 혼란이 일어나지 않고 언어의 타락도 생기지 않도록 하기 위해, 일 년 중 한 달은 하나의 언어만을 공통어로 말하게 합니다. 사람은 강요되는 요소 이외의 것은 아무것도 배워서는 안 된다는 원칙에 근거를 둔 것입니다.

우리는 생도 모두를 수영 선수라고 생각합니다. 그들은 자기를 삼킬 듯한 물속에서 놀라면서도 점차로 몸이 가벼워옴을 느끼고는 물살에 들어올려져 실려가는 것입니다. 인간이 계획하는 모든 것들이 이런 식이지요.

생도 가운데 하나가 특별한 언어에 흥미를 보이면 우리는 그 학생이 엄정하고 본질적인 수업을 받을 수 있도록 배려하고 있습니다. 이렇게 번잡스러운 시장생활 가운데에도 지루할 정도로 조용히 혼자 있는 시간이 있으니까요. 당신이 듬성듬성 수염이 자라고 있는 또는 아직 자라고 있지 않은 반인반마족(半人半馬族) 같은 말 탄 젊은이들 중에서 우리의 언어학자를 찾아내는 것은 어려울 겁니다. 이들 중에는 작은 일에 얽매이는 고리타분한 생도들도 있습니다. 당신의 펠릭스는 이탈리아어를 선택했습니다. 이미 알고 계시지만, 우리 시설에서는 아름다운 선율의 노래가 모든 분야에 영향을 미치고 있기 때문에, 그가 목자 생활에 싫증을 느끼면서도 우아하게 감정을 담아 부르는 노래 몇 곡을 들으실 수 있을 것입니다. 인생의 활력과 성실함은 충분한 교육을 받으면 우리가 생각하는 것 이상으로 조화를 이룰 수 있습니다."

각 지구마다 제각기 고유한 축제가 열리고 있었다. 감독은 손님을 악기 지구로 안내했다. 이곳은 평지와 이웃하고 있기 때문에 멀리에서 벌써 쾌적하고 아름답게 다양한 변화를 보이는 골짜기와 가느다랗게 쭉 뻗은 나무들이 들어서 있는 작은 숲과 조용한 시냇물이 눈에 비치고 시냇물 양쪽에는 이끼 낀 바위가 곳곳에서 머리를 내밀고 있었다. 언덕 위에는 떨기나무에 둘러싸인 주거지가 띄엄띄엄 흩어져 있는 것이 보였고 완만한 저지대에는 집들이 서로 다닥다닥 붙어 있었다. 언덕 위에 넓게 따로따로 떨어져 있는 작은 집들은 쾌적한 소리든 귀에 거슬리는 소리든 서로 들리지 않을 것 같았다.

얼마 안 있어 그들은 건물들과 나무그늘로 둘러싸인 넓은 장소로 나아가게 되었다. 그곳은 관심과 기대감으로 잔뜩 긴장하고 있는 밀고 밀리는 사람들의 물결로 가득 차 있었다. 손님이 그곳으로 가까이 갔을 때 모든 악기를 사용한 일대 교향곡이 연주되었는데 그 굳센 박력과 우아함에 경탄하지 않을 수 없었다. 넓은 공간에 세워진 관현악단석 맞은편에 또 하나의 작은 관현악단석이 있어서 특별히 사람들의 주의를 끌었다. 그 작은 관현악단석 위에는 어린 생도들과 제법 나이 든 생도들이 실제로 연주는 하지 않은 채로 악기를 들고서 묵묵히 앉아 있었다. 아직 전체와 함께 연주할 능력이 안 되는, 아니면 감히 그럴 엄두를 내지 못하는 생도들이었다. 그러나 이들은 마치 연주를 하려는 듯한 자세로 내내 서 있었기 때문에 사람들은 관심 어린 눈으로 그들을 지켜보았고, 또한 이런 축제에서는 재능 있는 생도가 두세 명은 나타나게 마련이라고 칭찬하는 소리도 들렸다.

이제 기악연주에 섞여 노랫소리도 함께 들려왔는데, 이곳에서 노래도 장려되고 있다는 것은 의심할 여지가 없었다. 이 밖에 여기에서 어떠한 교양이 중요시되는가 하는 방랑자 빌헬름의 물음에 대한 답은 이러했다. "그것은 시(詩)입니다. 서정적인 시 말이에요. 음악과 시 이 두 개의 예술은 제각기 자신을 위해 자기 자신 속에서 싹을 틔우지만 차츰 서로 대립하고 서로 협력하면서 전개해 나가게 되지요. 생도들은 음악과 시의 모든 점을 서로 관련시켜가며 배우고, 다음에 두 분야가 서로 어떻게 제약하는지 또 서로 어떻게 속박에서 벗어나는지를 배웁니다.

음악가는 시의 운율에 박자를 분배해 넣어 박자를 움직이게 합니다. 그러면 곧 음악이 시를 지배하고 있음이 드러납니다. 왜냐하면, 정당하기도 하고 어찌할 수 없는 일이기도 하지만 시는 그 음절의 장단을 늘 가능한 한 순수하게 보존하려고 노력하는데 반해, 음악가에게는 음절이 결정적으로 길다든지 짧다든지 하는 것이 그리 중요하지 않기 때문입니다. 음악가는 자기 마음대로 시인이 아주 성실하게 심혈을 기울인 운율을 파괴할 뿐 아니라 산문을 노래로 바꾸기까지 합니다. 그래서 거기에 아주 놀랄 만한 가치가 부여되는 것입니다. 만일 시인이 자기 쪽에서 서정적인 아름다움과 대담성으로 음악가에게 경외심을 느끼게 할 줄 모른다면, 또 때로는 부드럽게 때로는 아주 빠르게 넘어가면서 음악가에게 새로운 감정을 불러일으키는 일이 불가능하다면 그 시인은 당장에 자신이 파멸된 것처럼 느낄 겁니다.

여기에 보이는 가수들은 대부분 시인이기도 합니다. 무용 또한 기본적인 것은 배우지만, 그것도 이런 일체의 예능이 전구역으로 한결같이 전파되게 하기 위함입니다."

손님인 빌헬름이 안내되어 다음 경계를 넘어가자 갑자기 전혀 다른 건축양식이 눈에 들어왔다. 집들은 더 이상 드문드문 있지 않았고, 오두막집 같지도 않았다. 오히려 규칙적으로 나란히 늘어서 있어서 외관은 훌륭하고 아름다웠으며, 내부는 넓고 쾌적하고 깨끗했다. 이러한 풍경은 대지와 잘 어우러져 보였다. 비좁지도 않아서 마치 실로 엮은 듯 잘 짜인 하나의 거리라는 느낌이었다. 여기는 조형미술 및 그와 연관된 수공업의 중심지로, 다른 곳에서는 볼 수 없는 독특한 고요함이 지역 전체를 지배하고 있었다.

조형미술가는 늘 인간들 사이에서 살아 움직이는 모든 것에 관해서 여러 모로 생각하고 있지만 그 작업 자체는 고독하다. 그리고 이러한 이상하기까지 한 모순 때문에 아마 다른 어떤 작업보다도 단호하게 생생한 환경을 요구하는 것이다. 여기서는 누구나가 영원히 인간의 눈을 끌게 될 것을 만들고 있다. 축제일의 고요함이 모든 곳을 감싸돌고 있다. 훌륭한 건물의 완성을 위한 열의에 찬 석공의 끌 소리나 목수의 규칙적인 망치 소리가 이따금 들려올 뿐, 그 어떤 소리도 대기를 어지럽히지는 못했다.

우리의 떠돌이는 초보자나 능숙한 생도나 똑같이 엄격하고 진지하게 다루어지는 데에 놀라지 않을 수 없었다. 모두가 자기 힘으로 해내는 것이 아니라 어떤 신비로운 영(靈)이 그들 모두에게 철저하게 생기를 불어넣어서 단지 하나의 위대한 목표로 이끌어가는 것 같았다. 생도들은 약도나 스케치 같은 것은 들여다보지 않았고, 선 하나하나를 신중하게 그었다. 떠돌이가 이 작업 방법 전체를 안내자에게 설명해 달라고 말했을 때, 그는 이렇게 대답했다. 상상력이라는 것은 원래 모호한 것으로, 불안정한 능력이다, 그렇다면 조형 미술가의 전적인 공적은 어디에 있겠는가, 그것은 그가 상상력을 점점 명확하게 하고 견지할 뿐 아니라 급기야는 현존하는 형태로까지 드높이는 것을 습득하는 데에 있다는 것이었다.

안내자는 다른 예술분야에서도 확고한 원리가 필요하다는 것을 상기시켜 주었다. "음악가가 제자에게 거칠게 현을 마구 다룬다든지, 아니면 내키는 대로 음정을 내는 그런 일을 허락하겠습니까? 이곳에서 눈에 띄는 것은 학습자의 자의에 내맡겨지는 일이 하나도 없다는 점입니다. 학습자의 활동분야는 확실하게 정해져 있고 사용해야 하는 도구도 주어져 있습니다. 게다가 그 도구의 사용법, 그러니까 손가락을 옮기는 방법까지도 정해져 있는 것입니다. 그렇게 함으로써 한 사람이 다른 사람에게 길을 열어주고 후배에게 올바른 길을 만들어주게 되는 것입니다. 이러한 규칙에 따른 공동작업에 의해서만이 불가능한 것까지도 가능해지는 것이지요.

그러나 우리에게 엄한 요구나 단호한 법칙을 끌어내는 정당성을 가장 많이 주고 있는 것은 천재, 다시 말해 천부적인 재능의 소유자입니다. 그들이야말로 맨 먼저 그것을 이해하고, 기꺼이 그것에 복종하기 때문입니다. 단지 어중간한 능력의 소유자들만이 자신의 제한된 특성을 전부라 착각하고, 억제할 수 없는 독자성이라든지 독립성이라는 핑계 아래 자기의 그릇된 작업 방법을 미화시키려 듭니다. 그러나 우리는 그런 것을 인정하지 않고, 일체의 과실로부터 생도들을 지킵니다. 그런 과실을 범하면 인생의 큰 부분이나 때로는 인생 전체까지도 뒤죽박죽이 되어 뜯겨져 버리는 것입니다.

우리가 가장 눈여겨 살피는 것은 천부적인 재능이 있는 생도입니다. 왜냐하면 천재는 올바른 정신이 혼을 불어 넣으면 자기에게 유용한 것을 곧 식별해 내기 때문입니다. 천재는, 예술은 자연이 아닌 까닭에 예술이라 불린다는 것을 이해하고 있습니다. 천재는 인습적인 것에 대해서까지도 존경심을 품고 있습니다. 가장 훌륭한 사람들이 한결같이 필요불가결한 것을 최상의 것으로 인정하고 있는 것과 이것이 대체 뭐가 다르겠습니까? 그리고 이렇게 하면 언제나 행복하지 않겠습니까?

우리가 있는 곳에서는 어디나 그렇겠지만, 여기서는 세 가지 경외심과 그 표시인 몸짓이 조금은 변형되었어도 현재의 작업 성격에 맞게 함께 교육되고 생도들의 가슴에 새겨져 교사들의 임무를 아주 안락하게 해주고 있습니다."

훨씬 멀리까지 이리저리 끌려다닌 떠돌이는 거리에 여러 광경이 펼쳐지면서 점점 더 넓어지고, 길은 또 다른 길로 이어져나가고 있는 것에 놀라지 않을 수 없었다. 건물 외관이 그 쓰임새를 확실히 말해 주고 있었다. 그것들은 품위가 있고 당당하며, 화려하다기보다는 아름다웠다. 거리 한복판의 고상하고 엄숙한 건물과 밝은 집들이 보기 좋게 늘어서 있었고, 우아한 양식의 깨끗한 교외 거리가 들판을 향해 이어지다가, 전원주택들이 띄엄띄엄 나타났다.

여기에서 떠돌이는 화가나 조각가 그리고 건축가들이 살고 있는 이곳의 집들이 바로 앞서 지나온 음악가의 집들과 그 아름다움이나 규모에서 비교조차 되지 않는다는 이야기를 하지 않을 수 없었다. 그러자 감독은 그것은 일의 성격에 달려 있는 것이라고 대답했다. 즉 음악가는 언제나 자기 자신의 내면 깊숙한 곳에 자리잡고 있는 것을 예술로 빚어내어 그것을 밖으로 드러내야만 한다는 것이다. "음악가는 눈의 감각에 현혹되어서는 안 됩니다. 눈은 쉽게 귀를 속이고, 스스로를 이롭게 하고, 정신을 안에서 밖으로 산만하게 유혹하기 때문입니다. 음악가와는 반대로 조형미술가는 바깥 세계에 접해 살며 자신의 내면을 무의식중에 외부적인 것에 입각해서 외적인 것 속에서 보여주지 않으면 안 됩니다. 조형미술가는 왕이나 신들처럼 살아야만 합니다. 그렇지 않다면 어떻게 왕이나 신들을 위해 건축을 한다거나 장식할 기분이 나겠습니까? 그들은 결국에는 일반 시민들이 그들의 작품에 접하여 순화되는 것을 느낄 만큼 평범한 것을 초월해야만 하는 겁니다."

그러고 나서 우리의 주인공은 또 하나의 모순에 대한 설명을 들었다. 다른 지구에서는 그처럼 떠들썩하고 소란스럽게 흥분하고 있는 축제날, 이곳은 어째서 이를 데 없이 고요하며, 작업마저도 중단하지 않고 있는가에 대한 것이었다.

설명은 이러했다. "조형미술가는 축제가 필요치 않습니다. 그에게는 일 년 모두가 축제날이기 때문이죠. 그가 뭔가 훌륭한 것을 만들어내면 그것은 언제나 그의 눈에, 전세계의 눈에 호소합니다. 조형미술에서는 되풀이할 필요가 없고 새삼 힘을 모으거나 새로 이루어낼 필요가 없습니다. 반면 음악가는 이 점에서 늘 고통스러워하지요. 그래서 음악가에게는 관현악단 전원이 참석해 가장 화려한 축제를 베풀어줘야 합니다."

빌헬름이 말을 되받았다. "그렇지만 이럴 때에는 전람회를 개최해도 좋을 것 같은데요. 그렇게 하면 가장 유능한 생도들이 3년 동안 이룬 향상을 즐겁게 관람할 수 있고 비판도 할 수 있을 텐데요."

"다른 데 같으면," 상대가 말을 이었다. "전람회가 필요할지도 모르지만 이곳에서는 필요하지 않아요. 우리의 모든 생활, 모든 존재가 곧 전람회인 셈이지요. 여기에 있는 모든 건물을 둘러봐요. 모두가 생도들의 작품이지요. 물론 거듭 서로 토론하고 생각한 끝에 설계한 것입니다. 왜냐하면 건축가는 손으로 더듬는다든지 시험을 거친다든지 하는 일이 불가능하기 때문에, 단번에 올바르게 세우지 않으면 안 됩니다. 영원히라고는 말할 수 없지만 아주 오랫동안 충분히 견디어내야 합니다. 잘못을 저지를 수는 있겠지만 잘못을 건립하는 것은 허락되지 않습니다.

우리는 조각가에게 훨씬 관대하게 대하고 화가에게는 가장 관대합니다. 그들은 자기 나름대로 이것저것 시험해 볼 수 있습니다. 건물의 내부든 외부든, 또 광장이든 자기가 장식하려는 장소를 선택하는 것은 그들의 자유입니다. 그들이 자기 생각을 밝히고 그것이 어느 정도 동의를 얻게 되면 실행에 옮겨도 됩니다. 그것은 두 가지 방법으로 진행되는데, 만일 작업이 예술가 자신의 마음에 들지 않으면 언제든지 그것을 철거해도 좋다는 특전을 받거나, 아니면 일단 세워진 것은 그대로 놔두는 조건을 붙이는 것입니다. 대부분은 첫 번째 특전 쪽을 택해서 작품을 치울 수 있는 허가를 얻어놓으며, 이경우에도 그들은 최상의 조언을 받습니다. 두 번째 경우는 아주 드물지만, 이 경우 예술가들은 너무 자만하지 않고 동료나 전문가와 오랫동안 의견을 나누어서, 존중할 만하고 영속될 수 있는 작품을 탄생시킵니다."

이 말이 끝나자 빌헬름은 곧바로, 여기에 또 어떤 과제가 있는지 물었다. 그것은 바로 시, 그것도 서사시라고 그는 대답했다.

그러나 생도들에게는 현대 시인이나 옛 시인들의 완성된 시를 읽는다든지 낭독하는 것이 허락되지 않는다는 설명을 듣고, 우리의 주인공은 이상하다고 생각하지 않을 수 없었다. 그들에게는 일련의 신화, 전승, 전설이 간단하게 전해질 따름이다. 그렇게 해도 생도들이 만들어내는 그림이나 시 작품에서 이 예술이나 저 예술에 바쳐진 생도들의 재능이 지닌 독특한 창조성을 곧바로 알 수 있다는 것이었다. 시인이나 화가도 하나의 샘물에서 작업을 하다가, 제각기 필요에 따라 독자적인 목적을 달성하기 위해, 샘물의 줄기를 자기 쪽에 유리하도록 끌어들이려고 노력한다. 이것은 기성의 작품에 다시 한 번 손을 대어 다시 만들려고 하는 것보다는 훨씬 좋은 성과를 거둘 수 있다는 것이다.

나그네 빌헬름은 그것이 어떤 식으로 행해지고 있는지를 직접 볼 기회를 얻었다. 많은 화가들이 같은 방에서 작업을 하고 있었다. 기운 좋은 젊은 화가 하나가 단순한 이야기를 아주 자세하게 들려주고 있었다. 그는 정성들여 붓질을 하듯 한 마디 한 마디 엮어나갔고, 그림의 끝손질에 세심히 비중을 두면서 자신의 말의 끝맺음에도 정성을 쏟았다.

이런 공동작업을 할 때에는 생도들끼리 아주 기분 좋게 이야기를 한다는 것, 또 이렇게 하여 이따금 즉흥시인이 탄생하고, 이것이 생도들로 하여금 이야기와 그리기의 두 가지 표현 방식에 많은 열정을 가지게 한다고 안내자는 확신에 차 말하였다.

빌헬름이 이번에는 조형미술로 돌아가 여러 가지를 물었다. "여기서는 전람회가 열리지 않는다면, 현상공모도 없겠군요?"—"엄밀히 말하자면 없습니다." 상대가 말했다. "그건 그렇고, 우리가 가장 유익하다고 생각하는 것을 보여드리지요."

그들은 천장의 조명이 잘되어 있는 큰 방으로 들어갔다. 예술가들이 넓게 빙 둘러서서 작업에 열중하고 있는 풍경이 먼저 눈에 들어 왔다. 그 한가운데에 하나의 거대한 군상이 적절히 배치되어 우뚝 서 있었다. 힘찬 자세를 취한 남녀의 늠름한 모습은 씩씩한 젊은이들과 여장부들 사이에 있었던 저 찬란한 전투를 연상케 했다. 이 전투에서는 미움과 적의가 풀려 결국에는 서로 도와주고 협력하는 관계가 된다. 묘하게 뒤얽힌 이 예술작품은 주위의 어느 각도에서도 똑같이 잘 보였다. 그 주위에 널찍이 둥글게 늘어서서 조형예술가는 앉거나 선 채로, 화가는 화포 앞에서, 소묘가는 제도판 앞에서 저마다 작업에 열중했다. 몇몇은 둥근 모형을 만들었고, 몇몇은 평면 부조를 하고 있었다. 게다가 건축가들은 앞으로 그런 작품들이 놓이게 될 받침대를 설계하고 있었다. 참가자들 모두가 자기 방식대로 그 군상의 조각품을 모방하고 있었다. 화가와 소묘가는 군상을 평면으로 옮겨 그리면서 가능한 한 그 모습을 흩뜨리지 않은 채 화폭에 담으려고 세심한 주의를 기울였다. 부조 작품도 그와 마찬가지로 다루어지고 있었다. 다만 한 사람만이 군상 전체의 모습을 축소해서 그리고 있었는데, 그는 실제로 어떤 몸짓이나 팔다리의 움직임에서는 모델 작품을 능가하는 것처럼 보였다.

그가 바로 모델의 군상을 만든 사람이라는 것이 밝혀졌다. 그는 대리석에 이 모형을 새겨넣어 완성하기 전에, 비판받기 위해서가 아니라 실제 작업을 위해 다른 생도들에게 내놓고 있는 중이었다. 그래서 그와 함께 일하는 생도들이 각자의 독자적인 방법과 생각에 따라 그것을 보고 자기 것으로 취하든지 변형시키든지 하는 그 모든 것을 자세히 관찰하여, 다시 한 번 철저하게 생각해 보고 자신에게 이익이 되도록 이용하려는 것이었다. 이렇게 하여 드디어 저 훌륭한 작품이 대리석에 새겨져 세워지게 되면, 비록 한 사람에 의해 기획되고 설계되고 제작되었을지라도 마치 모든 사람이 함께 참여하여 만들어진 작품처럼 보이게 되는 것이었다.

더할 수 없는 고요가 이 방을 지배하고 있었다. 그러나 감독은 소리 높여 외쳤다. "이 고정된 작품을 앞에 두고 적절한 말로 우리의 상상력을 자극해 줄 수 있는 사람 누구 없나? 상상력을 자극하여, 지금 우리 눈에 고정되어 보이는 것이 그 성격을 잃어버리는 일 없이 다시 유동적이 되도록 하고, 예술가가 여기 고정시켜놓은 것이 또한 가장 거룩한 것임을 우리가 확신할 수 있도록 적절한 말을 해줄 사람 없는가?"

모든 생도들로부터 이름을 불린 아름다운 한 젊은이가 작업을 중단하고 걸어 나오면서 조용히 낭독을 시작했다. 그것은 그저 눈앞의 작품을 묘사하고 있는 것처럼 보였지만, 시예술 본디 영역으로 뛰어들어가 시의 줄거리에 완전히 빠져 그 본질을 놀랄 만큼 잘 지배하고 있었다. 그의 표현은 점점 멋진 낭송이 되어, 꼼짝 않고 있던 군상이 그 축을 중심으로 실제로 움직이기 시작하여 군상의 수가 두 배, 세 배로 늘어나는 것이 아닌가 생각될 지경이었다. 빌헬름은 넋을 잃고 섰다가 견딜 수 없어 외쳤다. "이쯤 되면 누가 원래의 노래로, 선율적인 노래로 넘어가는 것을 반대하겠습니까!"

"나는 반대합니다." 감독이 대답했다. "우리의 훌륭한 조각가에게 솔직하게 말을 해보라고 한다면, 그는 조각가와 시인은 서로 너무 동떨어져 있어서 조각가인 자기로서는 시인이 부담스럽다고 고백할 것입니다. 이와는 반대로 내가 장담컨대, 몇몇 화가들은 오히려 시에서 어떤 생생한 특징을 자기 것으로 틀림없이 취했을 겁니다.

그건 그렇고, 나도 우리 친구분에게 부드럽고 기분 좋은 노래를 들려드리고 싶군요. 생도들이 무척 진지하고도 사랑스럽게 부르는 노래지요. 그 노래는 예술 전체에 영향을 주고, 나 자신도 그 노래를 들으면 언제나 경쾌한 기분이 된답니다."

그들은 한동안 서로 눈짓을 하고 신호를 주고받으면서 뭔가에 대해 의논했는데, 얼마 안 있어 몸과 마음을 북돋아주는 다음과 같은 품위 있는 노래가 사방에서 울려나오기 시작했다.

새로 창작하고 완성하기 위해
예술가여, 이따금 혼자 있으라.
그대의 작업을 맛보려면
기꺼이 동아리 속에 끼어들라!
여기, 모두 있는 데에서 보고, 깨달으라!
그대 스스로의 인생 발걸음을.
그리하여 여러 해에 걸친 그대의 업적도
이웃에 비추어 분명해지리니.

시를 다듬고, 붓을 쥐고
형체로 새기는 것, 이것들이 연관을 이루어
서로 자극하고 단련하여
마침내 온전해질 것이리니!
창의력이 풍부하고 사려 깊게 궁리하여
아름답게 형상화하고 섬세하게 완성시키니—
이렇듯 예부터 예술가는
오묘하게 자기 힘을 길러왔느니라.

자연은 다양한 모습을 지닐지언정
계시함은 단 하나의 신(神)이듯,
넓은 예술의 들밭에는
영원한 단 하나의 마음이 작동한다.
이것이야말로 진리의 마음,
오직 아름다움으로 치장을 하고
이처럼 밝은 대낮의 극치를
안온하게 마주한다.

과감하게 연설가와 시인이
시와 산문에 빠지듯
삶의 맑은 장미꽃을
멋지게 화폭에 담자.
한배의 형제자매로 주위를 듬뿍 에워싸,
가을과일도 함께 두리니
장미는 신비로운 삶에서
그 뜻을 계시하듯 불러내리라.

천 번 더 아름답게 그대의 손에서
형태에서 형태가 이어 흘러내리게 하라.
그리고 인간의 모습 속에

신성이 깃들여 있음을 즐겨라.
어떤 도구를 사용하든
그대들은 형제임을 나타내라.
제단의 제물에서 타오르는 연기 기둥도,
노랫소리처럼 불을 뿜고, 잦아지리라.

이 모든 것이 빌헬름에게는 이상하게 생각돼, 만일 자기 눈으로 직접 확인하지 않았다면 전혀 믿을 수 없었겠지만, 그럼에도 그는 보이는 이 모든 가치를 기꺼이 인정하고 싶었다. 감독이 빌헬름에게 그것들을 자유롭고도 솔직하게, 그리고 순서대로 잘 보여주었기 때문에 빌헬름은 더 이상 알기 위해 질문할 필요가 없었다. 하지만 안내자에게 다음과 같은 말은 건네지 않을 수 없었다. "내가 보기에 이곳에서는, 인생이 정말 이러하다면 얼마나 좋을까 소망하는 모든 면들이 참으로 현명하게 배려되어져 있는 듯합니다. 그런데 극문학에 대해서는 어느 지구에서 이와 같은 배려를 볼 수 있습니까? 어디로 가야 그것들을 살펴볼 수 있는지요? 나는 당신들의 건물은 모두 둘러보았지만, 그런 목적으로 정해진 건물은 하나도 발견하지 못했습니다."

"이곳의 어느 곳에서도 그런 건물은 발견할 수 없다는 사실을 감출 필요는 없겠지요. 연극이란 것은 나태한 사람들, 더 심하게 말해 천민들을 전제로 하여 만들어진 것인데 우리 가운데는 그런 사람이 없기 때문입니다. 만약 그런 자들이 스스로 떠나가지 않아도 우리가 그들을 경계 밖으로 내쫓아버립니다. 그러나 믿어주셔야 할 것은, 전반적인 활동을 관장하는 우리 시설에서는 당신이 방금 말씀한 중요 사항에 대해 충분히 고려하고 있다는 사실입니다. 어느 지구에서도 그것을 원하지 않았고, 여기저기에서 이 문제에 심각한 우려를 제기했습니다. 우리 생도들 가운데 누가 쾌활을 가장하거나 겉으로만 고통스러운 체하며, 그 순간과는 아무런 관련이 없는 거짓감정을 자극하고, 그로 인해 언제나 의심스러운 쾌적한 기분을 불러일으키겠다는 경솔한 결심을 하겠습니까? 그런 어정쩡한 것이 우리는 아주 위험하다고 생각했으며, 그런 속임수를 우리의 진지한 목적에 합치시킬 수는 없었습니다."

"그렇지만 널리 퍼진 이 예술이 다른 예술 전반을 촉진한다고들 말하던데요." 빌헬름은 대답했다.

"결코, 그렇지 않습니다. 그것은 다른 예술을 이용하기는 하지만, 그것들을 망쳐버립니다. 나는 배우가 화가들과 어울린다고 해서 배우를 나무라지는 않습니다. 그러나 화가는 이런 교제에서 아무것도 얻지 못하지요.

배우는 예술과 인생이 제공해 주는 것을 임시 목적을 위해, 아무런 양심의 거리낌없이 낭비하고, 그래서 적지 않은 이익을 얻을 것입니다. 이와는 반대로 화가는 그 자신도 극장에서 이익을 끌어내려고는 하지만, 언제나 손해를 보는 자신을 발견할 것입니다. 그리고 음악가도 마찬가지입니다. 예술은 모두 형제와 같은 관계에 있습니다. 대부분의 예술은 서로 도와가면서 가족 전체의 부를 늘어나게 하지만 하나만은 마음씨가 경박하기 때문에 가족 모두의 재산을 독차지하여 다 써버리려 하지요. 연극이 바로 그것입니다. 연극은 그 기원부터 모호해서 예술도, 수공업도, 도락도 아니라는 사실을 부정할 수는 없습니다."

빌헬름은 깊은 한숨을 쉬면서 시선을 떨구었다. 자기가 무대 위에서나 옆에서 즐거워했고 괴로워했던 모든 순간이 갑자기 생생하게 눈앞에 떠올랐기 때문이다. 그는 생도들이 이런 고통에 들지 않도록 하기 위해 신념과 원칙에 입각하여 위험을 내몰아낸 이 경건한 사람들을 축복하고 싶은 심정이었다.

그러나 그의 동행자는 그가 오랫동안 이런 생각에 잠겨 있도록 놔두지 않고 말을 계속했다. "어떤 소질이나 재능도 그릇된 길로 이끌어서는 안 된다는 것이 우리의 최고 원칙이기 때문에, 이렇게 많은 생도들 가운데에는 연극에 타고난 자질을 가진 자가 분명히 나올 수 있다는 사실을 우리가 모르는 척하고 있을 수는 없습니다. 그런데 이런 타고난 재능의 소유자에게는 다른 이의 성격, 용모, 동작 그리고 말을 모방해 보고 싶다는 저항할 수 없는 욕구가 나타납니다. 물론 우리는 그것을 장려하지는 않지만 그 생도를 세밀하게 관찰하여, 그가 계속하여 자신의 타고난 재능에 철저하게 충실하려 할 때에는 각국의 큰 극장에 연락을 취해 이 보증받은 재능의 소유자를 즉시 그곳으로 보냅니다. 그러면 그는 곧 물오리가 연못에 있을 때와 같이 무대 위를 하늘하늘 움직여 다니면서 거침없이 연기할 수 있도록 지도받게 되지요."

빌헬름은 이 말을 절반밖에 믿지 않았으며 약간은 불쾌해하면서도 참을성 있게 물끄러미 듣고 있었다. 왜냐하면 사람의 기분이란 참으로 묘해서, 자신이 좋아하는 것이 비록 가치가 없다고 확신하더라도, 나아가 그것에 등을 돌리며 저주할 정도라 하더라도 다른 사람이 그것을 천대하게 되면 기분이 상하기 때문이다. 그리고 모든 인간의 마음에 깃들고 있는 반항정신이 이 경우보다 생생하고도 활발하게 움직이는 일도 드물 것이다.

어쨌거나 이 책의 편집자도 이 자리에서 스스로 고백하려 한다. 즉 이 이상한 대목을 그대로 지나가는 것에는 좀 불만이 있었던 것이다. 그도 여러 의미에서 필요 이상으로 생활과 정력을 극장에 바치지 않았던가. 그리고 그것이 용납될 수 없는 실수이며 헛된 노력이었다고 사람들이 말한다 해서 승복할 수 있겠는가.

그러나 우리는 이런 추상과 추억에만 빠져 있을 틈이 없다. 우리 주인공은 세 장로 가운데 한 사람, 그것도 특히 좋아하는 한 사람이 눈앞에 나타나자 크게 놀라면서 기뻐했기 때문이다. 이를 데 없이 순수한 마음의 평화를 알리는 장로의 온유함이 아주 기분 좋게 그의 마음으로 전해져 왔다. 떠돌이는 마음속으로 신뢰하면서 그에게 다가갈 수 있었고, 상대방 또한 그의 신뢰에 답하고 있음을 느꼈다.

그가 여기에서 들은 것은 학원장이 지금 성당에 나가 있으며 그곳에서 지도하고 가르치고 축복해 주고 있다는 것, 그 사이에 세 장로는 서로 분담해서 모든 지구를 찾아가, 가는 곳마다 그들이 가지고 있는 심오한 지식에 따라, 그리고 부하인 감독들과의 합의에 따라 시행중인 사업을 계속 추진하고 새로이 정한 사항을 착실하게 다짐으로써 그들의 의무를 충실하게 이행하고 있다는 것이었다.

이제 빌헬름은 이 탁월한 인물에 의해 그들의 내적 상황과 외적인 여러 관계에 대한 상당히 일반적인 개관과 제각기 다른 지역간의 상호작용에 대한 지식을 얻을 수 있었다. 또한 한 생도가 한 지역에서 다른 지역으로 어느 정도의 기간을 두고 옮겨가는지도 알게 되었다. 어쨌든 모든 것이 이제까지 듣고 있었던 것과 완전히 일치했다. 동시에 그의 아들 펠릭스에 대한 설명도 몹시 만족스러웠다. 그리고 좀 더 펠릭스를 이끌어주고 싶다는 계획에 매우 기뻐하지 않을 수 없었다.

제9장

그 뒤 빌헬름은 조수 일도 겸하고 있는 감독에게서, 얼마 안 있어 열릴 광산 축제에 초대받았다. 그들은 힘들게 산을 올라갔다. 빌헬름은 어둑어둑해지면서부터 안내인이 아주 천천히 걷고 있다는 사실을 알아챘다. 마치 사방이 캄캄해지더라도 걷는 데는 아무런 지장이 없다고 말하려는 것 같았다. 그러나 깊은 어둠이 그들을 감쌌을 때 이 수수께끼가 풀렸다. 많은 계곡과 골짜기에서 작은 불덩이가 어른어른 빛나고 그것이 길게 늘어져 여러 개의 선을 그리면서 높은 산을 넘어 이쪽으로 구르듯 날아오는 것이 보였기 때문이다. 그것은 화산이 폭발하여 굉음과 함께 불기둥을 올리면서 전지역을 멸망시킬 듯 위협에 빠뜨리는 것에 비하면 한결 약했으나, 점점 기세를 올리고 폭이 넓어져 그 수를 빽빽이 더해 가면서 불꽃들이 몰려들어 별의 물결처럼 뒤덮였다. 온화하고 다정했지만 장엄하게 온 지역으로 퍼져 나갔다.

한동안 길동무는, 먼 곳에서 온 불빛에 비친 손님의 놀란 표정을 흥미롭게 지켜보다가 말했다. "지금 보고 계시는 것은 정말 기이한 광경입니다. 이 불빛들은 일 년 내내 밤낮을 가리지 않고 지하에서 빛을 내고 활동하면서 인간의 손이 닿지 않는 땅속 보물을 채굴하는 것을 도와주고 있는데, 그것이 지금 지하의 골짜기에서 끓어 솟아올라, 광대한 밤하늘을 밝히고 있습니다. 이렇게 즐거운 열병식은 이제까지 보신 일이 없을 겁니다. 지하에 흩어져 있어 눈에는 보이지 않는 가장 유익한 작업이 우리 눈앞에 풍성한 모습을 드러내며, 그것들이 서로 하나로 맺어지는 비밀스럽고 위대한 광경을 보여주는 것이지요."

이런 말을 주고받고 구경을 하면서 그들은 불꽃의 강물이 이제 빨갛게 비쳐진 섬 같은 공간을 빙 돌아 불덩이 호수로 흘러들어가는 곳에 도착했다. 그러자 떠돌이는 눈이 부신 둥근 모양 안에 서게 되었다. 반짝이는 불빛 수천 개가 그것을 가지고 나란히 서 있는 사람들이 만들어 내는 벽과 같은 까만 배경과는 어딘지 모르게 무시무시한 대조를 이루고 있었다. 곧이어 이를 데 없이 명랑한 음악이 힘찬 노래와 함께 울려 퍼졌다. 그 빛나는 불덩어리들이 마치 기계작동에 의한 것처럼 구멍 난 바위틈 사이에서 쏟아져 나와, 구경하는 이들의 두 눈을 번쩍 뜨이게 했다. 연극과도 같은 동작들은, 이런 순간에 관람객을 즐겁게 해주는 것들과 어우러져 보는 사람들의 주의를 끌어내고 만족시켜 주었다.

그런데 거기 모인 사람들에게 소개되던 우리의 주인공이 그 속에서 엄숙하고 훌륭한 복장을 하고 있는 친구 야르노를 보았을 때 얼마나 놀랐던가! "헛된 일은 아니었나 보네." 야르노가 외쳤다. "내가 예전 이름을 훨씬 의미 있는 몬탄*24으로 고친 것 말일세. 보다시피 나는 이곳 산과 골짜기에 나를 바쳤지. 땅 밑과 땅 위의 이렇게 제한된 곳에 있으면서도 나는 상상할 수 없을 만큼 행복하다네." "그러면 당신은," 떠돌이가 말을 이었다. "지금은 풍부한 경험의 소유자로서 전에 저 험한 산과 바위 위에서 만났을 때보다는 훨씬 관대하게 나를 가르쳐주겠군요." "천만의 말씀." 몬탄은 계속해서 말했다. "산은 말 없는 스승이어서 역시 말 없는 제자를 만들지."

축제가 끝난 뒤에 사람들 모두는 준비되어 있던 식탁에 앉아 식사를 했다. 초대받은 손님과 그 밖의 손님은 모두 광산일에 종사하는 사람들이었다. 그런 관계로 몬탄과 그의 친구가 앉은 식탁에서도 곧 그 자리에 어울리는 대화가 시작되었다. 산맥, 갱도, 광맥, 그리고 이 지방의 광물 또는 광석이 들어있지 않은 암석들에 관한 자세한 이야기였다. 그러다가 차츰 일반적인 얘기로 옮겨 가서, 지구의 창조와 생성과 같은 문제들이 논의되었다. 그러자 대화는 더 이상 온화하지 않았고 활발한 논쟁이 뒤얽히기 시작했다.

어떤 사람들은 우리가 살고 있는 지구는 이것을 덮고 있는 물이 점점 줄어들어 형성되었다는 설명에 열을 올렸다. 그들은 아주 높은 산과 평평한 언덕에서 볼 수 있는 해양생물의 잔해를 그들에게 유리한 증거로 제시했다. 다른 사람들은 이를 반대하고, 지구는 불에 타 녹은 것으로 어디까지나 불에 의한 작용으로 생겨났다고 더 맹렬하게 주장했다. 불은 지표에서 충분히 활동하고 나서 땅속 깊은 곳으로 물러갔고, 바다 한가운데와 지상에서 맹렬히 날뛰는 화산을 통해 여전히 힘을 발휘하고 있는데, 연속적인 분출물과 점차로 흘러 넓어져가는 용암에 의해 가장 높은 산들이 형성되었다는 것이다. 그들은 불이 없으면 어떠한 것도 뜨거워질 수 없지 않은가, 활동하고 있는 불에는 반드시 진원지가 있지 않은가, 라는 주장으로 견해를 달리하는 사람들을 이

＊24 Montan : '산사람'이라는 뜻이다.

해시키려 애썼다. 이 학설이 아무리 경험적인 것처럼 생각되어도 이것에 승복하지 않는 사람들도 있었다. 그들의 주장에 따르면 지구의 태내에서 이미 완성된 거대한 형성물이 거역할 수 없는 탄력에 의해 지각을 뚫고 밀어올려졌고, 이 혼란 속에서 그 형성물의 많은 조각들이 이곳저곳에 넓게 흩뿌려졌다는 것이다. 그들은 이러한 전제 없이는 설명할 수 없는 여러 현상들을 예로 들었다.

수는 그리 많지 않은 제4의 무리는 이런 쓸데없는 논쟁이 우습기 짝이 없다는 듯이 귀담아듣지 않고 빙그레 웃으면서 단언했다. 지구의 크고 작은 산들은 대기권에서 떨어진 것이며, 이로 인해 넓은 지형이 생긴 것이라고. 만약 그렇지 않다면 지표면의 여러 상태들은 도저히 설명되지 않는다는 것이었다. 그들은 여러 지방 곳곳에서 발견되는, 오늘날에도 대기로부터 떨어진 것으로 추정되는 크고 작은 바윗덩어리들을 그 증거로 들었다.

마지막으로 몇몇 조용한 손님들은 매서운 혹한 시대에까지 거슬러올라가 가장 높은 산맥에서 멀리 평지로 흘러떨어지는 빙하가 무거운 원석 덩어리를 운반시키는 활주로가 되어 돌덩어리들이 그 미끄러운 길 위를 지나 멀리 밀려나아가는 광경을 마음속에 그려보라고 했다. 그러다가 해빙기로 접어들자 이 돌덩이들은 아래로 가라앉아 다른 지반에 영구히 깔리게 되었다는 것이다. 그리고 둥둥 떠다니는 얼음 때문에 북쪽에서 거대한 바윗덩어리가 움직여졌다는 것이다. 그러나 이 선량한 사람들은 약간은 냉담한 그 견해를 계속 밀고 나갈 수는 없었다. 세계창조는 거대한 균열과 융기, 요란한 굉음과 불의 폭발에 의해 성립된 것이라고 생각하는 쪽이 훨씬 자연의 이치에 가까웠기 때문이다. 거기에다 포도주로 인한 취기가 강하게 작용한 탓도 있어서 이 멋진 축제 잔치가 하마터면 싸움으로 끝날 뻔했다.

우리의 주인공은 완전히 혼란에 빠져 우울한 기분이 되었다. 예전부터 그는 물 위에 떠 있는 영(靈)과 최고로 높은 산보다 10미터 정도 더 높은 대홍수에 의해 지구가 형성되었다고 남몰래 마음에 그리고 있었던 것이다. 그런데 이 자리에서 여러 신기한 이야기를 듣게 되자 이렇게 질서정연하고 무성하며 생명력에 찬 세계가 그의 상상력 앞에서 혼란을 일으키면서 곧 붕괴해 버릴 것만 같았기 때문이다.

다음 날 아침 그는 이 문제에 대해 술에 취하지 않은 몬탄에게 묻지 않을 수 없었다. "어제의 당신은 좀 이상했소. 그런 우스꽝스러운 이야기를 들으면서도 나는 마지막으로 당신의 의견, 당신의 판단을 들을 수 있을 거라고 기대했습니다. 그런데도 당신은 이쪽저쪽 번갈아 편을 들며 언제나 발언자의 의견을 도와주려고만 했소. 그렇지만 이제는 당신이 생각하고 있는, 당신만의 진심을 말해 주어야 합니다." 그러자 몬탄은 대답했다. "나도 그들이 말하던 그 정도밖엔 모른다네. 그리고 그런 것은 생각하고 싶지도 않아." "그렇지만" 하고 빌헬름은 말을 이었다. "상반되는 의견이 아주 많은데도 사람들은 진리는 그들 가운데에 있다고들 곧잘 말하지요." "천만의 말씀!" 몬탄은 계속 말했다. "중간에 놓여 있는 것은 문제이고 수수께끼라네. 아마도 거의 불가능하겠지만 일단 규명하려고 시도해 보면 핵심에 다다를 수 있을지도 모르지."

이렇게 서로 몇몇 이야기를 나누고 난 뒤 몬탄은 허물없이 말을 이어갔다. "자네는 내가 모든 사람의 견해를 뒷받침해 줘서 각자 자기 논리를 펴나가게 했다고 비난했네. 내가 그런 태도가 혼란을 가중시킨 것은 사실일지도 모르지만 솔직히 말해서 나는 저 친구들이 하는 말을 진지하게 받아들이지는 않아. 이것은 우리 동지들의 신념이기도 한데, 나는 가장 소중한 것은 누구나 자기 가슴속 깊은 곳에 간직해 두어야 된다고 믿네. 누구나 자기가 알고 있는 것은 자기 혼자만 알고 있어야 하고, 그것을 숨겨두어야 한다는 말이지. 그것을 입 밖에 꺼내면, 그 즉시로 반론이 생기지. 그런고로 그가 논쟁에 휘말려 들어가면 그 사람은 자신의 평정을 잃고 그에게 남아 있는 최선의 것까지도, 파괴되지는 않는다 하더라도 어느 정도 손상을 입게 되는 법이지."

빌헬름이 몇 마디 더 반론을 제기하자 몬탄은 계속 자기 의견을 말했다. "문제의 핵심이 무엇인가를 알게 되면 사람은 지껄이지 않게 되네." "그렇다면 그 문제의 핵심이 무엇입니까?" 빌헬름이 다그쳐 물었다. "그것은 그리 어려운 것은 아니지. 사색과 행동, 행동과 사색. 이것이 모든 지혜의 총체야. 이것은 옛날부터 인정받고 또 실행되고 있기는 하지만 모두가 온전히 이해하고 있다고 할 수는 없어. 이 두 가지는 숨을 들이마시고 내쉬는 것과 마찬가지로, 인생에서 영원히 상호작용을 계속해 나가야 하네. 질문과 대답처럼 하나는 언제나 다른 하나를 동반하지 않으면 안 돼. 인간 오성의 수호신이 갓 태어난 모든 아이에게 속삭이는 것, 즉 행동은 사색에 비추어보고 사색은 행동에 비추어서 검토하라는 것을 자기 자신의 법칙으로 삼는 사람은 길을 잃는 일이 없지. 설사 그릇된 길에 빠진다 하더라도 곧 올바른 길로 되돌아가는 법이야."

그러고 나서 몬탄은 친구를 데리고 광구(鑛口) 안을 차례로 안내하면서 한 바퀴 돌았다. 어디를 가나 그는 "오늘도 무사히!"라는 무뚝뚝한 인사를 받았고 이에 대해 같은 인사로 명랑하게 답례했다. 몬탄이 말을 시작했다. "나는 오히려 '조심하시라!' 인사하고 싶네. 왜냐하면 조심하는 일이 무사한 것에 앞서야 하니까. 그렇지만 윗사람들이 조심할 마음이 되어 있으면 대중은 언제라도 조심을 하지. 그런데 나는 이곳에서 명령이 아닌 조언을 해줘야 하는 처지이기 때문에 이 산의 성질을 알려고 노력했네. 사람들은 산에 매장되어 있는 금속을 얻으려 열을 올리고 있어. 그래서 나는 금속의 분포 상태를 밝혀내려고 노력했고 마침내 성공했지. 내가 성공할 수 있었던 것은 행운이 따랐기 때문만이 아니라 무사할 수 있도록 주의를 기울이는 조심성 덕분이네. 이곳 산이 어떻게 만들어졌는지 나는 알지도 못하고 또 알려고도 하지 않네. 그렇지만 나는 매일 산에서 그 특성을 이해하려고 최선을 다하고 있지. 사람들은 산이 매장하고 있는 납과 은을 열망하고 있네. 나는 그것을 찾는 방법을 알고 있지만, 그 방법은 나 혼자의 가슴에만 챙겨두고 그 발견의 기회를 남에게 준다네. 내가 말하는 대로 시도해 보고 성공하면 사람들은 나를 행운의 소유자라고 말하지. 내가 알고 있는 것은 나를 위한 것이지만, 나의 성공은 다른 사람을 위하는 것이 되지. 그런데 어느 누구도 이런 방법으로 하면 성공할 수 있다는 것을 인식하지 못하고 있네. 그들은 내가 요술지팡이라도 가지고 있는 것이 아닌가 의심을 품고 있지. 내가 좀 도리에 맞는 말을 끄집어내면 마구 대들곤 하는데, 그 행위로 인해 그들은 인식의 나무에 이르는 길을 스스로 차단하고 있다는 것을 알지 못 해. 이렇게 예견(豫見)의 지팡이에 자라는 어린 가지도 결국은 이 인식의 나무에서 꺾어오는 것인데 말이야."

빌헬름은 이런 대화에 힘을 얻어 자신의 이제까지의 행동과 사색도, 분야는 전혀 다르지만 근본 의미에서는 이 친구의 주장대로 되고 있다는 것을 확신했다. 그래서 그가 이번에는 자기가 시간을 어떻게 이용했는가, 자기에게 주어진 편력을 나날과 시간에 의해서가 아니라 완전한 수업인 참된 목적에 맞도록 분할하고 이용해도 좋다는 특전을 얻고 난 뒤부터 시간을 어떻게 이용했는가를 설명했다.

우연한 일이기는 하지만 이것을 설명하기 위해 말을 많이 할 필요가 없었다. 왜냐하면 어떤 중대한 사건 때문에 우리의 주인공에게 자신이 습득한 재능을 잘 이용하여 인간사회에 진실로 필요한 역군으로서 자신의 모습을 실증하는 기회*25가 주어지게 되었기 때문이다.

다만 그것이 어떠한 종류의 것인가를 지금 털어놓는 것은 아직 허락되어 있지 않다. 그렇지만 독자는 얼마 안 있어 이 책을 손에서 내려놓기 전에 그것에 대해 충분히 알게 될 것이다.

제10장

헤르질리에가 빌헬름에게

오래전부터 세상 사람들은 저를 변덕스럽고 별난 아가씨라고 비난하고 있어요. 그 말이 사실일는지도 모르지만 그렇다고 해도 내 탓만은 아니죠. 사람들은 저를 관대하게 봐주어야 했어요. 그러나 이제 저는 저 자신을, 저의 상상력을 관대하게 봐줄 필요가 없어요. 왜냐하면 제 상상력이 아버지와 아들을 어떤 때는 함께, 또는 번갈아 가며 제 눈앞으로 데려오기 때문이죠. 저는 저 자신이 서로의 모습으로 분장한 두 사람으로부터 쉬지 않고 방문을 받는 저 죄없는 알크메네*26와 같다는 생각이 들어요.

당신에게는 털어놓을 이야기가 많아요. 그렇지만 당신에게 편지를 쓰는 경우는 모험 이야기를 할 때에만 한정되어 있는 것 같아요. 다른 것들도 모두 모험 요소를 내포하고는 있지만 모험은 아니지요. 그러면 이제부터 오늘의 모험 얘기를 해보겠어요.

저는 키 큰 보리수나무 아래에 앉아서 그제야 막 작은 편지 주머니를 완성했어요. 아주 우아한 편지 주머니였는데, 아버지와 아들 가운데 누구에게 줄 것인지 저 자신도 확실히 알 수 없었죠. 그렇지만 둘 중 한 사람에게 돌아가

---

*25 빌헬름이 나중에 외과의사가 되어 자신의 유용성을 발휘하는 기회를 말한다.
*26 암피트리온의 아내였는데, 남편의 부재중에 남편의 모습을 한 제우스에 의해 헤라클레스를 잉태하게 된다.

는 것만은 확실했어요. 그때 젊은 행상꾼이 작은 바구니와 상자를 가지고 저에게로 다가왔죠. 그는 이 영지에서 행상을 해도 좋다는 관리의 증명서를 보이고는 조심조심 자신을 밝혔어요. 저는 그의 자질구레한 물건까지 훑어봤죠. 그런 물건은 아무에게도 소용되지 않는 것이지만 누구나, 또 유치한 충동에서 무의식중에 사고, 그것을 가지고 있다가 써버리곤 하죠. 그 소년은 저를 주의 깊게 관찰하고 있는 것처럼 보였어요. 까맣고 아름다우며 좀 교활해 보이는 눈매, 잘생긴 눈썹, 텁수룩한 고수머리, 빛나는 치열, 한마디로 어딘지 동양적인 용모의 소년이었죠.

그는 뭐 좀 사줄 만한 사람이 없겠는가 하고 우리 집안사람에 대해 여러 가지로 물었어요. 그는 이리저리 말을 둘러대다가 제 이름을 대지 않을 수 없게끔 능란하게 유도하는 것이었어요. "헤르질리에 아가씨죠?" 그는 주저하는 듯 말했습니다. "헤르질리에 아가씨는 내가 심부름꾼으로 용무를 전달해도 용서해 주시겠지요?" 저는 영문을 몰라 그를 쳐다보았죠. 그가 흰 틀에 끼운 아주 작은 석판을 꺼냈어요. 산악지대에서 아이들이 글씨를 배울 때 사용하는 것이지요. 그것을 받아보니 뾰족한 석필로 깨끗하게 씌어진 글씨를 볼 수 있었어요.

펠릭스는
헤르질리에를
사랑하고 있습니다.
말 탄 기사가
얼마 안 있어 갈 겁니다.

저는 깜짝 놀라 손에 쥐고 있는 것에서 눈을 떼지 못한 채 어찌된 것인가 의아해했죠. 가장 이상하게 생각된 것은 운명이 저 자신보다 훨씬 희한하게 꼬여가는 것이 아닐까 하는 점이었어요. '이것은 도대체 무엇을 말하는 걸까' 하고 나 자신에게 되뇌어보았어요. 그러자 저 장난꾸러기 아이가 전보다 한층 더 뚜렷하게 눈앞에 떠올라왔어요. 그뿐 아니라 그의 모습이 제 눈을 꿰뚫고 들어오는 것처럼 생각되었습니다.

그래서 저는 질문을 했지만 그 대답은 묘하고도 불충분한 것뿐이었습니다. 아무리 곰곰이 생각해도 머릿속이 잘 정리되질 않았지요. 결국 저는 소년의 이야기와 대답을 연결해 보고서 이런 것들을 알 수 있게 되었죠. 즉이 행상 소년은 교육주를 거쳐왔는데, 제 어린 숭배자의 신뢰를 얻었던 거죠. 그 숭배자는 석판을 사서 앞의 말을 쓰고는 제게서 한 마디의 대답이라도 받아온다면 상당한 사례를 하겠다고 약속했다는 거예요. 이어 그는 상품 상자 속에서 여러 개의 석판 가운데 하나를 꺼내 석필과 함께 제게 내밀면서 붙임성 있고 애교스럽게 졸라댔어요. 저는 두 가지를 받아들고 고민고민하다가 그럴듯한 문구는 떠오르지 않았지만 이렇게 썼죠.

헤르질리에가
펠릭스에게
안부 전해요.
말 탄 기사라면
예의범절을 지켜야 해요.

저는 제가 쓴 문구를 바라보고 표현이 서툴러서 화가 났어요. 다정하지도 않고, 마음이 깃들어 있지도 않으며, 기지도 없이 그저 당황했다는 것만 드러나 있었죠. 왜 그럴까요? 저는 한 소년 앞에 서서 또 다른 한 소년에게 편지를 썼어요. 한숨까지 쉰 것 같습니다. 그리고 당장 그것을 지우려고 했지요. 그런데 그 소년은 제 손에서 그것을 살짝 뺏어들고는 포장할 것을 좀 주십시오 하고 정중하게 부탁했어요. 제가 어째서 그랬는지 잘 모르겠지만, 저는 그 석판을 편지 주머니에 넣어 끈으로 매어 소년에게 건네주었어요. 소년은 공손히 그것을 받아들고, 머리를 깊숙이 숙여 인사하고 난 뒤 순간적으로 망설이고 있었어요. 그래서 저는 그의 손에 작은 돈주머니를 쥐어 주었지요. 그러고 나서도 넉넉히 주지 않은 데 대해 양심의 가책을 받았어요. 그는 예의 바르게 빠른 발걸음으로 멀리 떠나가 버렸어요. 제가 그의 뒷모습을 다시 바라보았을 때에는 이미 사라지고 없었습니다. 어떻게 그리 빨리 사라졌는지는 나도 잘 모르겠어요.
지금은 그것도 다 지나가 버린 일이죠. 저는 벌써 전과 다름없는 일상으로 돌아와 있어요. 그러한 사건이 있었다는 것도 거의 믿어지지 않네요. 그러나 제 손에는 그 석판이 남아 있는걸요. 아주 귀여워요. 글자는 아름답고 정성스럽게 적혀 있었죠. 글자가 지워질 걱정만 없었다면 저는 거기에다 입맞췄을 겁니다.

여기까지 쓰고 나서 저는 잠시 쉬었습니다. 그 일을 생각해 보려 해도 잘 되지가 않는군요. 확실히 행상 소년은 신비로운 데가 있었어요. 그런 인물은 소설에서는 없어서는 안될 존재이긴 하지만 어떻게 실제 인생에서 만나게 되었을까요. 그 소년은 인상이 좋으면서도 수상쩍었으며, 낯설면서도 신뢰가 갔어요. 어째서 그는 혼란만 일으켜놓고 가버렸을까요. 어째서 저는 그를 잘 붙잡아 둘 만한 침착성을 가지지 못했던가요.

잠깐 쉬고 난 뒤에 저는 다시 펜을 들고 고백을 계속하겠습니다. 청년으로 성숙해가는 한 소년[27]의 한결 같고 지속적인 애정이 저를 기분 좋게 만들 뻔했어요. 그러자 문득 그 나이에는 연상의 여성을 원한다는 것이 결코 드문 일이 아니라는 생각이 들었지요. 확실히 어린 소년들에게는 연상의 여자에게 끌리는 신비로운 경향이 있습니다. 지금까지는 저와 관계없는 일이었기에 전 그런 것을 웃어넘기고는, 그것은 유모와 젖먹이 사이의 아름다운 애정에 대한 추억이라고만 심술궂게 생각해 왔던 거죠. 지금은 그렇게만 생각해 왔다는 데에 화가 납니다. 저 착한 펠릭스를 갓난아기로 격하시킨다 하더라도 저는 결코 유리한 위치에 서지는 못할 겁니다. 자기를 판단하는 것과 남을 판단하는 것에는 어째서 이다지도 큰 차이가 생기는 것일까요.

제11장

빌헬름이 나탈리에에게

벌써 여러 날을 걸어다니다 보니, 좀처럼 펜을 들 결심이 서지 않았소. 그렇지만 하고 싶은 말은 많소. 입으로 말한다면 차례차례로 이어져, 좀 더 쉬워질 거요. 그러나 지금 나는 멀리 떨어져 있기 때문에 아주 일반적인 것부

---

*27 펠릭스를 말한다.

터 시작해야겠소. 그래도 결국은 내가 전하지 않으면 안 될 이상한 이야기에 다다르게 될 것이오.

당신은 어떤 젊은이가 바닷가를 산책하고 있을 때 노(櫓)걸이를 발견한 이야기를 들은 적이 있을 거요. 그는 그것에 흥미를 갖게 되었고, 거기에는 노가 필요하다고 생각해서 노를 사기로 결정했소. 그러나 그것만으로는 별로 소용이 없었소. 이번에는 작은 배 한 척을 얻어야겠다는 생각에 사방으로 노력한 끝에, 이것도 뜻대로 이루어졌소. 그러나 작은 배, 노, 노걸이만으로는 특별히 이렇다 할 것이 못되었소. 그래서 그는 돛대와 돛을 구입하여 점차로 배를 빨리 달리는 데에 필요한 장비를 갖추게 되었소. 이렇게 목적을 향해 한 걸음 한 걸음 접근해 가는 노력을 쌓아올리면서 그는 숙련된 기량을 익히게 되었고 행운도 함께 얻어, 급기야는 훨씬 더 큰 배의 주인이 되었소. 그리고 그는 더욱더 성공을 거듭하여 부유해졌으며 항해자들 사이에서 존경과 명망을 획득하기에 이르렀소.

내가 지금 당신에게 이 사랑스러운 이야기를 다시 한 번 읽어보도록 권하고는 있지만, 이 이야기가 아주 넓은 의미에서만 현상황에 어울린다는 점을 고백해야겠소. 그러나 이 이야기가 내가 말하고 싶은 바를 표현할 수 있도록 길을 열어주는 것은 사실이오. 그렇지만 또한 몇 가지 주제를 벗어난 이야기를 하지 않으면 안 되겠소.

인간에게 잠재해 있는 능력은 보편적인 것과 특수한 것 두 가지로 나눌 수가 있소. 보편적인 능력은 조용히 정지해 있으면서 여러 상황에 따라 불러일으켜지고, 우연에 의해 어떤 목적을 위해 쓰이는 능력이오. 인간의 모방 능력은 보편적인 것이어서, 인간은 목적에 대한 내적 외적 수단을 전혀 갖추고 있지 않아도 자기가 보는 것을 모방하고 어떤 형태로든 따라 하려고 하지요. 따라서 인간이 다른 사람이 하는 것을 보고, 자기도 그것을 해보려고 하는 것은 언제나 자연스러운 일이오. 그렇지만 가장 자연스러운 것은 아들이 아버지의 직업을 이어받는 것이오. 이 경우 모든 것이 다 갖추어져 있는 셈이지요. 다시 말해 근본방향이 확실하게 정해져 있는 가운데 이미 타고난 특수한 능력, 그것을 올바른 순서에 따라 단계적으로 추진해 가는 훈련, 그리고 거기에 개발되어온 재능 같은 모든 것이지요. 또한 다른 충동이 우리 마음속에 생겨서 천성적으로 아무런 소질도 집념도 없는 일을 하겠다고 제멋대로 다른 선택을 하려는 경우에도, 일단 택한 길을 계속 전진해 나가려고 하는 능력도 우리에게 발달되어 있지요. 그러므로 대체로 볼 때, 타고난 재능, 집안에 전해 내려오는 재능을 그 가정 안에서 육성하는 기회를 찾아내는 사람들이 가장 행복한 것이오. 우리는 이런 화가 혈통 몇몇을 알고 있소. 그 가운데에는 물론 빈약한 재능의 소유자도 있었지만, 그래도 그들은 뭔가 유익한 것을 내놓았지요. 다른 분야를 자기 멋대로 택해 거기에서 이루어냈을 여러 보잘것없는 업적에 비해 더 나은 것을 성취했던 거요.

그러나 이것도 내가 말하려고 한 것이 아니기 때문에, 나는 다른 방면에서 나의 보고에 접근해야겠소.

친구들로부터 떨어져 있다는 것이 어째서 이토록 슬픈가. 그것은 우리 사상의 연결고리와 보조 부분들이 얼굴을 맞대고 있을 때면 번개처럼 재빨리 나타나기도 하고 서로 뒤섞이기도 하지만, 떨어져 있으면 그것을 즉석에서 맺고 연결하여 제시하고 설명할 수 없기 때문이오. 그러니 여기서는 먼저 아주 어린시절의 이야기를 하나 끄집어내기로 하겠소.

우리처럼 오래되고 위엄이 있는 도시에서 자란 아이들은 길거리와 광장, 성벽과 흙벽, 담으로 에워싸인 이웃 정원이 어떤 것인지 잘 알고 있소. 한번은 우리 부모님이 우리를 위해서라기보다 자신들을 위해 야외로 나가보려고 시골에 있는 친구에게 다니러 가겠다고 약속을 했소. 그런데 이 소풍 약속은 자꾸 미루어졌는데 드디어 성령강림절이 되자 친구로부터 더 이상 거절하기 힘든 초대와 제안을 받게 되었소. 그래서 부모님은 밤에는 다시 집으로 돌아온다는 조건으로 그 초대에 응했소. 오랫동안 익숙해진 자기 침대가 아닌 다른 곳에서는 잠을 잘 수 없을 것 같았기 때문이오. 단 하루 안에 그렇게 집중적으로 즐거움을 잔뜩 채워넣는 것은 물론 어려운 일이었소. 두 친구를 방문해야 했고, 좀처럼 맛볼 수 없는 한담을 마음껏 즐기자는 그들의 요구를 들어주어야 했으니 말이오. 어쨌든 부모님은 모든 일이 뜻대로 되리라 희망하고 있었지요.

성령강림절의 사흘째 축일, 우리 모두는 아침 일찍 기운차게 일어났소. 마차가 정해진 시각에 집 앞에 도착했고 우리는 얼마 안 있어 길거리, 성문, 다리, 도랑 같은 거북한 모든 것을 뒤로했소. 자유롭고 넓은 세계가 아직 그것을 경험한 일이 없는 우리 앞에 펼쳐졌소. 밤새 내린 비로 싱싱함을 되찾은 곡식밭과 목장의 초록색, 막 피어난 떨기나무와 나무 싹의 연두색, 사방으로 눈부시게 퍼지는 나무 꽃의 하얀색, 이런 모든 것이 우리에게 낙원에서와 같은 즐거운 시간을 미리 맛보게 해주었소.

우리는 제시간에 처음 방문지인 존경하는 어떤 목사의 집에 도착했소. 정답게 영접을 받았지만 우리는 곧, 원래 있다가 최근에 없어진 사흘째 축일 예배의 무거운 분위기가 평온과 자유를 찾는 그 집 사람들의 기분을 아직도 짓누르고 있음을 알아차릴 수 있었소. 나는 처음으로 시골의 살림살이를 유심히 관찰했소. 쟁기와 써레, 마차와 손수레를 보니 이것들이 직접 사용되고 있음을 알 수 있었고, 보기 싫은 비료까지도 이 전체 살림살이 속에서는 역시 없어서는 안 될 물건으로 보였소. 그것은 정성들여 모아져, 거의 완벽하리만큼 깨끗하게 저장되어 있었소. 낯설기는 해도 충분히 이해되는 것들 때문에 들떠 있던 우리의 시선은 곧 음식 쪽으로 끌려갔소. 먹음직스러운 과자, 신선한 우유, 이 밖에도 시골에서 만든 맛있는 음식이 우리의 식욕을 돋우었소. 이어 아이들은 작은 정원과 검소한 정자를 나와 가까운 과수원에서 마음씨 좋은 나이 든 아주머니가 부탁한 일을 마치기 위해 분주하게 일했소. 즉 아이들은 될 수 있는 대로 앵초를 많이 모아서 그것을 소중하게 가져가야 했소. 그러면 살림을 잘 꾸려가는 노부인은 그것으로 여러 건강 음료를 만들곤 했던 것이오.

어쨌거나 우리가 이런 일을 하느라고 목장 위쪽과 변두리, 울타리 있는 곳을 여기저기 뛰어다니자, 마을 아이들 여럿이 우리 무리에 끼어들기 시작했소.

모아놓은 봄꽃의 향기가 점점 더 싱싱함과 감미로움을 더해 가는 것 같았소. 우리는 어떻게 가져가야 할지 알 수 없을 만큼 많은 줄기와 꽃을 모았소. 그래서 이번에는 노란색을 띤 대롱처럼 생긴 꽃부리를 뽑기 시작했소. 왜냐하면 우리에게 사실은 이것만이 필요했기 때문이오. 우리는 저마다 그것을 모자에다 가능한 한 많이 담으려고 했소.

그렇지만 이 소년 중에서 좀 나이가 든, 나보다 몇 살 많아 보이는 어부의 아들은 이런 꽃 모으기 놀이에는 흥미가 없는 것 같았소. 처음 나타났을 때부터 내 마음을 끌었던 그 소년은 자기와 함께 강물로 가자고 나를 끌었소. 그 강물은 바로 가까이에서 상당한 폭을 이루며 흘러가고 있었소. 우리 둘은 낚싯대를 나란히 드리우고 어떤 나무 그늘에 앉아 있었소. 깊고 고요한 맑은 물속을 많은 새끼 고기들이 헤엄치고 있었소. 그는 나에게 어떻게 해야 하는지, 낚싯바늘에 낚싯밥을 어떻게 매달아야 하는지에 관해 친절하게 가르쳐 주었소. 그래서 나는 이들 가냘픈 고기 중 가장 작은 것이 기를 쓰고 바둥거리는 것을 재빨리 공중으로 낚아올리는 데에 연달아 두세 번 성공했소. 이렇게 우리가 서로 기대어 꼼짝 않고 앉아 있는 사이에 그는 지루해졌는지, 이쪽에서부터 강물 속으로 뻗어 있는 평평한 모래펄을 가리켜 보였소. 그곳은 헤엄치기에 가장 알맞은 곳이라고 그는 말했소. 드디어 그는 벌떡 일어나면서 더 이상 참을 수 없다고 외치고는 눈 깜짝할 사이에 아래로 내려가 옷을 벗고 물속으로 뛰어들었소.

　그는 수영 솜씨가 대단했기 때문에 곧 얕은 여울을 떠나 물결에 몸을 맡겼다가 얼마 안 있어 깊은 물속을 지나 내 곁으로 왔소. 나는 정말이지 기분이 이상했소. 메뚜기가 내 주위에서 뛰어다니고 개미들이 들러붙고 가지각색의 벌레가 나뭇가지에 매달려 있고, 황금색으로 빛나는 무당벌레—그는 이렇게 불렀소—가 내 발치에 요정처럼 떠돌면서 흔들거리고 있었소. 바로 그때, 그 소년은 나무뿌리 사이에서 큰 게 한 마리를 집어내어 떠들어대면서 그것을 쳐들어 보이고는 곧바로 앞에 있는 발담에 재빨리 숨겨버렸소. 그 일대는 아주 덥고 눅눅하여 누구나 햇빛에서 나무 그늘로, 그 나무 그늘의 선선함에서 훨씬 더 선선한 물속으로 들어가고 싶을 지경이었소. 때문에 그가 나를 물속으로 들어오라고 유혹하는 것은 자연스러운 일이었소. 그리 여러 번 권하지 않았는데도 나는 이제 참을 수 없었소. 부모님의 꾸중에 대한 약간의 두려움과 물이라는 미지의 것에 대한 두려움이 함께 작용하여 나는 이상한 감정을 느꼈소. 그렇지만 얼마 안 가서 결단을 내리고 나도 강가에 옷을 벗어놓고 천천히 물속으로 들어갔소. 그러나 강바닥의 기울기가 완만한 곳에서 멈춰, 앞에 보이는 깊은 곳에는 들어가지 않았소. 그는 나를 거기에 머물러 있게 하고는 물에 몸을 맡기고 멀어져갔다가 되돌아오곤 했소. 그가 물에서 나와 높이 떠오른 햇빛에 몸을 말리려고 일어섰을 때 나는 삼중(三重)의 햇빛 때문에 눈이 부셔서 눈앞이 캄캄해졌소. 인간의 몸은 정말 아름다웠소. 그것을 나는 이때까지 전혀 몰랐던 것이오. 그도 마찬가지로 주의를 기울여 나를 보고 있는 것 같았소. 우리는 재빨리 옷을 입었지만, 그래도 아직 몸을 완전히 가리지 못하고 마주보고 서 있었소. 우리는 서로 마음이 끌려 열렬한 키스를 하면서, 영원한 우정을 맹세했소.

뒤이어 우리는 서둘러 목사 댁에 도착했는데, 마침 그때 일행은 덤불과 숲을 빠져나와, 한 시간 가량 걸리는 곳에 있는 군수 댁으로 향해 떠나려는 참이었소. 나의 친구는 나를 따라왔고 우리는 이제 떨어질 수 없는 사이가 되었소. 그러나 가는 도중에 내가 그도 함께 군수 댁에 들어가도록 허락해 달라고 부탁하자, 목사 부인은 그건 좀 어려울 것이라고 눈치채지 못하게 말하면서 넌지시 거절했소. 도리어 목사 부인은 그에게 급한 심부름을 시켰는데, 그의 아버지가 고기잡이에서 돌아오거든 시내로 돌아가는 손님들에게 귀한 선물을 드리려고 하니 그녀가 돌아올 때까지 꼭 먹음직스러운 가재 몇 마리를 가져다달라는 말을 전하라는 것이었소. 소년은 떠났지만 오늘 저녁 이 숲 모퉁이에서 나를 기다리겠다고 나와 손을 맞잡으며 약속했소.

일행은 드디어 군수 집에 도착했소. 여기에서도 우리는 시골다운 살림을 만났는데 모든 것이 한층 더 고급이었소. 그 댁 안주인께서 너무 정성을 들여 접대하려 했기 때문에 점심 식사가 늦어졌지만 나를 초조하게 만들지는 않았소. 왜냐하면 나보다 나이 어린 딸이 안내해 준, 잘 가꾸어진 정원을 산책하는 것이 나에게는 한없이 즐거웠기 때문이었소. 갖가지 종류의 봄꽃이 산뜻하게 구획지어진 화단에 심어져 있어 넘치듯 화단을 채우고 그 언저리를 장식하고 있었소. 안내를 해준 어린 딸은 아름다운 금발로, 착한 아이였소. 우리는 허물없이 함께 걷다가 얼마 안 있어 서로 손을 잡게 되었는데, 그 순간 나는 더 이상 바랄 것이 없을 것 같소. 이렇게 우리는 튤립 화단 곁을 지나 나란히 줄지어 있는 수선화와 노란 국화 옆을 지나갔소. 그녀는 군데군데에서 종 모양을 한 아름다운 히아신스 꽃이 지금 막 시들어버린 장소를 가리켜 보였소. 히아신스 대신에 다음철에 피울 꽃들도 준비해 놓은 것 같았소. 조금 있으면 꽃을 피울 미나리아재비와 아네모네 다발들도 벌써 초록으로 물들고 있었소. 수많은 카네이션 포기에 쏟은 정성은 곧 가지각색의 꽃 계절이 올 것을 약속하고 있었으며, 더 가까이에는 벌써 많은 봉오리를 맺은 백합 꽃줄기가 장미 사이에 잘 배합되어 있어 금방이라도 꽃봉오리를 터뜨릴 것 같았소. 거기에다 정자는 인동덩굴과 재스민, 그리고 포도 비슷한 덩굴 모양의 식물로 장식되어, 머지않아 눈부시게 빛나 그늘을 짙게 드리우리라는 것을 예측할 수 있었소.

여러 해가 지난 뒤에 그 무렵 나의 상태를 생각해 보면, 그때가 정말로 부럽다는 생각이 드오. 뜻하지 않게 같은 순간에 사랑과 애정의 예감이 나를 사로잡았던 것이오. 왜냐하면 이 아름다운 아가씨에게 마지못해 작별을 고했을 때, 나는 그 기분을 나의 젊은 친구에게 털어놓았고 동시에 그의 공감을 이 생생한 심정과 함께 즐기자고 생각하면서 나 자신을 달랬던 것이오.

그리고 내가 여기에 또 하나의 고찰을 덧붙인다면 나는 이렇게 고백해도 좋을 것이오. 즉 인생행로에서 처음으로 외부세계가 활짝 열린 그때가 내 삶에서 있는 그대로의 본디 자연이 나에게 구현된 경험이었다고. 이에 비하면 그 뒤 내 오관에 떠오른 다른 모든 것은 자연을 있는 그대로 똑같이 따라 그린 것에 지나지 않은 것처럼 생각되었소. 그것이 저 본원적 자연의 모습과 아무리 비슷하다 하더라도 고유한 근원적 정신과 감각이 결여되어 있기 때문이오.

외부세계를 냉담하고 생기 없는 것으로 바라보아야 한다면, 우리는 절망할 수밖에 없을 것이오. 그렇지만 우리 내부에는 그것과는 전혀 달리 자연을 숭고한 것으로 만드는 그 무엇이 발전하고 있고 이것이 우리 자신을 아름답게 만드는 창조적인 힘이 자연 속에 내재해 있음을 실증하는 것이오.

그 친구가 나를 기다리겠다고 약속한 숲의 언저리로 우리 일행이 다시 다가갔을 때는 벌써 어둑어둑해지고 있었소. 나는 시력에 모든 힘을 집중하여 그의 모습을 찾아내려고 애썼소. 그런데 웬일인지 잘될 것 같지 않다고 느꼈을 때 나는 초조해져 천천히 걷고 있는 일행보다 더 앞으로 빠져 나와 덤불을 헤치면서 이곳저곳을 뛰어다녔소. 나는 걱정을 하게 되었소. 그는 보이지 않았고 불러도 대답이 없었소. 나는 태어나서 처음으로 격렬한 사랑의 고통을, 그것도 이중 삼중으로 느꼈소.

이미 내 마음속에는 친밀한 애정을 찾으려는 요구가 하염없이 커져가고 있었소. 그와 이야기를 나누어 내 정신을 저 금발 아가씨의 모습으로부터 해방시키고 그녀가 나의 마음속을 마구 휘저어놓아 생긴, 갖가지 감정으로부터 나를 구출하고 싶다는 마음만이 가득 차 있었소. 가슴은 북받쳐 오르고 입은 지금 당장이라도 폭발할 듯 중얼거리고 있었소. 나는 우정을 저버리고 약속을 지키지 않았다고 그 착한 소년에게 소리 높여 욕설을 퍼부었소.

그러나 곧 더 심한 시련이 나를 덮쳤소. 마을 맨 끝단에 있는 집집 마다에서 여자들이 소리를 지르면서 뛰쳐나왔고 울부짖는 아이들이 그 뒤를 따라가고 있었소. 아무도 입을 열지 않았고 대답하는 사람도 없었소. 길 한쪽으로부터 모퉁이에 있는 집을 돌아 하나의 장례 행렬이 오고 있는 것이 보였소. 그것은 긴 거리를 천천히 전진하고 있었소. 마치 하나의 장례 행렬처럼 보였지만 실제로는 여러 명의 장례 행렬이 이어지고 있는 것 같았소. 짊어지고 끌어당기면서 이어지는 행렬은 끝이 없었고 외쳐대는 소리가 끊임없이 울려퍼지며 많은 사람들이 달려와 모여들었소. 모든 사람이, "아이들이 물에 빠져 죽었어! 모두, 한 사람도 남기지 않고 빠져 죽었어! 그 아이요? 누구요? 어느 아이 말입니까?"라고 외치고 있었소. 자기 아이들이 곁에 있는 것을 발견한 어머니들은 한시름 놓았다는 표정이었소. 그러자 진지한 얼굴을 한 한 사나이가 목사 부인에게 다가와 말을 걸었소. "공교롭게도 나는 너무 오래 출타 중이었습니다. 아돌프는 다섯 아이들과 함께 물에 빠져 죽었습니다. 그 애는 우리의 약속을 지키려고 했습니다." 그 사나이는 그 어부임에 틀림없었소. 그는 장례 행렬 뒤를 쫓아 앞으로 가버렸소. 우리는 놀란 나머지 몸이 굳어져, 선 채로 움직이지도 못했소. 그때 조그만 소년 하나가 다가와 주머니 하나를 내밀었소. "사모님, 여기 가재들입니다." 말하며 그는 이렇게 그 화근의 증거물을 높이 들어올렸소. 사람들은 몹시 해로운 것이라도 본 것처럼, 모두 진저리쳤소. 일행이 묻고 짐작하여 알게 된 사실은, 이 유일하게 살아남은 꼬마 소년은 혼자 강가에 남아서 친구들이 아래에서 던져주는 가재를 주워 모으고 있었다는 것이오. 우리는 계속해서 캐물어 다음과 같은 사실을 알 수 있었소. 아돌프는 말이 통할 만한 적당한 나이의 소년 둘을 데리고 물가로 내려가 물속으로 들어갔다는 것이오. 그러자 나이가 더 어린 또 다른 소년 둘이 부탁하지 않았는데도 그들을 뒤따라갔는데 아무리 야단치고 위협을 해도 못 따라오게 할 수가 없었다는 것이오. 그런데 돌이 많은 위험한 곳을 처음 세 아이가 넘어섰을 때 뒤에서 따라오던 두 아이가 발이 미끄러지면서 다른 아이를 붙잡는 바람에 잇달아 아이들이 물속으로 끌려 들어갔던 것이오. 이렇게 하여 마침내는 맨 앞에 있던 아이까지 모두 물속 깊숙이 빠져버렸소. 아돌프는 수영에 뛰어났기 때문에 자기 혼자서라도 빠져 나올 수 있었지만, 모두가 무서워서 그에게 매달리는 바람에 그도 물 밑으로 끌려들어가 버린 것이오. 그래서 이 꼬마 소년은 가재 주머니를 꼭 쥔 채 고함을 지르면서 마을로 달려왔소. 고함에 놀라 달려나온 사람들과 때마침 늦게 돌아온 어부도 함께 현장으로 급히 달려갔소. 아이들을 차례로 끌어올렸지만 모두 죽어 있었소. 그래서 이제 그 아이들의 시체를 마을 안으로 운반해 가는 것이었소.

목사는 아버지와 함께 침통해하면서 마을 관공서로 갔소. 둥근달이 떠올라 죽음의 길을 비추고 있었소. 나도 심하게 마음이 흔들린 채로 뒤를 쫓아갔지만 끝내 내가 관공서 안으로 들어가는 것은 허락되지 않았소. 나는 이루 말할 수 없이 참담했소. 나는 관공서 건물 주위를 끊임없이 맴돌았소. 마침내 적당한 장소를 발견하고는 열려 있는 창문을 통해 안으로 뛰어들어갔소.

모든 종류의 집회가 열리는 큰 강당 안에는 허무하게 죽은 불쌍한 소년들이 지푸라기 위에 뉘어져 있었소. 램프 불빛은 어두웠지만 발가벗은 채로 손과 발을 쭉 뻗고 있는 흰 몸이 빛나고 있었소. 나는 제일 큰 아이인 나의 친구 위에 몸을 던졌소. 그때의 내 상태를 어떻게 설명하면 좋을지 모르겠소. 나는 엉엉 울면서 그의 넓은 가슴을 쉴 새 없이 흐르는 눈물로 흠뻑 적셨소. 이럴 때 몸을 비벼대면 만에 하나 살아날지도 모른다는 말을 들었기 때문에 나는 눈물에 젖은 손으로 그의 몸을 비벼보았소. 그리고 이로 인해 생긴 따스함에 착각까지 하였소. 머리가 혼란스러워진 나머지 나는 또 그에게 입김을 불어넣으려고 생각했지만 진주 같은 그의 잇바디는 굳게 다물어져 있었소. 우리가 헤어질 때 나누었던 키스가 아직 남아 있는 것처럼 보이는 입술은 대답을 되돌려주려는 가장 희미한 표시조차도 보여주지 않았소. 보잘것없는 인간의 도움에 절망한 나는 이번에는 기도에 매달렸소. 나는 간청하면서 기도드렸소. 마치 이 순간에 아직도 그의 몸속에 깃들어 있는 영혼을 불러내든가 아니면 아직 그의 육체 주위에 떠돌고 있는 영혼을 다시 몸속으로 불러들이는 기적을 행하지 않으면 안 될 것 같은 심정으로 말이오. 그러나 나는 그곳에서 끌려나왔소.

울면서 또 훌쩍거리면서 마차에 앉았지만 부모님의 말은 전혀 귀에 들어오지 않았소. 그 뒤 여러 번 되풀이되는 말을 들었지만 우리 어머니의 말로는 하느님의 뜻에 따랐다는 것이었소. 그러는 사이 나는 잠들어버렸고, 다음 날 아침 늦게 뭔가 수수께끼 같은, 머리가 혼란해진 암담한 상태에서 눈을 떴소.

그런데 내가 아침 식사를 하러 나갔을 때, 어머니와 숙모 그리고 요리사가 중대한 상담을 하고 있는 것을 보았소. 그 가재는 삶아서도 안 되고 식탁에 올려서도 안 된다는 것이었소. 아버지는 방금 전에 일어난 불행을 이처럼 생생하게 되살리는 요리를 견딜 수가 없었던 것이오. 숙모는 이 진기한 생물을 자기 것으로 만들고 싶어 못견뎌하는 눈치였지만 나에게 앵초를 갖고 오는 것을 잊었다며 나무라셨소. 그러나 그녀는 활발하게 기어다니는, 모양이 흉한 놈을 자기가 처리해도 좋다는 허락이 떨어지자, 이제 앵초 같은 것은 아무래도 좋다는 듯이 가재를 어떻게 할 것인가에 대해 요리사와 상의하고 있었소.

그러나 이 장면의 의미를 확실하게 하기 위해서는 이 부인의 성격과 인품에 대해 보다 자세히 설명을 해야 하오. 이 숙모를 지배하고 있는 여러 특성들은 도덕적으로 보면 절대로 칭찬할 것이 못 됐지만, 시민적 정치적으로 보면 좋은 성과들을 많이 올렸다고 할 수 있소. 그녀는 원래 인색했소. 돈을 내야 하는 일이 있으면 단돈 1페니히도 아깝게 생각했고, 뭐든 필요한 것이 있으면 공짜로, 또는 교환이나 무슨 다른 방법으로 얻을 수 있는 대용물을 사방으로 찾아다니곤 했소. 앵초를 차[茶]로 사용하는 것도 그런 식이었소. 그녀는 그것이 중국차보다 건강에 좋다고 생각했소. 그녀에 의하면, 하느님은 어느 나라든지 식료품이든 향료든 약초든 필요한 것을 베풀어주셨다는 것이오. 때문에 그녀는 일부러 외국을 돌아볼 필요는 없다고 하면서 작은 정원 안에 그녀 나름의 방법으로, 음식을 맛있게 하고 병자에게 효험이 있는 것이면 무엇이든지 심었던 것이오. 다른 사람의 정원을 방문할 때에도 반드시 그런 종류의 초목들을 얻어 가지고 왔소.

그녀의 이런 신념과 거기에서 생기는 결과에 대해서는 모두가 긍정적이라고 기꺼이 인정하기로 했소. 그녀가 열심히 모은 현금은 결국 집안에 도움이 되었기 때문이오. 아버지나 어머니로서도 이 점에 대해서는 절대적으로 그녀에게 관대했고 그것을 독려하기까지 할 지경이었소.

그러나 그녀에게 있는 또 하나의 정열, 지칠 줄 모르고 끊임없이 나타나는 활발한 정열은, 자기가 영향력 강한 중요한 인물로 인정받고 있다는 자부심이었소. 그녀는 실제로 그러한 명성을 지닐 만한 자격이 있었으며, 또 지니고도 있었소. 왜냐하면 쓸데없고 백해무익한 부인들의 쑥덕공론을 그녀는 자기에게 유리하게 이용할 줄 알았기 때문이오. 거리에서 일어나는 일, 가정에서 생기는 여러 가지 일 등 그녀는 어떤 것이라도 정확하게 알고 있어서 이상한 일이 일어날 때면 거의 언제나 참견을 했소. 그녀가 하는 일은 늘 남에게 도움이 되었고 이로 인해 명성과 평판이 높아졌기 때문에 점점 좋은 성과를 올렸던 것이오. 그녀는 수많은 결혼을 성사시켰는데 적어도 신랑 신부 가운데 어느 한쪽은 변함없이 만족하는 것 같았소. 그런데 그녀가 가장 크게 역점을 둔 일은, 어떤 관직이나 지위를 얻으려는 사람들을 취직시켜주고 승진시켜주는 일이었소. 이로 말미암아 그녀는 실제로 많은 의뢰인을 얻게 되었고 나중에는 그녀대로 그 사람들의 세력을 이용할 수 있었소.

상당한 지위의 관리였던 성실하고 정직한 남자의 미망인으로서 그녀는 그럴듯한 선물로도 가까이 할 수 없는 사람들을, 아주 대단치 않은 친절로도 구워삶을 수 있는 방법을 터득하고 있었소.

그러나 이 이상 더 장황해지지 않고 내디딘 길을 이탈하지 않기 위해서는 먼저 이 말을 해두어야겠소. 그녀는 어떤 중요한 지위에 있는 인물에게 큰 영향력을 가지게 되었소. 그는 그녀와 마찬가지로 인색했는데, 불행하게도 게걸스럽고 군것질을 좋아하는 점도 같았소. 그래서 그녀가 유념한 것은, 어떤 핑계를 붙여서든 맛있는 요리를 그의 식탁에 올리는 일이었소. 그는 양심이 아주 민감한 사람이 아니었으며, 곤란한 문제가 일어나면 동료들의 반대를 무릅쓰고 강행한다든지 또는 동료들이 의무감에서 반대의 목소리를 높일 때에는 대담함과 뻔뻔스러움으로 호소하는 것도 마다않는 그런 성미였소.

그런데 그녀는 때마침 어떤 보잘것없는 사나이의 편을 들어주고 있었소. 이 사나이에게 어떤 지위를 얻어주기 위해 그녀는 할 수 있는 일을 다해 왔소. 사태는 그녀에게 유리하게 돌아가고 있었소. 그리고 이제는 운 좋게도 그 가재들이, 그것도 좀처럼 볼 수 없는 희귀한 종류의 가재들이 그녀에게 큰 도움이 되었소. 가재들은 공들여 길러져 평소에는 혼자서 아주 인색한 식사를 하는 그 신분 높은 은인의 식탁에 계속해서 나왔소.

어쨌거나 이번에 있었던 불행한 사건은 여러 번 화제가 되었고 공동의 움직임을 낳는 계기가 되었소. 나의 아버지는 그 무렵 보편적인 사회봉사 정신에 사로잡혀 자기의 생각과 관심을 가족뿐 아니라 도시 밖으로도 보급시키려고 한 최초의 사람 중 한 사람이었소. 천연두 예방접종 사업이 초기에 맞닥뜨린 많은 장애를 제거하기 위해 나의 아버지는 사리에 밝은 의사와 순경들과 함께 애를 썼소. 병원에서의 세심한 배려, 죄수들에 대한 인간적인 처우, 그 밖에 이와 비슷한 일은 무엇이든지 그의 일생의 작업이라고 할 수는 없지만 역시 그의 독서와 사색의 대상이었던 것만은 확실하오. 동시에 그는 또 그 소신을 어디에 가나 입 밖에 냈고, 이로 인해 여러 번 좋은 결과를 낳기도 했소.

그는 시민사회를 그것이 어떤 형태의 국가에 속해 있든지 간에 하나의 자연상태로 간주하고 있었소. 거기에는 좋은 일도 있고 나쁜 일도 있을 것이오. 특히 이렇다 할 일도 없이 평범한 삶을 보일 때도 있고 풍년과 흉년이 번갈아가면서 찾아오는 일도 있소. 마찬가지로 우발적이거나 불규칙적으로 우박이 내리고 홍수나 화재도 있는 것이오. 좋은 일이라면 기회를 잡아 그것을 이용할 테고, 나쁜 일이라면 예방하든지 그대로 꾹 참으면 된다는 것이오. 그러나 다른 어떤 조건에도 구애받지 않고 보편적인 선의(善意)를 보급시키는 일만큼 바람직한 일은 없다는 게 그의 생각이었소.

이런 결과로 그는 이전부터 깊은 관심을 쏟고 있던 구조 사업에 관한 문제를 다시 화제에 올리지 않을 수 없었소. 그것은 아무리 생명의 외적 징후가 사라져버렸다 하더라도, 죽었다고 생각되는 인간을 되살려내는 일이었소. 이런 대화가 오갈 때 나는, 그때 그 사고를 당했던 아이들에게 응급처치 순서가 거꾸로 시도되고 또 적용되었기 때문에, 말하자면 처치를 잘못해서 그 아이들이 죽음을 당한 것이나 다름없다는 말을 엿듣게 되었소. 또 만일 사혈 처치를 했더라면 아마 아이들을 모두 살릴 수 있었을 것이라고 어른들은 생각하고 있었소. 그래서 나는 이런 경우에 필요하게 될 모든 것을, 특히 사혈

법과 이와 비슷한 처치법을 배울 기회가 있으면 놓치지 않으리라 다짐을 했더랬소.

그러나 일상의 나날은 얼마나 빨리 나를 데리고 가버렸던가! 우정과 사랑에 대한 욕망이 일깨워지고 나는 이를 충족시키기 위해 사방을 둘러보고 그것을 만족시키려고 했소. 그 사이에 감각과 상상력, 그리고 정신은 연극 일로 가득차게 되었고 그 열성은 이만저만한 것이 아니었소. 연극에서 내가 얼마나 멀리에까지 끌려갔고, 유혹되어 갔는지는 되뇔 필요는 없을 것이오.

그런데 지금 내가 이러한 자세한 이야기를 하고 난 뒤에도 여전히 의도했던 목적에 다다르지 못했다는 것과 우회로를 거쳐야만 거기에 도달할 수 있다는 것을 고백하지 않을 수 없소. 그렇다면 나는 대체 무엇을 말해야 하겠소! 어떤 변명을 해야 하겠소! 어쨌거나 나는 다음과 같이 말할 수 있을 것 같소. 유머 작가가 모든 것을 순서 없이 뒤죽박죽으로 작품 속에 집어넣는 것을 허락받고 거기에서 아무렇게나 끄집어낸 것을 독자에게 대담하게 맡기는 것이라면, 이 지적이고 합리적인 작가는, 이상하게 보이는 방법이긴 하지만, 주위의 여러 가지 것들을 동시에 추구하고 마침내는 그것들을 하나의 초점에 비치게 하여 통합하여 독자에게 인식시키는 것이 아니겠소? 사실 갖가지 작용이 인간을 둘러싸고 있어서 내적 충동으로도, 외적 계기로도 결코 내리지 못했을 일대 결심을 하게끔 인간을 몰아가는 양상을 통찰하게 되는 것이 아니겠소?

아직도 할 말이 많지만, 무엇부터 끄집어낼 것인가는 내 선택에 달린 것이오. 그러나 그것도 그렇게 중요한 것은 아니기 때문에 당신은 꾹 참고 계속 읽어나가기 바라오. 그러면 마침내 어느 순간, 만약 내가 한마디로 말했더라면 아주 이상하게 생각되었을 그것이 갑자기 드러나게 될 테고, 그때에 당신은 예비 설명의 형식으로 여기 늘어놓고 있는 머리말 따위는 거들떠보고 싶지도 않을 정도로 그것을 매우 당연한 것으로 여기게 될 거요.

그런데 이쯤해서 이야기의 방향을 똑바로 하기 위해 나는 먼저 말했던 노걸이가 어떻게 되었는지 다시 찾아가 봐야겠소. 그래서 내가 산속에서 만났던, 몬탄이라는 이름으로 불리는 우리의 친구 야르노와 나누었던 대화를 여기에서 떠올려보고 싶소. 우연히 나누게 된 그 대화는 나 자신의 독자적인 감정을 눈뜨게 한 아주 특별한 계기가 되었소. 우리 인생사는 헤아릴 수 없는 비밀스러운 길을 가는 듯하오. 내가 다쳐서 숲속에서 꼼짝 못하고 누워 있을 때 당신은 구원의 손길을 내밀며 나에게 다가왔었소. *28 당신은 틀림없이 그때 당신들의 그 유능한 외과의사가 꺼냈던 의료기구 가방을 기억하고 있을 것이오. 당시 그 기구들은 나에게 너무나도 빛나 보였고 깊은 인상을 남겼기 때문에, 여러 해가 지난 뒤에 한 젊은 의사의 손에서 그것을 다시 보게 되었을 때 나는 너무 기뻐 어찌할 바를 몰랐소. 그 젊은 의사는 그것에 특별한 가치를 두고 있지는 않았소. 의료기구는 대체로 근년에 들어와 개량되어 한층 더 목적에 알맞게 만들어졌기 때문이오. 그래서 나는 그것을 쉽게 손에 넣을 수 있었고, 그 젊은 의사도 그 돈으로 한결 쉽게 신식 기구들을 장만할 수 있었을 것이오. 그 뒤로 나는 언제나 그것을 가지고 다녔지만 물론 사용하기 위해서는 아니었소. 그러나 그것에 얽힌 추억이 그만큼 더 확실하게 마음의 위로를 주었소. 그것이야말로 내가 큰 우회로를 거쳐 겨우 도착하게 된 나의 행복이 시작되는 순간을 증거해 주는 물건이었기 때문이오.

우리가 예전에 숯 굽는 사람의 집에서 하룻밤을 지냈을 때 야르노가 우연히 그것을 발견하고는 곧 그것이 무엇인지 알아보았소. 내가 그것을 가지고 다니는 이유를 설명하자 그는 이렇게 대답했소. "여러 가지 예기치 않은 일, 또는 흔히 있는 어떤 일에 대해 의미 깊은 결과를 초래한 기념으로 그런 것을 부적처럼 애지중지하며 몸에 지니고 다니는 것에는 나도 반대하지 않네. 그것은 뭔가 이해할 수 없는 것을 암시해 줌으로써 우리의 생각을 고양시키고 난처해질 때에는 기력을 주어서 희망을 북돋워주지. 그러나 자네가 사용법까지 익혀 그것이 자네에게 말없이 요구하는 일을 실행한다면 더욱 좋은 일이겠지." "수백 번이나 그런 생각을 했다는 것을 고백합니다." 나는 이렇게 대답했소. "내 마음속에 어떤 내면의 소리 같은 것이 싹터, 그 목소리가 나의 본디 사명을 깨닫게 해주었습니다." 거기에다가 나는 그에게 물에 빠져 죽은 아이들의 이야기와 만일 그 아이들에게 사혈법을 실시했더라면 그들을 구할 수 있었을 것이라는 그때 들었던 이야기, 그리고 내가 그것을 배우려고

---

*28 《수업시대》 제4부 제6장에서 도적의 습격을 받아 다친 빌헬름이 산 속에 쓰러져 있을 때, 나탈리에와 함께 지나가던 외과의사에 의해 따뜻한 치료를 받았던 일을 말한다.

결심했지만 시간이 지나면서 그 결심이 사라져버렸다는 이야기를 했소.

"그렇다면 지금 당장 결심해야 하네." 하고 야르노가 대답했소. "자네는 이미 너무 오랫동안 인간의 정신이나 기질, 마음 같은 것을 상대해 왔네. 그렇지만 자네는 그렇게 함으로써 자네를 위해서나 다른 사람을 위해서 무엇을 얻었다는 거지? 불운 또는 자신의 과실 때문에 우리가 빠지는 영혼의 괴로움을 치유하는 것은 지식의 힘으로는 전혀 불가능하지. 시간이라면 어느 정도는 가능하겠지. 이와는 반대로 단호한 활동이야말로 전능의 힘을 가지고 있지. 그러므로 사람은 누구나 스스로 자신을 위해 활동을 해야 한다네. 자네는 이미 자네 자신이나 다른 사람들한테서 이 사실을 경험해 왔네."

그는 여느 때와 같이 신랄한 말을 거세게 퍼부었소. 그리고 심한 말들을 여러 번 입 밖에 냈지만 나는 그것을 여기에 되풀이할 생각은 없소. 마지막으로 그는 이렇게 결론을 맺었소. "건강한 사람이 우연히 상처를 입었을 때이 사람을 돕는 것만큼 배운 보람이 있고 일을 한 보람이 있는 것은 없지. 정성을 들여 잘 치료해 주면 타고난 몸은 쉽게 본디 상태로 돌아가기 때문이지. 물론 병자는 의사에게 맡겨야 하지만 건강한 사람들이 가장 필요로 하는 것은 구급의사라네. 조용한 농촌생활이나 가장 좁게는 가족들 사이에서도 구급의사는 전쟁 도중이거나 전쟁 후에와 마찬가지로 대환영을 받지. 가장 즐거운 순간이나 가장 괴롭고 무서운 순간에도 심술궂은 운명은 죽음보다도 잔인하게, 가차 없이, 아니 더 굴욕적으로 기쁨과 생명에 상처를 입히는 방법으로 가는 곳마다 지배하고 있네."라고 말하는 것이었소.

당신은 그의 사람 됨됨이를 잘 알고 있소. 그가 세상 사람들에 대해서와 마찬가지로 나에 대해서도 사정없이 직언을 했으리라는 것을 쉽게 상상할 수 있을 것이오. 그러기에 그는 가장 굳건한 마음의 지주로 삼았던 논거를 위대한 결사의 이름으로 나를 향해 내세웠던 것이오. "자네들이 내세우는 일반교양이라는 것, 그리고 거기에 속하는 제도와 시설이라는 것이야말로 웃기는 짓이네. 한 인간이 무슨 일이건 아주 속속들이 이해해서, 자기 주변의 어느 누구도 쉽게 흉내낼 수 없을 정도로 훌륭히 해내는 것, 그것이 중요하다네. 특히 우리 모임에서는 그것이 자명한 사실로 통하고 있지. 자네는 지금 분별력을 갖고 무엇인가를 계획하고 통찰력을 갖고 당면 문제를 판단한 다음 올바른 방향에서부터 그것에 착수함으로써 자신의 능력과 기량을 올바른 목적을 향해 쏟아야 할, 바로 그런 나이에 이르러 있는 것이네."

말하지 않아도 뻔한 것을 여기서 계속 더 말할 필요가 뭐 있겠소. 그처럼 묘하게 내게 부과된 떠돌이 생활에서 면제받을 가능성은 있으나 나 혼자 그 것을 얻어내는 것은 상당히 어려우리라는 사실을 그는 내게 명확히 알게 해 주었소. 그는 말했소. "자네는 한 장소에는 쉽게 친숙해지지만 하나의 사명 에는 좀처럼 익숙해지지 않는 유형의 인간이지. 그런 사람들은 모두 떠돌이 생활을 해야 하네. 그렇게 하면 확고한 생활양식에 도달할지 모르기 때문일 세. 자네가 기적을 행하지 않고 치료를 통해 말없이 기적을 행하는, 모든 직 업 가운데 가장 숭고한 직업에 진심으로 몸바치고 싶으면, 나는 자네를 위해 힘쓰겠네." 그는 이렇게 급하게 말하고는, 그의 달변으로 갖다댈 수 있는 온 갖 강력한 이유를 이것저것 덧붙이는 것이었소.

나는 이쯤에서 편지를 끝맺고 싶소. 그러나 이 다음에는 내가 일정한 장소 에 좀 더 오래 머물러 있어도 괜찮다는 허가를 어떻게 이용했는지, 또 내가 언제나 남몰래 애착을 느끼고 있었던 직업에 어떻게 재빨리 순응하고, 그 속 에서 어떻게 나 자신을 완성시킬 수 있었는지를 당신에게 자세히 알려주는 것이 순서겠지만 그만 둡시다. 어쨌거나 당신들이 향해 가고 있는 대계획의 테두리 안에서 나는 결사에 유익하고도 필요한 일원으로 나타나 어떤 확신 을 갖고 당신들의 길에 동참할 것이오. 약간의 자부심을 가진 동행자라 해도 좋소. 왜냐하면 당신들의 동지가 될 자격이 있다는 것은 분명 칭찬받을 만한 자부심이기 때문이오.

떠돌이의 마음의 성찰*1
—예술, 윤리, 자연

모든 슬기로운 일은 이미 생각되었던 것이다. 다만, 그것을 다시 한 번 생각해 봐야 한다.

어떻게 하면 나 자신을 알 수 있을까. 성찰로는 안 되지만 행동으로는 가능하다. 너의 의무를 다하도록 애써라. 그러면 너는 곧 너의 본질이 무엇인지를 알게 될 것이다.

그런데 너의 의무는 무엇인가? 하루하루가 요구하는 것, 그것이다.

이성적인 세계는 하나의 위대한 불멸의 개체로 보아야 한다. 그것은 쉬지 않고 필연적인 것을 낳으며, 그럼으로써 우연적인 것까지 지배한다.

자연을 지배하고 자신과 자기 가족을 강압적인 필연으로부터 벗어나게 하기 위해, 원래 최고의 능력을 발휘할 수 있는 위치에 있으면서도, 어떤 그릇된 선입견에서 정작 자신이 하려던 것과 정반대의 일을 하고, 또 구상했던 것이 전체적으로 엉망이 되어버렸기 때문에 보잘것없는 일에도 형편없이 서툰 인간을 볼 때, 나는 나이가 들어갈수록 점점 더 기분이 언짢아진다.

일에 정진하는 유능한 사람이여, 노력하여 얻으라, 그리고 기대하라.

신분이 높은 사람들에게서는 자비를,

---

*1 《편력시대》에는 제2부와 제3부 마지막에 잠언집(箴言集)이 각각 첨부되어 있는데, 이것이 이 소설의 본 줄거리하고는 아무런 관련이 없는 것이라고 생각해서는 안 된다. 소설 속에 이런 잠언집의 삽입은 좀 이례적(異例的)이기는 하지만 여기서는 잠언집이 소설과 서로 어울림으로써 상호간의 이해를 더욱 깊게 해주고 있다.

권력을 가진 사람들에게서는 총애를,
근면하고 착한 사람들에게서는 원조를,
대중에게서는 호의를,
개인에게서는 사랑을.

딜레탕트들은 그들이 할 수 있는 일을 다 해놓고도, 작업이 아직 끝나지 않았다고 변명하기가 일쑤이다. 처음부터 일을 제대로 시작하지 않았으니 완성되지 못하는 것은 당연하다. 대가는 손을 얼마 대지 않고도 작품을 완성했다고 내놓는데, 끝손질을 했든 안 했든 그 작품은 벌써 완성되어 있는 것이다. 딜레탕트는 아무리 노련하다 하더라도 잘 모르는 가운데 손으로 더듬어 그린다. 그러면 그릴수록 최초 구도의 불확실성이 점점 더 드러날 뿐이다. 맨 마지막에 가서야 비로소, 도저히 수습할 수 없는 결함이 발견된다. 이렇게 하여 그의 작품이 완성되는 날은 끝내 올 수 없는 것이다.

참된 예술에는 예비학교라는 것이 없다. 있는 것은 오직 준비과정뿐이다. 그런데 최상의 준비는 가장 부족한 제자일지라도 스승의 일을 돕는 것이다. 물감을 타는 것에서 우수한 화가들이 나왔다.

또 다른 준비과정은 흉내내기이다. 인간이 태어날 때부터 가지고 있는 보편적인 행동은, 곤란한 일을 쉽게 해치우는 위대한 예술가를 보며 우연한 기회에 흉내를 내도록 자극받는다.

조형미술가가 자연에 대해 연구해야 하는 필요성과 그런 연구 자체의 가치에 대해서 우리는 충분히 이해하고 있다. 그러나 이처럼 칭찬받을 만한 노력이 남용되고 있는 것을 볼 때 우리의 마음이 이따금 우울해짐을 부인할 수는 없다.

어떻게 한 장 한 장의 스케치를 하나의 전체로 완성할 것인가, 어떻게 이 하나 하나를 기분 좋은 그림으로 변모시키고, 그것을 액자에 넣어 미술 애호가나 전문가에게 제공하여 그들을 기쁘게 할 수 있는가를 함께 생각하지 않는 젊은 예술가라면, 그는 자연에 관한 연구는 되도록 삼가거나 아예 시작하지 않아야 한다고, 우리는 확신한다.

이 세상에는 많은 아름다운 것들이 고립하여 존재하고 있다. 그러나 정신은 이것들을 한데 묶는 관계를 발견해 내고, 그렇게 함으로써 하나의 예술작품을 만들어낼 의무가 있다. 이를테면 꽃은 꽃을 좋아하는 곤충에 의해, 꽃잎을 적시는 이슬방울에 의해, 또 꽃에게 마지막으로 양분을 주는 꽃병에 의해 비로소 매력을 갖추게 된다. 어떤 덤불, 어떤 나무라도 가까이에 하나의 바위, 하나의 샘물이 있음으로 해서 의미 깊은 것이 되고, 단순히 적당한 거리를 두는 것만으로도 한층 더 큰 매력을 지니게 되는 것이다. 인간의 자태도 마찬가지이며 모든 종류의 동물도 그러하다.

이로 말미암아 젊은 예술가가 손에 넣는 이익은 실로 다양하다. 그는 생각하는 법, 적절한 것을 알맞게 결부시키는 법을 배운다. 그리고 그가, 이렇게 하여 재치 넘치게 구성을 하면, 마지막에는 창조라고 불리는 것이 탄생하고 개개의 것으로부터 다양한 것을 만들어낼 수 있다.

이처럼 그가 예술교육의 참된 의미를 확실하게 충족시키면 이와 함께 무시할 수 없는 큰 수확을 거두게 되는데, 그것은 예술 애호가에게 잘 팔리는 우아하고 사랑스러운 그림을 그릴 줄 알게 된다는 것이다.

이런 작업이 최고 수준에서 만들어지거나 완성될 필요는 없다. 잘 보고 신중히 생각해서 만들어진 작품이라면, 그것은 예술 애호가에게는 더 큰 규모로 완성된 작품보다 한층 더 매력적인 것이다.

젊은 예술가들은 화첩과 종이끼우개 속에 있는 자기 습작을 자세히 들여다보고, 그 가운데 몇 장이나 앞서 말한 방법으로 감상할 수 있으며 바람직한 것으로 만들 수 있었을 것인가를 천천히 생각해 보라.

그것은 고차원적인 것이라고 말할 수 있을는지 모르지만 사실은 그렇지 않다. 샛길에서 올바른 길로 되돌아오게 하고, 보다 고차원적인 것으로 향하도록 지시하는 경고의 뜻으로 말하고 있을 뿐이다.

예술가라면 적어도 반년만이라도 그것을 실제로 시도해 보면 어떨까. 눈앞에 있는 자연 대상을 그림으로 통합하려는 의도 없이는 목탄이나 붓을 잡지 않기로. 그에게 타고난 재능이 있다면 우리가 어떤 의도를 품고 이런 암시를 했는지 곧 깨닫게 될 것이다.

네가 누구하고 교제하고 있는가를 나에게 말하라. 그러면 나는 네가 어떤 인간인가를 말해 주겠다. 만일 네가 어떤 일에 종사하고 있는가를 내가 안다면, 네가 앞으로 어떤 인간이 될 것인가도 나는 알 수 있다.

인간은 누구나 자기 방식대로 생각하지 않으면 안 된다. 왜냐하면 인간은 자신의 인생길에서 평생 그를 도와줄 진리를, 또는 진리의 한 종류를 발견하기 때문이다. 다만 제멋대로 행동해서는 안 된다. 자기 자신을 제어해야 한다. 노골적이고 적나라한 본능은 인간에게는 어울리지 않는다.

무제한적인 활동은 그것이 어떤 종류이든 간에 결국은 파멸하고 만다.

인간의 활동과 자연의 활동에서 우리가 특히 주목해야 할 것은 그 본디 의도이다.

인간이 자기 자신이나 다른 사람을 잘못 판단하게 되는 것은 수단을 목적으로 취급하기 때문이다. 그 결과 행위만이 앞서서 아무것도 일어나지 않든가, 아니면 목적에 상반되는 일까지도 일어날 수 있다.

우리가 생각해 내는 것, 우리가 계획하는 것은 처음부터 나무랄 데 없이 순수하고 아름답지 않으면 안 된다. 현실세계가 그것을 파괴하려고 들 만큼 말이다. 이로 말미암아 우리는 비뚤어진 것을 정상적인 위치로 돌리고, 파괴된 것을 재건하는 유리한 위치에 머무르게 되는 것이다.

100퍼센트 오류, 50퍼센트 오류, 25퍼센트 오류들을 바로잡는다거나, 걸러낸다거나, 마땅히 그래야 하는 방향으로 진실된 부분을 갖다놓는다거나 하는 일은 아주 곤란하고 꽤 힘이 든다.

진실이 구체화되어 나타나는 것은 반드시 필요하지는 않다. 진실이 영(靈)처럼 떠돌아다녀 일치감을 산출해 내면, 그것만으로 충분하다. 교회당의 종소리처럼 장엄한 친근감을 공중에 울려퍼지게 하면, 그것으로 충분한 것이다.

만일 내가 비교적 젊은 독일 화가들에게, 그것도 이탈리아에 머문 적이 있는 화가들에게 어째서 특히 풍경화에서 그처럼 불쾌하고 현란한 색조를 사용하여 조화를 피하려고 하는가를 묻는다면, 그들은 아마 자신만만하고 태연하게 대답할 것이다. 자기들 눈에 자연은 바로 그런 식으로 비치노라고.

칸트는 이성비판이라는 것이 존재한다고, 그리고 인간이 소유하고 있는 이 최고의 능력은 자기 스스로를 감시하는 이유를 가지고 있다고 우리의 주의를 환기시켰다. 이 목소리가 우리에게 얼마나 큰 이익을 초래했는가는 각자가 자기 자신에게 확인하거나 음미해 보았을 것이다. 그러나 나는 다름 아닌 이런 의미에서 하나의 과제를 제시하려고 한다. 바로 예술이, 특히 독일의 예술이 그럭저럭 다시 일어서서, 생기 넘치는 즐거운 발걸음으로 전진하려고 한다면 감각 비판이 필요하다고 말이다.

천성적으로 이성적인 사람이라 해도 많은 교양이 필요하다. 이성은 부모나 교육자의 배려, 평온한 환경, 그리고 엄격한 경험에 의해 점차로 나타나게 될 것이다. 이와 마찬가지로 천성적인 예술가라 해도 처음에는 초보자이지 완성된 숙달가는 아니다. 그가 생생한 눈을 가지고 태어났다고 하자. 형체·균형·동작에 대해 혜택받은 눈망울을 가지고 있다고 하자. 그러나 그 스스로 깨닫지 못하더라도, 그에게는 보다 고차원적인 구성·자세·빛·그늘·색채의 배분에 대해서는 타고난 소질이 부족할 수도 있는 것이다.

그러므로 예술가로 태어난 그가, 참된 예술가가 되기 위해 그에게 결여되어 있는 것을 더 높은 수련을 쌓은 앞선 시대나 동시대의 예술가들로부터 배우려는 의욕이 없다면, 그는 자신이 천성적인 독창성을 가지고 있다는 그릇된 생각으로 본디 자기 자신의 수준에도 못 미친 채 뒤처지게 될 것이다. 왜냐하면 우리가 타고난 것뿐만 아니라 나중에 배워서 얻을 수 있는 것 또한 우리 자신의 것이며, 우리는 그 양쪽에 의해 성립되어 있기 때문이다.

조잡한 개념들과 심한 자만은 언제나 무서운 불행을 불러들인다.

입김을 불어넣는다고 해서 피리를 제대로 불 수 있는 것은 아니다. 손가락을 움직여야 한다.

식물학자들이 불완전한 식물이라고 부르는 식물 부류가 있다. 인간에게도 이와 마찬가지로 불완전한 인간이 존재한다고 말할 수 있을 것이다. 그것은 동경이나 노력이 그들의 행동이나 업적과 균형을 이루지 못하는 사람들을 두고 하는 말이다.

아무리 보잘것없는 사람이라도 그의 재능이나 능력의 범위 안에서 움직인다면 완전한 활동을 할 수 있다. 한편 아무리 훌륭한 장점이라도 없어서는 안 될 균형이 결여되면, 그 장점은 빛이 희미해지고 상쇄하며 파멸에 이른다. 이러한 불행은 요즘 더욱 빈번히 일어난다. 사실 어느 누가 고도로 발달한 현대의 온갖 요구들을, 그것도 신속하게 만족시킬 수 있겠는가.

자기 자신의 능력을 알고 또한 이것을 적절하게 빈틈없이 이용하는 총명한 사람만이 세속에서의 성공자가 될 것이다.

자기 자신을 실력 이상으로 과대평가하거나 자기 자신의 가치를 과소평가하는 것은 둘 다 큰 잘못이다.

나는 가끔 무엇 하나 고칠 것도 개선할 것도 없는, 나무랄 데 없는 훌륭한 젊은이를 만나곤 한다. 그러나 그들 가운데 많은 사람들이 시대 흐름에 적응하여 대중과 함께 헤엄쳐가려고 하는 것을 보는 것은 괴로운 일이다. 그래서 이런 경우에야말로 나는 다음과 같은 말로 주의를 환기시키려 한다. 즉 부서지기 쉬운 작은 배에 탄 사람의 손에 노가 쥐어져 있는 것은, 제멋대로인 파도를 따르기 위한 것이 아니라 그의 식견의 의지에 따르기 위함인 것이다, 라고 말이다.

그런데 젊은 사람이 어떻게 자기 혼자의 힘으로, 누구나가 행하고 동의하고 장려하는 것이 비난할 일이며 해로운 일이라고 생각할 수 있겠는가. 그가 자기 자신이나 자신의 자질을 그 방향으로 가게 내버려둬서 안 될 게 뭐 있겠는가.

내가 아무것도 열매를 맺게 하지 못하는 현대의 최대 불행이라고 생각하는 것은, 사람들이 다음 순간에 앞서간 순간을 다 먹어치우고, 하루를 그날 안으로 낭비하여 언제나 이렇게 그날 벌어 그날 쓰는 생활을 하면서 아무것도 성취하는 것이 없다는 사실이다. 간단히 말하면 우리는 하루 내내 읽고도 남을 신문을 가지고 있지 않은가. 게다가 머리가 좋은 사람이면 두세 장 더 기삿거리를 끼워넣을 수도 있는 것이다. 이렇듯 각자가 행하고 영위하고 고안하고 계획하는 모든 것이, 원하든 원하지 않든 간에 대중 속으로 끌려나오게 된다. 어떤 사람이 기뻐하거나 슬퍼하는 것도 다른 사람들의 입방아거리 밖에 안 된다. 이렇게 모든 것이 집에서 집으로, 거리에서 거리로, 나라에서 나라로, 그리고 마지막에는 대륙에서 대륙으로 순식간에 퍼져간다.

이제 증기기관을 억누를 수 없는 것과 마찬가지로 풍속의 세계에서도 그것은 불가능하다. 상거래의 활기, 지폐의 유통, 부채를 갚기 위한 부채의 증대, 이런 모든 것은 오늘날, 젊은이가 기반하고 있는 거대한 생활의 기본이다. 그가 자연으로부터 적절하고 온당한 마음씨를 부여받아 세상에 대해 어울리지 않는 요구도 하지 않고 또 세상의 요구대로 움직이지도 않는다면 그는 행복한 것이다.

그러나 어떤 분야에서나 시대정신이 그를 위협하고 있다. 그러므로 그의 의지가 나아갈 방향을 되도록 빨리 깨닫게 하는 것이 가장 필요하다.

아주 천진난만한 말과 행동의 중요성은 해를 거듭할수록 커지고 있다. 그래서 내가 꽤 오랫동안 내 주변에 있는 사람들에게 성실과 신뢰와 경솔 사이에 어떤 차이가 있는지 언제나 주의를 환기시키려고 노력하고 있는 것이다. 사실 그것들 사이에는 차이라는 것은 없고 오히려 악의 없는 것으로부터 터무니없이 해로운 것으로 조금씩 넘어가는 이행과정이 있을 뿐인데, 우리는 이것을 알아차리거나, 아니면 오히려 느낄 필요가 있는 것이다.

이런 일 때문에 우리는 사람들의 마음에 상처를 주는 일이 없도록 수련을 쌓아야만 한다. 그렇지 않으면 모처럼 사람들에게서 호감을 사고 있으면서도 그 호의를 전혀 뜻하지 않게 다시 놓쳐버리는 위험을 안게 된다. 이것은 인생을 살아가는 동안 저절로 터득하게 되는 것이지만, 비싼 수업료를 낸 다음에야 깨닫게 된 일이고, 유감스럽게도 후손들에게 수업료를 면제해 줄 수가 없다.

인생에 대한 예술과 학문의 관계는, 그것들이 서 있는 단계에 따라, 시대상황이나 그 밖의 수많은 우연에 따라 실로 천차만별이다. 그러므로 그 관계를 전반적으로 파악하려고 해도 아무도 쉽사리 이해하지 못하는 것이다.

문학이 가장 많이 작용하는 것은 여러 상황이 시작되는 초기 단계이다. 이 단계에서는 그 상황이 완전히 미개하든, 반쯤 개화되어 있든, 아니면 문화의 변화기에 처해 있든, 외국 문화에 눈을 돌리는 시기이든 간에 분명 새로운 것이, 전체적으로 영향을 미치고 있다고 말할 수 있으며, 이때 문학이 가장 잘 작용하는 것이다.

가장 좋은 의미에서의 음악은 문학에 비하여 참신함을 필요로 하지 않는다. 그뿐 아니라 오히려 음악은 오래되면 오래될수록, 귀에 익으면 익을수록 그만큼 많은 효과를 나타낸다.

예술의 품위는 아마도 음악에서 가장 뚜렷하게 나타나 있을 것이다. 그것은 음악에는 제거되어야 할 소재가 없기 때문이다. 음악은 철두철미하게 형식이자 내용이며, 그것이 표현하는 모든 것을 드높이고 고귀하게 만든다.

음악은 성스럽지 않으면 속된 것이다. 성스러운 것은 음악의 품위에 매우 어울리는 것으로, 그런 의미에서 음악은 인생에 절대적인 큰 영향을 끼치며, 그 영향력은 모든 시대와 시기를 통해 변함이 없다. 속된 음악은 어디까지나 명랑한 것이어야 한다.

성스러운 성격과 속된 성격을 한데 뒤섞은 음악은 모독이다. 약하고 애절하고 비참한 감정을 즐겨 표현하려는 하찮은 음악은 따분하다. 왜냐하면 이런 음악은 성스럽기에는 엄숙함이 부족하고, 속된 것의 주요 특징인 명랑성도 결여되어 있기 때문이다.

교회음악의 신성함과 대중가요의 명랑함 및 익살스러움은 참된 음악이 돌아가고 있는 두 개의 축(軸)이다. 이 두 개의 축 위에서 음악은 언제나 확실한 효과를 증명하고 있다. 즉 그것은 예배 아니면 무용이다. 두 가지가 뒤섞이면 혼란스러워지고, 본디 모습이 약해지면 김빠지게 된다. 그리고 음악이 교훈시라든지 서술시, 또 이와 비슷한 것에 의지하게 되면 차디찬 것이 되어버린다.

조각은 원래 최고의 단계에 이르렀을 때에만 효과를 발휘한다. 중간 단계의 모든 조각품도 여러 이유에서 감탄을 줄 수는 있겠지만, 이런 종류의 모든 어중간한 예술작품은 사람을 즐겁게 한다기보다는 오히려 당황하게 만든다. 따라서 조각예술은 소재에 관심을 둬야 하는데, 그것은 탁월한 인물의 초상에서 발견되는 것이다. 그러나 이 경우에도 조각예술이 진실과 품위를 동시에 갖추려면 이미 하나의 높은 수준에 다다라 있어야만 한다.

회화는 모든 예술 중에서 가장 관대하고 마음 편한 예술이다. 가장 관대하다는 말은 그것이 단지 수공품에 지나지 않는다든지, 전혀 예술이라 할 수 없는 경우에도 소재와 대상 때문에 사람들이 많은 것을 용서하고 이것을 보고 즐거워하기 때문이다. 한편으로 정신이 서려 있지 않더라도 끝손질 기술이 있으면 교양 있는 사람이나 교양 없는 사람이나 모두에게 감동을 주기 때문이며, 조금이라도 예술로 옮아가기만 하면 상당한 환영을 받게 되기 때문이다. 색채와 화면과 눈에 드러나는 대상들 상호간의 관계가 진실하기만 하다면 그것으로 벌써 보기에 편안하다. 그리고 우리의 눈이라는 것은, 그렇지 않아도 모든 것을 보는 것에 익숙해 있기 때문에 기형적인 것이나, 서투른 그림을 보아도, 그것들이 가락이 맞지 않는 소리가 귀에 거슬리는 것만큼 눈에 거슬리지는 않는다. 가장 서투른 모사(模寫)라도 사람들이 싫어하지 않는 것은, 그보다 더 서투른 것을 보는 것에 익숙해 있기 때문이다. 그러므로 화가는 어지간한 예술가이기만 해도 같은 정도의 음악가보다는 더 많은 관객을 갖는다. 서투른 음악가는 어느 정도의 효과를 올리기 위해서 공개연주를 통해 다른 음악가들과 함께 어울리지 않으면 안 되는 데 비해, 서투른 화가는 언제나 혼자 작업해도 괜찮은 것이다.

예술작품을 감상할 때, 비교할 것인가 비교하지 말 것인가 하는 물음에 대해 우리는 다음과 같이 대답하고 싶다. 수련을 쌓은 전문가라면 비교해야 한다. 왜냐하면 그런 사람의 머리에는 이념이 떠올라 있고 얼마 만큼의 일을 할 수 있을까, 또 얼마 만큼 해야만 하는가 하는 개념을 확실하게 파악하고 있기 때문이다. 수업 중인 예술 애호가는 비교하지 않고 오히려 하나하나의 작품을 감상하는 것이 최상의 진보를 이룩한다. 이렇게 함으로써 일반적인 것에 대한 감정과 감각이 점차로 길러진다. 문외한의 비교 행위는 원래 자기의 판단을 자랑하고 싶어 하는 자기만족에 지나지 않는다.

진리에 대한 사랑은 사람들이 어디에서나 좋은 것을 발견할 줄 알고 존중할 줄 아는 데에서 나타난다.

역사적 인간의 감정이란, 동시대 공적과 수확을 평가할 때 과거도 함께 고려할 정도의 교양을 갖춘 감정을 말하는 것이다.

우리가 역사로부터 받은 최상의 것은 역사가 불러일으키는 감격이다.

개성은 개성을 불러낸다.

잘 생각해 봐야 할 것은, 이 세상 사람 가운데에는 생산적이지도 않은 주제에 그래도 뭔가 그럴듯한 것을 말하고 싶어하는 사람들이 아주 많이 있다는 사실이다. 이렇게 하여 이상한 일들이 나타난다.

깊고 진지하게 생각하는 사람들은 대중에 비해 불리한 처지에 놓인다.

만약 나에게 다른 사람의 의견에 귀 기울이라고 말한다면, 그 의견은 명확하게 언명되어지지 않으면 안 된다. 결론을 내리지 못하고 있는 것이라면 나에게도 남아돌 만큼 많이 있기 때문이다.

미신은 인간의 본성에 뿌리박고 있는 것이어서, 이것을 뿌리째 뽑아 내려고 하면 생각 밖의 한쪽 구석으로 달아났다가 이제 한시름 놓았다고 생각하면 금세 다시 기어나온다.

만약 우리가 너무 자세하게 인식하려고 하지 않는다면 아주 많은 것을 더 잘 알 수 있을 것이다. 어떤 대상은 45도 각도에서 비로소 파악할 수 있기 때문이다.

현미경과 망원경은 본디 순수한 인간감각을 어지럽히는 것이다.

나는 많은 것에 대해 침묵을 지킨다. 왜냐하면 나는 사람들을 혼란에 빠지게 하기 싫고, 내가 화를 내고 있을 때 사람들이 기뻐하면 그것으로 만족하기 때문이다.

우리 자신을 자제시키지 않으면서 우리의 정신을 해방시키는 모든 것은 해로운 것이다.

사람들은 예술작품에서 방법보다는 대상에 더 흥미를 갖는다. 대상은 개별적으로 이해할 수 있지만 방법은 전체로서 파악할 수 없기 때문이다. 그러므로 부분부분을 끄집어내는 일이 생긴다. 이 경우에도 결국, 잘 주의해서 보면 마지막에는 뜻밖에도 전체의 효과가 남게 되는 것이다. 그러나 아무도 이것을 의식하지 못한다.

"시인은 그것을 어디에서 얻어왔는가?" 하는 물음도 다만 '무엇을'이라는 내용에 관한 것이지 '어떻게'라는 형식에서는 거의 아는 바가 없다.

상상력은 예술, 특히 문학에 의해서만 조정된다. 예술을 맛볼 감각이 없는 상상력만큼 무서운 것은 없다.

기교적인 것은 그릇된 관념물, 주관화된 관념물이다. 그러므로 거기에서는 이따금 재치 있는 것이 발견된다.

문헌학자의 임무는 옛날부터 전해 오는 문헌의 사본을 비교검토하고 그 완전한 일치를 찾는 일이다. 먼저 하나의 사본이 바탕이 되는데, 그 속에는 사실상의 탈락도 있고 의미상의 탈락을 만드는 잘못된 필사 부분도 있으며 이 밖에 사본으로서의 갖가지 결함이 있다. 그런데 이제 제2의 사본, 제3의 사본이 나타난다. 이것들을 비교검토해 보면 문헌의 합리적인 것, 이성적인 전체 모습이 점차로 뚜렷해진다. 그는 한 걸음 더 나아가 그의 정신적 직관을 작동하여 외적인 보조수단을 사용하지 않고, 자기가 다루는 대상문헌의 일치를 가능한 한 완전히 이해하고 또 복원하려고 노력한다. 그러기 위해서는 특별히 자상한 배려와 원작자 내면으로의 특별히 깊은 침잠이 필요하며 또 어느 정도의 독창력이 요구되기 때문에, 문헌학자가 때로는 취미나 기호면에서까지 자신의 판단을 강요하는 일이 있어도 비난할 수만은 없다. 그러나 그의 판단이 언제나 옳다고 할 수는 없다.

시인의 임무는 표현이다. 최고의 표현이란, 그 표현이 현실과 경쟁할 때이다. 바꾸어 말하면 표현이 정신에 의해 싱싱한 생명을 얻고, 그 결과 누구나가 그것을 마치 눈앞에 보이는 현실인 양 마음속에 그려볼 수 있을 때이다. 문학은 그 최고 단계에서는 오히려 완전히 외면적으로 보인다. 문학이 내부로 물러나면 물러날수록 쇠퇴의 길을 걸어가게 된다. 다만 내적인 것만을 표현하고 이것을 외적인 것에 의해 구상화하지 않는 문학, 아니면 내적인 것을 통해 외적인 것을 느끼지 못하는 문학, 이 두 가지는 문학이 거기에서 일상생활 속으로 들어가는 마지막 단계인 것이다.

웅변술은 문학이 가지고 있는 모든 이점, 모든 권리에 의존하고 있다. 이들 이점과 권리를 내 것으로 하고, 이것들을 남용하여 시민생활에서의 어떤 외면적인 이익, 도의적인 것이든 비도의적인 것이든 간에 순간적인 이익을 손에 넣으려고 한다.

문학은 단편 가운데 단편이다. 이때까지 일어난 것, 이야기된 것 가운데 최소의 부분만이 씌어진 것이고 또 씌어진 것 가운데 최소의 부분만이 남아 있는 것이다.

영국의 바이런 경은 비록 지나치게 지유분방하여 얼마쯤 불안한 재능의 소유자이지만, 자연 그대로의 진실성과 위대함을 갖추고 있다. 그에게 필적할 수 있는 시인이 따로 없다고 생각되는 것은 그 때문이다.

이른바 민요의 고유한 가치는 그 주제가 자연에서 직접 채취되었다는 점이다. 이 장점은 교양을 갖춘 시인도 그것을 이해할 줄만 안다면 잘 이용할 수 있을 것이다.

그러나 이 경우에도 민요 공통의 강점인 표현의 간결이라는 점에서는 자연인이 교양인보다 언제나 우수하다.

셰익스피어는 재능이 싹트고 있는 사람이 읽으면 위험하다. 그는 자기 자신을 재현할 것을 그들에게 강요한다. 이리하여 그들은 자기 자신의 힘으로 창조한다고 망상하게 되는 것이다.

아무도 자기 자신이 체험한 것 이상으로 역사에 대해 판단할 수가 없다. 이것은 모든 나라에도 해당된다. 독일 사람은 자기 스스로 문학을 갖게 되어서야 비로소 문학에 대해 판단을 내릴 수 있는 것이다.

우리는 다른 사람의 호의에 접했을 때 정말로 생기발랄한 인간이 된다.

경건은 목적이 아니다. 오히려 가장 순수한 마음의 평화를 통해 최고 교양에 다다르기 위한 하나의 수단이다.

그러므로 경건을 목적·목표로 내세우는 사람들은 대개 위선자가 된다고 말할 수 있다.

"사람은 나이를 먹으면 젊었을 때보다 더 많은 일을 해야 한다."

의무를 다해도 아직 빚이 있다고 느낀다. 왜냐하면 사람이란 아무리 일을 해도 이것으로 충분하다고 만족하는 법이 없기 때문이다.

다만 비정(非情)한 자만이 결함을 인식한다. 그러므로 결함을 인식하기 위해서는 비정해져야 한다. 다만 필요 이상으로 그래서는 안 된다.

최고의 행복은 우리의 결함을 고치고 우리의 잘못을 바로잡는 것이다.

만약 당신이 책을 읽을 수 있으면 그것을 이해해야 한다. 만약 당신이 글을 쓸 수 있으면 뭔가를 알고 있어야 한다. 만약 당신이 믿을 수 있으면 그것을 파악해야 하고 욕망을 가지고 있으면 책임도 져야 한다. 만약 당신이 요구하기만 한다면 당신은 이루지 못할 것이다. 그리고 만약 경험을 쌓았다면 다른 사람에게 도움이 되어야 할 것이다.

우리는 우리에게 도움이 되는 사람만을 인정한다. 우리가 왕들을 인정하는 것은 그의 서명하에 우리의 재산이 보증받고 있기 때문이다. 우리는 안팎의 번거로운 여러 관계로부터의 보호를 그에게 기대하는 것이다.

작은 시냇물은 자기가 도움을 주는 물방앗간 주인과 친하게 지내면서 그를 위해 기꺼이 물방아를 돌린다. 사람들에게 알려지지 않고 골짜기를 누비고 흘러내리는 것만으로는, 작은 시냇물에게는 아무런 기쁨이 없다.

순수한 경험에 만족하고 이에 따라 행동하는 사람은 진실을 충분히 갖추고 있다. 성장기 아이는 이런 의미에서 현자이다.

이론 그 자체는 우리에게 여러 현상의 연관을 믿게 하는 한에서 도움이 되지만 이 밖에는 아무런 쓸모가 없다.

모든 추상적인 것은 실제 응용됨으로써 인간의 오성에 가까워진다. 그리고 이렇게 하여 인간의 오성은 행동과 관찰을 통해 추상에 도달하는 것이다.

너무나도 많은 것을 요구하는 사람, 복잡하게 얽힌 것을 기뻐하는 사람은 혼란한 위험에 빠지게 된다.

유추에 따라 생각하는 것은 비난받을 일이 못된다. 유추는 끝나는 법이 없고, 본디 마지막 것을 전혀 원하지 않는다는 장점이 있다. 이와는 반대로 귀납법은 위험하다. 그것은 앞에 세운 목적에만 눈을 팔고 그것을 향해 허위와 진실을 함께 끌고 가기 때문이다.

일상적인 보통의 관조(觀照), 즉 이 세상의 사물을 올바르게 보는 것은 일반적인 인간 오성의 상속재산이다. 외적인 것, 내적인 것의 순수한 관조에 이르러서는 아주 드물다.

앞의 것은 실천적인 감각, 직접행동에서 나타난다. 뒤의 것은 상징적으로, 주로 수학에 의해 숫자와 공식에서 언어를 통해 원초적으로, 비유적으로, 천재의 문학 및 인간 오성이 갖는 격언적 성질로서 나타난다.

현존하지 않는 것은 전승을 통해 우리에게 작용해 온다. 전승의 일반적인 것은 역사적이라고 불린다. 상상력과 서로 닮은, 한결 고차원적인 전승은 신화적인 것이다. 만약 우리가 이들 배후에서 뭔가 제3의 것을 찾는다면, 그것은 신비주의로 바뀐다. 전승은 또 쉽게 감상적인 것으로도 된다. 그렇게 되면 우리는 오로지 정서적인 것만을 내 것으로 하기에 이르는 것이다.

우리가 참으로 빨리 나아가고자 한다면, 다음과 같은 활동에 유의해야 한다. 다시 말해
준비적 활동,
수반적 활동,
협력적 활동,
보좌적 활동,
촉진적 활동,
강화적 활동,
방해적 활동,
지속적 활동인 것이다.

생각과 행동에서 다다를 수 있는 것과 다다를 수 없는 것은 구별되어야 한다. 그렇지 않으면 인생과 학문에서 큰 성과를 올릴 수 없다.

"상식은 인류의 수호신이다."

인류의 수호신으로 간주해야 할 상식은 먼저 그것이 밖으로 나타나는 양상에서 고찰되어야 한다. 인류가 어떤 목적을 위해 그것을 사용하고 있는가를 탐구해 보면 우리는 다음과 같은 것을 발견하게 된다.
인류는 갖가지 욕망을 전제로 하고 있다. 욕망이 충족되지 않으면 사람들은 초조해하고, 이것이 충족되면 무관심해진다. 본디 인간은 이 두 가지 상태 사이를 움직이고 있는 것이다. 인간은 그의 오성을, 이른바 인간 오성을 자신의 욕망을 충족시키기 위해 사용할 것이다. 그리고 그 목적이 이루어지면 이번에는 무관심이라는 간격을 메우는 것이 그의 과제로 다가온다. 이 간

격을 메우기가 가장 가까이에, 가장 필요한 한계 내에 한정되어 있으면 틀림없이 성공한다. 그러나 욕망이 우쭐해져서 일상의 범위를 넘어서게 되면, 이제 상식으로는 따라붙지 못하게 된다. 상식은 이제 수호신이 되지 못하고, 오류의 영역이 인류 앞에 열리는 것이다.

아무리 비이성적인 사건도 분별 또는 우연에 의해 이것을 바로잡을 수 있고, 아무리 이성적인 사건도 무분별과 우연이 이것을 그릇된 방향으로 이끌어가기도 한다.

아무리 위대한 이념일지라도 현실이 되면 폭군 같은 작용을 한다. 이런 점에서 그것이 가져오는 이익은 너무나 빨리 손실로 바뀐다. 그러므로 모든 제도는 그 기원을 상기하고 처음에 그 제도상 타당했던 모든 것이 오늘날에도 계속 통용된다는 사실을 증명할 수 있어야만 옹호되고 칭찬받을 수 있다.

여러 가지 제약을 불쾌하게 느낀 독일 극작가 레싱은 그의 작품 등장인물 가운데 한 사람에게 이런 말을 하게 하고 있다. "어떤 인간도 반드시 이렇게 해야 된다고 강요받아서는 안 된다." 어느 재기 발랄하고 명랑한 남자가 말했다. 원하는 자는 행하지 않으면 안 된다고. 물론 교양 있는 제3의 남자가 이렇게 덧붙였다. 통찰하는 자는 또한 원한다고. 이렇게 하여 통찰하는 것, 원하는 것, 해야만 하는 것이 완전하게 원을 그려 완결되었다고 믿었던 것이다. 그러나 평균하여 인간의 통찰 및 인식이, 그것이 어떠한 종류의 것이든 간에 인간의 모든 행동을 규정한다. 그러므로 무지(無知)가 행동하는 것을 보는 것만큼 무서운 것은 없다.

두 개의 평화롭고 강한 힘이 있다. 즉 법과 예절.

법은 해야 할 것을 강요하고 경찰은 해서는 안 될 것을 강하게 제재한다. 법은 하나하나를 계량(計量)하고 결정을 내린다. 경찰은 전체를 바라다보고 명령을 내린다. 법은 개인과 관련되고 경찰은 사회 전체와 관련된다.

과학의 역사는 하나의 위대한 둔주곡(遁走曲)이다. 각 나라 국민의 목소리가 계속하여 쫓아가듯 나타나는 둔주곡이다.

자연과학에는 형이상학의 도움 없이 적절하게 논하기 어려운 문제들이 많다. 여기에서 형이상학이라 함은 학교에서 가르치는 지식이나 말에 의한 지식이 아니라, 물리학 이전에도 있었고 물리학과 함께 있으며 물리학 이후에도 있을 그런 것이다.

권위, 즉 어떤 것이 이미 일어나 공언(公言)이 되고 결정되었다는 것은 큰 가치를 가진다. 그러나 어디에서나 권위를 요구하는 것은 융통성이 없는 획일적인 인간뿐이다.

옛날부터 내려오는 기초를 사람들은 존경한다. 그러나 어딘가에서 또다시 처음부터 기초를 쌓을 권리를 포기해서는 안 된다.

당신이 서 있는 장소를 굳게 지켜라! 이것은 이전보다 훨씬 필요한 격언이다. 사람들은 한편으로는 큰 당파에 끌려가고는 있으면서도 개인개인이 저마다의 방식과 능력에 따라 자기주장을 관철시키려 하고 있기 때문이다.

무턱대고 증명하려 하지 말고 자신의 생각을 솔직하게 개진하는 것이 언제나 좋은 방법이다. 왜냐하면 우리가 들고나오는 모든 증명은 결국 우리 의견의 변주곡에 지나지 않기 때문이다. 그리고 반대의견의 소유자는 양자 어느 쪽에도 귀를 기울이지 않기 때문이다.

나날이 발전해 가는 자연과학에 대해 점점 더 깊이 알게 되고 친해짐에 따라 내 가슴속에는 같은 시기에 일어나는 전진과 후퇴에 관해 여러 생각이 솟아나온다. 여기에서는 그중 하나만을 말하기로 한다. 그것은 우리가 이미 인정된 학문상의 잘못으로부터도 벗어나지 못하고 있다는 사실이다. 그 이유는 공공연한 비밀이다.

만약 어떤 사건이 잘못 해석되고 잘못 관련지어지고 잘못 연역(演繹)되면 나는 이것을 오류라고 부른다. 그런데 경험과 생각의 과정에서 어떤 현상이 한결같이 올바르게 관련되고 연역되는 일도 일어난다. 사람들은 이것을 기꺼이 인정하기는 하지만 거기에 특별한 가치를 두지 않고 아주 태연하게 오류를 그 옆에 그냥 놔둔다. 이리하여 나는 조심스럽게 보관되고 있는 오류의 작은 창고를 알고 있다.

그런데 인간은 본디 자기 자신의 의견 말고는 흥미를 갖고 있지 않기 때문에 어떤 의견을 꺼내는 사람은 누구나 자기 자신과 다른 사람의 생각을 굳히기 위해 주변에서 도와줄 사람을 찾는다. 사람들은 도움이 되는 한에서는 진실을 이용한다. 그러나 허위도 일시적으로 이용되고 어중간한 논증으로서 다른 사람의 눈을 현혹시킨다든지 그것을 구멍을 메우는 데 사용하여 산산이 토막낸 것을 외견상 잇대어 꿰맬 수 있다고 생각되면, 사람들은 곧 정열적으로 미사여구를 늘어놓으며 그것에 달려든다. 이런 것을 보고 들었을 때, 나는 처음에는 화가 나고 다음에는 암울한 기분에 빠졌다. 그러나 지금은 고소한 기쁨을 느낀다. 나는 이런 행동을 두 번 다시는 폭로하지 않겠다고 마음먹었던 것이다.

하나하나의 존재는 모든 존재를 다 합친 것과 비슷하다. 그러므로 우리에게 존재는 언제나 동시에 분리되고 결합되는 것으로 여겨진다. 유사를 너무 심하게 밀고 나아가면 모든 것이 동일한 것에 닿는다. 유사를 피하면 모든 것이 무한으로 흩어진다. 어느 경우에도 생각은 한자리에 머문다. 한편으로는 생각이 지나치게 활발하기 때문에 다른 한편으로는 그것이 죽어버린다.

이성은 생성하고 있는 것으로, 오성은 생성이 끝난 것으로 향한다. 이성은 무엇 때문에? 를 걱정하지 않는다. 오성은 어디에서? 를 묻지 않는다. 이성은 발전을 기뻐하고 오성은 이용하기 위해서 모든 것을 굳게 지키기를 원한다.

인간이 타고난, 인간의 본성과 서로 밀접하게 얽혀 있는 하나의 버릇이 있다. 인식을 위해서는 가장 몸 가까이에 있는 것으로는 충분치 않다는 버릇이다. 우리가 인정하는 어떤 현상도 그 순간에는 몸 가까이에 있는 것이어서, 우리가 강력하게 그 현상으로 돌입하면 현상이 자진하여 스스로를 해명하는 것처럼 현상에게 요구할 수 있다.

그러나 그런 요구를 하는 것은 인간의 본성에 위배되는 것이기에 인간은 그것을 배워 깨닫지 못한다. 따라서 교양 있는 사람들은 눈앞에 있는 어떤 진실을 인식했을 때 이것을 가장 몸 가까이에 있는 것으로 관련짓는 데에 만족하지 않고, 가장 아득하고 먼 것과 관련을 맺으려 애쓴다. 이것에서 오류에 또 오류가 생긴다. 몸 가까이에 있는 현상이 먼 현상과 관련을 맺는 것은, 일체의 것이 어디에서나 자신을 나타내 보이는 위대한 법칙과 관계되어 있을 때뿐이기 때문이다.

보편적인 것이란 무엇인가? *2
개개의 경우이다.
특수한 것이란 무엇인가?
수백만의 경우이다.

추론(推論)은 두 개의 과실을 두려워해야 한다. 하나, 기지에 빠져서는 안 된다. 기지에 빠지면 추론은 무(無)로 돌아간다. 또 하나, 은유나 직유로 몸을 감싸면 안 된다. 그래도 뒤의 것이 덜 해롭다.

신화와 전설은 과학에서 다루면 안 된다. 이런 것을 소재 삼아 세상 사람들에게 도움이 되고 세상 사람들을 기쁘게 해주는 것을 천직으로 삼는 시인들에게 맡기면 된다. 과학에 종사하는 사람은 자기 몸 가까이에 있는 것, 확실한 현재에 자신을 한정시켜야 한다. 그러나 과학자가 이따금 수사학자가 되어 등장하고 싶다면 신화와 전설을 그에게 금할 필요는 없다.

나를 구하기 위해 나는 모든 현상을 서로 독립된 것으로 간주하고 이것들

---

*2 이하는 괴테 세계관의 핵심이다.

을 억지로라도 떼어놓으려고 노력한다. 그러고 나서 나는 이들 현상을 상관개념이라고 생각한다. 이렇게 하면 현상은 결합을 이루어 하나의 확고한 생명체를 형성한다. 이 방법을 나는 특히 자연에 적용하는데, 우리 주위를 움직이고 있던 최근 세계사에 관해서도 이 고찰 방법은 효과적이다.

우리가 고차원적인 의미에서 발견 또는 발명이라고 부르는 것은 모두 하나의 독창적인 진리감정의 발로이며 실증행위이다. 남몰래 오랫동안 함양되어온 진리감정이 갑자기 번개와도 같이 빠른 속도로 하나의 생산적인 인식으로 이끌려 가는 것이다. 그것은 인간의 가슴속 깊은 곳에서 일어나 외적인 것과 접촉하여 발전하는 하나의 계시로, 이 계시는 인간에게 자신이 신과 비슷하다는 것을 예감케 한다. 그것은 세계와 정신의 종합이며 존재의 영원한 조화에 대해 이를 데 없이 행복한 보증을 주는 것이다.

인간은 이해하지 못하는 것도 이해할 수 있다는 신념을 고집해야 한다. 그렇게 하지 않으면 인간은 탐구를 하지 않게 될 것이다.

모든 특수한 것은 응용할 수 있는 한 어떤 방법으로든 이해할 수 있다. 이러한 방법으로 이해할 수 없는 것도 유용한 것이 될 수 있다.

자신과 대상을 아주 긴밀하게 일치시키고, 이렇게 하여 고유한 이론이 되는 그런 섬세한 경험적 지식이 있다. 그러나 문화가 고도로 발달된 시대가 아니면 정신 능력이 이처럼 고양되지는 못한다.

가장 불쾌한 것은 성미 까다로운 관찰자와 변덕쟁이 이론가이다. 그들의 실험은 자질구레하고 복잡하며, 그들의 가설은 난해하고 이상야릇하다.

악한(惡漢)이기도 한 현학자가 있다. 그리고 이것이야말로 최악이다.

하늘이 어디를 가나 푸르다는 것을 알기 위해 구태여 세계일주까지 할 필요는 없다.

보편과 특수는 일치한다. 특수는 여러 가지로 다른 조건 아래에서 나타나는 보편이다.

우리는 모든 것을 자기 스스로 보고 몸소 겪을 필요는 없다. 그러나 당신이 다른 사람과 다른 사람의 이야기를 신뢰하려면 대상과 두 개의 주관이라는 세 가지를 고려해야 한다는 점을 생각하라.

살아 있는 개체의 근본 특성은, 분리하고 결합하고 보편 속에 몰입하고 특수를 지속하고 변화하고 특수화하는 수천 가지 조건 아래에서 모습을 나타내는데, 나타났다가는 사라지고 굳어졌다가는 녹아버리고 멈췄다가는 움직이고 팽창했다가는 수축하는 것이다. 그런데 이런 모든 작용은 같은 순간에 동시에 일어나는 것이기 때문에 전체와 개체가 동시에 일어나는 것이 된다. 발생과 소멸, 창조와 파괴, 탄생과 죽음, 기쁨과 슬픔, 모든 것이 범벅이 되어 같은 의미, 같은 정도로 작용한다. 그런 관계로 생기(生起)하는 특수한 것은 모두 언제나 가장 보편적인 것의 상징과 비유로 나타난다.

존재 전체가 영원히 되풀이되는 분리와 결합이라면 다음과 같은 결론에 다다른다. 즉 인간이 거대한 상태를 고찰할 때에도 분리하고 결합할 것이라는 사실이다.

물리학은 수학에서 떨어져 나온 것으로 표시되어야 한다. 물리학은 단호하게 독립을 지켜야 하며, 수학이 무엇을 다하고 무엇을 행하는가에는 전혀 신경 쓰지 말고 애정과 존경 그리고 경건의 온갖 힘을 기울여 자연과 자연의 신성한 생명 속에 가까이 다가가도록 노력해야 한다. 이와는 반대로 수학은 모든 외적인 것으로부터 독립해 있음을 선언하고 스스로의 위대한 정신적 걸음을 내딛지 않으면 안 된다. 그리고 지금까지처럼 현존하고 있는 것에서 무엇을 얻을 수 있을지 생각하고, 또는 거기에 적응하려 노력하는 과정에서 보다 더 순수하게 자기 자신을 단련해야만 한다.

자연 연구에서도 도덕과 마찬가지로 하나의 지상명령이 필요하다. 다만 자연 연구의 경우에는 그것에 의해 마지막에 다다른 것이 아니라 거기에서 이제 겨우 사태가 시작하고 있다는 사실을 생각해야 한다.

모든 사실이 이미 이론이라는 것을 이해하는 최고의 방법이자 결론이다. 하늘의 푸르름은 우리에게 색채론의 원리를 뚜렷하게 밝혀준다. 현상 배후에서는 아무것도 찾아서는 안 된다. 현상 자체가 학설이다.

학문에서 예외에 매혹되지 않고 문제점을 존중하고 있으면 곧 많은 것이 확실해진다.

내가 결국 근본 현상에 만족하고 있다면 그것은 체념이다. 그러나 내가 인간 존재의 한계에 부딪혀 체념할 것인가, 아니면 나의 편협한 갖가지 가정(假定)에서 생기는 제약 안에서 체념할 것인가 하는 큰 차이점이 남는다.

아리스토텔레스가 제기한 여러 문제를 눈여겨보면 그의 타고난 관찰력에 놀라게 된다. 그리고 그리스인들이 모든 사물에 대해 얼마나 높은 안목을 가지고 있었는가를 깨닫게 된다. 다만 그들은 현상에서 직접 해석으로 옮겨가기 때문에 지나치게 서두르는 과실을 범하고 있다. 이로 인해 전적으로 불충분한 이론적 개진이 나타난다. 그러나 이것은 오늘날에도 저질러지고 있는 일반적인 과실이다.

모든 가설은 학생들을 잠들게 하는 교사의 자장가와 같은 것이다. 사색하는 성실한 관찰자는 점점 깊이 자신의 제약을 배워 알게 된다. 그는 지식이 점점 넓어지면 넓어질수록 점점 더 많은 문제가 생기는 것을 보게 되는 것이다.

우리의 과실은, 확실한 것을 의심하고 확실치 않은 것을 정착시키려고 하는 데에 있다. 나의 자연 연구 원칙은, 확실한 것을 굳게 지니고 확실치 않은 것에 주의를 게을리하지 않는 것이다.

사람들이, 말하자면 장난 삼아 제안하여 진지한 자연의 논박을 기다리는 그런 가설을 나는 칠칠치 못한 가설이라고 부른다.

도움이 되는 것은 무엇 하나 가르치지 않는데 어떻게 그가 그 길의 대가라고 생각될 수 있을까.

누구나 자기가 알고 있다고 믿는 것을 다른 사람들에게 전달해야 한다고 생각한다. 이것처럼 어리석은 일은 없다.

학생은 무엇이건 확실치 않은 것을 전해 받고 싶어하지 않기 때문에 강의에서는 확실한 것이 요구된다. 그러므로 교사는 어떤 문제도 해결 못한 채 그대로 내버려두어서는 안 되며 얼마간 거리를 두고 그 주위를 빙빙 돌아서도 안 된다. 어떤 경우에는 곧바로 확실한 결정을 내려야만 한다 ^(네덜란드 사람은 이것을 "말뚝을 박는다"고 한다). 이 '말뚝박기'가 끝나면 다른 누군가가 그 말뚝을 다시 뽑아내어 훨씬 좁게 아니면 훨씬 넓게 다시 한 번 말뚝을 박기까지 한동안은 그 미지의 영역을 점유하고 있는 것 같은 기분이 된다.

원인을 열심히 따져묻고, 원인과 결과를 혼동하고, 그릇된 이론에 안주하는 것, 이것들은 풀기 어려운 큰 해독을 가지고 있다.

진실하지 않은 것을 한번 입 밖에 냈다고 해서 그것을 되풀이할 의무는 없다는 사실을 깨달을 줄 안다면 그는 전혀 다른 인간이 될 것이다.

잘못된 것에는 언제나 그것에 대해 지껄일 수 있다는 이점이 있다. 진실은 곧바로 이용되어야만 한다. 그렇게 하지 않으면 진실은 없는 것이나 마찬가지이다.

진실이 얼마나 실천을 쉽게 해주고 있는가를 꿰뚫어보지 못하는 자는 자신의 그릇된, 상당히 힘이 드는 행동을 조금이나마 그럴듯하게 둘러대기 위해 그것을 비난하고 흠을 들추어내곤 한다.

독일인은, 꼭 그들만이 그런 것은 아니지만, 학문을 가까이하기 어려운 천성을 가지고 있다.

영국인은 발견된 것을 곧 새로운 발견과 신규사업을 관련시켜 이용할 줄 아는 대가이다. 어째서 그들이 어디에서나 우리를 앞지르고 있는지 그 이유를 물어보라.

사물을 생각하는 인간에게는 묘한 성질이 있다. 풀리지 않는 문제가 가로놓여 있는 곳에 즐겨 공상을 꾸며내고 문제가 풀려서 진리가 분명해져도 그것을 뿌리칠 수가 없다.

형태를 갖지 않은 현실을 가장 독자적인 양상에서 파악하고, 그것을 머릿속 망상과 구별하려면 독자적인 정신행사가 필요하다. 망상도 어떤 종류의 현실성을 갖고 생생하게 다가오기 때문이다.

규모가 크든 작든 간에 자연을 관찰할 때 나는 쉬지 않고 이런 질문을 제기해 왔다. 여기서 발언하고 있는 것은 대상인가 아니면 너 자신인가? 그리고 나는 이런 의미에서 선배와 협력자들도 관찰했던 것이다.

사람은 누구나 기존의 질서 있는 완전한 세계를 결국은 하나의 소재로만 보고 있고, 이것을 근거로 하여 자기에게 어울리는 독자적인 특별한 세계를 창조하려고 노력한다. 유능한 인간은 망설이지 않고 그것을 파악하며, 그렇게 함으로써 되어가는 형편에 맡기는 태도를 취하려 한다. 그러나 다른 사람들은 이것저것 생각하다 머뭇거리는데 어떤 사람들은 이 세계의 존재까지도 의심하는 것이다.

이 근본진리를 충분히 분별하고만 있으면 아무도 싸우는 일 없이 다른 사람의 사고방식도 자기의 것과 마찬가지로 단지 하나의 현상이라는 것을 인정할 수 있다. 왜냐하면 어떤 사람은 쉽게 생각해 내는 것이라도 다른 사람은 생각해 낼 수 없다는 것을 우리는 거의 매일같이 경험하고 있기 때문이다. 또한 그것은 내 신상에 무슨 영향을 끼치는 사항이 아니고 전적으로 아무래도 좋은 사항에 대한 것이다.

사람이 알고 있는 것은 원래 자기 혼자만을 위해 알고 있는 것이다. 내가 알고 있다고 생각하는 것에 대해 다른 사람과 이야기하면 금세 그는 내가 훨씬 더 잘 알고 있다고 믿는다. 그래서 나는 자기가 알고 있는 것을 가슴에 접어두고 언제나 또 나 자신 속으로 되돌아가지 않을 수 없다.

진실된 것은 발전한다. 그러나 잘못된 것에서는 아무것도 발전하지 않는다. 잘못된 것은 우리를 혼란에 빠지게 할 뿐이다.

인간은 여러 결과의 한가운데 있으면서도 그렇게 된 원인에 대해서 묻고 싶은 마음을 억누르지 못한다. 인간은 안일한 존재이기 때문에 가장 가까이에 있는 원인을 최선의 것으로 생각하고는 그것에 손을 뻗어 그것으로 안심한다. 특히 이것이 일반적인 오성 본연의 자세이다.

인간은 재해를 보면 즉각 그것에 대응작용을 한다. 즉 증상치료로 곧장 돌진해 가는 것이다.

이성은 오직 생명이 있는 것만을 지배한다. 지구 구조학의 대상인 생성이 끝난 세계는 죽은 것이다. 그러므로 지질학은 존재할 수 없다. 왜냐하면 여기에는 이성을 상대로 할 수 있는 것은 아무것도 없기 때문이다.

나는 골격이 흩어져 있는 것을 발견하면 그것을 주워모아 짜맞출 수 있다. 왜냐하면 여기에는 영원한 이성이 유사물을 통해 나에게 말을 해오기 때문이다. 설령 그것이 고생물(古生物)의 일대 게으름뱅이라고 하더라도 그 사실에는 변함이 없다.

우리는 이미 생성하지 않는 것을 생성하고 있는 것으로 생각할 수는 없다. 생성을 끝낸 것을 우리는 이해하지 않는다.

이미 일반적인 것으로 되어 있는 근대의 화성설(火成說)은 원래 현재의 이해할 수 없는 세계를 과거 미지의 세계와 결합시켜보려고 하는 대담한 시도이다.

같은 또는 적어도 비슷한 결과가 다른 방식으로 자연력에 의해 생산된다.

다수파만큼 싫은 것은 또 없다. 왜냐하면 다수파는 얼마 안 되는 강력한 지도자와, 대세에 순응하는 비겁한 자들과, 부화뇌동하는 약자와, 자기들이 무엇을 원하는지 전혀 알지 못하고 어정어정 뒤를 쫓아가는 대중으로 이루어져 있기 때문이다.

수학은 변증법과 마찬가지로 인간 내부 고등감각의 한 기관이다. 그것은 실제로 사용할 때에는 웅변술과 마찬가지로 하나의 기술이다. 양자는 형식 말고는 어떤 가치도 갖고 있지 않다. 내용은 그들에게는 아무래도 좋다. 수학이 동전을 가르치든 금화를 가르치든, 웅변술이 진실을 변호하든 허위를 변호하든 간에 그것은 양자에게는 같은 것이다.

그러나 이런 경우에는 이런 일에 종사하고 이런 기술을 실제로 사용하는 인간의 성격이 문제되는 것이다. 옳은 일에 편을 드는 단호한 변호사, 천체를 연구하는 투철한 눈을 가진 수학자, 둘 다 신과 비슷하다.

수학에는 엄밀성 이외에 엄밀한 것이 있을까? 이렇게 물어보면, 이 엄밀성이란 인간 내부의 진리감정의 한 결과가 아니겠는가.

수학은 편견을 제거할 수 없다. 이기심을 억누를 수도 없다. 당파심을 진정시킬 수도 없다. 도덕에 관한 것에 있어서는 수학은 힘이 없다.

수학자는 완전한 인간인 한, 진실한 것에 대한 아름다움을 마음속에 느끼는 한에서만 완전하다고 할 수 있다. 이렇게 하여 비로소 그는 철저하고 투철한, 용의주도하고 순수한, 명석하고 쾌적한, 아니 우아하기까지 한 인상을 줄 것이다. 프랑스의 수학자 라그랑주와 비슷한 사람이 되기 위해서는 이런 모든 것이 필요하다.

언어 그 자체만으로 옳다든가 훌륭하다든가 아름답다든가 하는 것이 아니라, 언어 속에 구현되는 정신이 올바르고 훌륭하고 아름다운 것이다. 그러므로 각자가 자기의 생각이나 이야기 그리고 시에 대해 희망하고 있는 그런 성질을 부여하려고 하는지는 문제가 아니고, 그에 대한 자연이 거기에 필요한 정신적 및 도덕적 자질을 부여하고 있는지가 문제인 것이다. 정신적 자질이란 직관력과 통찰력이며, 도덕적 자질이란 참된 것의 존중을 방해하려고 하는 악령들을 거부하는 능력이다.

단순한 것을 복잡하게, 쉬운 것을 어렵게 설명하려고 하는 것은 학문 전체에 퍼져 있는 폐단으로, 지식인들은 그것을 인정하고는 있지만 어디에서나 뚜렷하게 시인하고 있는 것은 아니다.

물리학을 정밀하게 검토해 보라. 그렇게 하면 여러 현상(諸現象)도, 물리학의 기초를 이루는 여러 실험(諸實驗)도 다른 가치를 가지고 있다는 사실이 발견될 것이다.

최초의 실험, 기초실험이 무엇보다 중요하다. 그리고 그 위에 세워진 문제는 확실하고 흔들리지 않는다. 그러나 제2, 제3의 실험도 있다. 이들 실험에게도 같은 권리를 인정한다면, 이것들은 제1실험으로 해명된 것을 혼란하게 만들 뿐이다.

학문에서, 아니 여기저기에서 볼 수 있는 하나의 큰 폐단은, 이념을 소화시킬 능력이 없는 사람들이, 아무리 지식이 풍부하더라도 그것으로 이론을 세울 자격이 없다는 것을 이해하지 못하기에 자기 분수를 생각하지 않고 이론을 마구 주물러대는 데에 그 원인이 있다. 그들은 처음에는 칭찬할 만한 인간 오성을 갖고 사물에 임하기는 하지만, 이 오성에는 한계가 있고 이 한계를 넘어서면 오성은 부조리한 것이 될 위험에 빠진다. 인간 오성에 배정된 영역과 묽은 행위와 행동 분야이다. 활동하고 있으면 오성은 좀처럼 길에서 벗어나지 않는다. 그러나 고차원의 생각, 결론짓기, 판단은 인간 오성이 상관하는 사항이 아니다.

경험은 처음에는 학문에 도움이 되고 다음에는 학문을 해친다. 왜냐하면 경험은 법칙과 예외를 함께 인정하게 하기 때문이다. 그러나 양자의 평균치는 절대로 진실을 산출하지 못한다.

대립하고 있는 두 의견 한가운데에 진리가 있다고 말한다. 그러나 절대로 그렇지 않다. 그 중간에 있는 것은 문제이다. 그것은 눈에 보이지 않는 것이고 정지 상태에 있다고 생각했던, 영원히 활동하는 생명이다.

제3부

제1장

이 모든 일과, 잇따라 일어난 여러 일들도 잘 매듭지어졌다. 지금, 빌헬름의 가장 큰 관심은 비밀결사대에게 다시 접근하여, 그들 어느 한 무리와 어디에선가 만날 수 있지 않을까 하는 것이었다. 그래서 그는 자신이 가지고 있는 예의 도표*1에 의지해 자신을 목적지로 안내해 줄 가능성이 클 것 같은 길을 골라 출발했다. 그러나 가장 유리한 지점에 다다르기 위해서는 평지를 가로질러야 했기에, 그는 어쩔 수 없이 걸어서 가고 짐은 뒤따라 지고 오게 했다. 그런데 그의 걷기 여행은 한 발짝씩 옮길 때마다 충분한 보상을 받았다. 뜻하지 않게 마음에 드는 시골을 만났던 것이다. 그곳은 산맥 끝자락이 평지로 내려 뻗어 있는 시골이었다. 떨기나무로 덮인 언덕이 있었고, 완만한 비탈은 구석구석까지 펼쳐져 있었다. 들판은 온통 초록색으로 뒤덮여 있었기 때문에 가파른 곳, 메마른 땅, 경작되어 있지 않은 곳은 찾을 수가 없었다. 그는 몇몇 물줄기가 흘러들어오는 이 지역 중심의 들녘에 도착했다. 이곳 또한 정성들여 경작되어 있었고, 멀리 보이는 풍경도 그의 마음에 들었다. 늘씬한 나무들이 이곳을 가로질러 흐르는 강물과 흘러들어오는 시냇물의 구불구불한 풍광을 보여주고 있었다. 지도를 꺼내보니, 그어진 선이 곧장 이 들판을 꿰뚫고 있었다. 그래서 그는 지금까지는 길을 제대로 들어섰다는 것을 알 수 있었다.

오래됐지만 보존이 잘되어 있는, 여러 시대에 걸쳐 복원된 성 하나가 떨기나무로 덮인 언덕 위에 모습을 드러내고 있었다. 언덕 기슭은 밝은 시골 거리로 이어져 있었고, 앞쪽에는 유달리 눈에 띄는 여관 한 채가 있었다. 그는

---

*1 빌헬름은 탑의 결사 친구들과 만날 수 있는 지점이 적힌 지도를 가지고 있다.

여관을 향해 걸어갔다. 여관 주인은 그를 다정하게 맞아주기는 했지만, 어느 단체가 이 여관 전부를 일정 기간 빌려 쓰고 있어서 그 단체의 허락이 없으면 묵게 할 수 없다고 양해를 구했다. 그 때문에 모든 손님에게 훨씬 위쪽에 있는, 아주 오래된 여관으로 가달라고 할 수밖에 없다는 것이었다. 한참 동안 빌헬름과 말을 주고받은 뒤에 그 남자는 무언가 생각에 잠기는 듯하더니 말했다. "지금은 아무도 없지만, 마침 오늘이 토요일이라 사무장이 곧 돌아올 것입니다. 그분이 매주 한 번씩 모든 계산을 끝내고 앞으로 필요한 것을 주문하시지요. 정말이지, 그분들 사이에는 엄격한 질서가 있고, 꽤 까다로운 면이 있긴 해도 그분들과 함께 하는 것은 유쾌한 일이죠. 큰돈은 아니지만 확실한 돈벌이가 되니까요." 그러고는 새로 온 손님을 위층의 넓은 응접실로 안내한 뒤, 이곳에서 좀 참고, 앞으로의 일은 상황이 어떻게 변하는지 봐가며 생각해 보자고 했다.

그곳에 들어가 보니, 넓고 깨끗한 방에 의자 몇 개와 탁자뿐이었다. 한쪽 문 위에 큰 판자 하나가 붙어 있는 것을 보고, 좀 이상하다는 생각이 들었다. 그 판자에는 금박으로 쓴 글자가 있었다. "Ubi homines sunt modi sunt." 이 라틴어를 우리말로 설명하자면, 인간이 모여 집단을 이루고 있는 곳에서는 공동생활을 영위하기 위한 방식이 곧 이루어지게 된다는 의미였다. 이 격언은 우리의 떠돌이를 명상에 잠기게 만들었다. 이것은 좋은 징조라고 생각했는데, 왜냐하면 살아오는 동안 여러 번 이성적이고 유익한 것이라고 인정해 온 것이 그 글에 강조되어 있음을 발견했기 때문이다. 얼마 지나지 않아 사무장이 나타났다. 그는 여관 주인으로부터 이미 이야기를 들은 듯 짤막하게 그와 이야기를 나누고, 특별히 묻지도 않은 채 다음 조건으로 그의 숙박을 허락했다. 곧 사흘 동안 머무를 것, 어떤 행사이든 전부 침착하게 참가할 것, 무슨 일이 일어나든지 그 원인을 묻지 말 것, 마찬가지로 떠날 때 역시 숙박비를 묻지 말 것이었는데, 여행자는 이 모든 조건을 받아들여야만 했다. 왜냐하면 상부로부터 전권을 위임받아 지시대로 수행하기만 하는 책임자인 그로서는, 어느 한 가지도 양보할 수 없었기 때문이다.

사무장이 막 나가려 할 때 노랫소리가 계단을 따라 울려왔다. 아름다운 두 젊은이가 노래를 부르며 계단을 올라오는 것이었다. 이 두 사람에게 대표자는 간단한 신호로 손님을 맞이했음을 알렸다. 두 사람은 참으로 상쾌한 이중창으로 노래를 계속했다. 두 사람이 완벽한 연습을 통해 이 방면에서는 상당한 실력을 갖추게 되었다는 사실을 바로 알 수 있었다. 빌헬름이 꼼짝 않고 주의를 기울이며 관심을 갖자 노래를 마친 두 사람이 물었다. 걸어서 여행을 하다 보면, 가끔 노래가 떠올라 혼자 흥얼거리게 되지 않느냐고. 빌헬름은 대답했다. "나는 좋은 목소리를 타고나지는 못했지만, 가끔씩 마음속의 신비스런 정령이 내게 리듬감 있는 선율을 속삭이는 것 같은 느낌이 들어요. 그럴 때마다, 나는 걸어가면서 박자에 맞추어 몸을 움직이는데, 동시에 희미한 가락이 들려오는 것처럼 느껴지지요. 그 가락이 또 어떤 순간에는 기분 좋게 떠오르는 노래의 반주를 해주는 거지요."

"그 노래들 가운데에서 생각나는 게 있으시면 적어주세요." 젊은이들이 말했다. "우리가 당신의 노래하는 정령의 반주를 할 수 있을지 어떨지 한번 시험해 보시지요." 그는 수첩에서 종이를 한 장 떼어내, 그들에게 다음과 같은 노래를 적어주었다.

> 산에서 언덕으로
> 골짜기를 따라 더 깊이 내려가면,
> 노래의 날개가 춤추듯 울려 퍼지고
> 메아리에 흔들리며 나아가듯
> 무제한 충동*²의
> 뒤를 쫓아라. 이성의 가르침이여, 기쁨이여.
> 그대의 수고는 사랑으로 감싸이고,
> 그대의 삶은 행위 그 자체이리라.

잠깐 생각한 뒤에, 금세 젊은 나그네의 발걸음에 어울리는 이중창이 울리기 시작했다. 노래는 되풀이되고 서로 뒤엉키면서 계속돼, 듣고 있던 빌헬름의 마음을 사로잡았다. 빌헬름은 그것이 그 자신의 가락이고 그의 원주제인지, 아니면 그의 가락이 지금에야 비로소 다른 어떤 율동도 생각할 수 없을

---

*2 무제한 충동은 결국 파국을 가져온다. 그러다 충동이 참된 목표를 포착하고 인간의 피제약성을 알게 되면, 충동에 충고(이성)가 생기고, 따라서 기쁨도 생긴다. 무한한 정진(精進)이 변하여 유한(有限)한 사랑에 유용한 활동이 된다.

만큼 훌륭히 조화를 이룬 것인지를 분간하기가 어려웠다. 두 젊은이가 이렇게 흥에 겨워 노래하고 있을 때, 체구가 건장한 젊은이 둘이 들어왔다. 몸에 지니고 있는 물건으로 보아 그들이 미장이임을 곧 알아차릴 수 있었고, 그 뒤를 쫓아온 두 사람은 목수임이 분명했다. 이 네 사람은 자신들의 도구를 조용히 바닥에 내려놓고는 노랫소리에 귀를 기울이다가, 곧 확실하고 분명한 가락으로 그 노래에 합세했다. 그것은 떠돌이 일행이 산을 넘고 골짜기를 지나 걸어가는 모습을 마음에 그리게 했고, 빌헬름은 지금까지 이처럼 쾌적하고 마음과 정신을 북돋아주는 노래를 들어본 적이 없다고 생각했다. 그런데 이 즐거움이 한층 더해 최고조에 달할 무렵, 거인으로 착각할 만큼 몸집이 커다란 누군가가 계단을 올라오고 있었다. 그 힘차고 억센 발걸음 소리는 아무리 조심스럽게 걸어도 소용이 없었다. 그는 무거운 짐이 들어 있는 등짐 바구니를 방 한구석에 내려놓고는 의자에 앉았다. 그 나무의자에서 삐걱거리는 소리가 나자 노래하던 두 친구들이 와 하고 웃었지만, 노래를 멈추지는 않았다. 그러나 거인 아낙*3의 아들 같은 사나이가 어마어마한 베이스 목소리로 노래에 합류했을 때, 빌헬름은 놀라지 않을 수 없었다. 온 방안이 진동했기 때문이다. 그리고 이 사나이가 후렴 가운데 자신의 부분을 즉석에서 바꾸어 다음과 같이 노래했을 때는 깊은 인상을 받지 않을 수 없었다.

살아 있는 동안은 어떤 일도 미루지 말라.
그대의 일생은 행위의 연속이어라.

게다가 사람들이 금세 알아차린 것은, 그가 훨씬 느리게 속도를 줄여서 다른 사람들을 억지로 자기에게 보조를 맞추도록 한다는 것이었다. 마침내 노래를 다 부르고 모두가 더없이 만족해하고 있을 때, 사람들은 마치 그가 자기들을 미혹하려고 마음먹기라도 했다는 듯이 그를 비난했다. "당치도 않습니다." 그는 외쳤다. "당신들이야말로 나를 헷갈리게 하고 있어요. 나의 걸음을 늦추려는 것일 테지요. 나의 발걸음은 절도 있고 착실하지 않으면 안 됩니다. 짐을 짊어진 채 산을 오르내리고, 게다가 정해진 시간에 도착해서

---

*3 《구약성서》〈신명기〉9 : 2.

당신들을 만족시켜드려야 합니다."

그러더니 그들은 한 명씩 차례차례 사무장이 있는 곳으로 갔다. 빌헬름은 그것이 정산을 끝내기 위한 것임을 충분히 짐작할 수 있었지만, 끼어들어 물어볼 수는 없었다. 그러는 동안 쾌활하고 어여쁜 두 소년이 들어와 재빨리 식탁을 정리하고, 적당한 식사와 포도주를 가져왔다. 곧 사무장이 나와서 자기와 함께 자리하도록 모두를 초대했다. 소년들은 시중을 들면서도, 선 채로 자신들의 몫을 잊지 않고 먹었다. 빌헬름은 그가 배우들과 함께 지내던 때의 이와 비슷한 장면을 떠올렸는데, 그는 지금 눈앞에 있는 사람들이 훨씬 성실하며, 농담으로라도 허세를 부리지 않고, 의미 있는 삶의 목표를 지향하고 있다고 여겼다.

직공들과 사무장이 나누는 대화 속에서 빌헬름은 이 사실을 확실히 알 수 있었다. 이 착실한 네 명의 젊은이는, 엄청난 화재가 일어나 잿더미로 변해버린 이 근처 시골 마을에서 일하고 있었다. 또한 이 유능한 사무장이 목재와 건축 재료 보급에 종사하고 있음을 알았다. 이런 사실은 이들 모두가 이 고장 사람 같지 않고 지나가는 여행자들처럼 보였기 때문에, 빌헬름에게는 더더욱 수수께끼처럼 느껴졌다. 식사가 끝나자, 성(聖) 크리스토프[4]—이 거인을 사람들은 그렇게 불렀다—는 따로 챙겨두었던 고급 포도주를 잠자리에서 마시려고 한 잔 가득 따라 가져갔다. 그러고는 그들은 뿔뿔이 흩어졌지만, 아직도 계속해서 서로의 귀에 들려오는 노랫소리가 그들의 마음을 하나로 젖어들게 했다. 빌헬름은 아주 쾌적한 위치에 있는 방으로 안내되었다. 둥근달이 풍요로운 들판을 비추며 벌써 하늘 한가운데에 떠 있어서, 우리 떠돌이의 가슴에 달빛과 닮은 여러 추억이 떠오르게 했다. 사랑하는 친구들의 모습이 그의 마음을 스쳐갔다. 특히 레나르도의 모습은 너무나 뚜렷이 나타나서 그를 눈앞에서 보는 것만 같았다. 이 모두가 그에게 밤의 안식을 누리도록 깊은 휴식을 주었지만, 그때 이상하기 짝이 없는 소리[5]가 들려와 그를 매우 놀라게 했다. 집이 몇 번이고 흔들렸고, 그 소리가 가장 크게 울릴 때면 기둥까지도 쿵 하고 울렸던 것이다. 빌헬름은 평소 어떤 소리도 분간할

---

[4] 어린 예수를 등에 업고 강을 건넜다는 성자로, 키가 크고 몸이 억셌다고 한다. 이 산중의 짐꾼도 키가 크고 몸이 건장했기 때문에 이런 별명으로 불리고 있었다.

[5] 성 크리스토프의 코고는 소리를 말한다.

수 있는 예민한 귀를 가지고 있었지만, 이번만큼은 무슨 소리인지를 판단할 수가 없었다. 그는 음량이 너무 커서 일정한 소리를 낼 수 없는 큰 파이프 오르간의 쿵 하는 소리와 비슷하다고 생각했다. 그날 밤, 사람을 깜짝 놀라게 한 소리가 아침녘에 그쳤는지, 아니면 빌헬름이 점점 그 소리에 익숙해져서 느끼지 못하게 되었는지 분명히 알 수는 없었지만, 어쨌든 그는 어느새 깊은 잠에 빠졌고 떠오르는 햇빛을 받으며 기분 좋게 눈을 떴다.

시중드는 소년 하나가 그에게 아침 식사를 가져오자, 곧바로 어떤 사람이 들어왔다. 그 사람은 전날 저녁 식사 때 보기는 했지만, 어떤 신분을 가졌는지 확실치 않은 인물이었다. 체격이 좋고 어깨가 넓은데도 동작이 민첩한 이 사나이가 끄집어내는 도구들로 보아 이발사라는 것을 곧 알 수 있었다. 그는 빌헬름이 바라 마지않던 시중을 들어주려는 준비를 하는 것이었다. 그는 말이 없었다. 일은 아주 경쾌하게 진행되었으며, 소리 하나 내는 법이 없었다. 그때, 빌헬름이 말했다.

"당신의 이발 솜씨는 정말로 대단하군요. 나는 여태까지 이처럼 면도날이 부드럽게 뺨에 닿는 감촉을 느껴본 적이 없어요. 그리고 당신은 단체의 규칙을 철저히 지키고 있는 것 같군요."

이 말없는 사나이는 장난꾸러기 같은 미소를 지으며 입에다 손가락을 얹어 보이고는 조용히 문밖으로 나가 버렸다. 빌헬름은 그의 등에다 대고 소리쳤다.

"정말이지, 당신은 빨간 외투*6로군요. 꼭 그 사람이 아니더라도 적어도 그 자손 가운데 한 사람임에 틀림없어요. 당신이 내게 답례를 바라지 않은 것은 당신에게 행운이지요. 만약 답례를 바랐다면, 당신은 큰 변을 당했을 겁니다."

이 이상한 사나이가 나가자마자, 이번에는 사무장이 들어와 오늘 점심 식사에 초대한다는 이야기를 전했는데, 그 초대라는 말이 아주 이상하게 들렸다. 이 초청자는 확실하게 말했다.

"반트*7가 손님을 환영합니다. 그리고 점심 식사에 초대해 더 가까운 관계

---

*6 무제우스(Museus, 1735~87)가 쓴 《독일민화집》에 나오는, 옛 성을 배회하는 유령이발사.
*7 das Band : 결속. 이 명칭은 다시 나타나 제6장 첫머리에서 분명해진다. 지도자인 레나르도와 몇 명의 우두머리를 말한다.

를 맺기를 기대하면서 기뻐하고 있습니다."

그는 또 빌헬름이 이 집에서 잘 지내는지 묻고, 그의 대접에 만족하는지도 물었다. 빌헬름은 자신의 주변에서 일어난 모든 일에 대해 칭찬할 수밖에 없었다. 물론 빌헬름은 조금 전의 말 없는 이발사에게도 물어보고 싶었던 것처럼, 무섭지는 않았지만 자신을 불안하게 만들었던 어젯밤의 그 처절한 소리에 대해 묻고 싶었다. 그러나 자기가 행한 서약을 상기하고 모든 질문을 보류했다. 그리고 주제넘게 나서지 않더라도 단체의 호의나, 혹은 우연히 자신의 소망대로 어떻게든 알게 될 거라 낙관했다.

우리의 주인공은 혼자 있게 되자 먼저 자신을 점심 식사에 초대한 이 이상한 인물에 대해 생각해 보았지만 도무지 감을 잡을 수가 없었다. 한 사람 혹은 몇 명의 장(長)을 '반트'라는 중성명사로 부른다는 것이 그에게는 너무나 의아스러웠다. 그건 그렇다 치고, 주위가 몹시 고요하여 그는 여태껏 이렇게 조용한 일요일은 경험한 적이 없는 것처럼 느껴졌다. 집을 나선 그는 어디선가 종소리가 들려오기에 작은 마을 쪽으로 발걸음을 옮겼다. 그때 마침 미사가 끝나 밀려나오는 마을 사람들과 농부들 사이에서 그는 어제 본 세 친구, 즉 목수, 미장이, 그리고 소년을 발견했다. 나중에 그는 개신교 신자들 사이에 섞여 있는 또 다른 세 사람을 보았다. 그 밖의 다른 사람들이 어떻게 예배를 드리는지 알 수는 없었지만, 어쨌든 이 단체 내에서는 완전한 신앙의 자유가 보장되어 있다는 결론을 내려도 될 것 같았다.

정오에 정문이 있는 곳에서 사무장이 우리의 주인공을 맞아들였다. 사무장은 몇 개의 방을 지나 큰 회랑으로 안내하고는 그곳에 앉게 했다. 많은 사람들이 그의 곁을 지나, 옆의 커다란 응접실로 들어갔다. 그들 가운데에는 친숙한 얼굴들도 있었는데, 성 크리스토프도 그의 곁을 지나갔다. 모든 사람이 사무장과 새로 들어온 손님에게 인사했다. 그때에 우리 주인공의 주의를 가장 많이 끈 것은, 눈앞에 보이는 사람은 모두 직공으로 보인다는 것이었다. 모두가 평상복을 입었으나 아주 깨끗한 옷차림이었고, 사무직에 관계된 사람으로 생각되는 이는 거의 없었다.

더 이상 새로운 손님이 밀려오지 않게 되었을 때, 사무장은 멋진 문을 지나 크고 널찍한 홀로 우리의 주인공을 안내했다. 그곳에는 끝이 보이지 않을 정도의 기다란 식탁이 준비되어 있었다. 그는 그 맨 끝자리를 지나서, 세 사람이 마주하고 서 있는 윗자리로 안내되었다. 그리고 그는 얼마나 놀랐던가. 그가 가까이 가자 미처 알아볼 틈도 없이 레나르도가 그의 목을 껴안았던 것이다. 이 예상치 못한 놀라움이 채 가시기도 전에, 이번에는 두 번째 사나이가, 마찬가지로 열렬하게 그를 껴안으면서 자기는 나탈리에의 남동생으로 좀 독특한 프리드리히라고 내력을 밝혔다. 이 친구들의 환영은 마침 그 자리에 있던 모든 사람에게로 번졌다. 기쁨과 축복의 함성이 온 식탁에 울려 퍼졌다. 그러나 모두 제자리에 앉은 순간, 갑자기 조용해졌다. 식사의 향연은 어떤 엄숙한 분위기를 띠고 식탁으로 옮겨졌다.

식사가 끝나갈 무렵, 레나르도가 어떤 신호를 보내자 두 명의 가수가 일어섰다. 어제 자기가 지은 노래가 되풀이되는 것을 들은 빌헬름은 매우 놀랐다. 그 노래는 다음에 이어질 이야기를 위해 여기에 다시 쓸 필요가 있을 것 같다.

산에서 언덕으로
골짜기를 따라 더 깊이 내려가면,
노래의 날개가 춤추듯 울려 퍼지고
메아리에 흔들리며 나아가듯
무제한 충동의 뒤를 쫓아라.
이성의 가르침이여, 기쁨이여.
그대의 수고는 사랑으로 감싸이고,
그대의 삶은 행위 그 자체이리라.

이 이중창이, 호감 가는 절도 있는 합창과 어우러지면서 막바지에 접어들 때, 맞은편에 있던 다른 두 가수가 벌떡 일어나 엄숙하고도 격렬한 가락으로, 이 노래를 이어가는 것이 아니라 오히려 앞의 노래를 반복하듯이 불러 새로 온 손님을 놀라게 했는데, 그 노래는 이렇게 들렸다.

이렇듯 인연은 끊어지고
신뢰도 상처를 입었나니,
말할 수도, 알 도리도 없네.

예측하지 못한 운명으로
지금 나는 이별하고 방랑하나니,
과부와도 같은 슬픔에 잠겨
그이 아닌 다른 사람과
끝없는 여로를 걸어가야 하나!

이 절(節)에 맞추어 노래하는 합창단은 점점 수가 늘어나, 더욱 힘차게
울려 퍼졌다. 그러나 식탁 맨 끝자리에서 들려오는 성 크리스토프의 목소리
만은 바로 구별해 낼 수 있었다. 마지막에는 거의 두려움이 느껴질 만큼 슬
픈 감정이 고조되었다. 당장이라도 터질 것 같은 감정이, 가수들의 노련함으
로 노래 전체에 둔주곡과 같은 분위기를 주었기 때문에, 우리의 주인공 빌헬
름은 소름이 끼칠 정도로 강렬한 전율을 느꼈다. 실제로 모든 사람이 완전히
한마음이 되어 출발을 눈앞에 둔 그들 자신의 운명을 슬퍼하는 것처럼 보였
다. 참으로 이상한 반복이었고, 거의 숨이 넘어갈 듯하다가 몇 번이고 되살
아나는 노래가 나중에는 단체 그 자체에까지도 위험스럽게 느껴졌다. 레나
르도가 자리에서 일어섰다. 그러자 모두 노래를 중단하고 자리에 앉았다. 레
나르도는 이들을 배려하는 따뜻한 어조로 이야기하기 시작했다.
　"우리 모두의 눈앞에 다가오고 있는 운명에 대비하기 위해, 여러분이 그
운명을 쉬지 않고 마음속에 그려보는 일을 나는 나무랄 수 없습니다. 그러나
만약 삶에 지친 노인들이 동료들에게 '죽음을 생각하라!' 외친다면, 인생을
즐기는 우리 젊은이들은 '떠돌 것을 생각하라!'라는 밝은 말로 끊임없이 서
로 격려해야 마땅할 것입니다. 그리고 그때에 우리가 스스로 계획한 것이나,
당연히 해야 한다고 믿고 있는 일에 대해 활발하게 이야기를 주고받는 것은
무엇보다 좋은 일입니다. 여러분이 잘 알고 있듯이, 우리에게는 꼭 지켜야
할 것들이 있고 유동적인 것들도 있습니다. 그러니 흥겹고 기운을 북돋아주
는 노래로 이를 즐깁시다. 자, 그럼 이번에는 이별의 잔을 들어봅시다."
　이 말과 함께 그는 잔을 비우고는 자리에 앉았다. 네 명의 가수가 자리에
서 재빨리 일어나, 가락을 바꾸어 앞의 노래와 연결되는 장단으로 노래를 부
르기 시작했다.

언제까지나 땅에 얽매이지 말라.
새로이 결심하여 힘차게 발을 내디뎌라!
머리와 팔뚝에 억세고 강한 힘이 어리면,
어느 곳이나 그대의 집이리.
햇빛을 즐기는 곳에는
근심 걱정이 없는 법,
우리 이 세상에 흩어져 살라고
세상은 이처럼 넓으리.

　합창이 반복되는 가운데 레나르도가 자리에서 일어나자, 사람들도 모두 그와 함께 일어났다. 그가 신호를 보내자, 식탁에 함께 앉아 있던 친구들이 일제히 노래를 부르며 움직이기 시작했다. 맨 끝자리의 친구들이 성 크리스토프를 앞세워 두 명씩 한 조를 이루면서 홀에서 나갔다. 편력의 노래가 시작되자 노래는 점점 더 명랑해지고, 자유로워졌다. 특히 일행이 계단식으로 된 성의 앞뜰에 모였을 때, 노래는 한층 더 아름다워졌다. 그곳에서는 광활한 골짜기 전체를 내려다볼 수 있었는데, 사람들은 그 풍요로움과 아름다움 속에 완전히 몸을 묻어버리고 싶은 충동을 느꼈다. 모여 있던 사람들이 저마다 흩어지는 사이, 빌헬름은 세 번째 우두머리에게 소개되었다. 그 사람은 영지 관리인이었는데, 몇몇 귀족들의 영지 사이에 있는 백작 소유의 이 성을, 이 단체가 여기 머물고 싶어하는 동안 얼마든지 빌려주고 여러 편의를 돌보아주었다. 그러나 한편으로 그는 이 귀한 손님들의 체류를 잘 이용할 줄 아는 영리한 사람이었다. 헐값으로 자신의 곡식창고를 개방하고 식료품과 필수품을 공급해 주는 대신, 이 기회에 그들의 손을 빌려 오랫동안 방치해 두었던 지붕을 다시 갈고, 지붕 골조를 수선하고, 벽을 보강했으며, 구부러진 판자를 고쳤다. 그리고 다른 파손된 곳도 수리하도록 했던 것이다. 이렇게 해서, 쇠퇴해 가는 가족이 오랫동안 방치해 두었던 무너져가는 저택에도 생기가 돌아, 쓸 만한 주거지로서의 외관을 갖추게 되었으며 다음과 같은 진실을 증명해 냈다. 즉 삶은 또다시 삶을 창조하며, 남에게 도움을 주는 자는 그도 반드시 남에게 도움을 받게 된다는 것이다.

제2장

헤르질리에가 빌헬름에게

내 처지는 마치 알피에리[8] 비극과 같다는 생각이 들어요. 속마음을 털어놓을 상대가 한 명도 없어서, 나중에는 모든 것을 모노드라마 속의 독백으로 처리하는 수밖에 없으니까요. 게다가 당신과의 편지 왕래 또한 독백과 전혀 다를 바가 없지요. 왜냐하면 당신의 답장은 워낙 산울림 같기에, 우리의 대화를 피상적으로만 다루어서 점점 그 울림이 사라지기를 기다리고 있을 뿐이니까요. 당신은 단 한 번이라도 이쪽에서 다시 답장을 보낼 수 있는 글을 써 보내주신 일이 있었던가요? 화제를 딴 데로 돌려버리는 것이 당신의 편지랍니다! 내가 당신을 맞이하려고 일어서면, 당신은 다시 의자에 가 앉으라고 말하지요.

앞의 글은 벌써 2, 3일 전에 써놓았던 것입니다. 그런데 지금 눈앞의 일을 레나르도에게 전해야만 하는 절박한 사정이 생겼습니다. 그곳에서 이 편지를 당신이 찾게 되든지, 누군가가 당신을 찾게 될 것입니다. 어쨌든 당신이 어디에서 이 편지를 받아보든, 내가 말하고 싶은 것은 이것입니다. 만약 당신이 이 편지를 읽고 당장 의자에서 일어나, 정직한 떠돌이로서 서둘러 내게 오시지 않는다면, 나는 당신을 모든 남자들 가운데서 가장 남자다운 사람이라고 분명히 말하겠습니다. 다시 말해 우리 여성들이 갖고 있는 많은 성향 중에서 가장 사랑스러운 성향이 완전히 결여되어 있다는 의미에서 남자답다는 거지요. 그 성향이란 호기심입니다. 이 호기심은 지금 이 순간에도 나를 몹시 괴롭히고 있답니다. 간단히 이야기하지요. 당신의 아름다운 작은 상자의 열쇠가 발견되었어요.

이 사실은 당신과 나 말고는 어느 누구도 알아서는 안 됩니다. 어떻게 그것이 내 손에 들어오게 되었는지 들어보세요.

며칠 전에 큰아버님의 영지 재판관이 다른 재판소로부터 공문서 한 통을 받았어요. 그 공문서는 어떤 소년이 모월 모일에 이 근처에서 온갖 장난을

---

[8] Alfieri : 1749~1803. 1774년부터 1789년까지 《사울》, 《아가멤논》 등 19편을 써서 이탈리아 비극을 완성했다. 그의 희곡 작품에는 등장인물이 아주 적고, 그 대신 독백이 풍부하다.

치다가 기어이 무모한 모험을 했을 때, 자기 겉옷을 잃어버리지 않았는지 문의 내용이었어요.

이 장난꾸러기 소년의 인상서(人相書)로 볼 때, 이 소년은 펠릭스가 자주 열성적으로 이야기하면서 놀이상대로 다시 가까이 하고 싶어했던 피츠라는 것을 의심할 여지가 없었지요.

현재 그 재판소에서 심리를 받고 있는 소년이 그 옷을 증거물로 주장하고 있으니, 보내달라는 것이었습니다. 이런 요구가 있었다는 것을 재판관이 알려주면서 그쪽에 보내기 전에 우리에게 그 겉옷을 보여주었어요.

착한 천사의 소행인지 아니면 악마에게 홀렸는지 잘은 모르겠지만, 나는 그 윗도리의 가슴 주머니에 손을 넣어봤어요. 아주 작고 뾰족한 것이 손에 잡혔고, 평소에는 그렇게 겁많고 잘 놀라고 예민한 내가 손을 오므렸던 거지요. 그렇게 손을 꼭 쥔 채로 말없이 있는 사이에 겉옷은 그대로 보내졌어요. 나는 온갖 감정 중에서도 가장 이상한 감정에 사로잡혀 버렸습니다. 몰래 보았을 때, 첫눈에 그것이 당신의 작은 상자 열쇠라는 것을 알았어요. 그러자 묘한 양심의 갈등이 생겼고, 여러 고민과 의혹이 가슴속에 끓어올랐습니다. 그러나 발견한 물건을 남에게 털어놓거나 넘겨준다는 것은 나로서는 불가능한 일이었습니다. 나의 친구가 몹시 필요로 하는 것일지도 모르는데 재판소에 넘겨주면 무슨 의미가 있겠습니까? 그렇게 생각하자 이번에는 법이나 의무와 같은 여러 생각이 자꾸만 고개를 들었지만, 나를 이길 수는 없었습니다.

이제 내가 당신과의 우정 때문에 지금 어떤 상황에 처해 있는지 아셨을 것입니다. 당신과 나 사이에 갑자기 아주 근사한 매개물이 생긴 셈이지요. 당신을 위해서 말입니다. 이 얼마나 이상한 일입니까! 나의 양심에 이만큼 맞설 수 있는 것은 우정뿐이라고 말할 수 있습니다. 나는 죄책감과 호기심 사이에서 묘하게 불안해하고 있습니다. 그 일이 어떤 결과를 가져올지 모른다는 오만 가지 생각과 공상이 끝없이 머릿속에 떠오릅니다. 왜냐하면 법과 재판은 무서운 것이니까요. 언제나 자유롭고, 때로 지나치게 발랄한 헤르질리에가 형사소송에 휘말리게 되었으니—틈만 나면 아무리 노력해도 생각이 그리로 가게 되니까요—이 모든 괴로움을 짊어지게 한 그 친구를 생각하는 것 외에 아무것도 할 수가 없는 겁니다. 그 친구 때문에 이렇게 괴로워하고 있으니까요. 나는 지금까지 당신을 생각해 왔지만, 그렇지 않을 때도 있었습니다. 그러나 지금은 쉬지 않고 생각하고 있어요. 지금 나의 심장은 두근두근 뛰고 있고, 도둑질하지 말라는 제7의 계명을 생각하면, 나에게 죄를 짓게 하고 또 아마도 다시 그 죄를 용서해 줄 성자에게 하듯이, 당신에게 매달릴 수밖에 없는 것입니다. 그리고 작은 상자를 여는 것만이 나를 진정시켜줄 것입니다. 호기심이 곱절로 강해지고 있어요. 서둘러 돌아와 주세요. 그리고 작은 상자도 잊지 말고요. 이 비밀에 어떤 심판을 내리는 것이 좋을지, 우리 둘이서 함께 결말을 짓죠. 그때까지는 우리 둘만의 비밀입니다. 어느 누구도 알아서는 안 돼요.

자, 이것입니다. 그러면, 이 수수께끼 같은 열쇠 그림*9에 대해 당신은 어떤 생각을 가지고 있는지요? 열쇠가 달린, 거꾸로 된 화살이 떠오르지 않나요? 신이여, 부디 우리에게 은혜를 베풀어주소서! 먼저 작은 상자를 열지 않은 채로 당신과 나 사이에 그대로 두어야 합니다. 그리고 상자를 열면, 그 다음 일은 상자의 명령에 따를 뿐이지요. 나는 상자 안에 아무것도 들어 있지 않았으면 좋겠어요. 그 밖에도 내가 생각하고 있는 것이나 하고 싶은 이런저런 말이 많지만, 아무 말도 하지 않겠어요. 그래야 당신도 서둘러 오실 테니까요.

그리고 좀 어린아이 같긴 하지만, 한 가지만 덧붙이겠습니다. 그 작은 상자가 나와 당신과는 아무런 상관없는 것 아닌가요? 그 상자는 펠릭스의 것이에요. 그가 그 상자를 발견했고 자기 것으로 만들었습니다. 펠릭스를 데려오지 않으면 안 돼요. 그 아이 앞에서가 아니면, 그 상자를 열어서는 안 됩니다.

---

*9 괴테가 이 그림을 삽입한 것은 그림이 아니고서는 화살, 즉 상징적인 표현이 명확하게 전달되지 않기 때문이다.

왜 이렇게 번거로울까요! 말이 빗나가 혼란만 일으킵니다.

어째서 당신은 그렇게 정처 없이 세상을 돌아다니고 있죠? 어서 돌아오세요! 당신의 귀여운 소년을 데리고서. 나도 다시 한 번 그 아이를 만나고 싶어요.

그렇게 되면, 또다시 시작되겠군요. 아버지와 아들의 문제 말이에요. 당신이 할 수 있는 일을 하세요. 아무튼 두 사람이 함께 와야 해요.

제3장

앞에 적은 좀 묘한 느낌의 편지는 말할 것도 없이 훨씬 전에 쓰인 것으로, 이곳저곳으로 돌아다닌 끝에 겨우 수신인에게 무사히 배달되었다. 빌헬름은 막 떠나려는 심부름꾼에게 부탁해, 애정을 담아 요구를 받아들일 수 없다는 내용의 답장을 보내기로 결심했다. 헤르질리에는 그와 자신이 멀리 떨어져 있다는 점을 고려하지 않은 것 같았다. 게다가 그는 지금 너무나 진지한 일을 하고 있었기 때문에, 그 상자 속에 무엇이 들어 있을까 하는 아주 작은 호기심만으로는 마음이 움직여지지 않았다.

더군다나 이 뛰어난 비밀결사대의 가장 건장한 결사대원들에게 일어난 두세 가지 사건이 그에게, 그가 공부한 외과기술이 뛰어나다는 것을 실증할 수 있는 기회를 주기까지 했던 것이다. 한 마디 말이 또 다른 말을 낳는 것처럼, 아니 보다 더 효과적으로, 하나의 행위가 또 다른 행위로부터 일어나는 것이라 할 수 있다. 한 마디의 말이 또 다른 말을 낳는 것을 토대로, 마침내 다시 여러 마디 말을 낳게 되면, 이 말들은 그만큼 결실이 많아지고, 우리의 정신을 드높여주게 된다. 이런 관계로 빌헬름이 친구들과 나눈 담화는 즐거우면서도 교훈적이기도 했다. 왜냐하면 친구들이 서로 번갈아가며 이때까지의 수업과 실천의 경과를 이야기하는 과정에서 비로소 처음으로 서로의 존재를 재확인할 수 있었기 때문이다.

어느 날 밤 빌헬름은 자신의 이야기를 하기 시작했다.

"나는 외과의사로 자립하려 했을 때, 가장 큰 도시의 어느 큰 연구소에서 연구를 하려고 했습니다. 연구는 그런 곳에서만 발전될 수 있기 때문이죠.

나는 곧 기초 연구로 해부학에 심혈을 기울였습니다.

그때의 나는, 여러분은 도저히 상상할 수 없는 독특한 방법으로, 인체(人體)에 관한 지식에 대해서는 상당히 앞서가고 있었습니다. 내가 극단 생활을 할 때였죠. 이것저것 곰곰이 생각해 보면, 무대에서는 무엇보다도 미남미녀의 육체가 주인공을 연기하게 되어 있어요. 단장은 이런 남녀를 손에 넣으면 충분히 극단을 잘 운영해 갈 수 있고, 희극작가와 비극작가도 신분의 안정을 보장받게 되지요. 이 친구들의 느슨한 생활 방식이 단원들에게 어떤 다른 생활 방식보다도 더 가깝게 감춰지지 않은 육체의 본디 아름다움을 알게 해줍니다. 각양각색의 무대 의상은 평상시에는 관습상 부득이 감추어져 있던 것을 드러나게 합니다. 이런 것에 대해서도, 그리고 육체적 결함—현명한 배우는 자신이나 남의 경우에 대해서도 잘 알고 있으니, 고치지는 못하더라도 노출되지 않도록 가려야 할 육체적 결함—에 대해서도 할 이야기가 많지요. 대강 이런 사정으로 나는 신체의 외부를 자세히 가르치는 해부학 강의에 철저하게 집중할 수 있는 마음의 준비가 이미 충분히 되어 있었습니다. 그뿐 아니라 인체의 내부에 대해서도 어느 정도의 예상이 언제나 눈앞에 떠올랐기 때문에 이것 또한 생소한 것은 아니었어요. 다만 연구하는 데에 유쾌하지 않은 방해가 되었던 것은, 연구대상이 부족하다는 언제나 되풀이되는 탄식이었습니다. 말하자면 이같이 고상한 목적을 위해 메스를 대고 싶은 시신의 수(數)가 부족하다는 푸념이죠. 충분하지는 못하더라도 시신을 가능한 한 많이 공급하기 위해서 까다로운 법이 발표되었습니다. 즉 어떤 의미에서든 개인의 생명을 잃고 처형당한 범죄자들뿐만 아니라, 육체적으로도 정신적으로도 폐인이 되어 죽은 사람들까지도 공급받게 되었지요.

수요가 증가함에 따라 법은 더욱 엄격해졌고, 그에 따라 사람들의 반감도 커졌습니다. 사람들은 도덕적·종교적 관점에서 자신들의 인격과 사랑하는 이들의 인격을 포기할 수 없었던 것입니다.

그러나 해악은 점점 심해질 뿐이었습니다. 사랑하는 고인들이 평화로이 잠들어야 할 무덤까지 걱정하지 않으면 안 될 만큼 어찌할 바를 모르는 근심이 생겼으니까요. 나이와 계급, 그리고 신분의 높고 낮음을 떠나 이제는 누구도 영원한 안식처에 안심하고 몸을 내맡길 수가 없게 되었습니다. 꽃으로 장식한 무덤도, 추억을 남겨두려고 세운 비문도 이 돈벌이를 위한 약탈욕 앞에서 당할 도리가 없었습니다. 가장 비통한 이별까지도 가장 잔인하게 짓밟히는 것처럼 보였습니다. 그리고 무덤에서 떠날 때면 사람들은 꽃으로 장식되어 영원히 잠든 사랑하는 고인의 시신이 끌려가 더럽혀지고 뿔뿔이 흩어지는 건 아닐까 하는 두려움을 느낄 수밖에 없었습니다.

이런 일들이 되풀이되었고, 이제는 지겨워질 만큼 사람들의 입에 오르내리게 되었습니다. 그러나 어느 누구도 이에 대한 대책을 생각해 보지 않았으며, 또 생각할 수도 없었어요. 그리고 열의를 가지고 해부학 강의를 듣는 청년들이 이때까지 보고 들은 것을 자신의 손과 눈으로 직접 확인하여 필요한 지식을 더욱 깊고 생생하게 자신의 상상력과 결합시키려 하면 할수록 시체를 구할 수 없는 것에 대한 불만은 점점 더 커져만 갔지요.

이럴 때 어떤 반자연적인 학문적 갈증현상이 일어나는 법인데, 역겹기 그지없는 수단에 의한 욕구 충족을 마치 더없이 품위 있고 꼭 필요로 하는 수단에 의한 욕구 충족인양 선동하는 것입니다.

이미 오래전부터 이 법의 실행을 연기하거나 중지시켜야 한다는 의견이 지식욕에 불타는 사람들과 열렬한 실천가들 사이에 논란을 불러일으켰는데, 어느 날 아침, 마침내 거리 전체를 흥분시킨 사건이 일어나, 몇 시간에 걸쳐 찬반양론이 격렬하게 맞서게 되었습니다. 사랑에 실패하여 슬픔에 잠긴 한 아름다운 소녀가 물속으로 몸을 던져 스스로 생명을 끊었던 것입니다. 그리고 해부학 실험실이 그 시체를 차지하게 되었습니다. 부모와 친척들, 게다가 그릇된 추측으로 의심을 받았던 소녀의 애인까지 시신을 넘겨주지 않으려고 애썼지만 아무 소용이 없었던 거지요. 막 이 법을 강화했던 상급 관공서들은 어떤 예외도 인정하려 하지 않았고, 해부학 교실 사람들도 가능한 한 빨리 이 사냥감을 이용하기 위해 분배를 서둘렀습니다.”

바로 다음번의 해부 실험자로 급히 불려간 빌헬름은, 자기에게 지정된 좌석 앞에 말쑥한 천에 덮여 청결한 널빤지 위에 놓여 있는 예사롭지 않은 과제물을 발견했다. 그가 덮개를 벗기자, 한때 청년의 목에 감기었을 말할 수 없이 아름다운 여자의 팔이 보였다. 그는 도구상자를 손에 들고 있었지만 차마 시체를 열어볼 용기가 생기지 않고 앉지도 못한 채 우두커니 서 있었다. 이 아름다운 자연의 산물을 한 번 더 훼손해야만 하는 데 대한 반감과, 지식욕에 불타는 인간으로서 스스로 완수해야 할 요구들이 서로 싸웠다. 그리고 주위에 앉아 있는 이들은 모두 이 요구에 응한 사람들이었다.

그 순간 어떤 기품 있는 남자가 그의 곁으로 다가왔다. 이 남자는 강의에 좀처럼 모습을 드러내지는 않았지만, 언제나 진지한 청강생이자 견학생이었기에 그에 대해서 다른 사람에게 물어본 일도 있었다. 그러나 그에 대해 자세히 알려줄 수 있는 사람은 아무도 없었다. 다만 그가 조각가일 거라는 데에 모두의 의견이 일치했다. 하지만 그를 연금술사라고 생각하는 사람들도 있었다. 그는 크고 오래된 집에 살고 있는데, 방문객들과 일하는 사람들은 1층만 드나들 수 있고, 다른 방들은 모두 열쇠로 잠긴 채 비밀에 싸여 있다는 것이다. 그는 지금까지 몇 번쯤 빌헬름에게 다가와 그와 함께 강의를 받고 함께 나가기도 했지만, 그럴 때도 더 깊은 교제나 의견을 얘기하는 것은 일절 피하는 것 같았다.

그러나 그는 이번만은 마음을 연 듯이 솔직하게 말했다. "당신은 좀 주저하고 있는 것 같군요. 이 아름다운 형체에 넋을 잃어, 망가뜨린다는 건 상상할 수도 없다고 생각하는 것처럼 그저 멍하니 바라보고만 있더군요. 이곳에서의 동료의식 같은 건 그만두고, 나를 따라오십시오." 이렇게 말한 그는 죽은 아가씨의 팔을 다시 덮고, 담당자에게 눈짓을 했다. 그리고 두 사람은 그곳을 떠났다. 말없이 나란히 걸어가다가, 아직 잘 안다고 할 수 없는 그 사람이 어느 큰 문 앞에서 멈추더니, 쪽문을 열어 우리의 주인공을 안으로 안내했다. 들어가 보니 크고 넓은 마당으로, 오래된 상점에서 흔히 볼 수 있듯이, 도착한 상자와 짐꾸러미들을 바로 들여놓을 수 있는 널찍한 곳이었다. 거기에는 입상과 흉상의 석고모형이 나란히 서 있었고 두꺼운 판자로 된 틀도 있었는데, 안이 채워져 있는 것이 있는가 하면 텅 비어 있는 것도 있었다. "여기가 가게처럼 보일 겁니다." 그가 말했다. "여기서부터 수상운송을 할 수 있다는 것이 내게는 정말로 중요하답니다." 이 모든 것들은 조각가라는 직업에 아주 잘 어울렸다. 친절한 주인이 몇 계단 올라가 빌헬름을 어떤 넓은 방으로 안내했을 때에도 그는 여전히 별다른 것을 발견할 수 없었다. 그 방은 입체상과 평면상, 크고 작은 여러 인체상과 흉상, 그리고 중간중간 이를 데 없이 아름다운 인체의 각 부분들*10로 꾸며져 있었다. 우리의 주인

---

*10 괴테는 이런 실습용 인체모형 제작에 큰 관심을 가졌었다. 1781년에 시작한 인체 연구를 계속하는 한편 이따금 예나 대학에 있는 해부학자의 강의를 열심히 들었다.

공은 이 모든 것을 만족스럽게 바라보며, 주인의 설명에 기꺼이 귀를 기울이고 있었다. 그러나 그는 이 예술적인 작품들과, 그들이 조금 전까지 직면해 있던 학문적인 노력들 사이에는 아직도 큰 간격이 존재하고 있음을 느끼지 않을 수 없었다. 마지막으로 이 집 주인은 조금 진지한 얼굴로 말했다. "당신을 왜 이곳에 데려왔는지 금세 알 수 있을 겁니다. 이 문은," 그는 옆쪽으로 고개를 돌리며 말을 이었다. "아마 당신이 생각하는 것보다 더, 방금 떠나온 해부실과 비슷할 겁니다." 빌헬름은 안으로 들어갔다. 그러자 조금 전 마당과 방에 있던 생생한 인체의 모형 대신, 이곳은 벽 전체가 해부학용 표본들로 장식되어 있는 것을 보고는 매우 놀라고 감탄하지 않을 수 없었다. 그것이 밀랍이나 다른 어떤 덩어리로 만들어져 있는 것 같았는데 모든 것이 이제 막 완성된 표본처럼 생생하고 다양한 색깔을 띠고 있었다. 예술가가 말했다. "당신이 보고 있는 것은 세상 사람들의 반감을 사기도 하고, 시의적절하지 않을 때는 이따금 구토를 불러일으키기도 했지만, 지극정성으로 시체의 부패와 까다로운 보존을 위해, 앞장서는 저 노고의 귀중한 대용품이지요. 나는 이 일을 비밀리에 하지 않으면 안 됩니다. 당신도 여러 번 들었다시피, 전문가들까지도 이런 일을 멸시하기 때문입니다. 그러나 나는 그런 말에 흔들리지 않습니다. 내가 준비하는 것은 틀림없이 앞으로 큰 중요성을 갖게 될 것입니다. 특히 외과의사가 조형적인 개념을 갖게 되면 인간이 겪는 어떤 상처를 치료함에 있어서도, 자연의 영원한 형성작용이 구원의 손길을 가장 잘 내밀 수 있을 것입니다. 그런 조형적인 개념은 내과의사의 기량도 드높이게 될 테고요. 그러나 말을 많이 하지는 맙시다! 요컨대 당신은 파괴보다 건설이, 분리보다 결합이, 살해당한 자를 또다시 살해하는 것보다 죽은 자에게 생명을 불어넣는 것이 훨씬 더 많은 가르침을 준다는 점을 배워야 할 것입니다. 그래서 요점을 말하자면, 나의 제자가 될 생각은 없습니까?" 빌헬름에게서 긍정적인 대답을 듣자, 이 학자는 손님 앞에 그들이 방금 전 해부실에서 보았던 것과 같은 자세를 취하고 있는 여성의 팔뼈를 내놓았다. 선생은 말을 이어나갔다. "나는 당신이 인대학(靭帶學)에 얼마나 큰 관심을 갖고 있는지 알게 되었습니다. 그리고 그것은 옳은 일입니다. 왜냐하면 우리가 보기에, 덜거덕거리는 죽은 뼈는 인대가 있어야 다시 그 생명을 되찾을 수 있기 때문이죠. 에제키엘*11 역시 해골의 들판에서 사지가 움직이기 시작함으로써 팔이 손을 더듬어 찾고, 발이 일어설 수 있기 전에 뼈들이 이런 식으로 다시 모여 서로 연결되는 것을 보았을 것입니다. 여기에 신축성 있는 덩어리, 작은 막대기, 그 밖에 필요한 것은 무엇이든 있습니다. 자, 이제 당신의 행운을 시험해 보십시오.”

새로 온 제자는 정신을 집중시켰다. 그는 뼈의 각 부분을 자세히 관찰하면서 이것들이 정교하게 나무를 깎아 만들어졌다는 것을 알았다. 선생이 말했다. “나는 아주 재능 있는 사람을 한 명 데리고 있었지요. 이 사나이가 능숙하게 조각하곤 했던 성인상과 순교자상이 더 이상 팔리지 않게 되자 그는 그 기술로 돈을 벌어야 했습니다. 그래서 나는 그에게 인체 골격 만드는 일을 익히게 해서, 큰 골격이든 작은 골격이든 자연 그대로의 모습으로 만들어 나가도록 지도했습니다.”

우리의 주인공은 최선을 다했고 선생의 칭찬을 들을 수 있었다. 이런 작업으로, 인체의 부분부분에 대한 자신의 기억이 얼마나 뚜렷한지 또는 얼마나 희미한지 스스로 시험해 보는 것은 그에게는 유쾌한 일이었다. 그리고 기억을 실제 행위를 통해 다시 불러낼 수 있음을 발견하고는 기쁘고 놀라운 감정에 휩싸였다. 그는 이 일에 정열을 쏟게 되었고, 선생에게 그의 집에서 함께 지내게 해달라고 간청했다. 그는 이곳에서 쉬지 않고 일했다. 팔뼈와 작은 관절을 멋지게 조합하는 것도 짧은 시간 내에 할 수 있었다. 이번에는 힘줄과 근육을 해볼 차례였는데 인체를 이런 방법으로 모든 부분에 걸쳐 빠짐없이 조립한다는 것은 도저히 불가능한 일처럼 보였다. 그러자 선생은 틀로 찍어내는 복제 방법을 보여주면서 그를 위로했다. 모조하는 일, 표본을 매번 새로 만드는 일은 그때마다 새로운 긴장과 주의를 요했기 때문에 틀로 찍어내는 방법이 도입되었던 것이다.

인간이 어떤 일에 진지하게 몰두하게 되면, 그 일은 끝이 없는 법이다. 다만 경쟁적인 활동을 통해서만 인간은 좌절하지 않고 난관을 극복할 수 있다. 빌헬름도 얼마 안 가 자신의 무력감—그것은 하나의 절망감이다—에 휩싸이기도 했지만, 금세 벗어나 쾌적한 마음으로 일을 할 수 있게 되었다. “참으로 기쁩니다.” 선생은 말했다. “비록 전문적인 해부학의 대가들에게 인정

---

*11 기원전 6세기 이스라엘 예언자. ‘에스겔’이라고도 함. 《구약성서》〈에스겔서〉 제37장 참조.

되지는 않더라도, 당신은 이와 같은 방법이 얼마나 큰 성과를 가져오는지를 내게 증명해 주었으니까요. 이런 것을 가르치는 학교가 반드시 있어야 합니다. 그리고 이 학교는 주로 이런 기술을 전수시키는 일을 담당해야겠지요. 지금까지 행하여 내려온 것은 앞으로도 행해져야 마땅합니다. 그것은 좋은 것입니다. 그리고 좋은 것이고 좋을 것이며 또 좋아야만 합니다. 현재의 학교에서 발전이 가로막혀 있는 지점, 우리는 그 지점을 세심하게 인지하고 판별해야 할 필요가 있지요. 살아 있는 것을 붙잡아 실험을 거듭해야만 하는 것입니다. 그것도 남들이 모르게 말입니다. 그렇지 않으면 남에게 방해를 받거나, 남에게 폐를 끼치게 되니까요. 당신은 결합이 분리보다, 모형을 만드는 것이 관찰하는 것보다 상위에 있음을 생생하게 느꼈고, 그것을 실행에 옮겨 보여주었습니다."

빌헬름은 이러한 모형들이 비밀리에 이미 널리 퍼져 있다는 것은 알고 있었지만, 재고품들이 포장되어 해외로 발송될 것이라는 말을 듣고는 몹시 놀랐다. 이 유능한 예술가는 이미 로타리오, 그리고 결사의 친구들과 관계를 맺고 있었다. 그들은 이러한 유파를 저 교육주(州)에 창설하는 것은 매우 정당할 뿐 아니라, 지극히 필요한 일이라고까지 생각하고 있었다. 선천적으로 점잖게 자란 교양 있는 사람들 사이에서는 실제로 행해지고 있는 해부가 언제나 야만적인 것으로 생각되었기 때문에, 더욱더 필요하리라 여겨졌다. "대부분의 내과의사와 외과의사들은 해부된 인체의 일반적인 인상만을 기억에 담아둔 채 그것으로 충분히 해나갈 수 있다고 믿고 있는 것을 당신도 인정하겠지요. 사정이 이러하니 의사들의 머릿속에서 점점 사라져가는 형상(形象)들을 선명하게 되살리고, 꼭 필요한 것을 생생하게 유지시키기 위해서는 이런 모형들로 충분할 겁니다. 그렇습니다, 중요한 것은 의사들의 의욕과 열정입니다. 그것만 있으면, 해부기술의 어떤 미묘한 성과도 모형으로 만들어낼 수 있습니다. 이미 제도용 펜과 붓, 그리고 조각칼이 그 일에 사용되고 있습니다." 그는 옆에 있는 작은 찬장 문을 열고 놀랄 만큼 정교하게 만들어진 안면신경의 모형을 보여주며 말을 이었다. "이것은 유감스럽게도 젊은 나이에 죽은 내 조수의 마지막 작품입니다. 그러면 내가 생각하는 바를 실현하고 나의 소망을 이루어주리라는 생각에 나는 그에게 매우 큰 기대를 갖고 있었지요."

이러한 작업 방식이 여러 방면으로 끼칠 영향력에 대해 두 사람 사이에 상당히 많은 이야기가 오갔다. 조형예술과의 관계도 주목해야 할 것이라는 이야기도 나왔는데, 이를테면 이 작업이 어떻게 조형 예술과 모형 기술 사이에 위치하는가에 대한 어느 좋은 실례가 거론되었던 것이다. 선생은 이전에, 그리스 시대 청년의 아름다운 토르소를 부드러운 덩어리로 모양을 떠놓았었다. 그리고 이제는 있는 통찰력을 발휘해 어떤 관념적 형태가 합쳐져 있는 그 모습에서 외적인 덮개를 모두 벗겨버리고, 이 아름답고 생생한 모습을 현실의 근육 표본으로 바꾸려 시도한 일이 있었다. "이 같은 경우도 수단과 목적이 아주 가깝게 닿아 있어요. 나는 기꺼이 고백하건데 수단을 위해 목적을 소홀히 했었지요. 그러나 전적으로 내 책임은 아닙니다. 옷을 입지 않은 인간이야말로 원래 의미에서의 인간입니다. 조각가는 형태가 만들어지지 않은 다루기 힘든 점토에 생명을 불어넣어 세상에서 가장 아름다운 인간이라는 형상으로 새로이 만들 수 있었던 신들과 견줄 수 있는 자이지요. 조각가는 이런 신과 같은 생각을 품고 있지 않으면 안 됩니다. 순진무구한 자에게는 모든 것이 순수하기 마련입니다. 자연에 작용하는 신의 의도 가운데 순결하지 않은 것이 있겠습니까? 그러나 현 시대에 우리가 이것을 소망할 수는 없습니다. 무화과나무 잎이나 동물의 가죽 없이는 살 수 없고, 그것만으로 아직 충분하지 않으니까요. 내가 조각술을 어느 정도 몸에 익혔을 때 받은 주문은 넓은 소매에 주름이 많이 잡힌 덧옷을 입은 위엄 있는 남자들을 만드는 것이었습니다. 그때 나는 전향하기로 마음먹었습니다. 내가 이해하고 있는 것을 미적 표현을 위해 활용하는 것조차도 허락되지 않는다면 실리를 손에 넣는 쪽을 택하기로 말이죠. 이것 또한 의미가 있는 일이니까요. 인간의 정신이 참신함을 잃었을 때, 다른 많은 활동영역에서처럼 모조나 모조품이 우리의 상상력과 기억력을 되살리는 데 필요한 것으로 널리 인정받으면 내 소망은 이루어지는 것입니다. 그렇게 되면 많은 조형예술가들은 틀림없이 자신의 소신과 감정을 죽인 채 마음에 들지 않는 조각 일에 종사하기보다 차라리 내가 했던 것처럼 당신들을 도울 것입니다."

　　이와 관련하여 다음과 같은 고찰도 이루어졌다. 즉 예술과 기술은 저울과도 같이 서로 균형을 유지하는 아주 밀접한 관계에 있기 때문에 언제나 한쪽이 다른 한쪽으로 기울어지게 마련이다. 따라서 예술이 떨어지면 반드시 뛰어난 수공업 쪽으로 옮겨지고, 수공업이 올라가면 반드시 예술적으로 아주 풍성해진다는 것이었다.

두 사람은 서로의 마음을 완전히 이해했고 완벽하게 뜻이 맞았기 때문에, 그들이 각자 본디의 큰 목적으로 나아가기 위해 작별해야 할 때가 되자 몹시 아쉬워했다.

선생은 말했다. "우리가 자연을 멀리하고 자연을 부정하려는 자들이라고 사람들이 생각하지 않도록 하기 위해, 미래에 대한 선명한 전망을 열어놓도록 합시다. 바다 건너 저편에서는 인간을 존중하는 신념이 점점 높아지고 있습니다. 그곳에서 마침내 사형 제도를 폐지한다 하더라도,*12 우리는 그 곳에 큰 성곽이나 사방을 벽으로 에워싼 구역을 만들어 시민을 범죄로부터 안전하게 보호하는 동시에, 범죄가 처벌받지도 않은 채 활개치는 일이 없도록 해야 합니다. 그 슬픈 구역에 의술의 신(醫神)인 아스클레피오스*13를 모시는 사당을 하나 마련하는 게 어떻겠습니까? 세상으로부터 격리되어 있는 그곳이라면, 아무리 시체를 조각조각 잘라내도 우리의 인간적인 감정이 손상되지 않을 것입니다. 또한 당신이 저 아름다운 죄없는 팔을 보았을 때처럼 메스가 손안에서 움직이지 않거나 모든 지식욕이 인간성이라는 감정 앞에 사라져버리는 일이 없도록 하여, 우리의 지식은 형벌 자체와 마찬가지로 고립되어 있을지라도 언제까지나 선명하게 유지할 수 있을 겁니다."

빌헬름이 말했다. "이것이 우리의 마지막 대화였습니다. 나는 잘 포장된 상자가 강물에 떠내려가는 것을 배웅하면서, 상자를 위해서는 무사히 도착하기를, 우리를 위해서는 짐을 풀 때 모두 함께 즐거운 얼굴로 만나기를 기도했습니다."

우리의 주인공은 진심과 열성을 다해 이야기를 끝맺었는데, 특히 활기를 띤 그의 목소리와 말투는 근래에 그에게서 잘 볼 수 없었던 것이었다. 그러나 이야기가 끝날 무렵 멍하니 있는 듯한 레나르도가 자기의 말에 집중하지 않은 것 같았고, 반대로 프리드리히는 미소를 지으며 반대한다는 듯이 두세

---

*12 괴테는 독일에서의 사형 제도 폐지를 당시의 문화 상태로는 시기상조라고 생각했다. 그러나 사형 제도 폐지 자체는 바람직한 것으로 여겼다.

*13 Asklepios : 고대 그리스의 의신으로, 그리스인들 사이에서 존경을 받았다. 가장 규모가 크고 유명한 아스클레피오스 신전은 에피다우로스에 있다.

번 머리를 흔들었기에 남의 표정을 예리하게 잘 읽어내는 빌헬름은 자기에게는 매우 중요하다고 생각되었던 일이 이렇듯 호응을 받지 못한다는 사실을 깨닫고는 친구들의 이와 같은 태도를 비난하지 않을 수 없었다.

프리드리히는 그 점에 대해 아주 간단명료하고 솔직하게 자기 의견을 설명했다. 그런 계획이 물론 칭찬할 만하고 훌륭하기는 하지만 그다지 중요하다고 느껴지지는 않으며, 더구나 실행에 옮긴다는 것은 도저히 불가능해 보인다는 것이다. 그는 이러한 자신의 견해를 여러 가지 이유를 들어 정당화시키고자 했는데, 어떤 일에 사로잡혀 그것을 관철시키고자 애쓰는 사람에게는 생각 이상으로 모욕적으로 느껴지는 그런 방식으로 이야기했다. 우리의 조형 해부학도는 한동안은 꾹 참고 듣고 있었지만, 끝내 격한 어조로 응수했다.

"프리드리히 군, 자네는 장점을 많이 갖고 있네. 그건 아무도 부정할 수 없고, 나 또한 마찬가지일세. 하지만 지금의 자네는 평범한 사람들처럼 평범한 얘기를 하고 있네. 평범한 사람들은 새로운 것에 부딪치면 별난 점밖에 보지 못하지만, 그 안에 의미 있는 것을 발견하려면 평범한 사람들이 가진 능력 그 이상이 필요하지. 자네들에게는 모든 것이 일단 실행에 옮겨지지 않으면 안 되지. 모든 것이 행위로서 완성되어야 하고, 가능한 것 그리고 현실적인 것으로써 눈앞에 나타나야만 하지. 그리고 나서야 비로소 자네들은 그것을 다른 것들과 동등하게 보지. 지금 자네가 주장하는 것을 나는 이미 오래전부터 학자들이나 문외한들에게서 귀에 못이 박히도록 들어왔네. 학자들은 편견과 나태함에서, 문외한들은 무관심에서 그렇게들 말하지. 내가 앞서 말한 계획은 신세계에서가 아니면 실현되기 힘들 걸세. 그곳에는 전해 내려오는 방식이 전혀 없기 때문에, 정신은 꼭 필요하다고 느끼는 것에 대해서는 새로운 수단을 탐구할 용기를 불러일으켜야만 할 테니 말이네. 그곳에서라면 창의력이 깨어나고, 대담성과 지구력이 필요성에 더하게 되지.

의사라면 약을 조제하든지 손을 써서 일을 하든지 간에 인체 내부와 외부에 대한 정확한 지식을 갖고 있어야 하지. 그렇지 않으면 아무 의미가 없다네. 그러한 지식을 얻기 위해서는 학교에서 간단한 지식을 배우고, 헤아릴 수 없는 수많은 유기체들의 다양한 각 부분의 형태와 위치, 그리고 상호관계에 대한 피상적 개념을 습득하는 것으로만은 절대로 충분하지 못해. 이런 지식과 관찰을 반복하여 자신을 단련시키고 진지하게 몰두하는 의사라면, 신체의 경이로운 연관관계를 언제나 마음과 눈앞에 새롭게 하기 위해 매일 다양한 기회를 찾을 걸세. 만일 그가, 어떤 것이 진정 자신에게 이익이 되는지를 알지만 이런 일을 할 수 있는 시간이 없다면 해부학자를 고용하면 되겠지. 그의 지시에 따라 그를 위해 비밀리에 일하고, 복잡하기 그지없는 생명을 눈앞에 두고는, 아무리 어려운 질문에 대해서도 단숨에 대답해 줄 수 있는 해부학자를 말이네.

사람들이 이런 사실을 보다 잘 통찰할수록 해부학 연구는 한층 더 활기를 띠게 되고, 맹렬하고 열정적으로 행해지겠지. 하지만 그렇게 되면 그만큼 수단이 줄어들 테지. 그런 연구의 기초가 되는 대상, 즉 인체들은 점점 부족해지고, 귀해져서, 값이 비싸지겠지. 그러면 마침내 산 자와 죽은 자 사이에 갈등이 일어날걸세.

낡은 세계에서는 아직도 모든 것이 옛것에서 탈피하지 못하고 있네. 그곳에서는 새로운 것을 언제나 옛날식으로, 발전해 가는 것을 경직된 방식으로 다루려 하네. 내가 말한 산 자와 죽은 자 사이의 갈등도 사활이 걸린 문제가 되어가겠지. 사람들은 두려워하며 방책을 강구하고 법을 공포하기도 하겠지만 아무 소용없을 거야. 경고를 하건 금지령을 내리건 아무 도움이 되지 않을 걸세. 처음부터 다시 시작하는 수밖에 없지. 그리고 이것이야말로 나의 선생과 내가 새로운 상황에서 이루고자 희망하는 것일세. 그렇다고 전혀 새로운 것도 아니고, 이미 현존하고 있는 것이네. 다만 지금은 예술인 그것은 손으로 하는 일이 되어야 하고, 특수한 상황에서 행해지는 일이 일반적으로 가능해지지 않으면 안 된다네. 그리고 그것이 보급되기 위해서는 사람들의 인정을 꼭 받아야 하지. 우리가 하고 있는 모든 활동과 작업은 특히 결정적인 곤경이 대도시를 위협할 때에는, 이것이 유일한 구조 수단이라는 것을 인정받을 필요가 있네. 나는 여기에서 나의 선생 말을 인용하고 싶군. 잘 들어보게! 어느 날 선생은 아주 중요한 비밀 이야기를 털어놓았네.

'신문을 읽는 사람들은 시체 도굴꾼에 대한 기사를 읽으면서 재미있어할 뿐 아니라 유쾌하게 느끼기까지 하지요. 처음에 그들은 아무도 모르게 몰래 훔치다가, 파수꾼이 세워지면 자기들의 사냥감을 힘으로 쟁취하기 위해 무장한 무리들과 함께 나타나지요. 이런 못된 짓 끝에는 최악의 사태가 벌어지는 법입니다. 이것을 나는 공공연하게 말할 수는 없지만 말입니다. 왜냐하면 내가 공범은 아니더라도 우연히 이 비밀을 알고 있으니 수사에 말려들어가 위험하기 짝이 없는 상황에 빠질 수도 있고, 범행을 목격한 즉시 법원에 알리지 않았다는 이유로 상황을 불문하고 결국 나는 벌을 받게 될 것이기 때문입니다. 당신에게 고백하건대, 이 거리에서 살인이 있었어요. 어쩔 수 없는 필요성에 의해 급히 사들여야 할 해부학자에게 보수를 듬뿍 받고 시체를 넘겨주기 위해서지요. 영혼이 떠난 육체가 우리 앞에 놓여 있었습니다. 나는 도저히 그 광경을 자세히 설명할 수가 없군요. 나의 동료가 범행을 알아차렸고, 나 또한 알게 되었습니다. 우리는 서로 마주 본 채 한 마디도 하지 않았지요. 앞만 보며 조용히 일을 시작했습니다. ―이제 알겠지요. 나를 밀랍과 석고 사이에 빠지게 한 것을 말입니다. 당신을 이 기술에서 떠나가지 못하게 하는 것도 바로 이것입니다. 이 기술은 머잖아 다른 어떤 기술보다도 칭송을 받게 될 것입니다.'"

프리드리히가 벌떡 일어나더니 박수를 치면서 브라보를 연발했기 때문에 빌헬름은 정색하고 화를 냈다. "브라보!" 프리드리히가 소리쳤다. "이제 나는 당신을 다시 보게 되었습니다! 오랜만에 당신이 뭔가 진심으로 마음에 간직하고 있는 사람처럼 말했습니다. 이제야 비로소 명쾌한 이야기로 유유히 흘러가듯 말했어요. 당신은 제 몫의 일을 해내고, 그것을 사람들에게 권장할 수 있는 능력을 갖춘 인간이라는 것을 확실히 증명했습니다."

그러자 레나르도가 말을 받아 이 사소한 분쟁을 말끔히 씻어주었다. "내가 전혀 듣고 있지 않은 것처럼 보였겠지만 그건 오히려 당신의 이야기를 너무 집중해서 듣고 있었기 때문입니다. 나는 여행길에서 보았던 것과 같은 종류의 큰 진열실을 떠올렸습니다. 내가 진열에 각별한 흥미를 보였기에, 그 관리인은 습관처럼 늘 하는 말을 다 해버릴 작정으로 암기한 말을 입심 좋게 떠들어댔지만, 자신이 바로 제작자였기에 금세 자기 역할을 잊어버리고 박식한 실제의 교육자임을 직접 보여주었습니다.

한여름이라 바깥은 무더웠지만 실내는 서늘해서, 아무리 추운 겨울날에도 좀처럼 가까이 갈 생각이 들지 않는 대상물들을 눈앞에 본다는 것은 묘한 대조를 이루었지요. 그곳에서는 모든 것이 기분 좋게 지식욕을 채워주고 있었어요. 관리인은 아주 침착하게 훌륭히 배열된 인체구조의 기적을 나에게 보여주었습니다. 그리고 초보자를 위해서, 또 훗날의 기억을 새롭게 하기 위해서는 이 정도의 시설로도 충분함을 나에게 이해시킬 수 있었던 것을 기뻐했어요. 물론 누구든지 짬이 있을 때 실물을 직접 보고, 적절한 기회가 있으면 이것저것 특수한 부분을 연구해 보는 것은 자유라는 말도 덧붙였습니다. 그는 자기를 추천해 달라고 내게 부탁했어요. 왜냐하면 그가 이런 수집을 한 것은 오직 외국의 어느 대형 박물관에 보내기 위해서였으니까요. 그러나 모든 대학은 예외 없이 이 계획에 철저히 반대했다고 하더군요. 이유는, 이 기술의 대가들이 전문 조각가가 아닌 해부학자들만 양성하기 때문이었습니다.

그러므로 나는 이 재주 있는 남자를 세상에서 유일한 사람이라고 생각했지요. 그런데 지금 이야기를 들어보니, 또 다른 사람이 똑같은 방법으로 노력하고 있다는 것이군요. 그렇다면 제3, 제4의 인물이 나타나게 될지 모를 일이지요. 우리는 우리들 나름대로 이 사업을 추진해 나가도록 합시다. 추천은 외부에서 들어와야 합니다. 그리고 이 유익한 계획은, 우리가 만든 새로운 상황 속에서 반드시 추진시켜야 할 것입니다."

제4장

다음 날 아침 일찍, 프리드리히는 노트 한 권을 손에 들고 빌헬름의 방으로 들어왔다. 그리고 그에게 노트를 건네주며 말했다. "어젯밤에는 이 세상에 유용한 당신의 여러 장점들을 너무나 자세하게 말씀하셔서 나에 대한 것이나 장점에 대해서 말씀드릴 기회가 없었어요. 하지만 나도 때로는 자랑할 만한 장점이 있는데, 그것은 나도 이 큰 순례단의 일원이 되기에 어울리는 사람이라는 걸 증명해 주는 것이지요. 자, 이 공책을 잘 읽어보세요. 시험삼아 써본 것이지만 당신이라면 이 작품의 가치를 인정하게 될 것입니다."

빌헬름은 곧장 각 페이지들을 읽어보았다. 휘갈겨 쓰기는 했지만, 해부학 연구에 관해 자신이 어젯밤에 했던 말 한 마디 한 마디가 모두 읽기 쉽고 경쾌하게 쓰여 있는 것을 보고 놀라지 않을 수 없었다.

"알고 계시겠지요." 프리드리히가 말했다. "우리 비밀결사의 기본 원칙 말입니다. 만일 결사의 단원 자격을 얻으려면 하나의 전문 분야에 완전히 정통해야 한다는 것을요. 그래서 나는 무엇을 하면 좋을까 고민했지만. 아무것도 찾아내지 못했습니다. 기억력에 있어서, 그리고 글을 빠르고 명쾌하게 또한 읽기 쉽게 쓰는 데 있어서는 나를 능가하는 사람은 아무도 없다는 것을 잘 알고 있었는데도 말이에요. 이 훌륭한 특성은 우리가 함께 했던 연극생활을 되돌아보면, 당신도 쉽게 기억이 날 것입니다. 그때에 조금만 현명했더라면 총알 한 발로 토끼 한 마리를 부엌에 가져올 수 있다고 생각했을 텐데, 우리는 참새만 노리고 총알을 난사했던 것입니다. 제가 얼마나 자주 대본 없이 무대 뒤에서 배우에게 대사를 일러주었던가요? 제가 얼마나 자주 잠깐 사이에 기억을 더듬어 배역들을 써내었던가요? 그때 매형은 그건 당연한 거야, 그래야만 하는 거지, 라고 생각했지요. 나도 마찬가지였고요. 그리고 그런 재주가 앞으로 내게 도움이 될지도 모른다는 생각은 하지도 않았지요. 그것을 맨 처음 발견해 주신 건 신부님이었어요. 그는 물을 자기의 물레방아로 흐르게 하듯이, 다시 얘기하면 그것이 자기에게 도움이 됨을 알아차리고 나를 훈련시키게 되었지요. 나는 아주 손쉽게 그것을 할 수 있었고, 또한 신부님처럼 진지한 사람을 만족시킬 수 있었기에 기뻤습니다. 이제 나는 필요하다면 당장이라도 사무국 전체가 할 일을 혼자 거뜬히 해낼 수 있어요. 더욱이 우리는 두 발 달린 계산기*14까지 갖추고 있으니까요. 아무리 많은 관리들을 거느리고 있는 군주라도, 우리를 거느리고 있는 비밀결사의 대장들에게는 당하지 못할 것입니다."

이러한 활동에 관한 쾌활한 대화는 비밀결사의 다른 성원들에 대해서도 생각하게 했다. "생각이나 하시겠어요?" 프리드리히가 말했다. "이 세상에서 가장 쓸모없어 보이던 나의 필리네*15가 결사라는 큰 사슬의 가장 유용한 고리가 될 줄을 말입니다. 그녀에게 옷감을 한 감 주고, 남자든 여자든 그녀 앞에 세워보십시오. 그녀는 자도 들지 않고 전체를 재단하고, 어떤 천조각이든 남는 건 유익하게 이용할 줄 안답니다. 게다가 옷본도 전혀 사용하지 않고 말이죠. 축복받은 눈썰미가 그 모든 것을 그녀에게 가르치는 것입니다. 그녀는 사람을 찬찬히 보고 재단을 합니다. 그러고는 그 사람이 어딘가로 가버려도 재단을 계속해 몸에 꼭 맞는 옷을 만들어냅니다. 그러나 만약 그녀에

---

*14 베르너 밑에서 일하는 점원으로, 제14장에서 안젤라와 연결된다.
*15 《수업시대》에 나오는 다정다감한 여배우. 뒤에 프리드리히의 아내가 된다.

게 뛰어난 재봉사가 없었다면 불가능했겠지요. 그 재봉사는 몬탄의 리디에
인데, 언제부터인가 말수가 적어지더니 지금은 아주 얌전해졌지요. 그녀는
아무도 따라갈 수 없을 만큼 한 땀 한 땀 마치 진주를 수놓듯 깔끔하게 꿰맨
답니다. 이것이야말로 한 인간이 얼마나 변할 수 있는가 하는 본보기이지요.
본디 우리 인간은 쓸데없는 것들을 참 많이도 몸에 매달고 있어요. 습관·애
착·오락·변덕을 잇대어 꿰매놓은 남루한 외투처럼 말이죠. 그 때문에 우리
는 자연이 우리에게 해주고자 했던 것, 자연이 우리 가슴속에 불어넣어준 가
장 훌륭한 것을 발견하지도, 실행하지도 못하고 있습니다."

이처럼 즐겁게 뭉친 결사의 여러 장점에 대해 깊은 생각을 주고받자, 미래
에 대한 전망은 더할 나위 없이 아름답게 열려왔다.

그리고 이번에는 레나르도가 함께 대화에 끼게 되자 빌헬름은 레나르도에
게 자신에 대한 이야기, 즉 이때까지 걸어온 인생, 그리고 어떻게 자신과 다
른 사람들을 격려해 왔는지에 대해 편안하게 이야기해 줄 것을 부탁했다.

"친애하는 친구여, 당신은 잘 기억하고 있지요." 레나르도가 말했다. "우
리가 처음 알게 되었던 순간, 내가 얼마나 격정적인 감정에 사로잡혔는지 말
입니다. 나는 참으로 기이한 갈망 속으로, 저항할 수 없는 욕망으로 빠져들
어가고 있었어요. 그즈음 나는 절박했던 일, 나에게 찾아온 고난에 대해서만
말할 수 있을 뿐이었습니다. 그 고난을 스스로 더 무겁게 하는 데 힘을 쏟고
있었고요. 그러니 나는 당신에게 나의 더 젊은 시절에 대해 알릴 수가 없었
습니다. 그러나 지금은 여기까지 나를 이끌어온 길로 당신을 안내하기 위해
이야기를 시작해야겠군요.

나의 능력은 처한 상황에 따라 점점 발전해 갔는데, 가장 빨리 나타난 능
력 가운데에서도 뛰어났던 것은 기술적인 것에 대한 어떤 충동이었습니다.
이 충동은 시골에서 살고 있다는 초조감 때문에 날이 갈수록 더해 갔습니다.
시골에서는 큰 건물뿐만 아니라, 오히려 대수롭지 않은 설비 개량이나 설계,
그리고 색다른 것을 시도하려다 보면 장인의 손길이 부족함을 느끼게 되는
데, 그러다보니 시간을 들여서 완벽하게 일을 끝내기보다 어설프고 서투르
더라도 그냥 직접 손을 대게 될 때 느끼는 초조감 말입니다. 다행히도 내가
살던 지방에는 못하는 일이 없는 재주꾼이 돌아다니고는 했지요. 그 사람은
나에게 오면 늘 만족할 만큼 돈을 벌 수 있어서, 누구보다 나를 제일 잘 돌

봐주었고 나를 위해 선반을 하나 설치해 주었어요. 찾아올 때마다 나를 가르치기보다 오히려 자신의 목적을 위해 사용하곤 했지만요. 그런 식으로 나는 목수 연장도 마련했습니다. 이런 도구에 대한 나의 애착은 당시 소리 높여 주장되던 일반적인 신념에 의해 더욱 커졌습니다. 즉 위급할 때에 손기술로 생계를 유지할 줄 모르면 누구도 감히 인생행로에 뛰어들 수 없다는 신념 말입니다. 나의 열성은 교육자들의 원칙에 따랐기 때문에 그들에게서도 인정을 받았습니다. 나는 놀아본 기억이 거의 없습니다. 시간만 나면 무슨 일을 하거나 무엇인가를 만드는 데에 썼으니까요. 그렇습니다. 내 자랑을 좀 해도 괜찮겠지요. 나는 어렸을 때 이미, 어떤 솜씨 좋은 대장장이에게 이것저것 부탁해서 그를 자물쇠공과 줄날세우기공, 그리고 시계공으로 만들어낸 일도 있답니다.

물론 이런 모든 일을 이루어내기 위해서는 먼저 도구를 만들어야 했습니다. 그런데 수단과 목적을 혼동하여, 일을 진지하게 완성시키는 것보다는 오히려 준비와 설계에 시간을 들이는 저 기술자들의 고질병 때문에 몹시 괴로웠답니다. 어쨌든 우리가 실제 활동상을 보여줄 수 있었던 것은 정원을 꾸밀 때의 일이었습니다. 어떤 지주도 정원을 손보지 않을 수 없는 일이지요. 이끼와 나무껍질을 이은 오두막집, 통나무다리, 벤치 같은 것들이 우리의 부지런함을 증명해 주었습니다. 우리는 문명세계 한가운데에, 원시 건축의 실상을 그대로 재현하려 심혈을 기울였습니다.

해를 거듭함에 따라 이 충동은 제가 이 세상에 아주 유익하고 없어서는 안 될 모든 것에 한층 더 진지한 관심을 가지게 했습니다. 또한 여러 해에 걸친 저의 여행에 가장 중요한 의미를 주기도 했습니다.

그러나 인간이란 보통 자신이 한번 발을 내딛은 길을 계속 가고자 하기 마련이라, 나도 기계공업보다 오히려 힘과 감정을 결합시켜 일할 수 있는 직접적인 수공업이 더 좋았습니다. 그러니 나는 환경에 따라 이런저런 일들이 뿌리 내리고 있는 이 세상과는 격리된 사람들과 한 동아리 속에 오래 머물러 있는 것을 특히 좋아했습니다. 이런 동아리는 각 단체에 독특한 고유성을 부여하고 집집마다, 그리고 그 집들의 집단으로 된 작은 마을에게 가장 선명한 성격을 부여합니다. 거기서 사람들은 하나의 살아 있는 전체라는 순수함 속에서 살아가고 있기 때문이죠.

그럴 때면 나는 모든 것을 노트에 기록하고 그림까지 그려넣어, 뒷날 이 노트를 활용할 수 있을지도 모른다는 기대와 함께 나의 시간들을 바지런하고 즐겁게 보내는 습관을 들였습니다.

이런 취미와 수업으로 쌓아온 재능을 내가 최대한으로 이용할 수 있었던 것은 결사가 산지 주민들의 생활환경을 조사하고, 이민을 희망하는 자들 가운데에서 도움이 될 만한 친구를 우리 일행의 일원으로 받아들이는 중요한 사명을 해냈을 때였습니다. 그런데 나는 여러 가지 급한 일들에 쫓기고 있으니, 당신은 이 아름다운 밤을 나의 한 부분을 읽으며 보내면 어떨까요? 내 일기가 읽을 가치가 있고 즐거우리라고 주장하지는 않겠습니다만 그래도 재미있고 어느 정도 교훈적이지 않을까 싶습니다. 어쨌든 우리가 만들어내는 모든 것에 언제나 우리 자신의 모습이 반영되고 있는 것이니까요."

제5장 레나르도의 일기

15일, 월요일

한밤중에 나는 고생 끝에 산 중턱까지 올라가, 그럭저럭 지낼 수 있을 것 같은 숙소에 도착했다. 그리고 모처럼 기분 좋게 자고 있었는데, 날이 밝기도 전에 울려대는 크고 작은 방울 소리에 언짢은 기분으로 눈을 떴다. 짐 실은 말의 긴 행렬이 지나가고 있었다. 옷을 입고 그들보다 먼저 길을 떠나야 했는데, 때를 놓치고 말았다. 나도 곧 출발했지만, 얼마 안 있어 이런 무리와 함께 간다는 것이 얼마나 불편하고 성가신 것인가를 경험해야 했다. 단조로운 방울 소리가 귀를 먹먹하게 했다. 짐 실은 말의 양 옆으로 삐져나온 짐—이번에는 커다란 솜 자루를 나르고 있었다—의 한쪽이 바위에 스칠 만큼 가까워져서, 말이 이것을 피하려고 다른 쪽으로 가면, 이번에는 짐이 깊은 골짜기의 허공에 매달려 보는 사람은 조마조마하고 현기증이 났다. 그런데 가장 괴로운 것은, 어떤 경우에도 말들 옆을 지나쳐 앞지를 수 없다는 것이었다.

가까스로 나는 그 옆을 빠져나와 널찍한 바위 위에 이르렀다. 그곳에서 짐을 기운차게 날라다준 성 크리스토프가 어떤 남자에게 인사를 했다. 그 사나이는 꼼짝 않고 서서, 지나가는 행렬을 검사하고 있는 것 같았다. 사실 그는 이 대열의 인솔자였다. 짐을 운반하는 말의 상당수가 그의 소유였고, 나머지는 마부와 함께 고용한 것이었다. 뿐만 아니라, 소량이기는 하나 짐의 일부가 그의 소유이기도 했다. 그러나 그가 하는 일은 주로 큰 상인들을 위해 그들의 물건을 충실하게 운반해 주는 것이었다. 그와의 대화에서 알아낸 것은, 이 원면(原綿)은 마케도니아와 키프로스 섬에서 트리에스테를 거쳐온 것으로, 산자락에서부터는 노새와 짐말들에 실려 이 높은 곳까지 옮겨졌고, 다시 산줄기 너머까지 운송되는데, 그곳의 산간평야와 골짜기에는 수많은 방적업자와 직조업자들이 외국으로부터 주문받은 상품들을 대대적으로 생산하고 있다는 것이었다. 짐은 싣기 편하도록 1첸트너*16 반, 또는 3첸트너 무게로 꾸려지며, 이 3첸트너가 말에게 실을 수 있는 최대한의 무게라고 했다. 이 남자는 이 경로로 도착하는 원면의 품질을 동인도와 서인도산, 특히 매우 유명한 남미의 카옌 면화와 비교하며 칭찬했다. 그는 자신의 일에 대해 훤히 알고 있는 것 같았고 나 또한 전혀 모르지 않았기에 유쾌하고 유익한 대화가 이뤄졌다. 그러는 사이, 짐 실은 말의 행렬이 전부 우리를 앞서가 버렸다. 나는 끝이 보이지 않을 만큼 긴 말들의 행렬이 구불구불 정상까지 이어진 암벽길을 가는 모습을, 언짢은 기분으로 바라보았다. 우리는 기어가듯 짐말들의 뒤를 따라갔고 바위와 바위 사이에 이글이글 떠오르는 햇볕을 쬐어야 했다. 내 짐꾼인 성 크리스토프에게 불평하고 있는데, 땅딸막한 체격에 기운 좋아 보이는 사나이가 우리에게 다가왔다. 이 사나이는 등에 메는 커다란 바구니에 비교적 가벼운 짐을 싣고 있는 듯이 보였다. 우리는 인사를 나누었는데 성 크리스토프와 이 새로 온 남자가 열렬하게 악수하는 것을 보니 두 사람이 서로 잘 아는 사이임을 바로 알 수 있었다. 나는 곧 그에 대해 다음과 같은 것을 알게 되었다. 너무 멀리 떨어져 있어 시장까지 가기 어려운 산간지역 사람들을 위해 실 운반인이라 불리는 하청상인이나 수집상이 있는데, 그도 그런 사람들 가운데 하나라는 것이었고, 이 사람은 골짜기나 외진 곳들을 구석구석 오르내리며 집집마다 찾아가서 방직업자들에게 나누어 받은 면화를 갖다주고 실과 맞바꾸거나, 품질을 따지지 않고 실을 사들였다가 많이

---

*16 1첸트너는 50킬로그램이다.

모아지면 산기슭에 사는 제조업자들에게 팔아서 얼마간의 이윤을 남긴다는 것이었다.

그런데 노새 뒤를 따라 어슬렁어슬렁 걸어가는 불편함이 다시금 화제에 오르자, 그 사나이는 자기와 함께 옆에 있는 골짜기로 내려가자고 내게 제의했다. 그 골짜기는 바로 이 골짜기에서부터 갈라져, 물을 다른 방향으로 끌어가고 있었다. 나는 그와 함께 가기로 결심했다. 고생 끝에 제법 험한 산등성이 하나를 넘자, 건너편에 산비탈이 눈앞에 나타났다. 처음에는 기분 나쁜 느낌을 주었다. 암석이 바뀌어 슬레이트와 같은 모양을 이루고 있었기 때문이다. 바위와 돌멩이에 생기를 주는 초목은 전혀 찾아볼 수 없었고 험한 내리막길이 바로 눈앞에서 우리를 위협하고 있었다. 맑은 물이 사방에서 졸졸 흘러 모였다. 우리는 깎아지른 듯한 암벽들에 둘러싸인 작은 늪도 지나갔다. 드문드문 보이던 노송과 낙엽송 그리고 자작나무가 점점 무리를 이룬 모습이 보이기 시작했다. 그 사이로 여기저기 흩어져 있는 시골집도 보였다. 물론 초라한 집들이었고, 어느 집이나 그곳에 사는 사람들이 목재를 짜맞추어 만든 것이었는데, 크고 검은 지붕 판자에는 바람에 날아가지 않도록 돌을 얹어놓았다. 초라한 겉모습과 달리, 집 안은 좁기는 해도 그다지 누추하지 않았다. 따스하고 건조했으며 깨끗하게 보존되어 있어서 그곳에 사는 사람들의 쾌활한 모습과 아주 잘 어울렸다. 그곳에 있으니, 곧 시골 사람들의 꾸밈없는 친밀함이 느껴졌다.

모두들 실 운반인을 기다리고 있었던지 작은 미닫이창으로 내다보는 사람도 있었다. 왜냐하면 그는 될 수 있으면 같은 요일에 오는 것으로 정해 놓고 있었기 때문이다. 그는 뽑은 실을 사들이고 새로운 원면을 나누어주었다. 곧이어 아래쪽으로 내려갔는데, 그곳에는 몇몇 집들이 한데 모여 있었다. 그곳 사람들은 우리를 보자 인사를 하며 다가왔다. 아이들도 우르르 모여들더니 계란빵, 동그랗게 말린 빵 하나를 받아들고는 무척 기뻐했다. 모두들 즐거워했고 더욱이 성 크리스토프도 비슷한 꾸러미를 어깨에 짊어지고 온 것을 보자 더욱 기뻐하는 듯 보였으며, 그도 아이들의 순수한 감사를 받는 기쁨을 맛볼 수 있었다. 그 또한 그의 동료와 같이 아이들과 다정하게 잘 어울릴 줄 알았기에 한층 더 유쾌했던 것이다.

이와 달리, 노인들은 여러 질문들을 준비하고 있었다. 모두가 전쟁에 대해 알고 싶어했다. 다행스럽게도 전쟁은 아주 먼 곳에서 일어나고 있었고, 더 가까이서 일어난다 하더라도 이런 지방을 위협하는 일은 거의 없을 것이다. 그래도 그들은 평화를 다행스러워했다. 다른 데서 다가오는 위험 때문에 한편으론 불안에 휩싸이기도 했다. 이 시골에도 기계작업이 점점 늘어나 부지런한 일손을 점차 무력하게 만드는 두려움이 다가오고 있음을 부인할 수 없었던 것이다. 그러나 그에 대한 위로와 희망의 근거가 될 수 있는 많은 대화가 오갔다.

우리와 함께 온 실 운반인은 생활하는 데에 필요한 여러 가지 상담을 해주었다. 뿐만 아니라 집안의 친구로서, 그리고 주치의 역할까지 해야 했다. 그는 언제나 물약·각종 염류·바르는 약을 휴대하고 있었다.

오래전부터 한 가지 일에 몰두하길 잘하는 나는, 여러 집을 방문하면서 방적기술을 자세히 배울 수 있는 기회를 얻었다. 나는 면화 덩어리를 풀어내어 씨앗과 씨앗을 감싸고 있는 껍질의 부스러기 그리고 그 밖의 불순물을 제거하는 일에 열중하고 있는 아이들을 주의 깊게 보았다. 아이들은 그 작업을 골라내기라고 불렀다. 이 작업은 아이들만 하는 일이냐고 물었더니, 겨울밤에는 남자 어른들이나 형들도 한다고 했다.

다음으로 건강한 여인들의 실 짜는 모습이 나의 주의를 끈 것은 당연한 일이었다. 준비는 다음과 같이 이루어졌다. 추려내고 불순물이 제거된 원사를 보풀 세우는 기계(독일에서는 이 기계를 크렘펠이라 부른다) 위에 고르게 올려놓고 빗질을 한다. 이렇게 먼지를 제거하고 원사의 털이 한 방향으로 모이면 떼어내서 한 묶음으로 단단히 감은 다음 물레에 걸면 실을 뽑을 준비가 끝난다.

그들은 나에게 왼쪽으로 감는 좌연사(左撚絲)와 오른쪽으로 감는 우연사의 차이를 보여주었다. 왼쪽으로 감은 연사가 더 정교한데, 물레를 회전시키는 가는 줄을 속도조절 바퀴에 서로 반대로 감기게 함으로써 만들어진다. 이것은 첨부된 그림에 명확하게 나타난대로이다(유감스럽게도 다른 그림과 마찬가지로 이 그림도 여기에 실을 수가 없다).

실 짜는 여자는 너무 높지 않게 물레 앞에 앉는다. 몇몇은 두 발을 포개어 물레가 움직이지 않도록 단단하게 누르지만, 오른발로만 누르고 왼발은 뒤에 두는 여자들도 있다. 그녀들은 오른손으로는 물레를 돌리면서 왼손은 되도록 멀리, 높게 뻗는다. 이로 인해 아름다운 운동이 이뤄지는데, 몸을 우아하게 움직이면서, 통통한 두 팔을 드러내어 날씬한 여자의 모습이 돋보인다. 특히 오른발로만 물레를 누르고 있는 모습은 그림과 같은 대조를 보여 우리의 아름다운 부인들이, 기타 대신 물레를 다룬다 하더라도 그 참모습의 매력과 우아함을 잃지 않을까 걱정할 필요는 없을 정도였다.

이런 환경에 있으니 새롭고 독특한 느낌이 밀려올라왔다. 윙윙거리는 물레는 마치 무슨 말을 하는 것 같았고, 아가씨들은 찬미가를 불렀다. 그리고 드물기는 했지만 때로는 다른 노래도 불렀다.

새장 안에 매달아놓은 검은 방울새와 되새가 아가씨들의 노래 사이사이에 지저귀고 있었다. 이렇게 여러 명의 실 짜는 여자들이 일하고 있는 방만큼 활기찬 광경은 쉽게 찾아볼 수 없을 것이다.

그러나 앞서 말한 물레실보다는 포대자루실이 더 우량품이라고 한다. 포대자루실에는 다른 것들보다 더 긴 솜털을 가진 가장 질좋은 면화가 사용된다. 면화를 선별해서 불순물을 제거하고 나면, 소면기(梳綿機) 대신 빗에 건다. 긴 강철 바늘이 늘어서 있는 이 빗으로 면화를 빗는다. 그러고 나서 이 솜털 중에서 길고 섬세한 부분은 무딘 칼을 사용해 한 다발씩 떼어낸 뒤(전문용어로는 분절(分節)) 말아서 종이봉투에 넣는다. 그다음에 이것을 실패에 고정시키고, 이 종이봉투를 물렛가락에 걸어 손으로 실을 뽑아낸다. 이처럼 편지봉투에 뽑아냈다 하여 편지실이라고도 한다.

이런 일은 침착하고 신중한 사람이 아니면 할 수 없기 때문에, 실을 뽑는 여자들의 모습은 물레를 다루는 사람들보다 온화해 보인다. 후자가 키 크고 날씬한 사람에게 잘 어울린다면, 전자는 말이 없고 섬세한 사람에게 알맞다. 이렇게 각기 다른 일에 종사하는 다른 성격의 여자들이 한방에 있는 것을 보고 있노라니, 마침내 나는 작업에만 주의를 기울일 것인지 아니면 일하는 여인들에게 집중해야 할 것인지 도무지 알 수가 없었다.

그러나 이 산골에 사는 여자들이 좀처럼 방문하지 않는 귀한 손님들에게 활기찬 모습으로 상냥하고 친절하게 대해 준 것은 부정할 수 없었다. 특히 그들이 기뻐한 것은 내가 무엇이든 자상하게 물어보고, 그녀들의 말을 적고, 그녀들이 사용하는 도구와 간단한 기계장치를 스케치하고, 옆에 곁들여 그녀들의 팔과 손, 몸의 아름다움을 사랑스럽게 그려넣었기 때문이었다. 저녁

이 되자 나는 완성된 작업을 볼 수 있었다. 가득 실린 감긴 물렛가락들을 정해진 작은 상자들 안에 넣어 옆에 놓아두고, 하루 동안 완성한 일들을 차곡차곡 조심스레 정리했다. 이때쯤에는 나는 그녀들과 더 친해져 있었다. 작업은 계속되었는데, 이번에는 실패를 다루는 일이었다. 그녀들은 훨씬 더 허물없이 그 기계를 보여주기도 하고 다루는 방법도 가르쳐주었다. 나는 그것을 꼼꼼히 적었다.

실 감는 틀에는 바퀴와 표시기가 달려 있어, 바퀴가 한 번 돌아갈 때마다 용수철이 하나 올라가고, 바퀴가 백 번 돌아가면 용수철이 다시 내려오게 되어 있었다. 천 번 돌아가면 그것을 한 꾸리라고 부르는데, 그 무게에 따라 실의 굵기가 계산된다.

오른쪽으로 감긴 실은 1파운드가 25에서 30꾸리까지이고, 왼쪽으로 감긴 실은 60에서 80꾸리, 어떤 때는 90꾸리까지 된다. 실 감는 틀의 둘레는 약 4분의 7마*17 길이이거나 좀 더 길기도 했다. 날씬하고 부지런한 실 짜는 한 여자가 자기는 매일 4에서 5꾸리, 즉 5,000바퀴를 돌려 8,000에서 9,000마 길이의 실을 물레로 짠다고 말했다. 그녀는 우리가 하루 더 머문다면 자기 말이 맞는지 내기를 해도 좋다고까지 했다.

그러자 포대자루실을 짜는 조용하고 겸손한 여자도 질세라 다음과 같이 말했다. 시간이 좀 걸리기는 하지만 자신은 1파운드로 120꾸리를 짤 수 있다는 것이다―포대자루실을 짜는 일은 물레로 짜는 것보다 시간이 걸리는 만큼 보수도 훨씬 좋았다. 물레로 짠다면 아마 두 배는 더 짜낼 것이다―그녀는 이제 막 실 감는 틀에 감을 숫자만큼 전부 끝낸 참이었고 실 끝이 풀리지 않게 두세 번 휘감아 붙이는 것을 나에게 보여주었다. 그녀는 실꾸리를 떼어 잘 감기도록 돌돌 감아서 한쪽 끝을 안으로 넣었다. 이렇게 이 숙련된 실 잣는 여자는 일이 완성되었음을 스스럼없이 자랑하며 내게 보여주었다.

이제 여기서는 더 이상 보고 배울 것이 없자, 그녀들의 어머니가 일어나 말하기를, 이 젊은이는 무엇이든 보고 싶어하니 건조직물(乾燥織物)도 보여주겠다고 했다. 그녀는 베틀 앞에 앉으면서, 여전히 다정한 말투로 왜 자기가 이런 베틀 작업만 하는지를 설명해 주었다. 그것은 씨실을 건조한 채로

───────────

*17 옛 치수로 약 58~86센티미터이다.

넣어 베틀의 북으로 그다지 촘촘하게 치지 않아도 되는 거친 면직물만을 짤 수 있기 때문이라는 것이었다. 실제로 그녀는 그런 건조직물 제품을 보여주었다. 그것은 줄무늬도 사각무늬도, 다른 어떤 무늬도 없는 4분의 5에서 4분의 5마 반 너비의 밋밋한 직물이었을 뿐이다.

하늘에서 달이 밝게 비치고 있었다. 실 나르기는 날짜와 시간에 맞춰 제때에 가져가야 하기 때문에 훨씬 멀리까지 순례해야 한다고 말했다. 특히 이런 달밤에는 오솔길이 아주 밝아 좋다는 것이었다. 우리는 비단 리본과 목도리를 선물해 작별을 슬프지 않게 했다. 성 크리스토프는 이런 물건이 꽤 많이 든 꾸러미를 가지고 다녔던 것이다. 선물들은 어머니에게 전해졌다. 가족들과 함께 나누라는 말과 함께.

16일, 화요일 아침

유난히 밝은 밤, 길을 걷는 것은 정말 쾌적하고 즐거운 일이었다. 우리는 마을이라 불러도 좋을, 어제 들렀던 마을보다 조금 큰 오두막들이 모여 있는 곳에 도착했다. 약간 떨어진 탁 트인 언덕 위에는 교회당이 하나 있어서, 그것만으로도 한결 사람 사는 마을 같은 분위기를 풍겼다. 우리는 울타리 옆을 지나갔는데, 그 안에 정원이라 할 수는 없지만, 검소해도 손질이 잘된 풀밭이 있었다.

어떤 장소에 도착하자, 거기서는 방적과 함께 방직이 더욱 활발하게 이루어지고 있었다.

밤 깊도록 계속된 어제의 여행이 우리의 건장한 젊음의 힘을 소모시켜 버리고 말았다. 실 운반인이 마른풀 헛간으로 올라가기에 나도 따라가려 하자, 성 크리스토프가 내게 등바구니를 맡기고는 밖으로 나가는 것이었다. 나는 그의 가상한 마음씨*18를 알아차리고 그가 하는 대로 내버려두었다.

그런데 이튿날 아침 제일 먼저 일어난 일은 가족들이 몰려와 아이들이 집 밖으로 나가는 것을 엄격하게 금지시킨 일이었다. 무서운 곰이나, 다른 어떤 괴물이 근처에 있는 게 틀림없다는 것이었다. 교회당 쪽에서 신음이나 으르렁대는 소리가 밤새 들려와 이쪽 바위와 집들이 흔들릴 지경이었기 때문이

---

*18 코를 고는 일로 다른 사람에게 폐를 끼치지 않으려는 마음씨를 말한다.

라는 것이었다. 그리고 우리에게 오늘은 어제보다 훨씬 긴 여행이 될 테니 더욱 주의하라는 충고를 해주었다. 우리는 이 선량한 사람들을 될 수 있는 한 안심시키려고 했지만, 이런 험하고 한적한 산마을에서는 그것도 어려운 일인 것 같았다.

실 운반인은 서둘러 일을 마친 뒤 우리를 데리러 오겠다고 했다. 왜냐하면 오늘은 어제처럼 골짜기를 천천히 내려가는 것이 아니라 튀어나온 산등성이들을 괴롭더라도 힘들게 기어올라야 하므로 우리에게는 길고 고생스러운 여정이라는 것이었다. 그래서 나는 그가 데리러 올 때까지의 시간을 이용해 우리 숙소의 착한 부부의 안내로 직조하는 곳에 가보기로 했다.

노년에 접어든 이 부부는 나이를 꽤 먹고서도 자식을 두셋 둘 수 있었다. 그들의 환경이나 행동과 말투에서, 신앙심과 영적인 무언가가 느껴졌다. 도착하고 보니 마침 방적에서 방직으로 작업이 넘어가기 시작할 때였다. 그리고 나는 앞으로는 이런 기회가 없을 것이라 생각해 막 시작된 작업을 그야말로 그대로 수첩에 받아적었다.

첫 작업인, 실에 아교를 바르는 일은 이미 어제 끝나 있었다. 녹말가루와 아교를 조금 섞어 만든 엷은 아교액 속에 실을 넣어 끓이면 실의 내구력이 강해진다. 아침에 실타래가 벌써 말라 있었다. 실패에 감기 위해 사람들이 실을 바퀴에 걸어서 감을 준비를 했다. 이 쉬운 일은 나이 지긋한 할아버지가 난롯가에 앉아서 하고 있었는데 손자 하나가 옆에 서서 물레를 작동해 보고 싶어 안달을 하는 것 같았다. 그 사이에 아버지는 날실을 감기 위해 횡목(橫木)으로 칸막이를 한 틀에 실꾸리를 끼운다. 이 실꾸리는 수직으로 서 있는 강한 철사 둘레를 자유롭게 움직여 실이 풀려올라가게 되어 있다. 실꾸리에는 굵은 실과 가느다란 실이, 직물의 무늬라기보다 직조의 결들이 보일 수 있도록 감겨져 있었다. 시스트룸*[19]이라는 타악기 같은 모양의 도구(브리틀리라 한다)가 있는데, 양면에 많은 구멍들이 뚫려 있고 그 구멍들에 실을 넣어 꿴다. 날실을 다루는 사람이 이것을 오른손에 쥐고, 왼손으로 실 가닥을 모아 쥐고 왔다 갔다 하면서 날실 틀에 끼워넣는다. 위에서 아래로, 다시 아래에서 위로 실을 치는 일회 작업을 1행(行)이라고 부르는데, 직물의 두께

---

*19 손잡이가 달린 딸랑이 모양의 타악기. 고대 이집트에서 아이시스 여신에게 제를 올릴 때에 사용했다.

와 너비에 따라서 많은 행이 이루어진다. 직물의 길이는 64마, 아니면 32마 뿐이다. 각 행을 시작할 때 왼손 손가락으로 실 한두 가닥을 위에 걸고 같은 수의 실을 아래에 거는데, 이것을 분사(分絲)라고 한다. 이렇게 서로 꼬인 실을 날실 틀 위에 박힌 두 개의 못에 건다. 이런 일을 하는 것은 직조공이 실을 적절하게 같은 순서로 잡을 수 있게 하기 위한 것이다. 날실이 다 되면 분사의 아랫단을 묶고, 조금도 헝클어지지 않도록 각 행을 특별히 나누어놓는다. 그리고 마지막 행에 직조공이 일정한 길이로 되잡아당기기 위해 녹인 녹청(綠靑)으로 표지를 남긴다. 마지막으로 표지를 떼어내어 전체를 큰 실 뭉치의 모습으로 꼬아 감아올리는데, 이것을 날실이라 불렀다.

17일, 수요일

우리는 아침 일찍 해뜨기 전에 출발해서 멋진 새벽 달빛을 즐겼다. 동이 훤히 터오고 해가 떠오르자 한결 경작이 잘되고 살기 좋아 보이는 땅이 보였다. 위쪽 마을에서는 작은 시냇물을 건너는 데에도 징검돌이나 난간이 한쪽에만 있는 좁고 작은 다리와 맞닥뜨리곤 했는데, 여기서는 벌써 점점 폭이 넓어지는 물 위에 돌다리들이 놓여 있었다. 손이 닿지 않은 자연의 우아함이 조화를 이루어, 우리 나그네 셋에게 즐거운 인상을 주었다.

산 저쪽 강물로부터 넘어온 날씬하고 까만 머리카락의 한 사나이가 이쪽으로 걸어왔다. 그는 눈이 밝고 목소리도 우렁차게, 멀리서부터 우리를 불렀다. "안녕하세요! 실 나르는 양반!" 실 운반인은 그가 좀 더 가까이 오기를 기다리더니 역시 깜짝 놀라며 소리쳤다. "안녕하십니까, 직조기 수리공 양반! 어디서 오는 길입니까? 이렇게 만나다니 참 뜻밖이군요." 직조기 수리공이 다가오며 말했다. "나는 벌써 두 달 동안이나 산속을 돌아다니면서 인심 좋은 산사람들의 직조기를 고쳐주기도 하고 베틀을 손질해 주기도 하면서, 한동안 지장 없이 일할 수 있게 손보아주고 있답니다." 이 말에 실 운반인은 내게로 몸을 돌려 말했다. "신사 양반, 당신이 이 일에 그렇게 흥미를 갖고 자상하게 마음을 써주는데, 마침 때맞춰 이 사람이 오는군요. 요 이삼일 동안 나는 그가 와주었으면 마음속으로 생각하고 있었지요. 그 아가씨들이 아무리 큰 호의를 갖고 잘 설명해 주었다 해도 이 사람보다 더 잘 설명해 주지는 못할 겁니다. 이 사람은 그 분야의 대가라, 방적·방직 같은 일도 필요에 따라 원하는 사람 마음에 들도록 지시하거나, 설명하고, 잘 보존해 주기도 하면서, 수리도 나무랄 데 없이 잘한답니다."

나는 그 직조기 수리공과 이야기를 나누어보았다. 그리고 며칠 동안 배운 몇 가지를 그와 함께 복습하고 조금 의문나는 것들을 설명해 줄 것을 부탁했다. 그 결과, 나는 그가 대단히 이해력이 있고, 나름대로 교양도 있으며, 자신의 일을 완벽하게 터득하고 있다는 것을 알 수 있었다. 나는 또 어제 본 직조 작업의 첫 단계에 대해 그에게 이야기했다. 그러자 그는 매우 기뻐하며 외쳤다. "정말 잘된 일이군요. 내가 마침 제때에 온 셈이군요. 이렇게 귀하고 호감이 가는 분에게, 인간을 동물과 다르게 해준 가장 오래되고 훌륭한 기술에 대해 필요한 지식을 가르쳐드리는 것이니까요. 마침 오늘 우리는 순박하고 솜씨가 대단한 사람들에게 가기로 되어 있습니다. 그러니 당신이 그곳에 함께 가서 그 손작업을 나처럼 곧장 이해해 내지 못한다면, 나는 직조기 수리공이라는 이름을 내던져버려도 좋습니다."

나는 정중하게 그에게 감사의 말을 전했다. 여러 가지 대화가 이어졌고, 우리는 두세 번의 휴식을 취하고 아침 식사를 한 뒤에 다닥다닥 붙어 있기는 해도 지금까지보다는 잘 지어진 집들이 모여 있는 곳에 도착했다. 그는 우리에게 제일 좋은 집을 가리키면서 그리로 가자고 했다. 의논한 끝에 실 운반인이 나와 성 크리스토프와 함께 먼저 들어갔다. 첫 인사와 몇 마디 농담을 주고받은 뒤에 직조기 수리공이 들어왔다. 그러자 모든 가족들이 놀라움과 즐거움의 함성으로 그를 맞이하는 것이 눈길을 끌었다. 아버지, 어머니, 딸들, 어린아이들이 그의 주위에 모여들었다. 베틀에 앉아 있던 몸매 좋은 딸은 날실을 꿰려던 북을 손에 든 채, 발디딤도 멈추고 일어나 뒤늦게 다가오더니 어색해하면서 그에게 손을 내밀었다. 실 운반인과 직조기 수리공은 농담 섞인 이야기를 하면서 곧 이 집안의 오랜 친구들에게 어울리는 모습을 다시 찾았다. 그렇게 한동안 흥에 겨워 떠들고 난 뒤, 이 부지런한 직조기 수리공은 나에게 몸을 돌려 이렇게 말했다. "신사 양반, 우리가 오랜만에 다시 만난 기쁨에 당신을 내버려두었군요. 우리는 며칠을 두고 계속 떠들어댈 수 있지만 당신은 내일이면 이곳을 떠나야 합니다. 자, 이 신사 양반에게 우리 기술의 비결을 보여드리는 것이 어떻겠습니까? 풀 먹이기와 날실 걸기는 이미 알고 계시니 나머지 부분을 보여드립시다. 물론 저기 있는 아가씨들도 거들어주겠지요. 이 베틀은 지금 실을 감아올리는 단계입니다." 이 일은 동생이 맡아하고 있어서 우리는 그녀에게로 다가갔다. 언니는 다시 베틀에 앉아 조용하고 다정한 표정으로 활기 있게 일을 해 나갔다.

나는 이제 실을 감아올리는 일을 주의 깊게 관찰했다. 이 일을 하기 위해서는 날실의 여러 단락을 순서에 따라 커다란 빗 모양의 톱대 속으로 통과시키는데, 톱대의 너비는 바로 실이 감겨지는 직기의 축(도투마리)의 너비와 같았고, 그 위로 실이 감기게 되어 있었다. 실 감는 축에는 구멍이 뚫려 있는데, 그 안에 작은 봉(棒) 하나가 꽂혀 있었다. 이 봉이 날실의 끝에 의해, 축 끝에 달린 구멍에 단단히 고정되어 있다. 소년이나 소녀가 베틀 아래 앉아 날실 다발을 세게 잡아당기면, 베짜는 아가씨가 지렛대를 힘차게 돌리며 동시에 모든 실 가닥들이 가지런해지도록 했다. 실이 모두 감겨 올라가면 분사를 지탱하기 위해서 둥근 막대기 한 개와 납작한 막대기 두 개, 곧 덧대를 분사 속에 밀어넣는다. 그다음에 말아 넣기가 시작된다.

먼저 짠 직물 가운데 약 4분의 1마가 아직 다른 축에 남아 있는데, 이 축으로부터 약 4분의 3마가량의 실이 바디를 지나 베틀의 양끝 날개를 통해 나오고 있었다. 이제 베 짜는 아가씨는 이 실에다가 새로운 날실의 끝 하나하나를 세심하게 꼬아 붙였다. 이것이 끝난 뒤 꼬아 붙인 전부를 한꺼번에 잡아 당기면 새 실이 아직 비어 있는 앞쪽의 직기 축에 가 닿는다. 잘린 실은 연결되고, 들어온 실은 베틀북에 맞도록 작은 실패에 감긴다. 이렇게 해서 직조를 하기 위한 마지막 준비, 즉 정사(整絲 : 켜낸 실을 가려 내어 감는 일)가 시작된다.

가죽장갑을 끼고 만들어놓은 아교액에 담근 솔로 베틀의 길이만큼 날실을 완전히 적신다. 그 뒤, 분사를 받쳐주던 덧대를 뽑아내고, 모든 실 가닥들을 아주 정확하게 가지런히 놓고는 전부 마를 때까지 막대기에 매단 거위 날개로 부채질을 해준다. 그다음 드디어 베짜기가 시작되고, 다시 정사 작업이 필요할 때까지 계속되는 것이다.

이런 정사 작업과 부채질은 보통 베짜기를 배우는 젊은이들이 맡거나, 한가한 겨울밤에는 아름다운 베 짜는 아가씨를 위해 그녀의 남자형제나 애인이 한다. 그렇지 않으면 씨실 감는 작은 실패라도 만든다.

부드러운 모슬린은 젖은 채로 짠다. 즉 씨실의 타래가 아교액에 담가져, 젖은 채로 작은 실패에 감겨 바로 작업된다. 이로써 직물이 한층 더 부드러워지고 한층 더 맑고 깨끗해 보인다.

9월 18일, 목요일

나는 직조실 안에 감도는 분위기 속에서, 부지런히 일하는 모습, 그리고 무어라 표현할 수 없이 생기가 넘치는 가정적이고 평화로운 모습을 발견했다. 여러 대 베틀이 움직이고 있었고, 실 잣는 물레와 실 감는 바퀴도 돌고 있었다. 그리고 난롯가에서는 노인들이 놀러 온 동네 사람이나 친구들과 모여 앉아 정다운 이야기를 나누고 있었다. 그 사이사이에 노랫소리도 들렸다. 대개는 암브로시우스 로프바서[20]의 4중창 찬송가였는데 드문드문 세속적인 노래도 들렸다. 그러다가 사촌인 야곱이 뭔가 우스갯소리라도 하면 아가씨들의 즐거운 웃음소리가 터져나왔다.

민첩하고 근면한 베틀 짜는 아가씨는 거들어만 준다면, 질 좋은 모슬린은 아니더라도 일주일 동안 32마 정도의 천을 짜낼 수 있다. 그러나 이것은 아주 드문 경우이고, 집안일에 시간을 뺏기기라도 하면, 그 정도 길이는 보통 2주일치의 작업량이다.

직조물의 아름다움은 베틀을 고르게 밟는가, 바디를 고르게 두드리는가, 또 씨실을 젖은 채로 짰는가 말려서 짰는가에 달려 있다. 완전히 고르고 강하게 당기는 것도 그 아름다움에 영향을 미치므로, 베 짜는 아가씨는 고급 면직물을 짤 때에는 무거운 돌 하나를 베틀 앞쪽에 있는 축의 못에 걸어놓는다. 작업하는 내내 직조물을 세게 당기면(전문용어로는 당김이라 한다) 눈에 띄게 늘어난다. 32마면 4분의 3마, 64마면 약 1마 반 정도가 늘어난다. 이 초과분은 베 짜는 여자의 몫이 되어, 그녀에게 그만큼 더 지급되든지, 또는 자기의 목도리나 앞치마로 만들기 위해 챙길 수 있다.

높고 깊은 첩첩산중에서만 볼 수 있는, 이를 데 없이 밝고 부드러운 달밤에 가족들이 손님들과 함께 문 앞에 앉아 활기차게 대화를 나누고 있을 때,

---

[20] 제5장 레나르도의 일기 무대는 스위스 칼뱅 교파의 지방이다. 칼뱅은 마틴 루터 이상으로 엄격하여 신자들에게 성서 말고는 아무것도 읽지 못하게 했기 때문에 찬송가로는 〈시편(詩篇)〉밖에 없었다. 이 시편이 16세기 프랑스의 신교도 작곡가들에 의해 작곡된 것을 로프바서(Ambrosius Lobwasser : 1515~85)가 1573년 독일어로 번역하여 출판했다.

레나르도는 깊은 생각에 잠겨 있었다. 이런 모든 실을 잣고 베를 짜는 활동 속에서 수공업에 대해 관찰하고 생각하고 있는 중에, 친구인 빌헬름이 자기를 안심시키기 위해서 보낸 편지가 또다시 기억 속에 되살아났던 것이다. 그토록 여러 번 읽었던 구절들, 그렇게 여러 번 들여다본 문구들이 다시 그의 마음속에 떠올랐다. 그리고 자신이 가장 좋아하는 노래의 선율이 불현듯 귓속에서 희미하게 울려오듯이, 그 다정한 편지가 조용히 그의 마음속에 되살아났다.

'가정은 경건함에 기반을 두고, 근면과 질서에 의해 활기를 이어가고 있습니다. 너무 과하지도 부족하지도 않게, 사람들의 여러 의무와 능력 그리고 노동력이 서로 균형을 잘 이루고 있습니다. 그녀를 둘러싸고, 가장 순수하고 근본적인 의미의 수공업자들이 집단을 이루어 일하고 있어요. 이곳에는 자기 자신을 제약하면서도 먼 곳을 지향하는 작용이 있습니다. 주변을 두루 살피는 마음과 분별력, 그리고 순수함과 일에 대한 발전이 있습니다.'

그러나 이번에는 이 편지의 회상이 마음을 진정시켜주기보다는 오히려 격앙시키는 작용을 했다. 레나르도는 마음속으로 말했다. "이 일상적이고 간결한 묘사는 지금 나를 에워싸고 있는 상황과 꼭 들어맞는다. 이곳에도 평화와 경건, 그리고 끊임없는 활동이 있지 않은가? 다만 먼 곳으로 뻗어가는 움직임만은 어쩐지 나에게는 편지에 쓰인 것과 같이 확실하게 보이지 않는다. 그러나 그 선한 여인은 거기서도 이곳과 비슷한, 그러나 훨씬 크고 훌륭한 사람들의 모임에 활기를 불어넣어주고 있을 게다. 그녀는 이곳 사람들처럼 편안하게, 아니 훨씬 더 편안하게 느끼면서 더욱 명랑하고 자유롭게 주변을 두루 살펴보는지도 모른다."

그런데 이제 다른 사람들의 열기를 더해 가는 활기찬 대화에 한층 더 주의를 쏟으면서 레나르도가 아까부터 마음에 품고 있던 한 가지 생각이 완전히 분명해졌다. 이 남자야말로, 도구와 베틀을 이처럼 완벽하게 다룰 줄 아는 이 사람이야말로 우리의 결사에게 더할 나위 없이 유용한 일원이 될 수 있지 않을까 하는 생각이었다. 그는 이 점에 대해, 그리고 자신의 눈에 뚜렷하게 비치는 이 노련한 일꾼의 수많은 장점들에 대해 곰곰이 생각해 보았다. 그래서 그는 대화를 그쪽으로 유도해 농담처럼 말하기는 했지만, 그만큼 더욱 분명하게 어떤 뜻있는 결사에 들어가 해외로 이주할 생각이 없느냐고 물어보았다.

직조기 수리공은 여전히 쾌활하게, 그러나 확실한 어조로 그의 청을 거절했다. 자기는 잘 지내고 있고, 더 나아질 것이라 기대하고 있다, 이 고장에서 태어났기에 익숙해져 있는 데다, 얼굴이 널리 알려져 있어 어디서나 늘 따뜻하게 환영받는다, 이 골짜기들에서 이민을 가고 싶다는 생각은 찾아보기 힘들 뿐더러, 그들을 불안하게 만드는 근심거리도 전혀 없으며, 산이 이곳 사람들을 꼭 붙들고 놓지 않는다고 했다.

"그래서 놀랐습니다." 실 운반인은 말했다. "주자네 부인이 지배인과 결혼해, 재산을 전부 팔아 상당한 돈을 가지고 바다 건너로 갈 거라는 소문을 들었거든요." 레나르도가 자세히 물어보아 알아낸 것은, 그녀는 젊은 과부로 혜택받은 환경에 있으며, 이곳 산악지대의 제품들로 장사를 하면서 풍족하게 살고 있다는 것이었다. 걸어서 여행하는 레나르도가 잠시 짬을 내어 그녀의 집에 들른다면, 내일이라도 당장 직접 확인해 볼 수 있을 거라고 했다. "나는 이미 여러 번 그녀에 대한 이야기를 들어왔습니다." 레나르도가 말했다. "이 골짜기에 사는 사람들에게 활기를 주고, 자선을 베푼다고요. 그런데 그녀에 대해 물어보지 못했을 뿐입니다."

"어쨌든 지금은 잠자리에 들기로 합시다." 실 운반인이 말했다. "내일은 틀림없이 날씨가 좋을 테니, 아침 일찍부터 서둘러야겠어요."

원고는 여기서 끝나 있었다. 빌헬름이 그다음 부분을 달라고 하자, 지금은 여기 있는 친구들의 수중에 없다는 대답이었다. 그것은 마카리에 부인에게 보내졌으며, 일기에 언급되어 있는 어떤 복잡한 사건을 그녀가 정신과 사랑으로 조정하여, 걱정과 불안으로 응어리진 것을 풀어주기로 되어 있다고 했다. 빌헬름은 이 원고를 마저 읽지 못하는 아쉬움을 참으면서, 친구들과 함께 유쾌한 환담을 나누며 저녁 모임을 즐길 준비를 했다.

제6장

저녁때가 되어, 친구들이 저 멀리까지 보이는 정자에 앉아 있는데, 체격 좋은 한 남자가 문턱을 넘어 들어왔다. 우리의 주인공은 그가 오늘 아침에 본 이발사임을 곧 알아차렸다. 말없이 허리를 깊숙이 숙이는 그의 인사에 레나르도는 다음과 같이 말했다. "늘 그랬듯이 당신은 아주 적절한 때에 와주시는군요. 그리고 이번에도 당신의 재능으로 우리를 즐겁게 해주시겠지요. 나는 당신에게," 이번에는 빌헬름을 향해 말을 계속했다. "결사에 대해서 몇 가지 말씀드릴 수 있을 것 같군요. 나는 결속 책임을 맡은 것을 자랑스럽게 생각하고 있습니다. 왜냐하면 사회의 이익이나 기쁨에 도움이 되는 재능을 보여주는 사람이 아니면, 어느 누구도 우리 '결사'에 들어올 수 없기 때문입니다. 자, 이분은 늠름한 외과의사로 결단과 체력이 요구되는 중대한 경우에 주치의 선생을 훌륭하게 도울 수 있는 분입니다. 그리고 이발사로서의 이분 솜씨에 대해서는 당신이 증언하실 수 있을 겁니다. 그런 솜씨 덕분에 이분은 우리에게 필요하고 환영받는 존재인 것이지요. 그런데 이 직업에는 때때로 번거롭고 장황한 수다가 따라다니게 마련이기 때문에, 이 사람은 자기수양을 위해 하나의 조건을 감수하기로 했답니다. 우리 결사에 들어와 함께 지내고 싶어하는 사람은 누구든지, 한편으로는 보다 큰 자유가 허용되는 동시에 다른 한편으로는 자기 자신을 제약하지 않으면 안됩니다. 그래서 이 사람은 일상적인 것 또는 우연한 것을 표현하는 경우에는 아예 말하는 것을 단념하기로 한 것입니다. 그러나 이로 인해 이 사람에게는 다른 화술(話術)의 재능이 발달하게 되었는데, 그것은 뚜렷한 목적을 갖고도 지혜롭고 즐거운 작용을 일으키는 화술, 즉 이야기하는 재능이 생겨나게 된 것입니다.

그의 인생에는 기이한 경험들이 풍부했지만, 적절치 않은 때에 마구 떠들어대서 다 없어지고 말았습니다. 그러나 이제는 억지로라도 말을 않다 보니 혼자 그 경험들을 마음속에 되뇌며 정리하게 되었지요. 여기에 상상력이 결합되어 실제 일어난 사건에 생명과 활력을 더하게 되었습니다. 그는 특별하고 숙련된 기술과 솜씨로 사실 같은 옛날이야기와, 옛날이야기 같은 사실을 이야기할 줄 압니다. 내가 그의 말문을 열어주면, 그는 몇 번이고 이와 같은 이야기로 우리를 아주 즐겁게 해줄 것입니다. 이제 나는 그의 혀를 풀어주는 동시에, 내가 그를 알고 지낸 긴 시간 동안 아직까지 한 번도 똑같은 이야기를 반복한 적이 없다는 점을 칭찬하는 바입니다. 부디 이번에도 우리의 귀중한 손님에게 사랑과 경의를 표하기 위해 특별히 멋진 솜씨를 발휘해

줄 것을 기대합니다."

빨간 외투를 걸친 그의 얼굴에, 재기 가득 찬 밝은 표정이 퍼졌다. 이어 그는 서슴지 않고 다음과 같은 이야기를 시작했다.

새로운 멜루지네*21

존경하는 신사 여러분! 여러분이 장황한 서론을 그다지 좋아하지 않는다는 것을 잘 알고 있으니, 그런 것은 생략하고 특히 이번에는 저의 이야기가 여러분의 마음에 들기를 바란다는 것을 말씀드리겠습니다. 이때까지 저는 꽤 많은 실화를 말씀드려, 많은 분들께 큰 호응을 얻었습니다만, 이제부터 말씀드리고자 하는 이야기는 지금까지의 것들을 훨씬 능가하는 희귀한 이야기입니다. 이 이야기는 벌써 수년 전에 겪은 일이지만 지금도 생각만 하면 가슴이 울렁거립니다. 그뿐 아니라 아직도 그 일의 마지막 이야기가 있을 것이라는 기대까지 합니다. 이 같은 이야기를 발견하기란 쉬운 일은 아닐 것입니다. 미리 고백하지만, 저는 다음날은 말할 것도 없고 바로 다음 순간도 어떻게 될지 확신할 수 없을 만큼 아무 계획 없이 살았다는 점입니다.

젊었을 때는 살림을 꾸려나가는 일이 서툴러서 이따금 여러 곤경에 빠지고는 했습니다. 한번은 많은 돈을 벌 수 있는 여행을 계획한 일이 있었습니다. 그러나 준비를 너무 야단스럽게 하는 바람에 처음에는 특별우편마차로 여행길에 올랐지만 다음에는 보통마차로 여행하다가 결국 마지막에는 한심스럽게도 어쩔 수 없이 걸어서 목적지에 가야 했습니다.

혈기왕성한 젊은이였던 나는, 여관에 도착하면 곧장 안주인이나 여자 요리사를 찾아가 그녀들에게 아양을 떠는 것이 습관이 되어 있었습니다. 그렇게 하면 대개 숙식비를 싸게 깎을 수 있었기 때문입니다.

어느 날 밤, 작은 시골 마을의 역사(驛舍)에 들어가 이제껏 해오던 방식대로 하려 하는데 바로 내 뒤로 말 네 마리가 끄는 아름다운 2인승 마차가

---

*21 멜루지네는 프랑스에서 건너와 독일에 널리 퍼진 민화의 여주인공 이름이다. 그녀는 물의 요정이지만 인간의 모습을 하고 또 인간과 사랑에 빠져 그의 아내가 되었다. 어느 날 목욕을 하던 중 물의 요정 모습으로 되돌아가는 장면을 남편에게 들켜 인간세계를 떠나게 된다. 그러나 여기서는 여주인공이 물의 요정이 아니라 소인국의 왕녀로 나온다.

방울을 딸랑거리며 문 앞에 와 서는 것이었습니다. 뒤를 돌아보았더니 숙녀 한 분이 시녀도 하인도 없이 혼자 마차에 타고 있었습니다. 나는 곧장 달려가 마차의 문을 열고 뭐든 분부할 것이 없느냐고 물었습니다. 마차에서 내리는 그녀의 모습은 아름다웠습니다. 그러나 그 사랑스러운 얼굴을 자세히 보니 어딘지 슬픈 그림자가 드리워 있었습니다. 나는 다시 한 번 뭐든 도와드릴 일이 없느냐고 물었습니다. 그녀가 말했습니다. "그럼, 의자 위에 있는 작은 상자를 조심해서 위로 갖다주시면 좋겠어요. 제발 부탁드리지만, 꼭 그대로 붙잡고 옮겨야지 조금이라도 움직이거나 흔들면 안 돼요." 내가 작은 상자를 조심해서 들자, 그녀는 마차의 문을 닫았고 우리는 함께 계단을 올라갔습니다. 그리고 그녀는 오늘 밤은 여기서 묵겠다고 여관의 하녀에게 말했습니다.

이제 방 안에는 우리 둘만 있게 되었습니다. 그녀는 작은 상자를 벽 앞의 탁자 위에 놓으라고 나에게 일렀습니다. 그녀의 태도에서 나는 그녀가 혼자 있고 싶어하는 것을 알 수 있었습니다. 그래서 나는 그녀의 손에 정중하면서도 열렬하게 입을 맞추고는 물러가려고 했습니다.

그런데 그녀가 "우리 두 사람의 저녁 식사를 주문해 주세요" 하는 것이었습니다. 내가 얼마나 기쁜 마음으로 부탁받은 일을 했는지 상상이 가실 겁니다. 나는 의기양양해져 여관 주인이나 안주인, 그리고 하인들을 안중에도 두지 않았습니다. 나는 초조한 마음으로, 다시 그녀에게 가게 될 순간을 기다리고 있었습니다. 식사가 날라져 오자 우리는 마주 앉았습니다. 훌륭한 식사와 그렇게도 원하던 아름다운 여인을 눈앞에 둔 나는 아주 원기가 솟았답니다. 정말이지 그녀는 순간순간 더욱 아름다워지는 것 같았습니다. 그녀와의 대화는 유쾌했지만 그녀는 애정이나 사랑에 관한 이야기는 일절 피하려고 했습니다.

식사가 치워졌습니다. 나는 머뭇거리면서 그녀에게 가까이 가려고 온갖 수를 다 부려보았지만 아무 소용이 없었습니다. 그녀는 섣불리 손댈 수 없는 기품 있는 태도로, 내가 그녀 가까이로 다가가지 못하게 했습니다. 그래서 나는 마지못해 일찌감치 그녀와 작별하는 수밖에 없었습니다.

거의 지새우다시피하며 불안한 꿈에 시달리던 밤이 지난 뒤 나는 아침 일찍 일어나, 그녀가 마차를 대기시켰는지 물어보았습니다. 아니라는 말을 들고 정원으로 나갔더니, 그녀가 옷을 갈아입고 창가에 서 있는 것이 보였기에 서둘러 그녀에게로 달려갔습니다. 이를 데 없이 아름답게, 어제보다 한결 아름다운 모습으로 나를 맞이하는 그녀를 보자, 내 가슴속에서 애정과 장난기 그리고 대담성이 일시에 끓어올랐습니다. 나는 그녀에게 달려가 두 팔로 그녀를 꼭 껴안았습니다. "천사 같은 여인이여!" 나는 외쳤습니다. "용서해 주십시오. 그렇지만 더 이상 참을 수가 없습니다." 그녀가 믿기 어려울 만큼 날렵하게 내 팔에서 빠져나갔기 때문에 나는 그녀의 뺨에 입맞출 기회조차 없었습니다. "이런 갑작스러운 격정적인 애정의 분출은 삼가세요. 당신에게 가까이 와 있는 행복을 허무하게 놓치지 않으시려면요. 물론 그 행복은 몇 가지 시련을 치르고 난 뒤에야 손에 넣을 수 있는 것이랍니다."

"원하는 것은 무엇이든지 요구하십시오. 천사 같은 여인이여!" 나는 외쳤습니다. "다만 나를 절망에 빠지게 하지는 말아주십시오." 그녀는 미소 지으며 대꾸했습니다. "당신이 나에 대한 봉사에 몸을 바칠 생각이라면 다음의 조건을 잘 들어주세요! 내가 이곳에 온 것은 여자친구를 방문하기 위해서입니다. 그 친구 집에서 이삼 일간 묵을 예정이에요. 그곳에 도착할 때까지 마차와 이 작은 상자는 먼저 보내두고 싶거든요. 당신이 이 일을 맡아주실 수 있겠어요? 이 상자를 아주 조심스럽게 마차에 싣고 내리는 일만 해주시면 된답니다. 그리고 작은 상자가 마차 안에 있을 때는 그 옆에 앉아 온 신경을 이 상자에 쏟아야 합니다. 여관에 도착하면, 작은 상자는 특별히 마련된 방 안의 탁자 위에 놓아두세요. 하지만 당신은 그 방에 머물러서도 안 되고 잠을 자서도 안 돼요. 그 방은 언제나 이 열쇠로 잠가주세요. 이 열쇠는 어떤 자물쇠든지 열 수도 잠글 수도 있는데, 일단 이 열쇠로 잠그고 나면 자물쇠에 이상한 성질이 생겨 이 열쇠가 아니면 누구도 다시 자물쇠를 열 수가 없답니다."

그녀의 얼굴을 가만히 쳐다보던 나는 알 수 없는 기분이 들었습니다. 그녀를 곧 다시 만날 수 있다는 희망만 있다면, 그리고 그 희망을 키스로 보장받을 수 있다면 무슨 일이든지 하겠다고 그녀에게 약속했습니다. 그러자 그녀는 내게 키스를 해주었습니다. 그리고 그 순간부터 나는 완전히 그녀의 노예가 되고 말았습니다. 그녀는 나에게 말을 준비시킬 수 있도록 하라고 일렀습니다. 우리는 내가 택해야 할 길과 내가 그녀를 기다리면서 묵어야 할 장소에 대해 의논했습니다. 마지막으로 그녀는 금화가 들어 있는 돈지갑을 내 손에 쥐어주었고, 나는 그녀의 두 손에 입을 맞추었습니다. 헤어질 때 그녀는 감동하는 것 같았습니다. 나는 내가 무슨 일을 했는지, 또 무엇을 어떻게 해야 하는지 알 수 없었습니다.

말을 준비해 놓고 돌아와 보니 방문은 잠겨 있었습니다. 곧 열쇠를 시험해 보았더니 완벽하게 작동해 문이 열렸지만, 안은 텅 비어 있었고 작은 상자만이 내가 놓아둔 탁자 위에 그대로 있었습니다.

마차가 현관 앞에서 기다리고 있었습니다. 나는 그 작은 상자를 조심스럽게 아래층으로 들고 내려와 내 옆자리에 놓았습니다. 그때 여관 안주인이 물었습니다. "그 아가씨는 어디 계시죠?" 그러자 한 아이가 대답했습니다. "그분은 시내로 갔어요." 나는 사람들에게 인사를 하고는 마치 개선장군처럼 그곳을 떠났습니다. 어젯밤만 해도 먼지투성이 행전을 차고 이곳에 도착한 내가 말입니다. 여유가 생긴 내가 이 사건에 대해 이리저리 생각해 보기도 하고, 돈지갑에 든 돈을 세어보기도 하고, 여러 가지 계획을 짜면서 기회 있을 때마다 작은 상자를 힐끔힐끔 쳐다보고 한 것은 여러분도 쉽게 상상할 수 있을 것입니다. 나는 그녀가 지정해 준 어느 화려한 도시에 도착할 때까지 역에 내리지도 않고 그냥 지나치면서 쉬지 않고 마차를 곧장 달렸습니다. 그녀의 명령을 정확하게 지켜서 작은 상자를 특별히 주문한 방에 놓고, 그 옆에 불을 켜지 않은 양초를 두세 개 세웠습니다. 그것 또한 그녀가 부탁한 사항들이었습니다. 나는 그 방을 잠그고 느긋한 기분으로 내 방으로 돌아왔습니다.

잠시 동안은 그녀 생각에 빠져 있을 수 있었지만, 곧 지루해졌습니다. 왜냐하면 나는 친구 없이 지내는 일에 익숙하지 않았기 때문입니다. 그런데 얼마 지나지 않아 내 뜻대로 그런 친구들을 음식점 식탁에서 또는 공공장소에서 발견할 수 있었습니다. 이를 계기로 나의 돈은 점점 줄기 시작했고 어느날 밤에는 경솔하게도 미친 듯이 도박에 빠졌다가 완전히 빈털터리가 되어 버렸습니다. 방으로 돌아온 나는 제정신이 아니었습니다. 돈은 다 털린 데다 돈 많은 사람처럼 보였기 때문에 계산서도 거액이 청구되었지만, 나의 아름다운 여인은 언제 다시 나타날 것인지 그리고 과연 나타날 것인지조차도 확실치 않기에, 나는 몹시 난처했습니다. 그럴수록 나는 그녀가 더욱 그리웠고, 이제는 그녀 없이는, 그녀의 돈 없이는 살아갈 수 없을 것 같았습니다.

이번에는 혼자서 밥을 먹어야 했기에 맛없는 저녁 식사를 하고 난 뒤, 나는 방 안을 거칠게 왔다 갔다 하며 혼잣말을 하고 나 자신을 저주하고 마룻바닥에 몸을 던져 머리카락을 쥐어뜯는 등, 정말 온갖 짓거리를 다했습니다. 이때 난데없이 자물쇠로 잠겨 있는 옆방에서 무언가가 희미하게 움직이는 것 같더니 곧이어 굳게 잠겨 있는 그 방의 문을 두드리는 소리가 들렸습니다. 순간 퍼뜩 정신을 차리고 열쇠에 손을 뻗치는 그때에 쌍여닫이문이 저절로 열리더니 타고 있는 양초의 불빛을 받으며 나의 아름다운 여인이 나를 향해 오고 있지 않겠습니까! 나는 그녀의 발치에 몸을 던져 그녀의 옷과 두 손에 입을 맞추었습니다. 그녀는 나를 일으켜주었습니다. 나는 그녀를 끌어안을 용기도 없었고 차마 그녀의 얼굴을 쳐다볼 엄두조차 나지 않았습니다. 그래도 정직하게, 뉘우치는 마음으로 그녀에게 나의 잘못을 고백했습니다. "그 잘못은 용서하겠어요." 그녀가 말했습니다. "다만 유감스러운 것은 그 실수로 당신의 행복과 나의 행복이 지체되고 있다는 점입니다. 당신은 우리가 다시 만날 때까지 다시 한 번 세상 여행을 해야 해요. 자, 여기 더 많은 금화가 있어요." 그녀가 말했습니다. "만일 당신이 잘 꾸려나가기만 한다면 충분할 거예요. 이번에는 술과 도박 때문에 곤경에 빠졌지만, 다음번에는 술과 여자를 조심하세요. 그래서 더욱 기쁘게 재회할 수 있다는 기대를 저버리지 말아주세요."

그녀가 문지방을 지나 방 안으로 물러가자 여닫이문이 닫혀버렸습니다. 나는 문을 두드리면서 간청했지만, 아무 소리도 들리지 않았습니다. 다음 날 아침 계산서를 청구하자, 하인이 싱글벙글 웃으며 말했습니다. "왜 당신이, 방문을 어떤 열쇠로도 열지 못하게 교묘하고도 아무도 알 수 없는 방법으로 잠그는지를 알겠습니다. 우리는 당신이 많은 돈과 보물들을 가득 가지고 있다고 추측했지요. 그런데 그 보물이 혼자서 계단을 내려가는 것을 보았습니다. 그런 보물은 어떻게든 엄중히 보관해 둘 가치가 있지요."

나는 아무 대답도 하지 않고 계산을 한 뒤 작은 상자를 들고 마차에 올랐습니다. 그리고 앞으로는 신비로운 내 여인의 경고를 지키겠다고 마음속 깊이 굳게 다짐하면서 다시금 세상 속으로 뛰어들었습니다. 그러나 어느 큰 도시에 도착해서 애교스러운 여자들과 어울리게 되었고 도저히 그녀들로부터 벗어날 수가 없었습니다. 그녀들은 자기들이 베푸는 호의에 대해 나에게 높은 대가를 치르도록 하려는 것 같았습니다. 왜냐하면 그녀들은 언제나 나와는 일정한 거리를 유지하면서도 내가 계속해서 돈을 쓰도록 유혹했기 때문입니다. 그뿐 아니라 나는 오로지 그녀들의 환심을 사려는 데에 정신이 팔려서 내 지갑 사정 같은 건 생각지도 않고, 필요할 때마다 돈을 내기도 하고 그녀들에게 그냥 주기도 했습니다. 그러니 몇 주가 지난 뒤에도 돈 지갑이 줄어들기는커녕 처음과 마찬가지로 두둑하게 불룩해 있는 것을 보았을 때의 나의 놀라움과 만족감이 얼마나 컸겠습니까? 나는 지갑의 이 고마운 특성을 더 자세히 확인하기 위해, 앉아서 돈을 세어서 총액수를 정확하게 기억 속에 담아두고는 또다시 친구들과 즐겁고 유쾌하게 지내기 시작했습니다. 마차여행, 뱃놀이, 무도회, 음악회, 이 밖에 다른 놀이들도 빠뜨리지 않았습니다. 그런데 이번에는 별로 주의하지 않아도 지갑이 줄어드는 것이 느껴졌습니다. 마치 내가 갖고 있던 돈을 세어 보았기 때문에 끝없이 돈을 채워주는 효능이 지갑에서 빠져나간 것처럼 말입니다. 그러는 사이에 환락 생활에 점점 빠져든 나는 이제 돌이킬 수가 없었습니다. 게다가 가지고 있던 돈도 얼마 지나지 않아 다 써버렸습니다. 나는 나의 처지를 저주하고, 나를 이런 유혹에 빠져들게 한 애인을 비난했습니다. 또한 그녀가 나타나지 않는 것을 악의로 해석한 나는 화가 난 나머지 그녀에 대한 모든 의무를 이행하지 않겠다고 결심했습니다. 그리고 어쩌면 그 작은 상자 속에 뭔가 내게 도움이 될 만한 것이 들어 있지 않을까 하는 생각에 그것을 열어볼 결심을 했습니다. 왜냐하면 그 상자는 돈이 들어 있을 만한 무게는 나가지 않았지만 혹 보석이 들어 있을지도 몰랐고, 만일 그렇다면 이것 또한 나에게는 고맙기 그지없는 일이기 때문이었습니다. 나는 이 결심을 곧장 실천으로 옮기려 했습니다. 그러나 침착한 마음으로 일의 시작을 밤까지 미루었다가 그때 마침 초청을 받고 어느 연회장으로 서둘러 갔습니다. 거기서도 잔치가 성대하게 벌어져, 모두들 술과 나팔소리에 매우 흥이 올라 있었는데, 바로 이때 나에게 불쾌한 사건이 일어났습니다. 후식을 먹고 있을 때, 내가 좋아하는 아름다운 아가씨의 옛 남자친구가 여행에서 돌아오자마자 예고 없이 나타나서는 그녀 옆에 앉더니 난데없이 자신이 그녀의 연인임을 내세우려 했기 때문입니다. 이 때문에 불쾌해져 그와 말다툼을 했고 마침내 싸움이 벌어지고 말았습니다. 우리는 서로 칼을 뽑아들게 되었고, 나는 몸 여러 군데에 상처를 입어, 반죽음 상태가 되어 숙소로 실려왔습니다.

　외과의사는 내 몸에 붕대를 감아주고 갔습니다. 이미 밤도 깊었기에 나를 돌보던 시중꾼도 잠들어버렸습니다. 그런데 이때 옆방 문이 열리더니 그 신비에 가득 찬 여인이 들어와서 내 침대 곁에 앉았습니다. 그녀는 걱정스런 얼굴로 상태가 어떠냐고 물었습니다. 나는 대답하지 않았습니다. 나는 완전히 녹초가 되어 기분이 좋지 않았기 때문이었습니다. 그녀는 깊은 동정심을 나타내며 이야기를 계속했고 어떤 향기나는 기름을 내 관자놀이에 문질러 발랐습니다. 그러자 갑자기 기운이 완전히 회복되는 것을 느낀 나는 몹시 화가 나서 그녀를 심하게 비난했습니다. 격한 어조로 내 불행의 모든 책임을 그녀에게 돌렸습니다. 이 모든 불행은 당신이 나에게 불어넣은 애정 때문이라느니, 당신이 나타났다가 사라지곤 해서 나를 애달게 하고 동경하도록 만들었기 때문이라고 말했습니다. 나는 마치 열병에라도 걸린 것처럼 점점 더 흥분해서는 결국 이런 맹세까지 하게 되었습니다. 만일 당신이 나의 것이 되려 하지 않고, 이번에도 나와 한몸이 되어 맺어지려 하지 않는다면 나는 더 이상 살고 싶지 않다고 말입니다. 그러고는 확실한 대답을 요구했습니다. 그러나 그녀가 머뭇거리며 대답하기를 꺼리자 완전히 제정신을 잃은 나는 피를 흘려서라도 죽어버리리라 굳게 결심하고는 상처에 이중 삼중으로 감겨진 붕대를 풀어 떼어냈습니다. 그러나 그 순간 나는 얼마나 놀랐는지 모릅니다. 상처는 흔적도 없이 완전히 나아 있었고, 몸은 빛이 날 정도로 깨끗해져 있었을 뿐 아니라, 그녀가 나의 팔에 안겨 있었으니까요.

　이제 우리 둘은 이 세상에서 가장 행복한 한 쌍이 되었습니다. 우리는 서로 용서를 빌었습니다. 그러나 이 용서가 무엇 때문인지를 스스로도 잘 알 수 없었습니다. 이제부터 그녀는 나와 함께 여행을 계속할 것을 약속했습니다. 그리고 얼마 안 있어 우리는 나란히 마차에 앉았고, 작은 상자는 우리 맞은편 좌석에 놓았습니다. 이제까지 나는 한 번도 그녀에게 작은 상자에 대해 언급한 적이 없었지만 그것에 대해 말하고 싶은 생각은 아직도 들지 않았습니다. 상자는 바로 우리 눈앞에 있었지만 언젠가 언급할 기회가 있을지도 모른다는 무언의 약속으로 우리 두 사람은 입 밖에 내지는 않았습니다. 다만 상자를 마차에 싣거나 내리는 일은 언제나 내가 했고 또 전과 마찬가지로 방문을 잠그는 일도 내가 했습니다.

지갑 속에 몇 푼이라도 남아 있는 동안은 내가 돈을 계속 냈고 가지고 있는 돈이 다 바닥 나면 나는 그녀에게 넌지시 내비쳤습니다. 그녀는 "그런 거라면 걱정하지 않아도 돼요" 하고는, 마차의 양 측면 위쪽에 달아놓은 작은 주머니 두 개를 가리켰습니다. 나도 전부터 그 주머니를 알고 있었지만 사용한 적은 없었습니다. 그녀는 그중 한쪽 주머니에 손을 넣어 금화 몇 개를 꺼냈고 마찬가지로 다른 주머니에서도 은화 몇 개를 꺼내, 마음대로 지출할 수 있다는 것을 나에게 보여주었습니다. 이렇게 우리는 이 도시에서 저 도시로, 이 시골에서 저 시골로 여행을 계속했고, 우리 두 사람은 물론 다른 사람들과도 사이좋게 지냈으므로 그녀가 또다시 내 곁을 떠나리라고는 생각해 보지 않았습니다. 하물며 그녀가 얼마 전부터 임신하고 있는 것이 확실해, 우리의 기쁨과 애정은 점점 깊어갈 뿐이었기에 더욱더 그런 생각은 하지 않았지요. 그런데 어느 날 아침, 슬프게도 그녀가 이제는 더 이상 내 곁에 없다는 것을 깨달았습니다. 그녀 없이 머무는 것이 아무런 즐거움을 주지 않았기 때문에 나는 그 작은 상자를 갖고 다시 여행길에 올랐고, 주머니 두 개의 힘을 시험해 보고는 여전히 효력이 있다는 것을 알았습니다.

여행은 아무 문제없이 순조롭게 진행되었습니다. 나는 이런 신비스러운 여러 가지 사건도 아주 자연스럽게 전개될 것이라 예상하고 있었기 때문에, 이때까지 내가 겪은 모험에 대해 깊이 생각하지 않았습니다. 그런데 이번에는 놀라움과 걱정과 공포심까지 불러일으키는 사건이 일어났습니다. 나는 여행 일정을 순조롭게 진척시키기 위해 낮밤을 가리지 않고 여행하는 것에 익숙해 있었기에 이따금 어둠 속에서도 마차를 몰았고, 그래서 우연히 가로등이 꺼져 있을 때에는 마차 안이 완전히 캄캄할 때도 있었습니다. 한번은 이런 캄캄한 밤중에 깜빡 잠이 들어버렸는데, 눈을 떠보니 마차의 천장에 불빛 하나가 빛나고 있었습니다. 자세히 보니, 그 불빛은 작은 상자에서 새어나오고 있는 것이었습니다. 작은 상자는 초여름의 덥고 건조한 날씨 탓에 틈이 생긴 것 같았습니다. 나는 보석에 대한 생각이 다시 떠올랐습니다. 작은 상자 속에 루비가 있을 것이라는 생각이 들자 확인해 보고 싶었습니다. 나는 눈이 그 틈에 닿을 수 있게 자세를 잡고 안을 들여다보았습니다. 그때 나의 놀라움은 얼마나 컸던지요. 마치 둥근 천장 구멍으로부터 왕궁을 내려다보는 것처럼 휘황찬란하게 빛나는 수많은 보물들로 장식된 방을 보았던 것입니다. 물론 내가 볼 수 있었던 것은 방의 일부분에 지나지 않았습니다만, 나머지는 충분히 추측할 수 있었습니다. 난롯불이 타고 있는 것 같았고, 그 옆에는 안락의자가 있었습니다. 나는 숨을 죽인 채 계속 관찰했습니다. 그러는 사이에 홀의 저쪽에서부터 한 여인이 양손에 책을 들고 걸어나왔습니다. 아주 작게 축소된 모습이었음에도 나는 곧 그 여인이 내 아내라는 것을 알아보았습니다. 그 아름다운 여인은 책을 읽기 위해 난로 옆에 있는 안락의자에 앉아, 이를 데 없이 아름다운 불집게로 불을 돋우고 있었는데, 나는 그때 이 사랑스러운 작은 여인이 임신하고 있다는 것을 확실히 알 수 있었습니다. 이때 나의 불편한 자세 때문에 어쩔 수 없이 몸을 조금 움직이고 나서 곧바로 그것이 꿈이 아니었다는 것을 확인하려 했을 때 불빛이 꺼져버려, 나는 텅 빈 어둠을 들여다볼 수밖에 없었습니다.

내가 얼마나 놀랐고, 얼마나 무서워했는지는 이해하실 겁니다. 나는 이 발견에 대해 수없이 생각해 보았지만 아무것도 생각해 낼 수 없었습니다. 그러는 사이 다시 잠이 들었고, 잠에서 깨어났을 때에는 역시 꿈을 꾸었을 뿐이라고 생각했습니다. 어쨌거나 나는, 나의 아름다운 여인과의 거리가 조금 멀어지는 것을 느꼈습니다. 그래서 그 작은 상자를 더욱더 조심스럽게 옮기면서도, 나는 그녀가 다시 완전한 크기의 인간 모습으로 나타나는 것을 원해야 하는 건지 두려워해야 하는 건지 알 수가 없었습니다.

이런 일이 있고 난 얼마 뒤 저녁 무렵, 현실 속 나의 아름다운 여인이 흰 옷을 입고 방으로 들어왔습니다. 마침 방 안은 어둑어둑해져가고 있었기 때문에 그녀는 평소 내가 보아오던 것보다 키가 큰 것처럼 생각되었습니다. 그러자 물의 정령과 땅의 정령들은 모두 밤이 시작될 무렵이면 눈에 띄게 키가 커진다는 이야기를 들은 일이 생각났습니다. 그녀는 언제나처럼 내 팔에 뛰어 들어왔지만 가슴이 답답해진 나는 기쁜 마음으로 그녀를 껴안을 수가 없었습니다.

그녀가 말했습니다. "나의 사랑하는 님이여, 당신이 나를 맞아주는 태도로, 슬픈 일이지만 이미 당신이 아시게 된 것이 뼈저리게 느껴지는군요. 당신은 내가 당신 곁에 없는 사이에 나의 진짜 모습을 보아버렸어요. 내가 정해진 시간이 되면 어떤 모습이 되는지를 알아버리셨어요. 당신의 행복 그리고 나의 행복은 이것으로 깨져버리고 말았습니다. 그뿐 아니라 완전히 파괴될 지경에까지 와 있어요. 나는 당신 곁을 떠나야만 해요. 그리고 언제 다시 만날 수 있을지 모르겠어요." 그녀가 지금 내 눈앞에 있다는 사실이, 또 그녀가 말하는 우아한 모습이 그때까지 꿈처럼 어른거리던 저 축소된 모습의 환영과 같은 기억을 당장 떨쳐버리게 했습니다. 나는 그녀를 열렬히 껴안고는 나의 정열을 확인시키고 악의는 없었다는 것을 단언하며, 그 발견은 우연이었음을 이야기했습니다. 그렇게 노력한 결과 그녀도 안심하는 것같이 보였고, 이제는 나를 진정시키는 데에 최선의 노력을 기울였습니다.

"깊이 생각해 보세요." 그녀가 말했습니다. "이번의 발견이 당신의 사랑에 상처를 주지 않았는지, 또한 내가 두 가지 모습으로 당신 곁에 있는 것을 잊어버릴 수 있을 것인지, 내 몸이 작아지는 것이 당신의 애정을 줄게 하지 않겠는지요."

나는 그녀를 바라보았습니다. 그녀는 그 어느 때보다 더 아름다워 보였습니다. 나는 혼자서 생각했습니다. '때때로, 작은 상자 속에 넣어서 가지고 다닐 만큼 조그만 난쟁이로 변하는 아내를 가지는 것이 그렇게 큰 불행이란 말인가? 만일 아내가 거인으로 변해 자기 남편을 상자 속에 넣는다면, 그건 훨씬 더 나쁜 일이 아니겠는가?' 이렇게 생각하자 나는 다시 명랑해졌습니다. 나는 이 세상 모든 것을 희생한다고 해도 결코 그녀를 떠나가게 내버려두지는 않았을 것입니다. 나는 대답했습니다. "오, 나의 연인이여, 우리 언제까지나 지금처럼 함께합시다. 둘이 함께 있는 것보다 더 멋진 일이 또 어디 있겠습니까? 난쟁이로 있는 것이 좋다면 언제라도 당신 편한대로 하시오. 그럴 때면 이 상자를 더욱더 조심해서 운반할 것을 약속하겠소. 그리고 내 평생 본 중에서 가장 사랑스러운 것이 어떻게 나에게 나쁜 인상을 줄 수 있겠소? 만일 세상의 모든 연인들이 그처럼 작은 애인을 가질 수 있다면 얼마나 행복하겠소. 그리고 그런 모습도 말하자면 흔히 있는 요술에 지나지 않소. 당신은 나를 시험하고 놀리고 있어요. 그렇지만 내가, 어떻게 견뎌나가는지 두고 보시오."

"상황은 당신이 생각하고 있는 것보다 훨씬 심각해요." 아름다운 여인이 말했습니다. "그렇지만 당신이 가볍게 생각해 주시니 나도 정말 기뻐요. 왜냐하면 이제부터 우리 두 사람에게 아주 밝은 미래가 열릴 테니까요. 나는 당신을 믿고 있어요. 그리고 나도 할 수 있는 일은 다 하겠어요. 단지 한 가지만 약속해 주세요. 이 발견을 흠잡아 생각하지 않겠다고요. 그리고 또 한 가지 간절히 부탁할 것이 있어요. 술과 화내는 일은, 지금까지보다 더 주의해 주세요."

나는 그녀가 바라는 대로 할 것을 약속했습니다. 그 밖에도 그녀가 원하는 것이라면 얼마든지 약속을 했을 것입니다. 그러나 그녀 자신이 화제를 다른 쪽으로 돌려버렸기 때문에, 모든 것이 다시 본궤도로 돌아갔습니다. 우리는 머무는 장소를 바꿀 필요가 없었습니다. 왜냐하면 도시가 커서 사교모임은 미혹될 만큼 많았고, 이따금씩 있는 야외연회나 나들이를 즐기기에 안성맞춤인 계절이었기 때문입니다.

이런 즐거운 모임이 있을 때마다 내 아내는 언제나 크게 환영받았습니다. 남자들뿐만 아니라 여자들도 그녀를 추어올렸습니다. 우아하고 매력 있는 행동이 고상한 성품과 어울려, 그녀를 누구에게나 사랑받고 존경받는 사람으로 만들었습니다. 뿐만 아니라 라우테를 능숙한 솜씨로 연주하며 이에 곁들여 노래까지 불렀으니, 사교 모임이나 연회가 벌어지는 밤치고 그녀의 훌륭하게 남다른 재능으로 마지막을 장식하지 않는 날은 없었습니다.

그런데 솔직히 말씀드리자면 나는 음악에 대해서는 그리 높게 평가하지 않았습니다. 아니 오히려 나를 불쾌하게 만들었습니다. 그러므로 이를 알아차린 나의 아름다운 여인은, 우리 둘만 있을 때는 절대로 음악으로 나를 즐겁게 하려고 하지 않았습니다. 그 대신 그녀는 사교 모임에서 이것을 보상받으려 하는 것 같았습니다. 왜냐하면 그곳에서 많은 숭배자들을 발견했기 때문입니다.

내가 이제 와서 무엇 때문에 부정할 필요가 있겠습니까? 우리 둘 사이에 있었던 지난번 합의는 내가 최선을 다했음에도 그 문제를 내 마음속에서 완전히 없애버리는 데까지는 미치지 못했다는 것을 말입니다. 오히려 내 감정은 이상하게 뒤틀려 있었고, 나 자신조차 그것을 충분히 의식하지 못하고 있었습니다. 그러던 어느 날 밤 성대한 연회 석상에서 이 억눌려 있던 불만이 폭발해 버렸습니다. 이리하여 나는 가장 큰 손실을 입었습니다.

지금 와서 곰곰이 생각해 보면, 그 불행한 발견을 하고 난 뒤 아내에 대한 나의 애정은 훨씬 줄어든 상태였습니다. 게다가 이전에는 전혀 생각지 못한 일이었지만, 그녀를 두고 다른 남자와 질투까지 하게 되었습니다. 연회가 있던 그날 밤, 우리는 제법 떨어져서 비스듬히 마주한 채 탁자에 앉아 있었는데, 나는 옆자리에 앉은 두 부인들과 함께 몹시 즐거워하고 있었습니다. 이 두 부인은 얼마 전부터 나에게 아주 매력적으로 보였기에, 농담과 사랑 이야기를 나누면서 우리는 술을 거푸 마셨습니다. 한편 저쪽에서는, 두 명의 음악 애호가들이 내 아내를 차지하고는 독창과 합창을 하도록 함께 앉아 있는 사람들을 부추기거나 유혹하고 있었습니다. 그런데 그 모습이 내 기분을 아주 언짢게 만들었습니다. 두 음악 애호가는 뻔뻔스러워 보였고 노래는 마음에 들지 않는 데다 나에게까지 독창으로 한 구절 불러달라고 요구해 왔을 때는, 너무나 화가 치밀어 술잔을 단숨에 비워버리고는 아주 거칠게 잔을 내려놓았습니다.

내 옆자리에 앉은 부인들이 나긋나긋하게 분위기를 바꾸었기에 나는 기분이 조금 풀어지긴 했지만, 한번 화가 나면 끝이 좋지 않기 마련입니다. 모든 게 나를 즐거운 기분, 관대한 기분으로 만들어주어야 했건만, 분노는 남몰래 계속 끓어오르고 있었습니다. 게다가 나의 아름다운 여인이 라우테를 들고 나와 반주 삼아서 노래를 불러 모두의 격찬을 받았을 때에는, 점점 화가 쌓여 나는 심술궂은 사내가 될 뿐이었습니다. 그런데 운이 나쁘게도 사람들이 모두 조용히 해줄 것을 요구했습니다. 그래서 나도 더 이상 지껄여댈 수가 없었고, 라우테 소리에 이를 악물다 보니 이가 아파왔습니다. 이렇다 보니 작은 불꽃이 지뢰에 불을 붙이는 결과를 가져오게 했다는 것은 당연한 일이 아니었을까요?

바로 그때 여가수는 열렬한 갈채를 받으면서 막 노래 한 곡을 마치고는 애정에 찬 진심어린 눈길로 나를 바라보았습니다. 그러나 유감스럽게도 그 눈길은 내 마음속 깊이 와닿지는 않았습니다. 그녀는, 내가 포도주 한 잔을 단숨에 들이켜고는 다시 새 잔을 채우는 것을 뚫어지게 보고 있었습니다. 그녀가 오른쪽 집게손가락으로 다정하게 위협하듯이 내게 손짓했습니다. "그건 술이라는 것을 명심하세요." 그녀는 겨우 알아들을 수 있게 낮은 목소리로 말했습니다. "요정은, 물이나 마시라지!" 나는 버럭 소리를 질렀습니다. "제발, 내 남편이 술잔을 너무 자주 비우지 않도록 당신들의 아름다움으로 그 술잔을 감싸주세요." "설마, 당신 부인이 시키는 대로 하는 건 아니겠죠!" 한 부인이 내 귀에 속삭였습니다. "난쟁이가 무슨 참견이지?" 나는 이렇게 외치고는 점점 더 거칠게 행동했고 그 바람에 그만 술잔이 엎질러졌습니다. "보세요, 넘쳐흘렀군요!" 이를 데 없이 아름다운 그녀가 외치면서 모든 사람들의 주의를 이 소동으로부터 다시 자신에게로 되돌리려는 듯 라우테의 줄을 켜기 시작했습니다. 실제로 그녀의 의도대로 되었습니다. 그녀가 마치 연주를 한결 편하게 하려는 것처럼 일어서서 즉흥연주를 계속할 때는 더욱 그랬습니다.

빨간 포도주가 식탁보에 흘러넘친 것을 본 나는 비로소 정신을 차렸습니다. 나는 내가 저지른 큰 실수를 곧 알아차리고는 가슴 깊이 후회했습니다. 이제야 비로소 음악소리가 나의 마음을 울려왔습니다. 그녀가 부른 1절은, 이 연회에 모인 사람들에게 보내는 다정한 작별의 노래로 모두가 아직 함께 있다는 것을 느끼게 해주었습니다. 그러나 다음 절로 옮겨가자, 모든 사람이 저마다 고독하고 쓸쓸한 채로 흩어져 더 이상 서로가 함께 있지 않다는 느낌을 주었습니다. 그런데 마지막 절에 대해서는 도대체 뭐라고 하면 좋을까요? 그 내용은 나만을 겨냥한 것이었습니다. 불만과 오만에 찬 연인에게 이별을 고하는 상처받은 사랑의 목소리였습니다.

나는 아무 말도 하지 않고 그녀를 집으로 데려왔고, 좋은 일이라고는 전혀 기대할 수 없었습니다. 하지만 우리가 방에 도착하자마자 그녀는 아주 다정하고 애교스럽게, 그뿐 아니라 장난꾸러기처럼 행동해서 나를 이 세상에서 가장 행복한 사람으로 만들어주었습니다.

다음 날 아침 완전히 안심한 나는 진심으로 애정을 담아 다음과 같이 말했습니다. "당신은 훌륭한 사람들의 청을 받고 몇 번이나 노래를 불렀소. 예를 들면 어젯밤의 그 감동적인 이별의 노래처럼 말이오. 자, 이 아침에 나를 위해 다시 한 번 아름답고 즐거운 환영의 노래를 불러주오. 우리가 지금 처음 알게 된 것 같은 기분이 들도록 말이오."

"그럴 수 없어요, 여보!" 그녀가 진지하게 대답했습니다. "어젯밤의 노래는 곧 닥쳐올 우리의 이별을 노래한 것이지요. 다만 당신에게 말씀드릴 수 있는 것은, 약속과 맹세의 말을 모욕한 것이 우리 두 사람에게 최악의 결과를 가져오게 됐다는 것이에요. 당신은 안타깝게도 큰 행복을 놓쳐버리고 말았습니다. 그리고 나 또한 그 무엇보다 소중히 여겼던 소망을 단념해야만 해

요."

내가 좀 더 자세하게 설명해 달라고 애원하자, 그녀는 이렇게 대답했습니다. "슬프긴 하지만 말씀드리는 건 어렵지 않아요. 왜냐하면 내가 당신 곁에 있을 수 있는 것도 이게 마지막이니까요. 그러면 내 말을 들어보세요. 마지막 순간까지 감추어두고 싶었지만 말이에요. 당신이 작은 상자에서 보신 모습이 나의 타고난 자연 그대로의 모습입니다. 말하자면 나는, 여러 전설 속에 전해 내려오는 소인국의 강력한 군주인 에크발트 왕*22의 후손이에요. 우리 종족은 옛날처럼 지금도 부지런히 일하고 있어요. 통치하기 쉬운 종족이지요. 그러나 난쟁이들이 만드는 물건을 신통치 않다고 생각해서는 안 됩니다. 옛날에는, 뒤에서 던지면 저절로 알아서 적을 추격하는 칼이라든가, 적을 결박해 버리는 눈에 보이지 않는 신비한 쇠사슬, 또는 무엇으로도 뚫을 수 없는 방패, 그리고 이와 비슷한 것들이 난쟁이들의 가장 유명한 제작품이었습니다. 그러나 이제는 주로 편리함을 위한 물건이나 장식품 만드는 데에 집중하고 있는데, 이 점에서도 지구상의 모든 종족을 능가하고 있어요. 당신이 우리의 작업장이나 창고를 지나다가 한번 훑어보신다면 틀림없이 놀랄 것입니다. 어쨌든 만일 이 종족 전체에, 특히 왕가에 어떤 특별한 일이 일어나지 않았다면 모든 일이 잘되었을 것입니다."

그녀가 잠시 말하는 것을 중단했기 때문에 나는 그녀에게 이 불가사의한 비밀을 더 자세히 털어놔달라고 간청했고 그녀는 곧 응해 주었습니다.

그녀가 말을 이었습니다. "세상에 널리 알려져 있지만 하느님이 이 세계를 만들고 나서 육지가 전부 마르고 산맥이 지대하고 장엄하게 우뚝 솟아오르자, 그분은 무엇보다도 먼저 난쟁이를 만들었습니다. 왜냐하면 지구 내부의 통로나 바위 틈새에 살면서 하느님의 기적을 놀라워하며 존경할 수 있는 이성적인 존재가 있기를 바랐던 것이지요. 게다가 이것도 널리 알려진 사실이지만 이 소인족이 나중에는 점점 교만해져서 지상의 지배권을 쥐려고 했기 때문에, 하느님은 용을 만들어 소인족을 산속으로 다시 몰아넣었습니다. 그러나 이 용들은 큰 동굴과 바위 틈새에 멋대로 둥지를 틀어 살았고, 게다가 수많은 용들이 불을 토하며 온갖 포악한 짓을 일삼았기 때문에 난쟁이들

---

*22 민속본 《불사신(不死身) 지그프리트》에 나오는 소인국 왕으로서, 거인과 싸우는 지그프리트를 도와주었다.

은 큰 곤경에 빠져 어찌 할 바를 몰라 했습니다. 그러자 난쟁이들은 진심으로 겸허한 마음으로 엎드려 고개를 숙이고 그들의 주인인 하느님께, 제발 이 괘씸한 용들을 다시 이 세상에서 없애달라고 애원했습니다. 하느님은 자신이 만든 피조물을 없애버릴 결심은 차마 할 수 없었지만, 불쌍한 난쟁이들의 곤경을 깊이 헤아려 곧 거인족을 만들었습니다. 이 거인족은 용과 싸워서 용을 전멸시키지는 못했지만 적어도 숫자를 줄이는 역할을 했습니다.

그런데 거인족이 용들을 거의 처치해 버리자 그들도 용기와 자만심을 가지게 되었습니다. 이로 인해 이들은 많은 나쁜 짓들, 특히 선량한 난쟁이들을 못살게 굴어서, 곤경에 빠진 난쟁이들은 다시 하느님에게 매달렸습니다. 그러자 하느님은 이번에는 자신의 막강한 힘으로 기사들을 만들어서 이들로 하여금 거인과 용을 물리치게 하고는, 난쟁이들과 사이좋게 지낼 수 있도록 했습니다. 이렇게 창조작업이 일단락 지어지고 난 뒤로는 거인과 용, 기사와 소인족은 언제나 일치단결해 왔습니다. 자, 이제 아시겠지요? 우리는 세계에서 가장 오래된 종족이라는 것을 말입니다. 이 사실은 우리에게는 명예스럽기도 하지만 동시에 커다란 불이익을 안겨주기도 합니다.

이 세상에 있는 어떤 것도 영원히 지속될 수 없으며 처음에는 컸던 것들도 작아지고 쇠퇴하게 마련입니다. 그래서 우리 또한 천지창조 이래로 점점 작아지고 쇠퇴해 가고 있습니다. 더구나 왕족은, 순수한 혈통 때문에 제일 먼저 이러한 운명의 지배하에 놓이게 되었습니다. 그래서 우리의 지혜로운 현자들은 벌써 오래전부터 그 구제책을 마련해 놓고 있었지요. 그 구제책이란 이따금 왕녀 한 명을 지상에 있는 나라로 보내, 존경할 만한 훌륭한 기사와 결혼시켜 소인족의 혈통을 새롭게 해서, 완전한 멸망으로부터 구원해 낸다는 것이지요."

나의 아름다운 아내가 이렇게 진심을 다해 얘기하고 있는 동안, 나는 의심스러운 눈초리로 그녀를 바라보고 있었습니다. 왜냐하면 그녀가 나에게 꾸며낸 이야기를 믿게 하려는 것처럼 보였기 때문입니다. 그녀의 훌륭한 가문에 대해서는 아무런 의심도 하지 않았습니다. 그러나 그녀가 기사 대신 나를 택했다는 것에 대해서는 불신을 조금 느꼈습니다. 나의 조상을 하느님이 직접 만들었다고 하기엔 나는 나 자신을 너무나 잘 알고 있었기 때문입니다.

나는 의심을 감춘 채 그녀에게 다정하게 물었습니다.

"그렇지만 어떻게 당신이 이렇게 크고 훌륭한 모습으로 변할 수 있는지 좀 말해 주시오. 나는 여태껏 당신의 뛰어난 몸에 견줄 수 있는 여인을 만나 본 일이 없소."

"그것도 말씀드리지요." 아름다운 아내가 말했습니다. "비상수단을 취하는 것은 될 수 있는 한 삼가는 게 좋다는 것이 예부터 소인국 왕실회의에 대대로 전해 내려왔지요. 나 또한 이것을 아주 자연스럽고 당연한 것이라 생각하고 있어요. 그러니 나의 남동생이 너무 작게 태어나서 유모들이 포대기 속에서 아이를 잃어버려 어디로 갔는지 알 수 없는 그런 상황이 일어나지만 않았더라도, 또다시 왕녀를 지상으로 올려보내려는 결심은 좀 더 오랫동안 미뤄졌을 것입니다. 그런데 소인국 연대기에서도 전혀 볼 수 없었던 이 일로인해 현자들이 소집되었고, 간단히 말씀드리자면 남편을 구하기 위해 나를 지상으로 보낼 결정이 내려진 것이지요."

내가 외쳤습니다. "결정이라고! 물론 모두 훌륭하고 좋은 일이겠지요. 결정하는 것도, 결심하는 것도 다 좋소. 그러나 난쟁이가 이렇게 신과 같은 모습이 되게 하다니, 당신네 나라의 현자들이 어떻게 그런 일을 할 수 있단 말이오?"

그녀가 말했습니다. "이것 또한 우리 조상에 의해 미리 준비되어 있었어요. 즉 왕실 금고에 터무니없이 큰 금반지 하나가 보관되어 있었어요. 지금내가 터무니없이 크다고 말하는 것은, 옛날에 내가 아직 어린아이였을 때 반지가 보관되어 있던 장소에서 보고 느꼈던 그때 그대로의 느낌이에요. 내가지금 이 손가락에 끼고 있는 반지가 바로 그것이죠. 어쨌든 일은 다음과 같이 진행되었지요. 나는 먼저 앞으로 일어날 모든 일에 대해 가르침을 받았고, 내가 할 일, 또 내가 해서는 안 될 일도 배우게 되었어요.

나의 부모님이 가장 좋아하시는 여름별궁을 모델로 한 훌륭한 궁전이 만들어졌어요. 본관과 양쪽의 별채, 이 밖에 원하는 모든 것이 말입니다. 그 궁전은 어느 큰 바위 틈새에 세워졌는데 그 바위틈에 딱 들어맞는 아주 아름다운 장식이 되었지요. 길일을 잡아서 모든 신하들이 그 궁전으로 갔고 부모님이 나를 데리고 갔답니다. 군대는 행진을 벌이고, 사제 24인이 아름다운 들것에 그 신비한 반지를 운반해 왔어요. 무거워서 몹시 힘들어하는 것 같았죠.

이어 반지는 건물 문지방 있는 곳에, 즉 사람들이 넘나드는 문지방 바로 안쪽에 놓여졌지요. 여러 의식이 거행되었고, 진심어린 작별인사가 끝나자 나는 서둘러 일에 착수했습니다. 나는 다가가서 반지 위에 손을 올려놓았어요. 그러자 놀랍게도 나는 갑자기 눈에 띄게 키가 커지기 시작했어요. 잠깐 사이에 지금의 키가 되어버렸습니다. 나는 바로 손가락에 반지를 끼었습니다. 순식간에 유리창과 대문 그리고 정문이 닫혔고 양쪽 별채는 본관 속으로 빨려들어갔으며, 내 옆에는 지금까지 있던 궁전 대신 작은 상자 하나가 놓여 있었어요. 나는 곧 그것을 집어들고 길을 떠났습니다. 이처럼 키가 크고 강해진 것을 기뻐하면서 말입니다. 물론 나무·산·강물 그리고 넓은 들판에 비교하면 나는 여전히 난쟁이에 지나지 않았지만, 풀과 채소들 그리고 특히 개미에 비교하면 틀림없는 거인이 되었죠. 우리 난쟁이들은 개미들과는 늘 사이가 좋지만은 않아 가끔씩 개미들에게 심한 괴로움을 당하고 있었거든요.

내가 당신을 만나기까지 여러 나라를 여행하는 동안 어떤 일들이 일어났는지에 대해서는 할 얘기가 많아요. 어쨌거나 그동안 많은 사람들을 시험해보았지만 당신 말고는 그 누구도 영광스러운 에크발트족의 혈통을 새롭게 하고 영원히 존속시킬 만한 가치가 있다고 생각지 않았습니다."

이야기를 들으면서, 나는 어딘지 이상하다는 생각에 이따금 고개를 갸웃거렸습니다. 그리고 많은 것을 물어보았습니다. 그러나 이렇다 할 대답은 얻지 못했고, 그보다 나를 더욱 슬프게 한 것은 자신의 본모습을 들켜버린 이상 그녀는 이제 부모님 곁으로 돌아가야 한다는 것이었습니다. 그녀는 다시 내 곁으로 돌아오기를 원하지만 지금은 어쩔 수 없이 돌아가야만 한다고 했습니다. 그러지 않으면 나와 그녀의 모든 관계가 사라지게 되고, 지갑에 돈도 얼마 못 가서 떨어지게 되며 그 밖의 무슨 일이 벌어질지 모른다는 것이었습니다.

돈도 떨어질 것이라는 말을 듣자, 나는 다른 일에 대해서는 물어보지도 않았습니다. 나는 실망하며 어깨를 움츠리고 잠자코 있었습니다. 그녀도 나의 기분을 이해하는 것 같았습니다.

우리는 짐을 꾸려 마차에 올라탔습니다. 그 안에 궁전이 있으리라고는 상상조차 할 수 없는 그 작은 상자를 우리의 맞은편에 놓은 채 여러 정류장을 지나갔습니다. 우리는 여전히 마차 양쪽에 걸려 있는 주머니에서 마차 운송비와 봉사료를 아낌없이 듬뿍 냈습니다. 드디어 우리는 어느 산골짜기에 도착했습니다. 나의 아름다운 아내는 마차에서 내리자마자 앞장서 걸었고 나는 그녀의 말대로 작은 상자를 가지고 뒤따라갔습니다. 그녀는 매우 가파른 오솔길을 지나 어느 넓지 않은 풀밭으로 나를 데리고 갔습니다. 풀밭을 가로질러 맑은 시냇물이 여울이 되기도 했다가 또 가만가만 넘실거리며 흐르기도 했습니다. 이쯤에 이르자 그녀가 조금 높고 평탄한 곳을 가리키면서 작은 상자를 거기에 내려놓으라고 명령하고는 이렇게 말했습니다. "그럼 안녕히 가세요. 돌아가는 길은 쉽게 찾을 수 있을 거예요. 나를 잊지 말아주세요. 그리고 다시 만날 수 있기를 바라요."

그 순간 나는 차마 그녀를 떠날 수 없을 것만 같은 심정이었습니다. 이제 그녀에게는 아름다운 날들이 다시 돌아온 셈이었지요. 그처럼 사랑스러운 여인과 단둘이 푸른 초원 위에서, 풀과 꽃들, 그리고 바위에 둘러싸여 졸졸 흐르는 물소리가 들려오는데 어느 누가 가만히 있을 수 있겠습니까? 나는 그녀의 손을 잡고 껴안으려 했습니다. 그러나 그녀는 나를 밀어내고, 언제나처럼 애정에 가득 찬 눈빛으로 당장 떠나지 않으면 큰 위험에 빠질 거라며 겁에 질린 얼굴로 말했습니다.

나는 소리쳤습니다. "그러면 당신과 내가 결코 함께 할 수 없단 말이오?" 열정에 찬 내 말에 깃든 애처로운 몸짓과 어조가 그녀의 마음을 움직였던지 그녀는 한참 생각에 잠겼다가, 우리의 관계를 지속시키는 것이 전혀 불가능한 것만은 아니라고 고백했습니다. 그때의 나보다 더 행복한 사람이 있었을까요? 내가 더 집요하게 졸라대자 드디어 그녀는 이렇게 털어놓았습니다. 즉, 만일 내가 전에 들여다본 적이 있는 그녀의 모습만 하게 작아져도 좋다는 결심만 한다면 지금이라도 그녀 곁에 머무를 수 있고 그녀의 집, 그녀의 나라, 그녀의 가족이 있는 곳으로 함께 갈 수 있다는 것이었습니다. 이 제안이 썩 마음에 들지는 않았지만 그 순간 나는 그녀로부터 도저히 떠날 수 없었습니다. 게다가 오래전부터 신비스러운 일에 익숙해져 빨리 결정하는 버릇이 들어 있었기 때문에 나는 바로 승낙하고는 그녀가 원하는 대로 따르겠다고 말했습니다.

그러자 그녀는 내 오른손 새끼손가락을 내밀게 해서 자신의 새끼손가락을 그 옆에다 갖다대고는 왼손으로 금반지를 살짝 빼내서 내 손가락에 끼웠습니다. 반지가 끼워지자마자 나는 손가락에 심한 통증을 느꼈습니다. 반지가 단단히 오그라들어 손가락을 무섭게 조여왔기 때문입니다. 나는 크게 소리 지르며 나도 모르게 손을 뻗어 나의 아내를 붙잡으려 했지만 그녀의 모습은 사라지고 없었습니다. 그때 내 기분이 어떠했는지에 대해서 말로는 도저히 표현할 수 없습니다. 다만 내가 말할 수 있는 것은 나 또한 키 작은 사람으로 변해 아름다운 나의 아내와 함께 풀줄기가 울창한 풀밭 한가운데에 있었다는 것뿐입니다. 잠깐 동안이기는 했지만 그처럼 기이한 이별 뒤의 재회의 기쁨, 또는 여러분이 달리 표현하기를 원한다면 이별 없는 재결합의 그 기쁨이란 도저히 상상조차 할 수 없는 것이었습니다. 나는 그녀의 목을 꼭 껴안았고 그녀는 나의 애무에 응해 주었습니다. 이렇게 우리 작은 한 쌍은 키 큰 한 쌍이었을 때 못지않은 행복감에 젖었습니다.

약간의 불편을 겪으면서 우리는 언덕으로 올라갔습니다. 이 풀밭도 우리에게 거의 뚫고 지나갈 수 없는 숲과 다름없었기 때문입니다. 우리는 마침내 어느 빈터에 이르렀습니다. 그곳에서 어떤 큼지막한 물건을 보았는데 그것이 내가 아까 놓아둔 작은 상자라는 것을 알았을 때 얼마나 놀랐는지요.

"저리 가서 반지로 두드려보세요. 기적을 보게 될 겁니다." 나의 사랑스러운 여인이 말했습니다. 과연 내가 다가가서 두드리기가 무섭게 엄청난 기적이 일어났습니다. 두 개의 별채 건물이 나타나면서 동시에 여러 부분이 마치 비늘과 대팻밥처럼 떨어지더니 거기에 문, 창문, 주랑(柱廊) 등 완벽한 궁전의 모습이 갑자기 내 눈앞에 나타난 것입니다.

한번 잡아당기면 많은 용수철과 태엽이 움직이면서 필기판, 문방구, 편지함 그리고 돈상자가 한꺼번에 또는 차례로 나오게 되어 있는 뢴트겐*23식의 정교한 책상을 본 일이 있는 사람이라면 그 궁전이 어떻게 나타났는지 상상할 수 있을 겁니다. 나의 사랑스러운 동반자는 나를 끌고 그 궁전 안으로 들어갔습니다. 넓은 홀에 들어선 나는 전에 위에서 내려다보았던 난로와 그녀가 앉아 있던 안락의자를 바로 알아보았습니다. 그리고 위를 보자 내가 몰래 들여다보았던 둥근 천장의 틈새까지도 실제로 보이는 것 같았습니다. 이 밖에 많은 것을 장황하게 늘어놓아 여러분을 괴롭게 하지는 않겠습니다. 요컨

---

*23 Röntgen : 괴테 시대의 유명한 가구사.

대 모든 것이 넓고 훌륭하고 품위가 있었습니다. 이러한 놀라움으로부터 정신차릴 틈도 없이 멀리서 군악대의 음악소리가 들려왔습니다. 나의 아름다운 반쪽이 기쁨에 겨워 폴짝폴짝 뛰어오르며 아버지의 도착을 나에게 알려주었습니다. 문으로 나간 우리는 바위 틈새를 통해, 위엄 있게 이쪽으로 행진해 오는 화려한 행렬을 바라보았습니다. 군인들, 하인들, 왕실 관리들 그리고 화려한 고관들이 뒤를 이어 따라왔습니다. 그리고 마지막으로 황금색으로 빛나는 일행과 그 가운데에 있는 왕도 보았습니다. 모든 행렬이 궁전 앞에 정렬하자 왕이 그의 측근들과 함께 앞으로 걸어나왔습니다. 그러자 왕의 귀여운 딸은 내 손을 잡아 서둘러 데리고 나갔습니다. 우리는 왕의 발밑에 엎드렸습니다. 그는 아주 자비롭게 나를 일으켜 세웠습니다. 이어 내가 그의 앞에 서게 되었을 때 비로소 나는 이 소인국에서는 분명 나의 체격이 가장 멋지다는 것을 알게 되었습니다. 우리는 함께 궁전으로 들어갔습니다. 그리고 모든 신하들이 모인 가운데 왕은 격식 있는 어조로 우리 두 사람이 여기 있는 것을 발견해 놀랐다고 말하며 환영의 뜻을 나타내고는 나를 사위로 인정함과 동시에 내일 결혼식을 올리겠다고 정해 버렸습니다.

결혼이라는 말을 듣자 나는 갑자기 너무나 무섭다는 생각이 들었습니다. 나는 이때까지 결혼이라는 것을, 이 세상에서 가장 싫어하던 음악보다도 더 두려워했기 때문입니다. 나는 늘 말하곤 했지요. 음악하는 친구들은 적어도 자기들끼리는 일치하고 있다느니 조화를 이루고 있다느니 하며 자부하고 있다고요. 그들은 오랫동안 악기를 타며 온갖 불협화음으로 귀를 멍하게 만든 다음에야 이것으로 조율은 끝났다, 악기들도 서로 완벽하게 어울린다고 굳게 믿어 마지않지요. 음악 지휘자들마저 이런 어이없는 망상에 빠진 채 즐겁게 음악을 시작하지만 우리 관객들의 귀에는 시끄러운 소리로만 들릴 뿐입니다. 그러나 결혼 생활에 이런 것은 적용되지 않습니다. 결혼 생활은 이중주에 지나지 않으니 두 개의 목소리, 또는 두 개의 악기라면 어느 정도 맞출 수 있으리라 생각하겠지만 실제로는 그런 조화란 좀처럼 일어나지 않습니다. 남편이 어떤 말을 하면 아내는 곧 더 높은 목소리로 응답하고 남편은 또 그보다 한 단계 더 높은 목소리로 받아넘깁니다. 이렇게 표준음에서 합창음으로, 그리고 계속 더 올라가 결국 관악기조차 따라갈 수 없게 되는 것입니다. 이런 이유로, 나는 조화로운 음악조차 싫어하는 사람이니 결혼이라는 조화롭지 않은 음악을 참을 수 없다고 해서 나를 나쁘게 생각하지는 말아주십시오.

그날은 갖가지 축하행사가 벌어졌지만 그에 대해서는 말하고 싶지도 않고 말할 수도 없습니다. 왜냐하면 나는 그런 것에는 전혀 주의를 기울이지 않았기 때문입니다. 산해진미와 고급 포도주도 즐거움을 주지 못했습니다. 다만 어떻게 하면 좋을까 생각하면서 괴로워할 따름이었습니다. 그러나 아무리 생각해도 이렇다 할 좋은 생각이 떠오르지 않았습니다. 밤이 되자 당장 여기를 빠져나가 어딘가에 몸을 숨기기로 결심했습니다. 다행히 어느 바위 틈새를 발견할 수 있었고 그 안에 가까스로 몸을 밀어넣어 숨었습니다. 그다음 내가 제일 먼저 한 일은 그 성가신 반지를 손가락에서 빼내는 일이었습니다. 그러나 아무리 애를 써도 반지는 빠지지 않았습니다. 오히려 반지를 빼내려는 생각을 하기가 무섭게 반지는 점점 더 손가락을 죄어왔습니다. 그런데 그 격렬한 통증은 반지를 빼내려는 생각을 중단하면 이상하게도 씻은 듯이 사라졌습니다.

다음 날 아침 일찍 잠에서 깨어나—몸이 작아진 나는 깊이 잠들어 있었습니다—주위를 둘러보기 시작했을 때 내 위에 빗줄기 같은 것이 내리는 것을 느꼈습니다. 그것은 풀과 나뭇잎 그리고 꽃잎들 사이로 마치 모래나 석탄가루처럼 우수수 떨어지고 있었습니다. 그러나 나를 둘러싸고 떨어진 것들이 모두 살아 움직이기 시작했습니다. 그리고 그것이 한 무리의 개미떼라는 것을 알았을 때의 나의 놀라움은 얼마나 컸겠습니까. 개미들은 나를 보자마자 사방에서 공격해 들어왔습니다. 나도 용감하게 방어전을 폈지만 마침내 그들이 나를 덮친 채 꼬집고 괴롭혔기 때문에, 항복하라고 외치는 소리를 들었을 때는 오히려 기뻤습니다. 나는 바로 항복했습니다. 그러자 체격이 당당한 개미 한 마리가 나에게 오더니 정중하고 공손한 태도로 용서를 구했습니다. 들어보니 개미들은 나의 장인과 동맹관계를 맺고 있는데 이번 나의 도주 사건으로 그가 나를 데리고 오라는 명을 내렸다는 것입니다. 이렇게 해서 난쟁이가 된 나는 나보다 더 작은 이들의 수중에 들어가게 된 셈입니다. 나는 결혼할 수밖에 없다고 생각했습니다. 그리고 장인이 화를 내지도 않고 나의 아름다운 여인도 불쾌해하지 않는 것을 보며 다시금 하느님에게 감사드리지 않을 수 없었습니다.

결혼식에 관한 이야기는 하지 않겠습니다. 어쨌든 우리는 결혼했으니까요. 우리 두 사람은 아주 즐겁고 쾌활하게 지냈습니다. 하지만 때때로 쓸쓸한 시간이 다가오면 나도 모르게 깊은 생각에 잠기곤 했습니다. 그러던 중 이제껏 전혀 생각해 보지 못한 무언가를 느꼈습니다. 그것이 무엇이며 어떻게 나타났는지를 여러분께 이야기해 드리겠습니다.

내 주위에 있는 모든 것은 당시의 나의 모습과 나의 필요에 꼭 들어맞았습니다. 술병이나 술잔도 몸이 작아져 버린 음주가인 나에게 잘 맞는 크기였습니다. 오히려 우리 인간 세계의 경우와 비교해 볼 때 더 많은 양이 들어갈 수도 있을 것입니다. 나의 작은 입에 와닿는 부드러운 음식은 아주 맛있었고 아내의 그 사랑스러운 입술의 키스도 매혹적이었습니다. 그리고 이제껏 맛본 적 없는 새로운 경험이 이 모든 상황을 쾌적하게 만들어준 것을 부인할 수 없었습니다.

그렇지만 유감스럽게도 나는 나의 지난날을 잊을 수가 없었습니다. 내 마음속에 남아 있는 예전 크기의 내가 느껴졌고 그것이 나를 불안하게 했고 또 불행하게 만들었습니다. 그제야 나는 철학자들이 말하는 이른바 이상(理想)이라는 것이 무엇인지 그리고 인간이 무엇 때문에 그토록 괴로워하는지도 이해할 수 있었습니다. 즉 나 또한 나 자신에 대한 하나의 이상을 가지고 있었습니다. 그리고 그것은 가끔씩 꿈속에서 내가 거인이 된 모습으로 나타나고는 했습니다. 말하자면 아내·반지·난쟁이 모습, 이 밖에 여러 가지 속박이 나를 아주 불행하게 만들었기에, 나는 나 자신의 해방에 대해 진지하게 생각하게 되었습니다.

나는 모든 마력이 반지 속에 숨어 있다고 확신했기 때문에 반지를 줄칼로 잘라버릴 결심을 했습니다. 그래서 나는 궁중의 보석 세공장이에게서 줄칼을 두어 개 몰래 훔쳐왔습니다. 다행히도 나는 왼손잡이였기에 이제껏 오른손으로 무언가를 해본 적은 한 번도 없었습니다. 나는 곧 용감하게 일을 시작했습니다. 그렇지만 수월하지 않았습니다. 그 작은 금반지는 보기에는 얇았지만 원래 크기에서 오그라들었기에 그만큼 두꺼워져 있었기 때문입니다. 나는 틈이 생길 때마다 사람들 눈에 띄지 않게 주의하면서 이 일에 열중했습니다. 그리고 얼마 안 있어 반지가 닳아 끊어지자마자 문밖으로 뛰쳐나갔습니다. 성공한 것이었습니다.

왜냐하면 금반지가 갑자기 무서운 기세로 손가락에서 튕겨져나가자 내 몸은 그대로 하늘에 부딪치지 않을까 싶을 만큼 격렬하게 위로 뻗어갔기 때문입니다. 만약 여름 궁전 안에 그대로 있었다면 아마도 나는 그 둥근 천장을 꿰뚫어버렸을 것입니다. 뿐만 아니라 궁전 건물이 전부 나의 주체할 수 없는 무시무시한 힘으로 파괴되어버릴 뻔했습니다.

나는 다시 키가 훨씬 커진 모습으로 홀로 그곳에 서 있었습니다. 그러나 동시에 더 어리석고 둔해진 것 같았습니다. 멍해져 있다가 다시 정신을 차리고 보니 내 옆에 작은 상자가 놓여 있는 것을 깨달았습니다. 그것을 들고 마차 정류소를 향해 오솔길을 내려가던 나는 상자가 상당히 무거워진 것을 느꼈습니다. 정류소에 도착하자마자 말을 마차에 매고 곧장 길을 달렸습니다. 가는 도중에 즉시 나는 마차 양쪽에 달려 있는 주머니를 살펴보았습니다. 안에 있던 돈은 없어졌지만 대신 작은 열쇠 하나를 발견했습니다. 그 열쇠는 작은 상자에 꼭 들어맞았고 상자를 열어보니 거기에는 한동안 쓸 수 있을 만큼의 제법 많은 돈이 들어 있었습니다. 그래서 돈이 있는 동안은 마차를 이용했고 돈이 다 떨어지자 마차를 팔아 그 돈으로 우편마차를 타고 다녔습니다. 작은 상자는 맨 마지막에 처분했습니다. 왜냐하면 나는 그 상자가 다시 한 번 돈으로 가득 차지 않을까 하고 생각했기 때문입니다. 이렇게 하여 나는 상당히 먼 길을 돌긴 했지만 여러분께 처음 나 자신을 소개했던 숙소의 부엌, 그리고 여자 요리사가 있는 이곳으로 마침내 다시 돌아왔던 것입니다.

제7장

헤르질리에가 빌헬름에게 보내는 편지

아무리 무심하게 맺어진 친분관계라 해도 아주 중요한 결과를 초래하게 되는 일이 흔히 있습니다. 하물며 처음부터 무심하지 않았던 당신과의 교제는 더욱 그러했습니다. 어느 기이한 열쇠 하나가 진기한 담보물로 내 손에 들어오게 되었습니다. 지금 나는 그 상자도 가지고 있어요. 열쇠와 작은 상자, 당신은 이에 대해 뭐라고 말씀하실까요? 또 나는 뭐라고 말씀드려야 좋을까요? 어떻게 된 일인지 들어보세요.

젊고 멋진 한 남자가 나의 큰아버지를 찾아와서 이렇게 말했어요. 오래전부터 당신과도 교제가 있었던 어느 별난 골동품 상인이 얼마 전에 세상을 떠났는데 이 젊은이에게 그 진귀한 유품을 몽땅 맡기면서 보관만 하고 있던 다른 사람들의 재산은 모두 즉시 돌려주라는 의무를 그에게 남겼다는 것입니다. 그리고 나서 골동품 상인은 이렇게 말했다고 합니다. 자기 재산이라면 잃어버려도 자기 혼자만 책임을 지면 되는 것이기 때문에 불안해할 필요가 없지만 다른 사람의 물건은 특별한 경우에만 보관해 왔다고 했다는군요. 그러면서 그 젊은이에게 이 무거운 짐을 지게 하고 싶지 않다면서 아버지와 같은 애정과 권위로 그런 일은 하지 말라고 했다는 것입니다.

이렇게 말하고 나서 그 젊은 남자는 작은 상자를 꺼냈습니다. 그 상자에 대해서는 전부터 들어 알고 있었지만 역시 내 눈길을 끌었지요. 큰아버지는 그 작은 상자를 이리저리 자세히 살펴보시더니 다시 그에게 되돌려주면서 다음과 같이 말씀하셨습니다. 나 또한 물건을 취급할 때 그 골동품 상인과 같은 마음으로 행동하는 것을 원칙으로 삼아왔다. 그러니 전에 이것이 누구의 것이었고 역사상의 어떤 주목할 만한 사건과 연관되어 있는지조차 알지 못한다면 아무리 아름답고 멋진 골동품이라 하더라도 절대로 맡지 않는다고 말이죠. 그리고 이 상자에는 글자나 숫자도 없고 연도나 본디 소유자 또는 제작자를 추측할 수 있는 어떤 암시도 없기 때문에 나에게는 아무 소용도 없고 흥미도 없다고 하셨지요.

그러자 그 젊은 남자는 몹시 난처해하더니 잠시 생각한 뒤에 그 물건을 큰아버지의 영지 재판관에 맡길 수 있도록 허락해 줄 수 없겠느냐고 물었습니다. 큰아버지는 미소 지으며 나에게 몸을 돌리고 말씀하셨습니다. "헤르질리에야, 이것은 네게 맞는 멋진 일이 될 것 같구나. 너는 여러 가지 장식품들과 예쁜 귀중품들을 가지고 있으니 이것도 함께 챙겨두려무나. 너의 소중한 그 친구*24가 분명 기회가 되면 그것을 가지러 다시 돌아올 테니 말이다. 내 장담하마."

사실 그대로를 말하자니 이렇게 쓰는 수밖에 없군요. 또 한 가지 고백해야 할 것이 있어요. 이 작은 상자가 어째서 그토록 당신의 마음을 끄는 것일까

---

*24 빌헬름을 말한다.

하고 질투어린 눈초리로 그 상자를 바라보았다는 것입니다. 그러자 나는 곧 소유욕의 포로가 되었습니다. 운명적으로 나의 사랑스러운 펠릭스에게 주어진 이 멋진 상자를 재판소의 그 녹슨 고철 보관함 속에 둔다는 것은 정말 싫었습니다. 마법의 지팡이[*25]처럼 내 손이 그리로 뻗쳤지만 나의 얄팍한 이성이 그 손을 막았어요. 나는 생각했죠. 열쇠는 내 손에 있지 않은가? 그 사실을 밝힐 수는 없었지만 말입니다. 괴롭더라도 자물쇠를 열지 않고 그냥 놔두는 것이 좋을까? 아니면 그것을 함부로 여는 무모한 감정을 따를 것인가? 소원이었는지 예감이었는지는 알 수 없지만 나는 상상했습니다. 당신이 오실 것이다, 곧 오실 것이다, 내가 방에 들어서면 벌써 와 계실 것이다 하고 말입니다. 아무튼 아주 이상하고 기묘하고 혼란스런 기분이었어요. 평소의 온화하고 명랑한 감정에서 벗어나게 되면 여지없이 그런 기분이 되지요. 이 이상은 아무것도 말씀드릴 수 없습니다. 설명도 변명도 하지 않겠습니다. 어쨌든 여기 그 작은 상자가 내 눈앞에, 내 귀중품 상자 속에 있어요. 그 옆에는 열쇠가 있고요. 만일 당신에게 조금이라도 마음과 감정이 있다면 내가 어떤 기분인지, 얼마나 많은 격한 감정들이 내 마음속에서 소용돌이치면서 갈등하고 있는지, 그리고 당신이 오시기를, 펠릭스도 함께 와서 이 일이 끝나기를 내가 얼마나 원하고 있는지를 부디 헤아려주십시오. 적어도 이 발견과 재발견, 그리고 상자와 열쇠가 떨어졌다가 다시 하나로 맺어지는 이것이 무엇을 의미하는지 해석을 할 수 있게 말입니다. 그리고 내가 이 모든 당혹스런 상황에서 구제받지 못한다 하더라도 나는 간절히 바라고 있습니다. 내가 두려워하는 뭔가 훨씬 나쁜 일이 일어난다 하더라도, 적어도 이 상자에 관한 진실이 밝혀져 매듭지어지기를 말입니다.

제8장

책을 편집하기 위해 우리 앞에 놓여 있는 원고들 가운데 우스운 이야기 한 편이 있다. 이 이상의 설명 없이 그 이야기를 여기에 삽입하기로 한다. 우리

[*25] 광맥과 수맥(水脈)이 있는 곳을 찾아내는 마력을 가진 지팡이.

소설의 본 줄거리는 점점 더 진지해질 것이므로 앞으로 이런 여담을 넣을 수 있는 마땅한 공간이 없을 것이기 때문이다.

전체적으로 볼 때 이 이야기가 독자들에게 아무런 흥미도 유발시키지 않는다고는 말할 수 없을 것이다. 이 이야기는 성 크리스토프가 어느 상쾌한 밤에 유쾌한 친구들이 모인 자리에서 들려준 것이다.

위험한 내기

잘 아시다시피 인간이란 어느 정도 자기 뜻대로 일이 진행되면 곧 우쭐해져서 금세 무엇을 어떻게 해야 좋을지 모르게 되는 존재입니다. 이런 까닭에 혈기왕성한 학생들은 방학 때 떼를 지어 시골을 돌아다니며 학생다운 그들 나름의 방법으로 장난을 치는 습관이 있습니다. 물론 그런 일이 늘 좋은 결과를 가져온다는 법은 없지요. 이들은 저마다 다른 사람들이지만 학교생활에 의해 서로 가까워지고 친분이 생긴 사이로 출신과 재산 정도, 정신과 교양도 달랐지만 모두가 사이좋게 한결같이 명랑한 마음으로 함께 여기저기 뛰어다녔습니다. 그런데 이런 그들은 나를 자주 자기들 무리 속에 끼워주었습니다. 왜냐하면 내가 그들 가운데 어느 누구보다도 무거운 짐을 잘 들었고, 또 장난에 있어서도 그들은 나에게 위대한 장난꾸러기라는 명칭을 수여할 수밖에 없었기 때문입니다. 내가 장난을 치는 일은 드물기는 했지만 그만큼 대담하고도 못된 장난을 쳤으니까요. 지금부터 하는 얘기가 그걸 증명해 줄 것입니다.

우리는 이리저리 떠돌아다니던 중 어느 한적한 산골 마을에 도착했습니다. 매우 외진 곳이지만 역마차가 서는 역촌(驛村)이라는 이점을 가지고 있었고 적막한 곳임에도 예쁜 아가씨들도 몇 명 있었습니다. 우리는 그곳에서 쉬면서, 빈둥거리며 연애도 하고 생활비가 저렴하니 한동안은 여유롭게 살아보자는 데에 의견을 모았습니다.

마침 식사가 끝난 뒤 몇 명은 들떠 있었고 또 몇 명은 의기소침해 있었습니다. 드러누워 자면서 취기에서 깨어나려는 사람도 있었고 바보스러운 장난으로 술기운을 발산하려는 자들도 있었습니다. 우리는 마당을 향해 있는 옆 건물의 큰 방을 몇 개 차지하고 있었습니다. 이때 말 네 마리가 끄는 아름다운 마차 한 대가 딸랑거리며 마당으로 들어오자, 우리는 창가로 몰려갔습니다. 하인들이 날렵하게 마부석에서 뛰어내리더니 당당하고 고상한 풍채의 한 신사가 내리는 것을 도왔습니다. 신사는 나이가 지긋해 보였는데도 아주 건강한 모습을 하고 있었습니다. 그의 잘생긴 코가 제일 먼저 내 눈에 띄었습니다. 순간 나는 어떤 못된 악마에게 홀렸는지 어처구니없는 계획을 꾸며내어 깊이 생각해 보지도 않고 당장 실행에 옮겼습니다.

"저 신사에 대해 어떻게들 생각해?" 나는 친구들에게 물었습니다. 한 녀석이 대답했습니다. "장난 같은 건 절대 용납하지 않겠다는 얼굴인데."—"그래, 맞아." 다른 녀석이 말했습니다.

"마치, 내 몸에 절대 손대지 말라며 고상한 척하는 작자 같아."—"그건 그렇고" 나는 자신 있게 말했습니다. "자네들, 나하고 내기 한번 안하려나? 내가 저자의 코를 잡아 보이겠어. 아무런 변도 당하지 않고 말이지. 아니, 오히려 이 일을 계기로 저자를 자비로운 주인으로 만들어 한밑천 잡으려 생각하고 있다네."

싸움꾼이 말했습니다. "자네가 정말 해낸다면 우리 모두가 루이 금화를 하나씩 주겠네." 내가 외쳤습니다. "나를 위해 그 돈을 거둬들여주게. 믿고 자네에게 맡기겠어."—"오히려 사자의 코털을 하나 뽑아오는 게 더 낫겠는 걸." 키 작은 사나이가 말했습니다. "우물쭈물하고 있을 때가 아니야." 나는 이렇게 말하고는 계단을 뛰어내려갔습니다.

이 낯선 신사를 처음 보았을 때 나는 그의 수염이 아주 억세다는 것을 알아차리고는 하인들 중에 그의 수염을 면도할 수 있는 자는 한 사람도 없을 것이라고 추측했습니다. 그래서 나는 사환을 만나자 "혹시 저 손님이 이발사를 찾지 않던가요?" 물었습니다. "물론 찾았지요." 사환이 대답했습니다. "정말 큰일이에요. 저분의 하인이 벌써 이틀이나 도착이 늦어지고 있거든요. 무슨 일이 있어도 수염을 깎아야겠다고 하시지만 이 고장에 하나밖에 없는 이발사가 어디 이웃 마을이라도 갔는지 찾을 수가 없습니다."

"그렇다면 나를 소개해 줘요." 내가 말했습니다. "나를 이발사라 말하고 그분에게 안내해 주시오. 그러면 당신도 칭찬받게 될 거요." 나는 이 여관에서 발견한 면도 도구를 들고 사환을 따라갔습니다.

노신사는 위엄 있는 태도로 나를 맞이하더니 마치 관상으로 내 이발 솜씨를 알아내기라도 하려는 것처럼 머리 꼭대기부터 발끝까지 뚫어지게 쳐다보았습니다. "어때, 일은 잘하는가?" 그는 나에게 물었습니다.

내가 대답했습니다. "자랑하려는 건 아니지만 저와 견줄 수 있는 사람이 있다면 한번 만나보고 싶습니다." 실제로 나는 자신 있었습니다. 나는 이전에 이 고상한 일을 직업으로 가진 일이 있었고, 특히 왼손[*26]으로 면도 잘하는 것으로 유명했기 때문입니다.

신사가 몸단장을 하는 방은 안마당으로 향해 있어, 창문만 열려 있으면 내 친구들이 쉽게 안을 들여다볼 수 있는 그런 위치에 자리잡고 있었습니다. 준비는 다 되어 있었습니다. 신사는 자리에 앉아 흰 천을 목에 둘렀습니다. 나는 아주 근엄하게 그의 앞으로 걸어가 이렇게 말했습니다.

"각하! 저는 제 기량을 선보일 때 좀 색다른 버릇이 있습니다. 그것은 신분이 높은 분들보다는 신분이 낮은 사람들에게 훨씬 더 솜씨 있게, 더 만족스럽게 면도를 잘해 드린다는 것입니다. 그래서 이 점에 대해 오랫동안 곰곰이 생각하며 이유를 이리저리 찾아 간신히 알아낸 사실은, 꼭 닫힌 방 안에서보다는 탁 트인 야외에서 훨씬 더 일이 잘된다는 것이었습니다. 그러니 창문을 여는 것을 각하께서 허락해 주신다면 각하께서도 바로 만족할 만한 효과를 느끼실 수 있을 겁니다."

그는 허락했습니다. 나는 창문을 열어 친구들에게 눈짓을 하고는 아주 우아하게 그 억센 수염에 비누칠을 하기 시작했습니다. 동시에 경쾌하고도 신속하게 그 뻣뻣한 수염을 깎아내었습니다. 그리고 윗입술 수염을 밀 차례가 되자 나는 사정없이 그의 코를 쥐어잡고는 이리저리 비틀어 보였습니다. 그렇게 할 때 친구들이 잘 볼 수 있도록 자세를 취했기 때문에 내기를 건 친구들은 재미있어하면서도 자신들이 졌다는 사실을 인정할 수밖에 없었지요.

노신사는 근엄하게 거울을 향해 다가갔습니다. 만족해하면서 자기 얼굴을 바라보았습니다. 실제로 그는 대단한 미남으로 변해 있었습니다. 이어 그는 나를 돌아다보고는 친근감이 가는 까만 눈동자를 번쩍이면서 이렇게 말했습니다. "자네는 정말이지 많은 동료들보다 칭찬받을 자격이 있어. 다른 이발

---

[*]26 초고에서는 이 이야기의 화자가 다른 인물로 되어 있다. 앞서 '새로운 멜루지네'를 이야기했던 이발사의 또 다른 이야기가 아닐까. 왜냐하면 앞에서 화자인 이발사는 자신이 왼손잡이임을 밝혔고 이 장면에서도 "왼손으로 면도 잘하기로 유명했다"는 말이 나오기 때문이다. 이를 성 크리스토프의 이야기로 한 것은 결말을 위한 것으로 보여진다.

사보다 훨씬 덜 무례하니 말일세. 그렇지, 자네는 같은 곳을 두 번, 세 번 밀지 않고 단 한 번으로 해치웠어. 게다가 많은 이발사들이 하는 것처럼 면도칼을 손바닥에 문질러서 그 더러운 것을 손님의 코끝에 갖다대지도 않았지. 특히 자네의 그 왼손 솜씨는 정말 놀랍군. 자, 이건 자네의 수고에 대한 대가일세." 그는 1굴덴을 건네며 말을 이었습니다. "그런데 한 가지만은 주의하게. 신분이 높은 분들의 코를 잡지 않도록 말이야. 앞으로 이런 무례한 짓만 하지 않는다면 틀림없이 세상에 나가 출세할 걸세."

나는 공손히 머리를 조아리고 뭐든 분부대로 그렇게 하겠다 약속하고는, 돌아가실 때 다시 한 번 면도해 드릴 수 있는 영광을 베풀어달라고 간청했습니다. 그러고는 서둘러 친구들에게로 달려갔습니다. 그런데 그들은 나를 몹시 조마조마하게 했습니다. 그들은 큰 소리로 웃기도 하고 함성을 지르기도 하며 미친 사람처럼 방 안을 뛰어다니면서 손뼉을 치며 외쳐대기도 하고 자고 있는 친구들을 깨워서 연신 껄껄 웃고 떠들면서 이 사건을 얘기해 주었기 때문입니다. 나는 방 안에 들어서자마자 창문을 닫고 제발 조용히 해 달라고 애원했습니다. 하지만 결국 그렇게 진지한 채로 우스꽝스럽게 행동한 나를 보고 다 함께 웃음을 터뜨리지 않을 수 없었습니다.

얼마쯤 지나 웃음소리의 높은 파도도 어느 정도 가라앉았을 때, 나는 나 스스로도 잘했다고 생각했습니다. 주머니에는 금화 여러 닢이 들어 있었고 게다가 떳떳하게 벌어들인 굴덴 금화까지 있었으니까요. 나는 충분한 자금이 모아졌다 생각했고 친구들이 다음 날 뿔뿔이 헤어지기로 했기에 한층 더 고마운 일이었습니다. 그러나 우리는 헤어질 때까지 절도와 질서*27를 지킬 수 있는 사람들이 아니었습니다. 그 사건은 비밀로 하기에는 너무나도 재미있는 것이었고, 적어도 노신사가 떠날 때까지만이라도 입을 다물어달라고 내가 그렇게 부탁하고 애원했건만, 그러지 못했기 때문입니다. 친구들 중에 촐랑이라고 불리는 녀석이 있었는데 그 여관집 주인 딸과 연애 중이었습니다. 남자가 여자를 즐겁게 해주기 위한 더 좋은 방법이 있을 만도 한데 두 사람이 함께 있을 때 그는 여자에게 그 장난친 이야기들을 들려주었고 두 사람은 배꼽이 빠지게 웃어댔습니다. 그런데 문제는 그 아가씨가 거기서 그치

---

*27 이 이야기는 다음 장에 전개되는 이주(移住)에 대한 복선으로 보인다.

지 않고 이 이야기를 웃으면서 다른 사람들에게 퍼뜨렸다는 점입니다. 마침내 이 소문은 노신사가 잠자리에 들기 조금 전에 그의 귀에까지 들어가고 말았습니다.

우리는 평소보다 얌전하게 앉아 있었습니다. 온종일 실컷 설쳐대고 난 뒤였기 때문이지요. 이때 난데없이 우리에게 대단한 호의를 베풀어주었던 한 어린 사환이 뛰어들어와 외쳤습니다. "도망치세요! 맞아 죽을지도 몰라요!" 깜짝 놀란 우리는 자세한 이야기를 들으려 했지만 그는 벌써 문밖으로 뛰어나간 뒤였습니다. 나는 반사적으로 벌떡 일어나 방문에 야간용 빗장을 걸었습니다. 그러자 곧장 문을 치고 두드리는 소리가 들렸습니다. 아니, 도끼로 방문을 때려부수는 것같이 느껴질 정도였습니다. 우리는 자동적으로 다음 방으로 달려가 몸을 숨긴 채 모두 목소리를 죽이고 있었습니다. "결국 들통이 나고 말았군!" 내가 외쳤습니다. "귀신에게 코를 꿰었어!"

싸움꾼이 칼을 뽑으려 했습니다. 나는 다시 한 번 거인과 같은 힘을 발휘해서 다른 사람의 도움 없이 무거운 장롱을 문 앞에 밀어놓았습니다. 다행히도 그 문은 안에서 열게 되어 있었습니다. 그러나 곧바로 앞방에서 떠들썩한 소리가 나면서 우리 방문을 격렬하게 두드리는 끔찍한 소리가 들려왔습니다.

싸움꾼은 단호하게 맞서 대항할 기세였습니다. 그러나 나는 그와 다른 친구들에게 되풀이하여 외쳤습니다. "도망가자! 새삼스럽게 매맞는 걸 두려워하는 건 아니야. 모욕을 당하는 것이 싫을 뿐이지. 더욱이 귀족 출신에게는 참을 수 없는 일이지." 우리의 이야기를 퍼트린 아가씨가 자기 애인이 언제 죽을지 모르는 위험에 처해 있는 것을 알고는 필사적으로 뛰어들어왔습니다. "도망가세요! 어서 빨리!" 외치면서 그녀는 애인의 손을 잡았습니다. "앞으로 가요! 어서! 다락방을 통해 헛간을 지나서 골목길로 가면 돼요. 내가 안내할게요. 어서 따라오세요. 마지막에 오는 사람이 사다리를 걷어올려야 해요."

모두들 황급히 집 뒷문으로 뛰쳐나갔습니다. 나는 장롱 위에 궤짝을 하나 더 올려놓고는 거센 공격으로 거의 파괴되어가는 방문을 다시 밀어서 더 단단하게 버틸 수 있게 하려 했습니다. 그러나 그런 나의 끈기와 저항도 아무 소용없게 되는 지경에 이르렀습니다.

내가 서둘러 친구들의 뒤를 쫓아갔을 때 사다리는 이미 걷어올려지고 난 뒤였고 모든 희망이 완전히 차단되어 있었습니다. 나는 그 자리에 우두커니 서 있었습니다. 사건의 장본인이고 무사히 도망쳐나올 것을 이미 단념하고 있는 내가 말입니다. 어쩌다가 그렇게 되었는지는 아무도 모르지만요. 그러나 부디 제가 그 장면에서 생각에 잠겨 있도록 내버려두세요. 어쨌든 지금 제가 이렇게 여러분에게 이 이야기를 들려드리고 있지 않습니까? 다만 한 가지 말씀드리고 싶은 것은, 그 대담한 장난은 결국 좋지 못한 결말로 끝났다는 것입니다.

노신사가 죽음에 이른 것은 비록 이 사건이 직접적인 원인은 아니었다 하더라도, 모욕을 당하고도 복수하지 못해 깊은 마음의 상처를 입었기 때문이기도 하다는 것이 세상 사람들의 주장이었습니다. 그의 아들은 범인을 밝혀내려고 혈안이 되었는데, 불행하게도 귀족인 싸움꾼이 이 사건에 관련된 것을 알아냈습니다. 그리고 몇 년이 지나서 비로소 그 사실이 확실해지자 아들은 싸움꾼에게 결투를 신청했습니다. 미남이었던 그는 그때 얻은 상처로 준수한 외모를 망쳐버렸고 평생 동안 그 상처를 저주했습니다. 결투 상대였던 싸움꾼도 우연히 연속적으로 일어난 다른 사건들과 이 일이 겹쳐져서 안타깝게도 두서너 해를 망치고 말았습니다.

어쨌든 모든 우화는 본디 교훈적이어야 하지요. 그러니 여러분에게 들려드린 지금 이 이야기가 무엇을 의미하는지는 너무나 뻔하고 분명해졌으리라 믿습니다.

제9장

가장 뜻 깊은 날이 밝아왔다. 오늘이 바로 모두가 이주(移住)하기 위한 첫걸음을 내딛는 날이었다. 도대체 누가 저 신세계로의 여행길을 떠날 것이며 또 누가 이 구세계의 유서 깊은 땅에 머무르면서 자신의 행운을 시험해보는가 하는 것이 오늘 결정될 터였다.

경쾌한 노래가 이 명랑한 시골의 거리마다 울려퍼졌다. 많은 사람들이 모여들었고 여러 수공업 분야의 구성원들이 서로 패를 이루어 제비뽑기로 정한 순서에 따라 합창을 하면서 큰 홀 안으로 들어갔다.

레나르도, 프리드리히, 그리고 영지 관리인 등 중요한 인물들이 먼저 들어온 사람들을 뒤따라 들어와 각자의 자리에 막 앉으려고 할 때였다. 이때 자못 호감이 가는 한 남자가 그들에게 다가와 자기도 이 모임에 참가할 수 있게 허락해 달라고 청했다. 전혀 거절할 이유가 없을 만큼 그의 태도는 예의 발랐고 상냥하고 친근감을 주었다. 군대와 궁전 그리고 사교계 등을 연상케 하는 그의 모습은 아주 유쾌해 보였다. 그는 다른 사람들과 함께 홀에 들어섰으며 사람들은 그에게 귀빈석을 내주었다. 모두들 자리에 앉았고 레나르도는 선 채로 다음과 같은 연설을 시작했다.

"여러분, 이 유럽 대륙에서 가장 인구가 많은 지역과 나라들을 살펴보면 이용할 만한 가치가 있다고 생각되는 곳은 어디나 땅을 경작하고 나무를 심고 정돈하고 꾸미는 것을 알 수 있습니다. 이에 비례하여 토지에 대한 수요가 생기고 누구나 토지를 소유하여 방어시설을 단단히 다져 자기 것으로 보호하고 있는 것을 볼 수 있습니다. 그래서 우리는 토지 소유의 높은 가치를 인정하기 때문에 그것을 인간에게 줄 수 있는 제일의 것, 최상의 것으로 생각하지 않을 수 없습니다. 더 자세히 살펴보면 우리는 부모에 대한 사랑, 자식에 대한 사랑, 고향 친구들과의 밀접한 유대관계, 나아가 일반적인 애국심 등이 직접 대지 위에 뿌리 내리고 있음을 발견하게 될 때면 크든 작든 공간을 획득하고 그 권리를 주장하는 것은 더욱 의미 있는 일이며 존중되어야 한다고 생각하게 됩니다. 그렇습니다. 자연이 그렇게 되기를 원했던 것입니다. 인간은 흙에서 태어났기에 자연히 흙에 속해서 떼려야 뗄 수 없는 관계가 되어 흙과 인간의 아름다운 결합이 맺어지는 것입니다. 도대체 어느 누가 모든 존재의 근본에 접하는 것을 싫어하겠습니까. 그리고 그처럼 아름답고 유일한, 하늘이 내린 선물의 가치와 위엄을 인정하지 않을 수 있겠습니까?

그렇지만 우리는 다음과 같이 말할 수도 있습니다. 만일 인간이 소유하는 것에 큰 가치가 있다면 인간의 행위와 업적에는 그 이상의 가치를 인정해 주어야 한다고 말입니다. 그러므로 전체적으로 볼 때 토지 소유란 우리에게 주어진 재산들 중에서 비교적 작은 부분일 뿐입니다. 또한 우리가 가진 가장 크고 좋은 재산은 동적인 것, 그리고 동적인 생활에 의해 획득된 것 속에 있는 것입니다.

우리 젊은이들은 특히나 이런 것을 돌아봐야 합니다. 왜냐하면 우리가 비록 어느 한곳에 정착하여 그곳을 떠나지 않으려는 욕구를 조상들에게서 물려받았다 하더라도 보다 높이, 보다 멀리 바라보는 눈을 감아서는 안 된다는 수천 배의 강력한 요구를 받고 있음을 우리 자신이 잘 알기 때문입니다. 그러니 어서 빨리 얼마나 광범위한 활동세계가 우리 앞에 펼쳐져 있는지 바닷가로 달려가 확인해 보지 않겠습니까? 그리고 이렇게 생각하는 것만으로도 이제까지와는 전혀 다른 낯선 기분에 가슴이 뜀을 고백합시다.

그렇다고 해서 우리가 이처럼 끝없는 광활함 속으로 사라져버리려는 것은 아닙니다. 그저 그처럼 수많은 나라들이 서로 연결되어 있는 광활한 땅으로 우리의 관심을 돌리고자 하는 것입니다. 그곳에서 우리는 유목민들이 광활한 대지를 뚫고 나가는 것을 봅니다. 그들은 무리를 지어 옮겨다니고 영양을 제공해 주는 가축들을 데리고 어디에든 갈 수 있습니다. 우리는 그들이 사막의 한가운데서, 광활한 푸른 초원에서 마치 바라던 항구에 정박하고 있는 것처럼 쉬고 있는 것을 보게 됩니다. 이와 같은 이동과 편력이 그들에게는 습관이 되었고 또 반드시 필요한 것이 되었습니다. 마침내 그들은 세계의 표면이 산에 의해 막히지도 강물에 의해 나뉘지도 않는 것처럼 생각하기에 이릅니다. 우리는 북동 지역 사람들이 남서쪽으로 이동하고 한 민족이 다른 민족을 내쫓고 지배권과 토지 소유가 완전히 바뀌는 것을 보아오지 않았던가요?

인구과밀지역에서는 이 같은 일이 지대한 세계의 흐름과 함께 몇 번이고 더 일어날 것입니다. 우리가 이민족(異民族)으로부터 무엇을 기대할 것인가, 그것은 쉽게 말할 수 있는 것이 아닙니다. 그러나 이상한 것은, 인구과잉 때문에 서로가 밀어내며 쫓겨나는 것을 기다리지 않고, 서로에게 추방이라는 판결을 내리고 있다는 사실입니다.

지금이야말로 우리에게는 불평도 불만도 없이, 이동하고자 하는 욕구를 인정하고 장소를 바꾸고자 하는 절실한 욕망을 억압해서는 안 되는 때가 다가온 것입니다. 그러나 우리가 무엇을 생각하고 무엇을 계획하든 그것은 순간적인 감정이나 어떤 강요에 의해서가 아니라, 확실한 분별심과 확신에서 행해져야 합니다.

이런 말이 계속 되풀이되고 있습니다. "살기 좋은 곳이야말로 내 나라다!" 마음에 위안을 주는 이 말은 이렇게 표현하면 훨씬 좋아질 것입니다. "내가 쓸모 있는 곳이 곧 내 나라다"라고 말입니다. 집에서는 자신이 아무 도움이 되지 않아도 잘 알 수 없지만 바깥세상에 나가면 쓸모없는 인간은 단번에 알 수 있습니다. 내가 "어디에서나 자신과 타인에게 쓸모 있는 사람이 되도록 노력하라!"고 말한다면 이것은 교훈도 충고도 아니고 인생 그 자체에 대한 발언일 것입니다.

이제 바다에 대한 것은 접어두고 이 지구를 좀 더 자세히 관찰해 봅시다. 떼 지어 모여 있는 혼잡스러운 배들에 마음을 빼앗기지 말고, 시선을 이 땅에 고정시킵시다. 그러면 땅이 우글거리며 오가는 개미떼 같은 인간들로 넘쳐나는 것을 보고 놀랄 것입니다. 이러한 계기를 제공한 주(主) 하느님은 바벨탑이 세워지는 것을 막으려고 인류를 온 세계에 흩어지게 했습니다. 그러니 우리, 하느님을 찬양합시다. 하느님의 이 축복이 모든 민족에게 널리 퍼져갔으니까요.

모든 청년이 얼마나 부지런히 활동하고 있는가를 밝은 기분으로 관찰해 보십시오. 그들은 집 안에서도 밖에서도 배울 것이 없어지면 지식과 지혜의 목소리가 손짓하는 나라와 도시로, 서둘러 떠납니다. 그리고 빠른 시간 안에 어느 정도의 교육을 받고 나면 곧 그들은, 자기들의 목적에 도움이 될 만한 뭔가 유익한 경험을 찾을 수 없을까 하고 넓은 세계를 돌아보고 싶은 충동을 느낍니다. 그들은 스스로의 행운을 시험해 보는 것이 좋습니다. 이제 우리는 보다 완성되고 훌륭한 사람들, 즉 자연탐험가들에 대해 생각해 봅시다. 그들은 어떠한 어려움, 어떠한 위험에도 의지를 갖고 맞서서, 세상 사람들에게 세상을 열어주고, 아무도 가본 적 없는 곳에 길을 개척하려고 합니다.

또한 탄탄한 대로 위에 길게 뻗은 구름 같은 먼지를 일으키며 바퀴자국을 남기고 가는, 짐을 가득 실은 승차감 좋은 마차를 한번 생각해 봅시다. 귀족들과 부자들, 이 밖에 많은 사람들이 이 마차를 타고 달려갑니다. 이들의 다양한 사고방식과 목적에 대해서는 요릭*28이 훌륭하게 분석하고 있습니다.

그러나 씩씩한 수공업자라면 걸어가면서도 여유로운 마음으로 그들 마차

---

*28 영국 작가 로렌스 스턴(1713~68)의 작품 《풍류여정기(A Sentimental Journey Through France and Italy)》의 주인공. 괴테는 그를 높이 평가해 〈마카리에의 문고〉에서도 여러 번 언급하고 있다.

를 배웅할 수 있는 것입니다. 조국으로부터 그에게 부과된 의무는 다른 나라의 기술을 몸에 익히고 그것을 이루기 전까지는 정다운 고향으로 돌아오지 말라는 것입니다. 하지만 우리가 길에서 가장 자주 만나게 되는 것은 시장상인과 거래업자들입니다. 작은 소매상이라도 때로는 자기 가게를 나와 큰 장터나 정기적으로 열리는 장을 찾아가 도매상인들 가까이에서 크게 이뤄지는 거래를 보고 자기도 이에 참여함으로써 자신의 작은 이익을 늘리는 것을 게을리해서는 안 됩니다.

그러나 말을 타고 산만하고 소란스럽게 큰 도로나 샛길을 이리저리 왔다 갔다 하는 사람들이 있습니다. 그들은 우리의 의사와 상관없이 우리의 지갑에서 돈을 빼내기 위해 열을 올리고 있습니다. 온갖 종류의 견본품들과 가격표가 도시와 시골을 막론하고 우리를 쫓아오고 우리가 어디로 도망가든 갑자기 찾아와 아무도 먼저 찾아볼 생각조차 하지 않았던 기회를 제공해 장삿속으로 우리를 놀라게 하는 것입니다. 나는 이런 민족*29에 대해 뭐라고 말하면 좋을까요? 그들은 영원한 방랑의 축복을 다른 누구보다도 쟁취하고 있고 그칠 줄 모르는 활동으로, 한곳에 정착해 있는 사람들을 속이고 자신들의 이익을 취하고 함께 방랑하는 사람들을 앞질러가는 방법을 잘 알고 있습니다. 우리는 그들에 대해 좋게도 나쁘게도 말할 수 없습니다. 좋게 말할 수 없는 것은 우리 결사가 그들을 경계하고 있기 때문이며, 나쁘게 말할 수 없는 것은 떠돌이들 간에는 서로의 이익을 생각하고 친절하게 대해야 할 의무가 있기 때문입니다.

이번에는 모든 예술가에게 관심을 가져야 하겠습니다. 왜냐하면 그들 또한 철저하게 세상의 움직임에 얽혀 있기 때문이죠. 화가는 이젤과 팔레트를 들고 이 얼굴에서 저 얼굴로 방황하고 있지 않습니까? 또 그들의 동료예술가들은 건물을 짓고 조각하는 곳곳으로 불려다니고 있지 않습니까? 그러나 가장 활발하게 걸어다니고 있는 사람들은 음악가입니다. 왜냐하면 음악가야 말로 새로운 귀에 새로운 충격을, 신선한 감각에 신선한 놀라움을 제공하는 사람이기 때문입니다. 그리고 연극배우들은, 그들이 아무리 테스피스*30의

---

*29 유대 민족을 말한다.
*30 기원전 534년쯤에 활약한 그리스의 비극작가이다. 테스피스의 마차란 지방 순회극단 배우의 무대를 말한다.

마차를 멸시한다 하더라도 변함없이 작은 극단을 이루어 순회하고 있고, 이들의 움직이는 세계는 어느 곳에서라도 참으로 순식간에 세워집니다. 마찬가지로 그들은 혼자서도 과감히, 중요하고 조건이 좋은 관계를 버리면서까지 기꺼이 장소를 바꾸기도 합니다. 재능이 키워짐에 따라 커가는 욕구가 이동의 계기와 핑계를 만들어주는 것입니다. 그들은 조국의 유명한 무대라면 어떤 무대건 올라야 한다는 명분으로 이동을 준비합니다.

이어서 우리는 교직자들에게도 주의를 기울여야 하겠습니다. 교사라는 직업 또한 끊임없이 움직이고 있음을 여러분은 보실 겁니다. 차례로 교탁을 들어섰다가 떠나며 교육의 씨앗을 사방으로 풍족하게 뿌리는 것입니다. 그러나 더 열심히 더 멀리 손발을 뻗고 있는 것은 저 경건한 영혼의 소유자들입니다. 그들은 여러 민족을 구원하기 위해 모든 대륙으로 뿔뿔이 흩어져 있는 것입니다. 이와는 반대로 자기 자신의 구원을 찾아 순례 길에 오르는 사람도 있습니다. 이들은 무리지어 기적을 베푸는 성지로 가서 고향에서는 자신의 내면에 주어지지 않았던 것을 그곳에서 얻으려고 하는 것입니다.

위에 열거한 사람들은, 그들의 행동이 편력 없이는 생각할 수 없는 것이기에 이상히 여겨지지는 않지만 자신들의 정력을 땅에 바치고 있는 사람들만은 그 땅에 얽매여 있다고 생각할 수도 있을 것입니다. 그러나 결코 그렇지 않습니다. 소유하지 않고도 이용하는 것을 생각해 볼 수 있습니다. 우리는 소작을 해오던 부지런한 농부가 오랫동안 자신에게 이익과 기쁨을 주었던 땅을 떠나는 것을 봅니다. 그는 전과 같은 이익이나 그 이상의 이익을 얻을 수 있는 곳은 없을까 하고 멀든지 가깝든지 개의치 않고 조급하게 찾아나섭니다. 그뿐 아니라 토지 소유자조차도 자신이 처음 개간한 땅이 미숙한 소유자라도 그럭저럭 일할 정도가 되고 나면 간신히 개간한 토지를 떠나는 것입니다. 그리고 또 다른 새로운 황무지로 들어가 다시 한 번 숲 속 토지를 개간하고 그곳에 처음으로 발을 들여놓은 노력의 대가로 두 배 세 배 더 큰 토지를 차지하게 될 것입니다. 하지만 이번에도 거기 계속 머물러 있을 생각은 하지 않을 것입니다.

이쯤에서 우리는 그가 그곳에서 곰이나 다른 짐승과 맞붙어 싸우도록 내버려두고 문명세계로 다시 돌아옵시다. 여기서 사정은 그리 만만치 않습니다. 질서를 갖춘 이 큰 나라를 보도록 합시다. 여기서 가장 유능한 자는 자신은 틀림없이 가장 활동적인 사람이라는 것을 스스로 인정하지 않을 수 없을 것입니다. 군주의 지시와 각료회의의 명령에 따라 쓸모 있는 사람은 임지를 이리저리 옮겨야 하니까요. 그에게도 우리의 좌우명은 해당됩니다. '어디서나 쓸모 있는 사람이 되라. 그러면 어디든 다 고향이어라.' 그러나 우리는 훌륭한 정치가들이 본의 아니게 요직을 떠나는 것을 볼 때면 그들을 딱하게 생각지 않을 수 없습니다. 우리는 그들을 이주자로도 떠돌이로도 인정할 수 없기 때문입니다. 이주자가 될 수 없는 것은 그들이 만족하는 현재 상황을 포기한다고 자신의 처지가 더 좋아질 가망이 거의 없기 때문이며, 또 떠돌이가 될 수 없는 것은 그들이 다른 곳에서는 어떤 방법으로든 쓸모 있는 사람이 될 기회가 좀처럼 주어지지 않기 때문입니다.

그런데 나름대로 떠돌이생활을 천직으로 여겨야 할 사람은 군인입니다. 평화로울 때에도 군인은 이곳저곳으로 부서를 배치받습니다. 조국을 위하여 싸우기 위해 멀든 가깝든 늘 이동할 준비가 되어 있어야 합니다. 직접 국가의 안녕을 위해서뿐만 아니라 국민과 통치자의 의사에 따라 그는 발길을 모든 대륙으로 옮겨다녀야 합니다. 그러므로 정착하여 산다는 것은 극소수에게만 허용됩니다. 군인의 첫 번째 특성으로 용맹함을 꼽을 수 있는데 그 용맹함은 언제나 충정과 함께 생각해야 합니다. 그렇기 때문에 믿을 수 있는 이름난 몇몇 군인들[31]이 고향에서 불려나와 세속적 내지는 종교적 통치자의 친위병으로 봉사하는 것을 우리는 봅니다.

국가에 없어서는 안 될, 또 하나의 자주 옮겨다니는 계급을 보자면 외교관들입니다. 그들은 이 궁정에서 저 궁정으로 보내져 군주나 장관을 둘러싸고 사람들이 사는 온 세계를 보이지 않는 실로 연결시켜 줍니다. 아무도 그들이 한순간도 한 장소에만 머물 거라 확신하지 못합니다. 평화로울 때에는 가장 유능한 자가 세계의 이곳저곳으로 파견되며 전쟁 중에는 승리하는 군대를 따르고, 전쟁에 패해 도망가는 군대에게는 혈로를 열어주면서 이곳에서 저곳으로 떠날 채비를 늘 게을리하지 않습니다. 그런 까닭에 그들은 언제나 작별인사용 명함을 잔뜩 지니고 다니지요.

지금까지 우리가 활동하는 사람들의 가장 우수한 집단을 우리 동료로서,

---

*31 스위스인들은 옛날부터 지금까지 바티칸 궁전의 친위병으로 일하고 있다.

운명의 동지로서 하나씩 불러내어 그때마다 경의를 표했다면, 존경하는 여러분! 마지막으로 여러분에게는 최고의 은총이 남아 있습니다. 여러분이 황제와 국왕 그리고 군주들과도 형제 관계임을 발견하게 될 테니까요. 먼저 저 고귀한 방랑자인 하드리아누스 황제*32를 축복의 마음으로 생각해 봅시다. 이 황제는 군대의 선두에서 걸으며 자신에게 항복한 모든 거주 지역을 돌아다녔고, 이렇게 하여 비로소 그곳들을 완전히 자신의 정복지로 만들 수 있었습니다. 다음으로 정복자들과 저 무장한 떠돌이들에 대해 떨리는 마음으로 생각해 봅시다. 그들에게는 어떠한 항쟁도 소용이 없었고 성벽과 보루도 그 안의 죄없는 백성을 보호해 줄 수 없었습니다. 그리고 마지막으로 우리는 저 불행하게 추방당한 군주들의 운명을 진심으로 동정합니다. 정상의 자리에서 추락한 그들은 활동적인 떠돌이들의 소박한 조합에 결코 받아들여질 수 없으니 말입니다.

자, 우리는 이 모든 것을 차례로 눈앞에 그려가며 자세히 설명했습니다. 그러니 이제 아무리 편협한 마음의 우울*33도, 성급한 암담함도 우리를 지배하지 못할 겁니다. 모험삼아 넓은 세상으로 뛰쳐나가던 시대는 지났습니다. 여행 중에도 현명하게 기록하고 예술적으로 묘사하여 전해 주는 과학적인 세계일주 여행자들의 노력 덕분으로 우리는 이제 거기에서 무엇을 해야 할지 대략 알 수 있을 만큼 세계의 모든 사정에 밝아졌습니다.

그렇다 하더라도 개인의 힘으로는 완전한 명확성에 다다를 수 없습니다. 우리 결사는 저마다 자기의 정도와 목적에 맞게 계발된다는 원칙에 입각해서 만들어졌습니다. 만약 누군가가 자기의 여러 가지 소망을 펼칠 나라를 염두에 두고 있다면 우리는 그의 상상력으로 어렴풋이 떠오르는 것을 세세히 확실하게 알 수 있게 해주려고 합니다. 사람이 사는, 또 살 수 있는 세계에 대해 서로 바라볼 수 있도록 해주는 대화야말로 가장 유쾌하고도 보람 있는 즐거움입니다.

---

*32 P.A. Hadrianus : 76~138. 그리스 문화에 심취했던 로마 황제. 재위 117~138.

*33 괴테가 만년에 즐겨 사용한 말이다. 이는 정신을 좁게 속박하는 어두운 상태로서, 가슴속을 암흑이 지배하여 자기의 제반 힘을 발휘하지 못하게 된다. 이 장의 마지막 노래 〈머리와 팔뚝에 신바람 나면〉은 이와는 대조적인 장면으로, '신바람'이라는 것은 명랑하다는 의미뿐만 아니라 광명으로까지 드높아가는 힘의 발휘, 밖으로 향하는 발전을 말한다.

그런 의미에서 이제 우리는 세계동맹을 구축해 가고 있는 거라 생각해도 좋습니다. 이 세계동맹이라는 구상은 참으로 위대해 오성과 힘만으로도 쉽게 실천할 수 있는 것이기도 합니다. 통일이야말로 전능한 것이기에 우리 사이에는 어떠한 분열이나 항쟁이 있어서는 안 됩니다. 우리가 원칙을 가지고 있는 한 그것은 우리 모두에게 공통됩니다. 우리는 인간이 외부와의 지속적인 연관 없이도 스스로 생각하는 것을 배운다고들 하지요. 인간은 주변 상황이 아니라 자기 자신에게서 일관된 것을 찾으려 하며, 자기 자신 안에서 그것을 발견하고 사랑으로 가꾼다고 말할 수 있습니다. 어떤 곳에 있든 그곳을 고향처럼 느낄 수 있도록 자기 자신을 교육시키고 수양할 것입니다. 가장 필요한 일에 헌신하는 사람은 어디서나 가장 확실하게 목표를 향해 걸어갈 것입니다. 이와는 반대로 더 높은 것, 더 우아한 것을 찾는 자들은 그 길을 선택할 때 한층 더 신중해야 합니다. 그러나 인간이 무엇을 얻고 손에 쥐든지 간에 혼자만으로는 충분하지 않습니다. 결사야말로 사내대장부의 최고 욕구입니다. 쓸모 있는 모든 인간은 서로 관계를 맺어야 합니다. 이는 마치 건축주가 건축기사를 찾고 건축기사는 미장이와 목수를 찾는 것과 마찬가지입니다.

이제 이것으로 여러분은 우리 동맹이 어떻게, 어떤 방법으로 결성되고 기초를 이루었는지 아셨을 겁니다. 우리 친구들 중에는 매순간 자기 일을 목적에 맞추어 연마하지 않는 사람이 아무도 없습니다. 우연이든 자기가 좋아서 택했든 또는 정열에 이끌려 가게 되었든 간에 어디서든지 자신이 추천받고 환영받으며 후원받게 될 것을, 그리고 어떤 불행한 일을 겪는 경우에도 다시 회생하리라 확신하지 못하는 사람은 아무도 없을 겁니다.

또한 우리는 가장 엄격한 두 가지 의무를 떠맡고 있습니다. 즉 하느님에 대한 모든 예배(禮拜)에 경의를 표해야 한다는 점입니다. 왜냐하면 의무들은 정도의 차이는 있지만 모두 사도신경에 나와 있기 때문입니다. 다음은 모든 통치 형태를 똑같이 인정하는 일입니다. 모든 통치 형태는 제각기 목적에 맞는 행동을 요구하고 장려하기 때문에 우리는 각 통치 안에 있는 한 얼마나 오래 있든지 간에 당국의 의지와 소망에 따르도록 노력해야 합니다. 마지막으로 우리는 융통성 없고 너무 엄격하게 다루지 않으면서 도덕을 실천하고 장려하는 일을 의무로 여기고 있습니다. 이것은 바로 우리 자신에 대한 경외심이 요구하는 것입니다. 이 경외심은 우리 모두가 신조로 삼고 있는 저 세

가지 경외심에서 비롯된 것이며 또 우리 모두, 어떤 사람들은 벌써 어릴 때부터 이 높고 보편적인 지혜를 철저히 배울 수 있는 행운과 기쁨을 누려왔습니다. 이 엄숙한 이별의 순간을 우리는 이 모든 것을 다시 한 번 숙고하고 해명하여 듣고 인정하면서 친숙한 작별인사로 매듭지으려 합니다.

> 그 자리에 그대로 머물지 말고
> 과감하고 힘차게 뛰쳐나가세!
> 머리와 팔뚝에 신바람 나면
> 어딜 가나 다 내 고향이로세.
> 햇빛을 즐길 수 있는 곳이면
> 모든 근심걱정이 사라진다네.
> 우리 모두 흩어져 살라고
> 세상은 이렇게 넓은 거라네.*[34]

제10장

끝맺는 노래를 부르며 참석자 대부분이 자리에서 재빨리 일어났다. 두 줄로 서서 우렁차게 울려퍼지는 노랫소리와 함께 강당 밖으로 몰려나갔다. 레나르도는 자리에 앉으면서 용건을 이 공개석상에서 말할 작정인지 아니면 따로 집회를 갖기 원하는지 아까 온 손님에게 물었다. 그러자 그 손님은 자리에서 일어나 모두에게 인사하고는 다음과 같이 연설을 시작했다.

"마침 이런 모임에 참석하게 해주었으니 이 기회에 저는 먼저 간단하게 제 생각을 말씀드리고 싶습니다. 여기에 조용히 남아 계신 분들은 모두 견실한 분들로 보이는데, 이렇게 자리를 뜨지 않은 것만으로도 앞으로 계속 조국의 땅에 몸을 맡기려는 소망과 의지를 이미 확실하게 보여주었다고 생각합니다. 여러분을 진심으로 환영합니다. 저는 여기 계시는 모든 분께 여러 해

---

*34 트룬츠(Trunz)도 말했지만, 이 노래에서와 마찬가지로 우리가 세계동맹(세계시민)에 참여할 수 있는 길은 '어디서나 쓸모 있는 사람이 되라. 그러면 어디든 다 고향이어라'는 것이다.

동안 일할 수 있는 충분한 일자리를 제공하겠다고 공언할 수 있기 때문입니다. 하지만 얼마 지난 뒤에 다시 한 번 모여주시길 부탁드립니다. 왜냐하면 무엇보다도 이러한 견실한 분들을 지금까지 거느리며 다스려온 훌륭한 지도자분들에게 제 사업구상을 허물없이 털어놓고, 저의 사명이 신뢰를 얻기에 충분하다는 것을 이해받기 위함입니다. 그다음에는 남아 계신 분들과 개별적으로 면담하여 저의 중대한 제안에 어떻게 응답해야 할지 알아두는 것이 마땅하다고 생각하기 때문입니다."

이 말을 듣고 나서 레나르도는 지금 가장 시급한 일을 처리해야 하므로 잠깐 여유를 달라고 했다. 그 용무가 끝난 뒤에 남아 있던 사람들도 예의 바르게 자리에서 일어나 절도 있게 노래를 부르면서 두 줄로 강당을 빠져나갔다.

그러고 나서 손님인 오도아르트는 뒤에 남은 두 지도자에게 자기의 의도와 계획들을 털어놓고 자신이 그럴 만한 자격이 있음을 밝혔다. 그런데 그는 이 훌륭한 사람들과 계속 대화하면서 모든 일의 근본이 되는 인간적인 동기를 빼놓고는 아무리 해도 그 사업에 대해 제대로 설명할 수가 없었다. 그런 관계로 깊은 마음의 문제를 서로 설명하고 고백하는 대화가 계속 이어졌다. 밤늦도록 그들은 함께 했고 인간의 심정과 운명의 미로 속으로 점차 빠져들어 더욱더 헤어날 수 없게 되었다. 오도아르트도 점점 자기의 정신과 마음이 문제에 대해 단편적인 설명을 하지 않으면 안 될 상황임을 깨달았다. 어쨌든 단편적으로 털어놓았기 때문에 우리는 이 담화로부터 불완전하고 불충분한 사실만을 전해 듣게 된다. 그러나 이 경우에도 우리는 요점을 파악하고 놓치지 않는 프리드리히의 천부적 재능 덕분에 몇 가지 흥미로운 장면을 재현하여 우리의 관심을 끌기 시작한, 이 오도아르트라는 탁월한 인물의 생애에 대해 어느 정도 이해할 수 있었다. 한편으로는 여기서 언급한 이야기는 나중에 더 자세히 연관시켜 전달하려는 이야기에 대한 암시에 불과할지도 모르지만 말이다.

도를 넘지 말라*35

시계가 밤 10시를 알렸다. 약속 시간에 맞춰 모든 준비가 다 되었다. 화환

─────────────
*35 이 이야기는 단적으로 결혼의 불협화음을 주제로 하고 사회적으로는 '탁월한' 오도아르트의 체험을 이야기하며 과장된 풍자를 담고 있다.

으로 장식된 자그마한 홀에는 크고 깨끗한 식탁에 네 사람의 식사가 마련되어 있었고, 번쩍이는 등불과 꽃들 사이에는 후식으로 먹음직스러운 과일과 과자도 놓여 있었다. 아이들은 이 후식을 얼마나 기대했겠는가. 오늘은 아이들도 함께 식사를 하기로 했기 때문이다. 기다리는 동안 아이들은 한껏 모양을 내고 가면을 쓴 채, 방 안을 이리저리 왔다 갔다 했다. 그리고 아이들이란 언제나 귀엽기에 두 아이는 마치 쌍둥이 천사처럼 보였다. 아버지가 그들을 곁으로 불러 어머니 생일을 위해 쓴 대화식의 축사를 낭독하게 했더니, 그것을 거의 도움도 없이 아주 의젓하게 읊는 것이었다.

시간이 흘러갔다. 사람 좋은 할멈은 15분마다 조바심을 내며 나타나 주인을 더 초조하게 만들었다. "계단 위에 켜놓은 등불들은 이제 꺼져가고, 마님을 축하해 드리기 위해 만든 마님이 좋아하는 음식도 너무 익지 않을까 걱정입니다." 할멈이 말했다. 아이들은 지루해진 나머지 버릇없이 굴기 시작했고 초조함을 견딜 수 없어했다. 아버지는 겉으로 내색하지 않았지만, 그래도 뜻대로 평소의 평정을 되찾을 수는 없었다. 그는 애타게 마차 소리에 귀를 기울였다. 마차 몇 대가 멈추지 않고 덜컹거리며 그냥 지나가버리자 그 어떤 분노마저 치밀어오르려 했다. 그래서 그는 시간을 보내기 위해 다시 한 번 아이들에게 축사를 낭송시켜 보았다. 아이들은 싫증이 난 터라 부주의하고 산만해져서 서투르고 틀리게 암송했고 마치 느낌 없이 연기하는 배우처럼 몸짓도 정확하지 않고 과장되기만 했다. 선량한 남편의 고통도 시시각각 더해 갔으며 시간은 마침내 10시 반이 지나버렸다. 그다음 상황에 대한 설명은 그에게 맡기기로 하자.

"종이 11시를 쳤습니다. 나의 초조감은 절망으로 치달았습니다. 더 이상 아무것도 바라지 않았으며 오직 두려울 뿐이었습니다. 이제는 오히려 아내가 방으로 들어와 언제나 그렇듯이 가볍게 애교를 보이며 조금 변명을 하고는, 피곤하다면서 내가 그녀의 즐거움을 방해하고 있다고 비난하는 기색을 보일까 봐 겁이 났던 겁니다. 나의 마음속에서는 이 모든 것이 되풀이되어 떠올랐습니다. 내가 수년 동안 참아온 많은 것들이 다시금 내 마음을 무겁게 짓눌러왔습니다. 나는 아내를 증오하기 시작했고 어떤 태도로 그녀를 맞아야 할지 몰랐습니다. 귀여운 아이들은 천사처럼 차려입고 소파에서 얌전히 자고 있었습니다. 나는 너무 초조해서 어찌할 바를 몰랐습니다. 이런 순간들을 피하기 위해 오로지 도망쳐야만 했습니다. 나는 가벼운 예복 차림 그대로 현관으로 서둘러 나갔습니다. 사람 좋은 할멈이 더듬거리면서 어떤 변명을 했는지는 기억나지 않습니다. 할멈은 억지로 나에게 외투를 건네주었지요. 나는 거리로 나갔는데 그때는 정말 오랫동안 느껴본 적 없는 기분이었습니다. 마치 어떻게 해야 좋을지 모르는 정열적인 젊은이처럼 거리를 여기저기 헤매고 다녔습니다. 넓은 들판으로 나가보고 싶었지만 마침 차갑고 축축한 바람이 나의 언짢은 기분을 가라앉혀주려는 듯 세차게 불어댔습니다."

여기에서 분명하게 알 수 있듯이 우리는 분에 넘치게도 소설가의 권리를 내세우면서 친애하는 독자 여러분을 너무 성급하게 열정적인 묘사 한가운데로 몰아넣었다. 한 훌륭한 사나이가 가정 분란에 처해 있는 것을 우리는 보고 있다. 그러나 이 사나이에 대해서는 아직 자세히 모르고 있다. 그러므로 조금만이라도 사정을 파악하기 위해 우리 잠시 사람 좋은 할멈 곁에 서 보자. 그리고 그녀가 당황하고 난처해하면서 혼잣말처럼 중얼대거나 아니면 큰 소리로 외쳤음직한 말에 귀를 기울여보기로 하자.

"진작부터 이렇게 될 줄 알았다니까. 내 이럴 줄 알았지. 마님께 거리낌없이 여러 번 주의를 드렸건만. 마님도 어쩔 수 없으신가 봐. 주인어른이 낮에 관청과 교외 그리고 시골로 가서 업무에 시달리다가 저녁에 집에 돌아와보면 으레 텅 비어 있거나 아니면 마음에 안 드는 패거리들이 와 있는 걸 보곤 했지. 마님은 또한 그 버릇을 버릴 수가 없어. 언제나 마님은 자기 주위에 여러 부류의 사람이나 남자들이 없으면 견디질 못하지. 또 마차를 타고 여기 저기를 돌아다니지 못하든지, 이 옷 저 옷 갈아입지 않고는 숨이 막혀 하신 단 말이야. 오늘이 자기 생일인데도 아침 일찍 시골로 가다니. 그것도 괜찮 아! 우리는 그사이에 집안일을 잘 챙기면 되니까. 마님은 9시에는 반드시 돌아온다고 굳게 약속했지. 이곳은 준비가 다 됐어. 주인님은 아이들이 암송 할 아름다운 축시를 낭송해 보도록 하셨지. 아이들은 곱게 옷을 차려입었고, 램프도 양초도, 삶은 음식과 구운 음식, 어느 하나 부족한 것이 없는데 마님만 아직 돌아오지 않으셨단 말이야. 주인어른은 꾹 참고 속이 타는 것을 숨기시더니 드디어 폭발하셨어. 이렇게 밤이 늦었는데 집을 나가셨으니 말야. 나가신 이유야 뻔하지만 도대체 어디로 가셨을까? 나는 벌써 여러 번 마님께, 주인어른에게도 애인이 여럿 있음을 솔직하게 말씀드려 주의를 주었건만. 이제까지로 봐서는 주인어른에게서 아무 낌새도 챌 수 없지만 어떤 예쁜 여자가 훨씬 전부터 주인님을 마음에 두고는 차지하려 애쓰고 있거든. 지금까지 주인님이 마음속으로 얼마나 갈등했는지 누가 알겠어? 이제 와서 일이 터지고 만 거야. 이번에야말로 자신의 선의를 전혀 인정받지 못한 데에 절망을 느끼고, 이 밤중에 집을 뛰쳐나가버린 거야. 이렇게 되면 만사 끝장이지. 도가 지나치면 안 된다고 내 누누이 마님께 말씀을 드렸건만."

우리는 여기서 다시 이 집 주인을 찾아내어 그의 말을 들어보기로 하자.

"아주 좋은 여관 아래층에 불이 켜져 있는 것을 보고 창문을 두드렸습니다. 그러자 내 목소리를 알고 있는 사환이 바깥을 내다보았지요. 그에게 손님들이 오지 않았는지 아니면 온다고 예약을 한 사람이 있는지 물어보았습니다. 사환은 어느새 문을 열고는 둘 다 아니라고 말하면서 나를 안으로 들어오라고 하더군요. 나는 허황된 이 모험을 계속하는 것이 내 처지에 어울린다고 생각했기 때문에, 방을 하나 그에게 부탁했습니다. 그러자 사환은 즉시 3층에 있는 방을 마련해 주었지요. 사환의 말로는 2층은 이제부터 오실 손님들을 위해 비워둬야 한다는 것이었습니다. 그는 서둘러 이것저것 준비했습니다. 나는 사환이 하는 대로 내버려두었습니다. 그리고 계산은 염려 말라고 당부했지요. 여기까지는 일이 무사히 끝났습니다. 그러나 나는 또다시 나의 고통으로 되돌아가 모든 것을 하나하나 기억 속에 다시 불러내 고조시키기도 하고 가라앉혀보기도 했으며, 자신을 나무라다가도 기분을 새로이 하고, 마음을 가라앉히려 노력해 보기도 했습니다. 내일 아침이면 모든 일이 다시 잘되어 제자리를 찾으려니 생각하면서 말입니다. 그러나 얼마 안 있어 다시금 분한 생각이 치밀어 올라와 도저히 억누를 수 없었습니다. 나 자신이 이처럼 끔찍한 불행을 겪으리라고는 꿈에도 생각해 본 적이 없었으니까요."

여기서 우리는 이 기품 있는 사나이가 대단치 않은 일 때문에 예상 밖으로 격정적인 흥분상태에 빠져 있는 것을 보게 되는데, 독자 여러분도 이제는 확실히 그의 사정에 대해 더 자세히 알고 싶을 만큼 관심을 갖게 되었을 것이다. 그가 이날 밤 모험에서 아무 말 없이 격분해서 방 안을 계속 이리저리 왔다 갔다 하는 사이에 벌어진 일을 잠시 막간을 이용하여 알려드리고자 한다.

우리가 알고 있는 한 오도아르트는 전통 있는 가문의 자손이다. 그는 여러 세대에 걸쳐 형성된 아주 고귀한 장점들을 그대로 물려받았다. 사관학교에서 교육을 받아 엄격한 예법을 몸에 지녔고 그것이 아주 칭찬할 여러 가지 정신능력과 결부되어 그의 행동 하나하나에 매우 특별한 매력을 띠게 했다. 잠깐 궁전에 근무하는 동안 그는 고위직에 있는 인물들이 외적인 여러 관계를 통찰하는 것을 배웠고, 일찍부터 총애를 받고 있었기에 그 뒤 어떤 외교사절을 따라 세계를 구경하며 외국 궁전을 볼 기회를 가졌다. 그때 그의 명석한 통찰력, 일어난 일을 아주 상세하게 기억하는 천부적인 재능, 특히 어떤 일을 계속하는 데에도 착한 마음씨가 작용하고 있음이 눈에 띄게 나타났다. 여러 나라 언어를 구사하는 데다, 부담을 주지 않는 솔직한 성격 덕분에 그는 한 단계씩 착실하게 출세해 갔다. 그는 모든 외교적 임무를 성공적으로 수행했다. 왜냐하면 그는 사람들의 호의를 얻어 상황을 유리하게 이끌었고 불화를 조정할 수 있었으며, 특히 당사자 처지를 공정하게 고려하여 쌍방의 이해를 해치지 않도록 했기 때문이다.

국무총리는 이 훌륭한 사나이를 자기 곁에 두려고 자신의 딸과 결혼시켰다. 딸은 눈부시게 아름다웠다. 상류사회의 모든 사교적인 미덕을 지니고 있었다. 그러나 모든 행복의 여정은 언젠가 둑에 가로막혀 되몰아치는 법인데, 이 경우에도 예외는 아니었다. 영주의 궁전에는 아직 미성년인 소프로니 공주가 교육을 받고 있었다. 그녀는 그 가문의 마지막 인물로, 그 영지와 백성들은 큰아버지 소유로 되어 있었지만 공주의 재산과 권리는 여전히 무시할 수 없을 정도로 대단했다. 그 때문에, 주위 사람들은—이런저런 복잡한 설명들을 피하자면—그녀를 훨씬 나이 어린 황태자와 결혼시키기를 원했다.

그런데 오도아르트가 공주에게 연정을 품고 있다는 의심을 받게 되었다. 그가 어떤 시(詩)에서 오로라라는 가명으로 그녀를 너무 정열적으로 찬미했다는 것이다. 여기에는 그녀의 부주의도 한몫했다. 그녀는 강한 성격 때문에 동무들이 놀리자 만약 그의 훌륭한 장점들을 몰라본다면 자기는 아예 눈이 없는 거나 마찬가지라고 대들었던 것이다.

오도아르트가 총리의 딸과 결혼했으므로 물론 이런 오해는 풀렸지만, 그래도 여전히 숨은 적들의 가슴속에 간직되어져, 기회가 있을 때마다 다시 헛소문이 퍼뜨려지는 것이었다.

사람들은 왕위계승과 상속재산에 대해서는 가능한 한 언급하지 않도록 노력했지만 그래도 여러 번 구설수에 올랐다. 군주보다 오히려 현명한 고문관들은 앞으로도 이 사건을 덮어두는 게 어디까지나 유리하다고 생각했다. 한편으로 공주의 말없는 지지자들은 이 문제를 일단락 지음으로써 이 고귀한 여성이 훨씬 자유로워지는 것을 보고 싶어했다. 특히 소프로니와 혈연관계이자 그녀를 매우 아끼는 이웃나라 노왕이 아직 생존해 있어 때로는 아버지 같은 영향력을 미치고자 했기에 더욱 그러했다.

오도아르트는 단지 의례적인 사명을 띠고 이 나라에 파견되었다가 국내에서 미뤄두려던 문제에 다시 불을 붙였다는 혐의를 받았다. 그에게 적의를 품고 있던 사람들은 이 일을 문제삼았지만, 장인은 그에게서 그것이 사실이 아니라는 말을 듣고는 자신의 모든 영향력을 행사하여 그에게 어느 먼 지방 주(州)의 지사(知事) 자리를 마련해 주었다. 그는 이 새로운 임지에서 행복을 찾았고 자기 능력을 남김없이 발휘할 수 있었다. 능력 발휘란 즉 필요한 일, 유용한 일, 착한 일, 아름다운 일, 큰일을 실행하는 것이었다. 그는 자신을 희생시키지 않고 영속적인 일을 수행할 수 있었다. 여기에 오기 전 같았다면 자기 소신과는 달리 눈앞의 일에만 사로잡혀, 어쩌면 자기 자신을 망쳤을지도 모른다.

그러나 그의 아내는 그렇게 느끼지 않았다. 그녀는 오직 상류 사교계에서만 삶의 보람을 느꼈다. 그래서 마지못해 뒤늦게 남편을 따라왔다. 그는 될 수 있는 한 아내에게 관대하게 행동했고, 그녀가 과거에 누리던 행복을 대신할 수 있다면 무엇이든 지원해 주었다. 여름에는 근교로의 소풍, 겨울에는 아마추어 연극이나 무도회, 이 밖에 그녀가 하고 싶어하는 것은 무엇이든 말이다. 그뿐 아니라 오도아르트는 얼마 전부터 자기 집에 초대받아 와 있던 어떤 외국 남자를, 그의 인간을 꿰뚫어보는 안목에 의하면 어딘지 믿을 수 없는 미적지근한 면이 느껴져 전혀 마음에 내키지 않았지만, 자기 집안의 친구로 삼는 것도 참았다.

현재의 이 심상찮은 순간을 맞아 우리가 지금까지 언급해 온 것들 가운데에 어떤 것은 막연하고 어렴풋이, 어떤 것은 뚜렷하게 그의 마음속을 스치고 지나갔을 것이다. 어쨌든 우리는 프리드리히의 뛰어난 기억력이 제공해 주는 자료 덕분에 이 같은 속사정을 알게 되었는데 오도아르트에게 다시 눈을 돌려보면 우리는 전과 다름없이 그가 방을 이리저리 격분해서 돌아다니면서 여러 몸짓과 탄식으로 내적 갈등을 드러내고 있음을 알 수 있다.

　"이런 것을 생각하면서, 나는 방 안을 왔다 갔다 했지요. 사환이 수프 한 그릇을 가져왔는데 그것은 내가 간절히 원하던 것이었어요. 왜냐하면 축하 준비에 신경을 쓰느라 정작 나 자신은 아무것도 먹지 못했고, 저녁 식사는 손도 못 댄 채 집을 나왔기 때문입니다. 그 순간 마차의 나팔소리가 아주 기분 좋게 길거리로 울려왔습니다. '저건 산에서 오는 마찬데요.' 사환이 말했습니다. 우리는 창가로 달려가 네 마리 말이 끄는 고급 마차가 짐을 잔뜩 싣고 숙소 현관에 서 있는 것을 마차에 매단 두 개의 밝은 칸델라 빛으로 분별할 수 있었습니다. 하인들이 마부석에서 뛰어내렸습니다. '그분들이다!' 사환은 외치면서 문 쪽으로 서둘러 갔습니다. 나는 사환을 제지하고 내가 여기에 있다는 사실을 말하지 말 것과, 무엇을 주문했는지도 절대로 말하지 않도록 거듭 당부했습니다. 사환은 그러겠노라 약속하고 뛰어나갔습니다.

　그러는 사이에 나는 마차에서 내린 사람이 누구였는지 미처 못 보았습니다. 그러자 새로운 초조감에 사로잡혔습니다. 사환이 너무나 오래 소식을 가져오지 않는다고 생각되었기 때문입니다. 드디어 사환으로부터 들은 소식은 손님이라고는 부인들이고, 그중 한 분은 기품이 있는 초로(初老)의 귀부인, 또 한 분은 믿을 수 없을 만큼 우아한 중년 부인, 그리고 나무랄 데 없는 시녀라는 것이었어요. 사환이 말했습니다. '저 시녀는 처음에 용건을 이것저것 일러주고는 아양을 떨었어요. 제가 인사치레를 하자 밝게 새침한 얼굴을 했는데, 아마 그것이 그녀의 천성인 것 같았습니다.'

　사환은 계속 말했습니다. '제가 금방 눈치챘는데 말입니다. 제가 이렇게 민첩하게 손님 맞을 만반의 준비를 해놓아 그분들이 다들 놀랐다는 거죠. 방에는 불이 켜져 있었고, 벽난로에는 불이 활활 타고 있었기 때문이죠. 그분들은 편안히 쉬고 있었습니다. 그리고 홀에서는 저녁 식사로 냉육 요리가 준비되어 있었습니다. 제가 수프를 갖다드리자 마음에 들었던 것 같았습니다.'"

　이제 부인들은 식탁에 가 앉았다. 연상의 부인은 거의 먹지 않았고, 예쁘고 사랑스러운 중년 부인은 전혀 손을 대지 않았다. 루치에라고 불린 시녀는 맛있게 먹으면서 이 여관의 장점들을 칭찬하고는 밝은 촛불, 고급 식탁보, 도자기, 이 밖의 세간을 보면서 즐거워했다. 기세 좋게 타고 있는 난로에 충분히 몸을 녹이고 나서 시녀는 다시 들어온 사환을 향해, 정말 여기서는 낮밤 없이 갑자기 찾아오는 손님들을 맞을 준비가 늘 이렇게 잘되어 있느냐고 물었다. 젊고 재치 있는 사환도 이 순간 어린아이처럼 되어버렸다. 어린아이들이란 비밀을 입 밖에 내지는 않지만, 자기들이 어떤 비밀을 알고 있다는 사실을 숨기지 못한다. 그는 처음에는 모호하게 대답했지만 머지않아 사실에 근접해 갔고 마지막에 가서는 시녀의 기세에 밀려 이런저런 입씨름 끝에 그만 궁지에 몰려 자백해 버리고 말았다. 관리 한 분, 아니 신사 한 분이 왔다가 갔고 다시 왔다는 것이었다. 그러나 급기야 사환은 실토를 하고 그 신사는 지금 실제로 위층에 있는데 불안한 듯 방 안을 이리저리 왔다 갔다 한다고 누설해 버렸다. 젊은 부인은 벌떡 일어섰고 나머지 두 여자도 따라 일어났다. 그 사람이 틀림없이 노신사일 거라고 그들은 성급하게 단언했다. 이에 대해 사환은 젊은 분이라고 딱 잘라 말했다. 그녀들이 다시금 의심하자 사환은 자기 말이 사실이라고 맹세했다. 혼란과 불안이 점점 커졌다. 큰아버지가 틀림없다고 아름다운 중년 부인이 확신했으나 그건 그의 방식이 아니라고 나이 든 부인이 반박했다. 이에 대해 이 시간에 자기들이 여기에 도착하는 것을 큰아버지 말고는 아무도 알고 있을 리 없어요, 하고 아름다운 중년 부인이 우겨댔다. 그러나 사환은 그분은 젊고 훌륭한 그리고 원기왕성한 분이라고 몇 번이고 되풀이하여 단언했다. 이에 대해 루치에는 큰아버님이라 확신하고는 벌써 3분이나 앞뒤 안 맞는 말만 하는 장난꾸러기 사환을 못 믿겠다고 말했다.

일이 이렇게 되자 사환은 위로 올라가 제발 신사분께서 급히 내려와달라고 아래에서 간청한다고 전하고는, 그렇지 않으면 아래에 있는 부인들이 직접 위로 올라와 인사를 드리게 될지 모르겠다고 위협하는 것도 잊지 않았다. "정말 난리가 났어요." 사환은 말했다. "왜 나타나기를 꺼리시는지 이해가 안 갑니다. 그분들은 선생님을 나이 든 큰아버님이라 생각하고는 다시 껴안기를 열렬히 바라고 있어요. 아래층으로 내려가주십시오. 부탁입니다. 저분들이 기다리던 분이 아닙니까? 이런 두 번 다시 없을 멋진 모험을 일시적인 기분 때문에 망쳐서는 안 됩니다. 아름다운 젊은 부인은 만나서 말씀을 나눌 만한 가치가 있는 분이에요. 정말로 품위 있는 분들이랍니다. 서둘러 내려가십시오. 그렇지 않으면 정말이지 그분들이 이 방으로 몰려들 겁니다."

정열은 정열을 낳는 법. 마음이 걷잡을 수 없이 흔들렸던 그는 뭔가 다른 미지의 것을 갈망하고 있었다. 그는 새로운 손님들과 밝은 마음으로 이야기를 나누며 자기의 생각도 말하고 다른 사람의 이야기도 듣고 기분전환을 할 작정으로 아래층으로 내려갔다. 그러나 그는 어쩐지 이미 알고 있는, 가슴 두근거리는 상황으로 다가서는 듯한 예감이 들었다. 이제 그는 문 앞에 섰다. 부인들은 큰아버지의 발소리라 생각하고 서둘러 그를 맞이했다. 그는 방 안으로 들어섰다. 도대체 어찌된 해후인가! 이 무슨 광경이란 말인가! 아름다운 그 부인은 비명을 지르면서 나이 든 부인의 목을 껴안았다. 우리의 친구는 두 부인을 알아보고 깜짝 놀라 물러섰다가 다시 앞으로 걸어나가 그녀의 발밑에 무릎을 꿇고 그녀의 손을 잡고 아주 공손하게 입을 맞추고는 금세 다시 놓았다. '오ー로ー라!'라는 음절이 나오다 말고 그의 입술 위에서 사라졌다.

이제 우리는 우리 친구의 집으로 눈길을 돌려보자. 거기에서는 아주 특별한 상황을 발견하게 된다. 사람 좋은 할멈은 무엇을 해야 할지, 하지 말아야 할지 갈피를 잡지 못했다. 시녀는 현관과 계단 램프 불이 꺼지지 않도록 신경을 썼다. 음식은 불에서 내려놓았는데 더러는 이미 다시 먹을 수 없을 정도로 못쓰게 되어버렸다. 할멈이 기분이 상해 왔다 갔다 하는 동안에, 잠든 아이들 곁에 있던 시녀는 자못 침착하니 참을성 있게 각 방에 있는 많은 촛불들을 돌보았다.

드디어 마차가 집 앞에 닿았다. 마차에서 내린 부인은 남편이 두세 시간 전에 연락을 받고 나갔다는 말을 들었다. 계단을 올라가면서도 그녀는 생일 축하의 화려한 조명을 전혀 알아차리지 못하는 것 같았다. 할멈은 하인을 통해, 오는 도중 사고가 일어나 마차가 도랑에 빠졌다는 사실과 그 뒤에 일어난 모든 일도 빠짐없이 들었다.

부인은 방으로 들어섰다. "이건 무슨 가장무도회지?" 그녀는 아이들을 가리키면서 물었다. 시녀가 대답했다. "마님께서 몇 시간만 더 빨리 오셨더라면 아주 즐거웠을 텐데요." 아이들을 흔들어 깨웠더니 벌떡 일어났다. 그리고 어머니가 앞에 있는 것을 보자, 외워두었던 축사를 낭송하기 시작했다. 어머니와 아이들 모두 당황스러워했고 얼마간 잘 읽어나가던 암송도 격려와 도움이 없자 완전히 막히고 말았다. 부인은 귀여운 아이들을 잠시 달랜 뒤에 잠자리로 보냈다. 홀로 남게 된 그녀는 소파에 몸을 던지고 울음을 터뜨렸다.

그러나 여기서 부인 자신에 대해 그리고 좋지 않게 끝난 것처럼 보이는 야유회에 대해 좀 자세하게 보고할 필요가 있겠다. 이 세상에는 단둘이 있을 때는 아무것도 나눌 말이 없지만 큰 사교 모임에서는 일대 환영을 받는 여성들이 있는데, 알베르티네 부인이 그런 여성의 하나였다. 이런 자리에서 그녀들은 모임 전체의 장식물로서 모든 어색한 순간에 늘 자극제 역할을 하는 법이다. 이런 여성들의 우아함은 자신을 표현하고 자신을 편안하게 나타내기 위해 일정한 공간을 필요로 하며, 그녀들이 영향력을 제대로 미치려면 비교적 많은 관객이 있어야 한다. 또 자신의 우아한 모습을 나타내도록 부추기고 끌어가는 요소가 필요하다. 그러나 그녀들은 개개인을 대할 때에는 어떻게 행동해야 할지 거의 모른다.

이 집안의 친구가 된 남자만 하더라도 알베르티네의 호감을 얻으면서 활동을 유지할 수 있었던 것은 오로지 그가 계속해서 활기를 집 안으로 끌어들일 줄 알았고 또 규모가 크지는 않더라도 쾌활한 친구들을 쉬지 않고 불러들이는 방법을 알고 있었기 때문이다. 역할을 분담할 때에도 그는 자상한 아버지의 역할을 택해 예의 바르면서도 약삭빠르게 행동함으로써 자기보다 젊은 그녀의 제1, 제2, 제3의 애인들에 비해 우위에 설 수 있었다.

근처에 플로리네라는 큰 장원의 소유주가 있었다. 겨울 동안에는 도시에서 지내는 부인인데, 그녀는 오도아르트에게 은혜를 입고 있었다. 왜냐하면 그가 세운 재정 계획으로 인해 우연이기는 하지만 다행히도 그녀의 저택에 아주 유리한 혜택을 주어 장차 그곳 수익이 뚜렷하게 늘어날 전망이었기 때문이다. 그녀는 여름이면 시골 영지로 옮겨가 그곳을 고상한 여러 놀이의 무대로 삼았다. 특히 생일잔치는 한 번도 빠뜨리지 않고 챙겼으며 갖가지 축하잔치를 마련했다.

플로리네는 보이는 바 그대로 명랑하고 장난기 있는 성격이어서 아무것에도 얽매이지 않았고 상대에게 애착을 요구하거나 원하지도 않았다. 열렬한 춤꾼인 그녀가 남자들을 존중하는 것 또한 그 남자들이 박자를 맞추어 춤을 잘 출 때만 그러했다. 쉬지 않고 움직이는 사교부인이었기에 잠시라도 멍하니 앞을 보고 생각에 잠기는 남자는 그녀에게 참을 수 없는 존재였다. 게다가 그녀는 연극이나 오페라에 꼭 등장하는 명랑한 애인 역을 정말로 우아하게 연기했기에, 언제나 고상한 역을 맡는 알베르티네 부인과의 사이에는 절대로 배역상의 다툼이 일어나는 일은 없었다.

다가온 알베르티네의 생일을 기분 좋은 사교 모임에서 축하하기 위해 시내에서도, 부근의 마을에서도 친구들이 초대되었다. 아침 식사 뒤 일찌감치 시작된 춤은 만찬이 끝나고서도 계속되었다. 결국 일정이 지연되어 사람들이 마차로 귀로에 오른 것은 밤이 깊어서였다. 늦은 밤길이라 위험했는데 마침 보수공사 중이었기에 더욱더 그러했다. 때문에 마부가 놀라 실수를 하여 마차가 도랑에 빠지게 되었던 것이다. 우리의 미인 알베르티네와 플로리네 그리고 남자 친구는 난처한 일에 휘말렸음을 느낄 수 있었다. 남자 친구는 재빨리 빠져나와서는 마차 위로 몸을 숙여 외쳤다. "플로리네, 어디 있어요?" 알베르티네는 의식이 몽롱한 상태였다. 그 남자는 마차 안으로 손을 넣어 정신을 잃고 위쪽에 넘어져 있는 플로리네를 끌어내어 정성껏 간호한 다음 급기야는 억센 두 팔에 그녀를 안고는 다시 길을 찾아 운반해 갔다. 알베르티네는 여전히 마차 안에 갇혀 있다가 마부와 하인에게 구출되었다. 그녀는 하인의 부축을 받으며 앞으로 나아가려고 했으나 길이 나쁜 데다 무도화를 신어 쉽지가 않았다. 하인의 부축을 받고 있기는 했지만, 그녀는 매번 비틀거렸다. 마음은 더 황량하고 참담했다. 자기에게 어떤 일이 일어났는지 알지도 못했고 이해하지도 못했다.

그러나 알베르티네는 여관에 들어가서 작은 방의 침대 위에 플로리네가 누워 있고 여관 안주인과 남자 친구 렐리오가 그녀를 간호하는 것을 보았을 때 비로소 자신의 불행을 확신하게 되었다. 성실치 못한 친구 렐리오와 배반자 플로리네 사이의 비밀 관계가 갑자기 번개처럼 순식간에 드러났던 것이다. 플로리네가 눈을 뜨면서 새로 살아난, 애틋한 애정의 환희에 싸여 자기 남자 친구의 목을 꼭 껴안은 모습을 보았고, 또 그 까만 눈이 다시 빛나며 창백했던 뺨에 신선한 홍조가 아름답게 물드는 것을 보지 않을 수 없었다. 실제로 플로리네는 다시 젊어진 듯 매혹적이고 더없이 귀엽게 보였다.

알베르티네는 멍하니 앞을 쳐다보면서 다른 사람 눈에 띄지 않게 혼자 서 있었다. 플로리네와 남자 친구는 정신차리고 마음을 가다듬었다. 재난은 이미 일어나고 말았다. 그렇지만 결국 그들은 다시 함께 마차를 탈 수밖에 없었다. 지옥*36에서도 서로 역겨워하는 사람들이, 다시 말해 배신당한 자와 배신한 자가 이렇게 꼭 끼어 앉아서 오는 일은 없었을 것이다.

제11장

레나르도와 오도아르트는 며칠 동안 정신없이 바쁜 나날을 보냈다. 레나르도는 이주하는 사람들에게 필요한 모든 것을 갖추어주기 위해, 오도아르트는 뒤에 남을 자들과 친목을 도모하며 그들의 능력을 가늠하고 그들에게 자신의 사업목표를 충분히 이해시켜주기 위해서였다. 그러는 동안 프리드리히와 빌헬름은 조용히 함께 앉아 이야기하는 여유를 갖게 되었다. 빌헬름은 이번 계획에 대해 전반적인 설명을 들을 수 있었다. 이리하여 그들이 이주해 갈 곳의 지형과 사정을 충분히 알게 되었기에 광활한 지역에 많은 주민이 급속하게 발전해 가는 모습을 보고 싶다는 희망을 밝히기도 했다. 그러고 나서 화제는 자연스럽게 인간들을 결속시키는 종교와 도덕에 관한 문제로 흘러갔다. 이에 관해서는 결국 쾌활한 프리드리히가 충분히 설명해 주었다. 우리가 만일 이 대화의 경위를 그대로 전달할 수 있다면 감사를 받아 마땅할 것이다. 대화는 묻고 답하기도 하고 이의를 제기하고 시정해 가면서 실로 칭찬받을 만하게 진행되었으며, 여러 가지로 동요하면서도 본디 목적에 맞게 진행되었다. 하지만 우리는 그렇게 오래 시간을 지체할 수가 없다. 우리는 독자들의 정신 속에 그것을 차례차례로 드러나게 할 의무보다는 오히려 당장 그 결론만을 여기에 제시하기로 한다. 두 사람이 나눈 이야기의 핵심은 다음과 같다.

모든 종교는 인간은 불가피한 운명에 순응해야 한다고 가르친다. 그리고 종교 또한 나름대로 이 과제를 해결하고자 노력한다.

기독교는 믿음, 소망, 사랑에 의해 아주 우아하게 구원의 손길을 내민다. 거기서 결국 인내가 생긴다. 즉 인내라는 것은 바라던 향락 대신 참기 어려운 고통이 우리에게 지워진다 하더라도 존재 그 자체가 얼마나 고마운 선물

---

*36 괴테는 여기에서 단테 《신곡》의 지옥세계를 상상하고 있다.

인지 느끼게 하는 감미로운 감정이다. 이 종교에 우리는 절실하게, 그러나 독자적인 방법으로 의지한다. 우리는 아이들에게 어릴 때부터 기독교가 우리에게 가져다준 여러 가지 위대한 장점들에 대해 가르치지만, 그 기원과 내력에 대해서는 마지막에 가르친다. 이렇게 해야 비로소 그 종교의 창시자는 우리에게 친밀하고 존중할 만한 존재가 되며 그분에 관한 모든 지식이 신성해지는 것이다. 이런 의미에서 우리는 어떠한 유대인도 친구로 허용할 수 없다. 사람들은 이를 편협한 생각이라 할지 모르지만 당연한 귀결로 인정해야 한다. 왜냐하면 유대인이 기독교라는 최고 문화의 기원과 유래를 부인하는데 어떻게 우리가 유대인을 그 최고 문화에 관여하도록 허락할 수 있겠는가?

우리의 도덕률은 이것과는 전혀 다르다. 이 도덕은 순수하게 실천적이어서 다음과 같은 몇 가지 계율로 요약된다. 즉 절제된 자유, 해야 할 일은 부지런하게 하는 것이 그것이다. 이제 이 간결한 말을 자기 나름대로 저마다의 인생행로에 활용하도록 하라. 그러면 무한하게 응용할 수 있는 풍요로운 조문 하나를 소유하는 셈이 된다.

우리 모두에게는 시간에 대한 커다란 존경심이 마음 깊이 새겨져 있다. 시간은 신과 자연이 내린 최고 선물이며 우리 존재의 가장 주의 깊은 반려이기 때문이다. 시계는 우리나라에서도 많이 만들어지는데 그 시곗바늘과 타종으로 15분마다 시간을 알린다. 그리고 이런 신호를 가능한 한 늘리기 위해 우리나리에 설치된 신호기는 본디 임무 외에 할 일이 없을 때에는 밤낮을 가리지 않고 시간의 경과를 알린다. 그것도 아주 정묘한 장치로 행해진다.

전적으로 실천적인 우리의 도덕률은 이제 주로 사려 깊음을 요구하는데, 이는 곧 시간을 적절하게 배분하여 매 시간에 대해 주의를 기울임으로써 최고도로 발휘된다. 매 순간마다 뭔가가 실행되어야 한다. 만일 인간이 시간을 대하는 것처럼 일에서도 유의하지 않는다면 어떻게 그것이 실현되겠는가?

무엇을 새로 시작할 때 우리는 가족을 먼저 고려하게 된다. 가정의 아버지와 어머니에게 큰 책임을 지우려는 것이다. 하인이나 하녀, 머슴이나 시녀도 스스로 독립해야 한다면 우리에게 교육은 그만큼 훨씬 쉬워진다.

물론 어떤 일들은 일정한 통일성에 따라 교육되어야 한다. 읽기, 쓰기, 셈하기를 쉽게 대중에게 가르치는 일은 신부님이 맡는다. 그의 교육 방법은 상호교육을 연상시키지만 그보다 훨씬 창의적이다. 그러나 원칙적으로 중요한 것은 교사와 생도를 동시에 양성하는 일이다.

또 하나 상호교육에 대해 언급하자면 공격 훈련과 방어 훈련이다. 이는 로타리오가 가장 자신 있어 하는 일이다. 그의 기동연습은 추격기병들과 비슷한 데가 있다. 그러나 그는 어디까지나 독창적이다.

그런데 여기서 말해 두고 싶은 것은 우리의 일상생활에서는 종(鐘)을, 군대 생활에서는 북을 사용하지 않는다는 사실이다. 어느 경우든 인간의 목소리에 관악기가 결합하면 그것으로 충분하다. 이런 일은 이미 전부터 있었고 지금도 존재하고 있다. 그것을 적절하게 응용하는 일은 인간의 정신에 달려 있다. 어쨌든 그것들을 발명한 건 인간의 정신이 아닌가.

한 국가에서 가장 필요한 것은 용기 있는 정부이다. 우리나라에도 그것이 없어서는 안 될 것이다. 우리 모두, 곧장 일을 시작하고 싶어하는 까닭에, 그저 시작하면 되는 거라 확신하고 있다. 그래서 우리가 사법부보다는 경찰*37을 더 염두에 두는 것이다. 경찰의 원칙은 분명하게 드러나 있다.

그 누구도 다른 사람의 안녕을 해쳐서는 안 된다고 말이다. 다른 사람의 안녕에 유해한 것으로 판명된 자는, 그가 이 사회에 받아들여지기 위하여 어떻게 처신해야 하는지 알게 될 때까지 집단에서 격리된다. 무생물이나 이성을 가지고 있지 않은 자의 경우에도 마찬가지로 제거당한다.

각 구역마다 경찰 책임자 셋이서 여덟 시간마다 교대를 한다. 쉬지 않고 일해야 하는 광산과 마찬가지로 교대제이다. 그들 중 한 사람은 특히 야간에 만반의 준비를 갖추어야 한다.

경찰 책임자들은 경고하고 나무라며 훈계하고 격리시킬 수 있는 권리를 가지고 있다. 그들은 필요하다고 판단될 경우 소수의 배심원을 소집한다. 배심원들의 찬반 수가 같을 경우에는 의장이 결정하지 않고 제비를 뽑는다. 왜냐하면 양쪽 의견이 대립할 때에는 어느 쪽을 따르더라도 결국 마찬가지라고 믿기 때문이다.

다수결에 대해 우리는 아주 독특한 생각을 가지고 있다. 물론 꼭 필요한

---

*37 '경찰'이라는 말은 18세기에는 공공이익에 대한 국가의 모든 배려를 의미했다. 이를테면 세금이나 입법도 '경찰'이라고 했다. 오늘날과 같은 의미로 한정된 것은 괴테 시대에 시작된다.

세상일에 대해서는 다수결을 허용하지만, 더 높은 의미에서는 그것을 그다지 신뢰하지 않는다. 그러나 이 문제에 대해 나는 더 이상 의견을 늘어놓아서는 안 된다.

모든 것을 통치하는 국가최고기관은 결코 한곳에 고정되어 있는 게 아니라 끊임없이 이동한다. 이렇게 함으로써 주요사항에서는 균형을 유지하고, 개개인의 의사에 따라도 좋은 사항에서는 가능한 한 그 재량권을 허용하기 위함이다. 이것은 이미 역사상 있었던 제도인데 독일 황제들은 전국을 돌아다녔다. 이 제도는 자유국가의 정신에 가장 적절하다. 우리는 소유지 안에 가장 많은 사람들이 집중되는 지점을 이미 알고 있기는 하지만 수도(首都)로 정해지는 것을 꺼려한다. 그곳이 어디인지는 비밀로 해두자. 이 일은 점차 그리고 때맞춰 아주 빠른 시일 안에 드러나게 될 것이다.

위 내용이 일반적으로 사람들이 가장 많이 의견 일치를 본 점이기는 하지만, 많은 또는 적은 수의 회원들이 모일 때에는 되풀이하여 새롭게 논의되는 사안들이다. 그러나 주요한 문제들은 우리가 현장에 있을 때에 성립될 것이다. 존속해야 할 새로운 상태를 원칙적으로 결정해 주는 것은 원래 법률이다. 우리의 형벌은 관대하다. 일정한 나이의 사람은 누구나 훈계할 수 있다. 비난하고 꾸짖는 일은 다만 승인된 장로만이 할 수 있고 처벌은 소집된 일정 수의 사람들만이 내릴 수 있다.

일반적으로 볼 때 엄격한 법률도 곧 풀려 점점 느슨해지기 마련이다. 이는 자연이 언제나 그 권리를 주장하기 때문이다. 우리가 관대한 법률을 가지고 있는 것은 필요에 따라 점차 준엄해지기 위해서이다. 우리의 형벌은 무엇보다도 먼저 시민사회로부터의 격리에 주안점을 두고 있지만 그 관대와 엄격, 장기와 단기에 대한 처리는 정상이 참작된다. 국민 소득이 점점 늘어나면 그 가운데 얼마는 강제로 징수되는데, 그 징수액의 많고 적음은 그들이 고통을 받는 정도에 따라 달라진다.

이에 관해서는 결사 전원에게 주지시키고 있다. 그리고 시험을 치러 분명해진 사실은, 저마다 이 주요한 점들을 자기 자신에게 아주 능란하게 적용하고 있다는 것이다. 어쨌거나 중요한 사항은 역시 우리가 문화의 장점을 가져가고 단점은 버린다는 것이다. 선술집과 순회도서관은 우리에게는 허용되지 않는다. 그러나 술병과 책에 대해 우리가 어떤 태도를 취할지는 차라리 말문을 열고 싶지 않다. 만일 그러한 것에 대해 비판할 작정이면 그런 일을 꼭 실행해 보아야 할 것이다.

역시 이런 의미에서 이 원고의 편집자는 다른 여러 규정에 대한 이야기는 삼가기로 한다. 이것들은 결사 내에서 아직 과제로 남아 있는데 무리하게 그 해결책을 강구하는 것이 현재로서는 바람직하지 못하다고 여겨지기 때문이다. 하물며 그것을 여기서 자세하게 언급하려 하면 더더욱 박수를 받기 어려울 것이다.

제12장

오도아르트가 연설하기로 예정된 날이 다가왔다. 모두가 모여 조용해지자 그는 다음과 같이 연설을 시작했다. "내가 이처럼 많은 훌륭한 분들을 모시고 협력을 부탁드리고자 한 이 중대한 사업이 여러분에게 금시초문은 아닐 것입니다. 벌써 그 줄거리를 말씀드렸기 때문이지요. 내가 설명해 드린 요점은 구대륙에서도 신대륙에서와 마찬가지로 지금까지 해온 것보다 나은 방식으로 경작해야 할 지역이 있다는 것입니다. 신세계에는 자연이 크고 넓게 미개간지 그대로 황량하게 펼쳐져 있어 감히 그곳에 달려들어 싸워볼 엄두를 못 낼 지경이지요. 그렇지만 한번 굳게 결심한 사람은 점차로 그 황야를 개간하여 부분적으로 소유권을 확보하기가 쉽습니다. 구대륙에서의 사정은 이와는 반대입니다. 거기서는 어떤 땅이나 이미 부분적으로 점유되어 있어 오랜 옛날부터 크든 작든 땅에 대한 권리는 신성시되고 있습니다. 신세계에서는 땅의 경계가 없다는 것이 극복하기 어려운 장해가 된다면 구세계에서는 간단하게 구획이 지어져 있다는 것이 오히려 극복하기 어려운 장해가 되고 있습니다. 자연은 꾸준한 노동에 의해, 인간은 권력 또는 설득에 의해 극복될 수 있습니다.

사회 전체가 개인 소유를 신성하게 생각한다면, 그 소유물은 소유자에게는 더욱 신성한 것이 되지요. 그래서 관습, 유년 시절의 인상, 조상숭배, 이웃에 대한 반감 등의 수백 가지 원인들이 소유자를 완고하게 만들고 어떠한 변화도 싫어하게 만드는 겁니다. 이런 사태가 오래 지속될수록, 복잡하게 얽힐수록, 여러 갈래로 나뉘어 있을수록 공적(公的)인 일을 수행하기가 어려워집니다. 즉 개개인에게서 뭔가를 빼앗음으로써 전체에게 이익이 되도록 하는 일, 반대로 공동작용에 의해 뜻하지 않았던 개개인에게 이익이 돌아가게 하는 일이 더욱 어려워진다는 말입니다.

나는 벌써 몇 해 전부터 우리 영주의 이름으로 어떤 지방을 관리하고 있습니다. 그곳은 영주의 본영에서 떨어져 있기 때문에 오랫동안 제대로 이용되지 못했습니다. 이 격리 상태 아니면 폐쇄 상태라 할 수 있는 상황이 장해가 되어 주민이 할 수 있는 것을 바깥으로 넓히거나, 또 그들이 필요로 하는 것을 바깥으로부터 받아들일 기회를 줄 수 있는 시설이 지금까지 전혀 마련되어 있지 않았습니다.

절대적인 전권(全權)을 부여받아 나는 이 지방을 다스려왔습니다. 더러 좋은 일들이 행해졌지만 늘 한정된 범위의 것들이었죠. 더 나은 일을 하려 하면 곳곳에 빗장이 나타나서 가장 해볼 만한 일은 다른 세상에 있는 것처럼 느껴졌습니다.

능숙하게 경영하는 것을 오로지 나의 의무로 삼았습니다. 그보다 더 쉬운 일이 어디 있겠습니까! 관리들의 권한 남용을 없애고, 인간의 능력을 바르게 쓰며, 노력하는 사람들을 지원하는 것도 마찬가지로 쉬운 일입니다. 이런 모든 일은 오성과 권력에 의해 아주 쉽게 할 수 있었고 어느 정도는 저절로 이루어졌지요. 특히 나의 주의와 우려의 대상은 이웃 나라 사람들이었습니다. 그러나 거기 사람들은 나와 같은 신념을 가지고 있지 않았고, 하물며 같은 확신을 가지고 있지도 않았습니다.

나는 거의 단념하고 상황이 허락하는 범위 내에서 최선을 다했으며, 가능한 한 전통적인 것을 이용하려 했습니다. 그런데 갑자기 새로운 시대가 나에게 원조의 손길을 내밀었음을 알아차렸습니다. 이웃 나라에서 젊은 관리들이 새로 임명되었는데 그들은 나와 같은 신념을 품고 있었습니다. 물론 그저 일반적으로 그런 신념에 호의를 가지고 있는 것에 불과했지만 그들은 점점 여러 방면에 걸쳐 결속을 이루려는 나의 계획에 찬동했고 더 큰 희생을 치뤄야 했을 때에는 한층 더 찬성해 주었습니다. 희생이라고는 하지만 더 큰 이익이 나에게 주어진다는 것을 아무도 알아차리지 못한 채 말입니다.

이렇듯 이제 우리 세 사람*38은 큰 지역을 다스릴 권한을 갖게 되었습니다. 영주나 장관들은 우리의 제안에 공정성과 유용성을 확신하고 있지요. 두 말 할 것도 없이 대국적으로 자기 이익을 도모하려면 눈앞의 이익을 추구하는 것보다는 더 많은 견식을 필요로 하기 때문입니다. 사소한 일의 경우에는 언제나 그 일의 필연성이 무엇을 해야 하고 무엇은 그냥 놔두어야 하는지 알려주지요. 이 경우에는 그 필연성의 잣대를 현재의 것에 적용하면 충분합니다. 그러나 큰일의 경우 우리는 미래를 창조해 내야 합니다. 아무리 철두철미한 정신이 미래를 위한 계획을 발견한다 하더라도 다른 사람들이 이에 동의해 주리라 어떻게 기대할 수 있겠습니까?

미래를 만드는 일은 개개인의 힘만으로는 성공할 수 없습니다. 인간의 정신을 자유롭게 만드는 이 시대는 우리의 시야를 더 넓은 곳으로 열어주고 또 그 넓은 곳에서는 더 위대한 것이 쉽게 인식될 수 있어서 인간행동을 막는 가장 큰 장해의 하나가 비교적 쉽게 제거되는 것입니다. 그 장해라는 것은, 즉 인간이 목적에서는 일치한다 하더라도 그것을 이루는 수단에서는 일치하는 일이 훨씬 드물다는 점이지요. 왜냐하면 참으로 위대한 목적은 우리를 우리 자신 이상으로 드높이며 우리의 앞길을 마치 별처럼 비춰주지만 수단을 선택하는 순간 우리는 자신의 타성 속으로 다시 말려들어가, 개개인은 예전의 자기로 되돌아가게 되고 한때 전체에 동조한 일이 없었던 것처럼 동떨어진 존재로 느끼게 되는 것입니다.

다시 여기서 되풀이하자면 이렇습니다. 이 새로운 시대가 우리에게 도움이 되어 이성 대신 시대가 등장하여 넓어진 마음속에서는 더 높은 이익이 낮은 이익을 몰아내야 한다고 말입니다.

여기서는 이 정도로 해둡시다. 그리고 현재로서 이것도 많을 테지만, 앞으로도 참가자에게는 이 점들을 상기시켜드리도록 하겠습니다. 정확한 측량도 끝났고 도로의 도형을 뜨는 일도 끝났습니다. 숙소가 세워질 지점과, 나중에는 마을이 들어서게 될 곳도 정해졌습니다. 모든 종류의 건축물을 세울 만한 계기와 필연성도 마련되었습니다. 우수한 건축가와 기술자들이 모든 준비를 해놓고 있지요. 설계와 견적도 끝났습니다. 의도하는 바는 크고 작은 도급계약을 체결하고 준비된 금액을 엄밀한 통제하에 사용하여 조국을 놀라게 해

＊38 오도아르트와 레나르도 그리고 프리드리히이다.

보자는 겁니다. 우리는 이제부터 일치단결된 활동이 사방으로 퍼져나가리라는 가장 아름다운 희망 속에 살고 있으니까요.

그런데, 어쩌면 여러분이 결심하는 데 도움이 될지 모르기에 참가자 전원에게 주의를 환기시키고자 하는 것은 바로 우리의 조직체계입니다. 그 조직형태 속에서 우리는 협력자 전원을 통합시키려 합니다. 그리고 그 사람들 상호간에, 또 다른 시민세계에 대해서도 어울리는 명예로운 지위를 마련해 주려 합니다.

우리가 그 선정된 토지에 발을 들여놓으면 그 즉시 수공업은 예술로 선고되며 '엄격예술'이라는 명칭으로 '자유예술'과는 명확하게 나뉘어 분리됩니다. 여기서는 건축에 관련된 일에 대해서만 말씀드리겠습니다. 여기에 참석하신 분들은 젊든 나이가 들었든 간에 이 분야에 속해 있는 분들이니까요.

건물을 위로 높이 쌓아올려 점차로 살 수 있는 집으로 만들어가는 사람들을 순서에 따라 하나씩 열거해 봅시다.

먼저 석수를 들어보겠습니다. 석수는 주춧돌과 잘라놓은 돌을 완전히 다듬은 뒤 미장이의 도움을 받아 정밀한 설계도에 나타나 있는 올바른 장소에 묻습니다. 다음은 미장이로, 그들은 엄밀하게 검사된 기초 위에 현재 완성된 것과 장차 더 손보아야 하는 것을 단단하게 고정시킵니다. 머잖아 목수는 준비해 둔 목재를 가져옵니다. 이렇게 하여 목적했던 건물이 점점 높이 뻗어올라갑니다. 우리는 급히 서둘러 기와장이를 불러와야 하겠죠. 집 내부에서는 소목장이, 유리 끼우는 사람, 철물공이 필요합니다. 내가 칠장이를 맨 나중에 언급하는 이유는, 그가 건물 내부와 외부 전체에 마지막으로 보기 좋은 외관을 주기 위하여 언제라도 일할 수 있기 때문입니다. 여러 가지 보조작업은 생략하고 중요한 일들만 살펴보았습니다.

수습공, 기능공, 기능장이라는 단계는 아주 엄격하게 지켜져야 합니다. 이 세 단계 안에도 많은 등급이 있겠지만, 시험은 아무리 면밀하게 치러져도 지나침이 없습니다. 이 길에 들어서려는 사람은 자기가 엄격예술에 몸을 바치게 됨을 알아야 하며, 그 예술에서 너절한 것을 기대했다가는 큰일 납니다. 큰 쇠사슬에서는 고리 하나만 부서져도 전체가 파괴됩니다. 큰 사업을 할 때에는 커다란 위험에 처했을 때와 마찬가지로 경솔한 생각을 절대로 해서는 안 됩니다.

바로 이 점에서 엄격예술은 자유예술의 본보기가 되어야 하며 자유예술을 무색케 할 정도로 노력해야 합니다. 이른바 자유예술이란 것은 원래가 고상한 의미로 받아들여지고 또 그렇게 불려야 마땅하지만 그것을 보면 작업이 잘되었는가 못되었는가는 전혀 중요치 않음을 알 수 있습니다. 아무리 졸작인 입상 조각도 가장 훌륭한 입상과 마찬가지로 두 발로 서 있습니다. 그림에 나오는 인물은 발이 잘못 그려졌어도 힘차게 앞으로 걸어나가며, 볼품없이 그려진 팔도 힘있게 무엇을 잡으려 합니다. 인물이 제 위치에 바로 서 있지 않았다 해서 땅이 무너져 내리는 일은 없습니다. 음악에서는 이 현상이 더욱 뚜렷하게 나타납니다. 마을 선술집에서 서투른 솜씨로 연주되는 바이올린 소리가 억센 팔다리를 자못 흥분시키는 일도 있고, 아주 형편없는 교회 음악을 듣고 신자들이 감동하는 일도 보게 됩니다. 만일 여러분이 시가(詩歌) 또한 자유예술로 간주하려 한다면, 그 경계가 어디인지 전혀 알 수 없음을 깨닫게 될 것입니다. 그러나 모든 예술에는 내적 법칙이 있습니다. 다만 그것을 지키지 않더라도 인류에게 아무런 해를 끼치지 않습니다. 이와는 반대로 엄격예술은 스스로에게 조금의 자유도 허용해서는 안 됩니다. 자유예술가라면 그의 일을 정밀히 검토해 보았을 때 설사 그만한 가치가 없다 하더라도 사람들은 칭찬해 줄 수 있고 그의 재능을 좋아할 수도 있습니다.

　그러나 우리가 자유예술과 엄격예술을 그 완전한 상태에서 살펴보면, 후자는 좀스러움과 여전함을, 전자는 몰지각과 서투름을 경계해야 합니다. 예술을 지도하는 사람은 이 점을 주의시킴으로써 그 일에 종사하는 사람이 오용과 결함을 피할 수 있게 해야 할 것입니다.

　되풀이하여 말씀드리지 않겠습니다. 왜냐하면 우리의 모든 생활이 이미 말한 것의 반복일 테니까요. 다만 다음 내용만 말씀드리겠습니다. 엄격예술에 종사하는 사람은 일생을 그것에 바쳐야 합니다. 지금까지 엄격예술은 수공업이라고 불렀습니다. 이는 전적으로 적절하고 지당합니다. 그 신봉자는 손으로 일해야 하기 때문입니다. 그리고 마땅히 그래야 하겠지만, 손에는 한 개인의 삶이 불어넣어준 혼이 깃들어 있어야 합니다. 손은 그 자체로 하나의 자연이어야 하며, 자체의 사상과 자체의 의지를 가져야 합니다. 그뿐 아니라 손은 다른 어떤 잡다한 방법으로는 이 사명을 다할 수 없습니다."

　연설가가 몇 마디 더 유익한 말을 덧붙여 연설을 마치자 참석자는 모두 자리에서 일어섰다. 그리고 수공업 조합원들은 퇴장하지 않고 공인된 지도자들의 탁자 앞에 질서 있게 원을 그리고 섰다. 오도아르트는 모두에게 인쇄된 종이를 한 장씩 돌렸다. 그러자 일동은 잘 아는 선율에 맞추어 절도 있고 쾌활하게 정다운 노래를 불렀다.

머물거나 떠나거나, 떠나거나 머물거나,
이제부터 유능한 지도자를 따르라.
보람된 일을 할 수 있는 곳,
그곳이야말로 귀한 곳이리.
그대를 따름은 쉬운 일이니
순종하는 자 이룩하리라
터 잡을 나라를 보여다오.
지도자 만세! 우리 결사 만세!

그대는 힘과 짐을 나눠주고
정확하게 그것을 저울질하여
늙은이에게는 휴식과 명예를,
젊은이에게는 일과 아내를 주네.
서로 믿게 되면
아담한 집을 지으리니
정원에 울타리도 두르고
이웃을 믿고 의지하며 살리라.

잘 닦인 거리
쉬었다 가는 새 주막이 있는 곳,
낯선 이에게도 풍족하게
경작지를 나누어주는 곳.
그곳에 우리 모두 정착하리라.
발걸음을 재촉하자, 어서들 가자.
굳건한 나의 조국으로.

우리 지도자 만세! 우리 결사 만세!

제13장

떠들썩하고 들뜬 분위기가 지나간 며칠 뒤, 고요한 적막이 찾아왔다. 세 친구는 서로 마주하고 있었다. 그런데 그들 가운데 두 사람, 즉 레나르도와 프리드리히가 이상한 불안감에 쫓기고 있는 것이 눈에 띄었다. 두 사람은 그들대로 사정이 있어서 이곳을 떠나지 못하고 있음을 안타까워하는 듯 보였다. 그들은 어떤 배달부를 기다리고 있었는데 그러는 동안 어떤 이성적인 일이나 결정적인 주요 사항이 전혀 화제에 오르지 않았다.

드디어 그 배달부가 중요한 소포를 하나 가지고 왔다. 프리드리히는 곧 달려가 그것을 풀려고 했다. 그러자 레나르도가 그를 가로막으면서 말했다. "손대지 말고 그걸 앞에 있는 책상 위에 올려놓게. 그 안에 무엇이 들어 있는지 곰곰 생각해 보아야 하네. 왜냐하면 우리 운명이 결정될 순간이 다가왔으니까. 그리고 우리가 스스로의 운명을 마음대로 할 수 없을 뿐만 아니라 그것을 다른 사람의 생각이나 감정에 맡겨야만 하고, 이렇다 저렇다를 기다릴 수밖에 없는 처지라면 우리는 가만히 앉아 마음을 가다듬고 참고 견뎌낼 수 있는지를 먼저 자문해 보는 것이 옳은 일인 듯하네. 그것이 이른바 신의 심판 같은 것이어서, 이성적인 판단을 묶어두라는 명령이 떨어지는 경우에라도 말이야."

"당신은 침착해 보이고 싶어하지만 실제로는 그렇지 못하시군요. 그러니 당신은 비밀을 혼자 간직한 채 좋을 대로 처리해요. 그런 것은 내 알 바 아니니 말입니다. 그러나 이 믿음직스러운 옛 친구에게 그 내용을 보여주고, 우리가 이미 오랫동안 그에게 비밀로 해두었던 미심쩍은 상태를 펼쳐보이게 해주시지요." 프리드리히가 이렇게 말하고는 빌헬름을 데리고 나가버렸다. 그러면서 가는 도중에 이렇게 소리쳤다. "그녀를 찾았어요. 그것도 오래전에 찾았답니다! 문제는 그녀가 어떻게 될 것이냐 하는 것뿐이라고요."

"나도 이미 알고 있었다네." 빌헬름이 말했다. "친구들 사이에서는 서로 침묵하는 게 오히려 서로를 가장 뚜렷하게 드러내는 법이니 말일세. 그 일기의 마지막 부분에 레나르도가 산속에 머물면서 내가 그에게 보낸 편지를 회상하는 대목이 있는데, 바로 그 부분에서 정신과 감정이 교류하면서 내 마음 속에는 그 순박한 여성이 떠올랐다네. 나는 다음 날 아침 그가 그녀에게 다가가 그녀를 확인했다는 것을, 그리고 그 뒤에 어떤 일이 일어날지 벌써 예상했었다네. 솔직히 고백하자면, 그동안 내가 자네들의 침묵과 신중함을 불안하게 느낀 이유는, 소포에 대한 호기심 때문이 아니라 내가 그녀에게 가진 각별한 관심 때문이었지."

프리드리히가 외쳤다. "그런 의미에서 당신은 아까 도착한 소포에 대해 우리와 마찬가지로 관심을 가졌던 거군요. 일기 다음 부분은 마카리에에게 보내졌는데 우리가 이 진지하고 아름다운 사건을 말로 이야기해 버림으로써 이에 대한 관심을 줄이고 싶지 않았던 겁니다. 지금 곧 그것을 가져오지요. 그동안에 레나르도가 틀림없이 소포를 열어봤겠지만 그는 자신의 처지를 명확히 알기 위해 굳이 그 일기장이 필요하지는 않을 테니까요."

프리드리히는 이렇게 말하고는 늘 하던대로 뛰어나갔다가 다시 뛰어서 되돌아와, 약속한 노트를 내밀었다. 그가 소리쳤다. "이제 나도 우리가 앞으로 어떻게 될지 들어봐야겠어요." 이 말을 남기고 그는 다시 뛰어나가 버렸다. 빌헬름은 읽기 시작했다.

레나르도의 일기 (계속)

19일, 금요일

주자네 부인에게 제때에 도착하기 위해 오늘은 꾸물거릴 수가 없었다. 그래서 온 가족이 서둘러 아침 식사를 하고, 행운을 비는 마음으로 감사의 인사를 드렸다. 뒤에 남은 직조기 수리공에게 아가씨들에게 줄 선물을 맡겨두었다. 그저께 것보다 더 많고 신부용으로 알맞은 물건들이었는데, 이것을 살짝 그에게 내밀자 그 순박한 남자는 아주 기뻐하는 눈치였다.

이번에는 부지런히 길을 걸었다. 몇 시간 뒤에 우리는 그다지 넓지 않은 조용하고 평탄한 골짜기 한가운데에 튼튼하고 멋지게 지어진 집들을 볼 수 있었다. 바위가 많은 그 골짜기의 한쪽이 아주 맑은 호수의 물살에 가볍게 씻기면서 수면에 반사되고 있었다. 집들 주위로 양지바른 곳에, 정성들여 경작된 질 좋은 토지에는 몇 가지 작물이 심어져 있었다. 실 운반인이 안채로 안내하여 주자네 부인을 소개해 주었을 때, 나는 무언가 아주 독특한 느낌을 받았다. 부인은 다정하게 말을 건네며 우리가 일주일 중 가장 한가한 금요일에 찾아와줘서 무척 다행이라고 말했다.

목요일 밤에 완성된 상품을 호수로 운반해 도시로 보내기 때문이라는 것이다. 실 운반인이 불쑥 끼어들었다. "그건 언제나 다니엘이 운반하죠!" 그러자 부인이 말했다. "그래요, 그분은 정말 자기 일처럼, 성실하게 그 일을 봐주세요." "자기 일과 남의 일을 가릴 필요가 있나요." 실 운반인은 대답하고는 친절한 여주인에게서 몇 가지 주문을 받자, 옆 골짜기 마을에서 일을 보기 위해 서둘러 떠났다. 그는 며칠 안으로 다시 와서 나를 데려가겠다고 약속했다.

그동안 나는 정말로 이상한 기분에 빠져 있었다. 이 집에 들어서자마자 내가 그토록 그리워하던 여자가 바로 그녀라는 예감에 사로잡혔기 때문이었다. 그러나 오래 보고 있으니 딱히 그렇지도 않은 듯했고 그럴 리도 없었다. 그러다가 눈을 딴 데로 돌리거나 그녀가 몸을 돌리면 그녀는 다시 내가 그리던 여자였다. 마치 꿈속에서 추억과 환상이 서로 교차하듯이 말이다.

실 짜는 여자 몇 명이 그동안 미처 다 마치지 못했던 일주일치 물건들을 뒤늦게 완성해 가져왔다. 여주인은 더 열심히 일해 달라고 아주 간곡하게 타이르면서, 그녀들과 값을 흥정했다. 그러나 여주인은 손님인 나하고 대화를 하느라 그 일을 그레첸과 리셴이라는 두 아가씨에게 맡겼다. 나는 그녀들이 직조기 수리공이 말한 것과 얼마나 일치하는지 알아보려고, 더욱 주의 깊게 관찰했다. 이 두 아가씨가 나를 완전히 어리둥절하게 만들어 내가 찾고 있는 여인이 이 집 여주인과 동일한 인물인지 아닌지 생각해 볼 수 있는 여지를 완전히 없애버리고 말았다.

나는 한층 더 찬찬히 이 여주인을 관찰했다. 그녀는 분명히 내가 산악 지방을 여행하면서 본 여자 중에서 가장 품위 있고 가장 사랑스러워 보였다. 나는 이 분야에 대해 충분히 배웠기 때문에, 그녀의 일에 대해 더 깊이 있는 이야기를 나눌 수가 있었다. 내가 그 일을 알고서 대화에 참여하자 그녀는 매우 기뻐했다. 그리고 내가 며칠 전에 본 저 산 너머에서 오는 대량수송의 원면은 어디에서 들여오느냐고 물었더니, 그녀는 그 수송 덕분에 운송품 가운데 상당량이 자기에게 들어왔다고 대답했다. 그녀가 살고 있는 곳의 위치가 아주 좋아서, 호수로 내려가는 큰길이 그녀가 사는 골짜기 아래쪽에서 겨우 15분 거리에 지나가고 있어, 트리에스트에서 그녀 앞으로 보낸 짐을 자기가 직접 가든지 일꾼을 보내서 받는다는 것이었다. 바로 그저께도 그랬다고 했다.

그러면서 그녀는 통풍이 잘되는 큰 지하실을 새로운 손님인 나에게 보여주었다. 거기에는 물품이 저장되어 있었는데, 원면이 너무 건조되어 무게가 줄거나 유연성이 떨어지지 않게 하려고 그곳에 보관한다는 것이었다. 이어나는 이미 개별적으로 알고 있던 물건의 대부분이 여기에 모여 있음을 발견했다. 그녀는 순서에 따라 이것저것 가리키며 설명해 주었고 나도 이에 대해깊은 관심을 보여주었다. 그러는 사이 그녀는 점점 말수가 적어졌다. 그녀의질문으로 미루어 나는 그녀가 나를 같은 장사꾼으로 생각하고 있음을 알아차렸다. 왜냐하면 그녀가 이런 이야기를 했기 때문이다. 원면이 마침 도착했으니 얼마 안 있으면 트리에스트 회사의 지배인이나 관계자가 올 거라 생각해 기다리고 있으며, 그쪽에서 온 사람은 그녀의 재정상황을 신중히 고려해서 대금을 거두어갈 터인데, 그래서 신원이 확실한 사람이면 누구에게나 그돈을 넘겨줄 수 있도록 준비해 놓고 있다는 것이었다.

나는 좀 당혹스러워 이런 말을 피하려 했다. 이어 그녀가 무슨 일을 시키기 위해 방을 지나갔을 때, 나는 그녀의 뒷모습을 바라보았다. 그녀는 마치시녀들 사이에 있는 페넬로페처럼 보였다.

그녀가 돌아왔다. 그런데 그녀의 생각에 어떤 변화가 일어난 것 같았다. "그러면, 당신은 상인은 아니시군요." 그녀가 말했다. "당신에 대한 이런 신뢰감이 어디서 생겨났는지, 또 어째서 제가 감히 당신의 신뢰를 얻으려 했는지 모르겠군요. 당신이 어떤 생각을 하고 있는지 밝혀 달라고 강요할 생각은 없습니다만, 될 수 있으면 제게 털어놓아 주시기 바랍니다." 이렇게 말하면서, 어딘지 모르게 친밀한 두 눈을 가진 그 낯선 얼굴이 날 알고 있다는 낯익은 눈길로 바라보았기 때문에 나는 속속들이 탐색이라도 당하는 듯해 어쩔 줄을 몰랐다. 다리가 부들부들 떨리고 미칠 지경이었지만, 다행히도 그때누군가가 그녀를 급히 불러냈다. 나는 간신히 마음을 진정시키고, 가능한 한오랫동안 내 마음을 자제하리라는 결심을 더욱 굳혔다. 왜냐하면 다시금 어떤 불행한 관계가 나를 위협하지 않을까 생각했기 때문이다.

그레첸은 침착하고 친절한 아가씨였는데, 나를 데리고 가서 정교하게 수공으로 짠 직물을 보여주었다. 그녀는 사려 깊은 태도로 조용히 직접 그 일을 하며 보여주었다. 나는 설명을 주의 깊게 듣고 있다는 것을 보여주기 위해 그녀가 말하는 걸 수첩에 적었다. 그것은 단지 무의식적인 행위였다는 증거로서 지금도 수첩에 그대로 남아 있다. 왜냐하면 나는 전혀 다른 생각을 하고 있었기 때문이다. 수첩에는 다음과 같이 적혀 있다.

'직조기를 발로 밟을 때와 손으로 잡아당길 때 끼우는 씨줄은 제본에 나온 모양에 따라 희게, 그리고 느슨하게 꼰 이른바 무겐방사라는 실을 사용하고 때로는 또 터키직 빨간색으로 염색한 실이나 푸른실을 사용해 짠다. 이것들은 모두 줄무늬와 꽃무늬를 짜넣는 데 사용된다.

직물을 말아올릴 때는 운전기에 감지만, 이 기계는 판자 같은 틀로 되어 있고, 그 주위에 여러 명의 작업자가 앉아 있다.'

리셴은 이 말아올리는 사람들 가운데에 앉아 있었는데, 굳이 몸을 일으켜 세우고는 우리 대화에 끼어 말참견을 해댔다. 또한 그녀는 그레첸에게 틀리게 한다고 핀잔을 줌으로써 그녀를 일부러 당황하게 만들려는 듯 행동했다. 그럼에도 내가 그레첸에게 더 많은 관심을 보이자 리셴은 여기저기 돌아다니면서 뭔가를 가지러 가거나 가져오기도 했다. 이때 방이 좁은 것도 아닌데 부드러운 팔꿈치로 두 번이나 의미 깊게 나의 팔을 건드렸다. 그러나 그런 그녀의 행동이 내게 특별한 의미를 갖게 하지는 않았다.

그 선량한 미인(그녀를 다른 여자들과 비교해 보았을 때 특히 이렇게 부를 만했다)은 나를 정원으로 데리고 나갔다. 그곳에서 높은 산 뒤로 숨어버리기 전의 석양을 보고 즐기려는 것이었다. 그녀의 입가에는 미소가 맴돌고 있었다. 마치 사람들이 뭔가 기쁜 말을 하려다 주저할 때처럼. 나도 어리둥절했지만 사실 기분이 좋았다. 우리는 나란히 걸었다. 나는 그녀에게 손을 내밀고 싶었지만 그럴 용기가 없었다. 우리 둘 다 이 행복한 상황이 갑자기 퇴색되어버리지 않을까 해서 말과 행동을 두려워했던 것 같다. 그녀는 나에게 화분 몇 개를 보여주었는데, 거기에서 나는 싹이 약간 튼 어린 목화나무를 발견했다. "이렇게 우리의 생명과는 무관한, 아니 오히려 방해가 되는 씨앗을 기르고 있어요. 이 씨앗은 솜과 함께 멀리에서 우리 고장으로 왔으니까요, 이 씨는 감사하는 마음에서 가꾸는 것이지요. 또 이것이 말라죽고 남은 것이 우리 생활을 활기차게 해주리라 상상해 보는 것은 더없이 기쁜 일이죠. 당신은 여기에서 우리 일의 첫 단계를 보고 계십니다. 중간 단계는 이미 잘 알고 계시죠. 그리고 오늘 밤 만일 운이 좋으면, 기쁜 결말을 보실 거예요.

제조업자인 우리는 몸소 가든지 지배인을 보낸다든지 해서 일주일에 걸쳐 인수한 상품을 목요일 밤에 시장 나룻배까지 가지고 가서, 다른 동업자들과 함께 금요일 아침 일찍 도시에 도착한답니다. 그곳에서는 저마다 자기 물건을 도매상들에게 가지고 가서 가능한 한 좋은 값으로 팔려고 애쓰지요. 경우에 따라서는 현금 대신 필요한 만큼의 솜을 받는 일도 있어요.

그러나 시장으로 나갔던 사람들이 도시에서 가지고 돌아오는 것은 제조에 필요한 원료나 현금뿐만 아니라, 다른 여러 종류의 생필품과 오락품도 사들여오죠. 그러므로 가족 중 누군가가 그곳 시장으로 가게 되면 여러 가지 기대와 희망 그리고 소망, 아니 때로는 불안과 공포심까지 일어나는 거예요. 폭풍우나 뇌우(雷雨)가 일어나면 배가 파선되지나 않을까 걱정을 해요. 이익을 많이 남기고 싶은 사람들은 상품의 판매가 어떻게 끝났는지 알고 싶어 초조해하죠. 그러고는 미리 순이익 금액을 계산해 보곤 합니다. 또 호기심이 많은 사람들은 도시에서 가져올 새로운 소식들을 기다리고, 멋 내기를 좋아하는 사람들은 도시로 나가는 사람에게 부탁한 의류와 유행품을 기다려요. 마지막으로 미식가들이나 특히 아이들은 먹을 것을 기다리죠. 설사 그게 하찮은 밀가루 빵이라 하더라도 말이죠.

도시에서, 배를 타고 집으로 돌아오는 것은 보통 저녁때가 되어서지요. 그때가 되면 호숫가는 점점 떠들썩해져요. 돛을 올리거나 노에 힘을 주어 달리는 것, 이 밖에 여러 가지 배들이 수면을 미끄러지면서 지나가요. 어떤 배는 다른 배를 추월하려고 애를 쓰죠. 그리고 앞지르게 되면 뒤처진 배들을 조롱하며 놀려대죠.

배를 타고 호수를 건너가는 광경은 즐겁고 아름다워요. 거울처럼 호수 표면은 저녁놀 물든 주변 산들의 그림자를 비치고, 그 그림자가 점점 더 깊어갑니다. 별들이 보이기 시작하고 저녁기도 시간을 알리는 종소리가 들리면, 호숫가 마을에 불이 켜지고 그 광경이 물에 비쳐요. 그러는 사이에 달이 떠올라 거의 미동도 없는 수면에 그 아련한 빛을 뿌리죠. 배가 앞으로 나아감에 따라 비옥한 경작지는 자꾸자꾸 멀어져가고 마을 또 마을, 농가 또 농가, 이렇게 모든 것이 뒤로 물러가고, 드디어 자기 마을 가까이에 오면 호루라기 소리로 신호를 보내죠. 그러면 곧 산 이곳저곳에서 불빛들이 나타나고, 그것이 호숫가로 내려오죠. 어느 집에서나 자기 가족이 배에 있으면 짐 나르는 일을 도우려고 누군가를 나루터에 보내요.

우리집은 훨씬 높은 데에 있지만 집안의 누구든 이런 배를 타려고 자주 내려오죠. 그리고 장사에 대해서 말씀드리면, 우리는 모두 다 같은 이해관계를 가지고 있어요."

나는 그녀가 이 모든 것을 얼마나 능숙하고 아름답게 이야기하는지 경이로운 느낌으로 듣고 있었다. 그리고 이런 황량한 지방에서 이런 기계적인 일을 하면서 그녀가 어떻게 이만한 교양을 가질 수 있었는지 실로 입 밖에 내어 묻지 않을 수 없었다. 그러자 그녀는 이를 데 없이 사랑스럽고 거의 장난기 섞인 미소를 띤 채 앞을 바라보면서 대답했다.

"저는 이곳보다 훨씬 아름답고 살기 좋은 지방에서 태어났어요. 거기에는 훌륭한 분들이 살고 있었죠. 저는 어렸을 때 매우 거칠고 말괄량이였지만, 그래도 교양과 학식이 있는 지주들이 그 부근 일대에서 끼친 영향을 몸소 보고 느낄 수가 있었어요. 그러나 저 같은 젊은 사람에게 가장 큰 영향을 준 것은 경건한 종교 교육이었어요. 그 덕분에 제 마음속에는 하느님의 사랑이 온 세상에 존재한다는 것을 토대로 하여 올바름과 예의바름을 느끼는 마음이 자라났어요. 그 뒤 우리는 그곳을 떠났죠." 그녀는 말을 계속했다. 그녀의 입가에서는 어느덧 아름다운 미소가 사라지고, 참고 있던 눈물이 두 눈에 가득 고였다. "우리는 멀리멀리 이 지방에서 저 지방으로, 하느님의 지시와 독실한 신자의 추천에 인도되어 방랑했어요. 그리고 마지막으로 이곳에, 이 대단히 활기찬 지방까지 온 거죠. 지금 제가 살고 있는 이 집에는 같은 신앙을 가진 경건한 사람들이 살고 있는데 진심으로 우리를 맞아주었어요. 저의 아버지는 그들과 같은 언어로, 같은 마음으로 이야기를 나누었어요. 이내 우리는 한 가족이 된 듯했어요.

모든 집안일과 수공업 일을 저는 열심히 했어요. 그리고 보시다시피 지금 제가 담당하고 있는 모든 일을 단계적으로 배우고 훈련받고 숙달시켰던 거죠. 이 집 아들은 저보다 조금 나이가 많은데 체격이 좋고 미남이었지요. 그는 저에게 호의를 갖고 있어서 저를 신뢰할 수 있는 친구로 택했어요. 그는 유능한 친구이며 천성적으로 섬세했어요. 집안에서 지켜오는 신앙을 그는 도무지 받아들일 수가 없었고, 만족하지도 못했어요. 그는 정신적으로 더 보편적이고 훨씬 자유로운 방향을 제시하는 종류의 책을 시내에서 용케도 구해 와서 남몰래 읽고는 했어요. 그리고 저에게도 자기와 같은 충동 기질이 있다는 것을 알고는, 자기가 그처럼 진지하게 몰두하고 있는 것들을 저에게도 조금씩 전하려고 노력했죠. 드디어 제가 모든 것에 통달하게 되었을 때 그는 더 이상 자제할 수 없었던지 자신의 비밀을 제게 전부 털어놓았어요. 우리는 정말로 독특한 한 쌍이었죠. 단둘이 산책할 때에도 나누는 대화라고는 인간을 독립시키는 원리에 대한 것뿐이었죠. 또 두 사람의 참된 애정관계는 그런 신념을 서로 강화시킬 때만 성립하는 듯했습니다. 보통 다른 사람 같으면 그런 일이 둘 사이를 완전히 떼어놓았을 텐데도 말이죠."

나는 그녀를 똑바로 계속 바라보지 않고 다만 우연인 것처럼 가끔씩 쳐다보았을 뿐이지만, 그녀의 표정이 그녀가 하는 말의 의미를 동시에 나타내고 있음을 발견하고는 경탄과 공감을 느끼지 않을 수 없었다. 잠깐 침묵이 흐른 뒤에 다시금 그녀의 얼굴은 밝아졌다. 그녀가 말했다. "당신이 품고 계신 의문에 답하기 위해 한 가지 고백을 해야겠어요. 제 말솜씨가 이따금 자연스럽지 못하다고 생각될 수 있겠지만 당신이 이해하실 수 있도록 설명을 해드려야겠군요.

유감스럽게도 우리 둘은 다른 사람들 앞에서는 친한 사이가 아닌 척 감추어야 했죠. 이리하여 우리는 거짓말을 하지 말자, 흔히들 말하는 의미에서 거짓말쟁이는 되지 말자고 매우 조심했지만, 솔직히 말해 역시 거짓말쟁이였어요. 많은 신도들이 모이는 예배 모임에 얼굴을 내밀지 않아도 될 만한 어떤 핑계를 찾아내기가 그리 쉬운 일이 아니었죠. 그 모임에 나가면 우리 신념과는 반대되는 이야기들을 많이 들어야 했기 때문에, 그는 곧 저에게 이런 말로 이해하고 통찰하도록 도와주었어요. 즉 그런 이야기들은 마음에서 나오는 게 아니라 많은 빈말, 상징, 비유, 진부한 말주변, 그럴듯하게 들리는 문구들이 반복적으로 하나의 축을 중심으로 쉬지 않고 돌아가는 데에 불과하다고요. 그래서 저는 그런 모임의 이야기를 전보다 더 주의해서 듣게 되었습니다. 어쩌면 어느 장로 못지않은 말솜씨로 능숙하게 설교할 수 있을 정도로 그런 어투의 말들을 익혔어요. 처음에는 그도 제가 흉내내는 것을 재미있어 했지만, 결국에는 질려 참을 수 없게 되었지요. 그래서 저는 그를 달래기 위해 이때까지와는 반대의 길을 택해, 그가 하는 말에 더욱 주의 깊게 귀를 기울이고 그의 진심어린 신실한 이야기를 일주일 뒤에 적어도 비슷할 정도의 자유로움과 정신 상태로 그에게 되풀이할 수 있게 되었죠.

이렇게 하여 우리 관계는 아주 깊은 사이로 발전해 갔죠. 뭔가 참되고 선한 것에 대한 정열, 그리고 그것을 가능한 한 실천해 보려는 정열이야말로 본디 우리를 결합시킨 원동력이었어요.

이런 말을 할 수 있게 당신이 저를 촉구한 것은 과연 무엇이었을까 생각해 보니, 그건 이제까지 무사히 끝낸 장날에 대해 제가 열심히 이야기했기 때문이었어요. 그것을 그리 이상하게 생각하지 마세요. 왜냐하면 아름답고 숭고한 자연 경치를 진심 어린 즐거운 마음으로 관찰하는 것이야말로 저와 장차 제 남편이 될 그가, 일 없는 한가로운 시간에 가장 즐거워했던 일이었으니까요. 그런 자연에 대한 감정을 우리 마음속에 불러일으키고 양분을 공급해 준 것은 출중한 조국 시인들*39이었어요. 우리는 할러의 〈알프스〉, 게스너의 〈목가〉, 클라이스트의 〈봄〉 등을 여러 차례 되풀이하여 읊었어요. 그리고 우리를 둘러싸고 있는 장엄한 세계를 어떤 때는 우아한 면에서, 어떤 때는 숭고한 면에서 바라보았어요.

지금도 제가 즐겨 떠올리는 일은, 우리 두 사람이 예리하고 넓은 시각을 가지려고 서로 경쟁했고, 대지와 창공의 의미심장한 현상들에 서로 주의를 기울이려 노력했으며, 서로를 앞질러 넘어서려 애썼다는 거죠. 이것은 일상적인 일뿐만 아니라 그 진지한 대화로부터 벗어날 수 있는 가장 즐거운 휴식이기도 했어요. 뭐니 뭐니 해도 그런 진지한 대화는 이따금 우리를 너무 깊은 내면으로 빠져들게 함으로써 불안하게 만들 우려가 있었기 때문이죠.

그즈음 한 나그네*40가 우리 집에 잠시 머물렀어요. 아마도 가명을 썼던 것 같은데 우리는 더 깊이 캐물으려 하지 않았어요. 그분의 인품은 곧 우리

---

*39 할러(1708~77)는 스위스 의사이자 시인. 시 〈알프스〉(1729)로 유명. 게스너(1740~88)는 스위스 시인이자 화가이며 산문시에 뛰어났다. 〈목가〉(1756). 클라이스트(1715~59)는 독일 시인이자 군인. 대표작은 〈봄〉(1749).

*40 빌헬름을 말한다.

에게 신뢰감을 주었고 몸가짐도 상당히 예의 발랐으며 우리 모임에 나와서도 예의 바르고 주의 깊은 모습을 보여주었기 때문이죠. 제 남자 친구의 안내로 산중을 여기저기 다니는 동안에도 그는 진지하고 통찰력이 있었으며 박식하다는 것을 알게 되었어요. 저도 도덕에 대한 그들의 대화에 참여했지만, 그때는 인간 내면에서 중요한 의미를 띨 수 있는 모든 문제가 하나씩 화제에 올랐었지요. 그런데 그분은 신앙에 대한 우리의 사고방식이 조금 흔들리고 있음을 곧 알아차렸어요. 종교상 표현이라는 것이 우리에게는 진실성을 잃어버려, 그 속에 담겨 있어야 할 핵심이 빠져 있었던 겁니다. 그분은 우리의 상태가 얼마나 위험한지, 어려서부터 마음으로 의지하던 귀한 전통에서 이탈하는 것이 얼마나 어려운 일인지를 깨우쳐주었어요. 전통으로부터 이탈하는 것은, 특히 내면이 불완전한 경우에는 아주 위험하다는 것이었죠. 물론 매일 매시간에 올리는 경건한 기도는 결국에는 형식적인 시간이 되어버려 마치 겉으로만 감시하는 경찰과 같은 역할을 할 뿐, 그 이상 마음 깊숙이 울리지는 못하게 된다는 것이었습니다. 이를 방지하는 유일한 방법은 도덕적으로 같은 가치를 갖고 같은 효과가 있으며 같은 위안을 주는 신념을 가슴속에서 불러일으키는 일이라고 그분은 말했어요.

부모님도 우리 결혼을 암암리에 예상하고 계셨어요. 그런데 어째서 그렇게 되었는지는 모르겠으나, 이 새로운 친구의 출현으로 우리의 결혼을 서두르게 되었던 거죠. 우리의 축복된 영원한 행복을 가까운 사람들이 모인 조용한 자리에서 축하해 주고 싶다는 게 그 친구의 희망이자 소원이었던 거 같아요. 우리 교회의 장로는 이 기회를 이용하여 라오디게이아 주교*41를 상기시키면서 우리 두 사람에게서 발견했음직한 무성의한 태도의 위험성을 우리에게 가르쳐주었습니다. 이 모든 것을 우리의 새로운 친구도 함께 들어야 했지요. 우리는 몇 번 더 이야기를 나누었는데, 그분은 이 문제에 대해 한 장의 종이쪽지를 남겨주었어요. 저는 그 뒤에도 이따금 그 쪽지를 보며 곰곰이 다시 생각해 보곤 했지요.

그리고 나서 그 나그네는 떠나가 버렸죠. 그분과 함께 모든 착한 영혼도 사라져버린 느낌이었어요. 새삼 말할 필요는 없지만 어떤 탁월한 인물의 등

---

*41 《신약성서》〈요한계시록〉 3 : 14~16 참조.

장이 어느 집단에 하나의 신기원을 만들어내고 그 사람이 떠나면 빈틈이 생겨 그 틈새로 이따금 우연한 재앙이 들어오게 되죠. 바로 뒤이어 일어난 사건에 대해서는 그냥 덮어두고 싶군요. 우연한 일로 제 약혼자의 귀중한 생명과 훌륭한 모습이 갑자기 엉망이 되고 말았어요. 그는 의연한 태도로 자신의 마지막 시간을 망연자실해 있는 저와의 결혼을 끝내고 자신의 유산에 대한 권리를 제게 확보해 주는 데 보냈던 거죠. 그러나 이 사건이 그의 부모님을 더욱 고통스럽게 만들었던 건 얼마 전에 따님을 잃었기 때문입니다. 이제는 정말 외로운 신세가 되었다고 느끼신 거죠. 그 때문에 부모님의 약한 마음은 몹시 상했으며 결국 목숨을 오래 지탱할 수 없게 되었습니다. 두 분은 얼마 안 있어 사랑하는 자식들 뒤를 따라가 버렸어요. 게다가 또 다른 불행이 저를 덮쳤죠. 아버지가 뇌졸중으로 쓰러져, 감각으로는 세상을 알 수가 있었지만 정신적으로나 육체적으로는 활동할 수 없게 되어버렸어요. 이런 관계로 저는 견디기 힘든 고통과 고독 속에서 독립심이 더욱 필요하게 되었어요. 그 독립심은 행복한 결혼과 즐거운 공동생활을 원하면서 제가 일찍부터 훈련을 쌓아온 것이고, 또한 최근 여기에 들려주신 그 이상한 나그네에게 받은 순수한 격려의 말에 정말로 힘을 얻었던 거죠.

그러나 제가 감사해야 할 일이 있습니다. 이러한 상황에서 제게는 유능한 조수가 한 사람 있었는데 그는 지배인으로서 이런 장사에서 남자가 해야 할 일 모두를 돌봐주었어요. 오늘 밤 도시에서 돌아오는 그를 만나게 되면, 당신은 그와 저 사이의 독특한 관계도 알게 될 거예요."

나는 그녀가 이야기하는 사이사이 말참견을 하면서 호의적이고 친밀한 관심을 나타냄으로써 그녀의 마음을 점점 더 열어놓게 했다. 그녀의 말이 막힘 없이 계속 흘러나올 수 있게 하려고 애썼다. 나는 아직 충분히 털어놓지 않은 것에도 가까이 접근해 가기를 피하지 않았다. 그녀도 점점 마음이 움직여 조금만 계기가 있으면 그 공공연한 비밀을 입 밖에 털어놓을 지경에 이르렀다.

그녀는 일어서면서 말했다. "아버님한테로 함께 가요!" 그녀는 서둘러 앞장섰고 나는 천천히 뒤를 따라갔다. 나는 내가 처한 묘한 상황을 생각하고 고개를 저었다. 그녀는 나를 뒤쪽에 있는 아주 깨끗한 방으로 안내했는데, 거기에 선량해 보이는 노인이 가만히 안락의자에 앉아 있었다. 그는 거의 변하지 않은 모습이었다. 내가 가까이 가자 처음에는 꼼짝 않고 나를 보았는데, 얼마 안 있어 그 눈은 생기를 띠었다. 그의 표정은 밝아지고 입술을 움직이려 했다. 이어 가만히 놓인 그의 손을 잡으려고 내가 손을 내밀자 그는 내 손을 잡고 힘을 주며 벌떡 일어나 나에게 두 팔을 벌렸다. 그는 외쳤다. "오, 하느님! 레나르도 도련님! 그분이다, 이분이, 바로 그분이다!" 나는 더 이상 참을 수 없어 그를 가슴에 끌어안았다. 그는 다시 의자에 주저앉았다. 딸이 달려와서 그를 부축했다. 그녀도 외쳤다. "그분이다! 당신이군요, 레나르도!"

젊은 조카딸이 들어왔다. 여자들은 갑자기 다시 걷게 된 아버지를 침실로 모시고 갔다. 그때 노인은 내 쪽을 돌아보면서 아주 확실하게 말했다. "얼마나 행복한가, 행복합니다! 다시 또 뵙겠습니다!"

나는 앞을 보며 생각에 잠겨 있었다. 조카딸인 마리헨이 돌아와서, 이것이 아까 얘기했던 그 쪽지임을 알리고 나에게 종이 한 장을 넘겨주었다. 나는 곧 그게 빌헬름의 글씨체라는 것을 알아차렸다. 그렇지 않아도 아까 여주인의 이야기로, 그의 모습을 마음속에 떠올리고 있었던 참이다. 많은 낯선 얼굴이 내 주위에 몰려들었다. 현관 쪽은 특히 떠들썩했다. 상대방이 누구라는 것을 확실하게 다시 알아낸 사실에 감격하고 있을 때, 소중한 추억을 확인하고 불가사의한 인생만사를 인정하고 있을 때, 모든 흐뭇한 일과 아름다운 일들이 우리 마음속에 펼쳐지려 할 때 갑자기 산만한 일상의 냉정한 현실로 되돌아오게 되니 기분이 언짢았다.

이번 금요일 저녁은 여느 때만큼 명쾌하지도 즐겁지도 않았다. 장삿배를 타고 나간 지배인은 도시에서 집으로 돌아오지 않았다. 그는 다만 편지로, 일 때문에 내일이나 모레쯤 돌아올 수 있을 거라고 전해 왔을 뿐이다. 편지에 따르면 그는 다른 배편으로 돌아오는데 주문한 물건과 약속한 물건도 그때 함께 가지고 온다는 것이었다. 언제나처럼 기대를 하고 모여들었던 이웃사람들은 젊은이든 나이 든 사람이든 언짢은 얼굴을 했지만, 특히 그를 마중 나갔던 리셴은 몹시 기분이 상한 것 같았다.

나는 그 종이쪽지를 손에 쥔 채 내 방으로 도망쳐왔다. 하지만 그것을 들여다보려고는 하지 않았다. 왜냐하면 아까 여주인의 말에 의하면, 빌헬름 때문에 그녀의 결혼이 서둘러 이루어지게 되었기에 나는 마음속으로 몰래 화를 내고 있었기 때문이다. "친구들이란, 모두 그런 것이지. 모두 외교관 같단 말이야. 우리의 신뢰에 성실하게 답하려고는 않고 자기 생각대로 하면서 우리의 소망을 방해하기도 하고 우리의 운명을 잘못된 방향으로 이끌기도 한단 말이야!" 나는 외쳤다. 그러다가 곧 내가 부당하다는 생각이 들어 정신을 차리고, 특히 현재의 사정을 곰곰 생각해 보니 그 친구가 한 일이 옳았다고 인정하게 되었다. 그러자 다음 문구를 읽지 않을 수 없었다.

"인간은 누구나 인생의 일찍부터 끊임없이 제약을 받고 있으며 자신의 위치에 한계가 있다는 것을 깨닫게 마련이다. 처음에는 이를 막연하게 느끼지만 그다음엔 반쯤 인식하고 마침내는 완전히 의식하게 된다. 그러나 아무도 자기 존재의 최종 목표나 목적지를 알지 못하고, 오히려 존재의 비밀은 가장 높은 분의 손안에 숨겨져 있기에 인간은 그저 더듬어보다가 손을 뻗기도 하고 그것을 놓치는가 하면 또 조용히 멈춰 서 있다가 움직여보기도 하고 망설이기도 하고 서둘러보기도 한다. 또한 우리를 혼란하게 만드는 모든 오류가 실제로 얼마나 여러 양상을 나타내면서 발생하는가!"

"아무리 사려 깊은 사람이라도 일상 세상살이에서는 순간순간 지혜롭게 대처할 것을 강요받는다. 따라서 사람들은 명확한 판단에 이르기 어려운 것이다. 자신이 앞으로 어느 쪽으로 향해 가야 하는지 본디 무엇을 해야 하고 무엇을 하지 말아야 하는지 분명하게 알고 있는 사람은 드물다."

"다행히도 이 모든 문제와 그 밖의 수많은 의문들은 그대들이 끊임없이 삶을 살아가면서 그 해답을 얻는다. 하루하루의 의무에 대해 바로 살펴보기를 계속하라. 더불어 마음이 순수하고 정신이 확고한지 점검하라. 그런 뒤 자유로운 시간에 잠시 쉬면서 자신을 향상시킬 여유를 갖게 된다면 그대들은 반드시 숭고함에 대해 올바른 태도를 취하게 될 것이다. 우리는 어떻게 해서든 숭고함에 대해 존경하면서 헌신하고, 모든 일을 경외심으로 바라보며 그 속에서 보다 높은 이의 인도하심을 인식해야 한다."

20일, 토요일

날이 밝아오자 나는 호숫가를 거닐며 이런저런 생각에 잠겨 있었다. 감수성이 풍부한 영혼의 소유자라면 복잡하게 얽힌 내 생각의 미로에 공감하고 기꺼이 따라와 주리라. 여주인은—그녀를 과부라 생각하지 않아도 되어 참 다행이다—내가 바라던 대로 처음에는 창가에, 다음에는 문 앞에 모습을 나타냈다. 그녀의 말에 따르면, 아버지는 잠을 푹 주무셨기 때문에 기분 좋게 깨어났는데 뚜렷한 어조로, 오늘은 누워서 쉬고 내일 예배가 끝나는 대로 나를 만나고 싶다, 그때가 되면 틀림없이 기운을 되찾으리라 말했다고 한다. 그리고 나서 그녀는 오늘은 아주 바쁜 날이어서 나를 오랫동안 혼자 두게 될 거라면서 아래로 내려와 그 이유를 말해 주었다.

나는 그저 그녀의 목소리가 듣고 싶어 그녀의 말에 귀를 기울였다. 그녀의 이야기를 통해 나는 그녀가 일을 하면서 그것이 오래도록 지켜 내려온 사명이라 생각하고 마음이 이끌리게 되어, 지금은 스스로 일에 몰두하고 있음을 알게 되었다. 그녀는 말을 이었다. "직물은 주말에 마무리되어 토요일 오후에는 도매가게로 운반되는 게 보통이죠. 도매가게에서는 직물을 검사하고, 자로 재고 저울에 달아보면서 하자가 없는지, 무게와 길이는 정확한지 확인한답니다. 그리고 아무 결점이 없으면 약속된 돈을 받게 돼요. 그러면 이제 도매가게 쪽에서 직물에 붙어 있는 실밥이나 매듭을 깨끗하게 떼어내고 그것을 보기 좋게 접지요. 그러고는 제일 흠이 없고 아름다운 면을 겉으로 내놓아서 물건을 손님들 마음에 들도록 만든답니다."

그러는 사이에 여직공들이 산에서 내려와 자신의 물품들을 집 안으로 들여왔다. 그 가운데에는 직조기 수리공 기계를 고쳐주었던 아가씨도 보였다. 그녀는 내가 남겨놓고 온 선물에 대해 상냥하게 감사를 표시하고는 애교스럽게 이런 이야기를 덧붙였다. 직조기 수리공이 그녀들이 있는 데에 머물면서 빈 직조기를 손질하고 있는데 그녀가 이곳으로 떠나올 때 자신이 베틀을 잘 손보았는지는 주자네 부인이 제품을 보면 금방 알아줄 거라고 장담했다는 것이다. 말을 마친 뒤 그녀는 다른 여자들과 함께 집 안으로 들어갔다. 나는 여주인에게 이렇게 물어보지 않을 수 없었다. "아니! 당신은 어쩌다 별스러운 이름을 갖게 된 건가요?" 그녀가 대답했다. "그건 제게 붙여진 세 번째 이름이에요. 저는 기꺼이 그 이름을 받았어요. 시부모님께서 그러길 원하셨기 때문이죠. 그것은 그분들의 죽은 딸의 이름이었는데, 저를 딸로 삼은 거예요. 이름이란 언제나 그 사람을 가장 아름답고 생생하게 대변해 주지요." 그래서 나는 말했다. "네 번째 이름을 벌써 알아냈어요. 나는 당신을 '착하고 아름다운 여인'이라 부르겠습니다. 내 마음대로 이름을 붙여도 괜찮다면 말입니다." 그녀는 실로 사랑스럽고 겸손하게 허리를 굽혀 절했다. 그리고 아버지가 호전되어 기쁘지만 그것도 당신 덕분이라며 나를 다시 만나게 된 기쁨을 결부시켰기에 해후의 정(情)도 한결 깊어졌다. 살면서 그처럼 듣기 좋고 즐거운 말은 들어본 적도 느껴본 적도 없었다.

두세 번 집에서 부르는 소리가 나자 그 아름답고 착한 사람은 세상일에 밝고 교양 있는 어느 남자에게 나를 부탁했다. 그가 내게 산의 이름난 곳들을 보여주기로 되어 있었다. 더없이 좋은 날씨였다. 우리는 변화무쌍한 경치를 즐기며 함께 돌아다녔다. 그러나 물레방앗간과 대장간은 물론 바위도 숲도 폭포수도 정교한 나무세공작업을 하고 있는 가족들조차 내 주의를 끌 수 없었음은 누구나 짐작할 수 있으리라. 그런데 산길 걷기는 온종일로 예정되어 있었다. 안내자는 맛있는 아침 식사를 배낭에 넣어 왔으며 우리는 어느 광산 식당에서 맛있는 점심도 들었다. 광산 사람들은 내가 뭐하는 녀석인지 도저히 모르겠다는 표정들이었다. 열심히 일하는 사람들에게는 전혀 관심이 없으면서 관심 있는 척하는 것만큼 불쾌한 일이 없으니 그것도 당연하리라.

그러나 나를 가장 이해하지 못하는 사람은 안내자였다. 사실 나를 안내자에게 소개한 사람은 실 운반인인데, 내가 기술상의 지식을 많이 지녔으며 이런 일에 특별한 흥미를 가진 사람이라고 칭찬했던 것이다. 그뿐 아니라 내가 눈에 띄는 문구나 생각난 것을 적어두는 습관이 있다는 사실까지 말해 두었기 때문에 이 산의 안내자도 그런 걸 기대하고 있었다. 그는 내가 수첩을 언제 꺼낼지 오랫동안 기다리다가 마침내는 초조해하면서 그것에 대해 물어보기까지 했다.

21일, 일요일

내가 여자 친구를 다시 볼 수 있었던 것은 정오가 다 되어서였다. 그러는 사이에 가정예배가 시작되었는데, 그녀는 내가 참석하는 걸 바라지 않았다. 그녀의 아버지는 예배에 참석하여 누구라도 알아들을 수 있을 만큼 분명하고 쉽게 신앙심을 드높이는 말을 해주어, 그녀를 포함하여 예배에 참석한 모든 사람들이 뜨거운 눈물을 흘리도록 감동시켰다. 그녀가 말했다. "그것은 잘 알려진 격언과 시구, 관용구와 표현들이었어요. 수백 번도 넘게 들어왔고 내용 없이 텅 빈 울림만 있어서 제가 싫어하던 말들이었죠. 그런데 이번에는 그 말들이 마음 깊이 녹아들어 조용히 불타올랐어요. 저는 아버지가 이렇게 마음속의 말들을 있는대로 쏟아내어 쓰러지시는 건 아닐까 하고 불안했죠. 그러나 아버지는 아주 기분 좋게 다시 침대로 옮겨졌습니다. 마음을 가라앉히고 충분히 기운을 되찾으면 바로 손님을 부르겠다고 말씀하셨어요."

식사가 끝난 뒤 우리의 대화는 한결 활기를 띠었고 점점 더 허물없게 되었다. 하지만 바로 그 때문에 절실히 느끼고 알아차린 것이 있다. 그녀가 무언가 억누르고 있으며 불안한 생각들과 싸우고 있다는 것, 그래서 아무리 밝은 얼굴을 하려 해도 그늘이 져버린다는 것이었다. 그녀가 입을 열도록 이것저것 시도해 본 나는 그녀에게 솔직하게 말했다. 어딘지 우울하고 걱정 있어 보이는데 그것이 가정적인 괴로움이든 사업상 곤란을 겪고 있는 것이든 나에게 속시원하게 말해 달라고. 옛날에 그녀에게 진 빚을 어떤 식으로든 갚을 만한 돈은 충분히 가지고 있다고 말이다.

그녀는 미소를 지으면서 그런 건 아니라고 했다. "처음에 당신이 들어왔을 때 트리에스트에서 저희에게 신용대출을 해주는 신사분 중 한 분이라고 생각했어요. 마침 돈이 준비되어 있었기에 안심하고 있었지요. 대금 전부든 일부든 갚을 수 있었거든요. 제 마음을 억누르고 있는 것은 사업 걱정이긴 하지만 당신이 생각하시는 것처럼 지금 당장의 문제가 아니에요. 그래요! 그건 온 미래가 걸린 문제예요. 점점 확산되는 기계설비의 물결이 저를 불안에 떨게 하며 괴롭히고 있어요. 그것은 뇌우처럼 서서히 다가오지만 방향은 이미 정해졌으니 언젠가는 우리에게 벼락을 내릴 거예요. 제 약혼자도 진작이 슬픈 상황을 사무치게 느끼고 있었어요. 사람들은 모이기만 하면 이 일에 대해 생각하고 이야기도 나누지만, 생각이나 말만 가지고는 아무런 대책도 떠오르지 않죠. 더군다나 누가 그런 몸서리쳐지는 일을 상상해 보고 싶겠어요? 생각을 해보세요. 당신이 지나쳐온 골짜기들이 산속에 굽이치고 있지요. 요 며칠 그곳에서 보신 아름답고 즐거운 생활이 지금도 눈앞에 어른거릴 거예요. 어제 말끔히 차려입은 아가씨들이 여기저기에서 많이 몰려든 걸 보셨겠죠. 그게 바로 즐거운 생활의 증거랍니다. 그런데 상상을 좀 해보세요. 수백 년 동안 사람들이 북적거리며 모여 살던 이 땅이 점점 쇠퇴하고 죽어버려 또다시 옛날의 쓸모없는 황무지로 되돌아가는 모습을 말이에요.

여기서 남은 길은 두 가지뿐인데 둘 다 괴로운 길이에요. 스스로 새로운 길을 택해 파멸을 재촉하든지 아니면 이곳을 정리하고 훌륭하고 존경할 만한 사람들과 함께 바다 건너 저편에서 더 나은 운명을 찾든가 하는 것이죠. 어느 쪽으로든 쉽게 결심이 서지 않죠. 하지만 우리 마음을 정할 근거들을 저울질하는 걸 누가 도와주겠어요? 이 근처에도 스스로 나서서 기계를 설비하여 많은 사람들의 일자리를 빼앗으려는 사람들이 있다는 것을 잘 알고 있어요. 자신을 소중히 여긴다고 해서 그 사람을 나쁘게 생각할 수는 없죠. 그러나 이 착한 사람들이 남의 것을 빼앗다가 결국에는 가난해져 의지할 데 없이 떠돌아다니는 것을 보게 된다면 저는 누구보다 제 자신이 경멸스러울 거예요. 저들은 머잖아 방랑길에 오를 수밖에 없는 형편이에요. 모두 예감은 하고 있어요. 알고 있어요. 입 밖에 내어 이야기도 합니다. 그런데 유용한 대책을 취하려고 결심하는 사람이 아무도 없어요. 하긴 그런 결심이 어디에서 나오겠어요? 내가 어려운 만큼 누구에게나 어려운 것이 아닐까요?

제 약혼자는 저와 함께 이주하기로 결심하고 이곳을 벗어날 수단과 방법에 대해 여러 차례 의논했어요. 그는 우수한 사람들을 찾고 있었어요. 그런 사람들을 모아 함께 일하고 끌어들여 데려갈 수 있도록 말이에요. 우리가 너무나 철없는 희망에 들떠서 여기서는 범죄로 여겨질 수 있는 것이 의무이자 권리가 될 수 있는 땅을 동경하고 있었던 것 같아요. 그런데 지금 저는 그때와 정반대 처지에 놓여 있어요. 제 약혼자가 죽은 뒤에도 제 곁에 남아준 저 성실한 직공장이 모든 면에서 훌륭하고 친절하게 제 일을 열심히 해주면서도 저와 반대되는 의견을 가지고 있거든요.

직접 만나보면 수수께끼들이 풀리게 될 테니까 이 말은 사실 나중에 말씀드리려고 했지만 당신이 그를 만나기 전에 그에 대해서 말해 두어야겠어요. 그는 제 약혼자와 비슷한 또래인데 어려서부터 유복하고 착했던 제 약혼자의 놀이친구로 가족과 집안 그리고 사업과 밀접한 관계를 맺게 되었어요. 두 사람은 함께 자랐고 사이가 좋았음에도 성격은 전혀 달랐어요. 한쪽은 자유롭고 개방적인 반면, 다른 한쪽은 어린시절에 가난 때문에 고생을 해서 폐쇄

적이고 아주 작은 것이라도 한번 손에 들어오면 놓치지 않았죠. 그는 독실했지만 다른 사람들보다 자기 자신을 더 생각하는 사람이었어요.

그가 처음부터 제게 눈독을 들이고 있었다는 건 저도 잘 알고 있었어요. 그가 그런 마음을 가진 것도 당연한 게 제가 그보다 더 가난했었거든요. 하지만 자기 친구가 제게 마음이 있다는 사실을 알아차리자 바로 물러났어요. 그는 쉬지 않고 부지런히 그리고 충실하게 일을 척척 해내 얼마 지나지 않아 사업의 동업자가 되었어요. 제 약혼자는 우리가 이주하게 되면 그를 이곳에 자리잡게 하여, 남겨놓고 가는 모든 것을 그에게 맡기겠다고 혼자 생각하고 있었어요. 하지만 그 훌륭한 분이 세상을 뜨자마자 그는 제게 접근해 왔고 얼마 전부터는 노골적으로 구혼하고 있어요. 그런데 지금은 이상한 상황이 겹쳐 일어난 꼴이 되었어요. 그는 예전부터 이민에 대해서는 반대해 왔는데 이번에는 우리도 기계를 설치해야 한다며 열심히 추진하고 있어요. 물론 그가 말하는 것에는 절박한 근거가 있지요. 만약에 이 산골에 사는 한 사나이가 지금까지 사용했던 간단한 도구를 내버려두고 복잡한 기계를 설치하게 되면 우리를 파멸시킬 수도 있기 때문이죠. 자신의 전문분야에서 매우 능통한 그 남자는—우리는 그를 직조기 수리공이라 부르는데—이웃 동네 어느 부유한 집안과 가까이 지내고 있어요. 점점 늘어나고 있는 그 발명품들을 자신과 그의 후원자들을 위해 유효적절하게 활용하려 한다는 것은 충분히 짐작할 수 있는 일이죠. 그러니 직공장의 이런 걱정에 대해서 반대할 까닭이 없어요. 이미 어느 정도 때를 놓치기는 했지만, 새로 발명된 기계가 우위를 차지하게 되면 우리도 어쩔 수 없이 같은 짓을 해야 하니까요. 이것이 제 걱정이자 괴로움의 씨앗이며 존경하는 당신이 저에게 수호천사처럼 생각되는 이유도 그 때문이죠."

나는 이에 대해 그다지 위로가 될 만한 답을 해줄 수가 없었다. 상황이 너무 복잡하게 얽혀 있어서 생각할 시간을 달라고 청하는 수밖에 없었다. 그러나 그녀는 말을 계속했다. "이러면 당신이 제 처지를 더 이상하게 생각하실 수도 있겠지만, 아직 털어놓아야 할 이야기들이 많아요. 개인적으로 그 사람을 싫어하는 건 아니지만 그가 제 약혼자를 대신하거나 제 진정한 사랑을 얻지는 못할 거예요." 그녀는 이렇게 말하고 한숨을 쉬었다. "그는 얼마 전부터 더욱 대담하게 구애를 해왔는데 그가 하는 말은 애정이 넘치고 이치에도 맞았어요. 그는 제가 구혼을 받아들여야 할 이유를 들어 저를 설득했죠. 그리고 이주할 생각 때문에 자신을 지킬 수 있는 유일한 수단을 놓치는 것이 얼마나 어리석은 짓인지에 대해서도 절박하게 말했어요. 저는 그 말을 반박할 수 없었죠. 제가 그의 구혼을 거절하고 이민과 같은 변덕스러운 생각을 품는다는 것은 언제나 가정을 우선으로 생각하는 제 생활신조와 전혀 맞지 않는다고 여기는 것 같았어요. 지난번에 격한 말다툼을 벌였을 때에도, 제 마음이 어딘가 다른 데로 이끌리고 있는 게 아닌가 의심했어요." 이 마지막 부분에서 그녀는 주저하듯 띄엄띄엄 말이 막히더니 눈을 살포시 내리깔았다.

이 말을 들었을 때 내 마음속을 스쳐 지나가는 것이 있었는데, 그게 무엇인지는 상상에 맡기겠다. 그러나 곧이어 그에 대해 번개처럼 순간적으로 생각해 본 결과, 지금은 무슨 말을 해도 불필요한 혼란만 더할 뿐이라고 느끼지 않을 수 없었다. 하지만 그와 동시에 그녀 앞에 그렇게 서 있으면서 내가 그녀를 견딜 수 없이 좋아한다는 걸 분명히 알게 되었다. 당장이라도 그녀에게 청혼하고 싶은 마음을 억누르기 위해서는 나에게 남아 있는 이성과 분별력을 모두 쥐어짜지 않으면 안 되었다. '그녀가 모든 것을 버리고 나를 따라와 주었으면!' 나는 생각했다. 그러나 지난 몇 년 동안의 괴로움이 나를 말렸다. —너는 또다시 그릇된 희망을 품고 일생 동안 그 대가를 치르려 하는가?

우리 둘은 한동안 말이 없었다. 그때 갑자기 리센이 우리 앞에 불쑥 나타나 깜짝 놀라게 하면서 오늘 밤 가까이에 있는 대장간에서 지낼 수 있도록 해달라고 청했다. 그것은 곧바로 허락되었다. 그사이 나는 평정을 되찾고 일반론으로 이야기하기 시작했다. 나도 이번 여행을 하면서 세상에 벌써 그런 바람이 불어닥치고 있음을 보았다. 이민을 재촉하는 욕구와 필연성이 날이 갈수록 커지고 있다. 그러나 이러한 모험은 언제나 가장 위험하다. 준비도 없이 서둘러 떠나면 오히려 불행해져서 되돌아오게 된다. 이 일은 다른 어떤 사업보다 더 많은 신중함과 계획을 필요로 한다 등등을 말했다. 이런 생각들은 그녀에게 새로운 것이 아니었다. 그녀는 모든 사정에 대해 여러 가지로 생각해 왔다. 그녀는 마침내 한숨을 내쉬며 말했다. "당신이 여기에 머무르는 며칠 동안 저는 마음을 터놓고 이야기하며 위로를 얻으리라 소망했어요.

그런데 오히려 전보다 더 괴로운 처지가 된 것만 같군요. 제가 얼마나 불행한지 절실히 느끼고 있어요." 그녀는 내게 시선을 주었으나, 그 아름답고 맑은 눈에서 넘쳐흐르는 눈물을 감추기 위해 얼굴을 돌리곤 몇 걸음 물러섰다.

나는 변명을 하려는 건 아니다. 그저 이 빛나는 영혼을 위로하지는 못할지언정 기분전환이라도 시켜주고 싶었다. 나는 얼마 전에 가입한 떠돌이와 이주자들의 기이한 결사에 대해 그녀에게 들려주려고 했다. 나도 모르게 내 이야기에 빠져 신중하지 못하게 너무 많이 털어놓아버렸음을 알아차렸을 때, 나는 이미 자신을 제어할 수 없는 지경이었다. 그녀는 진정되었고 그러고는 놀라서 눈을 크게 뜨기도 하고 기분이 밝아져서 자신의 모든 것을 열어 보여주었다. 그리고 참으로 영리하게 질문했기 때문에 더 이상 물러설 수도 없이 모든 것을 고백하지 않을 수 없었다.

그레첸이 우리 앞에 나타나 아버지께 와달라고 했다. 그 아가씨는 뭔가 골똘히 생각하는 듯했고 기분이 안 좋아 보였다. 물러가려는 아가씨에게 '착하고 아름다운 여인'이 말했다. "오늘 밤은 리셴이 쉬는 날이니까 네가 일을 정리해야겠다." "휴가를 주지 않았으면 좋았을걸 그랬어요." 그레첸이 말했다. "그 애는 변변찮은 짓만 저지르거든요. 아이를 너무 믿고 봐주지 마세요. 방금 알아낸 건데 그 애가 어제 그 사람한테 편지를 썼어요. 두 분의 말씀을 엿듣고 지금 그 사람을 마중나간 거라고요."

그러는 사이에 아버지 곁에 있던 아이가 급히 와달라고 부탁하러 왔다. 그 착하신 양반이 초조하게 기다리고 있다는 것이다. 우리는 방으로 들어갔다. 그는 밝은 얼굴로, 아니 성스럽게 빛나는 모습으로 침대에 바로 앉았다. "얘들아," 그가 말했다. "나는 이 몇 시간 동안 계속 기도드리며 보냈단다. 다윗의 감사와 찬미의 노래들 가운데 내가 부르지 않은 노래가 하나도 없었다. 신앙이 깊어진 지금, 나는 이렇게 덧붙이고 싶구나. 어째서 인간은 가까운 곳에만 희망을 두는가? 이곳에서는 인간이 스스로 행동하고 헤쳐나갈 수밖에 없다. 그러니 희망을 멀리 두고 하느님을 믿어야 한다." 그는 레나르도의 손과 딸의 손을 잡아 두 손을 서로 맞잡게 하고는 말했다. "이것은 너희가 지상의 인연이 아니라 천상의 인연이기를 바라는 의미란다. 형제자매처럼 서로 사랑하고 믿고 서로에게 유익하도록 도와야 한다. 하느님이 너희들을 돕듯이 욕심을 버리고 순수하게 말이다." 말을 마친 그는 거룩한 미소를 띠며 몸을 뒤로 기대고는 곧 숨을 거두었다. 딸은 침대 앞에 무릎을 꿇으며 쓰러졌고 레나르도 또한 그녀 곁에서 무릎을 꿇으면서 두 사람의 뺨이 맞닿았다. 그들의 눈물이 고인의 손으로 흘러들어 합쳐졌다.

이때 직공장이 뛰어들어와 그 광경을 멍하니 바라보았다. 그 잘생긴 청년은 성난 눈길로 검은 고수머리를 마구 흔들면서 소리치기 시작했다. "아, 돌아가셨구나. 다시 말을 하게 되셨다기에 나와 따님의 운명을 결정해 주십사 간절히 청하려던 순간이었는데. 따님은 제가 하느님 다음으로 가장 사랑하는 사람입니다. 따님이 내 애정의 가치를 느낄 수 있는 건강한 마음을 갖기를 바랐는데 이제 그녀를 잃고 말았구나. 그녀는 다른 남자와 무릎을 꿇고 있으니! 아버지께서 당신들을 축복하셨나요? 솔직히 말해 주십시오!"

아름다운 여인은 어느덧 일어서 있었다. 레나르도도 몸을 일으켜 마음을 가라앉혔다. 그녀가 직공장에게 말했다. "전 이제 당신이란 사람을 알 수가 없군요. 온순하고 독실한 사람이 갑자기 이렇게 거칠어지다니요. 제가 얼마나 당신에게 감사하고 있는지 또 얼마나 당신을 생각하는지 아시잖아요."

"감사니 생각이니 하는 것은 지금 중요하지 않아요." 냉정을 되찾은 그가 침착하게 말했다. "이것은 내 인생의 행복과 불행이 걸린 문제입니다. 나는 이 낯선 사나이가 마음에 걸립니다. 이 사람을 보고 있자니 아무래도 이겨낼 수 없을 것 같군요. 그러나 나는 지금까지의 권리를 버린다든지 지금까지 맺어온 인연을 내팽개치는 짓은 못합니다."

"당신이 본디 당신으로 되돌아올 수 있다면," 착한 여인은 한결 더 아름다운 모습으로 말했다. "당신과 언제나처럼 이야기 나눌 수 있다면 저는 당신에게 말하고 싶어요. 돌아가신 아버지의 유해 앞에서 당신에게 맹세할게요. 저와, 신사이자 친구인 이분은 당신도 알고 인정하며 서로 함께할 수 있기에 당신도 기뻐해 줄 수 있는 그런 관계 이상은 절대로 아닙니다."

레나르도는 마음 깊이 전율했다. 세 사람 모두 한동안 생각에 잠긴 채 말없이 서 있었다. 청년이 입을 열었다. "이 순간은 아주 중요하고 결정적인 순간이 될 것입니다. 방금 떠오른 대로 말하는 게 아니라 시간을 두고 생각한 끝에 하는 말이니만큼 잘 들어주십시오. 당신이 나와의 결혼을 거절한 이유는 필요에서든 변덕에서든 당신이 이민을 가고 싶어하는데 내가 함께 가기를 거부했기 때문이었죠. 따라서 나는 여기 이 훌륭한 증인 앞에서 엄숙하게 선언합니다. 나는 더 이상 당신의 이민을 반대하지 않고 오히려 권장하겠습니다. 그리고 어디든지 당신을 따라가겠습니다. 억지로 하는 말이 아닙니다. 다만 지금 이 묘한 사태가 벌어지는 바람에 빨리 말하게 되었습니다만, 아무튼 내 청혼을 받아주시기 바랍니다." 그는 그녀에게 손을 내밀며 단호한 태도로 서 있었다. 다른 두 사람은 깜짝 놀라 엉겁결에 뒤로 물러섰다.

"이제 할 말은 다 했습니다." 청년은 침착하고 경건한 태도로 조용히 말했다. "이렇게 될 수밖에 없었지요. 이렇게 되는 것이 우리 모두에게 가장 좋은 일이었습니다. 이것이 하느님의 뜻이었고요. 그러나 당신이 내 결정을 경솔하다거나 변덕스럽다고 생각하지 않도록 이것만은 말하고 싶어요. 나는 당신에 대한 사랑 때문에 산과 바위를 포기하고 당신 뜻에 따라 살기 위해 방금 마을에서 모든 준비를 다 하고 오는 길입니다. 하지만 나는 이제 혼자 가는군요. 그것을 위한 비용을 내게 주는 건 거절하지는 않으시겠지요. 당신에게는 여전히 남아돌 만큼 많은 돈이 있을 테니까요. 하지만 당신이 두려워하고 있는 것처럼, 또 두려워하는 게 당연하듯이 이곳에 계속 머무른다면 결국 다 잃게 될 것입니다. 나도 이제야 확인을 했는데 그 솜씨 좋고 부지런한 작자가 위쪽 골짜기에 눈독을 들이고는 기계를 설치했어요. 이제 그 사나이가 모든 일용할 양식을 휩쓸어가 버리는 모습을 보게 되겠죠. 당신은 당신이 내쫓은 이 충실한 친구를 다시 불러들이게 될지도 모르겠네요. 그것도 머지않아 말입니다."

세 사람이 이처럼 괴로운 심정으로 마주서 있는 일은 다시 없으리라. 모두 서로를 잃게 될까봐 두려워하고 있었다. 그리고 어떻게 해야 서로를 지켜낼 수 있는지, 그때는 알 수 없었다.

청년은 격정적으로 자신의 결의를 내비치며 문밖으로 뛰쳐나갔다. '착하고 아름다운 여인'은 차가워진 아버지의 가슴에 손을 얹었다. "희망을 가까이 두지 말고 멀리 두라." 그녀가 외쳤다. "그것이 아버지의 마지막 축복이었어요. 우리가 하느님을 믿고, 저마다 자기 자신과 다른 사람을 신뢰한다면 모든 일이 잘 풀릴 것입니다."

제14장

우리의 친구 빌헬름은 앞에 놓인 일기를 아주 흥미롭게 읽었다. 그러나 자신은 이전 일기의 끝부분을 읽었을 때 이미 그 선량한 여성이 어디에 있는지 찾아냈다는 것을 예감하고 짐작했음을 고백해야 할 필요를 느꼈다. 험한 산악 지대에 대한 묘사가 그를 그때 상황으로 되돌아가게 했는데, 특히 그 달 밤에 레나르도가 느낀 예감과 빌헬름이 쓴 편지 구절이 되풀이되고 있는 부분들을 보고 그 여인을 찾아냈다는 단서를 얻었다. 그가 프리드리히에게 이 모든 이야기를 자세히 들려주자 프리드리히도 잘되었다며 좋아했다.

그런데 여기서 전달하고 묘사하며 자세히 논하고 정리해야만 하는 우리의 과제는 점점 더 어려워진다. 누구나 이야기가 끝맺음으로 다가가고 있음을 느낄 것이다. 그럴 경우 설명이 혼란스러움에 머무르는 것은 아닐까 하는 두려움과 무엇 하나 빠뜨리지 않고 이야기하고자 하는 바람 사이에서 갈등하게 된다. 지금 막 도착한 속달을 통해 우리는 많은 것을 알 수 있었지만, 이 편지들이나 동봉된 서류에는 사람들의 흥미를 전혀 끌지 못하는 잡다한 내용도 포함되어 있다. 그래서 우리는 그즈음 보고 듣고 알아낸 이야기들과 나아가 뒤에 알 수 있었던 사실들을 아우름으로써 충실한 보고자로서 맡은 이 진지한 작업을 감히 완결 지으려 한다.

우리가 무엇보다도 먼저 이야기해야 할 것은, 로타리오가 아내 테레제와 자기 오빠와 헤어지지 않으려 했던 나탈리에와 함께 신부님을 모시고 실제 항해길에 올랐다는 사실이다. 그들은 좋은 징조가 보이는 가운데 길을 떠났다. 바라건대 순풍에 돛을 달고 힘차게 나아가기를. 한 가지 마음에 걸리는 일이 있었는데 그것은 그들이 출발 전에 마카리에를 방문하지 못했다는 사실이다. 그들은 도리를 다하지 못한 것만 같아 안타깝고 죄송스러웠다. 그러나 그녀를 만나러 가기엔 길을 많이 돌아가야 했고 또 이번 계획이 너무나 중대했다. 안 그래도 출발이 조금 지체된 점에 대해 다들 자책하는 분위기였다. 그래서 신성한 의무라 할 수 있는 일조차도 어쩔 수 없는 운명 앞에 희생시킬 수밖에 없었다.

이야기하고 묘사하는 우리 처지에서는 우리가 예전에 그토록 애착을 가졌던 이들에게 지금까지의 계획이나 행동들에 대해 더 자세히 알리지 못한 채 그들이 그처럼 먼 여행길을 떠나게 해서는 안 되었다. 게다가 우리는 그들에 대해 오랫동안 자세한 이야기를 전혀 듣지 못했기에 더욱 그러하다. 그럼에도 그냥 넘어가기로 하겠다. 왜냐하면 그들의 이제까지 작업은 이 위대한 계획을 위한 준비에 지나지 않으며 그들이 지금 이 계획을 실행하려 힘차게 나아가는 모습을 우리는 보고 있기 때문이다. 그러나 앞으로 그들이 규율 있는 활동 안에서도 저마다의 개성을 발휘하기를, 그래서 먼 훗날 기쁘게 다시 만나기를 바라면서 지내기로 하자.

온유하고 선량한 율리에테에 대해 아직 다들 기억하고 있을 것이다. 그녀는 아저씨가 마음에 들어하는 남자와 결혼하여 늘 아저씨의 당부를 명심하고 지키면서 살아가고 있다. 요즘 그녀는 마카리에 아주머니 곁에 있는 일이 많다. 그곳에는 아주머니의 자애로움에 감화된 사람들이 많이 모여 있었는데 그 가운데에는 이 구대륙에 뼈를 묻을 사람들뿐 아니라 바다를 건너가려 마음먹은 사람들도 있었다. 그러나 레나르도는 훨씬 전에 프리드리히와 함께 작별을 고했으므로 심부름꾼을 통해 소식을 전하는 일이 더욱 잦아졌다.

마카리에의 방명록에 이 고매한 두 사람의 이름은 보이지 않지만 그래도 우리에게 이미 낯익은 사람들의 이름을 발견할 수 있었다. 힐라리에는 남편과 함께 왔다. 지금 대위인 남편은 매우 부유한 지주가 되어 있었다. 우리가 그녀의 이야기를 전하면서 흥미의 대상이 자주 바뀌는 변덕스러운 성격을 그녀의 단점으로 보았으나 매력적이고 애교 있는 그녀는 다른 곳에서 그랬던 것처럼 여기서도 그 변덕스러운 성격을 기꺼이 용서받았다. 특히 남자들은 그 성격을 크게 신경쓰지 않았다. 이것도 단점이라 친다면 남자들은 이런 단점을 언짢게 생각하지는 않는다. 왜냐하면 누구나 자신에게도 관심을 받게 될 차례가 돌아오리라는 희망을 가지고 기대할 수 있기 때문이다.

그녀의 남편인 플라비오는 늠름하고 활달한 데다 상냥하기까지 해서 그녀의 마음을 완전히 사로잡고 있는 듯했다. 그녀는 자신의 과거를 스스로 용서한 것 같았고 마카리에도 이 일을 끄집어낼 까닭이 없었다. 언제나 열정적인 시인인 플라비오는 헤어질 때 시를 한 편 낭독하게 해달라고 청했다. 그 시는 그가 이곳에 잠깐 머무는 동안 마카리에와 그 주위 사람들에게 경의를 표하기 위해 쓴 것이었다. 그가 이따금 밖을 거닐면서 한동안 멈춰 섰다가는 감동한 몸짓으로 다시 앞으로 걸어가면서 수첩에 뭔가 적어넣고, 생각에 잠겼다가 또 적어넣고 하는 모습이 목격되었었다. 지금 안젤라에게 시를 낭송하겠다 말한 걸로 보아 그 시가 완성된 모양이다.

선량한 마카리에는 그리 탐탁하지 않았지만 너그러이 허락했다. 어쨌든 그 시는 들을 만했다. 물론 사람들은 그 시에서 이미 알고 있는 이상의 아무 가르침도 받지 못했고 이미 느껴본 이상의 것은 느끼지 못했지만 그리 큰 문제는 아니었다. 게다가 낭송하는 목소리가 경쾌하고 듣기 좋았다. 시가 좀 짧았더라면 더 좋았을 테지만 표현과 운율은 때때로 신선했다. 마지막으로 그는 그 시를 테두리를 장식한 종이에 아름답게 써서 증정했다. 이리하여 사람들은 서로 아주 만족해하면서 헤어졌다.

플라비오 부부는 중요하고 보람찼던 남쪽 여행에서 돌아와 아버지인 소령을 대신하여 집안일을 맡게 되었다. 소령은 이제 자기 아내가 된, 거스르기 어려운 매력을 지닌 여인과 함께 낙원과 같은 바깥 공기를 한껏 마시며 상쾌한 기분을 맛보고 싶어했다.

이 두 사람은 아들 부부와 교대로 마카리에를 방문했다. 그리고 이 주목할 만한 부인은 어디에서나 그렇듯이 마카리에의 집에서도 특별한 대우를 받았다. 그것은 특히 마카리에가 그녀를 혼자 맞이했다는 점만 봐도 알 수 있으며 나중에는 소령에게도 같은 호의를 베풀었다. 그 뒤 소령은 교양 있는 군인으로서, 선량한 가장이자 지주로서, 문예 애호가이며 더 나아가 교훈시인으로서도 칭송받을 만한 사람이라 인정받았다. 또 천문학자와 그 밖의 집안 사람들도 반갑게 맞아들였다.

우리의 노신사, 존경하는 큰아버지도 그를 각별하게 대했다. 얼마 멀지 않은 곳에 살고 있는 큰아버지는 이번엔 여느 때보다 더 자주 모습을 나타냈지만 몇 시간만 머물다 밤이 되면 아무리 정성껏 대접해드려도 묵어가려 하지 않았다.

이렇게 잠깐 모이더라도 그가 함께 한다는 것은 매우 즐거운 일이었다. 왜냐하면 그는 소양을 갖춘 사교가이자 궁정인으로서 관대하게 중재하는 역할을 했기 때문이다. 그럴 때면 그가 지닌 귀족적인 답답함조차도 불쾌하게 느껴지지 않았다. 게다가 이번에 그는 진심으로 만족해했다. 그는 우리가 분별력 있고 이성적인 사람들과 중요한 일을 의논할 때 누구나 느끼는 행복감에 젖어 있었다. 사업은 모든 면에서 완전히 궤도에 올랐고, 합의한 대로 원활하게 진행되고 있었다.

이 점에 대해서는 요점만 얘기하겠다. 그는 바다 건너에 조상에게 물려받은 토지를 소유하고 있다. 그것이 무엇을 의미하는지는 그곳 사정에 밝은 사람이 친구들에게 상세히 설명하면 된다. 여기 있는 우리로서는 너무 멀고 추상적인 이야기이기 때문이다. 이 소중한 땅은 지금까지 소작농에 맡겨왔는데 여러 가지 귀찮은 일만 많고 수입은 거의 없었다. 이번에는 우리가 잘 알고 있는 비밀결사가 그 토지를 소유하는 권리를 획득했다. 결사는 그곳을 가장 완벽한 시민제도의 중심으로 설정하고 그곳에서 영향력 있는 국가의 일원으로서 이익을 도모하며 아직 개발되지 않은 황야로 멀리 나아갈 수 있게 되었다. 특히 프리드리히와 레나르도가 어떻게 하면 인간이 처음부터 새로 시작함으로써 자연의 길로 나아갈 수 있는지 보여줄 것이다.

앞에서 언급한 사람들이 아주 만족해하며 마카리에의 곁을 떠남과 동시에 이곳을 찾은 사람들은 전혀 다른 부류의 손님들이었는데 그들 또한 반갑게 맞아들여졌다. 이처럼 신성한 곳에 모습을 나타내리라고는 전혀 상상도 못했던 필리네와 리디에*⁴²가 온 것이다. 여전히 산악 지대에 머물고 있는 몬탄이 이곳에 와서 그녀들을 데리고 가장 가까운 길을 거쳐 함께 배를 타기로 되어 있었다. 이들은 집안일을 돌보는 여자들이나 이 집에 고용되어 함께 살고 있는 여자들로부터 대단히 환영받았다. 왜냐하면 필리네는 너무나 사랑스런 아이들을 데리고 온 데다가 산뜻하고 매력적인 옷을 입고서 다른 사람에게서는 볼 수 없는 남다른 행동을 보였기 때문이다. 그녀는 꽃 모양으로 수놓은 벨트 아래로 긴 은색 쇠사슬에 제법 큰 영국제 가위를 매달고 있었다. 그녀는 자신의 말에 활력을 불어넣으려는 듯 가위로 허공을 자르는가 하면 잘깡잘깡 소리를 내기도 하면서 이런 시늉들로 모두를 즐겁게 해주었다. 그러자 이렇게 큰 집안살림에 가위로 마름질할 만한 게 없을까 하는 얘기가 나왔다. 때마침 결혼 준비를 해야 하는 아가씨가 두셋 있음을 알게 되었다. 필리네는 그녀들의 민속의상을 물끄러미 바라보다가 아가씨들을 자기 앞에서 왔다 갔다 하게 한 뒤 척척 마름질을 해나갔다. 그녀의 마름질에는 그녀의 마음씨와 취향이 어우러졌다. 전통의상의 특징을 충분히 살려주면서도

---

*42 리디에는 한동안 로타리오의 애인이었다가 나중에 몬탄의 약혼자가 된다.

촌스러워 보이는 면을 우아하게 고치는 방법을 알고 있었다. 옷은 아주 자연스럽게 고쳐졌기 때문에 옷을 입은 사람 자신은 물론 다른 사람들도 마음에 들어했고 전통에서 너무 벗어나지는 않을까 걱정할 필요가 없었다.

게다가 이번에는 리디에가 와서 나무랄 데 없는 조수 역할을 해냈다. 그녀의 바느질 솜씨는 필리네 못지않게 능란하고 재빨랐다. 다른 여자들도 함께 도와주었기 때문에 생각보다 빨리 아름다운 신부 차림을 볼 수 있을 것 같았다. 그런데 신부가 될 아가씨들은 오랫동안 그곳에 잡혀 있어야 했다. 필리네가 아주 세세한 점까지 챙기면서 아가씨들을 마치 인형이나 단역배우처럼 대했기 때문이다. 여러 겹으로 쌓은 리본이나 이 지방에서 으레 달게 되어 있는 축하 장식은 보기 좋게 자리를 잡았다. 평소 같으면 시골 특유의 답답한 장식에 덮여 있었을 아가씨들의 건강한 몸매와 사랑스런 자태가 마침내 보는 이까지 상쾌해지는 굴곡을 드러냈다. 그러면서 촌스러움이 자취를 감춘 우아한 차림으로 나타나게 된 것이다.

그러나 너무 활동적인 사람들은 변화 없이 잘 정리된 상태에 싫증을 내는 법이다. 필리네도 쓰고 싶어 안달 난 그 가위를 들고 대가족을 위한 옷들과 온갖 옷감을 넣어둔 방으로 들어갔다. 그녀는 여기 있는 옷감들을 모두 마름질할 수 있으리라는 기대에 뛸 듯이 기뻤다. 그러나 그녀는 자제와 끝을 몰랐기 때문에 사람들은 그녀를 방에서 쫓아내고 방문을 꼭 잠가버렸다. 안젤라는 실제로 이런 재단사가 두려웠기에 신부 대접은 바라지 않았다. 그렇지 않아도 두 사람은 전부터 사이가 좋지 않았다. 이 일에 대해서는 나중에 다시 이야기하겠다.

몬탄은 사람들이 생각했던 것보다 훨씬 늦게 왔다. 필리네는 마카리에를 만날 수 있게 해달라 졸랐고, 사람들은 그렇게 해주었다. 그러면 그만큼 더 빨리 필리네에게서 놓여날 수 있으리라 기대했기 때문이다. 필리네와 리디에, 이 두 죄인이 성녀의 발아래 엎드린 것은 참으로 묘한 광경이었다. 그녀들은 성녀의 양쪽에 무릎을 꿇었다. 필리네는 두 아이 사이에 자리를 잡고는 공손하게 아이들의 머리를 숙이게 했다. 그녀는 언제나처럼 밝은 어조로 말했다. "저는 남편과 아이들을 사랑합니다. 이들을 위해서, 그리고 다른 사람들을 위해서도 기꺼이 도움을 주려 합니다. 다른 부족한 점은 너그러이 봐주세요!" 마카리에는 축복을 내렸고 필리네는 정중하게 절을 하며 물러났다.

리디에는 성녀의 왼쪽에 엎드린 채 무릎에 얼굴을 파묻고 있었는데, 심하게 운 탓에 말 한 마디 입 밖에 내지 못할 지경이었다. 마카리에는 눈물의 의미를 이해했기에 달래듯 어깨를 두드려주었다. 그러고는 자기 앞에 고개 숙인 리디에의 머리에 경건한 기도를 담아 여러 번 입맞추었다.

리디에는, 처음에는 몸을 일으켜 무릎 꿇은 자세를 했다가 다음에는 완전히 일어섰다. 그녀는 활짝 갠 얼굴이 되어 자신의 은인을 바라보았다. "어떻게 된 거죠!" 그녀가 말했다. "제게 무슨 일이 벌어진 걸까요? 지금까지 제 머리를 무겁게 짓누르던 압박이 갑자기 사라졌어요. 정신을 완전히 빼앗길 정도는 아니었더라도 그 때문에 마치 모든 생각과 분별력을 잃은 듯했는데 말이죠. 저는 이제 자유롭게 위를 우러러볼 수 있습니다. 생각을 저 높은 곳으로 뻗어나가게 할 수 있습니다. 그리고," 그녀는 숨을 깊이 들이쉬고는 말을 이었다. "제 마음도 그 뒤를 따를 거예요."

그 순간 문이 열리더니 몬탄이 들어왔다. 너무나 오랫동안 기다리던 사람이 뜻하지 않게 갑자기 모습을 나타내는 일이 자주 있는데 지금이 꼭 그러했다. 리디에는 급히 그에게로 다가가 반갑게 그를 껴안고는 마카리에 앞으로 이끌며 외쳤다. "당신은 제가 저 성스러운 분께 얼마나 큰 은혜를 입었는지 알아야 해요. 감사하는 마음으로 저와 함께 절을 올려야 한다고요."

몬탄은 깜짝 놀라 여느 때와는 달리 좀 당황해하면서 기품 있는 마카리에게 공손히 절하며 리디에에게 말했다. "역시 위대한 분이시군. 저분 덕분에 당신이 내 것이 되었으니 말이오. 당신이 그처럼 마음을 열고 다정하게 내게 다가온 것도, 나를 안아준 것도 이번이 처음이오. 벌써 오래전에 그렇게 했어야 했는데 말이오."

이제 여기서 우리가 털어놓아야 할 사실은, 몬탄이 리디에를 젊었을 때부터 사랑해 왔다는 것이다. 매력적인 로타리오가 그에게서 그녀를 빼앗아갔으나 그래도 몬탄은 그녀와 로타리오에게 변치 않는 신의를 보여주었다. 그는 마침내 그녀를 아내로 맞아들이게 되었는데, 《수업시대》 독자들에게는 이 일이 매우 이상하게 여겨질지도 모르겠다.

몬탄과 필리네 그리고 리디에, 이 세 사람은 유럽 사회에서 지내는 걸 어쩐지 거북해했기에 바다 건너에서 그들이 오기를 고대하고 있다는 이야기가 나올 때면 기쁜 표정을 감출 수 없었다. 필리네의 가위는 벌써부터 들썩거렸다. 그도 그럴 것이 신대륙에서 옷을 공급하는 일을 독점할 생각이었기 때문이다. 필리네는 앞으로 그곳에 면과 리넨이 대량으로 저장될 모습을 즐겁게 이야기했다. 그녀는 크고 작은 낫으로 그것들을 거두어들이는 모습이 벌써부터 눈앞에 선하다면서 가위로 허공을 갈랐다.

한편 저 거룩한 축복으로 진정한 사랑에 눈을 뜬 리디에는 벌써부터 마음속에 자신의 제자들이 무수히 늘어나 그 부인들이 자신에게 섬세하고 우아한 작업의 기초를 배우고 그에 열중하는 모습을 떠올리고 있었다. 진지한 몬탄도 납, 구리, 철 그리고 석탄이 풍부한 그곳의 산들을 눈앞에 그려보았다. 지금까지 이런저런 일들을 시도하면서 쌓아온 모든 지식과 능력도 그곳에 가서야 비로소 보답받을 풍부한 수확으로의 용감한 첫걸음을 위한 탐색이었을 뿐이라고 그는 가끔 고백하고 싶어졌다.

몬탄이 우리의 천문학자와 금세 마음이 통하리라는 것은 진작부터 예견된 일이었다. 그들이 마카리에 앞에서 나눈 대화는 아주 흥미로웠는데 그에 대한 기록은 별로 찾아볼 수 없다. 아마 얼마 전부터 안젤라가 이야기를 들을 때 주의가 산만해진 데다 기록하는 일도 소홀해졌기 때문일 것이다. 그녀에게는 그들 대화의 많은 것이 너무 일반적이었을 수도 있고, 또 아녀자에게 쉽게 이해되지 않는다고 여겼을 수도 있다. 그래서 우리는 요 며칠 새 얘기된 의견들 가운데 몇 가지만 여기에 삽입하기로 했다. 이것도 안젤라가 직접 써서 우리에게 넘긴 것은 아니다.

학문을 연구할 때, 특히 자연을 다루는 과학을 연구할 때는 다음과 같은 검토가 어렵지만 꼭 필요하다. 즉 옛날부터 우리에게 전해 내려왔으며 우리 선조들이 타당하다 여긴 것들이 과연 실제로 근거가 있고 앞으로도 그것을 기초로 미래를 건설해 나갈 수 있을 만큼 신뢰할 수 있는 것인지, 아니면 전해 내려온 그 시대에 국한된 것으로 진보보다는 정체를 낳는 것은 아닌지 조사해야 한다. 이 조사의 목적은 지금까지 용인되어온 것이 실제 연구에 활발히 적용되는 경우가 있는지 알아보기 위함이다.

새로운 것에 대한 검토는 이와 반대다. 이 경우 새로 수용된 것이 진정한 연구를 통해 얻어진 성과인지 아니면 때마침 유행하던 의견에 따랐을 뿐인지 문제 삼아야 한다. 왜냐하면 어떤 의견을 추진력 있는 사람들이 언급하면 금세 대중에게 전파되어 곧 지배적인 의견이 되어버리기 때문이다. 이것은 어떤 월권으로, 성실한 연구자에게는 아무런 의미도 가지지 못한다. 국가나 교회는 경우에 따라서 자신들을 지배적이라 말할 만한 이유를 찾아낼 수도 있다. 왜냐하면 이들은 다루기 어려운 민중을 상대하고 있기 때문이다. 그들은 그저 질서만 잘 유지된다면 그 수단의 옳고 그름은 묻지 않는다. 그러나 과학에서는 절대적인 자유가 필요하다. 과학은 오늘내일에 영향을 미치는 게 아니라 과거에서 미래로 나아가는 무한한 시간에 영향을 미치기 때문이다.

과학에서 아무리 그릇된 것이 우위를 차지하더라도, 언제나 진실을 믿는 소수의 사람들은 있기 마련이다. 그리고 그 소수의 의견을 가진 자가 단 한 사람뿐이라 해도 전혀 걱정할 일이 아니다. 그는 신념을 잃지 않고 남몰래 계속 활동할 것이다. 그리고 언젠가는 사람들이 그와 그의 신념에 대해 관심을 갖거나 또는 그의 신념이 대중에게 널리 퍼져 주목을 받고 마침내 다시 세상으로 나서는 날이 찾아올 것이다.

한편 이 이야기만큼 일반적이지 않으며 이해할 수 없는 기이한 일이 화제에 올랐는데 그 이야기는 몬탄이 우연한 기회에 털어놓은 것이었다. 몬탄이 암석과 광물에 대해 연구할 때 그를 도와주는 한 인물이 있었다. 그에 따르면 이 인물은 아주 이상한 특성을 지니고 있어서 암석이나 광물뿐 아니라 일반적으로 원소라 불리는 모든 것과 독특한 관계를 맺고 있다고 한다. 이 사람은 지하에 흐르는 물이나 광물이 묻혀 있는 곳, 광맥과 석탄, 그 밖의 매장물의 어떤 작용을 감지할 뿐만 아니라 더욱 불가사의한 것은 이 사람이 다른 땅으로 이동할 때마다 자신의 몸에 여러 가지 변화가 일어난다는 것이다. 산악의 종류가 달라짐에 따라 그의 몸이 특수한 영향을 받는다. 그가 쓰는 말들이 기묘하긴 했으나 그런 대로 의미를 알 수 있는 말을 끌어내게 된 뒤로 몬탄은 그와 원활히 의사소통할 수 있었고, 그의 말을 하나하나 실제로 조사해 볼 수 있게 되었다. 이 사람은 이상하게도 화학적 원소와 물리적 원소는 느낌만으로 잘 구분했을 뿐 아니라 잠깐 보기만 해도 무거운 것과 가벼운 것을 구별할 수 있었다. 몬탄은 이 사람이 남자인지 여자인지에 대해서는 자세한 설명을 피했으나 이미 그를 여행을 떠나는 친구들과 함께 보냈으며 아직 탐구하지 않은 미지의 땅에서 자신이 할 일을 위해 이 사람에게 아주 많은 기대를 걸고 있다고 이야기했다.

몬탄의 이러한 고백은 천문학자의 닫혀 있던 마음의 문을 열게 했다. 그러자 천문학자는 마카리에의 허락을 받아 마카리에와 우주체계의 관계를 몬탄에게도 밝혔다. 그 뒤에 천문학자가 보고한 내용에 따라 우리는 그들 대화에서 아주 중요한 몇 가지 문제에 대해 충분하지는 않지만 그 요점을 전할 수는 있다.

그런데 우리는 여기에 등장하는 두 사람이 그토록 다르면서도 비슷한 점을 지니고 있다는 사실에 놀라게 된다. 한 친구는 티몬*43처럼 되지 않기 위해서 대지의 가장 깊은 골짜기 틈새로 내려갔다. 그리고 그는 그곳에서 딱딱하게 굳어져 자연 그대로의 모습을 보여주는 원석과 비슷한 것이 인간의 본성에도 잠재해 있다는 것을 깨달았다. 다른 친구에게는 마카리에의 정신이 대지 깊숙한 곳과는 반대되는 쪽에서 본보기를 제시해 주었다. 즉 재능을 타고난 사람의 경우, 대지에 파묻힌 사람에게는 구심력이 고유한 특질이듯이 우주로 뻗어나가는 사람에게는 원심력이 특질이다. 그렇다고 지구 중심에까지 파고들 필요는 없거니와 태양계를 넘어 멀어져갈 필요도 없다. 그들은 이미 자신들이 해야 할 일로 충분히 이끌리고 있으니 특히 실행에 주의를 기울이고 그것을 천직으로 삼으라는 것이었다. 지표면과 지하에는 사람들이 필요로 하는 재료들과 물질계가 있고, 그것을 가공하는 것은 인간의 가장 뛰어난 능력에 맡겨져 있다. 그러나 저 정신의 길 위에는 언제나 관심과 사랑 그리고 질서 있는 자유로운 활동이 있다. 이 두 세계를 서로 견제하면서 움직이게 하고, 서로의 특질을 변해 가는 삶의 현상 속에서 똑똑히 보여주는 일, 이것이야말로 인간이 교육을 통해 이르러야 할 최고의 형태인 것이다.

그 뒤 몬탄과 천문학자는 굳은 약속을 맺고는 기회 있을 때마다 자신들의 견문을 숨김없이 털어놓기로 했다. 그러면 이런 경험들을 소설에나 어울릴 법한 동화 같은 이야기로 여기고 웃어넘길 사람들이라도, 이것을 그들이 가장 바라마지 않는 것에 대한 비유로 볼 수 있을지도 모르기 때문이었다.

곧이어 몬탄과 두 여자가 작별을 고했다. 사람들은 몬탄과 리디에는 붙잡아두고 싶어했지만, 너무나 소란스런 필리네는 조용함과 예의바름에 익숙해

---

*43 기원전 5세기 끝무렵 그리스 철학가이자 회의적 사상가로, 사람을 싫어하기로 유명했다.

져 있는 많은 여자들, 특히 안젤라에게는 번거로운 존재였다. 게다가 특별한 사정도 겹쳐 불쾌감이 더욱 커졌다.

앞서 우리는 안젤라가 귀 기울여 듣고 기록하는 의무를 소홀히 한 채 뭔가 다른 일에 신경을 쓰고 있는 듯하다고 언급했었다. 그처럼 질서를 존중하는 아주 순수한 사람들 사이에서 생활하는 이 인물에게 나타나기 시작한 이상한 증상을 설명하기 위해서는, 우리는 이 광범위한 드라마 속에 마지막으로 새로운 인물 하나를 등장시킬 수밖에 없다.

우리의 오랜 친구이자 지금은 우리가 믿고 일을 거래하게 된 베르너는 일이 늘어나서, 아니 사업이 한없이 확대되어 새로운 점원들을 구해야 했다. 그는 미리 준비된 특별한 시험을 거치지 않고서는 점원으로 고용하지 않았다. 베르너는 상당한 금액의 지급 문제를 의논하기 위해 점원 중 한 사람을 마카리에에게로 보냈다. 그 돈은 이 귀부인이 이번 새로운 사업을 위해, 특히 자신이 몹시 아끼는 레나르도를 위해 자신의 막대한 재산 가운데 일부를 사용하기로 결심하고 선언한 것이었다. 방금 말한 젊은이는 지금은 베르너의 점원이자 제자인데, 상쾌하고 순박한 청년으로 기적이라 볼 수 있는 면을 지니고 있었다. 그는 암산에 빼어난 능력을 보였는데 이 독특한 재능 덕에 어디를 가나, 특히 사업가들에게 주목을 받았다. 공동사업을 벌이고 있는 그들은 각자의 손일을 철두철미하게 숫자로서 계산해 내야 했으니 말이다. 그뿐 아니라 일상적인 생활에서도 세상 사는 이야기를 나누다 보면 숫자나 금액, 결산 등이 문제가 되므로 이런 사람은 함께 의논하고 일하는 데 크게 환영을 받는다. 게다가 이 남자는 피아노를 아주 우아하게 잘 쳤다. 그가 피아노를 칠 때면 이 청년의 천재적인 계산 능력과 사랑스러운 기질이 한데 어울려 연주로 발현되었다. 피아노 소리는 경쾌하고 조화롭게 녹아들 듯 흘러가면서도 그 청년이 훨씬 깊은 세계와도 잘 통하고 있다는 것을 어렴풋이 나타냈다. 이리하여 그는 말수도 적고 남과 대화할 때 자기가 느낀 점을 드러낸 적이 거의 없었음에도 아주 매력이 있었다. 어떻게 보아도 그는 나이보다 어리게 느껴졌고 천진난만한 어린아이처럼 보일 정도였다. 아무튼 그가 어떤 인물이었든지 간에 안젤라가 그를 좋아하게 되면서 마카리에는 아주 만족해했다. 왜냐하면 마카리에는 오래전부터 이 고상한 아가씨를 결혼시키고 싶어했기 때문이다. .

그러나 이 아가씨는 자기가 현재 하고 있는 일이 얼마나 어려운지를 절감하고 늘 걱정해 왔기 때문에 예전에 누군가의 애정어린 청혼을 거절한 적이 있었다. 어쩌면 남몰래 품고 있던 자신의 연정마저 억지로 억눌러버렸을지도 모른다. 하지만 자신의 후임이 나타나 이미 어느 정도 정해졌으니 호감가는 이 남자를 만나자 전에 없던 정열이 불타오를 만큼 홀딱 반해 버린 것이다.

이제 우리는 가장 중요한 사실을 밝혀야 하는 상황에 이르렀다. 왜냐하면 그토록 오랫동안 이야기해 오던 모든 일이 서서히 형태를 갖추고 사라졌다가는 또다시 새로운 모습을 이루게 되었기 때문이다.

예전에 밤색 아가씨라 불렸던 그 '착하고 아름다운 여인'은 마카리에 곁에서 일하기로 결정되었다. 개략적으로 제출되어 레나르도도 이미 허락한 이 계획은 이제 실행만을 남겨놓고 있다. 모든 참가자도 이에 동의했다. '착하고 아름다운 여인'은 자신의 전재산을 자기에게 구혼했던 직공장에게 넘겨주었다. 직공장은 그 부지런한 집안의 둘째딸과 결혼하여 직조기 수리공과 동서지간이 되었다. 이로 말미암아 그곳은 지역간 공동작업을 통한 새로운 제조업 체제가 완전하게 구축되었고, 일하기를 좋아하는 골짜기 주민들은 이제까지와는 다른 보다 더 활기찬 방식으로 일하게 되었다.

덕분에 이 사랑스러운 부인은 자유의 몸이 되어, 이미 그 젊은이와 약혼한 안젤라 대신 마카리에를 시중들게 된다. 이것으로 현재까지 일어난 일들에 대한 모든 보고가 끝났다고 할 수 있겠다. 그러나 아직 결정되지 못한 문제들이 남아 있다.

그런데 이 '착하고 아름다운 여인'은 빌헬름이 자신을 데리러 오기를 절실히 바라고 있다. 아직 정리해야 할 일이 몇 가지 있기는 하지만, 단지 그녀는, 본디 그로 인해 발생된 문제를 그의 손으로 마무리하는 것에 큰 가치를 두고 있다. 빌헬름이 가장 먼저 그녀를 발견했고 이상한 운명이 레나르도를 이끌어 빌헬름의 뒤를 쫓게 했기 때문이다. 그러니 빌헬름이 와서 그녀가 마을을 떠나기 쉽게 해주고 또한 헝클어진 운명의 실타래 일부를 다시 붙잡아 이어주었다는 기쁨과 위로를 느끼기를 그녀는 소망했다.

그러나 우리는 이제 정신적인 것, 정서적인 것을 모두 밝히기 위해 더욱 미묘한 비밀을 털어놓지 않으면 안 된다. 레나르도는 '착하고 아름다운 여인'과 인연을 맺는다는 것에 대해서는 한 번도 입 밖에 내본 적이 없었다. 하지만 교섭을 진행하면서 자주 편지를 주고받는 사이에 그녀가 이 관계를 어떻게 보고 있는지, 만일 그것이 화제에 오른다면 그녀가 어떤 행동을 할 것인지 알아내기 위해 그녀를 조심스레 탐색해 보았다. 이에 대한 그녀의 답은 다음과 같이 정리할 수 있으리라. 즉 그녀는 고귀한 친구가 품고 있는 극진한 사랑에 이리저리 흩어진 제 마음의 일부를 바침으로써 이에 답할 만큼 자신이 가치 있는 사람이라 느끼지 않는다. 이러한 호의에는 한 여성이 자신의 온 마음과 힘을 바치는 게 어울리는데 자신은 그렇게 할 수 없다. 죽은 약혼자에 대한 추억과 두 사람이 하나로 맺어졌던 기억이 아직도 가슴속에 선명히 남아 있고, 지금도 자신의 모든 존재를 완전히 차지하고 있어서 정열은 생각할 여유가 더욱 없다. 그러나 자신에게도 오로지 순수한 호의와 보살핌에 감사하는 마음만은 남아 있다는 것이다. 이 말을 듣고 모두들 안심했고, 레나르도도 이 문제를 언급하지 않았기 때문에 이에 대해 보고나 대답을 할 필요가 없었다.

여기서 일반적인 생각들을 조금이나마 말해 두는 것이 적당할 듯하다. 지금까지 스쳐 지나간 모든 사람과 마카리에의 관계는 친밀하고 경외심으로 가득 찬 것이었다. 모든 사람이 보다 높은 존재 앞에 있음을 느끼면서도 자신을 있는 그대로 드러내도 좋다는 자유 또한 느낄 수 있었다. 모두가 부모님과 친구들 앞에서보다 더 신뢰감을 가지고 자기 자신을 있는 그대로 보여주었다. 마카리에는 그게 누구든 자신의 좋은 면, 가장 선한 면만을 보여주려는 마음을 끌어내주고 부추겼기 때문에 사람들 대부분이 만족감을 느꼈던 것이다.

그러나 이런 두서없는 상황 속에서도 마카리에만은 계속 레나르도를 지켜보고 있었다는 것을 말하지 않을 수 없다. 마카리에는 자신과 가까운 사람들인 안젤라와 천문학자에게 그 일에 대한 심정을 말했다. 그들은 레나르도의 마음이 눈앞에 선명하게 떠오르는 듯하다고 생각했는데, 그는 현재 안정을 되찾았고, 그가 걱정했던 여인은 아주 행복한 생활을 보장받고 있다. 마카리에가 그녀의 장래에 대해서 어떤 경우에든 걱정 없도록 배려해 주었던 것이다. 이제 레나르도는 커다란 사업을 활발히 시작해 나가야 한다. 그 밖의 일은 상황과 운명에 맡기는 수밖에 없다. 그리고 언젠가 그가 확실한 기반을 잡으면 '착하고 아름다운 여인'을 몸소 데려 오지는 못하더라도 그곳으로 불러들이려는 생각이 그에게 사업을 꾸려나갈 용기를 북돋아주고 있음을 사람들은 추측할 수 있었다.

이쯤에서 사람들은 일반적인 견해를 말하지 않을 수 없었다. 이 드문 경우를 좀 더 자세히 살펴보면 여기서 나타나는 것은 양심에서 우러나오는 열정이라는 것이다. 또한 한번 얻은 인상이 비틀린다든지 타고난 애정과 동경이 신비롭게 발전해 나가는 다른 경우들도 생각해 보게 된다. 이런 경우 거의 손쓸 도리가 없음을 안타까워하는 바이다. 어쨌든 사람들은 자신을 되도록 분명하게 세워두고 이리저리 흔들리는 마음을 무조건 따르지 않는 것이 가장 현명하다는 사실을 발견할 것이다.

그런데 이런 문제에 이르고 보니 우리 문고에서 마카리에와 그녀의 정신에 나타난 특성에 대한 한 장의 글을 끄집어내어 전하고 싶은 유혹을 뿌리칠 수가 없다. 유감스럽게도 이 글은 그 이야기가 전해지고 나서 오랜 세월이 지난 뒤에야 비로소 기억을 더듬어 쓰인 것이기 때문에 이처럼 진귀한 경우에 요구되는 완전한 신빙성을 갖추고 있다고는 볼 수 없다. 그러나 어쨌든 여기서 이것만이라도 전하려는 이유는 사람들에게 이 문제에 대해 잘 생각하게 하여 벌써 어디선가 이와 비슷한 것이나 이에 가까운 것이 언급되거나 기록되어 있지 않은지 주의를 기울여주기를 바라기 때문이다.

제15장

마카리에는 우리의 태양계와 어떤 특별한 관계를 맺고 있는데 그에 대해서는 우리가 감히 입 밖에 낼 수 없다. 그녀는 정신 속에, 영혼 속에, 상상력 속에 이 관계를 간직하고 있고 그것을 직관할 뿐 아니라 그녀 자신이 그 관계의 일부를 이루고 있다. 그녀는 저 천체 운행 속에 자신도 함께 끌려가고 있는 것을 본다. 그것도 아주 독특한 방법에 의해서 말이다. 그녀는 어려서부터 태양 주위를 회전해 왔다. 게다가 지금 알려진 바로는 나선형을 그리며 중심점에서 점점 더 멀어지면서 외곽을 향해 회전하고 있다는 것이다.

무릇 존재하는 것은, 그것이 물질적인 것이라면 중심을 향하려 하고 정신적인 것이라면 외부로 향하려 한다는 가정이 허용된다면 우리의 사랑하는 마카리에는 가장 정신적인 존재에 속한다. 그녀는 오직 지상적인 것으로부터 자기를 해방시켜 존재의 가장 가까운 곳에서 가장 먼 곳에 이르는 공간에 스며들기 위해서 태어난 것처럼 보인다. 이 특성은 그처럼 숭고하지만 그녀가 아주 어렸을 때부터 하나의 무거운 사명으로서 부여된 것이다. 그녀는 어릴 때부터 자신의 내적 자아가 빛나는 존재들로 채워져 있고, 가장 밝은 태양빛에게조차 뒤지지 않는 어떤 빛으로 비춰지고 있던 것을 기억한다. 그녀는 가끔 두 개의 태양을 보았다. 하나는 자기 안의 태양이며 다른 하나는 하늘에 떠 있는 밖의 태양이다. 그녀는 두 개의 달을 보았다. 외부의 달은 그것이 차고 이지러짐에 상관없이 언제나 같은 크기였으나 내부의 달은 점점 작아져갔다.

이런 하늘이 내린 재능은 그녀의 관심을 일상적인 사물들로부터 멀어지게 했다. 그러나 그녀의 훌륭한 부모가 그녀의 교육에 온 힘을 기울인 덕분에 그녀의 모든 능력이 살아나 모든 활동이 효과적으로 작용한 끝에 모든 외적인 상황에 적응할 수 있게 되었다. 그리고 그녀의 마음과 정신은 초지상적인 환상으로 온통 가득 차 있으면서도 그녀의 행위와 행동은 어디까지나 숭고한 도의에 알맞은 것이었다. 그녀가 성장함에 따라 어디에서나 따뜻한 도움의 손길을 아끼지 않고 크고 작은 일에 봉사하는 모습은 마치 지상을 거니는 신이 보낸 천사와 같았다. 한편 그녀의 정신 세계는 우리 우주의 태양 주위를 돌면서도 끊임없이 커져가는 원을 그리며 초지상적인 것을 향해 나아가고 있었다.

이런 충만한 상태는 그녀의 마음속에서도 날이 밝고 밤이 찾아오는, 그런 현상에 의해 어느 정도 부드러워졌다. 내부의 빛이 점점 약해지면 그녀는 바깥 의무에 매우 충실하려 노력했고, 내부가 새롭게 빛날 때면 행복한 평안함에 몸을 맡겼다. 이따금 어떤 구름 같은 것이 그녀 주위를 둘러싸고 머물면 한동안 천상의 무리들이 희미하게 보였다고 했다. 그녀가 언제나 주위 사람들의 행복과 기쁨을 위해 몸을 바칠 수 있는 때가 바로 이 무렵이었다.

그녀가 자신의 직관을 비밀로 하면서 그것을 견뎌내는 것은 쉬운 일이 아니었다. 그녀가 그 비밀을 털어놓아도 아무도 인정하려 하지 않거나 오해를 살 뿐이었다. 그래서 그녀는 평생을 살아오면서 겉으로는 그것을 병처럼 보이게 해두었다. 그리고 집안에서는 지금도 그렇게 말하고 있다. 그런데 마침 내 행운의 여신이, 여러분이 지금 보다시피 한 남자를 그녀에게 인도해 주었다. 이 남자는 의사이자 수학자이며 천문학자로서 세 분야에서 모두 귀중한 인재로 평가받고 있던 고귀한 인품을 지닌 사람이었지만, 처음에는 그도 호기심에서 그녀에게 접근했었다. 그러나 그녀가 그를 신뢰하게 되면서 그에게 차츰 자신의 상태에 대해 이야기하고 현재의 것을 과거의 것과 연결시켜 여러 가지 사건들이 하나의 맥락 속에 있음을 보여주었을 때 그는 이 현상에 온통 마음을 빼앗긴 나머지 그녀와 더 이상 떨어질 수 없게 되었고, 하루하루 점점 더 깊이 이 신비 속으로 파고들어가 그 비밀을 밝혀내려 애쓰게 되었다.

처음에 아주 분명하게 말했던 것처럼 그는 이것을 하나의 착각이라고 생각했다. 그녀가 작은 소녀였을 때부터 별과 천문학에 관심을 가지고 열심히 공부하여 충분한 지식을 습득했으며 기계와 책을 통해 우주 구조를 더 구체적으로 파악하려 노력했음을 부인하지 않았기 때문이다. 그래서 그녀의 직관이 배워서 얻어진 것이라는 생각을 버릴 수 없었다. 고도로 조절된 상상력의 작용이거나 기억력의 영향 또는 판단력, 특히 숨은 계산력이 함께 작용하고 있을 거라 추측했던 것이다.

그는 수학자이기에 완고하고 명석한 두뇌의 소유자여서 무엇이든 쉽게 믿지 않았다. 그는 오랫동안 마카리에의 말을 인정하지 않았지만, 그녀가 진술한 것을 정밀하게 적어두고 몇 년에 걸친 과정을 검토하여 결론지으려 애썼다. 그러던 중 그는 별들이 서로 상응하는 위치에 꼭 들어맞는 그녀의 최근 진술에 놀라 외쳤다. "신과 자연이 살아 있는 천구(天球)를, 정신의 톱니바퀴를 만들어내 달아놓으면 왜 안 되랴. 시계가 날마다 우리에게 때맞춰 시각을 알려주듯이 독자적인 방법으로 별의 운행을 찾아나갈 수 있도록 말이다."

그러나 여기서 더 이상 파고들지 말기로 하자. 왜냐하면 믿기 어려운 것을 너무 자세하게 음미하려고 하면 그 가치를 잃어버리기 때문이다. 그렇지만 이것만은 말해 두어야겠다. 우리의 천문학자가 계산을 하는데 기초로 사용한 것은 다음과 같은 사실이다. 모든 것을 꿰뚫어보는 그녀의 환상 속에서는 태양이 낮에 보이는 것보다 훨씬 작게 보인다는 것이다. 또한 열두 별자리에 있는 태양의 이상한 위치가 여러 가지 추론을 이끌어내는 계기가 되었다는 것이다.

이에 대해서는 의혹과 착오도 있었다. 그녀가 별 두세 개가 똑같이 열두 별자리에 나타난다고 지적했음에도 하늘에서 아무것도 찾아낼 수 없었기 때문이다. 그 별들은 그때에는 아직 발견되지 않았던 작은 혹성이었을지 모른다. 왜냐하면 다른 진술을 통해 그녀가 벌써 화성 궤도를 넘어 목성 궤도로 접근하고 있다고 추정되었기 때문이다. 분명히 그녀는, 목성에서 얼마나 떨어져 있었는지는 말하기 어렵지만 무서우리만치 장엄한 이 행성의 모습을 경이에 차서 한동안 관찰했고 또 그것을 둘러싼 위성들의 운행을 보았다는 것이다. 그런데 그 뒤에 이상하게도 그 행성이 이지러지기 시작한 달로 보였는데, 게다가 평소와는 정반대로 차오르는 달처럼 태양의 동쪽에서 보였다는 것이다. 이로써 그녀가 목성을 측면에서 보고 있으며 실제로 목성의 궤도를 벗어나 토성을 향해 무한한 공간 속을 나아가려 하고 있음을 알게 되었다. 어떠한 상상력도 거기까지는 그녀를 따라가지 못하리라. 그러나 우리는 이러한 엔텔레키*44의 여성이 우리 태양계에서 완전히 멀어져버리지 않고 그 경계에 다다르면 다시 지구로 되돌아와서 우리 후손들을 위해 지상의 생활과 복지에 그 감화력을 떨쳐주기를 희망한다.

자, 여기서 이 천공을 떠도는 정신에 대한 이야기를 끝내고 전에 잠깐 암시한 저 지상 동화 같은 이야기로 돌아가도록 하자.

몬탄은 매우 성실한 자세로 이렇게 보고했다. 자신의 감각만으로 지하의 물질들을 가려낼 줄 아는 그 이상한 사람은 최초로 벌써 이주한 자들과 함께 먼 곳으로 떠나버렸다고 말이다. 그러나 인간에 대해 잘 아는 주의 깊은 사람은 그것은 도저히 있을 수 없는 일이라 생각했을 것이다. 그렇잖은가. 몬탄이나 몬탄 같은 사람들이 그처럼 바로 쓸 수 있는 마법의 지팡이를 왜 놓아주려 하겠는가. 아니나 다를까 그가 떠나고 얼마 지나지 않아 이것저것 주고받은 말과 하인들 사이에서 생겨난 이상한 이야기를 통해 이 점에 대해 차

---

*44 엔텔레키(Entelechie), 불멸의 영혼이라고도 한다. 아리스토텔레스 철학의 개념인 엔텔레케이아(Enlelecheia)에서 비롯되었으며 목적을 달성하여 완전한 상태에 있다는 의미에 괴테가 불멸성을 더했다. 엔텔레키는 삶의 지속성을 위해 활동할 뿐만 아니라 죽음을 초월하여 작용하고 있는 근원적인 힘이라는 것이다. 이것이 《파우스트》 제2부 마지막에 천사들이 말한 "끊임없이 애쓰고 노력하는 자를/우리는 구원할 수 있습니다"와 맥을 같이한다.

츰 의심이 생겨났다. 다시 말해 필리네와 리디에는 다른 여자 하나를 하녀라는 명목으로 데리고 왔는데 그녀는 전혀 하녀처럼 보이지 않았다. 부인들이 옷을 갈아입을 때 한 번도 불려가서 시중든 적이 없었던 것이다. 그 수수한 옷차림은 씩씩하고 건강한 체격에 아주 잘 어울렸지만 그녀의 순박한 인품과 마찬가지로 어딘지 촌스러운 느낌을 자아내고 있었다. 그녀의 행동은 예의에 벗어나는 것은 아니었지만, 그렇다고 하녀들이 곧잘 우스꽝스럽게 보여주는 사교적 교양 같은 건 없었다. 게다가 그녀는 일꾼들과 금세 어울렸는데 정원사와 들판과 밭에서 일하는 사람들 사이에 들어가 쟁기를 들고 두세 사람 몫의 일을 했다. 그녀가 갈퀴를 잡으면 갈아 엎어진 땅 위를 능숙한 솜씨로 돌아다니며 드넓은 밭을 평평하게 잘 가꿔진 화단처럼 만들어놓는 것이었다. 그럴 때는 조용히 지냈기 때문에 사람들에게 호감을 얻었다. 사람들이 말한 바에 따르면 그녀는 가끔 농기구를 내려놓고 들판을 가로질러 쏜살같이 달려가 숨겨진 샘물을 찾아내 갈증을 풀곤 했다는 것이다. 이런 행동을 그녀는 매일 되풀이했는데 자기가 어디에 서 있든지 물이 마시고 싶어지면 맑게 물이 흐르는 곳을 한두 군데는 알아낼 수 있었다고 한다.

이렇게 해서 결국 몬탄의 보고에 대한 의심을 증명하는 하나의 증거가 남게 된 셈이다. 그는 아마 검토가 불충분한 그녀의 능력을 사람들이 실제로 시험해 보는 번거로움을 피하기 위해 점잖은 집주인들에게 이런 진기한 사람이 눈앞에 있다는 사실을 비밀로 하려고 마음먹었을 것이다. 다른 때 같았으면 집주인들을 믿고 털어놓았을 텐데 말이다. 그러나 우리는 우리가 알게 된 사실을 불완전한 형태로나마 전달해 두고 싶었다. 이런 경우는 어쩌면 생각보다 훨씬 자주 어떤 암시를 통해 나타날지도 모르므로 탐구심이 왕성한 사람들이 이와 비슷한 경우에 주의를 기울이기를 바라기 때문이다.

제16장

우리는 얼마 전에 백작의 성이 우리의 떠돌이들로 활기를 띠는 모습을 보았다. 그 성의 관리인은 본디 활동적이고 민첩한 사람이라 언제나 영주와 자신의 이익을 염두에 두고 있었다. 그는 이제 흡족한 마음으로 계산서와 보고

서를 작성하려고 책상 앞에 앉았다. 그는 그 손님들이 이곳에 머무르면서 안겨주고 간 막대한 이익을 어느 정도 자기만족에 사로잡혀 장부에 계산하고 정리해 기록하느라 여념이 없었다. 그러나 이 정도 이익은 그의 믿음을 생각하면 아주 사소한 것에 지나지 않았다. 활동적이고 수완이 좋으며 자유로운 정신을 가진 담대한 이 사람들에게서 얼마나 큰 성과가 생겨날 것인지 간파하고 있었기 때문이다. 어떤 사람들은 바다를 건너가기 위해 작별을 고하고, 다른 사람들은 이 대륙에서 자신들의 일터를 찾기 위해 떠나갔다. 이제 그는 아직 제3의 관계가 숨어 있음을 알아차리고는 곧바로 거기서 이익을 챙기려고 결심을 굳혔다.

우리가 전부터 예상해 왔고 알고 있었던 일이지만, 그들이 헤어질 때 분명하게 알게 된 것은 젊고 건강한 남자들 가운데 마을이나 인근의 아리따운 처녀들과 조금이나마 친해진 사람들이 매우 많다는 사실이었다. 오도아르트가 일행과 함께 떠나려고 했을 때 여기에 남아 있겠다고 단호하게 말하는 용기를 보인 사람은 몇 사람에 지나지 않았다. 레나르도의 이주자들 중에 남은 사람은 한 사람도 없었다. 하지만 그들 가운데 만약 충분한 생계와 안전한 미래가 어느 정도 보장된다면 곧 다시 돌아와 이곳에 정착하고 싶다고 분명하게 말할 사람들은 몇 명 있었다.

관리인은 자기 관할에 속한 얼마 안 되는 주민들에 대해서라면 한 사람 한 사람의 됨됨이와 가정사정까지 속속들이 알고 있었다. 그래서 뼛속부터 이기주의자인 그는 사람들이 바다 건너나 국내에서 자유롭게 활동할 수 있게 하기 위해 그처럼 대규모 조직을 만들어 비용을 대고 있는 데 대해 남몰래 새어나오는 웃음을 참을 수 없었다. 덕분에 그는 가만히 앉아만 있어도 막대한 이익이 자기 집과 영주에게 굴러들어오고 아주 우수한 몇몇 사람을 만류하여 자기 집에 붙들어 매는 기회까지 잡았으니까 말이다. 눈앞에 벌어진 일로 인해 더욱 고취된 그는 자유주의 정신을 잘만 이용하면 참으로 훌륭하고 유익한 결과를 가져올 수 있다는 것만큼 당연한 일은 없다고 생각하게 되었다. 그는 당장 자신의 작은 관리구역 안에서 이와 비슷한 것을 해보려고 결심했다. 때마침 부유한 주민들이 이번 일로 딸들을 너무 빨리 남편과 다름없는 사이가 된 남자들과 어쩔 수 없이 정식으로 결혼시켜야 하는 처지에 놓이고 말았다. 관리인은 이런 시민적인 불행이 오히려 전화위복이 될 거라고 설득하고 다녔다. 그리고 가장 도움이 되는 수공업자들이 신랑으로 뽑혔다는 것은 정말 행운이었다. 예를 들어 가구 공장을 열도록 하는 것은 어려운 일이 아니었다. 가구 공장은 넓은 장소도 필요없고 복잡하게 준비할 것도 없이 그저 기술과 충분한 자재만 있으면 된다. 관리인이 자재를 책임지고, 마을에서는 일할 여자들과 장소와 자본을 제공했다. 숙련된 기술은 마을에 들어와 살려고 하는 남자들이 지니고 있었다.

약삭빠른 관리인은 많은 사람들이 아직 이곳에 머무르며 북적거리고 있을 때 벌써 남몰래 이 모든 것을 거듭 생각해 두었기 때문에 주위가 조용해지자마자 곧 이 일을 시작할 수 있었다.

사람들이 썰물처럼 빠져나간 뒤 마을 길가에도 성의 뜨락에도 고요함이, 그것도 쥐 죽은 듯한 고요함이 찾아왔다. 그때 말을 타고 달려온 한 청년이 수지타산을 계산하느라 여념이 없던 관리인을 향해 큰 소리로 외쳐서 그를 깜짝 놀라게 했다. 말에 편자가 박혀 있지 않아서 말발굽 소리도 나지 않았는데 그 청년은 말에서 뛰어내리더니—그는 안장이나 등자도 달지 않고 고삐만 가지고 말을 몰고 왔다—아무도 없느냐며 이곳에 머물렀던 손님들의 이름을 불러댔다. 그러고는 모든 것이 죽은 듯한 고요에 휩싸여 있는 것을 보고 몹시 이상해하는 표정을 지었다.

하인은 이 남자를 어떻게 대해야 할지 몰랐다. 말다툼이 벌어지자 관리인이 직접 나왔지만 그 또한 모두 떠나버렸다고밖에 말할 수 없었다. "어디로 갔습니까?" 그 혈기 넘치는 젊은이가 다그쳐 물었다. 관리인은 침착하게 레나르도와 오도아르트, 그리고 그들이 빌헬름이라 부르기도 하고 마이스터라고도 부르던 제3의 사나이가 떠난 길을 가르쳐주었다. 이 빌헬름이라는 남자는 여기에서 수마일 떨어진 강에서 배를 타고 내려가 먼저 아들을 만나본 다음에 어떤 중요한 일을 하기 위해 더 멀리 갈 것이라고 말했다.

젊은이는 다시 말에 뛰어올라 강으로 가는 가장 가까운 길을 묻더니, 눈 깜짝할 새에 성문 밖으로 말을 달려 사라져버렸다. 이층 창문으로 그를 바라보던 관리인은 그가 갈팡질팡하면서도 어쨌든 갈 길을 제대로 찾아가고 있는 것을 먼지가 이는 모습을 보고 겨우 알 수 있었다.

저 멀리 마지막 먼지가 사라지고 관리인이 다시 일을 하려고 자리에 막 앉았을 때 위쪽 성문에서 심부름꾼 하나가 뛰어들어와 앞서 왔던 사람과 마찬가지로 일행에 대해 물었다. 그는 일행에게 전해 줄 것이 있어 급히 보내졌던 것이다. 그는 일행에게 전달할 꽤 커다란 소포 하나를 가져왔는데, 마이스터라 불리는 빌헬름 앞으로 되어 있는 편지도 지니고 있었다. 그 편지는 어느 젊은 숙녀가 심부름꾼에게 특히 조심해서 전해 달라고 거듭 당부한 것이었다. 그러나 유감스럽게도 이 배달부한테도 보다시피 이곳은 텅 비어 있으니 서둘러 길을 계속 따라가 일행과 만나든지 아니면 그다음 길잡이를 찾아낼 수 있는 곳까지 가는 수밖에 없다고 말할 수 있을 뿐이었다.

우리에게 맡겨진 많은 서류들 가운데 발견된 이 편지는 아주 중요한 의미를 가지고 있기 때문에 우리는 이것을 공개하지 않을 수 없다. 그것은 헤르질리에, 그 유별나고 사랑스러운 숙녀가 보내온 편지였다. 그녀는 우리의 이야기 속에서는 가끔씩만 등장하지만 그녀가 나올 때마다 특유의 재기발랄함 때문에 섬세한 감정을 지닌 사람들이라면 누구나 그녀에게 매료되었을 것이 틀림없다. 그녀가 부딪힌 운명 또한 상냥한 마음씨를 가진 사람에게 일어날 수 있는 가장 색다른 것이리라.

제17장

헤르질리에가 빌헬름에게

저는 생각에 잠겨 앉아 있었습니다. 무엇을 생각하고 있었는지는 말할 수 있을 것 같지 않네요. 뭔가를 생각하면서도 아무것도 생각하지 않는 일이 제게는 가끔 일어난답니다. 스스로 느낀 무관심 같은 거죠. 말 한 마리가 뜰 안으로 뛰어들어와 저를 고요한 상태에서 깨어나게 했어요. 갑자기 문이 열리면서 펠릭스가 들어왔습니다. 마치 작은 우상처럼 젊음을 빛내면서 말이에요. 그는 제게 달려와 저를 껴안으려 했습니다. 저는 그를 밀어버렸어요. 그는 개의치 않은 듯 조금 떨어진 채로 이번에는 맑고 명랑한 얼굴로 자기를 태우고 온 말에 대해 칭찬하더니 자기가 말을 훈련시킨 것과 그 즐거움에 대해 자세하게 말해 주는 거예요. 옛날 일들을 추억하다가 이야기는 그 작고 아름다운 상자로 옮겨갔지요. 그는 제가 그 상자를 가지고 있다는 걸 알고 있어서 보여달라고 했어요. 저는 그의 말을 들어주었습니다. 거절할 수가 없었어요. 그는 상자를 바라보면서 그것을 발견했을 때의 일을 자세히 말해 주었어요. 저는 그만 제가 열쇠를 가지고 있다는 사실을 입 밖에 내고 말았습니다. 그러자 그의 호기심은 극에 달하여 멀리서라도 좋으니 한 번만 보게 해달라고 졸랐습니다. 그처럼 절실하고 사랑스럽게 애원하는 사람은 다른 누구에게서도 본 적이 없어요. 그는 기도하듯 무릎을 꿇고 간청했어요. 불타는 눈길을 보내며 감미로운 말들로 애원하는데, 그게 정말 사랑스러운 거예요. 그래서 저는 또다시 넘어가고 말았지요. 저는 비밀의 열쇠를 멀리에서 보여주었습니다. 그런데 그가 재빨리 제 손을 잡아 열쇠를 낚아채고는 약 올리듯 옆으로 홱 비켜서더니 탁자 주위를 빙글 도는 거예요.

"상자나 열쇠는 아무래도 좋아요!" 그는 소리쳤습니다. "나는 당신의 마음을 열고 싶을 뿐이에요. 당신이 마음을 열고 나를 받아들여 날 안아주기를, 당신을 내 가슴에 안게 되기를 바랐을 뿐이라고요." 저는 그가 한없이 아름답고 사랑스러워 보였습니다. 그리고 제가 그에게 다가가려고 하자 그럴 때마다 탁자 위에 있는 상자를 자기 앞으로 끌어당겼어요. 이미 열쇠는 상자에 꽂혀 있었어요. 그는 열쇠를 돌리겠다고 으름장을 놓더니 정말로 끝내 돌려버렸어요. 열쇠는 겉으로 나와 있던 부분이 부러지면서 탁자 위로 떨어졌습니다.

저는 그보다 더할 수 없을 정도로 당황했습니다. 그는 제가 얼이 빠져 있는 틈을 타 상자는 놔두고 제게 달려들어 저를 껴안았어요. 저는 발버둥쳤지만 소용없었어요. 그의 눈이 제게 다가왔습니다. 사랑으로 불타는 눈에 비친 자신의 모습을 보는 것은 정말로 기쁜 일이에요. 그가 열렬히 제게 입맞췄을 때 저는 처음으로 그것을 보았던 거예요. 솔직히 고백하자면 저는 그의 키스에 응답해 주었습니다. 한 사람을 행복하게 만든다는 건 아주 기쁜 일이니까요. 그리고 저는 몸을 비틀어 뿌리쳤습니다. 우리 사이를 갈라놓고 있는 틈이 너무나도 뚜렷하게 보였어요. 제가 정신을 차리지 못하고 도를 넘어버렸던 거예요. 저는 화가 나서 그를 밀쳐버렸습니다. 도를 넘은 행동이 오히려 제게 용기와 분별력을 되찾게 해주었습니다. 저는 그를 으르고 꾸짖었어요. 두 번 다시 제 앞에 나타나지 말라고 명령했습니다. 그는 진지한 제 얼굴을 보고 그 말을 곧이곧대로 받아들였습니다. "좋아요! 그렇다면 나는 말을 타고 세상으로 뛰쳐나갈 거예요. 내가 죽어버릴 때까지!" 그는 말에 뛰어올라 달려나가 버렸어요. 아직도 저는 꿈을 꾸는 듯한 심정으로 상자를 챙기려 하였습니다. 열쇠의 절반은 부러진 채로 탁자 위에 놓여 있었습니다. 저는 이중 삼중으로 당황하여 어찌할 바를 몰랐습니다.

오, 남자들이여, 인간들이여! 그대들은 대체 왜 자손들에게 이성을 물려주려 하지 않는 건가요? 그처럼 많은 고역을 치르게 한 아버지만으로 족하지 않단 말인가요? 우리 여성들 마음을 흔들어놓고 헤어나올 수도 없게 하기 위해서 아들까지 필요했다는 건가요?

이 고백은 한동안 제 곁에 그대로 놓여 있었습니다. 그런데 앞서 말씀드린 일을 분명하게 밝혀주기도 하고 또 미궁으로 빠뜨리기도 하는 이상한 사태가 벌어져서 그에 대해 알려드리지 않을 수 없습니다.

큰아버지가 아주 소중히 여기시는, 금 세공사이자 보석상인 어느 나이 든 분이 찾아와 진귀한 골동품들을 꺼내 보여주었습니다. 저는 그 작은 상자를 가져오고 싶어졌어요. 그분은 부러진 열쇠를 살펴보고는 우리가 지금껏 모르고 지나쳤던 사실을 알려주었어요. 열쇠의 부러진 면이 까칠까칠하지 않고 미끈하다는 거예요. 부러진 끝과 끝을 맞춰보았더니 서로 딱 들러붙었습니다. 그분은 하나로 이어붙은 열쇠를 빼냈습니다. 열쇠는 두 부분이 자석처럼 붙어서 서로 꼭 끌어당기고 있었던 거예요. 그러니 그런 원리를 잘 알고 있는 사람이 아니면 상자를 열 수 없는 거죠. 그분이 상자에서 조금 떨어지자 상자 뚜껑이 튀어오르듯 열렸는데 그분은 얼른 뚜껑을 닫아 버렸습니다. 이런 비밀에는 손을 대지 않는 게 좋겠다고 그분은 말했습니다.

설명하기 힘든 제 상황을 다행히도 당신은 상상할 수 없을 거예요. 혼란 밖에 있는 사람이 어떻게 그 혼란을 이해할 수 있겠습니까. 의미심장한 작은 상자는 제 앞에 있고 열지 못하는 열쇠도 손에 쥐고 있습니다. 이 열쇠가 가까운 미래에 상자를 열어주기만 한다면 그때까지 저는 기꺼이 저 작은 상자를 열지 않은 채로 놔둘 것입니다.

저에 대해서는 한동안 걱정하지 마세요. 그러나 간절히 부탁하고 권하건대 부디 펠릭스를 찾아봐주세요. 그의 행방을 찾아내려고 여기저기로 사람을 보냈지만 헛일이었어요. 우리가 다시 만날 그날을 축복해야 할지 두려워해야 할지 저도 모르겠습니다.

드디어, 드디어! 심부름꾼이 빨리 보내달라 재촉하고 있습니다. 꽤 오랫동안 그를 여기에 붙잡아두었거든요. 이 심부름꾼에게 급보를 들려 방랑자들의 뒤를 쫓게 할 거예요. 그는 아마 그 사람들 가운데에서 당신을 찾아내겠지요. 그렇지 않으면 누군가가 길을 가르쳐줄 테죠. 그때까지 저는 마음을 가라앉힐 수 없을 거예요.

제18장

이제 작은 배는 무더운 한낮의 햇빛을 받으면서 강을 미끄러져 내려갔다. 산들바람이 더운 열기를 식혀주었고 양쪽의 완만한 강가는 단조롭지만 쾌적한 경관을 보여주고 있었다. 곡식밭이 강물 가까이에 있어 기름진 땅이 강줄기에 맞닿아 있었다. 세차게 흐르는 물줄기는 부드러운 땅을 때리면서 흙을 휩쓸어갔고, 제법 높고 가파른 비탈을 만들어냈다.

옛날에는 배를 끄는 길이 나 있었다던 가파른 비탈 끝을 한 젊은이가 말을 타고 달려오는 것을 빌헬름은 보았다. 체격이 좋고 씩씩하게 보이는 젊은이였다. 그러나 그 청년을 더 자세히 보려는 순간, 가장자리에 튀어나와 있던 풀밭이 무너져 내리면서 그 불행한 젊은이는 말과 함께 거꾸로 뒤집어진 채 강물 속으로 곤두박질쳤다. 앞뒤 가릴 여유도 없이 뱃사람들은 그 소용돌이치는 곳으로 쏜살같이 배를 저어가 순식간에 아름다운 희생자를 잡아올렸다. 그 사랑스러운 젊은이는 정신을 잃고 배에 누워 있었다. 노련한 뱃사람들은 잠시 생각한 뒤 강 한가운데에 생겨난 버드나무가 우거진 모래밭으로 배를 저어갔다. 그곳에 배가 닿자마자 다 함께 젊은이를 기슭으로 옮겨놓고 옷을 벗긴 뒤 몸을 닦아주었다. 이 모든 일이 눈 깜짝할 사이에 일사불란하게 이루어졌다. 그러나 살아 있다는 기색이 아직 보이지 않았다. 이 꽃 같은 젊은이는 그들의 팔에 안긴 채 축 늘어져 있었다!

빌헬름은 곧바로 수술용 메스를 잡고 팔의 혈관을 절개했다. 피가 엄청나게 솟아나왔다. 피는 넘실대며 밀려온 파도에 섞여 소용돌이치는 강물을 따라 흘러 내려갔다. 청년에게 생기가 되돌아왔다. 자애로운 이 구급의사가 붕대를 채 감기도 전에 젊은이는 벌써 기운을 차리고 일어나 빌헬름을 뚫어지게 바라보더니 소리쳤다. "제가 살아야 한다면 언제까지나 아버지와 함께 있을래요!" 아버지를 알아본 그는 아들을 알아본 구조자의 목에 매달려 슬프게 울었다. 이렇게 두 사람은 서로 부둥켜안고 서 있었다. 마치 카스토르와 폴리데우케스*45 형제가 저승과 이승의 갈림길에서 만났을 때처럼 말이다.

사람들은 펠릭스를 진정시켰다. 뱃사람들은 바지런하게도 듬성한 수풀과 나뭇가지 아래에 절반은 해가 들고 절반은 그늘이 진 쾌적한 잠자리를 마련했다. 더할 나위 없이 사랑스러운 이 젊은이는 바닥에 깔린 아버지의 외투 위에 드러누웠다. 갈색 고수머리는 벌써 말라 다시 곱슬곱슬해졌다. 그는 잔잔하게 미소짓고는 금세 잠들어버렸다. 빌헬름은 외투를 잘 감싸 덮어주면서 흡족하게 아들을 내려다보았다. "숭고한 신의 모습을 한 아이야, 너는 늘 새로 태어나리라!" 빌헬름은 외쳤다. "곧 다시 마음과 몸이 다쳐 상처 입을지라도." 펠릭스를 감싼 외투와 따스한 태양이 그의 온 몸을 부드럽게 녹여주었고 그의 볼은 차츰 건강한 붉은빛을 띠었다. 벌써 완전히 회복된 것 같았다.

부지런한 뱃사람들은 응급처치가 잘 이루어진 것을 기뻐했고, 보상도 후하게 받을 것 같아 미리부터 기대했다. 젊은이가 눈을 떴을 때 누구 앞에 나서더라도 부끄럽지 않은 단정한 모습으로 만들기 위해 뱃사람들은 뜨거운 모래사장 위에서 그의 옷을 거의 다 말려놓고 있었다.

마카리에의 문고에서*46

인생행로의 비밀을 밝히는 것은 허락되지 않은 일이며 가능하지도 않다.

---

*45 제우스 신과 레다 사이에서 태어난 쌍둥이 아들. 형인 카스토르가 죽자 동생인 폴리데우케스는 아버지에게 간청하여 하루씩 저승과 이승에서 살도록 허락받고 그 갈림길에서 형과 매일 만난다. 가장 친밀한 형제의 예로 사용되고 있다.

*46 이 잠언집도 〈떠돌이의 마음의 성찰〉과 마찬가지로 이 소설과 직접 연관이 없는 것처럼 보이지만 사실은 소설의 이해를 더욱 깊게 하고, 이 작품을 한층 더 폭넓게 해주고 있다.

그 길에는 어떤 여행자나 발이 걸려 넘어질 돌부리들이 있다. 그러나 시인이 그 자리들을 살짝 암시해 준다.

만약에 이 세상의 모든 지혜가 신 앞에서는 한낱 어리석은 것에 지나지 않는다면 일흔까지 애써 살 가치가 없을 것이다.

진리는 신과 닮아 있어서 직접 모습을 나타내지 않는다. 우리는 그 계시를 통해 진리를 추측하는 수밖에 없다.

참된 제자는 이미 알려진 것에서 미지의 것을 이끌어내어 발전시키는 방법을 배움으로써 스승에게 다가선다.

그러나 인간이 이미 알려진 것에서 미지의 것을 이끌어내기란 쉽지 않다. 왜냐하면 인간은 자신의 오성이 자연과 똑같은 원리로 작용한다는 것을 모르기 때문이다.

즉 신들은 우리에게 가장 신다운 고유의 활동을 모방하도록 가르치지만, 우리는 자신이 행한다는 사실만 알뿐 그것이 무엇을 모방한 행위인지 깨닫지 못하는 것이다.

모든 것은 동일하며 동일하지 않다. 모든 것은 유익하며 또한 해롭다. 말을 걸어오는가 하면 침묵을 지키고, 이성적인가 하면 비이성적이다. 이렇게 인간이 개개의 사물에 대해 인정하는 것은 자주 모순된다.

그것은 인간이 스스로에게 법칙을 부과하면서도 무엇에 법칙을 부과했는지는 모르기 때문이다. 그러나 자연의 질서는 모두 신들이 세운 것이다.

인간이 세운 것은 옳든 그르든 어딘지 딱 들어맞지 않는다. 그러나 신들이 세운 것은 옳든 그르든 언제나 제자리를 잡고 있다.

하지만 나는 잘 알려진 인간의 기술들이 공공연히 또는 비밀리에 일어나는 자연의 사건과 같은 것임을 지적하고 싶다.

예언술이 바로 그와 같다. 그것은 공공연한 것에서 숨겨진 것을, 현재의 것에서 미래의 것을, 죽은 것에서 살아 있는 것을, 그리고 의미가 없는 것의 의미를 인식하는 것이다.

이런 것을 잘 알고 있는 사람은 언제나 인간의 본성을 올바르게 인식하며, 이것을 알지 못하는 사람은 인간의 본성을 이러니저러니 여러 가지로 해석한다. 모든 사람은 저마다 나름의 방식으로 인간의 본성을 모방한다.

남자와 여자가 만나 아이가 태어난다면 그것은 이미 알려진 것에서 미지의 것이 탄생하는 것이다. 이와는 반대로 아이의 몽롱한 정신이 점점 사물을 명확히 깨닫게 되면서 아이는 어른이 되며, 현재의 것으로부터 미래의 것을 인식하는 법을 배운다.

불멸의 것을 죽게 마련인 생명체와 비교할 수는 없다. 그러나 그저 살아 있기만 한 것에도 지각은 있다. 그러므로 위(胃)는 배고프거나 갈증을 느낄 때 그것을 너무나 잘 안다.

예언술과 인간 본성의 관계가 그러하다. 통찰력이 있는 자에게는 둘 다 언제나 옳다. 그러나 편협한 자에게는 이렇게 보이기도 하고 저렇게 보이기도 하는 것이다.

대장장이는 쇠를 불에 달구어 쓸데없는 성분을 제거하고 쇠를 부드럽게 한다. 그렇게 하여 쇠에서 불순물이 없어지면 망치로 두드려서 단련시킨다. 그리고 물이라는 이질적인 자양분에 의해 다시 강해진다. 이와 같은 일이 인간에게도 스승으로부터 배움으로써 이루어진다.

지성의 세계를 눈여겨보고 참된 지성의 아름다움을 깨달을 수 있는 사람이라면 또한 모든 감각을 초월하는 아름다움의 아버지를 인지할 것임을 우리는 확신한다. 그러므로 우리는 어떻게 하면 정신과 세계의 아름다움을 직관할 수 있는지 힘 닿는 데까지 통찰하려 하며 그런 것들이 뚜렷해지면 우리 자신을 위해 그것을 표현하고자 애쓰는 것이다.

여기에 두 개의 돌덩어리가 나란히 놓여 있는데 그중 하나는 예술적으로 가공되어 있지 않은 자연 그대로이고, 또 하나는 예술에 의해 인간 또는 신의 형상으로 만들어져 있다고 가정해 보자. 만약 신의 형상을 담은 돌이라면 우아미(優雅美)의 세 여신이나 뮤즈를 표현하면 좋을 것이고, 인간의 형상을 담았다면 어느 특정한 인물이 아니라 오히려 예술이 모든 아름다운 것을 집대성하여 만든 하나의 인간상이어야 할 것이다.

예술에 의해 아름다운 형상으로 만들어진 돌은 여러분에게 금세 아름답게 보일 것이다. 그 이유는 그것이 돌이어서가 아니라 예술이 그 돌에 하나의 형상을 불어넣었기 때문이다. 단지 돌이라서 아름답게 보이는 거라면 다른 돌덩어리도 마찬가지로 아름답게 보여야 할 것이다.

돌이라는 질료가 이런 형상을 지니고 있었던 것은 아니다. 그 형상은 돌에 새겨지기 전에 그것을 고안한 예술가 안에 이미 존재했었다. 그러나 그 형상이 있었던 것은 그에게 눈과 손이 있기 때문이 아니라 그가 예술적 재능을 지니고 있었기 때문이다.

그러므로 예술 그 자체에는 훨씬 더 위대한 아름다움이 있었던 것이다. 왜냐하면 예술 속에 존재하는 아름다움의 형태가 돌에 스며드는 것이 아니라 그 아름다움은 그대로 예술 안에 머물러 있고 그와는 별개로 한 단계 낮은 차원의 아름다움이 나타나는 것이다. 아름다운 형상은 순수하게 그 아름다움에 머물러 있지 않으며 예술가가 바란 형태로 나타나지도 않는다. 아름다움은 소재가 예술의 명령에 따르는 범위 내에서 나타나는 것이다.

그런데 예술이 존재하고 소유하고 있는 것도 나타낸다면, 그리고 언제나 그 행동의 규범으로 삼는 이성에 따라 아름다움을 나타낸다면 그런 예술은 외부로 드러나 있는 어떤 것보다 더 많이 더 진실하게, 그리고 완전한 의미에서 예술 그 자체의 위대하고 빼어난 아름다움을 소유하고 있는 것이다.

형식이 소재 속으로 흘러들어가면 빠르게 확장되어버리기 때문에 예술이라는 유일자 속에 머물러 있는 형식보다 약해진다. 거리를 두는 힘을 지닌 것은 본디의 자신으로부터 멀어져 간다. 강함은 강함으로부터, 열은 열로부터, 힘은 힘으로부터 멀어지듯 아름다움은 아름다움으로부터 멀어진다. 그러므로 작용하는 것은 작용을 받는 것보다 더 우수하지 않으면 안 된다. 왜냐하면 비음악적인 것이 음악가를 만들어내는 것이 아니라 음악이 음악가를 만들어내며, 감각을 초월한 음악이 감각을 지닌 음을 통해 음악을 만들어내기 때문이다.

그러나 만약 누군가가 예술이 자연을 모방한다고 해서 예술을 멸시한다면 그에 대해서는 이렇게 대답할 수 있겠다. 자연 또한 다른 많은 것들을 모방하고 있으며 더 나아가 예술은 우리가 눈으로 보는 것을 그대로 모방하는 게 아니라 자연의 본질이자 규범인 저 이성적인 것으로 되돌아가는 것이라고 말이다.

또한 예술은 자신으로부터 많은 것들을 만들어내며, 한편으로는 자신 안에 아름다움을 지니고 있음으로써 아름다움이 완전하지 않을 때 이를 보충한다. 이런 식으로 페이디아스*⁴⁷는 감각적으로 눈에 보이는 것을 모방한 게 아니라 만약 제우스가 우리 눈앞에 나타났다면 그렇게 보였을 모습을 감각 속에 포착하여 제우스 신의 형상을 만들 수 있었던 것이다.

고대 및 근대 관념론자*⁴⁸들이 모든 것이 그로부터 나오고 다시 되돌아가

---

*47 기원전 5세기 그리스 조각가. 올림피아의 제우스 신전에 있는 제우스 상(像)은 그의 주요 작품 가운데 하나이다.
*48 '고대 및 근대 관념론자들'로 시작하는 이 세 줄은 괴테가 신플라톤주의 철학자인 프로티노스에게 반론을 제기한 것이다.

는 유일자를 마음에 새기라 강조한다고 해서 그들을 탓할 수는 없다. 왜냐하면 생명을 주고 질서를 세워주는 원리가 현상계 안에서 거의 구제할 수 없을 만큼 압박을 받고 있는 것은 사실이기 때문이다. 그러나 만약 우리가 형식을 부여하는 것이나 고차원적인 형식 자체를 우리의 내적, 외적 감각 앞에서 사라지는 단일체로 환원시켜버린다면 우리는 또 다른 면에서 우리 자신을 제약하게 된다.

우리 인간은 확장과 운동에 의지하고 있다. 이 두 개의 일반적인 형식 속에서 다른 모든 형식들, 특히 감각적인 형식들이 나타난다. 그러나 정신적인 형식은 현상으로 나타날 때 결코 제약을 받지 않는다. 다만 그것이 참된 계속적인 생산이라는 전제 아래 나타날 때 그렇다는 것이다. 생산되는 것이 생산하는 것보다 떨어지지는 않는다. 오히려 생산되는 것이 생산하는 것보다 더 뛰어날 수 있다는 것이 활기찬 생산의 훌륭한 점이다.

이에 대해 더 자세히 설명하고 완전하게 구체화시키는 것은, 더 나아가 철저하게 실천적인 것으로 만드는 일은 중요한 의의를 가진다. 그러나 너무 장황한 설명은 듣는 이에게 지나친 주의를 요구하게 될 것이다.

아무리 내던져버리려고 해도 본디 타고난 것으로부터 벗어날 수는 없다.

서쪽 이웃나라의 최신 철학*49은, 인간이란 아무리 의지대로 행동을 해도 언제나 그 천성으로 되돌아가며 모든 국민도 마찬가지라는 것을 증명하고 있다. 천성이 인간의 본성과 삶의 방식을 규정하고 있는 이상, 달리 도리가 없지 않은가.

프랑스인들은 유물론을 버리고 존재의 근원에게 더 많은 정신과 생명이 깃들어 있음을 인정했다. 그들은 감각론에서 벗어나 인간 본성이 그 깊은 곳

---

*49 프랑스 철학자 쿠쟁(1792~1867)의 절충주의를 가리킨다. 쿠쟁은 관념론과 회의주의, 신비주의 등에서 옳다고 생각하는 몇몇 요소를 빼내었고 괴테는 마카리에의 잠언을 빌려 그에 대해 지적하고 있다.

에 스스로를 발전시킨다는 사실을 받아들였다. 그들은 이 발전 속에 생산적인 힘이 있음을 인정했으며, 모든 예술을 지각된 외부의 모방이라고 설명하려 하지는 않는다. 그들이 이런 방향을 계속 고수하기를 바란다.

절충적인 철학은 있을 수 없지만 절충적인 철학자는 있을 수 있다.

자기 주위의 것과 주위에서 일어나는 것으로부터 자신의 본성에 맞는 것을 받아들이는 사람은 누구나 절충주의자이다. 그리고 이론적으로 말하든 실제적으로 말하든 교양 또는 진보라고 부르는 것은 모두 이런 의미로 널리 쓰이고 있다.

따라서 서로 반대되는 본성을 지니고 태어난 두 절충주의 철학자가 전해 내려온 모든 철학 중에서 자신에게 적합한 것을 취했다고 한다면 그들은 서로에게 최대의 논적(論敵)이 될 것이다. 주위를 한번 둘러보라. 그러면 모두가 이런 방식으로 행동하고 있고, 바로 그렇기 때문에 다른 사람을 자기 의견에 동조하게 만들 수 없다는 사실을 깨닫지 못하고 있음을 발견하게 될 것이다.

인간이 나이가 들어, 스스로 역사적 존재가 되는 일은 거의 없다. 그리고 동시대를 살아가는 사람들이 역사적 존재가 되어서 더 이상 누구와 논쟁하고 싶지도 않고 또 논쟁할 수도 없게 되는 것 또한 몹시 드문 일이다.

더 자세히 들여다보면 역사가에게도 역사 자체는 쉽게 역사적인 것이 되지 않는다는 것을 알 수 있다. 왜냐하면 그때그때 역사를 서술하는 사람은 언제나 자신이 그때 그곳에 있었던 것처럼 쓸 뿐, 그 전에 무슨 일이 있었는지, 그때 무엇이 민심을 움직였는지에 대해서는 쓰지 않기 때문이다. 연대기 필자도 정도의 차이는 있지만 자신의 일을 기록하는 것으로 한정시키고, 그가 사는 도시와 수도원 그리고 그 시대의 특징을 암시하는 데에 그칠 뿐이다.

사람들이 자주 반복하곤 하는 옛날 사람들의 갖가지 격언들은 후세의 사람들이 부여하고자 하는 것과는 전혀 다른 의미를 가지고 있었다.

기하학을 모르는 사람, 기하학과 상관없는 사람은 철학의 문으로 들어서면 안 된다는 말은 철학자가 되려면 먼저 수학자여야 한다는 것을 뜻하지는 않는다.

여기서 기하학은 유클리드가 제시한, 초보자라면 누구나 가장 먼저 배우게 되는 기하학의 기초를 말한다. 그러나 이것은 철학으로 가는 완벽한 준비이자 그 자체로 철학에의 입문이다.

눈에 보이지 않는 점(點)이 눈에 보이는 점에 선행해야 한다는 것과 두 점 사이의 최단 거리는 직선이라는 것을 연필로 긋지 않고도 이해하기 시작하면 소년은 어떤 자부심과 쾌감을 느낄 것이다. 그것은 당연한 것이다. 왜냐하면 소년에게는 모든 생각의 원천이 열려 있었으며 이념과 실현된 것, 즉 '힘과 운동'*50이 명확해졌기 때문이다. 철학자가 그에게 새로운 것을 가르쳐주는 것이 아니다. 기하학자는 기하학자로서 이미 모든 생각의 근본을 깨닫고 있었던 것이다.

그러면 '너 자신을 알라'라는 의미심장한 말을 생각해 보자. 우리는 이것을 금욕적인 의미로 해석해서는 안 된다. 이것은 근대의 우울증 환자들이나 해학가들, 자학하는 사람들이 말하는 자기인식을 의미하는 것은 결코 아니다. 이 말의 의미는 매우 단순하다. 어느 정도 너 자신에게 주의를 기울이고 너 자신에 대해 알라, 그렇게 하면 네 곁의 사람들이나 세상과 너의 관계를 알 수 있을 것이라는 말이다. 이를 실천하기 위해 심리적인 고뇌 같은 것은 할 필요가 없다. 웬만한 인간이면 누구나 이 말의 의미를 알고 있으며 경험도 하고 있다. 누구에게나 이것은 실천하는 데 도움이 되는 충고이다.

인간들이여, 고대 소크라테스학파의 위대함을 생각해 보라. 그들은 모든

---

*50 철학에서 힘이란 자기, 타자, 타물에 작용하는 '가능성'을 말하며 운동은 존재하는 모든 것의 양적·질적 변화를 가리키는데 여기서는 '현실화'를 뜻한다.

생활과 행위의 근본, 그리고 규범을 언제나 유념하며, 허무한 생각이 아닌 삶의 실천으로 사람들을 이끈다.

이제 학교 교육이 끊임없이 고대를 지향하며 그리스어와 라틴어 공부를 장려한다면 우리는 더 높은 문화를 구축하기 위해 필요한 이런 공부가 결코 후퇴하지 않으리라고 믿고 축복할 수 있다.

왜냐하면 우리가 자신의 교양을 쌓아나가겠다는 의지를 갖고 진지하게 고대를 마주 바라본다면 비로소 우리는 진정한 인간에 다가가는 느낌을 받을 수 있기 때문이다.

학교 교사는 라틴어를 쓰고 말함으로써 평소 자신이 생각하는 것보다 스스로를 훌륭하고 고귀한 존재로 여기게 된다.

문학이나 미술 같은 예술 창작을 이해하는 감수성을 가진 사람이 고전예술과 마주하면, 매우 상쾌한 정신적 자연 상태에 놓여 있는 자신을 느끼게 된다. 오늘날까지도 호메로스의 시(詩)는 수천 년 전통이 우리에게 떠안긴 무거운 짐을 우리가 잠시나마 벗게 해주는 힘을 갖고 있다.

인간이 어느 정도 자기 자신을 깨닫게 하기 위해 소크라테스가 도덕적인 인간을 불러들였듯이 플라톤과 아리스토텔레스 또한 그 자격을 갖고 자연 앞으로 나아갔다. 플라톤은 정신과 감성으로 자연과 하나 되기 위해, 아리스토텔레스는 탐구자의 눈빛과 방법으로 자연을 자기에게 끌어들이기 위해서 말이다. 이와 같이 전체에서나 개개에서 우리가 이 세 사람의 방식에 다가갈 수 있다면 언제든 그것은 더없이 기쁜 일이며, 우리와 같이 교양을 북돋워주고 있음이 확실히 나타나고 있다.

근대 자연과학의 한없는 다양성과 세분화 및 혼란에서 벗어나 단순함으로 돌아가기 위해 우리는 늘 스스로에게 물어보아야 한다. 근본적으로 통일성을 갖고 있음에도 점점 더 다양성을 보이고 있는 오늘날의 자연에 대해 플라톤은 과연 어떤 반응을 보였을 것인가 하고.

우리는 플라톤과 같은 방법으로 유기적 일체가 되어 인식의 마지막 갈림 길에 다다른다. 그리고 그 뿌리부터 하나하나 지식의 정상을 쌓아 확립해 나가리라 믿어 의심치 않는다. 우리가 유익함을 멀리하지 않고 유해함을 받아들이려 하지 않는다면, 우리는 시대의 움직임이 우리에게 어떻게 도움을 주고 또 어떻게 방해를 하는지 늘 검토해 보아야 한다.

사람들은 18세기가 주로 분석에 치중한 시대였음을 예찬한다. 이제 19세기에 남겨진 과제는 잘못된 종합명제들을 밝혀내고 그 내용을 새로이 분석하는 일이다.

참된 종교는 오직 둘뿐이다. 하나는 우리 내면과 주위에 존재하는 성스러운 것을 아무런 형식 없이 인정하고 숭배하는 것이고 또 하나는 이를 가장 아름다운 형식으로 인정하고 숭배하는 것이다. 이 두 가지를 제외한 모든 것은 우상숭배이다.

인간이 종교개혁을 통해 정신적 해방을 도모했음은 부정할 수 없다. 그리스·로마 같은 고대문화에 대한 깨달음은 더 자유롭고 우아하며 멋스러운 생활을 염원하고 동경하는 마음을 불러일으켰다. 이 깨달음에는 단순한 자연 상태로 돌아가기를 바라며, 이에 상상력을 집중하고자 한 인간의 마음이 적지 않은 영향을 미쳤다.

어느 날 갑자기 하늘에서 모든 성자가 추방되었다. 그리고 어린아이를 품은 성스러운 어머니에 의해 우리의 감각과 사상과 심정은 도덕을 행하며 부당한 고통을 받는 그분에게 향했다. 그분은 뒷날 신으로 모습이 바뀌어 참된 신으로 인정받고 경배받았다.

그는 창조주가 만든 만물 앞에 섰다. 그로부터 어떤 영적인 힘이 나와, 사람들은 그의 수난을 본보기 삼아 자신의 것으로 만들었다. 이리하여 그의 신격화는 영원한 존속을 위한 하나의 약속이었다.

숯불 향내음이 생명을 신선하게 하듯, 기도는 희망을 신선하게 한다.

나는 확신한다. 성서는 알면 알수록 한층 더 훌륭한 것이 된다고 나는 확신한다. 우리는 성서를 일반적으로 이해하며 모든 말을 저마다 자기에게 맞춰 생각한다. 그 말들이 어떤 상황이나 때와 장소에 따라 독자적이고 특수하며 직접적이고 개인적인 연관성을 가진다는 사실을 통찰하고 직관할수록 성서는 더 훌륭해진다는 말이다.

잘 생각해 보면 꼭 종교적인 의미가 아니라도 우리는 매일 스스로를 개혁하고 다른 사람에게 저항해야 한다.

우리가 본 것과 느낀 것, 생각하고 경험한 것, 상상한 것, 그리고 이치에 맞는 것. 이 모든 것이 가능한 말과 잘 일치하도록 우리는 매일같이 되풀이되는 피할 수 없는 노력에 진지하게 임하고 있다.

겪어보면 누구나 알겠지만, 이는 생각보다 훨씬 어려운 일이다. 유감스럽게도 말이란 인간에게 대용품에 지나지 않기 때문이다. 대부분 인간은 말로 표현하기보다는 생각하기를 잘하며 말하고자 하는 바를 더 잘 알고 있다.

그러나 우리는 정직하고 깨끗한 마음으로 자신과 다른 사람에게 찾아오거나 일어날지도 모르는 잘못이나 부적절한 일, 그리고 불충분한 일들을 가능한 한 없애기 위해 끊임없이 노력해야 한다.

나이를 먹을수록 시련도 많아진다.

도덕적이기를 포기해야 할 때 나에게는 이미 어떠한 권력도 없다.

언론의 자유와 검열의 싸움은 계속될 것이다. 권력자는 검열을 요구하며 이를 실행하고, 힘없는 사람들은 언론의 자유를 요구한다. 권력자는 성가신 반대소동이 자신의 계획과 활동을 방해하지 않고 복종하기를 원한다. 권한이 없는 사람들은 불복종을 정당화하기 위해 그들 나름의 근거를 주장하려 한다. 어느 쪽이든 우리는 이런 일이 어디서나 일어나고 있음을 알 수 있다.

그러나 이 경우도 주목해야 할 것은 약자, 즉 고통받는 쪽도 그들 나름대로 언론의 자유를 억압하려 한다는 사실이다. 바로, 그들이 공모하여 폭로당하지 않으려는 경우가 이에 속한다.

사람은 결코 기만당하지 않는다. 스스로를 기만할 뿐이다.

우리가 필요로 하는 말은 유년기와 어린아이의 관계같이 민중과 민(民)의 관계를 나타내는 말이다. 교육자가 귀를 기울여야 하는 것은 어린아이가 아니라 유년기이다. 입법자나 통치자 또한 민중이 아닌 민의 소리에 귀를 기울여야 한다. 민중은 언제나 변함없이 이성적이고 순수하며 진실하다. 민은 그저 바라기만 할 뿐 진정 자기가 원하는 것이 무엇인지는 모른다. 이런 의미에서 법률은 민의 의지를 일반적으로 표명할 수 있으며 그래야만 한다. 민중은 결코 표명하지 않는 이 의지를 분별 있는 자가 알아듣고, 분별 있는 자는 이를 충족시킬 줄 알며 선한 자는 기꺼이 받아들인다.

우리는 우리가 무슨 권리로 지배하는가, 이에 대해 문제 삼지 않는다. — 우리는 다만 지배할 뿐이다. 민중에게 우리를 파면할 권리가 있는지 없는지에 대해서도 우리는 개의치 않는다. —다만 민중이 그런 유혹에 빠지지 않도록 경계할 뿐이다.

만약 죽음을 없앨 수 있다면, 우리는 이에 대해 아무런 반대도 하지 않으리라. 그러나 사형제도의 폐지는 오래 가지 못할 것이다. 그렇게 되면 우리는 때때로 다시 사형제도를 만들어야 할 것이다.

사회가 사형제도를 제정하는 권리를 포기하면, 바로 자구책이 등장한다.

피의 복수가 문을 두드리는 것이다.

모든 법률은 노인과 남자들이 만들었다. 젊은이와 여성은 예외를 바라지만 노인은 규칙을 바란다.

지배하는 것은 지성적인 인간이 아니라, 지성이다. 이성적인 인간이 아닌 이성이다.

누군가를 칭찬하는 일은 자신을 그 사람과 같은 자리에 올려놓는 일이다.

아는 것만으로는 충분하지 않다. 응용할 줄도 알아야 한다. 원하는 것만으로는 충분치 않다. 실천도 해야 한다.

애국적 예술이나 애국적 학문이란 있을 수 없다. 고상하고 훌륭한 모든 것이 그렇듯 예술과 학문은 온 세계의 것이다. 그리고 이 둘은 동시대에 살고 있는 사람들의 일반적이고 자유로운 상호작용에 의해서, 또 과거가 우리에게 남기고 알려준 것을 끊임없이 생각함으로써 촉진되는 것이다.

모든 학문은 늘 삶에서 멀어지기 마련이며, 오직 우회로를 통해서만 삶으로 되돌아온다.

왜냐하면 학문이란 본디 삶을 모아 엮은 책이기 때문이다. 학문은 내적·외적 경험을 보편적인 것으로 만들어 하나의 연관성으로 묶어준다.

학문에 대한 관심은 결국 하나의 특수한 세계, 즉 학문의 세계에서만 생겨난다. 따라서 요즘처럼 다른 세계 사람들까지 불러들여 학문을 알리는 것은 학문의 남용이며, 이득보다는 오히려 해를 끼치게 된다.

학문은 고도의 실천을 통해서만 외부에 작용해야 한다. 왜냐하면 본디 학문은 비교적(祕敎的)인 것이며, 세계를 개선하는 어떤 실천을 통해 비로소 일반 공공물이 될 수 있기 때문이다. 이 밖의 다른 개입은 모두 무의미하다.

학문은 그 좁은 전문분야에서 바라보아도 그때그때 순간적 흥미에 따라 논해진다. 강렬한 충격, 특히 지금껏 들어본 적 없는 새로운 것이나 적어도 눈에 띄게 촉진된 것이 주는 강한 자극이 많은 관심을 모으고 있다. 이런 관심은 몇 년씩 지속되며 특히 최근에는 큰 성과를 올리고 있다.

중요한 사실이나 천재적인 착상은 많은 사람을 움직이게 한다. 처음은 단지 그것을 알기 위해서, 다음은 그것을 인식하기 위해서, 그리고 그것을 발전시키기 위함이다.

어떤 중요한 현상이 일어날 때마다 대중은 그것이 무슨 쓸모가 있는지를 묻는다. 그들이 틀린 것은 아니다. 대중은 오직 효용에 의해서만 가치를 판단하기 때문이다.

참된 현자는 그 자체가 어떠하며 다른 것과의 관계가 어떠한지를 물을 뿐, 실리에는 관심이 없다. 다시 말해 이미 알려진 것이나 실생활에 필요한 것에 응용할 수 있는지 관심을 갖지 않는다. 그런 응용법은 분명 전혀 다른 정신의 소유자, 즉 명민하고 생활을 즐기며 노련한 사람들이 발견할 것이다.

가짜 현자들은 새로운 발견이 있을 때마다 가능한 빨리 자신에게 이로운 것을 뽑아내려 한다. 넓히거나 보강하고 개량함으로써 그들은 재빨리 그것을 차지하려 하고, 경우에 따라서는 선점해서까지 헛된 명성을 얻으려 애쓴다. 그들은 이런 미숙한 행위로 참된 학문을 모호하게 만들어 혼란을 야기할 뿐만 아니라, 학문의 가장 훌륭한 성과라 할 수 있는 실천적 효용의 꽃까지 시들게 한다.

가장 해로운 편견은 어떤 종류의 자연연구를 추방할 수 있다는 생각이다.

모든 연구자는 자신을 배심원으로 간주할 필요가 있다. 진술이 얼마만큼 완전하며 얼마만큼 명확한 증거로 논의되고 있는가, 그는 이 점에만 주의하면 된다. 그리고 자신이 갖고 있는 확신을 정리하여 투표한다. 자기 의견이 진술자 의견과 일치하는가는 문제가 되지 않는다.

이때 그는 다수 의견에 속하든 소수 의견에 속하든 침착할 수 있다. 왜냐하면 그는 자기 의무를 다했으며 끝까지 자기 신념을 표명했기 때문이다. 그는 다른 이의 정신은 물론 심정을 지배하고 있는 것도 아니다.

그러나 이런 사고방식은 학계에서 지금껏 한 번도 통용된 적이 없다. 다른 이 위에 서서 그들을 지배하는 것만이 목표. 독자적인 생각을 가진 인간은 매우 적기 때문에 다수는 언제나 개개인을 자기 쪽으로 끌고 간다.

철학과 학문 그리고 종교의 역사는 모두 집단적으로 퍼져나가는 의견이 보다 더 이해하기 쉬움을 나타낸다. 말하자면 사람이 평소 적당하고 편안하게 이해할 수 있는 생각이 언제나 우위를 차지한다는 것이다. 뿐만 아니라, 보다 높은 의미의 공부를 해온 사람이라면 다수를 적으로 돌리게 되는 것을 늘 유념하고 있어야 한다.

생명이 없던 태초에 자연이 그토록 철저하게 입체적이 아니었다면, 어떻게 마지막에 헤아릴 수도 측정할 수도 없는 생명에 이르렀을까?

건강한 감각을 사용하는 한 인간은 그 자체로 세상에 존재할 수 있는 가장 위대하고 정밀한 물리학적 장치이다. 따라서 인간이 실험에서 멀어지고 오로지 인공기구가 나타내는 것으로만 자연을 인식하며, 뿐만 아니라 자연이 행할 수 있는 것을 제한하고 증명하려는 것이야말로 근대 물리학 최대의 불행이라 아니할 수 없다.

계산 또한 마찬가지다. —확실한 실험으로 가져갈 수 없는 진리가 많이 있듯이 계산으로 끌어낼 수 없는 진리도 많이 있는 법이다.

그러나 인간은 계산으로 나타낼 수 없는 높은 위치에 서 있기 때문에 달리 표현될 수 없는 어떤 것도 인간 안에서는 표현된다. 음악가의 귀에 비해 한 개의 현(弦)이나, 현의 기계적 배분에 대체 무슨 의미가 있겠는가? 자연 그 자체의 기본 현상들도 인간에 비교하면 무슨 의미가 있겠는가? 인간은 이런 현상을 모두 제어하고 수정하여 조금이나마 그 현상을 자신에게 동화시킬 수 있지 않은가.

하나의 실험에 모든 것을 해내라는 것은 너무 무리한 요구다. 전기도 처음 에는 마찰을 통해서만 일으킬 수 있었지만 지금은 단지 접촉하는 것만으로 최고의 전기적 현상도 만들어낼 수 있지 않은가.

프랑스어가 궁중어·국제어로서 점점 세련미를 더하며 그 역할을 다하는 그 훌륭함에는 아무도 반론을 제기하지 않는다. 마찬가지로 수학자의 공적 을 낮게 평가하려는 사람도 없을 것이다. 수학자들은 그들의 말로 아주 중요 한 문제를 논하며 세상을 위해 공적을 세운다. 말하자면 그들은 가장 높은 의미에서 숫자와 척도에 따른 모든 것을 규제하고 규정하며 결정하는 법을 터득하고 있는 것이다.

생각하는 사람이라면 누구나 달력을 보고 시계를 보며 이런 편리함은 누 구 덕분인지를 떠올릴 것이다. 그런 편리함이 때와 장소에 맞는 역할을 하며 사람들이 그들에게 경의를 갖게 된다면, 사람들은 아득한 시공을 넘어 만인 의 무언가를 깨닫게 될 것이다. 그것 없이는 수학자 자신도 아무것도 할 수 없고 활동할 수도 없는 것, 즉 이념과 사랑이다.

"누가 전기를 조금이나마 이해할까?" 어떤 쾌활한 자연과학자가 말했다. "어둠 속에서 고양이를 어루만지거나 곁에서 천둥번개가 칠 때가 아니면 그 는 전기에 대해 얼마나 이해하고 있을 것인가?"
그렇다면 그는 전기 현상에 대해 과연 얼마나 많이 이해하고 있을까? 아 니, 너무 모르고 있는 것은 아닐까?

리히텐베르크*51의 저서를 우리는 이를 데 없이 멋진 마법의 지팡이로 쓸 수 있다. 즉 그가 뭔가 농담을 하면 거기에는 반드시 어떤 문제가 숨어 있다.

화성과 목성 사이의 광활한 우주공간에 대해서도 리히텐베르크는 쾌활한 착상을 떠올렸다. 이 두 행성이 이들 공간에만 발견되는 물질을 모두 흡수하고 자기 것으로 만들었음을 칸트가 면밀하게 증명했을 때 리히텐베르크는 특유의 농담 섞인 말투로 이렇게 말했다. "왜 눈에 보이지 않는 천체가 있으면 안 되는 거지?" 그의 이 말은 완전한 진리가 아니었을까? 새로 발견된 행성들은 몇몇 천문학자들을 제외하고 세상 누구의 눈에도 보이지 않지만 우리는 그들의 말과 계산을 믿을 수밖에 없지 않은가?

새로운 진리도 오래된 오류와 마찬가지로 해롭다.

사람들은 현상을 만들어내는 끝없는 조건들에 억눌려, 그 조건의 근본인 한 가지를 깨닫지 못한다.

"여행자는 등산에 큰 기쁨을 느끼지만, 나는 그 정열이 어딘지 야만적이고 아니 신성모독이라는 생각까지 든다. 산은 우리에게 자연의 위력을 가르쳐 줄지언정 신의 섭리의 감사함을 가르쳐 주지는 않는다. 도대체 산이 인간에게 무슨 도움이 된다는 말인가? 산에서 살아가려면 겨울 눈사태나 여름 산사태에 집이 파묻히거나 떠내려가 버린다. 가축은 급류에 휩쓸리고 돌풍이 곡식창고를 날려버릴 것이다. 오르막길에는 시시포스*52의 괴로움이 따르고 내리막길은 화산이 붕괴하듯 곤두박질쳐야 한다. 오가는 좁다란 길은 날마다 돌에 파묻히고, 계곡의 급류는 배를 타고 다닐 수도 없다. 몇 안 되는

---

*51 독일 물리학자이자 저술가(1742~99). 자연과학과 통속철학에 관한 평론을 발표하여 계몽적인 역할을 했다.

*52 그리스 신화 속 코린트의 왕으로서 제우스를 속인 죄로 지옥에 떨어져 바위를 산 위로 밀어올리는 벌을 받았는데, 그 바위는 산꼭대기에 이르면 다시 아래로 굴러 떨어지기 때문에 영원히 이 일을 되풀이해야 했다.

가축들은 먹잇감을 간신히 찾아내거나 주인이 근근이 모아다 준다 해도 사나운 짐승이나 자연이 무서운 힘으로 앗아가 버린다. 인간은 묘비에 붙어 있는 이끼처럼 고독하고 초라한 식물처럼 살아야 한다. 쾌적하지도 않고 친구들과 어울리는 즐거움도 없다. 게다가 이 삐죽한 산등성이, 소름끼치는 암벽, 흉물스러운 화강암의 피라미드가 더할 나위 없이 아름답게 펼쳐진 세계를 북극의 무서움으로 뒤덮고 있는 것이다. 선량한 사람이라면 어찌 이를 기뻐하며, 인간애를 가진 사람이라면 어찌 이를 찬양할 수 있겠는가!"[*53]

어느 존경하는 사람의 이런 재미있는 역설에 대해 우리는 다음과 같이 말할 수 있을 것이다. 누비아 지방 원시산맥의 기점을 서쪽으로 대양까지 뻗게 하고 나아가 산맥을 두세 번 북에서 남으로 자르는 것이 신과 자연의 의도였다고 하자. 그러면 그때 생긴 여러 골짜기에 아브라함이나 알베르트 율리우스[*54] 같은 사람이 가나인이나 펠젠부르크 섬과 같은 땅을 발견해 후손들도 밤하늘의 별 못지않게 자자손손 대를 이어갈 수 있지 않을까.

돌은 말 없는 교사이다. 돌은 관찰자를 침묵케 한다. 돌에서 배우는 가장 훌륭한 것은 다른 이에게 전할 수 없다.

내가 정말로 알고 있는 것은 나 자신만 알고 있는 것이다. 입 밖으로 내뱉는 말이 잘되는 일은 거의 없으며 대개는 반론과 정체를 불러일으킬 뿐이다.

결정학(結晶學)은 학문으로서 우리에게 매우 독자적인 생각의 계기를 준다. 그것은 생산적이 아닌 학문 그 자체이며, 어떤 결실도 만들어내지 않는다. 특히 내용물은 전혀 다른데 같은 형태의 결정체가 수도 없이 발견되는 오늘날에는 더욱 그렇다. 결정학은 본디 어디에도 응용할 방법이 없어 고도

*53 요한 고트프리트 슈나벨(1692~1760)의 소설 《펠젠부르크 섬》에서 인용된 부분이다. 이 작품은 몇몇 항해자들이 유럽에서의 박해와 고난의 기이한 운명을 겪고 난 뒤 펠젠부르크 섬에 정착하여 유토피아적 공동체를 꾸려나가는 이야기이다.
*54 앞에 언급한 슈나벨의 소설에서 펠젠부르크 섬 공동체의 창설자인 동시에 족장이기도 한 인물이다.

의 독자적 발달을 이룩했다. 결정학은 정신적으로 얼마쯤 제한된 만족감을 주며 세부적으로는 하나하나 이름을 다 들 수 없을 만큼 다양하다. 훌륭한 사람들이 이 학문에 끌려 오래도록 매달리고 있는 것도 바로 이 때문이다.

결정학은 어딘지 수도사와 늙은 독신자 같은 부분이 있어 자기만족적이다. 삶에 대해 실용적인 면이 없는 것이다. 예를 들어 이 분야에서 가장 귀중한 산물인 보석조차 부인들은 그것으로 몸을 치장하기 전에 먼저 갈고닦아야 한다.

화학은 정반대라고 할 수 있다. 화학이 우리 삶에 가장 널리 응용되고 있으며 무한한 영향을 주고 있음은 명확한 사실이다.

생성은 우리에게 매우 생소한 개념이다. 따라서 우리는 무언가 생성되는 것을 보면 그것이 이미 존재하고 있었다고 생각한다. 우리가 전성설(前成說)이 이해하기 쉽다고 느끼는 것은 이 때문이다.

우리는 수없이 많은 중요한 것들이 부분들의 집합으로 이루어져 있는 것을 볼 수 있다. 건축 작품을 관찰해 보라. 많은 부분들이 규칙적 또는 불규칙적으로 쌓여 있음을 알 수 있을 것이다. 이런 원자론적인 개념도 손에 잡힐 듯 쉽게 파악되기에 우리는 이를 유기체에 주저없이 적용할 수 있다.

공상적인 것과 이념적인 것, 법칙적인 것과 가설적인 것의 차이를 이해할 수 없는 사람은 자연과학자로서의 자격이 없다.

지성과 상상력이 이념을 대치할 때 가설이 생긴다.

너무 오랫동안 추상적인 것에 머무르는 것은 좋지 않다. 비교적(祕敎的)인 것이 일반적이고 공공적인 것이 되려고 하면 해로울 뿐이다. 삶의 참다운 의의는 살아 있는 것을 통해 가장 잘 배울 수 있다.

아버지가 없는 아이들에게 아버지의 몫을 대신 해줄 수 있는 부인이 가장 훌륭한 부인이라 할 수 있다.

지금에 와서야 비로소 우리 독일문학을 철저하게 연구하기 시작한 외국인이 얻을 수 있는 가장 큰 이점은, 거의 한 세기를 거치며 겪어야 했던 수많은 성장의 아픔을 한 번에 뛰어넘을 수 있다는 점이다. 또한 운이 좋으면 이를 교훈 삼아 자신이 가장 바라는 교양을 쌓아갈 수 있다는 사실이다.

18세기 프랑스인들이 파괴적 성향을 보이는 부분에서 빌란트*55는 조롱하는 연기를 펼친다.

시적인 재능은 기사에게나 농부에게나 똑같이 주어져 있다. 중요한 것은 저마다 자기가 놓여 있는 상황을 파악하고 그것을 격에 맞게 다루는 일이다.

"비극이란 외계의 사물을 소재로 무언가를 만들어내는 자들의 운문화된 정열이 아니고 무엇이겠는가."

피렌체파나 로마파나 베네치아파같이 조형미술사에서 사용되는 유파(流派)라는 말은 독일 연극에는 더 이상 적용되지 않을 것이다. 이는 훨씬 제한된 여건 아래에서 아직 자연과 예술에 입각한 교양을 생각할 수 있던 3, 40년 전에나 쓰였을 법한 말이다. 엄밀히 말하면 조형미술에서도 유파라는 말은 초창기에만 통용된다. 훌륭한 인물을 배출시키자마자 그 유파의 영향력이 멀리 퍼져나가기 때문이다. 피렌체는 프랑스와 스페인까지 그 영향을 끼치고 있다. 네덜란드와 독일 예술가들은 이탈리아에서 정신과 감성의 더 많은 자유를 획득했으며 이탈리아인은 네덜란드와 독일 예술가들로부터 더 나은 기교와 북방 예술가들의 정교한 솜씨를 손에 넣은 것이다.

---

*55 독일 작가 크리스토프 마르틴 빌란트(1733~1813)는 쾌락주의적인 처세훈과 로코코적인 우아한 문체가 특징이며, 특히 프랑스적 교양에 치우쳐 있던 독일 상류사회를 독일 문학에 공명하도록 한 공적이 크다.

독일 연극은 이미 완성단계에 이르렀다. 지금 단계에서는 일반적인 교양이 더 이상 개별 지역에만 국한되지 않거니와 어떤 특수한 지점으로부터 출발할 수도 없을 만큼 널리 보급되어 있기 때문이다.

다른 모든 예술과 마찬가지로 모든 연극예술의 기초를 이루는 것은 진실과 자연스러움이다. 이 기초가 훌륭하면 훌륭할수록, 또 시인이나 배우가 이를 파악하는 관점이 높으면 높을수록 무대의 품격과 명성도 높아진다. 독일 연극예술의 커다란 수확은 훌륭한 시인들의 낭독이 일반화되어 극장 바깥에서도 보급되고 있다는 점이다.

모든 암송과 모방연기는 낭송을 그 기본으로 하고 있다. 청중 앞에서 낭독을 할 때에는 오로지 암송에만 집중해서 연습할 수 있기 때문에 이 역할을 맡는 사람들이 자신들 사명의 가치와 품위를 충분히 숙지한다면 틀림없이 낭독은 진실과 자연스러움을 익힐 수 있는 훌륭한 학교가 될 것이다.

셰익스피어와 칼데론*56은 이런 낭독에 빛나는 문호를 열어주었다. 그러나 이때 염두에 두어야 할 것은, 그 압도적인 이질감(셰익스피어), 진실이라 생각할 수 없을 만큼 고양된 재능(칼데론)이 독일적 교양의 완성에 해가 되지 않을 것인가 하는 점이다.

표현의 특이성은 모든 예술의 시작이자 끝이다. 모든 국민에게는 인류의 보편적인 특이성에서 벗어난 독자적 특성이 있어 처음에는 기묘한 느낌이 들지만 이 점을 감수하고 몸을 맡기면 마침내 우리 고유한 특성을 압도하고 눌러버리게 될 것이다.

셰익스피어, 특히 칼데론이 우리에게 얼마나 잘못 이해되었는지, 문학의 천체를 비추는 이 위대한 두 별이 어떻게 우리에게 도깨비불이 되고 말았는

---

*56 스페인 극작가 칼데론 데라바르카(1600~81)는 장중한 기교와 서정미로 유명하며, 스페인의 독특한 종교극인 '성찬 신비극'을 완성시켰다는 평가를 받는다. 희곡 120편, 성찬 신비극 80편, 막간극 20여 편을 만들었고 특히 종교극 《인생은 꿈》은 최고 걸작으로 널리 알려졌다.

지 후세 학자들이 역사적으로 확인할 것이다.

나는 어떤 작품도 스페인 연극과 완전히 같은 위치에 서는 것을 인정할 수 없다. 위대한 그 칼데론도 인습적인 요소가 아주 많기 때문에 정직한 관객이 연극 작법으로 이 작가의 뛰어난 재능을 꿰뚫어보는 것은 어려운 일이다. 그리고 이런 요소를 관객에게 보이려 한다면 언제나 관객의 선의를 전제로 해야 한다. ─다시 말해 관객이 이런 이질적인 것을 받아들이고 이국의 감각·장단·리듬을 즐기며 본디 자기에게 맞는 것으로부터 잠시 벗어나고자 하는 기분이 되는 선의를 말이다.

요릭 스턴*57은 일찍이 활약한 작가 중에서 가장 훌륭한 정신의 소유자였다. 그의 작품을 읽는 사람은 곧 자기의 마음이 자유롭고 또 아름다워짐을 느낀다. 또한 그의 유머감각은 타의 추종을 불허했다. 유머가 모든 영혼을 자유롭게 해주는 것도 아닌데 말이다.

'절도와 맑은 하늘은 아폴로요 뮤즈*58이다.'

시각(視覺)은 가장 고귀한 감각이다. 다른 네 감각은 접촉기관을 통해서만 우리를 일깨웠다. 우리가 듣고, 맛보고, 냄새 맡고, 만지는 것은 모두 접촉을 통해 이루어지지만 시각은 이보다 한없이 높은 곳에 서서 물질을 넘어 승화되어 정신적인 능력에 다가서고 있다.

다른 사람의 처지에 서면 우리가 그들에게서 느끼던 질투나 미움은 사그라질 것이다. 또한 다른 사람을 우리 처지에 놓고 보면 오만이나 자만은 현저히 줄어들 것이다.

---

*57 영국 작가 로렌스 스턴(1713~68)을 가리킨다. 스턴이 소설 《신사 트리스트럼 샌디의 인생과 생각 이야기》에서 자신의 분신으로 묘사한 인물의 이름이 요릭(Yorik)이다. 스턴의 파격적 수법 및 생생한 관능과 정서 묘사는 의식의 흐름을 그리는 현대작가들에 의해 재평가되었다.
*58 학예의 신(9명의 여신).

어떤 사람은 사색과 행동을 라헬과 레아*59에 비교했다. 사색은 우아한 여인을, 행동은 다산을 의미한다.

건강과 미덕을 제외하고 인생에서 견식과 지식만큼 값진 것은 없다. 또한 이만큼 손쉽게 얻고, 싸게 살 수 있는 것도 없다. 가만히 있어도 이루어지며, 대가는 시간뿐이다. 물론 시간을 쓰지 않으면 아무런 소용이 없다.

시간을 쓰지 않고 현금처럼 보관해 둘 수 있다면, 대부분의 사람들은 그것을 자기 태만을 변호하는 핑계로 삼을 것이다. 그러나 완전한 핑계는 되지 않는다. 이는 노력해서 이자를 얻으려 하지 않고 원금으로 살아가는 살림살이와 같은 것이기 때문이다.

요즘 시인들은 잉크에 물을 너무 많이 섞는다.

학설이 보여주는 잡다하고 이상한 어리석은 짓들 가운데 고문서나 작품의 진위 여부에 관한 논쟁만큼 우습기 그지없는 짓은 없다. 우리가 찬양하거나 비난하는 것이 대체 저자인가, 아니면 책인가. 우리가 안중에 두는 것은 항상 저자뿐이다. 정신적 산물을 해석할 때 저자의 이름이 우리하고 무슨 상관이란 말인가?

베르길리우스나 호메로스의 글을 읽을 때 그들이 우리 눈앞에 있다고 누가 주장할 수 있겠는가? 그러나 그 저자는 우리 앞에 있다. 그 이상 우리에게는 무엇이 필요하겠는가? 어떤 아름다운 부인이 감미로운 미소를 띠고 대체 셰익스피어 연극의 작가는 누구였을까요, 라며 내게 물어본 일이 있었다. 생각하건대, 이런 중요하지도 않은 문제같이 자질구레한 탐색이나 하는 학자들이 이 부인보다 현명하지는 않은 것 같다.

반시간을 하찮게 여기는 것보다는, 세상에서 가장 보잘것없는 일이라도

---

*59 《구약성서》에 나오는 야곱의 두 아내이다. 레아와 라헬은 야곱의 외삼촌인 라반의 두 딸로 자매지간이다. 〈창세기〉 제29장 참조.

이를 행하는 편이 훨씬 낫다.

용기와 겸손은 의심할 여지가 없는 미덕이다. 용기와 겸손은 위선으로 모방할 수 없는 것이기 때문이다. 또한 두 가지 다 같은 색깔로 표현되는 공통된 성질을 갖고 있다.

모든 도둑들 가운데 바보가 가장 고약하다. 그들은 시간과 기분을 모두 훔쳐간다.

스스로를 존중하는 것이 우리 도덕의 지표이며, 남을 존경하는 것이 우리 태도의 지표이다.

예술과 학술은 자주 사용하면서도 정확한 차이를 알기 힘든 말이다. 그 때문인지 혼용되는 일도 자주 있다.

예술과 학술에 대한 정의 또한 탐탁지 않다. 나는 어디선가 학술을 재치에, 예술을 유머에 비교하는 것을 본 적이 있다. 그 속에서 나는 철학보다 오히려 상상력을 느낀다. 양자의 차이는 알지언정 각각의 특이성에 대해서는 전혀 알지 못하는 것이다.

학술은 보편적인 것을 아는 것, 즉 추상적 지식이라고 나는 생각한다. 반대로 예술은 실행에 옮겨진 학술이라 할 수 있다. 학술은 이성이며, 예술은 이성의 체제이다. 따라서 예술은 실천적 학술이라고 부를 수 있을 것이다. 결국 학술은 정리(定理)이며, 예술은 정리를 담고 있는 문제 그 자체일 것이다.

사람들은 나에게 이의를 제기할지도 모른다. 시는 예술이라 생각하지만 체제는 아니라고 말이다. 그러나 나는 시를 예술이라고 생각하지 않는다. 물론 시는 학술도 아니다. 우리는 생각에 의해 예술과 학술에 다다르지만 시는 그렇지 않다. 시는 영감이다. 시는 탄생할 때, 영혼 속에 잉태된다. 시는 예술 또는 학술이라 칭해서는 안 되며, 정령(精靈)이라고 불러야 한다.

지금 이 순간에도 교양 있는 사람이라면 누구나 스턴의 작품을 다시 손에 잡아야 할 것이다. 우리가 그에게 어떤 빚을 지고 있는지, 또 앞으로 어떤 빚을 지게 될지 19세기를 살아가는 우리가 이해하기 위해서 말이다.

문학이 성공하는 과정을 지켜보면 예전에 영향력을 발휘하던 작품이 어둠에 묻히고 그 영향을 받아 생겨난 새 작품이 우세하고 있음을 알 수 있다. 그러니 가끔 지난날을 되돌아보는 것은 좋은 일이다. 선조의 모습을 놓치지 않도록 노력하는 것이야말로 우리 시대의 독자성을 가장 잘 지키고 높이는 길이다.

그리스 문학과 로마 문학 연구가 앞으로도 계속 고급 교양의 기초가 되기를 바라는 바이다.

중국과 인도와 이집트의 고대유물은 언제나 신기하기만 하다. 본디 그것을 이해하고 알리는 것은 아주 좋은 일이다. 그러나 도덕적 교양이나 미적 교양의 관점에서는 우리에게 거의 도움이 되지 않을 것이다.

독일인이 이웃나라와 함께 또는 이웃나라를 따라 자신을 드높이려는 것보다 위험한 일은 없을 것이다. 독일인만큼 스스로의 힘으로 발전하는 게 잘 어울리는 국민은 없지 않을까. 그러므로 다른 나라들이 그토록 늦게 독일 국민에게 주목하기 시작한 것은 그들에게 더없이 큰 이익을 가져온 것이다.

반세기에 걸친 우리나라의 문학을 회고하면 외국인을 위해 씌어진 작품이 하나도 없다는 것을 알 수 있다.

그러나 프리드리히 대왕이 독일인을 전혀 상대하지 않았던 것은 독일인을 화나게 만들었다. 독일인은 무언가 보여주고 대왕에게 인정받기 위해 최선을 다했다.

바야흐로 세계문학의 시대가 막을 올린 오늘날, 잘 생각해 보면 잃을 것이 가장 많은 민족은 독일인이다. 독일인은 이 경고에 귀를 기울여야 한다.

인간은 근본 경험에 만족하는 수밖에 없다. 근본 경험이란 무엇인가. 영민한 사람들조차 자신들이 해결하려는 것이 이 문제라는 사실을 깨닫지 못하고 있다.

그런 태도 역시 그 나름대로 좋은 일일지도 모른다. 그렇지 않으면 사람들이 너무 빨리 탐구를 포기해 버릴 수도 있기 때문이다.

앞으로는 어떤 기술이나 수공업에 전념하지 않으면 힘들어질 것이다. 현란하게 변해 가는 세상을 이제 지식만으로는 쫓아갈 수 없다. 모든 것을 채 이해하기도 전에 자신을 잃어버리고 말 것이다.

그렇지 않아도 지금 세상은 보편적 교양을 강요하고 있다. 우리는 이 이상 보편적 교양을 익히고자 애쓸 필요가 없다. 특수한 것이야말로 몸에 익히고자 노력해야 한다.

가장 큰 곤란은 우리가 생각지도 않은 곳에 숨어 있는 법이다.

로렌스 스턴은 1713년에 태어나 1768년에 죽었다. 그를 이해하기 위해서는 그가 살던 시대의 도덕 문화와 교회 문화를 도외시해서는 안 된다. 또한 그가 워버턴[60]의 평생의 친구였다는 사실도 충분히 고려해야 한다.

스턴과 같은 자유로운 영혼은 고결한 선의에서 우러나온 도덕적 균형감각이 없으면 파렴치해질 위험이 있다.

그는 아주 예민한 사람이었기 때문에 모든 것이 그의 내면으로부터 자라

---

*60 윌리엄 워버턴(1698~1779)은 영국 정교회 소속의 대주교이다.

났다. 끊임없이 갈등을 되풀이함으로써 그는 진실과 허위를 구별했으며, 가차 없는 태도로 허위에 맞서 진실을 고수했다.

그는 위엄에 대한 뚜렷한 증오심을 갖고 있었다. 위엄은 사람을 독단적이고 현학적으로 만들며 쉽게 훈계하려 드는 면을 갖게 하기 때문이다. 그는 이런 부분에 결정적으로 혐오감을 품었던 것이다. 학술 용어에 대한 그의 혐오감도 여기에서 유래한다.

아주 다양한 연구와 독서를 통해 그는 곳곳에서 불완전한 것과, 우스꽝스러운 것을 발견했다.

진지한 생각을 2분 이상 할 수 없는 것을 그는 샌디즘*61이라 불렀다.

진지함과 농담, 관심과 무관심, 번민과 기쁨이 변화무쌍하게 나타나는 것은 아일랜드인 특유의 기질이라 할 수 있다.

샌디의 예민한 감각과 현명한 관찰에는 끝이 없다.

샌디가 여행길에서 최대의 시련을 받으며 보여주는 그의 명랑함과 무욕, 그리고 참을성에 버금가는 기질을 어디서도 쉽사리 찾아볼 수 없다.

이런 자유로운 영혼이 지켜보는 사람들을 즐겁게 만들어 주는 만큼, 적어도 우리를 기쁘게 하는 것의 대부분을, 이 모두를 자기 것으로 받아들이지 않아도 된다는 점도 생각해야 한다.

다른 사람 같으면 파멸에 빠지고 말았을 경우에도 그는 음탕한 기질이 있어, 그토록 우아하게, 그리고 신중하게 행동하는 것이다.

---

*61 스턴의 소설 《신사 트리스트럼 샌디의 인생과 생각 이야기》에 나오는 주인공 샌디를 닮은 언행이나 기질을 가리킨다.

그가 아내와, 그리고 세상과 맺었던 관계는 주목할 만한 가치가 있다. "나는 나의 불행을 현자처럼은 이용하지 않았다." 그는 어디선가 이렇게 말한 적이 있다.

그는 자신의 정신 상태를 모호하게 하는 모순에 대해서도 매우 깔끔하고 재치 있게 말하고 있다.

"나는 설교만큼은 참을 수가 없다. 그런 것은 어렸을 때, 이미 포식했다고 생각한다."

그는 어느 면에서도 모범적인 인물은 아니다. 그러나 모든 면에서 무언가를 일러 주고 일깨워주는 인물이다.

"공공문제에 우리가 관여하는 것은 대개 단순한 속물적 언동일 뿐이다."

"어떤 것도 오늘 하루의 가치보다 높이 평가될 수는 없다."

지금 우리가 하는 말을 우리보다 먼저 말했던 자들이여. 파멸할지어다!"
이런 기이한 말을 할 수 있는 것은 자기가 그 땅의 원주민이라고 굳게 믿고 있는 인간뿐일 것이다. 이성적인 조상의 혈통을 이어받은 후예임을 자랑스럽게 생각하는 인간이라면, 이성적인 조상들 또한 적어도 자기만큼 인간적인 마음을 지녔을 것임을 인정해야 한다.

현대의 아주 독창적인 작가들이 독창적이라고 할 수 있는 것은 뭔가 새로운 것을 창출해 내기 때문이 아니라 단지 전에는 한 번도 들어본 적이 없을 법한 그런 것을 표현할 능력이 있기 때문이다.

따라서 자신이 품고 있는 사상 속에 얼마나 많은 것이 감춰져 있는지 아무도 상상조차 할 수 없을 만큼 풍성하게 발전시킬 수 있다면, 이는 독창성의 가장 훌륭한 징표가 될 것이다.

많은 사상은 일반 문화 속에서 비로소 생성된다. 마치 꽃이 푸른 가지 속에서 피어나듯이, 장미의 계절에는 장미가 여기저기에서 피어나듯이.

본디 모든 것은 의지에 달려 있다. 의지가 있는 곳에 사상이 태어나며 의지가 있고나서야 사상도 있는 법이다.

"어떤 일이건 완전히 공정하게 재현하기란 쉽지 않다. 이 점에서 거울은 예외라고 사람들은 말할지 모른다. 그러나 우리는 거울 속에서 반드시 정확한 자기 얼굴을 보는 것은 아니다. 아니, 거울은 우리의 얼굴을 거꾸로 비춰, 왼손을 오른손으로 만든다. 이는 우리 자신에 대한 모든 고찰의 비유가 될 것이다."

봄이나 가을에 난로를 떠올리는 사람은 없다. 그래도 가끔 난로 곁을 지나며 난로가 전하는 편안함을 떠올리고, 그 기분에 잠기고 싶어질 때도 있다. 모든 유혹은 이와 비슷한 것일지도 모른다.

"사람들이 당신의 논증을 인정하지 않는다고 해서 초조해하지 말라."

오랫동안 중대한 상황에서 살고 있는 사람이라도 인간이 겪을 수 있는 모든 일을 다 겪지는 못한다. 그러나 그와 비슷한 일이나 전례가 없던 일도 조금은 겪게 될 것이다.

괴테 생애와 사상

삶의 진실을 찾아서

괴테와 계몽주의

요한 볼프강 폰 괴테(Johann Wolfgang von Goethe)는 1749년 8월 28일 독일 중부 마인 강변 프랑크푸르트에서 태어났다.

괴테의 성장기는 독일의 도시 시민계급이 융성해 가던 시기였고, 이는 정신사적으로 계몽주의의 최성기에 해당한다. 독일은 이 계몽주의에 의해 참다운 의미의 근대로 돌입했다고 해도 좋을 것이다.

문학 세계에서는 시의 클롭슈토크, 소설의 빌란트, 희곡의 레싱이라고 하는 세 사람의 위대한 문인을 낳았다. 그들이 닦은 문학의 한길에 괴테라는 엄청난 천재를 맞아들인 것이 독일 문학에 새로운 전기를 마련하는 결정적인 계기가 되었다.

어린 시절

괴테는 유복한 시민 가정에서 태어났다. 장인(匠人)으로 입신하여 퍽 많은 재산을 모은 할아버지의 힘으로 아버지는 대학 교육을 받았지만 일정한 직업은 갖지 않고, 아들에게는 법률학을 공부시켜 가문을 빛내고자 하였다. 외할아버지는 프랑크푸르트 시장이었는데, 어머니는 성격이 명랑했다. 이 부모 밑에서 괴테는 모든 종류의 교육을 자택에서 받고 행복한 어린 시절을 보냈다. 만년의 괴테는 부모를 다음과 같은 시로 그려내었다.

아버지로부터 나는 체력과
인생의 진지한 삶을 물려받았다.
어머니로부터는 명랑한 성격과
이야기를 만들어 내는 즐거움을.

괴테는 좋은 환경에서 태어나 자신의 자질을 충분히 살린 사람이었다. 애틋한 정으로 어머니를 따랐으며, 이 어머니로부터 물려받은 명랑함과, 아버지로부터 물려받은 진지함과 끝내 살아가고야 마는 장부다움을 스스로의 본질과 조화시켜, 청춘의 격렬하고 정열적인 삶으로부터 장년기의 진지하고 책임 있는 삶으로 성장하고, 만년의 커다란 예지의 경지에 다다른 것이다.

그의 일생은 인간의 존재와 사색의 다양한 영역을 섭렵하며, 갖가지 착오와 실험을 거쳐 총체적인 자기실현에 이르는 도정이었다.

라이프치히 대학생활

열여섯 살 때 괴테는 아버지의 뜻대로, 처음으로 고향을 떠나 작센국 수도 라이프치히 대학에 입학했다. 아버지의 모교인 이 대학에서 법률학을 수학하게 된 것이다. 프랑크푸르트와 라이프치히는 지금이나 옛날이나 거의 비슷한 크기의 도시로 현재 인구 약 70만, 그 즈음에 약 10만여 명으로 그 무렵 유럽 도시로서는 퍽 큰 편이었다. 그러나 두 도시의 분위기는 매우 달랐다. 라이프치히는 1409년 창립된 대학을 중심으로 한 학술적 분위기가 짙었고, J.S. 바흐 이래 음악 도시로서도 유명했으며 또 견본시, 동방 교역상 중요한 교통의 요충으로서도 활기를 띠고 있었다. 도시가 갖는 개성이란 불가사의한 것이다. 괴테가—프랑크푸르트는 중세적인 건물, 거리, 탑, 성벽 따위가 무질서하게 늘어선 오랜 세월에 걸친 갖가지 형상의 모임에 지나지 않으며, 우연과 자의에 맡겨져 일정한 방향이 없음에 비해, 라이프치히는 균형 잡힌 아름답고 높은 건물로 가득 차 있고, 과거의 그림자를 짊어지지 않은, 복지와 부를 약속하는 새 시대의 숨결이 넘쳐흘렀다—라고 한 것으로 보아 이 도시에서 매우 신선한 인상을 받았음을 알 수 있다.

그러나 자기 가운데 무한한 가능성을 예감하며 배우고, 놀고, 그러면서도 자기 안에 무엇 하나 확실한 것이라고는 갖지 않은 무력의 자각과 좌절감을 맛보며 라이프치히에서 보낸 3년의 면학 시기는, 거센 초조감에 마음을 죄면서도, 아직 자신에게 맞는 적합한 세계를 찾아내지 못한 모색의 시기이기도 했다.

독일 정신과 경건주의

라이프치히에서 병을 얻어 프랑크푸르트의 집으로 돌아온 괴테는 한때는 생사가 염려될 만큼 중태에 빠지기도 했으나 가까스로 고비는 넘겼다. 이 병상 생활은 반년이 넘었으며 그동안 괴테는 차츰 종교에 마음이 이끌렸다. 더구나 외가로 친척이 되는 수잔나 폰 클레텐베르크 (1723～74)라는 부인의 경건주의에 감화되어, 그의 내면에는 범신론적 경향이 강하게 자라났다. 괴테는 《빌헬름 마이스터 수

괴테(1749～1832)

업시대》 제6권 〈아름다운 혼의 고백〉에서 클레텐베르크 부인을 영원히 기념하고 있다.

괴테뿐만 아니라 계몽주의 이래 근대에 독일적인 사유에 대한 경건주의의 영향은 주목할 만하다. 계몽주의가 내세우는 이성과 미덕의 개념으로써 독일인 특유의 내면의 어두컴컴한 심연을 뛰어넘는다는 것은 독일인에게는 거의 불가능한 일이었다. 마구 쏟아져 나오는 이성 개념에 시달린 생활 감정에는 윤기가 없었다. 이를 보충하는 것처럼 종교적 정도에 의해 내면 정화를 꾀하는 경건주의가 불붙어 오른 데에 사뭇 독일적인 성격이 있다.

〈아름다운 혼의 고백〉의 내성은 한결 내면에 시종하여 삶에 소극적인 것을 느끼게 하지만, 그것이 이 파의 본질이 아니라, 무릇 이 종파는 응고되어 버린 신교의 형식화에 저항해서 묻힌 영혼의 불을 피워 올리고, 개인의 생명에 권리를 돌려줌으로써 계몽주의와 공통의 지반 위에 섬과 동시에, 어디까지나 종교성의 전개로써 합리주의에 대비되는 비합리주의의 지류를 형성

18세기 중반 프랑크푸르트 성 니콜라스 교회가 있는 뢰메베르크 광장은 시민생활의 중심지였다.

한다. 이와 동시에 내면의 성실한 경건은 직업에서의 세속적 유능을, 나아가서는 시민성의 자각을 불러일으켰다. 다시 경건주의는 친첸도르프에 의해, 모든 개인은 신에 의해 단 한 번의 삶과 고유한 종교생활을 부여받으며, 인간은 식물이 성장하듯 심령의 자연스런 발생에 내맡겨지지 않으면 안 된다고 주장됨으로써 신의 내재와 인간의 식물적 형성이라고 하는, 괴테에서 결정을 본 사상은 여기에 그 초석을 굳히게 된 것이다.

괴테에 앞서, 경건주의의 결실로서 웅대한 종교 서사시 〈메시아스〉에 의해 시단에 신풍(神風)의 커다란 반향을 불러일으킨 것은 클롭슈토크였다.

시라고는 하지만 그것은 어렸을 때부터 깊은 경건주의 속에서 길러진 시인의 종교적 정조에서 분출되어 나온 싱싱한 서정시의 연속이며 시인 자신의 넘쳐날 듯한 정감의 표백이었다. 그는 많은 뛰어난 송시 작품을 썼지만, 괴테의 《젊은 베르테르의 슬픔》을 읽은 사람이라면 "클롭슈토크!"라고 말한 것만으로 베르테르와 로테의 마음이 통하게 되는 장면을 떠올릴 수 있을 것이다.

왼쪽부터 어머
니, 아버지, 괴
테, 여동생 코
르넬리아. 제카
츠 그림(1763).
괴테는 단 하나
뿐인 여동생 코
르넬리아를 아
꼈는데, 난산으
로 26세에 세상
을 떠나 괴테는
큰 충격을 받았
다.

슈트라스부르크

　건강을 회복한 괴테는 다시금 집을 떠나고 싶은 마음이 생겨 이번엔 그 즈
음 프랑스령이었던 슈트라스부르크 대학에 적을 두었다. 슈트라스부르크의
법률학은 실용적인 학문으로 괴테에게는 그다지 어려울 것이 없었는데, 이
곳에서 가깝게 지낸 의학생 친구가 많다보니 의학에도 관심을 두어 의학, 화
학, 해부학 강의에 나가는 한편 카드놀이와 댄스 등 사교생활에도 열중했다.
여름 학기가 끝날 무렵에는 학사 후보자 시험에 합격했다.

　슈트라스부르크는 아름다운 자연으로 둘러싸인 도시로 여기에는 고딕 건
축의 유명한 대성당이 있었다. 괴테는 처음 이 도시로 들어가는 마차 속에서
이 대성당을 올려다보고 이미 이상한 감명을 받았는데, 그 뒤 가까이 갈 때
마다 더욱 깊은 인상을 받았다. 이에 대해서는 상징적인 뜻이 있다. 괴테뿐
아니라 독일인이라면 누구나, 고딕 건축과 같은 공간과 시한(時限)을 넘어 반성

슈트라스부르크 이곳에는 첨탑이 딸린 유명한 교회가 많았다. 괴테는 이곳에서 고딕양식을 발견하고 〈독일 건축에 대하여〉에서 이를 칭찬했다.

과 실현을 구해서 영원히 동경하고 애써 마지않는, 이를테면 비극적 형식을 통해 완성과 규율과 조화를 통해서보다 더 큰 해방감을 느끼는 경향이 있다. 어두컴컴한 내면의 안쪽에서 거칠 정도로 비등하는 생명감이 스스로를 승화시킨 예술 양식을 접하면서 비로소 상승하고 치유되는 것이다. 고딕 예술은 그들에게는 바로 생명의 연소(燃燒)와 진혼(鎭魂)의 표백이었다.

헤르더와의 만남

1770년 9월 요한 고트프리트 헤르더가 안질(眼疾) 수술을 받기 위해 슈트라스부르크로 와서 머물게 되었다. 이미 신진 비평가로서 명성을 떨치고 있던 헤르더와 알게 된 것은 괴테에게는 운명적인 사건이었다. 헤르더의 냉혹할 정도로 가차 없는 지도를 받아가며 괴테는 호메로스, 신화, 오시안, 셰익스피어, 민요의 세계 등을 알게 되었다. 이들 작품 모두가 자연에 뿌리박은 인간의 진실한 외침이었다. 헤르더는 괴테의 내부에 있는 시인적 천재를 불러일으켰다. 거기에 프랑스 문화의 영향이 짙은 오성만능(悟性萬能)의 계몽

사상에 반발해서 독일인 특유의 창조 감
정이 폭발하고 있었다. 헤르더와 괴테의
만남은 슈투름 운트 드랑(疾風怒濤)이
라고 부르는 문학 운동과 직결된다. 한
편 이 무렵에는 괴테로 하여금 싱싱한
서정시를 쓰게 한 동기가 된 프리데리케
브리온과의 연애 사건이 있었다.

클롭슈토크(1724~1803)
시인. 《구세주》로 널리 알려졌으며, 괴테가 존
경한 인물.

프리데리케

1770년 10월에 괴테는 슈트라스부르
크 교외의 한 마을 제젠하임의 목사를
방문한 일이 있는데 목사의 딸 프리데리
케를 보고 마음이 끌렸다. 전원에 싸인
마을에 어울리는 밝은 자연 그대로의 순
수하고 소박한 그녀를 괴테는 진지하게
사랑하여, 〈오월의 노래〉〈그림 리본에
부쳐〉〈환영과 작별〉 등 훌륭한 청춘시
를 낳았지만 결국 그들은 맺어지지 못했
다. 괴테는 일생에 걸쳐 여러 번, 그때
마다 진실한 연애를 체험했지만, 대상을
모조리 흡수하고 나면 그 곁을 떠나 버
리곤 했다. 상대 여성들은 괴테에게 사
랑받은 것을 행복한 추억으로 가슴에 품
고 지낸 것 같지만, 그러나 객관적으로
본다면 괴테와 같은 신재(神才)에게 사
랑받은 여성은 역시 불행했다. 그러한
가운데서도 프리데리케와의 연애 사건만
은 괴테에게 평생토록 죄책감을 불러일
으켜, 그것이 여러 작품에 예컨대 《파우
스트》의 그레첸 등에 깊은 그늘을 던지

헤르더(1744~1803)
비평가. 질풍노도 문학운동의 지도자.

고 있다.

슈투름 운트 드랑

헤르더와 괴테, 그리고 괴테보다도 10년 젊은 실러 등에 의해 일어난 슈투름 운트 드랑의 문학 운동이란 무엇인가. 이성 내지 오성(悟性)의 개념에 대한 비합리적 자연 감정의 폭발이라는 외적 모습은 계몽주의와 어긋나는 것이지만, 이 운동이 계몽주의 속에서 이미 준비되어 있었다는 것은 셰익스피어나 경건주의가 이 운동의 원천이 된 것으로도 알 수 있다. 일단 이성의 이름으로 해방된 인간의 주체성이, 그 이성의 비이성적 지배 때문에 비뚤어지고 억압되어 개체의 신문명에 의한 인간 퇴락의 위기를 방지하고, 창조적 발전 작용을 갖는 유기적 생명체인 자연에 적응한 인간성 회복의 외침, 이것이 바로 이 운동이 의미하는 것이었다. 이 운동의 가장 주된 원천이 된 것은 루소이다. 또 정치적 사회적 이념에서 보면 계몽주의 이념을 한층 첨예화해서 계승했다고도 할 수 있다.

전반적으로 본다면 슈투름 운트 드랑 운동은 루소에서 발달하여 유럽 전체에 낭만주의 운동을 일으켰고, 독일에서는 고전주의로부터 낭만주의에 이르는 독일 관념론 전개의 첫걸음이 되었다. 이것은 문학뿐만 아니라 사회, 정치, 문화 전반에 걸쳐 낡은 정신 질서에 대한 자연과 삶의 반역을 외친 혁명운동이었다. 요컨대 자연의 의지에 순응하는 삶의 체험에 의한 자아의 확장이었다. 그런데 루소가 요구하는 인간성 실현을 이룩할 수 있는 개성은 천재가 아니어서는 안 되었다. 이 운동을 〈천재 시대〉라고 부르게 된 것은 여기에서 비롯된다. 이제 인간은 신의 창조 작용조차도 탈취한다. 괴테는 시 《프로메테우스》에서 이렇게 노래한다.

......아니 나는 여기 앉아
내 모습을 본떠
인간을 만들겠다고
괴로워함도 우는 것도
또 나와 같이
그대(제우스)를 돌아보지 않음도

그대와 같은 종족인

인간을 만들겠다고

괴테는 많은 체험 속에서도 법률학에 정진하여 교회법에 관한 논문을 제출하고 토론을 거쳐 1771년 8월 법학개업사 학위를 받은 뒤, 프리데리케와 작별을 한 다음 프랑크푸르트로 돌아왔다.

희곡 《괴츠 폰 베를리힝겐》

그 즈음 법학개업사는 박사로 인정해 주었다. 아버지는 대단히 만족해하며 이 아들을 맞이하였고, 괴테는 얼마 뒤 정식 변호사로서 개업인가를 받았다. 그러나 실제 사무는 아버지가 대개 처리해 주었기 때문에 괴테는 전부터 뜻을 두어오던 문학과 여행에만 골몰했다. 이러한 때 우연히 얻은 기사 괴츠 폰 베를리힝겐의 전기를 읽고, 이 강직하고 긍지 높은 남자의 모습을 중세 독일에서 끌어와 전하고 싶다는 열망에 불타, 1771년(22세) 가을에 희곡의 형식을 빌려 단숨에 썼다. 강직한 괴츠는 동란 속에서 자기의 자유를 주장하다가 끝내 밀어닥치는 근대의 힘에 눌려 짓밟혀 간다. 이 희곡의 초고를 존경하는 헤르더에게 보냈는데, 그는 '셰익스피어가 당신을 망쳐 놓았다'는 혹독한 비평을 보내왔다.

이 초고는 실제의 무대에 알맞도록 개작(改作)해서 1773년 자비 출판하기로 했다. 그런데 이 작품은 뜻밖에도 커다란 반향을 불러일으켜, 슈투름 운트 드랑의 대표작이라는 평까지 받았다.

베츨러

《괴츠 폰 베를리힝겐》이 출판되기 전 1772년 5월 괴테는 프랑크푸르트의 북쪽 수십 킬로 지점에 있는 베츨러로 갔다. 그 즈음 독일 최고 재판소인 '신성 로마제국고등법원'에서 법률의 전문적인 실무 수습을 하기 위해서였다. 고등법원에서 받은 인상은 아주 나빴다. 모든 것이 형식투성이이고 법무는 정체되어 있었으며 재판이 몇십 년, 몇백 년이나 걸리고 있는 것들도 있는 형편이었다.

그러나 베츨러 교외의 작은 마을에서 열린 무도회에서 괴테는 샤를로테 부프를 만난다. 그는 건강하고 상냥한 샤를로테 부프를 격정적으로 동경했지만, 그러나 그녀는 이미 유능하고 선량한 법무서기관 케스트너와 약혼한 사이였다. 세 사람은 저마다 괴로워하다 결국 괴테가 결심하고 베츨러를 떠났다. 이 샤를로테가 《젊은 베르테르의 슬픔》의 모델이 되었다. 전에 라이프치히에서 공부할 무렵 알고 지내던 젊은이가 역시 베츨러에 파견되어 와 있다가 불행한 연애 때문에 자살했다는 것을 그는 그 고장을 떠난 뒤에야 알았다. 괴테 자신이 체험한 절망적인 사랑과, 이 젊은이의 불행한 파멸을 소재로 하여 쓴 작품이 《젊은 베르테르의 슬픔》이다. 이 작품은 1774년, 그가 스물다섯 살 나던 해에 출판되었다.

이 작품은 그 즈음 젊은이들에게 커다란 충격을 주고 사람들의 마음을 사로잡아 온 유럽에 번역본이 출판되고, 독일 문학은 이것을 계기로 비로소 세계 문학으로까지 발돋움하게 되었다. 나폴레옹도 이집트 원정을 떠날 때 이 책을 가지고 갔고, 몇 번이나 되풀이해 읽었다고 스스로 얘기하고 있다. 심정의 솔직한 토로와 청춘의 싱싱한 표현, 아름다운 자연의 적확(的確)한 묘사, 이러한 것들이 이 작품을 근대 이후의 독일의, 유럽 소설의 한 원형이 되게 한 것이다.

파우스트 초본(Urfaust)

《젊은 베르테르의 슬픔》의 작자로서 괴테의 이름은 유럽뿐만 아니라 중국에까지도 알려지고, 슈투름 운트 드랑의 대표자로서 많은 사람들이 프랑크푸르트로 그를 찾았다. 그는 계속 문학적 성장을 이룩하여 우주적인 넓이와 높이에 이르는 뛰어난 장시(長詩)를 많이 지었다. 앞에서 일절을 소개한 《프로메테우스》도 이 시기의 작품이다. 나아가 그는 거인적인 내면의 충동으로 잠자코 있을 수가 없어, 역사 속의 위대한 인간상을 모두 시로 노래하고 희곡으로 재현하고 싶어했다. 그중에서 특히 그의 마음을 끈 것은 16세기에 실존한 인문주의자이며 연금술사인 파우스투스 박사였다.

루터와 동시대 인물인 파우스트 박사에 대해서는 그의 사후(死後) 갖가지 민간 전설이 생겨서, 악마에게 혼을 팔아 마법을 몸에 지녔지만 결국 비참한 종말을 고했다는 그의 이야기가 전해 내려오고 있었다. 자연의 불가사의한 힘을 지배하고 모든 것을 탐구해서 알아내고자 하는 인간의 근원적인 욕구가

▲그레첸 괴테의 첫 연인.

▶프리데리케와 동생 빌헬미나 자매 괴테는 프리데리케를 사랑했으나 맺어지지 못했다.

파우스트의 모습에 결정(結晶)되어 있었다. 이것은 이를테면 신에 대한 저항이었다. 초인적인 의지로써 인간 세계의 한계와 맞서고자 했던 파우스트의 전설은 독일인 괴테의 마음을 사로잡았다. 16세기 말에 이미 괴테의 출생지인 프랑크푸르트에서 파우스트 전설에 대한 민중본(民衆本)이 인쇄되었으며, 그것이 영국으로 건너가 셰익스피어와 같은 시대 극작가 크리스토퍼 말로의 《포스터스 박사》를 통해 기독교적 교훈을 담은 작품으로 다시 태어났고 그것은 다시 독일로 역수입되어 민중본의 개작을 촉진하여 인형극으로까지 만들어졌다.

괴테는 어릴 때부터 인형극으로 이 파우스트와 친숙했는데 프랑크푸르트에서 이십대 전반기에 이 인물을 극화해 보려고 생각했었다. 학문과 지식이 인생과의 직접적인 연관을 상실하고 메말라 버린 데 절망한 주인공은 직접 인생과 자연의 진리를 파악하려고 한다. 그래서 신의 닮은꼴인 인간이 초인이 될 것을 갈망하고 세계로 나간다. 그러나 어두운 서재에서 나간 그가 한 일은 소녀 그레첸을 사랑하고 지나친 욕망 때문에 이 소녀를 죽음의 파멸로 몰아넣은 것이었다. 이러한 내용의 희곡을 그는 끓어오르는 정열을 가지고 썼다. 이것이 《파우스트 초본》이라고 불리는 것이다.

괴테는 이것을 바이마르에서 다시 보태어 썼고 노년에 이르기까지 집필을

베츨러 전경 괴테가 23세 때 제국고등법원에서 실시하는 법률 실습을 위해 머물렀다. 이곳에서 샤를로테를 만나 사랑했으나 거절당했다.

계속해 세계 문학의 가장 위대한 작품으로 이루어 놓은 것이다.

이 작품을 쓰고 있을 무렵 우연히 은행가의 딸 릴리 쇠네만과 알게 되어 약혼하고, 시민적인 생활에 들어가려고 하나, 역시 내면의 데몬(악마적 충동)은 그를 평범한 변호사, 한 사람의 시민으로는 놓아두지 않아, 마침내 약혼을 취소하고 괴테는 젊은 바이마르 공 카를 아우구스트의 초청을 받아 1775년 가을 프랑크푸르트를 떠난다.

바이마르

그 즈음 인구 겨우 10만에 지나지 않던 바이마르 공국의 수도 바이마르 시는 라이프치히나 프랑크푸르트와는 비교도 안될 만큼 가난한 도시였다. 그러나 문학적으로는 놀랄 만한 역사와 전통을 갖고 있었다. 중세에는 튀링겐 방백(方伯)이 이 근처 발트부르크에서 궁정 가인(민네쟁어)들에게 시(詩)모임을 베풀곤 했다. 발트부르크는 또 16세기에 마르틴 루터가 성서를 독일어로 번역하여 근세 독일어를 형성하고 시와 음악을 사랑하여 독일적인 혼을 불러일으킨 곳이기도 했다. 작은 공국이기는 했지만 독일의 저명인사를

궁정의 교육계에 초청하는 전통과 분위기가
있었다.

이 공국의 군주가 된 카를 아우구스트 공이
괴테를 친구로 초청한 것이다. 괴테는 지위도
책임도 없는 하나의 손님으로, 주어진 자유를
마음껏 누렸고 사냥과 술로 아우구스트 공과
함께 맘껏 생활을 즐겼다. 또한 궁정의 누구
에게서나 사랑을 받고 존경을 받았다. 그러는
동안에 젊은 왕의 마음에 들어 여러 국정 문
제를 의논하는 상대가 되었고 마침내 서른 살
에 대신에 임명되어 국정에도 참여하게 되었
다. 공직생활에 따른 보수와 연금도 보장되어
이것으로 그의 경제생활도 자유업(당시는 아
직 작가로서 시인의 인세 수입이 완전한 법적
뒷받침을 받지 못하고 있었다)의 불안정한 생
활에서 벗어나 확실한 기반을 얻기에 이르렀
다.

그러나 그는 세계 속을 단순한 자유인으로
서 돌아다니는 것이 아니라 하나의 공동체를
형성하고 있는 바이마르에 머물며, 친구를 위
해, 또 인간으로서의 윤리를 위해 사회의 일
원으로 남에게 도움 되는 일을 하고자 결심했
다. 지금까지는 단지 자아 형성만을 꾀하고
형성 과정에서 세차게 드러나는 자기의 에너
지만 표현하면 되었다. 그러나 지금은 구체적
인 한 지역에서 인간 사회의 관계 속에 인간
성 실현을 위해 사회인으로서 일하리라 결심
한 것이다. 구체적으로 그것은 정치 행정을
맡는 일이었다. 이 직무를 그는 죽을 때까지
책임감을 가지고 이행해 나갔다. 그것은 그의

▲샤를로테 괴테가 무도회에서 만나
사랑했으나 이미 약혼자가 있었다.
《젊은 베르테르의 슬픔》의 주제는 이
실연에서 비롯되었다.

▼약혼녀 릴리 쇠네만 괴테가 바이마
르로 가게 되어 약혼이 깨졌다.

내부에 있는 아버지로부터 물려받은 북부 독일적인, 다시 말해 '프로테스탄트 윤리'와 책임감이 훌륭하게 융합된 것이었다.

궁정에선 물론 《젊은 베르테르의 슬픔》의 작가가 국정에 참여하는 데 대해 반대 의견이 없지 않았다. 그러나 카를 아우구스트 공은 괴테의 본질을 꿰뚫어 보고 젊기는 했지만 그에 대한 신뢰를 멈추지 않았고 1782년에는 신성 로마 황제에게 청원하여 괴테를 귀족으로 승격시켜 궁정에서의 그의 위치를 확고하게 했다. 이때부터 괴테에게 '폰(von, 영국의 sir에 해당함)'이라는 귀족 칭호가 붙게 된 것이다. 그 뒤로 그는 재상이 되어 재정은 물론 문교, 산업 등 전반에 걸쳐 공인(公人)으로서의 직무를 수행하게 되었다. 그의 이 생활은 약 10년 동안 계속된다.

보편적 천재

바이마르의 공직 생활에 의해 사적인 시간을 모두 빼앗겨 버린 것 같았지만 괴테의 보편적인 천재성은 더욱더 넓고 풍부하게 전개되어 갔다. 그는 정무(政務), 특히 재정 직무상 필요성을 느껴 지질학과 광물학을 열심히 연구했다. 스피노자 철학을 철저히 연구하는 한편, 동물학, 식물학에도 깊이 파고들었고, 해부학 분야에서는 '괴테의 골'이라고 부르는 간악골(앞니뼈)을 발견하여 학문상 공적도 남겼다. 또 서정시를 비롯, 문학의 모든 장르에 걸쳐서 창작했을 뿐만 아니라 어떤 때는 손수 붓을 들어 그림도 그렸다. 레오나르도 다 빈치나 미켈란젤로와 같은 의미에서의 거대한 보편적 천재가 거목 같이 무성해지기 시작한 것이다. 그것은 이미 단순한 청춘의 혈기로 들먹거리는 젊은 말(馬), 젊은 나무가 아니라, 유럽이 자랑하는 보편적 인간성의 위대한 전형이었다. 그 본질에는 자연과 인간이 되고자 하는 순수한 서정성이 핵심을 이루고 있었다. 이 무렵에 나온 〈달에게〉라든가 〈나그네의 밤노래〉 등의 시는 세계 문학의 주옥(珠玉)이라고 해야 할 것이다.

그러나 이 거목이 그저 위쪽으로만 올라간 것은 아니었다. 무한한 가능성을 모든 방향으로 뻗어 가지를 펴고 뿌리를 뻗어 나감으로써, 개체인 자기 존재가 사회라고 하는 전체 속에 놓여 있음을 알고, 규범이라는 것을 알게 된 것이다. 말하자면 자연 가운데 엄연한 법칙성을 풍부한 직관으로 꿰뚫어 보고, 법칙성 때문에 자연의 아름다움이 있음을 알아낸 것이다. 그 법칙성은

바이마르 성관 1774년 소실되고 나서 재건된 건물 전경. 클라우스 작(1805).

죽은 수식(數式)이 아니라 생성, 발전하는 생명체 자체가 갖는 유기적인 법칙성이어서 인간성 발전과도 통하는 것이었다. 그에게는 시인인 것과 과학자인 것과 그리고 정치의 공인(公人)으로서의 책무가 유례가 없을 만큼 일체를 이루고 있었다.

슈타인 부인

참다운 자기표현을 위해 엄격한 규범을 스스로에게 매겨 간 것은 정무나 학문을 위해서만 얻어진 인생 태도는 아니었다. 그것은 동시에 그보다 일곱 살 연상인 슈타인 부인과의 향락적이 아닌 고도로 인격적인 교제와 사랑에서 나온 것이었다.

9년 동안의 결혼 생활로 이미 세 아들의 어머니였던 병약하고 순정적인 이 부인은, 거센 기질의 젊은 예술가 괴테에게 규범과 질서의 감각을 주어, 자기표현만을 귀중하게 여길 것이 아니라 인간 사회의 훌륭한 예법과 규율을 익혀야 한다는 것을 자연스럽게 일깨워 주었고 온건한 태도로 그것이 마

음 속 깊이 스며들도록 영향을 주었다. 이 부인의 모습은 《토르크바토 타소》
와 《타우리스 섬의 이피게니에》에 아로새겨졌는데, 그녀에게 바친 몇 편의
단시(短詩)는 독일 단시 가운데 가장 빛나는 보석이라고 할 수 있다. 이리
하여 그녀와의 깊은 상호감화(相互感化) 속에 청년 괴테는 당당한 장년으로
성장해 갔다. 이론이나 관념적인 개념이 아니라, 살아 있는 한 인간과의 부
딪침에서 가장 깊은 의미의 자아 형성을 이루어 나간 것이다. 슈타인 부인은
그의 예술을 전적으로 깊이 이해한 최초 여성이었다. 그에게 슈타인 부인은
'인간성' 바로 그것이었다. 그녀라는 길라잡이 덕분에 보편적 인간의 자아를
만들어 간 것이다. 괴테가 그녀와 가까이 지낸 약 10년 동안에 그녀에게 보
낸 편지는 무려 1,780통에 달한다.

이탈리아로의 여행

　게르만의 모든 부족들은 항상 남쪽에 이끌렸으며, 중세 독일 황제들도 햇
빛 밝은 이탈리아를 동경하는 마음으로 설레었다. 독일인은 모두 어두운 북
방에 살아 남국 로마를 동경하여 마지않았다. 괴테의 아버지도 이탈리아를
여행했던 일이 있어 괴테와 누이동생은 곧잘 그 고장의 이야기를 들었으며,
프랑크푸르트의 집에는 이탈리아 풍경화가 몇 개나 벽에 걸려 있었다. 시대
가 바뀜에 따라 고전과 고대를 재평가하는 기운이 일기 시작하면서 빙켈만
등의 고전 미술의 학문적 소개가 세상에 나오게 되었다. 빙켈만에게 감격한
프랑스의 한 작가는 빙켈만의 출생지 이름을 필명으로 해서 스탕달이라 했
다. 괴테도 라이프치히 시절에 그의 책을 읽고 이탈리아 미술을 직접 보고
싶은 불같은 충동을 느꼈다. 그런 동경을 그는 〈그대는 아는가 저 남쪽 나라
를〉이라는 시에서 노래했다.
　드디어 그 동경이 이루어지는 날이 왔다. 그가 로마로 간 것이다. 1786년
9월 3일 그는 아무에게도—아우구스트 공에게도, 슈타인 부인에게도 알리지
않은 채 칼스바트에서 로마로의 여행길에 올랐다. 10년에 걸친 오랜 동경을
억누를 수 없게 된 그는 모든 일을 포기하고 자아가 재촉하는 대로 마차를
남으로 남으로 달렸다. 알프스를 넘어 이탈리아 땅을 밟았을 때의 그의 기쁨
은 더할 나위 없이 순수한 것이었다. 로마에서의 자유로운 생활, 밝은 풍토
와 기후, 새로운 환경과 고전, 고대 예술과 르네상스의 눈부신 문화유산, 그

리고 무엇보다도 밝고 명랑한 남국 사람들, 그런 것이 그를 참으로 행복하게 했다. 그는 그 모든 것에서 빛을 보았다.

1년 반의 이탈리아 여행으로 심중에 은근히 피어나고 있던 조화와 유기적 전체성이라는 예술관을 명확한 것으로 형성했다. 그가 찾게 된 것은, 이젠 정열의 이글거림이 아니라 자아를 완성한 아름다운 전체성의 표현이었다. 이탈리아 여행 도중 그는 《타우리스 섬의 이피게니에》를 완성했다. 바이마르에서 쓰기 시작한 것을 이탈리아에서 완성한 것이다. 동시에 희곡 《에그몬트》도 완성하고 《토르크바토 타소》도 이탈리아에서 거의 마무리되었다.

바이마르 공국 아우구스트 공

다시 바이마르로 돌아오다

1788년 6월 괴테는 바이마르로 돌아왔다. 예술의 위대성과 고귀함, 아름다움과 품위에 대한 감각을 몸에 익혀 예술가로서 완전히 재생되어 돌아온 것이다. 그러나 이 고전주의적인 예술감은 전과 조금도 달라지지 않은 바이마르에서는 아무런 반향도 일으키지 못하고 서먹서먹한 경향으로 맞아들여졌다. 아름다운 조화(造花)를 만드는 처녀 크리스티아네 불피우스를 자기 집에 살게 하면서부터 슈타인 부인과의 관계도 결정적으로 식어 버렸다. 이 처녀와의 관능적인 사랑의 체험이 영원의 도시인 로마에서의 경험과 결합되어 〈로마의 비가(悲歌)〉〈베니스의 풍자시〉등의 작품이 되었다. 고전주의적인, 다시 말해 명확한 형식과 윤곽을 가진, 문체에 얽매이지 않는 감각적인 내용을 담은 이 장시(長詩)는 바이마르 궁정에서는 호평을 얻지 못했다. 그러나 그는 세상이 업신여기고 무시했지만 끝내 불피우스와의 사랑을 지켜 동거생활 18년만에 정식으로 혼인신고를 하고 내내 그녀와의 가정을 충실히 지켰다.

공적(公的)으로 점점 더 고독하게 된 괴테는 시작(詩作)과 자연 연구에 전념했다. 아우구스트 공만은 우정을 변치 않고 무거운 책무를 덜어 주기 위해 광산 관계 일과 학예부(學藝部) 일만으로 공무를 줄여 주었다. 이 밖에도 괴테는 궁정 극장 감독직을 위촉받았다.

1789년 프랑스 혁명이 일어나고 그 뒤로 계속되는 동란 속에서, 그는 혁명이라고 하는 수단에 의한 사회 변혁에는 찬성할 수가 없었고 또 한편 반나폴레옹 전쟁에서 볼 수 있는 편협한 민족주의에도 등을 돌렸다. 그러나 전쟁은 그가 있는 바이마르 공국도 휩쓸어 두 번이나 종군해야 했다.

혼란 속에서도 유머와 아이러니가 담긴 서사시 〈라이네케 여우〉(1793) 등을 썼다. 진중(陣中)에서도 '광학(光學)' 연구와 '색채론(色彩論)'에 몰두했다. 프랑스와의 전쟁에서 얻은 경험은 뒤에 자전(自傳)의 하나로 생각되는 《프랑스 종군기》와 《마인츠 공방전》 등에 반영되었다. 혁명에서 취재한 것으로는 희곡 《대 코프타》(1791)와 《시민 장군》(1793) 등이 있지만 역사의 본질에 대한 깊은 이해에는 도달하지 못한 것들이다.

대혁명과 연관을 가진 현실을 다루면서 고전주의의 뛰어난 대표적 서사시가 된 것은 《헤르만과 도로테아》(1797)이다. 괴테의 체험에서 우러나온 독일 시민생활에 대한 긍정적인 빛나는 증언으로서, 이 작품은 《젊은 베르테르의 슬픔》과 함께 지금도 독일인에게 널리 애독되고 있으며, 괴테 스스로 만년에 《헤르만과 도로테아》는 자기가 지금도 좋아하는 거의 유일한 작품이며 깊은 공감 없이는 읽을 수 없다고 했다.

실러와의 우정

괴테가 실러를 처음 만난 것은 그가 이탈리아에서 돌아와 얼마 안 되어서였다. 처음 그는 청년기의 격정에 넘치는 정열적인 실러를 별로 좋아하지 않았다. 그러나 1794년 어느 강연회에서 돌아오는 길에 실러가 얼핏 말을 건 것이 계기가 되어 두 사람의 관계는 아름다운 우정으로 자라갔다. 괴테가 눈(目)의 사람이며 직관과 자연에 대한 사랑 속에서 사는 사람이라고 한다면, 실러는 이지와 사변과 타오르는 듯한 이상주의 속에서 사는 사람이었다. 이렇듯 자질이 다르고 나이도 실러 쪽이 열 살이나 젊었지만, 자연과 예술의 본질적 통일이라는 점에서 두 사람은 서로 깊이 공감하고 창작 방법의 차이를 넘어서 서로 상대의 생각을 이해하고 존경하면서도 비판했다. 이와 같은

▲남작부인 샤를로테 폰 슈타인

▶사랑하는 여성의 실루엣을 바라
보는 괴테 실루엣 초상화 주인공
은 슈타인 부인

시인 간의 10년에 걸친 알찬 우정은 세계 문학사에도 유례가 드문 일이다.

오랫동안 중단되었던 《파우스트》도 실러의 격려 덕분에 다시금 손을 댈 수 있었다. 희곡 제작을 놓고 서로 격려하고 편지를 주고받으며 발라드에 대해 얘기하고, 많은 명작을 썼다. 소설 《빌헬름 마이스터 수업시대》를 쓴 것도 이 시기였다. 결코 풍요하지 못한 독일의 문학사가 이 두 고전주의 작가의 우정과 창작을 한꺼번에 품었던 이 시기는, 확실히 철학과 음악 등의 모든 영역과 더불어 세계사상의 위관(偉觀)이라 할 수 있을 것이다.

독일 고전주의

괴테와 실러, 두 사람의 창조적 성과를 독일 고전주의라고 부르는 것은 어떤 이유에서인가? 이는 그들의 창조가 근본적으로 그리스 정신과 독일 정신의 종합에 의한 내면적 이념문화, 관념적 이상주의이기 때문이라 할 수 있다. 이것은 실제 가치를 가지고 내면에 수립되어, 현실을 이끌어 갈만한 힘을 갖고 있었다. 괴테와 실러가 이에 이르기까지에는 얼마나 많은 자기희생이 필요했던 것일까.

하나의 극으로서 독일인이 가진 심원한 내면성, 생명과 영혼의 어두운 근

아내 크리스티아네 불피우스와 아들 아우구스트
괴테와 1788년부터 동거하기 시작하여 이듬해 큰아들 아우구스트를
낳고, 18년만인 1806년 결혼식을 올렸다. 괴테 나이 57세 때였다.
자녀들은 모두 다섯이지만, 다 죽고 큰아들만 남았다.

원에서 무한을 찾아 헤매는 자아 감정, 그것은 '슈투름 운트 드랑'에서 보이는 것처럼 한편으로는 인간성 획득에는 쓸모가 있는 에너지이기는 했지만 동시에 붕괴와 파멸을 불러오는 위험을 내포하고 있었다. 거기에는 다른 한편의 극으로서 그리스에 의한 정신의 자기 규제라는 것이 필요하였다. 바로 그리스 정신이 아주 자연스런 공동체의 소산으로서 제시한 것을, 독일 정신은 특유의 미신에서 비롯된 촉박한 성질을 바로잡으며, 자율과 극복을 통해서 형상으로 나타냄으로써 획득해야 했다. 그것은 항상 개인 정신의 고독한 창조 작업이고 가상으로의 도피가 아니라 본성인 음악적 낭만성의 극복 과정이며 비극적 수고였다.

그러므로 고딕 예술에 감동하는 독일인은 독일 고전주의를 대할 때 조화의 귀결보다는 거기에 이르는 과정에 간직된 고통의 표정을 민감하게 읽어 냈다. 괴테가 제시하는 것도 이런 고통스러운 체념일 수밖에 없었으며 《타우리스 섬의 이피게니에》나, 《빌헬름 마이스터》나, 《파우스트》가 모두 다 그러한 모습을 나타내고 있는 것이다.

실러 죽다

둘도 없는 친구 실러가 죽자 괴테는 커다란 정신적 타격을 받고 깊은 고독에 빠졌으나, 아우구스트 공으로부터 증정받은 바이마르의 아름다운 집에 살면서부터 온 세계에서 오는 많은 방문객을 맞이하게 되었다. 그중에는 베토벤도 있었고 멘델스존도 있었다. 허무에 빠진 그는 산다는 것의 의미를 깊이 통찰하고 고독한 가운데서 생명의 빛을 찾는 삶의 방법을 계속 추구했다. 이 무렵, 장년기에서 노년기로 접어든 그는 다시금 짧지만 진실한 연애를 체험했다. '체념'이라고 하는 인생의 예지에 의해 사랑의 위기를 뛰어넘고,

실러 (1759~1805)
자연과학에 치중하는 괴테에게 시를 등한시하지 말라고 충고했다.

그런 것이 양분되어 소설 《친화력》(1809)과 시집 《서동시집》(1819)이 나왔다.

《친화력》은 《빌헬름 마이스터 수업시대》 속편으로 〈체념한 사람들〉이라는 부제를 단 《빌헬름 마이스터 편력시대》 속에 단편으로 넣을 작정이었는데, 붓을 들고 쓰다보니 커다란 소설이 된 것이다. 명확한 구도와 맑게 트인 문체로 쓰여진 훌륭한 소설로, 근대 독일의 사회 소설 최초의 걸작이 되었다.

1803년 헤르더가, 1805년 실러가 죽고, 다시 1808년에 어머니를 잃은 괴테는 반평생을 회고하여, 성숙해서 안정된 당당한 문체로 자서전을 집필하기 시작했다. 이것이 곧 《시와 진실》이다. 태어나서부터 바이마르로 떠나기까지의 기록이지만 단순한 청춘의 기록으로 그치지 않고 문화사, 정신사의 취향까지 갖춘 대작품이 되었다.

《서동시집》

1815년 가을, 고향 프랑크푸르트로 돌아온 괴테는 옛 친구 빌레머의 아름

답고 젊은 아내 마리안네에게 강하게 이끌렸다. 그들 두 사람의 사랑은 페르시아의 시인 하피즈의 시에 자극되어 이룩된 시집 《서동시집》에 깊이 반영되었다. 두 사람의 사랑은 절도 있는 것으로, 시의 교환이라고 하는 아주 순수한 정신적인 사랑이었다. 동양풍으로 노래한 시인의 시집으로서, 이 시의 표제의 의미는 다음 시구 속에 잘 나타나 있다.

동양은 신의 것
서양은 신의 것
북쪽도 남쪽 나라도
신의 손 안에서 편안하여라

또한, '지상의 아이들의 최고의 행복은 인격이다'라고 읊은 구절은 매우 음미할 만하다. 그리고 그 속에 수놓아진 마라안네와의 '함께 들은 노래'는 참으로 불가사의한 아름다움에 차 있다.

노년의 괴테

1816년 아내 크리스티아네를 잃고, 슈타인 부인도 아우구스트 공도 죽고, 1830년에는 외동아들 아우구스트도 여행지 이탈리아에서 객사하면서 만년의 괴테의 고독과 내면의 정적은 더욱 깊어갔다. 그러나 파우스트처럼 그도 불모의 정체(停滯)라는 것을 모르는 사내였다. 마리엔바트에서 알게 되어 구애까지 한, 그리고 얼마 안 가 곧 단념한 열일곱 살 처녀 울리케 폰 레베초우와의 사랑과 고뇌에서 《마리엔바트의 비가》(1823)를 지었다. 이해에는 또, 늙어서도 여전히 시작(詩作)과 문학적 창조와 자기형성에 정진하고 있는 괴테와의 대화를 기록에 남긴 에커만이 찾아와 그의 비서가 되어 주었다.

외면으로는 조용한 생활을 보내면서도 내면에서는 쉼없는 창조 활동을 계속하고 있던 괴테는 그 뒤로도 많은 시를 짓고 단편 소설 《노벨레》 등을 썼는데, 평생을 걸려 완성하고 그것에 의해 인생의 도정(道程)을 완결한 것이 소설 《빌헬름 마이스터 편력시대》(1829)와 《파우스트》(제2부, 1831)이다.

1832년 3월 16일 가벼운 감기로 자리에 누운 괴테는 3월 22일 여든두 해 남짓한 생애를 닫고 실러와 가지런히 바이마르에 묻혔다. 죽음 직전에도 손

을 움직여 손가락으로 W라고 쓴 것
은 자기 이름 볼프강의 머리글자였
던가. 행동에 살고, 영원한 생명을
문자에 새겨 표현하려고 한 시인의
면목을 여실히 드러내는 이야기이
다.

그가 마지막으로 한 말은 "더 빛
을……"이었다.

《빌헬름 마이스터 수업시대》

《빌헬름 마이스터 수업시대
Wilhelm Meisters Lehrjahre》는 연극
의 세계와 유랑극단의 세계를 다룬
소설이다. 그러나 그 주제는 인격
형성의 문제와 넓은 세상에서의 끝
없는 수행이라는 내용으로 변화해
간다. 파우스트와 마찬가지로 빌헬

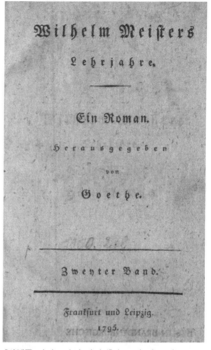

《빌헬름 마이스터 수업시대》(1795) 속표지

름 마이스터도 일생 동안 괴테 옆을 맴돌았다. 《수업시대》가 세상에 나오기
전에 《빌헬름 마이스터의 연극적 사명》이란 작품이 있었다. 괴테는 1775년
바이마르 공 카를 아우구스트의 초빙을 받고 바이마르 궁정에 들어선다. 이
때부터 이탈리아 여행까지의 시기를 '초기 바이마르 시대'라고 하는데, 《연
극적 사명》은 이 시대를 대표하는 작품이다. 1777년 2월부터 괴테는 이 소
설을 쓰기 시작해 띄엄띄엄 제6권까지 집필했다. 그러나 그가 1786년 9월
이탈리아로 여행을 떠나게 되어 이 작업은 중단되었다. 이 원고는 결국 괴테
의 손에서는 빛을 보지 못하고, 1917년 취리히에서 발견된 사본을 통해 겨
우 처음 세상에 나왔다.

1794년 4월, 괴테는 《연극적 사명》을 재구성하여 《수업시대》를 썼다. 《수
업시대》는 1795년 1월부터 두 권씩 묶어서 네 권짜리 책으로 출판되었고,
1796년 10월에는 제4권이 간행됐다. 그때 괴테는 마흔일곱 살이었다.

《연극적 사명》은 결국 완성되지 못했으므로 한 마디로 단정짓기 어렵지만,

주인공 빌헬름 마이스터가 연극에 몰두하여 독일 연극을 그 시대의 저속한 수준에서 국민연극의 영역으로 끌어올리려고 애쓰는 내용으로서, 이른바 예술가 소설을 지향한 작품이었던 듯하다. 《수업시대》도 제4권까지는 《연극적 사명》에 바탕을 두었기에 연극을 중요한 문제로 다룬다. 그러나 《수업시대》에서 연극은 빌헬름 마이스터가 인격을 수양하는 한 단계, 하나의 수단에 지나지 않는다. 예술가 소설이었던 《연극적 사명》과는 달리 《수업시대》는 빌헬름 마이스터의 인격 형성 및 발전을 묘사한 이른바 교양소설이다.

《빌헬름 마이스터 수업시대》는 매우 유쾌한 소설이다. 지적 성장과 교육 과정을 따스한 시선으로 써 내려간 이 소설은 교양소설이라는 고전 장르의 모범이 되었으며, 저자인 세속적이고 심술궂은 괴테 또한 훨씬 매력적이다.

1794년 괴테는 실러와 깊은 우정으로 맺어지는데, 이때부터 실러가 죽기까지 10여 년은 독일 고전주의의 전성기였다. 실러는 괴테에게 《연극적 사명》을 개작할 것을 우정과 진심을 담아 권하였다. 괴테는 실러에게 조판된 교정쇄와 원고 필사본을 정기적으로 보내 검토를 부탁했다. 실러는 성실히 답변해 주었는데, 그것은 이 작품의 기틀을 다지는 데 큰 도움이 되었다. 실러의 지적을 받아들여 고쳐 쓴 부분도 수없이 많다고 괴테는 솔직하게 털어놓기도 했다.

《수업시대》는 빌헬름이 내적·외적으로 발전해 가는 과정을 그리고 있다. 작품 속에서 그는 인간의 본질을 꿰뚫는 '탑의 결사'와 관계를 맺게 된다. 또한 빌헬름은 시민·배우·귀족 등 여러 계층 인물들과 만나고 교류하며 성장해 간다. 로타리오에게서는 뛰어난 정치력을, 수도원장에게서는 박애정신을, 테레제에게서는 집안일에 대한 지혜를, 필리네에게서는 삶을 즐기는 방법 등을 배우게 된다.

부유한 상인의 아들 빌헬름. 아버지는 아들에게 자신의 뒤를 잇게 할 생각이다. 그러나 이 젊은이의 심장은 오로지 연극과 젊은 여배우 마리아네를 향해 있었다. 하지만 사랑하는 여인의 정절을 의심하고 연극에도 질려 버린 그는 아버지의 뒤를 잇기로 마음먹는다.

어느 날 여행 도중 빌헬름은 유랑극단의 두 배우, 상냥한 필리네와 그녀의 친구 라에르테스 그리고 필리네의 충실한 벗인 유쾌한 남자 프레데릭과 친분을 쌓게 된다. 네 젊은이는 어느 작은 도시의 시장에서 보헤미안들의 연극을 보게 된다. 외줄타기를 하는 광대 가운데 이제 갓 열두 살이 되는 이탈리아 소녀, 미뇽이 있었다. 소녀는 자신의 출신조차 알지 못했다. 빌헬름은 그녀에게 마음을 빼앗겨, 미뇽의 보호자가 되어 그녀를 데려가기로 마음먹는다. 미뇽의 곁에는 그녀를 너무나도 사랑하며 항상 주변을 맴도는 수상쩍은 장님 하프 연주자가 있다. 거기에 유랑극단의 단장이며 빌헬름의 옛 친구이기도 한 메리나가 찾아온다. 메리나는 빌헬름이 배우 겸 무대 감독이 되도록 설득해서 그를 극단의 일원으로 끌어들였고, 빌헬름은 무척 기뻐하며 이를 승낙했다. 어딜 가든 그의 관대한 마음과 풍부한 재능은 크게 칭찬받았다.

그러나 도적 떼의 습격으로 그 생활도 산산조각이 나고 만다. 빌헬름은 동료들을 지키려 싸우던 중 상처를 입게 되나, 마침 시종을 거느리고 그곳을 지나치던 아름다운 귀부인의 도움으로 곤란에서 벗어난다. 상처가 낫자마자 그는 동료 배우들과 함께 오랜 친구이자 흥행주인 제를로를 찾아가고, 제를로는 그들을 흔쾌히 받아들였다. 이때 빌헬름은 제를로의 여동생 아우렐리에에게 강하게 이끌린다. 아우렐리에 곁에는 언제나 세 살배기 꼬마 펠릭스가 있는데, 모두가 펠릭스를 그녀의 아들이라 여기고 있었다.

아버지가 죽은 뒤 빌헬름은 제를로의 간청을 이기지 못하고 정식으로 극단 단원이 되어 오래 전부터 꿈꾸던 '햄릿'을 공연하기로 마음먹는다. 햄릿은 대성공을 거두었으나, 아우렐리에는 병으로 쓰러지고 만다. 귀족 로타리오와 뜨거운 사랑을 나누었던 그녀는 로타리오의 배신에 따른 절망으로 죽게 된다. 아우렐리에는 빌헬름에게 자신을 버린 비정한 애인을 향한 유언을 남기고 숨을 거둔다. 그 약속을 지킨 빌헬름은, 로타리오의 집에 머무르며 이상한 일을 겪게 된다. 늙은 집사를 통해 빌헬름은 펠릭스가 아우렐리에와 로타리오의 아들이 아니라 자신과 과거의 연인 마리아네 사이의 아들임을 알게 된다. 마리아네는 빌헬름에 대한 정절을 지키며 가난 속에서 생을 마감한 것이다.

이 극적인 사건, 그리고 몇몇 아름다운 여인들과의 만남—행동파 여성 테레제, 그리고 필리스('아름다운 영혼의 고백'의 작중 인물, '아름다운 영혼' 수잔나 폰 클레텐베르크)와의 만남—이 모든 것이 빌헬름의 생애에 깊은 각인을 남겼다. 빌헬름은 연극 세계를 떠나 땅을 일구며 아들 펠릭스를 키우고 테레제와 결혼하기로 마음먹는다. 그러나 로타리오의 여동생 나탈리에가 과거 도적들에게 습격당했을 때 상처입은 자신을 구해 준 귀부인이었음을 우연히 알게 된 빌헬름은 나탈리에에게 마음을 빼앗겨 테레제를 떠나고 만다.

한편, 빌헬름을 사모하던 어린 미뇽은 사랑과 질투에 시름시름 앓다 죽음을 맞이한다. 마지막 장에 다다르면 복잡하게 엉킨 실타래가 풀리며, 감춰진 수수께끼의 답이 밝혀진다. 미뇽은 장님 하프 연주자의 딸이었다. 이 남자는 놀라운 우연으로 자신의 배다른 여동생과 사랑에 빠져 결혼하게 되고, 나중에 이 사실을 알게 된 여자는 미쳐서 죽었다. 노인은 꼬마 펠릭스에게 독을 먹여 죽여 버렸다는 착각에 빠져, 결국 자살로 그 로맨틱하고 파란만장한 생애를 마감한다. 키플리아니 후작은 이 노인이 행방불명이 된 자신의 친형이며, 미뇽이 자신의 조카임을 알게 된다. 마지막에 빌헬름과 나탈리에는 결혼에 성공하고, 키플리아니 후작은 두 사람에게 미뇽이 상속받았어야 할 마지오레 호수 근처의 땅을 내준다.

언뜻 평범한 줄거리 같지만, 괴테는 그 무렵 사회와 문화의 상황을 고려하여 다양한 연관성을 담아냈다. 그것을 배경으로 예술·경제·사회·교육·가족·종교·정치 등이 한 개인의 문제로서 형상화된다. 소설 초반부의 인간적인 사실주의는 연극적인 부자연스러움과 사회적인 퍼포먼스의 포장을 걷어내면서부터 보다 깊고 독특한 무엇으로 파고들어간다. 괴테는 인간 자아의 성장을 풍부한 아이러니와 의도적인 얇은 플롯 구조를 통해 묘사하는데, 이는 필딩의 《톰 존스의 모험》에서 볼 수 있는 아이러니컬한 유머를 보다 철학적으로 결합한 것이다.

그럼 《연극적 사명》과 《수업시대》 사이에 어떤 관계가 있는지 간단하게나마 살펴보기로 한다. 《연극적 사명》 제3권까지의 내용은 대부분 삭제되고 아주 일부분만 새롭게 바뀌어 《수업시대》 제2권까지의 내용으로 쓰였다. 반면에 《연극적 사명》 제4권부터 제6권 제7장(제8장부터 마지막 제14장까지는 많이 바뀌었다)까지는 일부분만 삭제되고 변경되었을 뿐 거의 그대로 《수업시대》 제3권, 제4권에 사용되었다. 《수업시대》 제5권부터 제8권까지는 괴테가 새로 쓴 것이다. 다만 제5권 문장은 제4권까지의 문장을 답습하고 있다.

《빌헬름 마이스터 수업시대》는 문장으로 보나 기법과 구성으로 보나 더없이 완성도가 높은 작품이다. 동시대 독일 작가 프리드리히 슐레겔(1772~

1829)도 이 소설에 감탄하여 엄청난 찬사를 바쳤다. 《수업시대》는 독일 교양소설의 대표작으로서 오랫동안 존경과 사랑을 받았는데, 괴테의 까마득한 후배인 토마스 만(1875~1955)은 이 작품을 모범 삼아 《마의 산》(1924)과 재미있는 패러디 《사기꾼 펠릭스 크룰의 고백》(미완. 1954)을 쓰기도 했다.

《빌헬름 마이스터 수업시대》 삽화
미뇽의 곁에는 항상 장님 하프 연주자가 있었다.

독자들이 저마다 사상과 취향에 따라 문학작품을 자유롭게 읽는 것이 가장 바람직하다. 특히 《수업시대》 같은 작품에는 굳이 해설이 필요하지 않거니와, 다만 여기에서는 두 가지 사실만 간단히 살펴보기로 한다.

하나는 제6권에 나오는 아름다운 영혼의 고백, 또 하나는 미뇽에 대한 이야기이다.

아마 독자들은 제6권에서 의아함을 느꼈을 것이다. 왜 뜬금없이 소설 줄거리와는 상관없는 고백이 튀어나온 걸까? 여기에는 나름대로 의미가 있다. 제6권은 《빌헬름 마이스터 수업시대》에 삽입된 또 다른 영혼의 '수업시대' 이야기이다. 이는 《수업시대》 전체에 깊이를 더해 주는 동시에, 《수업시대》에 등장하는 몇몇 사람들의 정체를 밝혀 준다는 점에서도 매우 중요하다.

또 제1권부터 제5권까지의 문장과 제7권, 제8권 문장이 매우 다른데, 그 사이에 고백록이 끼어들어 위화감을 없애 주고 있다. 제1권부터 제5권까지는 힘차고 아름답긴 해도 몹시 기교적이고 복잡한 문장인 데 비해 제7권, 제8권 문장은 여전히 아름답긴 하지만 매우 분명하고 알기 쉬운 문장이다. 아름다운 영혼의 고백의 문장은 딱 그 중간에 해당한다. 독자는 이 중간 지점을 거쳐 자연스럽게 제7권, 제8권 문장을 접하게 되는 것이다.

괴테는 《젊은 베르테르의 슬픔》의 로테, 《파우스트》의 그레첸을 비롯한 많은 여성들을 능숙하게 묘사했다. 《수업시대》에도 무척 특이하고 인상적인 여성상이 등장한다. 바로 신비한 소녀 미뇽이다. 시(詩)와 사랑과 동경의 상징이라 할 수 있는 이 가련한 여성 이미지는 《수업시대》 전체에 이루 말할 수 없이 깊은 묘미를 더해 주었다. 미뇽을 창조한 괴테 본인도 이 소녀에게 강한 애정을 품고 있었다. 이는 제8권에 나오는 웅장하고 아름다운 미뇽의 장례식만 봐도 알 수 있다.

괴테는 작품 전체에 걸쳐 '탑의 결사'를 중요한 요소로서 등장시킨다. 그들은 빌헬름이 지나온 삶의 여정에 스며들어 우연과 필연, 운명과 책임의 혼란 속에서 그를 구해준다. 이 작품이 주고자 하는 의미는 바로 인간의 노력과 인간성의 승리에 대한 믿음이다.

괴테는 1749년 8월 28일에 태어나 1832년 3월 22일 세상을 떠났다. 괴테가 살았던 18세기 봉건제도 시대 독일은 《수업시대》의 무대가 되었다.

이 번역의 텍스트는 함부르크판 괴테 전집 제7권 《빌헬름 마이스터 수업시대》이다.

《빌헬름 마이스터 편력시대》

괴테가 여든 살 되던 1829년에 결정판 전3부를 발표한 《빌헬름 마이스터 편력시대 *Wilhelm Meisters Wanderjahre*》는 《빌헬름 마이스터 수업시대》의 속편이라고 할 수 있는 작품이다. 그 무렵 수공업의 예에 따라 수업시대를 마친 뒤 편력시대를 거쳐 마이스터(장인)가 되기까지의 과정을 그리고 있다. 주제는 더욱 광범위해져 개인의 문제가 인류 전체의 문제로 발전했다.

《수업시대》의 끝부분인 제8부가 발표될 무렵에 이미 괴테는 실러에게 보낸 편지에서 《수업시대》의 속편에 대해 언급하였다. 그러나 그것이 결실을 보기까지는 30년이 넘는 긴 세월이 지나갔다. 괴테는 그 오랜 세월 동안 이 작품에 손을 대지 않고 다른 작품들에만 몰두하였다. 따라서 긴 세월 동안의 많은 경험과 여러 작품을 통해 다루어진 다양한 테마들을 거친 뒤 80세라는 노년기에 완성된 《편력시대》는 전편인 《수업시대》와는 전혀 다른 새로운 형식의 소설이 되었다. 물론 《수업시대》 주인공인 빌헬름이 여기서도 중심인물이며 이 밖에도 몇몇 동일인물이 다시 등장하기는 하지만, 이 소설은 구조와 사상에서 《수업시대》와는 전혀 다르며 훨씬 다양하고 방대한 내용을 담고 있다. 그러면 먼저 이 소설 내용을 차례에 따라 요약해 보자.

빌헬름 마이스터는 그의 아들 펠릭스와 함께 걸어서 방랑을 한다. 탑의 결사 서약에 따라 그는 한곳에 사흘 넘게 머무를 수 없다. 이것은 모든 일상적인 욕망을 깨끗이 단념할 것을 요구하는 것이다. 방랑 도중 빌헬름은 산 속에서 아이를 안은 부인을 나귀에 태우고 지나가는 거룩한 모습의 남자를 만나

《빌헬름 마이스터 편력시대》(1921) 속표지

그의 집으로 초대된다. 그 남자의 이름은 요셉이고 그의 아내는 마리아였다. 그들의 경건한 가정에서 빌헬름은 그들이 어떻게 결혼하게 되었는지 또 그들이 얼마나 성스러운 생활을 하고 있는지 듣게 된다. 우연히 펠릭스는 돌이 많이 들어 있는 상자 하나를 보게 되는데, 그것은 광석을 찾는 한 과학자가 요셉에게 준 것이라 했다. 그 지질학자의 이름이 몬탄이라는 것을 듣고 빌헬름은 그가 옛친구 야르노이리라 여겨 그를 찾아나선다. 도중에 펠릭스가 동굴 속에서 작은 상자를 발견하고, 빌헬름과 펠릭스는 이 상자를 간직한다. 잠시 뒤 그들은 몬탄이 있는 곳에 도착하여 사흘간 그곳에 머문다. 그곳을 떠난 뒤 그들은 아름다운 정원 속으로 들어가게 되고, 거기서 헤르질리에와 율리에테 자매를 알게 된다. 펠릭스는 밝고 활기찬 헤르질리에에게 마음을 빼앗긴다.

헤르질리에는 빌헬름에게 읽을거리로 낭만적인 원고 하나를 준다. 그것은 '순례하는 어리석은 여인' 이야기이다. 다음날 이 집의 주인인 이 아가씨들의 큰아버지가 그를 사냥터로 초대한다. 헤르질리에는 빌헬름을 가족으로

받아들이며, 그녀의 신뢰를 보이기 위해 사촌오빠 레나르도에 대해 말해 주는 한 묶음의 편지를 빌헬름에게 준다. 그것은 레나르도와 헤르질리에와 그들 큰어머니인 마카리에 사이에 오고간 편지들이다. 레나르도는 몇년 전에 여행을 떠났는데, 빚을 갚지 못해 쫓겨난 소작인의 딸 '밤(栗)색 아가씨'가 어떻게 되었는지 알게 되기 전에는 집으로 돌아오지 않겠다고 쓰고 있었다. 이 편지를 읽은 뒤 빌헬름은 현명한 부인 마카리에를 방문하기로 한다. 큰아버지의 성을 떠나기 전에 빌헬름은 '배반자는 누구인가?'라는 이야기의 원고를 선사받는다. 이 이야기가 제1부 8장과 9장을 이룬다.

마카리에의 성에서 빌헬름은 한 천문학자를 알게 되며, 그는 빌헬름에게 많은 별들의 비밀을 이야기해 준다. 마카리에와 이별한 빌헬름은 방랑길에서 레나르도를 만나 그를 탑의 결사와 연결해 주고, '밤색 아가씨' 나호디네를 찾아달라는 부탁을 받는다. 빌헬름은 펠릭스가 발견한 상자를 레나르도의 스승인 골동품 수집가에게 맡긴다.

제2부에 들어서면 빌헬름은 노동의 존엄성과 예술의 미를 가르치는 교육주를 방문하여 그곳에 펠릭스를 맡긴다. 이어 3장에서 5장까지는 '비세의 사나이' 이야기가 펼쳐진다. 그 내용은 다음과 같다. 먼 저택에서 한 소령이 그의 누이동생을 방문하러 온다. 그는 가족을 단단히 결속하기 위해 그의 아들 플라비오를 누이의 딸 힐라리에와 결혼시키고자 한다. 그러나 힐라리에는 이 소령을 사랑한다. 이 사실을 플라비오에게 전하러 간 소령은 플라비오가 한 미망인을 사랑하고 있음을 알고 안심한다. 그러나 아름다운 미망인으로부터 거절당한 플라비오는 발작적인 상태가 되어 그의 고모의 저택으로 온다. 그는 힐라리에의 간호로 위안을 받는다. 소령이 돌아오자 분위기는 긴장에 빠진다. 힐라리에의 어머니는 마카리에에게 조언을 구하는 편지를 보낸다. 현명한 마카리에는 아름다운 미망인이 소령을 찾아가 젊은 플라비오와 힐라리에가 진실로 사랑하고 있음을 알리게 한다. 이어 6장에서는 빌헬름이 레나르도와 신부에게 보내는 편지가 들어간다. 빌헬름은 레나르도에게 밤색 아가씨가 잘 지내고 있음을 알리며, 신부에게는 의학을 시작하고 싶다는 소망을 전한다. 7장에서부터 다시 화자(話者)가 이야기를 진행한다. 빌헬름은 화가 친구와 함께 사랑하는 양녀 미뇽의 고향인 아름다운 이탈리아 호숫가를 여행한다. 여기서 두 사람은 힐라리에와 아름다운 미망인을 만난

다. 일 년의 공백 뒤 빌헬름은 교육주를 다시 방문하여 뛰어난 예술적 능력을 갖춘, 잘 성장한 펠릭스를 만난다. 두 사람은 다시 방랑길에 나서며, 산악에서 몬탄을 만나 지구의 성립에 대해 그리고 행동과 사고에 대해 대화를 나눈다.

제3부에서 빌헬름은 레나르도를 중심으로 한 이민 가는 사람들을 만나 함께 지낸다. 빌헬름은 그들에게 해부학 수업을 받은 것에 대해 이야기한다. 5장에서는 산골의 방적·방직마을 방문을 기록한 레나르도의 일기가 들어가고, 6장에서는 이발사가 소인국 공주 이야기인 '새로운 멜루지네'를 이야기한다. 7장에서는 헤르질리에의 편지가 들어가는데, 그녀는 펠릭스가 발견했던 상자의 열쇠와 함께, 수집자의 죽음으로 상자까지 맡게 되었음을 알린다.

8장에서는 성 크리스토프가 '위험한 내기'를 이야기한다. 이어 이민의 한 걸음을 내딛는 날이 온다. 이때 새로운 손님인 오도아르트는 신세계뿐만 아니라 구세계에도 개척이 필요함을 주장한다. 그래서 이주자들은 둘로 나뉘게 된다. 이어 사자가 소포를 가져오는데, 그것은 로타리오와 테레제, 나탈리에, 신부가 해외로 떠났음을 알리며 또 힐라리에가 플라비오와, 그리고 소령은 아름다운 미망인과 결혼했음도 알린다. 또한 아메리카에 있는 백작의 땅에서 결사가 활동하고 있음을 전한다. 이민 가는 사람들의 결사대가 떠나고 난 뒤 그들에게 온 펠릭스는 그들을 뒤쫓아 가다가 물에 빠진다. 그런데 죽어가는 펠릭스를 외과의사인 빌헬름이 살려낸다. 마지막으로 '마카리에의 문고에서'가 들어간다.

실러는 《수업시대》를 《신곡》과 《돈키호테》, 그리고 셰익스피어의 작품에 견줄 만한 대작으로 평가했다. 그러나 《편력시대》는 전작에 비해 예술적 감흥이 모자란 탓에 같은 위치에 오르지는 못할 것이다. 그러나 이 세 번째 《빌헬름 마이스터》에는 새로운 사상이 담겨 있다. 바로 괴테의 놀라운 활력과 명석함이다. 거의 여든 살을 바라보던 괴테는 주인공을 18세기의 각종 사상에서 해방시키고, 그에게 새로운 지성을 부여할 수 있었다. 교육학적 실험, 사회적, 공예학적 주제의 신선함. 소설의 구조는 《새로운 멜루지네》(1807), 《쉰 살의 남자》(1817)와 같이 이미 만들어진 부차적인 이야기와, 새로운 스토리를 통해 주인공이 행복해지거나 고난을 겪는 식이다. 이는 괴테가 쓴 가장 현대적이고 매력적인 작품 가운데 하나라 할 수 있다.

《편력시대》의 첫 번째 특징은 《수업시대》나 《친화력》 등 괴테의 이전 작품 들과는 달리 사건이 중심에 서 있는 한 영웅에게 끌려들어가지 않는다는 점과, 전통적인 소설의 통일적이고 긴장된 사건 진행이 결여되어 있다는 점이다. 따라서 이 소설에서 하나의 사건 진행 관계, 즉 일관된 줄거리를 찾아내고자 하는 시도는 무산되며, 여기저기 흩어져 있는 사건들과 독자적인 단편 이야기(노벨레)들을 통해 전체적인 이야기는 일련의 개별상(個別像)들 속으로 해체된다. 그러나 이 개별상들은 임의의 열(列)이 아니라 하나의 순환을 이루며, 이것이 모든 부분 속에서 여러 예들로부터 해명되는 하나의 통일적인 인간상과 관련된다.

삶은 사람과 사람의 결합이 만들어 내는 결과물이다. 그 결합은 한편으로는 개별적인 것에 대한 개인적인 결합이요 또 한편으로는 포괄적인 커다란 공동체와의 결합이다. 그러나 이러한 결합 형식은 단지 현존하는 것만이 아니라 변화한다. 인간이 그것을 변화시킨다. 삶의 형식에 대해서는 일반적인 법칙이 말하지 않는다. 오직 행동과 사색의 상호작용이 있는 것이다. 생각으로부터 행동이 형성되고 행동으로부터 다시 생각이 끊임없이 갱신되면서 교정된다(제2부 9장에서 이것이 이야기된다).

이 소설은 가득한 사건들과 성찰 속에서 사색과 행동의 이러한 상호작용을 보여 준다. 커다란 사회적 공동체의 상(像)과 문제들을 그 안에 흩어져 있는 일련의 노벨레들 속에서 가져온다. 그리하여 이 소설은 삶의 모든 현상을 포괄하는 극대로까지 뻗어 나간다. 그리고 그 속에서 지질학·천문학·종교·교육·예술·노동 등 삶의 모든 영역이 다루어진다. 《수업시대》에서는 빌헬름의 인격적 발전이 테마였지만 여기서는 인간과 사회가 중심이 되는 것이다. 《수업시대》에서 젊은 예술가의 노력은 여기서는 인간사회 속에서 기능하고 봉사하는 일원으로서의 활동으로 돌려진다. 거기에서는 주인공의 전인적인 발전과 교양의 완성이 목표가 되었지만, 여기서는 다방면의 교양보다는 숙달된 한 가지 기능을 통한 사회에의 기여가 중요한 것으로 부각된다. 《수업시대》에서 재능 있는 젊은이들의 단련에 봉사했던 탑의 결사체는 이제 보다 일반적인 사회적 과제를 눈앞에 두게 된다.

이러한 과제는 당시의 사회적·경제적 여건을 바탕으로 한 시대의 요청에 따른 것으로 특히 제3부에서 상세히 다루어지고 있다. 즉 인구과잉의 한 가난한 산악지대가 묘사되는데, 지금까지 이곳을 이끌어왔던 가내공업이 기계 도입으로 몰락에 부딪히게 된다. 이에 대해 개별적 인간은 어찌할 수가 없으며, 오직 이민을 마련하고 적당한 사람을 적당한 자리에 데려다 놓는 커다란 조직만이 이들을 도울 수 있다.

아메리카에는 빈 땅이 있고 이민 가는 사람을 필요로 한다. 이러한 과제를 위해 탑의 결사는 많은 다양한 인간권과 접촉해야 한다. 이제 이것이 특히 빌헬름을 통해 이루어진다. 그는 그의 방랑길에서 큰아버지라고만 불리는 한 귀족 대지주에게 가게 되는데, 그 귀족은 그의 아버지로부터 아메리카에 넓은 토지를 상속받았다. 그의 조카인 레나르도는 바로 아메리카의 토지를 상속할 사람이다. 빌헬름은 레나르도로부터 '밤색 아가씨'를 찾아달라는 부탁을 받으며, 여기서 빌헬름은 인구과잉의 산악지대에 닿게 된다.

한편 역시 아메리카에 땅을 소유하고 있는 탑의 결사는 레나르도와 함께 대이주 계획을 위해 결합한다. 그들은 새로운 땅 위에 농업과 수공업의 이민뿐 아니라 커다란 운하와 그에 관계된 공업시설, 방적과 방직까지도 계획한다. 레나르도는 방직산업의 기술을 익히고 또 이민연합을 위한 사람들을 찾기 위해 인구과잉의 산악지대를 여행한다. 그가 기술적인 문제와 조직적인 문제를 돌보는 동안, 신부는 세계관과 경제에 대한 문제를 이끈다. 이 밖에도 그들은 훈련된 생도들을 교육주로부터 받아들이면서 유능한 사람들을 돌본다. 그러나 아메리카에서만 새로운 삶의 가능성이 생기는 것은 아니다. 어느 독일 영주의 고위 관리는 유럽 내의 한 벽지에서 대규모 이민 기회를 제공한다. 그래서 이민 가는 사람들은 둘로 나뉘어 아메리카와 유럽에서의 계획에 각기 착수한다.

이 소설의 전체적인 틀 이야기가 되는 이러한 대계획을 이끄는 사람들은 그들의 한계가 어디에 있는지, 그리고 하나를 하기 위해서는 다른 것을 포기해야 한다는 것을 아는 〈체념자〉들이다. 체념이란 더 높은 목표를 위한 개인적 욕망의 용감한 희생을 말하는 것으로, 노년기 괴테 사상의 핵심적인 중심을 이룬다. 괴테는 이 소설에 '체념자들'이라는 부제를 붙이고 있다. '체념자들'이란 하나의 연합을 일컫는 것이 아니라, 하나의 확실한 삶의 경험을 가진 정서적인 사람들에 대한 명칭이다. 그들 모두는 전에는 체념하지 못한 자들이었으며 그들 모두는 아직 그들의 분명한 한계에 도달하지 못한 사람들과 관계하고 있다. 그들이 체념자가 되기까지의 길과 미로(迷路)들이 이 소설 속에 삽입된 많은 노벨레 속에서 묘사되고 있다.

공동체의 문제를 다루는 전체적 틀 이야기와 개인적인 개별결합의 문제를 다루는 일련의 노벨레들의 양쪽 면 모두가 '삶'을 일컫는 하나의 원칙의 요소들로 제시되는 것은 노년의 세계관의 특징을 나타낸다. 즉 각 개별 경우는 하나의 일반적인 것을 대표하며, 영원한 움직임에는 영원한 정체성이 근본이 된다는 것이 이 노년의 소설에 구조의 정태학을 부여하는 것이다. 개별상들은 시간적으로 차례로 서 있는 것이 아니라 공간적으로 나란히 서 있다. 그들은 모두 동시에 현존하며 서로 비교되어야 한다. 이야기의 건너뜀이나 개별상들의 해명은 이로부터 나오며 그것의 연결은 작가가 말하는 것이 아니라 독자 자신이 제시해야 한다. 《편력시대》를 완성한 시기에 괴테는 한 편지에서 이렇게 쓰고 있다.

'우리의 경험 중 많은 것이 일정하게 말하거나 직접 전달할 수 없기 때문에 나는 서로 마주 세우고 서로 동일하게 반영시키는 형상을 통해, 감추어진 의미를 독자에게 드러내는 수단을 택했다.'

여기서 이 소설의 상호교환적인 반영의 기교가 이야기되며 그것은 독자의 주목을 요구한다. 상호교환적인 반영의 체계는 노년의 작가의 풍부한 조망의 내면성으로부터 상징적인 연속상들을 이루며, 독자는 개별상들의 서로 다른 요소들 속에서 전체 위상을 인식함으로써 작품의 내적인 상징관계에 다가가게 되는 것이다. 그럼으로써 시대 변혁 속에서의 역사적인 영속성에 대한 질문과 대답을 보게 된다.

이상에서 살펴본 바와 같이 《빌헬름 마이스터 편력시대》는 구조에서나 내용에서나 이전의 전통적인 소설미학을 벗어나는 새로운 소설을 제시한다. 이와 함께 서술과 시와 비평적 성찰, 이론적 논의, 독자적인 단편 이야기들의 몽타주를 창조함으로써 현대소설의 많은 테크닉을 예견하고 있다. 이 소설이 발표되었을 때 독자들 대부분은 작품을 이해하지 못했고 망상적인 노령의 작품이라는 비난의 소리도 있었다. 물론 괴테의 친구들이 이해에 찬 편지를 보내주기는 했지만, 괴테가 살아 있는 동안에는 이 작품에 대한 일반적인 인정은 이루어지지 않았다. 그가 죽은 뒤에야 이 작품은 보다 활발히 다루어졌고 포괄적인 연구문헌들도 쏟아져 나왔다. 오늘날에도 여전히 어려운 작품으로 여겨지고 있으며 널리 읽히지 못하고 있다. 그러나 괴테 작품 전집 편집자인 에른스트 보이틀러(Ernst Beutler)는 이렇게 말했다.

"이 작품은 서술된 것을 통해 그리고 묘사의 미학적 자극을 통해 상상력을 일으키는 일반적 의미의 문학이 아니다. 이것은 유언이다. 하나의 메시지이다."

삶의 모든 영역을 포괄하는 이 소설은 바로 노년의 괴테가 인류에게 남긴 유언이며 메시지이다.

이 번역의 텍스트는 함부르크판 괴테전집 제8권 《빌헬름 마이스터 편력시대》이다.

요한 볼프강 괴테 연보

1749년   8월 28일, 독일 프랑크푸르트 암마인에서 출생. 당시 독일은
          신성로마제국에 소속된 300여 개의 영방국가(領邦國家)로 분
          립되어 있었으며, 프랑크푸르트는 제국에 직속하는 자유도시
          (영방국가와 동격, 인구 약 3만 명)였음. 아버지는 독일 북부의 장
          인 집안 출신의 유복한 자산가였지만, 신분 때문에 공직에 오
          르지 못하고 폐쇄적인 생애를 보냈음. 반대로 외가인 텍스토
          르 집안은 독일 남부의 법률가 집안으로, 외할아버지는 시장
          을 지내고 시의 최고 관직인 시통령까지 지냈음. 괴테는 아버
          지가 서른아홉 살, 어머니가 열여덟 살 때 낳은 맏아들임. 괴
          테는 아버지의 재력과 어머니의 명성 덕분에 오랜 역사를 지
          닌 근세도시에서 특권을 누리며 소년 시절을 보냈음. 자서전
          《시와 진실》참조. 여동생 코르넬리아(1750년생). 다른 형제는
          요절.

          ＊클롭슈토크《구세주》서문(의고전주의 문학과 결별).

1752년(3세) 가을부터 유치원 통원(~1755년 여름).

1753년(4세) 크리스마스에 친할머니에게 인형극 세트를 선물받고 연극에
          열정이 생기기 시작함.

1755년(6세) 친할머니가 죽은 뒤 4월에 생가 개축이 시작됨(~1756년 1
          월). 11월, 포르투갈 리스본 대지진의 참사가 어린 괴테에게
          도 큰 충격을 주었고, 모든 사람에게 안정된 근세의 종말을
          예고함. 개축 중인 공립학교에서 읽기와 쓰기를 배움. 교육은
          아버지의 계획하에 당시 상류층 관습에 따라 주로 집 안에서

가정교사와 아버지에게 받았음. 중심은 라틴어지만, 그 밖에 괴테의 호기심도 고려하여 그리스어·프랑스어·영어·이탈리아어를 비롯 그림·피아노·춤·승마·검술·기하학·신약구약성서 및 히브리어·이디시어·지리·역사 등 폭넓음. 어릴 때부터 아버지의 수많은 장서와 그림을 접할 기회가 많았음.

＊레싱《미스 사라 샘슨》(최초의 독일 시민극)

1756년(7세) 이해에 발발한 7년전쟁은 구제도를 대표하는 오스트리아에 대한 프리드리히 2세(대왕)가 이끄는 신흥 프로이센의 도전임. 괴테집안에서도 구질서를 옹호하는 외할아버지와 신시대를 갈망하는 아버지 사이에 격렬한 대립이 일어났음.

＊＊7년전쟁(~1763)

1757년(8세) 1월, 외할아버지 텍스토르에게 새해 축하시를 보냄(현존하는 최초의 시). 이 무렵 인형극 파우스트를 구경함.

1759년(10세) 1월, 오스트리아를 지원하는 프랑스군이 프랑크푸르트를 점령. 괴테 집안의 대부분이 군정장관 트랜 백작에게 접수됨(~1761년 5월). 트랜 백작은 미술과 연극 애호가로, 소년 괴테는 백작이 설치한 다락방 아틀리에에서 많은 프랑크푸르트 화가의 창작 현장을 구경하고, 할아버지를 통해 입수한 무료입장권으로 점령군을 위한 프랑스 연극을 날마다 구경했음.

＊클롭슈토크〈봄의 축제〉, 하만《소크라테스 회상록》(삶의 전체성 복권), 레싱《현대문학서간》(~1765년, 반의고전주의적 문학론집)

1763년(14세) 2월, 7년전쟁이 끝나고 프랑스군 퇴진. 8월, 일곱 살 모차르트가 연주회를 개최.

1764년(15세) 4월, 황제 요제프 2세, 전통에 따라 프랑크푸르트에서 대관식. 명문 집안의 소년 괴테는 화려한 축하연을 구경하고, 밤에는 등불이 환하게 켜진 마을을 여자 친구 그레트헨과 팔짱을 끼고 돌아다님.

＊＊(영) 와트가 증기기관 발명. 산업혁명 진행.

1765년(16세) 9월, 아버지의 권유에 따라 법률학을 공부하러 라이프치히로

감(~1768년 9월). 낡고 보수적인 프랑크푸르트와 대조적으로 라이프치히는 당시 인구 약 3만 명에 계몽주의의 영향을 받은 급진적 도시로서 작은 파리라고 불렸음. 호기심 넘치는 소년 괴테는 이곳에서 자유롭고 다채로운 학창 시절을 즐김. 시와 희곡 습작.

1768년(19세) 병에 걸려 9월에 고향 프랑크푸르트로 돌아옴. 일시적으로 중태에 빠짐. 이듬해까지 회복과 재발을 반복(결핵이나 위궤양 또는 십이지장 궤양이었을 것으로 추정). 어머니의 지인이자 경건주의자인 수잔나 폰 크레텐베르크(1723년 출생. 《빌헬름 마이스터 수업 시대》중〈아름다운 영혼의 고백〉모델)에게 영향을 받아 경건주의, 이단신학, 연금술 등에 활발한 관심을 보임. 활달하고 자유분방한 서간시〈프리데리케 에저 씨에게 보내는 시〉를 씀.

1770년(21세) 4월, 병이 완치되자 법률학을 마저 공부하러 슈트라스부르크(현재 프랑스 스트라스부르)로 감(~1771년 8월). 슈트라스부르크 대성당의 중세 고딕양식에 감동하고, 교외의 자연을 즐기며, 제젠하임교구 목사 딸 프리데리케 브리온과 소박한 사랑을 나눔. 생명과 자연과 역사의 복권을 주장하는 반합리주의적 비평가 헤르더와 만남. 프리데리케에게 보낸 여러 편의 서간시《제젠하임 시가집》에는 소박한 표현 속에 자연과 자아와 사랑의 모순 없는 합일의 기쁨이 표현되어 있으며, 독일 문학의 새 시대를 예고함.

＊헤르더《언어기원론》

1771년(22세) 8월, 박사학위 취득에 실패하고, 그에 준하는 법률수업사 자격을 얻음. 슈트라스부르크를 떠나 프랑크푸르트로 돌아와 변호사로 개업함.

1772년(23세) 다름슈타트의 '감상파 세대' 무리와 친하게 교우. 5월 초, 제국고등법원에서 실시하는 법률실습을 위해 베츨러로 향함(~9월 초). 샤를로테 부프와 알게 되지만 그녀는 이미 약혼한 처지라 괴테를 거절함. 돌아오는 길에 라인 강변 에렌브라이트슈타인에서 유명 여류작가 조피 폰 라 로슈와 그의 딸 막시밀리아네를 방문해 친교를 나눔. 막시밀리아네는 2년 뒤에 프랑 크푸르트의 유복한 상인 브렌타노에게 시집감. 자제로 낭만파 시인 클레멘스 브렌타노와 작가 베티나 폰 아르님이 있음 (1807년 참조).

* 레싱 《에밀리아 갈로티》

1773년 (24세) 셰익스피어를 본받아 자유분방하고 힘찬 희곡 《괴츠 폰 베를 리힝겐》을 자비출판하고 일약 주목을 받음. 여동생 코르넬리 아와 괴테의 친구 슐로서가 결혼.

1774년 (25세) 4월, 베츨러에서 실연한 경험을 소재로 하여 청년들의 사회적 폐쇄 상황과 자기파멸을 그린 서간체 소설 《젊은 베르테르의 슬픔》을 완성, 가을에 간행. 젊은 세대의 열광적 지지를 얻 어, '질풍노도파'를 대표하는 인기작가가 됨. 이 무렵 《파우스 트》 집필에 착수. 6월~7월, 반합리주의적 사상가 리바터, 교 육실천가 바세도우와 라인 지방 여행. 그 밖에도 서정시인 클 롭슈토크, 동시대인 클링거, 야코비 형제 등과 활발한 교우. 이 시기를 전후해서 풍자극 《사티로스》, 시 〈툴레의 왕〉, 〈프 로메테우스〉, 〈방랑자의 폭풍의 노래〉 등 생명력 넘치는 작품 을 씀.

* 렌츠 《가정교사》 (질풍노도파)

1775년 (26세) 4월, 부유한 은행가의 딸 릴리 쇠네만과 약혼. 5~7월, 제1회 스위스 여행. 9월, 젊은 바이마르 공 카를 아우구스트가 여행 중인 신흥작가 괴테를 방문. 소영방국가의 도의적 우위를 주 장하는 유스투스 뫼저의 법철학을 둘러싸고 의기투합하여 괴 테를 바이마르로 초대. 가을, 집안 간에 불화가 생겨 릴리와 파혼. 11월, 바이마르 공의 귀한 손님으로서 수개월 예정으로 바이마르를 방문. 이때 《파우스트》 제1부의 원형은 이미 절반 쯤 완성되었음.

** 미국 독립전쟁 발발 (~1783).

1776년 (27세) 봄, 바이마르에 머무르기로 결정. 6월, 공국 정부 내부의 반 발을 무릅쓰고, 바이마르 공의 가장 친한 측근으로서, 나라의 최고기관인 추밀원 고문회의를 구성하는 3인의 대신 가운데 한 명으로 임명됨. 이후 죽을 때까지 바이마르를 정주지로 삼음.

영방국가 '작센 바이마르 아이제나흐'(정식 명칭)는 당시 인구 약 10만 명, 수도 바이마르의 인구 약 6천 명(그중 60%는 농민). 괴테는 그곳에서 사교, 담화, 사냥, 가장행렬, 아마추어 연극 등 근세 궁정생활에 날마다 참가함과 동시에, 그와 긴밀하게 진행되는 정치, 행정, 외교에도 관여했음.

이른바 바이마르 정주 초기(이탈리아 여행까지 약 11년)에 그가 관여했던 주요 정치, 행정, 외교 안건은 다음과 같음. 일메나우 은동광산 재건. 토지개량을 통한 농업진흥. 도로정비. 군대 소멸과 재무행정의 근대화 등 재정재건책 추진. 오스트리아와 프로이센 사이에서 중소 영방국가의 자주성을 확보하기 위한 군주동맹 결성의 시도 등등. 또한 실무도 요청받아 자연학 연구에도 손을 댔음. 한 마디로 계몽주의 사상에 근거한 합리적인 국가경영을 위한 노력이었는데, 그 대부분은 괴테의 헌신에도 현실 조건을 극복하지 못하고 좌절됐음.

이 시기에 개인적으로는 일곱 살 연상의 슈타인 부인과 깊은 우정 또는 연애 관계에 있었음. 그녀에게 보낸 수천 통에 가까운 편지와 뛰어난 시들이 남아 있음. 〈어째서 그대는 운명인가〉, 〈달에게 보낸다(달빛은 안개에 빛나고/골짜기를 채운다)〉 등등. 세속적인 의미에서의 작가 활동은 거의 하지 않았고 동시대의 질풍노도파로부터도 거리를 두었지만, 작품 집필은 쉼 없이 계속했음. 앞서 든 슈타인 부인에게 보낸 시들 말고도 《타우리스섬의 이피게니에》 산문 초고, 《빌헬름 마이스터 수업시대》의 초고인 《빌헬름 마이스터의 연극적 사명》 등을 썼음.

4월, 시 〈어째서 그대는 운명인가〉, 〈한스 작스의 시적 사명〉을 씀. 10월, 괴테의 추천으로 헤르더가 바이마르 종무총감독으로 부임.

　　　　　　*클링거《질풍노도》
　　　　　　**미국 독립선언.
1777년(28세) 6월, 여동생 코르넬리아 죽음. 겨울, 하르츠 산지를 단독 기
　　　　　　행. 브로켄 산 등산. 시 〈겨울 하르츠 기행〉을 씀.
1778년(29세) 5월, 바이에른 계승전쟁(오스트리아 대 프로이센)을 앞두고
　　　　　　바이마르 공을 따라 정치적 군사적으로 긴장 상태에 있는 베
　　　　　　를린을 방문.
1779년(30세) 4월《이피게니에》초연.
　　　　　　9월~1780년 1월, 바이마르 공을 따라 두 번째 스위스 여행
　　　　　　(프랑크푸르트 경유). 부모님, 결혼한 릴리, 미혼의 프리데리
　　　　　　케와 재회. 베를린에서 바이마르 공국을 위한 차입금 교섭에
　　　　　　성공. 고지를 도보로 산행하며 풍경을 스케치하고, 제네바에
　　　　　　서 기회를 얻어 여자의 완전 나체를 관찰함.
1780년(31세) 9월, 일메나우 지방 키켈하안 산 정상에 있는 오두막 널빤지
　　　　　　벽에 〈사냥꾼의 저녁 노래〉라는 시를 적음(1831년 참조).
1781년(32세) 11월, 시내 프라우엔플란에 집을 얻음(현재 괴테 기념관).
　　　　　　*실러《도둑 떼》, 칸트《순수이성비판》
1782년(33세) 4월, 귀족 반열에 오름. 3~4월, 5월, 외교상 용무로 인근 궁
　　　　　　정들을 차례로 방문함(~1785). 5월, 아버지 죽음.
1784년(35세) 2월, 일메나우에 새롭게 갱도가 뚫려 축하 연설을 함. 광산은
　　　　　　뒷날 수몰됨.
　　　　　　*헤르더《인류사 철학의 이념》(~1791)
1785년(36세) 괴테의 생각과는 달리 바이마르 공의 판단에 따라 현안인 중
　　　　　　소군주동맹을 프로이센과 맺기로 결정됨. 6~7월, 처음으로
　　　　　　휴양지 카를스바트(현재 체코령 카를로비 바리)에 체재. 이후 여
　　　　　　름마다 휴양지에 머묾. 가을, 프랑스 궁정의 추문 '목걸이 사
　　　　　　건'에서 현존 질서의 근본적 동요를 보고 충격을 받음(1787,
　　　　　　1791년 참조).
1786년(37세) 6월, 괴셴서점과 제1차 작품집 출판 교섭. 7월, 카를스바트로
　　　　　　감. 8월, 카를스바트에서 저작집을 위해《젊은 베르테르의 슬

품》 퇴고. 9월 3일, 카를스바트에서 비밀리에 이탈리아로 여행을 떠남(~1788년 9월.《이탈리아 기행》참조). 2주 간 베네치아에 머무르는 등, 여행 뒤 10월 29일에 로마에 도착하여 체재. 저작집을 위해 기존 작품과 미완성 원고 등을 손보는 한편 고전·고대·르네상스 미술 연구에도 힘씀.

＊실러《돈 카를로스》

＊＊프로이센 프리드리히 2세 죽음.

1787년(38세) 1월, 로마에서《타우리스섬의 이피게니에》완성. 2월, 카니발 체험. 2월 말 남쪽으로 여행을 떠남(~6월 초). 약 한 달간 나폴리에 체재. 민중과 마을과 고대 유적을 관찰하고, 활화산 베수비오를 세 차례 등정. 이어 처음으로 해로를 통해 시칠리아의 팔레르모에 도착, 약 2주간 머묾. 식물원에서 무성한 남국의 식물에 둘러싸여 '원식물'을 환시. '목걸이 사건'(1785년, 1791년 참조)에 관여했다는 의심을 받고 있는 희대의 사기꾼 칼리오스트로의 생가를 거짓 핑계를 들어 가명으로 방문. 약 4주에 걸쳐 시칠리아 내륙을 횡단한 뒤, 메시나에서 해로를 통해 폭풍우로 난파 위기를 겪으면서도 나폴리로 돌아와 다시 체재. 6월 6일, 로마로 돌아와 거의 살다시피 함(~이듬해 4월 말). 미술작품 연구, 회화실기 습득,《에그몬트》집필, 소희가극 습작 등. 애인 파우스티네와 밀회했다고 추정됨.

1788년(39세) 2월, 두 번째로 카니발 구경. 〈로마의 카니발〉집필. 4월 23일, 로마 출발. 피렌체, 밀라노를 거쳐 6월 18일에 바이마르로 돌아옴. 문화학술 관계 및 일메나우 광산사업을 제외한 다른 공무에서 은퇴. 그러나 바이마르 공의 측근으로서 각종 국무에는 계속 참가함. 7월, 스물세 살의 크리스티아네 불피우스와 동거. 슈타인 부인과 오랜 교우를 끝냄.《로마의 비가》(~1790)

1789년(40세) 12월, 큰아들 아우구스트 태어남. 다른 자식들은 이미 요절.

＊＊7월, 프랑스혁명 발발(~1794년 7월).

1790년(41세) 3월, 이탈리아 여행 중인 태공비 안나 아말리아의 귀환을 마중하러 베네치아로 가서 체재(~6월). 시집 《베네치아 단가》. 7월, 프로이센 진영에 있는 카를 아우구스트를 위문하러 슐레지엔(현재 폴란드령 실롱스키에) 지방으로 향함(~10월 초. 카를 아우구스트는 프로이센군의 장군이기도 했다). 이해 제1차 저작집 완결(1787~. 괴센서점). 주요 수록 신작으로는 《에그몬트》, 《타우리스섬의 이피게니에》, 《토르쿠아토 타소》, 《파우스트 단편》.

1791년(42세) 여름, 프랑스 궁정 추문 '목걸이 사건'과 사기꾼 칼리오스트로를 모델로 혁명비판극 《대(大)코프타》 집필. 12월, 상연.
*모차르트 〈마술피리〉, 실러 《30년전쟁사》(~1793)
**8월, 오스트리아 프로이센의 필니츠 선언.

1792년(43세) 3월, 《대(大)코프타》 간행, 각지 오랜 지인들의 실망과 분노를 불러일으킴. 8월, 프로이센군 진영에 있는 바이마르 공 카를 아우구스트를 위문하러 프랑크푸르트, 마인츠를 거쳐 롱위(프랑스령) 공의 적진을 방문. 9월, 베르됭 침공 뒤 발미 포격전에 휘말려 군대와 함께 패주함. 프랑스군에 점령된 마인츠, 프랑크푸르트를 피해 토리아, 코블렌츠, 뒤셀도르프, 뮌스터, 카셀 등 북쪽으로 크게 우회하여 야코비 형제, 갈리틴 후작부인 등 지인들과 재회하면서 12월에 바이마르로 귀환(자서전 《프랑스 종군기》 참조).
**4월, 프랑스 의회, 오스트리아에 선전포고. 7월, 프로이센 참전. 제1차 대불동맹전쟁. 9월, 발미 포격전 이후 형세가 역전하여 프랑스군이 우위를 점함.

1793년(44세) 5월 초, 반혁명 희곡 《시민 장군》 상연. 5월, 마인츠를 포위한 프로이센군 진영으로 바이마르 공을 방문. 탈환 직후 마인츠로 들어감. 8월, 프랑크푸르트를 거쳐 바이마르로 귀환(자서전 《마인츠 공방전》 참조).
**(프) 루이 16세, 마리 앙투아네트 처형. 자코뱅파 독재, 공포정치.

1794년(45세) 2월, 바이마르 공, 프로이센군 퇴역. 전쟁은 계속되지만, 괴테의 생활에는 평화가 돌아옴(~1806). 이 무렵부터 가끔 대학 소재지 예나(바이마르령)에 장기 체재. 7월, 실러와 협력관계가 깊어짐.

＊＊(프) 7월, 테르미도르의 반동, 로베스피에르파 처형, 혁명진행 정지.

1795년(46세) 여름, 수년 만에 카를스바트에서 요양. 《메르헨》을 비롯한 《독일 피난민들의 대화》 완성.

《빌헬름 마이스터 수업시대》 완성.

＊＊실러의 논문집 〈소박한 문학과 감상적인 문학에 대하여〉 간행.

＊＊바젤화의(프로이센의 전선 이탈)

1796년(47세) 지난해부터 실러와 정치적 풍자단시집 《크세니엔》 공저.

1797년(48세) 7월, 프랑크푸르트를 거쳐 세 번째 스위스 여행(~11월). 많은 친구와 지인들과 재회. 〈코린트의 신부〉 외 발라드(이야기시) 집필. 장편 서사시 《헤르만과 도로테아》

＊티크 《장화 신은 고양이》(낭만주의적·전위적 희곡)

＊＊캄포 포르미오 조약(오스트리아 굴복).

1798년(49세) 《색채론》 연구. 《마술피리》 제2부 집필 시작.

＊슐레겔 형제, 낭만파 기관지 〈아테네움〉 창간(~1800).

1799년(50세) 7월, 티크, 노발리스, A.W. 슐레겔, 괴테 집안에 문객이 됨. 이 무렵부터 수년 동안 낭만파와 접촉 활발.

＊실러의 희곡 〈발렌슈타인〉 3부작 완결. 횔덜린 《히페리온》, 노발리스 《하인리히 폰 오프터딩겐(푸른 꽃)》 완성.

＊＊대불전쟁 재개(제2차 대불동맹전쟁).

(프) 나폴레옹 권력 장악.

1800년(51세) 6월, 옛 벗인 슈토르베르크 백작 가톨릭에 신앙 고백. 괴테, 깊은 실망.

＊노발리스 시집 《밤의 찬가》 간행.

1801년(52세) 1월, 안면화농성 염증과 인후염으로 호흡곤란 중태. 빈에서 사망설이 떠돎.

＊노발리스 죽음.

＊＊프랑스에 패배. 라인 강 좌측 할양.

1802년(53세) 이해부터 수년 간 건강 상태 좋지 않음(인후염), 정신적으로도 불안정. 여름, 작센의 요양지 라우흐슈테트에서 괴테의 감독하에 바이마르 궁정극장 소유의 새 극장이 완공. 괴테는 이후 수년 동안 여름마다 라우흐슈테트를 방문함(~1805).

1803년(54세) 은둔 생활과 음울한 기분이 계속됨. 3월, 이탈리아 르네상스의 자유분방한 금속공예가의 전기《체리니 자서전》의 번역·주역 완성.

《서출의 딸》제1부 완성(제2부 이후 집필 중단). 12월, 헤르더 죽음.

＊장 파울《거인》. 이를 전후하여 횔덜린 후기찬가 집필.

＊＊제국대표자 주요결의(라인 강 좌측 할양의 뒤처리/300여 개의 영방국가를 약 40개로 정리, 재편).

1804년(55세) 1월, 병상.

＊＊(프) 나폴레옹 스스로 황위에 오름.

1805년(56세) 연초부터 전신에 경련성 통증, 신장결석 급성 경련통으로 중태. 5월, 건강을 조금 회복. 5월, 실러 죽음. 여름에 완전히 건강을 회복함. 7월, 낭만파 회화〈새로운 가톨릭적 감상성〉에 공격 개시.

＊이때부터 횔덜린의 광기가 심해짐.

＊＊오스트리아·프로이센, 대불전쟁 재개(제3차 동맹), 패배.

1806년(57세) 1월, 쾌활한 희가〈하늘! 하늘의 하늘!〉집필. 2~3월, 건강 악화. 4월, 희곡《파우스트》제1부 완성(1808년 출판). 코타 서점 신저작집 간행 개시(전12권, ~1808년. 원고료 1만 탈러). 7월, 11년 만에 보헤미아의 요양지 카를스바트에 체재. 이후 여름 요양은 거의 해마다 습관이 됨.

당시 카를스바트를 비롯한 보헤미아 산간 요양지는 독일 제영방, 중·동유럽제국, 러시아 등의 궁정인과 상류층의 여름 사교장이었음. 괴테는 그곳에서 광천수 등을 마시고 건강을 회복하려고 애쓰는 한편 지질학 연구와 동시에 넓은 세계와의 다채로운 교류 및 자극을 즐겼음.

8월, 바이마르로 귀환. 9월, 대불전쟁 재개에 따라 프로이센 군 진영으로 복귀한 바이마르 공을 예나 근교로 방문, 군무에 협력. 10월 14일, 프로이센군, 예나에서 패배. 프랑스군 바이마르 침공. 괴테의 집도 습격당해 생명이 위태로워짐. 10월 19일, 18년 동안 동거했던 크리스티아네와 정식으로 결혼.

＊＊8월, 프랑스의 압력으로 신성로마제국 해체. 프로이센 대불전쟁 재개. 10월 14일, 예나 근교 아우어슈테트 전투에서 프로이센 패배. 독일 전역이 사실상 나폴레옹의 지배하에 들어감.

1807년(58세) 4월, 막시밀리아네(1772년 참조)의 딸 베티나 브렌타노(낭만파 시인 클레멘스 브렌타노의 여동생. 뒷날 아르님 부인) 내방(1835년, 베티나 폰 아르님《괴테와 한 소녀와의 서한집》). 6~8월 카를스바트.
＊클라이스트《암피트리온》
＊＊프로이센 개혁(국가 체재의 근대화).

1808년(59세) 5~9월, 카를스바트 및 주변 체재. 9월, 어머니 죽음. 9월 말, 에르푸르트의 제후 회의 수행, 나폴레옹 알현.
＊피히테〈독일 국민에게 고함〉(내셔널리즘 고양), 클라이스트의 비극《펜테질레아》출간.

1809년(60세)《친화력》간행. 자서전《시와 진실》구상 시작.

1810년(61세) 5~9월, 카를스바트 및 테프리츠 체재. 오스트리아 황비 마리아 루드비카에게 헌시.《색채론》완성.

1811년(62세) 5월, 중세미술 사학자 부아슬리에를 최초로 방문. 5~6월, 카를스바트. 9월, 베티나 폰 아르님 내방, 아내 크리스티아네와 충돌. 베티나의 괴테 집안 방문을 금지.
《시와 진실》제1부 간행.

1812년(63세) 5~9월, 카를스바트 및 테프리츠. 베토벤과 친밀한 교제. 12월, 파리로 패주하던 나폴레옹이 바이마르를 통과하며 괴테에게 인사를 남김. 겨울, 심신 미약.《시와 진실》제2부 간행.

＊＊나폴레옹, 모스크바 원정과 후퇴.

1813년(64세) 4월 중순, 다가오는 전운을 피해 여름 휴양지로 떠남. 드레스덴을 거쳐 5～8월에는 테프리츠, 8월 19일에는 바이마르로 귀환. 9월, 전선이 바이마르까지 다가옴. 10월, 라이프치히 전투에서 대불동맹군 승리. 패주하는 프랑스군이 바이마르를 통과. 동맹국 귀족 바이마르 입성. 러시아 황제의 알현, 프로이센 왕자, 메테르니히 백작 등이 방문. 11월, 카를 아우구스트, 영지 내에서 대불의용군을 모집하지만 괴테는 허락하지 않음.

＊＊2월, 독일 해방전쟁 개시(～1814). 12월, 대불동맹군 라인 도강.

1814년(65세) 6월, 동양학자 하머가 독일어로 번역한 《하피스 시집》(14세기 페르시아 시인)을 읽고 《서동시집》의 최초 시군(詩群)이 탄생함. 8월, 평화가 돌아오자 《하피스 시집》을 들고 고향 프랑크푸르트를 거쳐 라인 강변의 요양지 비스바덴으로 여행을 떠남. 9월까지 이곳에서 머물며 주변의 라인·마인 지방을 여행. 지인 빌레머의 젊은 동거녀 마리안네(9월, 정식 결혼)를 알게 됨. 돌아오는 길에 프랑크푸르트, 게르바뮤레(마인 강변 빌레머 가문의 별장), 하이델베르크(부아슬리에의 중세미술 수집)을 방문. 10월 말, 바이마르로 귀환. 여행하는 동안과 돌아온 뒤 《서동시집》의 시가 끊임없이 탄생함. 겨울, 《서동시집》을 위해 중동 연구. 《시와 진실》 제3부 간행.

＊호프만 《황금 항아리》

＊＊4월, 파리 함락, 나폴레옹 퇴위. 11월, 빈 회의(～1815년 6월)

1815년(66세) 2월, 크리스티아네 중병. 5월, 다시 라인·마인 여행을 떠남. 여행 중 《서동시집》 가운데 〈줄라이카의 서〉의 시 몇 편을 집필. 6～9월, 비스바덴 및 주변. 8월 이후 게르바뮤레. 9월, 하이델베르크에서 빌레머 부인과 재회. 마리안네와 마지막 만남. 10월 중순, 바이마르 귀환. 이해 여름 마리안네와 빌레머를 줄라이카에 빗대어 〈줄라이카의 서〉의 주요 부분을 완성.
코타서점에서 신저작집(전20권, ~1819년. 원고료 1만 6천 탈러)
간행 시작. 빈 회의에서 전후 처리와 영방 재편을 논의한 결
과 바이마르 공국은 대공국으로 승격.

＊아이헨도르프《예감과 현재》

＊＊9월, 39개의 영방국가로 이루어진 독일연방 발족. 유럽
열강의 신성동맹 체결(왕후귀족의 복귀).

1816년(67세) 6월, 아내 크리스티아네 죽음. 7~8월, 라인 지방에서의 세
번째 요양을 마차 사고로 단념. 바이마르 인근의 덴슈테트에
서 머묾.《이탈리아 기행》제1부 간행.

1817년(68세) 4월, 여배우 카롤리네 야게만(바이마르 공 카를 아우구스트의 애인)
과의 불화로 궁정극장 총감독직에서 해임됨. 자신의 삶을 돌
아보는 시 〈태초의 말. 오르페우스의 비사〉.《이탈리아 기행》
제2부 간행. 자전적 각서《연대기록》집필 시작(~1825).

＊＊발트부르크의 축제(자유주의운동).

1818년(69세) 8~9월, 카를스바트 체재.

1819년(70세) 9월, 카를스바트 체재. 10월, 예나 대학 감독관 취임을 거절.
《서동시집》간행.

＊＊카를스바트 결의·자유주의운동 탄압.

1820년(71세) 5월, 카를스바트 및 마리엔바트(현재 체코령 마리안스케 라즈네)
체재. 6~10월, 예나 장기 체류.

1821년(72세) 5월《빌헬름 마이스터 편력시대》제1부 간행(뒷날 전면 개편).
8~9월, 마리엔바트 및 에거 체재.

＊＊그리스 독립전쟁(~1829)

1822년(73세) 6~8월, 마리엔바트 및 에거 체류.
자서전《프랑스 종군기》,《마인츠 공방전》간행.
《연대기록》집필 본격화.

1823년(74세) 2~3월, 중태(심근경색？), 사망설 떠돎. 6월, 에커만, 괴테
의 권유로 바이마르에 정주. 비서 에커만《괴테와의 대화》기
록 시작. 7~9월, 마리엔바트, 카를스바트 및 에거. 폴란드의

피아니스트 시마노스프키의 연주에 감동하여 시 〈화해〉를 지음. 열일곱 살 울리케 폰 레베초와의 결혼 가능성을 알아봄. 레베초의 어머니는 완곡히 거절. 바이마르로 돌아오는 마차 안에서 〈마리엔바트의 비가〉를 지음. 여름 휴양은 이것이 마지막. 10월, 시마노스프키, 바이마르를 방문하여 괴테를 위해 거듭 피아노 연주. 11월 초, 시마노스프키 떠남. 직후 병이 재발하여 중태.

1824년(75세) 3월, 《젊은 베르테르의 슬픔》 50주년 기념판을 위해 시 〈베르테르에게 보내는 편지〉(〈화해〉, 〈마리안바트의 비가〉와 함께 《열정 3부작》). 4월, 그리스 독립전쟁에서 바이론 전사(《파우스트》 제2부 제3막 〈헬레나극〉에 그 모습을 묘사함). 10월, 하이네 내방.

＊베토벤 〈교향곡 제9번〉

1825년(76세) 2월 이후 희곡 《파우스트》 제2부 집필 재개. 6월, 《빌헬름 마이스터 편력시대》 퇴고 시작. 자전적 각서 《연대기록》 완성(대상연대, 1749~1822).

＊＊(영) 스티븐슨이 증기기관차 실용화.

1826년(77세) 이 무렵부터 난청과 건망증 징후. 6월, 《헬레나》(《파우스트》 제2부 제3막) 완성.

1827년(78세) 1월, 슈타인 부인 죽음. 3월, 코타서점에서 결정판 괴테전집 간행 시작(전40권, ~1830년. 원고료 6만 탈러. 죽은 뒤 전60권으로 증판, ~1842년). 5월, 자유로운 연작시 〈지나·독일 사계일력〉.

＊하이네 서정시집 《노래책》

1828년(79세) 3월, 프랑스역 《파우스트》 제1부(E. 들라크루아의 석판화 삽입)를 헌정받음. 6월, 바이마르 대공 카를 아우구스트, 베를린에서 귀환 중에 객사. 7~9월, 자르 강변 도른부르크에 있는 성관에서 은둔생활. 9월, 〈도른부르크의 시〉. 12월, 《실러·괴테 왕복 서한》 간행. 이 무렵부터 불면증과 만성피로 등 노쇠 징후. 백내장 증상.

1829년(80세) 《빌헬름 마이스터 편력시대》 결정판 전3부 간행. 《이탈리아 기행》 제3부 간행.

1830년(81세) 11월, 아들 아우구스트가 로마에서 객사(10월)했다는 소식이
　　　　　　　　전해짐. 이달 말 각혈을 반복하며 중태.
　　　　　　　　**이때를 전후하여 산업혁명이 독일로 번짐. 프랑스 7월혁
　　　　　　　　명. 자유주의적 정치운동이 독일 곳곳으로 파급.
1831년(82세) 1월, 유서 작성. 8월, 희곡 《파우스트》 제2부 완성, 봉인. 이
　　　　　　　　달 말, 생일이 지나자마자 마지막으로 일메나우 여행. 키켈하
　　　　　　　　안 산 정상에 있는 오두막에서 50년 전 널빤지에 적었던 시
　　　　　　　　〈사냥꾼의 저녁 노래〉와 재회(1780년 참조). 《시와 진실》 제4
　　　　　　　　부 완성. 유행성감기, 류머티즘, 하지궤양 등을 앓음.
　　　　　　　　*하이네, 파리로 이주.
1832년(83세) 1월, 희곡 《파우스트》 제2부의 봉인 해제. 2월, 영국 철도 개
　　　　　　　　통 소식을 들음. 3월 중순 마차를 타고 산책하다가 감기에 걸
　　　　　　　　림. 폐렴으로 발전하여 심근경색 유발, 극심한 고통에 시달
　　　　　　　　림. 3월 22일, 멀어지는 의식 속에서 고통도, 죽음에 대한 두
　　　　　　　　려움도 잊은 채 간병인들도 모르는 사이에 평온하게 자택에서
　　　　　　　　죽음.
　　　　　　　　*뵈르네 《파리에서 온 편지》(~1834)
　　　　　　　　**5월, 급진자유주의자의 함바흐 축제.

〔죽은 뒤〕
1833년　《파우스트》 제2부, 《시와 진실》 제4부 출판.
*1835년　뷔히너 《당통의 죽음》
1836년　하이네 《낭만파》
**1834년　1월, 독일 관세동맹 발족(독일 통일의 첫걸음). 1830년대 곳곳
에 철도 부설(산업혁명 진행). 1871년, 프로이센 주도하에 독일 통일.

곽복록(郭福祿)

일본 조치(上智)대학교 독어독문학과 수학. 서울대학교 문리과 대학 독어독문학과 졸업. 미국 시카고 대학교 대학원 독어독문학과 졸업. 독일 뷔르츠부르크 대학교 독문과 졸업(독문학 박사). 서울대학교·서강대학교 독문과 교수 역임. 한국 독어독문학회 회장. 한국 괴테학회 초대회장. 서강대학교 명예교수. 지은책《독일문학의 사상과 배경》옮긴책 요한 볼프강 폰 괴테《젊은 베르테르의 슬픔》《파우스트》《친화력》《헤르만과 도로테아》《빌헬름 마이스터 수업시대·편력시대》요한 페터 에커먼《괴테와의 대화》「괴테문학컬렉션」프리덴탈《괴테 생애와 시대》토마스 만《마의 산》카를 힐티《잠 못 이루는 밤을 위하여》《행복론》니체《차라투스트라는 이렇게 말했다》《비극의 탄생》《즐거운 지식》아이스킬로스《결박당한 프로메테우스》에우리피데스《히폴리토스》등이 있다.

World Book 229
Johann Wolfgang von Goethe
WILHELM MEISTERS LEHRJAHRE
WILHELM MEISTERS WANDERJAHRE
빌헬름 마이스터 수업시대/빌헬름 마이스터 편력시대
요한 볼프강 폰 괴테/곽복록 옮김
1판 1쇄 발행/2014. 5. 5
1판 2쇄 발행/2019. 1. 1
발행인 고정일
발행처 동서문화사
창업 1956. 12. 12. 등록 16-3799
서울 중구 다산로 12길 6(신당동 4층)
☎ 546-0331~6 Fax. 545-0331
www.dongsuhbook.com
사업자등록번호 211-87-75330
ISBN 978-89-497-0872-0   04080
ISBN 978-89-497-0382-4 (세트)